V&R

Kirchen im Kontext unterschiedlicher Kulturen

Auf dem Weg
ins dritte Jahrtausend

Herausgegeben von
Karl Christian Felmy, Georg Kretschmar
Fairy von Lilienfeld, Trutz Rendtorff
und Claus-Jürgen Roepke

Redaktion: Wolfgang Heller

Mit einer schwarzweißen Abbildung
auf Kunstdruck
sowie drei Abbildungen im Text

Aleksandr Meń
in memoriam
(1935–1990)

Vandenhoeck & Ruprecht
in Göttingen

Die Deutsche Bibliothek – CIP-Einheitsaufnahme

Kirchen im Kontext unterschiedlicher Kulturen : Auf dem Weg
ins dritte Jahrtausend ; Aleksandr Meń in memoriam (1935–1990) /
hrsg. von Karl Christian Felmy ... –
Göttingen : Vandenhoeck u. Ruprecht, 1991
ISBN 3-525-85936-8
NE: Felmy, Karl Christian [Hrsg.]; Meń, Aleksandr: Festschrift

© 1991. Vandenhoeck & Ruprecht. Göttingen.
Printed in Germany. – Das Werk einschließlich aller seiner Teile
ist urheberrechtlich geschützt. Jede Verwertung außerhalb
der engen Grenzen des Urheberrechtsgesetzes ist ohne
Zustimmung des Verlages unzulässig und strafbar.
Das gilt insbesondere für Vervielfältigungen, Übersetzungen,
Mikroverfilmung und die Einspeicherung und Verarbeitung
in elektronischen Systemen.
Gesetzt aus Garamond auf Digiset 200 T 2
Gesamtherstellung: Hubert & Co., Göttingen

Erzpriester Aleksandr Meń (1935–1990)

Claus-Jürgen Roepke, Tutzing

Einführung

Unter dem Gesamtthema „Kirchen im Kontext unterschiedlicher Kulturen – Auf dem Weg in das dritte Jahrtausend" fand im Mai 1990 in der Evangelischen Akademie Tutzing ein internationales wissenschaftlich-kirchliches Symposon statt. An der fünftägigen Konferenz nahmen rund 140 Wissenschaftler und Kirchenvertreter aus 20 verschiedenen Ländern teil. Sie vertraten sowohl die Kirchen der östlich-orthodoxen als auch der westlichen Tradition. Der hier vorgelegte Band enthält die wissenschaftlichen Referate dieses ökumenischen Symposions. Über die Dokumentation hinaus will er einen Beitrag zur Lösung der vielfältigen Fragen leisten, denen sich das Christentum in Theologie und Kirche am Ausgang des 20. Jahrhunderts zu stellen hat.

An der Wende in das dritte nachchristliche Jahrtausend sieht sich der christliche Glaube weltweit ebenso wie vor Ort mit einer Fülle von Herausforderungen konfrontiert. Diese sind ethischer Natur, wie die Verwicklung der Ökumene in den konziliaren Prozeß „Friede, Gerechtigkeit und Bewahrung der Schöpfung" in eindringlicher Weise deutlich macht. Sie sind aber auch im strengen Sinn des Wortes theologischer Natur. Auf dem Hintergrund des ideologischen Zusammenbruchs in Ost- und Südosteuropa, der inneren Krise der einst vom Christentum geprägten westlichen Gesellschaften und dem weltweiten Erstarken des religiösen Fundamentalismus muß diese Herausforderung gerade auch in ihrer theologischen Dimension von den Kirchen ernst genommen werden. Das Ringen um einen ethischen Konsens und ein gemeinsam verantwortliches Handeln, das dem Überleben der Menschheit dient, ist *ein* Aspekt der Aufgabe, die die Kirche zu bewältigen hat. Der andere Aspekt ist das Bemühen, in der zunehmend säkularisierten Gesellschaft des postchristlichen Zeitalters verständlich von Gott zu reden, den Gottesglauben plausibel zu machen und Gott in einer Weise anzubeten, die nachvollziehbar ist.

Die stärker ethisch ausgerichtete Reflexion und das spezifisch theologische Nachdenken über die Antwort des christlichen Glaubens auf die Herausforderung durch die Moderne sind gewiß zusammenzusehen und zusammenzuhalten. Im Vollzug wissenschaftlich-kirchlicher

Arbeit ist die Trennung dieser beiden Aspekte der einen Herausforderung dennoch zulässig. In bewußter Abgrenzung und Ergänzung zum konziliaren Prozeß und der von ihm angestoßenen ökumenischen Konferenzen auf europäischer und internationaler Ebene lag daher der Schwerpunkt des Tutzinger Symposions eher auf der Erörterung grundlegender theologischer Fragen und ihrer Implikationen für das spirituelle Leben der Kirche. Damit wurde nicht zuletzt dem Interesse der orthodoxen Kirchen und der Tradition ihrer theologischen Arbeit Rechnung getragen. Denn für die Orthodoxie hat in der Begegnung mit dem Katholizismus und den Kirchen der Reformation nach wie vor der theologische Dialog *und* die Verständigung über Fragen des geistlichen und gottesdienstlichen Lebens *absolute* Priorität. Umgekehrt muß insbesondere der Protestantismus lernen, ernsthaft mit der Möglichkeit zu rechnen, daß die an Bibel und frühchristlicher Tradition orientierte Frömmigkeit der Orthodoxie Hinweise für neue Formen christlicher Spiritualität in einer säkularisierten Welt enthält. Die in den Referaten angestoßene Begegnung östlich-orthodoxer und westlicher Tradition führte in mehr als 30 Sektionsgruppen zu einem lebhaften und streckenweise durchaus kontroversen Meinungsaustausch, fand aber auch in zahlreichen Gottesdiensten und in öffentlichen Veranstaltungen in ökumenisch beeindruckender Weise ihren Ausdruck.

Dabei wurde die Gesamtthematik in drei Sektionen bearbeitet. Diese Struktur des Symposions bestimmt auch die Gliederung des vorliegenden Bandes in seinen drei großen Abschnitten über „Die Herausforderung der Kirchen durch die Aufklärung", über „Die Einheit der Kirche und die Vielzahl der Nationen" und über „Religiöse Sprache und sakrale Symbole in einer säkularisierten Welt".

Im Mittelpunkt der Arbeit der Sektion I stand die Auseinandersetzung mit dem Phänomen der Aufklärung, der im Denken der drei großen Konfessionsfamilien eine sehr unterschiedliche Beurteilung zuteil wird. In der Russischen Orthodoxen Kirche wird die Aufklärung *weitgehend* mit den als Überfremdung und Abfall von der Orthodoxie empfundenen Reformen Peter des Großen sowie der religionskritischen und kirchenfeindlichen Ideologie des Marxismus-Leninismus identifiziert. Kirchlich verantwortetes theologisches Denken in der Orthodoxie versteht sich daher weithin vor-aufklärerisch, antiaufklärerisch; ein positiver Zugang zu einem durch die Aufklärung mitbestimmten Welt- und Gottesverständnis erscheint schwer möglich. Demgegenüber können sowohl bestimmte Traditionen im katholisch-philosophischen Denken als auch der Protestantismus die Aufklärung mit ihren Konsequenzen für eine freie, humane und demokratische Gesellschaft durchaus positiv würdigen, ja in der Aufklärung so etwas wie ein Produkt des christlichen Glaubens sehen. Die Reaktionen russischer Kirchenvertreter auf die Ausführungen etwa von Trutz Rendtorff machen deutlich, daß die Russische Orthodoxe Kirche *derzeit* noch nicht bereit und in der Lage ist, sich argumentativ – und nicht nur zeugnishaft – konfessorisch – auf die Herausforderungen durch die säkularisierte Welt ernsthaft einzulassen.

Im Mittelpunkt der Arbeit in Sektion II standen das Verhältnis von Lokalkirche und Universalkirche sowie die Inkulturationsproblematik. Es bestand in den Diskussionen Konsens darüber, daß die Einheit der Kirche keine Vereinheitlichung des theologischen Denkens und des geistlichen Lebens erfordere, sondern in der ecclesia universalis Raum sei für unterschiedliche Ausprägungen des Glaubens, eigenständige kulturelle Entwicklungen und eine große Bandbreite des geistlichen und gottesdienstlichen Lebens. Auf der anderen Seite wurde auch deutlich, daß kirchliche Identität prinzipiell weitgreifender als jede nationale oder ethnische Identität ist. Hier sei besonders auf die Ausführungen von Walter Principe und Johannes Zizioulas sowie auf das Referat von Chrysostomos Konstantinidis über die Zuordnung von Lokalkirche und Universalkirche verwiesen. Vor allem von griechisch-orthodoxer Seite wurde auch in den Diskussionen das Modell eines konziliaren Miteinanders von Lokal(Regional)-Kirchen als Alternative zur zentral geleiteten Weltkirche römisch-katholischen Zuschnitts und zur ekklesiologischen Zersplitterung im Protestantismus entwickelt. Dies sollte in der ekklesiologischen Diskussion weiterverfolgt werden.

Derartige Grundeinsichten können freilich nicht verhindern, daß auf lokaler oder regionaler Ebene das Ineinander von kirchlicher und nationaler Identität als außerordentlich konfliktreich erfahren wird. Deutlich wurde dies an der Unionsproblematik, wie sie derzeit die Auseinandersetzungen in der Westukraine bestimmt. Ansätze zu einer historisch zutreffenderen Beurteilung des sog. Vereinigungskonzils von Lemberg (1946), wie sie von russisch-orthodoxer Seite *erstmals* in Tutzing vorgetragen wurden, sowie verständigungsbereite und von Maximalforderungen absehende Äußerungen auf unierter Seite wurden am Rande des Symposions mit Aufmerksamkeit registriert, haben aber naturgemäß in diesem Band keinen direkten Niederschlag gefunden.

Erkennbar wird demgegenüber, in wie starkem Maß die Frage nach der angemessenen Sprache in Liturgie und Bibelübersetzung die Kirchen bewegt. Diese Diskussion bestimmte vor allem die Arbeit in Sektion III. Eine Reihe von orthodoxen Vertretern plädierte nachdrücklich für die Beibehaltung des Kirchenslavischen als einer eigenen sakralen Sprache. Die Entchristlichung der sovetischen Gesellschaft ebenso wie das Entstehen orthodoxer Diasporagemeinden, die in den nachfolgenden Generationen weder das Kirchenslavische noch ihre ehemalige Muttersprache verstehen, nötigt freilich die Orthodoxie, das Problem der liturgischen Sprache neu zu durchdenken. Im Umgang mit der Lutherbibel und der Barocklyrik des Gesangbuchs steht dabei der Protestantismus vor einer durchaus vergleichbaren Herausforderung. Sie stellt sich verschärft und in neuer Wendung im Rahmen der Begegnung mit der Orthodoxie, die an Bild, Symbol, Ritus und Sakralsprache in ihrer bleibenden Bedeutung für die Präsenz des christlichen Mysteriums in einer säkularisierten Welt festzuhalten entschlossen ist. Interessant war in diesem Zusammenhang die ausgerechnet auf evangelischer Seite formulierte Einsicht, daß der christliche Glaube um seiner Identität willen wohl tatsächlich nicht auf eine besondere Sprache, eigene Symbole und spezielle religiöse Riten werde verzichten können.

Die großen Herausforderungen der Gegenwart sind für die Kirchen im Osten und im Westen Europas ein Anlaß, näher zusammenzurücken und gemeinsam zu handeln. Dies wurde zum Abschluß des Tutzinger Symposions noch einmal von verschiedenen Kirchenvertretern bekräftigt. Die einzelnen Kirchen können nach Ansicht von Bischof Martin Kruse (Berlin), dem Ratsvorsitzenden der Evangelischen Kirche in Deutschland (EKD), nicht länger in der Selbstbegrenzung leben und sich auf ihren kulturellen Umkreis zurückziehen. „Wir brauchen die anderen Kirchen", unterstrich Kruse angesichts eines „Abschmelzens christlicher Substanz" und der Tatsache, daß alte geistliche Schablonen nicht mehr brauchbar seien. Der Vertreter des Ökumenischen Patriarchats von Konstantinopel, Metropolit Chrysostomos (Konstantinidis) von Myra, forderte von den Kirchen mehr Mut zu Dialog und gegenseitigem Austausch. Bisher sei mehr ein „Dialog von Gehörlosen" geführt worden, während heute die Einheit und Universalität der Kirche neu definiert werden müßten. Der römisch-katholische Bischof von Passau, Franz Xaver Eder, verwies auf die für das westliche Christentum wichtigen Erfahrungen der orthodoxen Kirchen des Ostens. Die Antwort der Kirche auf die zunehmende Säkularisierung könne nicht eine „Entsakralisierung" sein. Bei der liturgischen Neubesinnung, die in ökumenischer Gemeinsamkeit erfolgen solle, müsse man sich vor den Gefahren des Fundamentalismus ebenso hüten wie vor der New-Age-Bewegung. Metropolit Irinej (Wien) als Vertreter der Russischen Orthodoxen Kirche des Moskauer Patriarchats gestand eine gewisse Konzeptionslosigkeit seiner Kirche angesichts der akuten Nationalitäten- und Wirtschaftsprobleme und der neuen kirchlichen Wirkungsmöglichkeiten in der UdSSR ein. Auf diesem Hintergrund bezeichnete er die Intensivierung des ökumenischen Miteinander der Kirchen als lebensnotwendig für die russische Orthodoxie.

Träger des Tutzinger Ökumene-Symposions war die Evangelische Akademie Tutzing in Zusammenarbeit mit der Evangelisch-Lutherischen Kirche in Bayern und der EKD. Organisation und Durchführung des Symposions sowie Planung des vorliegenden Dokumentationsbandes ist den Mitarbeitern des Leitungsteams zu danken: Karl-Christian Felmy (Erlangen), Georg Kretschmar (München), Fairy v. Lilienfeld (Erlangen), Trutz Rendtorff (München) und Klaus Schwarz (Hannover). Die Arbeit in den Sektionen hat ein Team jüngerer wissenschaftlicher Mitarbeiter begleitet, denen ebenfalls Dank zu sagen ist: Ruth Albrecht (Hamburg), Zoran M. Andrić (München), Dieter Fahl (München), Käte Gaede (Berlin), Hacik Gazer (Tübingen), Friederike Kökkert (Halle) und Christoph Künkel (Eschede). Der Mühe der Übersetzung aller russischen Manuskripte unterzogen sich Nadja Simon (Pulheim) und Georg Kobro (Penzing), denen der Dank der Herausgeber in besonderer Weise gilt. Die Redaktion dieses Bandes besorgte Wolfgang Heller (Heidelberg), dessen Leistung schon allein im Blick auf den Umfang dieser Dokumentation mit Respekt und Dank zu würdigen ist.

Zu danken ist schließlich auch der Bayerischen Landeskirche und der EKD für Druckkostenzuschüsse sowie dem Bayerischen Rundfunk für eine besondere Kulturspende; diese Mittel haben das Erscheinen des Bandes im Verlag Vandenhoeck & Ruprecht möglich gemacht.

Die Kirchen der östlich-orthodoxen Tradition und die Kirchen des Westens finden sich am Ausgang des 20. Jahrhunderts in einem jeweils sehr unterschiedlichen kulturellen, gesellschaftlichen und geistigen Beziehungsgeflecht vor. Entsprechend verschieden sind die Herausforderungen, mit denen sich der christliche Glaube im Osten und im Westen Europas konfrontiert sieht, aber auch die Chancen, die sich ihm hier und dort eröffnen. Dies bedarf auf dem Weg in das dritte Jahrtausend post christum natum weiterer intensiver Analysen in der ökumenischen Gemeinschaft der Kirchen. Die hier vorliegenden Beiträge weisen ebenso wie das Symposion, für das sie zunächst bestimmt waren, nicht nur auf Probleme hin, denen sich der christliche Glaube zu stellen hat. Sie legen auch Zeugnis ab von der Zuversicht, mit der die Christenheit in die Zukunft des neuen Jahrtausends blickt. Diese Zuversicht erwächst nicht aus der Sicherheit dessen, der sich keiner Versäumnisse bewußt ist und die Antwort auf alle Fragen zu wissen meint. Sie hat ihren Ursprung vielmehr im Vertrauen auf die Verheißung Jesu Christi: „Siehe, ich bin bei euch alle Tage bis an der Welt Ende" (Matth 28,20).

Die Herausgeber widmen diesen Band Aleksandr Meń. Wenige Monate nach seiner Mitwirkung am Tutzinger Symposion wurde er in den Morgenstunden des 9. September 1990 auf dem Weg zum Gottesdienst in Puškino bei Moskau ermordet. Fairy v. Lilienfeld hat noch einmal das Bild dieses treuen Hirten seiner Gemeinde und profunden Theologen seiner Kirche gezeichnet. Alle, die ihm in Tutzing begegneten, gedenken seiner in *Zuneigung* und *Trauer.* Möge das *Zeugnis seines Lebens* im Licht der Auferstehung Jesu Christi von den Toten für viele *leuchten.*

Claus-Jürgen Roepke
Direktor der Evangelischen Akademie Tutzing

Inhalt

CLAUS-JÜRGEN ROEPKE, TUTZING
  Einführung 5
FAIRY VON LILIENFELD, ERLANGEN
  Erzpriester Aleksandr Meń (1935–1990) 17

Vorträge im Plenum

GEORG KRETSCHMAR, MÜNCHEN
  Die Zukunft des Glaubens in Europa 41
TRUTZ RENDTORFF, MÜNCHEN
  Die Herausforderung der Kirche durch die Aufklärung 53
WALTER H. PRINCIPE CSB, TORONTO
  The Unity of the Church and the Multitude of Nations 69
JOHANNES D. ZIZIOULAS, ATHEN
  Church Unity and the Host of Nations 91
CHRYSOSTOMOS KONSTANTINIDIS, ISTANBUL
  Die Universalität der Kirche und die Vielzahl der Ortskirchen . 105
GEOFFREY WAINWRIGHT, DURHAM
  Religiöse Sprache und sakrale Symbole in einer säkularisierten
  Welt 119
ANGELUS P. HÄUSSLING OSB, MARIA LAACH
  Religiöse Sprache und sakrale Symbole in einer säkularisierten
  Welt 135

Vorträge in den Sektionen

Sektion I: Die Herausforderung der Kirchen durch die Aufklärung

BORIS V. RAUŠENBACH, MOSKAU
  Wissenschaft und Religion 153
HANS G. ULRICH, ERLANGEN
  Ökumenische Verständigung im Blick auf die Wissenschaft . . 165
VIGGO MORTENSEN, AARHUS
  Theologie und Naturwissenschaft. Jenseits von Restriktion und
  Expansion 177

Kurt Nowak, Leipzig
   Die Herausforderung der Kirche durch die Aufklärung 183
Károly Hafenscher, Budapest
   The Enlightenment: Challenge towards the Churches 201
Martin George, Erlangen
   Hilflos zwischen Widerstand, Anpassung und Erneuerung. Französischer Katholizismus und russische Orthodoxie in der Herausforderung durch die Revolutionen von 1789 und 1917 . 209
Christos Yannaras, Athen
   Der Empirismus der Aufklärung und die Priorität der Erfahrung in der orthodoxen Theologie 227
Walter Sparn, Bayreuth
   Das protestantische Christentum im Weltanschauungskampf der abendländischen Kulturkrise 237
Peder Nørgaard-Høyen, Nivaa
   Kirchen der Aufklärung nach der Aufklärung 241
Martin Seils, Jena
   Die Relevanz des Christentums in einer säkularisierten Gesellschaft 251
Georg Mantzaridis, Thessaloniki
   Die Säkularisierung als Begleiterscheinung und Herausforderung des Christentums 257
Yacob Tesfai, Strasbourg
   Secularization: A Challenge to the Churches? 265
Friedrich Wilhelm Graf, Augsburg
   Das Menschenrecht des Einzelnen 267
Elisabeth Behr-Sigel, Paris
   L'ordination des femmes 275
Wieland Zademach, Aulendorf
   Der Freiheitsbegriff mit seinen ökologischen Implikationen in Marxismus und Christentum 295
Pavel V. Florenskij, Moskau
   Wann kommt das Weltende? 311
Andronik Trubačev, Zagorsk
   Priester Pavel Florenskij im Dienst der Kirche 319
Gerhard Voss OSB, Niederaltaich
   Die religiösen Wurzeln Europas 345
Dušan Ondrejovič, Bratislava
   Der Eintritt ins Haus Europa im dritten Jahrtausend 359

HANS NORBERT JANOWSKI, STUTTGART
Glaube im Pluralismus 367

KLAUS TANNER, MÜNCHEN
Kann es eine ökumenische Einheitsethik geben? 377

GUSZTÁV BÖLCSKEI, DEBRECEN
Aufklärung und Säkularisation als Herausforderung für die
Kirchen in Ungarn 385

FRIEDRICH HEYER, HEIDELBERG
Die äthiopische orthodoxe Kirche angesichts der Herausforderungen durch die Moderne 393

Sektion II: Die Einheit der Kirche und die Vielzahl der Nationen

VLADISLAV CYPIN, ZAGORSK
Die Universalität der Kirche und die Vielzahl der Lokalkirchen   399

VIOREL IONIȚĂ, BUKAREST
Die Einheit der Kirche und die Vielzahl der Nationen   409

DAMASKINOS PAPANDREOU, CHAMBÉSY
Die Einheit der Kirche und die Vielheit der Nationen 417

KARL CHRISTIAN FELMY, ERLANGEN
Die Vielzahl der Völker und die Einheit des Volkes Gottes in
der Eucharistie 431

ERNST CHR. SUTTNER, WIEN
Einheit in Vielfalt. Zum Anrecht der Ortskirchen auf ihren herkömmlichen Ritus 437

ADOLF MARTIN RITTER, HEIDELBERG
Die Kirche(n) und das Problem des Nationalismus 447

NIKOLAJ ŠIVAROV, SOFIA
Kirche und Nation. Theorie und Praxis im gegenwärtigen Bulgarien 453

ROLF SCHIEDER, NEUENDETTELSAU
Die Vielzahl der Kirchen und die Einheit der Nation 465

HANNU T. KAMPPURI, ESPOO
Ein Volk, zwei Kirchen. Das Verhältnis von Kirche und Volk
als theologische Frage 473

FAIRY VON LILIENFELD, ERLANGEN
Das Gottesvolk und die Völker. Neutestamentliche und patristische Überlegungen. 479

GERHARD PODSKALSKY, SJ, FRANKFURT/MAIN
Primat – Patriarchate (Pentarchie) – Panorthodoxe Synode . . 499

HEINZ OHME, ERLANGEN
   Das kanonische Recht in der neueren orthodoxen Theologie
   und der ökumenische Dialog 507
WACŁAW HRYNIEWICZ OMI, LUBLIN
   Ecumenical lessons from the past: Soteriological exclusivism at
   the basis of uniatism 521
IOANN ĖKONOMCEV, MOSKAU
   Orthodoxie et "ethnos" dans le contexte dans l'histoire russe . . 535
PETER PLANK, WÜRZBURG
   Die Identität der orthodoxen Kirche Rußlands im Spiegel ihrer
   Kanonisationen seit 1970 551
GÜNTHER SCHULZ, NAUMBURG
   Begann für die Russische Orthodoxe Kirche das dritte Jahrtausend im Jahre 1917? 561
STEPHEN K. BATALDEN, TEMPE
   Nineteenth-Century Russian Old Testament Translation and
   the Jewish question 577
IANNUARIJ IVLIEV, LENINGRAD
   Die Exegese des Neuen Testaments in der Russischen Orthodoxen Kirche (19.–20. Jahrhundert) 589
GERD STRICKER, ZOLLIKON-ZÜRICH
   Probleme der Ökumene in der Sovetunion 599
JULIA OSWALT, FRANKFURT/MAIN
   Koexistenzerfahrungen im Grenzraum zwischen Ost- und
   Westkirche 619
FRANK E. SYSYN, EDMONTON
   The Ukrainian Autocephalous Orthodox Church and the Tradition of the Kiev Metropolitanate 625
TOOMAS PAUL, TALLINN
   Kulturelle und kirchliche Identität in Estland in der Gegenwart 641
THEODOR NIKOLAOU, MÜNCHEN
   Die griechisch-christliche Kultur und die Einheit der Kirche . . 645
PETER NEUNER, MÜNCHEN
   Das Zweite Vatikanische Konzil und das Problem der Inkulturation 661
JERZY GRYNIAKOW, WARSCHAU
   Minderheitskirchen in Polen 669
SIEGFRIED SPRINGER, HANNOVER
   Die Frömmigkeitsstrukturen der rußlanddeutschen Lutheraner
   als Anfrage an die aufnehmenden Gemeinden 677

Paul N. Tarazi, Crestwood
  The Eastern Orthodox Christians in the Middle East 681
Joseph Hajjar, Damaskus
  Die abendländische Kirche und die Lokalkirchen im Vorderen
  Orient 689
Wanis A. Semaan, Neuendettelsau
  Kirche und Kirchen im Libanon 697

Sektion III: Religiöse Sprache und sakrale Symbole in einer säkularisierten Welt

Augustin Nikitin, Leningrad
  Christentum und Kultur 701
  Anhang: Der Kirchenarchitekter Georg/Jurij Veldten (1730–1801)
Jan de Waard, St. Martin de la Brasque
  Translation as Cultural Transfer 745
Boris A. Uspenskij, Moskau
  Die Sprache des Gottesdienstes und das Problem der Konventionalität des Zeichens 753
Innokentij Pavlov, Moskau
  Das Problem der sakralen Sprache im Kontext der modernen russischen Sprachkultur 761
Karl-Heinrich Bieritz, Berlin
  Die Sprache des Gottesdienstes 773
Hans-Christoph Schmidt-Lauber, Wien
  Die Bedeutung von Symbol und Bild für das religiöse Erleben . 779
Hans-Dieter Döpmann, Berlin
  Kirche unter dem Kreuz – das Symbol in seiner aktuellen Bedeutung für Evangelische und Orthodoxe 791
Totju P. Koev, Sofia
  Religiöse Sprache und sakrale Symbole in der Gegenwartsgesellschaft Bulgariens 799
Günther Gassmann, Genf
  Gemeinsame Sprache der Kirchen als Ausdruck gemeinsamen Glaubens 807
Eugen Hämmerle, Bensheim
  Evangelische Christen vor Symbolen und Bildern 815
Nikolaus Thon, Bochum
  Der Gebrauch des Deutschen als orthodoxer Liturgiesprache . 823
Sergius Heitz, Düsseldorf
  Erfahrungen aus einer orthodoxen Diasporagemeinde 839

Inhalt

VLADIMIR FEDOROV, LENINGRAD
  Wiedergeburt oder Wiederkehr? – Religiöses Leben in der
  UdSSR heute 845
VALENTIN ASMUS, ZAGORSK
  Konservatismus und Modernismus 855
IRENÄUS TOTZKE OSB, NIEDERALTAICH
  Sakral und profan in der Kirchenmusik 863
T. ALLAN SMITH CSB, TORONTO
  Film als Diener des Evangeliums 869
FËDOR B. POLJAKOV, KÖLN
  „Ewiges Licht." Zur liturgischen Symbolik in B. N. Širjaevs
  Roman „Neugasimaja Lampada"................... 883
VLADIMIR V. IVANOV, BERLIN
  Der eschatologische Aspekt in der Ästhetik V. Solov'ëvs 901
SABINE KÄHLER, BERLIN
  Christen und Zauberer in Rußland. Zwei Beispiele 913
DEMETRIOS J. CONSTANTELOS, POMONA
  Witness and Mission in a secularized world 923
WOLFGANG A. BIENERT, MARBURG
  Das missionarische Zeugnis in einer säkularisierten Welt 933
FEODOSIJ VASNEV, MOSKAU
  Die Mission der Russischen Orthodoxen Kirche in der Gegenwart. Einige Aspekte 939
GUDRUN LÖWNER, HERNE
  „Diakonie" in der Orthodoxie – die prophetische Dimension
  der Orthodoxen Akademie Kretas 949
DIETER VOLL, NEUENDETTELSAU
  Rezension. Der Gottesdienst und sein Bedarf an Öffentlichkeit 957

Verzeichnis der Autoren und Teilnehmer am Symposion 963

Register 971

  1. Personenregister............................ 973
  2. Sachregister............................... 985
  3. Ortsregister............................... 1024
  4. Schriftstellenregister 1029

FAIRY VON LILIENFELD, ERLANGEN

Erzpriester Aleksandr Meń (1935–1990)

Durch die christliche Welt der Sovetunion und besonders durch die Gemeinden der Russischen Orthodoxen Kirche und durch die russische Kulturwelt ging ein erschrecktes Stöhnen, ein angstvolles Weinen, als das sovetische Fernsehen am 11. September 1990 unionsweit die Meldung ausstrahlte, daß der Erzpriester Aleksandr Meń am voraufgegangenen Sonntag, den 9. September, früh um etwa 6.30 Uhr auf dem Weg zum Gottesdienst mit dem Beil erschlagen worden sei.

Wer war dieser Erzpriester Aleksandr Meń, dessen tragisches Ende allgemein Mitgefühl und Aufregung hervorrief? Warum hatte seine Ermordung aber so *wenig* Echo in der Weltöffentlichkeit? Gewiß, kurze Meldungen fanden sich in den deutschen Zeitungen; in der Frankfurter Allgemeinen Zeitung widmete Karl-Heinz Odin Vater Aleksandr einen würdigen Nachruf. Sonst aber ist mir wenig bekannt geworden, ausgenommen die in Paris auf Russisch für Russen erscheinende Zeitung „Russkaja Mysl'" („Der russische Gedanke"), die die Gestalt des Vaters Aleksandr Meń ausführlich würdigte. Dankenswerterweise hat „Glaube in der 2. Welt" in seinem Oktoberheft das wichtigste Material aus dem Pariser Blatt auf Deutsch wiedergegeben.

Wir hatten das große Glück, Vater Aleksandr Meń, der nur ungern

---

Vorbemerkung: Alle in der Ich-Form gehaltenen Zitate in diesem Artikel aus dem Munde von Erzpriester Aleksandr Meń stammen aus dem großen Gespräch zwischen Sergej Byčkov und Vater Aleksandr, das der Journalist im „Moskovskij Komsomolec" Nr. 213 vom 16. September 1990 auf S. 2 veröffentlichte. Byčkov sagt im Vorspruch: „Wir bieten hier Gespräche mit Vater Aleksandr, die während eines Jahres gehalten wurden, von 1982 bis 1983. Das war eine sehr schwere Zeit für ihn und die Gemeinde. Zwei Gemeindemitglieder waren vom KGB verhaftet worden, Hausdurchsuchungen wurden gemacht. Ständig wurde Vater Aleksandr selbst zum Verhör gerufen. Da ich begriff, daß wir auf immer getrennt werden könnten, schrieb ich ihm meine Fragen auf. Er aber tippte auf der Schreibmaschine hastig hingeworfene Antworten. (Bemerkung der Verfasserin dieser Zeilen für eine westliche Leserschaft: So unterhielt man sich in der Sovetunion, wenn man allen Grund hatte anzunehmen, daß nicht nur die Wohnungen beider Gesprächspartner mit „Wanzen" gespickt seien, sondern daß man womöglich sogar mit Richtmikrophonen auf Spaziergängen verfolgt wurde.) Nicht lange vor seinen Tode entzifferte ich dies alles. Da ich wußte, daß er ein Buch mit seinen Aufsätzen, die er in den Jahren der „Perestrojka" geschrieben hatte, herausgeben wollte, bot ich ihm an, auch unsere damaligen Gespräche darin aufzunehmen. Jetzt muß nur noch ein Verleger gefunden werden. Wir hören heute, am neunten Tag nach seiner Ermordung (dies ist nach orthodoxer Sitte der Tag eines besonders intensiven Totengedenkens) noch einmal seine Stimme, die nun aus der Unendlichkeit zu uns dringt." Verf. hofft die Übersetzung des Gesprächs andernorts zu publizieren.

ins Ausland reiste, bei uns in der Evangelischen Akademie Tutzing im Mai 1990 zu Gast zu haben. Lange hatten wir ihn nicht einmal einladen können, da er ‚persona ingrata' bei den politischen Behörden war, und die Vertreter der Russischen Orthodoxen Kirche nur als vom Staat genehmigte „Delegationen" ausreisen konnten. Eine Aussicht auf die Genehmigung seiner Ausreise bestand damals nicht, und er wollte die Beschwerlichkeiten der Antragstellung nicht auf sich nehmen, besonders da er nicht sicher war, ob man ihn im Falle der Ausreise auch zurückkehren lassen würde nach dem Vorbild vieler anderer Dissidenten, die man in Zeiten, in denen man schon nicht so skrupellos war wie unter Stalin selbst, wo man kurzen Prozeß mit ihnen machte, oder unter Chruščevs Kirchenverfolgung, wo man sie in Lager und ins sibirische Exil verbannte, in den siebziger und achtziger Jahren strafrechtlich schon nicht mehr zu belangen wußte. Gerade damals aber übte der KGB großen Druck auf Vater Aleksandr Meń aus, er solle doch nach Israel emigrieren. Und es gab selbst (falsche) Freunde, die ihm zur Ausreise rieten. Denn gerade in den Jahren 1982–1984 war Vater Aleksandr doch auch an der Grenze eines Strafprozesses, mit dem man ihn bedrohte. Jahrelang wurde er fast täglich – und nächtlich! – vor den KGB und die Staatsanwaltschaft zitiert, wurden Haussuchungen bei ihm und seinen Gemeindemitgliedern vorgenommen. Zwei von ihnen wurden verhaftet und angeklagt. Anlaß war kein politisches Dissidententum, sondern seine lebendige Predigt, seine große Wirkung unter der Jugend und nicht zuletzt auch seine lebendigen ökumenischen und interreligiösen Verbindungen innerhalb und außerhalb der Sovetunion[1], besonders zu katholischen Priestern, die eine gleiche missionarische und seelsorgerliche Tätigkeit entfalteten wie er selbst, sowie zu Vertretern der damals verbotenen, im Untergrund wirkenden, mit Rom unierten Kirche des byzantinisch-slavischen Ritus in der Ukraine. (Heute nennt sie sich „Ukrainisch-Katholische Kirche", früher wurde sie „Griechisch-Katholische Kirche" genannt.) Natürlich wurden Vater Aleksandr auch seine Publikationen im Ausland vorgeworfen, auch wenn diese damals anonym oder unter Pseudonym geschahen!

Doch jetzt, „in der neuen Zeit", hatten wir ihn da auf diesem Sympo-

---

[1] Vater Aleksandr hatte nach eigener Aussage und auch Aussagen seiner Freunde in der Sovetunion ökumenische zwischenkirchliche Kontakte, besonders zu Katholiken und Baptisten, als solche noch ganz „tabu" waren, gerade auch für die politische Macht. Noch heute ist in der Sovetunion die ökumenische Zusammenarbeit unterentwickelt. Viele orthodoxe Gläubige lehnen sie ganz ab; ein orthodoxer (aber auch ein baptistischer!) Fundamentalismus ist weit verbreitet. Später hatte Aleksandr Meń eine weit ausgreifende ökumenische Korrespondenz, die erst recht von Vertretern des Staates, aber leider auch von der Kirche mißtrauisch beobachtet wurde.

sion, das geradezu mit dem ihm so nahestehenden Thema befaßt war: „Der Weg der Kirche Jesu Christi ins dritte Jahrtausend nach der Geburt ihres Stifters, des Heilandes aller Menschen". Er hat auf viele unter uns einen tiefen Eindruck hinterlassen: den einer „lichten", in tiefem Frieden mit sich selbst und den Menschen – auch mit denen, die es ihm schwer machten – lebenden und daher glücklichen, wahrhaft priesterlichen Persönlichkeit.

Sein Vortrag war ein vollmächtiges Wort zum Thema der Konferenz vom Ort seiner Kirche her gesprochen. Und auch im persönlichen Umgang fanden die Teilnehmer des Symposions, die ihn vorher nicht gekannt hatten[2], in ihm einen für alle Fragen und Probleme – auch die den gesamten, bekanntlich „so klein gewordenen" Erdkreis und sein Weiterbestehen und die weltweite Menschheit betreffenden – offenen, nachdenklichen Gesprächspartner.

Was lag daher näher, als den Band, der dieses bedenkenswerte Symposion dokumentiert, seinem Gedächtnis zu widmen, vieles über ihn zu sagen, was zu seinen Lebzeiten nur im Schoß der Russischen Orthodoxen Kirche bekannt war, was aber doch auch dem ökumenisch gesonnenen, am Schicksal der russischen Orthodoxie in den vergangenen unvergleichlich schweren Jahrzehnten und im gegenwärtigen Umbruch befindlichen Zeitalter herzlich Anteil nehmenden westlichen Leser bekannt werden sollte.

Wer war dieser Aleksandr Meń? Er hat in den Interviews der letzten beiden Jahre – und schon früher in privaten Gesprächen – selbst darüber Auskunft gegeben.[3]

Aleksandr Meń wurde am 20. Januar 1935 in Moskau, im für die russische Intelligenz so traditionsreichen Viertel „Arbat", geboren. Er entstammte einer jüdischen Familie russischer Kultur. Sein Vater war der leitende Ingenieur einer Textilfabrik. Seine Mutter, deren Gedenken er dann auch sein vielleicht wichtigstes Werk, den „Menschensohn", widmen sollte, war kurz vor Kriegsausbruch Christin geworden. (Man bedenke, in den schlimmsten Jahren des Stalinschen Terrors!) Seine Mutter gehörte zu den geistlichen Kindern des Priesters Serafim Batjukov, der den kleinen Aleksandr auch getauft hat. So wuchs er in einem Kreis auf, der auch in den schwersten Jahren auf die Pflege seines Glaubens nicht verzichtete. In einem in eingeweihten Kreisen berühmten Zirkel

---

[2] Sein großes volksmissionarisches Wirken fand im Rahmen des „Kalten Krieges" kein politisches Interesse bei der westlichen säkular-politischen Öffentlichkeit, wie etwa die Äußerungen und die Auftritte von Priester Gleb Jakunin sie hervorriefen (s. u.).
[3] Vgl. oben die Vorbemerkung. Außerdem gab es Fernseh- und Zeitschriften-Interviews zu religiösen und ethischen Fragen, die, schriftlich weiterverbreitet, auch im Westen bekannt wurden.

an der „Marosejka"[4] (einer Alt-Moskauer Straße) konnte er im Hause von Boris Aleksandrovič Vasil'ev Christenlehre für Kinder und Seminare über das Neue Testament für Erwachsene besuchen. Damals machte er auch die Bekanntschaft des den damaligen Studenten der eben erst im Neuen Jungfrauen-Kloster wiedereröffneten Geistlichen Akademie unvergeßlichen Inspektors derselben, Vedernikov, der ihn in seinem Werdegang beriet. Denn noch als Heranwachsender hatte Aleksandr Meń beschlossen, mit Gottes Hilfe Priester zu werden.

Er besuchte die bekannte Moskauer 554. Knaben-Schule. Eine Klasse über ihm waren beispielsweise der später weltberühmte Film-Regisseur Andrej Tarkovskij („Die Heimkehr", „Das Opfer") und der am lyrischen Aufbruch der frühen sechziger Jahre mitbeteiligte Dichter Andrej Voznesénskij. Etwas jünger als er war sein Mitschüler Aleksandr Borisov, heute auch Priester und einer der hervorragenden Seelsorger Moskaus. Während dieser Zeit hatte Aleksandr Meń sich schon den ganzen Lernstoff des orthodoxen Priesterseminars im Privatstudium angeeignet. Auch hatte er schon Johannes Chrysostomos, Basileios den Großen, Augustin, die große hesychastische Vätersammlung der „Philokalie" und die Schriften des hl. Feofan des Klausners (1815–1894) gelesen. Unter dem Einfluß von Boris Aleksandrovič Vasil'ev befaßte Aleksandr Meń sich auch besonders mit der Geschichte des Alten Orients.

Auf den Rat Vedernikovs besuchte er zunächst eine weltliche Hochschule: die biologische Fakultät des Instituts für Pelzwaren; zunächst als Fernstudent, aber wegen seiner hervorragenden Leistungen wurde er schon im zweiten Semester ins Vollstudium als immatrikulierter Student überführt. Während seine Schule ihm wegen der „entsetzlichen sovetischen Pädagogik" (so Vater Aleksandr in einer Fernsehsendung) „vorwiegend finstere Eindrücke" hinterlassen hat, fand er am Pelzwaren-Institut einen hervorragenden Freundeskreis, mit dem er bis zu seinem Tode in engem Kontakt blieb. Die Freunde wußten von seinem christlichen Glauben und achteten ihn. Er vergaß auch in seiner ganzen

---

[4] Dieser Kreis gehörte zu den „Méčevcy", d. h., zu den Anhängern von Priester Aleksej Méčev. Dies waren Gläubige, die die berühmte und vielumstrittene Loyalitätserklärung von Metropolit Sérgij, dem damaligen Patriarchatsverweser, gegenüber der Sovetregierung nicht anerkannten. Sie wollten aber kein Schisma wie andere Gruppen der „Katakombenkirche", sondern drückten ihren Protest aus, indem sie den Namen des Ersthierarchen in den Fürbitten der Göttlichen Liturgie nach dem Beispiel von Vater A. Méčev nicht nannten; daher wurde dieser Kreis auch „Nepómnjaščie" (d. h. „die des Patriarchatsverwesers im Gebet ‚Nicht-Gedenkenden'") genannt. Der im deutschsprachigen Raum sehr bekannte verstorbene Historiker der Russischen Orthodoxen Kirche des 20. Jahrhunderts, P. Johannes Chrysostomus (Blaskévič) OSB war auch bei den „Méčevcy" groß geworden und hat diesen denkwürdigen Kreis bei seinen Freunden im Ausland bekannt gemacht.

späteren theologischen und kirchlichen Tätigkeit nicht, daß er studierter *Biologe* war.

Doch verfolgte Aleksandr Meń in den fünfziger Jahren auch sein theologisches Studium privat weiter: Er beschäftigte sich nun auch intensiv mit der Philosophie, mit Spinoza, Descartes, Leibniz (Man bedenke immer: Das geschah in einem totalitären Regime, das nur den Marxismus-Leninismus als „wahre Philosophie" anerkannte und nur mit ihm intensive philosophische Beschäftigung duldete!). Einschneidend war für den jungen Aleksandr gerade als Naturwissenschaftler die Lektüre von Priester Pavel Florenskij „Säule und Grundfeste der Wahrheit" schon während des ersten Biologiesemesters. In der Folge studierte er die ganze russische Religionsphilosophie, angefangen von den „Slavophilen" des 19. Jahrhunderts, besonders von A. Chomjakov, bis zu den Denkern des beginnenden 20. Jahrhunderts: Berdjaev, Nikolaj Losskij, Priester Sergij Bulgakov (Aleksandr Meń schätzte besonders den frühen Bulgakov), Simon Frank und Sergej Trubeckoj. Doch den tiefsten Eindruck machte ihm das Denken Vladimir Solov'evs und bestimmte dann sein eigenes theologisches Wirken.

In den Moskauer Jahren prägten den jungen Biologen die älteren Freunde von der „Marosejka", besonders sein geistlicher Vater Priester Nikolaj Golubcov, der meines Wissens nach katholische Freund Nikolaj Evgrafovič Pestov, mit dem er lange religionsphilosophische und ökumenisch suchende Gespräche führte. Besonders tief prägten ihn nach eigenem Zeugnis seine häufigen Aufenthalte in Zagorsk, sein enger Umgang mit den Mönchen dort. Vor allem aber war es die das Große S-chima[5] tragende Nonne Marija, deren geistliches Antlitz immer vor ihm stand. Vater Aleksandr charakterisierte sie zurückschauend als allzeit „fröhlich, österlich, fern aller Scheinheiligkeit und Finsternis".

1955 wurde die ganze biologische Fakultät aus dem Moskauer Institut nach Irkutsk versetzt. Hier wohnte er in einer Privatwohnung zusammen mit Vater Gleb Jakúnin, den er schon vom Moskauer Institut her kannte. Aleksandr Meń arbeitete in dieser Irkutsker Studentenzeit als Heizer der Eparchial-(d. h. Diözesan-)Verwaltung. Dies wurde bekannt, und, obgleich er das erste Staatsexamen schon abgelegt hatte, wurde er im Mai 1958 relegiert und die Diplomarbeit wurde ihm verwehrt.

Daraufhin kehrte er nach Moskau zurück, und nach einer Befragung

---

[5] Das Große S-chima, d. i. das Große Mönchsgewand, nimmt ein Mönch oder eine Nonne mit Segen des Abts oder des Bischofs nach einem langen, an asketischen Tugenden reichen Leben an. Es verpflichtet zu besonders strenger Fastenpraxis, anhaltendem Gebet und Schriftlektüre.

durch Metropolit Nikolaj von Kruticy und Kolomna († 1961) wurde er schon am 1. Juni 1958 in der Kirche der Niederlegung des Gewandes Christi an der Donskaja-Straße von Bischof Makarij von Možajsk, einem Vikarbischof der Moskauer Eparchie, zum Diakon geweiht, obgleich er kein theologisches Examen hatte. Vater Aleksandr hatte noch in seiner Studentenzeit geheiratet. Er hat heute zwei inzwischen erwachsene Kinder.

Der junge Diakon wurde sogleich ins Dorf Akúlovo beim Städtchen Odincóvo (Moskauer Eparchie) geschickt. Gleichzeitig besuchte er bis 1963 das Leningrader Geistliche Seminar, das ihm nach eigenem Zeugnis nicht viel Neues geben konnte. Hingegen gab ihm der darauf folgende Besuch der Moskauer Geistlichen Akademie (1964–1968) und die dort möglichen persönlichen Kontakte mit Studenten und Professoren sehr viel. Besonderen Einfluß hatten auf ihn die Professoren, die zugleich Priester waren: unter ihnen vor allem Vater Aleksandr Vetelev, den die Verfasserin dieser Zeilen das Glück hatte, im Jahr 1969 beim theologischen Gespräch zwischen Evangelischer Kirche in Deutschland und der Russischen Orthodoxen Kirche in Leningrad kennenzulernen. (Vater Aleksandr Vetelev hat nie ins Ausland fahren dürfen; er war dabei ein großer Seelenführer der Studenten, doch auch vieler Moskauer Intellektueller.) Auch Professor Erzpriester Starokadomskij erwähnte Vater Aleksandr später mit Dankbarkeit.

1960 hatte Aleksandr Meńs geistlicher Vater, Priester Nikolaj Golubcov, dem 25jährigen Diakon erlaubt, sich um das Priesteramt zu bewerben; und am 1. September 1960 ist er in derselben Kirche der Gewandniederlegung in Moskau von Vikarbischof Stefan (Nikitin), der selbst wie Vater Aleksandr aus dem Kreis von der „Marosejka" stammte, geweiht worden.

Von diesem Zeitpunkt an war Aleksandr Meń Priester an verschiedenen Gemeinden, zuerst im Dorf Alábino, zunächst als Zweiter Geistlicher, dann als Erster Pfarrer und Vorsteher der Kirche. Vater Aleksandr erzählt: „Das war eine wunderbare Zeit, trotz der Chruščevschen Verfolgungen. Ich führte eine Total-Renovierung der Kirche durch. Mit den örtlichen Behörden hatte ich ein gutes Verhältnis. Mitunter stand ich ihnen in ökonomischen Fragen bei ... Damals hatte ich die ersten Helfer, junge Leute. Einige helfen mit noch heute (d.i. 1982–83). Ich war mit vielen anderen jungen Priestern befreundet ..." Allerdings bekommt Vater Aleksandr damals die ersten Schwierigkeiten mit der Obrigkeit und kommt wegen eines jungen Mannes (der heute Priester fern von Moskau ist) fast vor Gericht. „Wie durch ein Wunder", sagte er, „kam ich mit einem Feuilleton (d.h. mit einem bissigen Artikel gegen Vater Aleksandr) davon." Aber natürlich wurde er 1964 (noch gerade vor dem Sturz Chruščevs) von der kirchlichen Obrigkeit, die sicher vom Staat dazu genötigt wurde, nach dem Dort Tarásovka versetzt, nun wieder nur als Zweiter Pfarrer. Sein Erster Pfarrer aber schrieb eifrig Berichte über ihn an den KGB. Der damalige Metropolit Pimen von Kruticy und Kolomna (der 1990 verstorbene spätere Patriarch), dem Vater Aleksandr sein Leid klagte, erlaubte ihm darum, mit einem anderen Geistlichen zu tauschen. So kam Aleksandr Meń an die Kirche in Nóvaja Derévnja. Der Wechsel mußte heimlich geschehen; zu viele Proteste hätte es von seiten der Pfarrkinder von Tarasovka gegeben, die sich um viele Moskauer, die regelmäßig mit der S-Bahn herbeigefahren kamen, vermehrt hatten. An der kleinen Dorfkirche der Darstellung Christi im Tempel bei der Stadt Puškino, nordöstlich von Moskau, an der Strecke nach Zagorsk, hat er bis zu seinem Tode als Priester und Seelsorger gedient. Erster Pfarrer und Vorsteher dieser Kirche konnte er erst nach der „Befreiung" der Russischen Orthodoxen Kirche durch die fortschreitende Perestrojka werden.

Seit 1959, also noch als Student des Priesterseminars von Leningrad, hat Aleksandr Meń nach eigenen Angaben zu schreiben begonnen. Aus jener Zeit des Seminars und der Akademie und des intensiven priesterlichen Dienstes stammen etwa 40 Artikel, die teilweise im „Journal des Moskauer Patriarchats", in den „Theologischen Arbeiten" eben dieses Patriarchats, aber auch in der kirchlichen Presse der DDR, Bulgariens und Frankreichs erschienen.[6]

1968 promovierte er zum Kandidaten der Theologie (d. h. nach unserem Verständnis zum Dr. theol.) mit einer religionsgeschichtlichen Arbeit über den „Monotheismus und die vorchristlichen Religionen". Dieser Arbeit lagen eine Reihe von Monographien zugrunde, die Aleksandr Meń seit 1960 verfaßt hatte: Sie gehörten zu einer Serie „Auf der Suche nach dem Wege, der Wahrheit und dem Leben" (mit bewußter Anspielung auf das Jesuswort Joh 14,6). Band 1 hieß: „Ursprünge der Religion" und ist mehr religionsphilosophischer Art; Bd. 2 befaßte sich mit „Magismus und Monotheismus". Darauf folgten die Bände „An den Toren des Schweigens" (über die chinesische und indische Religion), „Dionysos, Logos und Heimarmene" (über die Religion der Griechen).

Nach der Promotion schrieb Vater Aleksandr Meń dann einen Band über die alttestamentlichen Propheten des VIII.–IV. Jahrhunderts, der im Samizdat besonders weit verbreitet war und zu den Missionserfolgen Vater Aleksandrs in den siebziger Jahren nach dem Zeugnis auch

---

[6] Unser beigefügtes Literaturverzeichnis muß daher notgedrungen unvollständig sein. Wir nennen nur, was wir zufällig wußten oder finden konnten.

vieler Freunde der Verfasserin dieser Zeilen besonders beigetragen hat. Außerdem folgte ein Band „An der Schwelle des Neuen Testaments" (von der Epoche Alexanders d. Großen bis zur Predigt Johannes des Täufers), der die oben genannte Serie abschließt.

Der Kenner russischen theologischen Denkens erkennt gleich, daß Vater Aleksandr hier Linien auszieht, die bei seinem Vorbild Vladimir Solov'ev vorgegeben waren. Allerdings zieht er sie mit einem anderen Akzent aus und vom Standpunkt eines auch in den Naturwissenschaften bewanderten Philosophen. „Mein religionshistorisches Interesse war immer auch apologetisch", bekennt er. Er schreibt für die nichts über Religion und Christentum wissenden, in glaubenslosen Familien erzogenen und mit sachlich falscher antireligiöser Propaganda und deren Pseudo-„Religionswissenschaft" in Schule und Universität vollgestopften russischen sovetischen Gebildeten seiner Umwelt.

Neben dieser religionshistorischen „apologetischen" Serie gibt es eine zweite positive Linie: Die beiden ständig umgearbeiteten und erweiterten Bücher: „Der Menschensohn" und „Mysterium, Wort und Bild".

„Der Menschensohn" ist vielleicht am besten für den deutschen Leser nach Stil und Wirkung mit Romano Guardinis „Der Herr" zu vergleichen. Hier bringt Aleksandr Meń die Gestalt Christi, wie sie in den Evangelien erscheint, dem suchenden und fragenden Menschen des 20. Jahrhunderts nahe. Dieses Buch wäre der Übersetzung in viele Sprachen würdig. Hier hat Vater Aleksandr Meń von Auflage zu Auflage mehr auch die westliche theologische Literatur heranziehen können.[7] Er stand somit voll in der besten Tradition seiner Kirche.[8] Damit aber war er durch die erzwungene geistige Entwicklung in der Russischen Orthodoxen Kirche nach 1917 theologisch sehr einsam in der Kirche der Gegenwart. Ja, er hatte auch Anfeindungen in seiner eigenen Kirche zu erdulden „von verschiedenen Vertretern der Hierarchie, Glaubensbrüdern sowie von ehemaligen geistlichen Kindern, denen seine Offenheit und Dialogbereitschaft den nicht-orthodoxen Christen, dem Judentum, aber auch der Gesellschaft gegenüber ein Dorn im Auge war."[9]

---

[7] Daß diese natürlich nicht vollständig in bezug auf den Forschungsstand über einzelne exegetische, dogmatische oder religionshistorische Probleme war, wird niemand wundern, der die - hoffentlich vergangenen - Schwierigkeiten, sich in der Sovetunion ausländische Fachbücher zu beschaffen, kennt.

[8] Ich verweise hierzu auf den aufschlußreichen Aufsatz von K. Chr. Felmy, Die Auseinandersetzung mit der westlichen Theologie in den russischen theologischen Zeitschriften zu Beginn des 20. Jahrhunderts, in: Zeitschrift für Kirchengeschichte, 94. Jg., 1983, S. 66-82.

[9] Zitat aus dem Aufsatz von A. Bessmertnyj, deutsch in „Glaube in der 2. Welt" (G2W), 18. Jg., Nr. 10, S. 16.

Dieses Werk „Der Menschensohn" hat einen Anhang, der vor allem für den sowjetischen Leser bedeutsam ist: eine Reihe von Kapiteln, die sich mit der offiziellen sowjetischen „wissenschaftlichen" Bestreitung der Historizität Christi und der Glaubwürdigkeit der Evangelien auseinandersetzt, dazu ein weiteres Kapitel über das Turiner Grabtuch und die ostkirchliche Ikonographie des Antlitzes Christi, und ein Kapitel, das die Frage des Verhältnisses des Judentums zu Jesus Christus als dem Messias, bzw. die Gründe der Nichtannahme Jesu als Messias durch die Juden behandelt.

Die zweite Monographie, an der Vater Aleksandr in den siebziger und achtziger Jahren ständig besserte, feilte und ergänzte, hieß zunächst „Der Himmel auf Erden. Der Gottesdienst der Ostkirche". Hier führte Vater Aleksandr in den Gottesdienst der orthodoxen Kirche ein. Die Einführung in die Liturgie aber führt den Leser zur Erkenntnis und zum Erlebnis der Heilsgeschichte, der biblischen Geschichte, der Vater Aleksandr ein eigenes Kapitel „Liturgie und Bibel" widmet. Dann kehrt er zur weiteren Unterrichtung des Lesers zur Darstellung des Gottesdienstes zurück und gibt eigentlich anstelle des traditionellen Katechismus eine orthodoxe Heortologie, wie sie die orthodoxen Theologen der Gegenwart an vielen Enden der Welt fordern (Heortologie = „Lehre von den Hochfesten der Kirche und ihrer Bedeutung für den Glauben"). Dann erläutert Vater Aleksandr den Zyklus der Großen Fastenzeit über Ostern bis Himmelfahrt und Pfingsten. Ein religionspädagogisch noch gar nicht genug gewürdigtes Werk liegt vor uns.[10]

In späteren Auflagen wird das Buch „Mysterium, Wort und Bild" heißen. Es ist theologisch vertieft, dabei aber auch eigentümlich poetischer geworden. Vor allem ist es um ein ganzes Kapitel über „Die Predigt", das „Homilien über das Glaubensbekenntnis" enthält, erweitert worden. Auch diesem Buch ist eine große Wirksamkeit in der Russischen Orthodoxen Kirche und unter der russischen akademischen Jugend – und nicht nur der Jugend! – zuteil geworden.

Vater Aleksandr Meń war ein großer Missionar. Die Zahl der Erwachsenen, die er getauft hat oder die sich unter seinem persönlichen Einfluß oder dem seiner Schriften haben taufen lassen, gehen in die Tausende. Freunde aus seiner Umgebung schätzen sie auf etwa 3000. Die Rückkehr zum christlichen Glauben, die schon in den siebziger

---

[10] So hat K. Chr. Felmy in seinem neuen Buch „Orthodoxe Theologie. Eine Einführung", Darmstadt 1990 gerade auch im Sinne von Vater Aleksandr Meń genau den rechten orthodoxen Zugang zu Theologie und Dogma getroffen, wenn er mit dem 1. Kapitel: „,Wir haben das wahre Licht gesehen' – Theologie der Erfahrung" einsetzt (S. 1-24). Erstaunlich ist, daß Vater Aleksandr Meńs für die russische liturgische Theologie in der Sovetunion der Gegenwart so wichtige Buch in seinem Literaturverzeichnis fehlt.

Jahren in bestimmten Teilen der russischen Intelligencija, besonders unter der akademischen Jugend, vor sich ging, ist auch sein Werk.[11]

Dieses Anwachsen der Zahl der „praktizierenden Christen" – wie wir im Westen zu sagen pflegen; man könnte auch von „bekennenden Christen" sprechen – noch in der Zeit der Glaubensbedrückung ist ein für die Russische Orthodoxe Kirche äußerst wichtiger Prozeß zwischen etwa 1970 und 1987 gewesen, vielleicht wichtiger als der jetzige teilweise „modische" gefahrlose Zulauf zur Kirche.[12]

Vor allem hat Vater Aleksandr Meń Anteil an der hohen Prozentzahl von Menschen jüdischer Herkunft[13], die sich damals – meistens aus der Assimilation und der Säkularität kommend – in der orthodoxen Kirche Rußlands taufen ließen. Gerade ihren Fragen – den Beziehungen von Altem und Neuem Testament sowie dem Verhältnis von „Evangelien, Gesetz und Pharisäertum" – ist darum ein großer Teil des Schaffens von Vater Aleksandr Meń gewidmet. (Allerdings ging Vater Aleksandr bei der Behandlung dieses Themas auch über die Problematik des Judentums hinaus und sprach von der falschen christlichen Gesetzlichkeit und dem christlichen Pharisäertum in gleicher Weise.)

Vater Aleksandr Meń ist in diesen Jahrzehnten seines Mühens um die Ausbreitung des Evangeliums trotz staatlicher Bedrückung im Ausland verhältnismäßig wenig beachtet worden, anders als sein Freund Priester Gleb Jakunin, der durch seinen 1966 zusammen mit Priester N. Ešliman verfaßten Protestbrief an den Patriarchen im Ausland be-

---

[11] Diese Zuwendung zum Glauben an Christus, zur orthodoxen Kirche, gerade der Besten unter den jungen Dozenten und Studenten der Universitäten und Hochschulen, ihre Karrierebrüche um des Bekenntnisses willen, ihre Wirksamkeit in der Kirche als Priester oder Laientheologen, hat zu wenig Interesse bei uns gefunden. Vgl. auch Anm. 2 und Anm. 13.

[12] Wie es jetzt vor allem im europäischen Rußland vor sich geht, so ähnlich muß es im konstantinischen Zeitalter gewesen sein. Der Zusammenbruch der kommunistischen Utopie hat das Gefühl von Sinnlosigkeit und moralischem Nihilismus hervorgebracht. Man sucht beim Christentum die neuen alten Werte. Viele der altgedienten Parteileute „wenden sich" eilfertig, da positive Einstellung zur Kirche die neue, von „oben" vorgegebene „Parteilinie" zu sein scheint.

[13] Dies ist eigentlich damals überhaupt nicht im Westen zur Kenntnis genommen worden. Während die christlichen Kirchen weltweit die Erfahrung haben, daß es fast unmöglich sei, religiöse oder säkulare Juden für den Glauben an Christus zu gewinnen, hat die Russische Orthodoxe Kirche etwa von der Mitte der sechziger Jahre dieses Jahrhunderts an bis tief in die achtziger Jahre hinein eine wirklich große Zahl von jungen Intellektuellen jüdischer Abkunft unter ihren erwachsenen Täuflingen und lebendigen Gemeindegliedern begrüßen können. Leider wurde dieser in der Geschichte des Christentums wichtige, ganz im Sinne Jesu Christi liegende „Missionserfolg" an Seinem eigenen Volk schon damals nicht von allen in der Russischen Orthodoxen Kirche geschätzt. Antisemitische Ressentiments tauchten, damals noch mehr oder minder sorgfältig vor dem Licht der Öffentlichkeit verborgen, schon damals hier und da in der Kirche auf. Daß sie bei Partei- und Staatsbehörden vorhanden waren, war damals schon ein offenes Geheimnis.

rühmt wurde und als führender Dissident berühmt blieb; anders als Aleksandr Solženicyn, der neben seinen bedeutenden Werken ja auch eben solch einen Brief an Patriarch Pimen geschrieben hat (ca. 1972). Aleksandr Meń sagte hierzu: „Zur persona ingrata wurde ich im Zusammenhang mit dem Brief der Priester N. Ešliman und G. Jakunin. Es gab auch den Mythos, ich habe ihn verfaßt. Außerdem kamen meine Veröffentlichungen im Westen dazu. Aber in ihnen war nichts Politisches. Ich hielt überhaupt die Politik für etwas Vergängliches; ich wollte im Bereich des Unvergänglichen arbeiten ..."[14] Auf die Frage des Erzbischofs Kiprian, ‚ob ich nicht etwa ein Dissident sei', antwortete ich ‚Nein. Ich halte mich für einen unserer Gesellschaft nützlichen Menschen, da sie – wie jede andere Gesellschaft – geistliche und ethische Fundamente braucht.' ... Mit Aleksandr Solženicyn bin ich in der Stadt in seiner Wohnung bekannt geworden. Ich schätzte seinen Verstand, seine Lebendigkeit und Entschiedenheit, seine prophetische Berufung sehr hoch. Das deckt die Unbequemlichkeit seines Charakters und seine mitunter extremen Äußerungen ab, wie sie großen Persönlichkeiten eigen sein können. Aber unsere Wege waren verschieden, bei allen guten Beziehungen zwischen uns. Ich trug zur Rückkehr Aleksandr Isaevičs zum Christentum bei. Aber er legte Nachdruck auf die äußeren Probleme der Kirche. Doch ich hielt und halte noch jetzt ihre Hauptschwierigkeiten und ihre Krise für eine Angelegenheit ihres Inneren."

Wer konnte einen solchen Menschen ermorden wollen? Fassungslos fragt sich das die russische kirchliche, gesellschaftliche und kulturell interessierte Öffentlichkeit.[15] Bis jetzt ist die schreckliche Tat unaufgeklärt und ungesühnt, obwohl Priester Gleb Jakunin als Deputierter des Obersten Sovet der Russischen Föderierten Sovetrepublik sogleich Untersuchungen durch die höchsten und zentralen – und damit kompetentesten – Organe zur Verbrechensbekämpfung verlangte und daraufhin der Präsident der Sovetunion, Michail Gorbačev, eine dringende spezielle Untersuchung des Falles anordnete. Bei dem (von Tausenden besuchten) Begräbnis von Vater Aleksandr Meń sagte der Stellvertreter

---

[14] An dieser Stelle sagte Vater Aleksandr Meń damals (1982/83!) noch etwas Bezeichnendes, das bis zu seinem Tode gelten sollte: „Unter den Menschen, die mich wenig kannten, gingen Legenden über mich um: Ich sei Okkultist, Zionist, Katholik, Modernist, ein Agent des KGB usw. Das ist bis heute geblieben!"

[15] Das Wort ist in der Sovetgesellschaft immer noch fragwürdig, trotz Perestrojka. Man muß ihre Art „Öffentlichkeit" kennen: Das sind nicht die Politiker und nicht die Journalisten, sondern die kritische Intelligenz, die sich selbst eine Öffentlichkeit im persönlichen Gespräch schafft. Leider haben nur die schlichten Leute und Ungebildeten, die nicht zu dieser Intelligenzschicht und ihrer internen „Öffentlichkeit" gehören, fast keinen Anteil an deren Fragen und Problemen. Im Falle von Aleksandr Meń gehörte aber auch das Kirchenvolk zu dieser Öffentlichkeit mit allen seinen Schichten.

der Abteilung für Innere Sicherheit des Moskauer Vollzugskomitees (sozusagen der Moskauer Stadtrat), S. Astaškin, zum Journalisten Aleksandr Minkin[16], daß die Miliz von einem Raubüberfall oder der Tat eines Betrunkenen ausginge und auch keinen Grund hätte, nach einem anderen Tatmotiv zu suchen.[17]

Ganz anderer Meinung sind diejenigen, die Vater Aleksandrs Tätigkeit und die Umstände des Mordes kannten. Derselbe Aleksandr Minkin zeigt, wie unwahrscheinlich diese These[18] und damit, wie mutmaßlich vergeblich die Suche im rein kriminellen Milieu ist: „Raub? Das Ziel des Räubers ist Beute. Einbrechen in das Haus eines reichen Ko-

---

[16] Vg. A. Minkin, „Weinet nicht über mich" (russ.), in: „Ogonëk", No. 39 vom 22.–29. September 1990, S. 32 f.

[17] Gerade diese Umstände machten die Verfasserin dieses Artikels aus eigener Lebenserfahrung sehr nachdenklich. In ihrer Stadt Erlangen war am 19. Dezember 1980 der entsetzliche Doppelmord an Slomo Levin, dem früheren Vorsitzenden der jüdischen Kultusgemeinde von Nürnberg, und an seiner Lebensgefährtin, der Witwe des früheren Erlanger Oberbürgermeisters Frieda Poeschke, geschehen. Rabbi Levin war ein hochgebildeter Mann, der einen kleinen Verlag leitete und der auch im jüdisch-christlichen Gespräch eine bedeutende Rolle spielte. Für alle, die die damalige internationale rechtsradikale Szene kannten (Verf.in hatte kurz vorher in Paris vier gleichartige Attentate erlebt), war die Machart des Anschlags eindeutig: klingeln, schießen, sich aus dem Staube machen. Aber lange, lange beharrten der Oberstaatsanwalt und die Polizei gegenüber beunruhigten Gliedern der jüdischen Gemeinde darauf, daß es sich keinesfalls um einen rechtsradikalen Anschlag handeln könne, sondern daß es sich um eine „Beziehungstat", d. h., um einen aus dem persönlichen Umfeld bzw. aus dem Lebenslauf stammenden Mord handeln müßte. Dementsprechend führte sie die Untersuchung einseitig in diese Richtung, obgleich schon damals ein Indiz dafür vorlag, das auf Zusammenhänge der Tat mit der rechtsradikalen „Wehrsportgruppe" Kurt Hoffmann wies. Jahre später wurde der inzwischen seinerseits im Libanon umgekommene Täter ausgemacht. Hinter dem Mord stand in der Tat diese Gruppe, wenn es auch nicht mehr gelang, dies eindeutig nachzuweisen. Für Verf.in war es eine tiefgreifende sozialpsychologische Erfahrung, daß alle Menschen ihres Umkreises, die in der Nazizeit eher selber „braun" oder „Mitläufer" gewesen waren, sich der These der Staatsanwaltschaft anschlossen, während die Menschen, die aus dem Kreise der Anti-Hitler-Verschwörung des 20. Juli oder der Traditionen der „Bekennenden Kirche" stammten, die rechtsradikale Tat für möglich, ja wahrscheinlich hielten. Hier muß irgendein unterbewußter seelischer Verdrängungsmechanismus wirken. Denselben sah Verf.in wieder in den Folgewochen nach dem Mord an A. Meń am Werk: Wer in der Kirche Kompromisse mit der Staatsmacht geschlossen hatte oder selber Kommunist gewesen war, wer offen oder verdeckt dem Antisemitismus huldigte, wer entschieden antiökumenisch gesinnt war, ließ nur die These vom Raubüberfall gelten! Die innere Krise der Kirche, von der Aleksandr Meń gesprochen hatte, trat für mich hier ans Tageslicht!

[18] Sie ist es an sich ja wohl nicht ganz. In dem Fall wäre Vater Aleksandr das Opfer kirchenfrevlerischen russischen Räubertums, wie es es in allen Jahrhunderten gegeben hat. Solche Außenseiter der Gesellschaft haben immer bei der Kirche und ihren Dienern unermeßliche Reichtümer vermutet. So wurde beispielsweise auch der hl. Serafim von Sarov († 1832) in seiner Wald-Einsiedelei von Räubern überfallen und zum Krüppel geschlagen.

operators[19] oder eines Akademiemitglieds – da kann man morden und viele Tausende rauben. Man kann es auch auf der Straße – eine Frau mit Brillanten in den Ohren, einen gut gekleideten Mann mit dicker Brieftasche. Aber Reiche eilen nicht um 6.30 Uhr auf die Arbeit. Die Reichen schlafen zu der Zeit (wie auch die Räuber!). Reiche fahren nicht mit der S-Bahn, wohnen nicht in der Siedlung „Semchos" (wo das Häuschen Vater Aleksandrs stand, von dem er sich zur S-Bahnstation aufgemacht hatte, um zum Gottesdienst in seiner Kirche zu fahren). Was sollte überhaupt ein Räuber im kleinen Hain bei der armen Bedarfs-Haltestelle suchen ...[20] Zwar sind die Zeiten so, daß man auch für einen Zehnrubelschein jemand erstechen kann. Doch das geschieht abends, wenn die Läden offen sind, wenn der verzweifelte Wunsch, „noch (Alkohol) aufzufüllen", den Kopf verdreht und die moralische Bremse löst. – Ein Mord im Suff? Um zwei Uhr mittags – will ich es glauben; um neun Uhr abends – ja; um Mitternacht – natürlich. Aber um 6.30 Uhr morgens gibt es in Rußland keine Betrunkenen, da schlafen sie wie die Säcke oder sind schon nüchtern geworden. – Die Grausamkeit von Rockern. Doch die Zeit der Rocker ist der Abend, der Ort – der Torbogen, die Waffen – die Fahrradkette. Hier aber haben wir den Morgen, den Hain, das Beil. – Aus Eifersucht? Vater Aleksandr war ein Mensch tadelloser Sittlichkeit. – Aus Rache, aus Kränkung? Vater Aleksandr hat niemand etwas Böses getan ... Das ganze Leben hindurch war „nur" das Wort die Waffe des Vaters Aleksandr. Eine andere hat er nie berührt. Mit dem Wort eroberte er die Seelen der Menschen für Gott. In dieser Schlacht war er unbesiegbar. Denn das Wort Gottes ist unbesiegbar. – Hier wurde eine andere Waffe gewählt!" Und wie Aleksandr Minkin zeigt: Sie wurde gezielt gegen Vater Aleksandr Meń gewählt. Ihm wurde aufgelauert. Doch von wem?

Die Schreiberin dieser Zeilen war, als der Mord geschah, in der Sovetunion, und sie ist Zeuge der allgemeinen Meinung in der Kirche nahe stehenden Kreisen und in der Moskauer Gesellschaft überhaupt, der Aleksandr Minkin als Journalist nur verschleiert Ausdruck geben kann, da er keinen Schuldigen die Tat nachweisen kann.

Die Möglichkeit des Raubmordes wurde dort allgemein ausgeschlossen. Zwei Wahrscheinlichkeiten bestanden: Erstens – Kreise der rechts-

---

[19] D.h., Mitglied einer „Kooperative", einer privatwirtschaftlichen Handels- oder Produktionsgenossenschaft, wie sie jetzt in der Sovetunion möglich sind.

[20] Als Vater Aleksandr Meń gefunden wurde, am Beilhieb verblutet, hatte er alle seine Personalpapiere und Wertsachen bei sich; nur seine Aktentasche mit für den Gottesdienst und die Predigt bestimmten Dingen und Notizen war gestohlen. Sollte so vom eiligen Mörder (oder den Mördern) der Anschein eines Raubmordes vorgetäuscht werden? Zu „versilbern" fand sich da praktisch nichts.

extremen, antisemitischen Bewegung „Pamjat'" oder ihr Nahestehende. Der Antisemitismus ist mit der Öffnung der Presse und dem Wegfall der Zensur leider in der Sovetunion „gesellschaftsfähig" geworden. Mit ihm die im hochkatholischen, rechtgläubigen Spanien des 15. Jahrhunderts erfundene Häresie, daß „Blut dicker als Wasser" sei, daß auch ein *getaufter Jude* kein *wahrer Christ* sein könne, darin hindere ihn seine Volkszugehörigkeit.[21] „Finstere Seelen" (Aleksandr Minkin), Leute, die die von bestimmten russischen Chauvinisten öffentlich wieder propagierten „Protokolle der Weisen von Zion"[22] für bare Münze nehmen, die es stört, daß ein Priester jüdischen Geblüts (dieser schreckliche rassistische Aberglaube!) so viele geistliche Kinder hat, daß man gerade seine Stimme überall hört.

Seit Ausbruch der Kirchenfreiheit hielt Vater Aleksandr durchschnittlich 22 Vorträge im Monat. Er wurde zu einer ersten Einführung in den christlichen Glauben in Oberschulen, Hochschulen, Kasernen der Roten Armee eingeladen. Er gründete die Freie Orthodoxe Universität in Moskau, die schon erste Vorlesungen im Winter 1989/90 angeboten hatte und die nun offiziell am 30. September eröffnet werden sollte mit Vater Aleksandr Meń als Rektor. Er gab die Zeitschrift „Die Welt der Bibel" heraus. „Dieser untadelige Christ rief bei vielen Haß hervor. Seine ungeheuchelte Frömmigkeit, sein weltweites Bekanntsein als einer der bedeutendsten Theologen der Gegenwart, seine Bücher, die ‚dort' (d.h. im Ausland) gedruckt worden waren, die reine, begeisterte Liebe seiner Gemeindemitglieder – das gab den finstern Seelen keine Ruhe. Und vor allem war es für sie unerträglich, daß dieser große Seelenhirt der orthodoxen Kirche ein Jude dem Blute nach war. Hier und dort erschienen in der Presse beleidigende Ausfälle gegen Vater

---

[21] Durch den sonst für die russische Kirche so verdienstvollen Erzbischof Gennadij von Novgorod (1485–1504) und seinen Kreis kam diese Häresie auch nach Rußland, wenn sie auch erst im 19. Jahrhundert unter dem Einfluß des neuzeitlichen westeuropäischen „biologischen" (rassistischen) Antisemitismus weitere Anhängerschaft fand. Wir sollten uns erinnern, daß auch unsere evangelische Kirche in Deutschland von dieser Häresie nicht freigeblieben ist, weder zu Luthers Zeiten noch vor allem im 20. Jahrhundert, als sie den Arierparagraphen der nationalsozialistischen Regierung auf ihre Pfarrer jüdischer Abstammung anzuwenden bereit war.

[22] Die Geschichte der Entstehung dieser sogenannten „Protokolle" auf französischem und ihrer verschärft antisemitischen Redaktion auf russischem Boden, ihre Lancierung, nicht ohne Beihilfe des zaristischen Geheimdienstes, ist auch in der Sovetunion bekannt. Da sie aber von „etablierten" und „liberalen" Zeitschriften nun wieder bekannt gemacht wurde, glauben die monarchistisch-nationalorthodoxen, antisemitischen Kreise diesen Fakten nicht, obgleich sie für die Historiker aller Welt seit langem eindeutig erwiesen und im einzelnen dargestellt worden sind. Man will an die „jüdische Weltverschwörung" zur Erringung der Weltherrschaft glauben!

Aleksandr Meń.²³ Seine Bücher sind in Rußland (trotz „Pressefreiheit" – v. L.) noch immer nicht gedruckt." (Aleksandr Minkin) („Der Menschensohn" soll, wie die Verfasserin erfährt, nun nach seinem Tode in seiner sovetischen Zeitschrift in Fortsetzung erscheinen.)

Der zweite Kreis, in dem man den oder die Schuldigen suchen muß oder in dem man ihn (bzw. sie) kennen und schützen könnte, ist der KGB. Auch Minkin und andere Journalisten deuten diese Möglichkeit vorsichtig an (beweisen können sie es ja nicht). Als Parallele für die Stimmung im kommunistischen Staatssicherheitsdienst wird unter den vom Mord an Vater Aleksandr Betroffenen der Mord an Priester Popiełuszko angeführt, der von zwei Staatssicherheits-Offizieren ermordet wurde, als Polen sich gerade auf den Weg zur Freiheit machte. Auch sind in der Sovetunion im Laufe des letzten Jahres noch weitere Pfarrer und Kirchenleute rätselhaft ermordet worden, was nur nicht so weite Wellen geschlagen hat wie der Tod des zumindest durch das Fernsehen der letzten zwei Jahre weithin bekannten Aleksandr Meń. In einem Fall – in Lettland – sind die Hinweise auf eine Beteiligung des KGB besonders dicht. Es scheint so, daß jemand, der mehr oder minder überzeugt mit sogenannten „operativen", d. h., Recht, Gesetz und jegliche Moral leugnenden Mitteln für den Kommunismus gekämpft hat und nun sieht, daß ihm im wirtschaftlichen und gesellschaftlichen Bereich alle Felle davonschwimmen, wenigstens in der Kirche – und gerade in missionarisch aktiven Geistlichen – weiter den „Erzfeind" sieht und bekämpft, um seine eigene Identität zu bewahren.

Vielleicht muß man die beiden möglichen Urheberkreise dieses abscheulichen Mordes nicht einmal gegeneinander ausspielen. Es gibt genug Anhaltspunkte dafür, daß es eigentümliche Verbindungen zwischen KGB, Miliz und Parteiapparat einerseits und den „Pamjat'"-Gruppen andererseits gibt.²⁴ In dieses Bild paßt die Tatsache, die

---

²³ In den der „Pamjat'" nahestehenden Zeitungen, so in der Zeitschrift „Die Zarenglocke", dem Organ der Bewegung „Landesversammlung" („Zemskij Sobor") verstieg man sich zu der Behauptung, daß der Priester Aleksandr Meń „ein Agent der jüdisch-freimaurerischen Mafia" gewesen sei, den „die eigenen Parteigänger ermordet hätten, um einen Schatten auf die orthodoxen Patrioten zu werfen". (In: „Moskovskie Novosti", No. 43, vom 28. Oktober 1990, S. 9)

²⁴ Es fällt auf, daß die Rechts-Extremen Dinge tun dürfen, die den „Liberalen Demokraten" verwehrt werden: So dürfen sie direkt unter den Kreml'-Mauern demonstrieren, während die Demonstrationen der Demokraten ins Stadion „Lúžniki" oder sonst vom Stadtkern entfernt verbannt werden. Beim „Pamjat'"-Überfall auf die liberal-demokratische Schriftsteller-Vereinigung „April" („Heute prügeln wir, das nächste Mal kommen wir mit Maschinengewehren", wurde da gesagt!) wurde mit Mühe ein einziger Mann verurteilt, obgleich daran eine ganze Truppe von 40–50 Personen beteiligt war u. ä. Die „Pamjat'"-Veröffentlichungen sind voll von Lobsprüchen auf die Armee und den KGB als Faktoren der öffentlichen Ordnung.

„Glaube in der 2. Welt" mitteilt. Die Zeitschrift hat von der Redaktion der „Russkaja Mysl'" folgendes erfahren: In den letzten Monaten zeichnete das Moskauer Fernsehen einige Vorlesungen Vater Aleksandr Meńs zum Thema „Wir lesen die Bibel" auf. Als man sie jedoch nach dem Tod des Geistlichen ausstrahlen wollte, stellte sich heraus, daß die Bänder aus „einem technischen Versehen" gelöscht waren! Die Verfasserin dieses Nachrufs hat 14 Tage nach dem Mord im sovetischen Fernsehen die Wiederholung eines einstündigen Gesprächs mit Vater Aleksandr über christliche Erziehung gesehen, das auf Verlangen der Fernsehzuschauer ausgestrahlt wurde. Hier sprach Vater Aleksandr darüber, wie die Verwirklichung einer christlichen Schulerziehung in der total säkularisierten sovetischen Gesellschaft möglich sei, wie überhaupt eine Erziehung zu den höchsten Werten des Menschseins versucht werden könnte. (Er sprach ausdrücklich von der Notwendigkeit der Freigabe von Reformschulen, die notgedrungen experimentieren müßten, um eine ganz neue freiheitliche – „der Freiheit eines Christenmenschen" angemessene – Erziehung, die die alte sovetische Pauk-, Drill- und Denunziations-Schule ablösen könnte, zu entfalten.) Das Bedrückende war, daß das Zentrale Staatsfernsehen offenbar auf „Ausgewogenheit" aus war und gleich anschließend – ohne erklärende Überleitung – ein zweites Gespräch mit einem in der Öffentlichkeit sehr bekannten Metropoliten[25] der Russischen Orthodoxen Kirche sendete, der von der erziehenden Rolle der christlichen Familien und des Gottesdienstes der Kirche sprach. Alles ganz richtig: Aber es entstand der Eindruck, hier würde ein Gegenkonzept entfaltet. Kein Wort darüber, daß sich ergänzende Entwürfe hier vorgelegt wurden. Kein Wort darüber, wie das christliche Menschenbild, die christliche Ethik auch ganz kirchenfremden Eltern und Schülern unter den Bedingungen des gegenwärtigen moralischen Nihilismus der Sovetgesellschaft angeboten werden könnte, nicht um einfach nur die Zahl der Kirchenglieder zu vermehren, sondern auch, um zum Bau einer menschlicheren Gesellschaft beizutragen. Zwei Welten standen hier anscheinend beziehungslos nebeneinander, die doch eigentlich zusammengehören.

Wir führen dies deswegen eingehend aus, weil wir hier bei der inneren Krise der Russischen Orthodoxen Kirche sind, von der Vater Aleksandr Meń gesprochen hatte. Was ist die Rolle der Kirche in dieser Welt? Gewiß, „der Himmel auf Erden"[26], den man verläßt, wenn man

---

[25] Ich nenne den Namen dieses Metropoliten absichtlich nicht, denn ich weiß nicht, ob er wußte und wollte, daß seine Sendung in dieser Weise der von den Zuschauern erzwungenen Sendung des Meń-Interviews quasi entgegengestellt wurde.
[26] Erinnern wir uns recht daran, daß es Vater Aleksandr Meń war, der mit diesem frei aus der Fasten-Liturgie seiner Kirche zitierten Wort, und dem dazu geschriebenen Buch

aus dem Gottesdienst wieder in die Alltagswelt eintritt, die völlig beziehungslos neben dieser göttlichen Welt zu stehen scheint, in der man sich an die antigöttlichen Lebensgesetze dieser gottfernen Welt notgedrungen adaptieren soll oder muß – oder ein „geistlicher Tempel aus lebendigen Steinen" (1. Petr 2,5), dessen göttliches Licht in die Welt hinausgetragen wird, um den Menschen zu leuchten, sie zu erleuchten[27], um das schöne altkirchliche Wort zu gebrauchen; um sie zu erlösen von ihrer eigenen Sünde und von der Schreckenshaft in die verstrikkende Schuld und Unmenschlichkeit der nur das materielle kennenden Welt; um den Menschen die „herrliche Freiheit der Kinder Gottes" (Röm 8,21) zu öffnen?

Vater Aleksandr Meńs Lebensweg und Lebenswerk ist aber auch ein sprechender nachträglicher Beitrag zu unserem Tutzinger Symposium. Denn dies ist ja die Frage für die Kirchen in aller Welt: Wie erfüllt die Kirche unter den Bedingungen des ausgehenden 20. Jahrhunderts und unter den Auspizien der weltweiten und örtlichen Entwicklungen ihre Sendung zu den „Vielen", für die nach dem Evangelium und unserem Glaubensbekenntnis unser Herr Jesus Christus sein Leben ließ? Vater Aleksandrs Leben macht etwas davon deutlich, was keine theoretische allgemeine Überlegung so ersetzen kann: den echten persönlichen, priesterlichen Weg des Christgläubigen in der modernen, sich als gottfern oder gottlos verstehenden Welt im Opferdienst für sie. Erzpriester Aleksandr Meń ist ein Märtyrer der Nachfolge seines Herrn geworden[28], er verkörpert lebendig das, wozu der Apostel Paulus auffordert:

---

und der Erlebniswelt, die es eröffnete, vielen Menschen die Tore dieser orthodoxen Kirche öffnete. Es wurde ihm in den letzten Jahren u. a. auch vorgeworfen, daß er „zu westlich" gesonnen sei, weil er westliche neueste theologische Literatur benutzte; ja, man behauptete, er sei Kryptokatholik. Dabei sagte er selbst: „Als ich mit dem Katholizismus bekannt wurde, überzeugte ich mich von seinen großen Vorzügen, doch dachte ich niemals daran, die Orthodoxie zu verlassen."

[27] Gedenken wir auch hier der altkirchlichen Bedeutung des Wortes „Erleuchtung" (franz.: „illumination", russ.: „prosveščenie"), was sowohl eben „Erleuchtung" als auch „Aufklärung" bedeutet, worauf schon im 19. Jahrhundert der große Dichter Nikolaj Gogol' seine Landsleute hingewiesen hatte: Die wahre Aufklärung ist die Erleuchtung durch Christus. In der alten Kirche war „Erleuchtung" synonym mit „Taufe", „Sich-taufen-lassen". Genau diesen Weg hat Vater Aleksandr seine geistlichen Kinder geführt: „Wer glaubt und getauft wird, der wird selig werden".

[28] Es sei daran erinnert, daß für das russische Volk der unschuldig Erschlagene schon seit den ersten Zeiten des Christentums in seinem Lande als Märtyrer bzw. als den Märtyrern nahestehend galt. Selbst wenn die These von einem sinnlosen Verbrechen des Raubes oder schierer Aggressivität wahr sein sollte, ist Vater Aleksandr Meń in diesem Sinne des kirchenslavisch-liturgischen Wortgebrauchs ein „ubiénnyj", ein unschuldig Ermordeter. Die geheime innere Krise des russischen orthodoxen Bewußtseins wird dem Wissenden daran offenbar, ob der Priester beim bestellten Toten-Gedächtnis-Gottesdienst bereit ist, so zu sprechen. Dann ist der Charakter des unschuldigen Opfers jedem Gläubigen

„Ich ermahne euch, Brüder, kraft der Barmherzigkeit Gottes: Bringt euer ehrliches Leben Gott zu einem lebendigen, heiligen, ihm wohlgefälligen Opfer dar; das soll euer vernünftiger Gottesdienst sein. Macht euch nicht dieser Weltzeit gleich, sondern wandelt euch um; laßt eure Sinne neu werden, daß ihr beurteilen könnt, was Gottes Wille ist: das Gute, das Gott Wohlgefälige, das Vollkommene." (Röm 12,1–2)[29]

Vorläufiges Literaturverzeichnis: Erzpriester Aleksandr Meń

Vorbemerkung: In diesen Anmerkungen schreiben wir alle russischen Namen und Titel in der wissenschaftlichen Umschrift der deutschen Bibliotheken. Das Literaturverzeichnis kann nicht vollständig sein. Es enthält praktisch nur die Werke Vater Aleksandrs, die außer in Maschinenschrift-Kopien des „Samizdat", des berühmten Selbstverlagssystems der „Dissidenten", die sich mit der Mühe des Abschreibens und Kopierens ständig in die Gefahr politischer Verfolgung brachten, auch im „Tamizdat", d. h., im Ausland, speziell in dem für die russisch-orthodoxe theologische und religionsphilosophische Literatur so wichtigen Verlag „Leben mit Gott" („Žizń s Bogom") des „Foyer Oriental Chrétien" in Brüssel unter Leitung von Irina Michajlovna Posnova und ihren Mitarbeitern erschienen sind.

Wie im Aufsatz erwähnt wird, gibt Vater Aleksandr Meń selbst die Autorschaft von etwa 40 Artikeln an, im „Journal des Moskauer Patriarchats", aber auch in Publikationen Bulgariens, der DDR und von Paris. Diese gelang es uns in der uns zur Verfügung stehenden Zeit nicht zusammenzubringen; daher bringen wie im folgenden nur die *Monographien* von Erzpriester Aleksandr Meń.

(Anonym): Der Himmel auf Erden (Nebo na Zemle). Der Gottesdienst der Ostkirche. Ein liturgischer Abriß. Brüssel 1969
Andrej Bogoljubov (Pseudonym): Der Menschensohn (Syn Čelovečevskij). Brüssel 1969
Emmanuil Svetlov (Pseudonym): Die Reihe: Auf der Suche nach dem Wege, der Wahrheit und dem Leben (V poiskach Puti Istiny i Žizni), Bd. 1: Ursprünge der Religion (Istoki Religii). Brüssel 1970

---

deutlich: „Wir bitten für den unschuldig ermordeten Erzpriester Aleksandr Meń." Viele Amtsbrüder Vater Aleksandrs mögen diesem Wortgebrauch in bezug auf ihn nicht folgen, sondern sprechen lieber „vom tragisch Umgekommenen" (vgl. hierzu oben, Anm. 21!). Diese Tatsache ist mir aus klagenden Leserbriefen an die Redaktion der „Literaturnaja Gazeta" bekannt, von der sie mir in einem persönlichen Gespräch am 24.10.1990 Mitteilung machte. Diese Briefe sind bis heute m.W. nicht abgedruckt.

[29] Ich zitiere dies Wort nach der Übersetzung des Neutestamentlers Ulrich Wilckens, weil sie dem griechischen Urtext am nächsten steht. Es geht hier vor allem um das griechische Wort „logikós" = „vernünftig", „logisch", „der Vernunft gemäß"; die Einheitsübersetzung spricht daher vom „wahren und angemessenen" Gottesdienst an dieser Stelle. Das ist genau, worum es Vater Aleksandr Meń immer ging und wofür er durch seine Lebenshingabe zeugte.

E. Svetlov: Bd. 2: Magismus und Monotheismus (Magizm i Edinobožie). Brüssel 1971
E. Svetlov: Bd. 3: An den Toren des Schweigens (U vrat molčanija). Vom geistlichen Leben Chinas und Indiens. Brüssel 1971
E. Svetlov: Bd. 4: Dionysos, Logos und Heimarmene (d. i. schickssalhafte Vorbestimmung) (Dionis, Logos i Sud'ba). Die griechische Religion und Philosophie. Brüssel 1971
E. Svetlov: Bd. 5: Boten des Gottesreichs (Vestniki Carstva Božija). Die biblischen Propheten des VIII-IV. Jahrhunderts. Brüssel 1972
E. Svetlov: Bd. 6: Auf der Schwelle des Neuen Testaments (Na poroge Novogo Zaveta). Von der Epoche Alexanders d. Gr. bis zur Predigt Johannes des Täufers. Brüssel 1983
Erzpriester Aleksandr Meń: Mysterium, Wort und Bild (Tainstvo, Slovo i Obraz). Der Gottesdienst der Ostkirche. Mit einem Vorwort des Erzbischofs Ioann (Šachovskoj) von San Francisco. Brüssel 1980 (= Neubearbeitung des Buches „Der Himmel auf Erden" von 1969, s. o.)

Vorläufiges Literaturverzeichnis: Erzpriester Aleksandr Meń

Artikel in russischer Sprache (Zusammenstellung von der Redaktion)
A. Bogoslovskie Trudy (Moskau)
   O russkoj pravoslavnoj bibleistike, Bd. 28/1987, S. 272-289
B. Žurnal Moskovskoj Patriarchii (Moskau)
   Poėzija sv. Grigorija Bogoslova,
   1959/3, S. 62-68
   Nazaret - kolybel' christianstva,
   1959/9, S. 61-64
   Navstreču Christu,
   1961/1, S. 45-47
   Spasenie miru,
   1961/2, S. 45-49
   Pobeda nad smert'ju,
   1961/4, S. 44-47
   Pjatidesjatnicu prazdnuem!
   1961/5, S. 55-58
   Svetoči pervochristianstva,
   1961/7, S. 58-66
   Poslednie dni i mučeničeskaja končina Ioanna Krestitelja,
   1961/11, S. 60-63
   Tajna volchov,
   1961/1, S. 60-67
   „Gospod' moj i Bog moj!"
   1961/4, S. 54-57

„Syn gromov",
1962/5, S. 49-60

Sv. Iverij, papa Rimskij (K 1600-letiju so dnja prestavlenija),
1966/8, S. 52-57

C. Weitere Artikel in Auswahl

Wladimir Solowjew - Werk und Erbe, Stimme der Orthodoxie
1976/2, S. 46-61

Die Starzen von Optina - Starez Makari, Stimme der Orthodoxie
1976/10, S. 60-64

Religija, kul't ličnosti i sekuljarnoe gosudarstvo (Zametki istorika religii). In: Na puti k svobode sovesti. Moskva 1989, S. 88-111

Die Erkenntnis von Gut und Böse, In: SPUTNIK (Moskau) 1990/12, S. 16-18

D. Nachruf

Vestnik Russkogo Christianskogo Dviženija, 159/1990/2, S. 287-306

ALEKSANDR MEŃ †, MOSKAU

Thesen

1. Die Versuche, die Gute Nachricht des Christentums in einer nicht traditionellen Sprache zu präsentieren, werden in Kirchenkreisen (vor allem bei den Fundamentalisten aller Konfessionen) als „Modernismus" verworfen. Dabei ist der Begriff des „Modernismus" an und für sich schon etwas Relatives. Etwas, das gestern und heute noch als „Innovation" erscheint, gilt schon morgen als „Alt". Der Gedanke der nicht-traditionellen Methoden der Predigt bedeutet keinesfalls ein Abschiednehmen von der Tradition. Seine Berechtigung findet er in der Notwendigkeit, das Ewige im Mentalitätsrahmen einer gegebenen Kultur bzw. Epoche darlegen zu müssen.

2. Anders als die heiligen Bücher anderer Religionen war die Bibel schon sehr früh in viele Sprachen übersetzt worden, und das Christentum nahm in den unterschiedlichen Kulturen immer neue, zum Teil recht unerwartete „Inkarnations-Formen" an. Der Anfang dieses Prozesses (Eindringen des Christentums in nichtbiblische Kulturen) erfolgte bereits im ersten Pfingstereignis (Apg 2).

3. Unter Beibehaltung seiner geistigen Identität hat das frühe Christentum bei der Predigt das Evangeliums auch die Besonderheiten der hellenistisch-römischen Kultur berücksichtigt (Apg 17).

4. Mit noch größerer Schärfe wurde diese Frage in der frühen Patristik aufgeworfen: Soll das Erbe der Antike als Form und Sprache

für das Zeugnis des christlichen Glaubens verworfen oder zumindest teilweise übernommen werden? Als Ergebnis erleben wir im griechisch-syrischen Raum (Justin), im lateinischen Raum (Minucius Felix) und im lateinisch-afrikanischen Raum (Clemens von Alexandria) den Beginn einer Rezeption der antiken Kultur durch die Christenheit, wenn auch gewiß unter differenziertem Vorgehen.

5. Die gleiche Tendenz fand im „Goldenen Zeitalter" der Patristik (Basileios der Große, Gregor von Nazianz, Augustin u. a.) ihre Fortentwicklung.
6. Bei der Christianisierung der jungen Völker Europas fand eine Rezeption zahlreicher Elemente ihrer traditionellen Kultur statt.
7. Die Abgrenzung begann erst seit der Renaissance, als es zur Entstehung von zwei Mentalitäten (kirchlich/weltlich) kam.
8. Versuche zur Überwindung dieser Divergenz wurden im Westen vor allem vom 18. bis zum 20. Jahrhundert unternommen. Als Beispiel sei die liberale Theologie (Schleiermacher, Ritschl, Harnack), die Entmythologisierung (Bultmann) und das Projekt eines „religionslosen Christentums" (Bonhoeffer) genannt.
9. Es fällt jedoch schwer, diese Bemühungen als erfolgreich zu bezeichnen, da sie zu einer Decharismatisierung des Christentums führten und zu Lasten der Identität des christlichen Glaubens geschahen.
10. Erfolgreicher erscheint in dieser Beziehung die Erfahrung der russischen Religionsphilosophen seit P. Čaadaev und V. Solov'ëv. Vertreter dieser Strömung fanden für die christliche Verkündung eine neue Sprache, die dem Denken der Neuzeit weit mehr entsprach.
11. Wegen einer Reihe historischer Gründe konnten die Ergebnisse dieses Versuchs noch nicht hinreichend in die Praxis der Russischen Orthodoxen Kirche Aufnahme finden und warten noch auf ihre Entwicklung.
12. Abschließend gilt es daran zu erinnern, daß die Kirche der Hl. Schrift zufolge einen lebendigen Organismus darstellt. Das Leben der Organismen aber erfolgt unter der Voraussetzung eines Gleichgewichts zwischen konservativer Erblast und neuentstehenden Mutationen. In Fortführung der biblischen Analogie muß wohl anerkannt werden, daß es auch für die Kirche notwendig ist, ein gesundes Gleichgewicht zwischen Traditionen und Innovationen wahren zu können, um das Unvergängliche in der Sprache des heutigen Tages bzw. im Kontext der gegebenen Kultur überzeugend verkünden zu können.

Vorträge im Plenum

Georg Kretschmar, München

Die Zukunft des Glaubens in Europa

1. Im Herbst 1799, also an der Schwelle zum 19. Jahrhundert, schrieb Friedrich von Hardenberg, der sich als Dichter Novalis nannte, als 27-Jähriger, knapp drei Jahre vor seinem Tode, den Essay: „Die Christenheit oder Europa".
Den Grund der gegenwärtigen Anarchie, ein Jahrzehnt nach dem Ausbruch der Französischen Revolution, sah er im Verfall der Religion: „Es wird so lange Blut über Europa strömen, bis die Nationen ihren fürchterlichen Wahnsinn gewahr werden, der sie im Kreise herumtreibt und ... bis (sie) besänftigt zu ehemaligen Altären in bunter Vermischung treten, Werke des Friedens vornehmen und ein großes Liebesmahl, als Friedensfest, auf den rauchenden Walstätten mit heißen Thränen gefeiert wird. Nur die Religion kann Europa wieder aufwecken und die Völker sichern... Die Christenheit muß wieder lebendig und wirksam werden und sich wieder eine sichtbare Kirche ohne Rücksicht auf Landesgränzen bilden, die alle nach dem Überirdischen durstige Seelen in ihren Schooß aufnimmt und gern Vermittlerin der alten und neuen Welt wird..." – alte und neue Welt sind das Ancien Régime und die neuen Republiken im Machtbereich Frankreichs – „aus dem heiligen Schooße eines ehrwürdigen europäischen Consiliums wird die Christenheit aufstehen..., das Wesen der Kirche wird ächte Freiheit seyn, und alle nöthigen Reformen werden unter der Leitung derselben als friedliche und förmliche Staatsprozesse betrieben werden."[1]
Das Modell dieser Zukunft sah Novalis im abendländischen Mittelalter, deshalb begann er seine Schrift mit den hymnischen Sätzen: „Es waren schöne glänzende Zeiten, wo Europa ein christliches Land war, wo *Eine* Christenheit diesen menschlich gestalteten Welttheil bewohnte; *Ein* großes gemeinschaftliches Interesse verband die entlegen-

---

[1] Ich zitiere nach der Gesamtausgabe: Novalis. Schriften, Bd. III, hg. v. Richard Samuel in Zusammenarbeit mit Hans-Joachim Mähl und Gerhard Schulz. Stuttgart und Darmstadt 1968, S. 507–524, hier S. 523 f. Der Plan einer Veröffentlichung in der Zeitschrift Athenaeum scheiterte an den Bedenken des Freundeskreises und schließlich am Veto Goethes. In der posthumen Ausgabe seiner Schriften 1801 erschienen Fragmente, 1826 endlich der ganze Text, aber immer noch mit Kürzungen – Freund Tieck protestierte: Das Angedenken des Verstorbenen würde jetzt „in das Toben der Turba hineingezerrt". Erst 1880 lag der Essay in vollständiger Fassung vor. Grund für das Erschrecken war natürlich das Lob, das Novalis dem Papsttum und dem Jesuitenorden gespendet hatte.

sten Provinzen dieses weiten geistlichen Reiches – Ohne große weltliche Besitzthümer lenkte und vereinigte *Ein* Oberhaupt die großen politischen Kräfte..." (3, 507).

Es wäre seltsam, wenn manche Züge dieser Vision nicht auch uns anrührten. Wer sich gewiß ist, daß der Glaube rettet, wird von einer Erneuerung des Glaubens auch Großes für das Zusammenleben der Menschen erhoffen. Die Christenheit zur Einheit zu führen, das ist doch auch das Ziel der Ökumenischen Bewegung. Mit der Erwartung, daß ein Konzil Einheit befördern und „alle nötigen Reformen" der Welt zumindest vorantreiben möge, stehen wir sogar mitten in den Diskussionen unserer Tage. Es ist schon bemerkenswert, wie dieser Sproß eines alten lutherischen Adelsgeschlechtes zu einem Zeitpunkt, da mit dem Tod Pius' VI. in der Verbannung in Frankreich das Papsttum erloschen zu sein schien, eine Erneuerung dieser Institution für die Zukunft ersehnt und den längst von Rom preisgegebenen und aufgehobenen Jesuitenorden, der nur noch unter dem Schutz des Zaren im russischen Herrschaftsbereich weiter lebte – Novalis schreibt: „an den Grenzen von Europa" (S. 514) – als letzte Schutzwehr der katholischen Verfassung preist.

Aber wichtiger ist wohl, daß Hardenberg vom Verfall der Religion schreibt, aber nirgends das Stichwort „Abfall von der Kirche" auftaucht. Was er kritisiert und was er erhofft, sind Wandlungen in der Christenheit, ja der Christenheit selbst. Gewiß gehört diese Schrift im Rückblick in die Wiederentdeckung der Kirche im 19. Jahrhundert hinein, die so tief von der Romantik geprägt war und eine gesamteuropäische Erscheinung wurde, von den Slawophilen im Osten wie Chomjakov zu den Vätern der anglokatholischen Erweckung in England, von Nicolai Grundtvig in Kopenhagen, dem dänischen Lutheraner, zu Wilhelm Löhe aus Franken, das damals bereits zum Königreich, dem heutigen Freistaat Bayern gehörte. Entdeckt wurde nicht das, was man heute mit einem unschönen neudeutschen Ausdruck die Amtskirche nennt; auch wo man über das kirchliche Amt nachsann oder die Kirche als Stiftung, als Institution, bezeichnete, ging es um den Leib Christi, das Gefäß des Heiligen Geistes, die Kirche als Heimat und Gestalt des Glaubens. Um noch einmal Novalis zu zitieren: Er schrieb im Rückblick auf die Französiche Revolution: „In Frankreich hat man viel für die Religion gethan, indem man ihr das Bürgerrecht genommen und ihr bloß das Recht der Hausgenossenschaft gelassen hat, und zwar nicht in einer Person, sondern in allen ihren unzähligen individuellen Gestalten. Als eine fremde unscheinbare Waise muß sie erst die Herzen wiedergewinnen, und schon überall geliebt seyn, ehe sie wieder öffentlich angebetet und in weltliche Dinge zur freundschaftlichen Berathung und

Stimmung der Gemüther gemischt wird" (3, 518). Das Thema, die Zukunft des Glaubens in Europa, hätte auch er gutgeheißen.

Aber freilich sind wir an der Schwelle des 21. Jahrhunderts in einer anderen Situation. Unser Bild von Europa ist weiter. Die Zukunft des Glaubens in Europa kann und wird nicht allein an abendländischen Erfahrungen oder gar Modellen orientiert sein. Die Herausforderungen und Krisen des Glaubens, vor denen wir stehen, ob es die Chancen und Gefahren der Technik sind, der ökologische Verfall, der Nationalismus und letztlich eben die Anfechtung durch den realen Unglauben, dies alles ist nicht von fremden Sternen uns zugeflogen. Diese Herausforderungen sind im von christlicher Tradition geformten Europa gewachsen, vielleicht zuerst im Abendland, aber sie haben längst die Kirchen und Nationen erfaßt, deren ursprünglichen Missionare nicht aus Rom kamen, sondern die ihr geistliches Zentrum in Konstantinopel hatten oder haben. Wir sind gemeinsam herausgefordert, und wir werden den Austausch unserer Erfahrung brauchen, um Antworten zu finden.

Ferner ist die Christenheit größer als Europa geworden. Ob wir wirklich in einer unteilbaren Welt leben, wie es ein Schlagwort und Programm der Nachkriegsjahre verkündet, darüber kann man nachsinnen; wir verhalten uns jedenfalls nicht so, als hätten wir dies eingesehen. Für die Zukunft des Glaubens können wir aber Europa sicher nicht gegenüber den anderen Kontinenten isolieren. Es geht dabei um die Christenheit in anderen Kulturen, aber auch um Europa selbst, um unseren Ort in der Welt. Es wird doch nicht nur eine Sache der Kirche Spaniens, Portugals und Italiens allein sein, wenn wir in zwei Jahren der Ausfahrt des Kolumbus in eine neue Welt gedenken und wie wir das tun.

Das Mittelalter war eben nicht nur die „schöne glänzende Zeit, wo Europa ein christliches Land war", sondern auch das Zeitalter, in dem der christliche Glaube zur Religion des weißen Mannes wurde – eine Entwicklung, ja ein erzwungener Rückzug, der für die Alte Kirche noch außerhalb des Horizontes gelegen hätte. Unter bösen Rahmenbedingungen, Kolonialismus und Imperialismus, ist diese Beschränkung zu Beginn der Neuzeit und vor allem im 19. Jahrhundert aufgesprengt worden. Dies ist unsere Geschichte und die Geschichte der anderen Erdteile, und es ist ein Teil unserer Glaubensgeschichte. Ich fürchte, wir haben noch nicht gelernt, damit umzugehen. Wenn bei der Weltversammlung in Seoul vor wenigen Monaten die ursprünglich gesteckten Ziele nicht erreicht wurden, hängt dies doch vor allem damit zusammen, daß im Norden, insbesondere in Europa, neue Einsichten in die Bedrohung unserer Welt durch Waffensysteme von bisher nicht dagewesener Vernichtungskraft und durch die Umweltverschmutzung als

Folge unserer Technik gewachsen sind, dies aber den Kirchen des Südens nicht ausreichend vermittelt werden konnte. Doch ohne derartige Überzeugungsarbeit wird es eben in Zukunft nicht gehen. Und der Süden wird nur Impulse aus dem Norden aufnehmen, wenn Europa imstande ist, die Probleme des Südens zu sehen. Damit will ich eine ökumenische kirchliche Verflochtenheit beschreiben – daß es zugleich um eine politische Realität geht, bedarf keiner näheren Entfaltung.

Damit komme ich zum dritten Unterschied unserer Lage gegenüber den Voraussetzungen, von denen her Novalis dachte: Er ging vom Verfall der Religion in einer an sich christlichen Gesellschaft aus. Auch wenn wir christliche Tradition weit über die Grenzen bewußter Kirchlichkeit hinaus wirksam sehen, kommen wir nicht daran vorbei, daß Europa nicht mehr christlich ist in dem Sinn, den man um 1800 noch mit diesem Wort verbinden konnte. Es gibt in unserer Gesellschaft Christen und Nichtchristen. Es ist jetzt nicht notwendig, darüber nachzusinnen, wie weit dies Folge der großen Revolutionen ist, von der Französischen Revolution bis zur Oktoberrevolution, die ganz Europa in unterschiedlicher Weise ihre Spuren aufgeprägt haben, oder wie weit die kirchen- und christentumsfeindliche Wendung, die diese Revolutionen nahmen, anzeigt, wie tief der Glaube bei ihren Trägern bereits diskreditiert war. Das heißt gewiß, daß Europa wieder Missionsgebiet ist – das ist oft gesagt worden.

Ich halte es dabei nicht für gut, diese Situation unserer Gesellschaften als „nachchristlich" zu bezeichnen. Das hieße das Wort christlich ganz im Sinne des Novalis an der mittelalterlichen und noch frühneuzeitlichen Gegebenheit festzumachen, daß Kirche und Gesellschaft – in der Terminologie Karl Barths „Christengemeinde und Bürgergemeinde" – sich decken.

Es gehört zu meinen tiefsten Eindrücken von Besuchen in der Sovetunion in den letzten 27 Jahren als Gast der Russischen Orthodoxen Kirche, zu sehen, wie Christen sich in Kirchen verhalten, die ihnen genommen und zu Museen geworden waren. Für die orthodoxen Christen waren sie weiter Gotteshäuser. Diese Christen waren sich glaubend gewiß, daß Gottes Weg mit ihrem Land und ihrer Kirche noch nicht am Ziel war. Und Gott hat diesen Glauben bestätigt. Aber die Rückgabe der Kirchen heißt ja noch nicht, daß die Menschen zurückgewonnen wurden. Wir werden auch hier nicht vorgeben können, Gottes Wege zu wissen. Doch wir haben uns darauf einzurichten, daß auch in Zukunft die Christen eine Gruppe in der Gesellschaft unter anderen sein werden, selbst wenn sie die Mehrheit darstellen sollten. Dann beschreibt aber auch die Wendung Hardenbergs nicht mehr ein anzustrebendes Ziel, daß die jeweils nötigen „Reformen unter Leitung der Kirche als friedliche und förmliche Staatsprozesse" zu betrachten seien.

Dennoch bleibt die Christenheit, bleibt der Glaube für das ganze der Gesellschaft mitverantwortlich. Daß wir nicht mehr allein Bewohner des Hauses sind, das im frühen Mittelalter als ein Stück christlicher Missionsgeschichte gebaut worden ist, hebt nicht auf, daß es weiter unser Haus ist. Wir können als Christen nicht so tun, als wäre dies Europa nicht mehr unsere Welt. Aber es ist klar: Wenn die Christen Gruppe in einer pluralen Gesellschaft sind, dann wird ihre Kraft in dieser Gesellschaft auf die Dauer nicht von den Privilegien abhängen, die der Hierarchie eingeräumt worden sind oder nicht, sondern eben vom Glauben der Gläubigen. Daß die Kirchen in Frankreich und in der Sowetunion in den genannten Revolutionen nicht untergegangen sind, war geschichtlich gesehen die Folge solchen Glaubens. Um ihn wird es auch in Zukunft gehen.

2. Damit möchte ich den Blick auf ein anderes Modell lenken aus unserem Jahrhundert. Ich spreche von Dietrich Bonhoeffer und tue es ein wenig zögerlich, weil die Berufung auf diesen Mann in meinem Land bisweilen wie ein Modetrend erscheinen könnte. Doch er hat hier in Oberbayern in den letzten Jahren in Freiheit ab 1941 an seinem Hauptwerk gearbeitet, der Ethik, als Gast der Benediktiner im Kloster Ettal. Vor allem aber war die Kirche seit den ersten Jahrhunderten davon überzeugt, daß Gott seinen Blutzeugen auf dem Weg in den Tod besondere Einsichten schenken kann. Die Vorstellungen, die Bonhoeffer in der Haftzelle entwickelt hat, ohne sie noch ausarbeiten zu können, sind durch die Ereignisse nach 1945 zunächst nicht bestätigt worden. Aber sie scheinen mir heute und für die Zukunft von großem Gewicht zu sein. Ich habe das noch zu verdeutlichen. Jetzt mag es genügen, daß er eben gerade davon ausgeht, daß die Christen nur noch eine Gruppe unter anderen sein werden und die alte Eindeutigkeit des Glaubens und des Redens von Glauben nicht mehr vorausgesetzt werden könnten.

Wenn wir die gelegentlich eingestreuten Bemerkungen zu Europa aus den Fragmenten der Haftzeit Bonhoeffers[2] mit dem Essay Harden-

---

[2] Ich beziehe mich auf die Briefe und Aufzeichnungen aus der Haft 1943/45, die Eberhard Bethge gesammelt und unter dem Titel: „Widerstand und Ergebung", München 1959, Neuausgabe 1970, herausgegeben hatte. Ich habe bewußt keine einzelnen Texte zitiert, weil eine Sachdiskussion der eben ursprünglich nicht zur Veröffentlichung bestimmten, klaren und doch noch nicht abschließend formulierten Aussagen im Rahmen dieses Vortrages nicht möglich wäre. Meine Sicht dieser Fragmente habe ich kurz vorgetragen in: Dietrich Bonhoeffer (1906–1945). In: Klassiker der Theologie, hg. v. Heinrich Fries und Georg Kretschmar, Bd. II. München 1983, S. 376–403; 437 f.; 457–459. Unentbehrlich bleibt die klassische Biographie von Eberhard Bethge, Dietrich Bonhoeffer (1967). München 1969³; zur Verschwörung vgl. auch etwa Heinz Höhne, Canaris. Patriot im Zwielicht. München 1977. Das schwere Thema kirchlicher Widerstand und politisch-militärische Verschwörung ist bis heute kaum wirklich bedacht, vgl. aber Gerhard Besier,

bergs vergleichen würden, fiele auf, daß auch dieser Mann, der zu dem damals kleinen Kreis ökumenisch engagierter und erfahrener Theologen im evangelischen Deutschland gehörte, eigentlich kein anderes Bild vor Augen hat; es ist das im abendländischen Mittelalter geformte Europa als Kulturgemeinschaft. Ferner denkt und schreibt eben ein Theologe; Novalis war auf seinen Beruf gesehen Verwaltungsjurist, ein Laie. Für Bonhoeffer kreist alles um die Frage, wie die künftigen Pfarrer auf ihren Dienst zuzurüsten seien. Die Zukunft des Glaubens bedenkt er so, daß alle Einsichten zu Elementen einer Pastoraltheologie werden. Darin aber gleicht er Hardenberg, daß er die Zukunft des Glaubens und der Kirche unter den Vorzeichen von Verfall und neuen Möglichkeiten sieht, nicht apokalyptische Umwälzungen prognostiziert. Er sieht nicht die radikale Antithese von Glaube und Unglaube, in der die Kirche nur noch gleichsam im Untergrund wirken könne, aber auch nicht eine Situation, in der die bisher gültigen Wert- und Ordnungssysteme so radikal zusammenbrechen, daß auf einmal nur noch die Vertreter der Kirche und insofern Repräsentanten des Glaubens auch für die Gesellschaft als zumindest relativ glaubwürdig gelten. Das war für eine kurze Zeit nach 1945 die Situation in Deutschland; gerade deshalb hatte jetzt das Programm kirchlichen Wiederaufbaues, ökumenisch ‚Christian reconstruction‘ der Kirche selbst und der Gesellschaft mit kirchlicher Hilfe, Konjunktur. Bonhoeffer dachte von der Zukunft als einer Zeit, in der der Glaube sich gegenüber der Gesellschaft zu bewähren hat, ihm dafür aber auch Chancen offenstehen. Dazu muß er die nicht mehr durch den christlichen Glauben bestimmte Wirklichkeit dieser Gesellschaft in ihrer letztlich in Gott begründeten Würde anerkennen. Wenn er von einer Zeit des Schweigens und Wartens, des Wirkens in der Stille sprach, in der erst wieder Vertrauen wachsen sollte, dann stimmen diese Prognosen ganz überraschend mit dem überein, was Hardenberg als den Weg der Kirche Frankreichs nach der Revolution beschrieb. In dieser Welt sah Bonhoeffer die Zukunft des Glaubens und damit die Kontinuität und Identität der Kirche in der Spannung zwischen ‚Arkandisziplin‘ und Dienst am andern, an der Gesellschaft. Mit dem zunächst fast enigmatischen Stichwort ‚Arkandisziplin‘ knüpfte der letzte Schüler Adolf von Harnacks bewußt hinter das Mittelalter an ein Wort der frühen Kirche an. Er hat die Analogie zum Zeitalter Kaiser Konstantins – im Unterschied zum Schlagwort vom ‚Konstantinischen Zeitalter‘ – nicht ausgezogen. Aber auch damals war

---

Bekenntnis – Widerstand – Martyrium als historisch-theologische Kategorien. In: G. Besier – Gerhard Ringshausen (Hg.), Bekenntnis, Widerstand, Martyrium. Von Barmen 1934 bis Plötzensee 1944. Göttingen 1986, S. 126–147.

den Christen neue, im bisherigen Weg des Glaubens seit den Tagen der Apostel nicht vorgezeichnete Weltverantwortung zugewachsen, die Engagement in allen Bereichen der Gesellschaft einschließen konnte. Aber solcher Dienst forderte als Gegenpol die Besinnung auf das Geheimnis, den Kern des Glaubens; für die großen Väter war dies das Einbezogensein jedes einzelnen Gläubigen im Gottesdienst der Kirche in die Heilsgemeinschaft mit Christus. Diesen Grund des Glaubens sollte Arkandisziplin abschirmen. Mit der Epoche Weltverantwortung wahrnehmender Bischöfe hub auch das Zeitalter der Mönche an.

Bonhoeffer hat diese Polarität nicht in ein Strukturmodell des Glaubens, in eine konturierte Vision von künftiger Gestalt der Kirche umgegossen. Aber wir können aus diesem Ansatz wohl einige Überlegungen für uns, für unser Bild von der Zukunft des Glaubens herauswachsen lassen.

Ich möchte dies so tun, daß auch ich dabei Ursprung und Vision, Vergangenheit und Zukunft zusammen sehe. Denn auch die Zukunft des Glaubens kann ja nur die Zukunft des apostolischen Glaubens sein, des Glaubens der Einen, Heiligen, Katholischen und Apostolischen Kirche. Nicht die Suche nach Vorbildern in der Geschichte ist verwerflich, sondern wenn man Geschichte benutzt, um an Vergangenes zurückzubinden, das uns Gott entrissen hat, statt uns aus der Geschichte Hilfe zukommen zu lassen, das Neue zu verstehen, das Gott von uns fordert auf dem Wege des Glaubens zur Vollendung der Zeit. Vom sprachlichen Befund her sind Worte wie Reform, Reformation, Restauration, ja Revolution kaum zu unterscheiden, obgleich sie im Deutschen ganz unterschiedlich getönte Sinnuancen aufleuchten lassen. Sie alle binden Zukunft und Vergangenheit aneinander – für das Stichwort Revolution gilt das in Europa zumindest noch bis ins 19. Jahrhundert. Auch die Zukunft des Glaubens wird Erneuerung vom Ursprung her sein in der Gemeinschaft der Glaubenden und Heiligen.

3. Die abendländische Kirche kennt zwei klassische Symboltexte, das der Christenheit gemeinsame Nizänum und das Apostolische Glaubensbekenntnis. Sie spiegeln einen verschiedenen Ort des Ursprungs wider: Im Nizänischen Symbol sprechen altkirchliche Synoden, Nizäa 325 und Konstantinopel 381. Es begann damals und beginnt im Gottesdienst in der Regel auch heute: „Wir glauben an den Einen Gott...". Das Apostolikum ist aus dem altrömischen Taufsymbol herausgewachsen. Es setzt ein mit: „Ich glaube..." Zum Abschluß des Katechumenates bekennt der einzelne je für sich und stimmt damit in den Glauben der Kirche, den Glauben der um ihn versammelten Gemeinde ein. Beides, das „wir" und das „ich", gehören zusammen.

Für die Zukunft des Glaubens in Europa wird es Bedeutung haben, daß wir um das „wir" des Glaubens wissen, aber auch das „ich glaube" ernst nehmen. Der einzelne vor Gott und dann auch gegenüber der Welt – das ist nicht nur Ausdruck eines neuzeitlichen Individualismus oder – vielleicht fragwürdiges – Erbe der Mystik, das ist eine Konsequenz der Taufe. Trotz aller Umbrüche, aller „Restaurationen" nach dem Ende der Französischen Revolution, dem Zusammenbruch des Nationalsozialismus in Deutschland 1945, den Vorgängen in Osteuropa heute, die noch im Fluß sind, ist der Glaube wohl nirgends mehr bei uns von einem gesamtgesellschaftlichen Konsens getragen. Wir werden ihn auch und gerade als einzelne zu vertreten haben. Nur so wird auch die kleinste Zelle der Gesellschaft, die Familie, vom Glauben geprägt sein, vielleicht auch gegenläufig zur öffentlichen Meinung. Es ist nicht nur eine Forderung der Baptisten, daß der Getaufte um seinen Glauben wissen soll, dies ist Überzeugung der ganzen Christenheit. Dabei geht es nicht um überall ungehemmt praktiziertes Bekennertum oder um frömmelnde Isolierung, sondern um das, was Dietrich Bonhoeffer im Stichwort der Mündigkeit eingeschlossen sah. Das „wir" des Glaubens der Kirche wird in Zukunft das eigene „ich glaube" des Getauften dringend benötigen.

Dabei kann das „ich" des einzelnen Glaubenden in Spannung treten nicht nur zur nichtchristlichen Gesellschaft, sondern auch zur eigenen kirchlichen Hierarchie oder der sich in Synoden aussprechenden gegenwärtigen Majorität in der Kirche. Aber auch das ist nichts Neues. Vielleicht kann man sagen, solche Erfahrungen gehören zum Weg der Heiligen, man mag an so verschiedene Gestalten denken wie Jeanne d'Arc, die Jungfrau von Orléans, oder an Maksim Grek. In diese Reihe gehört auch Dietrich Bonhoeffer. Er, der sein Leben hindurch über die Kirche als Gemeinschaft der Heiligen nachgesonnen hatte, war am Ende ein einzelner, für seine Entscheidung zum politischen Widerstand ohne Rückendeckung durch die Kirche und auch als Pfarrer, als Priester, in einer besonderen Situation im Kreis der Mitverschwörer, vorwiegend Offiziere.

Gerade in Zeiten der Bedrückung werden immer wieder einzelne protestieren, vielleicht schreien, und damit die auch bedachte Zurückhaltung der in der Leitung Verantwortlichen durchbrechen. Es gibt Situationen, in denen einzelne, im Gewissen getrieben, auf einen Notstand weisen, den andere noch nicht wahrgenommen haben; dann werden diese einzelnen gegen die Untätigkeit der Majorität aufbegehren und sie anklagen, brennende Probleme zu verdrängen. Es wird einzelne geben, die neue Formen des christlichen Lebens erproben, auch gegen Widerstände aus der Tradition, wie sich ja auch das frühe Mönchtum in Kleinasien mit dem Protest der Bischöfe gegen solche Neuerungen auseinanderzusetzen hatte. Es wird für die Zukunft des Glaubens wichtig, vielleicht entscheidend sein, wie wir als Kirchen mit solchen einzelnen oder Gruppen in unserer Mitte umgehen. Dazu bedarf es der Unterscheidung zwischen Gottes besonderem Ruf an einzelne oder Gruppen und Irrlehre oder Abfall. Dabei wird sich erweisen, was von der frohen Zuversicht in dem Essay von Novalis zu halten ist: „... das Wesen der Kirche wird ächte Freiheit seyn."

Das „ich glaube" des einzelnen wie das „wir glauben" der Kirche stehen aber auch in Beziehung zum „wir" der Gesellschaft. Deshalb gibt es eine doppelte Sprache des Glaubens. Die Sprache des Gottesdienstes muß nicht die Sprache des Alltags sein. Aber Glaube muß auch in einer Sprache weitergegeben werden können, die außerhalb des heiligen Raumes, in der Profanität der Christen und Nicht-Christen verstanden werden kann. Das ist noch einmal das spannungsvolle Miteinander zwischen Bonhoeffers Rede von Arkandisziplin und seiner Forderung, daß die Kirche der Zukunft „Kirche für andere" zu sein habe.

Doch geht es dabei nicht allein um Sprache. Wir sind Teil der Gesellschaft, konkret unserer Nationen. Wir tragen mit an der Last der Geschichte und an dem, was uns in ihr erhebt. Solche Solidarität wird bis zur Schuldübernahme reichen. Daß die Probleme der Gesellschaft unsere eigenen Probleme sind, ermutigt zum Experiment. Lassen Sie mich dies verdeutlichen: Die Wellen eines neuen Nationalismus in vielen Teilen Europas haben auch die Kirchen erfaßt; bisweilen erweisen sich gerade Nationalkirchen eben auch als Exponenten von Nationalismus. Solidarität mit der Gesellschaft, weit über die Grenzen des Glaubens hinaus, und Solidarität in der Einen Kirche aus allen Nationen können dann in Konflikt miteinander geraten. Ich werde darauf noch kurz zurückkommen. Generell erfassen Krisenerscheinungen in der Gesellschaft Christen und Nicht-Christen. Aus dem Leiden von Menschen auch außerhalb der Kirche, ja unserer Kulturwelt hören wir Gottes Stimme, die uns zur Solidarität mit Ratsuchenden, Angefochtenen, Unterdrückten ruft. Seit alters haben Klöster nicht nur der Kontemplation gedient, sondern auch Aufgaben zur Bewältigung von Krisen übernommen, bisweilen als Experiment. Ich denke, daß für die Zukunft des Glaubens, nicht nur in Europa, kleine Zellen, Kommunitäten, immer wichtiger werden. Hier können, stellvertretend für die ganze Kirche und für die Gesellschaft, Modelle eines neuen Lebensstils erprobt werden, Modelle für den Dienst an sozial Schwachen oder die Seelsorge an besonderen Gruppen, im Sinne der alten Mönchsregel: „Bete und arbeite". Es ist gewiß kein Zufall, daß in den letzten Jahrzehnten so viele neue Kommunitäten entstanden sind, auch in Kirchen, denen früher diese Weise eines christlichen Gemeinschaftslebens fremd gewesen ist.

Auch sie sind heute wie die Klöster alter Prägung und die diakonischen Schwesternschaften und Bruderschaften des 19. Jahrhunderts ein Zeichen christlicher Freiheit im Engagement. Vielleicht wird es einmal als besonders bedeutsam angesehen werden, daß Taizé, die bekannteste unter den seit dem letzten Krieg in Europa gewachsenen derartigen Kommunitäten, eine multinationale Gemeinschaft ist.

Der tiefste Grund dafür, von der Zukunft des Glaubens in Europa so zu sprechen, daß die Kategorien Solidarität und Stellvertretung ein derartiges Gewicht bekommen, liegt in Jesus Christus selbst, dem Inhalt und Gegenüber des Glaubens, dem Herrn und Haupt der Kirche.

Es gibt viele Bilder für das Verhältnis von Christus und Kirche. Martin Luther hat wohl keines so geliebt wie das im Alten Testament wurzelnde und im Epheserbrief samt der Apokalyptik neu gefaßte Symbol der Ehe. Ehegemeinschaft ist für ihn Austausch aller Güter. So hat Jesus, der Christus, der Mensch wurde, gekreuzigt wurde und auferstanden ist, unsere Armut und Sünde auf sich genommen, um uns Seine Herrlichkeit zu schenken. Auf den einzelnen bezogen ist das Rechtfertigung. Von der Kirche gilt, daß hier ihre Einheit, Heiligkeit, Katholizität und Apostolizität gründen. Von daher, von Christus her, ist es das Gesetz des Glaubens, daß solcher Austausch aller Güter auch zur Gemeinschaft der Kirche gehört. Luther hat dies im Blick auf die Ortsgemeinde und ihren eucharistischen Gottesdienst ausgeführt. Aber wir dürfen es wohl auf das Verhältnis der Kirchen Europas zueinander übertragen.

Austausch aller Güter schließt ein, Erfahrungen und Probleme miteinander auszutauschen, nicht in Abschottung von der übrigen Welt. Dieser Austausch kann beginnen, auch wenn wir untereinander noch nicht eucharistische Gemeinschaft haben und strittig sein mag, was die Voraussetzungen für volle Gemeinschaft sind, zu der die Gemeinschaft am Altar gehört. Ich denke, Gemeinschaft vom Altar her, vom Opfer Christi, gibt es auch heute. Das führt uns zusammen.

Europa ist eine Vielzahl von Nationen. Das prägt auch unsere Kirchen. Wir leben in der Regel in nationalen Kirchen, und auch in der römisch-katholischen Kirche haben die nationalen Bischofskonferenzen eine größere Bedeutung gewonnen. Solche Verbindung mit der jeweiligen eigenen Nation kann Reichtum sein. Andererseits haben wir heute wieder Anlaß, falschen Nationalismus zu fürchten. Die Kirche ist das eine Volk Gottes aus allen Nationen. Aber unser Beitrag zur Überwindung eines gefährlichen und ungläubigen Nationalismus wird nicht ein neuer Internationalismus sein, sondern der Austausch, das Wahrnehmen des Reichtums der Schwesterkirchen, gewiß nicht nur im Felde der Nationalität.

Zu solchem Austausch aller Güter gehört es, daß wir unsere Heiligen, die Mütter und Väter unseres Glaubens, austauschen. Damit haben wir längst begonnen. Denn was ist es anderes, wenn wir Jubiläen miteinander feiern, als daß wir zusammen einer Geschichte gedenken, die wir zuvor vielleicht nicht als die eigene gesehen haben. Vorgänger unseres Treffens hier war das Symposion vor drei Jahren anläßlich des Millenniums der Taufe der Kiever Ruś. Aber solches Austauschen von Gedenktagen, miteinander Feiern hat ja schon früher begonnen. Wir haben 1980 in Europa den Rückblick auf die Übergabe des Augsburger Bekenntnisses nach 450 Jahren erstmalig wahrhaft ökumenisch begangen. 1983 folgte das Luther-Gedenken. 1985 stand der Hl. Methodius und damit das Erbe der großen Slavenlehrer des frühen Mittelalters in vielen Ländern ganz Europas vor unseren Augen. Erst spätere Generationen werden beurteilen können, was das gemeinsame Gedenken 1987, 1200 Jahre nach dem 7. Ökumenischen Konzil, für ein gemeinsames Verstehen seiner Entscheidungen bedeutet hat. Gemeinschaft im Glauben ist auch Gemeinschaft der Heiligen in dem hier angezogenen Sinn. Wir können heute den Weg der Kirchen Europas von der Französischen Revolution bis zur Gegenwart, von den Tagen, in denen Novalis schrieb, über Bonhoeffer bis in die jüngste Vergangenheit miteinander so beschreiben, daß wir auch von den Märtyrern des Glaubens sprechen. Wir sollten darauf achten, daß unsere Kalendarien solche Gemeinsamkeiten erkennen lassen. Der 6. August wird in aller Welt, nicht nur bei Christen, als Hiroshima-Tag begangen – daß die Mehrzahl der Christen ihn als Tag der Verklärung Christi im liturgischen Kalender haben, ist ein seltsames, fast makabres Zusammentreffen, wohl auch Stoff zum Nachsinnen. Vielleicht wird die Katastrophe von Černobyl' einmal ein gemeinsamer Gedenktag sein, gerade auch unter Christen.

Wenn wir unsere Geschichte, unsere Heiligen und unsere Schmerzen austauschen, wird das die Bereitschaft stärken, auch die neuen Aufgaben, die auf uns zukommen, zu teilen. Zu solchem Austausch im Blick auf unsere Mütter und Väter im Glauben und vor allem im Blick auf die Zukunft sind wir hier zusammengekommen. Zukunft des Glaubens heißt, daß wir nach vorn und nach oben schauen. *Die Gemeinschaft der Heiligen ist die Gemeinschaft der Zukunft.*

4. Lassen Sie mich mit einem Gedanken schließen, der an den letzten Satz anknüpft: Ich habe nicht gefragt, ob der Glaube eine Zukunft hat in Europa. Das ist offen, auch wenn uns die Erfahrungen der allerjüngsten Vergangenheit Zuversicht geben. Der Herr hat seiner Kirche verheißen, daß die Pforten der Hölle sie nicht überwinden werden. Doch das ist keine geographische Bestandsgarantie. Wenn wir nach der Zu-

kunft des Glaubens in Europa fragen, sorgen wir uns im Letzten nicht um die Kirche, sondern um Europa, um die Zukunft unserer Nationen, unserer Kultur, unserer Kinder und Enkel. Deshalb besinnen wir uns darauf, was Gott uns, unserer Generation, an Aufgaben vor die Füße legt und an Chancen gewährt, sie aufzunehmen. Denn *nur der Glaube hat Zukunft.*

TRUTZ RENDTORFF, MÜNCHEN

Die Herausforderung der Kirche durch die Aufklärung

Auf dieser Konferenz soll über „Kirchen im Kontext unterschiedlicher Kulturen" gesprochen werden. Diese Themenstellung liegt in der Fluchtlinie von Perspektiven, die durch die europäische Aufklärung in einem weiten Sinne eröffnet worden sind. Theologen und Vertreter der Kirchen sind herausgefordert, die Kirche gleichzeitig „von innen" wie auch „von außen" wahrzunehmen und über ihren Ort in der gegenwärtigen Kultur zu reflektieren. Das Spannungsverhältnis von „Kirche und Aufklärung", und um ein *Spannungsverhältnis* handelt es sich, kann nicht einseitig erörtert werden. Es muß vielmehr in der Doppelseitigkeit dieses Spannungsverhältnisses thematisch werden. Es kann nicht nur, wie in allen ökumenischen Gesprächen, um ein Gespräch der Kirchen miteinander und untereinander gehen. Es muß auch die Fragen einbeziehen, auf die sich das ökumenische Gespräch immer auch, wenn auch zumeist implizit, bezieht. Denn das Gespräch zwischen den Kirchen, das ökumenische Gespräch ist immer auch ein Gespräch über die Neuzeit, die moderne Welt, in der die Kirchen sich im 20. Jahrhundert neu zu orientieren suchen. Die Neuzeit, die moderne Welt, ist in allen ihren bestimmenden Kräften und wesentlichen Hinsichten aus der europäischen Aufklärung hervorgegangen und von ihr bestimmt. Wie können deren Erfahrungen und Einsichten dabei eingeschlossen, und eben gerade nicht ausgeschlossen werden?

Mein Beitrag wird sich auf vier Themenkreise bzw. Gesichtspunkte konzentrieren.

1. Aufklärung als Teil der Geschichte oder Ökumene im Horizont der Moderne

Die Ökumene des 20. Jahrhunderts ist selbst eine Frucht der Aufklärungskultur. Die Bedingung der Möglichkeit, über Gegensätze theologisch-dogmatischer Natur und Unterschiede der Kirchenverfassung hinweg die Frage nach der Einheit der Kirche als eine gemeinsame Frage zu akzeptieren und anzuerkennen, nimmt in irgendeiner Weise die Gleich-Gültigkeit der an diesem Gespräch beteiligten Kirchen in Anspruch, ohne daß ihre Unterschiede einfach gleichgültig würden. Die Redeweise von „unterschiedlichen kulturellen Kontexten" ist eine

Form, in der die Kirchen ihren Anteil an der für die moderne, aufklärungsbestimmte Kultur wegweisenden Toleranz in Religionsdingen zum Ausdruck bringen. Die Aufmerksamkeit für die „non theological factors" als einer der Gründe für das, was die Kirchen in der Ökumene unterscheidet, hat schon länger von einer spezifisch neuzeitlichen Betrachtungsweise Gebrauch gemacht, die für die Wissenschaftskultur der Neuzeit charakteristisch ist. Aber es ist doch keineswegs klar, wie solche Betrachtungsweisen, in denen die Kirchen sich gleichsam „von außen" zum Thema werden, mit dem spezifischen Selbstverständnis der Kirchen vermittelt ist. Dabei ist es keineswegs beliebig, ob und wie diese spezifisch neuzeitliche Dimension der Ökumene theologisch aufgenommen und durchdacht wird.

Am Ende des 20. Jahrhunderts gibt es allerdings Gründe dafür, die Frage heute erneut und prinzipiell zu stellen: Was ist Aufklärung? In welcher Weise ist das heute noch unsere Frage? Ist nicht die anders lautende Frage fällig: Was kommt nach der Aufklärung? Mehren sich vielleicht sogar die Anzeichen, die auf ein „Ende der Aufklärung" hinweisen? Und ist dieses mögliche „Ende der Aufklärung" nicht die Frucht und die Konsequenz eines Scheiterns des „Projekts der Moderne", wie es sich in der Summe der sozialen, politischen und ökologischen Krisenphänomene der Gegenwart ankündigt?

Bevor diese Frage aus Gründen eines tiefverwurzelten Unbehagens der Kirchen gegenüber der Aufklärung heute freudig bejaht wird, ist es aber doch notwendig, erst einmal über die Herausforderung durch die Aufklärung zu sprechen. Sie hat die christlichen Kirchen seit 200 Jahren vielleicht mehr beunruhigt, verunsichert, innerlich zerstritten als alles andere, was hier aus geschichtlicher Erfahrung und theologischer Reflexion noch genannt werden könnte. Jedenfalls gilt das von der Kirche als der Christenheit in ihrem konkreten Leben und Dasein, in ihrem Glauben und ihrer Praxis, es gilt für die Christenheit, die innerhalb wie außerhalb des Hauses der Kirche als Institution existiert.

Die Epoche der Aufklärung hat, seit sie im 17. Jahrhundert anhebend das 18. und 19. Jahrhundert geprägt hat, zu keiner eigenen und neuen kirchlichen Formation geführt. Anders als die Reformation des 16. Jahrhunderts, anders auch als frühere, kulturgeschichtlich wirksame Epochen einschließlich des Schismas von Ost und West ist die Epoche der Aufklärung nicht in eine kirchenbildende und konfessionsspezifische Gestalt des Christentums eingegangen. Die Epoche der Aufklärung ist vielmehr die erste Epoche in der Geschichte des Christentums, die von Europa ausgehend die Weltkultur verändert hat und bestimmt, ohne daß die christliche Kirche dabei eine führende oder allseitig integrierende Rolle gespielt hätte.

Am ehesten wird die Aufklärung als Epoche der europäischen Geschichte noch dem Protestantismus zugeordnet. So konnte gesagt werden, daß „die kulturelle Initiative mit der Aufklärung an die protestantische Welt" überging.[1] Aber auch wenn man diese Perspektive akzeptiert, ist es doch nicht in einem förmlichen Sinne zur Bildung einer „Aufklärungskirche" im Protestantismus gekommen. Dagegen ist eine Vielzahl von Bewegungen, Strömungen, Positionen im Protestantismus zu beobachten, denen Aufklärungsaffinität anzumerken und nachzuweisen möglich ist. Eine kirchliche Institutionalisierung aber, die sich nach Maßgabe der Aufklärung vollzogen hätte, um sich auf dieser Grundlage neu zu bilden, wird man kaum ausmachen können. Sicher könnte man punktuell Beispiele anführen: Von der altpreußischen Union im ersten Drittel des 19. Jahrhunderts ließe sich sagen, ihr Konzept verdanke sich dem Geist der Aufklärung. Oder, um ein anderes Beispiel zu nennen, die Bewegung der Unitarier als religiös-kirchliches Pendant zu dem dem Geist wissenschaftlicher Aufklärung verpflichteten Monistenbund hat das Spektrum des protestantischen Denominationalismus vor allem in den USA bereichert.

Ist Aufklärung also überhaupt ein Datum der Kirchengeschichte? Und in welcher Weise könnte das nun gerade für die Ökumene gelten in der offenkundigen Spannung zwischen der Suche nach der Einheit der Kirche einerseits und der gleichzeitigen Dauerexistenz des theologisch und kirchlich so strittigen Pluralismus der Kirchen?

Wo der Epochenbegriff Aufklärung ertönt, scheint es dagegen näher zu liegen, damit Vorstellungen der Scheidung und des Gegensatzes zu verbinden. Denn das ist historisch doch unzweifelhaft: Zu den Wirkungen der Aufklärung gehört die Trennung von Kirche und Staat, die Scheidung von Religion und Politik, das Bewußtsein des Gegensatzes von Glaube und Wissenschaft. Jedes dieser Stichworte verweist sofort auf Problemlagen, die überall als dauerhaftes Erbe der Aufklärung an die Gegenwart identifiziert werden können. An solchen Gegensätzen hat sich das kirchliche Bewußtsein auch immer wieder primär orientiert. Und so ist es wohl auch zutreffend, daß der Name Aufklärung in Theologie und Kirche „einen besonderen, von der allgemeinen Entwicklung geschiedenen Sinn" hat. Er weist in erster Linie hin „auf die Auseinandersetzung des überlieferten Christentums mit der umfassenden Kulturbewegung, die auf allen Lebensgebieten durch den Begriff Aufklärung bezeichnet" wird.[2] Kirchliches Selbstbewußtsein zeigt sich

---

[1] Wolfgang Philipp: Das Werden der Aufklärung in theologiegeschichtlicher Sicht, S. 171
[2] Maurer. In: RGG³ I, S. 725

weiterhin in der Feststellung, daß „die Eigenständigkeit, die der Kirche und ihrer Theologie im abendländischen Kulturkreis zukommt", sich darin bewähre, „daß sich hier die Aufklärung nicht kompromißlos" durchgesetzt habe, wenn allerdings auch für die Kirchen „ein Umformungsprozeß" unter Bedingungen der Aufklärung zu konzedieren sei.

Wie unterschiedlich solche Urteile jedoch in „unterschiedlichen kirchlichen Kontexten" aussehen, wird an folgender Beobachtung deutlich: Während im Protestantismus die Tendenz vorherrscht, problematische Entwicklungen und Krisenphänomene der Neuzeit in ihren vielfältigen Erscheinungsformen der Aufklärung anzulasten, tendiert der Katholizismus dazu, dafür in erster Linie die Reformation des 16. Jahrhunderts verantwortlich zu machen. Und aus außereuropäischen kirchlichen Kontexten stellt sich das Bild heute noch einmal anders dar, indem die Gesamtheit der neuzeitspezifischen Entwicklungen auf das Bündnis der westlichen Christenheit insgesamt mit der modernen Aufklärungskultur, ihrer Wissenschaft und Technik hin ausgelegt und äußerst kritisch befragt werden. Und auch die Orthodoxie hat ihr eigenes traditionsreiches und durchaus kritisches Bild der westeuropäischen Aufklärung.

Auf diesem Wege teilt sich nun heute die überall vollzogene Auseinandersetzung mit der Neuzeit auch der Ökumene mit. Sie findet zwischen den Zeilen der vielseitigen ökumenischen Dialoge ihren Niederschlag.

Von welcher Seite aus man es auch angeht, es gibt insofern eine Reihe von Gründen, die Frage, ob die Aufklärung ein Teil der Geschichte der Kirche sei, positiv zu beantworten, gerade weil „Aufklärung" mit Einschluß der Folgen überaus strittig ist. Man wird deswegen auch die Ökumene nicht richtig verstehen, wenn man sie nicht ausdrücklich in diesen Horizont der Moderne rückt.

2. Die moralische und politische Erbschaft der Aufklärung oder die Existenz der Kirchen als Faktor von Aufklärung

Was ist Aufklärung?

Kant, in seiner Doppelrolle als Philosoph der Aufklärung wie als Philosoph des Protestantismus, hat zu dieser Frage Stellung genommen. Daran möchte ich hier für den Zweck unserer heutigen Diskussion anknüpfen. Denn Kants Stellungnahme weist über den konkreten Anlaß weit hinaus. „Wenn denn nun gefragt wird: Leben wir jetzt in einem aufgeklärten Zeitalter? so ist die Antwort: Nein, aber wohl in einem Zeitalter der Aufklärung."³ Das kategorische „Nein" Kants – wir leben, noch nicht, in einem aufgeklärten Zeitalter – galt damals der Beobachtung, „daß die Menschen im Ganzen genommen" noch nicht im Stande seien, „in Religionsdingen sich ihres eigenen Verstandes ohne Leitung eines anderen sicher und gut zu bedienen." Daran fehlte noch viel. Diese „Anderen", auf deren Leitung in Religionsdingen die Menschen sich weithin angewiesen finden, das sind die Amtsträger der Kirche, die Priester und Pfarrherren, kurz: die Kirche. Das Zeitalter der Aufklärung, auf das Kant hier wie andernorts hoffnungsvoll blickt, ist dadurch charakterisiert, daß der „Geist der Freiheit" sich überall und so nicht zuletzt auch in Sachen Religion ausbreite.

Nehmen wir Kants berühmte Definition der Aufklärung hinzu, schon weil sie den Status eines Klassikerzitats in Sachen Aufklärung hat: „Aufklärung ist der Ausgang des Menschen aus seiner selbst verschuldeten Unmündigkeit." Diese Bestimmung ist in ihrer allgemeinen Bedeutung von unüberbietbarer Prägnanz. Im Kontext der Zeit bedeutet dieser Ruf zur Mündigkeit jedoch sehr konkret den Beginn eines Konfliktes, des Konfliktes mit staatlicher Zensur und mit kirchlicher Bekenntnisverpflichtung. In Erinnerung zu rufen ist, daß Religionsverfassung Teil der Staatsverfassung war. Deswegen führt Freiheit in Religionsdingen auf kleinstem Raum in den Konflikt mit bestehenden politischen Verhältnissen. Wer hier etwas ändern, anders sagen oder machen will, begegnet darum der Rückfrage, ob und wie eine Veränderung der Religion auch zu einer „Verbesserung der bürgerlichen Ordnung" führe.

Wenn Freiheit praktisch genommen eine moralische Kategorie ist, dann kann es auch nur recht und billig erscheinen, ihren Gebrauch an moralischen, und d.h. immer auch an politischen Maßstäben zu messen. Die Auseinandersetzung um Recht und Grenzen der Aufklärung ist deswegen immer wieder eine Auseinandersetzung um moralischen Fortschritt oder Verfall der Gesellschaft, der Staaten, der Kultur. Diesem Konnex von Freiheitsanspruch und moralischem Zustand der daraus folgenden Verhältnisse ist gerade in den Kirchen mannigfach Tribut gezollt worden. Sie haben der Kritik an Aufklärung vielfach ihre Stimme gegeben, um moralischen Niedergang und Zerfall guter Ordnung zu beklagen: Wird der Freiheitsanspruch jedem einzelnen Bürger zum Gebrauch seines eigenen Verstandes empfohlen, dann gerät traditionelle Kirchlichkeit in das Fahrwasser individueller, privater Verhaltensweisen. Ganz konkret ist der Streit um Aufklärung am Ende des 18.Jahrhunderts daran entstanden, ob die Ehe noch weiterhin durch die

---

³ Immanuel Kant: Was ist Aufklärung? S.462

Kirche sanktioniert werden müsse oder ob die bürgerliche Ehe nicht eigenen Rechtes gegenüber der kirchlichen Eheschließung sei. Die Kirchen haben Freiheit im Tonfall der Zügellosigkeit beschrieben und dabei genügend Anlaß gehabt, auf die Enttabuisierung von allem und jedem zu verweisen. Sie haben Mündigkeit und Autonomie als freche Empörung gegen Gottes Gebot wahrgenommen.

Je länger je mehr hat der moralische Freiheitsanspruch der Aufklärung seine Entsprechung in einer Moralisierung des Christentums gefunden, in dessen Gefolge die Kirchen mit der ihnen aus der Trennung von bürgerlicher und kirchlicher Ordnung zugewachsenen Eigenständigkeit nun auch ein moralisches Wächteramt gegenüber der neuzeitlichen Welt in Anspruch nehmen.

Auf diesem Boden hat sich ein nicht unbedeutender Teil ökumenischer Einigkeit im Gewande des moralischen Wächteramtes gebildet. Bemerkenswert und besonderer Aufmerksamkeit würdig ist dabei, daß in der zweiten Hälfte des 20. Jahrhunderts es dann gerade die Kirchen sind, die gegenüber Staat und Gesellschaft solche besonderen Errungenschaften der Aufklärung, als da sind Menschenrechte als individuelle Freiheitsrechte, Toleranz und Entfaltung der Persönlichkeit, einfordern, Forderungen, die einst Beginn der Lockerung der Beziehung von Kirche und Gesellschaft bildeten.

Heute müssen wir deswegen fragen: Was hat sich gewandelt? In welcher Weise ist es zutreffend, nun gerade von den Kirchen als einem Faktor der Aufklärung zu sprechen? Ein kleiner Vergleich kann das auf den Punkt bringen. 1784 brachte Kant seine Kritik an der Kirche auf den Begriff der „unaufhörlichen Obervormundschaft über das Volk." In unseren Tagen, im April 1989, veröffentlichte Rolf Henrich, eine der wenigen kritischen Stimmen aus dem sozialistischen Establishment, ein Buch mit dem provozierenden Titel „Der vormundschaftliche Staat". In der Kritik der Vormundschaft, der Bevormundung lebt das Freiheitsmotiv der Aufklärung fort. Heute aber sind Adressaten der Kritik nicht die Kirchen, sondern Staaten und politische Systeme, die jedermann und alles in ihre Obhut nehmen wollen, und sei es mit sublimen oder auch gar nicht sublimen Formen der Gewalt. Wo diese Vormundschaft beendet ist, ihr Anspruch versagt, ihr Recht aberkannt ist, da hinterlassen die abgetretenen Vormünder zwar Sorgen um „soziale Geborgenheit" und gesellschaftliche Integration, aber es kommt doch auch erneut zu der Chance und Herausforderung, von der Freiheit selbstständig Gebrauch zu machen. Und es sind nicht zuletzt die Kirchen, die als wesentlicher Faktor politische Aufklärung gewirkt haben.

In diesem Kontext wäre es darum auch voreilig und unbesonnen, von einem Ende der Aufklärung zu reden, als sei überholt, was der praktische, moralische und politische Kern dieser europäischen Bewegung ist. Im Gegenteil, das ist alles höchst aktuell, auch gerade weil sich die Fronten so grundlegend verschoben haben.

Die Erfahrungen des 20. Jahrhunderts sprechen hier eine deutliche Sprache. Das Dasein der Kirche, die beharrliche und mit Gründen um ihre Selbständigkeit besorgte Existenz der christlichen Kirchen ist ein Faktor eben auch politischer Aufklärung. Die Trennung von Kirche und Staat zieht offenkundig für den Staat den ausdrücklichen Verzicht nach sich auf Omnipräsenz und Allzuständigkeit. Wo sich darum ein politisches System dazu ermächtigt fühlt, als Partei alles bestimmen zu wollen und sich im Besitz des für alle Zeiten oder alle Bürger maßgeblichen Orientierungswissens zu wähnen, da kommt es über kurz oder lang zu der Erfahrung, daß das mit einer von der Aufklärung bestimmten Kultur langfristig unvereinbar ist. Religionsfreiheit, in der Epoche der Aufklärung im Interesse der Freiheit des Individuums gegen die Deckungsgleichheit von Religionsverfassung und Staatsverfassung gefordert und darum von aufgeklärten Staaten gewährt, ist als Freiheit der Kirchen im 20. Jahrhundert zu einem der wirksamsten Stolpersteine des politischen Totalitarismus geworden. Die Kirchen haben deswegen im Horizont der politischen Erfahrung der Moderne keinen Grund, sich auf der Verliererseite der neuzeitlichen Aufklärung zu sehen. Allerdings sind sie nirgends wieder in alte, staatskirchliche Rechte eingesetzt worden und sollten das auch nicht bedauern. Die Herausforderung der Aufklärung an die Kirchen bedeutet vielmehr in zeitnaher Erfahrungsdichte, daß die Kirchen die Rolle einer Stellvertretung für den „Geist der Freiheit" akzeptieren, der das Erbe der Aufklärung an die politische Kultur der Gegenwart ist.

Doch hier steht der Einwand auf: Ist das nicht nur eine subsidiäre Rolle der Kirchen? Werden sie hier nicht in eine bloß sekundäre Funktion gedrängt? Entspricht das überhaupt ihrem Wesen, ihrem Auftrag, ihrem eigenen Selbstverständnis? Kann die Kirche das auch aus eigenen Gründen so sehen und bejahen?

3. Das theologische Leiden an der Moderne oder Kirche und Theologie als Aufklärungsopfer

Die Kosten der Aufklärung für die Kirchen sind nicht zu übersehen. Halten wir uns an die Formulierung, mit der Ernst Troeltsch „die Summe jahrzehntelanger Diskussionen" gezogen hat:[4] „Die Aufklärung ist Beginn und Grundlage der eigentlich modernen Periode der europä-

---
[4] Horst Stuke: Art. Aufklärung. In: GG 1, S. 341

ischen Kultur und Geschichte im Gegensatz zu der bis dahin herrschenden kirchlich und theologisch bestimmten Kultur." Die Aufklärung, so fährt Troeltsch fort, sei „keineswegs nur rein oder überwiegend wissenschaftliche Bewegung, sondern eine Grundumwälzung der Kultur auf allen Lebensgebieten." Der einheitliche Grundzug der Aufklärung sei der „Kampf gegen den kirchlichen Supranaturalismus," der Widerspruch gegen den „Zwiespalt von Vernunft und Offenbarung;" in theologischer Zuspitzung gilt, die Aufklärung betrachte „das Individuum" als den eigentlichen „Träger der Wahrheit."[5]

Aufklärung als Theologiekritik, und das mit Einschluß der breitenwirksamen praktischen Folgen für das Weltbild der christlichen Lehre: Diese Herausforderung ist der ständige Begleiter von Kirche und Theologie in der Moderne. Sie scheint heute in den Hintergrund getreten zu sein, nicht zuletzt deswegen, weil die Kritik des Supranaturalismus im Ganzen, im Blick auf die Kultur Europas, erfolgreich war.

Diese Herausforderung, die intellektuelle und wissenschaftliche Herausforderung durch die Aufklärung betraf und betrifft allerdings nicht alle Kirchen in gleicher Weise. Die Bedingung dafür, daß Aufklärung in der Dimension von wissenschaftlichem Weltbild und individuellem Wahrheitsbewußtsein zur beunruhigenden, ja dramatischen Provokation werden kann, ist, daß eine Kirche sich in mehr als nur nachgeordneter Weise auf Theologie, genauer noch: auf Universitätstheologie, auf gelehrte, wissenschaftlich betriebene Theologie angewiesen weiß. Das ist keineswegs in allen christlichen Kirchen der Fall. Deswegen hängen Unterschiede in der Aufklärungsbetroffenheit zwischen den Kirchen nicht zuletzt mit der Rolle der Theologie in der Kirche und für die Kirche zusammen. Die protestantischen Kirchen Europas, in erster Linie die lutherischen und reformierten Kirchen, haben hier über lange Zeit eine besonders exponierte Geschichte der Auseinandersetzung mit Aufklärung in der Theologie vorzuweisen. Im Anglikanismus und in der Orthodoxie hat Theologie einen anderen, für Kirchenleitung und Kirchenverfassung weniger maßgeblichen Stellenwert. Die Ausdrucksformen der Liturgie sind für die Identität der Kirchen hier von größerem Gewicht als die intellektueller Kritik ausgesetzten Formen von theologischer Lehre und Bekenntnis. Der römische Katholizismus hat sich durch die Errichtung des kirchlichen Lehramtes in der aufkommenden Moderne eine Schutzmauer gegen die Einflüsse und Wechselfälle aufklärungsbestimmter Theologie auf die Kirche geschaffen. Theologische Kontroversen, Umbrüche und Neuentwürfe haben im Protestantismus jedenfalls mehr mit der Identität der Kirche zu tun als

---

[5] In: RE 2, S. 225

in Kirchen, die ihre Identität primär in der Kontinuität von Amt und Liturgie repräsentiert finden.

Das zeigt sich immer wieder verblüffend deutlich auf der Bühne ökumenischer Konferenzen. Immer sind es die „Protestanten", und dabei vor allem „die Deutschen", die auf „theologische" Diskussion und auf die Notwendigkeit „theologischer" Klärung beharren und sich dabei nicht selten den Spott oder auch den Verdruß der Repräsentanten anderer Kirchen zuziehen. Theologie, die sich der Auseinandersetzung mit dem intellektuellen und wissenschaftlichen Anspruch der Aufklärung gestellt hat, bringt in der Tat im Gespräch der Kirchen untereinander Töne und Gesichtspunkte zur Geltung, die im Familiengespräch der christlichen Verwandten als befremdlicher Eintritt derer, die nicht dazu gehören, extra muros ecclesiae, erscheinen.

Jedenfalls war es die Zunft der Theologen, die die Herausforderung der Aufklärung in die Theologie selbst und auf diesem Wege auch in die Kirche hineingeholt haben. Die Geschichte der historisch-kritischen Schriftforschung ist dafür das große Exempel, das zugleich auch ein großes Kapitel der neueren Theologiegeschichte darstellt.

Die Wahrheit des christlichen Glaubens, der Wahrheitsanspruch von Dogma und Lehre der Kirche, sie haben ihren festen Wohnsitz im Haus der Kirche. Wahrheit wird dort im Konsens und als Konsens der Tradition gehütet. Was wird aus dieser Wahrheit, wenn der Konsens der Wahrheitshüter auf seine Übereinstimmung mit dem Wahrheitsbewußtsein „im kulturellen Kontext" befragt wird? In welcher Form ist sie die Wahrheit für alle Menschen, für die Menschheit? Vor diese Frage hat die Aufklärung die Kirche gestellt.

Wenn die Bibel, und allein die Bibel diese Wahrheit verbürgt, dann wird der Bibelleser in seiner Zeit und an seinem Ort zu der Instanz, an die sich Fragen dieser Art richten müssen. Die Augen, mit denen die Bibel gelesen wird, finden ihren Blickwinkel verändert, ihren Radius erweitert; sie nehmen mehr und anderes wahr als frühere Leser; und sie nehmen dasselbe, was ihre Vorläufer gelesen haben, anders wahr. Sie hören, indem sie lesen, auch noch andere Stimmen als die der ersten Zeugen und der Kirche.

Die Historisierung der Auslegungswissenschaft bringt die Erfahrung der Distanz zwischen ‚Einst' und ‚Jetzt' in eine methodische Form. Die Distanz, die das historische Bewußtsein schafft, erscheint dabei als Gewinn und Verlust zugleich. Der Gewinn wird begrüßt als Freiheit zu neuer, zeitnaher, existentieller Auslegung jenseits des Kanons der Tradition. Der Verlust wird laut in der Sorge um Kontinuität und Identität, in der Klage über den Traditionsabbruch.

Der von Troeltsch verwendete Sammelbegriff „Supranaturalismus" fungiert dabei als Gegenbegriff zu dem strengen Immanentismus der neuen wissenschaftlichen Weltsicht. Die Wundergeschichten der Bibel können nicht als Wunderkausalitäten in den Kausalitätszusammenhang innerweltlicher Wirkungsgeschichten einbezogen werden. Werden die zentralen Heilsereignisse als solche übernatürlichen Wunderkausalitäten gelehrt, dann fallen sie aus moderner Welterklärung als obsolet heraus und werden ausgeschieden.

Das alles gilt und muß wohl auch gelten für eine magisch-dämonische Sicht von Natur und Welt. Doch bekommt diese Sichtweise eine neue Aufgabe. Die magisch-dämonische Weltsicht, als Inbegriff alles religiösen Irrationalismus nicht mehr sprachlich-rational mit der wissenschaftlichen Weltsicht vermittelbar, übernimmt die Funktion der Gegenwehr, des Widerspruchs zur Moderne. In dieser Funktion lebt „Religion" als Antimoderne, als Antiaufklärung fort. In dieser Hinsicht erlebt „Religion" eine Vielzahl von Renaissancen und ist gegenwärtig wieder höchst lebendig.

Ist das der Weg, wie die Kirchen der Herausforderung der Aufklärung theologisch und intellektuell zu begegnen gerufen sind? Ist das, was dem Aufklärer als Obskurantismus erscheint, die ihm nur verborgene Form der Wahrheit der Religion?

„Supranaturalismus" erschöpft sich aber nicht darin, die Trennlinie zwischen kirchlicher Tradition und der Vernunft verpflichteter wissenschaftlicher Moderne zu markieren. Es ist durchaus sinnvoll, von einem „Supranaturalismus" der Neuzeit im Gefolge der Aufklärung zu sprechen. Die Erwartungen, die sich auf die Fähigkeiten der Vernunft berufen, setzen sich fort in den Hoffnungen, die sich auf die Verwirklichung von Humanität und Freiheit richten. Der Inbegriff des modernen „Supranaturalismus" ist beispielsweise – die „Idee der Persönlichkeit". Der Glaube wird keineswegs gegenstandslos. Die von doktrinalen Inhalten geräumten Positionen werden neu besetzt. Im großen Gestus des Freiheitspathos formiert sich der Glaube neu. Die Würde der Person erlangt den Rang eines Bekenntnisses, das kontrafaktisch, auch gegen den empirischen Augenschein, der antik-christlichen Weltsicht eine neue Form der Darstellung verleiht. Die Bedrängnis von Kirche und Theologie durch die Aufklärung geht über in die sich steigernde Sensibilität für die Bedrängnis des Menschen durch die von ihm selbst heraufgeführte Moderne, ihre Verhältnisse und ihre Folgen.

Die Frage nach den Wellen des Glaubens in der Bibel, von der wissenschaftlichen Theologie in historische und hermeneutische Künste eingehegt, findet neue Motive in der Frage nach einer Menschlichkeit des Menschen, die in den Verhältnissen einer von ihm selbst bereiteten Welt keine erschöpfende Antwort erhält.

Was der große katholische Theologe Lonergan zur Kennzeichnung der Moderne als „The turn to the Subject" bezeichnet hat, die Wende zum Subjekt, charakterisiert Stärken und Schwächen der Neuzeit zugleich. Die Stärken sind unverkennbar, und jedermann hat an ihnen teil: Die fortschreitende wissenschaftlich-technische Naturbeherrschung hat das Ausmaß der Abhängigkeiten von der den Menschen keineswegs wohlgesonnenen Natur minimiert; sie hat die Entfaltung individueller und sozialer Wohlfahrt in historisch beispielloser Weise befördert.

Theologie und Kirche haben die neuen Themen, die damit auf den Plan getreten sind, noch nicht wirklich zu integrieren vermocht. Technik und Naturwissenschaft sind Außenseiter und Stiefkinder des theologischen Diskurses. Darüber soll man sich nicht täuschen. Wenn heute davon gesprochen wird, der Mensch sei zu einer Art „Orientierungswaise" geworden, an den Grenzen des Fortschritts heimatlos und verloren, dann wäre es wohl eher zynisch, darin eine neue Chance und Gelegenheit für die Anliegen der Religion zu erblicken. Denn ohne Technik und Naturwissenschaft wird die Menschheit auf der Erde keine Zukunft haben. Zeitkritik, Kulturkritik, die sich aus der zeitgemäßen Empörung über die problematischen Folgen des Fortschrittes nähert, wäre eine allzu billige christliche Apologetik.

„The Turn to the Subject", der Wende zum Subjekt, dieser Formel wohnt eine hintergründige, theologische, geistliche Bedeutung inne. Holt man sie aus dem Hintergrund hervor, da kann sie auch erneut zum Leuchten bringen, was christliche Lehre und kirchliche Verkündigung zu vertreten haben: Die Zuwendung Gottes zum Menschen, die ihn als Geschöpf und Ebenbild Gottes erkennbar werden läßt, und in deren Wahrnehmung der Mensch zum Subjekt wird. Wird diese Zuwendung Gottes zum Menschen im Bilde Jesu Christi ausgelegt, dann gilt doch wohl, daß der Mensch dem, was ihn als Geschöpf und Ebenbild Gottes ausmacht, „keine Elle zulegen kann" (Matth 6,27). Das ist mehr und anderes als ein Appell an die skeptische Bescheidung in die irdische Endlichkeit des uns gegebenen Lebens. Positiv gewendet – und damit hat es der Glaube zu tun! – ist im Bilde Jesu Christi das Wissen aufbewahrt, daß die Tätigkeiten und Vollbringungen des Menschen auch das nicht zerstören und außer Kraft setzen können, was als Zuwendung Gottes zum Menschen bezeugt ist. Soll man also sagen: Theologien kommen und gehen, aber die Kirche Jesu Christi bleibt? Theologie als intellektuelles Ordnungsinstrument der Kirche wird sich dieser Doppeldeutigkeit der „Wendung zum Subjekt" in unserer Zeit neu stellen müssen.

Wenn früher davon die Rede war, daß zum wissenschaftlichen Ethos der Aufklärung die Fähigkeit gehöre, die Kirche gleichsam von „innen" und von „außen" zu sehen, dann ist dem folglich noch eine neue Wendung zu geben. Metaphorisch gesprochen heißt das, die Kirchen müssen ihren eigenen Auftrag nicht nur mit ihren eigenen, traditionsbestimmten Augen sehen, sondern auch mit den Augen Gottes. Die Zeichen und die Erfahrungen, die als Signale aus der Aufklärung von den Kirchen aufgenommen werden, besagen dann nicht mehr primär Bedrängnis und Aufruf zur Abwehr, sondern Zuwendung und Gemeinschaft mit einer Welt, die wie immer sie sich selbst definiert, doch in jedem Falle, und das heißt unbedingt Gottes Welt ist und bleibt.

4. Europa oder Kirche als Partner einer aufklärungsbedürftigen Welt

Der Philosoph Hans Blumenberg hat die aus der Erfahrung mit der Weltraumfahrt fällige Einsicht auf die Formel gebracht, sie bestehe in der „Enttäuschung der offenen oder heimlichen Voraussetzung, die Menschheit habe immer noch eine andere Option als die Erde."[6] Das Aufklärungspostulat der Unendlichkeit wissenschaftlicher Forschung, dessen methodischer Sinn nicht bestritten werden kann, stößt mit dieser Einsicht, daß es für den Menschen als Erdenbewohner keine Alternative gibt, an eine reale Grenze. Ein Journalist hat das bei Bekanntwerden des ersten Berichts des ‚Club of Rome', der 1972 unter dem Titel „Die Grenzen des Wachstums" veröffentlicht wurde, in den Ausruf gekleidet: „Die Erde ist endlich!"

Heute bildet sich ein neues Thema heraus, die „Aufklärung über die Aufklärung". Das ist etwas anderes als „Gegenaufklärung" oder „Kampf der Aufklärung." Im Bewußtsein der Endlichkeit der Erde, zu der der Menschheit entgegen allem Fortschrittszwang keine andere Option offensteht, spiegelt sich das Wissen um die Endlichkeit des Menschen. Diese Erfahrung einer Rückwendung zur Erde – Blumenberg nennt das die „geotrope Astronautik" – muß aber noch akzeptiert und begriffen werden. In diesem Prozeß eines neuen Begreifens dessen, was es heißt, daß wir Menschen unausweichlich Erdenbewohner sind, stehen wir mitten drin.

Dieses neue Begreifen der Endlichkeit schließt an die Erfahrungen an, die uns durch Technik und Wissenschaft vermittelt sind. In der Erbfolge der europäischen Aufklärung bildet sich ein neues historisches Bewußtsein. Dazu gehört, daß die Bestände kultureller Traditionen und religiöser Überlieferung aus dem Schatten heraustreten, bloße Vorgeschichte der aufgeklärten Moderne zu sein. Die Prognose, der wis-

---

[6] Hans Blumenberg: Die Genesis der kopernikanischen Welt. S. 787

senschaftliche Fortschritt werde in politisch gezielter Umsetzung auf die Gesamtheit der Kultur schließlich Religion zum Verschwinden bringen, gehört schon der Vergangenheit an. Das vorausgesagte Ende der Religion ist, wie Paul Johnson gesagt hat, „the greatest non-event of modernity."

Die Bedingungen eines neuen historischen Bewußtseins sind bekannt. Im Zentrum wissenschaftlicher Forschung sind die Grenzen der Objektivierbarkeit entdeckt worden. Die Idee des „absoluten Beobachters" ist unhaltbar. Die Zugehörigkeit des Beobachters zum Beobachteten bindet alles Wissen und Erkennen zurück an den historischen Ort, an dem es entsteht und gilt. Daraus resultiert kein schrankenloser Relativismus. Die Grenzen der Objektivierbarkeit zu erkennen hat selbst die Wahrheit eines objektiven Befundes für sich. Es ist die Wahrheit, die hinter dem oft fälschlich verworfenen Anthropozentrismus zu entdecken ist. Es ist die Wahrheit, die darin liegt, daß wir in allem Umgang mit Wirklichkeit vom Menschen, von uns selbst, nicht absehen können und auch nicht absehen sollen.

Damit gewinnt die Konkretheit unserer geschichtlichen Situation auf einer von Menschen gemeinsam bewohnten Erde neue Bedeutung. Nicht zufällig hat sich für die Welt, in der wir leben und deren Zukunft uns beschäftigt, die Metapher vom Haus eingestellt, vom *gemeinsamen Haus Europa.* Zu dessen Bewohnern gehören auch die „Kirchen im Kontext unterschiedlicher Kulturen." Was heißt es für die Kirchen, über eine gemeinsame europäische Kultur nachzudenken? Das bedeutet sicher nicht, die Unterschiede zu leugnen oder beiseite zu schieben. Es kommt vielmehr darauf an zu erkennen, welchen Stellenwert wir ihnen beimessen.

„Es ist auch das Miteinanderleben verschiedener Kulturen und Sprachen, Religionen und Konfessionen, das uns trägt." Hans-Georg Gadamer hat in seinem Essay über „Die Zukunft der europäischen Geisteswissenschaften" bemerkt, „daß Osteuropa, zumindest soweit es in den Bereich der Ostkirchen gehört, in unseren Geisteswissenschaften nicht die gleiche Präsenz erlangt hat, die die vielfältigen westlichen Kulturen Europas besitzen."[7] Die hier anwesenden Repräsentanten der Ostkirche und die dazugehörigen Experten werden das wohl bestätigen können. Da ich mich selbst zu denen rechnen muß, die von dieser kritisch gemeinsamen Beobachtung Gadamers betroffen sind, mache ich mir seine These zu eigen, „daß die Zukunft Europas mit Sicherheit an diesem Ungleichgewicht arbeiten wird," um es zu vermindern.

Mit der Aufklärungsbedürftigkeit der Aufklärung hat das sehr viel

---

[7] Hans-Georg Gadamer: Das Erbe Europas. S. 40

zu tun. Nehmen wir nur das Faktum der Vielsprachigkeit in Europa. Diese Vielsprachigkeit ist einer der wichtigsten Bestände von Kultur und Religion. Sie hat so offensichtlich dem Streben nach einer wissenschaftlichen Einheitssprache widerstanden, daß sich an ihr ein neues historisches Bewußtsein für die Lebenskraft kultureller Vielfalt bildet. Im Medium der Vielfalt stellt sich dar, was wir gemeinsam haben. Denn über die gegenseitige Anerkenntnis des Anderssein des Anderen bildet sich die Aufklärung darüber, daß es auch nach Kriterien der Aufklärung keine solche gültige und verbindliche Erkenntnis des Ganzen der Wirklichkeit gibt, der alles andere und alle anderen unterworfen werden könnten. Allgemeingültige Wahrheit ist der Brechung durch die Vielsprachigkeit humaner Kultur unterworfen.

Auch die Kirche verfügt nicht über ein allgemeingültiges Wissen. Der ekklesiologische Plural der Ökumene ist des' Zeuge. Die Kirche kann jedoch die Erfahrung einer Wahrheit vermitteln, die deswegen in Symbole und Zeichen gefaßt ist, weil sie die Beziehung zum göttlichen Grund aller Wirklichkeit ermöglicht, über den sie als Kirche gerade nicht unmittelbar verfügt. Symbole sind Wegweiser, nicht Endstationen.

Kultur ist die Gestaltung der Beziehung auf dasjenige, was wir nicht erst von uns aus sind. Die Gemeinsamkeit Europas kann sich unter Bedingungen reflektierter Aufklärung nicht aus einer Einheitsnorm entwickeln. Wo die Aufklärung in Europa darauf aus war, Verhältnisse zu schaffen, in deren Handhabung der Mensch nur das ist, was er selbst aus sich macht, sein eigener Schöpfer, da führte sie zu jener leeren Totalität, die über die Vernichtung des Anderssseins Anderer mit Inhalt erfüllt zu werden bestrebt war. Pluralismus ist dagegen kein leeres Wort, sondern gefüllt mit der Vielfalt von Erfahrungen, die in ihrer Individualität darin Bestand haben, daß sie ihre Grenzen kennen. Dazu aber bedarf es der Kenntnis und Anerkenntnis anderer Individualität. Das ist auch ökumenisch relevant.

Wenn heute in Europa Grenzen durchlässig werden, die einst dazu errichtet wurden, um wie Feuer und Wasser Unversöhnliches voneinander fernzuhalten, dann ist es von zukunftsträchtiger Bedeutung, welche Rolle das Christentum in dieser Situation übernimmt. Die europäische Aufklärung muß als eine Epoche innerhalb der Geschichte des Christentums gesehen werden, die mit ihren zahlreichen Problemen doch auch zum Reichtum der Vielfalt gehört. Den Gegensätzen und Spannungen, die dabei zwischen Christentum und Aufklärungskultur aufgetreten sind, gehört nicht das letzte Wort.

Die Herausforderung der Kirchen durch die Aufklärung muß neu bestimmt werden, wo die politischen, die wissenschaftlichen und technischen Folgen in das Stadium des zutiefst Problematischen eingetreten sind. Man spricht heute allenthalben von den „Überlebensfragen" der Menschheit. Dafür gibt es angesichts bestimmter Entwicklungen auch Anlaß genug. Jedermann kennt die Phänomene, aus denen sich das Katastrophenbewußtsein speist. In den Kirchen wächst die Bereitschaft, die Wahrnehmung dieser Probleme zu dramatisieren, sie mit endzeitlichem Pathos aufzuladen. Aber kann es ihr Auftrag sein, die Gottlosigkeit und Gottverlassenheit der Welt der Aufklärung zu verkünden? Soll und darf sie die Krisen der Moderne als Zeichen des Entzugs der Nähe Gottes mit seiner Welt deuten? Ist die Steigerung moralischer Sensibilität theologisch das letzte Wort der Kirche?

Wo es ums bloße Überleben zu gehen scheint, verliert differenzierte besonnene Wahrnehmung und Verantwortung schnell den ethischen und religiösen Rückhalt. Im Blick auf die Zukunft kommt es darauf an, „Überlebensfragen" in „Lebensfragen" zu überführen. Hier sind die Kirchen heute gefragt als Partner einer von Krisen erfaßten und selbst aufklärungsbedürftigen Aufklärung. Die Verkündung und Bezeugung der Gegenwart Gottes in Symbol und Sprache unterschiedlicher kirchlicher Traditionen muß sich heute darauf richten, die Endlichkeit des Menschen, die Grenzen dessen, was er machen kann, aber genauso auch die Grenzen dessen, was er zerstören kann, im Licht des göttlichen Lebens zu sehen lehren, das alles hält und trägt. Die Aufklärung auf Erden ist dieser „himmlischen Aufklärung" bedürftig.

Das Christentum im Europa der Aufklärung hat nach der Aufklärung die Mission, Statthalter des Vertrauens in eine Zukunft zu sein, auf die wir – obwohl sie im einzelnen ungewiß ist – im Ganzen doch in der Zuversicht christlichen Glaubens zugehen dürfen.

WALTER H. PRINCIPE CSB, TORONTO

The Unity of the Church and the Multitude of Nations

The early chapters of Genesis describe the origin of the hosts or multitude of nations in two different ways. The mainly 'Priestly' account[1] of chapter 10 views the spread of the unified human race into various lands and distinct nations as fulfilling God's blessing to Noah and his sons: 'Be fruitful, multiply and fill the earth' (Gen. 9:1). On the other hand, the 'Yahwistic' narrative of chapter 11 sees this dispersal as God's punishment of the human pride that had set out to build a town and a tower reaching to heaven. 'Let us make a name for ourselves,' the people said, 'so that we may not be scattered about the whole earth.' To which Yahweh replied:

> 'So they are all a single people with a single language! This is but the start of their undertakings!... Come, let us go down and confuse their language on the spot so that they can no longer understand one another.'
> Yahweh scattered them thence over the whole face of the earth, and they stopped building the town. It was named Babel therefore, because Yahweh confused the language of the whole earth. It was from there that Yahweh scattered them over the whole face of the earth (4-9).

Taken together in the Bible, these two biblical accounts teach that the multitude of nations arose both from God's gracious blessing and from human malice. We shall see that this ambiguity about the origin of nations and of cultures is important to our theme – the unity of the Church and the multitude (or host) of nations. Cultures express God's blessings and guidance; cultures also contain elements that come from human sinfulness.

Turning to the Acts of the Apostles, we see that the author views Pentecost as both symbolizing and actually beginning the overcoming of disunity among the nations. The Father, and Jesus the Christ now gloriously reigning with the Father, sent the Holy Spirit upon the Twelve, upon Mary, the Mother of Jesus, on several other women, and on the brothers of Jesus. Devout *Jews* from *many nations* were present and, the text says, 'were bewildered, because each one heard them speaking in his own language...' (Acts 2:6). The unity lost at Babel begins to be restored by the Holy Spirit. This unifying work of the

---

[1] It has some 'Yawistic' elements, vv. 8-19. 21. 24-30; see the note in the *Bible of Jerusalem* (Garden City, N.Y.: Doubleday, 1966), p. 25

Spirit both symbolizes and begins the *mission* of the Church to go, as Matthew reports Jesus saying, to 'make disciples of *all nations*,' baptizing 'them in the name of the Father and of the Son and of the Holy Spirit...' (Mt 28:20). The book of Revelation depicts the firstfruits of this unifying mission when it describes 'a huge number, impossible to count, of people from every nation, race, tribe and language; they were standing in front of the throne and in front of the Lamb, dressed in white robes and holding palms in their hands' (7:9).

Those from the many nations who witnessed the working of the Holy Spirit at Pentecost were devout *Jews*. But soon the Spirit came upon the *Gentiles*, that is, upon Cornelius and his relatives and close friends, when Peter was led by a vision and a voice from heaven to go and speak to them about Jesus. This 'new Pentecost' for the Gentiles showed Jewish Christians that all the nations must be welcomed into the unity of the Church (Acts 10).

The mission of Paul to the Gentiles, together with the decision of the Council of Jerusalem to exempt Gentile Christians from circumcision and other provisions of the Law, was already a first step not only in asserting the fundamentals of Christian faith but also in inculturating the Gospel among new followers of Christ.

As the Gospel spread in the early centuries, Church Fathers were amazed at something new and wondrous that was happening, that is, that the one Gospel and the one faith were being accepted and lived by people of many nations and cultures. To express this new reality they borrowed a word from secular Greek meaning 'on the whole' or 'in general'; this word was *kath' holou*, and they used it to speak of the Church as 'catholic' *(ekklesia katholikē)*. The term entered some early creeds in Egypt (see DS 2-5); it was also used, for example, in 251 in a letter of Callistus, bishop of Rome, to Cyprian, bishop of Carthage (DS 108), who himself used it frequently in his writings.[2] The Council of Nicea in 325 used 'catholic' in its anathema and in canons 8 and 19 (DS 126-128). It was used in the creed quoted by Cyril of Jerusalem in his *Catecheses* (DS 41), in the creeds given by Epiphanius (*Ancoratus*, in 374; DS 43-44), and in the creed adopted at the Council of Constantinople in 381 (DS 150).

In his *Catecheses* Cyril of Jerusalem († 381) calls the Church 'catholic' *(katholikê)* first, because it embraces people *throughout the world* united in one faith; second, because it teaches universally *(katholikôs) all* the doctrines needed for salvation by *all* classes of persons; third, because

---

[2] His texts are gathered and studied by A. d'Alès, *La théologie de saint Cyprien* (Paris, 1922), pp. 146-59.

it universally *(katholikôs)* heals *all* sins and possesses *all* virtues and spiritual gifts.³

'Catholic' thus expressed (1) fundamental unity of faith in a worldwide variety of peoples, traditions, and cultures (this is sometimes called 'geographical' catholicity), and (2) universality of true teaching and means of salvation (this is sometimes called 'qualitative' catholicity).

In the long centuries since the patristic period, the Churches in the East expressed this catholic ideal through autocephalous Churches united under patriarchs who were themselves united by bonds of communion with each other. In the West, however, the bishop of Rome, Patriarch of the West, gradually assumed greater and greater centralized authority over the particular or local Churches. Moreover, in the Western Church catholicity tended to be understood less as unity in *variety* and more as *uniformity* in expressing faith, in liturgy, in jurisdiction, and in many other ways.⁴

---

³ 'The Church is called 'catholic' *(katholikê)* because it extends through all the world, from one end of the earth to another. Also because it teaches *universally (katholikôs)* and without omission all the doctrines which ought to come to the knowledge of human persons, about things both visible and invisible, heavenly and earthly; and because it brings under the sway of true religion all human classes *(to pân gènos anthrôpôn)*, rulers, and subjects, learned and ignorant, and because it universally *(katholikôs)* treats and cures every type of sin committed by means of soul and body, and possesses in itself every kind of virtue which can be named, in deeds and words, and spiritual gifts of every kind (*Catecheses* 18.23; PG 33,1044); the text is also given, together with a Latin translation, in *Enchiridion Patristicum*, 17th ed., ed. M.J.Rouët de Journel (Freiburg/Br.-Barcelona, 1959), no. 838, pp. 310–11.

A little further on in his instruction Cyril draws a practical conclusion for his catechumens: 'When you are staying in any city, do not inquire simply: 'Where is the Lord's house?' For the sects of the impious attempt to call their dens 'houses of the Lord.' And do not simply ask where the church is, but say: 'Where is the Catholic Church?' For that is the special name of this holy church which is the mother of all' (ibid. 18, 26; PG 33, 1048; *Ench. Patr.*, no. 839, p. 311)

⁴ See my study, 'Catholicity: A Threat or Help to Cultural Identity', in *Identity Issues and World Religions: Selected Proceedings of the Fifteenth Congress of the International Association for the History of Religions,* ed. Victor C. Hayes (282 Richmond Rd., Netley S.A., Australia 5037: Wakefield Press, 1986), pp. 224–33, a shortened version of the full paper, which has been made available in *Canadian Theological Society: Papers presented at the annual meeting held at Winnipeg, June 2-4, 1986,* pp. 135–75.

On catholicity, especially within the Roman Catholic tradition, see the following encyclopedia articles: H. Moureau, 'Catholicité (Théologie)', *Catholicisme* 2 (1949) cols. 722–26; M. Jugie, 'Cattolicità', *Enciclopedia Cattolica* 3 (1950) cols. 1177–81; J. Salverri, 'Katholizität der Kirche', *Lexikon für Theologie und Kirche,* 2nd ed., 6 (1961) cols. 90–92; G. Thils, 'Catholicity', *New Catholic Encyclopedia* 3 (1967) 339–40; R. Kress, 'Catholicity', ibid. 17 (1979) 96–97; Avery Dulles, *The Catholicity of the Church* (Oxford: Clarendon Press, 1985).

An excellent treatment of the topic, historically and theologically, is given by Y. Congar, *L'Église une, sainte, catholique et apostolique,* vol. 15 of *Mysterium Salutis: Dogmatique de*

Within the Catholic Church in recent years, however, a remarkable shift in experience and teaching has led to a strong focus on the need for inculturation of the Gospel, with the necessary consequence that greater variety, even pluriformity, must replace uniformity within the communion that the Church is meant to be. The establishment earlier this century of local native clergy in missionary lands by Pope Benedict XV and Pope Pius XI led to many indigenous bishops. This meant in turn that the Second Vatican Council, at which so many of these bishops were present, was a world assembly reflecting many cultures. It was no longer dominated by European bishops or by bishops from North and South America whose cultures were in many ways derivative from European cultures. The voices of Uniat or Eastern-rite Catholics was also much stronger than in previous councils. These changes in the make-up of the Council had important results for the Catholic Church's views on (1) the relation of the Gospel and faith to the many cultures of the world and (2) its own understanding of the unity it was meant to possess.

That the unity of the Church is not the same as uniformity is being

---

l'histoire de salut (Paris, 1970). See also his more recent *Diversités et communion: Dossier historique et conclusion théologique* (Paris, 1982) as well as many of his other works.

The Orthodox tradition has a concept of catholicity that in part agrees with but in part differs from that which has developed within Roman Catholicism, especially in the centuries after the split between the two churches.

For the Orthodox view see the papers given at the Second International Conference of Orthodox Theology: 'The Catholicity of the Church', held at St. Vladimir's Seminary on 25-29 September 1972 and published in *St. Vladimir's Theological Quarterly* 17/1-2 (1973) 3-185. In it see especially J. Meyendorff, 'The Catholicity of the Church: An Introduction', pp. 5-18. See also Meyendorff's collection of essays, *Catholicity and the Church* (Crestwood, N.Y. 10707: St. Vladimir's Seminary Press, 1983): In the introduction, pp. 7-13, he makes valuable remarks about the history of the term 'catholic' and the notion of catholicity (and problems concerning this notion) within the Orthodox tradition.

Again, Anglicans have a special view of catholicity, as do also different Protestant traditions.

Anglicans view catholicity as 'noting or pertaining to the conception of the Church as the body representing the ancient undivided Christian witness, comprising all the orthodox churches which have kept the apostolic succession of bishops, and including the Anglican Church, the Roman Catholic Church, the Eastern Orthodox Church, the Church of Sweden, the Old Catholic Church (in the Netherlands and elsewhere)': thus *The American College Dictionary*, ed. C. L. Barnhart (with the assistance of representative experts) (New York: Random House, 1962), p. 191.

It is difficult to summarize the various Protestant views, but Meyendorff seems correct when he says that for Protestants, especially those in the ecumenical movement, there is 'the realization that "catholicity" is actually shared (perhaps in different degrees) by all the divided Christian denominations' (*Catholicity*, p. 10); from within his Orthodox perspective Meyendorff himself rejects this view of catholicity. For many references on this see Congar, *L'Église une...* , p. 179, n. 2. Congar addresses the ecumenical aspects of catholicity in his study, *Diversités et communion*.

brought out today by the increasing emphasis on true catholicity and on this need for inculturation. This emphasis is the work not only of theologians but also of the Second Vatican Council and, even more since then, of bishops' conferences, synods of bishops, and of recent popes: Paul VI and John Paul II have constantly said that the relation of the Gospel and the Church to cultures is perhaps the greatest challenge of our times.

Inculturation means that the gospel must be allowed to take root in the various cultures of the world – in those of the newer Churches, but also in a *renewed* way in the cultures formerly strongly influenced by Christianity. Inculturation means that the preaching, worship, spiritual life, and institutional organization of Christians must be fed by the Gospel and must remain as free as possible of cultural elements from outside the culture in question. The Word of God and the life of the church must incorporate the best elements of each culture while still exercising a critical function concerning elements in the culture that are incompatible with the Gospel message. One example of this was given by a missionary working in Africa, who had to try to convince the Masai herdsmen in Tanzania that stealing cattle from other tribes – something they thought perfectly correct and even laudable – is not in harmony with the Gospel![5]

The catholicity of the Church is taken to mean that Christ and his Gospel are able to respect the particularities and diversities within humankind and human history and at the same time bring them into a harmonious unity that will not be an undiversified uniformity.

This attitude was already given practical expression earlier in this century by Pope Pius XI in his encouragement of native clergy and then native bishops in mission countries, and then by a document in 1939 from the Congregation for the Propagation of the Faith reversing earlier rejection of Chinese ceremonies that venerated their ancestors and Confucius.[6] The most important official endorsation of inculturation came from the Second Vatican Council, which spoke of the need for variety within unity with respect to the church itself, in the liturgy, in the ecumenical movement, the missions, the eastern churches, and the church in the modern world.[7] Drawing upon these teachings of the

---

[5] See Vincent Donovan, *Christianity Rediscovered* (Maryknoll, N.Y.: Orbis, 1978), pp. 17–18. Donovan describes his attempts to evangelize these people in terms of their culture, divesting the Gospel message as much as he could of its European inculturation.

[6] See L.J. Luzbetak, 'Adaptation, Missionary', *New Catholic Encyclopedia* 1 (1967) 120–22, and H. Bernard-Maître, 'Chinois (Rites)', *Catholicisme* 2 (1949) cols. 1060–63.

[7] See the sections indicated in the following documents, the English translations of which are found in *The Documents of Vatican II*, ed. W.M. Abbott (New York, 1966): page

council, the recently promulgated *Code of Canon Law* (25 January 1983) includes among the rights of all the faithful of the church

> the right to worship God according to the provisions of their own liturgical rite approved by the lawful pastors of the church; they also have the right to follow their own form of spiritual life, provided it is in accord with church teaching.[8]

One senses in the provisos the continuing tension between the centrifugal pull of diverse cultures away from uniformity and the centripetal pull of church leaders to unity and orthodoxy.

The special synod of bishops held in November, 1985, again asserted the right to inculturation and the need of it. Within a broader section entitled 'The Church as Communion' the second paragraph speaks of 'unity and pluriformity in the church.' It begins with the oneness of God and goes on to the one Mediator, Jesus Christ, one Baptism and one Eucharist, and then to the Church as a sign and instrument of unity. After speaking of ecclesial communion or union with Peter and his successors, it goes on to say:

> On the other hand, the one and unique Spirit works with many and varied spiritual gifts and charisms (1 Cor. 12:4 ff). The one eucharist is celebrated in various places. For this reason, the unique and universal church is truly present in all the particular churches (*Christus Dominus,* 11), and these are formed in the image of the universal church in such a way that the one and unique Catholic Church exists in and through the particular Churches (*Lumen Gentium,* 23). Here we have the true theological principle of variety and pluriformity in unity. But it is necessary to distinguish pluriformity from pure pluralism. When pluriformity is true richness and carries fullness with it, this is true catholicity. The pluralism of fundamentally opposed positions instead leads to dissolution, destruction, and the loss of identity.[9]

A number of observers have contended that the final warnings indicated in this text have led the central authorities at Rome to be overly cautious and even to be limiting inculturation. On the other hand, a liturgy for Zaire incorporating many elements of its traditional culture has recently been approved by the Vatican.

After this very brief and sketchy historical account, we turn now (1) to examine some of the *terms* being used and the *distinctions* being made in discussions of inculturation; (2) to discuss some *theological themes* that are crucial to the attitude which Churches take toward inculturation; (3) to look at some of the *questions* this whole matter of

---

references are to this translation: *The Church,* no. 39 (pp. 65-66); *The Liturgy,* no. 37 (p. 151); *Ecumenism,* nos. 4, 14-18 (pp. 347-49, 357-61); *Missions,* no. 9 (pp. 595-96); *Eastern Churches,* nos. 5-6 (pp. 376-77); *The Church Today,* no. 86 (pp. 300-301).

[8] Canon 214.

[9] The text is given in *Origins* 15, no. 27 (19 December 1985), p. 448.

inculturation raises for theologians and for the Churches, and finally (4) to some brief remarks on inculturation *in relation to the unity of the Church or Churches*.

1. Some of the terms being used and distinctions being made

'Inculturation' is the term most commonly used in Catholic discussions of these matters. It is preferred to words that formerly were used more frequently in Church documents and by theologians, words such as 'translation' of the Gospel or 'adaptation' of the Gospel or liturgy to a particular culture. These earlier terms are now seen to imply a certain self-superiority; that is, they can imply that the way the Gospel has in fact become expressed in the language, symbols, worship, myths, and institutions of Europe and American Christianity is superior to any other possible forms. 'Translation' and 'adaptation' can imply the *imposition* of Europeanized or Americanized Christianity on other cultures. They could presuppose that one does not take seriously the local culture and its richness and suitability in relation to the Gospel.

To express a more positive outlook, new concepts and new words are being used – 'indigenization', 'contextualization', and 'inculturation' itself. Sometimes these concepts and words are used with little differentiation among them, but at other times important distinctions are made among them.

Indigenization

When these terms are distinguished, *indigenization* refers to the indigenous, the native who is born into a culture, as opposed to the outsider, the one who is not at home in a culture. It points especially toward the indigenous Christian community as the very agent taking the primary responsibility and task of developing the teaching, the liturgy, the organization and practice of the local or particular Church. Only the indigenous, the natives, really know their culture, and so they can best develop the patterns of Gospel life that will truly be rooted in their culture.

This concept and program arose to some extent from struggles over control of the local church between those who first brought the Gospel, the foreign missionaries (or their successors), and the evangelized people, especially the native clergy. Here are two concrete examples of this struggle. *First,* in 1955, the East Asian Theological Commission, set up by the World Council of Churches, organized the 'Bangalore Conference on the Indigenization of Worship'. This conference insisted on thoroughly examining the issue of how the missionaries and 'sending' Churches had dominated the organization and mission of the Churches that had received the Gospel from their work. *Second,* in 1986 I was at a conference in Nanjing, China, attended by Christians from many different denominations, who came from both the economically developed and the developing nations. The theme of the conference was how these Churches could work together in such a way that the necessary help from the older established Churches would not hamper the due autonomy of the newer Churches. The conference was held in China because it was thought that much could be learned from the Chinese Christian Churches, both Protestant and Catholic, because they had been developing their own forms of living the Gospel while being separated from outside Churches and while advocating (under governmental encouragement, at least) self-reliance in government, finances, and mission.

Despite the great advantages – indeed, the necessity – of indigenization, it does involve certain risks. An indigenized local Church could become too closed in on itself, too isolated, less open to unity with the world-wide Church and its beneficent influence. It could become too static, less receptive of changes resulting from new insights found in the larger Christian community. Thus the Chinese Catholics cooperating with the Chinese Patriotic Association remain largely untouched by the developments of the Second Vatican Council or by new movements in theology, liturgy, and ecclesiology.

Indigenization in isolation could also run the risk of becoming less self-critical, less open to the Gospel as challenging some elements of the indigenous culture that are opposed to Christ. In Africa and in Brazil one sees the rise of syncretist religions or sects that have broken away from the parent Churches; these groups combine elements of Christianity with religious beliefs and practices of their culture in ways that can no longer be called Christian.

We should recognize, however, that indigenization in European and American Churches, while fruitful for Christian life, must also be self-critical. Has the indigenization of the Gospel in these continents not too often made the Churches and their members too much at home in their secular culture, too individualistic, too materialistic, too much self-seeking? Has it not made them less responsive to the Gospel challenge to care for the poor of the world, to share the wealth and not fatten themselves on the slim resources of the poorer nations? Has it not tempted them to racial discrimination?

Contextualization

The term *contextualization* expresses a view that accepts indigenization but that seeks to overcome the dangers of isolation from the world-wide Church and of too static a view of culture. This concept was introduced in 1972 by the World Council of Churches in response to the need for reform in theological education. It was used by the World Council of Churches at its conference in Lausanne in 1974, and was the focus of an International Colloquium on Contextual Theology held in Manila in 1978.

'Contextualization' looks to the contexts or situations in which the Gospel must be brought, and on which theological reflection must concentrate. It looks to the particular changing aspects of every situation, including historical development, the play of political and economic powers, and the structures of society that exist or grow over time.

A statement of the World Council of Churches' Theological Educational Fund says: 'Indigenization tends to be used in the sense of responding to the Gospel in terms of a traditional culture. Contextualization, while not ignoring this, takes into account the process of secularism, technology, and the struggle for human justice, which characterizes the historical moment of nations in the Third World.'[10]

This approach was very much in evidence at the Nanjing Conference already mentioned. At this conference most representatives of the economically developing countries called on their counterparts from the developed countries for help in the struggle to liberate their countries from the dominance and oppression of the economically powerful nations. They asked for help in overcoming the oppressive social structures hampering the human development of their peoples and so impeding the very possibility of their living a full Christian life. Representatives from Africa and Asia, as well as from South America, saw the Gospel as calling for liberation not only in the strictly religious sphere but in every aspect of their peoples' lives. That is, the liberation theology developed in the context of Latin America is now being applied, with appropriate differences, in many other parts of the world. In the United States, a similar attempt at contextualization of the Gospel is being made by African-Americans, by women, by groups such as The Glenmary Research Institute on Inculturation, which works among people who are suffering poverty and personal indignity in different

---

[10] *Ministry in Context*, 20; quoted in Ruy O. Costa, 'Introduction...', in *One Faith, Many Cultures: Inculturation, Indigenization, and Contextualization* The Boston Theological Institute Annual Series, vol. 2 (Cambridge, Mass.: Boston Theological Institute; Maryknoll, New York: Orbis, 1988), p. XII.

areas. Many pastoral teams are working among the Hispanics and the newly-arrived Orientals, as well as among many refugees from Latin America.

This reminds me of a special problem about indigenization, contextualization, or inculturation that is most evident in the United States and Canada, but that also exists here in Europe, e.g., in London or Paris. One can no longer speak of one general culture in a nation. In the larger cities of the United States and Canada there may be as many as forty or fifty cultural groups sharing the same geographical area – a vast variety of customs, religious beliefs, family and social patterns. Within perhaps two generations the United States will likely be over fifty per cent non-white. What does all this mean for the Gospel in relation to this variety of cultures in one geographical area?

To return to contextualization: one aspect of this view that could be a problem might be an over-emphasis on the present context to the neglect of continuity with the past, or too much concentration on one's immediate context without consideration of the wider aspects of the problem. Theological reflection could be in constant flux, could pay less attention to the permanent value to be had from study of the great thinkers of the past, even perhaps less attention to the Scriptures.

Inculturation

Inculturation, used most frequently at least in Catholic thought, must be distinguished from 'ENculturation' and from 'ACculturation.' 'ENculturation' refers to the insertion of a person within his or her own culture. It is the acquisition and interiorization of a culture, the integration of oneself in one's culture. Enculturation is all-embracing, subtle, and profound – so much so that it is the reason why a Gospel presented in cultural forms from outside do not really penetrate deeply enough. The syncretisms I mentioned earlier seem to be the result of failures to overcome this difficulty.

'ACculturation' occurs when one culture evolves and changes from contact with another culture. Many examples of this could be given, e. g., the impact of snowmobiles on northern Indians and Innuit in Canada; portable radios throughout the world; African villagers all watching together at a television screen; the impact of the music and dress of African-Americans on the culture of the United States.

INculturation itself evokes, of course, the difficult notion of *culture.* As 'inculturation' is used today, it seeks to break down the idea of culture inherited from classical humanism. This idea thinks of culture as something elitist, e.g., classical music, fine art, drama, literature, poetry, ballet, opera, higher education, etc. Those advocating the inculturation of the Gospel insist that culture is all-embracing, subtle, and profound, that it includes the whole ensemble of life into which a person is inculturated. Culture is a kind of integral living organism. To take a most evident example, the music, dance, speech, and life styles of today's young people would not be called 'culture' in the elitist understanding of the term. But we know how powerfully young people are affected by these ways of living and of symbolizing their lives. The world of work and of popular recreation, the influence of the popular media, are all part of 'culture' in this inclusive sense.

Inculturation, then, is used of the attempt to evangelize an entire culture – on any continent, in any nation or section of a nation. It is the attempt to implant the core of the Gospel in any culture in a way that will resonate truly in that culture and not be seen as something imported from outside and relatively meaningless.

2. *Theological views related to inculturation*

The greatly increased attention to inculturation has arisen in response to a number of factors, for example, (1) the spread of Christianity in great numbers to areas outside Europe and Northern America; (2) the increased contact and beginning dialogues between Christians and those of other religions; (3) the rapid cultural changes produced by modernization and technology; and (4) a number of changed perspectives in theology. Here I should like to examine some of the theological issues involved in attitudes toward inculturation. Here I shall present Roman Catholic thought related to inculturation, but shall try to show its contrasts with the position of some groups that stand in strong opposition to this thought – Protestant (and some Catholic) fundamentalists, Seventh-Day Adventists, some Baptists, some forms of Pentecostals, the Jehovah's Witnesses. It would be impossible to present the position of the many Protestant Churches in North America: generally speaking, they and most Catholics are fairly close in their views on many points. In any case, differences are seldom denominational: the lines of agreement and disagreement cut through all the Churches, and one finds many Catholics and Protestants in close agreement on either side of many issues, rather than opposed on denominational lines.

There are, in my opinion, six theological perspectives that influence the way a Christian Church may view inculturation.

a) Creation and the Fall

The first of these is the theology of creation and the fall. That is, how does one view creation, nature, the human condition, especially as these are affected by the original and actual sins of human beings through history?

Catholic theology views all created reality, including material reality and bodily reality, as good. The human person is the image of God, Father, Son, and Holy Spirit, and is meant by God to live in perfect harmony with God, with fellow humans and with the whole created cosmos, and is called to divinization *(theiōsis)*, to eternal graced happiness with God and other creatures. From earliest times human sin disrupted this harmony and the possibility of perfect development. But nature and the human person, although deprived by sin of God's friendship, although weakened in the exercise of his or her natural powers, remains basically and intrinsically good, still the image of God, still open to intrinsic transformation and growth if and when God chooses to intervene.

Thus, although the sin of the world has historically spread to human persons and societies, there was and is a law of nature and much natural good remaining. This already gives a first – but not the only – basis for finding good in cultures that have developed apart from Christianity. Inculturation would mean expecting to find elements that can be integrated with the Gospel.

A further basis for this positive attitude is the role of Christ in all creation, and the presence of the Word and the Holy Spirit operating in creation and in human history, sowing seeds among all peoples and nations, seeds that, as some of the early Fathers held, are preparations among them for the coming of the Gospel that will make them sprout and grow. This view was taken up quite strongly in the Second Vatican Council in its statements about non-Christian religions and secular thought.

At the other extreme would be the teaching of those who maintain that human beings and nature itself are totally corrupted by sin, that this world is totally controlled or at least strongly influenced by Satan, that to acknowledge any good in nature or society is to be indulgent to Satan. Hence, for example, the Jehovah's Witnesses refuse to take part in civil society, refusing to salute the flag, etc.

b) The Incarnation of the Word or Son of God

Catholic and other theologies look to the Incarnation of the Son of God, of the Word, as the icon or exemplar of true inculturation. The

Son of God became one of us not by a docetic presence that would be only an appearance of true humanity. As Johannine theology and Fathers such as Irenaeus insisted, the Son of God took real human flesh. As the Letter to the Hebrews teaches, he shared our human condition and experiences to the full, being tried and tempted as we are, although without sinning. The Son of God became a Jew living at a particular time and place, in a particular culture strongly influenced by particular forms of Judaism, in a particular political, social, and economic situation. He was truly enculturated. Yet although his Gospel message spoke to and partially reflected his culture, it also challenged his culture, in order to bring its good values to higher perfection and to overcome the sinfulness and evil in it.

In being so incarnate culturally but in proclaiming his Gospel – and by living its message by his life, death, and resurrection – Jesus sets the example for the way the Gospel is to be inculturated, that is, to speak in terms of the culture, to integrate what is good in it, but also to challenge and to seek to heal and transform what is evil in it.

Fundamentalists generally resist such a view. They are good at denouncing some kinds of sin and evil, but often feel no need to do anything other than repeat the words of the bible, often chosen very selectively and subjectively. They are often very individualistic in their approach and limit their critique to individual moral evil acts. While exerting social pressure for condemnation of such evils, they often ignore evil social *structures* and find it easy to cooperate with regimes that further or at least do not work to alleviate such social ills. Thus, for example, they found it easy to support Ronald Reagan and his domestic and Latin American policies, and some right-wing oppressive authorities in Latin America have had their uncritical backing.

c) *The saving role of Jesus and the Holy Spirit*

Whereas earlier Catholic theology stressed the theme that outside the Church (itself viewed narrowly as equivalent to the Roman Catholic Church) there is no salvation, recent Catholic theology and official teaching in the Second Vatican Council see the saving role of Jesus and the Holy Spirit as universal in *time* and *extension,* as having efficacy even on those persons and in those religions and cultures that have never heard of Jesus or who, having heard of him, have nevertheless rejected Christianity.

Thus the Second Vatican Council spoke of the possibility of all persons being saved by the work of the Spirit linking them to Christ's paschal mystery:

Linked with the paschal mystery and patterned on the dying Christ, [the Christian] will hasten forward to resurrection in the strength which comes from hope.

This is true not only of Christ's faithful but also for all human persons of good will in whose hearts grace works in an invisible manner. For since Christ died for all and since the final vocation of human persons is truly one, namely a divine vocation, we must hold that the Holy Spirit offers to all the possibility of being associated with this paschal mystery in some way known to God.[11]

In view of Jesus' life, death, and resurrection on behalf of all human beings, the Father, the Word, and the Holy Spirit have been at work in the world and in human history from the beginning. Hence the various cultures that have developed have already been influenced by the saving grace of Jesus and the Spirit. They are not one great *massa damnationis* (as Augustine held); they are not bereft of goodness until they explicitly reject themselves and accept faith in Jesus. This is true not only of the cultures in general but of some, if not all, aspects of their religious beliefs and practices. God's will to save all, Jesus' saving work for all, must mean that all human persons – and therefore the concrete cultures in which they live and develop – must have been influenced by God's gracious love and fidelity even if, like all human cultures (including Christian ones) there are elements of resistance and sin in them.

One can see the radical change such a view begets toward all human cultures, including their *religious* content and their *religious leaders* of the past and present. If indeed the Father, the Son/Word, and the Holy Spirit have been activ and saving in all cultures and in all religions, Christians must be *listeners* as well as *teachers* when they preach the Gospel of Jesus Christ, when they call for faith in Jesus, when they try to develop catechesis, liturgy, spirituality, Church institutions, etc. Some of the most interesting examples of such listening are taking place in India in the dialogues between Christians and representatives of the great religious traditions of that land.[12]

Fundamentalist Christians would generally reject all this. For them, other religions are servants of the devil, subtle efforts of the devil to receive worship. Only the explicit preaching of Jesus and explicit acceptance of Jesus as Saviour can bring salvation.

---

[11] *Gaudium et Spes,* no. 22; in *Acta Apostolicae Sedis* 58 (1966) 1043. This statement is superior to a similar earlier statement in *Lumen Gentium,* no. 16 (ibid. 57 [1965] 20), which speaks of the universal work of the Spirit but fails to link it with Christ and his paschal mystery.

[12] See Michael Amaladoss, 'Rationales for Dialogue with World Religions', *Origins* 19/35 (1 February 1990) 572-77.

d) The theology of revelation

One of the most important theological positions for inculturation is that of the relation between the *mystery* of God (and of God's saving work) on the one hand and the language, symbolism, liturgies, and myths expressing that mystery on the other hand. The mystery of God and God's saving work through Jesus and the Holy Spirit – *theologia* and *oikonomia* – utterly transcend human comprehension. Faith adheres to the Mystery but can only express it by terms that are true but *inadequate* to the ineffable Mystery. Even the revealed teaching of Jesus and the Bible as read in the Church can express this mystery only imperfectly.

If this is understood, the Christian Churches, when preaching and attempting to inculturate the Gospel, should not find themselves tied down to a *literal* repetition of the expressions or formulations of the Mystery – not even to the words of the Bible. After all, translations of the original scriptures into other languages have already been doomed to some inaccuracy – *traductor traditor,* says the Latin, *traduttore traditore,* says the Italian. Nor should the Churches be tied down to a *literal* repetition of creeds, symbols, or practices by which they have already inculturated the Gospel for themselves, whether that culture be Alexandrian, Syrian, Roman, Byzantine, or Russian. Of course the basic truths of the Gospel must be maintained, but fidelity in communicating them may mean considerable experimentation in new cultures, as was done in the inculturations of earlier centuries, so that these fundamental truths may become truths with meaning for the new cultures.[13]

To realize that even the inspired words of Scripture, and even more the language and symbolism developed in the Churches are *inadequate* to the Mystery of God is to understand that the work of evangelization can take on new language, new symbols, new practices that convey the Gospel in its essentials while having a deep resonance in the culture. The life, death, and resurrection of Jesus, and his teaching and example, will always remain the norm, but inculturation will express this in ways appropriate to the culture. On a visit to Nairobi, Kenya, in 1980 Pope John Paul II said:

---

[13] In the 19th century missionaries to Africa, attempting to present the mystery of the Trinity, first tried to teach the indigenous people the distinction between 'person' and 'individual nature', a distinction unknown to the indigenous people. When I was lecturing on the history of patristic and medieval thought at the Chinese Academy of Social Sciences in Beijing, I found that even senior scholars found it difficult to grasp the basic concepts used in the development of Christian teachings in those periods.

Inculturation, which you rightly promote, will truly be a reflection of the Incarnation of the Word... There is no question of adulterating the word of God or of emptying the cross of its power (cf. 1 Cor 1:17) but rather of bringing Christ into the very center of African life and of lifting all African life to Christ. Thus not only is Christianity relevant to Africa but Christ, *in the members of his body,* is himself African.[14]

e) The theology of history

As expectations of an immediate parousia faded, the early Church had to come to terms with pagan and secular society, to try to determine its relation with them. The long and varied history of these relations can only be mentioned. One thinks of monastic withdrawl from society, episcopal influence in societies threatened by chaos or ruled by Christian princes; St. Augustine's *City of God* and its influence; the struggles between popes and emperors in the West in the middle ages; the work of Luther, Zwingli, Calvin, Oliver Cromwell, the Puritans in America; the state religions of England, Italy, and Spain, etc. In a seminal work Richard Niebuhr gave five models for the intricate variations in the way theologians and religious groups have addressed this issue, even while admitting that these models are only approximations that fail to take account of all the nuances.[15]

Is the Church to seek to establish the kingdom of God on earth, to make everything explicitly Christian, to seek to make Christianity dominant in every culture? This was the view of the Catholic Church for centuries, but the Second Vatican Council broke finally and decisively with this view. Is the Church to withdraw from history, to stand over against human history and development, proclaiming the coming of Christ in judgment on a sinful world and even hoping that this world will disintegrate so badly that Christ's glorious and vindictive coming will be hastened? This is the attitude of some Fundamentalists and some Pentecostal groups, who therefore show little interest in human culture and development. Or is the Church to work for the good development of human history and society as part of the very mission of the Church? This is the view of the Catholic Church today. It does not mean abandoning the preaching of Jesus and his gospel. In fact, it is out of its commitment to Jesus, and in imitation of Jesus' concern for the poor, that it must take on this mission. It must acknowledge the good in society and in all cultures and religions, and cooperate in furthering that good. It must also challenge – again, out of its knowledge and love

---

[14] Quoted in Peter Schineller, *A Handbook on Inculturation* (New York/Mahwah, N.J.: Paulist Press, 1990), p. 43.
[15] See his *Christ and Culture* (New York: Harper & Row, 1951).

of Jesus – those elements in cultures that are misdirected and harmful. It must act as a sign or sacrament of Christ's concern for the advance of justice and love among all, and thereby cooperate critically but joyfully in human advance, without, however, expecting perfection within this human history until the final coming of Christ. All this bespeaks a new and positive attitude towards cultures and the role of cultures in history, including secular elements and other religions in these cultures.

f) The theology of the Church and of the Unity of the Church

Many of the teachings of the Second Vatican Council, some of which were retrievals from the early centuries, opened the way for Catholic acceptance and promotion of inculturation, and with it acceptance of ecclesial pluriformity within basic unity or communion. Church authorities in recent centuries had insisted strongly that the unity of the Church was to be maintained under the hierarchical supremacy of the pope, with strong emphasis on conformity. (The existence of Uniat, non-Roman rite Catholics was one important exception, but they suffered to a considerable extent from insufficient recognition of their legitimate variety within unity.)

At the Second Vatican Council the theology of bishops was examined more thoroughly, and they were now presented more clearly as having their authority from God by ordination rather than by delegation from the pope. The local or particular Churches were seen to be the true Churches, the universal Church being not some vague supra-entity or the Church of Rome, but rather the communion of local or particular Churches, with the bishop of Rome acting as a sign of communion and unity and as a presider among his fellow bishops with authority to further that unity.

Stress was also laid on the importance of collegial action between the pope and bishops, as well as of such collegial action on the part of bishops in their concern for the worldwide Church rather than only for their own diocese. Episcopal conferences uniting the bishops of one or several nations were approved and encouraged. Greater emphasis was given to the conviction that every baptized person shares in the priestly, prophetic, and governing or leadership roles of Christ. The Council recalled and reaffirmed the Pauline teaching about the existence of charismatic gifts from the Holy Spirit among all the faithful for the service and upbuilding of the Church.

Each of these teachings provides a theological basis for a new approach to inculturating the Gospel in the different milieux of the world. The local or particular Churches, and the union of them in regional or national assemblies of bishops and others, are the place where the Gospel is to be preached, received, lived, and inculturated. In this work the charisms of every Christian, including the lay faithful, are to play an essential part: the bishops cannot do it alone. Catholicity means, of course, that the resulting variety must maintain unity among all the Churches as well as with the visible leader of the Church. The various Churches must be open to challenge from the other Churches and, for Catholics, from the pope exercising his Petrine ministry.

Since the Second Vatican Council there have been, to be sure, some signs of hesitation on the part of the pope and perhaps even more on the part of the Vatican curia. Is it fear of loss of control, or fear of the consequences of the necessary experimentation, that account for what, in the eyes of many has slowed the process of inculturation? Voices from Africa, South America, India, and North America show concern that the theological foundations laid at Vatican II and in many papal and synodal statements – including the pope's new Commission on Culture – may be being blunted by reactionary elements in the Church.

3. Some questions that inculturation raises for theologians and for the Churches

Even when inculturation is accepted as desirable, many questions remain. The first concerns methodology. How does one envision the process theoretically before even beginning to practice inculturation? Or should one *not* wait for theoretical answers to be given, and instead plunge into experiments and let experience and the fruits of the experimentation be a guide to the process?

One author, Stephen Bevans, presents six different models that are being suggested for methodology in approaching inculturation. They can only be summarized here.[16]

1. *The translation model.* It starts from the Bible and Church teaching and tries to insert the core of that teaching into the culture. It presupposes that one can find such a core and free oneself of one's own cultural context. Difficulties with this approach have been mentioned earlier.

2. *The anthropological model.* It starts from the culture and takes only what fits into the identity of the culture. Difficulties with this model have been mentioned above in relation to 'indigenization.'

These first two models raise an important question: Does one begin

---

[16] See his 'Models of Contextual Theology', *Missiology* 13 (1985) 195–211. I owe the reference and details of this summary to Robert J. Schreiter, 'Faith and Culture: Challenges to a World Church', *Theological Studies* 50/4 (December 1989) 744–60.

from the Gospel message or from the culture, and what kinds of control are necessary in either case?

3. *The praxis model.* It focuses on the process of social change within culture. It assumes that since God speaks through the changing events of history, the Gospel must be heard and preached in terms of the revelation given by these events. Some forms of liberation theology would fit this model.

4. *The synthesis model.* It recognizes the importance of the first three models and tries to keep them together in a dialogue that respects the value of each. The American theologian, David Tracy, tries to do this by use of what he calls the 'analogical imagination.'[17]

5. *The transcendental model.* It looks to the subjects of culture and tries to find or postulate a universal experience of God lying behind the various cultures, especially religious experience and its expression in the various religions. This common religious experience is taken as the basis for respecting all cultural expressions, including those of non-Christian religions. The work of Karl Rahner and Bernard Lonergan moves in this direction.

6. *The semiotic, or cultural-linguistic model.* This approach uses the sign-making and symbolic nature of culture, which is so all-embracing and which, this theory holds, gives the very tools whereby an experience of God can be expressed to others and even to one's own consciousness. Building on the work of anthropologists, the American Lutheran theologian, George Lindbeck, has applied this approach to a theological examination of pluralism in religion and theology.[18]

By their variety, these models already suggest several problems facing the theory and practice of inculturation. The first is the very lack of an assured methodology. This in turn may make Church authorities cautious and hesitant in allowing experimentation in inculturation.

The second is the question of how culture itself should be analyzed. Some say this should be done by using a philosophical, deductive approach; others say one should apply a social science, empirical approach; still others say that both approaches should be combined. As for using the social sciences to analyze culture, however, a serious problem arises because anthropologists themselves differ considerably about the best method to use in studying culture.

A third problem or question is how much of the Church's patrimony

---

[17] See his *The Analogical Imagination: Christian Culture and the Culture of Pluralism* (New York: Crossroads, 1981), and his more readable *Pluralism and Ambiguity: Hermeneutics, Religion, Hope* (San Francisco: Harper and Row, 1987).

[18] See his much-discussed book, *The Nature of Doctrine: Religion and Theology in a Postliberal Age* (Philadelphia: Westminster Press, 1984).

or tradition is basic, fundamental, and essential, and how much is the result of inculturation – elements that are valuable and to be respected in that culture but that can be set aside for new inculturations.

A fourth question is: How are we to deal with the inevitable inculturated pluralisms, including pluralisms in theology? How can there be communication among the various groups and theologies? And what will be the effects on our present theologies (which, we see from this symposium, are already very pluralistic)? For these new inculturated theologies will inevitably challenge and perhaps upset some of our cherished theological views. This last question leads to our final section, one closely related to the theme of this symposium and especially the theme of this day.

4. Inculturation and the Unity of the Church (or Churches)

Inculturation poses the problem of catholicity, or unity within cultural variety or pluriformity, within *each* of the Christian Churches. Beyond that is the further question, the relation of inculturation to the unity of *all* the Churches that profess faith in Jesus Christ. A still further question is the relation of inculturation to the unity of *all* who believe in God, especially as they express and live their beliefs in religious communities other than the Christian ones, that is, in the other major religions but also in the cultural religions of peoples who are neither Christians nor adherents of the other major religions.

For the Catholic Church, inculturation must lead it to recover the true notion of catholicity, that is, to realize that its unity is a unity not of conformity but of pluriformity within essential unity in fundamentals. Acceptance of inculturation must lead it to risk decentralization of control. (In his earlier days, Professor, now Cardinal, Josef Ratzinger suggested that more patriarchates should be established in the newer Christian areas rather than having the one patriarchate of the West.) Acceptance of inculturation must lead the Catholic Church to a greater trust that its true and essential unity is the gift and work of the Holy Spirit far more than the result of exterior control from the centre.

In the Catholic Church's relations with other Christian Churches, it seems to me that its opening out to them through ecumenism in the latter half of this century is already, for Catholics, a kind of *ac*culturation (we cannot call it *in*culturation in the way we are using the term here!). That is, it reveals a belated awareness on the part of the Catholic Church that it cannot remain in isolation from the cultures in which it has traditionally been living, so that it must therefore be in real contact and searching for unity with the Orthodox, Anglicans, and Evangelical and Reformed Christians. All these Christians are, of course, part of the cultural-religious life surrounding Catholics. Indeed, this process of searching for unity was going on at 'the grass roots', among Catholics and other Christians, long before official pronouncements and efforts at dialogue.

If the Catholic Church can speak of *listening* to and *learning from* the voice of the Word and *looking* for the work of the Spirit in cultures that are not explicitly Christian, it must surely listen to and learn from the voice of the Word and look for the work of the Spirit among our fellow Christians. And we hope that in turn they may listen to and perhaps learn something from us as well as find some working of the Spirit in us.

The Second Vatican Council made important advances in this regard. When speaking of the Orthodox, it recognized the richness and value of their different traditions in liturgy, spirituality, law and – a very significant declaration – in expression of doctrine.[19] This last point is so important because it accepts a pluriformity of mutually complementary doctrinal expressions of the mystery of faith. This was stated in another way in Pope John XXIII's opening remarks at the Council and later in another conciliar statement. Both emphasized the distinction that must be made between the substance of faith and expressions of that faith, expressions that can change over time.

Another important advance for Church unity that will affect inculturation efforts is the Second Vatican Council's recognition of other Christian bodies as Church or ecclesial communities forming part of the Church of Christ. This should mean greater cooperation among all Christians in inculturation at home and especially in the work of the Churches in other cultures.

Still another important advance was Vatican II's recognition of a *hierarchy of truths* among Christian doctrines. This is a most hopeful

---

[19] See *Unitatis Redintegratio* (Decree on Ecumenism), no. 17; *Acta Apostolicae Sedis* 57 (1965) 163: 'What has already been said about legitimate variety we are pleased to apply to differences in theological expressions of doctrine. In the investigation of revealed truth, East and West have used different methods and approaches in understanding and proclaiming divine things. It is hardly surprising, then, if sometimes one tradition has come nearer than another to an apt appreciation of certain aspects of a revealed mystery, or has expressed them in a clearer manner. As a result, these varying theological formulations are often to be considered as complementary rather than conflicting. With regard to the authentic theological traditions of the Orientals, we must recognize that they are admirably rooted in Holy Scripture, are fostered and given expression in liturgical life, and nourished by the living tradition of the apostles and spiritual authors of the East; they are directed toward a right ordering of life, indeed, toward a full contemplation of Christian truth.'

principle for finding the way to greater union, as I have seen by taking part in the official Lutheran-Catholic dialogue in the United States. And in relation to inculturation, this theme of the hierarchy of truths can be very important for helping to decide which doctrines should most be stressed when attempts at inculturation are being made.

This attention to the hierarchy of truths for inculturation within non-Christian cultures can also flow back upon our search for unity among ourselves. For true inculturation requires, as has been said earlier, that each Church rejuvenate its faith in the supreme transcendent *Mystery* of God, Father, Son, and Holy Spirit, and learn to distinguish what is truly essential to that faith from what in the historical development of each Church is not essential, or at least is not at a higher level in the hierarchy of doctrines. Many of our differences come from the ways each of our Churches have inculturated the Gospel throughout our history. By learning from the process of inculturation in other cultures, we may become more aware of these *particular* inculturations of our own that sometime divide us. We may learn to be more healthily critical of those aspects that need not be clung to, not only with respect to the new cultures but also in relation to our fellow Christians with whom we already live and with whom we search for unity.

Inculturation, then, may be a decisive step for us all into the unity of a Church that remains catholic, that is, one in faith while varied in expressing and living that one faith. The risks each Church takes in the process of inculturation, the letting-go while learning and while developing new forms of Christian life, may then lead us on the way to communion in singing the praises of the Lord as recorded in the book of Revelation:

> You are worthy, Oh Lord, to receive the book and open its seals because you were slain and have redeemed us by your blood FROM EVERY TRIBE and TONGUE and PEOPLE and NATION, and you have made us a kingdom and priests for our God (5:9–10).

JOHANNES D. ZIZIOULAS, ATHEN

Church Unity and the Host of Nations

I. Introduction

It is a privilege and a great pleasure for me to be invited to speak in the plenary session of this symposium. I should like to express my gratitude for the honour of this invitation and, at the same time, my congratulations to those who have had the initiative of this symposium, above all to the Tutzing Protestant Academy, for the organization of this significant ecumenical conference.

The importance of this symposium and its theme hardly needs to be emphasized. The Ecumenical Movement of our time has shown that it is not enough for the Churches to examine their traditional theological differences and to try to resolve them. Important as this certainly is, it must be accompanied by an examination of the historical context in which the divided Churches find themselves and the challenges which this context poses to all of them, regardless of their traditional differences. For the unity of the Church cannot be achieved in an historical or cultural vacuum; it can only have meaning if it is part of the historical reality surrounding the Church.

Having said this, we must immediately add that the examination of the historical context in relation to the unity of the Church cannot and should not be divorced from theology. Without theological criteria history or culture would be meaningless for the unity of the Church, since the Church is not simply an historical or cultural entity but claims to be something of eternal, even meta-historical or eschatological value, something that relates to history and culture while transcending them in a critical way.

It is precisely at this point that our traditional theological differences acquire decisive significance. Each Church carries with it a number of theological criteria by which it relates to a given historical situation. Although we all share the same Bible and more or less the same basic conciliar and Patristic tradition, we lay different emphases and have different approaches to the one Christian Gospel. This is particularly true with regard to the two basic traditions known as Eastern and Western. Owing to the fact that these two traditions developed autonomously after the 11th century – or perhaps a little earlier –, each of them acquired characteristics which make them contrast with one another at many points. It is precisely for this reason that a symposium of this kind is so important. We, Christians of the Eastern and Western traditions, have come here to listen to each other, to see what each of these traditions can contribute out of its theological heritage and ethos to the common task of all the Christian Churches to face the new realities of the third millennium.

It is against this background that I am asked to speak to you as an Orthodox theologian on the topic assigned to me, namely: *Church Unity and the Host of Nations*. This subject, as analysed and spelt out by the organizers of the symposium, includes problems such as the relation between Christianity and culture, the relationship between local and national Churches, the universality of the Church and the host of local Churches, and finally the place of the ecumenical movement in the context of a world-community as it appears to be formed in our time. I order to respond to this task as an Orthodox theologian I propose to place the above mentioned questions in the light of certain theological principles which I regard as typical of my own tradition. These principles would be expressed in the following way.

In the first place we must apply the Christological principle in our subject. When we speak of Christology, however, we must qualify it strongly with Pneumatology. This, I think, is a demand of the Orthodox tradition. What does this mean? It means that we must allow the Holy Spirit to play a constitutive role in our understanding of the person of Christ. All aspects of Christology must be affected by Pneumatology. Whenever we mention the incarnation, the teaching, the suffering, the Ressurection and the second coming of Christ, we must place all these in the light of the special contribution that the Holy Spirit makes to the divine Economy.

Secondly, following the same principle we must qualify also our Ecclesiology very strongly with Pneumatology. All the issues that we are going to raise concerning the unity of the Church in its local and universal dimensions must be strongly affected by a Pneumatological Christology. This will determine the balance we establish between locality and universality, between the "one" and the "many", a balance which is of fundamental importance to our subject.

These theological principles have important consequences on the practical level and affect seriously the attitude that the Churches must take in the fall of the new historical developments at the threshold of the 3rd millennium. These developments are marked by the quest of the right balance between locality and universality, between nationalism and world-community, between diversity and unity. The shape, style and ethos of unity sought by the Churches is not unrelated to this balance which the entire world is seeking as it enters the 3rd millennium.

The agenda of secular history cannot be irrelevant to the ecumenical agenda of the Churches. And yet the Churches must not simply follow secular history, they must lead and influence it. This they can only do, if they have a clear vision of the unity they seek and if they achieve the highest possible degree of convergence concerning this vision. It is this need that makes theology so important in today's ecumenism. Without a theological vision the Churches will be absorbed by secular history and will betray their nature and their mission.

II. The Church and culture. The issue of inculturation

Culture always precedes the Church. But it is equally, true to say that it follows it. Both of these assertions are historically as well as theologically verified. Historically, it is true that the Gospel has had from the very beginning to face a given culture, to come to terms with it, to take a critical stance over against it and finally to influence and transform it. Theologically, the Church has always felt that she is in this world, while not being of this world; that the Gospel by proclaiming the Kingdom to come is eschatological in its very nature, while the proclaimer of the Gospel, who is at the same time its very content, namely our Lord Jesus Christ, is God incarnate which means a God who has taken upon Himself all that is human, including culture. This dialectic between Church and culture, which paradoxically allows for a positive as well as a negative relationship between the two, is one of the most difficult and delicate tasks the Church must always face. The pendulum quite often goes too far in one or the other direction. Nineteenth century liberalism with 20th century representatives as eminent as Adolf von Harnack identified the essence of Christianity with cultural values, while neo-Orthodoxy in this century drew a sharp line between faith and culture. In both of these cases there has been an excessiveness that theology today would wish to correct. The problem of inculturation is one of the most important issues facing the Church today. What has the Orthodox tradition to contribute to this problem? The answer to this question must be drawn from both historical experience and theological teaching. Let us consider them both.

When the Christian Gospel was preached to the Greeks it was confronted with a culture that was not only different from but we could say deeply opposed to the one that had produced historically the Gospel, namely the semitic culture. Historians argue as to the extent to which Hellenic culture had infiltrated Judaism at the time of Jesus (see inter alia the monumental work of Martin Hengel, *Judentum und Hel-*

lenismus), but a study of the Patristic period reveals that the "inculturation" of the Gospel in the Greco-Roman world of late antiquity was by no means an easy task. The problem was not simply how to replace polytheism with the Biblical faith in one God. It went much deeper touching the very ethos and mentality, the very "world-view" of Greek culture. As it is evident from the reaction of Greek philosophers in the first centuries, such as Celsus and other Neoplatonists, the Greek mind could not absorb the historical outlook that Christianity brought with it, including above all the idea of God's Incarnation and the resurrection of the dead. At an even deeper level the inculturation of Christianity in the Patristic period stumbled at the Greek world-view which gave priority to the "one", the unity of the universe and its cyclical and orderly movements, at the expense of the "many", i.e. the particular and the concrete beings, which had come to the point of being regarded as identical with the "fall" or with evil. In other words, a Gospel which carried with it a respect for history and an eschatological outlook which regarded the end of history as higher in significance than the beginning of things had to become part of a culture that mistrusted history and regarded the beginning of things as more decisive than the end. Inculturation was, therefore, extremely difficult in this case.

And yet inculturation did take place at the time. Views may differ among people as to whether it was a successful inculturation, faithful to the Gospel, or an "acute hellenization" (A. v. Harnack) and a selling out of the Bible to Greek metaphysics (A. Schweitzer etc.). Certainly from the point of view of my own tradition what happened in the patristic era was indeed a successful inculturation, since the purity of the Gospel was not lost through it. It may be, therefore, proposed, from the Orthodox view-point at least, not as a model to be copied, but as an example from which we can draw some lessons in our present day situation. What could these lessons be?

In the first place we must note that the Church of that time noted the weaknesses of the Greek culture and noticed the fact that this culture had exhausted its possibilities. This diagnosis of the end of a world allowed the Church Fathers, both Greek and Latin such as St. Augustine in the West, to place the Gospel in a critical attitude towards ancient culture and to propose alternatives to it. The situation we are in today is not different from this point of view. Only that the Church today cannot stand vis-à-vis its culture, since to some extent it has contributed to its creation, but should rather take a self-critical position in many respects. In any case what the Church should note today is that we live at the end of a historical culture shaped by the Enlightenment, and that the Gospel must be detached from it and be presented as an alternative to this culture. If the Church fails to do this, many other step in to answer man's needs at this period of transition, as I fear they are doing already. In the Patristic period the fact that the Church entered into a strong dialogue with its surrounding culture prevented others from stepping in. We must draw from this the lesson that the Church in our days must play a leading part in dialoguing with Western culture at the deepest level, if it is to avoid marginalization. Such dialoguing must take place especially with the Enlightenment whose values and ideas are particularly shaken in our time. Ideas such as the sovereignty of human reason, the pursuit of individual happiness, the very notion of the "individual" etc., all that is now increasingly being challenged by more cosmic and relational approaches, have to be brought to the foreground by the Church and be turned into central issues. This may in fact amount to a form of de-culturation rather than inculturation, but it is necessary at this point of transition in Western history.

Secondly, the Greek Fathers did not take simply a critical view of hellenic culture but entered deep into it – they were themselves part of it – and established creative links with its premises. This took various forms. At the level of worship, for example, many things were accepted and "christianized" such as natural feasts, rituals of all kinds etc. On the plan of philosophy all questions raised by the Greek mind were regarded as legitimate, above all the ontological concern of the Greek mind which was to a great extent a stranger to the Bible and to Semitic culture. Philosophical terminology was unhesitatingly borrowed and used in theology. Greek language was adopted in all Greek-speaking parts, while the use of Latin in the West never presented a problem of unity. Inculturation went as deep as to allow contemporary Biblical scholars who seem to be enjoying the discoveries of the Hebrew and Semitic background of the N.T., to speak of a gap between the Bible and the Fathers. And yet all this did not take place at the expense of the Gospel. The eschatological orientation of the Bible was preserved through the centrality of the Resurrection, the iconic representation of the Kingdom in the Eucharist, the strong emphasis placed on community, Monasticism as a form of protest against secularization etc. In other words – inculturation can and must employ all forms of a given culture provided that the basic aspects of the Biblical outlook are maintained. In these cases the Church must be aware of what is important and must be maintained at all costs and what can be changed. This is no easy task, as the history of the Patristic period itself shows. This underlines the crucial importance of theology in all forms of inculturation. Theology at an ecumenical level must try to reach convergence with regard to what constitutes the essential aspects of the Gospel that must be maintained while expressed in different cultural forms. Inculturation without theological awareness and sensitivity can be a very risky matter.

Finally, the Patristic and by extension the Byzantine period has applied inculturation outside the Greco-Roman culture, through missionary effects, such as the conversion of the Slavs to Christianity. Out of this activity of the ancient Church two aspects could be underlined. One is the fact that the Gospel was preached and presented in the language of the people converted, and this is not as a matter of tactics, i.e. as a means to facilitate conversion but as a way of allowing the Gospel to take fully root in the culture of the people. Secondly, it is noteworthy that the basis of conversion, its centre, was the Eucharist and worship. This allowed for the eschatological outlook to take root in the new Churches and influence their entire life. Monasticism followed as a means of strengthening further this outlook together with the sense of community that characterizes so strongly the Slavic Orthodox Churches even today. It is of course time that many peculiarities of the Slavic soul have survived, which distinguish it from the Greeks, such as a tendency towards the "mystical" and the sub-conscious, which contrast with the lore of clarity, including rational clarity, that the Greeks tend to display. Inculturation allows for many "natural" or one may call them in a good sense "racial" and "biological" characteristics of a certain people to be preserved. The variety of God's creation is not destroyed by the Gospel; it is only what pertains to freedom and to "world-view" that must change. For the Gospel does bring with it a certain "world-view", and this must be preserved in inculturation.

So much about history. Theology on the level of doctrine relates to the issue of inculturation via a Christology conditioned pneumatologically. Inculturation is a demand of the doctrine of the Incarnation. By entering and sharing fully the human condition God in the person of Christ made it imperative that this Church constantly reincarnates Him or allows Him to enter fully into every culture. The fact that the Son of God entered a specific culture, i.e. the Hebrew or Jewish milieu of a certain time in history may be easily taken to imply that He sanctified and affirmed only a particular culture, thus calling all other cultures to be converted to this one. Indeed, a Christology which is not conditioned pneumatologically may lead to such a conclusion. Pneumatology, however, points to a Christology that is eschatological and therefore inclusive. The Christ of the Spirit is not an individual being conceivable in Himself, but He has a body, He is the "first born among many brethren" (Rom 8:29), and this may be extended to the point of making Him a "cosmic Christ", an 'anakephalaiosis' of all (ta panta).

There is no race and no culture to which He can be irrelevant. Thanks to the Holy Spirit He can be "inculturated" in all places and at all times.

This stress on Pneumatology with reference to inculturation is not the same as the one encountered so often nowadays – even among some Orthodox – according to which all cultures somehow contain the presence of the Holy Spirit. A Pneumatology which is separated from Christology is just as bad as a Christology without Pneumatology. The Holy Spirit is present everywhere, He blows wherever He wills and "fills all things" as the prayer puts it. But He never acts away from Christ or independently of Him. He receives from Him and points to Him. There is no "Economy of the Holy Spirit"; there is only the Economy of the Son. Inculturation involves inevitably the incarnation of Christ, albeit in forms other than the *eph apax,* the historical one. Instead of making of the Holy Spirit a divine person that works outside Christ, it is better to regard Him as the person who makes Christ inclusive, i.e. eschatological. In the Spirit Christ ceases to be Jewish, or Greek ("in Christ there is neither Jew nor Greek" [Gal 3:28]), while being all of that at the same time. The Spirit allows Christ to incarnate again and again in every cultural milieu, to assume it by purifying it, i.e. by placing it in the light – one may say under the "judgement" – of what is eschatologically, i.e. ultimately, meaningful.

All this allows for a variety of cultural expressions of the one Christ. The question of whether there is such a thing as "Christian culture", i.e. a culture to be applied universally in the name of Christ, should be answered in the negative. A great deal of damage has been done to the Gospel whenever the Church's mission was understood as the promotion – and quite often imposition – of a certain culture. This does not mean that the Gospel must be totally divorced from all cultural forms in order to be preached. It rather means that mission should respect the freedom of the people to express the faith in their own way, provided that the fundamental outlook of "world-view" remains that brought by the Gospel. Inculturation, therefore, requires discernment, a discernment which the Spirit offers through theological consciousness, through "Orthodoxy" in the original sense. The role of the "mother Church" in each inculturation is, therefore, of paramount importance and consists in overseeing and making sure that the new cultural forms embody and do not destroy the basic existential outlook that the Gospel of Christ brings to the world. For culture is a very complex matter and cannot always be distinguished from the world-view it expresses. Theology must provide the Church with the Fundamental "guidelines" that will enable her to judge in a given case which cultural forms still embody the old faith and which express the new one. In any case, the Church must apply theological and not simply ethical criteria which can often be identical with cultural ones. The question, for example, whether or not magic or polygamy (and its opposite: monogamy) constitute simply "ethical" matters in the cultural sense or relate to the basic outlook of the Gospel is possible to decide only if we know what this outlook consists in, and this is something that the theological consciousness of the Church can provide us with. Raising, therefore, the fundamental – one may say the eschatological – or the ultimate question concerning the "way of being" that Christ represents in the Spirit (and not simply as an historical individual) will never cease to be ecumenically significant at a time when the "inculturation" of Christianity is so central as it seems to be today.

III. The One Church and the many Churches

We have suggested that there is not one universal "Christian culture", although there is one fundamental existential outlook and "world-view" presented by the Gospel. We must now raise the question whether and in what sense there is one Church in the world and many Churches. We shall concentrate our attention on two aspects of plurality of Churches, namely that which is based on territorial locality and that which is based on national locality – the two kinds of locality not fully coinciding one with the other. We shall leave out the problem of confessional plurality as not falling directly within the scope of this symposium, as we understand it. Perhaps we shall have to touch upon this at the end of our paper.

1. The universality of the Church and the host of local Churches

Whether we approach the problem from the historical or the theological angle, from the point of view of Orthodox tradition the conclusion is the same: The universality of the Church must pass necessarily through the local Church. Historically, this is confirmed through the canonical tradition of Orthodoxy, which took the following forms already in the first centuries. In the first place, there is the principle of the equality of all bishops as heads of local Churches. The implication of this principle is that each local Church headed by its bishop is a full or "catholic" Church which contains all that is necessary for salvation, above all the Holy Eucharist and the sacramental life, and all the 'notae ecclesiae' (oneness, holiness, catholicity and apostolicity). St. Cyprian in the third century following the theology of St. Ignatius of Antioch in the East gave expression to this principle by stressing, among other things, (a) that in each local Church there is the 'cathedra Petri', i.e. the entire apostolic college; (i.e. full apostolicity) and (b) that each bishop in what concerns his own diocese is responsible directly to God. The concerns of the Byzantine Church which are still in force in the Orthodox Churches forbid any intervention of any other bishop in the internal affairs of a certain diocese. The fullness and integrity of each local Church (in the sense of diocese) was thus established.

Now, this principle of equality of all bishops, which implies the fullness and catholicity of each local Church had to be complemented very early with that of the communion or unity of all the local Churches. This started first on the regional level with the appearance of regional synods or councils, mentioned first in the second century in connection with Montanism and the Paschal controversy. These regional synods were institutionalized and became a permanent canonical instrument in the 4th century (canon 5 of I Nicea). Very soon it became part of the canonical structure of the Church to be governed synodically, something that no Orthodox Church would dare to question. This synodality was not limited to the regional level but was extended to the universal one through what came to be known as ecumenical councils. These councils were not institutionalized in the same way as the regional ones were – there was no canonical provision that they should be summoned necessarily – and yet they have always enjoyed the highest authority in the Church both in terms of teaching and of canonical order. What does this conciliar structure reveal about the relationship between the universality of the Church and the local Churches?

The answer to this question can be found in one of the 4th century canons, canon 34 of the so called "Canons of the Apostles". This canon sums up in a brilliant way all Orthodox ecclesiology concerning the relation between the unity of the Church and the catholicity of the local Churches when it states in following: In each region there should be the first bishop (the 'primus', i.e. the metropolitan) whom the other bishops of the region should regard as their head. They should not do anything without him, but he, too, should do nothing without them. In this way the Triune God Father, Son, Holy Spirit would be glorified.

The balance that this canon provides between the "many" and the "one" expresses the philosophy of universality in Orthodox ecclesiology. The unity of the Church on the regional or universal level is necessary. For this reason there must be a 'primus' who would express this unity. And yet this unity must not destroy the fullness and integrity of each local Church expressed through its bishop: the 'primus' must always act in communion with the other bishops and express their consensus. No primacy, therefore, without consensus, but no consensus either without some form of primacy to express it. Synods and councils, therefore, were meant not to be a super-structure over the local Churches but to be instruments expressing their unity. The universal Church was thus conceived as a communion of local Churches, as a coincidence of full circles and not as an addition of parts.

This way of reconciling locality with universality on the canonical level underlies the entire system of Orthodox unity even after the formation of the Patriarchates and the autocephalous Churches. This system provides for synodical government at all levels and at the same time recognizes a primacy – exercised by the Patriarch of Constantinople – who always acts as the mouth expressing the communion of all Orthodox Churches, whom he consults before acting or speaking on matters pertaining to the Orthodox Church on the universal level. The ecclesiology of canon 34 of the Apostles is thus fully respected. Universality respects the fullness and integrity of the local Church and passes through it.

There are good and profound theological reasons for all this. Again, Christology and Pneumatology are at stake. If we allow Pneumatology to condition Christology in a constitutive way, the one body of Christ, i.e. the one Church, becomes a reality only in the form of events, of gatherings or assemblies, which the Holy Spirit creates in each place. The Holy Spirit has the particular function in the Economy of particularizing the person of Christ, of localizing and giving it the form of a community. The Church is "one" – universal – by being "many" – i.e. local. It is in the nature of the Church to be a communion of many local Churches. This localization and plurality, which is the specific work of the Holy Spirit, is just as primary and fundamental as the oneness and universality. This is so because the Holy Spirit is as primary and as fundamental in theology as the person of Christ. It would not be an exaggeration to say that a deficient Pneumatology in theology can be responsible for an over-emphasis on the universality of the Church at the expense of its locality, and vice-versa.

2. *The unity of the Church and the host of national Churches*

The phenomenon of nationalism is a later phenomenon in history, and the emergence of national Churches in the strict sense, within the Orthodox Church at least, goes back mainly to the 19th century with the creation of the Balkan states. In Byzantium, in whose cultural context the Orthodox Church canons were formed, nationalism was not known. Byzantine society was pluralistic from that point of view, although its basic cultural ingredients were mainly taken from Roman and Greek culture. Even emperors could come from a variety of nationalities. When canon 34 "of the Apostles", to which we referred earlier, uses the term 'ethnos' to describe a region it does not refer to what we mean today with the term "nation". It is, therefore, wrong to use this canon, as some Orthodox today do, in order to justify the "national" Church.

The system of autocephality by which the Orthodox Church is governed today can be easily confused with that of federation of "national Churches", because it so happens that several of the autocephalous Churches were formed as a result of 19th century nationalism. Greece itself argued for its ecclesiastical independence in the last century on that basis. The consequences of this way of understanding autocephality became soon apparent when towards the end of that century Orthodox unity was threatened with the evil of phyletism condemned officially by the Orthodox Churches in the end of the century. The same consequences are apparent even today in the well-known problem of the Diaspora from which the Orthodox Church is known to suffer in our time. What is the proper ecclesiological understanding of the concept of a "national Church"? How does Orthodox ecclesiology react to this concept?

In the previous paragraph we argued for the plurality of local Churches as an expression of the Pneumatological basis of the Church. But a local Church is a strictly geographical concept and must not be understood in a phyletistic way; it is even meant to contradict and exclude phyletism. The geographical or better territorial principle in ecclesiology implies that in a local Church all divisions, natural, social, cultural etc., are transcended in the one body of Christ. Just as there will be "neither Jew nor Greek" in the Kingdom in the same way the local Church is meant to include in it all nationalities, races etc. that happen to live in that place. The bishop, as the head of the local Church, is meant to be the centre and the expression of this unity, and it is for this reason that the canons forbid the existence of more than one bishop in a local Church (Canon 8 of I Nicea). Nationalism, when it becomes the basic ingredient of the concept of the local Church is contrary to this principle of ecclesiology.

In the time in which we live today this issue is bound to become crucial. There is evidently a growing tendency towards national independence in our time and the question whether the concept of the national Church will finally determine the meaning of the local Church or, in the case of Orthodoxy, that of autocephaly, will sooner or later become a central issue. We must be ready to face this with the help of ecclesiology.

Now, the entire issue will no longer present itself in the traditional form in which we know it. The reason is that today the world community moves so rapidly towards interdependence that a national Church will risk being a fictitious entity. Even culturally it is doubtful that it will make much sense. Of course, for a period of time cultural-ethnic pluralism will survive in unified communities such as Europe. But for how long? And in what form exactly? The United States of America was once a multi-national and multi-cultural entity, and to some degree it still is, so much so as to make it difficult in practice to create an American Autocephalous Church, owing precisely to the fact that there are still enough Greeks and Arabs and other immigrants who find in their Church their cultural identity. In a unified Europe with the plurality of languages and cultural traditions national pluralism may last longer, thus justifying national Churches to exist. But culture today moves itself quickly towards unification. I am not saying this with a sense of approval; I am simply making an observation. Europe, for example, worries that American films seem to dominate its television. How can you stop this? How can you prevent the Eastern European countries from adopting American habits of eating, dressing etc.? How much will finally survive of this cultural pluralism that Europe has today? The Churches must raise these questions, for they relate ultimately to ecclesiology. Cultural identity and national identity are becoming not only separate terms but are acquiring new meanings. Inculturation becomes problematic when the culture into which you wish to integrate the Gospel changes rapidly. And the "national Church" becomes equally problematic when "nations" change their identities in a world characterized by interdependence and therefore tending towards greater unification. Will the Churches simply wait and see? Will they simply follow the world? Or rather influence the events and lead history?

We are brought back to the question we discussed in the section of inculturation. As a Patristic scholar, at least by formation, I am always tempted to compare historical periods with the era of the Fathers. This may be wrong, but I cannot help it. I should, therefore, repeat the point that the Church today must engage in a dialogue with Western culture at the deepest level, as the Fathers did with their culture. I fully agree with the organizers of this symposium in making the Enlightenment the central point of this symposium. As a modern Greek I know only too well that the influence of the Enlightenment has been on our culture. And as an Orthodox I know equally well what dichotomies and conflicts this influence can create for the Orthodox soul. The modern Greek is the most ambiguous or even dichotomised being of Europe from the cultural point of view. This is painful, but it helps one enter into a dialogue with the Enlightenment, approaching it from within its own premises and not resorting either into a mythical Byzantine past as some of my Orthodox contemporaries seem to do, or into a positive acceptance of the Enlightenment as some Western Christians seem to do. As Europeans we cannot pretend that the Enlightenment has never existed for us, even if we happen to be Orthodox. And we cannot simply reject it as evil, for it has done us a lot of good. But we must see its weaknesses and try to influence European culture from within. If we do not do this, the weaknesses of European culture will lead to the destruction of this culture. Let us not forget that other cultures are knocking on the doors of Europe ready to exploit these weaknesses. The Church is the only one that can help Europe to survive, provided that it engages in a deep and creative dialogue with its culture.

IV. The Unity of the Church and the Ecumenical Movement

Finally, let me address myself to a few questions concerning our ecumenical situation.

First of all, it is clear that in the changing world of the end of this century Churches cannot be indifferent to their own divisions. Church unity is an imperative in our time.

Secondly, the way to unity cannot bypass the broader cultural issues facing the world today. As I argued in this paper the Churches must influence history and not simply follow it. What divides the Churches, and what they seem still to disagree upon should not be irrelevant to modern man.

Thirdly, the Churches must be ready to work towards a common understanding of what is ultimate (in theological language: eschatological) in existence – and in their own differences. I find the suggestion that we should simply accept one another as we are to be bad ecumenism. Confessional pluralism is not as irrelevant – or even positive – as cultural pluralism.

The Churches cannot make an impact on culture if they do not have a common vision of ultimate realities. We must work in the Ecumenical Movement towards this common vision; after all this is what the Kingdom of God is about. The Churches must be ready to preach the same content of the Kingdom of God. Only then they can be said to be truly united in a way that will influence the world's culture (or cultures).

The Church will and must always be made up of many Churches, as the world is made up of many nations and a variety of cultures. Church unity is not aimed at destroying this plurality and diversity. Far from that. But it is and must be aimed at providing the world with ultimate meaning, with an "eschaton", which will be vital to all of these Churches and to all of these cultures and nations. This can only be offered in common by all Churches. And it is on this ultimate meaning of the world that we must seek to build our unity.

Chrysostomos Konstantinidis, Istanbul

Die Universalität der Kirche und die Vielzahl der Ortskirchen

Bevor ich mit meiner Darlegung beginne, möchte ich der Leitung der Evangelischen Akademie Tutzing, vor allem Hochwürden Claus-Jürgen Roepke für diese freundliche Einladung herzlich danken, die mir die Gelegenheit gibt, hier vor diesem auserwählten und sachkundigen Zuhörerkreis meine Überlegungen zu einem Gegenstand von außerordentlicher ökumenischer Aktualität, der das Interesse breiter Kreise auf sich zieht, zu präsentieren.

Die Ortskirchen und ihre Pluralität stellen eine unbestreitbare ekklesiologische Realität dar. Sie existiert im Osten ebenso wie im Abendland und steht im Mittelpunkt der Aufmerksamkeit aller Kirchen, stellt sie doch eine Erscheinung dar, die es zu interpretieren und theologisch zu rechtfertigen gilt, da es sich hier um eine ekklesiologische Form handelt, die als solche von der heute geteilten Christenheit, die den Versuch unternimmt, den Grundbegriff der einen universalen Kirche für sich wiederzuentdecken, assimiliert werden müßte.

Die Pluralität der Ortskirchen und die Universalität der Ortskirche stellen zwei eng miteinander verbundene Begriffe dar, die für die Kirche von überaus großer, ich würde sagen, von ontologischer Bedeutung sind. Doch in welchem Verhältnis stehen sie überhaupt zueinander? Wie können wir zur Einheit bzw. zur Universalität der Kirche gelangen, ohne dabei die Pluralität der Ortskirchen zu verlieren?

Die Beispiele, die uns die vergangenen zwei Jahrtausende in dieser Beziehung bieten, können für uns ohne Zweifel sehr lehrreich sein. Hier sind wohl die zukünftigen Formen vorgezeichnet, die die Kirchen im Bereich ihrer Ekklesiologie ausprobieren und anwenden können.

Heute sind wir unausweichlich mit der Perspektive des Dritten Jahrtausends konfrontiert, das mit aller Dringlichkeit an die Türen unserer Kirchen klopft. Diese Tatsache stellt uns alle vor brisante Probleme. Gibt es wirklich etwas, das sich im Bereich der Ekklesiologie verändern wird? Wenn ja: Was sind es für Veränderungen? Und wie werden sie verwirklicht? Wenn sich aber nichts verändern kann, wie soll es uns gelingen, gewisse ekklesiologische Konvergenzen herbeizuführen? Welcher Art sollen derartige Konvergenzen überhaupt sein? Mehr noch: Sollen wir ins Dritte Jahrtausend unter Beibehaltung der bereits ausprobierten und nur allzuoft gescheiterten Formen dieses sogenannten

„dreistimmigen kirchlichen Monologs" eintreten, den wir seit so langer Zeit bereits führen und der in Wahrheit lediglich einen „Dialog der Tauben" darstellt? Finden wir nicht den Mut zu einem wahren Dialog der Kirchen miteinander, im Geiste der gegenseitigen Bereicherung und des Austausches positiver Erfahrungen, zu einem Dialog, der uns zur Erkenntnis und zur Annahme der ekklesiologischen Wahrheit führen kann, und der uns alle in der Einen, Heiligen, Katholischen und Apostolischen Kirche vereinen würde?

Dies ist die eigentliche Herausforderung, vor der sich unsere Kirchen an der Schwelle zum 3. Jahrtausend gestellt sehen.

*

Die Universalität der Kirche, wie übrigens auch ihre Einheit, stellen den Leib Christi dar. Es sei mir erlaubt, diese Feststellung mit den Worten eines Kirchenvaters des Ostens, des Hl. Kyrill von Alexandrien, wiederzugeben; er definiert die Kirche als „eine Vereinigung aller zusammen in der Einheit" („Ekklisia esti sinaksis panton omu en enositi"). Es sei darauf hingewiesen, daß die beiden Ausdrücke „aller zusammen" und „in der Einheit" parallel stehen und interdependent sind. Man kann unmöglich von der Einheit der Kirche sprechen, ohne sich auf ihre Universalität zu beziehen – und umgekehrt. Das ist es auch, was der Hl. Cyprian im 3. Jahrhundert meint, wenn er von der „unitas ecclesiae catholicae" spricht.

Wir müssen dem freilich hinzufügen, daß diese Einheit und Universalität der Kirche, die auf dem Kreuzesopfer des Herrn und Seiner Auferstehung, d. h., auf Seinem ganzen Heilsplan basieren und gleichzeitig Ausdruck des lebensspendenden Wirkens des Hl. Geistes sind, in der Heilsgeschichte durch konkrete Aktionen der Apostel verwirklicht werden. In allem, was diese getan haben: Im Hüten der geoffenbarten Wahrheit und in der Weitergabe der heiligenden Gnade durch die Sukzession von Personen, Tradition und Lehre, konnten sie die Kirche mit einem gottmenschlichen Element – *der Apostolizität* – beschenken. Diese Apostolizität verbindet einerseits die Kirche mit der Person und dem Heilswerk des Herrn, andererseits sichert sie der Kirche ihre Existenz und ihren irdischen Weg bis an das Ende der Zeiten. Zugleich ist diese Apostolizität der Kirche bekanntlich mit einem anderen konkreten Zug der Kirche aufs engste verbunden, nämlich dem der *„Regionalität"* („topikotis"), dem ebenfalls größte Bedeutung zukommt.

Eine Analyse dieses Aspekts der Kirche führt uns zu bestimmten konkreteren Überlegungen. Die Kirche Christi ist nicht nur dank ihrer Apostolizität eine Einheit von universaler Spannweite, sie ist es auch durch den Umstand ihrer Allgegenwart. So heißt es dazu im Martyrium des Hl. Polykarp (um die Mitte des 2. Jh.): „Die katholische Kirche reicht in die ganze Ökumene" – „i kata tin oikumenin kafoliki ekklisia".

Somit ist die Kirche also die Eine und Universale („kafolikin"), auch wenn sie zugleich „lokalisiert" ist, was einfach heißt: an konkrete Orte, an geographische Begrenzungen, an verschiedene Städte, Regionen, Diözesen u. a. m. gebunden. Auf diese Weise übt die Kirche ihre heilbringenden Aktivitäten in dieser Welt, genauer gesagt: in den verschiedenen Regionen des Universums aus. Daher trägt die Kirche auch seit ihren Ursprüngen bestimmte Namen, die mit den unterschiedlichen Lokalitäten aufs engste verbunden sind: Wir kennen die Kirche von Achaia, von Galata, Korinth, Philippi, Ephesos, von Rom usw. Und eben deshalb ist die Urkirche seit den Aposteln an die Person eines „episkopos" gebunden, der wiederum mit seiner „episkopē", deren Titel/Bezeichnung er trägt, verbunden ist, wodurch er zum Mittelpunkt der eucharistischen Versammlung der betreffenden, ihm anvertrauten Region wird.

Die von uns hier besprochene Einheit und Universalität manifestieren sich in der Kirche in Verbindung mit dem „episkopo-zentrischen" bzw. „eucharisto-zentrischen" Charakter der Kirche; das bedeutet: dort, wo eine Ortskirche existiert, die auf diesen beiden Elementen, dem Bischof und der Eucharistie, aufbaut (es sind die einzigen Elemente, die die unverfälschte Verkündigung des Wortes Gottes bzw. die unentstellte Vermittlung der Gnade – kurz „Glaube und Sakrament" genannt – garantieren), dort befindet sich auch die Universale, katholische Kirche („i kafoliki ekklesia").

Mit anderen Worten: Die Begriffe „Ortskirchen" bzw. „Einheit/Universalität der Kirche" ergänzen sich gegenseitig, wobei der eine den anderen voraussetzt.

*

Nun gilt es für uns, zu den beiden eingangs erwähnten ekklesiologischen Elementen zurückzukehren: der Apostolizität bzw. der Regionalität. Die Interpretation und die Anwendung dieser beiden Begriffe ist im Orient und Okzident recht unterschiedlich ausgefallen. So hat die Kirche von Rom der Apostolizität eine übermäßige Bedeutung beigemessen, was im Orient keineswegs der Fall war. Demgegenüber betrachtete man im Orient die Regionalität *und* die Apostolizität als zwei gleichermaßen positive Faktoren für die Entstehung bzw. das Wachstum einer jeden Ortskirche. Die logische Folge davon war, daß die unterschiedliche Interpretation bzw. Anwendung der beiden Begriffe auf beiden Seiten zu zwei grundverschiedenen Ekklesiologien geführt hat.

So finden wir im Orient Kirchen, die auf ihre Apostolizität stolz sind; ihre Bedeutung wird ferner durch die Region bzw. Stadt, in der sie gegründet wurden, unterstrichen. Man denke nur an die Kirche von Alexandrien, Antiochien, Jerusalem, Zypern, an die Kirchen Kleinasiens usw., wo gerade die Apostolizität sowie der lokale Stellenwert die unterschiedliche Bedeutung jeder dieser Ortskirchen ausmachen. Freilich gibt es auch Ortskirchen, die allein durch die Bedeutung ihrer Stadt einen bestimmten Stellenwert erlangt haben. Dies ist bei allen Ortskirchen Nordafrikas, Mesopotamiens und Persiens der Fall; ähnliche Beispiele lassen sich auch im Okzident finden: Man denke an die Ortskirchen von Mailand, Lyon, Spanien usw.

Hier wird man mit Recht fragen: Wie kam es, daß Rom – damals die Hauptstadt des Römischen Reiches – dem Faktor seiner Apostolizität eine solche Bedeutung beimaß?

Wir wissen, daß Rom seinen Platz *innerhalb* der Pentarchie hatte (Rom, Konstantinopel, Alexandrien, Antiochien, Jerusalem); zugleich betrachtete es sich als *über* der Pentarchie stehend, und zwar allein aufgrund des Kriteriums der Apostolizität bzw. der petrinischen „Super-Apostolizität". Während beispielsweise die Kirche von Antiochien, die auf dieselbe petrinische Apostolizität zurückblicken konnte, ihre ekklesiastische Rangstellung, sei es innerhalb der Pentarchie, sei es im Kirchenleben, ganz allgemein immer nur durch die Bedeutung der Stadt Antiochien determiniert sah.

Sicher kann man fragen: Wäre für Rom das Kriterium der Apostolizität von der gleichen Bedeutung, wenn der betreffende Apostel nicht der Protocoryphee Petrus, sondern ein anderer der Zwölf gewesen wäre? Die Antwort darauf dürfte nicht schwerfallen.

Wie dem auch sei, möchte ich mich in diesem Zusammenhang auf einen Kanon des Zweiten Ökumenischen Konzils von Konstantinopel aus dem Jahre 381 berufen. Ich meine den berühmten 3. Kanon dieses Konzils, der die Problematik bezüglich der Apostolizität bzw. der Regionalität der Kirche auf ihre natürlichen Dimensionen zurückführt. Bekanntlich behandelt dieser Kanon den Stellenwert der Kirche von Konstantinopel unter den Ortskirchen des ausgehenden 4. Jahrhunderts; er erinnert daran, daß Konstantinopel aufgrund seiner Eigenschaft als „Neues Rom" nach dem Alten Rom der gleiche „Ehrenvorsitz" zukommt. Mit keinem Wort wird hier der Faktor der Apostolizität erwähnt: „Dem Bischof von Konstantinopel kommt der Ehrenvorsitz („ta presbeta tis timīs") nach dem Bischof von Rom zu, denn diese Stadt ist das Neue Rom."

Gab es seitdem von Rom aus irgendeine Veränderung der Apostolizität, sei es in der Bewertung seiner Ursprünge, sei es in der Ausübung seines Primats? Es genügt festzustellen, daß Jahrhunderte hindurch in sämtlichen Konzilsbeschlüssen – man denke nur an das Tridentinische bzw. an das Vaticanum I – das Kriterium der petrinischen Apostolizität und der davon abgeleitete Primatsanspruch immer wieder aufs stärkste bejaht wurden. Und erst das Zweite Vatikanische Konzil erlaubte die Einführung einiger neuer Ideen in die römisch-katholische Ekklesiologie. Freilich betreffen diese Ausführungen vor allem die ekklesiologische Problematik um Rom; die Diskussion dieses Themenstrangs würde den Rahmen unserer Darstellung sprengen.

Aus orthodoxer Sicht müssen wir festhalten, daß gerade der 3. Kanon des Zweiten Ökumenischen Konzils von Konstantinopel unserer Ekklesiologie den nötigen Anstoß zur Entwicklung konkreter ekklesiastischer Formen gegeben hat: Hier konnte der Begriff der Ortskirchen seine berechtigte Bedeutung und seine wohlausgestaltete Dimension im Synodalsystem der Orthodoxen Kirche gewinnen, einem System, das die die Ortskirchen behandelnde Theologie ergänzt. Im Sinnkontext und im Geist des Zweiten Ökumenischen Konzils von Konstantinopel konnte die Orthodoxe Kirche in der neuen Form einer „Tetrarchie" (Konstantinopel, Alexandrien, Antiochien, Jerusalem) – die die Pentarchie der ersten Jahrhunderte ablöste – ihre zeitgenössische Ekklesiologie systematisieren und ihren *synodalen Charakter* immer stärker betonen. Zugleich wurde das Prinzip der Autokephalie entwickelt, was eigentlich eine Legalisation der Existenz der *Ortskirchen* und ihr Begreifen als konstituierende Teile der Einen, Heiligen Orthodoxie bedeutete.

Historische Entwicklungen, die seit Jahrhunderten im Bereich der Orthodoxie stattfanden und bis heute nachwirken, manifestieren in aller Deutlichkeit die obenerwähnte Evolution in der orthodoxen Ekklesiologie. Der synodale Faktor hat immer gut funktioniert. Die verschiedenen Wechselfälle, die die Orthodoxie im Verlauf der Jahrhunderte gekannt und durchlebt hat, waren für sie konkrete Anlässe für eine Konsolidierung des Systems des synadalen Autokephalismus und für eine Festigung der brüderlichen Beziehungen innerhalb der autokephalen orthodoxen Schwesterkirchen. Dies macht sich insbesondere seit dem 16. Jahrhundert bemerkbar. Gegen Ende eben dieses Jahrhunderts erlangt die russische Kirche ihre Autokephalie, ausgestellt und bestätigt durch das Ökumenische Patriarchat von Konstantinopel in Gestalt des Patriarchen Jeremias II. Die Folgejahrhunderte und vor allem das 19. Jahrhundert, aber auch unser 20. Jahrhundert führen zur Entstehung einer Reihe von autokephalen bzw. autonomen Ortskirchen. Auf diese

Weise haben wir im Augenblick ganze 14 orthodoxe autokephale Ortskirchen. Sie alle sind im selben Glauben vereint, in der gleichen Tradition und Überlieferung, sie kennen die gleichen Sakramente, sie leben im gleichen Geist und kennen die gleiche Konzils-Praxis, in demselben Rechtssystem bzw. in der gleichen Kanonizität, wie sie im Kirchenrecht der kanonischen Regeln, die für alle Schwesterkirchen denselben Stellenwert haben, vorgeschrieben sind.

*

Unterdessen durchlebte der Westen um die Mitte des 16. Jahrhunderts sein großes Schisma, das zur Entstehung der Reformations-Kirchen geführt hat. Diese definierten ihre Ekklesiologie nicht immer auf adäquate Weise strukturiert und nur allzuoft unter dem Druck moralischer Notwendigkeit, den recht unterschiedlichen Lehrmeinungen jener Personen folgen zu müssen, die sich zu Anführern verschiedener Teile des ursprünglichen Protestantismus aufgeschwungen hatten, – und bei dieser notgedrungenen Definition mußten sie auf zwei Dinge besonders achten: Zum einen galt es, von allen unzulässigen Ausschweifungen der lateinischen zentralistischen Ekklesiologie Abstand zu nehmen – ohnehin besaß sie für die Reformation nur wenig Glaubwürdigkeit, – und zum zweiten galt es, eine Annäherung an bestimmte alte, eher akzeptierbare ekklesiologische Formen zu suchen, die sich in Leben und Praxis der Kirche gut bewährten und auf Kriterien aufbauten, die den Grundprinzipien der reformatorischen Bewegungen nicht zuwiderliefen. Die erste dieser beiden Aufgabenstellungen war für die Reformation leichter zu realisieren. Die zweite erforderte eine konzentriertere Anstrengung: Es galt, die Grenzen, innerhalb derer sich die neue Reformations-Ekklesiologie entwickeln konnte, mit einiger Präzision zu definieren. Es ist nicht von ungefähr, daß die orthodoxe Ekklesiologie, die auf dem Begriff der Ortskirchen in ihren beiden Grundaspekten – der Autokephalie und der Synodalität – aufbaute, von Anfang an die Aufmerksamkeit und die Sympathien der Reformation auf sich zog.

Diese Auffassung von den Ortskirchen, vom Protestantismus freilich in einem nicht-konformistischen und nicht-institutionalisierten Sinn aufgefaßt und unter der vereinfachten Formel der *Vereinigung des Volkes Gottes*, das direkt mit der Verkündigung des Wortes Gottes betraut ist, praktisch angewendet, erwies sich für die neue westliche Ekklesiologie als ein ausgesprochen fruchtbarer Boden.

Ich möchte hier keine detaillierte Analyse dieser Ekklesiologie bringen. Weder wäre es mein Wunsch gewesen, noch würde es meiner Kompetenz entsprechen. Dennoch erdreiste ich mich darauf hinzuweisen, daß der Regionalität bzw. der Apostolizität als absolute ekklesiologische Kriterien in der protestantischen Konzeption von der „Ortskirche als Versammlung aller Gläubigen" keine vorrangige Bedeutung zukam. Die Bedeutung des Ortes, der Region, der Stadt, in der die Versammlung stattfand, sowie die Anzahl der Gläubigen, die Große bzw. die Kleine Herde usw., waren für diese neue Ekklesiologie keine Gesichtspunkte, die man übergehen durfte. Für diese Ansammlungen von Gläubigen bzw. (Orts-)Kirchen existierte keine Spitze der Pyramide; es war nur die Basis der Pyramide da, d.h., das Volk Gottes, das sich zum Gottesdienst, zum Kult, zum Hören und Entgegennehmen des Wortes Gottes versammelt hat. Durch dieses sein Sich-Versammeln will es die Einheit und die Universalität der Kirche Christi unter weitgehend vereinfachten und in keiner Weise „hierarchischen" kultischen Formen erfahren und erleben, in einem nicht-sakramentalen und „verpriesterlichten" Geist, d.h., es geht zu jedem von oben angeordneten Priesterdienst auf Distanz. – Dieser Kultus präsentierte sich eher als ein Akt der Verkündigung des Evangeliums als Mittel des Heils für jeden Gläubigen, der an das lebensspendende Opfer des Herrn bzw. an die Rechtfertigung glaubt, die Er jeder menschlichen Kreatur anbietet.

Soll das alles ein Beweis dafür sein, daß es zwischen der reformatorischen und der orthodoxen Ekklesiologie eine Konvergenzbewegung gäbe? Es ist nicht leicht, dies mit *absoluter* Sicherheit zu behaupten. Fest steht jedoch eines: Wir erkennen in den Gedankengängen des Protestantismus eine deutliche Hinwendung zur Orthodoxie – soviel läßt sich aus der gegenwärtigen protestantischen Terminologie im Bereich der Ekklesiologie herauslesen. So wissen wir beispielsweise, daß man parallel zu technischen und offiziellen Termini, mit denen die heutigen protestantischen Kirchen gekennzeichnet werden („Föderation", „Bund/Allianz", „Versammlung/Assemblée" usw.), durchaus auch wesentlich traditionsreichere Ausdrucksweisen gebraucht, so etwa „Konziliarität", „Synodalität/Synodal-", „Sobornost'" usf. Gerade dieser letzte Ausdruck, eigentlich vielmehr ein „terminus technicus", der aus dem Bereich der russischen Orthodoxie stammt, bringt bekanntlich die Chomjakov'sche Auffassung von der Versammlung der Gläubigen als „Königlichem Priestertum" im allgemeineren Sinne, bei dem dem nicht-ordinierten Element der Laien größerer Spielraum eingeräumt wird. Und in dieser Sinnbedeutung erscheint der Ausdruck für die Theologie der Reformation nicht unsympathisch.

Als Zusammenfassung dieser Beobachtungen läßt sich feststellen, daß – allgemein gesprochen – in der neueren abendländischen Ekklesiologie immerhin eine gewisse Konvergenz (die freilich für den römisch-katholischen Bereich vorsichtiger und nuancierter, für den protestantischen Bereich schon wesentlich avancierter ausfällt) erkennbar wird, die sich in Richtung auf die grundlegende Auffassung von den „Ortskirchen" hinbewegt, wie sie vor allem die Orthodoxie unter ihrer optimal durchstrukturierten Form der „autokephalen Ortskirchen" kennt, die in einem synodalen System koexistieren und funktionieren, das wiederum in seiner ekklesialen Dimension die repräsentativste Form der Einen Universal-Kirche darstellt.

*

Also – „*Autokephale Ortskirchen*". Doch wo liegt der ekklesiologische Sinn dieser orthodoxen Realität? Darauf möchte ich nun kurz eingehen. Vorausschickend muß sogleich klargestellt werden, daß der orthodoxe Autokephalismus keinesfalls allein unter dem Aspekt des gewöhnlichen *juristisch-jurisdiktionellen Organisationssystems* in der Orthodoxie gesehen werden darf. Noch handelt es sich hierbei um einen *konventionellen Status quo* zur Behandlung bzw. zur Lösung schwieriger oder problematischer Situationen innerhalb der Orthodoxie, die durch verschiedene Ursachen – darunter sowohl kirchlicher als auch historischer, sozialer und anderer Natur – hervorgerufen werden. Ebensowenig ist die Autokephalie *ein Phänomen des institutionalisierten Pluralismus*, der bestimmten nationalen, ethnischen, rassischen oder anderen Ambitionen im Sinne ihrer Zufriedenstellung entgegenkommt.

Gewiß ist es ein ganz normaler Vorgang, wenn jede Nation, jeder Teil des treuen Gottesvolkes, der sich durch seine ethnischen Werte von den anderen unterscheidet, nach dem geeignetsten Mittel sucht, um seine nationalen, moralischen, kulturellen, sprachlichen, religiösen u. a. Werte bewahren zu können. Ebensogut wissen wir, daß die Kirche gerade im – orthodoxen oder auch nicht-orthodoxen – Osten stets zusammen mit der Familie und der Schule eine segensreiche Hauptrolle bei den für das Christentum gewonnenen Gesellschaften gespielt hat. Doch dies lieferte natürlich noch keine genügende Begründung dafür, daß sich der Begriff des Autokephalismus im Leben der orthodoxen Kirche entwickeln konnte. Ganz im Gegenteil. Es darf nicht vergessen werden, daß gerade die orthodoxen Kirchen gegen Ende des 19. Jahrhunderts im Namen der gesamten Orthodoxie den Rassismus verurteilten und ihn als ein gänzlich negatives Element für ihre Kirchenstruktur auch weiterhin verwerfen.

*

Nach der Präzisierung der beiden obenerwähnten Punkte möchte ich zwei weitere Faktoren erwähnen, die wiederum die Entwicklung der Orthodoxie in Richtung auf die Autokephalie der Ortskirchen wesentlich beeinflußt haben. Es handelt sich um die folgenden beiden Gesichtspunkte:

a) *Der imperiale Faktor* in der byzantinisch-theokratischen Vorstellungswelt. Dieser Faktor war es, der der orthodoxen Kirche insgesamt und ganz konkret jener von Konstantinopel zur byzantinischen Zeit für ihre Kirchenpolitik sämtliche Optionen offenließ, damit sie die verschiedenen Nationen bekehren und sie in ekklesiastischer Hinsicht in ein System der Selbstverwaltung führen konnte, das von einem Geist der De-Zentralisation geprägt war. Damit erhielten alle christlichen Gemeinschaften, die der Orthodoxie neu eingefügt wurden, die Gelegenheit, ihre Kirche bzw. ihre Nation als Einheit zu wahren bzw. zu entwickeln. In solchen Fällen aber, in denen diese Organismen Mängel aufwiesen oder noch unvollkommen waren, war es gerade die Kirche, die ihnen neben den orthodoxen Glaubensinhalten auch noch alle anderen für eine selbständige Existenz notwendigen Elemente verlieh – Sprache, Schrift, Kultur, Zivilisation, rechtliche, kirchliche, politische, soziale und andere Institutionen, – um sie anschließend in die Autokephalie zu geleiten, in diese letzte Etappe auf dem langen Weg ihrer ekklesiologischen Reife. Damit bezogen sie ihren festen Platz im System der Schwesterkirchen, dieser gleichberechtigten Glieder in der synodalen Struktur der Orthodoxie.

b) Der zweite Faktor ist mit dem vorherigen eng verbunden. Als der imperiale Faktor verschwand, hörte die *politische* und die *ekklesiastische* Einheit auf zu existieren (zumindest betraf dies einen Großteil der orthodoxen Kirchen). Damit bekam der Begriff der Ortskirche im Osten natürlich einen ganz zentralen Stellenwert. Wir stellen dies nahezu in der gesamten orthodoxen „ekklesiastischen Geographie" fest; auf diese Weise tritt die Idee der Autokephalie, aufs engste verbunden mit dem Doppelbegriff der „freien Nation/freien Kirche", ihren zentralen Entwicklungsweg in der Orthodoxie an.

*

Zurückgehend zur Analyse des Basis-Begriffs „Autokephale Ortskirchen" stellen wir bei der Sinn-Definition des Ausdrucks folgendes fest:

1. Jede orthodoxe autokephale Ortskirche bildet lediglich einen Bestandteil der „Gemeinschaft von orthodoxen Ortskirchen" – einer objektiv existenten Realität – mit anderen Worten, sie ist ein lebendiger Teil der Orthodoxie selber. Diese Feststellung ist von großer Be-

deutung. Man begreift weder Sinn noch Inhalt des Ausdrucks „Gemeinschaft von orthodoxen Ortskirchen" für unsere Ekklesiologie, wenn man die Bedeutung und die Reichweite einer jeden „Autokephalen Ortskirche" für diese „Gemeinschaft" (= Orthodoxie) nicht konkretisiert.

2. Diese Gemeinschaft „Autokephaler Ortskirchen" entsteht und artikuliert sich dank der unverrückbaren Tatsache der Teilnahme und Inkorporierung jeder von diesen Autokephalen Ortskirchen in die ekklesiastische Realität, d. h., in die Orthodoxie. Durch die Teilnahme bzw. die totale Inkorporation der Ortskirchen in die Eine und Heilige Orthodoxie kann diese als solche erst existieren und funktionieren.

3. Die Fülle des Begriffs „Gemeinschaft Autokephaler Ortskirchen" und die Authentizität bzw. der Wahrheitsgehalt jeder der orthodoxen Ortskirchen in Bezug auf ihre Schwesterkirche stellen im Leben der orthodoxen Kirche jeweils interdependente Tatsachen dar. Mit anderen Worten: Der auf die Realität der Orthodoxie bezogene Konformitätsgrad einer bestimmten Ortskirche entspricht der Auffassung und dem Glauben, den diese Autokephale Kirche bezüglich der Integrität und der Fülle des ekklesialen Körpers in seiner Gesamtheit, d. h., der „ekklesia" bekennt, und umgekehrt. Und erst in dem Maße, wie Begriff und Realität der ekklesialen Totalität sich im institutionellen und sakramentalen Leben einer jeden autokephalen Ortskirche manifestiert, kann sie von den anderen orthodoxen Kirchen als eine Ortskirche anerkannt werden, die alle notwendigen Züge einer wahren Kirche besitzt und doch einen integralen Bestandteil der Universalkirche bildet. Obgleich dieser dritte Punkt den gleichen Wahrheitsgehalt wie die beiden vorausgehenden birgt, kommt ihm dennoch ein besonderer, ich würde sogar sagen, ein entscheidender Wert für die Definition einer bestimmten Kirche als einer, wie wir sagen, kanonisch eingerichteten Ortskirche zu.

Durch diese theologische Präzisierung des Begriffs der „Orthodoxen Autokephalie" können wir abschließend anmerken, daß diese Definition, die auf den Wahrheitsgehalt und die Authentizität einer Ortskirche im Gesamtkörper der Einen und Heiligen Orthodoxen Kirche bezogen ist, auch für jede andere christliche Ekklesiologie, die zur unseren parallel verläuft, Gültigkeit haben müßte. In der Ekklesiologie ist es ein anerkanntes Prinzip, daß allein Traditionen, die innerhalb der Christenheit die richtige Dimension des Begriffes „Orts-/Lokal-" – eines Begriffs, der die Sonderform einer Kirchenexistenz bedeutet, die als Institution an einen fest determinierten Lokalbereich gebunden ist – beibehalten haben, das ontologische Verhältnis zwischen den Ortskirchen und der Gemeinschaft der Ortskirchen, zwischen der Einzelkirche und der Universalkirche richtig begriffen bzw. verarbeiten können.

*

Unsere letzte ekklesiologische Anmerkung betrifft den Stellenwert der Kirche von Konstantinopel als Ortskirche und zugleich als „erster Kirche" in der „Gemeinschaft Autokephaler Ortskirchen".

Wir erwähnten bereits die 3. kanonische Regel des Zweiten Ökumenischen Konzils von Konstantinopel, auf dem der Ehrenvorsitz Roms festgelegt wurde. Andere kanonische Regeln, die sinngemäß mit dieser parallellaufen und mit ihr gleichberechtigt sind, so z.B. die 28. Regel des Vierten Ökumenischen Konzils zu Chalcedon bzw. die 36. Regel des Trullanum wenden denselben Ehrenvorsitz-Begriff auf den Bischof von Konstantinopel an. Damit wird die Kirche dieser Stadt zur „Erstkirche" im Kirchenkörper der Orthodoxie und im System der orthodoxen autokephalen Ortskirchen. Man muß sich aber die Frage stellen: Hat Konstantinopel tatsächlich eine spezifische Funktion, eine bestimmte Mission zu bewerkstelligen? Wenn ja, wie wird diese Mission verwirklicht? Mit anderen Worten: Worin besteht das institutionelle bzw. das synodale Funktionieren der Gemeinschaft der autokephalen Ortskirchen in der Orthodoxie als solches und welche Rolle kommt der Kirche von Konstantinopel in diesem Gesamtsystem zu?

Gewiß wird man zugeben, daß in einem so demokratischen System, wie es die synodale Struktur der autokephalen orthodoxen Ortskirchen ist, die Verantwortung und die Rolle des vom System selbst wie auch von den kanonischen Regeln und der weltlichen Praxis als „Erstkirche" anerkannten kirchlichen Organisation eine nicht zu leugnende Realität darstellt. Dieser Kirche die Verantwortung oder ihre Rolle streitig zu machen, wäre mit der Verleugnung des Systems bzw. der Struktur, die mit dieser Verantwortung und Rolle aufs engste verbunden ist, gleichzusetzen. Diese Verantwortung und diese Rolle, oder eher noch, diese Berufung der „Erstkirche", die an der Spitze der synodalen Struktur der autokephalen orthodoxen Ortskirchen steht, die für das kirchliche und institutionelle Leben der Orthodoxie mitverantwortlich sind, stellt für den Organismus der Gemeinschaft der Kirchen eine offenkundige Notwendigkeit dar.

Hier gilt es den Charakter und die Reichweite dieser Missionsberufung zu präzisieren – wie auch die Art ihres Funktionierens. Ich muß an dieser Stelle sogleich hervorheben, daß die Ausübung dieser Mission bzw. dieser Funktion als „Erstkirche" keineswegs irgendein „Primat" in

Bezug auf die Gesamtheit der orthodoxen Ortskirchen anvisiert. Noch stellt diese Mission eine Absicht dar, sich als Exklusivgemeinschaft über die anderen Kirchen, die natürlich nach wie vor Schwesterkirchen bleiben, und auf ihre Kosten setzen zu wollen. Und sie stellt schon gar nicht einen Zustand dar, der auf eine Art Neutralisierung, Abschieben oder ein schlichtes Ersetzen der übrigen Schwesterkirchen hinauslaufen würde.

Ganz im Gegenteil hat jede orthodoxe Kirche ihren eigenen Platz in der Gesamtheit der Ortskirchen, und auf diese Weise können wir von der „Gesamtheit der autokephalen Ortskirchen" sprechen. Jeder Schwesterkirche kommt eine Reihe von Verantwortungsbereichen und Aktivitäten zu, die zu jenen der „Erstkirche" parallel verlaufen. Ihr tieferer Sinn liegt in einer beiderseitigen Zusammenarbeit im Geiste der Ordnung und der Gerechtigkeit, und das ist es, was der Orthodoxie ihr markantestes und ekklesiologisch gesehen solidestes Charakteristikum einer Kirche, die dem Anspruch auf Universalität gerecht wird, verleiht.

Selbstverständlich ist dieser Zustand vorhergesehen, vorgeschrieben und festgelegt, und zwar, wie mehrfach erwähnt, durch das Kirchenrecht, also de iure; in der orthodoxen Kirche kann er auf eine sehr lange praktische Anwendung zurückblicken, was soviel bedeutet, als daß er hier auch de facto Anwendung gefunden hat.

Aus dieser Feststellung können folgende ekklesiologische Schlüsse abgeleitet werden:

- Es existiert tatsächlich eine „Gemeinschaft von lokalen Schwesterkirchen"; sie bilden das grundlegendste kirchlich-institutionelle Element der historischen Orthodoxie;
- Die Schwesterkirchen bewahren ihre ekklesiologische Identität, ihre institutionelle Freiheit innerhalb ihrer autonom-autokephalen Struktur durch ihre kanonisch reelle und pragmatische Integrität; dabei sind sie als konstituierend-integrale Teile der orthodoxen Kirche zu betrachten;
- Sie funktionieren im konkreten Rahmen der Synodalität und bringen zugleich das gesamte Konziliar-System zum Funktionieren; dies stellt ein entscheidendes Charakteristikum der orthodoxen Ekklesiologie dar;
- In diesem ekklesiologischen Funktionieren, das die Interdependenz der autokephalen Schwester-Ortskirchen voraussetzt, wird der „Erstkirche", d.h., der Kirche von Konstantinopel, eine spezifische Mission im Schoße der orthodoxen Ortskirchen zugebilligt: einer Mission, die den historisch-kanonischen Status quo innerhalb der Orthodoxie stabilisiert. Es geht um die Ausübung des konkreten Kirchen-

rechts, das das fundamentale Prinzip der Synodalität zum Funktionieren bringt.

Dieses Prinzip der Synodalität, das die Pluralität der autokephalen Ortskirchen und ihren Zustand der Freiheit bzw. der Selbstverwaltung durchaus beibehält und die Einheit und Universalität der orthodoxen Kirche garantiert, hat in der Kirche schon immer gut funktioniert, wobei die „Erstkirche" sich dieser heiligen Sache voll und ganz hingab. Ich wiederhole: Sie ist kein privilegierter Organismus, sie besitzt keine besonderen Prärogativen und schon gar kein Primat oder den Anflug eines orthodoxen Cäsaropapismus. Vielmehr handelt es sich um ein Dienen, um eine Diakonie im wahren Sinne des Wortes „diakonia", – was für die betreffende Kirche nur allzu oft zu einer wahren „Last" werden kann.

*

Ich möchte mich hier nicht weiter äußern und ebensowenig irgendwelche Schlußfolgerungen anbieten. Der Zweck meiner Bemühungen war hier, die Prinzipien, kanonische Formen und ganz konkrete Funktionsweisen herauszuschälen, wie sie für das Leben der Orthodoxie in ihrer historischen und gegenwärtigen Gültigkeit festgestellt werden können, und zwar unter der Gestalt eines ekklesiologischen Triptychon: *Autokephale Orts-Schwesterkirchen – Synodalität – Einheit und Universalität der Kirche.*

Dies alles erklärt beispielhaft bestimmte fundamentale Aspekte der orthodoxen Ekklesiologie und muß bei unserem bi- und multilateralen Dialog stets im Mittelpunkt der Betrachtungen stehen. Unsere Verantwortung ist es, die Verantwortung unserer Kirchen und ihrer Theologen, diese Arbeit gewissenhaft fortzuführen, – gerade angesichts der drängenden Herausforderung dieser letzten Jahre des ausgehenden zweiten Millenniums an der Schwelle zum dritten Jahrtausend. Wahrhaftig, wir leben in einem Zeitalter, das von der beeindruckenden Suche aller nach einer kirchlichen Einheit und Universalität gekennzeichnet ist. Wir tragen die moralische Verpflichtung, alle notwendigen Schritte unternehmen zu müssen, damit wir als Kirchen, aber auch als Menschen guten Willens, diesen richtigen Weg beschreiten können, der uns auf dieses definitive Ziel – die Eine Universalkirche, die einzige, die unser Herr vor Seinem Tod gewünscht hat, – hinführt.

GEOFFREY WAINWRIGHT, DURHAM

Religiöse Sprache und sakrale Symbole in einer säkularisierten Welt

In den beiden ersten Teilen dieses Vortrags will ich mich mit zwei längeren Gedankengängen zu dessen (mir vorgeschlagenem) Titel befassen, die zunächst formal klingen mögen, die uns aber – da sie terminologische Erläuterungen bringen – schon in die Sache einführen. Es handelt sich an erster Stelle um das sicherlich als Gegensatz zu verstehende Paar: die „Religion" bzw. das „Sakrale" einerseits, die „Säkularisierung" andererseits. An zweiter Stelle folgen einige Erwägungen über das wohl komplementär zu deutende Paar „Sprache" und „Symbole". Das dritte Hauptstück des Vortrags ist einer konkreten Diskussion der Stellung und Funktion des herkömmlichen christlichen Wortschatzes und Symbolregisters in der Kultur von heute und morgen gewidmet. In einem Schlußteil wird den Implikationen für den ökumenischen sowie den missionarischen Auftrag unserer Kirchen nachgegangen.

I. Religion und Säkularisierung

In Bezug auf die Kultur des modernen Abendlands beschreibt der Begriff „Säkularisierung" einen geschichtlichen Prozeß, der spätestens in der Aufklärung seinen Anfang nahm, der aber wahrscheinlich bis in die Renaissance und Reformation oder sogar noch weiter zurückreicht. In ihrem ursprünglichen Sinn bedeutet Säkularisation – als Begriff der Rechtssprache – die Enteignung kirchlicher Güter wie z. B. Grundbesitz und Gebäude. Im übertragenen Sinn bezeichnet er die Trennung wichtiger Bereiche des öffentlichen Lebens (Wirtschaft, Politik, Recht, Wissenschaft, Erziehung, Gesundheitspflege, Wohlfahrt, Kunst und Gewerbe) vom religiösen Einfluß und der Kontrolle der Kirche. Bildlich gesprochen geht es um den Übergang vom „heiligen Baldachin" (Peter Berger[1]) zum „stahlharten Gehäuse" (Max Weber[2]): In der vor-

---

[1] Peter L. Berger, The Sacred Canopy. Elements of a sociological theory of religion, Garden City (New York) 1967 (deutsch: Zur Dialektik von Religion und Gesellschaft, Frankfurt 1973).
[2] Max Weber, Die protestantische Ethik und der Geist des Kapitalismus, in ders., Die protestantische Ethik, hrsg. von Johannes Winckelmann, Gütersloh 1984, S. 188. Die kon-

modernen Gesellschaft wurde das soziale Leben von der Religion bestimmt und auf diese Weise „sakralisiert"; in der Moderne wird der soziale Raum durch bürokratische Rationalität und technische Organisation kontrolliert, die religiös neutral sein wollen (womöglich religionsfeindlich sind) und die Religion in die private Ecke schieben (oder gar austreiben wollen).

Es ist augenfällig, daß die Säkularisierung weltanschauliche oder sogar ideologische Grundlagen, Dimensionen und Konsequenzen hat. Offensichtlich stellt sie für die Kirche eine schwerwiegende Herausforderung dar. Soll sich die Kirche mit ihr abfinden und die Säkularisation wiederum benedeien oder gar – was die alleroptimistischste Haltung wäre – sie begrüßen als die Auswirkung der inneren Tendenz des christlichen Glaubens (Kenosis Gottes in die Welt hinein)? Nach der fünffachen Typologie H. Richard Niebuhrs von den Verhältnissen zwischen „Christus und Kultur"[3] wären das die *Erhöhung* der Kultur durch Christus oder die *Absorption* von Christus durch die Kultur. Am anderen Ende des Spektrums müßte man mit einer *kritischen Spannung* zwischen Christus und Kultur rechnen oder im Extremfall mit *Widerstand und Konflikt* bis hin zum Martyrium. Können die Christen jedoch der Weltlichkeit Widerstand leisten, ohne die Welt lieblos aufzugeben? Das sind keine leicht zu beantwortenden Fragen, denn die Situation, sogar innerhalb des phänomenologisch unleugbaren Prozesses der neuzeitlichen Säkularisierung, ist komplex. Die theologisch und praktisch zu verantwortende Haltung kann nach Zeit und Ort und angesichts der verschiedenen Komponenten des nicht ganz einheitlichen Phänomens variieren. Grundsätzlich wird man – wo überhaupt möglich – in der Richtung des fünften, von Niebuhr selber bevorzugten Typs eine Lösung suchen, nämlich „Christus als *Umgestalter* der Kultur". Darauf kommen wir zurück.

Inzwischen aber skizziere ich stichwortartig die Formulierungen, in denen vor allem die protestantische Theologie der letzten Jahrzehnte das Thema Religion und Säkularisation zum Ausdruck gebracht hat. Hier kann man am besten die Vielfalt des Problems sehen. Die Menge der vorgeschlagenen Lösungen spricht in diesem Sinne für sich:

1. In den 40er Jahren ging es – zumal in der Nachkriegszeit – um das 1941 von Rudolf Bultmann ins Leben gerufene Programm der Entmythologisierung. Der schillernde Begriff des Mythos – er wird manchmal mit dem Beispiel des dreiräumigen Weltalls aus Himmel, Erde und

---

trastierenden Bilder Bergers und Webers strukturieren das zweite Kapitel von David Lyon, The Steeple's Shadow. On the myths and realities of secularization, London 1985.
[3] H. Richard Niebuhr, Christ and Culture, New York 1951.

Hölle gleichgesetzt – umfaßt hier hauptsächlich das Sprechen vom „Jenseitigen", als sei es „Diesseitiges". Für den modernen Menschen ist nach Bultmann das Evangelium am angemessensten in die Sprache der Existenzphilosophie Martin Heideggers zu übersetzen. Der theologisch wichtigste Einwand gegen dieses Programm trifft Bultmanns Annahme – in Übereinstimmung mit den säkularisierten Naturwissenschaften – einer mechanistisch geschlossenen Welt, in die der transzendente Gott keinen Eintritt findet (was „mirakulös" wäre), es sei denn durch ein an die Menschen adressiertes Wort (aber warum soll denn der „Geist" – ob ein menschlicher oder ein göttlicher – eine Ausnahme im Nexus der Kausalität bilden?). Bultmann hat größte Schwierigkeiten mit der Frage der „Bedeutung Gottes als des Handelnden."[4] Ein weiteres Problem liegt in der Beobachtung anderer Geistesgeschichtler, daß die Entdeckung eines Mythos gerade als Mythos mit dessen Entkräftung oder gar „Tod" in eins fällt. Das muß aber vielleicht nicht immer der Fall sein. Es läßt sich zumindest fragen, ob der Mythos sich nicht – durch eine Krise der Entmythologisierung hindurch – „remythologisieren" läßt, wobei er für Anhänger oder Rekonvertiten, die ihrerseits zu einer „zweiten Naivität" (Paul Ricœur[5]) durchgebrochen sind, als Welt- und Lebensbild wieder eine Funktion erhält.[6]

2. In den 50er Jahren ging es um die Religionskritik Karl Barths. Unter Religion verstand Barth jedes menschliche Streben nach Gott. Gott offenbart sich selber, läßt sich nie „entdecken". Auch das Christentum wird von dieser Kritik getroffen, insoweit es sich als „Religion" von dem gottgeschenkten „Glauben" entfernt. Als prophetische Warnung gegen die Abgötterei – nach Calvin ist das menschliche Herz eine „Idolenfabrik"[7] – bleibt Barths Kritik gültig. Aber entsteht nicht überall, wo eine „Beziehung" zwischen Gott und Mensch – sogar von Seiten Gottes her – geschaffen wird, eine „religio", in der der Mensch auch aktiv wird und so eine entsprechende Kultur um sich bildet, die genauso als „religiös" betrachtet werden kann? Die Links-Barthianer der 60er Jahre (Paul van Buren, zum Beispiel, mit seinem Buch *The Secular Meaning of the Gospel*[8]) wollten damit nichts zu tun haben, aber man kann zweifeln, ob diese wirklich die getreuesten Jünger des schweizerisch-reformierten Theologen waren.

---

[4] Rudolf Bultmann. Jesus Christus und die Mythologie, Hamburg 1964.
[5] Paul Ricœur. The hermeneutics of symbols and philosophical reflection, in: International Philosophical Quarterly 2 (1962) 191–218.
[6] Von den Naturwissenschaften s. jetzt K. Hübner, Die Wahrheit des Mythos, München 1985; ders., Der Mythos, der Logos und das spezifisch Religiöse, in: Mythos und Rationalität, hrsg. von H. H. Schmid, Gütersloh 1988, 27–43.
[7] Calvin, Institutio I.11.8
[8] Paul M. van Buren. The Secular Meaning of the Gospel, New York 1963.

3. In den 60er Jahren ging es jedenfalls um die Säkularisationstheologie. Nur in Nordamerika ist Gott gestorben. In Westeuropa sprach man lieber – unter Beschwörung Dietrich Bonhoeffers – von einer „nicht-religiösen Interpretation des Christentums". Der „späte" Bonhoeffer (unter anderen Umständen wäre es vielleicht der „mittlere" Bonhoeffer gewesen) hatte paradoxerweise von einem Gott geschrieben, der sich beiseite schieben läßt und doch mitten im Leben zu finden ist.[9] In einer „mündigen" Welt muß der Mensch sich verhalten, und tut es auch, „etsi deus non daretur". „Der Mensch denkt ... und lenkt auch." Daraus entwickelten sich ein bloß horizontales Verständnis sowie eine bloß horizontale Praxis des christlichen Glaubens, wobei die „Arkandisziplin" Bonhoeffers vergessen oder umgedeutet wurde (man bedenke nur die Schwierigkeiten bei der Redaktion und Rezeption des Berichts über den „Gottesdienst in einem säkularisierten Zeitalter" auf der Vollversammlung des ÖRK in Uppsala 1968).

4. In den 70er Jahren sprachen die Historiker wie auch die fortschrittlichen Theologen von einem „nachchristlichen Zeitalter". Sicherlich ist der Konstantinismus historisch weithin verschwunden; aber ein orthodoxer (sogar kleingeschrieben) Theologe kann sich kaum mit dem Begriff des Nachchristlichen begnügen. Denn die Neuheit des Christlichen, die eine eschatologische ist, kann ebensowenig wie die Jugend des Adlers (vgl. Ps 103,5) verloren gehen bzw. überboten werden. Die Christenheit darf wohl zu Ende kommen (sie war auf jeden Fall ein gemischtes Phänomen), das Christentum aber nie, wenn in Jesus Christus das Reich Gottes angebrochen ist.

5. In den 80er Jahren bemerkte man sowohl in Europa als auch in Nordamerika „eine neue Religiosität."[10] Hier handelt es sich wiederum um ein zweideutiges Phänomen. In Amerika gehören die „New-Age"-Anhänger zu der zwar erzogenen, aber doch nicht zu der gebildeten Schicht der Gesellschaft; die Intellektuellen sind entweder mehr oder weniger orthodox-christlich oder ehrlich areligiös bzw. antireligiös geblieben. Die meistens volkstümlichen Fundamentalisten sind allen Maßstäben nach Christen, aber für die meisten Theologen befremdlich. In Europa bekennt ein so intelligenter Mensch wie Václav Havel, „an Gott zu glauben", ohne sich jedoch „mit einer besonderen Glaubensgemeinschaft zu identifizieren". Aber an welchen Gott dann?[11] In

---

[9] Dietrich Bonhoeffer. Widerstand und Ergebung. Briefe und Aufzeichnungen aus der Haft, hrsg. von Eberhard Bethge, München 1970 (Neuausgabe)

[10] Heinz Zahrnt, Gotteswende. Christen zwischen Atheismus und neuer Religiosität, München 1989.

[11] Eine feinfühlige Deutung von Havels Spiritualität wird von Heinrich Böll dargebo-

mehreren Ländern des (ehemaligen) Ostblocks zeigt sich ein unter dem Kommunismus volksidentitätsbewahrender, zum Teil geheimgehaltener Glaube wieder, wird aber leicht mit einem gefährlichen Nationalismus verknüpft.

6. Wie steht es nun mit uns, die wir (falls die endgültige Parusie Christi nicht eintritt, sei sie nun millennaristisch konzipiert oder nicht) an der Schwelle eines neuen Jahrzehnts, eines neuen Jahrhunderts, eines neuen Jahrtausends in der Geschichte dieser Welt stehen? Und zwar angesichts der Frage des christlichen Glaubens in einer säkularisierten Welt? Die Antworten müssen sicherlich nach der kulturellen Geographie differenziert ausfallen. Der Chicagoer Historiker Martin Marty hat drei Spielarten der Säkularisierung unterschieden:[12] In Frankreich kam es zu einer „völligen Säkularisierung" (utter secularity), indem die Christenheit von der Revolution zerstört und durch einen antiklerikalen säkularen Staat ersetzt wurde. England erfuhr eine „bloße Säkularisierung" (mere secularity), indem der Prozeß einen weniger aggressiven Verlauf nahm und in eine Gleichgültigkeit gegenüber der Religion mündete. (Darf man in dieser Hinsicht auch an Westdeutschland denken?). In den Vereinigten Staaten sieht Marty eine „kontrollierte Säkularisierung" (controlled secularity): „Im neuen Gesellschaftsvertrag fügte die Religion sich in die Bestimmung, sich selbst dem persönlichen, familiären und freizeitbezogenen Lebensbereich zuzuwenden, während die öffentlichen Dimensionen (politisch, sozial, wirtschaftlich, kulturell) autonom werden oder unter die Kontrolle anderer Arten von Vormundschaft geraten sollten." Da bedeutet Säkularisierung „nicht so sehr das Verschwinden der Religion als vielmehr ihre Umsiedlung". Dürfen wir vielleicht noch eine vierte Spielart hinzufügen, die sich sicher im Wandel befindet? Wie sieht es nämlich mit Osteuropa und dem europäischen Rußland aus? Was für ein religiöses Leben hat dem atheistisch-kommunistischen Staat standgehalten und mit welchen Konsequenzen? Deutlich läßt sich an der Schwelle des nächsten Jahrtausends die Frage von Religion und Säkularisierung nur geschichtlich-geographisch differenziert stellen, spräche man auch noch so sehr von einem werdenden „Weltdorf".[13]

Zum Thema Religion und Säkularisierung sei noch kurz eine letzte Bemerkung gemacht. Bis jetzt haben wir die Sache unter einem dia-

---

ten, in: „Höflichkeit gegenüber Gott", in: ders., Die Fähigkeit zu trauern. Schriften und Reden 1983-1985, Bornheim-Merten 1986, 169-178.

[12] Martin E. Marty, The Modern Schism. Three paths to the secular, New York 1969. Zitate SS. 98, 11

[13] Diese komplexen geographischen Schattierungen werden von David Martin hervorgehoben, in: ders., A General Theory of Secularization, New York 1978.

chronen Gesichtspunkt betrachtet: Säkularisation als geschichtlicher, vielleicht nicht unabänderlicher Prozeß der Trennung von der Religion, spezifisch vom Christentum. Es gibt aber auch die synchrone Frage der bleibenden strukturellen Polarität vom „Sakralen" und „Profanen". Profan heißt „außerhalb des Tempels", meistens mit dem negativen Sinn von „unheilig". Hier möchte ich ganz schnell eine Idee des reformierten Theologen Jean-Jacques von Allmen aus der welschen Schweiz aufgreifen. In seinem Buch *Prophétisme sacramentel* (1964) geht es ihm um eine Definition von Sakrament:

> Sakrament (oder: Mysterion) geschieht, wo der kommende Äon ein Element dieser Zeit erwählt, berührt, in Bann nimmt (oder: begnadigt), erobert und heiligt und dabei sich selbst gegenwärtig macht. Das Sakrament ist ein Echo des ersten Kommens Jesu Christi und eine Anzahlung auf das zweite, wobei er selbst das Sakrament par excellence ist. Das Sakrament ist prophetisch, insofern es für die Gegenwart sowohl eine Bedrohung als auch ein Versprechen ist, das ihr Ende, ebenso auch ihre Zukunft andeutet und sie zur Buße und Hoffnung ruft.[14]

Läßt sich das Säkulum durch die Gnade Gottes bekehren, dann wird es in den künftigen Äon hineingenommen. Gibt es in der Gottesstadt „keinen Tempel" (Offb 21, 22), so ist alles zum „Heiligtum" geworden, von der göttlichen Herrlichkeit durchdrungen. Unterwegs zum Eschaton ist das Verhältnis zwischen dem „Sakralen" und dem „Profanen" dynamisch-transformatorisch zu verstehen und zu praktizieren. Wir vertrauen uns „Christus, dem endgültigen Umgestalter der Kultur" an. Darauf kommen wir nochmals zurück.

II. Sprache und Symbole

Sprache und Symbole sind beide – und zwar auf eine Weise, die ihre nahe Verwandtschaft zum Vorschein kommen läßt – Gegenstand der „Modewissenschaft" Semiotik.[15] Hier ist sogleich eine Mahnung nötig. Wie es sich, zum Beispiel in den Stellungnahmen der Kirchen zum Limadokument über „Taufe, Eucharistie und Amt", deutlich zeigt, werden in theologischen Diskussionen die Begriffe „Wort", „Zeichen" und Symbol" von recht unterschiedlichen philosophischen Hintergründen aus verstanden. „Zeichen" kann einen „äußerlichen Hinweis" meinen, während ein „Symbol" an der Sache selber, die dadurch „repräsentiert"

---

[14] Jean-Jacques von Allmen, Le prophétisme sacramentel, Neuchâtel 1964 (zusammengesetztes Zitat).
[15] Theologischer Gebrauch z. B. in Zeichen. Semiotik in Theologie und Gottesdienst, hrsg. von Rainer Volp, München/Mainz 1982, und in Louis-Marie Chauvet, Symbole et sacrement. Une relecture de l'existence chrétienne, Paris 1987.

wird, inneren Anteil hat. Das ist zum Beispiel der Sprachgebrauch Paul Tillichs. In anderen Fällen ist der Sprachgebrauch genau umgekehrt. Für wieder andere Denker haben sowohl „Zeichen" als auch „Symbol" eine unvermeidlich „schwache" Bedeutung, die sie für die Diskussion der christlichen Liturgie disqualifiziert. Andere Theologen aber, die von den Tendenzen in der Semiotik zur Anerkennung einer Kategorie der „Realsymbolik" beeinflußt sind, gebrauchen sowohl „Zeichen" als auch „Symbol" mit einem durchaus positiven und dynamischen Sinn.[16] In Bezug auf „Wort" kann man auch an philosophische Einsichten in den - unter Umständen - „performativen" Charakter der Sprache als auch in den „sprechenden" Charakter des Handelns appellieren. In dem, was ich in einem christlichen Rahmen über „religiöse Sprache" und „sakrale Symbole" sagen werde, setze ich die Realität des Gottesworts voraus, das „nie leer zu Gott zurückkehrt, sondern bewirkt, was er will" (Jes 55,11) und auch der Ant-Wort des Glaubens eine ent-sprechende Wirksamkeit verleiht. Vorausgesetzt wird auch ein stark realistisches und wirkungskräftiges Verständnis des Sakraments.

Was nun Religion und Säkularisierung angeht, ist es äußerst bemerkenswert, daß auch in der heutigen Soziologie von einer „Wiederverzauberung der Welt" geredet wird; so Morris Berman in revisionarischer Anlehnung an Max Webers Beschreibung der Säkularisation als „Entzauberung der Welt."[17] Es findet unter den Gelehrten eine Wiederentdeckung des Symbolischen statt. Einem wichtigen Aufsatz des amerikanischen Soziologen Robert Bellah über „Christianity and Symbolic Realism" gemäß fand man schon um 1970 „symbolische Realisten" unter den die zeitgenössische Soziologie nährenden Vertretern mehrerer sich als wissenschaftlich betrachtenden Disziplinen: Man denke nur an Mircea Eliade (Religionsgeschichtler) und Paul Ricœur (Religionsphilosoph), Michael Polanyi (Wissenschaftsphilosoph), Victor Turner und Clifford Geertz (Anthropologen).[18] Von diesen Denkern wird der Symbolik eine eigentümliche Integrität zuerkannt, die nicht auf rationale Ideen oder technische Funktionen reduziert werden kann. Ein Symbolgefüge trägt unersetzbar und unaustauschbar eine Bedeutungswelt, die für *die* Welt überhaupt mitkonstitutiv ist.[19] Vielleicht ging das Symbolische in der Realwelt nie so ganz verloren, wie die Aufgeklärten es ha-

---

[16] vgl. Karl Rahners wichtigen Aufsatz, Zur Theologie des Symbols, in: ders., Schriften zur Theologie IV, Einsiedeln 1964, 275-311

[17] Morris Berman, The Re-enchantment of the world, Ithaca (New York) 1981.

[18] Robert S. Bellah, Christianity and symbolic realism, in: Journal for the Scientific Study of Religion 9 (1970) 89-96.

[19] s. jüngst das wortspielerisch betitelte Buch von M. Sacks, The World We Found, London 1989 („fanden"/„gründen").

ben wollten. Die theologischen Fragen lauten: Ist das christliche Symbolgefüge wahr (was eine breit angelegte Diskussion benötigte, die hier nicht einmal aufgezeigt werden kann)? Und: Hat das christliche Symbolgefüge noch immer bei unserer historischen Konjunktur eine Chance, sich zu bewähren? Darauf kommen wir bald wieder zurück.

Was nun sakral und profan betrifft, will ich bloß ein provozierendes Zitat von dem Sprachphilosophen Kenneth Burke wiedergeben:

> Ob es einen Bereich des Supranaturalen gibt oder nicht, auf jeden Fall gibt es *Worte* dafür. Und in diesem Punkt der Linguistik gibt es ein Paradox. Denn obwohl die Worte für den „supranaturalen" Bereich notwendigerweise dem Bereich unserer alltäglichen Erfahrungen entliehen sind: Sobald einmal eine spezifische theologische Terminologie entwickelt worden ist, kann die Reihenfolge auch umgekehrt werden. Wir können die Ausdrücke vom Entleiher (hier: von der Theologie) „zurück-borgen" und dabei die ursprünglich säkularen Ausdrücke, denen „supranaturale" Konnotationen beigelegt wurden, wieder säkularisieren.[20]

Oder „von oben" gesprochen könnte man vielleicht – à la Karl Barth und Eberhard Jüngel[21] – von einer Art gnädiger, oder sogar transformierender Beschlagnahme der menschlichen Sprache durch das Wort Gottes reden.[22]

III. Herkömmliche christliche Sprache und Symbole in Gegenwart und Zukunft

Kann es geschehen, daß einzelne Symbole oder gar ein vollständiges Symbolgefüge „sterben"? Sicher. In Bezug auf Religionen denke man nur an den Zoroastrismus oder an die Mythen und Mysterien der hellenistischen Antike, die nur noch als literarische oder archäologische Objekte bekannt sind, es sei denn – und das wäre ein sehr interessanter Umstand –, daß sie einst in *umgestalteter* Form ein gewisses Weiterleben im Christentum fanden. Sollte aber nun in unseren Tagen die christli-

---

[20] Kenneth Burke, The Rhetoric of Religion. Studies in logology, Boston 1961, 7.
[21] s. (auch zu Barth) Eberhard Jüngel, Gott als Geheimnis der Welt, Tübingen 1977, 383–408.
[22] Nach Wolfhart Pannenberg (Anthropologie in theologischer Perspektive, Göttingen 1983, 328–384) sind die Ursprünge der Sprache mit dem „festlichen Spiel" und damit mit dem Kultus verbunden (347), wobei „auf primär religiösen Ursprung bestimmter Wortdeutungen (wie z. B. „Leben")" geschlossen werden kann (377). Darum muß nicht alles Reden von Gott durch Übertragung vom säkularen Sprachgebrauch her zustande kommen. Doch besteht für das Christentum keine „mythische Einheit" zwischen Gotteswort und Menschenwort: Ein menschliches Wort *wird* Wort Gottes erst durch seine Bestätigung in der Geschichte heißen dürfen, wie es sogar schon mit Jesus selbst der Fall war („Erst vom Ende ... her, im Ostergeschehen, wird erkennbar, daß durch Jesus Gott selbst geredet hat") (383 f.).

che Symbolik selber im Sterben begriffen sein? Ist für sie die wohl nur mit Nuancen als Säkularisierung zu beschreibende Atmosphäre erstickend?

Im Juli 1924 sagte Paul Tillich vor dem Tübinger Jugendring über „Kirche und Kultur":

> Die Symbole der Kirche sind unkräftig geworden. Das „Wort" klingt nicht mehr durch ihre Rede. Die Gesellschaft versteht sie nicht mehr. Und umgekehrt, das Werk der Gesellschaft ist leergeworden, und in ihren leeren Raum sind Mächte des Gegengöttlichen, des Unwahren und Ungerechten eingedrungen, denen sie gerade entgehen wollte. Ihre Symbole sind eher dämonisch als göttlich. Daß die Kirche der Gesellschaft und ihrem Leben nicht Sinn und Tiefe geben kann, daß sie nicht symbolkräftig reden kann von dem, was jenseits von Kirche und Kultur steht, und daß die Gesellschaft der Kirche nicht gefüllte und lebendige Formen entgegenbringt, in denen die göttliche Wahrheit und die göttliche Gerechtigkeit sich aussprechen können, das ist die Heillosigkeit unserer Lage....
>
> Und nun die Frage, was zu tun sei... Ein neuer Durchbruch kann nicht gemacht, sondern nur empfangen werden. Zuerst und entscheidend heißt das also: wir können nichts tun. Harmloser, aber ebenso unmöglich ist es, neue Symbole in Kultur und Religion machen zu wollen. Auch Symbole wachsen und werden nicht gemacht....
>
> Was wir tun können ist Wegbereitung. So war es immer und so muß es bleiben in jeder Zeit, die sich nach Offenbarung sehnt. Die Kirche kann den Weg bereiten, indem sie sich und ihre Formen unter das Gericht des alten Offenbarungswortes stellt und frei wird von allen Formen, die symbolunkräftig geworden sind, und offen wird für das Werk des Gesetzes, das die Kultur in Gehorsam geleistet hat. Und die Kultur kann den Weg bereiten, indem sie in all' ihren Funktionen, in Wissenschaft und Technik, in Personalem, in Gesellschaft und Staat, sich der Leere der bloßen Form, des Dienstes am Gesetz bewußt wird und dadurch imstande wird, zu hören auf das Offenbarungswort und sich zu füllen mit dem lebendigen Gehalt der Gnade, die das Gesetz durchbricht.[23]

Offensichtlich konnte das bald folgende Dritte Reich die von Tillich erhoffte „neue Zeitenfülle" nicht darstellen. Im Gegenteil, man erfuhr eine intensive Steigerung des Dämonischen. 1956 stellte Tillich einem nordamerikanischen Publikum folgende „religiöse Analyse" der „gegenwärtigen Situation der Kultur" vor: „Unsere gegenwärtige Kultur kann nicht anders beschrieben werden als in der Doppelheit einer dominierenden Strömung und ihrer Gegenströmung. Der Geist der dominierenden Strömung ist der Geist der technischen Naturbeherrschung. Der Geist der Gegenströmung ist der Geist der existentialistischen Analyse der menschlichen Situation." Der Existentialismus – ob als Kanal

---

[23] Paul Tillich, Die religiöse Substanz der Kultur. Gesammelte Werke IX, Stuttgart 1967, 32–46, hier 45 f.

der Offenbarung wird nicht direkt gesagt – sollte nun die sprachliche Symbolik „schöpferisch" (Analoges gilt „ekstatisch" auch vom künstlerischen Stil) erneuern, und zwar nach folgendem Prinzip: „Die religiöse Sprache ist gewöhnliche Sprache, aber verwandelt kraft dessen, was sie ausdrückt: das letzte Anliegen in Sein und Sinn. Die religiöse Sprache kann erzählend sein (mythologisch, legendär, historisch), oder sie kann prophetisch, poetisch, liturgisch sein. Und sie kann heilig werden für alle die, die in ihr den Ausdruck ihres letzten Anliegens finden und von Generation zu Generation weitergeben."[24]

Bei Tillich gibt es Fug und Unfug. Treffen noch immer Elemente seiner Analyse zu? Inwiefern hat die christliche Symbolik tatsächlich an ihrer „Kraft" eingebüßt? Leidet eine säkularisierte Kultur an einer symbolischen „Leere", oder hat sie doch noch ihre Symbole, die zum Teil religiös bzw. christlich „neutral", aber auch „dämonisch" sein können? Und wie steht es mit Tillichs Arznei? Verbleiben uns beim „vorbereitenden" Warten auf die „Offenbarung" keine Hilfsmittel aus der „alten" Offenbarung, die nach christlichem Glauben doch noch „eschatologisch neu" war, ist und bleibt? Es ist immer ein gefährliches Unternehmen, die Zeichen der Zeit zu entziffern. Wagen wir es wiederum, es eine Generation später nochmals zu versuchen? Möglicherweise lohnt es sich, mehrere Kategorien von sprachlichen bzw. materiellen Symbolen zu unterscheiden. Wenn auch alle Symbole aus der Welt und aus der menschlichen Erfahrung mit derselben herrühren, ohne daß man damit auf eine Projektionstheorie der Religion eingeschränkt wäre, denn es gibt doch die Möglichkeit einer Inanspruchnahme menschlicher Sprache und Gesten durch das Wort Gottes, so entstammen die Symbole doch verschiedenen Bereichen der Welterfahrung. Vielleicht gibt es Unterschiede im Hinblick auf das Überleben, die Wiederbelebung bzw. das neue Wachstum der christlichen Sprache und Symbole in einer (mindestens teilweise) säkularisierten Welt. Ich benenne sieben Quellen, die der Offenbarung Symbole, die ihren Gehalt in formaler wie materialer Hinsicht zum Ausdruck bringen, liefern: Es sind das Natürliche, das Körperliche, das Soziale, das Politische, das Historische, das Mythische und das Religiöse:

1. Das Natürliche. Bei Laudes und Vesper, Morgen- und Abendgebet wird der natürliche Rhythmus von Tag und Nacht gefeiert und auf Christus als das „Phōs hilaron" bzw. die „Sonne der Gerechtigkeit" hingewiesen. Erde, Feuer, Licht, Wasser und Luft gewinnen in der Osterliturgie Gestalt durch das Schlagen des Flintsteins, durch die als

---

[24] Paul Tillich, Die religiöse Substanz der Kultur. Gesammelte Werke IX, Stuttgart 1967, 100–109, hier 102, 106.

„lumen Christi" begrüßte Kerze, durch die Taufe mit Wasser und im Heiligen Geist. Erntedankfeste werden, wenngleich in angepaßter Form, auch in den Großstädten begangen. Damit kommt der christliche Glaube mit gegenwärtigen Tendenzen in einer Welt in Berührung, die oft als übertechnologisiert beurteilt wird. Einerseits wird heute im säkularen Bereich von „Umweltschutz" gesprochen; andererseits spricht man theologisch von der „Bewahrung der Schöpfung". Inwieweit beteiligt sich der Mensch jedoch an der göttlichen Bewahrung der Schöpfung? In einem technischen Zeitalter soll man sich gerade nicht verhalten, „etsi deus non daretur", sondern eher „als handle ein Gott", der den Menschen zur Mitwirkung beruft. So kann es sein, daß nur die Gläubigen dieses Handeln Gottes wahrnehmen und sich als dessen Mitarbeiter verstehen. Ihr Zeugnis vermag in eine Richtung zu weisen, die bis hin zu der Hoffnung auf eine Verwandlung der Schöpfung führt.

2. Das Körperliche. Hier denkt man an erster Stelle an Essen und Trinken, das in allen Kulturen die Gestalt eines Mahles annimmt. Das Abendmahl ist ein gemeinsames Mahl des Friedens und der Gerechtigkeit, bei dem die Menschen – mit Gott und miteinander versöhnt – alle gleichberechtigt an den Früchten der Erlösung teilhaben. Es kann auch als Paradigma für weltliche Gerechtigkeit und Frieden dienen, wenn die Menschen sich dadurch herausfordern lassen. Die Eucharistie vermittelt sicher auch „die Freude im Heiligen Geist" (Röm 14, 17), unter anderem deshalb, weil man aus dem mit Pneuma gefüllten Becher zu trinken bekommt (vgl. 1. Kor 12, 13; Eph 5, 18). Sie gibt Nahrung für das ewige Leben. Das alles wird denen angeboten, die nach der Gerechtigkeit hungern und dürsten, die Frieden stiften, die wegen der Gebrochenheit der Welt leiden.[25]

3. Das Soziale. Einerseits wird gesagt, wir leben in einer „vaterlosen Gesellschaft,"[26] andererseits aber wird auch gesagt, daß unsere Gesellschaft patriarchalen Charakter hat. In dem von Jesus als „Abba" angerufenen Gott kommt der wahre, barmherzige Vater zum Vorschein. Im Sohn Gottes sind wir befähigt, Söhne und Töchter Gottes zu werden und menschliche Geschwisterlichkeit zu erleben. Feministische Kritik bringt eine Chance für die Läuterung des Gottesbildes und das Zurechtsetzen der menschlichen Verhältnisse.

---

[25] s. G. Wainwright, „Eucharist and/as ethics" in: Worship 62 (1988) 123–138. Für die Eucharistie als das wohl dichteste Beispiel einer transformierenden Symbolik s. auch Alexander Schmemann, For the Life of the World, Crestwood (New York) ²1973 (deutsch: Aus der Freude leben, Olten 1974); ders., The Eucharist. Sacrament of the Kingdom, Crestwood (New York) 1988; Geoffrey Wainwright, Eucharist and Eschatology, New York ²1981; William R. Crockett, Eucharist. Symbol of Transformation, New York 1989.

[26] Alexander Mitscherlich, Auf dem Weg zur vaterlosen Gesellschaft, München 1963.

4. Das Politische. Machtwechsel wird heutzutage auf vielen Ebenen erlebt. Fast überall wird Autorität in Frage gestellt, oder wenigstens hinterfragt. Das Wesen und die Funktion der Herrschaft sind also sehr aktuelle Themen. Sowohl gegen die Heteronomie als auch gegen die Autonomie setzt der christliche Glaube die Theonomie (Tillich!), wenn er von einer „freien Dienerschaft" spricht. Gottesdienst heißt zunächst der freie Dienst Gottes an uns, dann auch unser befreiter Dienst an Gott, dem auch in den Mitmenschen zu dienen ist.[27] Die wahre Befähigung ist eine Begabung. Auch königliche Symbolik behält ihre Aussagekraft. Im Feuilleton der Frankfurter Allgemeinen Zeitung vom 11. Mai 1990 las ich, daß – mit dem Scheitern der Ideologie der Modernisierung sowohl in historisch-materialistischer als auch in bürgerlich-liberaler Gestalt – Elisabeth II. von England „die erste Königin der Postmoderne" geworden ist und ihr Sohn Charles – wiederum ein „Karl"! – eventuell „der erste Kaiser der Vereinigten Staaten von Europa" werden könnte.

5. Das Historische. Die Bibel ist das wichtigste Dokument für die Geschichte Gottes mit der Welt. Bis in unsere Zeit hinein findet diese Geschichte neben der Heiligen Schrift ihren Niederschlag in den Berichten über Märtyrer und Heilige. Nicht nur im erzählenden Bereich, sondern in allen Bereichen kann die menschliche Kultur wie eine Ikone verstanden werden, in der die Geschichte Gottes mit der Welt faßbar wird. Insoweit stellt die Kultur eine Quelle christlicher Sprache und Symbole dar, die eine moralisch und spirituell komplexe Welt reflektieren. In den Zeugnissen der Heiligen wird der Sieg der Gnade, der nicht zuletzt eschatologisch ist, vergegenwärtigt.

6. Das Mythische. Wenn in der „Science-Fiction"-Literatur wie auch in der Filmkunst der Streit zwischen Gut und Böse – oft recht vereinfacht – dargestellt wird, warum sollten dann die liturgischen Segensakte, gar nicht zu reden von den Exorzismen, von fortgeschrittenen Theologen nur mit Achselzucken betrachtet und abgeschafft werden?[28] Meines Wissens ist der Kampf mit dem Bösen noch nicht zu Ende (Eph 6,10-20). In diesem Rahmen kommen die Sprache und Symbole der Apokalyptik zu ihrem Recht.[29]

7. Das Religiöse. Es gibt – praktisch universale – Bilder in den Religionen, die auch von den säkularisiertesten Zeitgenossen aufgegriffen

---

[27] Eine Oratio im anglikanischen Morgengebet spricht von Gott, „whose service is perfect freedom". Das lateinische Vorbild war noch kühner: „cui servire est regnare".

[28] Für eine Verteidigung der Exorzismen in der Taufliturgie, s. Alexander Schmemann, Of Water and the Spirit, Crestwood (New York) 1974.

[29] s. Geoffrey Wainwright, The last things, in: ders. (Hrsg.), Keeping the Faith. Essays to mark the centenary of Lux Mundi, Philadelphia 1988/London 1989, 341-370.

werden, z. B. von den Soziobiologen, die vom „Opfer" sprechen können. Am gleichen Tag, dem 11. Mai, schlug ein Leserbrief in der FAZ vor, daß für die Bürger der Bundesrepublik die deutsche Einheit „eine Chance des Opfers" biete. Opfersymbolik ist in christlicher Soteriologie, Liturgie und Ethik stark beheimatet.

Nicht zufällig rückte in den letzten Paragraphen das Liturgische in den Vordergrund, denn der „Gottesdienst der im Namen Jesu versammelten Gemeinde" (Peter Brunner[30]) ist wesensmäßig *der* Ort, an dem für Christen die religiöse Sprache und die sakralen Symbole immer noch lebendig sind bzw. wiederbelebt werden können. An diesem Ort erscheinen in vorbildlicher Weise auch die eschatologischen Spannungen zwischen dem Schon-Jetzt und dem Noch-Nicht bzw. dem Nicht-Mehr, wobei für die Theologie der Abfall vom Glauben ein viel schwerwiegenderes Problem darstellt als eine noch zu evangelisierende Welt. Damit kommen wir zum ökumenischen und missionarischen Auftrag der Kirche.

IV. Der ökumenische und missionarische Auftrag der Kirche

Erstens: Ökumene. In einer säkularisierten Welt ist allen Christen zunächst die Wiedergewinnung von „Mysterion" vonnöten – im biblischen, hauptsächlich im neutestamentlichen Sinne dieses Begriffs. Das ist Gottes Heilsplan für die ganze Welt, in Christus geoffenbart und im Heiligen Geist durchgeführt. Die Aktualisierung des Mysterions geschieht durch Wort und Sakrament, die keineswegs miteinander in Konkurrenz stehen. Grob gesagt brauchen die Protestanten weiterhin den Wiedergewinn der Sakramente (aber auch eine Verbesserung der Predigt), während die Orthodoxen weiterhin die Wiedergewinnung der Predigt benötigen (aber auch eine häufigere Praxis der Kommunion für die Laien[31]). Ohne den menschlichen Kontext zu bagatellisieren, in dem die Offenbarung aufgenommen werden muß („quidquid recipitur ad modum recipientis recipitur"), muß das Übergewicht der Gnade betont werden. Bei Wort und Sakrament sind Sprache und Symbole nie „kraftlos".

Was ökumenisch nottut, ist an zweiter Stelle die Wiederentdeckung bzw. das Aggiornamento der Tradition. Ein Musterbeispiel ist die im

---

[30] Peter Brunner, Zur Lehre vom Gottesdienst der im Namen Jesu versammelten Gemeinde, in: Leiturgia. Handbuch des evangelischen Gottesdienstes I, hrsg. von K. F. Müller und W. Blankenburg, Kassel 1952, 83–364.

[31] Diese Not wird in den Stellungnahmen mehrerer orthodoxen Kirchen zu dem Limadokument „Taufe, Eucharistie und Amt" zugegeben. Freilich wird auch auf die moralische und geistliche Vorbereitung zur Kommunion bestanden.

Rahmen von Glauben und Kirchenverfassung unternommene Studie des ÖRK „Auf dem Weg zu einem gemeinsamen Ausdruck des apostolischen Glaubens heute". Hier müssen die Protestanten sich in die große, patristische Tradition einfügen, was durch die Wahl des Nicaenokonstantinopolitanums als sachliche Basis der Studie gefördert wird. Die Orthodoxen hingegen sollten mehr auf die Herausforderungen achten, vor die sie durch die neuzeitlichen Veränderungen in Geschichte und Kultur gestellt werden. Hilfe müßte gegenseitig geleistet werden, um den gemeinsamen Glauben (wieder) zu entdecken und ihn für heute auszulegen.

Zweitens: Mission der Kirche. Diese muß mit dem inneren Leben der Kirche beginnen, und zwar mit der Erneuerung des Katechumenats. Der revidierte „Ordo initiationis christianae adultorum" der römisch-katholischen Kirche könnte ein Modell sein, das sich auch auf einen katechetischen Unterricht für Christen, die nie durch ein richtiges Katechumenat gingen, anwenden ließe. Es besteht ein großes Bedürfnis nach solch einer internen Katechetik, das z. B. von George Lindbeck in seinem Buch „The Nature of Doctrine" (1984) erkannt wurde.[32] Es geht in erster Linie nicht um ein „thetisch-kognitives" Verfahren, obwohl der christliche Glaube einen ontologischen Referenzpunkt und eine intellektuelle Dimension hat. Noch weniger angemessen ist das „experientell-expressivistische" Modell, obgleich die subjektive Aneignung des Glaubens wichtig ist. Es handelt sich vielmehr um einen „kultur-linguistischen" Einweihungsprozeß, wo man die „Story" der christlichen Gemeinschaft lernt, deren Glied man wird, d. h. auch die Sprache und Symbole, die Praktiken und Fertigkeiten, in denen ja die „Story" verkörpert und weitergetragen wird.

Die Einübung in den eigenen Glauben ist die Voraussetzung für ein kompetentes Zeugnis in der Welt. Durch die Begegnung mit Nicht-Glaubenden – in Evangelisation und Apologie – kann es möglicherweise zu einer Erneuerung bzw. Bereicherung der christlichen Sprache und Symbole kommen. Der Kommunikationsprozeß ist aber ein Wagnis. Denn die Symbole sind wesenshaft vielschichtig („Le symbole donne à penser," sagt Paul Ricœur) und – aufgrund der Verschiedenheit der menschlichen Urteile – auch strittig: Nicht „Kyrios Kaisar", sondern „Kyrios Iesous."[33] Oder im Beispiel Helmut Thielickes: „Jesus

---

[32] George A. Lindbeck, The Nature of Doctrine. Religion and theology in a postliberal age, Philadelphia 1984.
[33] vgl. 1. Kor 12,3 mit Martyrium Polykarp 8,2; s. Oscar Cullmann, Die Christologie des Neuen Testaments, Tübingen, ³1963, 226 f.

Christus ist der einzige Führer."[34] Symbole, die sich in dieser Begegnung bewähren und sich dem Glaubenssinn der Kirche empfehlen, werden allmählich auch in dem überkommenen Repertoire der Liturgie ihren festen Platz finden.

Schließlich ist auch die Wiederherstellung der christlichen Einheit Teil des notwendigen Zeugnisses für die Welt. Beim christlichen Glauben geht es sowohl um die Deutung als auch um die Veränderung des Lebens und der Welt. Ohne die Einheit sowohl im Verständnis als auch in der Praxis des Evangeliums und des Gottesreichs stünde bzw. steht die Kirche im Widerspruch zu ihrer eigenen Botschaft, denn diese ist an erster Stelle eine Botschaft der Versöhnung. Durch die Wiedergewinnung der kirchlichen Einheit gewänne die Botschaft der Versöhnung neue Überzeugungskraft. Zumindest würde die christliche Story, deren Sprache und Symbole, dadurch glaubwürdiger.

„Stärke durch Einheit"[35] hat für Christen einen ganz besonderen Sinn: Ihre Ohnmacht läßt die einende Gnade dessen erweisen, der durch die Schwachheit des Kreuzes die Macht der Versöhnung in die Welt einführte. Das soll in aller Bescheidenheit durch christliche Sprache und Symbole bezeugt werden, sei eine säkularisierte oder eine andersgläubige Welt nun hörensbereit und sehenswillig oder nicht.

---

[34] Helmut Thielicke, Der evangelische Glaube II. Gotteslehre und Christologie, Tübingen 1973, 438 f.
[35] „Deutung/Veränderung der Welt", „Stärke durch Einheit".... Wenn ich diese Schlagwörter hier aufnehme, so entspricht das meinem Wagnis, anzunehmen, daß sich ihre marxistische Verwendung als leer herausgestellt habe. Das sind Hüllen, die jetzt christlich ausgefüllt und umgestaltet werden dürfen. Ebenso verfuhr die mittlere und späte Patristik mit der Mysteriensymbolik der ausklingenden hellenistischen Antike; s. Josef A. Jungmann, The early Liturgy to the time of Gregory the Great, Notre Dame (Indiana) 1959, 122–174 (deutsch: Liturgie der christlichen Frühzeit bis auf Gregor den Großen, Freiburg/Schweiz 1967, 111–162); auch Hugo Rahner, Symbole der Kirche. Die Ekklesiologie der Väter, Salzburg 1964.

Angelus A. Häussling OSB, Maria Laach

Religiöse Sprache und sakrale Symbole in einer säkularisierten Welt

Das mir zugewiesene Thema suggeriert schon: Religiöse Sprache und sakrale Symbole sind in der säkularisierten Welt, ein Jahrzehnt vor Beginn des dritten nachchristlichen Jahrtausends, in eine Krise geraten. Diese Vermutung braucht nun nicht erst umständlich als tatsächliche Realität bewiesen zu werden. Jeder weiß um diese Realität, und die meisten von uns erleiden schmerzlich diese Krise im eigenen Lebensbereich und an sich selbst. Sie tritt vor allem in der Schwierigkeit zutage, der nachwachsenden Generation Zugang zum traditionellen und traditionsreichen Leben der Kirchen und zum christlichen Glauben zu vermitteln. Die Krise betrifft alle Religionen mindestens in der sog. „nordatlantischen Gesellschaft": die hierzulande in großer Zahl wohnenden muslimischen Türken der zweiten Generation ebenso wie die im fortschrittlichsten Wunderland der Hochtechnologie lebenden buddhistischen Japaner. Sie ist, zwar mit allerlei Unterschieden der Intensität und Ausdehnung, ein weltweites Phänomen jener Epoche der Menschheitsgeschichte, die wir „neueste Zeit" und gar „Postmoderne" zu nennen uns angewöhnt haben.

Das Phänomen ist schon oft beschrieben und analysiert worden. Es wurde auch schon öfter seine Neuheit ins Bewußtsein gerufen: Zum ersten Mal in den – sagen wir – rund 10 000 Jahren Menschheitsgeschichte gibt es eine Generation von Menschen, für die Religion nicht mehr selbstverständlich ist, die, mehr oder weniger prinzipiell, durchweg aber faktisch atheistisch lebt. Den Analysen und Deskriptionen füge ich keinen weiteren Versuch hinzu. Ich stelle das Faktum fest und gehe zum vorgegebenen Thema weiter. Daß sich in der schwindenden und geschwundenen, mindestens aber höchst problematisch gewordenen und nicht mehr selbstverständlichen Religiosität unserer Umwelt – und doch auch unser selbst – die Grundentscheidungen des abendländischen neuzeitlichen Welt- und Selbstverständnisses auswirken, ist klar. Der Mensch hat sich selbst gefunden, hat seine Autonomie entdeckt (oder hat gemeint, sie entdeckt zu haben), hat, mit Descartes, die Welt eingeteilt in die res cogitans und die res extensa, in die beiden Bereiche also: je ich selbst und der Rest der Dinge, und hat die Welt autonom als seine Lebenswelt zu gestalten begonnen. Gewiß: auch das ist jetzt schon selbst in Krise geraten. Das Problem, wie unsere Welt weiter

Raum des Lebens für so viele und immer mehr Menschen sein könne, ist allenthalben wahrgenommen und wird überall besprochen. Aber eine prinzipielle Absage an das neuzeitliche Verständnis des Lebens und der Welt ist damit noch lange nicht erfolgt. Denn diese Krise des neuzeitlichen Lebensgefühls soll gemeistert werden – und muß es so zunächst wohl auch – mit den gleichen Methoden der entwickelten Technik der Weltgestaltung, die uns in diese Krisensituation gebracht hat.

Das mir gestellte Thema bespreche ich hier unter drei Aspekten: die „anthropologische Wende" als das Hauptereignis der innerkirchlichen Geschichte der Neuzeit, die sich hieraus ergebende Rückfrage nach dem Menschen, schließlich: Wege und Beispiele von religiöser Rede und sakralen Symbolen, die heute Bestand haben können und morgen noch gelten mögen.

1.1. Kommen wir zur Sache: Wie haben die Kirchen auf die sich abzeichnende Krise reagiert? Wie es mir aus meiner Herkunft und auch aus meiner persönlichen Entscheidung zukommt, spreche ich hier aus dem Kontext der römisch-katholischen Kirche, genauer aus dem Kontext der innerhalb dieser Kirche hierzulande formulierten Theologie, wobei zu bemerken ist, daß in unserem Zusammenhang Theologie nicht als eine gewisse Religionswissenschaft verstanden ist, sondern als eine Funktion des kirchlichen Lebens selbst. Theologie ist die Kirche, die sich kritisch in wissenschaftlicher Methodik auf sich selbst besinnt, auf ihre Tradition, ihre Gegenwart, ihre Aufgaben, ihre Gestalt.

Der tiefgreifende Vorgang innerhalb der Theologie der letzten Jahrzehnte kann nun, mehr oder weniger zutreffend, mit dem Schlagwort von der „anthropologischen Wende" der Theologie bezeichnet werden. Nicht das, was die Väter mit dem Wort und Namen „Gott" benannt haben, ist der erste Ansatz und das vorzügliche Thema, sondern der, um den es nach dem Zeugnis der Offenbarungsquellen ging und geht, um den Menschen, dieses Objekt der Heilsgeschichte Gottes, beginnend mit der Schöpfung und endend mit der Parusie des Herrn. Lassen wir beiseite, warum dem so ist und warum ich meine, das sei eine logische Entwicklung der Thematik der Theologie selbst. Ich verweise nur auf die hintergründige, wohl noch immer nicht genügend ernstgenommene Gotteskritik des 19. Jahrhunderts, die sich mit den Namen der deutschen Philosophen Ludwig Feuerbach (1804–1872) – übrigens der Herkunft nach ein Bayer – und Friedrich Nietzsche (1844–1900) verbinden und auf die die Theologie reagieren mußte und weiterhin reagieren muß. Für die unbestreitbare Tatsache der „anthropologischen Wende" der Theologie soll hier nur ein einziges Zeugnis stehen: Papst Johannes Paul II., das jetzige Oberhaupt der katholischen Kirche also, schreibt in seiner Enzyklika „Redemptor hominis", 1979, zum Antritt seines Amtes:

> *Der Mensch in der vollen Wahrheit seiner Existenz, seines persönlichen und zugleich gemeinschaftsbezogenen Seins ... dieser Mensch ist der erste und grundlegende Weg, den die Kirche bei der Erfüllung ihres Auftrags beschreiten muß: er ist der erste und grundlegende Weg der Kirche, ein Weg, der von Christus selbst vorgezeichnet ist und unabänderlich durch das Geheimnis der Menschwerdung und der Erlösung führt.*[1]

Das bedeutet: Nach der Überzeugung des ersten Hierarchen der katholischen Kirche ist die „anthropologische Wende" der Theologie und des religiösen Empfindens kein Unfall, keine Zeitmode, nichts, was den Glauben sperrt und deshalb Revision braucht, sondern ein Postulat an die Kirche, diese Wende als Weg zu sehen, denn auch sie steht im Plan Gottes, weil mit Inkarnation und Paschamysterium des Herrn mitgegeben. Das bedeutet hier für uns: Unsere Frage nach der religiösen Sprache und dem sakralen Symbol in einer säkularisierten Welt wird nicht anders als im Kontext der „anthropologischen Wende" der Theologie und des christlich-religiösen Bewußtseins angegangen werden können.

1.2. Theologen, gar Liturgiewissenschaftler, die über das der Neuzeit eigene religiöse Bewußtsein zu reden haben, beginnen ihr Thema gewöhnlich mit einem Klagelied: Um wievieles schlechter es doch damit bestellt sei und wieviel Reichtum der Erfahrung vorlorengegangen ist. Es ist aber redlich, mit dem Hinweis auf den Gewinn zu beginnen, den uns die Neuzeit brachte. Das erste, was zu Buche steht, ist doch eine neuartige, in dieser Tiefe auch neue Erfahrung von Freiheit und von Sensibilität für menschenunwürdigen Zwang, die uns geschenkt wurde. Der Glaube mag schwieriger geworden sein, aber er ist freier geworden und somit menschenwürdiger. Auch den Christen wurde die Wahrung der Freiheit als eine Aufgabe zugewiesen; auch sie müssen das von den Humanwissenschaften hochentwickelte Sensorium für Unterdrückungen aller Art annehmen und anwenden. Das trifft zwar auch auf innerkirchliches Herkommen zu und bringt manches in Krise. Auch die überlieferten Mechanismen des religiösen Brauchtums werden hin und wieder als Mechanismen des Zwanges entlarvt, was neuerlich Formen der religiösen Sprache und der sakralen Symbole in Mißkredit bringen mag. Aber da Freiheit unteilbar ist, können und müssen auch wir sie als einen Wert akzeptieren, der sich auch in der Weise auswirken soll, wie die Kirche Gottesdienst feiert. Sie wissen: Die Kirchen, beispielshalber hier wieder die katholische Kirche, haben auf die Entdeckung der Frei-

---

[1] Enzyklika „Redemptor hominis" vom 13. März 1979, n. 14; deutscher Text hier nach: Herder-Korrespondenz 33. 1979 (186–209) 195; lateinischer Originaltext: Acta Apostolicae Sedis 71. 1979 (257–324) 285.

heit des Menschen im einzelnen und ganzen für den Bereich der Liturgie mit dem Postulat reagiert, daß der Gottesdienst nach seiner Öffnung zum Menschen hin zu beurteilen sei, nämlich ob und inwieweit die an der Feier Teilnehmenden sich an der Liturgie „tätig, voll und bewußt" zu beteiligen instandgesetzt werden.[2] Der spätestens seit dem Mittelalter herkömmlichen Klerusliturgie ist damit die prinzipielle Absage erteilt. Es soll nicht mehr angehen, daß allein der Klerus die hohen Formen der Liturgie übt und die anderen in Abhängigkeit von derart konstituiertem Fachpersonal verbleiben, sondern die Glaubenden und Getauften sind insgesamt Kirche und somit auch Träger und Gestalter der Liturgie. Sie nehmen an der Liturgie teil „tätig", also nicht nur gedanklich, „voll", also extensiv ihre Fähigkeiten einbringend, schließlich auch „conscie", einerseits „bewußt", d. h., den Sinn verstehend und diesem dann Ausdruck gebend, aber andererseits auch von diesem Sinn im Gewissen, in der „conscientia", betroffen und als die Menschen in Freiheit, die sie sind, der Sache der Liturgie, dem Gott für die Menschen, hingegeben. Es scheint, als habe hier die Liturgiewissenschaft und die vom Zweiten Vatikanischen Konzil formulierte Interpretation der Liturgie die „anthropologische Wende" der Theologie und die Neuentdeckung der Freiheit des Menschen eingeholt und aufgenommen. Die ganze Tragweite des kritischen Interpretamentes der „participatio actuosa, plena et conscia" für die Zukunft des Gottesdienstes ist übrigens noch nicht abzusehen.

1.3. Aber im Kontext unseres Themas stehen die negativen Effekte der neuzeitlichen Wende der Welterfahrung im Vordergrund. Gekommen ist – um es mit einem Buchtitel zu nennen – „der eindimensionale Mensch" (Herbert Marcuse), jener Mensch, dessen Erfahrungshorizont nicht mehr vom vielschichtigen Tiefsinn des Symbols bestimmt wird, sondern von der einen Dimension einer linearen Weltsicht, die wertet und urteilt nach dem Maßstab, was die Dinge, Verhältnisse, Widerfahrnisse für den Menschen jetzt und hier hergeben. Nur noch in Relikten und in Nischen sprechen Dinge, Verhältnisse und Widerfahrnisse als Symbole, in denen das Ewige, das Transzendente, in der irdischen Gestalt aufscheinen darf. Nicht nur das im eigentlichen Sinne Religiöse ist

---

[2] Die Formel „participatio actuosa, plena et conscia" (u. ä.) kommt in der Konstitution des Zweiten Vatikanischen Konzils „über die heilige Liturgie" („Sacrosanctum Concilium", 1965) an zahlreichen Stellen vor, besonders markant in Abschn. 14, wo Recht und Pflicht solcher Teilnahme aus der Taufe abgeleitet werden. Eine Zusammenstellung der Aussagen etwa bei H. Schmidt, Die Konstitution über die heilige Liturgie. Text – Vorgeschichte – Kommentar. Freiburg/Br. 1965 (Herder-Bücherei 215) 202 ff. Vgl. dazu etwa A. Häußling, Liturgiereform. Materialien zu einem neuen Thema der Liturgiewissenschaft, in: Archiv für Liturgiewissenschaft 31. 1989 (1–31) 27 f.

von dieser aufklärerischen Verkürzung betroffen. Die Sicht der Welt im ganzen, die Erfahrung des Lebens als solches hat sich verändert, der Mensch selbst, nicht das Abstraktum Religion, ist betroffen und, nach Meinung vieler, auch gefährdet. Der Fortschritt, daß wir um vieles weniger von der Natur bedroht als die Vorderen leben, daß uns, hierzulande, dank Wissenschaft und Technik vieles mehr von den angenehmen Möglichkeiten dieser Erde zur Verfügung steht, hat seinen Preis gekostet: Der Horizont der Erfahrung ist auf die Frage nach der Nützlichkeit eingeschränkt, die jedes und alles für die Gestaltung der technischen Welt – und noch fataler: der auch im religiösen Handeln technisch verstandenen Welt – haben mag.

1.4. Auch für die religiöse Sprache und das sakrale Symbol hat dieser Prozeß tiefgreifende Folgen. Die religiöse Erfahrung hört ja nicht einfach auf, wenn das Symbol weniger oder nicht mehr anspricht, wenn die herkömmlichen Worte der religiösen Sprache zu Leerformeln werden. Die religiöse Erfahrung verlagert sich weg von der bisher genuinen Sphäre der kosmischen Vorgegebenheiten in jenem Bereich, in dem nun vordergründig die Entscheidungen über Existenz und Geschichte fallen, in den Bereich der gesellschaftlichen Wirklichkeit.[3] Wer will einem Engagement im sozialen Bereich auch den Ernst einer echt religiösen Entscheidung absprechen? Wer wird bezweifeln wollen, es sei ernste Religiosität, wenn statt des Gebetes um gedeihliche Witterung für die Ernte der Einsatz dafür steht, daß den Menschen, die von der Landwirtschaft leben, soziale Gerechtigkeit widerfährt und ihre harte Arbeit, wenn nun unterstützt von helfenden Maschinen, den verdienten Lohn einbringt? Und wird ein Verständiger von vornherein es als falsch beurteilen, wenn in den Texten des Gottesdienstes weit mehr als früher der Sprechende selbst sich ausdrückt und der Ausblick auf die von Gott gewirkten Taten der Schöpfung und Erlösung zurücktritt? Beim ersten Thema finden wir die Menschen betroffen und engagiert, das zweite Thema klingt heute leicht wie eine Rede von Vergangenem.

Wir nehmen ein Beispiel. In allen Religionen, so scheint es, ist die Sonne wahrgenommen als ein wichtiges Symbol und ein häufig bezogener Pol der religiösen Rede. Die Sonne spendet das Licht – eine urtümliche gute Erfahrung des Menschen, schlechthin lebensnotwendig und weltordnend. Die das Licht spendende Sonne ordnet die Zeit in die zuverlässige Abfolge von Tag und Nacht. Die das Licht spendende Sonne ordnet mittels ihrer Bahn vom Osten zum Westen, durch ihren Stand im Zenit am Mittag und den nie berührten Gegenpol im Norden, den

---

[3] Dazu einiges bei A. Häußling, Kosmische Dimension und gesellschaftliche Wirklichkeit. Zu einem Erfahrungswandel in der Liturgie, in: Archiv für Liturgiewissenschaft 25. 1983, 1–8.

Raum unseres Lebens in das Geviert der Richtungen, die Grundvorgabe unseres räumlichen Erfahrens, ordnend widergespiegelt in den vielen rechteckigen Gegenständen unseres täglichen Umgangs. Die Sonne – bekanntlich im Deutschen ein Femininum, in fast allen anderen Sprachen aber ein Maskulinum, also, um mit Rainer Maria Rilke zu reden: „Der Sonn" – ist der unabhängige, nicht steuerbare, gleichwohl als zuverlässig erfahrene Spender des Lichtes und der Wärme und somit Herr des Lebens der Irdischen. Ihr Versagen wäre der sichere Tod. Die Sonne ordnet mit ihrem Lauf vom Aufgehen bis zum Untergehen die zeitliche Frist der Welt in die Lebensräume der Tage und Jahre und gibt ihnen die Dynamik des Erwartens und freudigen Begrüßens am Morgen und die Melancholie des Endes am Abend, den friedvollen Segen am Mittag und die Ohnmacht der Unzeit des Nachts. Sie ordnet damit zugleich die räumliche Umwelt in das Geviert der Himmelsrichtungen. Ihr Schein zeichnet selbstherrlich die nach Sonnenstand und Lichtintensität unterschiedlichen Schatten der Dinge und gibt so die Erfahrung von Raum und seiner Tiefe, damit auch die Grunderfahrung von Überragendem und Niedrigem, von Oben und Unten. Die Sonne bleibt das Urbild des Lichtes, gegenwärtig in den nachahmenden Lichtquellen des Kugellichtes, zumal der – lebendig wie die Sonne empfundenen – Kerze, und des Lichtstrahls durch die Raumöffnungen hindurch, den nun artifiziell die Scheinwerfer imitieren. Sogar der modernste technische Lichtspender, die schattenlose Leuchtfläche, ahmt das Licht der Sonne nach, wenn dieses nämlich eine Wasserfläche zum Strahlen bringt. In allem gibt die Sonne (vor jeder moralischen Wertung) eine Grunderfahrung von günstig – so sie spendend scheint – und von widrig – so sie sich versagt.

Kein Wunder, daß, sobald Menschen ihre urtümlichen Erfahrungen ins Wort bringen, die Sonne zu einem Zeichensystem hohen Ranges aufrückt, und daß die Sonne ein religiös hochbesetztes Symbol wird. Wir verweisen hier nur auf die alte Kirche, die mit der Religiosität ihrer Umwelt selbstverständlich die von der Sonne herkommende Symbolik aufnahm. Das Gebet des Christen und der christlichen Gemeinde richtet sich gegen Osten, denn von dort kommt Heil und Leben über die Schöpfung, von dort wird der Herr, von der Sonne vorausgebildet, zu seiner letzten und endgültigen Ankunft erwartet. Noch heute sind die meisten unserer Kirchen „orientiert", gen Osten gerichtet. Der tote Christ wird, leider meist: wurde, fürsorglich und seinen Glauben noch im Tode bezeugend, nach Osten gerichtet in das Grab gelegt, so daß er dem ihm von Osten kommenden Herrn entgegenschaut. Fürwahr, eine klare Symbolsprache von tiefem Sinn. Wer wird bestreiten, daß sie ein Zeugnis des Glaubens dokumentiert und darin von Wert ist.

Es gilt freilich aber auch das andere: Im Raume der jüdisch-christlichen Offenbarung ist die Sonne zwar Symbolbild Gottes, aber niemals Gott selbst. Mit der Ironie dessen, der es besser weiß, entsakralisiert – wenn man schon so sagen darf – der Verfasser oder Redaktor des ersten Schöpfungsberichtes die Sonne: Sie ist nicht Gott, denn Gott, der alleinige Gott Jahwe, braucht nicht die Sonne, um Licht zu haben; er schafft – am ersten Schöpfungstag – das ordnende und scheidende Licht allein durch sein Wort (1. Mose 1,3). Erst am vierten Schöpfungstag schafft er die Leuchten des Himmels: Sonne, Mond, Sterne (1. Mose 1,14) – Elemente des Kosmos, nicht dessen Herren. Diese Beobachtung, dazu jene weitere, daß in der Urkirche, nach dem Zeugnis des Neuen Testamentes, die Sonnensymbolik an den wenigen Stellen, wo sie zutage tritt, in eine dienende, interpretierende Rolle eingewiesen wird (etwa: Verfinsterung der Sonne von der sechsten zur neunten Stunde am Karfreitag des Todes Jesu: Mark 15,33 par.), jedenfalls das apostolische Kerygma ohne Bezug auf diese Symbolik auskommt, diese Beobachtungen sollten uns vorsichtig machen, wenn wir Theologen der Kirche den Verlust einer so tiefen Symbolaussage wie jenen, die sich mit der Sonne verbinden, konstatieren müssen. Kann es vielleicht so sein: Wenn wir feststellen, sakrale Symbole scheinen in unserer Umwelt an ein Ende gekommen, wenn wir feststellen, daß selbst ein so urtümliches, universales Symbol wie die Sonne nicht mehr sticht, kann es dann nicht auch so sein, daß hier eine Säkularisierung zu einem Ende gekommen ist, die schon mit der Redaktion des ersten Kapitels der Genesis begonnen hat? Aber gleich, wie die Antwort auf diese Frage ausfallen mag – ich getraue mich nicht, die Frage zu beantworten – es gilt gewiß: Es ist ein Verlust an humanem Reichtum, wenn sich Menschen unfähig erweisen, die prägenden Eindrücke und die performativen Äußerungen ihrer Sicht des Lebens weiterhin in der Symbolerfahrung der Sonne aufzufangen und anzusagen. Und die Sonne – „der Sonn" – steht hier nur als ein Beispiel. Manches andere ließe sich anfügen, und es müßte nicht gleich der Hahn sein, auf den der große Ambrosius einen so herrlichen und tiefsinnigen Hymnus verfaßte, den unsere Kirche noch immer in der Tagzeitenliturgie singt[4] – wie lange noch? Denn: Wann haben wir zum letzten Mal einen Hahn krähen hören? Und doch grüßt uns der Hahn immer noch von dem Türmen unserer Kirchen. Wo anders als dort sehen ihn unsere Kinder? Wären sie – sakrales Symbol hin

---

[4] Vgl. A. Häußling, Heute die Hymnen von gestern singen? Das Fallbeispiel des Laudeshymnus Aeterne rerum conditor des Ambrosius, in: Lebendiges Stundengebet. Vertiefung und Hilfe. Hrsg. von Martin Klöckener und Heinrich Rennings in Verbindung mit dem Liturgischen Institut Trier. [Fs. Lukas Brinkhoff OFM.] Freiburg/Br. 1989, 316–341.

oder her – nicht ärmere Menschen, wenn er ihnen auch von dort her nicht mehr in ihr Bewußtsein träte?

2. Und doch: Es geht um den Menschen, nicht um die Sonne oder den Hahn und die noch so tiefsinnige Erfahrung von deren Symbolik. Kann die Theologie, speziell jene des Gottesdienstes, nach oder angesichts der anthropologischen Wende der Theologie über den Menschen etwas aussagen, was angesichts der fatalen Situation des offenbaren Zusammenbruches der herkömmlichen religiösen Sprache und sakralen Symbolwelt einen Weg weist?

2.1. Wenn mich nicht alles täuscht, gibt es eine solche Aussage. Freilich, sie muß erst aus ihrer Verhaftung in die Zeit zwischen den beiden Weltkriegen gelöst werden, damit sie spricht. Ich meine jene Theologie, die mit dem Namen meines Mitbruders Odo Casel verbunden ist und der daran lag – und der es vielleicht ansatzweise auch gelungen sein mag –, die christgläubige Existenz von einem einzigen Ansatz her zu interpretieren, in dem auch dem Gottesdienst als Werk Gottes am Menschen eine zentrale Rolle zugewiesen war.[5] Die wesentliche Aussage ist dort: Der Christ, genauer: der von der Heilsbotschaft berührte und zum Glauben gerufene Mensch, ist von Jesus, dem Christus, nicht auf die Weise der Menschen in Anspruch genommen, derart, daß er von einem vergangenem, gleichwohl dank der Größe seines Ereignisses und der Macht des Erinnerns fortwirkenden Geschehen besonderer Qualität verändert wird, so, daß das eigentliche Geschehen schon gewesen ist und nur noch über die Zeiten hin in seinen Folgen fortwirkt, uns belehrt und uns zu einem entsprechenden ethischen Verhalten anhält, sondern das Heilsereignis ist in der Gott eigenen Realitätsebene des „Sakramentes" je und je Gegenwart, solange es Menschen gibt, die glaubend und lobpreisend der Heilstaten Gottes an Israel und an Jesus, dem Christus, gedenken. Der Mensch ist nicht der Nachgeborene, immer zu den entscheidenden Heilstaten schon zu spät Gekommene – was täte es, daß zwar die Folgen der Heilstat seine Situation prägen, er bliebe doch der zu spät Gekommene –, nein, der Mensch, radikal von Gott ernst genommen, ist je und je Zeitgenosse der Heilstaten Gottes. Die subjektive Erfahrung der Freiheit des neuzeitlichen Menschen findet in dieser Theologie, die auf Aussagen der Kirchenväter zurückgreift, ihre objektive Entsprechung. Der neuzeitliche Mensch und seine Welt- und Selbsterfahrung scheinen hier wahrgenommen und theologisch umgesetzt wie nirgends sonst.

---

[5] Vgl., zusammenfassend, dazu A. Häußling, Odo Casel – noch von Aktualität? Eine Rückschau in eigener Sache aus Anlaß des hundersten Geburtstages des ersten Herausgebers, in: Archiv für Liturgiewissenschaft 28. 1986, 357–387, bes. 369 f.

Zugleich zeigt sich: Die „anthropologische Wende" der Theologie akzeptieren heißt nicht, Gott aus der Theologie eliminieren; wir erfahren vielmehr konzentrierter, was Gott für den Menschen und wer der Mensch für Gott ist, und wir können mit mehr Mut die anstehenden Fragen der Neuzeit angehen, mit größerem Zutrauen die Rückfrage nach dem Menschen im glaubensschwachen Zeitalter stellen.

2.2. Diese Rückfrage legt aber bei genauerem Hinsehen die Vermutung frei: Auch der Mensch des Jahres 2000 ist religiös angelegt. Es bleibt bei der Fähigkeit des Menschen, seine Existenz im ganzen mit einem Sinn zu erfüllen, der seinen Lebensbereich transzendiert, und er hat immer noch den Willen, diesen Daseinssinn von außen, „von oben", zu erwarten und fragend zu suchen – verschüttet vielleicht und scheinbar zunehmend weniger fähig, ihn in herkömmlich religiöser Sprache zu artikulieren, sicher auch mehr als früher gefährdet, sich verführen zu lassen und ihn in Ideologien und Praktiken zu suchen, die die Sprache der Bibel schlicht Götzendienst nennt. Umso mehr müssen wir, Theologen, Liturgiewissenschaftler, Christen, auf Grundstrukturen achten, die sich immer wieder sichtbar machen, je und je die herkömmliche Rede und das Symbolgefüge aufbrechen, die Grundstrukturen, ohne die menschliche Existenz nicht möglich scheint, die also an einen Ursprung des Menschen zurückverweisen, wo menschliche Existenz und religiöse Existenz in eines integriert sind. Ich nenne zwei Beispiele, die zwei Äußerungen: der Grundvorgang dialogischer Rede in Anruf und Selbstdarbietung (= 1) und das Feiern von Festen (= 2).

(1) Was geschieht, wenn ein Mensch, das Kind, zu reden beginnt? Der Mensch äußert sich selbst, zunächst für sich selbst, zur Selbsterfahrung und Selbstvergewisserung, aber fast zugleich damit äußert er sich auf einen anderen, Größeren, vertraut Beistehenden hin. Er ruft den Namen dessen aus, der um so unendlich vieles größer, mächtiger, helfender ist. Er fügt an, wie er sich selbst erfährt: defizient und der Hilfe bedürftig. Das heißt im Originalton des Kindes: Mutter, hilf. Genau das ist aber die Gestalt des religiösen Grundaktes im Medium der Sprache: Namensausruf des Gottes – wir sprechen im Fachjargon von Anaklese – und der selbstexplikative Erbarmensruf. Der Originalton, aus der langen Tradition all' unserer Kirchen, des erstgewählten Gottesvolkes Israel und, wenn ich recht sehe, der ganzen Menschheit: Kyrie eleison, Herr erbarme, oder, gleichsinnig, in den vielen Varianten, von denen z.B. die Psalmen voll sind. Mit diesem Grundakt der religiösen Rede beginnen immer noch, nach altem Herkommen, viele unserer Gottesdienste (namentlich jene der Tagzeitenliturgie[6]), und darin sind

---

[6] Sie beginnen in der Tradition der Westkirchen meist mit dem Zitat Ps 70 (69), 2: „O

sie hochmodern und morgen noch aktuell, weil hier eine nie überholte Erfahrung des Menschen eingebracht und aufgehoben ist. Täusche ich mich übrigens, wenn ich meine, das, was im Medium der Sprache geübt wird, wiederholt hier in der Ebene des Bildes die Ikone des Herrn: der Herr, der Erbarmer, oder die oder der Heilige, die oder der für ihn steht. Ich komme gleich noch einmal darauf zurück.

(2) Das zweite ist schnell gesagt. Es gibt keine Gruppe von Menschen, keine Kultur, keine Glaubensgemeinschaft und kein ideologisch bestimmtes Menschengefüge, die nicht Feste feiern: Neujahr, Gründungsjahrtag, Geburtstag. Das Feiern der Feste erneuert den Menschen. Ohne Fest und Feier stirbt er ab. Und das auch, wenn diese Feste nicht mehr oder noch nicht wieder thematisch religiös sind. Denn was feiert das Fest? Es feiert: Das Dasein ist so, hier und jetzt, gut, oder es hat wenigstens die Verheißung, daß es eigentlich gut ist, und im Fest winkt schon ein Angeld des einmal endgültig Guten hier herein. Im Feiern von Festen vereinen sich auch jetzt noch Christen und solche, die es nicht mehr oder noch nicht wieder sind. Das Fest und seine Feier ist ein übergreifendes und nie überholtes Symbolgeschehen.

Zugegeben: die Realität ist nicht ganz so einfach. Ich müßte noch sprechen von der Gefahr, nein: von der Tatsächlichkeit, daß Feste manipuliert werden, daß die Fähigkeit des Menschen, sich in der Feier des Festes transzendierend selbst zu finden, grausam verkehrt wird in die Orgie des Antifestes: Klassenkampf, gewalttätige Befreiungsaktion, Revolution, totaler Krieg. Aber lassen wir es.

3. Kommen wir statt dessen zum dritten und letzten: Was ist zu tun, damit religiöse Sprache und sakrale Symbole auch in unserer säkularisierten Welt bleiben und wiederkehren?

3.1. Das erste, eindeutig und nicht verwunderlich: Die Kirche begann mit der Ansage der letzten Zeit und dem Ruf zur Metanoia, zur Umkehr, zum Eingestehen und Aushalten der Armut ihrer selbst. Das bedeutet hier: Wir müssen uns zu unserer Armut an religiöser Sprache und sakralen Symbolen bekennen und dürfen diese Armut nicht verschleiern oder fliehen wollen. Das kann konkret bedeuten: Schweigen und Hören kann mehr sein als betriebsam Reden. Das bedeutet weiter: Schöne, alte, liebgewordene, aber den Glauben der Nachwachsenden nicht mehr weckende Traditionen müssen aufgegeben werden, weil wir sie nicht mehr füllen können, und das bedeutet für die Betroffenen, für uns: Trauer, Schmerz, weil Heimat verlorengehen mag, und Heimat

---

Gott, komm mir zu Hilfe. Herr, eile, mir zu helfen" (so die Übersetzung im kirchenamtlichen „Stundenbuch"). Einige Traditionen bezeugen aber auch das „Kyrie eleison" als Horenbeginn.

verlieren ist eine harte Erprobung, denn dies stellt die Grundlage der Existenz in Frage. Aber es gilt, was John Henry Newman einmal in ähnlichem Kontext sagte: Die Kirche verliert nichts.[7] Wir müssen nicht alles bewahren und für uns bewahren wollen. Daß eine bestimmte Rede oder ein Symbol in der großen Kirche über alle Zeiten und Räume irgendwo einmal Gestalt des Glaubens war, verbürgt, daß es am Tag der Parusie auch unser Reichtum sein und bleiben wird. Was wir, unsere derzeitige Armut bekennend, an Traditionen religiöser Sprache und sakraler Symbole ehrlich nicht mehr zu halten vermögen, verliert die Kirche nicht, sondern sie deponiert es nur für den Tag des Herrn. Wir sind auch zum Aufgeben befreit, nicht zum Behalten um jeden Preis gezwungen.

3.2. Dann sind nämlich die Kirchen – zweitens – auch für die heikle Aufgabe frei, die jetzt gestellt ist. Es geht in der Kirche, aus Menschen berufen, nicht ohne Sprache und ohne Symbol. Welche Qualität aber müssen diese haben, damit sie bestehen? Sie müssen – jeder weiß es – je auf ihre Weise den unerläßlichen Inhalt aus dem Evangelium und den Kontext der Welt kurz vor dem Jahre 2000 in eine Einheit integrieren. Wie das eine ohne Verkürzung, wie das andere ohne sektiererische, fundamentalistische Abwendung von den Realitäten unserer Welt und unser selbst?

Was ich als Weg anzugeben habe, fasse ich, für einen Linguisten grausam naiv redend, in ein Wort: kritische Sprachpflege, und diese mit der um zwei Pole gelagerten Kritik: Wahren der formalen Grundstrukturen und Durchsetzen des integralen Inhaltes. Beispiele sollen gleich – drittens – zeigen, was ich meine.

---

[7] Wie für einen Vortrag günstig, habe ich die Aussage J. H. Newmans (1801–1890) auf eine griffige Formel verkürzt, was ich mir nachzusehen bitte. Newman stellt 1858 in einem Zeitschriftenaufsatz „Die Mission des heiligen Benedikt" den Weg der Spiritualität von Benedikt über Dominikus zu Ignatius von Loyola dar: „Es ist also richtig, daß die Geschichte, in diesen drei Heiligen betrachtet ... ein Fortschreiten ist ...; aber dann muß zur selben Zeit dieses wichtige proviso im Geiste behalten werden, daß die katholische Kirche, was sie einmal gehabt hat, niemals wieder verloren hat. Sie hat niemals darüber geweint oder sich darüber erzürnt, daß eine Zeit Vergangenheit geworden ist. Anstatt von einem Lebensstadium zum andern zu schreiten, hat sie ihre Jugend und ihr mittleres Alter mit sich geführt bis auf ihre jüngste Zeit. Sie hat Besitztümer nicht gewechselt, sondern aufgehäuft und hat aus ihrer Schatzkammer, je nach Gelgenheit, Altes und Neues hervorgeholt ..." (J. H. Newman, Die Mission des heiligen Benedikt, in: J. H. Newman, Historische Skizzen. Dt. von Theodor Haecker. München 1948, 172 f. – Der englische Originaltext ist mir derzeit nicht erreichbar.) Die hier folgende eschatologische Ausweitung des Gedankens stammt von mir. Dieses „Nicht verlieren" in der Kirche ist natürlich vom schuldhaften Vergessen zu unterscheiden, das vor allem im Bereich der Theologie und der pastoralen Praxis der Kirche schon so oft geschadet hat und weiterhin schadet. Die Tradition der Christenheit bietet auch für die Aporien der Gegenwart viel mehr Möglichkeiten des Lernens und der Ermutigung als gemeinhin vermutet.

3.3. Wahren der formalen Grundstruktur, exemplifiziert an einem Beispiel religiöser Rede. Ich greife jetzt nicht zurück auf die Urgestalt religiöser Rede, wie sie sich, vorhin schon genannt, im Kyrie eleison sprachlichen Ausdruck verschaffte. Ich verweise vielmehr schon auf eine nächste Entwicklungsstufe, auf die aus dem Judentum in die Urkirche übernommene, in der Kirche, wenigstens des Westens, im Mittelalter freilich abgekommene, nur noch spurenhaft und zeremoniell tradierte Gebetsform der Berakah mit ihren drei Elementen: Anaklese (Nennung des Gottesnamens), Glaubensbezeugung (meist übersetzt: „ich danke dir", richtiger aber: „ich anerkenne lobpreisend" – oder auch: „klagend"), Themenansage (die Konkretion aus der Fülle der möglichen Widerfahrnisse, die das Leben so mit sich bringt). Eines der vielen möglichen Beispiele aus dem Neuen Testament: Joh 11,41, Jesus am Grabe des Lazarus: „Vater, ich anerkenne dich lobpreisend, daß du mich erhört hast". (Oder treffender: „ich anerkenne klagend"? vgl. Verse 33. 35. 38.) Mir scheint, eine religiöse Rede, genauer: ein Beter, der diese Struktur wahrt, diese bewährte, klare, dem Evangelium gemäße Struktur, hat Chancen, auch im dritten nachchristlichen Jahrtausend lebendiges Wort der Christen zu sprechen. Solche Rede bleibt zumutbar und kann eine Heimat des Glaubens werden.

(1) Ein Beispiel für die kritisch zu wahrende Integrität des Inhaltes, die, überraschend, zur Korrektur von Fehlformen auf Rückgewinnung und Bereicherung führt.

Ein langes Herkommen hat in der katholischen Kirche dazu geführt, den Laien die Eucharistie nur unter der einen Gestalt des konsekrierten Brotes zu reichen. – Die Gründe interessieren jetzt nicht. – Die „kritische Sprachpflege" dessen, wie sich Kirche, auch in ihrem liturgischen Gehabe, ausspricht, stellt klar: Ein unmöglicher Zustand, der Stiftung des Herrn zuwider. Er muß geändert werden, und das Zweite Vatikanische Konzil hat auch das geändert.[8] Aber: Die so lang geübte falsche Praxis hat das Bewußtsein so deformiert, daß sich die Kommunion unter beiden Gestalten nur ganz mühsam in unseren Gemeinden einführt. Die defiziente Symbolik wird gar nicht erst empfunden. Aber wie soll das sakrale Symbol in säkularisierter Welt sich durchhalten, wenn seine Integrität geschmälert bleibt – noch dazu an einem theologisch und spirituell so hochbesetzten Ort wie der Feier der Eucharistie?

(Ich füge an, was ich mich nur zu sagen traue, weil ein namhafter evangelischer Theologe es gesagt hat – er ist hier anwesend –: Die der

---

[8] Konstitution des Zweiten Vatikanischen Konzils „über die heilige Liturgie" („Sacrosanctum Concilium"), Abschn. 55, mit den Ausführungsbestimmungen in Missale Romanum, 1970, Institutio generalis, n. 240-252; entsprechend dann auch in den muttersprachlichen Bearbeitungen des Missale.

Reformation verpflichteten Kirchen üben vom ursprünglichen, altkirchlichen Ritual der sakramentalen Initiation nur den einen Pol, die Wassertaufe. Der andere Pol, Handauflegung mit Salbung unter Epiklese des Geistes, bleibt vernachlässigt, und - so Georg Kretschmar - „Das Gespräch über die Handauflegung in der Taufe oder auch die orthodoxe Myron-Salbung hat in der Evangelisch-Lutherischen Kirche eigentlich noch nicht begonnen."[9] Wird aber ein derart fragmentiertes Symbolgeschehen im Zentrum des kirchlichen Lebens im dritten nachchristlichen Jahrtausend Bestand haben können?)

(2) Aber auch die religiöse Rede wird mehr als in den früheren Zeiten der Fülle kritisch auf die Integrität der Aussage zu achten haben. Für die Verkündigung ist das schon allgemeines Bewußtsein: Die Predigt muß das Evangelium ansagen, nichts mehr und nichts weniger, denn nur so ist der Mensch als zeitgleicher Hörer des Wortes Gottes ernstgenommen. Für das Gebet, zumal das liturgische Gebet, gilt gleiches: Das Gebet muß rühmend der Heilstaten gedenken, denn nur so ist der glaubenswillige und glaubende Mensch als Zeitgenosse der je und je heilschaffenden Taten Gottes ernstgenommen. Die Anamnese befreit das Gebet von dem fatalen Zwang, von Neuigkeit zu Neuigkeit rennen zu müssen und doch immer schon gleich veraltet zu sein. Und das Gesetz des Judentums und der alten Kirche, jedes Gebet habe mit Doxologie zu schließen, gibt der religiösen Rede heute jene Unverwechselbarkeit, die es aus der Wortflut von Information, Werbung und Propaganda heraushebt und wirklich modern macht. - Gern erkennt übrigens der katholische Beobachter und Theologe die Leistung vieler evangelischer Gemeinden in Deutschland und anderswo an, der Eucharistiefeier wieder das eucharistische Hochgebet zurückgegeben zu haben und in Anamnese und Doxologie die Vollgestalt christlichen Gebetes wieder den nachfolgenden Generationen vorzubereiten.

3.4. Doch, zum vierten und letzten: Wird es im dritten nachchristlichen Jahrtausend auch eine neue oder neu entdeckte religiöse Rede und neue Sakralsymbole geben? Ich glaube: Ja, und wir können sie heute schon vorbereiten. Neu werden sie freilich nur dann sein, wenn das Neue der Neuzeit, die Entdeckung des Menschen in seiner Freiheit, in sie eingebracht ist. Je ein Beispiel aus religiöser Rede und sakralem Symbol sollen zeigen, woran ich denke.

3.4.1. Es ist seit Urzeiten Brauch, daß Menschen ihrem Gott für die Gaben von Speise und Trank danken, ehe sie mit dem Mahl beginnen. Auch die Christen tun das, und, Gott sei's geklagt, die Sorgen um den

---

[9] Georg Kretschmar, Firmung, in: Theologische Realenzyklopädie 11. Berlin 1983 (192-204) 203.

Bestand unserer Umwelt, trotz, hierzulande, Überproduktion der Landwirtschaft, haben dem traditionellen Tischgebet wieder ein größeres spirituelles Gewicht gegeben. Es ist wieder aktueller, vor den Mahlzeiten die Sprachform der religiösen Rede des Tischgebetes zu sprechen. Aber: Reichen die herkömmlichen Inhalte aus, wenn wir jetzt vor dem Essen beten? Reicht es, die Lebensmittel und den Dank des Konsumierenden ins Wort zu bringen? Was ist mit dem Menschen, diesem – ich zitiere nochmals Papst Johannes Paul II. – diesem „ersten und grundlegenden Weg, den die Kirche bei der Erfüllung ihres Auftrages beschreiten muß"? Und schon erweitert sich der Themenkatalog dieser traditionellen Berakah: um Segen über die Mahlgemeinschaft angesichts der evidenten Schwierigkeit, daß die Lebensgemeinschaften auch in der Kirche, die Ehen, Familien, Klöster und Bruderschaften, noch gelingen; um Segen über die vielen Unbekannten, die in unserer extrem arbeitsteiligen Gesellschaft diesen Grundlagen unserer leiblichen Existenz ihre Arbeit widmeten, engagiert oder frustriert, für gerechten Lohn arbeitend oder ausgebeutet; um Segen und Rettung für jene Brüder und Schwestern in der weiten Welt, die irgendwo, aber immer nur ein paar Flugstunden entfernt, bangen, ob sie das tägliche Brot erhalten. Keine Frage: Der traditionelle Themenkatalog des Tischgebetes reicht im Jahre 2000 nicht mehr aus, damit diese religiöse Rede überzeugend klingt. Der Mensch ist selbst Thema geworden, und nur wenn er Thema ist, wird heute und in Zukunft religiöse Rede, darin auch das Gebet, gelingen.

3.4.2. Der Mensch selbst ist Thema – der seiner selbst bewußt gewordene, auf Freiheit sensibilisierte Mensch der Neuzeit. Er ist der erste und grundlegende Weg, jetzt weit mehr als Phänomene der Natur, wie die Sonne, das Licht, das Geviert des Raumes. Dies beachtet und ernst genommen, müßte dann nicht gerade der Mensch selbst das sakrale Symbol schlechthin sein? Und ich stelle kühn die Behauptung auf: Das Sakralsymbol des dritten nachchristlichen Jahrtausends wird der und die Heilige sein – der Mensch nämlich, dem das rettende und heiligende Wirken des Herrn und Gottes nicht allein im Sakrament je und je Gegenwart ist, sondern der sich dies kraft der Gnade und im Glauben so angeeignet hat, daß in Wahrheit Christus selbst in ihm uns entgegentritt. Der Heilige: künftig mehr denn je das sakrale Symbol, die Ikone des Herrn – das wäre die konsequente Fortführung der neuzeitlichen Geschichte, die den Menschen in seiner Freiheit entdeckte, in der Theologie die „anthropologische Wende" zeitigte, in den Kirchen aber den Heiligen der Urkirche, den Märtyrer, in einer Vielzahl hervorbrachte, so daß keines der 20 Jahrhunderte Kirchengeschichte quer durch alle Kirchen so viele Märtyrer sah wie das unsere. Das Besondere des Märtyrers ist ja, daß bei ihm ausdrücklicher als bei jedem anderen Christen das Leben, wie bei Christus selbst, vom Ende her bestimmt wird, „von dem Ausgang, der sich in Jerusalem vollenden sollte" (Luk 9,31). Der Märtyrer: in Christus der Mensch als Weg. In ihm wird der Mensch selbst, zum „Heiligen" geworden, das Sakralsymbol, die gültige und einnehmende Ikone Gottes und Christi. Mit Bedacht spreche ich hier von „Ikone", gebrauche den Begriff zwar in einem übertragenen Sinn, meine damit aber die mit diesem Wort im Verständnis der östlichen Kirche angesagte Gegenwart des Göttlichen, ähnlich wie bekanntlich in der Kirche der Spätantike und des Mittelalters hierzulande die Reliquien eine Gegenwart des Göttlichen bedeuteten. Bernhard Welte, der mich zu diesem Gedankengang anregte,[10] greift hier die begriffliche Unterscheidung des französischen Philosophen Jean Luc Marion von „Bild" und „Ideal" auf. Ich variiere es so: Dem Heiligen als Ikone stelle ich das Gegenbild des Stars als Idol gegenüber. Letzteres, das Idol, ist die Projektion unser selbst; der autonome Mensch der Neuzeit schafft im Idol sich selbst. Im Idol legen wir das Maß an, ein irreales Maß, aber wir selbst als unser Maß. In der Ikone hat Gott den Menschen gemessen, oder: Der Heilige als Ikone mißt mit Gottes und Christi Maß die Kirchen und die Christen. Die Verehrung der Heiligen als ein sakrales Symbolgeschehen ist gewiß nicht neu. Gerade hierzulande begegnen allenthalben die Bilder und Zeichen dieser Verehrung. Oft scheint uns solches wie ein übriggebliebenes Relikt der Vergangenheit. Und die herkömmliche Heiligenverehrung ist hier auch nicht unbesehen angesprochen. Sie muß abgelöst werden von der fatalen Sicht des Heiligen als des perfekten Christen, von der ebenso fatalen Einschränkung seiner Funktion in der Kirche auf das ethische Vorbild, und auch die Beschränkung seiner Funktion auf die „Fürbitte" verliert aus dem Blick, was der Heilige als Gabe Gottes an die Christenheit ist: Eine „Ikone" des Herrn durch die so unterschiedlichen Zeiten der Geschichte. Denn: Kann es nicht sein, daß die Ikone der Heiligen jetzt, in der säkularisierten Umwelt der Kirchen unserer Gegenwart und Zukunft, das konzentrierteste sakrale Symbol wird, als der Mensch, dessen Gott sich erbarmt, den er zu seinem Bild erhebt, der performativ Zeitgenosse seiner Heilstaten ist, den die Kirche anerkennt als normativen Christen, weil Ort eines zum Ziel gekommenen Heilswerkes? Kann es sein, daß die „Ikone" des Heiligen die immer problematischere Diastase schließt zwischen einer Spiritualität, die von der hohen Theologie geführt ist,

---

[10] Bernhard Welte, Zur Theorie der Marienverehrung, in: ders., Zwischen Zeit und Ewigkeit. Abhandlungen und Versuche. Freiburg/Br. 1982, 272–279. Vgl. ders., Bemerkungen zur Heiligenverehrung, ebd. 260–271.

und der Volksreligiosität – von den Theologen scheel angesehen, aber tapfer im Glauben bis zum Märtyrium? Kann es sein, daß die „Ikone" der Heiligen, zwar uralt, dennoch auch und vielleicht noch mehr im dritten nachchristlichen Jahrtausend das meistgültige Sakralsymbol wird? Es wunderte mich nicht, wenn dem so wäre. Auch die um den Menschen konzertierte Neuzeit erwiese sich so als eine Zeit des Heils, und die Christenheit hat keinen Grund zu verzagen, wenn herkömmliche religiöse Rede und sakrale Symbole in Krise geraten und versagen. Sie hat trotzdem Zukunft.

Vorträge in den Sektionen

1. Die Herausforderung der Kirchen durch die Aufklärung

Boris V. Raušenbach, Moskau

Wissenschaft und Religion

Das Problem der Beziehung zwischen Wissenschaft und Religion ist wahrhaftig ein „ewiges" Problem, das viele unterschiedliche Aspekte hat. Dieses Problem hat im Laufe der Zeit verschiedene Wandlungen durchgemacht. Um das Thema irgendwie zu begrenzen, lassen Sie uns vereinbaren, daß aus zwei möglichen Problemstellungen - „Religion aus der Sicht der Wissenschaft" und „Wissenschaft aus der Sicht der Religion" - hier nur die erste in Betracht gezogen wird. Dabei wird unter „Wissenschaft" die *Gesamtheit* der modernen Naturwissenschaften - von der Astrophysik bis hin zur Biologie - sowie der anderen Wissenschaften, die sich auf die rationale Logik stützen, verstanden.

Die Religion werden wir der Sphäre des menschlichen Bewußtseins zurechnen, die wir vereinbarungsgemäß außer-logisches Wissen nennen können. Das außer-logische Wissen stützt sich auf keine rational gebauten Überlegungsketten, sondern entsteht sofort. Als ein Beispiel für außer-logisches Wissen kann man das Gefühl für die Schönheit nennen. Wenn ein Mensch eine herrliche Landschaft sieht, weiß er sofort, daß diese Landschaft schön ist. Man benötigt keine rational gebauten Überlegungen, um dieses Wissen zu erlangen. Der Umstand, daß ein solches Wissen das Verhalten eines Menschen bestimmt, weist darauf hin, daß es sich dabei tatsächlich um ein Wissen und nicht um etwas Anderes handelt. Dieser Mensch kann zum Beispiel darauf verzichten, an diesem Ort irgendwelche Bauten zu errichten, die die Landschaft verderben könnten.

Das außer-logische Wissen ist natürlich nicht nur mit der Betrachtung der Natur verbunden. Die Empfindsamkeit für das Schöne (manchmal spricht man von ‚Schönheitsgefühl') ist ein notwendiges Element bei der Wahrnehmung von Bildern, Poesie und Musik. An dieser Stelle ist es angebracht, auf eine Besonderheit einer solchen Wahrnehmung hinzuweisen - manchmal muß man sie auch erziehen. Aber auch in diesem Fall kann eine solche Erziehung nicht nur auf die Aneignung bestimmter rationaler Methoden reduziert werden. Eine wesentliche Rolle wird die Entwicklung jenes Teils unserer Fähigkeit, die

Welt zu verstehen, spielen, den man üblicherweise der emotional-bildlichen und nicht der logischen Wahrnehmung zurechnet. Zur außer-logischen Sphäre des menschlichen Bewußtseins gehören auch solche wichtigen Gefühle (die das menschliche Verhalten bestimmen) wie Barmherzigkeit, Nächstenliebe und Moral.

Wie schon erwähnt ist die Religion eng mit der außer-logischen Sphäre des menschlichen Bewußtseins verbunden. Insbesondere beteiligt sich die Religion an der Herausbildung des außer-logischen Wissens über die Welt (und insofern bestimmt sie auch das Verhalten des Menschen). Allerdings bedarf diese Behauptung einer Erklärung. Die Religion reduziert sich *keinesfalls* auf die Erkenntnis der Welt, das Spektrum ihrer Aufgaben ist viel breiter, und das ist gut bekannt. Und dennoch läßt es unser Thema (Wissenschaft und Religion) zweckmäßig erscheinen, die ganze Aufmerksamkeit nur auf eine von vielen Seiten der Religion zu konzentrieren, und zwar auf die, die sich in einem gewissen Sinne mit dem wissenschaftlichen Wissen vergleichen läßt. Außerdem ist es offensichtlich, daß sich die Religion nicht nur auf das Phänomen der außer-logischen Komponente des Bewußtseins reduzieren läßt, denn es existiert ja auch eine rationale Grundlage der Religion – die Theologie. Wenn man über das Außer-logische als über die Grundlage der Religion spricht, wird dadurch faktisch der Primat des Außer-logischen gegenüber dem Rationalen in der Religion behauptet. Am besten läßt sich diese Behauptung wahrscheinlich durch den totalen Mißerfolg des Versuches illustrieren, die Existenz Gottes mit rational-logischen Überlegungen zu beweisen. Das außer-logische Wissen von Gott geht auf solche Weise der Theologie voraus. Aus diesem Grund werde ich, wenn ich über die Religion spreche, in erster Linie ihr außer-logisches Wesen meinen.

Den Primat des Außer-logischen, von dem die Rede war, kann man gut illustrieren, indem man sich der Poesie zuwendet. Die dichterische Schöpfung beschränkt sich nicht nur darauf, die eigenen Gedanken in Rhythmen und Reimen auszudrücken. Das wichtigste in der Poesie ist das poetische Gefühl und die künstlerische Gestaltung, die sich nicht in den Termini einer rationalen Logik ausdrücken lassen. Das bedeutet aber nicht, daß es bei der Erforschung der künstlerischen Schöpfung unmöglich ist, eine formal-logische Textanalyse – sogar mit Computern – durchzuführen. Man muß sich nur immer klarmachen, daß die rationale Logik in der Poesie eine untergeordnete Rolle spielt. Diese Behauptung, daß in der Poesie das wichtigste das poetische Gefühl ist und nicht die formalen Regeln des Versbaus, bringt uns auf den Gedanken, daß auch in der Religion das außer-logische religiöse Gefühl den Kern bildet.

Ich möchte betonen, daß der Terminus „religiöses Gefühl" hier etwas anders verstanden wird, als ihn zum Beispiel Protopresbyter Alexander Schmemann verstand. Er hat darüber geschrieben, daß „der Glaube" und „das religiöse Gefühl" sich wesentlich voneinander unterscheiden. Der Glaube bedeutet die Überschreitung der Grenzen des eigenen „Ich's", die Begegnung mit dem Anderen, und das religiöse Gefühl nährt sich durch sich selbst, ist vom persönlichen Geschmack abhängig und passiv. Was A. Schmemann gesagt hat, erscheint richtig, wenn man die moderne Kirche, besonders die im Westen, meint. Ich verstehe unter dem „religiösen Gefühl" etwas Anderes – ich meine das fast unterbewußte Streben nach Gott, das seinen Ausdruck im Glauben findet. Bei einer solchen Definition kann das religiöse Gefühl dem Glauben vorausgehen.

Um das Gesagte verständlicher zu machen, bringe ich ein Beispiel. Im Laufe von vielen Jahren der atheistischen Tätigkeit und der vielfältigen Beeinträchtigungen des religiösen Lebens gab es in der Sovetunion viele Familien, in denen *mindestens* drei Generationen außerhalb der Kirche in der vollen Überzeugung lebten, Religion sei ein Überbleibsel der Vergangenheit, das infolge der Verbreitung wissenschaftlicher Kenntnisse absterben wird. Aus diesem Grund wurde die Religiosität (und zwar nicht nur auf der offiziellen Ebene, sondern auch in der Familie) als Merkmal der mangelnden Kultur, mangelnden Bildung und als etwas fast Beschämendes aufgefaßt. Bei den Mitgliedern solcher Familien entstand nicht einmal der Gedanke, die Kirche wenigstens aus Neugier zu besuchen.

In einer solchen Familie führte ein junger Mann, der der dritten Generation der Atheisten angehörte, ein – milde gesagt – nicht gerade mustergültiges Leben. Nach dem Abitur ging er an eine Hochschule, um Ingenieur zu werden, aber den Vorlesungen und der Beschäftigung mit den Wissenschaften zog er zweifelhafte Gesellschaft und das Saufen vor. Ein paar Jahre später hörte er auf zu studieren, sank noch tiefer, und zwei ältere Familiengenerationen machten den verzweifelten Versuch, ihn zu retten, bis sie einsahen, daß ihre Bemühungen nutzlos waren. Die älteren Familienmitglieder warteten mit Schrecken auf den Tag, an dem ihr „verlorener Sohn" für irgendwelche kriminelle Taten verhaftet würde; daran zweifelten sie nicht.

Aber die Entwicklung ging einer unerwarteten Lösung entgegen. Eines Tages berichtete der junge Mann, als er nach Hause kam, daß er sich taufen ließ, und daß er als Christ ein neues Leben beginnt. Die Familie faßte das zuerst als eine nächste „dumme Tat" auf, der etwas ganz Schreckliches folgen würde; es stellte sich aber heraus, daß dem nicht so war. Der junge Mann brach tatsächlich mit den alten Freunden. Es stellte sich heraus, daß er ein künstlerisches Talent besaß, und er begann, bei Kirchenrestaurierungen zu arbeiten. Inzwischen vergingen viele Jahre, und er wurde ein ganz anderer Mensch. Zur großen Freude seiner Verwandten führt er ein ideales, anständiges Leben.

Es stellt sich die Frage nach den Gründen einer solchen Metamorphose, zumal viele Fälle der unerwarteten religiösen Bekehrung angestammter Atheisten bekannt sind. Man kann die Vermutung aussprechen, daß dieser Mann von Kindheit an ein religiöses Gefühl in sich hatte, dessen Wesen er nicht verstand und auch nicht verstehen konnte, weil er in einer atheistischen Umgebung aufgewachsen war. Er hatte keine Möglichkeit, dieses Gefühl zu befriedigen, und er verstand es nicht: So verspürte er ständig Unzufriedenheit mit dem Leben. Diese Unzufriedenheit führte ihn in zweifelhafte Gesellschaften, wo er versuchte, „den Lebenssinn" zu finden. Er fand ihn aber weder in diesen Gesellschaften noch im alltäglichen Leben eines fleißigen Studenten. Es fehlte ihm der Glaube an Gott, um die vom religiösen Gefühl verursachte Sehnsucht zu befriedigen, die er seit seiner Kindheit hatte. Über diesen Glauben konnte er weder zu Hause noch in der Schule oder Hochschule noch in der Gesellschaft seiner Mitsäufer etwas erfahren. Er hatte großes Glück, als er einem Menschen begegnete, der ihn verstand und ihm den Weg zur Erlösung zeigte.

Dieser und auch ähnliche Fälle zeugen davon, daß das religiöse Gefühl vor jedem Glauben und scheinbar „von alleine" entstehen kann, ohne irgendwelchen äußeren Antrieb. Hier ist wiederum die Parallele zur Poesie angebracht. Eine Anzahl von Menschen wird als Dichter geboren und wird ihr ganzes Leben (manchmal unbewußt) danach streben, Dichter zu werden. Nicht jedem gelingt es, aber jeder von ihnen wird bei der Berührung mit der Poesie buchstäblich aufblühen. Wir sagen oft von einem Menschen, daß er „eine große Begabung für die ..." (Musik, Mathematik usw.) hat, wir sprechen aber *fast nie* über die Begabung für das religiöse Leben, obwohl wir dies alltäglich beobachten. Im Westen, wo die Religion nicht verfolgt wurde, weiß man sehr gut, daß es Menschen gibt, die sich das Leben ohne täglichen Kontakt mit der Kirche nicht vorstellen können (das sind die „Begabten"). Es gibt auch viele, die sich für gläubig halten, aber die Kirche nur aus Tradition und nicht aus innerem Antrieb besuchen.

Die hier beschriebenen Beobachtungen führen zu dem Gedanken, daß das religiöse Gefühl (als Grundlage des Glaubens), genau wie auch andere Begabungen, genetisch übertragbar ist. Ebenso wie ein großer Dichter von Eltern abstammen kann, die sich nicht für Literatur interessieren, kann auch ein tiefgläubiger Mensch in einer atheistischen Familie zur Welt kommen. Wenn aber das religiöse Gefühl genetisch übertragbar ist, wenn, bedingt gesagt, ein „Religiositätsgen" existiert, dann spricht dies für die „Nützlichkeit" der Religion, weil nur das Nützliche im Laufe der biosozialen Revolution der Menschheit verfestigt wurde.

In der Religionsgeschichte gab es das Stadium der primitiven Religiosität am Anfang der Menschheit, dem das Stadium der Vielgötterei (des Polytheismus) folgte. Zum Schluß endete diese Geschichte mit dem Monotheismus. Wenn wir uns dem ersten der genannten Stadien zuwenden, werden wir uns davon überzeugen, daß es keine „atheistischen" Stämme gab. Alles, was aus Ethnographie und Archäologie bekannt ist, spricht für die allgemeine Verbreitung von verschiedenen, manchmal mehr und manchmal weniger ausgeprägten religiösen Vorstellungen. Man hat den Eindruck, daß die primitive Religiosität jenen Stämmen, die sie besaßen, im Vergleich zu den „atheistischen" Stämmen einige Vorteile im Existenzkampf gab. Infolgedessen verschwanden die letzteren von der Erdoberfläche (falls sie überhaupt existiert hatten); d.h., daß das „Religiositätsgen" nützlich war und den nachfolgenden Generationen übertragen werden sollte. Was ist der Grund für primitive Religiosität? Normalerweise spricht man davon, daß die Urmenschen, die die Naturerscheinungen nicht erklären konnten, sich oft vor ihnen fürchteten und schließlich und endlich den natürlichen Erscheinungen phantastische Erklärungen gaben. Sie haben dazu noch versucht, mit Magie einige für sie wichtige Lebensumstände zu beeinflussen (magische Rituale vor der Jagd usw.). Das alles ist zweifellos richtig, aber welchen Nutzen konnte ein Urstamm daraus ziehen? Und wenn es lediglich ein nutzloser Aberglaube war, wozu entstand dann überall eine solche nutzlose Tätigkeit und warum blieb sie im Laufe von vielen Jahrtausenden bestehen? Denn nicht nur ein einzelner Mensch, sondern auch eine menschliche Gemeinschaft (ein Stamm) verfügt über einen gesunden Verstand, und alles Nutzlose stirbt schließlich ab. Eine Besonderheit der üblichen Erklärungen der primitiven Religiosität ist der logische Charakter dieser Erklärungen: Dem Urmenschen wird das Streben zur wissenschaftlichen (pseudowissenschaftlichen), jedenfalls zu einer logischen Erklärung dessen, was sich in seiner Umwelt abspielt, zugeschrieben. Indessen wurden oben bereits Beispiele für das außer-logische Wissen gebracht, das auch heute existiert (das Schönheitsgefühl, die Poesie usw.). Aus diesem Grund ist es wichtig einzuschätzen, ob nicht das Außer-logische vielleicht die Grundlage in der Urreligion bildet? Eine Reihe von Tatsachen spricht zugunsten einer solchen Vermutung.

Es ist allgemein bekannt, daß sich der Mensch am Anfang seiner Geschichte nicht von der Natur trennte. Manchmal wird diese Feststellung im negativen Sinne gedeutet: Der Mensch hat noch nicht begriffen, daß er der Natur gegenübersteht. Nicht weniger wichtig scheint aber auch das positive Verständnis zu sein: Der Mensch fühlte sich als ein Teil der Natur, und zwar nicht nur seiner unmittelbaren Umwelt, sondern auch des ganzen Kosmos mit seinen Sternen (Das ist keine Übertreibung! Heute ist bekannt, wie stark das irdische Leben von den Veränderungen der Sonnenaktivität beeinflußt wird). Ein solches außer-logisches Gefühl hat geholfen, auf einer außer-logischen Ebene das für entsprechende Situationen optimale Verhalten zu finden. Genauso wie die Tiere die Wetteränderungen, die Härte oder die Milde des nahenden Winters und den baldigen Ausbruch von Naturkatastrophen verspüren und diese Information für das Überleben nutzen, konnten auch die für die äußeren Umstände besonders sensiblen Menschen in diesem Sinne für den Stamm nützlich sein. Dabei ist es wichtig, nochmals zu betonen, daß solche Menschen die nötige Information auf dem außerlogischen Weg erwarben – sie räsonierten nicht, wenn sie die Umwelt beobachteten, sie fühlten sich nur den Prozessen verbunden, die sich im Kosmos abspielten, und den hohen Kräften, die diese Prozesse bestimmten, und konnten dieses außer-logische Wissen zum Wohle des Stammes nutzen. Ohne Zweifel war es eben ein Wissen (und kein Selbstbetrug), zumindest war dieses Wissen dem, das die Tiere haben, analog. Ein Teil dieses Gefühls der Zugehörigkeit zu allem war die Fähigkeit, den Zustand der Stammesgenossen zu fühlen. Auf dieser Grundlage entwickelte sich das ursprüngliche Heilen, dessen Vollkommenheit die heutigen Ärzte in Staunen zu versetzen beginnt. Ich betone, daß das Gesagte nicht alle Seiten des hier gestellten Problems des lebenswichtigen außer-logischen Wissens erfaßt, besonders für Menschen, die am Anfang der Geschichte lebten. Diese Frage bedarf einer weiteren Erforschung. Es steht allerdings außer Zweifel, daß die Träger eines solchen Wissens sich besonders in alter Zeit deutlich von der Masse der Menschen unterschieden. Solche Menschen, die für äußere Umstände eine besondere Sensibilität hatten, waren ohne Zweifel für den Stamm nützlich, weil sie bei Katastrophen verschiedener Art die Wahrscheinlichkeit zu überleben vergrößerten. Diese Menschen wurden zur Grundlage für den heidnischen Priesterstand. Ihre unbestrittene Nützlichkeit führte dazu, daß ihre Fähigkeiten genetisch den jüngeren Generationen übertragen werden mußten. Diese Weitervererbung von besonderen erblichen Begabungen wurde von uns bereits bedingt als „Religiositätsgen" bezeichnet. Aus den angeführten Überlegungen wird ersichtlich, daß das Wesen dieses „Gens" auf die außer-logische Wahrnehmung der eigenen Zugehörigkeit zu kosmischen Prozessen hinausläuft, den Prozessen, die sich logisch nicht ergründen lassen und die in vieler Hinsicht unklar sind, auf die gewisse Höhere Mächte Einfluß nehmen, die aber dennoch real sind und unser Leben bestimmen.

Wenn wir heute über das religiöse Gefühl sprechen, dann meinen wir eigentlich etwas Ähnliches. Ein Mensch, der dieses Gefühl hat, verspürt in erster Linie einen Protest gegen die Vorherrschaft des logischen Wissens und gegen die Verachtung des außer-logischen Wissens. Er nimmt nicht einfach an, daß das außer-logische Wissen existiert, sondern ist von seiner Erstrangigkeit überzeugt. Er ist sicher, daß das logische Wissen nur als etwas Untergeordnetes seine Legitimität besitzt. Mehr noch, ein solcher Mensch verspürt genauso wie sein entfernter Vorfahre die eigene Zugehörigkeit zu den Prozessen, die sich im Kosmos vollziehen. Die Höheren Mächte (die die Welt regieren), die keinerlei logische Begründung haben und deswegen unfaßbar sind, verspürt er als eine objektive Realität. Natürlich nimmt er nicht die alte Position im Hinblick auf die Natur ein, im Gegenteil, er steht ihr eher gegenüber, als daß er sich als ihr Teil fühlt, und das muß unvermeidlich seine Weltauffassung beeinflussen. Aus diesem Grund wäre eine direkte Gleichsetzung eines modernen Menschen, auch eines solchen, der das religiöse Gefühl besitzt, mit seinem weitentfernten Vorfahren nicht legitim.

Diese Analyse erlaubt uns, zum Problem des Verhältnisses von Wissenschaft und Religion zurückzukehren. Die Wissenschaftler begründen ihre Urteile und Handlungen aus der rationalen Logik. Das Außerlogische spielt für sie eine untergeordnete Rolle und läuft manchmal auf ein Hobby hinaus (zum Beispiel die Begeisterung eines Physikers für Poesie). Bei den wirklich religiösen Menschen ist das außer-logische Wissen das Grundlegende, und das logische Wissen wird hauptsächlich als Hilfe zum außer-logischen Wissen benutzt. Wenn man diese zwei Typen von Wissen vergleicht, kann man auf die starken und die schwachen Seiten beider Arten von Wissen hinweisen. Das logische Wissen gründet sich auf eine Kette von Schlußfolgerungen, bei denen jeder nachfolgende Schritt die Konsequenz des Vorausgegangenen ist. Das erlaubt die tiefgründigen Seiten einer bestimmten Erscheinung zu untersuchen, was zweifellos eine starke Seite einer solchen Methode der Umwelterkenntnis ist. Diese Methode ist besonders bei der Erforschung der materiellen Welt effektiv. Sie hat aber zwei Hauptmängel: Sie „sieht nichts", was den Rahmen der konkreten Schlußfolgerungskette sprengt; außerdem wird bei der Anwendung dieser Methode der Naturerforschung faktisch nicht die Naturerscheinung, sondern ihr ideales Modell erforscht, das „erraten" werden soll.

Das außer-logische Wissen hat einen ganz anderen Charakter. Es beruht nicht auf einer Kette von Schlußfolgerungen, sondern ist sofort gegeben, vergleichbar damit, wenn ein Mensch aus dem Fenster schaut und alles sofort übersieht. Dabei gerät das Wesentliche und das anscheinend weniger Wesentliche in das „Blickfeld" des außer-logischen Wissens, d.h., es hat den Vorteil der Vollständigkeit. Außerdem sieht es die Welt selbst und nicht ihr glücklich erratenes Modell. Als Mangel des außer-logischen Wissens ist die geringere (im Vergleich zum logischen Wissen) Tiefe der Durchdringung der untersuchten Erscheinung zu erwähnen.

Der angeführte Vergleich zeigt, daß diese zwei Arten von Wissen nicht miteinander konkurrieren, sondern einander ergänzen. Wenn man sie harmonisch miteinander verbindet, entsteht ein ganzheitliches Weltbild, das erlaubt, tatsächlich ein optimales menschliches Verhalten zu finden. Zur Zeit ist das Gleichgewicht zwischen dem logischen und außer-logischen Wissen leider verlorengegangen. Seit dem Anfang des 19. Jahrhunderts – und insbesondere im 20. Jahrhundert – haben die hervorragenden Errungenschaften des rationalen Wissens (Astronomie, Physik, Chemie, Biologie usw.) das außer-logische Wissen scheinbar in den Hintergrund gedrängt. Mehr noch, das rationale Wissen erwies sich im Leben des einzelnen Menschen als notwendiger als das außerlogische. Unser ganzes Leben wurde heute viel zu rational – wir rechnen alles aus, wir sind immer den Weg zu finden bestrebt, wie man das Erwünschte mit minimalem Aufwand erhält, wie man sein Ziel in kürzester Zeit erreicht usf.

Es ist ja gut bekannt, daß das, was ein Mensch ständig benutzt, „trainiert", sich entwickelt und festigt, und das, was nicht ständig benutzt wird, immer schwächer wird und manchmal sogar abstirbt. So ist es auch in unserem Fall – die ständige Notwendigkeit, rational gestellte Aufgaben zu lösen, führt zur Unterdrückung des außer-logischen Wissens, so daß es zweitrangig wird. Heute wurden die rationalen Kriterien – billiger, schneller, bequemer – (nicht nur im Geschäftsleben, sondern auch im Leben des einzelnen Menschen) bei der Entscheidungsfindung fast immer wichtiger als die außer-logischen Kriterien – moralischer, schöner. In dieser allgemeinen Bewegung hin zu einer flach verstandenen Rationalität vollzog sich auch die Verdrängung der religiösen Prinzipien und Gefühle an die Peripherie. Auf diese Weise wurde die Religion scheinbar von der rationalen Wissenschaft in den Hintergrund gedrängt. Dies geschah nicht so sehr durch die hervorragenden Errungenschaften dieser Wissenschaft als vielmehr durch die Lebensweise des modernen Menschen, die sich weit von poetischen, moralischen und religiösen Idealen entfernt vollzieht und fast ganz vom gesunden alltäglichen Menschenverstand bestimmt wird, der sich auf den rational errechneten „Nutzen" gründet.

Inzwischen sind wir alle Augenzeugen davon geworden, wie das ständige menschliche Streben nach dem so verstandenen „Nutzen" die Erde an die Schwelle des Unterganges und einer ökologischen Katastrophe bringen kann. Dieser Umstand ist so gut bekannt, daß er keiner Begründung mehr bedarf. Man möchte dennoch die Aufmerksamkeit auf einen Umstand lenken. Lange vor dem Erscheinen der Berechnungen, die die Menschen erschütterten, ergingen an die Menschheit Aufrufe, die sich nur auf die außer-logische Wahrnehmung der Ganzheit der Weltschöpfung stützten (und die keinerlei rationale Begründung hatten), die Erde für die nachkommenden Generationen in ihrem Urzustand zu bewahren. Es entstanden die „roten Bücher", in denen die aussterbenden Arten des Tier- und Pflanzenreiches registriert wurden, motiviert nur durch die Anteilnahme an der Natur. Wenn diese Aufrufe gehört und der menschlichen Tätigkeit zugrundegelegt worden wären, gäbe es viele ökologische Probleme heute nicht. Dieses Beispiel spricht dafür, daß das außer-logische Wissen in der Lage ist, den richtigen Weg zu weisen, noch bevor das rationale Wissen mit dem entsprechenden Problem konfrontiert ist. Man könnte sogar folgendes Prinzip formulieren: Die Ziele werden durch das außer-logische Wissen bestimmt, und die optimalen Methoden zur Verwirklichung dieser Ziele werden von den Wissenschaften ausgearbeitet, die sich auf rationales Wissen stützen.

Die vorgebrachten Überlegungen gründen aller Wahrscheinlichkeit nach darauf, daß die auf rationaler Logik beruhenden Wissenschaften gar keine Ahnung von Moral und ähnlichen Kategorien haben. Sie beurteilen alles aus der Position heraus, ob es „richtig" oder „falsch" ist und keinesfalls, ob es „moralisch" oder „unmoralisch" ist. Das Einmaleins kann mit dem gleichen Erfolg sowohl von einem guten Menschen als auch vom letzten Schuft benutzt werden. Wenn wir heute mit dem Problem des moralischen Defizits konfrontiert sind, wendet sich unser Blick unwillkürlich zur Religion hin, denn eine der wichtigsten Aufgaben der Religion war immer ein moralisch hochstehendes Leben zu führen.

Heute sprechen viele von der Notwendigkeit, der Moral einen würdigen Platz unter den Motiven, die das menschliche Verhalten bestimmen, zurückzugeben. Man kann eine Fülle von Beispielen für entsprechende Deklarationen nennen. Alle sind damit einverstanden. Es ist aber offensichtlich, daß Deklarationen allein nichts ändern werden. Man braucht, kurz gesagt, eine Schulung im moralischen Verhalten und ein regelmäßiges „Training" des moralischen Gefühls. Das eine wie das andere wird bereits seit vielen Jahrhunderten von der Religion durchgeführt. Den Mittelpunkt einer solchen Einheit von Erlernung und Erprobung der Moral bildet das Bußsakrament, während dessen ein Gläubiger nicht nur die schlechten Handlungen, sondern sogar nur die Gedanken daran büßt. Wichtig ist dabei auch, daß der Priester nicht einfach den Büßenden anhört, sondern ihn auch unterweist. Wenn so etwas regelmäßig geschieht, hat der Priester die Möglichkeit, die moralischen Verhaltensgrundlagen des Gläubigen zu gestalten. Heute scheint es wichtig zu sein, daß im Blickfeld des Büßenden und des Priesters nicht wie früher nur das Verhältnis zum Nächsten, sondern auch das Verhältnis zur ganzen Menschheit und zur gesamten Schöpfung steht. Das resultiert aus der gewachsenen Stärke eines einzelnen Menschen und als Folge davon seiner Möglichkeit, der Erde, unserem gemeinsamen Wohnort, Schaden zuzufügen.

Ich komme zum Hauptthema zurück. Wir haben es als das Verhältnis zwischen Wissenschaft und Religion formuliert. Dabei ist es vor allem wichtig, auf den grundsätzlichen Unterschied zwischen ihnen hinzuweisen. Die Wissenschaft gründet sich auf die rationale Logik, der Religion liegt aber das außer-logische Wissen zugrunde (wie schon erwähnt ist die logisch gebaute Theologie Folge und nicht Grundlage für das religiöse Gefühl). Diese zwei Wege der Welterkenntnis und der Bestimmung des eigenen Verhaltens in dieser Welt sind so unterschiedlich, daß sie, wie man heute weiß, in verschiedenen Teilen des menschlichen Gehirns lokalisiert sind. Der Grundunterschied zwischen diesen beiden Wegen der Erkenntnis macht es zweckmäßig, ein Gesamtbild unter Berücksichtigung beider Wissensarten zusammenzufügen. Auf diese Weise wird ein logisch begründetes Projekt nur gewinnen, wenn auch die moralischen Folgen seiner Verwirklichung berücksichtigt werden.

Manchmal wird behauptet, daß Religion und Wissenschaft miteinander unvereinbar sind. Das ist natürlich nicht so. Der Religion liegt, wie bereits erwähnt, ein außer-logisches Wissen zugrunde, und in dieser Hinsicht ist sie der Kunst, der Moral, der Barmherzigkeit usw. ähnlich. Alles Erwähnte aber ist mit der Wissenschaft durchaus vereinbar. Ebenso auch die Religion. Die Wissenschaft kann der Theologie gegenübergestellt werden, und sie können einander dabei bereichern. Die Wissenschaft kann aber das außer-logische Wissen und folglich auch die wahren Quellen der Religiosität nicht entscheidend beeinflussen.

Die Existenz der Religion in unserer aufgeklärten Zeit versucht man manchmal als Überbleibsel einer dunklen Vergangenheit, als Phänomen zu erklären, das mit dem Wachsen der Bildung der Menschen verschwinden wird. Dabei wird die Tatsache ignoriert, daß viele hervorragende Wissenschaftler, die eine sichtbare Spur in der Entwicklung der Naturwissenschaften hinterlassen haben, religiöse Menschen waren.

Diese und ähnliche Tatsachen zeigen, daß der Glaube keine Folge ungenügender Bildung, sondern eher das Ergebnis einer Fähigkeit einzelner Menschen ist, die Weltschöpfung außer-logisch wahrzunehmen, eine Fähigkeit, die genetisch übertragen wird. Aus diesem Grund wird die Religiosität unabhängig von den Erfolgen der Wissenschaft erhalten bleiben, sie wird natürlich ihre konkreten Formen dem sich wandelnden wissenschaftlichen Wissen entsprechend verändern.

In diesem Zusammenhang ist die Bemerkung angebracht, daß die wissenschaftliche atheistische Propaganda absolut wirkungslos ist, wenn sie sich an einen tatsächlich gläubigen Menschen wendet, dessen Glaube mit dem religiösen Gefühl verbunden ist, das auf außer-logischem Wissen gründet. Die Argumente eines Atheisten scheinen einem solchen Menschen ganz hohl, ja sogar dumm zu sein, weil er nicht einfach an Gott glaubt, sondern genau weiß, daß es Ihn gibt: Er verspürt Seine Präsenz und Sein Eingreifen in das Geschehen *zu jeder Zeit.*

Hans G. Ulrich, Erlangen

Ökumenische Verständigung im Blick auf die Wissenschaft

1. Verständigung im Medium der Wissenschaftstradition

Wenn Kirchen sich begegnen, treffen verschiedene Traditionen des Bekennens und Lehrens aufeinander. Hierauf beziehen sich die ökumenischen Bemühungen um die Einheit im Bekennen und die Übereinstimmung in der Lehre. Weniger im Blick sind zumeist die Traditionen der Geistes- und Wissenschaftsgeschichte, mit denen christliches Reden und Theologie verbunden ist. Und doch ist das nötig. Das gilt insbesondere für die Begegnung der Kirchen des Ostens mit den Kirchen des Westens. Die Geschichte ihrer Lehrbildung und Theologie in den geistesgeschichtlichen Kontexten ist sehr unterschiedlich verlaufen. Freilich sollte dieser Unterschied nicht vorschnell identifiziert werden. Vielmehr gilt es, diese Geschichte zunächst einmal in ihren Unterschieden kenntlich zu machen. Es gilt, diese Geschichte zuerst einmal zu „schreiben", also etwa im Blick auf die Entwicklung einer wissenschaftlichen Theologie.[1]

Der Raum ökumenischer Koexistenz ist nicht mit der Vorstellung von „Europa" zu vermischen; ein europäischer Gedanke kann die ökumenische Verständigung nicht ersetzen wollen. Im Gegenteil: Es wird darauf ankommen zu sehen, wie die Kirchen ihre eigene Vielheit und ihre eigene Einheit zu finden wissen. So werden sie in Europa selbst ein Teil seiner Vielheit sein. Vielleicht können die christlichen Kirchen der paradigmatische Teil dafür sein, wie Vielheit und Einheit zusammengehören. Hier sind theologische Aussagen nötig.

Fragen wir also: Wie sollen sich gegenwärtig und in weiterer Perspektive gesehen die unterschiedlichen Kontexte berühren oder miteinander verbinden? Wenn dies denn ein Vorgang der gemeinsamen Wahrheitsfindung und der gegenseitigen aufmerksamen Wahrnehmung sein soll, dann wäre hier nicht der Versuch zu machen, eine gemeinsame Geschichte zu reklamieren oder zu antizipieren, sondern nach

---

[1] Perspektiven dazu finden sich bei Karl Christian Felmy, Die orthodoxe Theologie der Gegenwart. Eine Einführung, Darmstadt 1990; vgl. auch Reinhard Slenczka, Lehre und Bekenntnis der Orthodoxen Kirche: Vom 16. Jahrhundert bis zur Gegenwart, in: Handbuch der Dogmen- und Theologiegeschichte, hg. von Carl Andresen, Bd. II, Göttingen 1980, 499–559.

dem Weg einer neuen Koexistenz zu suchen. Dann muß das Verschiedene erkennbar bleiben, auch im Verhältnis von Theologie und Wissenschaft.

Vorausschauend, die jetzige Entwicklung wohl treffend, hat Hans Georg Gadamer bemerkt, daß die Geisteswissenschaften zur Verminderung der Differenz von Ost und West beizutragen haben, indem sie mit dem geschichtlichen Bewußtsein an die Notwendigkeit der Koexistenz in der europäischen Vielheit erinnern. Hier liegt auch ihre praktische Aufgabe.[2] Worin besteht diese Vielheit? Ist Europa nicht gar in seiner „geistigen Gestalt" „zerrissen", wie Dolf Sternberger gesagt hat?[3] Fragen wir dies in bezug auf unseren begrenzten Punkt: Wie kommt die Wissenschaft in den Blick, mit der sich christlicher Glaube und Theologie verbunden haben? Wie werden dabei auch die Unterschiede in der östlichen und der westlichen Theologie erkennbar?

2. Verbindung mit spezifischen Kennzeichen der „Wissenschaft"

Die christlichen Traditionen verbinden und berühren sich mit der Wissenschaft an spezifischen Punkten. Den Zusammenhang stiften nicht von vornherein solche Problemstellungen wie etwa die Frage nach der wissenschaftlichen Erkenntnissicherung des „Glaubens", sondern es gibt eine Vielzahl von Brücken verschiedener Art. Die Entwicklung der russischen Religionsphilosophie ist ein Beispiel; ein weiteres ist die Aufnahme der historisch-kritischen Methode, die im Verlauf der Bibelübersetzung in die russische Sprache begonnen hat. Die kritische Bibelwissenschaft hatte hier die Aufgabe, in der eigenen Sprache eine theologische Sprache zu finden. Das war eine besondere Anforderung an eine wissenschaftliche Bemühung. Sie deutet auf die genuine Aufgabe der Theologie, in verschiedenen Sprachen und Traditionen der Verständigung im Glauben zu dienen.

(1) Ein Bild von Wissenschaft

Die Verbindung von Theologie und Wissenschaft ist immer auch auf bestimmte Kennzeichen und Funktionen von Wissenschaft bezogen. Mit der „Wissenschaftlichkeit" der Theologie sind verschiedene Funktionen verbunden gewesen. Die Geschichte der Theologie in ihrer „Wissenschaftlichkeit" ist nicht einlinig verlaufen. Aber sehen wir zunächst einmal von der Geschichte ab und fragen wir perspektivisch:

---

[2] Vgl. Das Erbe Europas. Beiträge, Frankfurt 1989, 39 f.
[3] Vgl. Dolf Sternberger, Komponenten der geistigen Gestalt Europas, in: ders., Verfassungspatriotismus, Frankfurt 1990, 39–57.

Welches Bild von Wissenschaft könnte denn leitend sein?

– Wissenschaft mit historischem Bewußtsein

Hans Georg Gadamer hat im Blick auf die Zukunft der Menschheit und ihren Zusammenhang mit der Zukunft Europas gesagt, es komme auf die „Einsichten der Geisteswissenschaften" an und zugleich damit auf das „historische Bewußtsein" von diesen Einsichten und der von der modernen Wissenschaft geprägten Geschichte.[4] Dazu gehört die Perspektive der „Geschichte" selbst: Die Perspektive eines Kontinuums der Einsichten, die menschliches Leben und Zusammenleben zu tragen vermögen. Auf sie kann Aufklärung zurückgreifen.

– Die Wahrnehmung des Anderen: Vielheit und Einheit

Die Wissenschaft ist sodann von der Einsicht in die notwendige „Koexistenz" des Verschiedenen getragen. Versuche, die Einheit der Wissenschaften in einer umgreifenden Theorie zu gewinnen, müssen demgegenüber fragwürdig bleiben, ebenso ein Verständnis von Pluralismus und Toleranz, das die Notwendigkeit der Erkenntnis und Anerkenntnis des Anderen übersieht oder übergeht.

– Der Vorrang der Praxis

Die hier in den Blick gefaßte Wissenschaft weiß ihre Erkenntnisse auf die Praxis[5] des Zusammenlebens ausgerichtet. Dies ist ein Grundkriterium wissenschaftlicher Wahrheitsfindung. Die Achtsamkeit der Wissenschaft auf diesen Zusammenhang schützt davor, die Wissenschaften nur auf die technische Lösung oder „Bewältigung" von Problemen der Lebensentfaltung auszurichten. Sie wird in der Wahrheitsfindung immer den Weg der Verständigung suchen.

(2) Erinnerte Einsichten

Die Erinnerung solcher wissenschaftsgeschichtlicher Einsichten dient der Aufklärung. In dieser Erinnerung bleibt die Vorstellung bewahrt, daß die Wissenschaften trotz ihrer Vielheit zusammenzuführen sind – nicht durch eine übergreifende Wissenschaftstheorie, aber vielleicht durch die Besinnung auf den Zusammenhang einer guten Praxis, in den sie gehören. Dazu gehört die Praxis wissenschaftlicher Verständigung.

---

[4] Vgl. H. G. Gadamer, Das Erbe Europas, 48.
[5] Vgl. H. G. Gadamer, Das Erbe Europas, 120f.; Lob der Theorie. Reden und Aufsätze, Frankfurt 1985, 97.

Diese Besinnung wird entdecken helfen, wie Menschen auch künftig zusammenleben können.

Andererseits ist auch die Einsicht in eine notwendige Vielheit zu erinnern. Das meint nicht einen unüberschaubaren Pluralismus, sondern eine differenzierte und in ihren Konturen erkennbare Vielheit. Um das Zusammenleben in dieser Vielheit geht es auch in der Wissenschaft. Dazu gehört etwa die Notwendigkeit wissenschaftlicher Umsicht: Es muß immer auch die andere Seite gehört und bedacht werden. Auch die Frage nach der Begründbarkeit von wissenschaftlicher Erkenntnis ist auf die Aufgabe der Koexistenz bezogen – nicht etwa darauf, eine davon unberührte Position zu gewinnen, hinter der Vorgang und der Weg der Verständigung zurücktritt.

Diese Praxis ist von der Anerkenntnis des Anderen getragen. Das meint: Die Erkenntnis der Wahrheit im Blick auf den Anderen und im Hören auf den Anderen. Das ist mehr als eine gute Verhaltensregel; damit ist das Paradigma für das Erkennen überhaupt gegeben: „Wo es nicht darum geht, etwas beherrschen zu lernen, werden wir gerade die Andersheit des anderen in seinem Anderssein an unseren eigenen Voreingenommenheiten immer wieder erfahren lernen. Das ist das Äußerste und Höchste, was wir anstreben und erreichen können, am Anderen teilzuhaben, am Anderen teilzugewinnen."[6]

Die praktische Konsequenz sollte gleich mitgehört werden: „So mag es nicht zu gewagt sein, als letzte politische Konsequenz aus unseren Überlegungen zu sagen, daß wir vielleicht als Menschheit überleben werden, wenn es uns gelingen sollte zu lernen, daß wir nicht einfach unsere Machtmittel und Wirkungsmöglichkeiten ausnutzen dürfen, sondern vor dem Anderen als Anderem haltzumachen lernen, vor der Natur so gut wie vor den gewachsenen Kulturen der Völker und Staaten, und daß wir so das Andere und die Anderen zu erfahren haben als die Anderen unserer Selbst, um aneinander teilzugewinnen."[7]

(3) Ein Leitbild von Wissenschaft

Die philosophische Erinnerung richtet ihre kritische Spitze nicht nur gegen eine herrschsüchtige Wissenschaft, sondern sie fragt neu nach dem Leitbild von Wissenschaft. Sie erinnert dieses Leitbild als Korrektiv, nicht als Steigerungsform der vorhandenen Wissenschaft. Sie setzt darauf, daß das Neue nicht irgendwie eintritt, sondern gewagt werden muß.

Das gründet sich auf eine weitreichende Einsicht in die Entstehungs-

---

[6] H. G. Gadamer, Das Erbe Europas, 33.
[7] Ebd., 34.

geschichte der modernen Wissenschaft: Daß diese selbst nicht auf der Gewinnung „neuen" Wissens auf alten Wegen, etwa durch Beobachtung oder Erfahrung, beruht, sondern auf einem neuen „Entwurf dessen, was Wissen heißt."[8] Die Vorgänge des Entstehens von Neuem in der Wissenschaftsgeschichte sind vielfältig reflektiert worden.[9] Hier geht es um eine Aufklärung, zu der ausdrücklich aufgefordert werden muß: „Habe den Mut, dich deines eigenen Verstandes zu bedienen."[10]

Diese Aufforderung setzt auf einen bestimmten Wagemut, nicht auf eine unbestimmte Neugierde oder Lernbereitschaft, sie setzt auch nicht auf das Abwarten eines Paradigmenwechsels, der sich im Fortgang intensiver Forschung einstellt: Sie setzt auf das entschiedene In-Gebrauch-Nehmen der notwendigen Einsichten. In Gebrauch zu nehmen ist vor allem die Erkenntnis durch die Anerkenntnis des Anderen[11], die Einsicht in eine notwendige Vielheit gegenüber der Monokultur einer dominierenden Art des verwertbaren Wissens, die den Wissensfortgang in einer einzigen Hauptrichtung sucht.

(4) Paränese der Aufklärung

Solche Einsichten auffordernd zu erinnern heißt, Aufklärung paränetisch einzubringen. Dies ist wohl auch die angemessene Mitteilungsform – gegenüber einer etwa affirmativen Feststellung der Errungenschaften der Aufklärung, hinter die niemand mehr, wie gerne gesagt wird, „zurückkann", aber auch gegenüber einer bloßen Reklamation der geschichtlichen Gegebenheit, die keine wirkliche „Erinnerung" von Einsichten einschließt und die vor allem die schmerzhaften und leidvollen Erfahrungen mit diesen „Gegebenheiten" ausblendet.

3. Theologischer Zugang zur Wissenschaftsgeschichte

Die Theologie wird an dem Leitbild oder den Leitbildern von Wissenschaft mitarbeiten. Sie muß nicht davon ausgehen, daß unumstößlich festliegt, was „Wissenschaft" ist. Die Theologie wird prüfen, was ihre eigenen Berührungspunkte mit der Wissenschaft sind. Was verbindet die Theologie mit der Wissenschaft? Und vor allem: Wie kommt es zu einer Theologie, die eine wissenschaftliche Form annimmt? Darüberhinaus ist dann zu fragen: Hat die Theologie selbst Einsichten zu

---

[8] H. G. Gadamer, Lob der Theorie, 94; Das Erbe Europas, 15 f.
[9] Vgl. z. B. Theorien der Wissenschaftsgeschichte. Beiträge zur diachronischen Wissenschaftstheorie, hg. von Werner Diederich, Frankfurt 1974.
[10] Vgl. H. G. Gadamer, Lob der Theorie, 102.
[11] H. G. Gadamer, Das Erbe Europas, 28 f.

erinnern, die der Aufklärung, auch der Aufklärung von Wissenschaft, dienen? Nennen wir einige Aspekte:

(1) Erkenntnis in der Zeit

Zur theologischen Verständigung über Wissenschaft gehört die Wahrnehmung des Zusammenhangs von Zeit und Erkenntnis. Die Theologie hat darin die Unterscheidung zu erinnern zwischen der Mitteilung der im menschlichen Erkennen unabgegoltenen Wahrheit Gottes und dem Versuch der Vergewisserung dieser Wahrheit. Das Problem der Vergewisserung einer letztgültigen Wahrheit ist weithin zur Perspektive des menschlichen Geistes und seiner Entwicklung geworden. Sie zielt auf die Einheit von Gewißheit und Erkenntnissicherung.[12] Für diesen Versuch steht oft der eine Begriff des „Geistes", in dem Gottes Geist und Menschengeist zusammengedacht sind: Er wird – in der idealistischen Philosophie, die die Wissenschaftsgeschichte weitgehend bestimmt – zum Inbegriff der Vermittlung und Vereinigung aller Phänomene und Erkenntnisse.[13] Hier muß die Theologie kritisch nachfragen, wenn sie ihren Weg in die Wissenschaft abzustecken sucht.

(2) Vollendung des Wissens?

An dem historisch begrenzten Problempunkt einer Philosophie des „Geistes" und dem damit verbundenen Problem einer „Geistesgeschichte" tritt eine fragwürdige – die „westliche" Theologie leitende – Thematisierung von „Glaube und Wissen"[14] hervor. Ihr geht es um die vergewissernde Sicherung des Wissens und die universelle Vermittlung des Glaubens durch das Wissen. Nicht das gegebene und auf dem Wege der Erinnerung und der Erkenntnis mitzuteilende Evangelium ist im Blick, sondern das vollendete menschliche Wissen und der im Wissen vollendete Glaube. Das Thema „Glaube und Wissen" steht in der Erwartung vollendeten Wissens. Das aber ist zu eng gefaßt: Es zielt auf die Vermittlung von Vernunft und „Geist", in der sich der menschliche Geist vollendet. Die Theologie wäre daran zu erinnern, daß die Ver-

---

[12] Vgl. G. Sauter, Ekstatische Gewißheit oder vergewissernde Sicherung? Zum Verhältnis von Geist und Vernunft, in: ders.: In der Freiheit des Geistes. Theologische Studien, Göttingen 1988, 32–53, hier: 44. Vgl. Gadamer, Das Lob der Theorie, 95: „Dagegen entwickelte Descartes die Idee einer Einheitsmethode, das heißt den Weg einer universalen Vergewisserung und damit der Ausschließung des Irrtums, die durch die Einhaltung der formalen Bedingungen methodischen Vorgehens gelingen soll." Die damit zugleich aufgetretene Spannung zur praktischen Weltorientierung bedurfte einer eigenen Lösung: vgl. ebd.

[13] Vgl. G. Sauter, Ekstatische Gewißheit, 44.

[14] Siehe dazu Hans J. Iwand, Glauben und Wissen, Nachgelassene Werke, Hg. von H. Gollwitzer, W. Kreck, K. G. Steck, E. Wolf, Bd. I, München 1962, 215.

nunft wohl zu „gebrauchen" ist, daß die vom Geist geleitete Erkenntnis aber weiter reicht.

Darauf treffen wir auch bei den perspektivischen Korrekturen der Problemgeschichte[15], die auf eine neue tragfähige Gewißheit drängen, in die die wissenschaftliche Erkenntnis und ihre aufklärende Kraft eingeschlossen ist.

Die Besinnung auf den Zusammenhang von Evangelium und Wissenschaft kann in der bisherigen Problemgeschichte nicht verharren. Deren Aporien sind vielfach benannt worden.[16] Sie ergeben sich auch daraus, daß nicht die gute Praxis den Vorrang hat, der es zu dienen gilt, sondern die Vollendung des Wissens. In Bezug auf die praktischen Aufgaben des Lebens und Zusammenlebens ist jedoch von der Wahrheit zu reden, die nicht irgendwann eintritt, wenn die Vollendung des Wissens erreicht ist, sondern die für die Gegenwart zugesagt ist und die Zeiten umgreift.

Der christliche Glaube wird diese auf die notwendige Praxis bezogene eschatologische Rationalität zur Geltung bringen. Das meint die in der begründeten Hoffnung beschlossene tragende Erkenntnis, die jetzt möglich ist.

4. Wissenschaftliche Theologie – einige Perspektiven

Warum und in welcher Form gibt es in den christlichen Traditionen eine wissenschaftliche Theologie? Die Antwort auf diese Frage fällt in den Kirchen des Ostens und Westens verschieden und (vor allem in der westlichen Theologie) sehr vielfältig aus. Nennen wir zunächst einige signifikante Punkte und Fragezeichen für die Theologie im Westen, ohne damit freilich die ganze Geschichte des Verhältnisses von Theologie und Wissenschaft erfassen zu wollen. Auch darüber, wie diese Geschichte zu beschreiben ist, bedürfte es einer ökumenischen Verständigung. Die zu nennenden Punkte sollen deshalb so umschrieben werden, daß sie als Bezugspunkte zur östlichen Theologie kenntlich werden; dies leitet auch die Auswahl:

---

[15] Vgl. Gadamer, Lob der Theorie 75 f. zur Aufgabe der Hermeneutik. Vgl. Gadamer, Das Erbe Europas, 21: „Was uns heute auf den Nägeln brennt, ist aber offenbar eine radikalere Frage als nur die Rechtfertigung des Erkenntniswertes der Wissenschaft. Es geht darum, das Ganze unseres kulturellen Reichtums zu verteidigen ..."
[16] Vgl. Gadamer zu solchen Aporien: Lob der Theorie, 96 ff.

(1) Theologie und kirchliche Praxis

Das Verhältnis von christlichem Glauben und der Wissenschaft ist, wie angezeigt, von Problemstellungen verschiedener Art bestimmt. In jedem Fall jedoch bleibt zu fragen, was denn die „praktischen" Aufgaben dieser theologischen Wissenschaft sind und gewesen sind. Mit dieser Frage berührt die Theologie jene „europäische" Wissenschaft, die sich immer mit praktischen Aufgaben verbunden sieht. Für die Theologie meint das: Das Lob Gottes, die Verkündigung, die Verständigung, die Unterweisung. So gesehen wird die Theologie gerade als wissenschaftliche „kirchlich" sein. In der östlichen Theologie ist dieser Grundzug deutlich sichtbar und kann der westlichen Theologie Wegweisung geben.[17] Das heißt aber auch darauf achten, daß die Verbindung von Theologie und kirchlicher Praxis verschiedenartig ist. Wenn beispielsweise von der östlichen Theologie gesagt werden kann, daß der Erfahrungsraum und Entdeckungszusammenhang für theologische Erkenntnis zuerst der Gottesdienst ist[18], so kann dies für die westliche Theologie viel schwerer gesagt werden. Sie wird sich darauf neu besinnen müssen.[19]

(2) Wissenschaft im Gewärtigsein des Evangeliums

Theologie hat zu helfen, das Evangelium so mitzuteilen, daß das Wissen, das auf das Evangelium trifft, an ihm seinen Widerhalt findet. Dies ist der paradigmatische Ort für die Begegnung mit dem „Anderen". Eine Wissenschaft, die der Mitteilung des Evangeliums gewärtig ist und sich nicht seiner zu bemächtigen versucht, wird den Anderen achten und in seiner Wahrnehmung der Verständigung und dem Zusammenleben dienen. Diese Wissenschaft steht einer Wissenschaft kritisch entgegen, die alles dem Menschen anverwandelt und den Menschen selbst zum Werk seiner eigenen Erkenntnis macht, aber auch einer Wissenschaft, die die Vielheit der Erkenntnis nicht gelten lassen kann und einen Konsens in fragwürdiger Weise „herzustellen" sucht. Nicht ein solcher hergestellter Konsens, sondern die Einstimmung in das Bekenntnis bleibt die Grundlage ökumenischer Vielheit.

---

[17] Vgl. die Darstellung bei Karl Christian Felmy, Die orthodoxe Theologie der Gegenwart, bes. 1–24.
[18] Vgl. dazu jetzt K. Chr. Felmy, ebd.
[19] Vgl. zu der gesamten Fragestellung: George A. Lindbeck, The Nature of Doctrine. Religion and Theology in a Postliberal Age, Philadelphia 1984.

(3) Wissenschaft im Lobe Gottes

Der Raum kirchlicher Praxis, in dem sich die Theologie bewegt, ist paradigmatisch der Gottesdienst. Daß sich darin eine Theologie ausbildet, hat für die östliche und westliche Kirche verschieden akzentuierte Gründe. Entscheidend ist, daß es überhaupt zur Ausbildung einer Theologie kommt, die dann auch eine wissenschaftliche Form annimmt. Die Unterschiede im Verständnis von Theologie sind nicht darauf zu reduzieren, daß auf der einen Seite eine eher wissenschaftsfremde und auf der anderen eine den bestehenden Wissenschaftsformen angepaßte Theologie zu stehen kommt. Vielmehr gilt es zu fragen, mit welcher theologischen Aufgabe und mit welcher Theologie sich welche Formen wissenschaftlicher Arbeit verbinden. Christos Yannaras beispielsweise wirft das Problem so auf: „Im Raum der Orthodoxen Kirche und Überlieferung hatte die Theologie stets eine Bedeutung, sehr unterschieden von dem, was wir heute darunter verstehen. Sie war keine theoretische Entwicklung von Axiomen und Gedanken, sondern Ausdruck und Formulierung der Erfahrung. Bevor sie Lehre ist, ist die Froh-Botschaft der Kirche ein Ereignis. Das Ereignis zu kennen heißt teilzuhaben, es zu leben bedeutet eine Lebensreise. Und um das Leben auszudrücken, braucht man eine andere Sprache als die von Begriffen und objektiven Informationen."[20]

Wenn man hier nicht bei einer Alternative von Theologie und bestimmten Formen der Wissenschaftlichkeit (z. B. Begriffssprache) stehen bleiben will, ist über deren Zusammenhang nachzudenken. Das gilt auch für die westliche Theologie. Das gilt insbesondere für die Frage, wie sich wissenschaftliche Diskursivität und Gotteslob, wie sich Erkenntnis und Doxologie miteinander verbinden. In Wahrnehmung solcher Zusammenhänge wird die Theologie ihre eigene „Aufgeklärtheit" bewahren können, nicht in der Aufstellung von ausgrenzenden Alternativen über die Errungenschaften der Aufklärung. Neuere Ansatzpunkte dazu zeigen einen Weg, der zugleich die östliche und westliche Theologie verbindet.[21]

---

[20] Ch. Yannaras, I theolojia, in: ders., Orthodoxie und Westen. Die Theologie in Griechenland heute (griechisch), Athen 1972, 51-173, hier: 53, zit. nach K. Ch. Felmy, Die orthodoxe Theologie der Gegenwart, 11.
[21] Vgl. insbesondere Geoffrey Wainwright, Doxology. The Praise of God, 1982, 2. Aufl.

5. Die Aufgabe der Theologie für die Wissenschaften

Die Theologie könnte in der Gegenwart auch versuchen wollen, Defizite wissenschaftlicher Erkenntnissuche zu benennen, um diese dann selbst auszufüllen. Die Feststellung solcher Defizite liegt nahe. Sie könnte etwa so lauten: „Die kommunikative Vernunft (sc. diejenige Form der Begründung wissenschaftlichen Wissens, die uns heute zukommt) inszeniert sich nicht in einer ästhetisch gewordenen Theorie als das farblose Negativ trostspendender Religionen. Weder verkündet sie die Trostlosigkeit der gottverlassenen Welt, noch maßt sie sich selbst an, irgend zu trösten. Sie verzichtet auch auf Exklusivität. Solange sie im Medium begründender Rede für das, was Religion sagen kann, keine besseren Worte findet, wird sie sogar mit dieser, ohne sie zu stützen oder zu bekämpfen, enthaltsam koexistieren."[22]

Unsere Erfahrung zielt zuerst auf eine andere Aufgabe: Nämlich darauf, daß in der Vielheit der wissenschaftlichen Erkenntnisbemühung (analog zu den „Geisteswissenschaften" und ihren Aufgaben), die Theologie wirklich das Wort ergreift. Daß sie selbst zu einem der „Anderen" wird, auf den zu hören ist. Diese Stimme aber muß dann auch hörbar sein – und darf nicht im Unisono einer einzigen Art von Wissenschaft untergehen. Die Theologie darf sich selbst nicht auf eine bestimmte Form von Wissenschaftlichkeit festlegen lassen, sondern muß die Formen wissenschaftlicher Praxis in Gebrauch nehmen. Die Theologie wird das Evangelium mitzuteilen helfen, indem sie es zugleich mit den Wissenschaften hörbar werden läßt. Dies meint nicht nur die Übersetzung in schon vorhandenes Wissen, sondern erfordert eine eigene wissenschaftliche Arbeit. Das ist entscheidend: denn damit eröffnet Theologie selbst den Weg zu neuer wissenschaftlicher Erkenntnis.

Dies scheinen mir erinnerungswürdige Einsichten zu sein, über die es eine ökumenische Verständigung geben möchte: Sie sind aufmerksam auf das „Erbe Europas", aber sie bleiben dabei nicht stehen. Die Wege des Erkennens, das des Evangeliums gewärtig ist, führen über die bestehenden Wissensformen hinaus. Auch hier hat die Auseinandersetzung um die Naturwissenschaften und die Geschichtswissenschaft ihren Ort. Die Wege theologischer Wissenschaft sind mit der Gegenwart einer Wahrheit verbunden, die nicht als Erbe anzutreten, sondern auf neue Weise zu erinnern und zu entfalten ist. Orthodoxe Theologie kann besonders dies dem Westen deutlich machen.

---

[22] J. Habermas, Nachmetaphysisches Denken. Philosophische Aufsätze, Frankfurt 1988, 185.

6. Peregrinatio der Ökumene

Es ist spannend zu sehen, daß die Theōria, die Anschauung Gottes, darin gründet, daß der Heilige Geist den Menschen aus der unmittelbaren Gottesbeziehung heraustreten und Gott anschauen läßt.[23] Damit ist nicht die aporetische Form einer „starken Theorie" gemeint, in der die theoretische Lebensform zum Heil wird[24], sondern – im Gegenteil: Die Abgrenzung gegen den Versuch, das Wissen zu vollenden, um aufgrund dieses Wissens zu leben. Das führt in die Rationalität einer Wissenschaft – so wäre hier das Gespräch weiterzuführen –, die auf der Koexistenz der mitgeteilten Wahrheit mit der endlichen Praxis der Verständigung gründet.[25] Das bedeutet, daß die Wahrheit in Aussagen wirklich auch zu vernehmen ist, die der Verständigung dienen. Die Gottesschau bindet sich an eine mitteilbare Wahrheit. Auch mit ihr tritt der Glaubende aus der Unmittelbarkeit zu Gott heraus.

Sprechen wir die Einsicht, auf die wir hier stoßen, noch einmal so aus: Die Koexistenz des Bekenntnisses mit der Erkenntnis korrespondiert der Koexistenz in der Vielheit der Traditionen und Wege der Wissenschaftsgeschichte. Darin ist nicht einfach die Unumgänglichkeit einer pluralen Situation behauptet oder die Einheit der Wissenschaften verabschiedet, sondern die notwendige Vielheit der Erkenntniswege gesehen, die nicht in einer einzigen Erfahrung zusammenlaufen müssen. Darin ist die praktische Aufgabe der Theologie enthalten: Die Aufgabe des Hin- und Hergehens zwischen den Denkerfahrungen mit dem Evangelium. Auf diese Weise wird sich Theologie peregrinatorisch vollziehen und nicht im „Fortschritt" der Wissenschaftsgeschichte.

Dies entspricht der Situation, in der sich die Kirchen in ihren verschiedenen, auch zeitlich versetzten, geistesgeschichtlichen Kontexten begegnen. Dieser Begegnung nicht mit fertigen geschichtlichen Orientierungsstrategien (etwa im Streit um die „Moderne") zuvorkommen zu wollen, fordert einen Weg, eine Peregrinatio der Ökumene auch hier: Nicht die Anpassung an die bestehenden Wissenschaftsformen, noch ihre Angleichung, noch ihre Verwerfung, sondern die Aufmerksamkeit auf Leitbilder von Wissenschaft, die „aufgeklärt" sind, ist die Aufgabe. Nicht die historisch gegebene Aufklärung einzuholen oder sie zu steigern, kann die Perspektive sein, sondern sie auch in ihren fragwürdigen

---

[23] Ich folge hier der Darstellung von Fairy von Lilienfeld: Russische Religionsphilosophie zu Beginn des 20. Jahrhunderts.

[24] Vgl. J. Habermas, Nachmetaphysisches Denken, 39 f.

[25] Vgl. dazu Gerhard Sauter: Die Aufgabe der Theorie in der Theologie. G. Sauter hat dort die Geschichte des Theoriebegriffs in der Theologie auf diese Fragestellung hin dargestellt: in: ders.: Erwartung und Erfahrung, München 1972, 179–207.

Denkerfahrungen zu sehen und in der Spannung zu den Inhalten, die theologisch zu erinnern sind, zu gebrauchen. Zu gewinnen ist auch Aufklärung gegenüber der Wissenschaft; das schließt eine Aufklärung durch Theologie ein. Diese Bemühung gehört in die ökumenische Verständigung hinein; die ökumenische Begegnung wird auf ihrem Wege die unterschiedlichen Denkerfahrungen und geistesgeschichtlichen Bindungen nicht außer acht lassen; sie wird dadurch die Freude an Erkenntnis in den christlichen Traditionen entdecken, die dem Lobe Gottes dient.

Viggo Mortensen, Aarhus

Theologie und Naturwissenschaft.
Jenseits von Restriktion und Expansion

1. Interdisziplinarität ist ein notwendiges, wenn auch nicht zureichendes Mittel, den Gefahren einer allzu rigiden Fachaufteilung und Spezialisierung entgegenzuwirken, wie wir sie in der modernen Universität vorfinden.

2. Die Rolle der Theologie im interdisziplinären Dialog besteht darin, jeder Tendenz zur Verabsolutierung entgegenzuwirken sowie die eigene Einsicht als einen Aspekt der Wirklichkeit darzustellen.

3. Auf der Grundlage der geschichtlichen Entwicklung des Verhältnisses zwischen Theologie und Naturwissenschaft, die sich von Einheit über Konfrontation zur Trennung vollzogen hat, läßt sich eine Typologie für das Verhältnis zwischen Theologie und Naturwissenschaft aufstellen: *Restriktion, Expansion, Vermittlung.*

4. Das Verdienst der *theologischen Restriktion* besteht darin, daß sie den Sinn für die Verschiedenheit der Disziplinen Theologie und Naturwissenschaft bewahrt hat und die Eigenart der Theologie bewahren will. Ihr Mangel ist, daß sie sich nicht wahrer naturwissenschaftlicher Einsicht zu öffnen und sie in die Formulierung der Botschaft einzubringen vermag.

5. Die *Restriktion* wird sprachphilosophisch untermauert. Durch die Unterscheidung zwischen wissenschaftlicher und religiöser Sprache erlangt man ein geschärftes Bewußtsein für die Eigenart der beiden Sprachen. Zugleich erreicht man, daß die religiöse Sprache gegen Falsifikationsversuche immun wird.

6. Benutzt man diese Unterscheidung, um sich der Verifikationsdiskussion zu entziehen, so isoliert man die religiöse Sprache und läuft Gefahr, zu einem bedeutungslosen Phänomen in einer wissenschaftlich expansiven Kultur zu werden.

7. Die *philosophische Vermittlung* in der Metaphysik Whiteheads stellt einen spannenden Versuch dar, eine Brücke über die Kluft zwischen Theologie und Naturwissenschaft zu schlagen. Zu kritisieren ist dieser Versuch, weil er an eine eigenwillige spekulative Metaphysik gebunden ist, die in eine mehr allgemein religiöse als eine christliche Richtung weist.

8. Der Versuch, durch den Begriff der Komplementarität zwischen

Theologie und Naturwissenschaft zu *vermitteln,* zeichnet sich dadurch aus, daß er der Theologie Raum gibt, den Teil ihrer interdisziplinären Aufgabe wahrzunehmen, die darin besteht, ihren Aspekt des Ganzen darzustellen; er scheitert aber daran, daß der Begriff der Komplementarität keine Interaktion zuläßt, wodurch die Restriktion zu selbstverständlich und die Trennung festgeschrieben wird.

9. Der Gegensatz zu Restriktion ist *Expansion.* Wenn die restriktiven Lösungsmodelle – trotz ihrer Verdienste – letztlich zu verwerfen sind, so deshalb, weil sie die expansiven Züge wissenschaftlichen Arbeitens unterschätzen, die hier durch Beispiele aus der Soziobiologie veranschaulicht werden.

10. Theologische Expansion (die nichts mit Kreationismus zu tun hat) ist eine natürliche Antwort auf die wissenschaftliche Expansion.

11. Naturalisierung ist der Prozeß, durch den Lebensbereiche und Disziplinen, die früher als autonom und selbständig galten, einer naturwissenschaftlichen Betrachtungsweise unterzogen werden.

12. Die Evolutionstheorie gehört zum harten Kern der Modernität. Obwohl sie eine wissenschaftliche Theorie mit großen inneren Spannungen darstellt, die gerade jetzt Änderungen unterworfen wird, die sich als sehr einschneidend erweisen können, besitzt sie mit ihrem reduktionistischem Zugang zu den Phänomenen des Lebens paradigmatische Gültigkeit, ja sie erhält den Charakter von Religionsersatz. Daß die Evolution stattgefunden hat und daß Mutation und Selektion ihre entscheidenden Mechanismen sind, steht an sich nicht zur Diskussion. Die synthetische Tendenz überlebt in den Versuchen, einen mehr holistischen Ausgangspunkt für die biologische Betrachtung zu finden. In dieser Situation ist es eine wichtige interdisziplinäre Aufgabe, an einer Pluralität der Methoden festzuhalten, um Tendenzen zu Verabsolutierungen entgegenzuwirken.

13. Die Soziobiologie – mit ihren Wurzeln in der Ethologie – stellt den jüngsten und bislang ehrgeizigsten Versuch dar, den Menschen und seine soziale Interaktion einschließlich seiner Moral und Religion auf einer evolutionären Grundlage darzustellen. Genauso wichtig wie die Wendung zur Sprache (the linguistic turn) ist die Wendung zur Evolution und zu den Genen (the evolutionary or genetic turn).

14. Ausgehend von dem Nachweis, daß sich die kontinentale und anglo-amerikanische Erkenntnistheorie teilweise parallel entwickelt haben, ist festzustellen, daß einige klassische erkenntnistheoretische Probleme in einem neuen Lichte gesehen werden müssen, nämlich dem Licht, das von der Evolutionstheorie her auf diese Probleme fällt. Das Wissen von der evolutionären Genese des Erkenntnisapparates und der evolutionären Gesetzmäßigkeit im Wachsen der Erkenntnis löst jedoch

nicht die Frage nach ihrer Gültigkeit (der genetische Fehlschluß) und darf somit nicht zu einem Verzicht auf Normativität und zur Auflösung der Philosophie führen.

15. Auf der Grundlage der scheinbaren Demütigungen, die Gedanken von Kopernikus, Darwin und Freud dem Reden von der Sonderstellung des Menschen zugefügt haben, läßt sich die Verwissenschaftlichung der philosophischen Anthropologie feststellen. Den konsequentesten Ausdruck hierfür finden wir in der soziobiologischen Betrachtung der menschlichen Natur. Kraft dieser Verwissenschaftlichung lassen sich all' die vielen wissenschaftlichen Einzelinformationen zu einem evolutionären Epos zusammenfassen. Soll es allumfassend sein, muß es jedoch mehr als eine wissenschaftliche Information einbeziehen und sich des gemeinsamen Bezugsrahmens wissenschaftlicher Beschreibung, philosophischer Analyse und religiöser Deutung, der menschlichen Lebenswelt und der alltäglichen Wirklichkeit bewußt sein.

16. Soll die Rede von Gott (die Theologie) in einer Beziehung zu allen unseren Erfahrungen stehen, muß sich dieses Reden der Bilder bedienen, die uns das evolutionäre Epos liefert. Die zentralen christlichen Bestimmungen des Menschen als eines geschaffenen, gefallenen und erlösten Wesens sollten im Lichte der Einsicht reformiert werden, die in dem evolutionären Epos enthalten ist. In diesem Prozeß fällt auch umgekehrt Licht auf das evolutionäre Epos von dem kreationären Epos. Die klassische reformatorische Anthropologie Luthers erweist sich als offen sowohl für philosophische Analyse als auch wissenschaftliche Information.

17. Gegenwärtige theologische Anthropologie (Prenter, Jüngel, Moltmann, Pannenberg) lebt, bei großen Meinungsunterschieden untereinander, in der Spannung zwischen dem restriktiven und dem expansiven Lösungsmodell für das Verhältnis zwischen christlicher Verkündigung und wissenschaftlicher Information, wie sie in dem evolutionären Epos mitgeteilt wird, und hier läßt sich eine Entwicklung in Richtung auf größere Integration wissenschaftlicher Information in die religiöse Deutung und theologische Reflexion beobachten.

18. Die wissenschaftliche Information beeinflußt auch die ethische Reflexion: Teils werden die biologischen evolutionären Wurzeln menschlichen moralischen Verhaltens und menschlicher Werte aufgedeckt. Teils werden die metaethischen und normativ ethischen Probleme in einem ethischen Naturalismus auf evolutionärer Grundlage gesucht.

19. Der klassische Vorwurf gegen den Sozialdarwinismus, er verleite zu politischem Mißbrauch, und der grundsätzliche Vorwurf gegen den Naturalismus (die Vorwürfe des Reduktionismus und des naturalisti-

schen Fehlschlusses) sind angesichts neuer Formen von Naturalisierung der Ethik nicht unaktuell.

20. Die guten und berechtigten Intentionen des Naturalismus lassen sich – wenn man den Naturbegriff ausweitet – in solchen Formen theologischer Ethik einlösen, die eine möglichst breite Perspektive an das Handlungsleben des Menschen anlegen, die theozentrische Perspektive.

21. Die theologische Arbeit in der hermeneutischen Spannung zwischen dem geschichtlichen Offenbarungsereignis und der heutigen Wirklichkeit wird zu einer Aufgabe der Rekonstruktion, die durch Vernunft, Phantasie und Gefühl getragen ist.

22. Als Vertreter einer konsequenten theologisch expansiven Einstellung arbeitet R.W. Burhoe daran, durch eine Revitalisierung der Religion eine Synthese zwischen Wissenschaft und Religion herzustellen und so eine Brücke über die Kluft zwischen Wissenschaft und Werten zu schlagen.

23. In dem Entwurf Burhoes für eine wissenschaftliche Theologie werden unvermittelt religiöse Ideen und theologische Reflexion mit wissenschaftlichen Daten verbunden. Burhoe ist für seine Offenheit gegenüber der Wissenschaft zu loben, er ist aber auch zu kritisieren, weil er zu einem Wissenschaftsabsolutisten wird; die theologische Substanz wird verwässert, traditionelle christliche Lehrpunkte werden aufgegeben, und man nähert sich stark dem Pantheismus, indem die Selektion mit Gott identifiziert wird.

24. In Formen evolutionären Christentums (Theissen) wird versucht, ein dynamisches Verhältnis zwischen wissenschaftlichen Theorien und Daten und religiösen Aussagen herzustellen, indem beide als Ausdruck des Versuchs verstanden werden, sich der Realität anzupassen, und deshalb das eine im Lichte des anderen zu verstehen ist. Der traditionelle Gegensatz zwischen Glauben und Wissen wird relativiert. Im Christentum wird die Selektion durch Solidarität ersetzt.

25. Auf der Basis des richtigen Gefühls, daß über die Natur mehr zu sagen sein muß als die Wissenschaft uns erzählt, entstehen eine Reihe von Formen natürlicher Theologie. In dem Umfange, wie man die Gottesbeweise wiederbeleben will oder mehr unbestimmt die Rede von Wahrscheinlichkeiten und Konvergenz zum Reden von Gott führen lassen will, verwandelt man Glauben in Wissen. Das ökologische Modell der Prozeßphilosophie wirft ein erhellendes Licht auf viele Konfliktfelder z.B. ethischer Art. Da sie aber in der Gefahr steht, das Leben mit Gott zu identifizieren, respektiert sie nicht, daß so wie der göttliche Logos, der, obgleich eins mit dem Vater, dennoch von diesem unterschieden ist, die Natur, obgleich sie ihren Ursprung in Gott hat, dennoch von ihm unterschieden ist.

26. Gegenwärtige Versuche, das Transzendente im Immanenten zu sehen (Peacocke/Hefner), weisen in eine richtige Richtung für das Denken über das Verhältnis zwischen Theologie und Naturwissenschaft, lassen aber zugleich den Bedarf nach einer genauen Präzisierung der Begriffe aktuell werden, mit denen die Theologie der Herausforderung durch die Naturwissenschaften begegnen kann.

27. In einer Analyse des Werkes von K. E. Løgstrup „von hinten" – unter Einbeziehung nicht veröffentlichten Materials – wird das metaphysische Denken Løgstrups rekonstruiert, das als eine logische Fortsetzung der Auseinandersetzung mit der Transzendentalphilosophie und dem Positivismus gesehen wird. Dabei wird von der Annahme ausgegangen, daß hier ein Baustein für ein Modell für die Relation Theologie-Naturwissenschaft jenseits von Restriktion und Expansion liegt: Der vereinende Gegensatz, bei dem Theologie und Naturwissenschaft zusammengehalten werden, ohne Vermischung und ohne Trennung. Wenn die wissenschaftliche Expansion zu Naturalisierung wird, muß sie sowohl aus theologischen als auch kulturkritischen Gründen mit einer anderen Form von Metaphysik konfrontiert werden, in der man phänomenologisch deskriptiv die Züge der Wirklichkeit hervorhebt, die metaphysische Betrachtungen auslösen und zu einer religiösen Deutung einladen. Erst dann ist eine gemeinsame Plattform geschaffen. Der Ausgangspunkt ist ein einfaches Wundern. Dann müssen die metaphysischen Voraussetzungen einer gegebenen Wissenschaft geklärt werden; diese sind dann einer Metaphysik und religiösen Ontologie gegenüberzustellen, wo das Gewicht auf den Phänomenen in der Natur liegt, die diese transzendieren und die deshalb eine religiöse Deutung nahelegen. In diesem Lichte wird die Unterscheidung zwischen Gott und Natur anders; der Mensch erhält eine neue Stellung und das menschliche Tun eine neue Richtung.

28. Der Ursprung des Grundtvigschen Begriffs der *freundlichen Wechselwirkung* wird aufgespürt und als das angemessenste Modell für das Verhältnis zwischen Theologie und Naturwissenschaft dargestellt. Sie sind weder mit einander zu vermischen noch von einander zu trennen, sondern sie gedeihen in lebendiger Wechselwirkung. Dies geschieht, wenn die Probleme bzw. Phänomene im Zentrum stehen; dann können die verschiedenen Ansätze unter Anerkennung der gegenseitigen Verschiedenheit dazu gebracht werden, zu interagieren, da sie sich gegenseitig beleuchten und erhellen.

29. In dem Modell werden die Ansätze, Sprachen, Haltungen und Gegenstände zusammengestellt, die die Theologie bzw. die Naturwissenschaft kennzeichnen und deren sie sich bedienen; das Modell macht einleuchtend, daß die Disziplinen verschieden sind, daß sie sich inner-

halb eines Kontinuums bewegen können, daß sie in eine Wechselwirkung eintreten sollten. Die Wechselwirkung muß für die Theologie als kirchliche, gottesdienstliche Theologie zu Neuformulierungen zentraler christlicher Begriffe und Vorstellungen (Schöpfung, Vorsehung, Sündenfall, Christologie und Versöhnung) führen.

30. „Denn wir wissen, daß alle Kreatur sehnt sich mit uns und ängstigt sich noch immerdar" (Röm 8,22).

Kurt Nowak, Leipzig

Die Herausforderung der Kirche durch die Aufklärung

Religion – Kirche – Gesellschaft in der DDR

Die auf dem heutigen Staatsgebiet der DDR beheimateten Kirchen sind in ihrer Mehrheit protestantisch. Bei einer Zahl von 9,11 Millionen Christen (Gesamtbevölkerung: 16,3 Millionen) zählen sich 7,8 Millionen Christen zur evangelischen Kirche, 1,2 Millionen zur römisch-katholischen Kirche und 115 000 Christen zu den Freikirchen. Hinzu kommen 150 000 Mitglieder religiöser Sondergemeinschaften, 6 000 Mitglieder der jüdischen Kultusgemeinden und weiterer Religionen.[1] Obwohl sich mehr als 50 % der DDR-Bürger zum christlichen Glauben bekennen, muß der Status des Christentums in der DDR als minoritär bezeichnet werden, und zwar wegen der tiefgreifenden Differenz zwischen aktiven und nominellen Christen. Realistische Schätzungen gehen von etwa 10 % aktiven Christen in der DDR aus. Dieser minoritäre Status korrespondiert mit der religiösen Weltstatistik, die am Ende des zweiten Jahrtausends post Christum natum mit einem Anteil der Christen an der Weltbevölkerung von 17 % rechnet.[2] Allerdings steht der Verminderung des Anteils der Christen in der DDR kein nennenswertes Anwachsen anderer Religionen gegenüber, wie das im Weltmaßstab der Fall ist.

In der Gesellschaftspyramide des deutschen Teilstaates im Osten sind die Christen in unterschiedlicher Dichte präsent. Am geringsten ist ihr Anteil bis zur Wende vom Herbst 1989 in den politisch-administrativen Führungsschichten gewesen, desgleichen – hier allerdings mit Abstufungen – in den kulturell-geistig tragenden Schichten. Der größte Zufluß für die christlichen Kirchen kommt in der DDR aus den Mittelschichten.

---

[1] Wolfgang Büscher: Unterwegs zur Minderheit. Eine Auswertung konfessionsstatistischer Daten. In: Reinhard Henkys (Hg.): Die Evangelische Kirche in der DDR. Beiträge zu einer Bestandsaufnahme. München 1982, 423–436.

[2] Diese Angabe folgt den Extrapolationen D. Barrets vom August 1986 (vgl. Kurt Nowak: Art. Religion, Kirche. In: Fischer-Lexikon Geschichte, hg. von Richard van Dülmen. Frankfurt/M. 1990, 231–250; hier 249 f.).

Die soziologisch-statistischen Angaben enthalten bereits verdeckte Hinweise auf das Verhältnis von Kirche und Aufklärung. Aufklärung war in Deutschland traditionell eine Sache der geistigen Führungsschichten. Strategien der Eliterekrutierung nach Maßgaben des „real existierenden Sozialismus", die Abwanderung gesellschaftlicher Aufsteiger aus dem Raum der Kirche mußten Folgen auch für das Verhältnis Kirche-Aufklärung haben. Zwar lebt auch in den Kirchen der DDR eine bildungsbürgerliche Tradition fort, die soziologisch als Träger der Aufklärung verstanden werden kann, doch besitzt sie keine kirchengestaltende Kraft. Soziale Herkunft der Pastoren und die Zusammensetzung der Kirchenvorstände in den evangelischen Gemeinden unterstreichen das Abschmelzen des bildungsbürgerlichen Reservoirs.

Was ist Aufklärung? Wer nicht bei historisch-empirischen Beschreibungen der Aufklärungsbewegungen des 17./18. Jahrhunderts stehenbleiben möchte, ist zu konstruktiven Definitionsleistungen aufgefordert. Im Folgenden soll Aufklärung nach drei Seiten hin verstanden werden: a) *religiös* als die in Deutschland seit dem Ende des konfessionellen Zeitalters sich ausarbeitende Differenz zwischen Kirche und Christentum, zwischen statutarischem Kirchenglauben und individuell gelebter Religiosität; b) *philosophisch-anthropologisch* als Bekenntnis zum selbstverantwortlich handelnden mündigen Subjekt bei gleichzeitiger Anerkennung des Sachverhalts, daß wahre Autonomie des theonomen Rückbezugs bedarf; c) *politisch* als die Verwirklichung der Freiheit des Einzelnen auf dem Wege wechselseitiger Anerkennung der Freiheit aller am politischen Gemeinwesen Beteiligten. Diese drei Bestimmungen von Aufklärung, deren typologisch-systematischer Charakter nicht geleugnet wird, sollen als Leitlinien für die Beschreibung der religiöskirchlichen Kultur in der DDR dienen.

Auf eine hermeneutische Schwierigkeit sei vorab noch hingewiesen. Der sich seit dem Herbst 1989 mit unvergleichlicher historischer Beschleunigung in der DDR vollziehende Umbruch hat viele bislang geläufige Interpretationsmodelle außer Kurs gesetzt. Der politische Paradigmenwechsel ging mit einem intellektuellen Paradigmenwechsel einher, somit auch mit einer Veränderung der Wahrnehmungsinstrumente. Einerseits ist es möglich geworden, die gesellschaftliche, kirchliche, religiöse Wirklichkeit in der DDR genauer als bisher wahrzunehmen. Andererseits droht die Macht der Klischees, der Vergröberungen und Schablonisierungen. Beispielsweise ist mit dem derzeit konjunkturellen Begriff „Stalinismus" zur Charakterisierung der politischen Realitäten von vier Jahrzehnten kaum etwas gewonnen. Wenig brauchbar ist auch der derzeit gleichfalls modische Terminus „Säkularismus" als Kategorie zur Beschreibung der politischen, moralischen und religiösen Krise im

Lande.³ Die gewandelte Lage fordert zu eher hypothetischen Analysen heraus. Im Mittelpunkt meines Beitrags steht der Protestantismus. Auf der Basis der oben angerissenen Aufklärungsaspekte soll ein Beitrag zur kritischen Vergegenwärtigung seiner Situation geleistet werden.

1. Protestantismus als Phänomen der Kirche

In der aufgeklärten Differenzierung von Kirche und Christentum war das „Christentum außerhalb der Kirche" als Teil der neuzeitlich-modernen Pluralisierung der Gestaltungen des Religiösen anerkannt.⁴ Gegenläufig zu dieser Tendenz stellt sich Protestantismus in der DDR primär als Phänomen der Kirche dar. Wer in der DDR von Protestantismus spricht, meint mit hoher Selbstverständlichkeit das organisierte evangelische Kirchentum. Die Zurückziehung der protestantischen Perspektiven auf Kirche steht im Zusammenhang mit einer rapiden Verkirchlichung des evangelischen Christentums. Diese Einengung hat sich in mehreren Stufen vollzogen und nicht erst in der DDR-Gesellschaft begonnen. Die Anfänge der rapiden Verkirchlichung des Protestantismus reichen in die ersten Dezennien des 20. Jahrhunderts zurück.

Bereits in der Weimarer Republik machten sich in der Kampfstellung der Protagonisten der „Theologierevolution" gegen den Kulturprotestantismus massive Tendenzen zur Verkirchlichung bemerkbar. Gleichwohl präsentierte sich der Protestantismus in der Gesellschaft der zwanziger Jahre neben seinen kirchlichen Erscheinungsformen weiterhin als eine Realität auch jenseits der Kirchenmauern: als öffentlicher Protestantismus in Politik und Kulturleben sowie als privat kirchendistanzierter Protestantismus.⁵ Einen nicht nur politisch, sondern auch

---

³ Ein Transparent auf einer Montagsdemonstration in Dresden lautete: „Die Wurzel der Misere: Man raubte Gott die Ehre!" In den Arbeitspapieren der „Internationalen Gesellschaft für Menschenrechte – Deutsche Sektion e.V." ist dieses säkularismustheoretische Denken aufgenommen worden. Auf römisch-katholischer Seite hat Papst Johannes Paul II. bei seinem Besuch in der Tschechoslowakei vom 21./22. April 1990 aus den Entwicklungen in Osteuropa die Schlußfolgerung gezogen, Europa werde im Geist des Christentums neu erstehen.

⁴ Vgl. zu den grundsätzlichen systematischen Aspekten Trutz Rendtorff: Christentum zwischen Revolution und Restauration. Politische Wirkungen neuzeitlicher Theologie. München 1970, bes. 23 ff.

⁵ Zur kirchlichen Situation in der Weimarer Republik liegen einige Standardmonographien vor, z.B. Jonathan R.C. Wright: „Über den Parteien". Die politische Haltung der deutschen evangelischen Kirchenführer 1918–1933. Göttingen 1977; Kurt Nowak: Evangelische Kirche und Weimarer Republik. Zum politischen Weg des deutschen Protestantismus zwischen 1918 und 1932. 2. Aufl. Weimar und Göttingen 1988. – Regionalgeschichtliche Pilotstudien bieten Jörg Kniffka: Das kirchliche Leben in Berlin-Ost in der

ekklesiologisch bedeutsamen Einschnitt verursachte dann die NS-Machtergreifung von 1933 und die alsbald restriktive Kirchen- und Religionspolitik des Parteiapparates der NSDAP sowie von Teilen des Staatsapparats. Der öffentliche Protestantismus ist, sofern er sich in christlichen Parteien betätigt hatte, durch die Selbstauflösung und Verbote der Parteien zum Erliegen gebracht und auch sonst schwer geschädigt worden. Keinem geringeren Druck sah sich auch der private Protestantismus ausgesetzt, also eine Lebensform mit protestantischer Identität ohne feste Kirchenbindung.[6] Die Kirche antwortete auf die nationalsozialistischen Verdrängungsstrategien mit verstärkter Betonung des ekklesialen Faktors, mit einer Wagenburg-Mentalität, in der die Außenbezirke protestantischen Selbstverständnisses zugunsten einer Festigung der kirchlichen Strukturen verlassen wurden. Die bekenntniskirchliche Losung „Kirche muß Kirche bleiben" erscheint in diesem Licht in der Ambivalenz von Gewinn und Verlust. Auch die Beschreibung der Theologie als „Funktion der Kirche" ist dieser Diagnose zuzuordnen.

Nach dem Ende des Dritten Reiches schien es, als kehre der Protestantismus in seine weitreichenden gesellschaftlichen Vernetzungen zurück. In der Zusammenbruchsgesellschaft der deutschen Nachkriegszeit bot er sich als hochrangiger politisch-sozialer, kultureller und spiritueller Gestaltungsfaktor auf allen Ebenen der Wirklichkeit an. Nicht minder hoch war die Bedeutung des römischen Katholizismus.[7] Freilich stießen die Möglichkeiten zur Gestaltung der Gesellschaft aus den Potenzen protestantischen Christentums schnell an ihre Grenzen. Gewiß kann die Religionspolitik der Sowjetischen Militäradministration (SMAD) den christlichen Großkirchen gegenüber insgesamt als wohlwollend bezeichnet werden, zumal sie in ein Gefüge alliierter Absprachen eingebunden und nicht dem bloßen Belieben der sowjetischen Siegermacht überlassen war.[8] Gleichwohl vermochte die Religionspolitik

---

Mitte der zwanziger Jahre. Diss. Münster 1972; Volker Jacob: Sozialer Wandel und politische Kontinuität. Untersuchungen zur Geschichte der Evangelisch-Lutherischen Kirche Schleswig-Holsteins 1918-1933. Diss. Münster 1984. – Zum Verbandsprotestantismus ist neuerdings grundlegend Jochen-Christoph Kaiser: Sozialer Protestantismus im 20. Jahrhundert. Beiträge zur Geschichte der Inneren Mission 1914-1945. München 1989.

[6] Kurt Meier. Kirche und Nationalsozialismus. Ein Beitrag zum Problem der nationalsozialistischen Religionspolitik. In: Ders.: Evangelische Kirche in Gesellschaft, Staat und Politik 1918-1945. Aufsätze zur kirchlichen Zeitgeschichte. Berlin 1987, 53-69.

[7] Über die Forschungslage zur Nachkriegssituation der Großkirchen unterrichten Clemens Vollnhals: Kirchliche Zeitgeschichte nach 1945. Standpunkte – Tendenzen – Defizite; Ulrich von Hehl: Der deutsche Katholizismus nach 1945 in der zeitgeschichtlichen Forschung. In: Die Kirchen im geteilten Deutschland, hg. von Anselm Döring-Manteuffel. Stuttgart/Berlin/Köln/Mainz 1990 (= Konfession und Gesellschaft Bd. 2).

[8] Kurt Meier: Volkskirchlicher Neuaufbau in der Sowjetischen Besatzungszone. In:

in der Sovetischen Besatzungszone nicht über den Schatten eines Kirchenverständnisses zu springen, das am Vorbild der Russischen Orthodoxen Kirche orientiert war. Kirche sollte in erster Linie Kirche des Kults, Institution zur religiösen Betreuung der Gläubigen sein. Das einstmals reichgegliederte protestantische Vereinswesen, ein wesentliches Element protestantischer Öffentlichkeitsstruktur, erlebte in der Sovetischen Besatzungszone lediglich eine Teilrestitution. Der neue Ausbau der Diakonie bot dafür keinen vollständigen Ersatz.

Nach protestantischem Verständnis, zumindest soweit es sich der neuzeitlich-modernen Differenzierung und Pluralisierung des christlichen Glaubens bewußt war, folgte die Religionspolitik der SMAD einer reduktionistischen Ekklesiologie. In dieses Erbe der Besatzungszeit ist dann die Partei- und Staatsführung der DDR – unter teilweise veränderten Vorzeichen – eingetreten. Als „cantus firmus" zieht sich durch alle Etappen der DDR-Kirchenpolitik die Warnung an die Kirchen, ihren „Auftrag" nicht zu überschreiten. Noch am 19. Februar 1988 hielt SED-Politbüromitglied Werner Jarowinsky dem Vorsitzenden des Bundes der Evangelischen Kirchen in der DDR, Landesbischof Dr. Werner Leich, vor, kirchliche Einrichtungen würden für Zwecke und Aufgaben mißbraucht, „die nichts mehr mit der Kirche, der Religionsausübung zu tun haben."[9] Im Zweifelsfalle, also stets dann, wenn öffentliche Aktivitäten der Kirchen nicht mehr mit den Politikvorstellungen der SED in Einklang waren, galt Kirche als bloße Einrichtung zur Befriedigung „religiöser Bedürfnisse".

Der DDR-Protestantismus hat seine durch äußere und innere Faktoren erzwungene Reduktion auf das institutionelle Kirchenwesen stärker internalisiert, als es bei erstem Hinsehen den Anschein haben mag. Nach dem Tod des leitenden Kirchenführers Otto Dibelius (1880–1967), eines Bischof, der ekklesialen Gestus und Gestaltung der Gesellschaft aus protestantischem Geist noch einmal zäh durchzusetzen versucht hatte[10], trat diese Tatsache um so deutlicher hervor. Protestantismus in der DDR steht seither als Synonym für die Landeskirchen, die Gemeinden, die aktiven Kirchenchristen und eine ihnen ver-

---

Victor Conzemius u. a. (Hg.): Die Zeit nach 1945 als Thema kirchlicher Zeitgeschichte. Göttingen 1988. 213–234; Jürgen Seidel: „Neubeginn" in der Kirche? Göttingen 1989. Eine umfassende Darstellung steht noch aus und wird auch wohl noch etwas auf sich warten lassen, weil die entsprechenden SMAD-Aktenbestände noch nicht zugänglich sind.

[9] Jarowinskys Ansprache ist gedruckt in: Frankfurter Allgemeine Zeitung vom 14. November 1988.

[10] Ein aus intimer Nähe gezeichnetes Bild des Bischofs und Kirchenpolitikers findet sich bei Wolf-Dieter Zimmermann: Otto Dibelius. In: Martin Greschat (Hg.): Gestalten der Kirchengeschichte. Die neueste Zeit III. Stuttgart/Berlin/Köln/Mainz 1985, 302–317.

bundene akademische Theologie an den staatlichen Universitäten und kirchlichen Ausbildungsstätten.

Offen ist die Frage, ob die Verkirchlichung des Protestantismus sich auch unter nicht restriktiven politisch-gesellschaftlichen Rahmenbedingungen vollzogen hätte. Auch der bundesrepublikanische Protestantismus ist ja weithin kirchlicher Protestantismus, obwohl dort noch Strukturen des öffentlichen und privaten Christentums vorhanden sind, die das Gesamtbild im Vergleich mit der DDR als vielgestaltiger erscheinen lassen. Indem die Frage nach der Verengung konfessioneller Kulturen in der deutschen Gesellschaft nicht exklusiv auf den Horizont der politischen Geschichte bezogen wird, ist sie aufnahmebereit für weitere Deutungen.

2. Protestantismus und Mündigkeit

Nach einem Diktum des jungen Schleiermacher in den Reden „Über die Religion" ist der Mensch ein „Freigeborner" der Schöpfung. Diese Formulierung ist dem Wurzelboden der Aufklärung entwachsen, wie überhaupt Schleiermachers Religionsschrift falsch verstanden wäre, sähe man in ihr lediglich den (früh)romantischen Protest gegen die Verfügbarmachung des Menschen durch sich selbst.[11] Das mündige Subjekt – allerdings ohne Rückbezug zur Transzendenz – hat auch in der marxistischen Tradition, die der offiziellen DDR-Gesellschaft bis zum Herbst 1989 ihre geistige Legitimation liefern sollte, einen hervorgehobenen Platz. Die nachgerade zur Politphrase geronnenen Bekenntnisse der DDR-Staatskultur zur „allseitigen Entfaltung aller schöpferischen Kräfte des Menschen" brauchen in diesem Zusammenhang nicht rekapituliert zu werden. Im christlich-marxistischen Dialog, der in den sechziger Jahren weltweit und interkonfessionell geführt wurde und an dem auch protestantische Theologen und Kirchenmänner der DDR beteiligt waren, ehe das Jahr 1968 sowohl dessen Höhepunkt wie Bruch markierte, hat das Aufklärungsprojekt des mündigen Menschen eine wichtige Rolle gespielt. Im Jahre 1967 wurde bei Gelegenheit einer Konferenz der Paulus-Gesellschaft und der Tschechischen Akademie der Wissenschaften in Marienbad von einem regelrechten „Frontwechsel" bei Christen und Marxisten gesprochen, eine Beobachtung, die unschwer auch auf den Diskurs zwischen Protestanten und Marxisten in

---

[11] (Friedrich Schleiermacher): Ueber die Religion. Reden an die Gebildeten unter ihren Verächtern. Berlin 1799, 231.

der DDR übertragbar war.¹² Im Sozialismus wurde die Chance gesehen, Modelle einer technischen Zivilisation zu schaffen, in denen der Mensch nicht unter das Diktat anarchischer Kreisläufe der Produktion geriet, sondern eine bislang noch nicht dagewesene Blüte von Mündigkeit und Individualität erreichte.

Nicht erst die „sanften Revolutionen" in den Ländern Osteuropas und in der DDR haben die Kluft zwischen dem theoretischen Anspruch auf Mündigkeit und der kontrafaktischen Praxis offengelegt. Bereits in den noch stabilen Systemen redete die Wirklichkeit eine andere Sprache, die permanent zuungunsten der individuellen Mündigkeit ausfiel. Stephan Hermlin hat in diesem Zusammenhang auf eine psychologische Bewußtseinsfalle aufmerksam gemacht. Er habe, wie er in seiner poetischen Lebensbilanz bekannte, das marxistische Wort von der Freiheit des Einzelnen als Voraussetzung für die Freiheit aller stets im umgekehrten Sinn gelesen: Die Freiheit aller sei die Voraussetzung für die Freiheit des Einzelnen.¹³

In der Emporhebung eines in seinen theoretischen Begründungen wie in seinen praktischen Ansprüchen gleichermaßen problematischen Kollektivum über das Individuum lief der in der DDR geltende Marxismus aus der philosophisch-anthropologischen Linie der Aufklärung hinaus und verfestigte sich zu einer Art Gegenaufklärung. Es waren nicht die Protestanten, d. h. die Theologen, Kirchenmänner und die intellektuell aktiven Laienchristen, die in der DDR die Verwerfungen von Anspruch und Realität klar diagnostiziert haben. Die kirchlich-protestantische Kultur hat in diesem Zusammenhang keine auch nur annähernd so luzide Analyse hervorgebracht, wie sie einem Dissidenten wie Rudolf Bahro in den besten Jahren seiner geistigen Laufbahn möglich gewesen ist. In seinem Buch „die Alternative" (1977) beschrieb Bahro die Strukturen des real existierenden Sozialismus als bürokratisch-zentralistische Arbeitsorganisation, als politisch-ideologische Verfestigung

---

¹² Mit „Frontwechsel" ist gemeint: „Die einen bemühten sich, die diesseitige Relevanz des christlichen Glaubens für Staat, Gesellschaft und Kultur zu zeigen, die anderen revidierten die marxistische Religionskritik und fragten nach einer Offenheit des Menschen für nicht entfremdete Transzendenz" (Heinz-Horst Schrey: Christentum und Sozialismus. Ein Rückblick auf die Literatur der siebziger Jahre. In: Theologische Rundschau 51 [1986], 372–403; hier 386).

¹³ Stephan Hermlin: Abendlicht. Berlin/Weimar 1983. Vorspruch. In einem erst jetzt veröffentlichten Interview von 1983 stellte sich die Frage nach der Freiheit des einzelnen und der Freiheit aller auch im Hinblick auf die Spannung zwischen „Disziplin und Kadavergehorsam" in der kommunistischen Bewegung. Vgl. Ulrich Dietzel: Gespräch mit Stephan Hermlin 1983. In: Sinn und Form 42 (1990), 304–316.

eines quasi-theokratischen Staats und als ausgeprägte Erfahrung der Ohnmacht der Individuen.[14]

Setzt man die mangelnde Sensibilität des DDR-Protestantismus nicht von vornherein auf das Konto der pragmatischen kirchenpolitischen Vernunft (oder auch Unvernunft), die an gedeihlicher Gestaltung des Staat-Kirche-Verhältnisses interessiert war und deshalb den kritischen Fundamentaleinspruch hintan hielt, so bietet sich als Erklärung für dessen diagnostischen Defizite im Problemfeld Kollektivum-Individuum die eigene Affinität zu gemeinschaftsbetonten Lebens- und Gesellschaftsvorstellungen an. Historisch geht diese Linie bis in das Zeitalter der Französischen Revolution zurück. Gegen Ende des 19. Jahrhunderts hat sie sich in der „Explosion der Moderne", d. h. unter den Fragmentierungserfahrungen der damaligen Gesellschaft, weiter ausgearbeitet und ist in der Weimarer Republik wie auch im Dritten Reich zu einem festen Topos protestantischen Denkens geworden. Die Ansprüche des Individuums auf mündige Selbstgestaltung waren mit dem Odium liberalistischer Zügellosigkeit und Atomisierung versehen.[15] Dieses denkerische Erbe hat der DDR-Protestantismus nie hinreichend selbstkritisch reflektiert und auch nicht auf die marxistisch-sozialistische Gesellschaft anwenden können. In Gemeinschaftsvisionen und gesellschaftlichen Homogenitätsmustern standen sich DDR-Staatskultur und DDR-Protestantismus stets sehr viel näher, als es die kirchenpolitischen Konfliktlinien zwischen beiden nahezulegen schienen.

Bliebe man bei diesem Befund stehen, wäre nur die halbe Wahrheit gewonnen. Trotz seiner Hinneigung zu gemeinschaftsbetonten Modellen war der Protestantismus stets auch Platzhalter neuzeitlicher Individualität und kritisch-subjektiver Mündigkeit. Dieser Habitus ist ihm seit seinen reformatorischen Anfängen eingeschrieben, und er lebt auch in gegenläufigen politisch-gesellschaftlichen Milieus weiter. Insofern liegt eine plausible historische und theologische Logik darin, daß in der offiziellen Gesellschaft unterminierte Bedürfnisse nach Mündigkeit und Individualität Zuflucht und Schutz unter dem Dach der Kirche fanden, in den evangelischen Kirchen der DDR bezeichnenderweise ungleich intensiver und breiter als in der römisch-katholischen Kirche. In dem Maße, in dem die politisch-gesellschaftliche Praxis und der sie stützende ideologische Überbau Erfahrungen individueller Ohnmacht

---

[14] Rudolf Bahro: Die Alternative. Zur Kritik des real existierenden Sozialismus. Frankfurt a. M./Köln 1977 passim.

[15] Klaus Tanner: Die fromme Verstaatlichung des Gewissens. Zur Auseinandersetzung um die Legitimität der Weimarer Reichsverfassung in Staatsrechtswissenschaft und Theologie der zwanziger Jahre. Göttingen 1989, 43 ff; 79 ff. (Arbeiten zur kirchlichen Zeitgeschichte. B: 15)

vermittelten, ist das protestantisch-kirchliche Milieu zum Schirmherrn und Anwalt mündiger Individualität geworden. Die protestantischen Kirchen der DDR haben, zumal wenn man soziologischen Prägungen des kirchlichen Alltags durch eher autoritäts- und brauchtumsabhängige christliche „Kerngemeinden" in Betracht zieht, an diesem Punkt eine erstaunliche Offenheit und Integrationsbereitschaft an den Tag gelegt. In den Räumen der Kirche hatten viele Lebensentwürfe Platz. Das bunte Bild der „Gruppen" – von den homosexuellen Arbeitskreisen in den Studentengemeinden bis hinüber zu den Initiativen für Umweltschutz und Menschenrechte – ließ seit dem Beginn der 1980er Jahre gleichsam eine multikulturelle Gesellschaft in der Gesellschaft entstehen.[16]

Die ganze Wahrheit ist aber auch mit diesen Beobachtungen noch nicht gewonnen. Die Akzeptanz von (alternativer) Mündigkeit als Reflex der Einsicht, daß die offizielle gesellschaftliche Kultur Mündigkeit be- und verhindere und die Kirche deshalb zu stellvertretendem Handeln herausgefordert sei (Landesbischof Leich: „Wir haben uns diese Rolle nicht ausgesucht"), bedeutete noch nicht, am realen sozialistischen Gesellschaftsmodell der DDR die Einschränkung von Mündigkeit zu kritisieren. Partiell ist dies sicher geschehen, wenn man an die Dauerkonflikte im Bildungssystem und anderes denkt, nicht aber im Grundsätzlichen. Im Gegenteil, an der ideologischen Fiktion, daß die sozialistische Gesellschaft ein besserer Garant von Individualität und Mündigkeit sei, weil sie im Gegensatz zu den bloß permissiv-egoistischen Gesellschaftssystemen der westlichen Zivilisation zugleich deren Vermittlung zur Gemeinschaft leiste, hat der kirchliche Protestantismus – vor allem seit Beginn der Ära Schönherr – zäh festgehalten. Es ist mitunter schwer zu entscheiden, inwieweit hier protestantisches Gemeinschaftsethos und marxistisches Kollektivitätsverständnis miteinander konvergierten, oder ob diese Konvergenz lediglich eine Geburt lebensweltlicher Pragmatik war. Nach der Ingeltungsetzung der Formel „Kirche im Sozialismus" in den Jahren nach 1971 hielten geistige Wegführer des Protestantismus in der DDR es wohl für notwendig, um des gebotenen „Zeugnisses und Dienstes" in der Gesellschaft willen auch deren prätendiertes Selbstverständnis zu teilen, sofern es Zeugnis und Dienst nicht behinderte.[17]

---

[16] Details in: Papiere der „Kirche von unten" (Fliegende Papiere April–Juni 1987) und Kirchentag Halle 1988; Die Legitimität der Freiheit. Zur Rolle der politisch alternativen Gruppen in der DDR. Mit Beiträgen von H. Falcke, M. Falkenau, U. Funk, G. Krusche, E. Neubert, D. Pollack, U. Poppe, F. Schorlemmer. Frankfurt a. M./Bern: Peter Lang Verlag (erscheint demnächst).

[17] Paradigmatisch: Kirche als Lerngemeinschaft. Dokumente aus der Arbeit des Bun-

Die Mischlage im protestantischen Motivations- und Verhaltensbild mag erklären, daß die kirchliche Akzeptanz dissentierender Individuen und Gruppen bis 1987/88 nicht in eine Destabilisierung des Verhältnisses zwischen Kirche und Staat umschlug. Was sich in der Kirche artikulieren konnte, war eine Nischenkultur, deren Teilhaber sich nach außen hin vielfach den gesellschaftlichen Verhaltenszwängen fügten. Von der seit Herbst/Winter 1987/88 wachsenden systemkritischen Haltung der Gruppen mehr gedrängt und geschoben hat der kirchliche Protestantismus sich nur zögernd, teilweise sogar „contre cœur" darauf eingelassen, die Mündigkeitsbestrebungen nunmehr auch in die gesamte Gesellschaft einzubringen und sie damit zu einem relevanten politischen Faktor zu machen. Aus der Spannung, Mündigkeit einerseits kirchlich zuzulassen, sie andererseits kirchlich zu domestizieren, ist der Protestantismus seit 1988 nach vorn ausgebrochen! Dieser Durchbruch ist in der kirchenhistorischen Langzeitperspektive hoch zu veranschlagen, bedeutete er doch – jedenfalls im Prinzip – die Wiedergewinnung einer aufklärerischen Individualitätskultur jenseits der die deutsche Geschichte in wechselnden Farben bestimmenden Gemeinschaftsutopien. Die theoretische Vergewisserung über die Tragweite der in praxi vollzogenen Schritte steht momentan noch aus. Sie wird zu einem Prüffeld für die theologischen und sozialethischen Positionierungen des Protestantismus im östlichen Teil Deutschlands werden.

3. Protestantismus und Politik

In der sich seit einiger Zeit verbreiternden Literatur zur Kirchengeschichte der DDR wird der Weg der evangelischen Landeskirchen im Entwicklungsbogen der Begriffe „Von der Konfrontation zur Kooperation" beschrieben.[18] Diese Wegbeschreibung meint sowohl das Einstellungsverhalten des Staates zur Kirche als auch umgekehrt das Einstellungsverhalten der Kirche zum Staat. In den Jahren nach den Vereinbarungen vom 6. März 1978 wurde als wechselweise akzeptierte Kurzformel für die loyale Annäherung beider Seiten der Begriff „Lern-prozeß" verwendet. Die Beweggründe für den „Lernprozeß", d.h., für das Bemühen, über alle weltanschaulich-religiösen Divergenzen hinweg gemeinsame Plattformen praktischen Handelns zu finden und zu befestigen, waren auf seiten des Staates und der SED anders beschaffen als

---

des der evangelischen Kirchen in der DDR. Berlin 1981 (Lit.); Albrecht Schönherr: Zum Weg der evangelischen Kirchen in der DDR. Berlin. 2. Aufl. 1986

[18] Horst Dähn: Konfrontation oder Kooperation? Das Verhältnis von Staat und Kirche in der SBZ/DDR 1945–1980. Opladen 1982

auf seiten der Kirche. Identisch waren sie indes in der realistischen Anerkennung der Macht des Faktischen. Religion und Kirche starben in der sozialistischen Gesellschaft nicht aus, wie es die marxistisch-leninistischen Ideologen lange prophezeit hatten, und der DDR-Staat war seit 1961 kein Provisorium mehr (wie es nicht allein Kirchenleute erhofft hatten).

Der Protestantismus hat sich in die Anerkennung des status quo wohl besser hineinfinden können als die SED-Partei- und Staatsführung, und zwar aufgrund seiner altangestammten gouvernementalen Orientierungsmuster. Einen fast analogen Entwicklungsweg von der Konfrontation zur Kooperation hatte er bereits in den Jahren der Weimarer Republik durchlaufen. In beiden historischen Situationen blieb ein demokratisches Staats- und Politikverständnis auf der Strecke. Die Anerkennung der Weimarer Staatlichkeit bedeute kein Ja zum System der repräsentativen parlamentarischen Demokratie, und die Anerkennung der DDR-Staatlichkeit schloß das Bekenntnis zur Demokratie nachgerade aus – es sei denn, es wäre als Potential permanenter Staatskritik aufgenommen und praktiziert worden. Von den Beständen des historischen Phänomens Aufklärung her war in Deutschland das Staats- und Politikverständnis nicht mit der Demokratie, sondern mit dem Konzept des aufgeklärten Absolutismus verbunden.[19] In der politischen Entwicklungsgeschichte der Neuzeit gehören Aufklärung und Demokratie mit ihren Eckwerten (Gewaltenteilung, Schutz der Menschenrechte, politische Mitsprache aller Bürger) gleichwohl zusammen. Unter dieser Voraussetzung ist die Demokratieferne oder -nähe des Protestantismus in der DDR ein Indikator für dessen Stellung zur Aufklärung nach ihrer politischen Seite.

Das Staatswesen der DDR war von seiner Gründung bis zum Umbruch im Herbst 1989 wohl de iure, nicht aber de facto auf das Prinzip der Gewaltenteilung gegründet. Charakteristisch für die staatlich-gesellschaftliche Wirklichkeit war seit der Umbildung der SED zur „Partei neuen Typs" (1949/50) das Hineinschieben des Parteiapparats in den Staatsapparat. Kritische DDR-Forscher, die lange Zeit geächtet waren, nun aber an den Universitäten der DDR offiziell rezipiert zu werden beginnen, haben von einer regelrechten Phase der Machtergreifung durch die SED gesprochen.[20] Der DDR-Protestantismus hat bei

---

[19] Elisabeth Fehrenbach: Vom Ancien Régime zum Wiener Kongreß. 2. Aufl. München 1986; Franklin Kopitzsch (Hg.): Aufklärung, Absolutismus und Bürgertum. München 1976, bes. 192–219 (E. Weis: Absolute Monarchie und Reform im Deutschland des späten 18. und frühen 19. Jahrhunderts).

[20] Hermann Weber: Geschichte der DDR. 2. Aufl. München 1986, 186 ff. In der Diktion der DDR-Geschichtsschreibung stellte sich die Besetzung der „Kommandohöhen"

seinen kritischen Einsprüchen gegen den Staat das Argument der Gewaltenteilung nicht in Anspruch genommen. Auch die unheilvolle Verflechtung von Staats- und Parteiapparat, die im Laufe der Jahre so intensiv vorangeschritten war, daß Staat und Partei nicht mehr auseinandergehalten werden konnten, ist nur peripher Gegenstand der Kritik gewesen – eine sicher begreifliche Zurückhaltung angesichts der sensiblen Zonen, in die man damit vorgestoßen wäre. Kritisch insistiert haben die protestantischen Kirchenleitungen lediglich auf einem Punkt: daß die Begründung des Staatszwecks (Dienst am bonum commune) abzulösen sei von seiner ideologischen Selbstbegründung durch die Weltanschauung des Marxismus-Leninismus. Andernfalls sei es jenen Bürgern, die die ideologischen Prämissen marxistisch-leninistischer Staatsbegründung nicht teilten, nicht möglich, sich ohne erhebliche Vorbehalte in den Staat einzubringen. Die Trennung zwischen Auftrag und Aufgabe des Staates und seiner ideologischen Selbstlegitimation kann als ein Beitrag des DDR-Protestantimus zur Entmythologisierung des Staatswesens verstanden werden.[21] Daß sie sich, jedenfalls verbatim, im Laufe der Zeit durchgesetzt hat, war dem „Lernprozeß" in der SED-Partei- und Staatsführung geschuldet. Sie hatte einsehen müssen, daß auch in der „entwickelten sozialistischen Gesellschaft" Bürger mit unterschiedlichen Denk- und Motivprägungen vorhanden sind, die miteinander auskommen müssen. Noch nicht geleistet war mit der geistigen Entmythologisierung des Staates die Einforderung der Gewaltenteilung und die Entflechtung der Partei- und Staatsstrukturen.[22]

Die deutschen Protestanten sind keine gelernten Demokraten. Deshalb überrascht es nicht, daß auch beim Thema Menschenrechte Defizite zu konstatieren sind. Gewiß haben die evangelischen Kirchen in

---

durch die SED so dar: „Ebenso wie in der Regierung übernahmen im gesamten Staats- und Wirtschaftsapparat erfahrene und im Klassenkampf bewährte Mitglieder der SED die entscheidenden Positionen" (DDR. Werden und Wachsen. Berlin 1966, 160).

[21] Schon in dem Votum der evangelischen Bischöfe der DDR zur neuen DDR-Verfassung von 1968 hieß es: „Wir bitten, daß die neue Verfassung so erstellt wird, daß die Christen und diejenigen Mitbürger, die die Weltanschauung der führenden Partei nicht teilen, an der Verantwortung für unser Staatswesen mit unverletztem Gewissen teilhaben können" (Kirche als Lerngemeinschaft, aaO., 169).

[22] In der DDR-Verfassung von 1968 war die Führungsrolle der SED endgültig verfassungsrechtlich normiert, desgleichen der „demokratische Zentralismus" als tragendes Prinzip des Staatsaufbaus, verbunden mit dem Prinzip der „Gewalteneinheit", das allerdings durch ein „bis an die Grenzen des Möglichen ausgeprägtes Staatsratsprinzip wiederum neutralisiert" worden ist (Klaus Westen: Zur Rechtsentwicklung in der DDR. In: Deutschland-Archiv 2/1969, 905 ff.). In den kirchlichen Stellungnahmen zur Verfassung vom 6. April 1968 (vgl. Kirchliches Jahrbuch 1968, 181 ff.) blieben die prinzipiellen Aspekte der Verfassungsentwicklung wie des gesamten sozialistischen Rechtssystems unbeachtet.

der DDR gleiche Bildungschancen für alle Bürger, Freiheit der Religionsausübung, Toleranz gegenüber Andersdenkenden, Freizügigkeit im grenzüberschreitenden Reiseverkehr und Respektierung der Gewissensentscheidung des einzelnen für oder gegen den Dienst mit der Waffe in der Nationalen Volksarmee der DDR angemahnt. Trotzdem ist ihr grundsätzliches Verhältnis zu den Menschenrechten von Ambivalenzen beherrscht geblieben. Unter der Voraussetzung, daß die Anerkennung des machtpolitischen status quo in Europa und der Welt eine Friedensgarantie sei, haben sie sich dazu bereitgefunden, dem Frieden einen höheren Wert beizulegen als den Menschenrechten. Der von 1969 bis 1981 leitende Bischof des Kirchenbundes der DDR, Dr. Albrecht Schönherr, hat mehrfach geäußert, Frieden rangiere vor Freiheit. Man war – um des kirchlichen Auftrags zu Frieden und Versöhnung willen – geneigt, die Menschenrechte der Friedenspolitik unterzuordnen. Politisch bewegten sich die evangelischen Kirchen damit in der Linie der europäischen Entspannungspolitik, ohne jedoch deutlich genug zu realisieren, daß Frieden ohne vollgültige Durchsetzung der Menschenrechte nur ein häßlicher und zuletzt unbrauchbarer Frieden sein kann.

Unter dem Aspekt der Menschenrechte erscheint auch die von den Kirchen seit den 1980er Jahren verstärkt propagierte „Ethik des Bleibens" in einem problematischen Licht. Bekanntlich sah sich der DDR-Staat in den letzten Jahren mit einer wachsenden Zahl von ausreiseentschlossenen Bürgern konfrontiert. Mit Beginn der Ära Gorbačev stiegen die Ausreiseanträge sprunghaft an. In dieser Situation forderten die Kirchen zum Bleiben in der DDR auf, und zwar um der Menschen willen, die im Lande zurückblieben und nun die dringend notwendige Hilfe durch die Ausgereisten entbehren müßten: um der Alten, der Kranken, der Behinderten und weiterer Problemgruppen der Gesellschaft willen. Auch wiesen sie die zur Ausreise Entschlossenen auf die allgemeinen Effekte von Desolidarisierung hin, die durch ihre Entscheidung entstünden. Bei der erhofften Verbesserung und Umgestaltung des Sozialismus würden die Ausreisewilligen dringend gebraucht. Die kirchlichen Appelle, zugunsten der Wahrnehmung humaner Pflichten im Lande zu bleiben, müssen in sich selbst noch nicht kritikwürdig sein. Tatsächlich sind sie bei den Pastoren und Gemeinden auf breite Zustimmung gestoßen. Anzusetzen hat die Kritik aber dort, wo die Appelle an humanitäre Pflichten und das politische Menschenrecht auf Freizügigkeit nicht klar genug auseinandergehalten wurden. Im gleichen Augenblick, in dem an die Bürger der Ruf zum Bleiben erging, hätte an die politische Führung der Ruf zur Einhaltung und Sicherstellung der Menschenrechte ergehen müssen. Das ist nicht geschehen. Im

Februar 1989 hat der Berlin-Brandenburgische Bischof Dr. Gottfried Forck in einem Fernsehinterview der ARD der DDR-Staatsführung sogar anheimgestellt, bestimmte Berufsgruppen (wie Ärzte) von der Ausreise grundsätzlich auszuschließen, damit die angespannte medizinische Versorgungslage nicht weiter zugespitzt würde. Insofern lief die humanitäre „Ethik des Bleibens" unversehens auf eine Unterhöhlung des politischen Menschenrechts auf Freizügigkeit hinaus. Es scheint, als ob der DDR-Protestantismus in seinem Bemühen, den Bürgern humanitäre Solidaritätspflichten gegenüber der Gesellschaft einzuschärfen, nolens volens in die aus der protestantischen Tradition so gut bekannten Visionen von Gemeinschaft zurückgefallen ist.

Ein noch wenig durchleuchtetes Kapitel im Zusammenhang mit den Menschenrechten ist die kirchliche Haltung zu den in der DDR zeitweise oder ständig lebenden Ausländern, insbesondere zu farbigen Ausländern aus Vietnam, Moçambique, Kuba und weiteren Ländern der Dritten Welt. In der offiziellen Staatskultur waren Völkerfreundschaft und internationale Solidarität großgeschrieben. Aber dieser rhetorischpolitischen Wirklichkeit stand keine konstruktive Innenpolitik zur gesellschaftlichen Integration der ausländischen Bürger oder gar zur Schaffung einer (tendenziell) multikulturellen Gesellschaft gegenüber. Die evangelischen Kirchen in der DDR haben dieses Defizit erst relativ spät wahrzunehmen begonnen. Sie haben dann den Ausländern Integrationsflächen auf kirchlicher Ebene angeboten (beispielsweise in den Studentengemeinden) und sich auch auf der Basis von Pilotstudien mit diesem Thema auseinandergesetzt. Trotzdem kann man nicht sagen, daß das Ausländerthema zu einem konstitutiven Bestandteil des kirchlichen Kritik- und Forderungskatalogs geworden wäre. Einen Durchbruch im Problembewußtsein der DDR-Bevölkerung haben die Kirchen in der Ausländerfrage nicht erzielt. Die seit der Wende vom Herbst 1989 offen ausgebrochenen Tendenzen von Ausländerfeindlichkeit (deren Ausmaß man nicht überschätzen soll, die aber auch keineswegs bloß Gerüchte politischer Linkskräfte darstellen), sind ein deutliches Indiz für den Nachholbedarf. Im Nachhinein stellt sich heraus, daß die kirchlichen Aktivitäten gegen Völker- und Rassenhaß einen zu engen Horizont hatten, weil sie sich in erster Linie auf das Verhältnis zwischen Christen und Juden, Deutschen und Israelis konzentrierten (was unter der Last der deutschen Vergangenheit notwendig und verständlich ist). Den wirkungskräftigen Arbeitsgemeinschaften „Kirche und Judentum" in Leipzig, Dresden und anderswo standen keine ähnlich wirksamen Podien im Blick auf den Dialog mit anderen Religionen und Kulturen gegenüber.

Demokratie, Menschenrechte und politische Partizipation der Bürger stehen untereinander in einem unlöslichen Wechselverhältnis. Unter den staatsautoritären Verhältnissen der DDR sind die Kirchen in eine politische Stellvertreterrolle für die nicht handlungsfähigen Bürger eingerückt. Als „Mund der Stummen" haben sie Beachtliches geleistet, ohne freilich an der Staatswirklichkeit selbst etwas ändern zu können. Jenseits affirmierender Klischees ist an dieser Stelle aber wiederum kritisch nachzufragen. Ist den Kirchen in der Wahrnehmung der Stellvertreterrolle hinreichend bewußt gewesen, daß sie eben nur dies – Stellvertreter – zu sein hätten, und daß Politik im modern aufgeklärten Verständnis darauf hinzuarbeiten hat, die Bürger zum Träger des politischen Prozesses zu machen? Welcher Beitrag ist von kirchlicher Seite zur Verlebendigung der politischen Institutionen ausgegangen, z. B. zur Verlebendigung der Parteien außerhalb der SED und der Gewerkschaftsorganisation? Wie fern den Kirchen Gedanken nach dieser Richtung lagen, zeigte sich in einer Zuhörerfrage auf dem Leipziger Kirchentag vom 1./8. Juli 1989. Der Anlaß war ein hochrangig besetztes Podiumsgespräch zum Thema Kirche und Politik auf dem Gelände der Mustermesse in Halle 7. Hätten die verantwortlichen kirchlichen Organisatoren – so die Frage – bei der Vorbereitung des politischen Podiums auch daran gedacht, Politiker der CDU-DDR oder der LDPD einzuladen? Nein, man hätte nicht daran gedacht, beschied man den Fragenden und ließ ihn zugleich empfinden, daß seine Frage einigermaßen absurd sei. Wie könne man als Kirche Repräsentanten der so tief korrumpierten Blockparteien zum gemeinsamen politischen Gespräch bitten? Die moralische und sachliche Qualifikation der Blockparteien war seit der „Machtergreifung" durch die SED in der Frühphase der DDR und seit der Herstellung der „Einheitslisten" in der Tat äußerst zweifelhaft. Ebensowenig zweifelhaft ist aber auch, daß die prinzipielle Abweisung des Gedankens, die Parteien auf der Ebene eines demokratischen Politikverständnisses in die Pflicht zu nehmen und sich demgegenüber in der eigenen kirchlichen Stellvertreterrolle dauerhaft einzurichten, vormodernen Politikvorstellungen entspricht.

Ungeachtet aller inneren wie äußeren Hemmungen und Defizite ist im DDR-Protestantismus eine demokratische Identität emporgewachsen. Bis zu einem gewissen Grade ist sie (und zwar im Nachvollzug der politischen Prozesse in der Bundesrepublik Deutschland über die westlichen Medien) freilich eine „Zuschaueridentität" gewesen. Das Einüben von „Demokratie durch Zuschauen" hat ihre Früchte dann vor allem in der Wende vom Herbst 1989 getragen. Nicht wenige Kirchenmänner und Theologen zeigten sich dem politischen Geschäft über Nacht erstaunlich gut gewachsen. Wichtiger aber und tiefgreifender bei der Demokratisierung des Protestantismus war ein Prozeß, den man als die lebensweltliche Erfahrung von Demokratie beschreiben kann. Gemeint ist das Einsickern einer (quasi-demokratischen) alternativen Subkultur in den Raum der Kirche. Die alternativen Ökologie-, Dritte Welt- und Menschenrechtsgruppen waren es, die unter dem Dach der Kirche diesen lebensweltlichen Erfahrungsprozeß demokratischen Miteinanders in Gang gesetzt haben.[23]

4. Aufklärung als Dauerimpuls

In Kreisen der Ökumene sind die evangelischen Kirchen der DDR nicht selten als vorbildlich hingestellt worden. In ihrem Engagement für Frieden und Abrüstung, ihrem aktiven Einsatz für die leidenden Menschen in der Dritten Welt und in ihrer klaglosen Freudigkeit zur Ausrichtung des christlichen Zeugnisses in einer postchristlichen Gesellschaft hätten sie ökumenische Orientierungsmarken gesetzt. Einige Theologen und Kirchenmänner der DDR haben sich stets gegen derart vergoldende Bilder ausgesprochen und davor gewarnt, Mythen zu erzeugen.

Es wird eines gewissen zeitlichen und sachlichen Abstandes bedürfen, um genau beurteilen zu können, was die evangelischen Kirchen in der DDR an der Nahtstelle der politischen Systeme unter den innenpolitischen Bedingungen des DDR-Systems tatsächlich bewirkt haben. Mancher Gewinn ging mit Verlusten einher und vice versa. War die oft beschworene Vorreiterrolle der evangelischen Kirchen in der Ökumene nicht auch mit einer Lebenslüge nach innen verknüpft? Sie bestand darin, allzu pragmatisch den „real existierenden Sozialismus" hinzunehmen, ohne genauer nachzufragen, was denn „Sozialismus" überhaupt sei und sein könne? Die Erarbeitung von „Brückenbegriffen" zwischen Sozialismus und Christentum meinte weniger den politisch-gesellschaftlichen Grundsatzdiskurs als vielmehr das Einrangieren christlicher Motive in vorgegebene politische Konstellationen – dies gewiß in der Hoffnung, sie zu qualifizieren. Sehr spät erst, im Herbst 1988 und im Frühjahr 1989, ist die Leitformel „Kirche im Sozialismus" auf ihre Tragfähigkeit hin befragt worden.[24]

Auch und gerade unter den Bedingungen der Vereinigung beider deutscher Staaten werden auf den Protestantismus links der Elbe Fragen und Probleme zukommen, die sein Aufklärungspotential betreffen:

---

[23] Kurt Nowak: Der Protestanismus in der DDR – Erfahrungen und Schwierigkeiten auf dem Weg zur Demokratie. In: Zeitschrift für Evangelische Ethik Jg. 1990.

[24] Kirchenoffiziell hat dann Landesbischof Dr. Leich am 5. März 1989 in Jena empfohlen, statt „Kirche im Sozialismus" die Bezeichnung „Evangelische Kirche in der DDR" zu verwenden (Die Kirche vom 26.3.1989; Glaube und Heimat vom 12.3.1989).

in religiöser, in anthropologischer, in politischer Hinsicht. Wie werden die Kirchen mit dem neuen, kirchendistanzierten Protestantismus umgehen, der sich im politischen Umbruch von 1989 in der DDR bemerkbar gemacht hat? Über die Generationen hinweg verschüttete bzw. niedergehaltene Elemente protestantisch-religiöser Sozialisation sind neu aufgebrochen. Zu den wahrhaft erstaunlichen Phänomen im Paradigmenwechsel des Landes zählt auch, daß sich nach der langen Vorherrschaft der marxistisch-leninistischen Ideologie nunmehr in der Tendenz eine „Christlichkeit der Gesellschaft" abzuzeichnen beginnt. Vor Eröffnung der neugewählten Volkskammer gingen die Parlamentarier scharenweise zum Gottesdienst. Unter 400 Abgeordneten der Volkskammer befinden sich 19 ordinierte Pastoren und 2 Theologen. Der Außenminister ist Pfarrer, der Minister für Abrüstung und Verteidigung ebenfalls. Die politischen und sozialen Folgen und Nebenwirkungen von Religion sind derzeit (Mai 1990) in der DDR unabsehbar. Sie fordern zu ungleich genauerer Bestimmung der Funktion von Religion und Kirche im Kontext politisch-gesellschaftlicher Prozesse heraus. Welche Legitimationssysteme stehen einer Gesellschaft im Umbruch zur Verfügung? Wie verhalten sich kirchliche Verkündigung auf der einen, der innerliche und private Charakter moderner Religiosität auf der anderen Seite zueinander? Wie groß ist die Verlockung für die Kirchen, im politischen Aufwind der Wende geistig-spirituelle Monopole in Anspruch zu nehmen? Solche und weitere Fragen lassen sich auf das gesamte Gefüge der Gesellschaft beziehen: auf die Erziehung, auf die Sozialstruktur, auf die Massenmedien, auf die wirtschaftlichen Interessen, auf die nationale Identität usf. In alldem ist der Protestantismus im deutschen Teilstaat links der Elbe in sprunghaft gesteigerter Intensität mit der Herausforderung durch die Aufklärung konfrontiert, wenn denn Aufklärung nicht bloß ein historischer Begriff sein soll, sondern eine Haltung kritisch-mündiger Daseinsgestaltung.

KÁROLY HAFENSCHER, BUDAPEST

The Enlightenment: Challenge towards the Churches

Something about the background as a preamble or introduction

1. I am coming from Hungary – which had been in lime-light in the last year for a while because of the recent political changes. We were the people who lifted up the iron curtain for the refugees of GDR and who got rid of the old Stalinist pattern of Socialism without having a bloody revolution. Our country is after an election – the first free election since 1946 – and faced with a lot of economic and social problems today. Even the position and role of the churches became quite a new one now. New possibilities are at our disposal (in hospitals, schools, jails, press, cultural life, etc.) but we have to struggle with shortage of persons and especially experts in various fields. It is not so easy to define our situation today, so I usually ask foreign guests coming to us: What is going on in Hungary today? I think people coming from outside of our country know the answer to this question better than we do.

2. I am coming out of church*es* in Hungary, of the LCH which is a typical minority church among the so-called historical churches: Roman Catholic Church (membership ca 6 million), Reformed Church (ca 2 million) and we have about 430 000 members. In some respect Hungary has been the *outpost* of Lutheranism in Europe (eastward of the historical Hungary you cannot find Lutheranism anymore in Europe). So this word: Church in our country does not mean automatically the Lutheran Church. Of course, we have some other church bodies, like the orthodox churches and free churches ... Added to that I would like to mention that our LCH today has many problems to tackle with: personal questions as well as issues on principle. This hectic church life has been going on since the time of LWF Assembly, Budapest 1984. – It is not too easy to define what is going on in our church today.

3. I am coming from Budapest the capital of Hungary where I had been serving in a down-town church 35 years up to my retirement in 1989. This congregation is not a typical Lutheran congregation in our country. Our parish mostly consists of educated people so our problem here today is a lively one, too, but I cannot tell you the same about all

other congregations (with exception of two or three other congregations in Budapest).

4. As a conclusion I might put my opinion as a *private* one but it is not quite correct because teaching homiletics and missiology in our theological seminary and editing a monthly (Lelkipásztor) for our pastors; I am not out of real church life even today or not in a position of balcony from where I have nothing else to do just to see the events down on the field. I think I may represent by my presentation many colleagues of mine.

Known or unknown the Enlightenment may be a real problem for our church, too and we can state the same about the secularization – at least for pastors and educated people.

Some definitions

In this short presentation my task may not be to introduce the Enlightenment as a whole, the role of it in the European History, to analyze its influence in the Protestantism and in Roman Catholicism upon Theology and church life since the 17–18th centuries up to now (or e.g. in the atmosphere of the Second Vatican Council or in life of the WCC-Declarations on human rights, peace, justice, ecology or to say something about its role in the LWF reflecting to the Messages of the Assemblies etc).

The task should be narrowed to one aspect: What Enlightenment means as a challenge to the churches ...

Of course we are aware of the tremendous positive influence of the Enlightenment upon the Cultural life in Europe, the Freedom of conscience, opinion, thoughts, the dignity of man, the general principle of religious freedom (e.g. 2nd Vaticans Declaration on the right of the person and of communities to social and civil freedom in matters religious – Dignitatis Humanae), we appreciate the endeavours of Enlightenment towards the Freedom of searching, to know as much as possible by the help of natural sciences ... It would be dishonest to fail to recognize our debt to the Enlightenment. At the same time, knowing its characteristic features, we see the real dangers of the Enlightenment, too: e.g. the absolute belief in human reason, the utilitarism in every territory of life, dreary moralism, trust in man and his omnipotence to ignore the past as a dark age behind us, the limitless optimism in evolution, dreary rationalism in all fields of life ignoring other values of humankind etc. So les Lumières, die Aufklärung, the Enlightenment, Illuminismo of the 18–19th centuries are not accepted without critical remarks on our side

... After this introduction we may use a time-pattern now: saying something about the past, present and future.

I. The past

As far as I see the past correctly, there have been some specialities in Hungary in respect of Enlightenment:

A. The Lutherans were generally enthusiastic in viewing results of Enlightenment in the 18th and 19th centuries. Let us take for example the period of Joseph IInd. – After a bloody time of counter-reformation it is not occasional that the time of Tolerance Edict (1781) was appreciated so highly by the Protestants in the Austrian-Hungarian Monarchy. A step to equality among confessions, new possibilities for erecting church buildings again, teaching in Protestant schools were guaranteed. These events occured not because of real and deep Christian conviction of Joseph IInd but because he was a son of the Enlightenment. It is quite obvious that this emperor-king, his person and deeds were praised by the Protestant church authorities as well as by the average church people. The Protestant sympathy to enlightenment derives out of this historical context ...

B. Theologians of that time – however – were not so happy at all. They could recognize the "poverty-stricken" liturgy, hymnals, even sermons which diminished to rational lectures. Only the rationalist ideas were accepted anywhere in the churches. So the theologians were sorry for this.

A special Protestant temptation was, that they wanted to accomodate to the spirit of the age (Zeitgeist). Although the Roman Catholic Church has also been influenced by the Enlightenment (look at the evidences of Roman Catholic Libraries e.g. in Pannonhalma) it was the Protestants who were in advance of trying to be real children of Enlightenment. There was a common opinion in the Roman Catholic Church in Hungary for a long while even up to the Second World War that the Protestants must have been nothing else but rationalists, individualists and theologically liberalists. E.g. Professor Antal Schütz a well-known systematical theologian in Budapest University between the two world wars who was teaching generations he made Protestants equal to rationalists, individualists, radical critics in exegesis and theologically liberalists. A real strange phenomenon used to be that the educated people in the Protestant churches not only accepted this idea but they were even proud of it and were boasting of being "enlightened Christians". This was rather characteristic of the so-called Protestant

Intelligentia in Hungary. Christian dogmas of the past (even of the Reformation period), old principles of the Christian history were not interesting anymore according to them. And the church as such was taken as an institution of the dark middle-ages and left to the Roman Catholics as something to be ashamed of. Sometimes to be Protestant meant nothing else but to belong to an opposition party because the government was strict Roman Catholic. No positive spiritual content could be found – just this negative attitude among some Protestants ...

C. It is also worthwhile to mention that in Hungary laypeople of that time was influenced by the French enlightenment (the naturalists of the 17th and 18th centuries) and the clergy was influenced by the German rationalism. The naturalism in France is a section out of the movement usually described by the term Enlightenment. It covers the beginning of the new philosophy (Descartes, Spinoza, Hobbes, Voltaire) and the particular movements known as English deism, French naturalism and German rationalism. The English deism – however – did not have an influence upon Hungary. Almost all our theologians as postgraduate students were educated that time in Germany as our church as a whole has been under a German umbrella since the Reformation time up to the last decades.

All through the history of doctrine there has been a problem of properly relating *reason and revelation.* Both revelation and reason had usually been accepted as sources of Christian truth ... The dividing line between these two sources, however, was never absolutely defined and now in the epoch of Enlightenment *reason* succeeded more and more in gaining ground in the foundation of Christian doctrine. One may even see the church history that the renaissance and humanism which for a time had been checked by the Reformation, now in the Enlightenment movement came back again with an irresible force. The influence of Immanuel Kant deserves special attention. Through his 'Critique of Practical Reason' he strengthened the confidence of the age in rationalistic *moralism* as the real essence of Christianity. Kant had many disciples and followers in Hungary ...

In this presentation I cannot go into details but I just want to summarize that in Hungary the Enlightenment parallel with the French revolution was accepted by the educated people, especially by the Protestants, and the German rationalism was accepted and appreciated by the "best" theologians of that age. A danger existed for Protestant Christianity: to loose its identity in order to gain modern people and to accomodate to the spirit of the age. So the challenge got a bad response and reason was overestimated. You should not forget the mere fact that in the official ideology of Marxism in the last decades Enlightenment was highly evaluated and its anti-clerical and anti-religious features were underlined, too. So the Enlightenment for us was not too far away in the near past. It has not ceased to exist in the last century after reaching the top at the end of the 18th and the beginning of 19th centuries. The traces and effects of it could be experienced up to the last time.

II. Something about the present

A great disappointment may be recognized today. Belief in reason disappeared. Naive simple optimism is over, an epoch came to an end. Not only the value of our money diminished but moral values did the same. Values of Enlightenment are not values anymore. Trust in man, in his omnipotence can not be found anywhere ... To believe in a paradise upon the earth in the days to come has proved to be an illusion. What Lesslie Newbigin writes in his book (The other side of 1984 – referring to Orwell's famous vision) is valid in Hungary, too: "Today in spite of some survivers of older view the scene has changed almost completely ... Politicians continue to claim that they have solutions for our problems but their claims are viewed with growing scepticism. It is a strange experience to reread now, near the end of the 20th century, the writings of the 18th century philosophers who had translated the Christian vision of "heavenly city" into a future earthly utopia, who called upon their contemporaries to forget about God and put their hope in a blessed future in which would be realized that happiness which is everybody's right and which God never has been able to provide. *We who are ourselves that future* which was their surrogate for God, can only read their writings now with a sorrow which is hard to express, as though we want to call up the ghosts of the great century and say, "Friends, it was a wonderful dream, but it was only a dream".

In Europe "our culture has been for the past half century divided into two streams – Eastern and Western. The official ideology of the Eastern part and liberal capitalism of the West have their proximate source in the Enlightenment. They both held in their period of confidence the belief in a heavenly city which would be built here on earth – whether by evolutionary progress or by revolutionary conflict" as Lesslie Newbegin puts. "It is significant that the only people who still cherish confidence in the future are the dissidents in each camp. The only convinced Marxists are the dissidents in the West. And the only convinced liberals are the dissidents in the East" Langdon Gulke reminds us.

One may say that it is a *crisis situation* and as such it is not a totally new one. The same was experienced after the first World War and after the Second World War and in Hungary even after 1956. Idols were broken down, principles have not worked as supposed to do. Purposes appeared not to be successful, people became disappointed. There is a spiritual darkness and the pure reason is not enough to solve all the problems. The light of Enlightenment cannot penetrate into all territories of life any more. This time, the present might be a challenge for the church to show real life, to bear witness to the Light of the World, to show the way for the people who are seeking for their own way and to direct them to the right way – that is one of the urgent tasks of the church.

To save from pessimism, to show the meaning of life, to help for a new start – that may be our obligation today. The situation of ours may be characterized as a *fluid* one, under these circumstances we should give a fix point to people.

It is quite obvious in Hungary that with the disappearance of socialism based upon a Marxist ideology the secularization has *not* disappeared. It is still existing (even the secularism might be found). We are over the "secular city" phenomenon as it was described by Harvey Cox (1967) but it has not totally disappeared.

The crisis of our age has had a special literature in Europe as well as in America from Spengler through Sorokin, Berdjaev, Huxley, Unamuno, Orwell, Toffler etc. ... It is worthwhile to analyse the present crisis with the help of these great authors, thinkers, but it is not enough for us Christians, we need something more than diagnosis, we need a therapy.

Facing the present realities we should offer the Christian values to our contemporaries. It is quite sure, that the power of Enlightenment got exhausted and the various ideologies got worn out. People also are tired of. A break-down is totally felt and the spiritual accumulators are run down. I remember what Paul Tillich wrote on the types of anxiety: The anxiety of fate and death, the anxiety of emptiness and meaninglessness, the anxiety of guilt and condemnation. These periods of anxiety are to be considered at a time of crisis. The Enlightenment does not help here, the Christian message may do, or the living Christ certainly does.

"We know that suffering trains us to endure and endurance brings proof that we have stood test and this proof is the ground of hope, such a hope is not a mockery/this hope does not disappoint us, because God's love has flooded our inmost heart through the Holy Spirit He has given us" (Rom 5:5). By citing these verses of the New Testament we arrive to the third part of this presentation.

Something about the future

We are no futurologists, we cannot give an exact prognosis about the future but even as Christians we may deal with the future. As disciples we may have plans or even strategies and we shall be aware of our limits. Remember: The wise king before goes out to fight will sit down first and decide if he is strong enough to face the other king ... And a man who is planning to build a tower sits down and figures out what it will cost to see if he has enough money to finish the job. That is what we read in Lk 14:18-21. That is one side. And the other side is what we read in the parable of the rich fool, to whom God said: "You fool! This very night you will have to give up your life" (Lk 12:20). So why this view of complementarity we try to face future and to meet all our obligations as Christians.

As a matter of fact there are some new phenomena which appear in our horizon. Some new movements and trends present themselves to be volunteers to help modern people in their crisis. They pretend to solve all the problems of people today. At the bottom they are pseudo-religions. We may read a passage out of the LWF booklet on 'Mission Today' (1989) and cite some lines: "Parallel to the resurgence of old religions a number of new religious movements have become part of today's religious scene. These reflect a wide spread search, especially among youth, for religious self-expression outside of the Christian heritage. This trend is particularly visible among many young people looking for a new religious identity in oriental cultures. New religious movements represent a wide range of cults and other religious practices of a syncretistic nature. They include the Unification Church, Hare Krishna and others. These movements usually follow a very authoritarian pattern and tend to lead their followers to introspection without any emphasis on serving people outside their own circles." All these movements together with some extreme charismatic movements in Hungary (the later call themselves Christians or real Christians) drive people to misticism. They have irrational and antirational character on various levels. Now that is the point where I see a role of a new "Enlightenment". The challenge is as follows: The Christians should use their reason not as an idol but as a tool given by God. Reason should not grasp the thrown and occupy it but should be a useful servant in our life. Against all the above mentioned mistical trends Protestants may refer to the sobber reason. If one searches Luther's writings he finds that Luther was aware of the greatness and limitations of the human intellect. Luther was not a humanist like Erasmus, he was not a teacher like Melanchthon, he was a humble Christian who used his reason, too. His dispute with Cardinal Cajetan is well-known. I remind of a sentence he uttered: "In a matter of faith not only is the Council above the Pope but any of the faithful if armed with better authority and *reason*." Another example: After burning the Papal Bull, he said: "Seldom has the Pope overcome anyone with scripture and with *reason*." At Worms he declared: "Unless I am convinced by scripture and plain *reason* ... I cannot and will not recant anything ..." *Reason* in its own sphere – according to Luther – is adequate to tell a man how to conduct life, build houses, govern states. Luther appreciated the natural reason as well as the reason illuminated by the word of God.

I am not a prophet but I see a new challenge for the church in our days to come. Among all mistical movements tomorrow Christianity may proclaim the legacy to the world of human mind to estimate the role of reason, to control the uncertain imaginations in religion. That will be a kind of Christian enlightenment we can accept and that will give real new perspectives for us in the future.

Summary

In the past we failed the examination given by the Enlightenment. At the present we cannot use any arm of the old Enlightenment in order to help modern man. In the future perhaps we may serve with the tools of a Christian enlightenment in the dark mistical world, too.

Martin George, Erlangen

Hilflos zwischen Widerstand, Anpassung und Erneuerung

Französischer Katholizismus und russische Orthodoxie in der Herausforderung durch die Revolutionen von 1789 und 1917

Die Philosophen der Postmoderne weisen darauf hin, daß wir am Ende der Neuzeit als der großen Mobilmachung des Menschen stehen, am Ende der optimistischen und rücksichtslosen Selbstinszenierung des Menschen in dieser vorfindlichen Welt mit dem unbewußten Hang zur Selbstvernichtung.[1] Nicht nur einige Vordenker nehmen „Abschied von der Moderne als Ideologie"[2], von der Überzeugung, daß die Menschheit eine noch nie dagewesene, rationale und gerechte Gesellschafts-, Staats-, Rechts- und Wirtschaftsordnung erdenken, etablieren und in ihr leben könne, wenn sie nur das Alte radikal beseitige, wozu nicht zuletzt Kirche und Christentum gehören. Sich von dieser neuzeitlichen Überzeugung zu verabschieden, die der Französischen Revolution wie der Russischen Oktoberrevolution gleichermaßen zugrundeliegt, bedeutet, sich vom Erbe der Intoleranz der radikalen Aufklärung zu verabschieden, genauso aber auch vom Erbe der religiös motivierten, politisch reaktionären Intoleranz der Kirchen in ihrer Auseinandersetzung mit eben dieser aufklärerischen Radikalität vor, während und nach den Revolutionen. Postmoderne Bescheidenheit und Toleranz sind auch in der historischen Theologie angesagt, nämlich eine Haltung, die die Herausforderung der Kirchen durch die Aufklärung kirchenkritisch be-

---

[1] Vgl. P. Sloterdijk: Eurotaoismus. Zur Kritik der politischen Kinetik. Frankfurt/M. 1989, S. 21–95. Sloterdijk, a.a.O. S. 87 und S. 277–293, und andere Analytiker der Moderne im Anschluß an Jean-François Lyotard sehen darin zugleich ein Ende des Christentums als „geschichtlicher Bewegung", einschließlich des Marxismus als der innerweltlichen Variante des christlichen Messianismus. – Auf diese postmoderne Betrachtungsweise kann hier nicht eingegangen werden. Das Thema dieser Überlegungen ist ein anderes: Phänomene neuzeitlicher Intoleranz im Verhältnis von Staat und Kirche. Das Fernziel kirchenhistorischer Überlegungen zu diesem Thema, ein durch das Bewußtwerden der Irrwege der Neuzeit geläutertes christliches Verständnis von Toleranz in Kirche und Gesellschaft, wäre jedoch auch eine Alternative zum Postulat vom Ende des Christentums als geschichtsbildender Kraft.

[2] P. Koslowski: Die Prüfungen der Neuzeit. Über Postmodernität, Philosophie der Geschichte, Metaphysik, Gnosis. Wien 1989, S. 11–20, bes. S. 13. Als Ideologie bezeichnet Koslowski den „Totalmythos des Fortschritts", der Geschichte als innerweltliche Heilsgeschichte begreift. Hier liegt die Wurzel des neuzeitlichen Totalitarismus, wie er sich ansatzweise im Jakobinismus und deutlich im Marxismus äußert.

leuchtet. Nicht gemeint sein kann damit aber das Vergessen der neuzeitlichen Intoleranz gegenüber den christlichen Kirchen. Den historischen Manifestationen dieser Intoleranz wie der Intoleranz der Kirchen selbst in der Neuzeit nachzugehen ist vielmehr ein Teil ihrer Überwindung. Zum Thema „Die Herausforderung der Kirchen durch die Aufklärung" trage ich in diesem Sinne mit einigen Bemerkungen zum Verhältnis von französischem Staat und katholischer Kirche nach der Revolution von 1789 und zum Verhältnis von Sovetstaat und russischer Orthodoxie in den Jahren nach der Oktoberrevolution 1917 bei.

Wir haben es in der Oktoberrevolution nicht nur mit dem Verhältnis von Marxismus und Christentum zu tun. Ein Vergleich des Schicksals der Kirchen in der Französischen Revolution und nach der Oktoberrevolution zeigt, wie vielfältig die Parallelen im Verhalten der Revolutionäre des 18. und des 20. Jahrhunderts gegenüber den Kirchen und Christen sind und wie eng die Analogien in den gespaltenen Reaktionen der Kirchen auf die Revolutionen. Die folgenden Ausführungen sollen diese Parallelität und die Tatsache aufzeigen, daß es sich beim Verhältnis von Staat und Kirche in Rußland nach 1917 um das Erbe der antiklerikalen und antichristlichen Strömungen der französischen Aufklärung des 18. Jahrhunderts und um das Erbe der kirchlichen Reaktion dagegen handelt – weitgehend ein Erbe gegenseitiger Intoleranz. Die Herausforderung der russischen Orthodoxie durch die bol'ševistische Revolution ist die Zuspitzung ihrer Herausforderung durch die radikale Aufklärung.

Der antiklerikale und antichristliche Charakter der Revolutionen

Die Französische Revolution bediente sich der radikalen Kirchenkritik eines Voltaire als Kampfinstrument. Gekämpft wurde zunächst im Namen des Antiklerikalismus der Aufklärung gegen die von Voltaire kritisierte fanatische Intoleranz des bestehenden Katholizismus und gegen die Privilegien der Kirche als „Priesterbetrug."[3] Diese Kirchenfeindschaft war ein Kollektiv-, ja, ein Massenphänomen in der Französischen Revolution. Die Assemblée constituante schaffte 1789 noch mit Zustimmung ihrer Mitglieder aus der Geistlichkeit die Standesprivilegien des Klerus ab und verstaatlichte die Kirchengüter bei gleichzeitiger Übernahme der Klerikergehälter durch den Staat.[4] Die folgenden

---

[3] A. Latreille: L'Église catholique et la Révolution française. Bd. 1. Paris 1946, S. 15–26.
[4] Dekrete vom 4.8. und 2.11.1789. J. de Viguerie (Christianisme et Révolution. Cinq leçons d'Histoire de la Révolution Française. Paris ²1986, S. 223) weist darauf hin, daß die

Maßnahmen der Konstituante trafen den katholischen Klerus bereits in seinem ekklesiologischen Selbstverständnis und spalteten ihn bewußt durch das Dekret vom 27.11.1790, das den Eid aller Geistlichen im öffentlichen Amt auf die Verfassung und die Gesetze des Staates verlangt, einschließlich der Bestimmungen der Constitution civile du clergé vom 12.7.1790, die die Wahl der Bischöfe und Pfarrer durch die *politische* Wählerschaft der jeweils zuständigen Départements und Gemeinden vorsehen, also die Wahl von katholischen Geistlichen auch durch Nichtkatholiken und Nichtchristen. Eidverweigernde Priester – immerhin die Hälfte der rund 60 000 Gemeindepriester Frankreichs[5] – wurden vielfältigen gesetzlich beschlossenen Verfolgungsmaßnahmen ausgesetzt, von der Zwangsemigration über die Deportation nach Guayana bis zur Hinrichtung.[6] Die Kirche sollte durch diesen Eid eng mit der Revolution verbunden und die kirchliche Disziplin vom revolutionären Staat geregelt werden. Es folgten antiklerikale Maßnahmen der Assemblée législative wie das endgültige Verbot religiöser Orden und die Auflösung von etwa 4000 kleineren Parochien, vor allem aber am 20.9.1792 die Übertragung der Führung der Personenstandsregister auf die Kommunen und die Genehmigung der Eheschließung für Priester und Geschiedene. Die etwa 30 000 konstitutionellen Priester und Bischöfe, die dem Eid auf Verfassung und Gesetze verpflichtet waren, wurden damit in den Konflikt zwischen Treue gegenüber der kirchlichen Tradition oder gegenüber dem Staat gestellt, der auch die *kirchliche* Eheschließung von Klerikern und Geschiedenen als Dienst der staatlich bezahlten Kultdiener forderte. Die kalkulierte Folge dieser Art der Einführung der Zivilehe war die Spaltung des katholischen Klerus in Zölibatäre und selbst Verheiratete, die Opposition des größeren Teils des konstitutionellen Klerus gegen diese Gesetzgebung und ihre Entfrem-

---

Folge der Nationalisierung der Kirchengüter die Schließung vieler Kirchen, außer den Parochialkirchen, bedeutete und insofern schon als erste antikirchliche Maßnahme des Staates gesehen werden kann. Die Geistlichen stimmten dem weniger aus Reue über ihre bisherigen Privilegien bei als vielmehr aus dem patriotischen Motiv, den Staatsbankrott zu vermeiden.
[5] Siehe die Statistik des französischen Klerus 1789–1801 in: P. Christophe: 1789, Les prêtres dans la Révolution. Paris 1986, S. 261.
[6] Übersicht und Einzelheiten der staatlichen Verfolgungsmaßnahmen gegen die katholische Kirche Frankreichs 1789–1799 bei: E. Schleich: Kirche, Klerus, Religion. – In: Die Französische Revolution, hg. R. Reichardt. Darmstadt 1989, S. 172–185; R. Reichardt: Französische Revolution. – In: TRE 11 (1983), S. 401–417; A. Latreille: L'Église. Bd. 1, passim; P. Christophe: 1789, passim; J. de Viguerie: Christianisme, passim; B. Plongeron: Conscience religieuse en Révolution. Regards sur l'historiographie religieuse de la Révolution française. Paris 1969, S. 17–179; Ders.: Les religions persécutées. La Déchristianisation. – In: L'État de France pendant la Révolution. 1789–1799, Hg. M. Vovelle. Paris 1988, S. 240–246.

dung von den Zielen der Kirchenpolitik des revolutionären Staates. Politische Opposition auch der konstitutionellen Priester führte zu den Dechristianisierungswellen des revolutionären Terrors der Jahre 1793 und 1794, die über die massenweise Deportation nach Guayana oder die Ermordung eidverweigernder Kleriker im Jahr 1792 hinaus die Verfolgung und Ermordung auch konstitutioneller Priester als Volksfeinde mit sich brachte, deren massenweise Abdankung vom Priesteramt[7], die Schließung und Plünderung der Kirchen, die weitgehende Einstellung aller öffentlichen Gottesdienste und die Ersetzung des Sonntags durch den Décadi.[8]

Die dem Terror folgende Duldung der konstitutionellen Kirche und der romtreuen Kirche seit 1795 war von der radikalen Trennung von Kirche und Staat begleitet. Der Streichung des staatlichen Budgets für jeden öffentlichen Kult (18.9.1794) folgte im Dekret über die Trennung von Staat und Kirche (21.2.1795) die Bestimmung, daß Kirchengebäude Staatseigentum bleiben und den Kultgemeinschaften vom Staat nicht zur Verfügung gestellt werden. Religiöse Zeremonien und Symbole, darunter auch die Kleidung des Klerus, wurden in der Öffentlichkeit verboten. Ausführungsbestimmungen erlaubten die Überlassung von Kirchengebäuden an Kultgemeinschaften nach der Entscheidung staatlicher Autoritäten bei Zahlung der Unterhaltskosten durch die Kultgemeinschaften.[9] Eine Politik der „guillotine sèche" gegen romtreue und konstitutionelle Priester nahm frühere Verfolgungsmaßnahmen mit Ausnahme der Todesstrafe nach dem 4.9.1797 wieder auf. Gegen den sich erneut artikulierenden Royalismus kirchlicher Kreise wurde ein „Eid des Hasses gegen das Königstum" von allen amtierenden Priestern verlangt. Eidverweigerer wurden wiederum nach Guyana deportiert. Diese Maßnahmen zeigen, daß die Trennung von Staat und

---

[7] Man schätzt, daß von den ca. 29000 konstitutionellen Priestern des Jahres 1793 mehr als 20000, wohl bis zu 24000, Verzichtserklärungen auf das Priesteramt abgaben – das sind mehr als 80%. 6600 von ihnen heirateten. Beides geschah nicht immer unter unmittelbarem Zwang (P.Christophe: 1789, S.142ff. 150f. 261).

[8] Dennoch kann man nicht von einer systematischen und massenhaften Christenverfolgung in der Französischen Revolution sprechen. Von den etwa 50000 im Terreur Hingerichteten oder spontan Getöteten sind etwa 2000 wegen der Praxis ihres christlichen Glaubens umgekommen (J.de Viguerie: Christianisme, S.253). Die antiklikalen Maßnahmen und die Dechristianisierungswellen 1793/94 entspringen auch dem Umbruch der Mentalitäten sehr breiter Bevölkerungskreise, nicht nur der politischen Führung und den Sansculotten. Vgl. die Studien M.Vovelles: Die Französische Revolution – Soziale Bewegung und Umbruch der Mentalitäten. München, Wien 1982; Religion et Révolution. La déchristianisation de l'an II. Paris 1976; La Révolution contre l'Église. De la Raison à l'Être Suprême. Paris 1988.

[9] Z.Giacometti: Quellen der Geschichte der Trennung von Staat und Kirche. Tübingen 1926, S.24ff.

Kirche ihre Grenzen an der politischen Haltung des Klerus fand. Hier beanspruchte der Staat Richtlinienkompetenz in der Kirche.

Einen antiklerikalen Charakter offenbart auch die gesetzliche Regelung der Trennung von Staat und Kirche durch die Pariser Kommune. Deren Dekret vom 2.4.1871 konstatiert in dem Bewußtsein, „daß der Klerus Komplize der Verbrechen der Monarchie gegen die Freiheit gewesen ist", nicht nur die Trennung der Kirche vom Staat, sondern auch die Abschaffung des Kultusbudgets und die Nationalisierung der mobilen und immobilen Güter der religiösen Gemeinschaften ohne Entschädigung oder weiteres Nutzungsrecht. In den folgenden Wochen bis zum Ende der Kommune konnten nur in 33 von 67 Pariser Kirchen Gottesdienste stattfinden. Die übrigen Kirchen wurden geschlossen oder zweckentfremdet; über 200 Priester wurden verhaftet.[10]

Eine Spätfolge der antiklerikalen Intentionen der Französischen Revolution war das Gesetz über die Trennung von Kirche und Staat vom 9.12.1905, mit dem die Bestimmungen der Trennungsdekrete von 1795 und 1871 zum Staatsgesetz der Dritten Republik erhoben wurden. Zwar wurden die staatlichen Kirchengebäude teilweise den religiösen Gemeinschaften zur Kultausübung überlassen, aber erst nach der oft gewaltsam verlaufenen Inventarisierung aller Kultgegenstände und unter dem Vorbehalt polizeilicher Erlaubnis. Begleitet waren diese Maßnahmen von der Säkularisierung der christlichen Elementar- und Oberschulen, von der Aufhebung oder der Selbstauflösung aller religiösen Orden und von der Ausweisung von rund 10 000 Ordensleuten aus Frankreich.[11]

Ohne Zweifel haben gerade die laizistischen Maßnahmen der Französischen Republik bis 1905 gegen den royalistischen Einfluß der katholischen Kirche auf die Religionspolitik der Sovetmacht seit 1917 beispielgebend gewirkt. Die Bestimmungen des Dekrets des Rats der Volkskommissare über die Trennung der Kirche vom Staat und der Schule von der Kirche vom 23.1.1918 decken sich weitgehend mit dem französischen Trennungsgesetz von 1905.[12] Aber wie dieses Gesetz die Traditionen von 1795 und 1871 aufnimmt, so geht auch der antiklerikale und antichristliche Charakter der bol'ševistischen Religionspolitik auf die kämpferische Mentalität der radikalen Aufklärung des 18. Jahr-

---

[10] Z. Giacometti: Quellen, S. 97 f.; W. Serman: La Commune de Paris (1871). Paris 1986, S. 389–397.

[11] Vgl. J. Gadille: Die Trennung von Kirche und Staat in Frankreich. – In: Handbuch der Kirchengeschichte, Hg. H. Jedin. Bd. VI/2. Freiburg, Basel, Wien 1985, S. 527–538.

[12] Der Text des Dekrets in: Die Orthodoxe Kirche in Rußland. Dokumente ihrer Geschichte (860–1980), Hg. P. Hauptmann und G. Stricker. Göttingen 1988, S. 648 f. (im folgenden: Dokumente).

hunderts zurück. Die Maßnahmen der Französischen Revolution gegen die Privilegien der Kirche bis zum Massenterror gegen Christen überhaupt haben ihre Entsprechungen im revolutionären Rußland und in der Sovetunion von 1917 bis zum Ende der dreißiger Jahre. Die in diesem Bereich stellenweise zu beobachtende Wiederholung der Geschichte hat ihre Ursache darin, daß die Führer der Oktoberrevolution die Jakobiner als die Bol'ševiki des 18. Jahrhunderts betrachteten und ihren eigenen Kampf gegen Weißgardisten und jegliche andere Opposition in historischer Analogie zum Terreur der Jakobiner gegen Royalisten, Girondisten und gegen die Kirche sahen. Für Lenin[13] und Trockij[14] war diese Analogie bestimmend für ihre Organisation und Legitimation des roten Terrors. Die antiklerikalen und antichristlichen Maßnahmen von 1789 bis 1799 haben Vorbildcharakter für sie, vor allem der Terror als Mittel zur Beschleunigung der revolutionären Zerstörung der Kirche. Lenin präsentierte 1921 in einer Bilanz der „Reinigung" der russischen Gesellschaft von den Relikten der Vergangenheit die Oktoberrevolution als gründlicher und erfolgreicher als die Französische Revolution und den Bol'ševismus als Erfüller des Jakobinismus.[15]

Die historischen Analogien lassen sich an einzelnen Maßnahmen der Sovetmacht gegen die Russische Orthodoxe Kirche verfolgen. Sie begannen 1918 wie 1789 mit der Verstaatlichung des gesamten Kirchenvermögens einschließlich der Kirchengebäude und deren Überlassung zur Nutzung an Kultgesellschaften nach der Entscheidung staatlicher Behörden. Den Kirchen wurde das Recht aberkannt, Eigentum zu besitzen.[16] Analog zur Verfolgung der eidverweigernden Priester seit 1791 und der suspekten konstitutionellen Priester seit 1793, die kein vor Verfolgungsmaßnahmen schützendes „certificat de civisme" erhielten, wurden in Rußland nach der Oktoberrevolution Kleriker nicht als loyale Bürger behandelt, sondern als Revolutionsfeinde diskriminiert. Die Verfassung der Russischen Sovetrepublik vom 10.7.1918 entzieht

---

[13] D. Colas: Lénine: un fils de 89. – In: L'État de France (s. Anm. 6), S. 532–536.
[14] I. Deutscher: Trotzki. Bd. II. Stuttgart ²1972, S. 330–332.
[15] D. Colas: Lénine, S. 535.
[16] Dokumente, S. 649. Übersicht und Einzelheiten der sovetischen antireligiösen Gesetzgebung, Politik und praktischer Verfolgungsmaßnahmen bei: A. Kischkowsky: Die sowjetische Religionspolitik und die Russische Orthodoxe Kirche. München 1957; J.S. Curtiss: Die Kirche in der Sowjetunion (1917–1956). München 1957; N. Struve: Die Christen in der UdSSR. Mainz 1965; O. Luchterhand: Der Sowjetstaat und die Russisch-Orthodoxe Kirche. Eine rechtshistorische und rechtssystematische Untersuchung. Köln 1976; D. Pospielovsky: The Russian Church under the Soviet Regime 1917–1982. Bd. I. Crestwood, N.Y. 1984; Ders.: A History of Soviet Atheism in Theory and Practice, and the Believer. Bd. I: A History of Marxist-Leninist Atheism and Soviet Antireligious Policies. London 1987. Bd. II: Soviet Antireligious Campaigns and Persecutions. London 1988.

den Geistlichen aller Kulte als bourgeoisen Klassenfeinden das aktive und das passive Wahlrecht.[17] 1929 verlieren sie alle weiteren bürgerlichen Rechte, u.a. ihr Anrecht auf Lebensmittelmarken und ärztliche Hilfeleistung, was einem ökonomischen Todesurteil oft gleichkam.[18] Lenin ordnete in einem Geheimschreiben an das Politbüro der Kommunistischen Partei den roten Terror gegen die orthodoxe Geistlichkeit an, „die erbittertste und schonungsloseste Schlacht", die die „reaktionäre Geistlichkeit ... in einigen Jahrzehnten nicht vergessen wird."[19] Allein im Jahre 1922, nach Beendigung des Bürgerkrieges und im Gefolge der erzwungenen, oft gewaltsamen Konfiszierung kirchlicher Wertgegenstände zum Ankauf von Getreide im Ausland während der Hungersnot in Rußland, fielen diesem Terror 2691 Weltpriester, 1962 Mönche und 3447 Nonnen, also insgesamt 8100 Kleriker und monastisch lebende Christen zum Opfer, die in Prozessen verurteilt wurden,[20] dazu etwa 15000 Christen ohne Urteil – Zahlen, die 1989 erstmals in der Sovetunion veröffentlicht wurden.[21] Die quantitativen Vorgaben des antiklerikalen Terrors der Französischen Revolution (die Septembermorde von 1792 an 300 in Pariser Gefängnissen internierten eidverweigernden Geistlichen und die Opfer von 1793 und 1794, zusammen etwa 2000 Christen[22]) wurden schon in den frühen zwanziger Jahren in der Russischen Sovetrepublik und in der UdSSR völlig gesprengt. Die Grenze der historischen Analogie zur Französischen Revolution ist mit diesen Zahlen schon angezeigt. Die antiklerikalen Maßnahmen während der Französischen Revolution wurden nicht einfach wiederholt, sondern weit überboten. Seit der Hungersnot von 1921/22 – also seit dem Terror *nach* dem Bürgerkrieg – wird man von einer systematischen, staatlich geplanten und in großem Maßstab durchgeführten Verfolgung von Christen in Rußland und in der Sovetunion sprechen müssen. Gegenüber dem teils spontanen, regional sehr unterschiedlichen, von Volksmengen getragenen Terreur der jakobinischen Phase der Französischen Revolution handelt es sich bei den Maßnahmen der Bol'ševiki um zentral gelenkten, langfristig und massenweise eingesetzten, taktisch überlegten Terror staatlicher Organe und der Parteikader gegen Christen, auch wenn das antikirchliche Ressentiment breiterer Bevölkerungskreise zur Unterstützung herangezogen wurde. Aus dem antichristlichen Jakobinismus war antichristlicher Totalitarismus geworden.

---

[17] Dokumente, S.657.
[18] N.Struve: Christen, S.51.
[19] Dokumente, S.674f.
[20] Nach Angaben des damals regimetreuen und der Übertreibung kaum verdächtigen Bischofs der Lebendigen Kirche, Nikolaj Solovej. Vgl. N.Struve: Christen, S.41.
[21] Ogonëk 34/1989, S.26.
[22] S.o.Anm.8.

Lenins Antiklerikalismus, der die Geistlichen nur als Popen, Dummköpfe, Vertreter und Gendarmen der alten Ordnung und Mitschuldige an den desolaten sozialen Verhältnissen in Rußland betrachtet[23], ist verbunden mit einer dem Pathos der radikalen Aufklärung verpflichteten Sicht des Christentums und der Religion überhaupt als geistigem Joch, als Opium und Fusel für das Volk, einem Phänomen, das für die Kommunistische Partei nie Privatsache sein könne, sondern dem sie mit der kämpferischen Propaganda des Atheismus als notwendigem Teil des Klassenkampfes begegnen müsse.[24] Dem trug die Massenpropaganda des Gottlosenverbandes Rechnung, staatlich forciert von ihren Anfängen 1922 bis zu ihrem Höhepunkt in den frühen dreißiger Jahren und bis zur im zweiten Fünfjahresplan 1932-1937 projektierten, dem Gottlosenverband von der Kommunistischen Partei aufgetragenen völligen Ausrottung der Religion bei gleichzeitiger Durchführung säkularer Ersatzriten.[25] Dies sind Analogien zu den populären Propagandaschriften der neunziger Jahre des 18. Jahrhunderts, die die „défanatisation" der Massen zum Ziel hatten, zu den Umzügen und Spektakeln dieser Zeit, die das Christentum als Aberglauben verächtlich machten, und zur kurzfristig forcierten Einführung der Vernunftreligion und der Verehrung des höchsten Wesens im revolutionären Frankreich.

Eine Parallele zur Französischen Revolution drängt sich weiter bei der staatlich initiierten Spaltung der russischen Orthodoxie in Patriarchatskirche und Erneuererkirche im Jahr 1922 auf.[26] Hier wie 1790 beim Priestereid ging es dem Staat neben der beabsichtigten Schwächung der Kirche durch Spaltung darum, die Geistlichen zu loyalen Staatsdienern zu machen, bis hin zu deren Propaganda- und Informationsdienst. Und wie aus den Maßnahmen gegen die Eidverweigerer 1793 der Terror auch gegen konstitutionelle Geistliche und gegen das Christentum insgesamt wurde, so wurde aus dem Kampf der Sovetmacht gegen die Geistlichkeit der Patriarchatskirche als Konterrevolutionären und Vertretern der Vergangenheit spätestens seit 1929 die Repression *aller* Geistlichen, einschließlich der Erneuerer, und der Kampf um die Ausrottung des Christentums in allen seinen Manifestationen auch im Privatleben in den großen Verfolgungswellen 1929-1930 vor

---

[23] Vgl. E. Bryner: Religionskritik und Religionspolitik bei Lenin. - In: H.-J. Braun, E. Bryner, N. Meienberger: Religionskritik und Religionspolitik bei Marx, Lenin, Mao. Zürich 1985, S. 59-114, hier bes. S. 80. 96.
[24] W. I. Lenin: Sozialismus und Religion. - In: Ders.: Über die Religion. Eine Sammlung ausgewählter Aufsätze und Reden. Berlin ⁷1968, S. 6-12, hier S. 6-10.
[25] A. Kischkowsky: Religionspolitik, S. 44-47. 56-62; J. S. Curtiss: Kirche, S. 223-273.
[26] Zu den Beziehungen der Erneuerer zum Staat vgl. D. Pospielovsky: Russian Church. Bd. I, S. 43-92; R. Stupperich: „Živaja Cerkov'" - Ein Kapital der neueren russischen Kirchengeschichte. - In: Kirche im Osten 3 (1960), S. 72-103.

allem auf dem Land, 1932-1934 vor allem in den Städten und 1936-1939 während der geplanten Liquidierung jeglicher Relikte von Religion, stets unter Wahrung einer scheinbaren Neutralität des Staates gegenüber den Religionen.

Die Gründlichkeit der Atheisierung der Sovetgesellschaft ist in vielen ihrer Ergebnisse analogielos. 1939 waren in der Sovetunion weniger als 2,5 % der 40 000 orthodoxen Kirchen von 1920 noch geöffnet. 1941 waren nur noch etwa 5 % der 60 000 orthodoxen Priester von 1930 tätig. Nach vorsichtigen Schätzungen wurden 5000 bis 10 000 Kleriker von 1918 bis 1929 und 30 000 bis 35 000 oder auch 45 000 von 1930 bis 1941 exekutiert oder in Lagern gefangengehalten, bei einer Überlebensrate der Häftlinge von 10 bis 20 %.[27] Zwischen 28 000 und 50 000 Kleriker wurden demnach Todesopfer der Religionspolitik von der Oktoberrevolution bis zum Kriegsbeginn 1941. Die Zahl der Todesopfer der Entkulakisierung und der Stalinschen Säuberungen in den dreißiger Jahren, die eine unbekannte Zahl christlicher Laien mit umfaßt, schätzt man heute auf wenigstens 15 Millionen.[28]

Die bol'ševistische totalitäre Methode antikirchlicher und antichristlicher Politik erzielte weit höhere Opferraten als die jakobinische. Aber die Intoleranz in Theorie und Praxis gegenüber Kirche und Christentum als Vertretern der alten Ordnung und eines unaufgeklärten Obskurantismus – das ist ein gemeinsamer Nenner der Religionspolitik der Revolutionäre nach 1789 und nach 1917.

Die Privilegien der Kirchen und ihre inneren Spannungen vor den Revolutionen

Ein wesentlicher Grund für die Wendung der Französischen und der Russischen Revolution gegen Kirche und Christentum ist die privilegierte Stellung der katholischen bzw. der orthodoxen Kirche als Staatsreligion in der vorrevolutionären Ordnung. Im absolutistischen Frankreich des 18. Jahrhunderts war der öffentliche Gottesdienst für andere Religionsgemeinschaften als die katholische Kirche verboten. Reformierte Christen und Juden litten unter diesem Verbot. Religiöse und weltanschauliche Toleranz wurde in der vorrevolutionären katholischen Kirche weitgehend mit Atheismus gleichgesetzt. Die privilegierte Einbindung der katholischen Geistlichkeit als des Zweiten Standes in das absolutistische Staatssystem verhinderte eine Distanz zum interoleranten Staat wie auch jede Selbstreform der feudalen Sozialstruktur der

---

[27] D. Pospielovsky: Russian Church. Bd. I, S. 174-177.
[28] G. Nilov (A. Kravcov): Grammatika Leninizma. London 1990, S. 203-206.

Kirche, etwa der Tatsachen, daß der Episkopat nur aus Adligen bestand oder daß 10% des französischen Territoriums zum kirchlichen Landbesitz gehörte. Spannungen zwischen dem Episkopat mit seinem mondänen Gebaren und seinem aristokratischen Dünkel und dem bürgerlichen Pfarrklerus mit seinem niedrigen Einkommen und seiner auf die Parochie beschränkten Verantwortung wurden im 18. Jahrhundert immer offensichtlicher. Folge waren nicht nur gewerkschaftsähnliche Zusammenschlüsse von Priestern, die eine Verbesserung ihrer wirtschaftlichen Lage erreichen wollten. Priester forderten auch in der Tradition des Gallikanismus und jansenistischer Kreise mehr Mitsprache in der Gesamtkirche und eine Einschränkung der bischöflichen Vollmachten. Erwähnt sei hier nur die presbyteriale Ekklesiologie des Edmond Richer vom Anfang des 17. Jahrhunderts, die in der zweiten Hälfte des 18. Jahrhunderts zu Forderungen von Teilen des Pfarrklerus nach ihrer stimmberechtigten Teilnahme an Diözesansynoden und ökumenischen Konzilien führte.[29] Diese Entwicklungen tragen zur Erklärung des Umstandes bei, daß der Großteil des niederen Klerus die Revolution 1789 begrüßte.

Die Staatsreform Peters d. Gr. hatte die Russische Orthodoxe Kirche ebenfalls zur privilegierten Stütze des Staates instrumentalisiert. In Rußland war in den Jahrzehnten vor der Revolution die sakrosankte Verbindung von Autokratie des Zaren, Orthodoxie und russischem Volkstum verantwortlich für den ausgeprägten Antisemitismus und die weltanschauliche und politische Intoleranz orthodoxer Geistlicher. So gehörten zu den von Lenin nach der Revolution bekämpften „Schwarzhundertschaften" auch viele orthodoxe Kleriker als Angehörige des „Bundes des russischen Volkes" und anderer monarchistisch-reaktionärer Vereinigungen, die sich die Ausschaltung reformerischer Kräfte in der russischen Gesellschaft nach der Revolution von 1905 zum Ziel gesetzt hatten. Der Heilige Sinod der Russischen Orthodoxen Kirche hatte dieses rechtsextreme politische Engagement den Bischöfen und Priestern in einer Verfügung vom 15.3.1908 sogar angeraten und gesegnet, die Mitarbeit von Klerikern in „antistaatlichen und antikirchlichen Parteien" – also in allen nichtmonarchistischen Organisationen – aber gleichzeitig verboten.[30] Politisch und administrativ war der Klerus völlig dem Staat unterstellt. Die Kontrolle und Leitung der kirchlichen

---

[29] Vgl. R. Aubert: Die katholische Kirche und die Revolution. – In: Handbuch der Kirchengeschichte. Hg. H. Jedin. Bd. VI/1. Freiburg, Basel, Wien 1985, S. 1–99, hier S. 17–23. Zum Richerismus vor der Revolution vgl. E. Préclin: Les Jansénistes du XVIIIe siècle et la Constitution civile du clergé. Paris 1929, bes. S. 2–11.274.458.

[30] Dokumente, S. 601 f.; J. S. Curtiss: Church and State in Russia. The Last Years of the Empire, 1900–1917. New York 1940, S. 270 ff.

Angelegenheiten durch den Staat war durch die Vollmachten des Oberprokurors, des Regierungsbeauftragten, der den Heiligen Sinod und damit die Geschicke der orthodoxen Kirche leitete, im 19. Jahrhundert vollendet worden. Instrumente der Herrschaft des Staates über die Kirche waren auch die Privilegien der schwarzen, bischöflichen Geistlichkeit und die Armut und innerkirchliche Machtlosigkeit der weißen Pfarrgeistlichkeit. Erhebliche Spannungen zwischen Episkopat, Weltklerus und Kirchenvolk waren auch hier wie im vorrevolutionären Frankreich die Folge. Weiße Geistlichkeit, Laien und sogar einige Bischöfe forderten eine Demokratisierung der Kirche auf allen Ebenen, Wahlen der Priester durch ihre Gemeinden, Wahlen der Bischöfe durch Klerus und Laien der Eparchie und die Wahl eines Heiligen Sinods und unter Umständen auch eines Patriarchen als Kirchenleitung durch Bischöfe, Weltpriester und Laien gemeinsam.[31] Nach dem Scheitern der Kirchenreformpläne von 1905/1906 entstanden Priestergruppen mit noch radikaleren Forderungen. Die Petersburger „Gruppe der 32" forderte 1905 die paritätische Vertretung von Klerikern und Laien auf dem angestrebten Landeskonzil, den Verzicht auf die Wiederherstellung eines mit der kirchlichen Konziliarität (sobornost') nicht zu vereinbarenden Patriarchats, den verheirateten Episkopat und die Möglichkeit der Wiederheirat für Priester sowie die Trennung von Kirche und Staat. Später erhob sie auch gesellschaftspolitische Forderungen, nämlich den Schutz der Arbeiter und Bauern vor dem Kapital und dem Großgrundbesitz als gesamtkirchliche Pflicht und Aufgabe der orthodoxen Geistlichkeit. Einige Priester engagierten sich nach 1905 bei den nichtmonarchistischen Parteien und wurden Konstitutionelle Demokraten, Trudoviki, Sozialrevolutionäre und erarbeiteten ein Programm für einen russischen christlichen Sozialismus. Sie wurden aber von der Kirchenleitung der geistlichen Würden entkleidet und konnten bis 1917 nicht in der kirchlichen und gesellschaftlichen Öffentlichkeit wirken.[32]

---

[31] Vgl. I. Smolitsch: Geschichte der russischen Kirche 1700–1917, Bd. 1. Leiden 1964, S. 209–221. 306–330; G. Simon: Zwischen Reformwillen und Reaktion. Kirche, Staat und Gesellschaft am Vorabend der Russischen Revolution. – In: Ders.: Die Kirchen in Rußland. Berichte – Dokumente. München 1970, S. 9–42. 207–210; F. Jockwig: Die Situation der russischen orthodoxen Kirche am Ende des 19. Jahrhunderts. – In: Tausend Jahre Christentum in Rußland. Zum Millennium der Taufe der Kiever Rus'. Hg. K. Ch. Felmy u. a. Göttingen 1988, S. 401–419.

[32] I. Smolitsch: Der Konzilsvorbereitungsausschuß des Jahres 1906. Zur Vorgeschichte des Moskauer Landeskonzils von 1917/1918. – In: Kirche im Osten 7 (1964), S. 53–93, hier S. 60–64; G. Simon: Reformwillen, S. 28–30. – Die Forderung nach strikter Trennung von Staat und Kirche wurde schon im Rahmen der Petersburger „Religiös-Philosophischen Versammlungen" 1901–1903 erhoben (J. Scherrer: Die Petersburger Religiös-Philosophischen Vereinigungen. Die Entwicklung des religiösen Selbstverständnisses ihrer Intelligencija-Mitglieder (1901–1917). Berlin 1973, S. 109).

Nach der Februarrevolution 1917 wurden diese Forderungen wieder publiziert und waren akut.[33] Die langen latenten Spannungen zwischen episkopalen und presbyteralen ekklesiologischen Vorstellungen und zwischen monarchistischen und demokratischen bzw. sozialistischen politischen Anschauungen innerhalb der orthodoxen Geistlichkeit traten offen zutage. Sie trugen zur gespaltenen Antwort der Orthodoxie auf die Oktoberrevolution bei.

Im Vergleich der vorrevolutionären Entwicklungen ergeben sich trotz wichtiger Unterschiede, etwa im politischen Engagement der Weltpriester, wesentliche gemeinsame Kennzeichen der katholischen Kirche Frankreichs im ancien régime und der Russischen Orthodoxen Kirche in der ausgehenden Zarenzeit: Die Identifikation mit einem intoleranten Staat, der Genuß von Privilegien auf der Grundlage religiöser Intoleranz und innere Spannungen zwischen Episkopat und Weltklerus aufgrund fehlender innerkirchlicher Konziliarität oder Demokratie. Das sind Charakteristika der Intoleranz seitens der Kirchen, die die antichristliche Wendung der Revolutionen wie auch die Gespaltenheit der kirchlichen Reaktionen auf sie erklären.

Die kirchlichen Reaktionen auf die Revolutionen zwischen Widerstand, Anpassung und Erneuerung

Die katholische Kirche Frankreichs spaltete sich, als sie gefordert war, auf die Gedanken und Maßnahmen der Revolution einzugehen. Nach längerem Zögern verurteilte Papst Pius VI. am 10.3.1791 die Zivilkonstitution des Klerus als „tödliche Verletzung der göttlichen Konstitution der Kirche". Am 13.4.1791 verurteilte er genauso streng die Erklärung der Menschenrechte durch die Konstituante als unvereinbar mit der katholischen Staats- und Gesellschaftslehre.[34] Damit war nicht nur aus ekklesiologischen, sondern auch aus politischen Gründen der Widerstand gegen die Französische Revolution erklärt. Romtreue eidverweigernde Priester und royalistische Laien in Frankreich und im Exil wurden seitdem von den Revolutionären nicht grundlos als gemeinsame politische Feinde bekämpft. Politischer und religiöser Kampf verwickelten sich unauflösbar.

Zu diesem Widerstand im Kontrast steht die Anpassung und Unterwerfung der großen Mehrheit der jureurs, derjenigen Priester, die seit 1790 den geforderten Eid auf die revolutionäre Verfassung und die Gesetze des Staates trotz dessen Eingriffe in die kirchliche Autonomie ab-

---

[33] G. Simon: Reformwillen, S. 30 f.
[34] R. Aubert: Kirche, S. 29–32.

legten, die seit 1792 die staatlich gewährte Möglichkeit der Priester- und Bischofsehe guthießen und in nicht geringer Zahl persönlich vollzogen (sei es aus innerer Überzeugung, sei es, um ihren Beruf weiter öffentlich ausüben zu können, oder auch nur, um ihr Leben zu retten), die dann 1793 und 1794 massenweise abdankten und danach Laien blieben oder, wenn sie nach der Zeit der Dechristianisierung wieder als Priester tätig wurden, 1797 den verlangten Eid des „Hasses gegen das Königtum" ablegten.[35]

Als dritte Haltung davon zu unterscheiden ist die Erneuerung der katholischen Kirche im Rahmen der neuen Gesetzgebung, eine Erneuerung, die an die gallikanischen, jansenistischen und richeristischen Traditionen im französischen Klerus des 18. Jahrhunderts anknüpfte und an deren Berufung auf die Ordnungen der Alten Kirche. Sie läßt sich nicht auf opportunistische Anpassung an die Ideale der Revolutionäre reduzieren, wenn auch viele konstitutionelle Priester zwischen erzwungener Anpassung, republikanischen Überzeugungen und theologisch begründeter Erneuerung der Kirche schwankten. Zur Erneuerung nach altkirchlichem Vorbild zählen vor allem die Beschlüsse des Ersten Nationalkonzils der sich nun Gallikanische Kirche nennenden ehemaligen konstitutionellen Kirche vom 15.8. bis 12.11.1797 über die Wahl der Bischöfe durch den Klerus und das gesamte Kirchenvolk der Diözesen und über die Wahl der Pfarrer durch die Parochien. Dazu gehören aber auch Reformen im Geist apostolischer Einfachheit wie der Verzicht auf für den Gottesdienst entbehrliche Kirchenschätze oder die Abschaffung kirchlicher Ehrentitel und Orden.[36]

Eine analoge Spaltung der Antwort auf die Revolution ist in der russischen Orthodoxie der zwanziger Jahre unseres Jahrhunderts zu konstatieren. Den Widerstand gegen die ersten antikirchlichen Maßnahmen der Sovetregierung artikulierten das während der Oktoberrevolution tagende Landeskonzil der Russischen Orthodoxen Kirche und der kurz nach der Revolution am 18.11.1917 gewählte Patriarch Tichon in seinen frühen Verlautbarungen auf eine Weise, die das Anathema über die gottlosen Revolutionäre als Vertreter des Antichrist auf Erden und den Aufruf an die orthodoxen Christen zum Martyrium mit Angriffen auf die Innen- und Außenpolitik der Sovetregierung verband.[37] Zwar wahrte der Patriarch persönlich seit Oktober 1919 (also zwei Jahre

---

[35] A.a.O., S.42f. Zu den Zahlen s.o. Anm.7
[36] E. Préclin, Jansénistes, S.529-532; A. Latreille: L'Église. Bd.1, S.226ff.
[37] Vgl. Dokumente, S.640f. 650f. (Konzil), 646f. 662f. (Tichon). Innenpolitisch wurden den Bol'ševiki Habgier und Raub fremden Besitzes wegen ihrer Enteignungen, außenpolitisch Vaterlandsverrat wegen ihres Friedensschlusses mit Deutschland vorgeworfen.

nach seinem Amtsantritt) Neutralität im Bürgerkrieg.[38] Aber die antikommunistische Position eines nicht unbedeutenden Teils der orthodoxen Geistlichkeit in den Gebieten der Weißen im Bürgerkrieg wie der Aufruf der Emigrantensynode in Karlovcy 1922 zum militärischen Eingreifen ausländischer Mächte in Rußland und zur Wiedererrichtung der Zarenherrschaft waren offene Formen kirchlichen politischen Widerstandes.[39] Auch hier verflochten sich wie in Frankreich nach 1789 durch die Haltung maßgeblicher Geistlicher politischer und religiöser Kampf unauflösbar. Motive der politischen Reaktion waren mitbestimmend in der frühen kirchenoffiziellen Ablehnung und Bekämpfung der Revolution.

Die andere Reaktion auf die Revolution waren Anpassung und Unterwerfung. Dazu zählen die politische Reueerklärung des Patriarchen Tichon vom 16.6.1923, sein Aufruf zum Gebet für die Sovetregierung vom August 1923 und sein Testament von 7.4.1925 mit der „aufrichtigen Begrüßung" der Sovetmacht.[40] Dazu zählt die Erklärung der unbedingten Loyalität und Ergebenheit gegenüber der Sovetregierung durch den stellvertretenden Patriachatsverweser Metropolit Sergij vom 29.7.1927, die er für alle Geistlichen und Laien der orthodoxen Kirche abgegeben hatte und die de facto den Verzicht auf jede kirchliche Autonomie vom Staat und auf jegliche kirchliche Aktivität außerhalb des Kultus bedeutete.[41] Dazu zählen aber auch die Beschlüsse des Konzils der Erneuererkirche von 1923[42] und zahlreiche weitere Aufrufe der Erneuerer, die den Kampf gegen den Kapitalismus zur Christenpflicht machen und die Sovetmacht dafür preisen, daß sie die Ideale des Reiches Gottes verwirkliche. In diesen und vielen weiteren Verlautbarungen machten sich Geistliche der Patriarchatskirche und der Erneuererkirchen wie seinerzeit die konstitutionellen Priester in Frankreich zu Dienern eines militant antichristlichen Staates.

Die dritte Haltung zwischen Widerstand und Anpassung war die Selbsterneuerung der russischen Orthodoxie in Anknüpfung an die Reformdiskussion der Jahre um 1905. Zu nennen ist hier an erster Stelle

---

[38] Dokumente, S. 665 f.
[39] D. Pospielovsky: Russian Church. Bd. I, S. 116–118.
[40] Dokumente, S. 694 f. 703. 707–711. Zur Frage der Echtheit des Testaments vgl. R. Rössler: Kirche und Revolution in Rußland. Patriarch Tichon und der Sovetstaat. Köln, Wien 1969, S. 194–228. In seinem ersten Aufruf an die orthodoxen Christen nach seiner Reueerklärung und Haftentlassung ging Tichon sogar soweit, die Sovetregierung zu bitten, zum Schutz der bedrängten Orthodoxen in Polen zu intervenieren (Dokumente, S. 696). Hier scheint sogar schon erstmals die Vorstellung von einem Zweckbündnis von Sovetmacht und Orthodoxie vorzuliegen.
[41] Dokumente, S. 726–730.
[42] A. a. O., S. 686 f.

das Landeskonzil der Russischen Orthodoxen Kirche 1917-1918 mit seinen Beschlüssen über die aktive Rolle des Weltklerus und der Laien, vom Statut der Ortsgemeinde über die Wahl der Bischöfe bis zur annähernd paritätischen Mitwirkung der Laien am Konzil einschließlich der Patriarchenwahl und an der Kirchenleitung im Obersten Kirchlichen Rat[43] - Beschlüsse, die von Metropolit Sergij 1927 unter dem Druck der sovetischen Machthaber durch Neubestimmungen vor allem über die Befugnisse des Heiligen Sinod aufgehoben wurden. Zu nennen sind aber auch Reformen der Erneuerer, von der konziliaren Erneuerung der Kirche unter Ausschluß des monarchischen Patriarchats (eine Lösung, die auch in der Konzilsvorbereitungskommission der ungeteilten orthodoxen Kirche im Sommer 1917 von der Mehrheit der Kommissionsmitglieder favorisiert worden war) und von der kanonischen Reform der Bischofsehe auf dem Erneuererkonzil 1923[44] bis zu liturgischen Erneuerungen wie Gottesdiensten in der Volkssprache durch den Bischof und Erneuerermetropoliten Antonin (Granovskij)[45] und bis zur theologischen Erneuerung und öffentlichen Durchführung der Apologetik des Christentums gegenüber dem Atheismus durch den Priester und späteren Erneuerermetropoliten Aleksandr Vvedenskij, der noch bis 1927 gegenüber dem Volkskommissar für Bildung Anatolij Lunačarskij in öffentlichen und vielbesuchten Disputationen über „Christentum oder Kommunismus" und ähnliche Themen das Christentum gegen den Atheismus und Materialismus der marxistischen Ideologie verteidigen und missionarisch für die christliche Wahrheit eintreten konnte.[46]

Das gemeinsame Erbe der Herausforderung der Kirchen durch die Revolutionen von 1789 und 1917

Wenn hier die gewichtigen Unterschiede zwischen der Lage der Kirchen in beiden Revolutionen vernachlässigt wurden, dann nicht, um Klischees von Christenverfolgungen im 18. und 20. Jahrhundert als Analoga zu vergleichen oder um beide Revolutionen als grundsätzlich

---

[43] A.a.O., S. 642. 644f. 654-657. 662; D. Pospielovsky: Russian Church. Bd. I, S. 25-38.
[44] Dokumente, S. 687f. Die Wiederherstellung des Patriarchats 1917 ist nach Ansicht des Erneuererkonzils nicht nur mit der Praxis der Alten Kirche unvereinbar, sondern stellt auch einen „politischen, konterrevolutionären Akt" dar, nämlich den Rückweg zur Monarchie in einer Zeit, in der sie in der Gesellschaft gestürzt ist.
[45] A. Levitin, V. Šavrov: Očerki po istorii russkoj cerkovnoj smuty. Bd. 3, Küsnacht 1978, S. 185-290. 309-334.
[46] B. Groth: Sowjetischer Atheismus und Theologie im Gespräch. Frankfurt a. M. 1986, S. 232-239.

kirchen- und christenfeindlich darzustellen. Die Erkenntnisse der neueren historischen Forschung über die Französische Revolution als Umbruch der Mentalitäten des Großteils der Bevölkerung[47] sollten beachtet werden, was davor bewahrt, den antiklerikalen und antichristlichen Charakter der Revolution als Werk einer radikalen, durch den Umsturz an die Macht gelangten kleinen Minderheit zu sehen. Auch in der Russischen Revolution wird man das Weiterwirken vorrevolutionärer nichtmarxistischer kirchenfeindlicher Traditionen zu beachten haben, eine antiklerikale Mentalität, die weiter verbreitet war als die bol'ševistische Ideologie. Es sollte deutlich geworden sein, daß sich die Geschichte des Verhältnisses von Staat und Kirche in und nach den beiden Revolutionen nicht einfach wiederholt hat. Analogien konnten jedoch nicht nur in Einzelheiten festgestellt werden, sondern auch in einem fundamentalen Aspekt des Verhältnisses von Kirche und Staat: In der gegenseitigen Intoleranz von Kirche und Staat, Kirche und Gesellschaft. Dieser Befund weist darauf hin, wie ungenügend die Kirchen der Herausforderung durch die radikale, antichristlich gewendete Aufklärung und deren marxistischer Nachgeburt in der revolutionierten und terrorisierten französischen und russischen Gesellschaft gerecht wurden. Tragisch ist die Mitschuld der Kirchen am Zustandekommen der Revolutionen durch ihre Rolle als privilegierte Stütze der absolutistischen französischen und der autokratischen russischen Monarchie, eine Schuld, die nach den Revolutionen nur eine Minderheit des Klerus anerkannte. Tragisch ist die Vermischung von religiösen und politischen Motiven des kirchlichen Widerstandes gegen die Revolutionen, die es den Revolutionären ermöglichte, die Christenverfolgungen als Ausschaltung von Konterrevolutionären darzustellen. Tragisch ist die Kompromittierung des Versuchs der echten Erneuerung der Kirchen aus dem Geist der Alten Kirche durch die willfährige Unterwerfung der französischen jureurs und der russischen Erneuerer unter die revolutionäre Staatsraison, die sich dennoch auch gegen sie wandte. Und tragisch ist schließlich, daß alle Antworten der Christen auf die Revolutionen – ob Widerstand, Anpassung oder Erneuerung – früher oder später zum Martyrium unter einer Staatsmacht führen konnte und führte, deren revolutionärem Anspruch nur das Abschwören des christlichen Glaubens genügte.

In der Gegenwart neigt sich die Geschichte revolutionärer und postrevolutionärer Intoleranz gegenüber Kirchen und Christentum im Geiste der radikalen Aufklärung und ihrer marxistischen Nachfahren ihrem Ende zu. Die Kirchen sind auf dem Weg, die Last des Erbes ihrer

---

[47] S. o. Anm. 8.

unglücklichen Antworten auf die Herausforderung der großen Revolutionen der Neuzeit zu überwinden. Die russische Orthodoxie ist dabei, ihre Willfährigkeit gegenüber den Vertretern eines totalitären, pseudoaufklärerischen marxistischen Atheismus abzustreifen, weil der Allmachtsanspruch dieser Weltanschauung zusammengebrochen ist. In dieser Lage sollten die Kirchen die historische Lehre nicht vergessen, daß politische Anpassung und innere Erneuerung der Kirchen nach 1789 und nach 1917 zu spät kamen und keine bleibenden Früche tragen konnten. Bewußt sein sollte den Kirchen, daß die Toleranz, die sie heute lehren, und daß die Menschenrechte Gewissensfreiheit und Gleichheit, die die Russische Orthodoxe Kirche jetzt gegenüber den Atheisten im Sowjetstaat einklagt, ein Erbe der Aufklärung sind, Ideen, die während der Französischen Revolution in der Erklärung der Menschenrechte festgehalten wurden. Im Gedächtnis der Kirchen sollte auch bleiben, daß ihre eigene Intoleranz gegen Andersgläubige und Andersdenkende den Antiklerikalismus mit erzeugte, unter dem sie nach den Revolutionen zu leiden hatten. Die vorrevolutionären Kirchen säten religiöse und weltanschauliche Intoleranz; die Christen in und nach den Revolutionen ernteten das Martyrium. Es war die Folge der rücksichtslosen Selbstinszenierung der Kirchen mit dem unbewußten Hang zur Selbstvernichtung, jene Grundhaltung des Menschen, die aus postmoderner Sicht charakteristisch für die Neuzeit ist.[48]

---

[48] S. o. Anm. 1.

Christos Yannaras, Athen

Der Empirismus der Aufklärung und die Priorität der Erfahrung in der orthodoxen Theologie

Die europäische Aufklärung ist gewiß mehr als eine ideologische Strömung oder ein theoretisches System, mehr als eine philosophische Richtung oder „Schule". Sie ist eine *Epoche*, sie ist die „Neuzeit" der europäischen Geschichte; Jahre der „Erleuchtung" des europäischen Menschen nach dem „Dunkel" des Mittelalters, wo der Klerus die religiöse Autorität als vorherrschende Ideologie durchgesetzt hatte. Sie ist eine *Kultur*, eine heute im Grunde die ganze Welt umfassende *Lebensweise*. Was sich als allgemeine Lebensweise mit der Aufklärung durchsetzt, ist eine neue Sinngebung der menschlichen Existenz und des menschlichen Handelns, der gegenständlichen Welt und der Nutzung der Welt. Eine neue Deutung des Lebens und der Wirklichkeit.

Die Aufklärer sind nicht immer der gleichen Ansicht, sie haben nicht immer dieselben Ausgangspunkte und Positionen, doch sie treffen sich alle in gemeinsamen Zielen: Den dogmatischen und rationalen Deutungen der Wirklichkeit setzen sie den Empirismus und die Beweiskraft der experimentellen Wissenschaft entgegen. Der absoluten Auffassung von Macht stellen sie die Ansprüche des Individuums gegenüber, die nicht von transzendenten Autoritäten hergeleitet sind, sondern vom „Naturrecht". Der geistigen „metaphysischen" Auffassung des „Seienden an sich" stellen sie die Bejahung der sinnlichen Erfahrung des Stofflichen und Faßbaren gegenüber. Der quälenden Angst vor Sünde und Übertretung und moralischer Schuld stellen sie die normativen Grundsätze der menschlichen Logik entgegen, die Wertschätzung der Schönheit, das Wohlgefühl der Sinne und des Leibes. Zur Haltung schematischer Verabsolutierung historischer Phänomene oder Traditionen tritt der relativierende Pluralismus und der Skeptizismus des Forschers. Die asketische Geringschätzung des irdischen Lebens ersetzen sie durch die Bejahung des biologischen Lebens und des Selbsterhaltungstriebes, die Wertschätzung der weltlichen Nützlichkeit.

Kant faßte die Ziele der Aufklärung in eine einzige These polemischen Anspruchs zusammen: Der Mensch solle frei werden von aller

Bevormundung[1] – von der Bevormundung durch jegliche institutionelle oder theoretische Autorität, durch ein rationales System, durch transzendental-metaphysische Gesetze. Das menschliche Individuum solle die Möglichkeit zur Selbstbestimmung erlangen, um sein Leben „... selbst in die Hände zu nehmen", um mit seinen eigenen Fähigkeiten erfolgreich für die Erfüllung seiner Bedürfnisse und Wünsche zu sorgen. Das Polemische an der Aufklärung ist auf ihre Opposition gegen die religiöse Überlieferung des Westens beschränkt. Die Aufklärung ist ein Mobilmachen – kämpferisch, antireligiös, nicht immer atheistisch, auf jeden Fall aber antiklerikal – ein Opponieren gegen das Christentum, so wie die Aufklärer es seiner westeuropäischen institutionellen Auffassung gemäß kannten. Die großen Widersacher der Aufklärer waren die römisch-katholische Scholastik und der sie begleitende Rationalismus (der auch den Protestantismus nicht unberührt ließ): Der Versuch, abstrakte metaphysische Grundsätze allein mit den Möglichkeiten der Vernunft durch Beweise zu sichern.

Um dem religiösen Rationalismus wirksam entgegenzutreten, waren die Aufklärer gezwungen, die Bestätigung des Daseienden und Wirklichen in die unmittelbare sinnliche Erfahrung zu verlegen, um an die Stelle der syllogistischen Beweisführung den experimentell-erfahrungsmäßigen Nachweis zu setzen. Seit Kepler, Galilei und schließlich Newton haben die Aufklärer ihre Überzeugung bewiesen, daß die Natur, die sinnlich wahrnehmbare Welt, der einzige Gegenstand posiven Wissens ist.

Die Logik wird nicht verworfen, man betrachtet sie nur im Zusammenhang mit der Erfahrung als etwas Naturgegebenes. Das Vertrauen in das feste logische Gefüge und die Ordnung der natürlichen Welt wird, als Voraussetzung und Prinzip, auf die Einrichtungen des sozialen Lebens übertragen. Derartige naturalistische Vorstellungen begründen die neue Auffassung des „bürgerlichen" Staates und die theoretischen Anfänge der politischen Wirtschaft. Ein zweites charakteristisches Merkmal der Polemik der Aufklärung ist die betonte Hervorhebung der Autonomie des Subjekts, der verabsolutierte Individualismus. Die zeitgenössische Forschung ist sich darin einig, daß der Individualismus als theoretische Einstellung und damit einhergehende soziale Praxis seine Wurzeln in der dem mittelalterlichen Westen eigentümlichen Frömmigkeit hat. Der Glaube als individuelle vernunfthafte Gewißheit und die Moral als individuelle Konsequenz aus einer kodifizierten Pflichtenlehre sind die Grundlagen des religiösen Individualismus. Die

---

[1] Beantwortung der Frage: Was ist Aufklärung? Werkausgabe, Suhrkamp-Verlag Bd. XI, S. 53

Aufklärung löste sich von diesen religiösen Grundlagen, denn sie faßte die Vernunft nicht als eine der Natur überlegene Fähigkeit auf, die für die metaphysische Erkenntnis bürgte, sondern als eine natürliche Fähigkeit, die das Individuum als leistungsfähigen Nutznießer der Kenntnisse erwiese, die die Naturwissenschaft ihm verschaffte. Dasselbe galt für die moralischen Begriffe: Sie schöpften nicht mehr aus „göttlichen" Regeln, die gegen die Natur ankämpften, sondern aus der Bejahung des Naturhaften und Sinnenhaften, der natürlichen Bedürfnisse und Wünsche des Menschen.

Obwohl also der individualistische Rationalismus wie auch die individuelle Moral von der religiösen Auffassung ausgingen, daß der Mensch über die Natur herrsche, ergab sich aus der These, daß der Mensch Natur *ist*, nicht nur eine radikal antiasketische Ethik, sondern auch eine auf Erfahrung gegründete Erkenntnislehre.

Ein drittes bezeichnendes Merkmal der polemischen Aufklärung ist die Erhebung des biologischen Lebens zur ontologischen, das Dasein des Menschen bestimmenden Wahrheit und zum normativen Prinzip für die Festsetzung seiner individuellen Ansprüche.

Auch dieses Bestreben der Aufklärung hat polemischen Charakter; denn es richtet sich deutlich gegen die einseitige religiöse Verabsolutierung der Seele oder des Geistes als bestimmendes Element des Daseins des Menschen und als das, wonach sein Verhalten sich ausrichtet. Die theoretischen Thesen von Hobbes, Hume, Montaigne, Pufendorf, Ferguson oder Holbach treffen sich darin, daß sie die biologische Notwendigkeit (genauer, den Selbsterhaltungstrieb) als den Angelpunkt bei der Entstehung der menschlichen Gesellschaft auffassen. Das Buch von La Mettrie *L'homme machine* wird zum Symbol dieser erfahrungsbestimmten Anthropologie. Die Menschheitsgeschichte wird als eine Phänomenologie einzig der Entwicklung des Instinkts der Selbsterhaltung betrachtet.[2] Die „Naturgesetze", das „Naturrecht" sind die Verpflichtungen, denen nachzukommen die organisierte Mäßigung und vernünftige Harmonisierung der jeweiligen individuellen Manifestationen des Selbsterhaltungstriebes erfordern, die das soziale Zusammenleben ermöglichen. Die *individuellen* Ansprüche sind natürliche Ansprüche. Sie werden vom „Naturrecht" diktiert, das der Natur Vernunft, das geeignete Verhalten (Strategie) zur Sicherung der Selbsterhaltung, einpflanzt.

Aus dieser Betrachtungsweise tritt ein erfahrungsbestimmter Utilitarismus in Erscheinung, der im Gegensatz zum idealistischen Utilitarismus steht, den die westeuropäische religiöse Überlieferung Jahrhun-

---

[2] Th. Hobbes, Leviathan, XIV und XIX. – La Mettrie, L'homme machine, 1774, S. 347

derte hindurch ausgebildet hatte. In beiden Fällen aber handelt es sich um das gleiche individuelle Profitdenken. Der Unterschied liegt allein in Zweck und Ziel. Das Individuum unterwirft sich nicht mehr *asketischen* Regeln und Verpflichtungen, um sich das ewige Leben zu verdienen. Es unterwirft sich *rationalen* Regeln, die seinem Selbsterhaltungstrieb dienen. Es sind Regeln sozialer Koexistenz, die die natürlichen Ansprüche des Individuums, nämlich die Wechselseitigkeit der Erleichterungen des biologischen Überlebens, verbürgen. Ohne das Thema zu erschöpfen kennzeichnen diese gedrängten Formulierungen lediglich den antireligiösen Charakter der Aufklärung, und sie führen ihn deutlich erkennbar auf die Ablehnung des religiösen Idealismus zurück. Die Polemik der Aufklärung bezieht sich auf den religiösen Idealismus speziell des christlichen Glaubens. Historisch folgt dieser Glaube der Entwicklung und Entfaltung der (sogenannten) westeuropäischen Kultur. Wir haben uns jedoch zu fragen, ob wir die Gegebenheiten unserer christlichen kirchlichen Überlieferung mit einer beliebigen Form eines religiösen Idealismus gleichsetzen müssen. Wir möchten das in Frage stellen, denn nach eigenen Quellen der christlichen Überlieferung ist ein religiöser Idealismus solcher Art durchaus zu bezweifeln.

Wenn das „formgebende" Ziel der idealistischen Frömmigkeit die individuellen vernünftigen „Gewißheiten" sind, die rein subjektiv-psychologischen Bedürfnissen nach Sicherheit gewährenden „Überzeugungen" und individuell-moralischer Selbstbestätigung entsprechen, dann handelt es sich gerade um das Ziel, das die Quellen der christlichen Überlieferung gänzlich ausschließt.

Im Neuen Testament steht zu lesen: *Wenn einer sein Leben retten will, wird er es verlieren; wer aber sein Leben um meinetwillen ... verliert, wird es retten* (Mark 8,35; Luk 9,24 u. 17,33). – *Wer sein Leben liebt, verliert es; wer aber sein Leben ... haßt, wird es ... bewahren.* (Joh 12,25). – *Wenn jemand zu mir kommt und nicht Vater und Mutter, Weib und Kind, Brüder und Schwestern, ja selbst sein eigenes Leben hasset, ... kann nicht mein Jünger sein* (Luk 14,26).

Dieses „Hassen" deutete die orthodoxe kirchliche Hermeneutik stets als willentlichen Abbruch und Verzicht auf alles subjektiv-psychologische Selbstgenügen, aber auch auf jede idealistische und abstrakte Auffassung des Glaubens, denn die zentrale Botschaft der christlichen Überlieferung, die „Offenbarung", die sie verkündet, ist die *reale* existentiale Möglichkeit der Befreiung aus Verderben und Tod, wenn die Existenz als *Beziehung* einer Liebesgemeinschaft verwirklicht wird und nicht als individuelles Überleben und naturhaftes Selbstgenügen.

Wenn die orthodoxe Überlieferung von einer solchen Möglichkeit der Freiheit des Daseins von Verderben und Tod spricht, bezieht sie sich auf eine ontologische Voraussetzung, die nur durch *Erfahrung* bestätigt werden kann: Daß der Mensch eine *personhafte* Existenz ist, daß er *Personheit* besitzt, *Person* ist. Das bedeutet, daß er allein, – im Unterschied zu jeder anderen biologischen Existenz, – nicht auf jeden Fall von der objektivierten Natur bestimmt wird, sondern daß er von seiner eigenen Naturhaftigkeit Abstand nehmen kann, – daß er existiert, indem er einen gewissen Anteil seiner natürlichen Bedürfnisse bestimmt, nicht aber durchweg von ihnen bestimmt wird. Gewiß, die personale Existenz des Menschen *wird* durch die gegebenen natürlichen körperlichen und seelischen *Energien* – Funktionen – Willensregungen *bewirkt*. Aber seine Möglichkeit, entscheidend auf seine natürlichen Funktionen und Willensregungen einzuwirken, bedeutet, daß es nicht die natürlichen Energien als solche sind, die dem personhaften Dasein des Menschen reale Existenz verleihen, – ihn tatsächlich existieren lassen. Vielmehr besteht gegenüber der gemeinsamen Natur eine existentiale *Andersheit* – eine Andersheit der besonderen natürlichen Energien –, die jede individuelle menschliche Existenz wie auch jede Freiheit gegenüber den natürlichen Bedürfnissen einmalig, unähnlich und unwiederholbar macht. Und eben diese Andersheit und Freiheit gegenüber der Natur verweist auf einen von nichts bestimmbaren „Kern", den wir als die *personale Hypostase* des Subjekts bezeichnen.

Andersheit aber ist eine stets relationale Erfahrung, eine Tatsache der Bezogenheit – sie besteht notwendigerweise nur im Hinblick auf ein zweites Glied einer Beziehung. Und für die Erfahrung der Kirche erschöpft sich die existentiale Andersheit der menschlichen Person nicht in der erscheinungshaften Unähnlichkeit gegenüber den anderen menschlichen Personen, sondern ist auf das *Verursachende Prinzip* des Subjekts bezogen, das heißt, auf einen ebenfalls *personhaften* Willen, eine personhafte Energie. Auf diese reale, existentiale Tatsache der Bezogenheit ist die menschliche Person gegründet. Wir erfahren diese reale existentiale Tatsache der personhaften Bezogenheit zunächst als Vorrang des *Begehrens*: Der Mensch kommt vor allem anderen auf die Welt als Träger eines Begehrens – des Verlangens nach Leben. Ein Verlangen ist stets *auf etwas gerichtet*, das bedeutet, es ist ein Verlangen nach *Beziehung*, nach Liebe und Gemeinschaft. Und die *personhafte* existentiale Willensenergie, die als *Verursachendes Prinzip* das Subjekt ins Leben ruft und ihm die Möglichkeit zur Beziehung verleiht, – die Möglichkeit eines lebenswichtigen Verlangens nach Beziehung – ist gemäß der Erfahrung der Kirche der personale Gott.

Die Bezogenheit auf ein *personhaftes* Verursachendes Prinzip des Seienden ist eine Möglichkeit, die Bestätigung in der Erfahrung erlaubt; sie wird entweder durch die unmittelbare persönliche Beziehung des

Menschen mit dem personhaften Gott bestätigt oder durch eine Beziehung des *Glaubens*, das heißt, durch Vertrauen in die Menschen, die diese Beziehung in aller Unmittelbarkeit erlebten: Die „Märtyrer" oder Zeugen dieser Beziehung. Der Vorrang dieser Erfahrung schließt alle individuelle verstandesmäßige Bestätigung, jede ideologische Überzeugung, jede rational nachgewiesene Sicherung metaphysischer „Prinzipien" als Ersatz für den Glauben aus. Der Glaube ist einzig sich ereignende Beziehung, eine Beziehung des Vertrauens. Und die Beziehung hat ihren Nachweis einzig in der Erfahrung von Gemeinschaft.

Die Erfahrung nun des *Personhaften* der Gottheit (wie auch die erfahrungsmäßige Feststellung der Personhaftigkeit jedes einzelnen Menschen) bestätigt nicht irgendwelche besonderen „Merkmale" der Existenz, sondern die Daseins-*Weise*. Wenn Gott mittels der Erfahrung der Beziehung als Person *erkennbar wird*, dann *existiert* Er auch als Person: Denn die Existenz Gottes erschöpft sich nicht in abgekapseltem Selbstgenügen einer vorhandenen Monade, sondern ist und besteht als dynamische Wirksamkeit einer Gemeinschaft von Personen.

Die Erfahrung der Kirche bezeugt die Existenz dreier göttlicher Personen, die einander existential „durchdringen": Die eine existiert einzig, indem sie die anderen liebt und sich ihnen hingibt. Darum ist auch die einzige Wesensbestimmung Gottes, der wir im Evangelium der Kirche begegnen, jenes „Gott ist Liebe" (Joh 4,16). Die Liebe gibt die Weise kund, auf welche Gott *ist*, Seine Seinsweise.

Es ist hier nicht der Ort für eine ausgedehnte Analyse dieser Sätze; wir fügen nur zusammenfassend die bezeichnenden Eigenheiten hinzu, die den auf Erfahrung gegründeten Glauben der Kirche rechtfertigen. Wenn also das *Verursachende Prinzip* des Daseienden die Freiheit der Liebesbezogenheit ist, wenn die Personen der Trinität, die ihre Existenz einzig dadurch „hypostasieren", nämlich Wirklichkeit werden lassen, daß sie lieben und geliebt werden, und, wenn sie nach „außen" wirken, die Welt mit derselben Dynamik der Liebe ins Dasein rufen, dann ist die Teleologie, die Zielursächlichkeit des Daseins - *wahren* Daseins und *wahren* Lebens - die liebende Selbstüberwindung. Und das Verharren im existentiellen Selbstgenügen und Dünkel des Individuums ist Tod.

Dies ist der Sinngehalt, in dem für die orthodoxe kirchliche Überlieferung sowohl ihre „dogmatische" als auch ihre „ethische", und einzig *auf Erfahrung gegründete* Lehre zusammengefaßt ist. Sie besteht darauf, daß wir Gott nicht durch das Erfassen eines Begriffes erkennen, sondern indem wir eine Beziehung unterhalten. Alle gesetzmäßige Moral wird abgelehnt, da wir an der Erfahrung der *Askese* festhalten. Askese bedeutet nicht das individuelle Befolgen kodifizierter Anweisungen, sondern den in die Tat umgesetzten Verzicht auf das ichbezogene Streben – selbst noch das egoistische Streben nach individueller Tugend – im vorliegenden Falle bedeutet sie, daß der Mensch sich freimache von allen selbstischen Zielen, um sich der Beziehung, der Liebe, hinzugeben.

Dasselbe Evangelium der Kirche besteht auf der Ablehnung des individuellen (biologischen, moralischen und religiösen) dünkelhaften Selbstgenügens, damit der Mensch als Gemeinschaft und in der Beziehung lebe; nicht, *daß* er lebe und darüber hinaus liebe, sondern daß er existiert, *weil* er liebt, daß er sein Dasein aus der personalen Beziehung schöpft, nicht aus der biologischen Individualität.

Die höchsten Beispiele für dieses Leben im Evangelium der Kirche sind der Zöllner, der Räuber am Kreuz, die Hure, der Verlorene Sohn. Diese durchaus nicht-religiösen Vertreter der Menschheit erweisen sich als Führer zur Verwirklichung wahren Lebens in dem Maße, in dem sie die Meta-noia, die Um-Kehr verkörpern, die radikale Wandlung in der Denkweise, zur Auffassung des Lebens als Beziehung und des Todes als individuelles Selbstgenügen. Der Typus des religiösen Menschen, der getreulich die Gesetzesbestimmungen beobachtet und der gefestigt ist in der Gewißheit seiner individuellen Kraft, wird als Beispiel für den Tode angeführt. Als Muster und Beispiel des Lebens erscheint im Evangelium der Sünder, der inmitten seines gänzlichen moralischen Scheiterns nicht auf seine individuellen Kräfte und Möglichkeiten hoffen kann, weshalb er sich der Liebe Gottes ausliefert, sich der Gemeinschaft mit Ihm anvertraut.

Von der Erfahrungswelt, die der Überlieferung der ungeteilten Kirche zugrundelag, wußte die Aufklärung nicht mehr das geringste. Darum kann man auch sagen, daß ihre Polemik nicht das *Christentum* betraf, sondern eine *Auffassung* vom Christentum, die vom Rationalismus und Gesetzesmoralismus von Grund auf verfälscht worden war.

Man könnte die Behauptung wagen, das Bestehen auf dem Empirismus führe die Aufklärung näher an die Überlieferung der orthodoxen Kirche heran, denn beiden gemeinsam ist die Opposition gegenüber dem Rationalismus der Scholastik und dem protestantischen Moralismus. Doch diese Annäherung ist oberflächlich, weil der Empirismus der Aufklärung ebenso individualisiert ist wie der Rationalismus oder der Moralismus, während der Empirismus der orthodoxen Kirche in erster Linie ein Erfahren von Beziehung, die Erfahrung der Gemeinschaft von Personen ist.

Und diese beiden einander von Grund auf ausschließenden Richtungen von Empirismus führen zu entsprechend entgegengesetzten *Sinngebungen* der Existenz des Menschen und seines Handelns, denn sie führen zu gegensätzlichen Lebens*weisen*, zu verschiedenen Kulturen.

Heute erkennen wir endlich die Ausweglosigkeit, die die Aufklärung zum Vorschein kommen ließ. Wir wollen hier nur auf einige Folgen in der geschichtlichen und sozialen Praxis hinweisen, die sich aus der orthodoxen Sinngebung des Lebens ergeben:

Grundsätzlich erhält das Alltagsleben des Menschen in der orthodoxen Überlieferung seinen Sinn aus einer rein auf Erfahrung gegründeten Auffassung der Wirklichkeit. Daher ist nichts undeutbare „Gegebenheit", Zufall oder Unbestimmbarkeit, das besagt: Nichts ist „übernatürlich" begründet. Rationalem Ersatz für die Wirklichkeit wird kein Raum gegeben. Die Deutung der Wirklichkeit wird allein der Erfahrung der *Beziehung* mit der Wirklichkeit entnommen, und die Beziehung erschöpft sich nicht in der begrifflichen Benennung und der Bestätigung durch die Sinne. In ihr ist die Dynamik sämtlicher Erkenntnisfähigkeiten des Menschen in die Unmittelbarkeit einer Gemeinschaft mit dem Daseienden und Wirklichen zusammengefaßt. Die Dynamik der Beziehung ist die Dynamik der liebenden Gemeinschaft, das heißt, des Eros: Die Dynamik des Verzichts auf das egoistische Begehren, die Wirklichkeit der individuellen „intellektuellen" Gewißheit oder dem individuellen Nutznießen und der Ausbeutung zu unterwerfen.

Aus dieser Sicht sind die sinnlich wahrnehmbaren Gegebenheiten der Wirklichkeit keine neutralen *Tauschobjekte* – keine Gegenstände, die austauschbar sind – sondern *Dinge*, nämlich von einer Schöpfer-Person Geschaffenes. Darum ist auch der Gebrauch der Dinge Sache einer persönlichen Beziehung mit ihrem Schöpfer, so wie der Gebrauch von Kunstwerken in einem schöpferischen Verhältnis mit dem gestaltenden Künstler geschieht.

Selbst die Materie der Dinge ist ontologisch nicht mehr unerklärlich und rätselhaft oder selbstverständlich gegeben: Aus der Sicht eines personalen kausalen Prinzips des Seienden ist die Materie der *bewirkende Logos* dieses personhaften Wollens und Wirkens. Das Bestehen der Materie ist selbst (in diesem Sinne) „logisch", ein Zusammenfließen von „Logoi" oder „logischen Qualitäten", bewirkendes Ergebnis eines personhaften schöpferischen Logos, wie der Logos des Dichters durch die Wörter und der Logos des Malers durch die Farben.

So hat die Materie aufgrund ihres logischen energetischen Aufbaus teil am Abenteuer der menschlichen Freiheit. Denn allein das persönliche logische Eingreifen des Menschen kann die Materie ihrem existentialen *Ziel* und Zweck entgegenführen, genauso wie die Vermittlung des Dichters und des Malers die Wörter oder die Farben der beabsichtigten Bezogenheit und Beziehung zuführen kann.

Zweck und Sinn des Menschenlebens ist die Erfüllung des *Verlangens* nach Leben, des Verlangens nach einem Andauern des Lebens ohne Begrenzung durch Zeitlichkeit, Verderblichkeit und Tod. Und Kennzeichen, daß diesem Ziel und Zweck entsprochen wird, ist die Erfahrung der *Askese*, der Einübung in die Überwindung der Individualität, das Bemühen, nicht bloß an den Bedürfnissen des Lebens teilzuhaben, sondern am Leben selbst als an einer Liebesbeziehung.

Die Deutung des Daseins und der Wirklichkeit, die die Erfahrung der Kirche anbietet, führt zu einer neuen sprachlichen Semantik. So ist das Wort, das das Seiende vor seiner Daseinsweise und über diese hinaus definiert, einzig die *Hypostase*. Die Hypostase wird ineinsgesetzt mit dem „Subjekt", dem vor jedem Begriffe bestehenden unsagbaren „Kern" des existentialen Bewußtseins oder des „Ich".

Mit diesem Begriff sprechen wir allein von der Hypostase Gottes und der Hypostase des Menschen – den beiden einzigen *personalen* Hypostasen. Das *Personale* der göttlichen und der menschlichen Hypostase beruht zunächst auf der Möglichkeit, *„auf etwas bezogen zu sein"*, der Möglichkeit zur Beziehung. Das besagt, auf der Möglichkeit der Selbstüberwindung im Eros, durch welche die Hypostase – als Andersheit und Freiheit – *bewirkt wird*.

Jedes andere Dasein ist nur Bewirktes, *energima* der personalen Hypostasen, Ergebnis der göttlichen oder menschlichen Energien. Es hat keine Fähigkeit, seinsmäßig Abstand von seinem *Wesen* oder seiner *Natur* zu nehmen, von der Gleichartigkeit einer gemeinsamen Daseinsweise. Es hat keine Möglichkeit einer Freiheit und Eigenbestimmung seiner Andersheit.

Der Empirismus der kirchlichen Sinngebung des Daseins wird also in den Begriffen *Wesen*, *Hypostase* und *Energien* zusammengefaßt. Diese drei Begriffe verdeutlichen die Realität – nicht als ein Gesamt gegebener Seiender, sondern als ein Gesamt bewirkender Beziehungen. Ausgangspunkt der Beziehungen, die die Realität zusammenhalten, ist die Hypostase des personhaften Gottes gegenüber der personhaften Hypostase des Menschen. Der dreihypostatische unerschaffene Gott gegenüber dem geschaffenen multihypostatischen Menschen bewirkt die Entstehung der Welt als eine Tatsache von Bezogenheit und Aufforderung zu erotischer Beziehung mit dem Menschen. Und der Mensch antwortet auf diesen Ruf mit der schwindelerregenden Freiheit zu persönlicher Annahme oder persönlicher Ablehnung dieses Rufes, indem er den ganzen *Sinngehalt*, den Logos, das Ziel und den Zweck der Schöpfung mit sich reißt – zum Leben, der Beziehung, oder zum Tode, dem existentiellen Selbstzweck.

Diese kurzgefaßten Formulierungen umgrenzen – ohne sie zu erschöpfen – die Frage des kirchlichen Empirismus. Es ist die Frage nach der Sinngebung des Daseins und der Wirklichkeit. Und die christliche

Kirche als historisch-soziale Gegebenheit kann nur unter den oben dargestellten, von der Erfahrung her bestimmten Voraussetzungen bestimmt werden. Das Wort *Ekklesia,* Kirche, selbst bedeutet Zusammenkunft, Versammlung und ist abgeleitet von dem Wort ek-kalō, berufen; es wurde gewählt, um aufzuzeigen, daß der Berufung, am Leben teilzuhaben, entsprochen wird, nicht abstrakt und theoretisch, weder auf der Ebene bloß moralischen Verhaltens, sondern auf jene Weise, die das Leben grundsätzlich in seiner biologischen Unmittelbarkeit verwirklicht: Mit der Aufnahme von Nahrung. Was die Kirche vor allem andern begründet, ist das *Mahl.* Hier hat der Mensch teil und erhält die Nahrung in ihren Grundgestalten „Brot und Wein", die jede Nahrung und Lebensmöglichkeit des Menschen einbegreifen, als lebensschaffende Beziehung mit Gott, die die Menschen zur Menschheit vereint. Es ist eine Bejahung der Danksagung des Menschen für die Liebe Gottes. Einheit des Lebens von Geschaffenem und Ungeschaffenem.

Der Grundsatz der Kirche – der *umfassende* Grundsatz der Daseinsweise, die sie verkündet – ist eine unmittelbar erfahrbare Tatsache: das Zusammenkommen der Gläubigen zu jeglicher Eucharistiefeier; sie ist kein Gebäude, keine religiöse Institution oder Verwaltungshierarchie und keine Organisation von Mitgliedern; die institutionalisierte Verbindung und Verwaltungshierarchie ergab sich mit der Zeit und dient ausschließlich dem Vorgang, der die Kirche begründet und bestehen läßt: der Zusammenkunft der zum eucharistischen Mahle „Berufenen", zu einem Mahle berufen, das die individuelle Existenz in liebende Hingabe und Liebesgemeinschaft umwandelt.

Der Empirismus der Eucharistie der Kirche, seine existentiale und soziale Dynamik ist tatsächlich eine Möglichkeit, mit dem heute vorherrschenden nihilistischen Empirismus der Aufklärung ins Gespräch zu kommen. Jedoch nur für die Menschen, in denen sich die zweischneidige Frage erhebt: die Frage nach dem Leben – die Frage nach dem Tod.

WALTER SPARN, BAYREUTH

Das protestantische Christentum im Weltanschauungskampf der abendländischen Kulturkrise

1. Das protestantische Christentum stellt, sowohl in der Außen- als auch in der (ursprünglichen) Binnenwahrnehmung, ein Krisenphänomen dar: Das Christentum entwickelte sich nicht bloß akzidentiell, sondern unter systemischen Diskontinuitäten („revolutionär") fort. Die kritische Potenz des Protestantismus wurde jedoch zu dem Zeitpunkt auch substantiell bedrohlich, als die westliche Kultur sich insgesamt der Führungsrolle des Christentums entzog und im Verlauf dieser (ihrerseits „revolutionären") Emanzipation in eine tiefgreifende kulturelle *Identitätskrise* geriet. Dieser Zeitpunkt wurde im westlichen Europa im ausgehenden 19. Jahrhundert erreicht.

1.1 Zu den wichtigsten Faktoren dieser Krise der Moderne gehört erstens die Veränderung der kulturellen Stellung und Wirkung des Christentums, die gewöhnlich mit dem Schlagwort *„Säkularisierung"* bezeichnet wird. Hierbei war weniger die Enteignung von kirchlichen Gütern und Territorien als vielmehr die Emanzipation der gesellschaftlichen Teilsysteme (Wissenschaft, Erziehung, Ökonomie, Politik) und der Individuen aus der sozialen Kontrolle der religiösen Institution als solcher von entscheidender Bedeutung. Die religiös produktive Seite dieses Verlustes öffentlicher Macht war die verstärkte Individualisierung der religiösen Praxis bzw. die Pluralität von Frömmigkeit und Glauben auch innerhalb der Kirche; die religiös problematische Seite war die Auswanderung religiöser Praxis in Sekten und Weltanschauungsgruppen, die sich einer Selbstdisziplinierung (durch kanonische Tradition, hermeneutische Reflexion etc.) verweigerten.

1.2 Ein zweiter wichtiger Faktor der Identitätskrise des modernen westlichen Europa war der sog. *Zusammenbruch des Idealismus,* d. h., der Schwund der Plausibilität von gewissen Grundannahmen der abendländischen, sowohl theologisch als auch philosophisch getragenen Kultur; solche Annahmen wurden z. B. mit den Wörtern „Gott", „(unsterbliche) Seele", „(erschaffene) Natur" bezeichnet. An ihre Stelle traten Annahmen, wie sie durch Wörter wie „Objekt", „Tatsache", „Naturgesetz" bezeichnet wurden: Wie schon vordem die Theologie verlor nun auch ihre Stellvertreterin, die (metaphysische) Philosophie, die Rolle der Artikulation einer umfassenden, selbstverständlichen Wahrnehmung der

Wirklichkeit im ganzen (im Blick auf die Wissenschaften also: die Rolle einer Leitwissenschaft, die definierte, was überhaupt sinnvolle Probleme seien).

2. Trotz des ungeheueren Fortschritts der Einzelwissenschaften und ihrer technischen Realisierung wurde daher um die Wende zum 20. Jahrhundert der Eindruck einer „Kulturkrise" allgemein. Diese Krise konnte aber weder von den positiven „Naturwissenschaften" noch von den historisch gewordenen hermeneutischen „Geisteswissenschaften" einfach überwunden werden (und auch nicht von den „absolut" gewordenen Schönen Künsten). Wie erst recht das vorwissenschaftliche Meinen und Glauben konnten auch die Wissenschaften eine Vorstellung des Ganzen der Wirklichkeit, also: theoretische und praktische Orientierung, nur in der Form eben der Vorstellung, der „Weltanschauung" bieten (dieser Neologismus und seine Synonyma „Weltbild", „Lebensanschauung" etc. bekommt jetzt Konjunktur). Im Unterschied zur alten Metaphysik war diese Weltanschauung allerdings ein „Entwurf" ihres Trägers oder ihrer Trägergruppe; ein Entwurf, der sich seinen projektiven Charakter durch dezisionistische Energie und appellative Kommunikation allerdings verschleierte. Die sich bildenden Weltanschauungen konnten sich daher immer nur ausschließlich, d.h., in der Form des „*Weltanschauungskampfes*", zueinander verhalten.

2.1 Für die Wissenschaften bedeutete diese Entwicklung ein Dilemma. Entweder mußten sie sich selbst „verweltanschaulichen" (und damit ihre wissenschaftliche Disziplin auflösen); so im „Pessimismus", vor allem im „Monismus", der weltanschaulichen, z.T. quasi-religiösen Amplifikation des Darwinismus, sowie im „Positivismus", der sogar ausdrücklich auch religiös gemeinten Ausprägung der Sozialwissenschaft Comte'scher Observanz. Oder aber sie mußten dazu herhalten, die wildwuchernden Weltanschauungen der Zeit zu verwissenschaftlichen (und sich damit anderen kulturellen Potenzen unterzuordnen); so etwa in den „wissenschaftlichen" Varianten des Sozialismus und dann auch des Faschismus. Wollte man sich dieser Alternative (z.B. aus religiösen Gründen) aber nicht unterwerfen, so blieb nur die Positivierung des jeweiligen Gegenstandsfeldes bzw., in der Philosophie, die Selbstformalisierung zur reinen Methodologie, wie im Neukantianismus oder in der geisteswissenschaftlichen Hermeneutik programmatisch beabsichtigt. Die durchaus weltanschaulichen, d.h., „idealistisch" geprägten Autobiographien der hieran beteiligten Wissenschaftler bestätigen nur den Zerfall von Objekt und Subjekt.

2.2 Das protestantische Christentum reagierte auf die Kulturkrise und den sie begleitenden Weltanschauungskampf zum Teil bloß *apologetisch*, d.h., durch den Versuch der Machterhaltung vor allem im politischen und sozialen Leben bzw. mit dem theologischen Versuch, dogmatische Positionen, hier vor allem im Gegenzug zu den Naturwissenschaften, zu verteidigen. Aber die praktische Apologetik scheiterte in der politischen Katastrophe von 1914/18; die theoretische scheiterte an der dem Protestantismus eigenen Säkularität, d.h., an seiner theologisch wohlbegründeten Entlassung der weltlichen Dinge bzw. des Denkens aus dem theologischen Dominat. Im Unterschied zum Katholizismus, dessen Apologetik sich noch einen eigenen Plausibilitätshorizont glaubte aufbauen zu können und zu sollen (die „christliche Philosophie"), fand sich die protestantische Theologie ohne einen solchen Plausibilitätshorizont wieder, nachdem der (ohnedies stark theologisch gefärbte) Idealismus obsolet geworden war.

2.3 Das protestantische Christentum hatte angesichts des offensichtlichen Scheiterns der Apologetik drei Optionen. Es konnte sich (1) seinerseits „verweltanschaulichen"; darauf laufen, bis heute nicht ohne Erfolg, die fundamentalistischen und evangelikalen Versuche hinaus, die christliche Kirche zur autoritären *Gesinnungsgemeinschaft* umzuformen. Der Protestantismus konnte sich (2) auf das Faktum positiver Religion bzw. Tradition zurückziehen, seine partikular gewordene Lebensgestalt als solche akzeptieren und seinen Anspruch auf Universalität formalisieren; das war nicht nur oft die kirchliche Leitungspraxis, sondern wurde im sog. *Offenbarungspositivismus* auch zum theologischen Programm schon der neukantianischen Ritschl'schen Schule und, bis heute wirksam, der „Theologie der Krisis" (die sich ausdrücklich als Antwort auf die wirklichen Ursachen der „Kulturkrise" verstand) und ihrer kerygmatischen bzw. existenztheologischen Folgegestalten. Der Protestantismus konnte schließlich (3) die Krise der Moderne christentumsgeschichtlich als Umformungskrise des Christentums und seiner Welt identifizieren, d.h., religiöse Toleranz bzw. religiösen Pluralismus sowie (statt der dogmatisch-autoritären) die historische Methode in der Theologie zum Interesse auch und gerade der christlichen Kirche erklären. An die Stelle der Alternative von Verweltanschaulichung und Verdrängung der „Zeit der Weltbilder" tritt hier der selbstbewußte Dialog der Theologie mit den anderen zeitgenössischen Trägern von Wirklichkeitswahrnehmung und -gestaltung. Diese keineswegs einen Verzicht, sondern den geschichtlich realisierten Reichtum des Christentums artikulierende Option dürfte z.Zt. die entwicklungsfähigste sein, die Tradition und Innovation am fruchtbarsten verknüpft.

PEDER NØRGAARD-HØJEN, NIVAA

Kirchen der Aufklärung nach der Aufklärung

Die Thematik

Schon der Titel dieses Diskussionsbeitrags bedarf zur Verdeutlichung einer Vorbemerkung und einer Korrektur. Er will weniger normativ als deskriptiv aufgefaßt werden. Es geht hier nicht darum, einer durch die Aufklärung geprägten Kirche endgültig den Abschied zu geben. Noch weniger gilt es, die Aufklärung als Typus modernen abendländischen Denkens und wahrscheinlich unveräußerlicher und unverzichtbarer Mentalitäts- und Geistesprägung zu liquidieren. Vielmehr handelt es sich darum, die besten Ergebnisse der Aufklärung und die optimale Gestalt einer von ihr durchtränkten Theologie und Kirche in eine Gegenwart hinüberzuretten, die nicht mehr selbstverständlich und ausschließlich das Merkmal der Aufklärung trägt. So nachhaltig ist die Prägung unseres theologischen und philosophischen Denkens und überhaupt unserer geistigen Orientierung durch die Aufklärung, daß wir uns unsere geistigen Räume kaum mehr ohne diesen Einfluß werden vorstellen können. Kurzum, was ich meine, ist Folgendes: Wie stellt sich im Zeitalter der sich entwickelnden Post-Moderne eine weithin (und zwar faktisch und normativ notwendig) dem aufklärerischen Erbe verpflichtete Kirche und Theologie zu theologischen und kirchlichen, diesem Erbe entschieden zuwiderlaufenden Tendenzen? Wir erleben heute eine Krise des europäischen Geistes, in der fremdartige Denksysteme Sturm laufen gegen überlieferte, zum großen Teil in der Aufklärung verwurzelte Vorstellungen und auf die theologische und philosophische Entwicklung einen entscheidenden Einfluß zu nehmen drohen. In dieser Situation scheint unmittelbar klar zu sein, daß wir bei der Aufklärung nicht stehenbleiben und uns mit der Wiederherstellung „alteingesessener" Standpunkte begnügen können, sodann aber auch, daß gerade aufklärerische Grundpositionen unserem verunsicherten Geist die Schwarmgeister der Zeit wahrscheinlich am besten abwehren können.

Die uns noch prägenden aufklärerischen Positionen

Worin jene aufklärerischen Grundpositionen bestehen, braucht in diesem Zusammenhang nicht ausführlich dargestellt und kann hier lediglich stichwortartig angedeutet werden. Gekennzeichnet ist die Aufklärung zunächst durch Begriffe wie Vernunft, Autonomie und Kritik, und klassisch geworden ist die Definition *Immanuel Kants*: *„Aufklärung ist der Ausgang des Menschen aus seiner selbst verschuldeten Unmündigkeit. Unmündigkeit* ist das Unvermögen, sich seines Verstandes ohne Leitung eines anderen zu bedienen. *Selbstverschuldet* ist diese Unmündigkeit, wenn die Ursache derselben nicht am Mangel des Verstandes, sondern der Entschließung und des Mutes liegt, sich seiner ohne Leitung eines andern zu bedienen. *Sapere aude!* Habe Mut, dich deines *eigenen* Verstandes zu bedienen! ist also der Wahlspruch der Aufklärung."[1] Die vornehmlich deutsche, rationalistische Aufklärung versucht dem Verhältnis von Denken und Sein, von Subjekt und Objekt durch das Analogieprinzip auf die Spur zu kommen. In der cartesianischen Philosophie wurzelnd vermutet sie eine dem Subjekt wie dem Objekt eigene Vernunftsstruktur, die die Erkenntnis der Außenwelt durch das Ich ermöglicht. Die ontische und die noetische Vernunft entsprechen einander, indem die zu erkennende Außenwelt und das erkennende Subjekt beide im Sinne der genannten strengen Vernunftsstruktur und des daraus abgeleiteten Kausalgesetzes funktionieren. Der Rationalismus glaubt an eine durchgängig vernünftige Verfaßtheit des Daseins und die ihr entsprechende Rationalität als Wesensbestimmung des Menschen, die ihn zum logisch richtigen Denken und zum sittlich guten Handeln befähigt. Die Außenwelt der Natur und der Geschichte wird vom rationalen Ich her beobachtet und erkannt und kann eben wie gesagt aufgrund der beiden – dem Erkennenden wie dem zu Erkennenden – innewohnenden Vernunft Gegenstand humaner Erkenntnis werden. Sosehr eine solche Denkart dem erkennenden Zugang zur Welt dient, solange diese nämlich in ihrer Vernunftsstruktur deutlich hervortritt, so ungeeignet ist diese Denkorientierung zur Gewinnung einer halbwegs vernünftigen Relation zum Bereich des Irrationalen, das im Rahmen des Rationalismus nicht überraschend zum Unbegreiflichen degradiert und zu dem, was nicht sein darf und daher auch nicht sein kann, erklärt wird. Das Irrationale ist eben, weil unvernünftig und infolgedessen undenkbar, nicht mehr Geist von des Menschen Geist und

---

[1] Immanuel Kant, Beantwortung der Frage: Was ist Aufklärung? (1784). Immanuel Kants Werke (hg. Ernst Cassirer) Bd. IV, Berlin 1913, S. 169.

diesem daher auch nicht nur nicht zugänglich, sondern überhaupt nicht existent.

Nun wird bekanntlich der Aufklärung eine antimetaphysische Tendenz nachgesagt, die aber bereits im Zeitalter der Aufklärung selbst nicht ohne weiteres hingenommen wurde. So protestierte schon *David Hume* gegen die Annahme des rationalistischen Analogieprinzips der Rationalität, weil dies in seiner Sicht nichts anderes sei als eben verkappte Metaphysik, die man bestenfalls zum Gegenstand seines Glaubens machen, aber keineswegs beweisen könne. Mit dieser Kritik beschreitet Hume den Weg der radikaleren, sensualistischen Aufklärung in der Form des Empirismus und des Positivismus, der die Subjekt-Objekt-Beziehung von der Welt her betrachtet und den erkennenden Menschen von daher als „Exponenten, in gewisser Weise sogar nur als Produkt"[2] der Außenwelt begreift. Die Welt umschließt gewissermaßen das Ich, das – im Gegensatz zum cartesianischen Einstieg beim Humanum selbst – im Rahmen der Welt und als Teil ihrer erst einmal zugänglich gemacht wird. Der angebliche Verzicht auf die axiomatische Annahme einer jener Außenwelt und dem erkennenden Menschen gemeinsamen Vernunftsgesetzlichkeit oder wie auch immer gearteten gegenseitigen Zuordnung impliziert die Reduktion menschlicher Erkenntnis auf Bewußtseinseindrücke, die wir aufgrund wiederholter induktiver Erfahrung speichern und ordnen können, um so geradezu „statistisch" zur Normativität des Faktischen zu gelangen. Diese auf Erfahrung gegründete, „kumulative" Normativität gilt nicht weniger im Bereich des Rechtes und der Ethik als in demjenigen der Naturwissenschaften. Religionsphilosophisch führt sie zur Ablehnung jeder spekulativen, auf einem axiomatischen Vernunftsapriori gründenden Offenbarungsreligion, der aber auch – zumindest im strengen Sinn – jedwede Erfahrungsgrundlage fehlt. Natürlich wird man auch nicht als Empiriker bestreiten können, daß es das Phänomen der Religion gibt, aber er wird geneigt sein, es als Ausdruck einer anderen, erfahrbaren Wirklichkeit zu interpretieren. Er wird mit anderen Worten einen mittelbaren Zugang zur Religion haben und sie als „eine psychoempirisch zu verstehende Illusion (begreifen), die als Mittel zu dem Zweck fungiert, dem Menschen das Dasein erträglich zu machen und ihm als dämpfendes Opium zu dienen."[3]

Nicht zuletzt an der Frage nach der Religion entzündet sich deutlich die skeptizistisch-kritische Tendenz der Aufklärung, die nicht nur zur kritischen Überprüfung herkömmlicher Traditionsinhalte und zur Ab-

---

[2] Helmut Thielicke, Glauben und Denken in der Neuzeit, Tübingen ²1988, S. 88.
[3] Ebenda, S. 92.

wertung des Aberglaubens führte, sondern auf die Dauer auch nicht die Zersetzung religiöser Inhaltlichkeit aufzuhalten vermochte. Überhaupt bleibt die autonome Kritik positiv und negativ das zu übernehmende Erbe der Aufklärung, mit dessen Auswirkungen wir uns in Vergangenheit und Gegenwart auseinanderzusetzen hatten und haben. Religiöse Toleranz und historische Kritik, aber auch deren mögliche Implikate der Relativierung der Wahrheit und der Auflösung des Offenbarungsinhalts bleiben das uns auch gegenwärtig beständig begleitende Vermächtnis der Aufklärung. Das *sapere aude* hört nicht auf, kirchliche und theologische Traditionen kritisch herauszufordern; auf der anderen Seite wirkt auch gerade das kritische Potential der Aufklärung restriktiv und eingrenzend im Blick auf einen nicht bloß deistisch festgeschriebenen, sondern etwa auch offenbarungstheologisch orientierten Religionsbegriff. Man wird sich bei der Bewertung und der Aktualisierung der Aufklärung kaum einer gewissen Ambivalenz entziehen und sich dabei nur schwer dem Urteil eines *Theodor Adorno* verschließen können: „Seit je hat Aufklärung im umfassendsten Sinn fortschreitenden Denkens das Ziel verfolgt, von den Menschen die Furcht zu nehmen und sie als Herren einzusetzen. Aber die vollends aufgeklärte Erde strahlt im Zeichen triumphalen Unheils."[4]

Die Infragestellung der Aufklärung - oder: Rationalität und Reinkarnation

Jene guten, ja notwendigen wie unglücklichen Auswirkungen der Aufklärung haben sich nicht zuletzt in unserer Zeit gezeigt, und auf der Schwelle zum dritten christlichen Jahrtausend ist der Aufstand gegen den aufklärerischen Geist so gewaltig denn je. Wir scheinen nicht nur wieder metaphysischen Tendenzen einen größeren Raum einzugestehen, sondern auch bislang verfemten Phänomenen wie Astrologie, Chiromantie, Naturheilkunde, Yoga, Parapsychologie, Okkultismus und Obskurantismus verschiedenster Spielart die Verbreitung zu erlauben. Mystik und Spiritualität fernöstlicher Provenienz, New Age, Paradigmawechsel, (planetare) Bewußtseinserweiterung sind *en vogue* und bestimmen mehr denn je das religiöse Alltagsbild im letzten Jahrzehnt unseres Jahrtausends. Irrationalität, Intuitionismus und natürliche Religiosität fechten über Jahrhunderte hinweg erkämpfte Positionen der kritischen Rationalität und des positivistischen Skeptizismus an. Man

---

[4] Max Horkheimer u. Theodor W. Adorno, Dialektik der Aufklärung. Philosophische Fragmente. Theodor W. Adorno, Gesammelte Schriften Bd. 3 (hg. Rolf Tiedemann), Frankfurt/Main 1981, S. 19.

wagt erneut, offen und gleichsam selbstverständlich von der Wahrheit des Mythos zu sprechen und sich darüber zu freuen, daß man gerade jetzt an der Wende zur neuen Zeit lebt. Der Mensch und seine Welt sind wieder zauberhaft verzaubert und im Banne numinoser Mächte. Der Glaube der Aufklärung an die Wissenschaft und an die Tragfähigkeit der rationalen Kritik und ihr damit verbundener Optimismus sowie ihre Überzeugung von der Möglichkeit des Fortschritts menschlicher Kultur sind weithin einer Anschauung gewichen, in der Esoterik und Emotionalität, Weltlosigkeit und Utopie einander die Hand reichen. Diese neue Situation kann nur denjenigen überraschen, der nicht eingesehen hat, daß wir mitunter in Kirche und Theologie den vorkritischen Geist so gründlich vertrieben und unser Haus dabei so fein gekehrt und leer geschmückt haben, daß am Ende sämtliche vorkritische und wideraufklärerische Geister wieder einkehren und unser aufklärerisch aufgeräumtes Haus aufs neue einnehmen.

Wie dem nun auch sei, so ist es jedenfalls im vorliegenden Zusammenhang nicht möglich, dies in weiter Breite abzuhandeln. Wir werden uns damit begnügen, an Hand von einem - wie mir scheint typischen, freilich negativen - Beispiel zu zeigen, wie Tendenzen der Aufklärung selber esoterischen, gegenaufklärerischen Trends der heraufkommenden Spiritualität Tor und Tür geöffnet haben. Im Namen der Rationalität und der natürlichen Religion und der daraus erwachsenden Wahrheitsrelativierung und Toleranz verhilft die Aufklärung entschiedenen Gegenpositionen zum Durchbruch und führt dadurch sich selbst selbstzerstörerisch *ad absurdum*. So viel sei zunächst nur im Sinne einer Analyse festgestellt. Wie die Infragestellung aufklärerischer Grundpositionen systematisch zu beurteilen ist, ist dabei erst Thema eines zweiten Reflexionsgangs. Und nun zu dem Beispiel!

Bekanntlich gehört die Vorstellung von der *Reinkarnation* zum oft übernommenen esoterischen Gedankengut in der heutigen Christenheit des Abendlandes. Dieses Beispiel stehe exemplarisch für viele andere (vielleicht viel exotischerer Art), wenn ich mir auch (dies sei vorweg ausdrücklich vermerkt) bewußt bin, daß man mit einem zudem kurzen Verweis auf die Reinkarnationslehre und deren eventuelle (Un)Vereinbarkeit mit dem christlichen Traditionsgut nicht gleichzeitig und sofort Stellung genommen hat zu der ganzen Flut von esoterischen Einflüssen, denen christliche Kirchen des Abendlandes augenblicklich ausgesetzt sind. Es kommt mir aber vor, daß gerade die Lehre von der Wiedergeburt der Seele in dieser Beziehung prototypisch ist. Sie gehört in den Bereich der Esoterik und findet zur gleichen Zeit unerwarteten Anklang in kirchlichen und theologischen Kreisen. Sie ist faktisch mehr als andere Elemente esoterischer Religiosität Teil dessen, was sich heute im Westen als Christentum ausgibt. Es häufen sich in diesem Sinne die Versuche, die Idee von der Wiedergeburt mit der von der Auferstehung zu versöhnen, und kirchliche Autoritäten fechten (zumindest in Dänemark) einen oft vergeblichen Kampf gegen eine reinkarnationistisch infizierte Verkündigung, wenn sie nicht sogar von vornherein als Folge der allgemeinen geistigen Atmosphäre vom Streit überhaupt absehen.

Welche die Gründe für die Aufnahme dieser Vorstellung ins Christentum im einzelnen auch sein mögen, leistet das aufklärerische Denken rein äußerlich ihrem Eingang in den christlichen Kontext Vorschub. *Einmal* spricht die auf dem Indifferentismus gründende religiöse Toleranz einer allgemeinen Auffassung das Wort, nach der eine religiöse Ansicht nicht besser oder schlechter ist als alle anderen. Insofern kann die Vorstellung von der Reinkarnation genau so wahr sein wie die von der Auferstehung des Fleisches, zumal man ja im Sinne der Aufklärung die Wahrheit relativiert und so von der theologischen Wahrheitsfrage absieht. Hinzu kommt *als Zweites,* daß die Lehre von der Reinkarnation „immanent" in ihrer Struktur logisch und rational vorkommt. Die Verschränkung der Lehre von der Wiedergeburt der Seele mit dem Karma-Gesetz, nach dem gute wie böse Taten eines Menschen notwendig Konsequenzen nach sich ziehen müssen, mutet den meisten, eben von der Aufklärung geprägten Menschen einleuchtend an. Das Karma-Gesetz fordert die Reinkarnation eines Menschen in einer der gegenwärtigen folgenden Existenz, weil sonst keine Möglichkeit der Sühne begangenen Unrechts oder der Kompensation erlittenen Unrechts bestünde. Zudem scheine eine ethische Vervollkommnung nur denkbar zu sein bei der Annahme einer Seelenwanderung, da ein Einzelleben für die Läuterung der menschlichen Seele nicht ausreiche. Vergeltung und Kompensation einerseits und das hiermit verkoppelte Streben nach Perfektion und Gerechtigkeit andererseits sind die im Sinne der Aufklärung durchaus akzeptablen Motive (vgl. den Aufklärungsglauben an die Vernünftigkeit und Güte des Menschen und an den damit verbundenen Fortschritt) für die Aufrechterhaltung der Reinkarnationsvorstellung. Im Dasein obwaltet ein gutes, wenn auch eisernes Gesetz (sprich im Sinne der Aufklärung: Vernunftsgesetz) einer haargenauen Gerechtigkeit, das man besser nicht nur nicht verletzen sollte, sondern gar nicht übertreten kann. Ein Mensch erntet mit Notwendigkeit die Früchte seiner Taten. Wie man seinem eigenen Schatten unmöglich davonlaufen kann, kann man sich den Konsequenzen begangener Taten nicht entziehen.

Der Reinkarnationslehre ist noch ein weiterer Trend zur logischen, vernünftigen Argumentation eigen. Die rigoristische Vergeltungsphilosophie des Karma-Gesetzes wird im klassischen indischen Denken mit dem Theodizeeproblem verkoppelt. Die inhärente Gesetzmäßigkeit des Daseins befreit Gott von der Verantwortung für das Böse, die dafür im vollen Umfang dem einzigen dafür tatsächlich verantwortlich sein könnenden Wesen, dem Menschen, auferlegt wird. Ungleichheiten individueller, sozialer und genetischer Natur haben demnach nicht ihren unerforschlichen Grund in den Launen eines grausamen Gottes oder in den Zufälligkeiten des Schicksals; sie sind erklärbar aus dem Karma früherer Existenzen. *Jeder ist seines Glückes Schmied.* Die innere Logik der Reinkarnationslehre verleitet Menschen aufklärerischer Prägung, sie in das System christlicher Wahrheiten aufzunehmen – ohne jedoch darüber nachzudenken, ob der *Inhalt* der Wiedergeburtsvorstellung nun auch dem Christentum im allgemeinen entspricht und somit christlich aufnahmefähig ist.

Genau dies ist nun in der Tat schwerlich der Fall. Wenn auch Einflüsse aus dem Bereich der Esoterik auf eine differenzierte Stellungnahme Anspruch erheben können, wage ich hier ein so ungeschütztes, ja kategorisches Urteil. Die Eingliederung der Reinkarnationslehre in das christliche Lehrsystem ist mit erheblichen Schwierigkeiten verbunden, vor allem im Blick auf das Heilsverständnis. Die christliche Behauptung der Irreversibilität eines einzigen Lebenslaufs macht den Rekurs auf eine erneute Existenz unmöglich, ermöglicht und fordert aber dafür die Zuflucht des Menschen zur göttlichen Gnade. Er wird mit anderen Worten, was sein Heil betrifft, auf Gott verwiesen und wird nicht auf sich selber gestellt sein und im Grunde der Selbsterlösung überlassen. Zugespitzt formuliert wird man in der Tat behaupten können, daß die Theorie von der Wiedergeburt der Seele den Menschen verpflichtet und gleichzeitig befähigt, sich selber zu erlösen. Wenn diese Analyse recht behält, ist die zur Diskussion stehende Theorie das genaue Gegenteil vom Christentum, in dem unmißverständlich verkündigt wird, daß Gott aus Gnade Quelle und Grund des Heils ist, weil der Mensch dies aus eigenen Kräften nicht zu leisten vermag. Dieses Urteil ändert sich selbst dann nicht wesentlich, wenn man etwa im Sinne der anthroposophischen Tradition gerade das ethische Wachstum und die moralische Entwicklung als Gnade interpretiert. Dies wäre bestenfalls eine moralistische Entartung des Gnadenverständnisses.[5]

Man könnte und müßte andere Punkte aufzählen, an denen beim Versuch der Verchristlichung der Idee von der Reinkarnation Unge-

---

[5] Zur Beurteilung der Reinkarnationslehre im Lichte christlicher Dogmatik siehe meinen Beitrag „Reinkarnation og historie. Overvejelser til et omstridt tema i mødet mellem religionerne", in: Peder Nørgaard-Højen (red.), Kristendommen og de andre religioner, Aarhus 1988, S. 299 ff.

reimtheiten ernsthafter Natur entstehen (Gottesbegriff, Geschichtsauffassung, Anthropologie und Christologie). Ich lasse es aber in diesem Zusammenhang, so oberflächlich es auch ist, bei diesen kurzen Bemerkungen bewenden. Sie seien einfach gleichsam postulatorisch und ohne hinreichende Begründung dahingestellt, weil hier nicht der Ort ist für ausführliches Argumentieren gegen die Vereinnahmung der Reinkarnationsvorstellung für christliche Theologie und Verkündigung. Es geht nur darum zu zeigen, daß heutige, an der Aufklärung orientierte Menschen wahrscheinlich leichter auf logisch strukturierte Gedankengebilde hereinfallen, als man es ohne aufklärerische Schulung tun würde. Ohnehin sind wir, wie bereits oben angedeutet, durch die Aufklärung von der Gleichgültigkeit der Wahrheitsfrage und damit von der Richtigkeit der Ablehnung des Absolutheitsanspruchs des Christentums gründlich belehrt worden, so daß man auch nicht von daher einen Schutz gegen christlich theologischer Denkart entgegengesetze Elemente gewinnen kann.

Zusammenfassung

Zusammenfassend ist festzuhalten, daß der Glaube an die Wiedergeburt der Seele in der Tat der rationalen Struktur humaner Existenz entspricht, und zwar in einem doppelten Sinne. Zunächst ist die innere Logik der Reinkarnationslehre unverkennbar; zum zweiten entspricht die Ablehnung des christlichen Gnadenverständnisses durchaus – so würde ich ungeschützt zu formulieren wagen – der rationalen und psychologischen Verfaßtheit des Menschen. Im Endeffekt lehrt christliche Anthropologie das Selbstakzept des Menschen aufgrund seiner gnädigen Annahme durch Gott, wogegen ein Denksystem, in das die Reinkarnationstheorie nahtlos eingegliedert werden kann, die Selbstannahme des Menschen als Konsequenz eigener Verdienste postuliert. Dem natürlichen und eventuell nur vordergründig gläubigen Menschen ist die Übernahme der letzteren Position meines Ermessens ungleich leichter als die Realisierung der ersteren. Es kommt noch hinzu, daß die faktische Eingliederung des Reinkarnationsglaubens in die religiöse Vorstellungswelt vieler Christen im Sinne der oben erörterten Normativität des Faktischen positivistisch als „richtig" deklariert werden kann. Schließlich sei nachgetragen, daß der überwiegend protestantische Gnadendoketismus und die damit einhergehende Reduktion der göttlichen Zuwendung auf eine möglichst billige Gnade sowie eine fast pathologisch zu nennende Angst vor den guten Werken als Implikation der Gnade wahrscheinlich entscheidend mit dazu beigetragen haben, daß die Reinkarnationslehre und die ihr unterliegende Annahme der Werkgerechtigkeit so relativ schnell und unbeschwert in theologischen und kirchlichen Kreisen Eingang gefunden haben.

Ich meine mit diesen Überlegungen natürlich nicht vollständig die Aufnahme dieses Fremdelements in den kirchlichen und theologischen Kontext erklärt zu haben. Teils hat es auch lange vor und unabhängig von der Aufklärung christliches Flirten mit dieser Idee gegeben, teils hat sie umgekehrt durch ihre Einbettung in fernöstliche esoterische Denksysteme vielleicht gerade aufgrund ihrer so angezeigten „mystischen" Distanz zur Aufklärung und der durch sie erfolgten geistigen Prägung und dank heutiger neoromantischer Tendenzen ihre Anziehungskraft konsolidiert. Dies rüttelt aber nicht an der Tatsache, daß eine vorwiegend aufklärerisch orientierte Kirchlichkeit für Ideen, wie sie in der Reinkarnationslehre zum Audruck kommen, anfällig ist. Inhaltlich stimmt diese Lehre freilich so wenig mit der Aufklärung selber wie mit dem biblischen Christentum überein, wenn auch der Glaube an die Unsterblichkeit der Seele eventuell als Anknüpfungspunkt dienen könnte. Ein David Hume sah bekanntlich hier die einzige Möglichkeit, die Reinkarnationslehre philosophisch ernstzunehmen.[6] Gerade weil hier Positionen sozusagen „aufklärungsinstrumental" zum Durchbruch gelangen, die inhaltlich weder mit der Aufklärung noch mit dem biblischen Christentum übereinstimmen, hätte man sich vorstellen können, daß das kritische Potential der Aufklärung in einem solchen Fall dem christlichen Glauben eine bessere Wehr geleistet hätte. Wie dem auch *en détail* sei, scheint man zumindest mit einiger Sicherheit sagen zu können, daß die Verwurzelung der abendländischen Theologie in der Aufklärung keinen genügenden Schutz gegen das Eindringen virulenter, aber systemfremder Glaubensüberzeugungen *in casu* der Reinkarnationshypothese bietet. Wie man aber dieser Situation systematisch-theologisch beikommt, ist in diesen Darlegungen höchstens angedeutet und würde, nähme man die hier gestellte *quaestio disputata* wirklich

---

[6] „Alles ist gemeinsam zwischen Leib und Seele. Die Organe des einen sind alle zugleich Organe der andern; daher muß auch das Dasein der einen von dem des andern abhangen. Die Seelen der Tiere sind zugestandenermaßen sterblich; und diese sind den Seelen der Menschen so ähnlich, daß die Analogie ein sehr starkes Argument abgibt. Ihre Leiber sind den unsrigen nicht ähnlicher, dennoch verwirft niemand ein Argument aus der vergleichenden Anatomie. Die Metempsychose ist daher das einzige System dieser Art, dem die Philosophie Gehör geben kann." David Hume, Of the Immortality of the Soul (1777), ins Deutsche übersetzt von Friedrich Paulsen, Dialoge über natürliche Religion. Über Selbstmord und Unsterblichkeit der Seele von David Hume, Leipzig ³[1905], S. 163. Den englischen Originaltext findet man z. B. in Anthony Flew (ed.), Body, Mind, and Death. Readings selected, edited, and furnished with an introductory essay, New York and London ⁷1974, S. 181 ff.

ernst, viel mehr Raum in Anspruch nehmen, als hier zur Verfügung gestellt werden konnte. Ich beende jedoch meine Reflexionen mit einer Frage, die meinen einleitenden Bemerkungen entspricht: Wie stellen wir die kritische Potenz der Aufklärung in den Dienst des christlichen Glaubens, ohne dafür die verheerenden Unkosten seiner Preisgabe zu bezahlen und ohne etwaigen kreativen Neuorientierungen gegenüber völlig verschlossen zu bleiben? Eine konstruktive Antwort dieser Frage ist gerade angesichts gegenwärtiger [vor allem fremdreligiöser (esoterischer), aber auch binnentheologischer (etwa fundamentalistischer)] Herausforderungen und Probleme von vitaler Bedeutung.

Martin Seils, Jena

Die Relevanz des Christentums in einer säkularisierten Gesellschaft

Die „eine" säkularisierte Gesellschaft, um die es im folgenden gehen wird, ist nicht die global euroamerikanische oder die partial ostsozialistische, sondern diejenige der Deutschen Demokratischen Republik mit ihren spezifischen Voraussetzungen und universalen Verklammerungen.

Christentum und Kirche befinden sich im gesellschaftlichen Lebens- und Erfahrungsbereich der DDR hinsichtlich des Säkularisierungsproblems in einer besonderen Lage. Wir hatten es vordergründig mit einer öffentlich indoktrinierten Säkularisation zu tun. Weltanschaulich galt eine Art von Haeckelschem materialistischem Monismus als letzte Wahrheit über Welt und Menschen. Institutionell war die Selbstbefähigung des Menschen zur Organisation seiner endlichen Glückseligkeit Grundlage und Ziel der gesellschaftlichen Gestaltungsbemühungen. Personal wurden die Bürger lebensumspannend in säkularistische Kultunternehmungen verfaßt, durch die das persönliche Dasein mit den nötigen Sinngebungserfordernissen versorgt werden sollte.

Kirche und Christentum sind demgegenüber zunächst in Verlust geraten. In den Jahren zwischen 1954 und 1958 verlor die evangelische Kirche den Kampf um die sog. „Jugendweihe". Dies lieferte weite Kreise der Bevölkerung dem säkularistischen Konzept aus und ließ sie auch institutionell aus der Kirche herausgeraten. Doch fand in den folgenden Jahren auch ein gegenläufiger Prozeß statt. Er bestätigt an und für sich die Analysen über die mögliche Bedeutung von Religion in einer aufklärerisch-nachaufklärerischen Gesellschaft. Es wurden Kontingenzbereiche spürbar und erlebt, die durch die indoktrinierte gesellschaftliche Säkularisation nicht abgedeckt werden konnten und auch durch säkularistisch-kultische Sinngebungsbemühungen nicht aufgefüllt wurden. Das Christentum und mit ihm die Kirchen wurden mehr und mehr relevant, wo es um das Unverrechenbare, das Kommende, die Verantwortung und das Tragende des Lebens und der Welt ging. Ein gewisses Bewußtsein der umgreifenden und säkularistisch nicht aufholbaren Bedeutung des Christentums und der Kirchen stellte sich überall dort ein, wo Menschen überhaupt in der Lage waren, dergleichen zu erleben und sich zu Bewußtsein zu bringen. Die Kirchen, ihre Botschaft und ihr Engagement, erhielten Relevanz, wenn sie dieser gesellschaftlichen Bewußtseinslage zu entsprechen verstanden, und das war weithin der Fall. Dabei formten Christentum und Kirchen sich selber zum Raum eines in gewisser Weise elitären, jedoch deutlich nachaufklärerischen Bewußtseins, und zwar mit dem Selbstverständnis der gefragten, der interessierenden, der wirkungsvollen und der umgreifenderen Alternative zum öffentlichen Säkularisierungskonzept.

Es wäre möglich und wahrscheinlich auch reizvoll, Erkenntnisse und Erfahrungen zur Sprache zu bringen, die die christliche Kirche unseres Raumes auf diesem Wege gemacht hat. Jedoch würde diese hinter der aktuellen Problemlage, in der wir uns befinden, zurückbleiben. Diese aktuelle Problemlage nämlich ist durch eine an und für sich erwartbare, nichtsdestoweniger aber neu an uns herantretende Erfahrung bestimmt. In unserer Gesellschaft ist mit der „sanften" Revolution die sog. „Wende" eingetreten. Der institutionelle-politische Säkularisierungsdruck ist verschwunden. Infolge der Tatsache, daß die innerlich standhaltende und nachaufklärerisch-elitär konstituierte christliche Gemeinde die politische „Wende" weithin mitbewirkt und -getragen hat, ist ihr eine enorme allgemein-gesellschaftliche Anerkennung zugewachsen. Die sozusagen „äußere" Relevanz ist geradezu atemberaubend groß geworden. Es zeigt sich aber, daß dem kein spürbarer Gewinn an sozusagen „innerer" Relevanz zur Seite steht. Die Gottesdienste sind nicht stärker besucht, die Beteiligung an „Friedensdekaden" nimmt eher ab, die Zahl der Taufen steigt nur unbeträchtlich, die „Jugendweihe" wird nach wie vor fast selbstverständlich als Lebensereignis und Familienfest begangen. Es zeigt sich also, daß unter und hinter der weltanschaulich indoktrinierten Säkularität und den davon geschaffenen Problemen noch eine andere Säkularisationsschicht lag, die vergleichsweise unbetroffen geblieben war und auch unbetroffen zu bleiben scheint. Offenbar ist sie sogar durch gewisse Vollzüge jener indoktrinierten Säkularität eher bestärkt und mit dem allgemeinen Bewußtsein verklammert worden. Hier liegt unsere Gegenwartsproblematik. Sie hat ihre Spezifik darin, daß eine unter den Notwendigkeiten der Zeit und der Gesellschaft sehr weitgehend nachaufklärerisch gewordene Kirche sich nun mit einer Gesellschaft durchschnittlicher, aber unbeirrter Säkularität konfrontiert sieht. Das wird sich im deutsch-deutschen Vereinigungsprozeß eher noch verstärken. Wir spüren bereits deutlich die Schmerzen, die dies mit sich bringt. Die Frage ist, wie wir mit dem so sich stellenden Relevanzproblem umgehen können. Dazu sollen einige sehr vorläufige Gedanken erörtert werden. Es wird sich eigentlich nur um die Markierung offener Problempunkte des Augenblicks und der Situation handeln, in denen wir uns jetzt befinden.

1. Alternativität

Leider gibt es auch nach längerem Überlegen kein Wort, das passender zum Ausdruck bringen könnte, was hier zunächst bewegen muß. Es geht um folgendes: Christentum und christliche Gemeinde haben sich in unserem Bereich sehr weitgehend als soziologische und ideelle Kontrastgruppen zur herrschenden gesamtgesellschaftlichen Konzeption entwickelt und konstituiert. Sie sind, wenn man so will, unangepaßt und ziehen ihre Kraft aus ihrer elitären Unangepaßtheit. Sie sind eben nicht nur „Alternative", sondern haben sich auch eine innere „Alternativität" angeeignet. Man kann sagen, und das ist auch bewußt, daß hierin wurzelhafte Antriebe der europäischen Aufklärung, nämlich Liberalität und Toleranz, bewahrt sind. Man könnte in solchen Zusammenhängen auch auf das reformatorische Erbe von der „Freiheit eines Christenmenschen" verweisen.

Die Frage ist, wie dies nun mit der neu sich zeigenden und offenbar die Gesellschaft tief prägenden Säkularität vermittelt werden kann, die ja nicht zu aufgeklärter Mündigkeit, sondern eher zu säkularisierter Unmündigkeit führt. Das dürfte schwer sein. Es ist zu befürchten, daß es entweder zu Verlusten reformatorisch-aufgeklärter Freiheitsbewahrung oder zu Verlusten allgemein-gesellschaftlicher Wirkungsfähigkeit kommt. Im allgemeinen wird es wohl so stehen, daß man in den Kirchen in der DDR lieber jene elitär-nachaufklärerische „Alternativität" bewahren möchte, als sich ins Durchschnittliche hinein aufzulösen. Wir möchten also lieber Minderheitskirchen bleiben. Nur wissen wir natürlich, daß es der christlichen Gemeinde seit dem Missionsbefehl ihres Herrn nicht erlaubt ist, Minderheit bleiben zu wollen. Bleibt dann nur, auf den Zerfall auch jener zweiten, nicht indoktrinierten, durchschnittlich gewordenen europäischen Säkularität zu warten und sich inzwischen mit den Vorwegprodukten jenes Zerfallsgeschehens zu beschäftigen? Wir wissen es nicht. Die Frage scheint auf uns zu lasten.

2. Verantwortlichkeit

In einer wahrscheinlich singulären Weise haben christliche und vor allem auch kirchliche Führungspersönlichkeiten in unserer Lage nach der „Wende" unmittelbare politische und damit auch institutionell-gesellschaftliche Verantwortung übernehmen müssen. Es gibt unseres Wissens keine vergleichbare christlich-kirchliche Verantwortungsübernahme in irgendeinem Land Europas, auch nicht in Polen. Kaum irgend jemand von denen, die hier gemeint werden, hat überhaupt Zeit gehabt zu überlegen, ob er das tun wolle, was er jetzt tut, er hat es einfach tun müssen. Die Enge von Zeit und Lage läßt auch kaum die Möglichkeit, die gängigen reformatorisch-christlichen Modelle politischer Verantwortungsausübung, also die Zweireichelehre oder die Lehre von der Königsherrschaft Christi, reflexiv in Anschlag zu bringen.

Das Relevanzproblem stellt sich hier als das Problem der Beziehung christlich-ethischer Überzeugungsnormen einerseits und der Grundannahmen der bestehenden säkularen Gesellschaftsverhältnisse andererseits. Es wird z.B. konkret und zerreißend werden in der Frage, wie im deutsch-deutschen Vereinigungsprozeß mit den unterschiedlichen Regelungen für die Schwangerschaftsunterbrechung umgegangen werden kann, für die christlichen Politiker in der DDR also in der Frage, ob sie die bisherige DDR-Lösung vertreten oder die bundesdeutsche Regelung befürworten sollen. In Aufklärungsterminologie gesprochen: Welche Art von Freiheit soll hier gewahrt werden, eine christlich-säkulare oder eine biologistisch-säkularistische? Soweit zu sehen ist, neigt man zu Lösungen, durch die gesellschaftlich aufrechterhalten wird, was christlich nicht oder kaum verantwortet werden kann. Man könnte sagen, es wäre dann doch eine Option für Implikate reformatorischer Zweireiche-Gedanken. Und natürlich ist es eine Ratifikation der These, daß in einer säkularisierten Gesellschaft Normen organisierter Religion nicht Mittel von außen her gesetzter sozialer Kontrolle, sondern nur Vollzüge von innen her gewonnener personaler Entscheidungen sein können. Ist das aber alles? Es bleiben jedenfalls Probleme persönlicher Gewissensbedingung und kollektiv-gesellschaftlicher Gewissensbezogenheit, die sich momentan nur benennen, nicht aber bewältigen lassen.

3. Kontingenz

Nach den herrschenden Theorien ist das, was an der Religion aufklärungsresistent und damit auch aufklärungsrelevant ist, die Fähigkeit zur Kontingenzbewältigung. Auch der aufgeklärteste Zeitgenosse stößt manchmal auf die Tatsache, daß der Mensch nicht letzte Sinngebungsinstanz des Lebens sein kann und daß es für ihn auch zu viel wäre, wenn er das Ganze seiner Handlungen handelnd verantworten sollte. Möglicherweise stößt er sogar auf die Tatsache, daß die Tragfähigkeit des Lebens von einem ursprünglichen Gegebenwerden und Empfangen abhängt und deshalb der Mensch, wie schon Schleiermacher sagte, „schlechthin abhängig" ist. Die Aufklärungsresistenz der Religion liegt eventuell nicht nur in diesen Begrenztheiten und Verwiesenheiten. Sie liegt, das ist erörtert worden, möglicherweise auch in der Ideologieresistenz, die die Religion durch ihre Kontingenzbezogenheit besitzt. Sie erlaubt und bewirkt eine Unterscheidung von möglicher Säkularität und unmöglichem Säkularismus. Sie hält damit geschichtliche und menschheitliche Zukunftsräume offen.

Dies alles läßt sich aus dem Erfahrungsbereich, von dem her hier gesprochen wird, durchaus bestätigen. Relevanz haben Christentum und Kirche bei uns bekommen, weil sie weiter fragen und weiter antworten mußten als der herrschende ideologische Säkularismus und weil sie sich – wie übrigens auch manche Marxisten – nicht mit der Grundauskunft zu begnügen in der Lage sahen, daß der Marxismus allmächtig sei, weil er wahr sei, und wahr sei, weil er allmächtig sei. Diese unsinnige Zirkelauskunft bekamen wir zeitweise an fast jeder Straßenecke zu lesen, was vielleicht doch den Nebeneffekt gehabt hat, daß manche Leute nicht mehr anders konnten als weiterdenken zu wollen. Es gibt aber ein christliches Thema, das durch die Kontingenzthese in ihrer allgemeinen Form offenbar nicht ohne weiteres vertreten werden kann. Es handelt sich um das Thema von Schuld, Sühne und Vergebung und damit um die eigentlich soteriologische Grundthematik des Christentums. Wenn es nicht nur um die Relevanz der Religion, sondern auch und eigentlich um diejenige des Christentums gehen sollte, müßten die gängigen Theorien über religiöse Kontingenzbewältigung wohl um dieses Thema erweitert werden. Der Mensch ist nicht nur abhängig, sondern auch versöhnungsbedürftig, und Versöhnung ist nicht nur das persönliche Offenbarwerden von Abhängigkeit. Man sollte erwarten, daß eine Aufklärungsresistenz des Christentums auch an dieser Stelle erlebbar und formulierbar sein müßte, also dort, wo es, reformatorisch gesprochen, um das „Wort vom Kreuz" geht. Aus dem Begegnungsraum, der diesen Erörterungen zugrunde liegt, lassen sich dafür kaum Erfahrungen benennen. Auch das ist auf Zukunft hin bewegend und hat jedenfalls mit dem Problem von Relevanz des Christentums selber in einer säkularisierten Gesellschaft sehr unmittelbar zu tun. Die Vermittlungsfähigkeit des Christentums in einer säkularisierten Gesellschaft dürfte sehr wesentlich an der Vermittlungsfähigkeit der Versöhnung zwischen Gott und Mensch durch das Kreuz Christi hängen. Es scheint auch, als wäre dies Dietrich Bonhoeffers Grundfrage nach dem Sinn der Ohnmacht Gottes in einer mündig gewordenen Welt gewesen.

Als ich vor einigen Tagen meine Tageszeitung, die „Thüringische Landeszeitung", aufschlug, stand da im Anzeigenteil mitten zwischen den Anzeigen einer mit Macht hereindringenden Marktwirtschaft eine Anzeige folgenden Wortlauts: „Wir möchten uns für die Glückwünsche und Geschenke zur Jugendweihe unserer Tochter ... bei allen Gratulanten bedanken." Dieser Gesprächsbeitrag war die Erörterung einiger Problemaspekte, die eine solche Anzeige heute und in unserer Situation aufgibt. Vielleicht wäre zu wünschen, daß es ruhig bei solchen Anzeigen bleibt. Aber es ist zu bedenken, was es bedeuten würden, wenn es nicht bei solchen Anzeigen bliebe.

Georg Mantzaridis, Thessaloniki

Die Säkularisierung als Begleiterscheinung und Herausforderung des Christentums

Eine Betrachtung vom Standpunkt der Orthodoxen Kirche

Die Säkularisierung ist nicht nur eine Herausforderung für das Christentum, sondern auch eine Begleiterscheinung seiner Präsenz in der Geschichte. Die absolute Unterscheidung Gottes von der Welt, die die Welt säkularisiert und ihre Transzendenz vermeidet, sowie die geradlinige Betrachtung der Zeit, die dem Menschen die Perspektive der Entwicklung und Planung öffnet, binden das Christentum mit der Säkularisation zusammen. Dem wird die biblische Lehre über die Superiorität des Menschen in der Welt und seine Berufung, die Erde zu beherrschen,[1] hinzugefügt, was eine unmittelbare Beziehung zur zeitgenössischen ökologischen Krise hat.

Während jedoch diese Faktoren tatsächlich die Säkularisierung unserer Zeit mit dem Christentum verbinden, hören sie dennoch nicht auf, die besondere Auffassung zu vertreten, die im Westen entstand. Die zeitgenössische Säkularisierung ist eine Begleiterscheinung des westlichen Christentums, während sie im Osten als Ergebnis äußerer Einflüsse auftrat. Darum ist die christliche Tradition, wie sie in der Orthodoxen Kirche gepflegt und erhalten wurde, sehr wichtig für die vollständige Auswertung der Beziehung des Christentums zur Säkularisierung und auch für die Konfrontation mit der Provokation, die diese der Kirche stellt.

Wenn wir aus orthodoxer Sicht die Faktoren prüfen, die zur Säkularisierung geführt haben, so können wir folgende hervorheben: Das Christentum veranlaßte nicht nur die Säkularisierung der Welt, also deren Betrachtung als Schöpfung, die sich klar von ihrem Schöpfer unterscheidet, sondern auch die Enkosmisation Gottes, nämlich das Eingehen Gottes in die Welt. Gott bleibt nicht außerhalb der Welt. Er existiert nicht als Objekt. Er kommuniziert mit der Welt, er nimmt sie an und verklärt sie. Diese Enkosmisation Gottes vollendet sich in der Fleischwerdung Christi und verewigt sich in der Kirche. Außerdem nimmt die geradlinige Betrachtung der Zeit, die durch das Alte Testa-

---

[1] 1. Mose 1,28.

ment eingeführt wurde, in der Kirche eine neue Bedeutung an. Die Geschichte wird wie alles das, was in ihr geschieht, auf die eschatologische Perspektive der Kirche bezogen und in sie eingeordnet. Die Zeit wird mit der Ewigkeit verbunden. So entsteht eine neue Betrachtung der Zeit, die wir *synthetisch* nennen, weil sie ihre geradlinige Bewegung mit der Ewigkeit verbindet.

Schließlich rechtfertigt die Anerkennung der Superiorität des Menschen und seines Auftrages, die Welt zu beherrschen, nicht deren willkürliche und mißbräuchliche Behandlung. Der Mensch hat als Geschöpf „nach dem Ebenbilde" und „nach der Ähnlichkeit" Gottes[2] Macht in der Welt nur von Gott her. Seine Macht hat auch Verantwortung zur Folge. Natürlich kann der Mensch seine Macht mißbrauchen und sich nicht um seine Verantwortung kümmern. Er kann die Welt willkürlich und egozentrisch benutzen. Aber in diesem Fall wendet er die biblischen Einsichten nicht an, sondern verstößt gegen sie und muß die Verantwortung für die Folgen seines Handelns tragen. Die Bibel öffnet dem Menschen neue Horizonte. Wenn jedoch der Mensch durch diese Horizonteröffnung in seine eigene Katastrophe geht, so ist das die Folge seiner falsch verstandenen Freiheit.

Die Orthodoxe Kirche erhält die Enkosmisation Gottes, die synthetische Betrachtung der Zeit und die nicht egozentrische Betrachtung der Welt, die dem gemeinsamen Schatz der ungeteilten Kirche gehören, lebendig. Natürlich hat die Säkularisierung, die fast in der ganzen Welt verbreitet wurde, auch den orthodoxen Osten nicht unbeeinflußt gelassen. Allerdings führen parallel dazu die Tradition der Orthodoxen Kirche und auch die eigenartigen politisch-sozialen Zustände, in denen sich die orthodoxen Völker in den letzten Jahrhunderten befanden, zu einer anderen Betrachtung und Wahrnehmung der Säkularisierung wie auch der Provokationen, die sie in der christlichen Welt hervorruft, von einer anderen Warte.

Die Enkosmisation Gottes, die zum größten Teil von der Objektivierung und der Beseitigung seines charismatischen Charakters und seiner eschatologischen Perspektive überschattet wurde, drückt sich theologisch in der Unterscheidung zwischen Wesen (οὐσία) und Energie (ἐνέργεια) Gottes aus. Diese Unterscheidung hat keine intellektuelle, sondern eine empirische Basis. Sie entspringt dem Bewußtsein der Präsenz Gottes in der Welt durch seine Gnade. Diese Lehre hat im 14. Jahrhundert Gregor Palamas in seiner Polemik gegen Barlaam von Kalabrien ausführlich entwickelt, der Ansichten der Renaissance und der westlichen Theologie vertrat. Gott, seinem Wesen nach unzugäng-

---

[2] 1. Mose 1,27.

lich und unerreichbar, wird durch seine Wirkung, also durch seine Energie, kenntlich und zugänglich. Die Gläubigen nehmen persönlich teil an der ungeschaffenen Gnade oder Energie Gottes. Die Erfahrung dieser Teilnahme ist grundlegend für das Leben der Kirche. Die Kirche ist keine ideologische Körperschaft, sondern eine gottmenschliche Gemeinschaft. In der Kirche wird das Irdische mit dem Himmlischen vereinigt, das Menschliche mit dem Göttlichen. Wenn man diese Einheit zerstört, zerstört man die Kirche selbst.

Die Wahrheit des Christentums stützt sich auf die Wunder und besonders auf das Wunder der Auferstehung: „Ist aber Christus nicht auferstanden, dann ist unsere Predigt hinfällig und hinfällig auch euer Glaube."[3] Die Wunder sind „Zeichen", die die Befreiung des Menschen von der weltlichen Gesetzmäßigkeit und seine Eingliederung in die Freiheit des Geistes sichtbar machen. Vor allen Dingen offenbaren sie die Befreiung von der Macht des Verderbens und des Todes. Die Orthodoxe Kirche hält den Glauben an die Wunder lebendig und lebt mit den Wundern. Das Echo, das auch heute noch die Wunder, die wundertätigen Ikonen und die Heiligen Reliquien bei den Gläubigen der Orthodoxen Kirche finden, bleibt groß. Sie sind natürlich auch in der christlichen Welt des Westens, besonders in der römisch-katholischen Kirche, nicht unbekannt. Aber in der Orthodoxen Kirche haben sie einen wichtigeren und zentralen Platz. Besonders die langjährigen schwierigen Situationen der orthodoxen Völker in weiterer und jüngerer Vergangenheit, in der griechischen und slavischen Welt, bewahrten und bestärkten den Glauben an das Wunder und seine Kraft.

Dieser Glaube wird in der zeitgenössischen Gesellschaft stark bestritten. Die Wunder, die wundertätigen Ikonen und die sakralen Gegenstände des säkularisierten Menschen sind die Errungenschaften der Wissenschaft und der Technologie. Der Erhalt des christlichen Glaubens und seine geeignete Placierung in diesen Zustand der verführerischen Offerten, aber auch der gefährlichen Auswegslosigkeit, in die sie den Menschen bringen, erfordern Vorsicht und erfinderische Entgegnung. Die Errungenschaften der Wissenschaft und der Technologie lösen die menschlichen Probleme nicht, sondern verlagern sie nur vorübergehend. Deren Lösung existiert nur in der christlichen Wahrheit, die die Kirche vertritt: Nämlich in der Wahrheit der Auferstehung, die dem Menschen schon im gegenwärtigen Leben spürbar ist.

Die Verbindung der Zeit mit der Ewigkeit ist in der Tat von der säkularisierten Gesellschaft vergessen worden durch den Einfluß einer eindimensionalen Betrachtungsweise des Lebens. Die Zeit, wie auch die

---

[3] 1. Kor 15,14.

Geschichte, wird als Verlauf des Fortschritts und der Entwicklung gesehen ohne richtige Beziehung zum Transzendenten und zur Ewigkeit. Das Interesse des Menschen erschöpft sich im ökonomischen Fortschritt und in Prosperität, ohne daß er die Möglichkeit des Transfers auf eine andere Ebene – die Ewigkeit – hat. Ohne diesen Transfer ist jedoch eine globale Betrachtung des Lebens unmöglich, die darin besteht, daß der ökonomische Fortschritt seinen Sinn verlieren und die Prosperität einen negativen Wert erhalten kann, daß das Mißlingen auf gesellschaftlicher Ebene zum Erfolg auf geistlicher Ebene umgewertet und die materielle Katastrophe zur geistlichen Wiederherstellung werden kann. Dazu bleibt die fundamentale Wahrheit des Christentums, nach der das wahre Leben des Gläubigen das „weltliche Absterben"[4] voraussetzt, unbegreiflich.

Die Kirche verbindet die Zeit mit der Ewigkeit und bestimmt das ewige Leben als zugänglich schon vom gegenwärtigen Leben an. Vergangenheit und Zukunft werden in der Kirche hier und jetzt schon gegenwärtig. So wird der Mensch, der hier und jetzt existiert, Teilhaber der Ewigkeit. Wenn die Kirche aufhört, diese Möglichkeit darzubringen, hat sie keine Existenzberechtigung mehr. Wenn sie als eine solche Institution bleibt, die nur dem moralischen, gesellschaftlichen oder politischen Leben des Menschen hilfreich ist, kann sie am besten in unserer revolutionären Epoche ganz vergessen und durch etwas Zeitgenössischeres ersetzt werden. Es ist nur recht und billig, wenn die Menschen aus solch' einer Kirche austreten, ohne irgendeinen besonderen Verlust oder Schaden wahrzunehmen.

An dieser Stelle muß die Wichtigkeit des kultischen Lebens der Orthodoxen Kirche mit ihrer zentralen Achse, der Göttlichen Eucharistie, betont werden. Die liturgische Zeit und der liturgische Raum, die Natur und Vielfalt der Heiligen Symbole, die Gestalt der Ikonen und die Struktur der Gottesdienste, die Laienfrömmigkeit und der eucharistische Geist bieten als Grundelemente Konfrontationen bzw. Restaurationen der zeitgenössischen säkularisierten Gesellschaft. Mit diesem Geist wird die Verabsolutierung der Welt und der Dinge der Welt beseitigt, während gleichzeitig die Perspektive der Kommunion mit Gott und der eucharistischen Betrachtung der Schöpfung geöffnet wird. Darum bilden das kultische Leben und der eucharistische Geist die besseren Antworten auf die aktuelle Säkularisierung. Im Gegenteil lähmen die Vernachlässigung des kultischen Lebens und die Mißachtung seiner geistlichen Tiefe, die den Geist der Säkularisierung charakterisiert, das

---

[4] „Denn wer sein Leben retten will, wird es verlieren; wer aber sein Leben um meinetwillen verliert, wird es finden" (Matth 16,25).

Leben der Gläubigen und lassen eine geistliche Leere entstehen, die leicht zu vielfältigen religiösen Lehren (wie Yoga) und zu religiösem Ersatz führt.

Schließlich ist die Herrschaft des Menschen in der Welt der christlichen Lehre nach nicht absolut, sondern relativ. *Herr der Welt ist Gott allein.* Der Mensch übt seine Herrschaft in Relation und Bezug auf Ihn aus. Sich die Macht Gottes anzumaßen und die Welt willkührlich zu gebrauchen, bildet das Wesen der vorväterlichen Sünde. Durch sie verlor der Mensch seine eigene Einheit und seinen natürlichen Platz in der Welt, wurde zum Sklaven seiner Sinne und der Welt, und wich von diesem Gebrauch zum Mißbrauch ab. Das Endresultat dieses Mißbrauchs ist die aktuelle ökologische Krise.

Die Revokation aus dieser Situation wird in Christus realisiert durch eine asketische Einstellung des Menschen zu seinem Selbst und der Welt. Ein wesentliches Kennzeichen des christlichen Lebens ist die Askese, die in unserer Zeit nicht mehr genügend betrachtet wird oder bereits verschwunden ist. Das Ziel der christlichen Askese ist die Bekämpfung des Egoismus und das Erleben der Demut. Dieses Ziel aber befindet sich im Gegensatz zum Streben des säkularisierten Menschen und zum Geist seiner Zivilisation. Darum erscheint die asketische Einstellung der Kirche paradox oder auch anachronistisch.

Die christlichen Konfessionen des Westens begegneten der Säkularisierung eher mit der Adaption. Für die Orthodoxie gilt nicht dasselbe. Die Beseitigung der trennenden Grenzen zwischen Osten und Westen, der Traum vom Vereinten Europa und die Perspektive einer neuen Welt bereiten aber neue Situationen. Außerdem befindet sich der individualistische und eudämonistische Geist, der seine Wurzeln in der zeitgenössischen säkularisierten Gesellschaft hat, im Gegensatz zum koinobitischen Geist der Orthodoxen Kirche. Diese bringen die orthodoxen Traditionen und Lebensweisen in harte Versuchung.

Die Orthodoxe Kirche erhält den Geist der Askese durch ihre Lehre und Bräuche. Liturgisches Leben, Fasten, Nachtwachen, häufige und ausgedehnte Gottesdienste, unaufhörliches Gebet, eucharistische Erfahrung charakterisieren immer noch ihr Leben. Diese Mittel bietet sie auch heute den Gläubigen. Viele betrachten sie für unsere Epoche als zu schwierig oder als anachronistisch. Andere akzeptieren sie und erhalten eine paradoxe Stellung in unserer säkularisierten Welt. Diese Paradoxität, die ganz natürlich das Leben der Gläubigen in der Welt charakterisiert,[5] nimmt bei der Ausweglosigkeit der zeitgenössischen Zivilisation eine große gesellschaftliche Bedeutung ein. Aber jenseits jeder

---

[5] S. Diogn. 5.

gesellschaftlichen Rechtfertigung existiert die innere Beziehung mit dem Geist und der Tradition des Christentums.

Christus ist „gestern und heute derselbe und in Ewigkeit."[6] Ebenso sein Wille. Darum darf er nicht von den jeweiligen Deutern relativiert oder verfälscht werden. Gregor Palamas sagt, indem er der Reaktion seiner Zuhörer auf die bloße Darstellung des Willens Gottes zuvorkommt: „Brüder, möge niemand ungehalten sein, wenn er hört, daß ich unverfälscht den guten und wohlgefälligen und vollkommenen Willen Gottes präsentiere. Ihr sollt auch nicht ungehalten sein, glaubend, daß der Auftrag schwierig sei. Möge man vor allem darüber nachdenken, daß das Königreich Gottes Gewalt erleidet und es Menschen erlangen, die sich selbst Gewalt antun.[7] Möge man den koryphäen Apostel Christi Petrus hören, der da sagt, daß Christus für euch gelitten hat und euch das Beispiel hinterlassen hat, damit ihr in seine Fußstapfen tretet.[8] Schließlich möge man außerdem noch dieses bedenken: Wenn jeder richtig erfährt, was er Gott schuldet, wenn er nicht fähig ist, die ganze Schuld zurückzuerstatten, so bringt er mit Bescheidenheit, soviel er kann und will, dar, während er sich für das Übrige vor Gott demütigt und durch diese Demut die Sympathie Gottes gewinnt und so den Mangel ergänzt."[9]

Die Säkularisierung, die eine Begleiterscheinung des Christentums ist, erscheint, wie wir sahen, auch als Herausforderung des Christentums auf allen Gebieten: beim Dogma, dem Kult, bei der Ethik und der Kollektivität. Diese Herausforderung kann theologisch als Appell zur Metanoia verstanden werden. Die Metanoia muß in diesem Zusammenhang auf die Ursachen konzentriert werden, die die Säkularisierung hervorgerufen haben: Die Vernachlässigung der Enkosmisation Gottes und der Erfahrung seiner Anwesenheit in der Welt, die eindimensionale Betrachtung des Lebens und seine Abtrennung aus der Perspektive des Reiches Gottes, und schließlich die Vernachlässigung der Askese und der eucharistischen Betrachtung der Welt. So wird die Säkularisierung zum Anlaß für Selbstkritik und Bewahrung bzw. Wiederherstellung der wahren christlichen Identität. Dabei muß die Theologie helfen. Um aber konstruktiv zu helfen, muß sie aufhören, ein Organ zu sein, das die Säkularisierung legitimiert, und muß den revolutionären und prophetischen Charakter wiedergewinnen, den sie ursprünglich hatte. Die

---

[6] Hebr 13,8.
[7] Matth 11,12.
[8] 1. Petr 2,21.
[9] Gregor Palamas, Homilie 11, PG 151, 140 CD.

Aufgabe der Theologie ist nicht, das Evangelium an die Wertmaßstäbe der Welt und die Schwächen der Menschen anzupassen, um die Welt weniger zu provozieren und das Gewissen der säkularisierten Gläubigen zu beruhigen, sondern es vollständig und unverfälscht zu präsentieren, ohne seinen wahren und revolutionären Charakter zu entstellen.

Yacob Tesfai, Strasbourg

Secularization: A Challenge to the Churches?

A Personal View

1. It is the view of many observers of the contemporary world that secularism has become a force which influences all contemporary societies. Irrespective of their economic situation, it is argued that secularism has penetrated and even fundamentally changed the cultures and the ways of life of contemporary societies. The carrier of such secularism is the so-called "modernization" or "westernization." The position is maintained that secularization is affecting all aspects of life.

2. While one cannot deny the powerful impact of secularization, one cannot see it as the foremost challenge to the church in Ethiopia without difficulty. It is true that there are very important secularizing forces that are operating in the society. But they are far from posing as the challenge to the church as it stands at the threshold of the twentieth century.

3. One can list three important secularizing forces in Ethiopian society: a) the influence of secular education, b) the separation of church and state and c) the secularizing influences exerted through the mass media and the increased mobility of people.

4. Inspite of all the various secularizing influences, however, one has to admit that what Peter Berger calls "the secularization of consciousness" has not taken place yet. If the role that religion still plays in the life of the people is taken as a measuring stick of the level of secularization, one has yet to see that secularization poses as the serious challenge. For the fact is that the churches in Ethiopia are still continuing to be full of people and religion has not ceased to influence the life of people.

5. On the contrary, the serious challenge to the churches is the threat that hangs on the people in the form of recurrent famine. This devastating disaster is certainly one of the facts that challenges the churches. The role of the churches in the face of such a disaster will certainly be decisive in determining the place of the churches in the future. If the churches find a way of standing with the people in the hour of their direst need, then there is no question that the future impact of secularization will be a minimum.

6. In the light of many historical examples of churches living among secularized societies, one would even argue that the churches contributed to their decline because they neglected their calling to side with "the least of the brethren." In times of change, the churches failed to accompany the weak party of society and chose instead to side with the strong. There are even examples where the churches served as accomplices in the oppression of the weaker sides and their marginalizing. The churches were then in turn rejected by the masses.

7. It is encouraging to note that not only churches in Ethiopia but also other churches united through international forums have recognized the challenge that famine poses. This is the case – to refer only to one example – with the Basel assembly of the European Churches.

8. My conclusion then is that the challenge to the churches in Ethiopia, (and of churches and international organizations that stand with them) as they stand at the threshold of the twenty first century, is how to live the Gospel in solidarity with the victims of famine and all the disastrous consequences that it entails. The living out of this solidarity will determine whether the churches will weather the negative forces of secularization in the years to come.

Friedrich Wilhelm Graf, Augsburg

Das Menschenrecht des Einzelnen

Bemerkungen zum Aufklärungsdefizit in der ökumenischen Menschenrechtsdiskussion

Die Anfänge des Ökumenischen Rates der Kirchen waren durch eine intensive Bezugnahme auf die Tradition des Menschenrechtsdenkens geprägt. Vor allem die traumatischen Erfahrungen mit dem Nationalsozialismus verschafften dem Menschenrechtsgedanken in der ökumenischen Sozialethik hohe Plausibilität. Hinzu kam, daß die Formierung des Ökumenischen Rates entscheidend von den Kirchen der westlichen Siegermächte USA und Großbritannien beeinflußt wurde. So vermochte die angelsächsische Gestalt liberalen Rechtsdenkens die ökumenische Sozialethik nach 1948 tiefgreifend zu prägen. Besonders deutlich zeigte sich dies 1948 daran, daß sich der Ökumenische Rat durch O. Frederick Nolde, dem ersten Direktor der CCIA, der Kommission der Kirchen für internationale Angelegenheiten, an der Vorbereitung und Verabschiedung der Allgemeinen Menschenrechtserklärung der Vereinten Nationen beteiligte. Nolde vermochte vor allem die Formulierung des Rechts auf Religionsfreiheit entscheidend zu beeinflussen. „Menschenrechte" sind seitdem ein Leitbegriff der ökumenischen Sozialethik.

Die ökumenische Bewegung knüpft mit dem Menschenrechtsbegriff an eine zentrale politische Forderung der westeuropäischen und amerikanischen Aufklärung an. Der Prozeß solcher Anknüpfung bedarf jedoch einer genauen Untersuchung in Hinblick auf die Motive und die darin möglicherweise erfolgende Transformation des aufgeklärten Menschenrechtsdenkens. Die Aufnahme des Leitbegriffs Menschenrechte muß noch keine prinzipielle Offenheit gegenüber dem Geist der Aufklärung beinhalten.

Im Menschenrechtsdenken verdichten sich die politischen Emanzipationsforderungen der Aufklärung. Menschenrechte hieß für die Aufklärer insbesondere: Religionsfreiheit und Toleranz. Mit Nachdruck wehrten sie sich deshalb dagegen, die Menschenrechte als besondere Christenrechte zu verstehen. Unabhängig von allen konfessionellen Besonderheiten wurde dem einzelnen ein prinzipielles vorstaatliches Freiheitsrecht zuerkannt. Nicht weil jemand Katholik, griechisch Orthodoxer, Lutheraner oder Jude ist, sondern allein weil er ein Mensch ist, eigne ihm eine unantastbare Würde und Rechtsqualität. Hintergrund dieser Entkoppelung von Konfession und Recht war die Erfahrung, daß die konfessionellen Auseinandersetzungen in der frühen Neuzeit eine Sequenz von – im präzisen Sinne des Wortes – verheerenden Bürgerkriegen in Mitteleuropa zur Folge gehabt hatten. Diese Entkoppelung bedeutet systematisch, daß für das Rechtssystem eine prinzipielle Differenz zwischen Ansprüchen der Gemeinschaft und dem Individuum grundlegend wird.

Auch die Intensität, mit der die Aufklärer die Unverzichtbarkeit dieser Differenz betonten, war Folge einer bestimmten historischen Erfahrung: Der aufgeklärte Rechtsindividualismus bildete sich in der Auseinandersetzung mit dem absolutistischen Staat. Dieser absolutistische Staat war kein Unrechts- und Willkürstaat. Er bezog seine Legitimität aus einem stark moralischen Staatsideal. Aufgabe des Staates sei es, eine umfassende Daseinsfürsorge für alle Bürger sicherzustellen. In der Staatstheorie des 17. und 18. Jahrhunderts war die Definition der Staatsziele und -aufgaben strikt auf die Förderung des gemeinen Wohls aller bezogen. Das politische System hatte die Förderung von Gemeinschaft zum Ziel. Alle Individualinteressen wurden der Realisierung des bonum commune untergeordnet. Religion galt dabei als entscheidendes Mittel zur Beförderung von Gemeinschaftssinn und Gemeinwohl. Nur durch Religion könne der Mensch es lernen, seinen Egoismus zu zähmen und seine Partikularinteressen hinter das große Ganze der Gemeinschaft zurückzustellen. Für diese enge Verknüpfung von Staat, Gemeinwohl und Religion gibt es ein anschauliches Beispiel: Der Polizist holte die Bürger im Namen der Obrigkeit zum Gottesdienst ab. In den absolutistischen Rechtsordnungen wurden die Kirchen unter dem Leitbegriff der „Religionspolizei" abgehandelt und die staatlich besoldeten Religionsdiener als „Religionspolizisten" bezeichnet. Der Religionspolizist sollte gerade dadurch einen Beitrag zur äußeren Ordnung des Gemeinwesens leisten, daß er auch in Herz, Kopf und Seele des Menschen das Prinzip der Ordnung, Treue gegenüber der Obrigkeit, einpflanzte. Am Bild des Religionspolizisten wird uns Heutigen klar, wie gefährlich diese enge Verbindung von Gemeinwohldenken und politischer Ordnung ist. Diese Verbindung führt immer dazu, daß aus Gründen des bonum commune der Freiheitsraum des Individuums eingeschränkt wird. Im Interesse guter Absichten wird das Individuum zum Objekt religiös-politischer Indoktrination und Erziehung.

Dies läßt verstehen, warum die Aufklärer für einen konsequenten Rechtsindividualismus eintraten. Dabei wußten sie durchaus um die Ambivalenz der menschlichen Natur. Sie vertraten keineswegs einen blinden anthropologischen Optimismus, in dem für das Wissen um die Sündhaftigkeit des Menschen kein Raum ist. Kant etwa hatte vom radikal Bösen ein sehr viel präziseres Bewußtsein als viele dogmatisch konservative Theologen seiner Zeit. Er formulierte aber auch eine Einsicht, die sich im revolutionären Sturz der totalitären Regime unserer Zeit aufs Neue bewahrheitet hat: Das Prinzip des Gemeinwohls richte in der politischen Ordnung nur Böses an. „Der Souverän will das Volk nach seinen Begriffen glücklich machen und wird Despot; das Volk will sich den allgemeinen menschlichen Anspruch auf eigene Glückseligkeit nicht nehmen lassen und wird Rebell."

Im Bewußtsein dieser Ambivalenz nahmen die Aufklärer eine Güterabwägung vor. Im Wissen um die destruktiven Potenzen des Individuums traten sie auf der Ebene des Rechtssystems für einen radikalen Individualismus ein. Dieser prinzipielle Rechtsindividualismus ist der Beginn eines politisch relevanten Menschenrechtsdenkens. Inwieweit dieser Rechtsindividualismus durch spezifisch christliche Traditionen geprägt ist, ist eine umstrittene Frage. Für einen „Philosophen des Protestantismus" wie Kant bestanden genetische Zusammenhänge zwischen protestantischer Gewissensfrömmigkeit und aufgeklärtem Rechtsindividualismus. Aber dies ist eine rein historische Frage. Für die Geltung des Menschenrechtsdenkens kann die Genesis keine konstitutive Funktion haben.

Auch die Aufklärer bestritten nicht, daß es Gemeinschaft, Gemeinschaftsformen und eine ethische Orientierung an einem überindividuellen Wohl geben muß. Vor allem die deutschen Aufklärer erkannten der Religion dabei eine entscheidende Funktion zu. Sie waren jedoch der Überzeugung, daß das gemeinsame Wohl nur unter Wahrung der Freiheit des Einzelnen gefördert werden könne. Deshalb traten sie für eine Kirche ohne Bekenntniszwang und für einen liberalen Rechtsstaat ohne politisch verordnete Glückseligkeit ein. Gegen alle Vergemeinschaftungsideologien behaupteten sie, daß das gemeinsame Beste nur durch den vernünftigen Gebrauch der Freiheit gefördert werde. Gemeinwohl habe individuelle Freiheit zur notwendigen Voraussetzung. Auf der Ebene des Rechtssystems bedeutete dies: Menschenrechte sind in ihrem Kern Abwehrrechte, Abwehr der Ansprüche aller politischen Instanzen auf das Gewissen des Menschen. Menschenrechte definieren einen geschützten Raum für die individuelle Selbstentfaltung des einzelnen, einen Raum, in den der Staat und nach dem Selbstverständnis der Aufklärer auch die sichtbare Kirche nicht eindringen darf.

Auf dem Hintergrund des Kampfes gegen den Nationalsozialismus und seinen antiliberalen Volksgemeinschaftsstaat ist der aufgeklärte Rechtsindividualismus auch in die ökumenische Sozialethik nach 1945 eingegangen. Erweist sich der Ökumenische Rat der Kirchen damit als eine Institution, die durch den Geist der Aufklärung geprägt ist? Bedeutet die Rezeption des Menschenrechtsgedankens eine prinzipielle Offenheit für den aufgeklärten Rechtsindividualismus? Meine These ist: Die Geschichte der ökumenischen Diskussionen um die Menschenrechte stellt weithin die Geschichte des Versuchs dar, den Leitbegriff Menschenrechte für eine antiliberale Vergemeinschaftungstheorie in Anspruch zu nehmen, die im Gegensatz zum aufgeklärten Rechtsindividualismus formuliert wird. Die ökumenische Rezeption des Menschenrechtsgedankens ist keineswegs gleichbedeutend mit einer prinzipiellen Offenheit für den Geist der Aufklärung. Ethischer Konsens in der Ökumene ist seit den Anfängen des Ökumenischen Rates der Kirchen immer auch über eine dezidierte Aufklärungskritik formuliert worden. Diese Tendenz, die Ökumene als ein Kampfbündnis gegen die moderne pluralistische Kultur zu verstehen und ökumenischen Konsens primär durch eine Absage an den aufgeklärten Individualismus zu gewinnen, hat sich in den letzten Jahren fortlaufend verstärkt. An den Debatten über die Menschenrechte läßt sich diese generelle Entwicklung besonders prägnant studieren.

Wie ist die unterschwellige Transformation des individuellen Emanzipationsbegriffs „Menschenrechte" zum Leitbegriff einer Vergemeinschaftungsideologie erfolgt?

Seit jener politischen Fundamentalkritik der Aufklärung, die im Gefolge der Französischen Revolution in nahezu allen europäischen Kirchen formuliert worden ist, wurde der Begriff der Menschenrechte im kirchlich-theologischen Sprachgebrauch negativ besetzt.

Die aufgeklärt-liberale Tradition des Menschenrechtsdenkens wurde wegen ihres prinzipiellen Individualismus theologisch identifiziert als Ausdruck der Sünde, der titanischen Selbstübersteigerung des Menschen. Kritik des Individualismus wurde zu einem Grundtopos theologischer Kulturkritik. In dieser Kritik eines bürgerlich-liberalen Individualismus stimmten die politisch konservativen Mehrheiten in den meisten europäischen Kirchen mit christlichen Frühsozialisten und den Gesellschaftstheoretikern der kirchenkritischen marxistischen Arbeiterbewegung überein. Im Kontext dieser Individualismuskritik nahmen einige konservative wie sozialistische Theoretiker den Menschenrechtsbegriff formal zwar auf, definierten ihn materiell aber zu einem Leitbegriff neuer Vergemeinschaftung des Individuums um. Menschenrechte seien keine individuellen Abwehrrechte gegenüber dem Gemeinwesen. Die Konservativen behaupteten: Menschenrechte seien von Gott gegebene Urrechte, die elementare Pflichten des Menschen bezeichneten. Das Individuum der liberalen Aufklärung sei eine Abstraktion. Denn der einzelne finde sich immer noch in bergender Gemeinschaft vor und sei überhaupt nur aufgrund seines Eingebundenseins in diese Gemeinschaft lebensfähig. Die Verwirklichung wahren Menschseins könne deshalb nicht darüber erfolgen, daß man Individuum und Gemeinschaft prinzipiell differenziere, auseinanderreiße. Der Einzelne und die Gemeinschaft müßten vielmehr in ihrer organischen Zusammengehörigkeit gesehen werden. Menschenrechte als Abwehrrechte wurden so zu Rechten der Inpflichtnahme des Einzelnen. Dabei ist es wichtig zu sehen, daß diese gemeinschaftsorientierte Umdeutung der Menschenrechte eine Reaktion, eine Antwort auf die Politisierung der Aufklärung darstellt.

Die sozialistische Tradition der Kritik des liberalen Individualismus ist ebenfalls gemeinschaftsorientiert. In der klassischen Gestalt dieser Kritik, bei Karl Marx, wird als Ziel einer sozialistischen Transformation der Gesellschaft zwar das Glück des freien Individuums proklamiert. Um der Erreichung dieses Zieles willen müsse sich der einzelne jedoch von der Fixierung auf seinen Eigennutz lösen und individuelle Freiheit dem kollektiven Emanzipationswillen der den Freiheitsprozeß tragenden Klasse, des Proletariats, unterordnen. Strukturell analog zu konservativen Vergemeinschaftungskonzepten ist auch für alle Gestalten sozialistischer Theoriebildung ein prinzipieller Vorrang der Gemeinschaft vor dem Einzelnen grundlegend.

In idealtypischer Verkürzung lassen sich deshalb zwei Traditionen der Auslegung des Menschenrechtsgedankens unterscheiden. *Erstens*: Menschenrechte dienen als Abwehrrechte einer prinzipiellen Sicherstellung individueller Freiheit. *Zweitens*: Menschenrechte werden in Anspruch genommen als Mittel der Verpflichtung zu überindividuellen ethischen Gütern. In der inhaltlichen Bestimmung dieser Güter gibt es dabei ein breites Spektrum konkurrierender Positionen. Darüber hinaus können diese korporativen Menschenrechte auch als Anspruchsrechte sozialer Gruppen formuliert werden. Dafür ist das klassische Beispiel die schillernde Rede von „sozialen Menschenrechten." Menschenrecht ist nun nicht mehr Leitbegriff zur Sicherung eines Schutzraumes des Individuums, sondern bezeichnet einen Anspruch sozialer Gruppen gegenüber dem Staat und anderen Gruppen der Gesellschaft. Die Realisierung dieses Anspruches führt notwendig zur Beschneidung der Entfaltungsmöglichkeiten anderer. Die Rede von sozialen Menschenrechten impliziert insofern immer die Suche nach Regeln, die in Güterkonflikten und Verteilungskämpfen gelten sollen. Natürlich ist es legitim, daß gesellschaftlich unterprivilegierte Gruppen Ansprüche auf mehr Gerechtigkeit und soziale Gleichheit erheben. Problematisch ist es jedoch, solche Ansprüche zu Grundrechten aller zu erklären und so der Suggestion Vorschub zu leisten, sie ließen sich rein mit Rechtszwang realisieren. Das Recht ist ein taugliches Mittel, Verbote des Eingriffs zu formulieren. Kann es *in gleicher Weise* dazu taugen, Geboten des Handelns Geltung zu verschaffen?

Für die liberalen politischen Systeme des Westens ist in der Rechtssystematik ein klares Gefälle zwischen beiden Auslegungstraditionen kennzeichnend. Sie bleiben dem Grundinteresse der Aufklärung verpflichtet, das Individuum vor dem Zugriff des politischen Systems und anderer sozialer Verbände zu schützen. Dies schließt nicht aus, daß in einem zweiten Schritt dann auch „soziale Menschenrechte" aufgenommen und damit sowohl soziale Ansprüche des Einzelnen an die Gesellschaft als auch der Gesellschaft an den Einzelnen geltend gemacht werden. Was auf der Ebene der Rechtssystematik, der Verfassungsnorm klar formuliert wird, ist in der Verfassungswirklichkeit keineswegs schon zureichend realisiert. Diese Unterscheidung von Verfassungsnorm und sozialer Realität wahrzunehmen, ist gleichbedeutend mit dem Appell, die Unabgeschlossenheit der Aufklärung zu sehen und den Prozeß der Aufklärung fortzuführen.

Für die ökumenische Debatte um Menschenrechte ist gerade die gegenläufige Gewichtung kennzeichnend. In der ökumenischen Ethik-Diskussion wurde der liberale Rechtsindividualismus der Nachkriegszeit seit der Genfer Weltkonferenz für Kirche und Gesellschaft 1966 zunehmend durch sozial orientierte Neuinterpretationen der Menschenrechte überdeckt. Darin drückte sich eine Sensibilität für ein Grundproblem liberaler Menschenrechtstheorie aus: Die Zuschreibung formaler Rechte an den Einzelnen kann als solche noch nicht garantieren, daß der Einzelne seine Rechte auch wahrzunehmen vermag. Immer wieder ist in der ökumenischen Diskussion deshalb auf die Notwendigkeit „sozialer Menschenrechte" hingewiesen worden. Seit den sechziger Jahren läßt sich in zahlreichen ökumenischen Erklärungen ein zunehmend inflationärer Gebrauch des Menschenrechtsbegriffs beobachten. So wird etwa bestimmten ethnischen Gruppen ein Menschenrecht auf „kulturelle Identität" zuerkannt, ein ökologisches Menschenrecht auf unzerstörte Natur proklamiert und die Herstellung internationaler ökonomischer Gerechtigkeit zum Menschenrecht der Unterprivilegierten, vor allem des „Volkes" in den Ländern der Dritten Welt erklärt.

Die Menschrechtsdebatte in der Ökumene hat sich zunehmend auf diese neuen „sozialen Menschenrechte" konzentriert, ohne einen klaren Vorrang individueller Abwehrrechte vor der Gemeinschaftsdimension des Menschenrechtsdenkens zu formulieren. Einen ethischen Diskurs über die Frage, wie in möglichen Konflikten zwischen Abwehrrechten und „sozialen Menschenrechten" Prioritäten zu formulieren seien, gibt es in der Ökumene nicht. Antinomien zwischen Freiheit und Gleichheit werden einseitig zugunsten von Gleichheitspostulaten aufgelöst, ohne daß vage Leitbegriffe wie internationale Gerechtigkeit oder globales Gemeinwohl bisher ökonomisch konkretisiert worden sind. Über dem zweiten Schritt ist gleichsam der erste vergessen worden.

Mehr noch: In den letzten Jahren ist in ökumenischen Dokumenten immer wieder programmatisch behauptet worden, daß der erste Schritt prinzipiell falsch sei. Natürlich ist in der ökumenischen Diskussion weiterhin von klassischen Menschenrechten, vom Schutz des Einzelnen gegen politische Willkür und staatliches Unrecht oder von Religionsfreiheit gesprochen worden. Aber zugleich ist in den letzten Jahren verstärkt eine prinzipielle Individualismuskritik formuliert und der moderne, westliche Individualismus als Grundübel aller sozialen Schäden der Gegenwart identifiziert worden. Wer aber den Individualismus ablehnt, der sollte von Menschenrechten schweigen. Viele im Ökumenischen Rat der Kirchen vertretenen Konfessionskirchen bieten bezüglich der Menschenrechte ein schillerndes Erscheinungsbild: Sie treten nach außen und erst recht im Kontext ökumenischer Institutionen für Menschenrechte ein. Aber sie sind nicht bereit, elementare Abwehrrechte des Einzelnen auch in ihren eigenen Strukturen anzuerkennen. Dieser Widerspruch dürfte sich daduch erklären, daß im ökumenischen Diskurs zwar viel von Menschenrechten geredet, aber niemals ein prinzipielles Eigenrecht des Individuums auch in den religiösen Institutionen postuliert wird.

ELISABETH BEHR-SIGEL, PARIS

L'ordination des femmes: un problème œcuménique

Développements récents dans la sphère de l'église orthodoxe

Repenser le problème

Relayant des controverses en voie de dépassement[1], l'ordination des femmes à un ministère public – «ministère sacramentel», diront catholiques et orthodoxes – est devenu aujourd'hui le grain de sable qui bloque le dialogue œcuménique ou qui parfois le fait tourner à l'aigre. Les orthodoxes apparaissent souvent comme les adversaires les plus intraitables d'un sacerdoce féminin. Un incident récent illustre cette attitude. Lors de la dernière séance plénière de la conférence missionnaire de San Antonio (U.S.A.) organisée par le COE, l'évêque copte Markos – évêque d'une Église qu'on avait qualifiée il y a peu encore de non-chalcédonienne ou monophysite – s'exprimant au nom de l'ensemble de la délégation orthodoxe, a évoqué l'inquiétude de celle-ci face aux atteintes portées, au cours de la conférence, à la plate-forme doctrinale commune trinitaire du Conseil Œcuménique. Dans la foulée est nommée aussi l'ordination des femmes. *«Elle n'est pas pour nous un sujet de discussion,* est-il dit dans la déclaration, car elle *est contraire à l'enseignement christologique, à l'ecclésiologie, à la Tradition et à la pratique de l'Église des premiers siècles.»*[2]

L'accusation ainsi portée a provoqué des remous. Elle a choqué, en particulier, une femme-pasteur déléguée de l'Église reformée de Grande-Bretagne. Des explications ont suivi. Atténuant quelque peu ses propos, l'évêque Markos, toujours au nom de la délégation orthodoxe, déclara: «Si une femme est ordonnée par son Église et si son Église la reçoit comme telle, nous lui accordons le respect.»

J'ai évoqué cet incident parce qu'il me paraît significatif à un double point de vue: il illustre le dialogue de sourds – au sein du COE, comme dans les différents dialogues bilatéraux – entre représentants des Égli-

---

[1] Du point de vue orthodoxe, on pense au rapprochement entre Églises chalcédoniennes et Églises non-chalcédoniennes ou pré-chalcédoniennes, comme au dépassement aujourd'hui possible des controverses filioquistes. Cf. Episkepsis n° 422 (1er juillet 1989) SOP n° 142 (novembre 1989); Boris Bobrinskoy, Le Mystère de la Trinité pp. 283-301.
[2] SOP (Service orthodoxe de presse) n° 140 (Juillet-août 1989).

ses orthodoxes et représentants d'Églises qui ordonnent des femmes. Il montre aussi l'embarras où se trouvent les représentants officiels des Églises orthodoxes. Intransigeants en apparence, refusant toute mise en question de leurs positions, ils ne souhaitent cependant pas rompre les liens qui les unissent, en particulier au sein du COE, aux Églises qui ont institutionnalisé le ministère des femmes. D'où un double langage ambigu comme celui de l'évêque copte à San Antonio. Est-ce l'impasse absolue? Le choix seulement entre la rupture ou une politesse œcuménique aux termes peu clairs, voire, aux yeux de certains, teintée d'hypocrisie? Nous sommes quelques orthodoxes, laïcs et clercs, hommes et femmes – pour le moment une petite minorité – à refuser de nous laisser enfermer dans ce dilemme. L'unité à laquelle nous aspirons est l'unité dans la vérité. Il ne faut pas avoir peur de la vérité même quand elle nous dérange en bousculant nos habitudes de penser.

Évoquant le problème qui nous réunit, le métropolite Antoine de Souroge, l'un des plus éminents évêques de l'Église orthodoxe russe, s'adressait à moi en ces termes: «Osez! ne parlez pas *au nom de l'Église,* mais bien au nom de la *Vérité!* ... Repensez le problème [de l'ordination des femmes au sacerdoce] non dans le clair-obscur de l'histoire – fut-ce celle de l'Église! – mais à la lumière des premiers chapitres de la Genèse et de la vision ecclésiale évangélique». Au-delà de ma personne, cette exhortation s'adresse évidemment à l'ensemble de la communauté théologique orthodoxe. Le même métropolite Antoine, préfaçant mon livre *Le ministère de la femme dans l'Église* écrit:

> «Les orthodoxes, comme d'ailleurs les catholiques romains, doivent repenser face aux Écritures le problème de la femme et ne pas faire des déclarations hâtives sur son être et sa place. La question de l'ordination de femmes au sacerdoce ne fait qu'être posée. Pour nous, orthodoxes, elle nous vient du dehors, elle doit nous devenir *intérieure*. Elle exige de nous une libération intérieure et une communion profonde avec la Vision et la Volonté de Dieu, dans un silence priant [3].»

A l'époque, en mai dernier, où se tenait la conférence de San Antonio, donnant lieu à l'incident que je viens d'évoquer, le métropolite Antoine donnait à Londres une série de conférences publiques dans lesquelles il exposait ses points de vue sur le problème des relations homme/femme[4]. Il y redit sa conviction de la nécessité pour les orthodoxes de

---

[3] Elisabeth Behr-Sigel, Le Ministère de la Femme dans l'Église, Paris 1987, pp. II–III. D'origine russe mais de culture occidentale et de formation scientifique, le métropolite Antoine de Souroge se trouve à la tête de la métropole orthodoxe russe, sous la juridiction du Patriarcat de Moscou en Grande-Bretagne. Il est très connu aussi bien dans la Diaspora orthodoxe qu'en Union soviétique.

[4] Ces conférences sont en voie de publication.

re-penser le problème de l'ordination des femmes à la lumière ensemble de la révélation biblique et de la christologie de Nicée et de Chalcédoine, bref à la lumière de l'authentique tradition ecclésiale.

Le métropolite Antoine n'est pas seul. Sans partager toutes ses conclusions audacieuses, un nombre croissant de théologiens orthodoxes se rallient aujourd'hui à l'idée qu'avant toute déclaration négative péremptoire, il convient de situer la question au sujet de l'ordination des femmes au presbytérat dans le cadre d'une réflexion globale sur le sens des ministères dans l'Église: une réflexion qui n'a pas encore eu lieu comme le constatait récemment le théologien Nicolas Lossky[5].

Occultée ou perceptible seulement en filigrane dans les «conclusions» officielles, l'idée d'un approfondissement nécessaire me semble progresser dans les esprits depuis la consultation interorthodoxe sur *La place de la femme dans l'Église et l'ordination des femmes* (Rhodes, Novembre 1988). Répondant à un vœu exprimé par la Commission préparatoire au Grand et Saint Concile Panorthodoxe, cette consultation a été organisée par le Patriarcat œcuménique et la plupart des Églises orthodoxes y ont été représentées.[6] Malgré un cadre trop rigide et la tentation de conclure avant d'avoir posé clairement les questions de fond, la consultation de Rhodes me paraît avoir marqué l'amorce d'une prise de conscience collective et d'une intériorisation du problème posé de l'extérieur aux Églises orthodoxes traditionelles et rejeté jusqu'ici par celles-ci comme un corps étranger.

On peut et on veut espérer que cette intériorisation se poursuivra dans le cadre du processus conciliaire, c'est-à-dire d'une concertation et d'une conciliation active de points de vue différents qui existent au sein de l'Orthodoxie, différences qu'il ne s'agit ni de nier ni de gommer mais de dépasser créativement et d'harmoniser sous la guidance de l'Esprit.

Dans cette œuvre de conciliation créative, un rôle essentiel et irremplaçable, selon la vision orthodoxe, appartient aux évêques, témoins, en leur collégialité, de la Tradition apostolique. Cependant chaque membre de l'Église, au lieu où il se trouve, homme ou femme, clerc ou laïc, au niveau de ses responsabilités propres et de sa formation, est appelé à y participer. Les théologiens n'ont pas seuls voix au chapitre mais leur responsabilité est grande. Comme les Pères de l'Église, ils prêts à souffrir pour la Vérité, pour la quête de la Vérité: une quête ensemble audacieuse et humble, ouverte au dialogue et implorante de la lumière de l'Esprit.

---

[5] Nicolas Lossky enseigne l'histoire de l'Eglise à l'Institut de théologie orthodoxe Saint-Serge à Paris.
[6] On trouve le texte des «conclusions» de la consultation de Rhodes avec un essai d'évaluation de ses résultats, dans Contacts n° 146, 1989/2.

Survol du problème dans la réflexion orthodoxe contemporaine

A. *Premier choc et premières réactions*

C'est dans les années 1960, dans le sillage d'une forte percée du mouvement féministe dans l'Occident atlantique que la question de l'ordination des femmes a soudain explosé au COE. C'est là que les éclats de cette explosion ont atteint les Églises orthodoxes: des Églises qui n'étaient guère préparées à répondre à ce défi. A l'époque la voix des femmes s'y faisait rarement entendre. Encore maintenant d'ailleurs il n'existe point de mouvement organisé en faveur de l'ordination des femmes au sein de l'Orthodoxie. Il pourrait être intéressant d'élucider les motifs de cette absence d'esprit combatif chez les femmes orthodoxes. Certains s'en félicitent: tout est pour le mieux dans le meilleur des mondes. Quant au métropolite Antoine, il fustige l'inertie intellectuelle des orthodoxes et évoque l'état d'humiliation des femmes. En réalité cette situation me paraît résulter de facteurs multiples. Dans l'aire culturelle des Églises orthodoxes traditionnelles d'Europe de l'Est et du pourtour méditerranéen subsiste effectivement une forte tradition sinon du mépris de la femme, du moins de sa subordination à l'homme: une tradition intériorisée par beaucoup de femmes[7]. A cela s'ajoute que le contexte politique des régimes totalitaires auxquels, pendant des décennies, étaient soumises les populations de l'Union soviétique, de la Roumanie, de la Bulgarie et dans une certaine mesure de la Serbie, n'étaient guère favorables à l'expression et à la discussion libre des idées. Tout mouvement de contestation – y compris la contestation féministe – était sévèrement réprimé[8]. Par ailleurs, les Églises, sous ces régimes, paraissaient faibles, luttant pour leur survie.

A cette lutte les femmes – notamment les femmes russes – ont largement participé. Face à des problèmes autrement graves et urgents, la question de leur propre statut dans l'Église a pu leur paraître mineure. Dans une Église tolérée seulement comme un vestige du passé, celle de l'accès de femmes au sacerdoce ne se posait même pas. On peut également évoquer un climat spirituel qui porte davantage à la prière et à une sorte de résistance non violente qu'à l'action et au combat. Il y a enfin, chez les chrétiennes les plus réfléchies, la conscience – même quand elle ne s'exprime pas explicitement – du sacerdoce royal auquel participent

---

[7] Cette intériorisation par les femmes de leur statut inférieur dans l'Église est soulignée par la théologienne roumaine Anca Manolache dans un texte qui sera publié par le COE. Cf. Anca-Lucia Manolache, Female sexuality and bodily functions in different religious traditions.

[8] On peut consulter à ce sujet: Femmes et Russie (collectif), Paris 1980.

tous les baptisés, hommes et femmes, quelle que soit leur fonction officielle dans l'institution ecclésiale.

Quoiqu'il en soit de ces différents motifs et de leur importance respective, les représentants des Églises orthodoxes traditionnelles ont été étonnés – au sens fort du terme – quand dans le dialogue œcuménique des années 1960 ils ont buté sur la question de l'ordination des femmes posée par certains de leurs interlocuteurs protestants et anglicans, souvent par des femmes représentant ces Églises. Leur premier réflexe était de l'esquiver en la déclarant inexistante ou incongrue. Cependant pressées de répondre, les Églises orthodoxes membres du COE chargèrent deux théologiens d'exposer le point de vue orthodoxe dans un recueil d'articles publié sous les auspices de la *Commission Foi et Constitution*.[9]

Ces premières réactions officielles sont intéressantes parce qu'on y trouve déjà l'ébauche des directions où s'orientera par la suite l'argumentation orthodoxe contre l'accès des femmes au sacerdoce. Car il semblait aller de soi que la réponse à la question posée ne pouvait qu'être totalement négative. Assez différents de forme et de fond, les deux textes, l'un d'un canoniste roumain, l'autre d'un théologien antiochien s'accordent sur ce point.

Le premier se réfère essentiellement à une Tradition dont il lui paraît inutile d'expliquer la signification théologique et anthropologique. Elle se réduit pour l'auteur à une collection de textes où l'on trouve pêle-mêle, en l'absence de toute analyse approfondie, I Cor. 14, 34 («que les femmes se taisent dans les assemblées»), les *Constitutions Apostoliques, Epiphane, Tertullien,* des canons de divers synodes locaux obscurs ainsi que le canon 11 du concile de Laodicée – concile sur lequel pratiquement on ignore tout – enfin le *Manuel de Dogmatique et Symbolique* du Patriarcat de Roumanie. L'accent est mis sur «l'impureté» périodique des femmes telle qu'elle resulterait des prescriptions du Lévitique (chap. XII et XV) impureté qui les empêcherait d'accomplir les devoirs sacerdotaux. Cet argument va disparaître des déclarations officielles orthodoxes sur le sujet. Je ne suis pas sûre, hélas, qu'il ait totalement disparu des mentalités, et des inconscients.

Le second texte dû à l'archimandrite antiochien – maintenant métropolite – Georges Khodre se situe à un autre niveau. Critique à l'égard de ce qu'il nomme «l'émancipation des femmes» dont l'aspiration de certaines d'entre elles à accéder au sacerdoce serait le corollaire, l'auteur s'efforce de justifier leur exclusion de cette fonction à partir de II

---

[9] De l'ordination de femmes. Publication du département de Foi et Constitution et du département de Coopération entre hommes et femmes dans l'Église, la famille et la société. Genève 1964.

Cor. 11,7-16. D'après ce texte où Paul s'emploie à laborieusement justifier le port du voile par la femme qui prophétise dans l'assemblée, l'homme (vir) serait l'image et la gloire de Dieu alors que la femme serait seulement la gloire de l'homme. L'auteur voit dans cette assertion la confirmation d'un «ordre» ou d'une hiérarchie «naturelle» selon laquelle l'homme mâle serait pour la femme le médiateur de l'image divine. Dans cette perspective, il convient que, prêtre ou évêque, il assume le même rôle de médiateur dans l'ordre surnaturel.

La faiblesse de ce raisonnement est manifeste. L'apôtre Paul n'a certainement pas voulu dire qu'il puisse y avoir entre Dieu et l'être humain, quel qu'il soit, d'autre médiateur que le Christ. Par ailleurs, l'analogie entre l'ordre naturel et l'ordre surnaturel, telle que l'auteur la conçoit, semblerait impliquer que le prêtre remplit cette fonction médiatrice essentiellement par rapport aux femmes! Ni cette hiérarchie, ni l'exclusion de la femme du sacerdoce ne signifie cependant, affirme encore l'auteur, que l'Église méprise les femmes. «La femme, écrit-il, est le signe de l'âme religieuse parce que la femme est offrande et abandon. L'avènement de la femme est celui de la sainteté qui est une vie cachée en Dieu.» Subordination et idéalisation de la femme vont de la sorte de pair. C'est dans la direction ainsi esquissée que, se compliquant d'autres spéculations, s'élancera l'argumentation des théologiens orthodoxes contre l'accès des femmes au sacerdoce.[10]

B. La femme et l'Esprit-Saint

Convaincus de l'impossibilité d'ordonner des femmes au sacerdoce mais sensibles à la faiblesse d'une argumentation reposant pour l'essentiel sur le recours à une tradition comprise comme simple répétition du passé, – Tradition opaque à toute intelligibilité ou justifiée seulement par l'infériorité et l'impureté corporelle des femmes – quelques théologiens orthodoxes contemporains se mirent en quête de raisons plus nobles, théologiques et anthropologiques. Telle leur apparut l'intuition poétique d'une sorte de féminité de l'Esprit-Saint impliquant une relation privilégiée entre l'Esprit et la femme. Elle écarterait cette dernière d'un sacerdoce christocentrique, donc masculin. L'argument a l'avantage de laver la théologie orthodoxe de l'accusation de misogynie et même de répondre à certaines aspiration d'un féminisme s'exprimant, surtout en Amérique du Nord, dans le registre religieux.

A l'origine de ce courant on trouve des théologiens orthodoxes qui

---

[10] Je crois savoir que depuis l'époque lointaine où il rédigea ce texte, le métropolite Georges a évolué dans ses positions.

vivent en Europe ou en Amérique du Nord, en contact avec la culture occidentale, eux-mêmes imprégnés de celle-ci et sensibles à ses exigences. Le plus connu d'entre eux, du moins en Europe, penseur subtil et parfois génial, est le théologien franco-russe Paul Evdokimov, auteur de l'important ouvrage *La femme et le salut du monde*.[11]

Le problème de l'accès de femmes au sacerdoce institutionnel n'était pas au centre des préoccupations personnelles de Paul Evdokimov. Disciple du grand théologien russe Alexandre Boukharev, Evdokimov aspirait à réhabiliter le sacerdoce royal de tous les baptisés, l'œuvre créatrice accomplie par le laïc dans le monde en édifiant une culture fécondée par les semences de l'Evangile. Cependant, interlocuteur privilégié, dans le milieu du COE dont il était proche, de représentants d'Églises pour lesquelles le problème de l'ordination des femmes était brûlant, il prit conscience de son importance et chercha à répondre à leurs questions. Dès sa première œuvre importante *Le Sacrement de l'Amour*[12] où, à l'encontre d'une spiritualité unilatéralement ascétique et monastique, il exalte l'union conjugale de l'homme et de la femme en sa dimension ensemble spirituelle et charnelle, Evdokimov écarte l'idée d'une souillure corporelle de la femme. Ni impureté ni infériorité de la femme ne sauraient donc être invoquées comme motif de l'impossibilité de l'ordonner au sacerdoce. Cette impossibilité, tout au contraire, résulte pour lui de la supériorité, en certains domaines, de la femme, de ses «charismes» spirituels propres différents de ceux de l'homme. Dans un passage de *La femme et le Salut du Monde,* Evdokimov résume sa vision de la complémentarité de l'homme et de la femme: une complémentarité qui écarterait celle-ci de la «fonction» du sacerdoce ministériel:

> «La question de la prêtrise de la femme doit être résolue sur le plan précis des charismes. La Vierge n'a rien d'un évêque. Si iconographiquement, elle est représentée souvent avec un *omophorion*[13], celui-ci est uniquement le signe de sa protection maternelle sans aucune trace de *pouvoirs*[14] sacerdotaux. Le sacerdoce d'ordre est une fonction masculine de témoin: l'évêque atteste la validité des sacrements et possède le *pouvoir* de les célébrer… Or le ministère de la femme n'est pas dans sa fonction, il est dans sa nature. Le ministère d'ordre ne se trouve pas dans ses charismes, ce serait trahir son être. L'homme lié essentiellement au Christ-Prêtre, l'homme-évêque, au moyen de ses fonctions sacerdotales, pénètre sacramentellement les éléments de ce

---

[11] Paul Evdokimov, La femme et le salut du monde, 1ère édition 1958, rééd. Paris 1979.

[12] Paul Evdokimov, Le sacrement de l'amour, Paris 1962/1977.

[13] Omophorion vient de omos, épaule, et fero, porter. Ce terme désigne une bande de tissu portée par le prêtre sur ses épaules, symbole de la brebis perdue ramenée par le Bon Pasteur.

[14] Souligné par nous.

monde pour le sacrer et le transformer en royaume. *L'homme-témoin agit par sa virilité*[15], c'est au moyen de ses énergies sacerdotales qu'il pénètre la chair de ce monde, il est le «violent» dont parle l'Evangile qui s'empare du royaume, or ce trésor c'est l'hagiophanie, la sainteté de l'être et c'est la femme qui le figure. Liée dans son essence même à l'Esprit-Saint, Consolateur vivifiant, la femme est Eve-Vie qui sauvegarde et vivifie chaque parcelle de la création masculine.»[16]

Ailleurs[17] Paul Evdokimov évoque la maternité hypostatique de l'Esprit-Saint, *typos* divin de la maternité virginale de Marie, elle-même modèle du ministère essentiellement maternel des femmes.

Cette argumentation à la fois riche et subtile, mêlant mariologie, anthropologie, psychologie, théologie trinitaire et théologie du sacerdoce, ne manque pas d'impressionner. Mais elle soulève de nombreuses questions. Sans entrer dans une discussion approfondie des thèses du théologien, j'évoquerai ici quelques-unes de ces interrogations:

Attirante à première vue, voire exaltante aux yeux de certaines femmes, la thèse d'une opposition radicale entre la vocation christocentrique de l'homme mâle et la vocation pneumatocentrique de la femme ne se révèle-t-elle pas, examinée de près, mutilante aussi bien pour l'un que pour l'autre? Pour la femme appelée à la «sainteté de l'être», mais à une sainteté en quelque sorte passive en l'absence d'energies créatrices; pour l'homme *(vir)* appelé à l'action mais à une action – dans la logique de cette division – non inspirée et non sanctifiée par l'Esprit. Or dans la perspective de l'Evangile, la vocation à une sainteté créative – fût-ce dans une forme très humble – sous l'impulsion de l'Esprit Créateur, n'est-elle pas adressée à tous, à chaque personne humaine, à chaque baptisé? Membres de l'Église ne sommes-nous pas tous, hommes et femmes, par les sacrements du baptême, de la chrismation et de l'eucharistie, unis au Christ dans et par l'Esprit-Saint? A ces questions relevant de l'anthropologie et de la sotériologie s'ajoutent celles qui concernent la théologie des ministères dans l'Église: qu'au témoignage du Nouveau Testament, la Mère de Dieu n'ait pas été *ordonnée au sacerdoce* au sens canonique des termes, c'est un fait. Mais peut-on en conclure – sans commettre un anachronisme – qu'aucune femme ne puisse être ordonnée à ce ministère? Par ailleurs, mystiquement, comme le fait remarquer le métropolite Antoine, Marie offrant son Fils à Dieu au Temple de Jérusalem, puis communiant à son sacrifice au Golgotha n'est-elle pas la figure même de l'Église offrant le sacrifice eucharistique en union, par l'Esprit, avec l'Unique Grand-Prêtre? Enfin, la conception presque bio-

---

[15] Souligné par nous.
[16] Paul Evdokimov, op. cit. p. 215.
[17] Paul Evdokimov, La nouveauté de l'Esprit, éd. de Bellefontaine, 1977, pp. 257 svts.

logique – oserai-je dire *paganisante* – de la fonction sacerdotale telle qu'elle s'exprime dans le texte cité de Paul Evdokimov, n'est-elle pas en contradiction avec le spiritualisme du Nouveau Testament et des Pères? Spiritualisme selon lequel les différents ministères exercés au sein de l'Église et en particulier celui de l'évêque-presbytre, relèvent non de quelque particularité biologique mais de charismes mystérieux de l'Esprit libre et souverain en la distribution de ses dons.

Sous une forme différente qui prétend ne rien devoir à l'influence du théologien orthodoxe parisien (soupçonné de modernisme!) une définition de l'Esprit comme *typos* d'une féminité sainte incarnée en Marie, Mère de Dieu, est également utilisée comme argument contre l'accès des femmes au sacerdoce par le théologien nord-américain Père Thomas Hopko[18].

Selon l'orientation du courant néo-patristique et néo-photiusien auquel il se rattache, le Père Hopko met l'accent sur la distinction absolue des hypostases au sein de la Tri Unité divine. Cette distinction se trouve occultée par le *modalisme* qui, à son avis, et à celui de sa disciple Deborah Belonick[19], marquerait toute la théologie trinitaire occidentale. Une distinction insuffisante entre, d'une part, la personne et l'économie du Fils, d'autre part, la personne et l'économie de l'Esprit serait ainsi à l'origine de la prétention de faire accéder des femmes au sacerdoce défini comme «représentation» du Christ. Cette prétention devient l'expression, dans cette perspective, d'une véritable hérésie trinitaire: une accusation qui se retrouve aussi – quoique sous une forme atténuée – dans les «conclusions» de la consultation pan-orthodoxe de Rhodes. Mais ne repose-t-elle pas sur une confusion? Ne revient-elle pas à assimiler la différenciation sexuelle qui concerne une modalité de l'existence humaine historique, à la distinction absolue, ineffable, des *personnes*? Distinction qui est d'un *autre ordre* en Dieu comme en l'humanité créée à Son image.

C. La consultation interorthodoxe de Rhodes

A la question au sujet de l'ordination de femmes au sacerdoce, les orthodoxes, jusqu'à une époque récente, n'ont donc fourni que deux sortes de réponses. On se trouve en présence d'une part de déclarations négatives officielles ou semi-officielles, comme celle de San Antonio.

---

[18] Le père Thomas Hopko expose ses vues sur l'ordination des femmes dans l'ouvrage collectif Women and the Priesthood (ed. Th. Hopko) Crestwood, N.Y. 1983.

[19] Pour une critique du féminisme nord-américain, d'un point de vue orthodoxe, cf. Deborah Belonick, Feminism in Christianity, Syosset N.Y. 1983.

Enoncées solennellement, elles ne s'accompagnant d'aucune justification théologique explicite. Il y a d'autre part les productions de quelques théologiens orthodoxes qui, conscients de cette carence, cherchent à combler ce vide à l'aide de spéculations ingénieuses, attirantes mais qui souvent résistent mal à un examen sérieux. Ici se situent les théories concernant la féminité de l'Esprit-Saint ou du moins, une relation spécifique des femmes à l'Esprit: une relation qui, paradoxalement, les écarterait d'une grâce sacerdotale pourtant considérée dans l'Église orthodoxe comme un don reçu de ce même Esprit-Saint.

Une argumentation plus classique, assez proche sur certains points de celle du document romain *Inter insignores* est développée dans une étude de l'évêque orthodoxe anglais Mgr Kallistos Ware[20]. Son approche du problème est nuancée et irénique. S'efforçant de justifier l'usage de l'Église orthodoxe qui n'ordonne que des hommes au sacerdoce, le Père Kallistos utilise l'argument du symbolisme nuptial Christ-Église. Ce symbolisme exigerait la masculinité du prêtre en tant que celui-ci est liturgiquement l'*icône* du Christ. Je reviendrai sur cet argument.

Dans tous ces cas, qu'il s'agisse des thèses de Paul Evdokimov, du Père Thomas Hopko, ou de l'évêque Kallistos, on se trouve en présence d'élaborations personnelles ne jouissant d'autre autorité que celle de leurs auteurs respectifs. Elles n'apparaissent pas comme le fruit d'une concertation ecclésiale communautaire – *sobornaïa,* comme disent les Russes – dont le besoin se fait pourtant sentir. C'est à ce besoin de concertation ecclésiale qu'a correspondu l'organisation par le Patriarcat œcuménique de Constantinople d'une *«consultation interorthodoxe sur la place de la femme dans l'Église et l'ordination des femmes»*: consultation tenue à Rhodes du 30 octobre au 7 novembre 1988. Le déroulement de cette «consultation», les exposés très divers qui y ont été faits suivis de discussions souvent passionnées, ainsi que les *Conclusions* qui ont été formulées méritent d'être considérées avec attention.

Pour la première fois, sous la forme de ces *Conclusions,* on se trouve en présence d'un document qui, sans revêtir aucunement l'autorité d'une déclaration conciliaire, résulte cependant d'une tentative sérieuse de réflexion commune sur la question de l'ordination des femmes: question située dans le contexte plus vaste de la relation femme-homme en l'Église, selon la volonté du Dieu ensemble Créateur et Rédempteur.

Une évaluation précise de l'événement qu'a constitué la consultation de Rhodes, dépasse évidemment le cadre de cet exposé. Je ferai seulement quelques remarques.

Une première constatation: à l'exception du Patriarcat de Jérusalem,

---

[20] Women and the Priesthood pp. 9-38.

toutes les Églises orthodoxes autocéphales – quoique quantitativement et qualitativement de façon inégale – étaient représentées à Rhodes, soit par des délégués officiels, soit par des «consultants» invités à titre personnel. Les théologiens présents – une soixantaine – étaient des évêques, des prêtres et des laïcs. Pour la première fois dans l'histoire de l'Église orthodoxe, des femmes (au nombre de 18) ont participé à une assemblée ecclésiale de ce niveau. Elles ont donné des exposés, pris part aux discussions et aux votes. La voix d'une femme, comme on l'a fait remarquer, comptait comme celle d'un évêque. L'intention était visiblement de manifester que l'Église orthodoxe qui ne les ordonne pas, reconnaît cependant les femmes comme des «personnes», comme telles responsables, égales aux hommes, membres du même peuple de Dieu tout entier royal et sacerdotal. Ce principe fondamental est souligné dans les «conclusions». Celles-ci reconnaissent – et cela aussi est nouveau – que «par suite de la faiblesse et du péché humains» des conceptions qui ne s'accordent pas avec des principes théologiques et ecclésiologiques se sont introduites dans «la pratique» de l'Église: une pratique qu'il s'agit donc de corriger et d'amender.

Dans cette ligne d'un resourcement créatif, est proposée la restauration en l'adaptant à une situation culturelle nouvelle, du diaconat féminin qui indubitablement a existé, pendant des siècles, dans l'Église ancienne. Allant plus loin les «conclusions» envisagent la possibilité de «sanctifier» par «un acte ecclésiastique spécifique» la mise en œuvre par les femmes de capacités charismatiques et théologiques dans le cadre de l'enseignement et du service pastoral[21]: une proposition audacieuse qui, si elle est acceptée, pourrait ouvrir de larges possibilités aux femmes pour l'exercice de ministères publics dans l'Église.

Mais en même temps est réitéré, fondé sur des raisonnements aussi subtils que laborieux, le *non possumus* opposé à *l'ordination* de femmes au *sacerdoce*. Même en ce qui concerne «l'installation» de diaconesses, les *Conclusions,* évitent le terme «ordination». Pour justifier l'impossibilité d'*ordonner* des femmes à un *rang* quelconque du *sacerdoce* les auteurs de ce texte renoncent cependant – par conviction ou sous la pression de l'opinion œcuménique où ils sont discrédités – aux bons vieux arguments de l'impureté corporelle de la femme ou de «l'ordre naturel» (ce dernier est pourtant discrètement évoqué) selon lequel la femme est subordonnée à l'homme. Pour suppléer à ce manque, les inspirateurs des conclusions ont eu recours à la typologie classique, héritée de saint Irénée: Adam → Christ, Eve → Marie. Mais il y mêlent l'idée puisée chez Thomas Hopko et Paul Evdokimov d'une relation spécifique entre

---

[21] Contacts n° 146, p. 104.

la féminité (ou celle qui en est l'image, la Mère de Dieu) et l'Esprit Saint.

Face à Eve, image de l'humanité déchue, Marie, mère du Fils de Dieu par l'Esprit Saint, apparaît ensemble comme la figure et le germe de l'humanité nouvelle, c'est-à-dire de l'Église, elle aussi mère – par l'Esprit qui œuvre en elle – des fils et filles de Dieu dont la création attend avec impatience la révélation (Rom. 8/19). Mais de cette vision mariale d'une signification ecclésiologique et anthropologique si profonde, les *Conclusions* passent subrepticement (sans s'en apercevoir?) à une mariologie banale, naturaliste: Marie envisagée comme modèle non de l'humanité sainte mais des seules femmes. Cette conception de son rôle devient alors outil de discrimination sexuelle dans l'Église: d'un côté, Marie adombrée par l'Esprit et, avec elle, les femmes (dont le ministère spécifique n'est cependant guère précisé); de l'autre, le Christ-Prêtre masculin et avec lui les humains mâles, tous virtuellement appelés au sacerdoce: une vision dualiste qui projette en Dieu, comme le souligne le métropolite Antoine, une opposition qui, dans l'ordre humain, résulte de la Chute. Or n'est-elle pas en contradiction avec la révélation – excluant toute dualité *oppositionelle* – du Dieu Un en Trois Personnes? Une unité de communion à l'image et en vue de laquelle l'humanité et en elle chaque personne humaine – en la bi-polarité présente en chacun du masculin et du féminin – sont créées.

Christocentrique (donc étranger à l'Esprit?), le sacerdoce ministériel serait par essence, masculin, est-il affirmé dans la partie théorique des *Conclusions* de Rhodes. Ordonner des femmes au sacerdoce reviendrait à rompre «l'équilibre entre l'économie du Fils et l'économie du Saint-Esprit». Dans cette perspective, le débat sur l'ordination de femmes risque de dégénérer dangereusement en conflit de théologie trinitaire. Rassurons-nous cependant: à Rhodes, de tels propos avaient une portée avant tout défensive: les *Conclusions* de Rhodes se gardent de qualifier l'ordination de femmes «d'hérésie» susceptible d'entraîner la rupture du dialogue œcuménique. Sont seulement évoquées les «graves difficultés ecclésiologiques» qui en résulteraient.

Avec leurs audaces et leurs raidissements, ces conclusions me paraissent symptomatiques des tensions internes au sein de la communauté théologique orthodoxe à propos de la question litigieuse de l'ordination de femmes. Les tensions se sont exprimées à Rhodes mais elles sont tues dans le compte rendu officiel qui se veut expression d'une unanimité.

Dans l'immédiat les *Conclusions* de la consultation de Rhodes décevront ceux et celles qui attendaient de celle-ci un infléchissement sensible de l'opposition orthodoxe à l'ordination des femmes. Cependant même dans cette direction, sous une apparente rigidité, elles ne sont pas entièrement négatives. Les adversaires de l'ordination de femmes à l'intérieur et hors de l'Église orthodoxe, auraient tort de triompher à leur propos, en y décelant une raison de plus pour rompre le dialogue avec les communautés qui ordonnent des femmes. Une telle éventualité n'a pas été envisagée par la majorité des théologiens présents à Rhodes comme cela a été clairement énoncé par le représentant du Patriarcat œcuménique.

Perspectives et tâches d'avenir

La consultation de Rhodes – le mot «consultation» doit être souligné – marque à la fois un aboutissement et un point de départ. Elle a été l'aboutissement d'un processus de réflexion qui, amorcé dans l'Église orthodoxe, il y a une trentaine d'années sous des pressions venues de l'extérieur a déjà conduit à un début d'intériorisation du problème. En raison même de leurs imperfections, les conclusions de Rhodes invitent à une repensée sereine et courageuse de ce dernier, dans la continuité de la *Tradition vivante*. A la recherche laborieuse d'arguments destinés à justifier une réponse négative posée d'avance en axiome (ce qui conduit à des impasses et des justifications fantaisistes) doit se substituer une authentique quête de la vérité selon «l'Esprit de vérité qui est présent partout», comme le dit la prière de l'Église.

Cette re-pensée et sa diffusion dans un monde beaucoup plus vaste et plus divers que l'ancienne *oikoumenē* byzantine – un monde où les orthodoxes sont aujourd'hui partout présents – exigera, à vues humaines, beaucoup de temps. Il s'agit d'une tâche proposée à l'ensemble de l'Église orthodoxe à laquelle l'opposition entre «Église enseignante» et «Église enseignée» est étrangère. Cependant une responsabilité spécifique en vue de ce travail créatif incombe d'une part aux pasteurs, et d'autre part à ceux qui ont bénéficié d'une formation théologique, hommes et femmes.

Le métropolite Antoine espère – et il vient d'exprimer publiquement cette espérance – qu'un jour la porte s'ouvrira aux femmes qui pourraient être appelées, dans l'Église orthodoxe, au sacerdoce sacramentel et même à l'épiscopat. Il exhorte surtout les orthodoxes à aborder ce problème sans passion, sans préjugés, sans peur, dans un esprit de probité intellectuelle et d'intégrité spirituelle. J'ajouterai qu'ils doivent l'aborder aussi, dans une perspective œcuménique, avec le souci de porter les fardeaux les uns des autres. Pour des raisons diverses, bonnes ou mauvaises, le problème de l'ordination de femmes ne se pose pas – ou pas encore? – d'une manière aiguë au sein des Églises orthodoxes. Mais ce n'est pas là un motif pour considérer avec dédain et dans un esprit peu fraternel les communautés chrétiennes pour lesquelles il constitue une question brûlante. La réciproque est d'ailleurs également vraie. Ensemble, en dialogue les uns avec les autres, il nous faut tendre à l'Unité dans la Vérité qui est esprit et vie.

Encouragée par le métropolite Antoine et par un grand spirituel orthodoxe contemporain aujourd'hui passé sur «l'autre rive»[22], j'ai cru devoir apporter une modeste contribution à cet effort commun d'élucidation. Je terminerai cet exposé en résumant mes positions personnelles: Elles transparaissent déjà dans les critiques que je viens de formuler à l'encontre de la plupart des arguments qui sont opposés à l'ordination de femmes au presbytérat.

Dans le contexte de leur dialogue avec les Églises qui ordonnent des femmes au presbytérat, les Églises orthodoxes se trouvent placées devant une alternative: ou bien, réagissant en fonction de leur sensibilité plutôt qu'à la paisible lumière du Logos, elles interprètent ces ordinations en terme de rupture avec la foi et la Tradition de l'*Una Sancta Catholica*. Dans ce cas, le dialogue œcuménique dont la poursuite s'impose pourtant comme une évidente exigence spirituelle, se trouve gravement compromis. On peut se demander si, dans l'immédiat, comme expression de l'aspiration à l'Unité dans la vérité et l'amour, il reste encore possible.

Ou bien, elles admettent qu'il s'agit d'un problème nouveau, ou, du moins, d'une question qui se pose aujourd'hui dans un contexte aussi bien ecclesial que culturel radicalement différent de celui où certains Pères de l'Église se sont violemment prononcés contre l'accès de femmes au sacerdoce. Epiphane, Tertullien, Ambrosiaster appartenaient à des sociétés où la subordination de la femme à l'homme mâle faisait partie des bonnes mœurs, où cette subordination apparaissait comme une loi naturelle (donc divine) tout aussi évidente au regard que la rotation du soleil autour de la terre. Mais tout comme cette dernière, cette loi ne nous parait plus évidente!

Si, en tant qu'orthodoxes, nous admettons la seconde alternative, une repensée d'ensemble du problème s'impose à nous. Or cette repensée ecclésiale, malgré quelques tentatives personnelles intéressantes et méritoires, vient seulement de s'amorcer. Elle a besoin d'être approfondie. L'assemblée de Rhodes, sous l'apparence de conclusions unanimes, a révélé des tensions et une diversité d'attitudes à l'égard du problème de l'ordination de femmes au sein de la communauté théologique ortho-

---

[22] Il s'agit de l'archimandrite Lev Gillet qui signait la plupart de ses ouvrages du pseudonyme «Un moine de l'Église d'Orient».

doxe. Elle a aussi été révélatrice des passions qu'il suscite: passions qui m'ont paru obscurcir la clarté de la pensée théologique. Il nous faut apprendre à aborder avec sérénité ce thème difficile (difficile parce qu'il touche aux régions profondes, souvent insconscientes de la psyché humaine), dans un esprit irénique, en prêtant attention à la part de vérité dont l'*autre* – celui qui pense autrement que nous – est peut-être le porteur. C'est ici aussi, dans le domaine de la réflexion théologique, qu'il faut tendre à l'*apatheia,* chère aux Pères du désert. Elle n'est pas indifférence – indifférence à la vérité – mais dépassement des passions egocentriques. Il ne s'agit pas de vouloir avoir raison à tout prix. Il s'agit de chercher ensemble, avec nos frères et sœurs appartenant à d'autres communautés ecclésiales, la réponse à un défi inscrit dans ces «signes du temps» auxquels le Seigneur lui-même nous exhorte à être attentifs.

Nous avançons dans le clair-obscur de l'histoire, comme l'écrit le métropolite Antoine de Souroge dans un texte qui va être publié. Mais nous avons pour nous guider la lumière de la foi. Celle-ci n'est pas un cri dans la nuit. Elle est adhésion, sans cesse à approfondir sous la poussée de l'Esprit, au mystère divin révélé et progressivement saisi en toutes ses implications spirituelles et éthiques. A la question concernant l'accès des femmes au ministère presbytéral nous avons à chercher une réponse, non en fonction de spéculations compliquées et hasardeuses, mais à la lumière des grandes affirmations fondamentales de la foi ecclésiale: la foi au *Dieu Un en Trois Personnes* à l'image et vers la ressemblance duquel l'humanité en sa double polarité masculine et féminine est créée; foi au salut accordé dans la communion, *par l'Esprit Saint, au Fils de Dieu fait homme* (anthrōpos) assumant pour la sauver la totalité de l'humanité, le tout de l'homme (anthrōpos) car, comme le disent saint Grégoire le Théologien et saint Athanase «ce qui n'est pas assumé n'est pas sauvé»; enfin la foi en l'*Église* comme *Corps du Christ tout entier animé par l'Esprit,* structuré par lui, en la diversité de ses ministères, selon les charismes différents accordés aux *personnes* (non à l'un ou l'autre genre biologique) par l'Esprit souverain qui «souffle où Il veut» (Jn 3,8). A cela s'ajoute la vision paulinienne et patristique, la vision lumineuse de l'Église comme matrice de l'humanité nouvelle où, dans le rayonnement du mystère du Christ et du mystère de la Tri-Unité divine, toute dualité oppositionnelle est abolie, comme le proclame l'apôtre Paul dans l'épître aux Galates (Gal 3,24) et comme le dit aussi l'*agraphon* de la deuxième épître de Clément: «Le royaume de Dieu viendra quand les deux seront un et que le masculin et le féminin ne s'opposeront plus»: une vision qui ne revient pas à nier la différence mais qui refuse de l'ériger en instrument de discrimination.

Envisagée à la lumière qui émane de ce noyau central de la foi, la différence entre Églises qui ordonnent et d'autres qui n'ordonnent pas les femmes à un ministère public, n'apparaît-elle pas comme une différence tolérable et sans doute surmontable dans l'avenir? Différence relative à la diversité historique des cultures et des symbolismes culturels, à des approches théologiques différentes mais non nécessairement exclusives les unes des autres, relative aussi à des degrés de maturation différents de la conscience ecclésiale en diverses parties de l'*oikoumenē*. Certains groupes y émergent à peine (et souvent brutalement) de l'ère de sociétés archaïques, patriarcales, alors que d'autres vivent déjà au XXIème siècle. Cette remarque m'a été faite par un théologien grec.

«Lorsque viendra l'Esprit de vérité, il vous fera accéder à la vérité tout entière» (Jn 16, 13), telle est la promesse donnée aux disciples par le Seigneur. Mais cette croissance de l'Église, dans l'Esprit, vers la plénitude de la vérité, comporte des rythmes différents, des tâtonnements et même des risques d'erreur. L'Esprit présent et agissant dans l'Église ne contraint pas: Il inspire, Il persuade, Il guérit. Le don de la vérité divine, en ses multiples aspects dans l'ordre de l'*ethos* comme en celui de la foi en quête d'intelligence, est accordé à ceux qui y aspirent *ensemble,* unis dans l'amour fraternel, comme l'a proclamé Alexis Khomiakov, l'un des grands porte-parole de l'Église orthodoxe au XIXème siècle.

Les Églises orthodoxes, à mon avis, au lieu de la rejeter sommairement, doivent considérer avec respect, en s'efforçant d'en comprendre les motivations éthiques et théologiques, l'expérience tentée par les communautés issues de la Réforme du XVIème siècle qui ordonnent des femmes. On reconnaît l'arbre à ses fruits et certains de ses fruits devraient nourrir la réflexion orthodoxe. Les orthodoxes ne peuvent cependant simplement imiter ces communautés. La réponse à la question posée doit mûrir dans leur propre sein, nourrie d'une repensée créative de la foi ecclésiale avec ses implications dans l'ordre de la théologie des ministères. La décision prise en conscience des Églises qui ordonnent des femmes doit être respectée. Mais qu'à leur tour, les représentants de ces Églises abandonnent l'idée qu'on puisse forcer la main aux orthodoxes en posant des actes dits «prophétiques». C'est seulement dans le respect mutuel des consciences que nous pouvons et devons avancer vers l'Unité, en nous inspirant du principe patristique: *In necessariis unitas, in dubiis libertas, in omnibus caritas.*

Il s'agit cependant d'*avancer.* Aussi je terminerai en indiquant sommairement trois directions dans lesquelles le passé théologique orthodoxe me semble devoir progresser. Trois tâches auxquelles elle est appelée.

Le *premier* consiste à débarasser l'Église orthodoxe, en sa socialité historique, d'éléments adventices qui occultent le visage de la Fiancée «sans rides et sans tache». Tels sont les tabous sexuels concernant les femmes qui y persistent: tabous véhiculés par l'Ancien Testament mais qui remontent à l'âge néolithique où ils avaient, sans doute, un sens que nous avons oublié.

Cette tâche, à certains points de vue, me paraît facile et déjà en grande partie réalisée. Ainsi les théologiens réunis à Rhodes ont écarté l'idée d'une impureté corporelle de la femme. Mais il s'agit de dire ces choses clairement de façon que le message soit aussi entendu par le simple peuple orthodoxe qui reste trop souvent prisonnier de prescriptions archaïques dépourvues pour lui de toute signification.

Les *deux autres* tâches consistent surtout à déterrer le talent enfoui dans la terre pour le faire fructifier dans la vie interne de l'Église orthodoxe comme dans le dialogue avec les partenaires œcuméniques.

Je pense à l'approfondissement de la notion de personne, notion élaborée dans le contexte de la réflexion ecclésiale sur le mystère Trinitaire et qu'il s'agit aujourd'hui d'appliquer à la relation d'altérité-identité des personnes humaines, des hommes et des femmes dans l'Église. J'ai proposée une réflexion dans cette direction dans mon livre *Le Ministère de la femme dans l'Eglise*. De son côté, le métropolite Antoine de Souroge a récemment développé des idées analogues. Tous deux, nous avons été marqués par le personnalisme des Pères de l'Église renouvelé créativement par le grand théologien franco-russe contemporain Vladimir Lossky[23].

Proclamer avec l'Ecriture, que l'humanité, c'est-à-dire l'homme et la femme, sont créés par Dieu «à son image et vers sa ressemblance», c'est affirmer, comme le dit Lossky, que tous les deux sont des personnes. Cela implique que chacun, homme ou femme biologiquement, psychologiquement, sociologiquement – selon des balances d'ailleurs variables – est aussi un totalité mystérieuse, unique, inclassable, libre – selon sa vocation – en même temps appelé à une relation de communion avec l'*autre* totalement différent et totalement semblable. La personne unique est irréductible à toute catégorie tel le sexe où l'on serait tenté de l'enfermer. Affirmer cela ne revient pas à nier ou à dévaloriser la sexualité comme cela fut parfois la tentation de certains Pères grecs. La personne transcende le sexe sans l'annihiler au niveau de la créature, au niveau de l'être humain concret. Image de Dieu imprimée en lui, la personne est appelée à intégrer la sexualité à la totalité de sa vie: une vie qui pour le chrétien et pour la chrétienne, selon leur vocation commune, est vie en Christ, par l'Esprit-Saint.

---

[23] Voir en particulier Vladimir Lossky, A l'image et à la ressemblance de Dieu, Paris 1967, pp. 109-122 «La notion théologique de la personne humaine»; également Jean Zizioulas, L'être ecclésial, «La personne comme hypostase de l'être», Genève 1981.

Une troisième direction enfin dans laquelle la réflexion orthodoxe me semble devoir s'orienter, est une clarification du sens de la prêtrise chrétienne: un sacerdoce radicalement différent d'une part, du sacerdoce païen, d'autre part également, du sacerdoce de l'Ancien Testament. Car de ce dernier, comme le proclame l'épître aux Hébreux (Hebr. chap. IX et X), le Christ, Unique Grand Prêtre pour l'éternité, est ensemble l'accomplissement et le dépassement.

C'est dans cette perspective qu'il faut examiner avec esprit critique l'une des raisons souvent invoquées et par les théologiens catholiques et sous une forme quelque peu différente, par les théologiens orthodoxes pour justifier l'exclusion des femmes du sacerdoce chrétien. Du côté catholique on invoque le fait que le prêtre agit *in persona Christi*. Les orthodoxes préfèrent parler du caractère «symbolique» ou «iconique» de la fonction sacerdotale. Dans sa fonction liturgique, en particulier au cours de la liturgie eucharistique – fonction à laquelle ne se réduit pas le rôle du prêtre, comme l'a fait remarquer à Rhodes le théologien orthodoxe américain John Erickson[24] mais où, selon la perspective de l'ecclésiologie eucharistique, son sacerdoce se réalise, sans doute, le plus pleinement – le prêtre représente *iconiquement* le Christ. L'expression est notamment employée par saint Théodose de Stoudion.

Dans le prolongement de cette affirmation, certains diront que, le Fils de Dieu ayant assumé en son incarnation la condition d'un individu humain de sexe masculin, il convient que – dans la ligne de l'Incarnation – sa représentation *iconique* soit assumée par un prêtre du même sexe. L'argument paraît solide. Je me permettrai cependant de formuler à son sujet quelques interrogations: non pour lui denier toute portée mais pour attirer l'attention sur sa relativité. Du point de vue orthodoxe, précisément, on peut y faire des objections.

L'eucharistie est un mémorial. Mais n'est-elle pas aussi (et même essentiellement) anticipation du banquet du Royaume à venir où la division des sexes, *telle que nous la connaissons,* est dépassée et, sinon abolie, du moins totalement transfigurée. Ainsi le laisse entendre le Christ (Matth 22,30) et le disent clairement après lui les Pères de l'Église. C'est le Christ ressuscité, retourné dans la Gloire du Père (dont il n'était jamais séparé) qui est l'Unique Grand Prêtre éternel du sacrifice eucharistique où, selon les paroles de la liturgie byzantine, il est à la fois «Celui qui offre et Celui qui est offert». D'ailleurs, même en son incarnation, le Fils de Dieu fait homme (anthrōpos) – lui qui est le «nouvel Adam», unissant l'humanité à Dieu – n'a-t-il pas assumé, pour la sauver, c'est-à-dire la diviniser comme l'affirment les Pères, la totalité de l'humanité?

---

[24] John Erickson, «La prêtrise dans l'enseignement patristique» in Contacts n° 146.

«Le Christ a unifié l'homme en abolissant mystérieusement, en esprit, la différence selon le masculin et le féminin, et en instituant pour tous deux la raison – le logos – de leur nature libre à l'égard des particularités rationnelles», affirme Maxime le Confesseur, résumant ainsi un thème qui traverse toute l'anthropologie des Pères orientaux.

Insister lourdement sur la masculinité du Christ, n'est-ce pas tomber dans une forme de nestorianisme, c'est-à-dire nier l'union réelle en Christ du tout de l'homme au tout de Dieu? Cette question a été posée par un des théologiens présents à Rhodes.

A cela s'ajoute que l'icône n'est pas un portrait naturaliste. La véritable icône est le visage humain devenu transparent, selon la Grâce, au rayonnement de l'*Autre Visage,* du visage, c'est-à-dire de la *personne* mystérieuse du Dieu-Homme. C'est ce rayonnement de la *personne* divino-humaine du Christ à travers une *personne* humaine que tout iconographe authentique s'efforce de rendre: une lumière intérieure qui revêt l'être humain de gloire comme l'exprime l'hymne baptismale de l'épître aux Galates chantée dans l'Église orthodoxe à chaque baptême et aux grandes fêtes de l'année liturgique: «Vous tous qui avez été baptisés en Christ vous avez revêtu le Christ...»

En la martyre Blandine attachée nue au poteau, offerte par ses bourreaux aux bêtes et s'offrant elle-même en sacrifice à Dieu, en l'extase de la foi et de l'amour, ses compagnons de lutte contemplèrent «l'image du Christ», qui les réconfortait. «Elle fut pour ses frères une exhortation, elle, la petite, la faible, la méprisée qui avait revêtu le grand, l'invincible athlète, le Christ». Ainsi le dit la lettre des chrétiens de Lyon aux Églises d'Asie Mineure citée par Eusèbe dans son *Histoire de l'Église*[25]. N'est-ce pas cette sorte de transparence – ô combien inatteignable aux seules forces humaines – qui est attendue du prêtre?

«On ne peut être un prêtre selon le cœur de Dieu qu'en devenant *Un* avec Jésus, le prêtre unique»[26]. Don de l'Esprit, cette unité *spirituelle* avec le Christ est implorée par le prêtre au sommet de la liturgie eucharistique dans l'épiclèse, invocation de la venue de l'Esprit-Saint sur les dons présentés mais aussi sur l'assemblée et sur lui-même. C'est elle – et non sa masculinité – qui fait du prêtre, en cet instant et en vérité, l'icône du Christ. Insister sur la masculinité de l'officiant comme condition nécessaire, n'est-ce pas perdre de vue la nature *épiclétique* de toute la vie de l'Église, y compris des ministères qui s'y exercent. Ils sont fonction des charismes de l'Esprit souverain en réponse à la foi et à la prière de l'Église (Lc 11,13).

---

[25] Eusèbe de Césarée, Histoire ecclésiastique T. II, Sources chrétiennes, Cerf, 1955, p. 17.
[26] Un Moine de l'Église d'Orient, Offrande Liturgique, Paris 1988, p.73.

Par ailleurs, les Pères de l'Église et les grands théologiens orthodoxes – de Jean Chrysostome à Nicolas Cabasilas – tout en magnifiant la dignité de la prêtrise en tant que fonction spécifique, insistent aussi sur son caractère purement instrumental. Dans les sacrements, dont le prêtre-évêque est l'administrateur «c'est le Père, le Fils et l'Esprit qui accomplissent toutes choses. Le prêtre prête seulement sa langue et offre ses mains», affirme Jean Chrysostome.[27] Cette langue et ces mains prêtées au Christ invisiblement mais réellement présent par l'Esprit ne peuvent-elles être celles d'une femme? Rien dans la théologie sacramentaire orthodoxe ne semble l'interdire. Ni en son aspect instrumental, ni selon sa vocation iconique, le ministère presbytéral chrétien ne me paraît impliquer *nécessairement* la masculinité de celui qui y est appelé.

Ma conviction est partagée par quelques théologiens orthodoxes pour le moment très minoritaires. Nous la soumettons au jugement des pasteurs de l'Église en vue du dialogue conciliaire qui est en voie de s'engager sur ce sujet. A vues humaines ce processus sera long. Mais en l'attente de l'accord désiré, dans la lumière du Christ et de l'Esprit-Saint, puissent les Églises orthodoxes respecter la décision de leurs partenaires engagés, en conscience, dans l'expérience de l'ordination de femmes. Puissent-elles considérer cette expérience avec sympathie fraternelle et la porter dans leur prière, tout en avançant elles-mêmes vers la pleine clarté promise à ceux qui cherchent la vérité ensemble, dans la foi et l'amour.

---

[27] Saint Jean Chrysostome, Homélie 77 sur Jean IV, Migne, PG, 59 472. Cf. également Elisabeth Behr-Sigel, op. cit. p. 28.*

WIELAND ZADEMACH, AULENDORF

Der Freiheitsbegriff mit seinen ökologischen Implikationen in Marxismus und Christentum

(„in memoriam" E. Bloch zu seinem 105. Geburtstag)

Einleitung

Freiheit ist ein zentraler Begriff im Marxismus, im Liberalismus und im Christentum. Auf je eigene Weise sind alle drei Bewegungen heute in die Krise geraten. Ohne hier ausführlich auf die Philosophiegeschichte des Freiheitsbegriffes eingehen zu können, sei doch vermerkt, daß das Fortschrittsdenken der Aufklärung einen zentralen Punkt in dieser Geschichte markiert. Der Liberalismus ist gleichsam die individuelle, der Marxismus die soziale Variante des „Ausgangs des Menschen aus seiner selbstverschuldeten Unmündigkeit" (I. Kant). Beide – Liberalismus und Marxismus – verstehen den Menschen als autonomes Subjekt, das sich aus Abhängigkeitsstrukturen befreit und sein Schicksal und die Geschichte in die eigene Hand nimmt.

Die ideologischen Errungenschaften der Aufklärung und ihres atheistischen Humanismus machen heute die Selbstvernichtung in einem – zivilen oder militärischen – nuklearen Krieg möglich. Nach Meinung vieler sind deshalb Liberalismus und Kommunismus gescheiterte Antworten auf die Frage des Friedens und der Sicherung der Menschenwürde. Vielleicht scheitern beide an der Autonomie des Menschen, weil sie Abhängigkeit mit Knechtschaft verwechseln. Nicht jede Abhängigkeit ist „selbstverschuldet" – nicht jede Abhängigkeit ist Unmündigkeit. Der Glaube an eine total vollkommene, glückliche Gesellschaft erweist sich mehr und mehr als Aberglaube.

Eine Trendwende erscheint notwendig: Eine Trendwende weg vom Zeitalter der alles zergliedernden, zerteilenden, angeblich objektiven Wissenschaft, wie es von Kopernikus, Kepler und Galilei vorbereitet und von Newton und Descartes in Szene gesetzt wurde – eine Trendwende hin zu einer Epoche, die wissenschaftliches Denken nicht ablehnt, sondern zu einer ganzheitlichen, dynamischen, auch die spirituelle Dimension des Menschen erfassenden Weltsicht ausweitet. Inwieweit der christliche Freiheitsbegriff im Gespräch mit einem sich am und gegen den Liberalismus orientierenden authentischen Marxismus – einem Marxismus also, der in Auseinandersetzung steht mit seiner eigenen Tradition – zu dieser notwendigen Trendwende beizutragen vermag, das soll Thema der folgenden Ausführungen sein.

1. Kurze Darstellung der Entwicklung des Freiheitsbegriffes von Marx bis zu gegenwärtigen Neuansätzen im Neomarxismus

a) Marx' Freiheitsbegriff als Weiterentwicklung des bürgerlich-liberalen Freiheitsbegriffes der Aufklärung

Die östliche wie die westliche Marxforschung ist sich einig in der Feststellung, daß Marxens gesamtes theoretisches wie auch politisches Engagement von Anfang an im Dienste einer Befreiung stand. Marx war radikaler Demokrat, bevor er zum Sozialisten wurde, er strebte nach der Verwirklichung der Demokratie in Deutschland. Sozialismus und Arbeiterbewegung sind legitime Erben jenes Prozesses der Befreiung der Individuen, der mit Renaissance und Reformation begann und in den bürgerlichen Revolutionen noch immer keinen allgemein befriedigenden Abschluß fand. Marx geht es darum, die bürgerlichen Freiheitsrechte für alle Menschen zur erfahrbaren Wirklichkeit zu machen und damit ihren beschränkten egoistisch-individualistischen Sinn aufzuheben.

Die Marxsche Beschreibung des Resultats der bürgerlichen Emanzipationsbewegung könnte man auf die Formel bringen: Der wirkliche Mensch ist unwahr und der wahre unwirklich. Der ‚Citoyen' ist eine „moralische Person", sein bürgerlicher Staat ein „ideales" Gebilde, das in einer imaginären Höhe über der realen bürgerlichen Gesellschaft, den arbeitenden, produzierenden konkreten Menschen schwebt. Ohne Aufhebung des Gegensatzes von ‚Bourgeois' und ‚Citoyen' ist keine wirkliche Freiheit und Gleichheit realisierbar – die Aufhebung dieses Gegensatzes kann nur durch den Sozialismus verwirklicht werden. In seiner eigenen Freiheitskonzeption sucht Marx durch Aufhebung des Gegensatzes von Citoyen und Bourgeois sowohl das Versprechen der liberalen (freie individuelle Entfaltung) wie auch der demokratischen (reale Teilhabe) Freiheit einzulösen.

Über die von Marx kritisierte „politische Emanzipation" der bürgerlichen Revolution soll die menschliche Emanzipation der proletarisch-sozialistischen Revolution hinausführen. In ihr soll nicht mehr der „Egoismus des Gewerbes" befreit werden (von den Schranken der feudalen Kontrolle), sondern der Mensch vom „Egoismus des Gewerbes". Voraussetzung der gelingenden Befreiung ist die Verwandlung des

Menschen: Die Verwandlung des egoistischen Bourgeois (wie des egoistischen Proletariers) in einen mit der Gemeinschaft der anderen Produzierenden solidarisch verbundenen Menschen.

b) Kritik am Fortschrittsoptimismus und an der ökologischen Blindheit des Marxismus

Ohne dies jetzt bis ins Detail mit ausführlichen Textstellen belegen zu wollen, fasse ich die Kritik, die zu den genannten beiden Stichworten am Marxismus geübt wird, in einigen Punkten zusammen.

ba) Marxismus als ‚Etatismus'

In Übereinklang mit jugoslavischen „Revisionisten" wird der Marxismus bisheriger sovetischer Provenienz und Ausrichtung als ‚Etatismus' bezeichnet: Als Vorherrschaft des zentralen Apparats der Bürokratie in Organisation, Verwaltung, Leitung und Verteilung der Produktionsmittel und Erzeugnisse. Ein nicht zu übersehendes höheres Maß an Gerechtigkeit im sozialen Distributionsprozeß wird erkauft mit den Schwächen staatlicher Planung und Lenkung, die eine maximale Ausbeutung der Ressourcen verhindert. Aufs Ganze gesehen ist der Etatismus die staatsmonopolistische Variante des Kapitalismus im Gegensatz zur privatwirtschaftlichen westlicher Ausprägung. Die Unterschiede sind strukturell (Produktionsverhältnisse), graduell (Lebensstandard), aber nicht prinzipiell.

bb) Wachstumsfetischismus im Marxismus

Das kommunistische Ziel „Jeder nach seinen Fähigkeiten, jedem nach seinen Bedürfnissen" kann nur durch größtmögliche Ausbeutung der natürlichen Ressourcen erreicht werden, um sie dann entsprechend der Bedürfnislage zu verteilen – auf Kosten des eigentlichen marxistischen Zieles einer „Naturalisierung des Menschen und einer Humanisierung der Natur".

Der Zwang, sich als das bessere System zu erweisen, führt zu einem totalen Objektcharakter der Natur im Verhältnis zum Menschen. Aus dem Warenfetischismus der kapitalistischen Entfremdung ist der Wachstumsfetischismus eines „Gulaschkommunismus" geworden. Der Zwang zum Wachstum („Weltniveau", Überholung des Westens etc.) tabuisierte Aspekte der Ökologie und der technologischen Sinnfrage (Kernkraftwerke wurden „heimlich" gebaut, Störfälle – wie noch das Beispiel Černobyl' zeigte – mit geradezu zynischer Menschenverachtung heruntergespielt; bezeichnenderweise fehlte eine propagandistische Auswertung der westlichen Bürgerinitiativen in Umweltfragen!). Die Frage nach den wirklichen Bedürfnissen wird auch hier nicht gestellt.

bc) Vernachlässigung von Individualität und Besonderheiten

Der welthistorische Fortschritt marxistischer Prägung glorifiziert den weltweiten Siegeszug der europäischen industriellen Lebensform und nimmt dabei die Vernichtung der individuellen Eigenart zahlreicher anderer Völker, Völkerschaften und Kulturen in Kauf. In dieser Konzeption gibt es deshalb auch eindeutig führende, staatsbildende, welthistorische Völker und solche, die dem Untergang geweiht sind.

Man denke nur an Engels' Äußerungen über die Balkanslaven, über die Čechen und Slovaken, die Mexikaner etc... Ganz zu schweigen von der Nationalitäten- und Kulturenfrage im stalinistischen Sovetsystem.

Wohl rührt die Blindheit für den jede Besonderheiten zerstörenden Charakter des Industrialismus zum Teil auch aus dem materialistischen Menschen- und Gesellschaftsbild her, das Individualitäten und Besonderheiten nivelliert.

bd) Varianten desselben Prinzips

Kommunismus orthodoxer Moskauer Provenienz und Observanz sowie Kapitalismus westlichen Stils sind im Grunde genommen – pragmatisch wie ideologisch gesehen – Varianten desselben Prinzips. Das Ziel ist in jedem Falle die „brave new world". Die Wahl der Mittel – Ausbeutung der Natur für den Menschen – ist fast identisch; lediglich die Methoden beim Einsatz dieser Mittel – die Produktionsverhältnisse und der davon abhängige, wenn auch damit nicht hinreichend determinierte, Überbau in Staat und Gesellschaft – differieren. Die Versklavung des Menschen und seiner wirklichen Bedürfnisse unter die Eigengesetzlichkeiten und die Sachzwänge der technischen Zivilisation wird ideologisch jeweils anders verbrämt; hier: Wohlstand, Chancengleichheit, Freiheit, dort: soziale Gerechtigkeit, Frieden, Sicherheit – und damit dennoch standardisiert: Die „Idole" sind austauschbar geworden.

Die hier zusammengefaßten Vorwürfe treffen wohl in erheblichem Maße den zeitgenössischen institutionellen Marxismus – Marx selbst hingegen nur zum Teil. Auch wenn Marx keine Überlegungen hinsichtlich des Charakters einer nicht kapitalistischen Technologie angestellt hat (anstellen konnte!), hat er dennoch deutlich erkannt, daß die kapitalistische Industrialisierung notwendigerweise die Ökosphäre zerstört und Raubbau an der Zukunft der Menschheit treibt. Neuansätze im Neomarxismus können sich deshalb mindestens auf Marxsche Intentionen berufen.

(„Jeder Fortschritt der kapitalisitischen Agrikultur ist nicht nur ein Fortschritt in der Kunst, den Arbeiter, sondern zugleich in der Kunst, den Boden zu berauben, jeder Fortschritt in Steigerung seiner Fruchtbarkeit für eine gegebene Zeitfrist zugleich ein Fortschritt im Ruin der dauernden Quelle dieser Fruchtbarkeit. Je mehr ein Land, wie etwa die Vereinigten Staaten von Amerika, von der großen Industrie als dem Hintergrund seiner Entwicklung ausgeht, desto rascher dieser Zerstörungsprozeß. Die kapitalistische Produktion entwickelt daher nur die Technik und Kombination des gesellschaftlichen Produktionsprozesses, indem sie zugleich die Springquellen allen Reichtums untergräbt: die Erde und den Arbeiter.")[1]

c) Neuansätze im Neomarxismus

ca) Die Eigenverantwortlichkeit des menschlichen Subjekts

Einleitend definiere ich den Neomarxismus mit L. Kołakowski als „die Anwendung der Methode und des Begriffsapparats von Marx auf neue Forschungsgebiete"[2] und mit M. Machovec dergestalt, daß „der echte marxistische Schüler des 20. Jahrhunderts fragen (muß), was es bedeutet, ähnlich im 20. Jahrhundert zu arbeiten wie Marx im 19. Jahrhundert."[3] Einig sind sich die meisten Neomarxisten in der Kritik daran, daß „aus dem im 19. Jahrhundert ganz wichtigen Prinzip, sich vor allem auf die Ökonomie zu konzentrieren", ein „Ökonomismus" quasi als „Metaphysik-Ersatz" entstanden ist, während doch „Marx selbst die Menschen gerade vom Druck des Ökonomischen befreien wollte, um ihnen Raum zur schöpferischen Entfaltung zu verschaffen."[4] Entsprechend hat sich im Neomarxismus die lange Zeit verdrängte „Problematik des menschichen Individuums" Bahn gebrochen.

Mit der Entdeckung des menschlichen Individuums und seiner Eigenverantwortlichkeit geht die Kritik am Geschichtsdeterminismus des orthodoxen Marxismus einher, bei dem geschichtlicher Fortschritt und moralische Qualität nahezu zur Identität verschmelzen, wie Kołakowski ironisiert: „Es genügt, an die Unvermeidlichkeit des Fortschrittes zu glauben, um gleichzeitig an die Fortschrittlichkeit alles Unvermeidlichen zu glauben."[5] Auch für Machovec ist die „sogenannte geschichtliche Gesetzmäßigkeit, wenn sie interpretiert wird, als zuverlässiger Garant der Zukunft, etwa ‚Unser Sieg ist sicher', oder so: daß wir restlos den Menschen der Zukunft planen können ... etwas ganz Vulgäres ... etwas Opportunistisches, etwas, was die menschliche Faulheit und Passivität befriedigt;" hingegen kann „nur durch die Aktivität,

---

[1] MEW, Bd. 23, S. 529 f.
[2] Der Mensch ohne Alternative, München 1964, S. 10
[3] Theologie und Revolution, Hamburg 1968, S. 56.
[4] M. Kangra, in: Internationale Dialogzeitschrift, Freiburg 1969, S. 261.
[5] A. a. O. S. 91.

durch das individuelle Engagement der Tag von morgen entstehen."⁶ Individuelles Engagement trägt jedoch auch das Risiko des Scheiterns in sich: „Die Zukunft selbst ist unsicher, denn es können tatsächlich auch unbehebbare Fehler geschehen."⁷ Deshalb „arbeitet der authentische Sozialismus mit dem Risiko des Verlustes – manchmal mit der Gewißheit des Verlustes –, und je größer die Wahrscheinlichkeit der Niederlage ist, umso größer ist das moralische Verdienst der Tat."⁸

Generell läßt sich für den Neomarxismus weitgehend die Einsicht festhalten, daß geschichtliche Gesetzmäßigkeit und subjektive Aktivität weder exklusiv zueinander stehen noch aufeinander reduzierbar sind, sondern dialektisch aufeinander bezogen: „Keine Vorsehung also, kein fatales Schicksal der Menschensöhne, nur Hoffnung ist da – jedoch nicht als Hoffnung auf etwas, was auf uns als Objekte zukommt, sondern als etwas, das sich durch die subjektive menschliche Aktivität erfüllt – oder nicht erfüllt."⁹ Und weiter die Einsicht, daß trotz vielfältiger sozialer und historischer Determination keine von ihnen den Menschen von seiner moralischen Verantwortung befreit, da keine von ihnen die Freiheit der individuellen Entscheidung aufhebt: „Wir bekennen uns daher zur Doktrin der totalen Verantwortung des einzelnen für die eigenen Taten und zur Amoral der geschichtlichen Prozesse ... Wir haben kein Recht, unser bewußtes Verhalten auf irgendeinen Faktor abzuwälzen, der unser Verhalten vorherbestimmt, denn wir haben in jedem Fall die Macht, eine Entscheidung zu fällen."¹⁰

cb) Perspektiven für die Ökologie

Daß die Betonung des subjektiven Faktors auch Auswirkungen in ökologischer Hinsicht zumindest haben könnte, das läßt sich an E. Bloch festmachen, der entsprechende Gedanken im Rahmen eines als „mütterlich" verstandenen Naturrechts entwickelt hat – ein Aspekt des Blochschen Denkens, der leider viel zu wenig beachtet wurde und noch wird. Bloch wendet sich besonders pointiert gegen „die letzthin defaitistische Irrlehre eines objektivistischen Automatismus"¹¹ in der Geschichte und betont das menschliche Denken, Wollen und Tun; es ist der „subjektive Faktor", der den „Widerspruch der Sache" merkt „und Krach schlägt, das heißt Revolution macht."¹² Bei Bloch ist damit auch die Erkenntnistheorie nicht ethisch indifferente „Abbildtheorie", son-

---

[6] M. Machovec, in: Partner von morgen? Stuttgart 1968, S. 67.
[7] M. Machovec, in: Der Kreis, Heft 5, Stuttgart 1966, S. 31 f.
[8] L. Kołakowski, a.a.O. S. 94.
[9] M. Machovec, a.a.O. S. 33.
[10] L. Kołakowski, a.a.O. S. 125.
[11] Gesamtausgabe, Suhrkamp-Verlag, Bd. V., S. 168.
[12] In einem Gespräch mit A. Reif, in: ‚Die Weltwoche', 10. August 1977, S. 43.

dern „Fortbildtheorie", die sich an dem orientiert, was möglich ist und wirklich werden soll und daher nicht nur der Einsicht in den historischen Prozeß, sondern auch der ethisch motivierten Einbildungskraft des Menschen bedarf. „Ein Auge kommt hier durchaus wieder, doch keinesfalls nur als betrachtendes. Es sieht vielmehr, wie schlecht die Dinge sind, wie gut sie sein könnten, und leitet so an, sie mitbildend zu verändern."[13]

Auch wenn Bloch die gegenwärtige Ökologiebewegung nicht mehr kennen konnte, so hat er deren Problembewußtsein doch intentional erfaßt, ja vorweggenommen. In seiner Schrift „Das Materialismusproblem, seine Geschichte und Substanz" entwickelt er einen qualitativen Naturbegriff, mit dem er sich gegen „die Verabsolutierung eines nur quantitativ-mechanischen Wesens der physischen Natur" wendet. Bloch insistiert auf einem „qualitativ bestimmten Stufenbau der Natur,"[14] der von Aristoteles über Thomas von Aquin bis Schelling und Hegel überliefert wird. Für ihn ist dieser qualitativ bestimmte Stufenbau der Natur nichts Statisches, das nach oben und nach unten Vorbild der Gesellschaft wäre, sondern vielmehr Ausdruck dynamischer Bewegung in der Materie. Ohne diesen Stufenbau hätte „ja gar ein dialektischer Umschlag von Quantität zu Qualität naturhaft überhaupt keinen Raum; denn die totale Mechanik kennt überhaupt keine Qualität."[15] Dialektik der Natur wäre dann etwas Anderes als das „bürgerliche quantitative Naturdenken", das sich, „wie Brecht sagt, nirgends für Reis interessiert, sondern nur für seinen Preis,"[16] es wäre dann vielmehr ein Denken der „Materie nach vorwärts", dem Vorwärts in Richtung Heimkehr. Denn für Bloch bedarf Natur nicht weniger der Heimkehr als der Mensch.

Das „Reich der Freiheit" wäre nicht nur ein solches des Menschen, sondern aus diesem „menschlich allzu menschlichen Lokalpatriotismus" geradezu entlassen.[17] Erkenntnisleitendes Interesse der bürgerlichen Methode ist die schrankenlose Ausbeutung und Ausplünderung der Natur bis zum „geht nicht mehr". Demgegenüber fordert das „Prinzip Hoffnung" eine „konkrete Allianz" mit der Natur, das heißt eine „Technik ohne Vergewaltigung". Sie wäre zugleich eine sozialistische Technologie: die Überwindung der „bürgerlichen Technik", der „Verhäßlichung" und Entstellung der Welt bis zur „Leichenhaftigkeit". „Marxismus der Technik, wenn er einmal durchdacht sein wird, ist

---

[13] Gesamtausgabe, Bd. XV, S. 63.
[14] A. a. O. Bd. VII, S. 427 f.
[15] A. a. O.
[16] A. a. O. Bd. V, S. 778.
[17] A. a. O. Bd. VII, S. 315.

keine Philanthropie für mißhandelte Metalle, wohl aber das Ende der naiven Übertragung des Ausbeuter- und Tierbändigerstandpunktes auf die Natur."[18]

2. Die ‚neue Kreatur' (kainä ktisis) als Grundlage des christlichen Freiheitsbegriffes

a) Sozialethischer Neuansatz

Die Verheißung der modernen Technik für eine bessere Welt ist heute in eine Bedrohung umgeschlagen, mit einer solchen zumindest unlösbar verknüpft. „Diese Situation ruft nach einer Ethik, die durch freiwillige Zügel die dem Menschen gegebenen Kräfte davor zurückhält, der Menschheit zum Unheil zu werden."[19] Deshalb entsteht die Frage, „ob und wie wir die anthropozentrische Beschränkung bisheriger Ethik durchbrechen und überschreiten müssen."[20] Überschreiten in Richtung auf einen neuen Grundsatz des Handelns: „Handle so, daß du dich durch die Folgen deines Handelns korrigieren lassen kannst." Diese Bereitschaft zur Korrektur, „die bewußt mitgeplante Korrekturfähigkeit des Handelns ... ist eine Maxime, die dem begrenzten, menschlichen Maß unseres Vermögens Rechnung trägt."[21] Diese neue ethische Verantwortung muß ihre Aufgabe vorrangig im „Ausgleich von technischer Möglichkeit und Bestand der Natur" sehen, denn „Technik in ihren die natürlichen Realbedingungen verzehrenden Konsequenzen kann nur durch darauf antwortende, anders wirkende Technik überwunden oder korrigiert werden."[22]

b) Die Notwendigkeit, „Nein" zu sagen

„Wir wissen, daß wir einfacher leben müssen, aber nichts ist komplizierter, als einfacher zu leben."[23] Der Weg dahin führt wohl nur über einen Lernprozeß, daß wir auch zu Teilen in uns selbst „nein" sagen müssen: zu bestimmten Wünschen und Träumen, zu Ängsten und neurotischen Verdrängungsmechanismen. Einsicht und Wissen reichen jedoch noch nicht aus, um „nein" sagen zu können; und wenn es notwen-

---

[18] A.a.O. Bd. V, S. 813.
[19] Schöpfungsglaube und Umweltverantwortung, Heft 26 der Reihe „Zur Sache", Hannover 1985, S. 29f.
[20] A.a.O. S. 30.
[21] A.a.O. S. 36f.
[22] A.a.O. S. 40.
[23] H. Chr. Knuth, Verzichten lernen oder die Freiheit, nein zu sagen. Thema des Jahrzehnts, in: Schöpfungsglaube ... a.a.O. S. 154.

dig ist, um der Zukunft der Menschheit willen sich selbst zu ändern – weiß dann der alte Mensch, wie der neue auszusehen hat?

Deshalb bedarf das ‚Nein' einer Kraft, die sich nicht dem Verneinten verdankt. Die Freiheit zum ‚Nein' muß ihre Wurzeln im ‚Ja' haben, denn nicht aus dem Mangel kommt Verzicht, sondern aus der Fülle; Opfer werden nicht gebracht aus Weltverachtung, sondern aus Liebe zur Welt. Freiheit zum Nein-Sagen kann nur gewonnen werden, wenn wir sie nicht aus uns selber schöpfen, denn unser Sein ist nicht nur ein Potential, das es zu aktivieren gilt, sondern unser Sein gewinnen wir aus Relationen, in denen wir stehen.

Freiheit zum ‚Nein' kommt nicht aus dem Menschen, sondern sie kommt in den Menschen hinein; oder anders: Der Mensch kommt in diese Freiheit hinein, er wird in diesen Freiheitsraum hineinversetzt, in dem nicht mehr das Gesetz des Todes herrscht, sondern das Leben. „Der Gekreuzigte ist der Beginn des Verzichts auf Weltbeherrschung und Weltherrschaft um des eigenen Lebens willen. Im Sterben des Gekreuzigten wird dem Glaubenden sein eigenes Sterben zum Anfang eines neuen Lebens."[24]

Solcher Glaube, solches Vertrauen in den Gott, der die Toten auferweckt, ist zunächst ein Geführtwerden ins Nichts: „Gottes Natur ist es, daß er aus nichts etwas macht. Darum, wer noch nicht nichts ist, aus dem kann Gott auch nichts machen."[25] Kreuz und Auferstehung Christi zeigen, daß des Menschen Sein erst wird im Gemachtwerden durch Gott. Dies ist die Wurzel der Freiheit: Der Freiheit, sich nicht aus eigenen Kräften erlösen zu können und zu müssen; und der Freiheit, den Mut zu haben, – als die von Gott erlösten Sünder – für eine bessere Welt zu kämpfen.

c) *Die Freiheit der ‚Kinder Gottes' von den ‚Mächten dieser Welt'*
   (stoicheia tou kosmou)

Nach christlichem Verständnis meint Rechtfertigung ein weltweites Geschehen, worin Gott dem einzelnen und der Menschheit im Rahmen der gesamten Schöpfung seine Gerechtigkeit widerfahren läßt. Der neue Mensch, die neue Kreatur, die Neuordnung der Schöpfung ist es, was Gott im Rechtfertigungsgeschehen intendiert: den „neuen Himmel und die neue Erde, in welcher Gerechtigkeit wohnt" (2. Petr 3,13). Es geht um das Reich Gottes, das Jesus bringt, bzw. von dem Christus der Erstgeborene ist.

Freiheit bezieht sich auf den Menschen, der das „Ensemble der ge-

---

[24] A.a.O. S. 167f.
[25] M. Luther, Die sieben Bußpsalmen. WA 1, S. 183f.

sellschaftlichen Verhältnisse" (Marx) ist, der sich also nicht individualistisch mißversteht, sondern sich seiner vielfältigen sozialen Bezüge bewußt ist. Freiheit kann dann nicht verwechselt werden mit totaler Unabhängigkeit oder gar mit Willkür, sondern Freiheit konkretisiert sich in Verantwortung, denn das Gegenteil von Knechtschaft ist nicht Unabhängigkeit, sondern Verantwortung. Für den Gerechtfertigten bedeutet Freiheit die Bereitschaft, verantwortungsvoll Macht und Herrschaft für die Gestaltung der Welt im Sinne des sich durchsetzenden Gottesrechtes auszuüben: „Gottes Programm in der Geschichte ist es, das menschliche Leben zu ‚entfatalisieren', es in die Hand des Menschen zurückzulegen und ihm die schwere Verantwortung für die Führung seines Lebens zu übertragen."[26]

Der Blick nach vorn, der Vorblick auf Gottes gelungene Welt, wie sie im Christusgeschehen offenbar wird, macht die Übel der bestehenden Welt und ihrer Zustände unerträglich. Das Rechtfertigungsgeschehen beinhaltet die Bejahung und Annahme des Menschen, so wie er ist, und in einem damit die verheißungsvolle Definition des neuen Menschen und einer neuen Welt. Deshalb stabilisiert es nicht bestehende Verhältnisse, sondern es treibt den Menschen in eine Differenz zu sich selbst und zur Welt, die notwendig wirksam wird im Handeln für das Humanum und für die Welt, die der im Christusgeschehen antizipierten neuen Wirklichkeit von daher ebenso entsprechungsbedürftig wie aber auch entsprechungsfähig werden.

d) Vom Gewinn des Verlustes

Die Vorteile der technischen Zivilisation stehen außer Frage: Lebensstandard durch rationelle Erschließung der Ressourcen, weltweite Kommunikation etc. Dennoch wiegen die sich jetzt abzeichnenden Nachteile schwer:
- Der Geborgenheitsverlust des Menschen durch seine Vereinzelung im Arbeitsprozeß und seine Vereinsamung im Wohnbereich und im Freizeitkonsum;
- Der Sinnverlust, da die Sinnfrage außerhalb der Sachzwänge technischer Zivilisation steht. Schon die Sinnfrage zu stellen ist nahezu verboten, da die technische Zivilisation als „autogenes perpetuum mobile" (W.Z.) höchstens nach der besseren Reproduktion ihrer eigenen Produktionsmittel fragt;
- Der Zukunftsverlust, da der Ausschluß der Sinnfrage den Menschen auf gegenwärtiges Produzieren und Konsumieren reduziert. Die Frage nach dem Wozu und Wohin liegt außerhalb der Sensibilität

---

[26] H. Cox, Der Christ als Rebell, Kassel 1968, S. 47.

technischer Zivilisation und industrieller Produktionsverhältnisse. Sachzwänge dominieren die Seinsfragen.

Wer mit Charles Birch oder mit Erhard Eppler die Fragen stellt: „Welches Wachstum wollen wir?" „Was kostet dieses Wachstum?" „Was brauchen wir dazu?", der bezieht unweigerlich Stellung gegen die jetzigen Strukturen der technischen Zivilisation und der industriellen Produktionsweise. Er wird deshalb Ausschau halten nach Alternativen. Im Einklang mit dem, was oben unter a) gesagt wurde, kann die Überwindung der Defizite der technischen Zivilisation nur geschehen „durch darauf antwortende, anders wirksame Technik". Damit jedoch die Frage „Was wollen wir?" dominant wird gegenüber einem unkritischen Wachstums- und Konsumzwang und so eine Verminderung der ökologischen Belastung zur Folge hätte, muß die Notwendigkeit eines alternativen Lebensstils positiv vermittelt sein, nicht negativ. Horrorsionen und Verzichtsappelle verschrecken anstatt zu ermutigen. Es muß deutlich und anschaulich werden, daß der erreichbare Gewinn den geforderten Verzicht weit übersteigt.

Wenn es gelingt, die – ohnehin stets augenfälliger werdende – Hinfälligkeit von Gütern und Habe (E. Fromm: Sein statt Haben) als Herausforderung anzunehmen, dann könnte die historische Rolle des Kapitalismus und der technischen Zivilisation – Förderung der Ressourcen in einem Maße, daß sie ausreichen, um die Bedürfnisse aller zu befriedigen – auf einer höheren Stufe aufgehoben werden: Jetzt kommt es darauf an, die Gefahr einer weiteren zerstörerischen Ausbeutung durch eine gerechtere Verteilung der vorhandenen Ressourcen zu bannen, die zusammen mit einer Neufestsetzung der Prioritäten bewahrenden und erhaltenden Charakter hat.

Konkrete Aufgaben der Kirchen und der christlichen Gemeinde könnten darin liegen, den Identitätsverlust durch einen Identitätsgewinn im kommunikativen Bereich aufzufangen. – Kirche und Gemeinde als integraler Faktor auch auf kulturellem Gebiet (die Kirche im Dorf lassen!), Gemeinde als Haus der offenen Tür, in deren Räumen man sich wohl fühlen kann und die mit ihrem ganzheitlichen Daseinsentwurf vor Partikulation schützt.

Bei diesem kirchlichen Modell der „Gemeinde für alle" ist allerdings streng darauf zu achten, daß es nicht mißbraucht wird als „nützlicher Idiot" zur Verschleierung und Kompensation der Wunden, die die technokratische industrielle Zivilisation verursacht; und darauf, daß ihr im Spätkapitalismus nicht die Funktion zugeschoben wird, aus der „Not der Arbeitslosigkeit" die „Tugend der Kreativität" zu machen. Während der Jahre und Jahrzehnte der „Gesellschaft des Übergangs" wird es darauf ankommen, in einer „Strategie des begrenzten Konflikts" die Option eines alternativen Lebensstils durchzuhalten und Lernprozesse auch zur Humanisierung der urbanen Lebenswelt (Stadtteilarbeit etc.) einzuleiten.

3. Der ‚Konziliare Prozeß' als zeitgemäße Form eines Dialogs

Die bisher ausgeführten Assoziationen zum Thema „Freiheit und Ökologie" haben ihren Ursprung überwiegend in dem heute bereits als klassisch zu bezeichnenden christlich-marxistischen Dialog der sechziger und siebziger Jahre, der hauptsächlich in West- und Ostmitteleuropa stattfand. Gegenwärtig finden diese Gedankengänge ihre Entsprechung auch in weiten Teilen Osteuropas.

a) Neuer Dialog zwischen Religionen und Ideologien

Vielleicht genau so wichtig wie die politische Diskussion um das gemeinsame Haus Europa, und mindestens ebenso verheißungsvoll, ist die sozialethische Diskussion um die Überlebensfragen von Frieden in Gerechtigkeit auf der Grundlage einer zu bewahrenden Schöpfung, wie sie sich gegenwärtig nicht nur zwischen den christlichen Kirchen in Ost und West, sondern auch zunehmend zwischen den Ideologien entwickelt.

Bei der Frage nach den tiefliegenden Ursachen für die krisenhafte Entwicklung der modernen Zivilisation setzt sich immer mehr die Erkenntnis durch, daß sie im Fehlverhalten des ganzen Europa - vom Atlantik bis zum Ural - liegen. „An manchem ist der Osten, an manchem der Westen mehr schuld, im Endeffekt sind das aber unsere gemeinsamen Sünden", so analysierte Metropolit Kirill von Smolensk in Basel: „Diese gemeinsamen Sünden zu bekennen bedeutet, sich auch der gemeinsamen Verantwortung bewußt zu werden, und das wäre schon ein realer Schritt zum gemeinsamen Handeln."[27] Haben nicht der Wachstumsfetischismus eines Marxismus wie auch der Fortschrittsglaube eines optimistischen Bürgertums ihre gemeinsame Wurzel in einer (vom Christentum mitzuverantwortenden) Aufklärung? „Die eschatologische Heilshoffnung wurde durch die menschliche Selbstrealisierung ersetzt, die die Natur nur als ein für den technischen Fortschritt auszunutzendes Objekt betrachtete."[28]

Eine weitere Frucht gemeinsamen Nachdenkens hat im August 1988

---

[27] „Zur Ökologie des Geistes". Zitiert wird nach der deutschen Übersetzung, die zu Beginn der Rede von Kirill in Basel am 15.5.'89 vorlag - a.a.O. S.3.
[28] A.a.O. S.11.

in Assisi bei einem ökumenischen Dialog Joachim Garstecki vom DDR-Kirchenbund als ernüchternde Erkenntnis benannt: „Unsere kulturellen, religiösen und politischen Traditionen sind nicht als gegenseitig bereichernde Vielfalt in das gemeinsame Haus Europa eingezogen, sondern als einander ausschließende Ansprüche, die das Zusammenleben in diesem Haus unerträglich gemacht haben. Wir haben es nicht verstanden, unsere Vielfalt als konstitutives Element unserer Einheit zu leben. Im allgemeinen haben unsere Kirchen die bestehenden gesellschaftlichen und politischen Gegensätze in Europa noch einmal reproduziert, statt sie im Wissen um den Unterschied von „Letztem" und „Vorletztem" zu transzendieren."[29]

Als Ausweg aus dem Dilemma empfiehlt Kirill die Wiedergewinnung einer theozentrischen Ethik, um die „richtige Balance zwischen Mensch und Natur" wiederherzustellen.

Garstecki betont die Notwendigkeit einer „Bekehrung zueinander". Nur die „vollzogene Abkehr aus den Irrwegen der eigenen Geschichte macht uns zu verläßlichen Partnern des gemeinsamen Weges". Bekehrung zueinander bedeutet, „in Selbstverständnis und Praxis des anderen genau den Teil der Wahrheit zu entdecken, der meiner eigenen Identität fehlt, um voll mit ihr versöhnt zu sein". Entscheidend wichtig ist nun aber, daß dieser notwendige Dialog nicht nur die Konfessionsgrenzen sprengt, sondern auch ideologieübergreifend ist. Es kommt darauf an, „über das wechselseitige Verhältnis zwischen geistlicher Erneuerung aus unseren christlichen Traditionen und säkularen, politischen Reformbewegungen in Europa nachzudenken."[30]

b) *Universalethischer Katechismus für das 21. Jahrhundert*

Ist aber eine theozentrische Ethik als eine religiöse nicht unannehmbar für nichtreligiöse Menschen? Kirill stellt sich sehr deutlich dieser Frage: Wie können die Christen, ohne auf die Grundsätze dieser Ethik zu verzichten, mit Vertretern anderer Religionen und Ideologien zusammenarbeiten? Solche Zusammenarbeit benötigt eine Basis, die alle Menschen eint. Sowohl der Ansatz für diese Einheit als auch bereits deren Merkmal könnte die gemeinsame Sorge sein: „Die Christen müssen den Weg zur Kommunikation und Zusammenarbeit mit allen Menschen finden, die ihre Besorgnis um den Zustand der Zivilisation zu tei-

---

[29] „Der ökumenische Dialog in Europa – historische und aktuelle Perspektiven", in: „außer der reihe", Nr. 5 der Theologischen Studienabteilung beim Bund der Evangelischen Kirchen in der DDR, November 1988, S. 3.
[30] A. a. O.

len bereit sind."³¹ Dabei entsteht notwendigerweise auch die Frage nach einem über die Grenzen des Christentums hinausgehenden Konsens. Denkbar erscheint ein Moralkonsens, der auf absoluten, über alle weltanschaulichen Grenzen hinausgehenden moralischen Werten basiert, die der ganzen Menschheit gehören. Für Kirill eröffnen die religiöse Auffassung von Moral einerseits, daß jegliche Moral von Gott ausgeht und deswegen für alle menschlichen Wesen als absolut gilt und die Anerkennung der Priorität der allgemeinmenschlichen Werte auch innerhalb des modernen nichtreligiösen Humanismus andererseits eine gute Möglichkeit des Aufbaus eines solchen Konsenses. Für einen „Christen wäre das ein wirklich theozentrischer Konsens, ein Marxist würde ihn als ein moralisches System charakterisieren, dem die Idee von allgemein menschlichen absoluten Werten zugrunde gelegt ist."³²

Da alle Menschen ein Gewissen haben und darauf ansprechbar sind, könnte dem Gewissen die Funktion eines archimedischen Punktes oder eines Katalysators bei der Suche nach der Wahrheit und bei der Lösung moralischer Probleme zuwachsen. Kirill fordert deshalb nachgerade, einer „Ökologie des menschlichen Gewissens" größte Aufmerksamkeit zu schenken: „Die Sorge für die Bewahrung und Nichtverunstaltung des Gewissens des modernen Menschen bedeutet im Endeffekt die Sorge für Frieden in Gerechtigkeit und für die Bewahrung der Schöpfung, weil sich ohne Gewissen auch der erhabenste moralische Konsens nicht vollständig realisieren läßt."³³

Weil er die Erneuerung der menschlichen Verantwortung für eine erstrangige Aufgabe hält, deshalb plädiert Kirill für einen „universalen ethischen Katechismus des 21. Jahrhunderts". Ein solcher Katechismus sollte absolute und allgemeine moralische Normen beinhalten, die auf der Grundlage eines breiten Dialogs ausgearbeitet werden. Aufgabe der Christen könnte es dabei sein, dem modernen Menschen das Verständnis nahezubringen, „daß zwischen der Moral und dem Überleben eine ganz direkte Abhängigkeit besteht. Im persönlichen oder gesellschaftlichen Leben Böses zu tun, wird jetzt auch global gefährlich."³⁴

Für den katholischen (!) Theologen J. Garstecki von der Studienkommission des evangelischen Kirchenbundes der DDR betrifft die notwendige Umkehr als Voraussetzung eines neuen Handelns ebenfalls nicht nur Christen, sondern alle Menschen, die erkennen, daß unsere bisherige Praxis, „Gerechtigkeit zu verweigern, Frieden zu sichern oder die Natur zu mißbrauchen, zukunftslos für die Menschheit und gna-

---

[31] A.a.O. S.14.
[32] A.a.O. S.15.
[33] A.a.O.
[34] A.a.O.

denlos für die Schöpfung ist."[35] Die Dringlichkeit der Sache gebietet es dabei, die christliche Glaubenserkenntnis zu „übersetzen" in vernünftige, säkulare Argumentation, sie zu „entäußern in Überlebensvernunft". Dieser Vorgang der Entäußerung macht es möglich, die spezifische christliche Spiritualität in die Sprache säkulärer Vernunft zu übertragen, ohne sie zu verraten: „Feindesliebe und Gewaltfreiheit suchen in diesem Übersetzungsvorgang nach ihren säkularen Zwillingsschwestern Vertrauensbildung und Abrüstung". Es kann nicht darum gehen, die Wege der politischen Vernunft als verkehrt oder entfremdet aus unserem Denken und Handeln zu streichen; es muß vielmehr darum gehen, sie von Glauben, Hoffnung und Liebe her neu zu betreten: „Nur so öffnen wir die christliche Ökumene hin zur Schöpfungsökumene aller Menschen."[36]

Ein neuer Dialog zwischen Religionen und Ideologien, eine Schöpfungsökumene aller Menschen – wird sie in der Lage sein, die Herausforderung der von allen gemeinsam verursachten Krise anzunehmen und so ein hoffnungsvolles Zeichen zu werden für Gottes Treue zu dieser Welt?

---

[35] A.a.O. S.10.
[36] A.a.O.

Pavel V. Florenskij, Moskau

Wann kommt das Weltende? – Ständig, die letzte Frist können wir nicht kennen.

Das Weltende ist eine wissenschaftlich unsichere Sache, es läßt sich auch in dem Koordinatensystem, in dem wir gewohnt sind zu leben, uns zu bewegen und zu denken, nicht bestimmen. Es stellt sich heraus, daß die wissenschaftliche Weltanschauung und überhaupt das wissenschaftliche System ungeeignet sind, eine derartige Vergangenheitsbewertung zu vollziehen, die uns erlaubt hätte, die Zukunft vorauszusagen. Wir schauen in die Vergangenheit; sie ist aber bereits so versteinert, wie die Ruinen von Pompeji mit Asche bedeckt sind; deswegen sind auch die kausalen Verbindungen in der Vergangenheit versteinert, sie sind gebunden, beschrieben und sogar erforscht von den Historikern, die der Meinung sind, daß diese Verbindungen kausal gewesen sind.

Und jetzt werde ich vom Thema abweichen und über Pompeji erzählen. An einem der wenigen freien Tage fuhr ein Teil der Teilnehmer der Capri-Schule, an der ich mich beteiligte, im Dezember 1989 nach Pompeji. Vor Sonnenaufgang war es neblig; im Osten brachen hinter dem Vesuv die ersten Sonnenstrahlen hervor. Ein Dampfer bringt uns nach Sorrent, von dort aus geht es weiter mit dem Zug. Links liegt das Meer, rechts – kalkhaltige Felsen wie auf der Krim, in deren Spalten die Kräfte zu Stein wurden, die die Erdkruste zermalmt haben. Der Zug taucht in die Tiefe der Tunnel ein und bereitet sich darauf vor, den Hades zu sehen. Der Weg von Sorrent nach Pompeji verläuft, wie es scheint, zur Hälfte in der Finsternis der Berge. Wahrscheinlich sind die Gedanken über Hölle und Unterwelt hier, in der Nähe der Vulkane, entstanden.

Pompeji. Eine durch Asche verschüttete Stadt. Die Stadt, die in wenigen Augenblicken mit all' ihren Bewohnern untergegangen ist, so daß wahrscheinlich keiner überleben konnte. Die glühende Wolke von Giftgasen rollte den Abhang herunter und tötete alles Lebende, und eine Wolke von Asche, die vom Wind getragen wurde, verschüttete die Stadt. Der Vesus befindet sich genügend weit entfernt, so daß die Steine nicht auf die Stadt gefallen sind. (Ich habe die vulkanischen Bomben erlebt beim Ausbruch des Vulkans Tolbamak auf der Halbinsel Kamčatka und weiß, wie so etwas geschieht.) Feine Asche, die in der glühenden Luft hing. Dieses Bild der niederfallenden und alles bedekkenden Asche brachte mich zu meinen Gedanken über Dante, die Vergangenheit, die Zukunft und die Zeit zurück.

Die Vergangenheit. Sie wird in der Retrospektive erforscht - teleologisch, als ob man dabei zum Ziel hätte, unsere Gegenwart vorauszusagen. Deswegen erweist sich das Vergangene nicht als das Wahrscheinliche, das Platz für den freien Willen läßt, was gerecht aus der Sicht desjenigen ist, der in die Zukunft schaut, sondern als streng determiniert durch das Gegenwärtige. Man kann sich soweit versteigen, daß wir uns versammelt haben, weil ich hierher mit der Metro gekommen bin, und davor war ich in einem Haus, und Sie haben gestern gefrühstückt. Und das kann man logisch beweisen. Nicht sehr gut, aber logisch. Bei der Erforschung der Vergangenheit bewegen wir uns von dem instabilen Augenblick in die Vergangenheit, in die der Zeit entgegengesetzte Richtung - von der Folge zum Grund.

Aber die Vergangenheit wurde bereits mit der Asche des Vesuv zugeschüttet und ist versteinert. Die kausalen Verbindungen sind versteinert, und es ist jetzt unklar, wo die Gründe, wo die Folgen und wo das Ziel der Prozesse, der Handlungen und der Taten liegen. Die Methode der Erforschung der Vergangenheit aus der Gegenwart ist im Prinzip entweder fehlerhaft als solche (denn man geht dabei von den späteren Folgen zu den früheren Gründen), oder sie beschreibt die Erscheinungen außerhalb des Ursache-Wirkung-Zusammenhangs. In der Momentaufnahme gibt es keinen Grund und anschließende Folgen, genauso wie es sie auch in den ausgegrabenen Ereignissen von Pompeji nicht gibt, wo alle plötzlich gestorben sind. Jemand ist auf die Steine des Weges gefallen, eine Frau lief mit dem Krug, und sie wurde auf ewig verdammt, ihn in der Hand zu halten, die Liebenden haben einander umarmt und sind für immer zusammen geblieben, und diejenigen, die es vielleicht vor dem Tod geschafft haben zu denken, zogen sich zusammen wie im Mutterleib, die Mutter in Gedanken zu Hilfe rufend: Sie wurden alle gleichermaßen von Asche zugeschüttet, das Fleisch ist verwest, und im Gestein sind nur die leeren Höhlen geblieben, sie wurden mit Gips ausgegossen und alle betrachten mit Neugier die Gipsabgüsse des Todes ... Als ich in Algerien arbeitete, habe ich schon die gradlinige Planung der römischen Städte gesehen (die alten Streets und Avenues), die Fresken waren mir den Alben nach vertraut - das alles war bereits bekannte Realisierung - aber die blitzschnell versteinerte Zeit, der erstarrte Tod ...

Wenn wir in die Vergangenheit schauen, sind wir einem die Stadt Pompeji ausgrabenden Archäologen ähnlich: Wir sehen dies einfach versteinert, ewig unveränderbar, in der Vergangenheit kann man nichts mehr verändern, und die Gegenwart muß man so annehmen, wie sie die bereits schon überirdische, versteinerte Vergangenheit von Pompeji gestaltete. Wir aber bleiben auf der Oberfläche, und unter unseren Füßen liegt die Vergangenheit, die sich an den noch nicht zugeschütteten Spitzen der hohen Häuser und an den Baumzweigen erkennen läßt. Die Asche kommt von oben und sammelt sich unter den Füßen, und wir bewegen uns auf dieser glühenden Asche und versuchen, den fallenden Steinen auszuweichen. Jetzt kann man noch etwas unternehmen, irgendwohin weglaufen und durch diese eilige Bewegung die Zukunft vorherbestimmen. Morgen aber wird die heutige Oberfläche schon versteinert sein, und das, was danach eintritt, ist leider nicht leicht vorauszusagen.

Und dennoch, ohne aus den Fehlern zu lernen, ohne die tragischen Erfahrungen der verantwortungslosen optimistischen (und aus diesem Grund zerstörerischen) Voraussagen zu registrieren, sind die Wissenschaftler dabei, sich auf die verdrehten „wissenschaftlichen" Erfahrungen stützend, wissenschaftliche Prognosen zu erstellen. „Die einzige Lehre der Geschichte besteht darin, daß keiner daraus eine Lehre zieht, und keiner daraus etwas lernt!" Aber wenn man genau hinhorcht und hinschaut, dann bekommt man Angst, wie sich solche „Zukunftsprognosen" gegen uns wenden. Wir erforschen die Geschichte, indem wir uns in die Vergangenheit bewegen, d.h., grundsätzlich anders, als sich die kausalen Verbindungen im Leben gestalteten.

Und jetzt, nachdem wir die Vergangenheit erforscht haben, beginnen wir in selbstbewußter Anmaßung die Zukunft zu prognostizieren, wir stützen uns dennoch dabei auf die leider in der Zeit verdrehten kausalen Verbindungen, die von der Folge zum Grund erstellt wurden. Die Zukunft aber entwickelt sich vom Grund zur Folge, d.h., genau umgekehrt. Die optimistische Zukunftsprognose, gestützt auf den leuchtenden menschlichen Geist, ist charakteristisch für die Kultur der Renaissance, der Kultur, der auch wir angehören. V.I.Vernadskij (1863–1945) schrieb darüber folgendes: „Der Glaube an die Wissenschaft hat die Menschen der Renaissance ergriffen, und er erhielt Unterstützung bei den ersten Verfechtern des Sozialismus und Anarchismus, bei Saint-Simon und Godwin, großen und schöpferischen Denkern (das sind utopische Sozialisten, sie können sich wohl alle an die „drei Quellen, drei Bestandteile des Marxismus" erinnern). Die reale Bedeutung dieses Glaubens an die Wissenschaft wurde in der Mitte des 19.Jahrhunderts von solchen großen Gelehrten und Politikern wie Karl Marx und Friedrich Engels entwickelt". Somit sind dies utopische Ideen, die von William Godwin (1756–1836) kommen, und er war nicht nur Soziologe, er beschäftigte sich auch mit anthroposophischen Überlegungen, hier liegen also die Wurzeln. Das war die Versprechung einer lichten Zukunft, die sich eigentlich auf nichts gründete. Was machen denn nun die sogenannten Wissenschaftler: Sie sagen, das ist eine „wissenschaftliche Prognose"; warum eigentlich wissenschaftlich? Deshalb, weil sie von einem Menschen erstellt wird, der einen wissenschaftlichen Grad besitzt. Es gibt keine anderen Kriterien der Wissenschaftlichkeit: Wenn sie von einem Habilitierten gemacht wurde, dann ist sie richtig; an die Prognose eines Promovierten glauben wir nicht. Wir machen uns selbst eine Prognose und glauben daran, besonders wenn sie gut und günstig ausgefallen ist, und schon beginnen wir, die Erfüllung dieser Prognose mit allen Mitteln anzustreben. Das wurde sehr gut von Andrej Platonov (1899–1951) beschrieben: Seine Helden graben fürchterliche Baugruben in der vollen Überzeugung, daß es ihren Kindern deshalb später gut gehen wird. Und eben diese „lichte Zukunft", eine „unüberwindlich lichte Zukunft" gibt angeblich das Recht, weiß Gott welche Taten zu vollbringen. Das sind Verbrechen um der Zukunft willen. Dazu sind die Persönlichkeiten und Parteien, die Genossen und die Nationen und jeder beliebige bereit. Sie tun das im Namen der Zukunft, die leuchtet und erlaubt. Aber es gibt leider keine gute Zukunft. Es gibt sie überhaupt nicht. Wahrscheinlich schimmert diese Zukunft sehr rein und in ethischer Hinsicht in der Lehre V. I. Vernadskijs über die Noosphäre durch. Pierre Teilhard de Chardin machte eine gewisse Synthese aus dem Himmelreich auf Erden und aus irgendwas Naturphilosophischem – er entwickelte eine Lehre über die Noosphäre, über den „geistigen Mantel der Erde", wie er das nannte. Dieser Begriff gefällt den heutigen Spiritualisten besonders gut. Bei der Schaffung dieser Lehre stützte er sich auf Vernadskijs Lehre über die Biosphäre – über das Leben eines Planeten, das durch das Leben lebender Organismen kontrolliert wird. Das ist eine Lehre, in der *alles* durch Zahlen, Maße und Zeit errechnet wird – eine durchaus wissenschaftliche Lehre.

Aber bereits in den dreißiger Jahren begibt sich auch Vernadskij auf den Weg, nach dem Platz des Menschen auf der Erde zu suchen. Allerdings werden zu dieser Zeit von vielen vergleichbare Konstruktionen entwickelt. Der Geologe, Akademiemitglied A. P. Pavlov (1854–1929), sprach über die Technosphäre. Über die Tätigkeitssphäre des Menschen in der einen oder anderen Variante sprachen verschiedene Wissenschaftler. Aber auch Vernadskij bringt in seine Lehre von der Noosphäre ein prognostisches Element ein, und damit hebt er sie in wissenschaftlicher Hinsicht auf. Er behauptet, die Noosphäre sei eine Biosphäre, die vom aufgeklärten Geist eines humanen Menschen, einer gelehrten Menschheit kontrolliert wird. Er stellt die Wissenschaftler an die Spitze der Zukunft und dann – so hofft er – wird die Noosphäre tatsächlich gut sein. Es ist vielleicht nicht zufällig, daß aus dem Nichtsein und dem Samizdat jetzt Daniil Andreevs (1907–1959) Werk „Die Rose der Welt" auftauchte. Dafür wird viel Reklame gemacht. In diesem Werk ist vom gemeinsamen europäischen Haus die Rede. Man hat lange Zeit diese „Rose" begraben gehalten und jetzt „duftet" sie für uns (Novyj mir, 12.1988). Jetzt hat man Vernadskijs Lehre über die Noosphäre irgendwie mit der Chruščevschen Versprechung verbunden, laut der, komme was da wolle, wir in zwanzig Jahren, d.h. also jetzt, Kommunismus haben werden. Diese Versprechung stürzt sich also jetzt auf uns. Aber in welcher Form? Ich bin weit davon entfernt, Sie dazu zu bringen, an der unbestrittenen wissenschaftlichen Autorität von Vernadskij zu zweifeln. Er ist ein großer Gelehrter, der sich in unserer Wissenschaft mit Lomonosov und Mendeleev vergleichen läßt. Aber dennoch wird durch das Element der Prognose der Wert der Lehre über die Noosphäre zerstört, indem sie das falsche Ziel angibt und den falschen Weg weist. Denn es gibt ja keine Noosphäre. Mehr noch. Lev Nikolaevič Gumilev sagte einmal, als er diese Frage behandelte: „Was für Noosphäre? Es steht uns die Nekrosphäre, die Sphäre des Todes bevor!"

Ein anderes Beispiel: Nikolaj Fedorovič Fedorov (1828–1903) versprach, mit Hilfe einiger physikalisch-chemischer Operationen alle Menschen wiederaufzuerwecken, mit all' ihren Plus und Minus, mit all' ihren Sünden und Krankheiten. Aber seine Popularisatoren verschweigen, daß Fedorov sagte, das Leben werde mit Hilfe einiger magischer Handlungen in die Menschen „eingehaucht". Das ist ja bei weitem keine wissenschaftliche und bestimmt eine antichristliche Idee. Und wohin seine Lehre offensichtlich und sachlich führte, ist allen bekannt: Der Revolutionär Krasin, ein Anhänger Fedorovs, war einer der Vorsitzenden der Beerdigungskommission von Lenin, und in der Hoffnung, daß nach Fedorov auch Lenin irgendwann wiederauferweckt wird, wurde auf dem Roten Platz ein Denkmal dieser schauderhaften Versprechung (oder Bedrohung?) aufgestellt, daß alle Menschen so auferweckt werden, wie sie sind, höchstens etwas korrigiert. „Sie sind ja zu allem fähig," sagte im Zusammenhang mit der Auferweckung Lenins einer der Helden von Platonov. Und hinterher, weil es auf der Erde viel zu eng sein wird, werden sie den einen auf den Mond, den anderen auf den Mars oder den Jupiter schicken. Und was passiert nun, wenn der eine oder andere nicht zum Mond will, denn es ist ja dort kühl, dort gibt es keine Luft und kleine Blumen? ... Die Popularität von Fedorov wartet immer noch darauf, entlarvt zu werden. Er wird sehr von den Astronauten geliebt; man hat ihnen suggeriert, daß K.Ė.Ciolkovskij (1857–1935) ein Schüler Fedorovs war. (Das stimmt nicht: M.Hagemeister fand bei K.Ė.Ciolkovskij Bemerkungen darüber, daß er Fedorov bereits als reifer Denker gelesen hat.) Außerdem spricht Fedorov „etwas" über den Kosmos. Aber im Prinzip ist es unehrenhaft, etwas als eine Lehre auszugeben, was einem Toten gestohlen wurde: Denn er hat ja hinterlassen, das von ihm Geschriebene zu verbrennen und nicht zu verbreiten. Aber die Sitzungen über Fedorov enden wie die Sabbats: Eine heftige Diskussion bricht aus: Schon gut, Puškin werden wir auferwecken, aber was machen wir mit Hitler?... Und alles geschieht ganz ernst. Und es wird bewiesen, daß man auch ihn auferwecken darf.

Mit anderen Worten, eine wissenschaftliche Zukunftsprognose ist unmöglich. Und wenn die Wissenschaftler sagen, „aufgrund wissenschaftlicher Erkenntnisse", so ist dies alles keine Wahrheit, Freunde. Ich habe mich mit der Prognose von Erdbeben beschäftigt, und einmal habe ich, zur Entrüstung meiner Freunde, ein Referat darüber gehalten, daß es im Prinzip unmöglich ist, Erdbeben vorauszusagen. Das ist schädlich, denn Menschen entspannen sich. Man muß sich nicht auf „wissenschaftliche Prognosen" stützen, die auf der „Vergangenheitsanalyse" beruhen, die auch trügerisch sein können, sondern darauf, wie diese Zukunft in der Schrift beschrieben wurde: Die Zukunft, die unerklärlich, unlogisch und dennoch gegeben ist. Und ob Sie sie annehmen oder nicht, das ist Ihre Sache, aber es ist das Schicksal. Wenn man über das Weltende spricht, stellt man sich die Frage nach der Möglichkeit, seinen genauen Zeitpunkt vorauszusagen. Das ist unmöglich, aber vieles wurde in der Hl. Schrift, in der alles richtig und uns zur Erbauung und Festigung gegeben wurde, gesagt.

Ich möchte mich dem Buch Jona zuwenden. Nachdem der Prophet Jona aus dem Bauch des Fisches ans Land gespeit geworden war, wurde er nach dem Wort des Herrn nach Ninive geschickt, wo er predigte und sagte: „Noch vierzig Tage, und Ninive ist zerstört!" (Jona 3,4), - d.h., er machte eine seismologische Prognose. Aber hier ist etwas Ungewöhnliches passiert: „Und die Leute von Ninive glaubten Gott. Sie riefen ein Fasten aus, und alle, groß und klein, zogen Bußgewänder an." (Jona 3,6). Denn sie hofften, „vielleicht reut es Gott wieder und er läßt ab von seinem glühenden Zorn, so daß wir nicht zugrunde gehen". „Und Gott sah ihr Verhalten; er sah, daß sie umkehrten und sich von ihren bösen Taten abwandten. Da reute Gott das Unheil, das er ihnen angedroht hatte, und er führte die Drohung nicht aus" (Jona 3,9-10). Alles scheint gut gelaufen zu sein, aber wie steht der da, der die von Gott versprochene Prognose machte! Für ihn war sein wissenschaftlicher Ruf mehr wert als das Leben der Bewohner von Ninive. Hier, lesen Sie: „Das mißfiel Jona ganz und gar, und er wurde zornig. ‚Darum nimm mir jetzt lieber das Leben, Herr! Denn es ist für mich besser zu sterben als zu leben.' Da erwiderte der Herr: ‚Ist es recht von dir, zornig zu sein?' Da verließ Jona die Stadt und setzte sich östlich vor der Stadt nieder. Er machte sich dort ein Laubdach und setzte sich in seinen Schatten, um abzuwarten, was mit der Stadt geschah" (Jona 4,1–5). Ich kann mich gut an das Gesicht eines anderen Seismologen aus Dušanbe erinnern, dessen Prognose für August 1988 sich nicht erfüllte. Wir haben uns sogar über ihn lustig gemacht. Aber das Erdbeben ereignete sich dennoch: Im Dezember passierte das Unglück im Gissartal, ein Dorf wurde verschüttet, Menschen kamen ums Leben. Ich erinnere mich auch an einen anderen Kollegen, an den Rumänen Bîştu. Er kam im Pamirgebirge ins Reden, wo im Jahr 194.. während eines Erdbebens ein See von den Bergen herunterfiel und im Laufe von nur zwei Minuten das ganze Bezirkszentrum Chait weggeschwemmt wurde. Er hat zusammen mit seinen Kollegen ein Erdbeben in Rumänien vorausgesagt – können Sie sich erinnern, damals bebte es auch in Moskau. Als das Erdbeben begann, erzählte er, nahm ich meine Frau an der Hand und setzte mich mit ihr auf das Sofa, damit wir im letzten Augenblick zusammen sind. Aber Gott war barmherzig, das Haus war erhalten geblieben ... Und sein Freund, der auch das Erdbeben vorhergesagt hat, war spurlos verschwunden.

Aber in dem dank der Bibel unvergessenen Dialog hat Gott die Stadt Ninive nicht zerstört. „Mir aber sollte es nicht leid sein um Ninive, die große Stadt, in der mehr als hundertzwanzigtausend Menschen leben, die nicht einmal links und rechts unterscheiden können – und außerdem so viel Vieh?" (Jona 4,11). D.h., die Hoffnung auf die Barmherzigkeit Gottes kann als einziges das Unglück verhindern. Hier ein anderes Beispiel, aber mit schrecklichen Folgen: Sie können sich erinnern, daß Vazgen, der Katholikos aller Armenier, die Gläubigen ermahnt hat, ihre Bruderfehde zu unterbrechen, sonst werde er sein Schicksal verfluchen und seinen Mund versiegeln. Anscheinend war der Mensch nicht charakterstark genug, und er hat sein Versprechen nicht gehalten. Aber die Erde hat ihr Versprechen gehalten: Es bebte in Leninakan und Spitak. Ist etwa nicht klar, daß dies kein Zufall war? Es gibt die Worte des Katholikos', und es gibt die Unordnung.

Das Erdbeben ist wahrscheinlich die geeignete Methode, die Menschen zu ermahnen. Ob sie immer verstanden wird? Es ist bekannt, daß ein Erdbeben die Russische Orthodoxe Kirche im Jahre 1927 vor einer ungläubigen Synode bewahrte, als die Reformer der kirchlichen Ordnung und sogar des Gottesdienstes, Vertreter der „lebendigen Kirche", oder genauer gesagt, die „roten Popen" nach Jerusalem kommen wollten, um dort ihre Synode abzuhalten. Ein Erdbeben verhinderte diese Reise. Als ich diese Zeilen schrieb, wurden die sozialen und nationalen Unruhen auch von Erdbeben begleitet: Am 14. Januar 1990 ereignete sich ein Erdbeben in Volgograd, und am 23. mußte das Gebietskomitee unter dem Druck der Massen abtreten. Am 5. Februar war ein Erdbeben in Tadžikistan und am 15. brannten Geschäfte in Dušanbe. Es scheint ein Zufall zu sein ... War das nur so? Wenn wir deshalb über das Weltende sprechen, müssen wir auf uns selbst hoffen, aber nicht auf die eigene Kraft, sondern auf unsere guten Taten und auf den Beistand der Gerechten für uns. Nur dann können sowohl die prognostizierten Erdbeben als auch wirtschaftliche und politische Unglücksfälle an uns vorbeigehen. Rational kann man nur etwas Böses vorhersagen, aber in diesem Fall ist ja normalerweise sowieso alles klar. Eine gute Zukunft ist aber das Ergebnis eines gerechten Lebens.

Indem wir uns an die Hl. Schrift wenden, glauben wir, daß Menschen in der Lage sind, nach der Barmherzigkeit und nach dem Wort Gottes Unglücksfälle zu vermeiden, die unüberwindbar erscheinen.

Andronik Trubačev, Zagorsk

Priester Pavel Florenskij im Dienst der Kirche

Informationen zur Biographie

Der Priester Pavel Aleksandrovič *Florenskij* wurde am 9. Januar 1882 geboren. Väterlicherseits stammten die Florenskijs aus dem Weltklerus der Eparchie (Diözese) Kostroma; die genealogische Reihenfolge seiner Familie sieht folgendermaßen aus:

Jahr	Name	geistl. Stand
Ende 17./Anfang 18. Jh.	Ioann	Diakon
1732–ca. 1794	Afanasij Ivanov	Diakon
* 1757	Matvej Afanas'ev	Psalmist
1786–ca. 1826/29	Andrej Matveev	
1815–11.11.1866	Ivan Andreevič *Florenskij*	–
1850–1908	Aleksandr Ivanovič *Florenskij*	–
1882–1937	Pavel Aleksandrovič *Florenskij*	Priester

Florenskijs Großvater Ivan Andreevič Florenskij besuchte die Geistliche Schule Luch (Kleinstadt im Gouv. Kostroma, AdÜ) und absolvierte anschließend das Priesterseminar Kostroma. 1910 schrieb P. A. Florenskij hierzu:

„Wie mir eine Staricin (charismatische Altnonne, AdÜ) erzählte, hat mein Großvater das Priesterseminar mit Auszeichnung absolviert und wurde zum Weiterstudium an die Geistliche Akademie verwiesen; da beschloß er auf einmal aus leidenschaftlicher Liebe zur Wissenschaft, sich an der Akademie für Militär-Medizin zu immatrikulieren. Metropolit Filaret von Moskau soll persönlich versucht haben, ihn zum Bleiben zu überreden und ihm geweissagt haben, er würde, falls er die Mönchslaufbahn einschlagen sollte, mit Sicherheit Metropolit werden können. Dennoch entschied sich mein Großvater für seinen eigenen Weg, der ihm bittere Armut und den Bruch mit seinem Vater einbrachte. Zuweilen kommt mir der Gedanke, daß in dieser Absage an die priesterliche Familientradition um der Wissenschaft willen ein grundlegender Fehler bzw. Makel unserer ganzen Sippe liegt, und solange wir nicht wieder zum Priestertum zurückkehren, wird Gott alles, selbst unsere besten Anstrengungen zunichte machen."

Florenskijs Vater Aleksandr Ivanovič war Stellvertretender Leiter der Abteilung für Verkehrswesen im Kaukasus. Seine Mutter Ol'ga Pavlovna Saparova entstammte einem alten armenischen Adelsgeschlecht aus Berg-Karabach. Unterschiede in der Konfession sowie die in der Familie herrschende allgemeine Atmosphäre eines humanistischen Positivismus führten dazu, daß P. A. Florenskij zuhause weder eine religiöse Erziehung noch eine kirchlich orientierte Unterweisung erhielt. Er selbst erinnert sich:

> „Meine Erziehung klammerte alle religiösen Vorstellungen völlig aus; diese Isolierung ging soweit, daß ich die Religion als etwas auffaßte, das mir vollkommen fremd war. Infolgedessen stieß der Religionsunterricht am Gymnasium bei mir nur auf Hohn und Feindseligkeit ... In meinem Stundenplan, den ich mir an die Wand gehängt hatte, malte ich um die Religionsstunden bzw. um die Zeiten des obligatorischen Schulgottesdienstbesuchs einen Trauerrahmen, um damit zum Ausdruck zu bringen, daß diese Zeit für mich hoffnungslos verloren war."

Infolge mehrerer religiöser Erfahrungen fand Florenskij im Sommer 1899 den Glauben an Gott. Diese Erlebnisse, die er als Gottes Rufen versteht, schildert er ausführlich in seinen „Erinnerungen": das Gefühl einer düsteren Finsternis bzw. einer finsteren Macht, die Suche nach dem heilsbringenden Gott; die Stimme eines himmlischen Boten, die ihn beim Namen anrief – „Pavel! Pavel!"; der Zusammenbruch seiner wissenschaftlich-positivistischen Weltanschauung. Es war ein selbständiges Finden seines persönlichen Glaubens an Gott als an die Absolute Wahrheit, auf der von da an sein ganzes Leben aufbaute.

Nachdem er die Moskauer Universität/Abteilung für Physik und Mathematik absolviert hatte (1904), machte Florenskij die Bekanntschaft des Bischofs Antonij Florensov, der im Donskoj Kloster im Ruhestand lebte und hier als Starec (charismatischer Altmönch) wirkte. Mit jugendlichem Enthusiasmus bat ihn Florenskij um seinen Segen, um in den Mönchsstand einzutreten, doch der erfahrene Bischof und Altmönch riet ihm, erst einmal ein Studium an der Moskauer Geistlichen Akademie aufzunehmen. Während dieser Zeit (1904–1908) sucht Florenskij vor allem nach Erfahrungen im Bereich der Spiritualität, und zwar weniger im Bereich des Abstrakt-Philosophischen als im Alltäglich-Lebensnahen. Hier unterstellt sich Florenskij der geistigen Anleitung durch den Mönchspriester Isidor aus dem Gethsemane-Einödkloster, einem geistigen Vater des Starcen Varnava (Barnabas). In pastoraler Hinsicht gab es gewiß Unterschiede zwischen der seelsorgerischen Führung des Bischofs Antonij bzw. der Seelsorge des Mönchspriesters Isidor, doch gerade die Art, wie sie sich gegenseitig ergänzten, trug ganz wesentlich zur Verkirchlichung Florenskijs bei. Der Bischof war ein ausgesprochen gebildeter Kirchenfürst; er war ein hervorragender Kenner der weltlichen, vor allem der antiken Kultur und der verschiedenen Zweige der Wissenschaft; er hielt es für sein Anliegen, sachkundige Apologeten auszubilden, die in der säkularisierten Gesellschaft als Missionare wirken könnten. Dagegen war der Mönchspriester Isidor ein nur wenig gebildeter Mann aus dem Volk (er stammte aus einer Familie leibeigener Bauern), für den eine ausgesprochene Fähigkeit zur Toleranz und Liebe kennzeichnend war. Er besaß die Gabe, Ansätze des naturgegebenen Guten sogar in einem nichtkirchlichen Milieu ausfindig zu machen. Allerdings gab es auch Züge, die beiden Starcen zueigen waren und ihre gemeinsame Führung möglich machten: eine tief verwurzelte verkirchlichte Frömmigkeit, ihre reiche spirituelle Erfahrung und überlegte Reife und Einsicht sowie Ansätze zu einer Narrheit in Christus.

Während seiner Studienjahre hatte Florenskij auch Begegnungen mit dem Mönchspriester Anatolij Potapov/Kloster Optina Pustyń (1905), mit dem Schema-Hegumen(-Abt) German sowie mit anderen Starcen des Klosters Zosimova Pustyń.

Als Folge des spirituellen Wachstums reifte sein Beschluß, die Priesterwürde anzunehmen: Am 23. April 1911 weihte der Rektor der Moskauer Geistlichen Akademie, Bischof Feodor, seinen Zögling P. A. Florenskij zum Diakon, und am Tag darauf bereits zum Priester. Vater Pavel kam an die Mariä-Verkündigungs-Kirche in Blagoveščenskoe (2,5 km nordwestlich vom Sergius-Kloster). Vom Kreuzerhöhungsfest 1912 bis zum 4./17. Mai 1921 diente Vater Pavel an der Maria-Magdalenen-Hauskapelle von den Krankenschwestern des Roten Kreuzes in Sergiev Posad (heute Zagorsk, AdÜ) unterhaltenen Waisenhauses. Zeitgenossen waren von der Tiefe der priesterlichen Gabe Florenskijs überwältigt:

> „Alles, was über die außerordentliche wissenschaftliche Begabung Florenskijs gesagt werden kann, über seine Eigenständigkeit, in deren Folge er stets zu allen Problemen seinen eigenen Standpunkt vertrat, der für die Gesprächspartner als ein förmliches Wort der Offenbarung erschien, – all' das bleibt dennoch zweitrangig und irrelevant, wenn man das Wichtigste an ihm nicht kennt. Denn der spirituelle geistige Mittelpunkt seiner Persönlichkeit, jene Sonne, von der alle seine Begabungen erleuchtet wurden, war und blieb sein Priesteramt." (Erzpriester Sergij Bulgakov)

Vater Pavel empfand das Priesteramt als eine Gnadengabe, die ihn mit österlicher Freude und Friedfertigkeit erfüllte; auch empfand er es als eine Rückkehr zu seinen Ahnen, zur Familientradition des kirchlichen Dienstes.

In den ersten Jahren seines Priestertums suchte Vater Pavel die aktive

Gemeindearbeit: Entgegen dem Rat seines geistlichen Vaters geht er in eine ländliche Dorfgemeinde. 1915 reist er als Militärgeistlicher eines Sanitätszuges an die Front. Allmählich fügte sich jedoch Vater Pavel dem Willen seines Beichtvaters, des Bischofs Antonij, der die Meinung vertrat, seine priesterliche Hauptberufung liege nicht im Gemeindepriestertum, sondern im apologetischen Lehren.

Florenskijs Kandidaten-Dissertation (Doktorarbeit, AdÜ) „Über die religiöse Wahrheit" (1908), die er später (1912) zur Magister-Dissertation bzw. zu seinem Hauptwerk „Pfeiler und Grundfeste der Wahrheit" (1914) ausbaute, behandelte die Wege, die einen Außenstehenden in die Orthodoxie einführen können. „Eine lebendige Religionserfahrung als einzig-gesetzliche Art, die Kirchenlehren kennenzulernen" - so äußerte sich Vater Pavel selbst über den Hauptgedanken dieses auf schweren persönlichen Erlebnissen aufbauenden Buches. „Verkirchlichung - so heißt jener stille Hafen, wo die Sorge des Herzens und die Ansprüche der Vernunft befriedet werden und wo eine große Ruhe in den menschlichen Verstand Einzug hält."

Aufgrund seiner hervorragenden Dissertation und des am 19. Mai 1914 abgelegten Magisterexamens wurde dem Priester Pavel Florenskij der wissenschaftliche Grad eines Magisters der Theologie sowie eines Professors (Extraordinarius) verliehen. Für seine Magisterarbeit „Über die geistliche Wahrheit" wurde Vater Pavel mit dem ‚Metropolit-Filaret-von-Moskau-Preis' und dem ‚Metropolit-Makarij-von-Moskau-Preis' ausgezeichnet. 1908 nahm Florenskij seine Lehrtätigkeit an der Moskauer Geistlichen Akademie, Lehrstuhl für Geschichte der Philosophie, auf. Die Spannweite seiner Vorlesungen war weit: Plato und Kant, jüdisches und abendländisches Gedankengut, Okkultismus und Christentum, religiöser Kultus und Kultur, u. a. m.

Den Grundgedanken, der sich als roter Faden durch alle seine Lehrveranstaltungen hindurchzog, faßt Florenskij selbst mit folgenden Worten zusammen: „Die Philosophie eines jeden Volkes stellt bis zu ihrem tiefsten Wesen ein Offenlegen des Volksglaubens dar; aus diesem Glauben erwächst sie und zu eben diesem Glauben strebt sie hin. Wenn es eine russische Philosophie geben kann - so doch nur als eine Philosophie des Orthodoxen Glaubens ..." (1912); „Die Philosophie ist nicht an und für sich hoch und wertvoll, sondern nur in ihrer Eigenschaft als ein Fingerzeig auf Christus hin mit der Zielsetzung eines Lebens in Christus" (1914); „Die Heiligen sind die Achse des kirchlichen Lebens, sie sind Träger des kirchlichen Bewußtseins, sie stellen die reife Frucht eines Lebens innerhalb der Kirche dar" (1915). Es ist ganz offenkundig, daß diese Grundgedanken Florenskijs die tiefe Verwurzelung seines Lebenswerks im Kirchenleben manifestieren. Dies belegt auch das Arbeitsprogramm der Akademie-Fachzeitschrift „Bogoslovskij Věstnik" („Theologischer Bote"), deren Redakteur von 1912 bis 1917 Vater Pavel war:

> „Der ‚Theologische Bote' ist die Fachzeitschrift unserer höchsten kirchlichen Lehranstalt. Schon dadurch ist sie dazu berufen, unter Zuhilfenahme der Methoden bzw. der Arbeitsinstrumente der Wissenschaft zielstrebig den Interessen der Heiligen Kirche zu dienen. Die unvergänglichen Schätze aus der Schatzkammer der Wahrheit aufzudecken und im modernen Bewußtsein Verständnis dafür zu wecken, die ewig-unvergängliche Bedeutung der kirchlichen Frömmigkeit zu erläutern und darauf hinzuweisen, daß sie nicht nur ein momentanes Geschichtsfaktum ist, sondern eine ‚conditio sine qua non' für das Ewige Leben darstellt – dies alles ist die direkte, positive Aufgabe eines solchen Dienens an der Kirche."

Wenn man von konkreten Forschungsergebnissen Florenskijs im Bereich der Geschichte der Philosophie bzw. der Religion spricht, so muß man zugeben, daß sein eigenständiges und originelles Schaffen nicht frei von Widersprüchen ist: Es trägt gleichzeitig die Zeichen seiner Zeit und eine Jahrzehnte umspannende Zukunftsorientierung in sich. Die Werke Florenskijs demonstrieren seinen eigenen geistigen Werdegang; daher erhob er nie Anspruch auf Vollendung seiner Gedankengänge oder auf öffentliche Anerkennung, setzte er doch immer ein Besprechen, eine Fortentwicklung, eine Korrektur oder Richtigstellung voraus.

Die kirchlichen Obrigkeiten wußten Florenskijs Wirken als Wissenschaftler und Pädagoge hoch einzuschätzen. Am 9./22. März 1918 lud man ihn zur Mitarbeit an der Konzils-Arbeitsgruppe „Seelsorgerschulen als Bestandteil der Geistlichen Lehranstalten" ein.

Die Vorstellung, Vater Pavel Florenskij hätte sich nach der Oktoberrevolution vom Kirchendienst zurückgezogen, ist völlig falsch. Nach der 1919 erfolgten Schließung der Moskauer Geistlichen Akademie in Sergiev Posad existierte die Akademie inoffiziell in Moskau weiter, zunächst im Danilov-Kloster, später im Petrov-Kloster bzw. in Privatwohnungen. In diesem Zusammenhang sei der Auszug eines Briefes angeführt, den Bischof Feodor Anfang September 1918 an den Priester Pavel Florenskij richtete:

> „Lieber Vater Pavel!
> Ich schreibe Ihnen vorerst inoffiziell, bitte aber jetzt schon um eine feste Zusage. Der Gedanke, eine Theologische Hochschule mit der besonderen Zielsetzung „Studium der Theologie nach streng kirchlichem patristischem Prinzip mit praxisorientierter Seelsorgerausbildung" einzurichten, hat das Wohlwollen und den Segen des Heiligsten Patriarchen gefunden, obgleich seitens der Professoren aller möglicher Widerstand besteht ... Wären Sie bereit, Philosophievorlesungen zu übernehmen, vorerst drei Stunden bei einer Be-

zahlung von 300 Rubeln monatlich? Vielleicht würden Sie ein anderes Fach vorziehen, so beispielsweise Hagiologie oder Systematische Theologie! ..."

In seinem Antwortbrief schrieb Vater Pavel am 22. September 1918:

„Hochverehrter und lieber Vladyka!
Selbstverständlich bin bereit, mit Ihnen jederzeit und auf jedem Gebiet zusammenzuarbeiten, so daß es eigentlich unnötig war, nach meinem grundsätzlichen Einverständnis zu fragen. Schwierigkeiten könnten nur technischer Natur sein, etwa, daß die Straßenbahn zu Ihnen ins Danilov-Kloster ausfallen würde oder derartiges mehr. Ich würde mich aber aufrichtig bemühen, auch derartige Hindernisse, sollten sie aufkommen, zu überwinden ..."

Uns liegt ein ganzer Vorlesungszyklus Florenskijs aus dem Jahr 1921 vor. Am 8. September 1924 reichte der Priester Pavel Florenskij jedoch an Seine Heiligkeit, Patriarch Tichon, ein Gesuch ein, in dem er um Entbindung von seinen Verpflichtungen als führendes Mitglied des Lehrkörpers der Moskauer Geistlichen Akademie bat. Die formellen Gründe für dieses Gesuch lagen in seinen Auseinandersetzungen mit dem Akademierektor Erzpriester Vladimir Strachov, der, wie Florenskij schrieb, „nur um des lieben Friedens willen halbherzig akzeptiert wird, in Wahrheit jedoch nach der Vertreibung des Hochgeweihten Bischofs Feodor eigentlich für eine gerichtliche Untersuchung reif wäre." Der wahre Grund für den Entlassungswunsch bestand vermutlich in dem Umstand, daß für Florenskij, der zu den Anhängern des Bischofs Feodor und der von ihm vertretenen Ansichten gehörte, es immer schwieriger wurde, inmitten der liberal-„erneuererhaft" eingestellten Kollegen zurechtzukommen.

Es scheint jedoch, daß dem Gesuch Florenskijs nicht stattgegeben wurde, da er auch noch in den Jahren 1925 und 1926 als Referent die von den Studenten der Geistlichen Akademie eingereichten Dissertationen rezensiert. Der Umstand, daß es für Vater Pavel selbst noch 1924 ohne Segen des Patriarchen Tichon undenkbar war, seinen Unterricht in der Geistlichen Akademie aufzugeben (obgleich die Akademie offiziell ja nicht mehr existierte und Florenskij selbst gleichzeitig in weltlichen Behörden sein Brot verdiente), spricht für sein hohes Maß an kirchlichem Verantwortungsbewußtsein bzw. an kanonischer Disziplin. Zu seinen obigen Aktivitäten kommt hinzu, daß Florenskij ab 1918 mit dem Segen des Bischofs Feodor in verschiedenen Gesellschaften und Vereinen in Fortführung seiner Akademie-Vorlesungen auch weitere zusätzl. religiös-philosophische Vortragsreihen hielt.

Nach der 1921 erfolgten Schließung seiner zum Dreifaltigkeits-Sergius-Kloster gehörenden Dorfkirche hatte Vater Pavel keine feste Gemeinde mehr. Immerhin wurde er zu Gottesdiensten in andere Kirchen der Klosterstadt Sergiev Posad (heute Zagorsk), so beispielsweise in die dortige Paraskeva-Pjatnica-Kirche, sowie nach Moskau (Elias-„Obydennyj"-Kirche, Nikolaus-„na kur'ich nožkach"-Kirche, Donskoj und Danilov-Klöster) eingeladen. Bekannt sind seine Predigten und Vorträge in den Moskauer Kirchen der zwanziger Jahre. Vermutlich schon zu Anfang der zwanziger Jahre kommt es zu einer Annäherung zwischen ihm und dem Starcen-Erzpriester Aleksij Mečev. Zu den Gründen, weshalb Vater Pavel nach 1921 über keine eigene Gemeinde mehr verfügte, läßt sich folgendes sagen:

1. Von seinen Beichtvätern hatte er keinen Segen für einen Einsatz als Gemeindepfarrer erhalten;
2. Ein bedeutender Teil der Kirchen und der Geistlichkeit, angeführt vom Episkopat, war zu den „Erneuerern", deren Positionen und Zielsetzungen Florenskij schroff ablehnte, übergetreten. Gottes Heilsplan versetzte ihn jedoch in ganz besondere Verhältnisse, die sowohl eine verstärkte Selbstaufopferung als auch mehr Ungebundenheit in seiner äußeren Situation voraussetzten. Dieser Demutsdienst Florenskijs läßt sich als ein Missionsauftrag definieren, als ein Zeugnis für die Kirche und ein Kampf um ihre Interessen in einer Gesellschaft, die die Gottlosigkeit zu ihrer Zielsetzung erklärt hat.

An dieser Stelle wird es notwendig, die Einstellung Florenskijs zur Oktoberrevolution und zur Sovetmacht zu erläutern bzw. auf den Umstand seiner Arbeit in sovetischen Behörden einzugehen.

Für Vater Pavel Florenskij kam die Revolution nicht unerwartet. In seinen Werken schrieb er viel von der tiefen geistigen Krise der Gesellschaft, einer Krise, die letztlich unweigerlich zum Zusammenbruch der alten Grundlagen führen mußte. „Während jedoch das ganze Land von der Idee einer Revolution ergriffen schien und es auch in Kirchenkreisen zur Entstehung verschiedener ephemärer kirchenpolitischer Organisationen kam, stand Florenskij diesen Entwicklungen unbeteiligt gegenüber – sei es aufgrund seiner allgemeinen gleichmütigen Einstellung gegenüber allen irdischen Einrichtungen, sei es, weil die Stimme der Ewigkeit für ihn lauter erschallte als alles Rufen der vergänglichen Gegenwart ... Daher erschütterten ihn das postrevolutionäre veränderte Verhältnis zwischen Kirche und Staat keineswegs. In seinem Innern blieb er frei von einem Staat, von dem er weder vor noch nach der Revolution je etwas gewünscht hatte; jegliches Duckmäusertum, jedes Kriechertum blieb ihm völlig fremd. Ohne Angst, ins Paradoxe zu geraten, kann man mit Fug und Recht behaupten, daß unsere katastrophenreiche, dramatische Epoche an Vater Pavel vorüberzog, ohne je von seinem geistigen Auge rezipiert worden zu sein. Ihren äußeren revolutionären Elan scheint er garnicht bemerkt zu haben. Dieser Gleichmut äußerte sich bei ihm in seiner Loyalität, seinem „Untertansein jeder Obrigkeit" (Röm 13,1), in seiner „paradoxalen priesterlichen Unterwerfung unter die Knute" (Erzpriester Sergij Bulgakov). Es sei hinzugefügt, daß Florenskij stets auf den Unterschied zwischen Überzeugungen, die man bezüglich einer besseren staatlichen Ordnung haben kann, und dem Akzeptieren jener politischen Verhältnisse, unter denen man zu existieren hat, hinwies. Der Sturz der Autokratie war für Florenskij ein wesentlich bedeutenderes Ereignis von epochemachendem Katastrophencharakter als alle nachfolgenden Umstürze. Die geistigen Folgen der Februarrevolution schienen ihm wesentlich unheilvoller als jene der Oktoberrevolution. In seiner „Autobiographie" aus dem Jahre 1927 schrieb er am Vorabend seiner ersten Verbannung:

„Obgleich ich im Rahmen des persönlichen Mitleids selbstverständlich unweigerlich Mitgefühl habe für jene Menschen, die im Zusammenhang mit der Religion in schwierige Verhältnisse kommen, dennoch halte ich es historisch gesehen für die Religion von Vorteil, ja sogar von Notwendigkeit, eine Periode schwerer Prüfungen durchmachen zu müssen. Ich zweifle nicht daran, daß dieser Abschnitt nur zu einer Stärkung und einer Läuterung der Religion beitragen wird."

Diese Überzeugung, bekräftigt durch ein prinzipielles Sich-Nicht-Beteiligen am politischen Kampf, führte Florenskij zu einer ehrlich gemeinten Loyalität gegenüber dem Sovetstaat bei einer gleichzeitig ausgeprägten ideellen Opposition. Weiter führte er 1927 aus:

„Zu politischen Fragen habe ich so gut wie gar nichts zu sagen. Aufgrund meines Gemüts, der Art meiner Beschäftigungen und der aus der Geschichte gemachten Schlußfolgerung, derzufolge historische Ereignisse letztlich einen von den Beteiligten völlig unerwarteten Lauf zu nehmen pflegen und sich offenbar irgendwelchen bisher noch nicht erforschten Gesetzen der öffentlichgesellschaftlichen Dynamik unterwerfen, – habe ich die Politik stets gemieden und hielt es darüberhinaus für die Organisation der Gesellschaft für schädlich, wenn Vertreter der Wissenschaft, die eigentlich dazu berufen sind, unparteiische Experten zu sein, sich in politische Kämpfe einzumischen beginnen. Ich selbst war niemals in meinem Leben Mitglied irgendeiner politischen Partei."

Florenskij war selbstverständlich weit davon entfernt, so naiv zu sein, um nicht einzusehen, welche Schwierigkeiten auf ihn persönlich infolge des geschehenen gesellschaftlichen Umsturzes zukamen. Das Gegenteil war der Fall. Die Gestalt des bekannten Priesters, eines Professors der Moskauer Geistlichen Akademie und Redakteurs der größten theologischen Zeitschrift mußte natürlich in einer Gesellschaft, in der soeben die Trennung von Kirche und Staat proklamiert worden war, zu den unterschiedlichsten, darunter auch bösartigen Stellungnahmen führen. Weshalb emigrierte Florenskij nicht aus Rußland, so wie es ein bedeutender Teil der russischen Intellektuellen damals tat? Die beste Antwort dürfte darauf S. N. Bulgakov geliefert haben, der selbst die Bitterkeit des Verbanntseins vollends erfahren hat:

„Der im Kaukasus gebürtige Vater Pavel Florenskij entdeckte für sich sein Verheißenes Land im Dreifaltigkeits-Sergius-Kloster: Hier schloß er jeden Winkel, jede Pflanze ins Herz, den dortigen Sommer und Winter, den Frühling und den Herbst. Jenes Gefühl der Heimat, jenes Fühlen Rußlands, das so groß und mächtig in seinen Geschicken ist – ungeachtet aller seiner Sündenfälle –, und auch noch in den Prüfungen seines Auserwähltseins so gewaltig ist, dieses Gefühl, von dem auch Florenskij ergriffen war, kann ich nicht in Worte fassen. Und es war natürlich nicht von ungefähr, daß er eben nicht ins Ausland reiste, wo ihn mit Sicherheit eine glanzvolle wissenschaftliche Zukunft und vermutlich unübertroffener Weltruhm (der für ihn überhaupt nicht existent war – und wohl überhaupt nicht existiert) erwarten würde. Gewiß, er war sich darüber im Klaren, was ihn erwartete, er mußte es wissen, viel zu unerbittlich sprachen darüber die Geschicke seiner Heimat ... Das Leben stellte ihn gleichsam vor die Wahl zwischen Paris und dem Eismeer-Kloster und späteren Straflager Soloveckij. Er wählte die Heimat, auch wenn es die Soloveckij-Inseln waren, denn er wollte das Schicksal seines Volkes bis zuletzt teilen. Vater Pavel Florenskij war organisch, von seinem Inneren her außerstande, im Sinne eines willentlichen oder ungewollten Fernseins der Heimat ein Emigrant zu werden. Daher ist er selbst und sein Schicksal ein Beitrag zum Ruhm und zur Größe Rußlands, zugleich aber auch ein schmachvolles Verbrechen Rußlands."

Unter den russischen Geistlichen war Priester Pavel Florenskij einer der ersten, die unter Beibehaltung ihres Kirchendienstes dazu übergingen, als Angestellte in einer weltlichen sovetischen Behörde ein Arbeitsverhältnis einzugehen. Florenskij wurde dabei jedoch nie zu einem Verräter an seinen Überzeugungen bzw. an seiner priesterlichen Würde. 1920 notierte er als Belehrung für sich selbst:

„Bei seinen Überzeugungen darf man nie auch nur im Geringsten nachgeben. Denke stets daran: Ein einziges Nachgeben zieht ein zweites Nachgeben nach sich – und so geht es dann unendlich weiter."

Solange es nur irgendwie möglich war, d. h., bis zum Jahr 1929, trug Vater Florenskij bei seiner Arbeit als Angestellter stets sein Priestergewand und bezeugte damit in aller Öffentlichkeit seine Zugehörigkeit zum geistlichen Stand. Diese merkwürdige Kombination eines „gelehrten Pfaffen", der in einer sovetischen Behörde als Angestellter arbeitet, verdutzte seine Zeitgenossen ungemein (Spuren davon begegnen wir immer wieder in zeitgenössischen Erinnerungen, auch wenn sie teilweise nicht frei von Fehlern und zuweilen recht verworren sind).

Am 22. Oktober 1918 trat Vater Pavel Florenskij der „Kommission zum Schutz der Kunstdenkmäler und Antiquitäten des Dreifaltigkeits-Sergius-Klosters" bei. In dieser Kommission war er zwei Jahre lang als

Sekretär und Hüter des Kloster-Diakonikons (Gerätekammer/Thesaurarium) aktiv beschäftigt. Die Hauptgefahr lag damals darin, daß die verstaatlichten Klosterschätze vernichtet werden bzw. für die Kirche anderweitig unwiderruflich verlorengehen könnten. In diesem Zusammenhang schrieb Florenskij an Patriarch Tichon:

„Eure Heiligkeit, Gnädiger Oberhirte und Vater,
Da wir in die zum Schutz und zur Restaurierung des Dreifaltigkeits-Klosters gegründete Kommission berufen worden sind, bitten wir um den Segen Eurer Heiligkeit für dieses ausgesprochen verantwortungsvolle Werk, welches uns bevorsteht. Um überhaupt ein Anrecht auf dieses Ersuchen um Euren Segen haben zu dürfen, halten wir es für unsere Pflicht, Sie darüber zu informieren, wie wir die vom amtlichen Dekret veranlaßte Auslieferung von Silbergegenständen an den Staat verstehen: Seit dem 30. Oktober neuen Stils ist das Dreifaltigkeitskloster in die Zuständigkeit des Volksbildungskommissariats übergegangen. Folglich kann nicht davon die Rede sein, was dem Kloster und damit der Kirche weggenommen wird, – denn es *ist* ja schon *alles* weggenommen; es geht vielmehr darum, was mit Hilfe der einen oder anderen indirekten Begründung für die Kirche noch erhalten werden kann. Die Hauptaufgabe der Kommission besteht darin, zu verhindern, daß auch nur irgendetwas aus den Klosterwänden abhanden kommt; auch gilt es, nach Möglichkeit das Klosterleben in seinem Rhythmus aufrechtzuerhalten. Zu dieser grundlegenden Aufgabe gesellt sich eine zweite, die an und für sich von zweitrangiger Natur ist, aber dennoch zur Verwirklichung der ersteren beitragen kann: Es geht darum, die Restaurierungsarbeiten in die für die Kirche harmloseste Richtung laufen zu lassen."

Florenskij spielte auch eine wichtige Rolle bei der Aufbewahrung der Gebeine des Heiligen Sergius, als diese in die Zuständigkeit des Museums übergegangen waren. In diesen Jahren versucht Florenskij die Idee eines „Lebendigen Museums" zu verwirklichen, indem er sich für die Beibehaltung des Dreifaltigkeits- sowie des Optina-Pustyn'-Klosters als funktionierende monastische Gemeinschaften einsetzt. Freilich war der Versuch, die Klöster als lebendige Horte der geistigen Kultur zu bewahren und die damit verbundene Anerkennung der traditionsreichen Nachfolge, in der ihre gegenwärtigen Bewohner standen, beibehalten zu wollen, – unter den gegebenen Umständen der zwanziger, erst recht aber der folgenden Jahre von vornherein zum Scheitern verurteilt, doch war dies ein aufopferungsvolles Unterfangen, erfüllt von Liebe und Dankbarkeit zu den wahren Hütern unserer geistigen Kultur. Die Zeit bestätigt die Richtigkeit der Überlegungen bzw. der Anstrengungen Florenskijs.

In den Zwanziger Jahren schreibt Florenskij inmitten der auf gewaltsame Reliquien-Öffnung bzw. auf die Beschlagnahmung und Vernichtung von Ikonen gerichteten Kampagne seine Arbeit „Die Ikonostase". In ihr weist er auf den spirituellen Zusammenhang hin, der zwischen dem Heiligen und dessen Ikonenabbildung besteht, spricht von der ontologischen Höherwertigkeit der Ikone in bezug auf weltliche Malerei und verweist auf ihren Stellenwert in der allgemein-menschlichen Kultur. Wiederum als Antwort auf die zur gleichen Zeit in weitem Ausmaß stattfindende Umbenennung von Städten und Straßen bzw. einer massenhaft um sich greifenden Änderung von Personen- und Nachnamen, die letztlich zu einem Verlust des historischen bzw. religiösen Gedächtnisses beim Volk führen mußte, schreibt Florenskij den Artikel „Namen". In dieser Arbeit geht er auf den spirituellen Gehalt der Namensgebung als eine Offenlegung des Sinngehalts des betreffenden Gegenstandes bzw. Person ein und spricht von der Möglichkeit, bestimmte Typen und Gesetze der geistigen Realität zu erkennen. Am Beispiel der von Lev Trockij stammenden Instruktionen zur Umbenennung der Fabrikanlagen weist Florenskij den für die geistige Kultur zerstörerischen Charakter derartiger Aktionen nach.

In einer Reihe anderer Arbeiten aus den Zwanziger Jahren entwickelt Florenskij den Gedanken, daß die kultische Verehrung eines in seinen Aktionen und Rechten durch höhere, übermenschliche, geistig-religiöse Werte nicht gebundenen Menschen im kulturellen Bereich unweigerlich zu einer zerstörerischen Verwechslung von Gut und Böse führt, im Bereich der Kunst in den Kult des äußersten Individualismus ausartet, in der Wissenschaft in eine kultische Verehrung des vom Leben losgelösten Wissens und in der Politik in den Personenkult mündet. Angesichts einer säkularisierten Welt verteidigte Florenskij die geistige Bedeutung der orthodoxen Kultur als der bestmöglichen Ausdrucksmöglichkeit für gemeinmenschliche Werte. Ohne eine derartige Rückbesinnung wäre es in den Zwanziger Jahren bzw. in den Folgejahren unmöglich gewesen, für die physische Erhaltung von Klöstern, Kirchen, Ikonen, Kirchengerät u. ä. – die für das spätere Kirchenleben so dringend benötigt wurden – einzustehen. Im Hauptvortrag, gehalten auf dem Landeskonzil der Russischen Orthodoxen Kirche 1988, wurde Florenskijs Wirken in den Zwanziger Jahren in folgenden Worten gewürdigt:

„Die russische orthodoxe Theologie des 20. Jahrhunderts, vertreten durch die tiefe christlich-philosophische Gnosis der Gebrüder Trubeckoj und Nikolaj Losskij, durch die kühnen theologischen Intuitionen der Priester Pavel Florenskij und Sergij Bulgakov, durch die hervorragenden Exegeten der patristischen Tradition, den Priestern Georgij Florovskij und Vladimir Losskij, – diese Theologie verkündete laut und deutlich ihre historische Rückkehr in den Schoß der orthodoxen Kirchentradition, die im Verlauf ihrer tausendjährigen Geschichte die Lebensgrundlage der Russischen Kirche war ... Aber einige prominente Theologen und Kirchenwissenschaftler gaben in den Zwanziger Jahren ihr Wirken in unserem Land nicht auf. Unter ihnen sind vor allem die Professoren der Moskauer Geistlichen Akademie, Priester Pavel Aleksandrovič Florenskij († 1943)¹ sowie Prof. Ivan Vasil'evič Popov († 1938) zu erwähnen, deren damals verfaßten Werke dank in jüngster Zeit möglich gewordener Publikationen bekannt geworden sind."²

Aufgrund der Zeitumstände wurde jedoch der Spielraum des Priesters Pavel Florenskij für weitere kirchliche Aktivitäten immer weiter eingeengt. Infolgedessen begann er in den Zwanziger Jahren (1921-1924) an den „Staatlichen Höchsten Künstlerisch-technischen Werkstätten" (ab 1926: „Staatliche Kunsttechnische Hochschule") zu unterrichten. Später, nachdem seine Arbeit hier unmöglich geworden war, wechselte er in die „Hauptverwaltung für Elektrotechnische Industrie beim Obersten Rat für Volkswirtschaftsfragen der Russischen Föderation". Zu keinem Zeitpunkt stand sein Wirken, das auf ein Bewahren des kulturellen Erbes sowie auf eine wissenschaftlich-technische Fortentwicklung seines Landes abzielte, zur Kirche in Widerspruch. Aufgrund seiner Arbeit in den behördlichen Abteilungen des „Volkskommissariats für Versorgungswesen" bzw. der „Hauptverwaltung für Elektrische Industrie", aber auch, weil seine Persönlichkeit immer wieder Ansehen erregte, hatte Florenskij Gelegenheit, mit einer Vielzahl von Politikern, Staatsbeamten, hohen Parteifunktionären bzw. Persönlichkeiten des öffentlichen Lebens zusammenzukommen. Berichte, die uns aus zweiter Hand über solche Begegnungen vorliegen, sind zumeist voller legendär anmutender Übertreibungen und spiegeln eigentlich nur die Überraschung des Berichterstatters angesichts der Tatsache wider, daß der betreffende Minister tatsächlich einen „Pfaffen" gegrüßt hat.

Aufgrund der uns vorliegenden mannigfaltigen Berichte läßt sich feststellen, daß Vater Pavel Florenskij unter anderem mit V. Kujbyšev, L. Trockij und N. Bucharin zusammentraf. Ferner kann angenommen werden, daß er auch mit A. Lunačarskij, N. Trockaja und E. Peškova zusammengekommen ist. Den Altbol'ševiken L. Kamenev kannte er persönlich, da er seinerzeit das gleiche Gymnasium wie jener besuchte. Von einer Freundschaft kann hier freilich keine Rede sein, weil wir über den Freundeskreis Florenskijs sehr gut Bescheid wissen: In den zwanziger Jahren gehörten V. Favorskij, I. Efimov, N. Nesterov, A. Golubkina und M. Judina dazu. Ansonsten führte er ein recht verschlossenes Familienleben. S. V. Volkov, der zwei Begegnungen Florenskijs mit L. Trockij schildert, schließt mit den Worten:

---

[1] Zu diesem Zeitpunkt stand das genaue Todesdatum noch nicht fest.
[2] Filaret, mitropolit Kievskij i Galickij, Patriaršij ėkzarch Ukrainy. Tysjačeletie Kreščenija Rusi. Doklad na Pomestnom Sobore Russkoj Pravoslavnoj Cerkvi 6-9 ijulja 1988 goda. Moskva 1988, S. 71 und S. 89.

„Es ist aber ebenso kennzeichnend, daß Florenskij das Interesse, das seiner Person entgegengebracht wurde, nicht auszunutzen wußte und dies auch nicht in seinen Absichten lag. So etwas war seinem Wesen, seiner philosophisch-kontemplativen Geisteshaltung völlig fremd."

Durch sein hohes moralisches und wissenschaftliches Ansehen bezeugte Florenskij aber stets, daß Kultur und Wissenschaft keineswegs dazu dienen, die Religion zu widerlegen – wie es die Atheisten hinzustellen versuchten –, sondern, ähnlich wie im Falle der Philosophie, als ein auf Christus hinweisender und zu Christus hinführender Fingerzeig fungieren müssen. „Der Glaube bestimmt den Kultus, und der Kultus wiederum die Weltanschauung, aus der im weiteren die Kultur deduziert wird", schrieb Florenskij 1927 über seine Anschauungen in der „Granat"-Enzyklopädie.

Zur Aufgabenstellung der Kultur gehört ein Kampf gegen das Gesetz der Welt, das Florenskij als das Gesetz der Entropie, d. h., der allgemeinen Gleichmacherei, des Todes, schlichtweg als das *Chaos* bezeichnete. Dieser Welt steht das Gesetz der Ektropie, des Lebens, des *Logos* gegenüber. Diese Aufgabe vermag die Kultur nur dann zu lösen, wenn sie die über ihr stehenden Werte des religiösen Kults offenlegt. Auch in seinem 1927 in der obenerwähnten Enzyklopädie erschienenen Artikel spricht Florenskij in einer für die offizielle Presse zugänglichen Form von dem Kampf zwischen Christus *(Logos)* einerseits und Antichrist *(Chaos)* andererseits. Und jene systematische Hetze, die Verfolgungen, denen er 15 Jahre lang (1918–1933) seiner kulturellen und wissenschaftlichen Aktivitäten wegen ausgesetzt war, läßt sich nur dadurch erklären und richtig einschätzen, daß der eigentliche Sinn dieser Aktivitäten einen rein religiösen, oder wie man damals schrieb „idealistischen", Charakter hatte.

Die Hetze gegen Florenskij begann in den Jahren 1918–1920, als man dazu überging, die Arbeit der Kommission zum Schutze des Dreifaltigkeits-Klosters, der er angehörte, als einen konterrevolutionären Versuch der Schaffung eines „orthodoxen Vatikans" hinzustellen. Den nächsten Anlaß zur Kritik bot sein Unterricht an den „Staatlichen Künstlerisch-technischen Werkstätten": Man warf ihm vor, zusammen mit V. A. Favorskij eine „idealistische Koalition" gegründet zu haben. Eine besonders grausame, mit unwissenschaftlichen Mitteln und Behauptungen geführte Verfolgung erntete Florenskij jedoch für sein Buch „Scheingrößen in der Geometrie" („Mnimosti v geometrii", Moskau 1922), in dem er eine theologische Auslegung der Relativitätstheorie unternimmt. In diesem bekannten Werk deduziert Florenskij aus der Relativitätstheorie die Möglichkeit einer Endlichkeit des Alls, bei der Erde und Mensch zum Mittelpunkt der Schöpfung werden. „Damit wird die Erde aus einem unscheinbaren Staubkorn der kosmischen Schöpfung zum Mittelpunkt des Weltalls, zumal sie ja auch sein astronomischer und geistiger Mittelpunkt ist", schrieb N. Rusov in der einzigen positiven Kritik, die zu dieser Arbeit Florenskijs erschien. Groß ist freilich die religiöse Bedeutung dieser wissenschaftlichen Schlußfolgerung: Wir erleben den Brückenschlag zur Fleisch- und Menschwerdung Christi „für uns Menschen und um unseres Heiles willen" (Worte aus dem Glaubensbekenntnis, AdÜ). Daher braucht man sich über die Liste der Namen und den Inhalt der negativen Kritiken, die wie direkte Denunziationen abgefaßt wurden, nicht sonderlich zu wundern:

- 1922 V. Ter-Oganesjan „Ad absurdum – zurück zu Ptolemäus", in: „Pod znamenem Marksizma", Heft 9-10, Moskau, Verlag „Materialist" 1922, S. 229-230

- 1923 S. Gorodeckij, „Ungezügelter Obskurantismus im Buch eines hochgelehrten Theologen und prominenten Mathematikers" (Kritik) in: „Krasnaja Niva", Heft 12, 1923

- 1932 V. G. Fridman, „Relativitätstheorie und antireligiöse Propaganda". Hrsg. vom Zentralrat der militanten Atheisten der UdSSR, Verlag „Staatlicher antireligiöser Verlag" Moskau 1932.
  Einige Auszüge aus den Äußerungen V. G. Fridmans: „Idealistische Schlußfolgerungen", „religiöse pseudowissenschaftliche Theorien", „Ausführungen, die den Befürwortern der Religion zwar ausgesprochen angenehm erscheinen mögen, vom Standpunkt des Relativitätsprinzips jedoch völlig unhaltbar sind", „Pfaffengeist"; seine (Florenskijs) Werke brächten immer wieder „Beweise" der Glaubensdogmen mit Hilfe mathematisch-physikalischer Schlußfolgerungen; „die bürgerliche Naturwissenschaft ist nicht nur unfähig, die Religion zu widerlegen, sondern in einer Reihe von Fällen sogar geeignet, als ihr Komplize aufzutreten"; „hundertprozentiger Idealismus und finsterer Pfaffengeist"; „der Klassencharakter der Bemühungen A. F. Losevs (der den Positionen Florenskijs nahestand) ist offenkundig, es sind eindeutig die ‚rechtschaffenen Früchte' der religiösen Obskuranz bzw. des Fanatismus."

- 1933 E. Kol'man: Gegen die neuesten Entdeckungen des bürgerlichen Obskurantismus, in: „Bol'ševik", Heft 12/1933:
  „P. A. Florenskij ist kein gewöhnlicher Pfaffe, sondern einer der eifrigsten Vorkämpfer der erzkonservativen Orthodoxie, eines unverblümten Idealismus und der finstersten Mystik";

„Idealismus und Obskuranz"; „einige Redakteure unserer Zeitschriften zeigen einen erstaunlichen Mangel an Wachsamkeit ... sie scheinen unfähig zu sein, Florenskij auf die Schliche zu kommen"; „Nicht ein Nachlassen, sondern eine verstärkte revolutionäre Wachsamkeit brauchen unsere Redakteure, um Versuche einer Verunreinigung des Bewußtseins der klassenlosen sozialistischen Gesellschaft mit allerlei ideellem Abfall wirksam vereiteln zu können".

Der 1933 erschienene Artikel E. Kol'mans zielte nicht nur gegen das Buch von Florenskij „Scheingrößen in der Geometrie" (1922), sondern ebenso gegen seinen 1932 publizierten Artikel „Die Physik im Dienste der Mathematik". Florenskij setzte sich in dieser Arbeit für den Versuchscharakter der Mathematik ein; dabei beschrieb er auch Geräte zur Integration beliebiger Funktionen – mit anderen Worten, er lieferte bereits den Prototyp der modernen Analog-Computer. Weshalb mißfiel denn dem Kritiker E. Kol'man die Theorie des Abstützens der mathematischen Wissenschaft auf die praktische Lebenserfahrung bzw. auf die Intuition? Florenskij führte aus: Wer irgendeine Erscheinung nicht als Lebenserfahrung kennt, kann für ihren Wahrheitsgehalt kein Kriterium besitzen. Die einzig mögliche Art, die Realität zu erkennen, ist die Erfahrung. Man erkennt unschwer, daß diese Thesen auf seine Dissertation aus dem Jahr 1908 zurückgehen („die lebendige religiöse Erfahrung als einzig gesetzmäßiger Weg zur Erkenntnis der Dogmen"). E. Kol'man wird dies wahrscheinlich nicht gewußt haben, doch er begriff sogleich die Gefahr, die dieses Postulat für den Atheismus birgt. Ein Atheist verfügt über keinerlei religiöse Erfahrung und kann folglich über die Religion nichts Verbindliches sagen; somit verlieren seine antireligiösen Ausführungen jeglichen Wert.

In der Liste derartiger Rezensionen könnten auch die Artikel von V. G. Fridman gegen die Mathematiker und Mitglieder der Akademie der Wissenschaften D.V. Egorov und N.P. Luzin (Freunde von Florenskij), sowie die Hetze gegen A. F. Losev, einen Schüler Florenskijs, dessen kirchliche Trauung er in jenen Jahren vollzog, mit eingeschlossen werden. Die Artikel aus den Zwanziger und Dreißiger Jahren beweisen: Die wissenschaftliche Arbeit Florenskijs wurde im Lager des militanten Atheismus eindeutig als eine Fortsetzung des Kirchendienstes verstanden. Eine ebensolche Einschätzung wiederholte 1975 der älteste Kritiker des Christentums P. Kryvelev:

„Florenskij war vor allem ein Priester der Orthodoxen Kirche, was sich nicht nur auf seiner beruflichen und formalen gesellschaftlichen Stellung niederschlug, sondern auch in seinen Ansichten und Überzeugungen, in seiner ganzen Weltanschauung bemerkbar wurde."³

Es versteht sich von selbst, daß das Schicksal Florenskijs durch seinen Glauben an Christus und sein geistliches Amt als Priester der Orthodoxen Kirche, durch seine religiös-philosophische Weltanschauung und die Stellung, die er in der Gesellschaft einnahm, gleichsam vorherbestimmt wurde. Vater Pavel sah in aller Klarheit, was ihn erwartete. Dennoch hielt er es für seine moralische Pflicht und Berufung, die Grundlagen der geistigen Kultur für die kommenden Generationen bewahren zu müssen. So schrieb er schon am 30. Juli 1917 in einem Brief an A. A. Mamontova:

„Alles, was sich um uns herum abspielt, ist für uns selbstverständlich eine Pein. Doch ich glaube und hoffe, daß der Nihilismus, wenn er sich einmal verausgabt hat, seine Wertlosigkeit beweisen wird; er wird schließlich allen zuwider sein, allgemeine Abscheu und Haß auf sich ziehen, und nach dem Zusammenbruch all' dieser Scheußlichkeit werden die Herzen und Geister der Menschen nun nicht mehr träge und um sich schauend, sondern ausgehungert sich der Russischen Idee, der Idee Rußlands, der Konzeption von der Heiligen Ruś zuwenden ...
Ich bin mir völlig sicher, daß das Schlimmste uns noch bevorsteht, nicht etwa, daß wir es bereits hinter uns hätten, ich bin davon überzeugt, daß die Krise noch nicht vorüber ist. Und dennoch glaube und hoffe ich, daß diese Krise die Atmosphäre Rußlands, ja sogar die Atmosphäre der ganzen Welt, die fast seit dem 17. Jahrhundert verdorben ist, reinigen und läutern wird."

Der Widerstand gegen den Nihilismus um der kommenden Auferstehung der Heiligen Ruś willen: Dies war der Lebenssinn Florenskijs nach 1917, und dies war zugleich auch die Ursache seines Märtyrertodes.

Im Sommer 1928 wurde Vater Pavel Florenskij nach Nižnij Novgorod (heute: Gor´kij) an der Volga verbannt; drei Monate später durfte er dank der Fürsprache von E. P. Peškova wieder zurückkehren. Auf den uns überlieferten Photos kann man erkennen, daß Florenskij auch in der Verbannung sein Priestergewand (podrjasnik) trug. Und als er in der Folgezeit sich nicht mehr als Geistlicher kleiden durfte, trug er immerhin noch lange weiße oder schwarze Russenhemden und Stiefel; offenbar versuchte er noch immer das Anlegen der weltlichen Zivilkleidung zu umgehen. Am 25. Februar 1933 wurde der Haftbefehl Florenskijs unterzeichnet. Verhaftet wurde er von der Geheimpolizei GPU offensichtlich in der Nacht vom 25. zum 26. Februar. Man klagte ihn,

---

³ P. Kryvelev: O Pavle Florenskom, bogoslove i filosofe. In: Nauka i religija 1975/11, S. 53.

ohne genügende Anhaltspunkte hierfür zu haben, der „konterrevolutionären Agitation und Propaganda sowie organisierter konterrevolutionärer Aktivitäten" an; mit anderen Worten, es waren Verbrechen, wie sie Art. 58-10-II des sovetischen Strafgesetzbuches vorsah. Die Verhaftung wurde von dem Untersuchungsrichter Radzivilovskij sanktioniert. Dieser unterschrieb auch eine Instruktion, in der es unter anderem hieß:

„Florenskij P.A., Jahrgang 1882, Professor, politische Überzeugungen: ultrarechter Monarchist."

Florenskij wurde in die Untersuchungshaft ins berüchtigte Butyrki-Gefängnis gebracht und hier in die Hände des Untersuchungsrichters Ščupejko, eines Mitarbeiters der Geheimpolizei GPU, ausgeliefert. Es ist kennzeichnend, daß letzterer auf Beschluß des Moskauer Militärtribunals wegen Verletzung gesetzlicher Vorschriften bei der Vernehmung von Häftlingen (Erstellung von Verhörprotokollen mit erfundenen Angaben sowie Gewaltanwendung bei Häftlingen) am 4. Juni 1939 zum Tode verurteilt wurde.

Florenskij wurde vorgeworfen, daß die obenerwähnten Personen allesamt Mitglieder einer konterrevolutionären Organisation aus monarchistisch bzw. konstitutionell-demokratisch gesinnten Mitgliedern des Lehrkörpers und der wissenschaftlichen Mitarbeiter seien. Zu den Köpfen dieser „Organisation" hätten er selbst, P.A. Florenskij, sowie P.V. Giduljanov, N.P. Luzin und S.A. Čapygin (Mitglieder der Akademie der Wissenschaften) gehört. Zum Programm der „Organisation" habe angeblich gehört:

- Die Zusammenstellung einer Republikanischen Regierung, die sich auf die Orthodoxe Kirche stützen würde;
- Auf dem Gebiet der Kirchenpolitik: Die Herbeiführung einer Union zwischen der Katholischen und der Orthodoxen Kirche.

Die „Organisation" habe angeblich reicheren Mittelstandsbauern (sog. „Kulaken") und Angehörigen des Klerus materiellen und juristischen Beistand zukommen lassen. Die Mitglieder der „Organisation" hätten, um die Bevölkerung entsprechend zu beeinflussen, mit konterrevolutionärer Zielsetzung provokative Gerüchte, konterrevolutionäre Flugblätter und pseudo-kirchentreues, chauvinistisch-rechtsradikales Schrifttum in Umlauf gesetzt. „Auf Beschluß der Dreier-Kommission der Moskauer GPU vom 26. Juli 1933 wurde P.A. Florenskij zu einer zehnjährigen Lagerhaft verurteilt" (aus dem Schreiben des Moskauer KGB vom 11.01.1990, Nr. 6/Kl-1267, Moskau). Da die Anklage juristisch bzw. politisch völlig unbegründet war, wird deutlich, daß die eigentliche Zielsetzung hier in einer Vernichtung des „ideologischen Widerstandes" bzw. der Idee einer verkirchlichten Frömmigkeit schlechthin lag.

Vater Pavel Florenskij trat den Sträflingsweg ins ostsibirische Lager „Svobodnyj" („Der Freie") an ... Ab dem 1. Dezember 1933 war er dort in der Forschungsabteilung der sträflingslagereigenen Bauleitung der ‚Baikal-Amur-Eisenbahnlinie' (russ.: BAM-Lag) tätig. Am 10. Februar 1934 wurde er in die Permafrostboden-Versuchsstation Skovorodinsk verlegt. Dank der Fürsprache von E. P. Peškova konnten ihn Ende Juli/Anfang August 1934 seine Frau Anna Michajlovna sowie seine jüngsten Kinder Ol'ga, Michail und Marija im Lager besuchen. Doch die Familie kam nicht nur zu Besuchszwecken angereist: Es lag ein Vorschlag der Čechoslovakischen Regierung vor, bei der Regierung der UdSSR die Freilassung Florenskijs und seine Ausreise in die ČSR zu erwirken. Um die Verhandlungen auf offizieller Ebene aufnehmen zu können, bedurfte es zuvor jedoch des Einverständnisses Florenskijs selber. Er aber sprach sich mit aller Entschiedenheit gegen das Vorhaben aus, bat, alle diesbezüglichen Bemühungen einzustellen und meinte unter Berufung auf den Apostel Paulus, man müsse „sich genügen lassen, wie's einem auch geht" (Phil 4,11). Seine Frau übermittelte ihm außerdem die Anfrage einiger seiner geistlichen Kinder, ob sie in der UdSSR bleiben oder ausreisen sollten, wenn sich ihnen dazu die Möglichkeit böte. Darauf gab er zur Antwort: Wer meint, er wäre stark genug, um es auszuhalten, der solle bleiben, – wer sich dessen jedoch nicht ganz sicher ist, der solle ausreisen. Seine Tochter Ol'ga fragte ihn über seinen Priesterdienst. Darauf meinte er, er habe sein Priesteramt niemals niedergelegt, doch es sei ihm wohl nicht beschieden gewesen, als Gemeindepriester zu dienen, obgleich er es stets angestrebt habe. Unter anderem teilte er seiner Tochter auch mit, daß er bei den Verhören gefoltert wurde.

Diese Angaben werden durch Dokumente aus dem KGB-Archiv bestätigt: „Am 26. September 1939 stellte Frau Anna Michajlovna Florenskaja bei der Staatsanwaltschaft Moskau den Antrag, ihrem Ehemann möge Haftverkürzung und eine Entlassung aus dem Lager zu seiner Familie gewährt werden. Dem Antrag wurde nicht stattgegeben, da P. A. Florenskij, ein ehemaliger Theologieprofessor und Kultdiener, bis zu seiner Verhaftung sein Priesteramt nicht abgelegt hatte ..." (Bescheid des KGB der UdSSR vom 11. Januar 1990).

Am 17. August 1934, noch während des Besuchs seiner Familie, wurde Florenskij in die Isolierhaft des Lagers „Svobodnyj" überführt und am 1. September unter Sonderaufsicht ins Sträflingslager auf den Soloveckij-Inseln im Eismeer gebracht. Seit dem 15. November 1934 mußte er dort im Gefängniswerk für Jodproduktion arbeiten. Er wohnte zunächst in den Gemeinschaftsbaracken des „Kreml"' (so wurde die zentrale Klosteranlage genannt) und wurde anschließend (1935) in die Einsiedelei „Filippova pustyń" (1,5 km vom Kloster entfernt) verlegt. Im Mai 1937 wurde das Sträflingslager auf den Soloveckij-Inseln in ein Sondergefängnis (russische Abkürzung „SLON" von „Solovetskij lager osobogo naznačenija") umfunktioniert. Florenskij kam erneut in die Gemeinschaftsbaracken im „Kreml'" der zentralen Klosteranlage. Der ehemalige Mithäftling I. L. Kagan schreibt in seinem Brief an D. S. Lichačev vom 2. Februar 1989:

„Im Frühjahr 1936 kam ich ins Lagerkrankenhaus ... Von dort wurde ich ins zentrale „Kreml'"-Lager verlegt, wo ich unter anderen auch Pavel Aleksandrovič Florenskij kennenlernte. Dieser erhielt lediglich eine gekürzte „trokkene" Verköstigung, lebte hinter der „Kreml'anlage", wo er zusammen mit einigen Fischern aus dem jodhaltigen Seetang den Grundstoff Agar-Agar gewann. Darüber hinaus trieben die Fischer unter strenger Bewachung den Fang des Soloveckij-Herings. Der Hering wurde unverzüglich in Spezialfässern eingelegt und per Flugzeug nach Moskau verfrachtet. Wie mir Florenskij berichtete, war es den Fischern unter Androhung strengster Isolierhaft („Karzer") untersagt, von diesem Hering selber etwas zu essen bzw. jemandem zu geben ... Ende 1937 begann in der „Kreml'"-Anlage die nächtliche Verhaftungs- und Erschießungsaktion. Wie wir später erfuhren, wurden die ausgesonderten Häftlinge zum Sekirnaja-Hügel gebracht und dort erschossen. In einer dieser Nächte, es war etwa der 17. oder 19. Juli, verschwanden aus unserem Lager P. A. Florenskij und L. S. Kurbas ..."

Vermutlich wurde Vater Pavel Florenskij zunächst noch in Isolierhaft genommen, denn gerade vom 19. Juli 1937 stammt sein letzter Brief an seine Familie. Später wurde er wohl erneut in die Gemeinschaftsunterkünfte des „Kreml'" zurückverlegt. In seinem Brief an die Mitarbeiterin des späteren Soloveckij-Museums (an der Stelle der früheren Sträflingskolonie aus den 1920er bis 1950er Jahren, AdÜ), A. V. Mel'nik erinnert sich A. G. Favorskij, der in den Jahren 1936 bis 1939 ebenfalls dort eine Haftstrafe abbüßte:

Im Herbst 1937 war ich in einer Unterkunft am sog. ‚Fischtor', einer Klostermauer an der Inselbucht, untergebracht. Zu diesem Zeitpunkt lebte ich dort mit dem Mathematikprofessor und Chemiker Pavel Aleksandrovič Florenskij. Ich erinnere mich, wie wir einmal am Tisch Domino spielten. Auf einmal klopfte mir jemand von hinten leicht auf die Schulter. Ich drehte mich um, und er sagte zu mir: „Junger Mann, ich möchte mit Ihnen etwas Nützliches anfangen, das Sie später vielleicht brauchen können". - „Oh, Herr Professor, verschwenden Sie Ihre Zeit nicht mit mir, ich danke Ihnen", antwortete ich und spielte weiter Domino. Und erst später kam mir der Gedanke: So ein kluger Mann bietet dir seine Dienste an! ... Etwa drei bis vier Tage nach dieser kurzen Unterredung trug sich mit mir eine Begebenheit zu ... Es war Ende November 1937 ... Alle diese Menschen kannte ich nur vom Sehen, mit Ausnahme von Professor P. A. Florenskij und Jurij Čirkov."

Es war wohl kurz nach der hier beschriebenen Episode, als Vater Pavel Florenskij auf Beschluß einer Dreier-Kommission der Leningrader Geheimpolizei NKVD am 25. November 1937 zum „höchsten Strafmaß", d. h., Tod durch Erschießen, verurteilt wurde. Die Begründung lautete: „angebliche konterrevolutionäre Propaganda" (aus dem zitierten Brief des KGB vom 11. Januar 1990). Am 8. Dezember 1937 wurde das Urteil vollstreckt, was auch der am selben Tag vom Kommandanten des Leningrader NKVD diesbezüglich erstellte Akt belegt. Die letzteren Angaben weisen darauf hin, daß man Florenskij Ende November 1937 zum Zwecke seiner Erschießung in ein Leningrader Gefängnis verlegt haben konnte, um sich seiner Vernichtung ganz sicher sein zu können.

Lange Zeit blieb Florenskijs Lagertod ein Thema für zahlreiche Legenden. Es kursierten hierüber die widersprüchlichsten Gerüchte:

- Tod durch Erschießen in den ostsibirischen Kolyma-Lagern während des Zweiten Weltkrieges (A. I. Solženicyn);
- Bei einem Unfall in einem bei Moskau gelegenen Lager 1946 von einem herabstürzenden Baumstamm erschlagen (N. O. Losskij);
- Tod durch Erschießen in den FIAK-Lagern 60 km nördlich von Vorkuta bei der Siedlung Chol'men am Ufer des Vargašor-Flusses (B. Čirkov);
- Tod durch Erschießen nach seiner Befreiung aus den Sibirischen Straflagern;
- Von einem Kriminellen im Straflager erstochen;
- Tod durch Ertrinken auf einem der bei der Auslösung des Soloveckij-Lagers versenkten Schleppkahn mit Häftlingen (1939);
- Erschöpfungstod im Soloveckij-Lager (V. Pavlovskaja).

Alle diese Legenden scheinen unwahr zu sein, denn sie werden nicht durch die Angaben aus amtlichen Quellen bzw. Zeugnisaussagen belegt. Wir möchten jetzt die Erinnerungen zweier Mithäftlinge aus dem Soloveckij-Lager anführen, die uns einen Einblick in die Geisteshaltung Florenskijs in den letzten Jahren vor seinem Märtyrertod gewähren.

Angaben zum letzten Lebensabschnitt des Priesters Pavel Florenskij
(Zeugenaussage von Frau Valentina Pavlovskaja, † 1958)

„Der Bruder von Frau Valentina Pavlovna, ein Elektroingenieur, geriet ins Straflager und lernte dort den Priester Pavel Florenskij kennen. In seinen Briefen an seine Schwester schrieb er, er habe zwei Väter: einen leiblichen Vater namens Pavel, und einen geistigen Vater, der ebenfalls Pavel hieß. Er selbst (Vladimir Pavlovič Pavlovskij) war vor seiner

Verhaftung an Religionsfragen desinteressiert und eher atheistisch als gläubig veranlagt. Seine geistige Umkehr erfolgte im Lager unter dem Einfluß von Vater Pavel Florenskij, dem es dort gelang, viele Menschen zum rechten Weg zu bekehren. Die erste Bekanntschaft erfolgte in einer Gefängniszelle, wohin man den von einem langen Weg erschöpften V. P. Pavlovskij gebracht hatte. Der Priester Pavel Florenskij bot ihm etwas zu essen an, weil er immer trockenes Brot mit sich herumtrug, um es an seine Nächsten verteilen zu können. Zu diesem Zeitpunkt arbeitete Florenskij als Sanitäter im Gefängniskrankenhaus. Viele wurden von ihm moralisch unterstützt und spirituell angeleitet. Von allen, selbst von kriminellen Verbrechern, wurde er geachtet. Oft kam es vor, daß gerade die Kriminellen sich den Anordnungen der Gefängnisleitung widersetzten, woraufhin Florenskij auf sie einredete und alles ein gutes Ende nahm.

Florenskij starb an Erschöpfung.[4] Als man ihn aus dem Gefängniskrankenhaus hinaustrug, um ihn zu beerdigen, sanken alle, die sich im Hof befanden, darunter auch die Kriminellen, in die Knie und nahmen die Mützen ab. Unter anderem befand sich in diesem Lager eine sehr unglückliche Frau, die früher Musik studiert hatte. Verhaftet wurde sie als Strafe für ihren Mann, der seinerseits in irgendeinem anderen Straflager umgekommen war. In Moskau verblieb ihre einjährige Tochter, die später ebenfalls starb. Diese Frau wurde zu den schwersten Arbeitseinsätzen abkommandiert; ihre Hände waren so grob und steif geworden, daß sie nie wieder Klavier spielen würde. Psychisch war sie in einem sehr schweren Zustand, aber Florenskij war es gelungen, sie moralisch wieder aufzurichten. Später wurde sie zur Ehefrau von V. P. Pavlovskij."

Auszug aus einem Brief von A. G. Favorskij an den Abt Andronik Trubačev vom 12. Oktober 1989

„Von der Existenz Florenskijs erfuhr ich erstmals 1937, als ich ihn bei einem Spaziergang über den Appellplatz der Zentralen „Kreml"-Klosteranlage erblickte. Ich sah Ihren Großvater Florenskij mit Boriščev-Puškin, seinerzeit einem bekannten Anwalt im Bejlis-Prozeß (eine Art russische Dreyfuss-Affäre in Kiev 1913, AdÜ) und einem Sohn des ehem. Innenministers Pleve. Des öfteren sah ich ihn auch mit Jurij Čirkov zusammen, den ich gut kannte ... Ende 1937 bewohnte ich zusammen mit Florenskij den Raum Nr. 16 in der Zentralen

---

[4] Obgleich dieser Abschnitt nicht genau den wahren Tatsachen entspricht, ist er dennoch in Bezug auf die Gestalt Florenskijs sehr charakteristisch.

„Kreml'"-Anlage (vgl. „Touristenplan der Solovetskij-Inseln", herausgegeben 1980-1982), aber nur eineinhalb Monate lang bis zu dem Tag, an dem man mich im November 1937 nachts unter Bewachung zum berüchtigten Sekirnaja-Hügel eskortierte, dem furchterregendsten Ort der Soloveckij-Inseln. Dort befand sich ein Isolierkarzer für Gefangene, die sich zusätzlich etwas zuschulden kommen ließen. Hier wurde gefoltert und getötet ...

Einmal machte mir Florenskij den Vorschlag, er wolle mir etwas beibringen, mir irgendwelche Kenntnisse vermitteln. Das Angebot traf mich unerwartet, ich war irgendwie verwirrt: Mir, einem einfachen jungen Arbeiter, bietet ein so gelehrter Mann seine Dienste an. Ich dankte ihm, wie ich konnte ...

Ihr Großvater Florenskij war im Soloveckij-Insellager der angesehenste Mann: Er war genial, seine Leiden ertrug er ohne zu murren, er hatte großen Mut, er war ein Philosoph, ein Mathematiker und ein Theologe. Mein Eindruck von Florenskij, der auch von allen Mithäftlingen geteilt wurde, war, daß er hohe moralische und spirituelle Qualitäten, eine wohlwollende Einstellung zu den Mitmenschen und einen ausgesprochenen Seelenreichtum besaß. Kurz, er hatte alles, was den Menschen edel macht."

Der Priester Pavel Florenskij war zweimal verurteilt und später entsprechend zweimal rehabilitiert worden. Im Beschluß des Moskauer Stadtgerichts vom 5. Mai 1958 heißt es:

„Der Gerichtsbeschluß der Dreier-Kommission der Moskauer Geheimpolizei vom 26. Juli 1933 in Bezug auf Florenskij, P. A. wird aufgehoben und das Verfahren wird wegen fehlenden Tatbestandes eingestellt ... Die Gerichtsakte beinhaltet keinerlei Unterlagen, aus denen eine Begründung für die Festnahme von P. A. Florenskij (und anderer in dieser Angelegenheit mitbeschuldigter Personen) hervorgehen würde. Zeugen sind nicht vernommen worden. Angehörige des staatl. Justizapparats, die mit der Untersuchung dieses Falles betraut waren, sind wegen Fälschung der Untersuchungsergebnisse gerichtlich verurteilt worden. Florenskij, P. A. (und die anderen Mitangeklagten) sind zu Unrecht verurteilt worden, ein Beweis ihrer Schuld bzw. des Tatbestandes der antisowjetischen Aktivitäten konnte nicht erbracht werden ..."

„Auf Beschluß des Gebietsgerichts von Archangel'sk vom 5. März 1959 wurde das Urteil der Dreier-Kommission des NKVD vom 25. November 1937 aufgehoben. Das Verfahren wurde wegen fehlenden Tatbestandes eingestellt ..."
(aus dem Schreiben des KGB vom 11. Januar 1990)

In der Fachliteratur wurde längere Zeit ein unrichtiges Datum als Todesjahr Florenskijs angeführt. Dies rührt daher, weil das Leningrader Nevskij-Bezirksstandesamt am 3. November 1958 das amtliche

Todesdatum mit dem 15. Dezember 1943 angab. Allerdings fehlten in der Sterbeurkunde Angaben über Todesursache bzw. den Sterbeort, und es hieß lediglich „hierüber liegen keine Angaben vor". Auf eine im Juni 1989 an die Moskauer KGB-Zentrale gerichtete Anfrage der Familienangehörigen mit der Bitte um Klärung der Todesumstände des Priesters Pavel Florenskij wurde vom Moskauer Kalinin-Bezirksstandesamt am 24. November 1989 eine neue Todesurkunde folgenden Inhalts ausgestellt:

> „Der Bürger *Florenskij,* Pavel Aleksandrovič verstarb am 8. Dezember 1937 im Alter von 55 Jahren.
> Todesursache: Tod durch Erschießen.
> Sterbeort: Gebiet Leningrad."

Neben Zeugenaussagen bzw. Erinnerungen der Mithäftlinge aus der Zeit seiner Lagerhaft liegen als Zeitdokumente auch seine Briefe, die er an Familienangehörige schrieb, vor (sie sind größtenteils noch unveröffentlicht). Bei ihrer Lektüre fällt auf, daß zwei Themenkreise nahezu völlig ausgeklammert werden:

- das mit Leiden, Erschießungen, Hungertod, Ausschreitungen des Wachpersonals bzw. der Kriminellen, u. a. m. verbundene Lagerthema
- und das religiöse Thema, sowohl in bezug auf Mithäftlinge als auch auf die zuhause verbliebenen Familienangehörigen.

Die Begründung liegt in einer Art doppelter Zensur: der eigenen, die es nicht gestattete, die Familienangehörigen mit den Schrecken der Lagerhaft zu konfrontieren, und der Lagerzensur, die den Briefwechsel untersagt hätte, wenn er diese Themen angesprochen hätte. Die Lagerbriefe des Priesters Pavel Florenskij sollte man parallel zu Solženicyn's „Archipel GULag" bzw. zu anderen Lagererinnerungen lesen.[5] Erst dann öffnet sich einem in vollem Maße das ungewöhnliche Erleuchtetsein und die Opferbereitschaft Florenskijs, der im Februar 1937 schrieb:

> „Die Welt ist nun einmal so eingerichtet, daß man seinen Mitmenschen nur etwas geben kann, wenn man auch bereit ist, mit Leiden und Verfolgung dafür zu bezahlen."

Allein schon der Umstand, daß ein im Todeslager lebendig Begrabener solch' ungewöhnlich aufmunternde Briefe zu schreiben vermag, stellt ein Zeugnis christlichen Mutes und kühner Demut frei von jeglichem Murren dar.

Abschließend sei festgehalten, daß der Priester Pavel Florenskij sei-

---

[5] Vgl. hierzu insbesondere V. Kondrat'ev: Na stancii „Svobodnyj". In: Junost' 1987/6.

nen Familienangehörigen das Wichtigste bereits in seinem zwischen 1917 und 1923 verfaßten Testament (es wird in der Familie aufbewahrt) mitteilte. Sein Anfang hat folgenden Wortlaut:

An meine Kinder: Anna, Vasilij, Kirill und Ol'ga
für den Fall meines Todes

Sergiev Posad, 11. April 1917

Testament

1. Ich bitte euch, meine Lieben, wenn ihr mich begrabt, *am Tag des Begräbnisses* die Hl. Sakramente zu empfangen. Sollte es wirklich nicht möglich sein, so bitte ich euch, in den allernächsten Tagen danach zur Kommunion zu gehen. Und überhaupt bitte ich, nach meinem Ableben *öfter* die Hl. Gaben zu empfangen.
2. Seid um meinetwillen – wenn es geht – nicht betrübt oder traurig. Wenn ihr frohen Mutes und munter seid, so bereitet ihr mir dadurch Zufriedenheit. Meine Seele wird euch stets begleiten, und wenn der Herr es zuläßt, werde ich oft zu euch kommen und bei euch sein. Vertraut aber auf Gott und auf seine Allreine Mutter und seid nicht betrübt.
3. Das Wichtigste, worum ich euch überhaupt bitten möchte: Bewahrt stets die Erinnerung an Gott und wandelt vor Ihm. Damit sage ich alles, was ich zu sagen habe. Alles andere sind entweder Einzelheiten oder Nebensächlichkeiten. *Dies* aber sollt ihr niemals vergessen.

Literaturangaben

1 Sv. Pavel Florenskij: Detjam moim. Vospominanija. In: Literaturnaja učeba 1988/2, 6; Literaturnaja Gruzija 1985/9-10; Prometej (Moskva) 9/1972
2 Sv. Pavel Florenskij: Avtobiografija. In: Naše nasledie 1988/1
3 Sv. Pavel Florenskij. In: Ėnciklopedičeskaja slovaŕ Granat. 7. Aufl. Bd. 44, Moskva 1927
4 Sv. Pavel Florenskij: Piśma iz Solovkov. In: Naše nasledie 1988/4
5 Sol' zemli, to est' skazanie o žizni starca Gefsimanskago skita ieromonacha avvy Isidora, sobrannoe i po porjadku izložennoe nedostojnym synom ego duchovnym Pavlom Florenskim. Sergiev Posad 1909

6 Sv. Pavel Florenskij: O nadgrobnom slove o. Aleksija Mečeva. In: Otec Aleksij Mečev. Paris 1970
7 Ierodiakon Andronik (Trubačev): Osnovnye čerty ličnosti, žizń i tvorčestvo svjaščennika Pavla Florenskogo. In: ŽMP 1982/4
8 Ders.: K 100-letiju so dnja roždenija svjaščennika Pavla Florenskogo. In: Bogoslovskie Trudy (Moskva) 23/1982
9 Ders.: Ukazatel' pečatnych trudov svjaščennika Pavla Florenskogo. In: Bogoslovskie Trudy (Moskva) 23/1982
10 Ders.: Episkop Antonij (Florensov) – duchovnik svjaščennika Pavla Florenskogo. In: ŽMP 1981/9-10
11 Igumen Andronik: Svjaščennik Pavel Florenskij – professor Moskovskoj Duchovnoj Akademii i redaktor „Bogoslovskogo Vestnika". In: Moskovskaja Duchovnaja Akademija 300 let (1685-1985). Jubilejnyj sbornik. Moskva 1986; Bogoslovskie Trudy (Moskva) 29/1987
12 Ders., P. V. Florenskij: Pavel Aleksandrovič Florenskij. In: Literaturnaja gazeta, 30 nojabrja 1988
13 Ders.: „Golubka bednaja moja ..." In: Literaturnyj Irkutsk, oktjabŕ 1989
14 Ders.: Ot legend – k faktam. In: Literaturnaja gazeta, 31 janvarja 1990
15 Ders., M. S. Trubačev, S. Z. Trubačev, P. V. Florenskij (Hrsg.): Vozvraščenie zabytych imen. Pavel Florenskij. Katalog vystavki. Moskva 1989
16 M. S. Trubačeva: Iz istorii ochrany pamjatnikov v pervye gody Sovetskoj vlasti. Komissija po ochrane pamjatnikov stariny i iskusstva Troice-Sergievoj Lavry 1918-1925 gg. In: Muzej (Moskva) 5/1984
17 Pišmo Komiteta gosudarstvennoj bezopasnosti SSSR (Upravlenie po gorodu Moskve i Moskovskoj oblasti) 11.01.1990. Az. Nr. 6/ Kl-1267, g. Moskva

GERHARD VOSS OSB, NIEDERALTAICH

Die religiösen Wurzeln Europas

Daraus erwachsene ökumenische Konflikte und Chancen

1. „Herkunft bleibt Zukunft" (Heidegger)

Das Thema unseres Symposions spricht von „unterschiedlichen Kulturen". Wie weit gibt es diese noch? Wer die heutigen Verkehrsmittel benutzt, wer fernsieht, wer mit einem Traktor den Ackerboden bearbeitet, wer von Entwicklung, Fortschritt und Wachstumsraten spricht, der steht geistig im säkularisierten Erbe Europas, wo immer in dieser Welt er auch wohnt. Welche Bedeutung kann da überhaupt noch das Erbe anderer Kulturen haben?

Erst recht können Christen – wo immer in der Welt – die europäische Prägung der Überlieferungsgeschichte ihres Glaubens nicht abstreifen, eine europäische Prägung, die ihrerseits selbst mehr, als ihre säkularisierte Gestalt das vermuten läßt, wesentlich von der biblischen Offenbarungsgeschichte geprägt ist. Die konfessionelle Vielfalt des christlichen Glaubens überall in der Welt spiegelt infolge der weltweiten europäischen Expansion (und damit einhergehender Mission) auch die konfessionellen Spaltungen wider, die in der europäischen Geschichte ihren Ursprung haben.

Europa ist in unserem Gedächtnis zudem unterteilt in Nationalstaaten und – in der neueren Geschichte – in ideologische, militärische, wirtschaftliche Blöcke (jeweils mit mehr oder weniger unterdrückten ethnischen Minderheiten). Dagegen ist die Vorstellung, der Michail Gorbačev im Bildwort vom „gemeinsamen Haus Europa" einen griffigen Ausdruck gegeben hat, neu. Daß es eine KSZE, eine Konferenz Europäischer Kirchen (KEK) und einen Rat Europäischer Bischofskonferenzen (CCEE) gibt, ist noch nicht weit ins Bewußtsein der Bevölkerung gedrungen. Doch: „Es gibt eine ‚europäische' Geschichte, die längst vor der ‚National'-Geschichte liegt und von dieser verdrängt und überlagert worden ist."[1]

Man wird auch sagen müssen, „daß Europa von außen gesehen schon seit langem sehr viel mehr als eine Einheit erscheint als in der

---

[1] Josef Homeyer, Die Kirche und Europa aus katholischer Sicht: Una Sancta 44 (1989), 266–274, hier 269.

Selbstwahrnehmung der Europäer ... Nahezu alle Regionen der Welt haben ihre eigenen, zum Teil sehr belasteten Beziehungen zu Europa."[2] „Für viele Menschen in anderen Ländern steht dieser relativ kleine Teil der Welt, der sich ‚Europa' nennt, ... für koloniale Ausbeutung, Sklaverei, Rassismus, Diskriminierung, wirtschaftliche Ausbeutung, kulturelle Beherrschung und ökologische Verantwortungslosigkeit", heißt es im Dokument „Frieden in Gerechtigkeit" der Europäischen Ökumenischen Versammlung (Basel, 15.–21. Mai 1989).[3] Das 5. Kapitel in diesem Dokument ist überschrieben: „Auf dem Weg zum Europa von morgen". Es beginnt mit der programmatischen Feststellung: „Jedes Nachdenken über die Zukunft Europas muß mit einer Reflexion über die europäische Vergangenheit beginnen."[4] Diese Reflexion muß die kritische Frage einschließen, aus welchen Wurzeln unserer Geschichte wir leben, welche Perioden wir vielleicht kanonisieren und was wir möglicherweise nicht wahrhaben wollen.

Die erste geschichtliche Wurzel Europas ist naturgemäß seine ethnische Urgeschichte. Ethnisch ist Europa eine Vielfalt. Wenn es dennoch eine spezifisch europäische Hermeneutik menschlichen Seins in dieser Welt gibt mit weitreichenden positiven und negativen Konsequenzen, dann vor allem aufgrund zweier Wurzeln, genauer: zweier Doppelwurzeln, die Europa integrativ geprägt haben: Das griechisch-römische Erbe und – dieses durchdringend – die christliche Überlieferung mit ihrer Doppelwurzel Altes und Neues Testament.

2. Zur Vorgeschichte des europäischen Christentums

Der heilige Bonifatius, der angelsächsische Missionar Germaniens, fällte die Donareiche zum Zeichen des Sieges über das Heidentum. War damit der vorchristlichen Naturreligiosität ein Ende gesetzt? Unterschwellig lebt sie weiter – im Festkalender des Kirchenjahres mit seiner Einbindung in den natürlichen Kreislauf des Jahres, in Volksbräuchen, in manchen Heiligengestalten wie etwa in einer häufig anzutreffenden Dreiheit heiliger Frauengestalten der germanisch-keltischen Überlieferung. In ihrer Darstellung im Wormser Dom beispielsweise tragen sie die Namen Embede, Warbede und Wilbede. Die zweite Namenshälfte – verwandt mit dem Wort „beten" – bringt ewig sich erneuerndes Leben zum Ausdruck, und mit den ersten Namenshälften sind

---

[2] Konrad Raiser, Das gemeinsame Haus Europa aus der Sicht der Ökumene: Una Sancta 44 (1989), 281–288, hier 283f.

[3] Zitiert nach dem Abdruck des Dokuments in: Sekretariat der Deutschen Bischofskonferenz (Hrsg.), Arbeitshilfen, Nr. 70, 3–50, hier 27 (in Nr. 46 des Dokuments).

[4] Ebd.

die mütterliche Erde (Em-bede; vgl. unser Wort „Amme"), Sonne (War-bede; vgl. „warm") und Mond (Wilbede; vgl. „Wil" = Rad, Scheibe) bezeichnet.[5] Wir haben es hier mit Zeugen eines ursprünglich magischen Bewußtseins zu tun, Zeugen einer nicht ganz vergessenen – bergenden, aber auch beängstigenden – Einbindung des Menschen in den Mutterschoß der Erde und den Kreislauf des Jahres. Bis in die unmittelbar letzte Zeit, bevor es Radio und Fernsehen gab, lebte dieses Bewußtsein fort in den Märchen, die gerade darum eine so große Bedeutung hatten für das Vertrautwerden mit den Geheimnissen des Lebens.

Das Fällen der Donareiche ist Zeichen einer Befreiung durch den Verantwortung weckenden Glauben „an den einen Gott, den Vater, den Pantokrator, der alles geschaffen hat" (Nicaeno-Konstantinopolitanisches Glaubensbekenntnis). „Das pantheistisch-magisch Unmittelbare der frühen Weltwahrnehmung ist abgelöst von einem Gegenüber, einer Begegnung... In dieser Trennung und gleichzeitigen Zuordnung von Schöpfer und Schöpfung wird das möglich, was wir ... als Freiheit, Selbstbewußtsein, Personalität, Identität bezeichnen."[6] So wird Verantwortung möglich, Wertung von Gut und Böse.

Dennoch darf man fragen, ob es notwendig war, die Donareiche zu fällen. Die irischer Tradition entstammenden Missionare, wie etwa der hl. Virgil, studierten, pflegten und tradierten auch ihr vorchristliches Erbe, die bodenständigen Mythen, Sagen und Gesetze, und brachten so eine „liberale Aufgeschlossenheit" der heidnischen Mythologie gegenüber mit.[7] Hier zeigt sich eine Alternative christlicher Mission (in einem Konflikt, der sich schon bei den Kirchenvätern zeigt und bis heute nicht gelöst ist). Mircea Eliade schreibt: „Viele archaische Traditionen wurden, indem sie in ein christliches Szenarium integriert wurden, ‚erlöst'... Die ‚Christianisierung' heidnischer religiöser Traditionen – also deren Weiterleben im Rahmen christlicher Erfahrung und Imagination – trägt zur kulturellen Vereinheitlichung der Oikumene bei. Um nur ein einziges Beispiel zu nennen: Die zahllosen drachentötenden Heroen und Götter, von Griechenland bis nach Irland, von Portugal bis zum Ural, werden alle zum gleichen Heiligen: Sankt Georg."[8] Die Le-

---

[5] Vgl. Hanna-Barbara Gerl, Mutter Natur – Sklavin Materie – Schöpfung: Una Sancta 42 (1987), 179–183, hier 179f.
[6] Hanna-Barbara Gerl, a.a.O., 181.
[7] Pádraig P. O'Néill, Bonifaz und Virgil: Konflikt zweier Naturen, in : Heinz Dopsch/ Roswitha Juffinger (Hrsg.), Virgil von Salzburg, Missionar und Gelehrter. Beiträge des Internationalen Symposiums „Der heilige Virgil und seine Zeit" vom 21.–24. September 1984 in der Salzburger Residenz, Salzburg (1985), 76–83, hier 80.
[8] Mircea Eliade, Geschichte der religiösen Ideen II, Freiburg 1979, 342f.

genden solcher Heiligen, aber auch die vielen kosmischen Bilder in der Liturgie der Kirche sind „getaufter", d.h. „erleuchteter" Mythos, Ausdruck der Befreiung aus magischer Religiosität. Gottesfurcht, wie die Bibel sie versteht, ist etwas anderes als die Angst vor den Elementarmächten (vgl. Gal 4,9). Der erleuchtete Mythos ist aber zugleich Ausdruck dafür, daß die elementaren Erfahrungen, die der Mensch in dieser Welt macht, die Kämpfe, die sich in seinem Herzen abspielen, in der christlichen Verkündigung aufgehoben sind. Es läßt sich freilich nicht übersehen, daß wie die Frühe Kirche im Kampf mit der Gnosis wir heute in einer Auseinandersetzung mit Weisheitslehren stehen – der „New Age"-Bewegung oder mancher feministischer Strömungen –, die bewußtseinsmäßig zum ungetauften Urgrund zurückführen wollen – in einer Aufhebung individuellen Bewußtseins.

3. Das griechisch-römische Erbe

Das griechische Erbe sei kurz als „Logos" von der „Eunomia" gekennzeichnet, ein Logos, mit dem der Mensch sich als Mikrokosmos in Entsprechung zum Makrokosmos begreift und aus der Erfahrung dieser Entsprechung sich, seinem Leben, seinem Lebensraum geistig und materiell, politisch und architektonisch die kosmisch „rechte Ordnung" gibt, eine Ordnung profaner Eigengesetzlichkeit. Dieses Erbe ist eine der Grundlagen europäischen Denkens auch in den Naturwissenschaften bis an die Schwelle der Neuzeit (In der Klage der griechischen Tragiker über das unentrinnbare Verhängnis des Schicksals – Heimarmene statt Harmonie – zeigt sich daneben freilich auch ein verbliebener magischer Rest.). Der Begriff der Eunomia findet seine Ausweitung im Begriff der „Oikumene", in der (seit Alexander dem Großen) die Vielfalt der Völker ihr friedliches Zuhause finden soll und in der es möglich wird, die christliche Botschaft für alle verständlich in griechischer Sprache zu verkünden.

Der pragmatische Sinn der Römer gibt dieser Oikumene den festen „ordo", der sowohl „disciplina" wie „pietas" zur Tugend der „discretio" verbindet. Im werdenden Abendland ist nicht zuletzt die Mönchsregel des hl. Benedikt durch Jahrhunderte hindurch ein wirksamer Zeuge dieses Ordo gewesen bei der Vermittlung von „Kreuz, Buch und Pflug"[9],

---

[9] Papst Paul VI., Motu proprio „Pacis nuntius" vom 24.10.1964 (mit dem der Papst den hl. Benedikt zum „Patron ganz Europas" erklärte), abgedruckt in: Frumentius Renner (Hrsg.), Benedictus – Bote des Friedens. Papstworte zu den Benediktusjubiläen von 1880 bis 1980, St. Ottilien 1982, 84–86, hier 84. Papst Johannes Paul II. hat ergänzend die

d. h., von christlicher Botschaft, antiker Literatur und Kultivierungsarbeit. Dieses griechisch-römische Erbe gab Europa in der Begegnung mit den zumeist älteren Völkern Südwestasiens und Nordafrikas eine einmalige Fähigkeit der Selektion und Integration der kulturellen Errungenschaften dieser Völker. Es führte so zu einer ständigen Befruchtung der europäischen Kultur und gab ihr ihren universalen Charakter. Das griechisch-römische Erbe ist „das Resultat der spirituellen Geburtsvorgänge aller geistig entwickelten Völker der Antike"[10] und hat dennoch seine Eigenart bewahrt.

4. Die biblischen Wurzeln der europäischen Geschichte

4.1. Zur Fragestellung

Eine systematische Entfaltung der für die europäische Geistesgeschichte entscheidenden Elemente der Offenbarung, wie sie uns in der Bibel Alten und Neuen Testaments bezeugt ist, würde den Rahmen dieses Beitrags sprengen. Mir scheint der umgekehrte Weg wichtiger, nämlich darüber nachzudenken, „in wie hohem, theologisch explizitem Maße sich alle wesentlichen Momente des neuzeitlichen Bewußtseins vorgängig als Selbsterfassung des christlichen Bewußtseins identifizieren lassen."[11]

Auch nach christlichem Verständnis ist am Anfang der Logos, und zwar als schöpferisches Wort universaler Sinnhaftigkeit. Auch in der Bibel gibt es ursprüngliche Harmonie, das Paradies. Aber sogleich folgt auch das Phänomen der Entfremdung, nicht aufgrund eines übelwollenden Schicksals, sondern dadurch, daß sich der Mensch am Baum der Erkenntnis von Gut und Böse und damit am Leben vergreift: Der Mensch mißbraucht den Herrschaftsauftrag Gottes, indem er sich selbst zum Maßstab für das Leben macht. Das hat den Verlust des Paradieses und den Tod zur Folge, den Tod als etwas, womit sich der Mensch niemals abfinden kann. In dieser Situation eröffnet die biblische Offenbarung einen Weg der Hoffnung auf Heil, das „schon jetzt" und doch „noch nicht" gegeben ist, dessen Vollendung an das Gericht Gottes gebunden ist, und dieses Gericht ist zuallererst Gottes aufrichtendes Erbarmen, endgültiges Unheil dagegen erst dann, wenn der

---

in Thessaloniki geborenen Slavenapostel Kyrill und Method zu Mitpatronen Europas erklärt.
[10] Damaskinos Papandreou, Das Zeugnis der Orthodoxie für ein vereintes Europa: Una Sancta 44, (1989), 275–280, hier 275.
[11] Trutz Rendtorff, Theorie des Christentums, Gütersloh 1972, 11.

Mensch sich endgültig selbst versagt. Damit eröffnet die biblische Offenbarung ein Bewußtsein einer auf die Zukunft ausgerichteten Geschichte, damit zugleich das Wissen um Gut und Böse als Kriterium für Leben und Tod und die Freiheit, in diesem Wissen sich zu entscheiden. Zugleich ist in diesem Verständnis einer in Gott geborgenen Geschichte auch die Möglichkeit eröffnet, Unendlichkeit zu denken. Und obwohl der unendliche Gott unzugängliches Geheimnis bleibt, führt die Offenbarung der Menschwerdung Gottes und nicht minder der Dreieinigkeit Gottes dazu, unvereinbar scheinende Gegensätze zunächst einmal als gegeben hinzunehmen, zugleich aber auch in ihrer Einheit immer tiefer zu verstehen bemüht zu sein, ohne sie gleich monistisch einzuebnen oder dualistisch auseinanderzureißen.

Daß die europäischen Denkanstrengungen im genannten Sinn wesentliche Impulse aus der biblischen Offenbarung erhielten, ist wohl unbestritten. Größere Mühe bereitet es zu verstehen, warum der Prozeß der so ermöglichten Denkanstrengungen trotzdem scheinbar so unharmonisch verlief. Mehr noch: Es hat den Anschein, als entferne sich die europäische Geistesgeschichte mit ihrer Kette von Revolutionen mehr und mehr von der christlichen Überlieferung. Für eine Neuorientierung ist es heute zweifellos wichtig, wie wir diese Geschichte in ihrem Ineinander von Kontinuität und stetiger Erneuerung verstehen und wie wir uns selbst und unsere zukünftigen christlichen Wirkungsmöglichkeiten von dieser Geschichte her verstehen.

4.2 Hermeneutik der Revolutionen

Die verschiedenen Revolutionen der europäischen Geschichte betreffen die einzelnen Nationen und Konfessionen jeweils auf unterschiedliche Weise. Entsprechend erfahren sie unterschiedliche Beurteilungen. Es läßt sich aber nicht übersehen, daß sie aufs Ganze gesehen gesamteuropäische Wurzeln und Wirkungen haben, lassen sie sich doch als schrittweiser Durchbruch eines emanzipatorischen, auf Erringung individueller Gewissensfreiheit und allgemeiner Menschenrechte drängenden, demokratischen und zugleich sozialen Bewußtseins verstehen. Wenn heute in den Dokumenten der KSZE individuelle und soziale Menschenrechte zusammengesehen werden, wenn wir in der Bundesrepublik Deutschland eine nicht nur freie, sondern auch soziale Marktwirtschaft haben, ist das die Folge eines fortschreitenden revolutionären Prozesses. Zu diesem Prozeß, zur europäischen Revolutionsgeschichte gehören nicht nur die verschiedenen politischen Revolutionen, sondern auch die Reformation und ihre Vorläufer.

Hier wird die theologische Wurzel deutlich, aus der überhaupt die Revolutionsgeschichte erwächst: die immer wieder erneuerte Erinnerung der Befreiungstat Gottes, die sich in einem Exodus ereignete – im Rahmen einer Geschichte immer neuer Erwählungen und Bundesschlüsse und daraus erwachsener Zukunftshoffnungen im Alten Testament – und die nach christlichem Verständnis eine neue Qualität erfährt im zentralen Ereignis eines Neuen Bundes als Offenbarung der Gottesherrschaft. Diese Gottesherrschaft steht in ihrer Vollendung zwar noch aus, bestimmt aber gerade darum in der apokalyptischen Endzeit, in der wir uns befinden, das ethische Handeln nicht zuletzt dadurch, daß sie zu immer neuer Bekehrung und dauernder Reformation drängt.

Im Konflikt zwischen der Reformation und der Alten Kirche wird freilich auch deutlich, daß die zum Durchbruch kommenden Werte theologisch in einer notwendigen Spannung zu komplementären Werten stehen, die nicht minder der Bewahrung bedürfen. Der Weg zur Freiheit bedarf der Weisung, Freiheit selbst ist nur möglich in Bindung, Gleichheit verwirklicht sich in der Anerkennung der unterschiedlichen Begabungen und Aufgaben, und Brüderlichkeit bedarf einer Ordnung für den Dienst aneinander.

Daß die zentralen Begriffe der Revolutionsgeschichte – Menschenwürde, Freiheit, Gleichheit, Brüderlichkeit, Menschenrechte – ihren Ursprung in der Offenbarungsgeschichte haben, braucht hier nicht ausführlich dargelegt werden. Daß die Alte Kirche nicht in optimaler Weise der Anwalt dieser Werte war, dafür ist die Erklärung über die Religionsfreiheit des Zweiten Vatikanischen Konzils bezeichnend. Angesichts der Tatsache, daß „die Würde der menschlichen Person.... den Menschen unserer Zeit immer mehr zum Bewußtsein (kommt)" (Nr. 1), fordert sie – man ist geneigt zu sagen: mit reichlicher Verspätung –, „daß in religiösen Dingen niemand gezwungen wird, gegen sein Gewissen zu handeln" (Nr. 2). Dabei stellt sie fest, „das Recht auf religiöse Freiheit sei in Wahrheit auf die Würde der menschlichen Person selbst gegründet, so wie sie durch das geoffenbarte Wort Gottes und durch die Vernunft selbst erkannt wird" (ebd). Zugleich aber muß sie eingestehen: „Gewiß ist bisweilen im Leben des Volkes Gottes auf seiner Pilgerfahrt – im Wechsel der menschichen Geschichte – eine Weise des Handelns vorgekommen, die dem Geist des Evangeliums wenig entsprechend, ja sogar entgegengesetzt war" (Nr. 12). Es bedurfte offenbar einiger Revolutionen, um dieser Erkenntnis zum Durchbruch zu verhelfen.

Ein Blick auf die Revolutionsgeschichte zeigt aber auch die politische Verflechtung, ja machtpolitische Manipulierbarkeit theologischer Werte. Mehr noch: Wie sehr Revolutionen sich gerade gegen Anmaßung und Machtmißbrauch richteten – die Refomation sprach apokalyptisch vom „Antichristen" –, so sehr haben sie immer auch selbst zu Anmaßungen geführt und in erschwerendem Maße Gewalttätigkeit freigesetzt, so daß sich in unserem Gedächtnis mit Revolutionen auch apokalyptische Schreckensbilder widergöttlicher Mächte verbinden. Sie stehen dann auch einer Durchsetzung der ursprünglichen und legitimen Zielsetzungen der Revolutionen hindernd im Wege.

4.3. Säkularisierung und Aufklärung

Die europäische Revolutionsgeschichte vom Evangelium her positiv zu werten, wird durch zwei weitere Phänomene erschwert, die eng, aber vielleicht doch nicht notwendig miteinander zusammenhängen und die man wohl am besten mit Säkularisierung und Aufklärung bezeichnet.

Zunächst gilt auch hier: Säkularisierung als Weltlichwerdung der Welt hat ihren Grund in der biblischen Offenbarung mit ihrer Deutung der Welt als von Gott unterschiedener Schöpfung Gottes, mehr noch im Ereignis der Menschwerdung Gottes in Jesus Christus.[12] Die relative Trennung von geistlicher und weltlicher Autorität, von Kirche und Staat – statt einer Theokratie – ist eine notwendige Konsequenz davon. Insofern gehört auch der mittelalterliche Investiturstreit zur europäischen Revolutionsgeschichte. Lutherische Theologie wird als Grund legitimer Säkularität wohl stärker den Unterschied von Gesetz und Evangelium betonen, insofern die in der Rechtfertigung geschenkte Gotteskindschaft die Welt und ihre Gesetze des pseudosakralen Anspruchs entkleidet, Möglichkeiten der Selbsterlösung und Selbstverwirklichung zu bieten.

Doch gehört zur Säkularisierungsgeschichte auch, daß die durch die Offenbarung freigesetzte Weltlichkeit zugleich den Charakter trägt, den die „Welt" im Neuen Testament, besonders im Johannesevangelium hat: als Gott vergessende, ja widergöttliche Welt. Zur Säkularisierungsgeschichte nach Christus gehört auch die Wirklichkeit radikalisierter Gottlosigkeit.

Versteht man unter „Aufklärung" nicht nur jene Epoche, die sich selbst so nannte, dann ist auch sie nicht notwendigerweise gegen die Offenbarung gerichtet, sondern deren Folge: eine ursprünglich im Glauben eröffnete und ihn bedenkende Daseinserhellung mit den spezifischen Möglichkeiten der durch die Offenbarung freigesetzten und zur Verantwortung befähigten menschlichen Vernunft. Säkularisiert führt freilich die Aufklärung dazu, „daß ursprünglich theologische Ge-

---

[12] Vgl. Ulrich Ruh, Säkularisierung, in: Franz Böckle u. a. (Hrsg.), Christlicher Glaube in moderner Gesellschaft, Teilband 18, Freiburg 1982, 59–100, bes. 89 ff.

halte plötzlich profane oder vernünftige Plausibilität gewinnen."[13] Damit gehört zur Problematik säkularisierter Aufklärung auch, daß die Offenbarung als Erkenntnisquelle der Aufklärung nicht weitergegeben wird, ja als Bevormundung der Vernunft abgelehnt wird.

Es ist jedoch zu fragen, wieweit säkularisierte Aufklärung, wo sie sich gegen eine Hermeneutik des Glaubens wendet, nicht zur Perversion weltlicher Freiheit wird, wieweit sie in ihren Verabsolutierungen oder gar in ideologischem und oft nihilistischem Totalitarismus nicht auch Ausdruck und Werkzeug widergöttlicher „Mächte und Gewalten" ist. Der Aufklärungsprozeß bedarf selbst einer Aufklärung.

Trotzdem ist die europäische Aufklärungsgeschichte wesentlich zu verstehen als ein Zusichkommen des menschlichen Geistes in der Überwindung des magischen Bewußtseins im Wissen um den Logos – anfanghaft schon im griechischen Denken, anfanghaft wohl auch schon in anderen Kulturen, entscheidend aber im Glauben an die biblische Offenbarung. Als Ausdruck der so gewonnenen personalen Freiheit und Verantwortung entstand in vielen Jahrhunderten der Bändigung und Gestaltung der Erde in Europa jene „urbane" oder „kulturelle" Natur, „die Europa im Grunde zu einem riesigen Park machte."[14]

Die biblische Offenbarung zeigt aber auch die bleibende Gefährdung in Verbindung mit jeder Aufklärung, daß nämlich Erkennen zu einem Griff nach der Macht pervertiert werden kann. Der schon erwähnte Verlust des Paradieses kann freilich säkularisiert allzu leicht als eine notwendige Reifungsstufe interpretiert werden, als ein Erwachen aus der magisch-naiven Unbewußtheit. Die Sünde, sich selbst zum Maß zu setzen und sich alles zu erlauben, was machbar ist, wird dann hemmungslos zum faszinierenden Abenteuer ohne jedes Tabu.

Eine andere Gefahr im Gefolge des biblisch begründeten Aufklärungsprozesses ist subtiler. Sie liegt in einem Mißverständnis des das ganze Alte Testament durchziehenden Kampfes gegen die bleibende Faszination eines Rückfalls in eine Divinisierung kosmischer Mächte: Wenn nämlich alle Marterie (alle Mater-ia) und damit alle Leiblichkeit, alle Sinnlichkeit als blosser „Schatten" des Eigentlichen verneint und zugleich mit dem Bösen identifiziert wird – in Verkennung dessen, was Paulus mit dem sündigen „Fleisch" meint. Dieser Gefahr ist das Christentum trotz des Bekenntnisses zur „Fleischwerdung" des Wortes Gottes nicht entgangen, und diese Reduktion auf den Geist bekam neue Aktualität infolge des für die abendländische Eigengeschichte entschei-

---

[13] Max Seckler, Aufklärung und Offenbarung, in: Franz Böckle u. a. (Hrsg.), Christlicher Glaube in moderner Gesellschaft, Teilband 21, Freiburg 1980, 5–78, hier 67.
[14] Hanna-Barbara Gerl, a. a. O (vgl. Anm. 5), 182.

denden Schritts „vom Symbol zur Dialektik"[15] in der Scholastik. Damit war der Weg zu einem Wissenschaftsbegriff beschritten, für den rationale Objektivierung das entscheidende Kriterium ist.

Was sich da im 13. Jahrhundert bemerkbar macht, ist auch „eine grundsätzliche Änderung in bezug auf das intellektuelle Verhalten zur Natur"[16]: Nicht mehr ein Verstehen der Natur in Entsprechung zum Menschen und von der Selbsterfahrung des Menschen her, sondern, ausgehend von einer Beobachtung der Naturvorgänge, eine Erklärung der ihnen eigenen Gesetzmäßigkeit – vor allem des Zusammenhanges von Ursache und Wirkung – mit Hilfe der seit der Antike schon im Bemühen um das Verstehen des „Logos" erarbeiteten mathematischen Erkenntnisse des europäischen Geistes. Vorboten der neuen Geisteshaltung zeigen sich schon im 9. Jahrhundert, beispielsweise im kritischen Umgang mit Texten vorchristlicher oder frühchristlicher Autoren bei ihrer Übersetzung und Kommentierung etwa in der Domschule von Auxerre[17] oder in England am Hofe Alfreds des Großen. Wichtig ist in diesem Zusammenhang auch die hochmittelalterliche Aristoteles-Rezeption. In der Folgezeit führte das objektivierende Denken in den Geisteswissenschaften zu kritischer Auseinandersetzung mit den vorgegebenen Autoritäten, in den Naturwissenschaften zu einer Versachlichung der Materie zum Material.

Die Bildung des Herzens ist nicht mehr Sache einer sich so begreifenden Wissenschaft. Sie wird mehr und mehr privatisiert und zielt fortan weniger auf eine „Läuterung" und „Verwandlung" der Leidenschaften als vielmehr auf ihre von ethischen Imperativen und Verboten bestimmte Unterdrückung. Einer rationalistisch gewordenen Aufklärung steht eine rationalistisch objektivierende Theologie gegenüber. Die Entsprechung von Makrokosmos und Mikrokosmos gehört in solchem Rationalismus ebensowenig zur „eigentlichen" Wirklichkeit wie die Transparenz alles Geschaffenen für das Geheimnis. Das Verständnis für Bilder, Symbole und Riten, für Legenden, für metaphorische und mythische Sprache geht verloren. Fundamentalistische „Rechtgläubigkeit" und moralischer „Puritanismus", rubrizistische Liturgie und Bilderfeindlichkeit sind die Folge. Sie sind zugleich der Nährboden für

---

[15] So die Überschrift eines Kapitels in Henri de Lubac, Corpus mysticum, Paris 1944 (nach Yves Congar, Zerissene Christenheit, Wien 1959, Anm. 113; vgl. auch die Literaturangaben dort, Anm. 114).

[16] Joseph Meurers, Die geistige Situation der Naturwissenschaften zu Virgilius' Zeiten, in: Virgil von Salzburg (vgl. Anm. 7), 162–169, hier 164.

[17] Vgl. Pierre Riché, Les Écoles d'Auxerre au IXe Siècle, in: La Chanson de Geste et le Mythe Carolingien I (FS René Louis), Musée Archéologique Régional, Saint-Père-sous-Vézelay 1982, 111–117, bes. 112.

alle möglichen Protestäußerungen unaufgeklärter Leidenschaften diabolisch perverser Lust bis hin zum bewußten Satanismus. Das aber führt umgekehrt umso mehr wieder dazu, alles Erdhaft-Sinnliche zu verteufeln.

Die Pervertierung des Auftrags, die Natur zu beherrschen, konnte aufgrund der Objektivierung der Natur zu bloßem Material in Europa und von Europa ausgehend in der ganzen Welt zu jener technischen Beherrschung und Ausbeutung der Mit-Schöpfung führen, die zugleich ihre Zerstörung bedeutet. Der angedeutete Wirklichkeitsverlust in der westlichen Theologie hat dazu geführt, daß die abendländischen Kirchen weder die Scharfsichtigkeit noch die Kraft für eine wirksame Auseinandersetzung besaßen, so sehr dazu Ansätze vorhanden gewesen wären – etwa im Erbe des Humanismus und der Renaissance oder auch in der Architektur, Musik und Dichtung, selbst in der Theologie und einer theologischen Beschäftigung mit den Naturwissenschaften am Vorabend jener Epoche, die par excellence den Namen „Aufklärung" trägt. Der Trend zur Einigelung war stärker.

5. Öko-logische Integration als ökumenische Aufgabe

Ansätze zu einer Aufklärung der Aufklärung kamen von der Philosophie der Aufklärung selbst, freilich auch hier aus ursprünglich theologischem Erbe, aus einem säkularisierten, auf die Stimme des Gewissens reduzierten Verständnis von Offenbarung. Für Kant etwa war die Aufklärung letztlich ein „Prozeß der Vernunft *gegen sich selbst.*"[18] Später machte besonders die Psychologie auf die oft unbewußten Interessen als subjektive Bedingtheiten und Steuerungen der Vernunft aufmerksam. Genügt es zu einer allgemein verbindlichen Orientierung der Vernunft, nur rein formal vom Gewissen zu sprechen?

Eine allgemein plausible Orientierung zeichnet sich heute ab im Begriff der *Verantwortung für die Möglichkeit des Überlebens*. Die Vernunft entdeckt ihre geschichtliche Verantwortung für ihren eigenen Erhalt, für den Erhalt der Freiheit des Gewissens. Es scheint, daß diese neu entdeckte Verantwortung der Kern einer neuen Revolution ist, die sich von allen bisherigen darin unterscheidet, daß sie eine Wiedergewinnung der in den früheren Revolutionen zerstörten Integrität zum Ziel hat: die Ganzheit des Lebens in einem für alle offenen Lebensraum. Dieses „öko-logische" Ziel kommt darin zum Ausdruck, daß Begriffe wie „Gerechtigkeit", „Frieden" und „Bewahrung (Integrität der Schöpfung)" miteinander verbunden werden: Ökologische Integration setzt voraus,

---

[18] Max Seckler, a.a.O. (vgl. Anm. 13), 73.

Anderssein gelten zu lassen, ohne es beherrschen zu wollen, und dieses Anderssein ist ganzheitlich gemeint: Seele und Leib, Mann und Frau, alle Rassen und Sprachen, den Menschen und seine Mit-Welt umfassend.

Auch diese Revolution der Verantwortung für die Zukunft hat ihr Urbild in der biblischen Offenbarung, und zwar in ihrer Eschatologie. „Gerechtigkeit" und „Frieden" sind in der Bibel Ausdruck der umfassenden Gottesherrschaft. Hier liegt ihr spezifisch christlicher Bezeugungsgehalt. Ihm kommt heute die Aufgabe zu, die ökologische Revolution kritisch davor zu bewahren, weder Utopien nachzujagen noch angesichts der Realität der nicht aufzuhebenden Todverfallenheit des Menschen und seiner Welt zu verzweifeln. Ein Zurück ins Paradies gibt es nicht, weder in ein Paradies *sündeloser* Harmonie noch in ein Paradies *vorkritischer* Erdverbundenheit.

Wohl aber steht am Ende der Heiligen Schrift, im letzten Kapitel der Offenbarung des Johannes, die Vision eines paradiesischen neuen Jerusalems, in der „zwischen der Straße und dem Strom, hüben und drüben, Bäume des Lebens stehen" (Offb 22,2), ein Bild also „urbaner Natur", einer Einheit von kosmischer Ursprünglichkeit und geschichtlicher Vollendung. Aber was hier geschaut wird, kommt von Gott. Theologie ist vor allem Eschatologie, Reden von dem, was von Gott her auf den Menschen zugekommen ist und immer neu zukommt. Erst daraus ergibt sich der ethische Imperativ. Zur Wirklichkeit der Eschatologie gehört wesentlich auch die Apokalyptik. Denn christliche Eschatologie hat ihre Mitte in der geschichtlichen „Stunde" des Todes Jesu, die zugleich die Stunde seiner Verherrlichung, seiner „doxa", ist. Es ist die „Stunde", in die jeder Mensch und die Welt insgesamt kommt, die Stunde des Gerichts, in der Gott selbst alles neu machen wird.

Soziale Gerechtigkeit, politischer Friede und ökologische Ganzheit sind noch nicht das eschatologische Heil. Und doch ist das Reich Gottes jetzt schon mitten unter uns. Und weil Gottesherrschaft zugleich das Ende aller menschlichen Selbstherrlichkeit bedeutet, erfährt Verantwortung für Gerechtigkeit, für Frieden und für die Schöpfung von der Stunde Jesu her gerade nicht ihre Aufhebung, sondern ihre Entschiedenheit. Es gehört zur vollen Sakramentalität der Kirche, ökologisches Zeichen zu sein. Gerade ihre Sakralgestalt ist Dienst an der Welt. Zum notwendigen ökologischen Zeugnis der Kirche gehört zum Beispiel das Bemühen um eine den ganzen Menschen integrierende, kosmisch stimmige Liturgie.

Damit stellt sich als dringende theologische Aufgabe eine der Inkarnation des Wortes Gottes entsprechende Synthese von Wort und Bild, eine Aufgabe, zu der die osteuropäische Christenheit in ihrer Geschichte längst einen großen Beitrag geleistet hat – ihre Ikonographie gibt davon Zeugnis –, ohne daß sie vielleicht schon zur Genüge die Bedeutung ihres Reichtums für das „gemeinsame Haus" Europa erkennt. Wenn die Geschichte Europas eine Geschichte des Wortes Gottes in dieser Welt ist, dann stellt sich heute für die gesamteuropäische Christenheit die gemeinsame ökumenische Aufgabe, im Austausch ihrer spezifischen Erfahrungen dafür Sorge zu tragen, daß in diesem Europa die „Ikone" Christi gestaltende Kraft gewinnt.

Dušan Ondrejovič, Bratislava

Der Eintritt ins Haus Europa im dritten Jahrtausend

Einleitung

Das 18. Jahrhundert ist analytisch, gliedernd, schichtenschaffend, aber auch formend; es erreicht eine klare Plastizität, die manchmal das notwendige Zusammenspiel aller Aspekte des Lebens rücksichtslos fallen läßt: Darin liegen seine Stärke, aber zugleich auch sein Mangel und seine Unausgeglichenheit. Die romantische Theorie ist dagegen eher synthetisierend und sucht in der Tiefe Einheit und Ganzheit allen Geschehens. In dieser Tendenz zur Vereinheitlichung verwischt sie jedoch die wesentlichen Unterscheidungsmerkmale in dem Bestreben, sie zu einer problematischen Einheit zu verbinden, in der allerdings die verschiedensten Gegensätze und Widersprüche ihren Platz finden. Obwohl sie grundsätzlich unvereinbar sind, trägt sie Poesie, Philosophie und Religion mit einer Vertrautheit an die Menschen heran; noetische Prinzipien lassen dies jedoch nicht zu.

Aber trotz all' dieser Schatten, die keinen Fortschritt an sich darstellen, sondern eher ein Rückschritt im Blick auf das vorhergehende Jahrhundert sind, bestehen Tiefe und Größe dieser Bewegung gerade darin, daß sie einen Einstieg – und damit auch einen Eingriff – in die einigenden Ideen und in die grundsätzlichen Zusammenhänge gesamtmenschlicher und kosmischer Art macht; sie sucht die verlorene Einheit, die ja gewissermaßen verborgen hinter all' diesen Unterscheidungen eingebettet ist; sie strebt einem geistigen Universalismus zu, den sie durch kühne, breit gefächerte Spekulationen erreichen möchte.

Wenn wir einen Vergleich aus dem Bereich der Musik zwischen einer Symphonie des 18. Jahrhunderts und einer Symphonie Ludwig van Beethovens aus dem Anfang des 19. Jahrhunderts anstellen, so tritt ein wesentlicher Unterschied zwischen den beiden Jahrhunderten sofort zutage: Die Symphonie des 18. Jahrhunderts spricht einige Einzelmenschen oder einen ausgewählten Kreis einer Gesellschaft in Schlössern und Burgen an, die in verhältnismäßig guten Verhältnissen lebt: Dieser Gesellschaftsform entspricht auch der innere, individuell ausgewogene Inhalt der Symphonie. Die Symphonie Beethovens hat dagegen eine ganz andere Konzeption, aber auch eine ganz andere Sendung: Sie durchbricht den eingeengten Lebenskreis des Menschen und will eine neue, breitere Zuhörerschaft ansprechen: die große Menge der Menschen ohne Unterschied von Klassen und Ständen. Sie spricht die sich bildende Kollektivität Europas an, man kann sagen – die Menschheit als solche. Wie konnte diese sich neu formierende Gesellschaft entstehen, die sich selbst bewußt wurde? Nur dadurch, daß man wohl vom Einzelmenschen ausging, ihn als Glied eines Ganzen betrachtete, und dies in nationalstaatlicher, aber auch in allmenschlicher Hinsicht. Dies führte vom Individualismus zum Universalismus.

Das dynamische Ausmaß erhielt diese Richtung nur durch die Romantik als Theorie. Obwohl auch das 18. Jahrhundert den Staat als Organismus zu verstehen versuchte, war es allein die Romantik, die ihren Kern und naturhaften Inhalt in einer Gemeinschaft jener Menschen sah, die sich durch ein enges Band stammesmäßiger und nationaler Zusammengehörigkeit verbunden fühlten und somit dieser Erkenntnis und Wirklichkeit die nötigen Akzente verliehen. Nur die Romantik entfaltete voll und ganz den Sinn für ethnische Besonderheiten und nationale Eigenheiten, aber ebenso sehr auch für das Prinzip der Einheit.

Die ersten Ansätze dieser Gedankengänge kann man schon im 18. Jahrhundert finden; was aber dort kurz und bündig formuliert wurde, entwickelte das 19. Jahrhundert weiter im Hinblick auf eine veränderte Gefühlssituation: Es wurde auf die horizontalen Ebenen übertragen, die eine größere gefächerte Breite, Dynamik und historische Tiefendimension hatten. In meinem Vortrag kann und will ich nicht auf die Details dieser Bewegung eingehen, aber man kann wohl mit Recht sagen, daß einer der profiliertesten Vertreter dieser geistig kulturellen Morgenröte Johann Gottfried Herder war, der neben Immanuel Kant die Aufklärung überwindet und versucht, wie es Jos. Tvrdý formuliert, zu einer kulturellen Synthese im Geiste der Renaissance zu kommen. Dabei bindet er die verschiedenen Kulturelemente in ein Ganzes ein (Aufklärung, Evangelium, Natur, lebendige Antike und Christentum) und wartet mit einem Titel auf, der im Unterschied zur römisch-klassischen Renaissance den Namen trägt *Renaissance der Humanität*.[1]

Herder ist einer jener Philosophen, der eine neue, tiefe und vielseitigere Konzeption des Lebens sucht. Dafür benutzt er seine innere Wahrhaftigkeit und sein historisches Feingefühl, um die Ideen, die die Geschichte der Menschheit einigen, zu finden; er war „darum bemüht, die Gefühlsausbrüche Rousseaus mit den erzieherischen Aspekten der Aufklärung zu versöhnen, aber auch mit den Grundsätzen des evangelischen Christentums aus einem warmen Optimismus heraus, was jedoch nur zu verschiedenen Ungereimtheiten, Inkonsequenzen und unklaren

---

[1] J. Tvrdý: Nová renaissance. Praha N. 49, S. 24

Schwankungen zwischen Idealismus und Naturalismus führen konnte."[2] Es muß anerkannt werden, daß Herders historiographisches Ideal so hoch und erhaben ist, daß Richard Fester, der die Zusammenhänge zwischen der deutschen Philosophie und Rousseau erforscht hat, mit Recht sagen konnte, daß kein besseres historiographisches Ideal aufgestellt wurde: Das Herdersche Ideal war eben in dieser Zeit die beste Lösung; Herder konnte freilich nicht in seinem Hauptwerk dieses Ideal praktisch zu Ende denken. Aber eines kann festgehalten werden: Herder war, obwohl bisher nicht genügend bewertet, der Initiator zu allem, was heute schon verarbeitet ist.[3]

Für uns Slaven hat Herder seine besondere Bedeutung, weil gerade er es war, der in den Slaven ein Volk sah, das Humanität verwirklichen könne; so kam es auch dazu, daß Herders Ansichten bei uns eine sehr große Resonanz fanden und sich seine Ansichten tief in die Geschichtsphilosophie und in die nationale Erneuerung eingruben.

*

In den letzten Jahrzehnten des 18. Jahrhunderts vollzogen sich auch im damaligen Groß-Ungarn, zu dem auch Ober-Ungarn (heute: Slovakei) gehörte, bemerkenswerte Veränderungen. In diese Epoche fällt die Regierungszeit Joseph II. (1780–1790), des sog. „Toleranzpatent-Kaisers", und somit auch seine angekündigten und durchgeführten Reformen. Die Denker dieser Zeit, vor allem die Aufklärer, gingen von dem Grundsatz aus, daß allgemeiner Wohlstand das Ziel des gesellschaftlichen Lebens ist. Diese Reformfreudigkeit wurde in der Slovakei sichtbar, deren Ziel es war, das materielle und geistige Niveau des Volkes zu heben; es ging um erhöhte Wohlfahrt und um angehobene Sorgfalt bei Gesundheit, Hygiene, Bildung und Wissenschaft. Ende des 18. Jahrhunderts etablierten sich daher ganze Plejaden „gelehrter Gesellschaften"; freilich hatten viele nur eine kurze Lebensdauer. Die Phänomene der Aufklärung hatten in der Slovakei ein stark einheimisches Gepräge und versuchten im Einklang mit der objektiven Tendenz der europäischen Gesellschaft, den Fortschritt der Menschheit weiter voranzutreiben, und dies dadurch, daß mit viel Zeit und Mühe das Unwissen, der Analphabetismus und die Rückständigkeit aus dem eigenen Milieu vertrieben werden sollte.

In gleicher Richtung, aber in anderem Zusammenhang entwickelte sich ein neues Nationalbewußtsein, eine nationale Wiedergeburt, durch

---

[2] J. Šusta: Dejepisectví. Praha 1933, S. 23
[3] R. Fester: Rousseau und die deutsche Geschichtsphilosophie. Stuttgart 1890, S. 43

die die Aufklärung eigentlich in das Kleid der „romantischen Theorie schlüpfte."

Aus der Synthese aller dieser Strömungen entwickelte sich eine suggestive Form der Philosophie, die die Frage der Renaissance des slovakischen Lebens und der slovakischen Geschichte ins Blickfeld rückte. Die intensive Entwicklung der nach Freiheit strebenden Volksbewegungen, die in Ungarn in der ersten Hälfte des 19. Jahrhunderts ihren Ausgang nahm, drängte die Intelligenz zur Konzentration und zur größten Aufmerksamkeit gegenüber den ideellen Strömungen, dies umso mehr, weil sich diese Probleme aus der Wirklichkeit der nationalen Identität ergaben. J. M. Hurban gehörte dem Dreigestirn an, das die slovakische Schriftsprache fixierte; er drückte in lapidarer Form den Standpunkt dieser Zeit so aus: „... in dieser Zeit muß alles, was leben will, die Farbe und den Geruch der Nationalität haben."[4] Dieser Satz enthält die Dimension jedweder politischen, kulturellen und schriftstellerischen Arbeit. Die Philosophie, die in diesen Zusammenhang eingebunden ist, mußte vor allem der theoretischen Begründung der Nationalbewegung dienen, aber ebenso auch die Kraft haben, damit zusammenhängende Fragen zu beantworten. Im Zusammenhang mit der vorausgegangenen Aufklärung wurden in dieser Hinsicht solche philosophischen Disziplinen wie Gnoseologie, Logik, Ethik eingeengt; das Interesse daran erlahmte und hörte sogar auf: Gerade das war die negative Seite der Neubesinnung und Neuorientierung der Slovaken. Die theoretischen Probleme werden nebensächlich, zu ihrer Entfaltung kommt es nur indirekt, d. h., bei der Lösung geistiger und politischer Probleme. In dieser Hinsicht unterscheidet sich das Schaffen unserer Erneuerer von all' den anderen philosophischen Mustern in Europa, aber auch von den älteren philosophischen Bestrebungen in der Slovakei.

Die drei Merkmale des Protestantismus in der Vergangenheit

Der *erste* und wichtigste Zug des Protestantismus ist sein reformatorischer und religiös oppositioneller Charakter. Seine Tendenz besteht darin, nicht den Glauben zu schaffen, sondern ihn umzubilden und umzugestalten, ihn zur inneren Reform und zur Wiedergeburt umzuwandeln. Die Überzeugung, daß nur die Evangelischen die Sache Gottes in ihrer Reinheit repräsentieren, daß sie als berufene Zeugen kompromißlos gegen die Unvollkommenheit, Verweltlichung und Selbstgenügsamkeit der Kirche sind, konnte sich gegen die Mehrheit des Christentums nicht durchsetzen. Eine hundertjährige Wachsamkeit schenkte ihm eine

---

[4] Nitra IV/1847, 87 ff., auch Slov. pohľady I/1851, N. 3, S. 91

immer wieder erzwungene Polemik, die vor allem in seinen theoretischen und theologischen Kreisen eine ständig sich regenerierende Arbeit an sich selbst notwendig machte. Im slowakischen Protestantismus ist im Unterschied zu den anderen religiösen Richtungen traditionell die Fähigkeit zur Selbstkritik in dem Sinne bußfertiger Unterscheidung entfaltet, die die Sache Gottes vom fehlhaften Verhalten seiner Bekenner trennt, den schwachen, sündhaften Menschen, der nicht Gottes Wort gehorchen will, immer machtlos, dem Unheil zugeneigt.

Ein *weiteres* spezifisches Zeichen des Protestantismus ist der evangelische Biblizismus – diese eigentümliche Introvertiertheit und Besonderheit in der Tradition des Denkens, die Neigung zum Subjektivismus und zur Betonung des inneren Lebens des Einzelnen: All' das muß einem Katholiken im Grunde als unkirchlich erscheinen. Der evangelische Biblizismus ist auf der Auslegung der Bibel gegründet. Das ist für das Leben des einzelnen Christen am wichtigsten; aber auf der anderen Seite geht es ja auch um ein „Hineinlesen" des Christen in die Bibel, d. h., der Christ liest sich selbst, seine ganze Lebensphilosophie, seine Lebenssituation in Mut und Schwachheit, jedoch gegen Hohn, Schmach, Schande und gegen die Realität des Todes.

Ein *drittes* Zeichen des Protestantismus ist das allgemeine Priestertum, ein Individualismus, dessen Mittelpunkt jeder Gläubige ist. Der Protestantismus ist die subjektivste Form aller religiösen Richtungen. Immanuel Kants „kopernikanische Wende" in der Philosophie war im Grunde eine spätere Analogie zur „kopernikanischen Wende" im Begreifen des christlichen Glaubens, wie es Martin Luther vorgenommen hat. Nach Luthers Denken ist das Christentum vor allem eine innere Angelegenheit des Menschen. Die Bedeutung der Liturgie, des Sakraments und aller äußeren Handlungen liegt nicht darin, daß sie durchgeführt werden, sondern darin, daß sie erlebt und durchlebt werden, d. h., geglaubt werden. „Sacramenta non sunt, dum fiunt, sed dum creduntur." Christlich zu leben heißt im slowakischen Protestantismus nicht, vor dem „realen Leben" zu Jesus zu fliehen, sondern umgekehrt, die Lehre Jesu in das „reale Leben" umzusetzen.

*

Das Slowakische Luthertum gehört traditionell zu den konservativsten evangelischen Kirchen. Außerdem bewahrt es auch starke Traditionen äußerer liturgischer Frömmigkeit, einen festen und organisatorischen Zusammenschluß, so daß es in einigen Fällen dem katholischen Verständnis des Christentums näher steht als den radikaleren protestantischen Richtungen.

Die Geschichte des slowakischen Protestantismus ist die Geschichte einer Minderheit, die dazu gezwungen ist, im ständigen Kontakt mit der katholischen Mehrheit zu leben. Jede Minderheit hat aber auch immer ihren bestimmten Vorzug: Eine solche Situation zwingt sie zu größerer Zähigkeit, sie trennt sich von schwachen und kompromißbereiten Gliedern und zwingt sich zu größerer Aktivität im eigenen Kern.

Sehr viele bedeutende, fortschrittliche Persönlichkeiten in Kultur und Politik sind in der Slovakei gerade aus evangelischen Kreisen hervorgegangen – als Beispiele können genannt werden: Ján Kollár (1793-1852), P.J. Šafárík, Ľúdovít Štúr (1815-1856), Michael Miloslav Hodža (1811-1870), Jozef Miloslav Hurban (1817-1888), Ondřej Sládkovič (1820-1872) und Samo Chalupka (1812-1883). Daß wir solche hervorragenden Persönlichkeiten hatten, ist kein Zufall, sondern wurde durch die „elitäre Art" der Minderheitssituation bedingt, ferner dadurch, daß das protestantische Verständnis der Beziehung von Gott und Welt, evangelisch geprägtem Dualismus und Individualismus unseren Persönlichkeiten es ermöglicht haben, mehr als die Katholiken die „weltlichen" Aufgaben der einzelnen Geschichtsepochen zu erfassen und zu erfüllen. Das Lesen der Bibel in der Muttersprache führte zu bestimmten literarischen Traditionen. Es entstanden Interesse und Pflege der Muttersprache. Das alles hatte zur Folge, daß beispielsweise die evangelischen Schulen in der Regel ein höheres Niveau hatten als die katholischen. So gab es zum Beispiel im Ungarn des 16. Jahrhunderts 28 evangelische Druckereien gegenüber einer einzigen katholischen; rund 90% der damaligen Buchproduktion kam aus evangelischen Druckereien. Dabei war nur ein Fünftel der Bevölkerung evangelischen Glaubens. Das alles übte einen positiven Einfluß auf das literarische Bemühen um die Genese der neuzeitlichen Sprache, Literatur und um die Kultur überhaupt aus.

Was schuldet die Kirche heute der Welt?

Erstens: Inniges Interesse an der Welt: Die Kirche ist kein Selbstzweck, sondern *für* die Welt da. Sie kann und darf sich nicht über und gegen die Welt stellen, muß aber mit der Welt solidarisch sein. Dort, wo die Welt erfährt, daß es die Kirche mit ihr wirklich gut meint und ihr ein aufrichtiges, selbstloses Interesse entgegenbringt, besteht die Hoffnung dafür, daß sich in der Welt das Vertrauen zur Kirche erneuert.

Zweitens: Zeugnis der Kirche in der Welt: Die Kirche schöpft ihr Zeugnis aus der Heiligen Schrift. Deswegen *muß* die Kirche in der Schrift zu Hause sein. Aber von der erkannten Wahrheit zu zeugen bedeutet, daß sie immer dazu bereit sein muß, der Welt zu helfen. Die Kirche ist weder Advokat der Gotteswahrheit noch Ankläger der Welt, aber sie ist ausschließlich Zeuge der erkannten Wahrheit, die Sünden abdeckt und die immer dem Menschen hilft. Christus – von ihm zeugt die Kirche nämlich! – starb *gegen niemanden,* aber er starb *für alle.* Deswegen muß das Zeugnis der Kirche immer das Siegel der helfenden Liebe tragen. Wahrheit ohne Liebe tötet, Liebe ohne Wahrheit ist jedoch Schwäche. Es ist erfreulich, daß die Kirche heute so Christus bezeugen lernt, daß sie in ihrem Zeugnis selbstlose Liebe zur Welt beweist. Ein solches Zeugnis erschöpft sich nicht nur in schönen Worten, sondern ist auch ein Zeugnis durch Tat *und* Leben.

Drittens: Dienst der Kirche an der Welt: Unser Herr nahm sein Leben und seine Sendung als Dienst. Dem schwedischen Bischof Nygren zufolge ist Dienst – diakonia – im Evangelium nichts Nebensächliches, sondern steht im Zentrum des Evangeliums. Heute erwacht in den Kirchen das Bewußtsein des Dienstes, und zwar in den verschiedenen Bereichen.

Viertens: Arbeit an ethischer Wiedererweckung der Welt: Unsere Welt erlebte in diesem Jahrhundert zwei Weltkriege, von denen jeder nicht nur materielle, sondern auch ethische Spuren hinterließ. Die ethischen Werte waren ernsthaft erschüttert. Wir sehen dies auch heute in den Ehen, Familien, bei der Jugend, in den sexuellen Beziehungen und im steigenden Alkoholismus. Die Aufgabe der Kirche besteht nicht darin, daß sie über diesen Erscheinungen die Hände zusammenschlägt und ihr „O, weh!" ausstößt, sondern sie ist dazu berufen, ihre Hilfe jedem anzubieten, dem Individuum und der Gesellschaft, im Interesse der ethischen Regeneration der Welt.

Eine der grundlegenden Erkenntnisse der Reformation Luthers war die neue positive Einschätzung der Welt. In der mittelalterlichen Theologie stand der negative Zutritt zur Welt im Vordergrund. Nach dem Kirchenvater Augustin mußte streng zwischen *civitas Dei* und *civitas terrena* unterschieden werden. Dabei war die *civitas terrena* mit der *civitas diaboli* identisch. Deshalb betrachtete die Theologie des Mittelalters die Flucht des Christen aus der Welt als den sichersten Weg zur Erlösung. Alles Weltliche wurde als etwas Sündhaftes angesehen. Ideal war die Distanz von der Welt und die Flucht aus ihr.

Die Beziehung Luthers zur Welt war ganz anders: Er erneuerte in seiner Theologie das biblisch-dialektische Verhältnis zur Welt. Auf der einen Seite steht die Welt unter der Macht des Bösen und der Sünde. *In diesem Sinne* kennt Luther in seiner Lehre von den zwei Reichen Augustins Unterscheidung zwischen *regnum Dei* und *regnum diaboli:* Darauf weist Johannes Heckel in seinem Werk „Lex charitatis" hin. Luther überwand jedoch zugleich das negative Verhältnis in der Einstellung zur Welt, weil seine Lehre von den zwei Reichen auch andere Erkenntnisse und Aussprüche hat, in denen Luther das Reich der Welt positiv als Gottes Schöpfung schätzt. Die Welt hörte nicht auf, Gottes Schöpfung zu sein, nicht einmal nach dem Fall des ersten Menschen. Die Welt ist weiterhin ein Objekt der Liebe Gottes und seines Interesses. Nur das, was in der Welt schlecht ist, soll der Christ ablehnen. Die Welt hat auch positive Werte, die für den Menschen Gottes Gabe *und* Aufgabe zugleich darstellen.

Luther versteht das Leben in der Welt als ständigen Kampf zwischen Sakralisierung und Dämonisierung der Welt. Der Christ soll Gottes Mitarbeiter bei der Erhaltung der Welt sein. Der Christ soll dazu beitragen, daß die Dämonisierung der Welt stehenbleibt. Das Gottesreich ist nicht nur eine neue Stellung des Menschen zu Gott und ein neues Leben „coram Deo", sondern gleichzeitig ein neues Verhältnis von Mensch zu Mensch, also „coram hominibus et coram mundo." Deswegen darf der Christ in seiner Frömmigkeit nicht nur auf das Suchen seiner eigenen Erlösung beschränkt sein. Auch das weltliche Wohl – „salus publica" – muß ein Gegenstand seines Strebens sein. „Ein Christ soll nicht allein fromm sein," sagt Martin Luther, „und sich nicht daran kehren, wie die Welt lebt und tut, sondern auch mit jedem Mann Frieden haben, für uns gegen andere mithelfen, beten, fördern."

Hans Norbert Janowski, Stuttgart

Glaube im Pluralismus

Kirche und Ökumene auf der Reise in die neunziger Jahre

I. Die achtziger Jahre sind für die Kirchen in Deutschland unverhofft friedlich ausgegangen; zwischen Stagnation und Krise macht sich sogar eine gewisse Aufbruchsstimmung breit. Es zeigt sich ein Silberstreifen der Hoffnung am Horizont der um ihre Substanz, ihre Orientierungskraft und Glaubwürdigkeit ringenden Volkskirchen Mitteleuropas. Die noch zu Anfang des Jahrzehnts verhärtete Polarisierung ist einer schiedlich-friedlichen Symbiose von Evangelikalen und Ökumenisch-Sozialen gewichen. Es ist in gewisser Weise ein Arrangement der Schwäche und Grenzerfahrung – mit dem Ergebnis, daß die Volkskirche gestärkt wurde:

Der evangelikale Pietismus hat die Grenzen seiner missionarischen Inspiration und seines orthodoxen Biblizismus gespürt und sich durch den Ausbau von „Parallelstrukturen" weitgehend volkskirchlich arrangiert. Andererseits hat die ökumenische Bewegung ihren inspirierenden Schwung und ihre orientierende Kraft teilweise eingebüßt und schickt sich an, die Errungenschaften der beiden Jahrzehnte des Aufbruchs zu konsolidieren und zu administrieren. Der konziliare Prozeß für „Gerechtigkeit, Frieden und die Bewahrung der Schöpfung", der in der europäischen, nordatlantischen West-Ost-Ökumene so hoffnungsvoll in Gang gekommen war, ist mit der Weltkonvokation in Seoul in ein schwieriges Gelände geraten und steht in der Nord-Süd-Ökumene vor neuen Herausforderungen.

Dem Konzept Volkskirche ist es in diesem konservativen Jahrzehnt hierzulande offenbar gelungen, trotz der Erosion der Kirchensteuern und des Exodus vieler Suchender in die Gefilde einer vagabundierenden Religiosität als Dach über einem bröckelnden Fundament der Kirchlichkeit erhalten zu bleiben und sie vor weiterem Witterungseinbruch zu schützen. Der Prozeß der Säkularisierung hatte eine Verkirchlichung des Christentums und zudem eine gewisse Ghettoisierung selbst der Volkskirche zur Folge: Die Kirchen sind zwar zum Ort der Religion, aber zugleich sind sie eine Institution unter anderen geworden und haben ihren Einfluß auf die Kultur stark eingebüßt. Gleichwohl hat diese Konzentration und Reduktion auch dazu geführt, daß die Substanz des individuellen Glaubens einen Schutzraum hatte und in der ökumenischen Orientierung eine neue Horizonterweiterung und

Kräftigung erfuhr. Mehr noch: Die revolutionäre Neuorientierung in den Gesellschaften Osteuropas hat den Kirchen als fast den einzigen glaubwürdigen Repräsentanten von Kultur, Tradition und Wertbewußtsein unter den Großinstitutionen eine konstruktive Rolle im Prozeß der politischen und sozialen Umwälzung zugespielt. In Polen und in der DDR boten die Kirchen den Reformkräften jahrelang einen Freiraum als Asyl, und von ihrem Boden, genauer: von Gottesdienst, Andacht und Sammlung ging eine Bewegung aus, die zur demonstrativen Stärke eines Volkswillens anschwoll, dessen Drang nach Freiheit die korrupte Staatsgerontokratie nicht mehr Stand halten konnte. Am „Runden Tisch" ist die evangelische Kirche in der DDR zum Mittler und Makler, ja zum Impulsgeber und stellenweise zum Wegweiser geworden, eine Rolle, von der die Kirchen angesichts ihres zuvor greifbaren Gewichtsverlustes in der Öffentlichkeit kaum noch zu träumen wagten. Auch in Polen und in der Sovetunion gewinnen christliche Kirchen als kultureller und politischer Stabilitätsfaktor ein ernstzunehmendes Gewicht und werden zu einem nicht zu unterschätzenden Faktor in der politisch-sozialen Gesamtrechnung.

In dieser gesellschaftlichen Funktion sind die Kirchen in eine Position geraten, die sie nach langen internen Auseinandersetzungen schon zu verlassen im Begriff waren: Sie treten als „Lordsiegelbewahrer" der Freiheit und Hüter des gesellschaftlichen Pluralismus auf, als Verfechter nicht nur der sozialen, sondern auch der individuellen Menschenrechte, von Gewissensfreiheit und Toleranz, und sie werden in dieser Funktion geradezu zu Sachwaltern des Erbes der Französischen Revolution. In den Ländern, in denen das Erbe der proletarischen Revolution weitgehend gescheitert ist oder zu scheitern droht, und die gleichsam die bürgerliche Revolution von 1789 nachzuholen haben, werden die christlichen Kirchen mit einer Herausforderung konfrontiert, die sie eher hinter sich als vor sich zu haben glaubten: Freiheit kommt jedenfalls im Prioritätenkatalog des konziliaren Prozesses der Ökumene neben Gerechtigkeit, Frieden und Bewahren der Schöpfung allenfalls als sekundärer Wert vor: Dort wird er eingeordnet in den Katalog der Grund- und Menschenrechte und der Kategorie Gerechtigkeit zu- und untergeordnet. Gleichwohl sind insbesondere die Kirchen der Reformation bei ihrer Sache, wenn es um Gewissensfreiheit, um den Schutz von Glaubens- und Meinungsfreiheit geht, wenn um die freie Entfaltung von Person, Volk und Kultur gerungen wird.

Dieses Freiheitspathos kollidiert freilich auch mit dem gesellschaftlichen Pluralismus von Kulturen, Religionen und Nationalitäten und wird zugleich mit seinen Aporien und Defiziten konfrontiert. Auch wenn sich die Kirchen ein öffentliches Wächteramt zumessen, stehen ihre Auffassungen und ihre Theologie dennoch nicht mehr an der Spitze der kulturellen Hierachie; sie repräsentieren vielmehr eine Kulturströmung unter anderen, die miteinander in Konkurrenz liegen. Unsere Kultur hat auf die Vorstellung von einer höchsten oder letzten Wahrheit verzichtet. Wir sind besonders im Blick auf die elementaren Werte des Lebens und der Kultur nicht mehr konsensfähig, sondern zu einer Gesellschaft von kognitiven Minderheiten geworden. Pluralismus und die Forderung nach Toleranz gelten als eine Art regulative Friedensformel, die das Beharren auf Wahrheitsansprüchen relativiert, ja die Wahrheitsfrage gesellschaftlich ausklammert. Dementsprechend wird das Bestehen auf und die eventuell gewaltsame Durchsetzung von Wahrheitsansprüchen mit Sanktionen bedroht: Keine Toleranz der Intoleranz! Ein Korrelat zum Pluralismus ist der Individualismus. Wo keine verbindliche Wahrheit kollektiv definiert werden kann, muß es dem einzelnen überlassen bleiben, seine Präferenzen zu setzen. Das führt aber, zusammen mit der starken Rollendifferenzierung, dazu, daß just in einer Gesellschaft, die das Individuum an die Spitze ihrer Wertehierarchie gesetzt hat, der einzelne marginalisiert, funktionalisiert und heimatlos geworden ist.

II. Angesichts dieser Entwicklung stellen sich besonders für den Protestantismus alt-neue Fragen: Wird die enge Verbindung zwischen Protestantismus und Modernität, die sich in der Auseinandersetzung mit den Herausforderungen der „Postmoderne" während der beiden letzten Jahrzehnte aufzulösen begann, erneut auf die Probe gestellt? Wird der traditionelle Eurozentrismus in der Theologie der nordatlantischen Kirchen, der durch das Denken im Koordinatensystem der Nord-Süd-Ökumene schon als überwunden betrachtet wurde, wieder zur Versuchung einer christlichen Theologie des Nordens, die sich in einen Ost-West-Dialog begibt? Und schließlich: Gehen in dieser Entwicklung von der reformatorischen Weltfrömmigkeit, mit der der Protestantismus die säkulare Welt heiligt, eigenständige Impulse aus, die die Strukturen dieser Welt sowie das persönliche Verhalten der Menschen formieren können? Oder droht dieser Weltfrömmigkeit erneut die Gefahr des Kulturprotestantismus, sich der säkularen Welt anzupassen, sich von ihren Ideologien, vom Gebot der Stunde und vom Zeitgeist aufsaugen zu lassen?

Die Fragen, die an der Schwelle zum letzten Jahrzehnt eines Jahrhunderts des Fortschritts und der Zerstörung, das man zu Beginn das „Jahrhundert der Kirche" nennen wollte, aufbrechen, sind elementare Fragen: Im West-Ost-Verhältnis die Frage nach der Freiheit, im Nord-Süd-Verhältnis die nach der Befreiung, im ganzen ökumenischen Koordinatensystem die Frage nach einer weltweiten sozialen Gerechtigkeit und die noch größere nach dem Schutz und der Bewahrung des Lebens von Mensch und Natur; nicht zuletzt die Frage nach der Fähigkeit, zugleich kontextuell und universal zu werden.

In den letzten beiden Jahrzehnten fühlte sich der Protestantismus besonders aus zwei Richtungen herausgefordert und bedroht: 1. Die lebenszerstörenden Konsequenzen der wissenschaftlichen Rationalität, die sich zum Produktionsfaktor Nummer eins der technischen Zivilisation entwickelt hat, gleichzeitig aber die Fundamente des Lebens auf der Erde zu vernichten droht, bedrohen zugleich auch das Bündnis zwischen aufgeklärter Vernunft und wissenschaftlicher Theologie, das die protestantische Weltfrömmigkeit durch alle inneren Auseinandersetzungen um das Verhältnis von Vernunft und Glaube hindurch nachhaltig geprägt hat. 2. Der irrational gewordene Glaube an die Rationalität brachte antirationale Reaktionen hervor: Auf der Suche nach heilenden Kräften ließen sich viele Menschen auf religiöse Angebote aller Art ein, die den Erweis ihres Geistes und ihrer Kraft an charismatische Persönlichkeiten, an Gurus, aber auch an Scharlatane sowie an schwer nachprüfbare Parolen banden, die ein ganzheitliches Denken versprachen. Diese „vagabundierende Religiosität", die zwischen New Age-Philosophien, Jugendsekten und Psychokulten bis hin zu Okkultismus und Satanismus auf dem Markt der weltanschaulichen Möglichkeiten eine breite Palette von antirationalistischen Optionen anbietet, wurde als die andere Front von Bedrohungen eines „vernunftgemäßen Gottesdienstes" und Glaubens wahrgenommen.

Darin liegt auch der Sachgrund dafür, warum die lakonische Diagnose Bischof Theo Sorgs von einer wachsenden Religiosität bei gleichzeitig schwindender Kirchlichkeit die Situation des Protestantismus so exakt trifft: Eine Religiosität, die in ihrem Widerstand gegen die lebenszerstörende Ratio den Zusammenhang von Glauben und Verstehen, von Einsicht und Erfahrung aufkündigt, kann von einem kirchlichen Glauben, der bis ins paradoxale und dialektische Denken hinein diese Korrespondenz zwischen Glauben und Vernunft durchgehalten hat, kaum anders als Bedrohung wahrgenommen, jedenfalls nicht akzeptiert werden.

III. Demgegenüber hat sich das kirchliche Christentum in den letzten zwanzig Jahren – nach dem Vatikanischen Konzil auch die katholische Kirche – ökumenisch organisiert und in einen Dialog zwischen Konzessionen und Kulturen, ja zwischen Religionen hineinbegeben. Dabei wurden Wahrheitsansprüche zwar nicht aufgegeben, aber relativiert und in einem Dialog der Toleranz Identitäten vertieft und gesichert. In diesem Prozeß ökumenischen Lernens nahm eine Glaubensform Gestalt an, die die auseinanderfallenden, feindlich einander gegenübertretenden Elemente von Glauben und Verstehen, Mystik, Spiritualität und Tat, Kontemplation und Kampf, Orthodoxie, Orthopraxie, Bibelwort und Christenglaube produktiv aufeinander bezog. Es bildete sich eine Frömmigkeit aus, die damit ernst machte, in einem weltweiten Horizont die biblische Botschaft vom Reich Gottes und die radikalen Impulse der Bergpredigt so auszulegen, daß sie das Verhalten der Menschen im Alltag und angesichts der weltweiten Bedrohungen bestimmen konnte.

Dabei zeigte sich, daß ein zentraler biblischer Wert, der von der Französischen Revolution als einer ihrer Hauptparolen verkündet und später zur Grundlage der sozialen Menschenrechte gemacht worden ist: Brüderlichkeit, im Kontext der Konflikte von heute ausgeweitet und aus christlichem Impuls neu interpretiert werden konnte. Geschwisterlichkeit zwischen den Geschlechtern, den Rassen und Klassen, zwischen den Menschen im Norden und Süden wurde zur grundlegenden und konkreten Dimension des Umgangs der Christen mit allen Menschen gemacht. Die traditionell in Spannung stehenden Kategorien von Gerechtigkeit und Solidarität wurden hier in einen Zusammenhang und Ausgleich zueinander gebracht.

Gleichwohl entstand ein Dilemma: Der Pluralismus gleichberechtigter oder tolerierter Prägungen und Wahrheitsansprüche hat Ängste, und auf dem Boden der Angst fundamentalistische Reaktionen erzeugt. Viele meinen, Rettung vor Gleichmacherei und vor der postmodernen Nivellierung von Wahrheiten nur in einem Rückzug auf die einfachen Ursprünge, auf zeitlose, immer geltende Grundsätze erreichen zu können. Gemeinsam ist diesen Fundamentalismen die Sehnsucht nach einer Gewißheit jenseits aller Fraglichkeit, nach einem einfachen Orientierungsmuster, in das alle Lebensfragen eingeordnet werden können. Der Fundamentalismus entzieht sich der pluralistischen Ambivalenz der Moderne durch eine autoritär gesicherte Eindeutigkeit und ermöglicht die eindeutige Unterscheidung zwischen Freund und Feind.

Aber so berechtigt der Protest gegen die Instrumente der Rationalität der technischen Gesellschaft auch ist, die fundamentalistische Reaktion und Reduktion berücksichtigt nicht, daß die großen Probleme der Moderne – von der nuklearen Bedrohung bis hin zu Rüstung und Hunger – nicht durch ganzheitliche Beschwörungen oder den Rückzug aufs alte Wahre zu lösen sind, sondern nur mit einer Vorstellungskraft bewältigt werden können, deren Quelle die abstrakte Vernunft ist, die den Zusammenhang dieser Defizite erkennt. Wer die Augen der Vernunft nicht vor den Realitäten verschließen will, ist auch in der Krise der Aufklärung auf die überlieferte Kultur des Wortes, des verstehenden Glaubens und des methodischen Denkens angewiesen; ihre Stichworte: Rationalität, Argument, Diskussion und Verstehen.

Der fundamentalistische Rückzug im Protest gegen den wahrheitsnivellierenden Pluralismus und eine verrannte Rationalität ist eine notorische protestantische Versuchung. Die Reformation selbst trug fundamentalistische Züge; dennoch hat eine Rebellion gegen Modernität und Ratio, gegen die verkopfte Vernunftherrschaft im Glauben mit der Schwierigkeit zu ringen, daß sie diese Auseinandersetzung nur auf dem Boden der Modernität ausfechten kann, zumal ein fundamentalistischer Rückzug oder Ausstieg in eine Sackgasse führt.

IV. Die Reise der Kirchen in die neunziger Jahre wird wahrscheinlich nicht in Zerreißproben führen, die den Protestantismus ständig erneut vor unlösbare Alternativen oder Dualismen stellen. In der Spannung zwischen Modernität und Postmoderne dürfte es vielmehr um die Anstrengung der Synthese gehen. Im Koordinatensystem der Nord-Süd- und der Ost-West-Ökumene stellt sich diese Aufgabe als eine Synthese von Freiheit und Befreiung dar: Befreiung der Menschen – nicht nur im Süden – von der Herrschaft des Rassismus und Sexismus, von geistigem und wirtschaftlichem Kolonialismus und Schuldknechtschaft, Befreiung der belasteten Natur und Umwelt von der Herrschaft einer ausbeuterischen Rationalität; Freiheit – nicht nur im Norden und Osten, für die Menschen im Sinn der Gewissens-, Glaubens- und Meinungsfreiheit, der Grundrechte zum Schutz der Menschenwürde, Freiheit für die Entfaltung der Gaben und Bedürfnisse aller nach gleichem Recht.

Die christlichen Kirchen werden, wie sich in Osteuropa heute zeigt, für die Lösung wenigstens eines Teils dieser Aufgaben bereits in Anspruch genommen. Der Protestantismus und die ökumenischen Kirchen haben die verschiedenen Dimensionen dieser Herausforderung im Blick und sind mit dem konziliaren Prozeß auf dem Weg zu einem Teilziel, nämlich Gerechtigkeit, Frieden und die Bewahrung der Schöpfung als gemeinsame Leistung der menschlichen Gemeinschaft einzufordern. Wie aber Freiheit und Befreiung in ein gerechtes und lebensfähiges Verhältnis zueinander zu bringen sind – in welcher Weise Demokratie und soziale Gerechtigkeit weltweit realisiert werden können, welche Rückfragen sich angesichts des Scheiterns eines real existierenden Sozialismus für die real existierende kapitalistische Wirtschaftsordnung ergeben – darauf sind sie geistig noch nicht hinreichend vorbereitet. Dennoch, dem Protestantismus wurde in seiner Geschichte immer eine kritische und zugleich eine gestaltende Kraft zugeschrieben. Diese kritische und gestaltende Kraft kann er, denke ich, auch heute mobilisieren, um in der Krise der Modernität Auswege zu weisen. Indem sich die Reformation auf die Freiheit der Kinder Gottes, auf die Rechtfertigung und Befreiung von der Macht der Sünde berief, verstand sich der Protestantismus als die Religion der Freiheit, und er ist diesem Pathos durch verschiedene Stufen der geschichtlichen Verwirklichung hindurch auch treu geblieben. Im Blick darauf möchte ich besonders auf zwei Elemente hinweisen: Das Insistieren auf der Freiheit des Individuums und auf die kommunikative Freiheit, die in dialogischen, ökumenischen Sozialbeziehungen zustande kommt.

a) Der moderne Protestantismus hat aus der reformatorischen Freiheit im Glauben die Forderung nach Glaubensfreiheit abgeleitet. Der protestantische Subjektivismus hat religiös und kulturell gewiß zu allen möglichen Formen des Pluralismus, von Individualismus und Egoismus geführt, er hat aber auch die Würde jeder menschlichen Person und individueller Menschenrechte in der modernen Kultur, ihrer Moral und ihrem Recht verankert. Ohne die Garantie der Glaubens- und Gewissensfreiheit ist die Gestaltung einer humanen Gesellschaft nicht mehr möglich. Insofern ist die Apologie der individuellen Freiheit nach wie vor eine der zentralen protestantischen Aufgaben. Dies gilt auch angesichts der historischen Ambivalenz des Protestantismus, mitsamt ihrer verhängnisvollen politischen Folgen, die die Kirche auf der Barmer Synode angesichts der Gefahr einer Vereinnahmung durch totalitäre Macht- und Wahrheitsansprüche dazu veranlaßte, die Emphase, mit der der moderne Protestantismus die persönliche Freiheit des Glaubens unterstrichen hatte, wieder an den zu binden, in dem die Freiheit des Glaubens zu allererst ihren Grund hat: Christus als Fundament der „Befreiung aus den gottlosen Bindungen dieser Welt zu freiem, dankbarem Dienst an seinen Geschöpfen" (Barmen II).

b) Diese Aufgabe, die Trutz Rendtorff beständig und beredt in Erinnerung ruft, reicht aber nicht aus, um die Probleme der Krise in der Modernität zu lösen. Sie knüpft die Freiheit des Christen an die Individualität des Menschen, anstatt sie in einer dialogischen Beziehung zwischen Mensch und Gott sowie zwischen Mensch und Menschen in Gemeinschaft zu verankern, also als kommunikative Freiheit zu erfassen. Dieses Verständnis von Freiheit manifestiert sich in einer Erfahrung, die in einem Kontext gemacht worden ist, der als positive Struktur mit ins Krisendesign der Modernität gehört: In der Ökumene. Jürgen Moltmann erinnert in diesem Zusammenhang an eine Erfahrung, die die Christen, die sich 1925 in Stockholm zur ersten „Konferenz für praktisches Christentum" zusammenfanden, in den Satz gefaßt hatten: „Je näher wir zum Kreuz Christi kommen, desto näher kommen wir zueinander." (Moltmann erläutert sie so: „Wie sollten sich unsere Spaltungen und Feindschaften angesichts seines bitteren Leidens und Sterbens aufrechterhalten lassen? ... Wir haben Gott nichts zu bieten als die Last der Schuld und die Leere unserer Herzen. Unter dem Kreuz werden nicht Protestanten, Katholiken und Orthodoxe gezählt. Da werden

Gottlose gerechtfertigt, Feinde versöhnt, Gefangene befreit, Arme reich gemacht und Traurige mit Hoffnung erfüllt. Darum entdecken wir uns unter dem Kreuz zugleich auch als Kinder der gleichen Freiheit Christi und als Freunde in derselben Gemeinschaft des Geistes."[1])

Freiheit, die in der Begegnung mit Gott und der Botschaft von der Rechtfertigung erfahren wird, ist nicht nur individuelle Befreiung, sondern auch Befreiung in der Begegnung mit anderen Menschen; sie stiftet nicht nur die Identität der Person, sondern auch die Kraft zur Solidarität und zur Liebe. In diesem Zusammenhang ist darauf aufmerksam zu machen, daß das Kreuz Christi der christlichen Theologie auch die Augen öffnet für das Leiden der Menschen, die Last der Mühseligen und Beladenen. Ein Verständnis von Freiheit, das nur die Freiheit des einzelnen in der Begegnung mit Gott geltend macht, vergißt den Protest gegen die Zerstörung der Freiheit und verschließt sich damit den Zugang dazu, was Freiheit wirklich ist. Denn via negationis, im Entzug der Freiheit läßt sich erst präzis und inhaltlich darstellen, was menschliche Freiheit bedeutet.

In der Erfahrung der eigenen Begrenztheit, der Partikularität der individuellen Optionen und kulturellen Möglichkeiten, ja selbst der Konfessionalität des Glaubens sowie die Erfahrung von Freiheit in der Konfrontation mit konkreten Erscheinungsformen ihres Entzugs, erfahren wir nicht nur die eigene Relativität, sondern auch die Sehnsucht nach Ergänzung durch andere, nach Teilhabe an einem Ganzen, das sich nur in der Gemeinschaft erschließen kann. Und es wird der Blick dafür frei, daß „absolut nur der Anspruch der Wahrheit auf uns sein kann, nicht aber unser Anspruch auf sie."[2] Diese Erfahrung wird im Kontext der Ökumene gemacht, und hier wird eine neue Verantwortung wahrgenommen, die in der Provinzialität konfessioneller und nationaler Gruppen, in der Zeit kontrovers theologischer Behauptung konfessioneller Identitäten und der Selbstghettoisierung des Individuums kaum in den Blick kam und heute den Horizont des christlichen Glaubens bildet. Sie bildet zugleich den Kontext, in dem Handlungsorientierungen in der gemeinsamen Begegnung mit dem Wort Gottes gewonnen werden können. Noch einmal Moltmann: „Die ökumenische Gestalt des evangelischen Glaubens liegt in der Entdeckung der übernationalen und überkonfessionellen Katholizität der Kirche Christi. Diese Erkenntnis wurde in den Zeiten der Verfolgung, das heißt unter dem Kreuz gewonnen. Sie führt zum Drängen auf die eucharistische Gemeinschaft am Tisch des Herrn. Ökumenisch leben heißt, zu hun-

---

[1] In: Jürgen Moltmann (Hrsg): Religion der Freiheit. München 1989, S. 24
[2] a. a. O.

gern und zu dürsten nach eucharistischer Gemeinschaft aller Christen."³ Demgegenüber bedeutet die Beschränkung auf die individuelle Freiheit eine Verarmung. Die Kommunikation und die Kommunion in der Gemeinschaft der kulturell und religiös Verschiedenen, vor Gott aber Gleichen, ist auch dabei, die Strukturen der Kirche zu verändern, wie Moltmann es formuliert: „Aus einer autoritären Betreuungskirche Ansätze zu einer Beteiligungskirche wachsen zu lassen." Hierzulande und in der weltweiten Ökumene gibt es vielfache Ansätze zu einer solchen partizipatorischen, neue Lebensformen schaffenden kommunitären Gemeindekirche. Dabei braucht man nicht nur an die Basisgemeinden in Lateinamerika zu denken, obwohl hier Lebensformen entwickelt werden, die auch für die Gemeindebildung und für den Gemeindeaufbau bei uns inspirierend wirken könnten. Solche, auf Konvivenz angelegte, zum Teil kommunitären Lebensformen, zielen auf Initiativen und Aktivitäten zu synodalischer Hilfe, sie sammeln sich vielfach aber um eine andere Lebensquelle, die Sakramente. Das ist wohl in multikulturellen und multireligiösen Gesellschaften wie in Lateinamerika oder in einer atheistischen Umgebung wie im europäischen Osten selbstverständlicher; der Zugang zur Kraft der Symbole fällt dort auch leichter: Zur Taufe, die die individuelle Freiheit verbürgt, indem sie dem Menschen eine Würde zuspricht, die weder durch seine eigenen Taten noch durch Machtansprüche an ihn oder Unterdrückungsmaßnahmen geraubt werden kann, zum Abendmahl als der eucharistischen Gemeinschaft derer, in der keiner etwas für sich behält, sondern die Güter miteinander geteilt werden.

Die Gemeinschaft des Teilens ist in der ökumenischen Bewegung zu einer Vision der weltweiten Gemeinschaft entwickelt worden, die Chancen und Ressourcen nach Maßstäben der sozialen Gerechtigkeit miteinander teilt. Darauf ist auch der konziliare Prozeß zu mehr „Gerechtigkeit, Frieden und zur Bewahrung der Schöpfung" angelegt. In der konfliktreichen Auseinandersetzung zwischen Nord und Süd, Ost und West, sollen dabei Maßstäbe und Grundbedingungen für Gerechtigkeit und Frieden im internationalen System entwickelt und durchgesetzt werden.

In der Vision eines gerechten, partizipatorischen und überlebensfähigen Zusammenlebens verbinden sich prophetische Kritik und christlicher Gestaltungswille in einer Weise, wie sie bereits bei der Gründung des Ökumenischen Rates in Amsterdam 1948 formuliert worden ist. Dort hieß es: „Wir müssen wieder aufs neue miteinander lernen, mutig im Namen Christi zu unseren Völkern zu sprechen und zu denen, die

---

³ a.a.O., S. 27 f.

Macht über sie haben; wir müssen lernen, dem Terror, der Grausamkeit, dem Rassenhaß zu widerstehen, den Ausgestoßenen, den Gefangenen, den Flüchtlingen zur Seite zu sein und die Kirche überall zum Mund zu machen für die Stummen und zur Heimat, in der jeder ein Zuhause findet ... Wir wollen Gott bitten, uns miteinander zu lehren, daß wir ein echtes Nein und ein echtes Ja sprechen."[4]

Wenn diese Doppelaufgabe, für die persönliche Freiheit einzustehen und die kommunikative Freiheit zu leben, bewältigt wird, kann der Protestantismus den Erwartungen gerecht werden, die ihm entgegenkommen und im kulturellen, religiösen und politischen Pluralismus das Profil einer bekennenden Volkskirche entwickeln. Vielleicht können die aktuellen Herausforderungen in Europa dann auch auf die Ökumene und den konziliaren Prozeß so ausstrahlen, daß sie ein Katalysator der ökumenischen Gemeinschaft werden und nicht Anlaß zu einem neuen Eurozentrismus.

---

[4] In: Die Kirche und die Auflösung der gesellschaftlichen Ordnung. Amsterdamer Ökumenisches Gespräch III. Tübingen 1948

Klaus Tanner, München

Kann es eine ökumenische Einheitsethik geben?

Paul Abrecht, von 1949 bis 1983 Direktor von „Church and Society", hat 1987 in einem Rückblick auf 50 Jahre ökumenisches Engagement im Bereich der Sozialethik darauf hingewiesen, daß die ökumenische Bewegung „seems more deeply divided and polarized than ever before about theological-ethical basis of ecumenical social thought and action". Es gebe kein „conceptual agreement"[1] für das sozialethische Engagement der Kirchen. Vorgeschichte, Verlauf und Ergebnisse der im März 1990 in Seoul veranstalteten Weltkonvokation für „Justice, Peace and Integrity of Creation" bestätigen diese Krisendiagnose. Zahlreiche Berichterstatter aus der Bundesrepublik haben dezidiert von einem Scheitern der Weltversammlung gesprochen.[2] F. W. Graf, EKD-Delegierter in Seoul, hat über das Ergebnis der Weltversammlung geurteilt: „Die Einheit im Geiste, die in religiösen Symbolhandlungen inszeniert worden ist, hat nur wenig Deckung in konkreten ethischen Aussagen."[3] Der Fehlschlag ist nicht allein die Folge äußerer Umstände, etwa der schlechten Vorbereitung der Konferenz, mangelnder Kompetenz des Genfer Stabes, zu knappe Zeit etc. Das Scheitern von Seoul hat tieferliegende Ursachen.

Seit dem Beginn der ökumenischen Bewegung ist immer wieder der Anspruch erhoben worden, es gebe auf dem Felde der Ethik einen grundlegenden Konsens, von dem aus auch die dogmatischen Differenzen relativiert und schließlich überwunden werden könnten. Die ökumenischen Konferenzen von Stockholm, Oxford, Amsterdam, Evanston, Genf und auch Vancouver sind Meilensteine auf diesem Weg gewesen. Aber dieses Programm hat sich weitgehend als Illusion erwiesen. Die ethischen Differenzen zwischen den Konfessionskirchen sind mindestens genauso groß wie die vermeintlich rein dogmatischen Lehrunterschiede. Seit den Anfängen von „Life and Work" sind zwar immer von neuem Leitformeln wie „Responsible Society", „JPSS" (Just, Parti-

---

[1] Paul Abrecht: From Oxford to Vancouver. Lessons from Fifty Years of Ecumenical Work for Economic and Social Justice, in: The ecumenical review vol 40 (1988), S.127.
[2] St. Wehowsky sprach etwa in der Süddeutschen Zeitung von der „Blamage von Seoul" (SZ vom 14.3.1990). Das Presseecho ist dokumentiert in der epd-Dokumentation Nr. 18/90.
[3] F. W. Graf: Haben die Christen sich auseinandergelebt? Weltversammlung in Seoul konnte Krise nicht meistern, in: Lutherische Monatshefte 29 (1990), S.216.

capatory and Sustainable Society), „JPIC" geprägt worden. Unter dem Dach dieser Formeln sollten die ethischen Sondertraditionen der einzelnen Konfessionen zu einer einheitlichen ökumenischen Normalethik zusammengefügt werden. De facto waren es bestenfalls Formelkompromisse, die auf diesem Weg erzielt werden konnten. Der Entwurf für ein Schlußdokument von Seoul läßt erkennen, daß unter der Formel „JPIC" äußerst unterschiedliche Interessen und ethische Orientierungsmuster bestenfalls äußerlich und widerspruchsvoll verknüpft worden sind. So kritisierte etwa W. Huber nach dem Scheitern von Seoul die „innere Widersprüchlichkeit der JPIC-Formel" und beklagte das Fehlen „theologischer wie politischer Reflexion."[4] Seoul hat gezeigt, daß es eine Utopie ist zu glauben, in einer hochgradig ausdifferenzierten, kulturell fragmentierten Welt gäbe es so etwas wie die Weltchristenheit als ein einheitliches Handlungssubjekt mit einer universal verbindlichen, homogenen Ethik. Mit Blick auf Grundzüge orthodoxer Theologie soll im folgenden versucht werden, exemplarisch einige jener fundamentalen Differenzen zu skizzieren, die mit zum Scheitern der Bemühungen um eine ökumenische Ethik beigetragen haben.

1. Die Verselbständigung der Ethik

Der ökumenische Anspruch, dogmatische Differenzen von ethischer Grundübereinstimmung her überwinden zu können, steht in der Traditionslinie einer positiv an die westeuropäische und deutsche Aufklärung anknüpfenden Theologie. Solche Offenheit gegenüber der Aufklärung hat insbesondere den Protestantismus tiefgreifend umgeformt. Die Aufklärung führte zur Ablösung eines traditionell metaphysischen durch ein handlungsorientiertes Wirklichkeitsverständnis. Zum Optimismus der Aufklärung gehörte das religiöse Fortschrittscredo, daß das Gewicht der konfessionellen Kirchenlehren und der von ihnen ausgehenden Spaltungen zwischen den Christen durch eine allgemein menschliche, rational nachvollziehbare Ethik relativiert werden könne. In dieser Verselbständigung der Ethik gegenüber der Dogmatik spiegelt sich auch der gesellschaftliche Wandlungsprozeß von einer weltanschaulich relativ homogenen Einheitskultur hin zu einer sozial differenzierten und pluralistischen Individualitätskultur. Wo es keinen vergleichbaren Bruch zwischen vormodern-ständischem Gemeinwesen und moderner pluralistischer Gesellschaft gibt, gibt es auch keinen der west- und mitteleuropäischen Entwicklung vergleichbaren Bedarf an

---

[4] W. Huber: Mangel an Klarheit. Hat die politische Ethik in der ökumenischen Bewegung eine Zukunft?, in: Evangelische Kommentare 23 (1990), S. 288 u. 289.

Ausdifferenzierung von Dogmatik und Ethik. Dies zeigt exemplarisch die Geschichte der orthodoxen Theologie: In ihr sind Ethik und Dogmatik bis heute weithin ungeschieden. So kritisierte etwa der griechische Theologe Christos Yannaras heftig Theologen, die durch Übernahme sog. „westlicher" Argumentationsmuster den Vorrang der Ethik vor dem Dogma betonen. Nach genuin orthodoxem Verständnis gebe es keinen „Unterschied zwischen Ethos und Dogma ... Das Dogma formuliert das „Ethos" der Kirche, und das Ethos ist die Inkarnation des Dogmas."[5] Mit vergleichbaren Argumenten stellte V. Guroian in seinen „Notes Toward an Eastern Orthodox Ethic" fest: „Orthodoxy has not made the formal distinction between theology and ethics which is taken for granted in much of the contemporary debate. Indeed, Orthodoxy is never likely to grant ethics the autonomy which it has gained under the umbrella of Protestantism."[6]

Das Programm der Aufklärung, dogmatische Differenzen über eine allgemein vernünftige Ethik zu relativieren, hat durch die Vermittlung liberaler Theologie die Anfänge der ökumenischen Bewegung in „Life and Work" geprägt. Die orthodoxen Kirchen haben ihre ökumenische Aufmerksamkeit aber von Anbeginn an auf „Faith and Order" konzentriert. Der griechisch-orthodoxe Theologe Harakas stellte 1978 rückblickend auf die Anfänge der ökumenischen Bewegung fest: „When the Orthodox began to involve themselves in the twin movements of „Life and Work" and „Faith and Order", it became clear that their interests were to be found more in the latter than in the former. After the establishment of the World Council of Churches very little contribution was made in „Life and Work" by the Orthodox."[7]

In Stellungnahmen zum Gang der ökumenischen Bewegung haben Repräsentanten der orthodoxen Kirchen immer wieder zu erkennen gegeben, daß sie eine prinzipielle Verselbständigung der Ethik gegenüber der Dogmatik nicht mitzuvollziehen imstande sind und schon die Unterscheidung als solche für theologisch illegitim halten. Eine Ethik im Sinne der modernen nordamerikanisch-westeuropäischen Ethikdebatte kennt die Orthodoxie bis in die Gegenwart nicht. Noch jüngst hat der orthodoxe Religionstheoretiker D. Savramis festgestellt: Es „existiert bis heute keine systematische orthodoxe Sozialethik, die ernst zu nehmen wäre."[8] Dies aber ist keineswegs nur Ausdruck kontingenten theo-

---

[5] zitiert nach K. C. Felmy: Die orthodoxe Theologie in kritischer Selbstdarstellung, in: Kirche im Osten 28 (1985), S. 73.
[6] In: Journal of Religious Ethics Vol. 9 (1981), S. 228.
[7] S. S. Harakas: Christian Ethics in Ecumenical Perspective: An Orthodox Christian View, in: Journal of Ecumenical Studies vol. XV (1978), S. 631/632.
[8] D. Savramis: Art. Sozialethik III, orth. Sicht, in: H. Krüger, W. Löser, W. Müller-

logischen Desinteresses. Es ist die stringente Folge des orthodoxen Verständnisses der Aufgabe theologischer Reflexion im Horizont der Kirche. Im Hinblick auf die Möglichkeiten einer Stärkung der ökumenischen Zusammenarbeit durch ethische Fragen stellte Harakas aus orthodoxer Perspektive deshalb auch fest: „It would not seem then to be wise systematically to expect ethics to be the catalyst for the achievement of inclusive ecumenical goals."[9]

Welchen Interessen dient es, diese tiefgreifenden Unterschiede in der Zuordnung von Dogmatik und Ethik zu ignorieren? Die Krise der ökumenischen Sozialethik ist im Kern Ausdruck der mangelnden Bereitschaft, die elementaren theologischen Differenzen in der Bestimmung von „Ethik" anzuerkennen. Für die ökumenische Kommunikation dürfte es langfristig sehr viel produktiver sein, hier bestehende Fundamentalunterschiede in Grundlegungsfragen der Ethik zu thematisieren und nicht durch suggestive Formelkompromisse zu überdecken.

2. Dogmatische Grundlegung der Ethik?

Wie lassen sich – thetisch verkürzt – jene Unterschiede im Theologieverständnis beschreiben, deren Außenseite die differente Zuordnung von Ethik und Dogmatik ist? Hinter der Chiffre „Aufklärung" verbirgt sich ein fundamentaler Wandel des Weltbildes. Der Prozeß der Aufklärung bedeutet theologisch einen Paradigmenwechsel im Gesamtverständnis der Theologie. Das alteuropäische metaphysische Weltbild zerfällt. An die Stelle einer an überindividuellen Strukturen orientierten Metaphysik tritt das Paradigma von Subjektivität und Autonomie. Damit erfolgt eine Individualisierung von Erkenntnisprozessen und Geltungsansprüchen. Die Begründung von Wahrheit durch Autorität und Offenbarung wird abgelöst durch die Legitimation mittels rationaler Verständigung. Es erfolgt außerdem eine Historisierung aller Wissensbestände. Die kirchliche Überlieferung stellt nicht mehr den allgemein

---

Römheld (Hg.): Ökumenelexikon, 2. veränd. Aufl. Frankfurt a. M., Sp. 1124.
Inwieweit der Text der 3. Panorthodoxen Vorkonziliaren Konferenz vom 28. Oktober bis 6. November 1986 in Chambésy „Der Beitrag der Orthodoxen Kirchen zur Durchsetzung des Friedens, der Gerechtigkeit, der Freiheit, der Brüderlichkeit und der Liebe unter den Völkern, sowie zur Aufhebung der rassischen und anderen Diskriminierungen" zu einem wichtigen Fundament für eine orthodoxe Sozialethik werden kann, läßt sich derzeit nur schwer beurteilen. A. Basdekis hat darauf hingewiesen, daß „weitgehend die Terminologie der Russischen Orthodoxen Kirche übernommen wurde". Ders.: Der Beitrag der orthodoxen Kirche zur Durchsetzung des Friedens und der Gerechtigkeit, in: G. Planer-Friedrich (Hg.): Frieden und Gerechtigkeit. Auf dem Weg zu einer ökumenischen Friedensethik, München 1989, S. 105.

[9] Harakas, a. a. O. S. 644.

akzeptierten Bezugsrahmen für kulturelle Verständigungsprozesse und die Begründung ethischer Verbindlichkeit dar. Die Vorrangstellung der Ethik in der theologischen Reflexion ist Ausdruck der Bereitschaft, sich auf diese neuzeitlichen Bedingungen konstruktiv einzulassen.[10]

In der theologischen Ethik selbst tritt der Paradigmenwechsel deutlich hervor an der veränderten Bedeutung des Gottesbegriffs. Er bildet nicht mehr die selbstverständliche, unhinterfragt zu akzeptierende Voraussetzung ethischer Reflexion. Die Plausibilität des Redens von Gott muß vielmehr erst erwiesen werden. Für das Verhältnis von Dogmatik und Ethik bedeutet dies: Ethik wird zur Fundamentaldisziplin, sie wird zum Entdeckungszusammenhang für die im engeren Sinne speziell theologischen Letztbegründungsprobleme. Für die neuere protestantische Tradition gilt: Sie ist bis in die Fundamente hinein durch die Aufklärung umgeformt worden.

Theologen wie E. Troeltsch[11] und P. Tillich[12] haben diesen Umformungsprozeß als Eintritt in das „ethische Zeitalter des Christentums" gedeutet. Für diese protestantische Gestalt der Theologie ist ein Verzicht auf jede dogmatische Deduktion ethischer Sätze kennzeichnend. Es ist nicht mehr Gott, der hier unmittelbar Normen gibt, oder die von der Kirche ausgelegte Lex Dei. Das Begründungsverhältnis wird gerade umgekehrt: In der Analyse ethischer Orientierungsprobleme soll der Sinn des Redens von Gott plausibel gemacht werden.[13]

Läßt sich eine einheitliche ökumenische Ethik konstruieren, wenn es in den theologischen Fundamenten einen prinzipiellen, nichts Geringeres als den Erkenntnisstatus der Theologie betreffenden Gegensatz gibt? Die Theologie der Orthodoxie ist bis in die Gegenwart durch einen begrifflichen Orientierungsrahmen geprägt, der sich in einer westli-

---

[10] Zur Relevanz der Unterscheidung von Dogmatik und Ethik für das Gesamtverständnis der Theologie vgl. T. Rendtorff: Ethik. Grundelemente, Methodologie und Konkretionen einer ethischen Theologie Bd. 1, zweite überarbeitete und erweiterte Aufl. Stuttgart 1990, S. 42-44.

[11] E. Troeltsch hat die Ethik als „die übergeordnete und prinzipiellste Wissenschaft" bezeichnet. Nach Troeltsch gilt für die Theologie unter neuzeitlichen Bedingungen: „Nicht von einer wie immer gearteten Metaphysik aus, die selbständig durch ihre Begriffe das Wesen der Welt enthüllte, nähert man sich heute dem Religionsproblem. Vielmehr von dem allgemeinen ethischen Problem der letzten Werte und Ziele menschlichen Lebens unseres Handelns kommt man zu den darin eingeschlossenen religiös metaphysischen Gedanken ...". Ders.: Grundprobleme der Ethik (1902), Gesammelte Schriften Bd. II, Tübingen 1913, Neudruck Aalen 1981, S. 553.

[12] Vgl. P. Tillich: „Es war die dogmatische Fragestellung, welche bisher die Kirche bewegte; von nun an wird es die ethische sein." In: Ders., Der Sozialismus als Kirchenfrage (1919), Gesammelte Werke Bd. II, Stuttgart 1962, S. 13.

[13] In klassischer Weise hat I. Kant diesen Zusammenhang formuliert: „Moral ... führt unumgänglich zur Religion." Ders.: Die Religion innerhalb der Grenzen der bloßen Vernunft (1793), in: Werkausgabe hg. v. W. Weischedel Bd. 8, Frankfurt 1968, S. 652.

chen, durch die Aufklärung geprägten Perspektive darstellt als eine bewahrende Treue gegenüber der vorkritischen Metaphysik insbesonders neuplatonischer Prägung. Diese Metaphysik gilt nach wie vor als entscheidender Explikationshorizont christlicher Wahrheiten.

Strukturell vergleichbar ließe sich die Tiefe des Gegensatzes zwischen einer von der Aufklärung umgeformten westlich-protestantischen theologischen Reflexion und orthodoxer Dogmatik auch am Geschichtsverständnis verdeutlichen. Der von der Aufklärung initiierte Paradigmenwechsel bewirkte eine radikale Historisierung theologischer Reflexion. Historisierung bedeutet Relativierung, den Verzicht darauf, durch metaphysische Sinnkonstruktionen – etwa in Gestalt der Gotteslehre – die elementaren Ungewißheiten individueller Lebenserfahrung zu überdecken. Für die orthodoxe Theologie ist demgegenüber ein Geschichtsverständnis maßgeblich, das in seinem Zentrum gerade die Neutralisierung geschichtlicher Relativitätserfahrung zum Inhalt hat. Auf der Grundlage ihrer – in westlicher Perspektive – vorkritischen Metaphysik operiert sie weiterhin mit einem heilsgeschichtlichen Verständnis von Theologie. Der strikt theologisch-dogmatische Weltauslegungshorizont erlaubt es ihr, ein klares „Telos" der Gesamtgeschichte zu formulieren: Das Telos menschlicher Existenz liege in der „Theiōsis". Solches Heilsgeschichtsdenken stellt für „westliche" Theologen eine intellektuelle Herausforderung dar. Es erlaubt, einen einheitlich strukturierten Gesamtzusammenhang der Wirklichkeitserfahrung zu formulieren, in den alle einzelnen Ereignisse und Widerfahrnisse harmonisch integriert werden können. Dieser monistische Grundzug orthodoxen Heilsgeschichtsdenkens nivelliert schon von seinem Ansatz her die Härte der Konflikte und Gegensätze in der geschichtlich-sozialen Welt. Die Konfliktpotentiale moderner Gesellschaften, die im Westen die aktuellen Ethik-Debatten bestimmen, lassen sich im Rahmen einer Heilsgeschichtskonzeption weitgehend nur negativ deuten.

3. Die Entkoppelung von Ethik und Ekklesiologie

Im Überschritt in das „ethische Zeitalter des Christentums" reflektiert sich auch ein epochaler soziokultureller Wandel. Staat und Gesellschaft treten auseinander, und die bürgerliche Gesellschaft wird zu einer Sphäre, in der soziale Gruppen, die konfligierenden Interessen der einzelnen und die unterschiedlichen Werthaltungen permanent im Streit liegen. In diesem krisenreichen Prozeß der Modernisierung der Gesellschaft ändert sich auch der institutionelle Ort der Kirche, bzw.

die Zuordnung von Theologie, Kirche und Öffentlichkeit. Die Kirchen sind nicht mehr jene Institutionen des Gemeinwesens, die ein allseits anerkanntes Monopol auf überindividuelle Sinnstiftung und Wertevermittlung haben. Sie sind nicht mehr gleichberechtigte Ordnungsmacht neben und mit der politischen Obrigkeit, sondern werden Institutionen der Gesellschaft neben anderen.

Dem sozialgeschichtlichen Wandel in der Stellung der Kirche entspricht auf der Ebene theologischer Reflexion die Entkoppelung von Ethik und Ekklesiologie. Unter den Bedingungen der Aufklärung stellt theologische Ethik nicht mehr ein Sonderwissen dar, in dem eine spezielle Moral für die Glieder der Kirche formuliert wird. In der Ausdifferenzierung von Ethik und Dogmatik verschafft sich vielmehr ein autoritätskritischer Grundimpuls, das Interesse an einer Beschränkung der ethischen Verfügungsmacht der Kirche über die Individuen Geltung. Gegenüber den Autoritätsansprüchen kirchlicher Tradition und den damit eng verknüpften Herrschaftsansprüchen der Institution wird nun einer Eigenständigkeit ethischer Argumentation Geltung verschafft.

Auch diese Entklerikalisierung der Ethik ist in der orthodoxen Tradition nicht mitvollzogen worden. Die ethische Dimension christlichen Glaubens bleibt in der Orthodoxie rückgebunden an die Autorität des kirchlichen Amtes. In seiner Darstellung von Grundzügen der orthodoxen Sicht christlicher Ethik betonte Harakas: „At heart, ecclesiology has a determining influence upon Orthodox ethical discourse and rightly so."[14] Diese ekklesiologische Grundausrichtung läßt sich auch daran ablesen, daß nach orthodoxem Verständnis ein enger Zusammenhang zwischen der Feier des Gottesdienstes und dem ethischen Engagement besteht. Für den Theologen Constantelos ist es „evident that the social ethos of the Orthodox community derives much of its strength from Eucharistic theology."[15] Naturrechtstradition und heilsgeschichtliche Gesamtschau dienen zur Rechtfertigung des Anspruchs, daß moralische Orientierungen letztlich nur aus der kirchlichen Tradition heraus vermittelt werden können. Kirche versteht sich gerade nicht als ein gesellschaftlicher Verband neben vielen anderen, sondern definiert sich aus einem übergesellschaftlichen religiösen Legitimationssystem. Nur

---

[14] Harakas, a.a.O. S.644. Vgl. auch D.J.Constantelos: Theological Considerations for the Social Ethos of the Orthodox Church, in: Journal of Ecumenical Studies Vol.XI (1974), S.31. Auch V.Guroian forderte die orthodoxe Kirche auf „(to) turn to the fundamentals of its ecclesiology for the inspiration of a social ethic". Ders.: The Problems of an Orthodox Social Ethic: Diaspora Reflections, in: Journal of Ecumenical Studies Vol XXI (1984), S.722.

[15] Constantelos, a.a.O. S.32.

so ist auch die hohe Staatsaffinität orthodoxer Theologie zu verstehen. Diese ist nicht einfach, wie im Westen manchmal behauptet wird, Ausdruck unkritischer Anpassung ans jeweils Bestehende. Sie ist vielmehr in der inneren Struktur orthodoxer Theologie selbst begründet, in ihrem heilsgeschichtlichen Grundansatz, in der Zusammenschau von Dogmatik und Ethik, der engen Verknüpfung von Ethik und Ekklesiologie, sowie der daraus resultierenden antipluralistischen Definition moralischer Verbindlichkeit.

In den unterschiedlichen Theologiekonzepten von Orthodoxie und Protestantismus, insbesondere in den konkurrierenden Zuordnungen von Dogmatik und Ethik, reflektieren sich tiefgreifende gesellschaftsgeschichtliche Unterschiede. Lassen sich solche Unterschiede durch ökumenische Formelkompromisse überbrücken? Im Interesse der Aufrichtigkeit und Glaubwürdigkeit des ökumenischen Gesprächs sollten solche fundamentalen Unterschiede nicht nivelliert werden.

Meine kurzen Hinweise auf die Differenzen in den Fundamenten der ökumenischen Ethikdiskussion zielen nicht auf einen Appell zur Redogmatisierung des ökumenischen Gesprächs, gleichsam auf die Abschaffung der Tradition von „Life and Work" bzw. „Church and Society" zugunsten von „Faith and Order". Mein Interesse geht vielmehr in jene Richtung, die der schon eingangs zitierte Paul Abrecht bezeichnet hat. Er forderte im Interesse der Stärkung der ethischen Kompetenz der ökumenischen Bewegung eine vertiefte Diskussion von Grundlegungsfragen der Ethik, eine Auseinandersetzung mit den „different theological and ethical approaches"[16] auf dem Felde der ökumenischen Ethik. Auch für die Suche nach einer ökumenischen Ethik gilt: Die integrierende Kraft von Einheitskonzepten kann nur so groß sein wie die zuvor in sie eingebrachte Präzision in der Wahrnehmung von Differenzen.

---

[16] P. Abrecht, a.a.O. S. 131.

GUSZTÁV BÖLCSKEI, DEBRECEN

Aufklärung und Säkularisation als Herausforderung für die Kirchen in Ungarn

In meinem Referat versuche ich anhand von kirchensoziologischen Untersuchungen ein Bild davon zu entwerfen, wie sich in den letzten 40 Jahren das Verhältnis Staat–Gesellschaft–Kirche entwickelte. Nach diesem Entwurf werden einige Folgerungen und aktuelle Fragen angesprochen, die mit unserem Hauptthema meines Erachtens eng verbunden sind, und als relativ typisch für die Situation der Kirche in den ost-mitteleuropäischen „nachsozialistischen" Gesellschaften gelten können.

Die erste Phase: Die Konfrontation

Diese erste Phase dauerte von 1945 bis 1956, also vom Ende des zweiten Weltkrieges bis zum Volksaufstand in Ungarn. Das wesentliche Element in dieser Phase ist die Ausbildung der kommunistischen Diktatur. Innerhalb weniger Jahre wird erreicht, daß die im Anfang unbedeutende kommunistische Partei eine alleinherrschende und alles bestimmende Kraft wird. Dazu müssen alle anderen Parteien, Bewegungen, Organisationen aus dem Weg geräumt werden. Die marxistische Ideologie und die Parteipolitik entwickeln eine eschatologische „Wundererwartung": Es erscheint die Utopie eines irdischen Paradieses. Die Machthaber opfern im Namen einer erwünschten zukünftigen Welt konkrete Menschen. „Der Zweck heiligt die Mittel." In dieser totalen Welt, die alle Bereiche des Lebens umfaßt, bleibt für Religion und Kirche kein Platz mehr: Die Religion wird sowieso absterben, aber die neuen Machthaber tun alles dafür, daß dieser Prozeß beschleunigt wird.

Nicht nur der Staat rechnet damit, daß das Zusammenleben mit der Religion und den Kirchen eine relativ kurze, vorübergehende Episode in der Geschichte der neuen Gesellschaft ist. Aus anderen Gesichtspunkten – aber im Prinzip sehr ähnlich – denkt man so im allgemeinen auch innerhalb der Kirche. ‚Wir müssen nur überleben, das kann nicht mehr lange dauern' – dies ist eine weitverbreitete Haltung, wenn auch ein bißchen unterschiedlich in den einzelnen Konfessionen: So denkt man über die Gegenwart. Die verschiedenen Vereinbarungen und Abkommen, die zwischen dem Staat und den einzelnen Kirchen in dieser

Epoche zustandekamen, änderten eigentlich nichts an der Konfrontation zwischen Staat und Religion. Verschiedene Faktoren haben dabei eine wesentliche Rolle gespielt; schon allein dadurch, daß Organisation, Struktur und Mitglieder der Kirche nicht vollständig integriert werden konnten, bedeutete die Existenz der Kirche eine ungeheuer große Herausforderung für das totalitäre Regime. Diese erste Phase hat sich tatsächlich als Provisorium erwiesen, aber nicht so, wie es beiderseits gedacht worden war. Diese erste Epoche wurde durch die Ereignisse von 1956 beendet – das Leben aber mußte weitergehen: Eine neue Epoche begann.

Die zweite Phase: Die Ghetto-Strategie

Das Trauma des Jahres 1956 bildet den Ausgangspunkt dieses zweiten Modells. Auf beiden Seiten sind die Naiv-Gläubigen aus einem Traum erwacht: Diejenigen, die aus einer grausamen Lektion gelernt haben, daß ein Volk nicht wider seinen Willen mit Zwangsmethoden glücklich gemacht werden kann, und andererseits diejenigen, die in den Kirchen auf eine Hilfe des Westens hofften. Enttäuschung und Hoffnungslosigkeit stehen am Anfang dieser Epoche. Die Ideologie wird zurückhaltender, das Gesellschaftssystem wird durch die Übernahme bestimmter Elemente der Konsumgesellschaft stabilisiert und erlangt dadurch eine bestimmte Legitimation von der Bevölkerung.

Die gesellschaftliche Situation dieser Periode ist dadurch gekennzeichnet, daß die Gesellschaft in wenigen Jahren alle Krisenerscheinungen erleben muß, die in den westlichen Ländern Europas durch die Industrialisierung und Urbanisierung auf zwei Jahrhunderte verteilt verliefen. Der Zerfall der Gesellschaft, der in der ersten Epoche durch die politische Ideologisierung begonnen hatte, geht in dieser Periode durch das neue Wirtschaftssystem weiter. Der praktische Materialismus breitet sich aus, und diese Lebenseinstellung braucht die Religion nicht mehr. Wenn man in diesen Jahren die statistischen Angaben über das Fortschreiten des Säkularisierungsprozesses betrachtet, muß man sagen, daß die Prophezeiungen über das Absterben der Religion nicht unglaubhaft erscheinen.

Die Religionspolitik des Staates ist in dieser Periode sehr ambivalent. Einerseits wird der ideologische Kampf weitergeführt, andererseits wird im Interesse der System-Stabilisierung versucht, eine offene Konfrontation zu vermeiden. Das bedeutet eine Politik der Isolierung der Kirchen von der „fortschrittlichen" Gesellschaft. Den Kirchen wird eine bestimmte „innere Freiheit" gewährt, d.h., die Kirchen sollen und können ihre Tätigkeit innerhalb der Kirchenmauern, also im Gottesdienst ausüben, aber sie sind immer mehr von den gesellschaftlichen Problemen entfernt. Man könnte sagen, die Kirche wird immer unsichtbarer. Die Ausnahmen, die auch in diesem Fall nur die Regel bestätigen, bilden manche großen feierlichen Veranstaltungen, die einerseits dazu dienen, daß da für die Außenwelt die guten Beziehungen zwischen dem sozialistischen Staat und den christlichen Kirchen demonstriert werden können, und andererseits, weil sie an bestimmten historischen Ereignissen anknüpfen, erwecken sie den Eindruck, daß Religion und Kirche in der heutigen Welt Reliquien der Vergangenheit sind.

Die dritte Phase: Die Epoche des „Dialogs"

Seit Ende der sechziger Jahre wächst die Erkenntnis, daß der Weg, den die Gesellschaft betreten hat, sichtbare Grenzen hat. Die Krisengebiete: Wertekrise, das Fehlen der echten menschlichen Gemeinschaften, die Legitimationskrise des politischen Systems und die Atomisierung der Gesellschaft. Die unerwünschten „Begleiterscheinungen" des gesellschaftlichen Fortschritts (Zerfall der Familie, steigende Selbstmordrate, Alkoholismus, sinkende Arbeitsmoral, Jugendkriminalität usw.) bieten ein erschreckendes Bild. Die halboffiziellen Statistiken zeigen, daß Religion – trotz des wirklichen Rückganges – immer noch für viele eine wichtige „Angelegenheit" geblieben ist. Nach der Strategie der Ghettoisierung folgt jetzt in der Geschichte der Kirchenpolitik eine Stärkung der auch schon früher vorhandenen „Instrumentalisierung". Der Staat versucht Religion in neuer Weise zu integrieren und in den Dienst seiner Ziele zu stellen. Es sind gemeinsame Interessen – heißt es –, wo eine Zusammenarbeit möglich und wünschenswert ist. Ideologische Fragen werden ausgeklammert und Gemeinsamkeiten, wie das humanistische Potential, gesucht und gegenseitig gelobt. Vorsichtige Dialoge werden veranstaltet, wobei der Dialog zwischen den marxistischen Partei-Ideologen, Theologen und Kirchenleitern eine Sache von Wenigen geblieben ist. Er hat positive und negative Ergebnisse mit sich gebracht. Als positive kann man nennen, daß dadurch eine militante und dogmatische Religionskritik unmöglich wurde: Außerdem wurden die „kirchenfressenden" örtlichen Behörden infolgedessen etwas verunsichert. Dadurch entstand der Anschein, als ob in Ungarn im ideologischen Bereich Liberalismus und völlige Religionsfreiheit existierten.

Das innere Leben der Kirche kann mit einer Inselwelt verglichen werden. In kleineren Kreisen, Bewegungen, in einzelnen Gemeinden, in denen eine charismatische Persönlichkeit tätig ist, entstehen neue Impulse, brechen Kräfte auf, die die Probleme klar formulieren und nach neuen Lösungen suchen. Untereinander aber haben diese einzelnen „Inseln" kaum Kontakte. Es fehlen Mittel und Möglichkeiten für eine nötige Kommunikation. Die Geschlossenheit der Ghettowelt bricht auf, in vielen Gemeinden kann man Zeichen einer zumindest äußeren Erneuerung (Renovierung verfallener Kirchen, Neubau von Gemeindehäusern usw.) beobachten.

Die vierte Phase: „Selbständigkeit"?

Die achtziger Jahre machen es immer deutlicher, daß sich das sozialistische Gesellschaftssystem in Ungarn in einem Stadium der Auflösung befindet. Das zentralistische Führungsmonopol der Partei wird gebrochen, die sogenannten „zweiten Welten" innerhalb des Eigentums, der Macht und der Ideologie werden immer bedeutsamer. Die ideologisierten und tabuisierten „grauen Zonen" werden immer klarer und durchsichtiger. Kritische Töne werden immer lauter, nach denen der sogenannte „real existierende Sozialismus" sich als historische Sackgasse erwiesen hat. Denn es hat sich gezeigt, daß er ein System darstellt, das durch totale Realitätsfremdheit gekennzeichnet ist. Es wird klar erkannt, daß der „real existierende Sozialismus" am meisten unter dem Verlust des Realitätssinnes gelitten hat.

Diese Phase ist natürlich voller Widersprüchlichkeiten. Der eine für uns jetzt wichtige Widerspruch besteht darin, daß ein wachsender Hunger nach Religion und transzendenten Werten (oder postmaterialen Werten) nicht mit einem ähnlichen Interesse an der institutionellen Kirche zusammenfällt. Innerhalb der Kirchen entwickeln sich verschiedene Ebenen, die miteinander keinen gemeinsamen Weg gehen. Es fehlen echte Vermittlungsinstanzen zwischen der Kirchenleitung, die mit der staatlichen Kirchenpolitik eng verbunden bleibt, und den verschiedenen Alternativbewegungen auf Gemeindeebene. Dabei wird von der Kirchenleitung verkannt, daß die Schwerpunkte im Verhältnis Kirche-Staat sich verschoben haben. Es wäre erforderlich, Anknüpfungspunkte zu der sich neu formierenden autonomen Gesellschaft zu finden; stattdessen werden die „erprobten, guten Beziehungen" zum Staatsapparat gepflegt.

Die Rolle der Kirche wird jetzt von anderer Seite aufgewertet. Die Gesellschaft stellt enorm hohe Erwartungen an die Kirche, denen die Kirchen, die 40 Jahre lang ums Überleben gekämpft haben, nicht gerecht werden können. Die Grundlage dieser Erwartungen liegt darin, daß die ideologischen und staatlichen Sinnstiftungen der vergangenen

40 Jahre zu enttäuschenden Ergebnissen geführt haben. Christliche Werte, wie durch die Kirchen repräsentiert, erscheinen vielen als unaufgebbare Prinzipien, einen Ausweg aus der Gesamtkrise der Gesellschaft zu finden. Die Kirche erscheint in dieser Auffassung nahezu als die einzige glaubwürdige Institution, die einerseits die Kontinuität mit der europäischen Geschichte und Kultur darstellt, andererseits ebenso die Chance bietet, nach dem Absterben einer Ideologie für die neue Entwicklung eine vor allem moralische Kraft geben zu können, die den Einzelnen und der Gemeinschaft Anhaltspunkte bieten kann.

Änderungen der Religiosität in den genannten Perioden

1. In der ersten Periode zeigen die statistischen Daten das Bild eines lebendigen religiösen Lebens. Gottesdienstbesuch, Taufe, kirchliche Trauungen, Pfarrernachwuchs, religiöses Bewußtsein – alle diese Faktoren erleben nach dem Krieg – wie überall in Europa – einen Aufschwung. Der ungarische Protestantismus wird von einer großen Erweckungsbewegung erfaßt. Der Wunsch nach Frieden und Geborgenheit spielt dabei eine beträchtliche Rolle. Dazu kommt noch, daß nach 1948, also nach der kommunistischen Machtübernahme, die Kirche, der Gottesdienst die einzige Möglichkeit blieb, wo man öffentlich etwas anderes als Propaganda hören und andere Gesinnungsgenossen, die mit der neuen Situation unzufrieden waren, treffen konnte.

2. Die Abnahme der Religiosität beginnt in der zweiten und beschleunigt sich in der dritten Phase. Die Ghettoisierung und die Anpassungsstrategie der Kirche bringt es mit sich, daß die Daten der Religiosität zwischen 1958 und 1978 unter das europäische Niveau sinken. Laut einer Umfrage aus dem Jahre 1978 nennt sich nur die kleinere Hälfte der Erwachsenen religiös (45%).

3. Die vierte Phase zeigt wieder steigende Tendenzen in diesem Bereich. Die Zahlen der Theologiestudenten, Taufen, kirchlichen Trauungen nehmen langsam zu. Das religiöse Bewußtsein wächst sprunghaft. In der Mitte der achtziger Jahre nennt sich schon die größere Hälfte der Bevölkerung religiös (64%).

Die Änderungen der Religiosität in den letzten vierzig Jahren kann man mit einer unvollendeten Sinuskurve vergleichen. Dieser Trend bestätigt weder die Vorstellung des Marxismus über das Absterben der Religion noch die Säkularisationsthese, wonach Urbanisation und Industrialisierung automatisch die Abnahme der Religiosität bewirken.

Wie kann diese unvollendete Sinuskurve erklärt werden? Die ungarische Religionssoziologie behauptet, daß in den letzten vierzig Jahren in

Ungarn die Religiosität ein Zeichen der Vitalität der Gesellschaft war. In der ersten Phase hat die Gesellschaft der Diktatur Widerstand geleistet, sie hat die Identität bewahrt und dabei eine wesentliche Unterstützung von der Kirche erfahren. In der zweiten Phase ergibt die Gesellschaft sich selbst – nicht so sehr der Ideologie, sondern dem Materialismus. Diese Linie geht weiter in der dritten Phase, die zu einer Atomisierung der Gesellschaft führt. Das bedeutet zugleich, daß Kirche und Gesellschaft sich voneinander immer mehr entfernen. Aber schon am Ende der dritten Phase ist eine Wende zu beobachten, und das wird in der vierten Phase sichtbar und meßbar.

Nachdem wir diese – vor allem religionssoziologischen – Beobachtungen kennengelernt haben, können wir jetzt die Frage stellen: Wie erscheint vor diesem Hintergrund das Verhältnis „Kirche-Aufklärung", „Kirche und moderne Welt" im ungarischen Kontext? Meine Hauptthese lautet: Die Kirchen in Ungarn stehen heute in vieler Hinsicht nicht nach, sondern vor der Aufklärung. Die Grundprinzipien der Aufklärung (Autonomie, Vernunft, Freiheit) konnten in einer durch und durch ideologisierten Gesellschaft keine bedeutende Rolle spielen. Man sprach zwar über positivistischen Rationalismus in der sozialistischen Gesellschaft, aber im Grunde genommen wurden Rationalität und Realität den Götzen der Ideologie geopfert. Die Ideologien des 19. und 20. Jahrhunderts und insbesondere der Marxismus-Leninismus haben immer behauptet, daß sie den bürgerlichen Rationalismus (eigentlich ein Irrationalismus) durch einen „höherwertigen Rationalismus" ersetzen müssen. Sie waren fest davon überzeugt, daß sie die Regelmäßigkeiten der Geschichte mit Hilfe der wissenschaftlichen Analyse genau aufdecken könnten und auf Grund dieser Kenntnisse eine durch und durch rationale Gesellschaft aufgebaut werden könne. Dieser übertriebene Aufklärungsglaube hat zur Folge gehabt, daß es zu einer totalen Verfinsterung kam. Diese totale „hyperrationale" Haltung hat sich als „irrer Irrationalismus" erwiesen. Man könnte auch etwa so formulieren: Wir hatten zuviel und zugleich zuwenig von der Aufklärung erfahren. Das Zuviel bedeutete einen Rückfall in absolutistische Tendenzen und manchmal in mittelalterliche Methoden. Das „Zuwenig" heißt für mich, daß es zu einer echten Begegnung und ehrlichen Auseinandersetzung mit all' den Fragen, die die Aufklärung für das Christentum bedeutet, in Ungarn noch nicht gekommen ist. Natürlich wird diese Begegnung schon anders verlaufen als in anderen Teilen Europas, in denen diese Auseinandersetzung schon vor Jahrhunderten begonnen hat. Es wäre aber leichtsinnig für die Kirche anzunehmen, daß ihr diese Herausforderung erspart werden könne. Die letzten Jahrzehnte bedeuteten für die Kirchen eine andersartige Herausforderung, nämlich von der totalitären Ideologie. Es ist eine große Frage, ob wir dazu fähig waren, auf diese Herausforderung eine richtige Antwort zu geben. Ich bin der Meinung, daß die Theologie diese Antwort schuldig geblieben ist. Für uns selbst ist es an der Zeit, eine theologische Antwort auf unsere Vergangenheit zu finden. Dies muß eine theologische Antwort sein, und keine geschichtsphilosophische Überlebensstrategie, die unser quasitheologisches Denken in der Reformierten Kirche in Ungarn bestimmte. Die Kirchen können sich in dieser neuen Situation nicht zurechtfinden, solange diese mühsame Arbeit nicht geleistet wird. Sie müssen sich auf die Auseinandersetzung mit gesellschaftlichen Problemen vorbereiten, die 40 Jahre lang ihrer Kompetenz enthoben worden waren.

Die neue Freiheit bedeutet auch neue Risiken. Viele neue Möglichkeiten bieten sich an, viele neue Verbündete melden sich sowohl im politischen als auch im gesellschaftlichen Bereich. Man braucht Besonnenheit, neben den vielen Möglichkeiten auch die neuen Probleme zu sehen. Die Kirche muß auch aufgeklärt werden in dem Sinne, daß sie selber ihren Platz in einer pluralistischen Gesellschaft findet und für sich selbst nicht mehr Platz beansprucht als nötig. Innerhalb der Kirche müssen absolutistische, paternalistische Züge abgebaut werden, damit die Kirche nicht mehr, aber auch nicht weniger und nichts anderes als Kirche sein kann gemäß ihrer Sendung und ihres Auftrags.

Aufklärung bedeutet heute für die Kirche in Ungarn, daß sie ihre innere Krise, die aus einer theologischen Krise hervorgeht und die gesamte Kirche von innen gefährdet, wahrnimmt, offen gesteht und zu überwinden versucht. Die theologische Krise ist im Grunde genommen nichts anderes als das Problem der Häresie. Am Anfang jeder Häresie steht eine unauffällige Akzentverschiebung. Im Zentrum jeder christlichen Theologie steht ursprünglich das Bekenntnis: Jesus Christus ist Herr. Das ist das Zentrum des Bekenntnisses. In der Häresie geschieht nichts anderes, als daß neben diesem Zentrum ein anderes, unbedeutend erscheinendes Nebenzentrum entsteht. In unserem Fall hieß es: Jesus Christus ist Herr, und deshalb können wir ja sagen zum Sozialismus. Die Gesetzmäßigkeiten der Häresien machen es aber notwendig, daß das Nebenzentrum für sich ein immer größeres Gewicht beansprucht, bis es zuletzt der alles bestimmende Faktor wird, von dem alle anderen Aussagen und Fragen abhängig sind. So sind in der offiziellen „Hoftheologie" praktisch die eventuell störenden, kritischen Faktoren ausgeschaltet, und so blieb endlich eine Theologie, die dank der Instruktionen der Kirchenleitung die guten Beziehungen zum Staatsapparat nicht gefährden konnte. Dadurch, daß diese Theologie die einzige offizielle theologische Richtung war, geriet die Kirche langsam in Gefahr, a-theologisch oder antitheologisch zu denken und zu leben. Die einzige Alternative der offiziellen Theologie, die sich einigermaßen halten konnte, war eine pietistische Erweckungstheologie, verknüpft mit einem fundamentalistischen Biblizismus. Die Vertreter dieser pietistischen Richtung erleben jetzt eine neue Blütezeit. Sie fühlen sich in ihrer Einstellung zur offiziellen Theologie bestätigt, die jetzt schon von allen Seiten kritisiert und verworfen wird. Es bleibt natürlich fraglich, ob aus dieser Negation heraus die richtigen Antworten auf die Fragen der neuen Gesellschaft gegeben werden können. Kann man eine „Kontrastgesellschaft", wie man die zukünftige Gestalt des kirchlichen Lebens gern nennt, mit Hilfe eines Fundamentalismus aufbauen, der eigentlich, wie alle anderen Fundamentalismen, als Angstreaktion gegenüber dem Modernismus keine oder eine sehr geringe Dialogbereitschaft zeigt?

Zusammenfassend kann ich so formulieren: Das ungarische Christentum ist aus seiner ihm aufgezwungenen Defensivhaltung herausgekommen und steht vor der großen Aufgabe, in den neu entstandenen Problemen sich legitim (d. h. allein durch das Evangelium Jesu Christi zu legitimierende Weise) zu beteiligen, ohne besondere Privilegien für sich zu beanspruchen. Nur so kann man darauf hoffen, daß es zu einer ehrlichen und gerechten Beschäftigung mit dem Fragenkomplex von Aufklärung und Säkularisation kommen wird.

Friedrich Heyer, Heidelberg

Die äthiopische orthodoxe Kirche angesichts der Herausforderungen durch die Moderne

I

Nirgends in der Welt prallen Tradition und Moderne so hart aufeinander wie bei den 30 Millionen Gläubigen des orthodoxen Äthiopien. Die Tradition etablierte sich, als vor 1660 Jahren (um 330) der Königshof in Aksum das Christentum annahm. Ein syrisches Handelsschiff war an der äthiopischen Küste gestrandet. Die Bevölkerung schlug die Matrosen tot, lieferte aber die Kapitänssöhne Frumentius und Ädesius den Königen Abreha und Asbeha zu. Vom Königshof sickerte das von syrischen Traditionen bestimmte Christentum ins Land. Die Bischofsweihe zu empfangen, zog Frumentius zum nächst beiwohnenden Patriarchenhof des großen Athanasius von Alexandria.[1] Von daher empfing die äthiopische Kirche eine koptische Hierarchie, die bis 1959 fungierte.

Die aus Ägypten entsandten Bischöfe wie abuna Salama der Übersetzer (1348-1388)[2] übertrugen Elemente patristischer Theologie, koptischer Hagiographie und das koptische kanonische Recht des Ibn al Assal (Fetha Nagast)[3] in die Ge'ez-Kultur. Das Klosterwesen wurde durch die Neun Heiligen – aus ihrer Heimat vertriebene syrische nonchalcedonische Mönche – als fertige Institution übertragen. Daher orientierte sich Äthiopien auf Ephräm Syrus und zur Mönchserziehung (Meshafe Manakosat) auf Jakob von Serug und Philoxenos von Mabbug.[4] Überraschend kreativ schuf der Priester Yared in Aksum die liturgische Tradition.[5] Naturwissenschaftliche Anschauungen wurden vom übersetzten Physiologus und dem Aksimaros vermittelt.[6]

Nun ein singuläres Moment:
Eine nationaläthiopische Bischofssukzession fehlte. Jeweils nach dem

---

[1] TRE (Theologische Realenzyklopädie) I, 574-576 F.Heyer, Äthiopien; Sergew Hable Selassie, Ancient and Medieval Ethiopian History to 1270, Addis Abeba 1972

[2] Tadesse Tamra, Church and State in Ethiopia 1270-1527, Oxford 1972

[3] L.Guidi, II Fetha Nagast o legislazione dei re, Rom 1899

[4] F.Heyer, Die Kirche Äthiopiens, Berlin 1971, 145-187; zu Mashafa Manakosat vgl. E.Cerulli, Storia della letteratura Etiopica, Mailand ²1961, 190

[5] E.Hammerschmidt, Studies in the Ethiopic anaphoras, Berlin 1961

[6] E.Trumpp über Aksimaros (in Ge'ez übersetztes Hexaëmeron des Pseudo-Epiphanius), in: Abhandl. der Bayer. Akademie der Wissenschaften, Philosophisch-philologische Classe XVI, München 1882, 224; zu Physiologus, F.Heyer, Die Tiere in der frommen Vorstellung des orth. Äthiopien, in: Ostkirchliche Studien 20 (1971) 97-114

Hinsterben des ägyptischen Mönchs, der vom alexandrinischen Patriarchen als „abun" in die entfernte Metropolie Äthiopien entsandt war, hatte eine königliche Delegation mit reichen Geschenken in Ägypten einen Nachfolger zu erbitten.[7] Um so wichtiger war für das Bewußtsein unversehrter Tradition, daß durch die Jahrhunderte hindurch eine nationaläthiopische Gelehrtensukzession in der Kirchenschule (Manfassawi Temerhert Bet) waltete. Jeder Memhir kann seinen Gelehrtenstammbaum namhaft machen: Wer sein Lehrer war und wer dessen Lehrer ... Daß die Lehre authentisch tradiert wurde, ist wahrheitsverbürgend.[8] Diese Tradition wirkt ungebrochen bis in die Gegenwart. Auch in der Revolutionsperiode behaupteten sich 800 orthodoxe Kirchenschulen ohne Beschädigung des traditionellen Lehrgutes.[9] Kaiser Haile Selassie setzte als Garanten den staatlichen Zensor Aklilu Gäbrä Qiros ein. Im Patriarchat waltet im Manfassawi guba'e der Gelehrte Admassu als Kirchenrichter Innovationen abzuwehren.[10] Nur kirchlich rezipierte Literatur konnte in Äthiopien verbreitet werden, vermehrt zu einem Bestand von 800 Werken. Die Abgrenzung des Kanons der biblischen Bücher mit seinen Apokryphen blieb irrelevant, weil es den autoritativen Kanon der rezipierten Bücher gibt. Gefährdung der Tradition vom Buchmarkt her gab es also nicht.

Der äthiopische Bischof von Jerusalem Philpos wurde in den 60er Jahren ins Gefängnis geworfen, weil er – in der Heiligen Stadt in ökumenischen Kontakten – ein Buch publizierte, in dem die antichalcedonensische christologische Position Äthiopiens mit der Zwei-Naturen-Lehre von Chalcedon harmonisiert schien.[11] Vor 1923 gab es keine Druckerei in Äthiopien. Noch heute lehnen Klöster Geldgeschenke der Besucher ab, weil für sie die Wirtschaftsphase ohne Geldverkehr noch nicht zu Ende gegangen ist. Man muß ein Kilo Zucker im Rucksack haben, um die Mönche zu beschenken. Die Herstellung von Manuskripten, Buchilluminationen und Kirchenausmalungen blieb so imitatorisch von jeder folgenden Generation übernommen, daß die die Epochen unterscheidenden Stilkriterien für die Datierung fehlen.

Bittere Erfahrungen des 16/17. Jh.s führten das orthodoxe Äthiopien zur völligen Abkopplung von der christlichen Welt. Der Schrecken vor

---

[7] H. Jenny, Äthiopien, Land im Aufbruch, Stuttgart 1957, 113; F. Heyer, Die Kirche Äthiopiens, aaO 4-10

[8] F. Heyer, Die Kirche Äthiopiens, aaO 109-145; Haile Gabriel Dagne,

[9] F. Heyer, Die orthodoxe Kirche Äthiopiens im fünften Revolutionsjahr, in: Ökumenische Rundschau 28 (1979), 330 f.

[10] Admassus Apologie gegenüber dem Protestantismus in: Koka Haymanot (Stein des Glaubens), Addis Abeba 1956

[11] F. Heyer, Die Kirche Äthiopiens, aaO

dem Auftauchen portugiesischer Flotten, die den Arabern den Gewürzhandel mit Indien wegkaperten, endigte die Toleranz der muslimischen Nachbaremirate. Aus Indien herübergeholte, mit Feuerwaffen ausgerüstete portugiesische Soldaten mußten das christliche Reich retten. Die mit ihnen einziehenden Jesuitenpatres zogen die äthiopische Orthodoxie unter die römische Jurisdiktion. Als König Fasiladas die Jesuiten vertrieb und jeden europäischen Einfluß ausschloß, bestätigte sich Äthiopien drei Jahrhunderte lang seine orthodoxe Eigenkultur.[12]

II

Auf diese in ihre Tradition eingehegte kirchliche Kultur prallte die Moderne ganz unvermittelt. Aber der Einfluß der Moderne auf das theologische Denken und die kirchliche Struktur war abgeschottet. Um die orthodoxe Kirche des Landes in den Griff zu bekommen, hatten die italienischen Okkupanten von 1936 das Patriarchat in Addis Abeba als zentrale Instanz gestiftet. Man könnte vermuten: geeignet, Innovationen einsickern zu lassen. Doch die lokalen Autoritäten, denen zuvor die Kirchengewalt zustand, verschanzen sich gegen das Patriarchat. Zur Anhebung des theologischen Niveaus war 1960 in Verbindung mit der Hofkirche unter Beiziehung armenischer oder indischer Lehrer das Holy Trinity College gründet worden. Aber die traditionellen Priesterfamilien, die in der Ge'ez-Kultur beheimatet sind, verweigerten aus Mißtrauen, ihre Söhne zum Studium ans College zu senden. Die dortige Theologie, von Dozenten, die in Princeton oder Cambridge studiert hatten, wirkte wie an die Ge'ez-Tradition angeklebt. Kein Wunder, daß der Revolution 1974 diese Institution dahinfiel.

III

So strömte die Moderne nicht etwa durch von der Kirche geöffnete Schleusen in die christliche Gesellschaft Äthiopiens herein, sondern überschwemmte die von der Kirche errichteten Deiche wie eine ganz von außen kommende Flut. Ausgangspunkte „aufklärerischen" Einflusses waren folgende Institutionen:
Das mit der Kirchenschule konkurrierende neue Bildungssystem der Regierungsschule, der in fünf Teacher Training Schools erzogene Lehrerstand, die von kanadischen Jesuiten gegründete Universität, die Mili-

---

[12] F. Heyer, Die Kirche Äthiopiens, aaO, 264–266

tärakademie von Harar und der Rückkehrerstrom äthiopischer Stipendiaten vom Auslandsstudium.

Man kann dabei zwei Phasen unterscheiden:

1. Die Schülerschaft der Higher Secondary School ließ mit dem Bildungssprung die Kirche, der sie entstammte, einfach hinter sich liegen. Eine Auseinandersetzung mit den Glaubensfragen fand gar nicht statt. Da die Kirche als Religionsdozenten eine Art „Weihnachtsmänner" in die Lehrkörper der Teacher Training Schools und der Militärakademie entsandte, wurden deren Vorlesungen von den Studenten verlacht und geschwänzt. Auf die neuen Fragen konnte dieser Typ von Dozenten keine Antwort geben.

2. In das religiöse Vakuum, das so in den Seelen entstand, nistete sich der Marxismus als Heilslehre ein, nicht aus der Sovetunion importiert, sondern durch die in Harvard bei einem marxistischen Amerikaner ausgebildeten äthiopischen Stipendiaten eingebracht. Die neue Ideologie mitsamt ihren atheistischen Implikationen bot, was die Kirche nicht mehr bieten konnte, nämlich eine ganzheitliche weltanschauliche Deutung des Menschseins. Das erste Konversationslexikon, das in Äthiopien zusammengestellt wurde, bot einen Artikel über Religion, der „wissenschaftlich" über Gottesbeweise spottete.

IV

Die marxistische Offiziersgruppe des Derg, die seit der Revolution von 1974 die Macht besitzt, sekundär auch die 12 Jahre nach der Revolution gestiftete Partei, machte ihre Ideologie, die handlungsorientierend die soziale Umstrukturierung antrieb, fürs ganze Volk verbindlich. Kirche und Staat wußten von ihrem Gegensatz, aber auf beiden Seiten bestand ein Interesse, den Gegensatz zu verschleiern.[13] Der Staat spielte, als ob er religionsneutral sei, konnte aber durch Ernennung staatskonformer Marxisten zu Administratoren der Patriarchatsverwaltung in der Kirche selbst die staatsseitig erwünschten Maßnahmen durchsetzen. Die Regierungsschule diente ihm als Indoktrinierungsinstrument. Der bisherige Religionsunterricht wurde durch „Marxism" ersetzt. Mit der Landreform vom März 1975 wurde das Kirchenland verstaatlicht, das bisher die Existenzgrundlage für die rund 200 000 orthodoxen Priester und Kirchensänger dargestellt hatte, die gleichsam als Kirchenbauern ihre Familien ernährten. Parteischulungen wurden auf dem Land zu solchen Stunden festgesetzt, daß der Gottesdienst

---

[13] F. Heyer, Die orthodoxe Kirche Äthiopiens im fünften Revolutionsjahr, in: Ökumenische Rundschau 28 (1979), 327

und das Vereinsleben der Mahabar erdrückt wurden. Aber bei den Wahlen zum Parlament gemäß der im 13. Revolutionsjahr verkündeten Verfassung wurde so manövriert, daß der Patriarch und drei Hierarchen in ihren Bezirken gewählt wurden. Die anfängliche Revolutionseuphorie ist längst verflogen. Alle stöhnen unter dem Freiheitsverlust und der brutalen Umstrukturierung der Gesellschaft. Aber typisch orthodox sucht die Kirche unbeirrt die symphonische Einstimmung mit der Regierung in allen ihren offiziellen Äußerungen.

Die Gottesdienste der Kirche sind übervoll – ein postrevolutionäres Phänomen. Das Volk, auch seine Jugend, sucht in der Kirche den Ort, wo man noch als Äthiopier mit sich selbst identisch bleiben kann. Damit aber ist das eigentliche, mit dem Einbruch der Moderne in eine traditionelle Gesellschaft gestellte Problem verdeckt. Glaubensvorstellung und Weltbild, wie es die Kirche vertritt, verharrt in der vorkritischen Phase. Texte, die den spirituellen Reichtum der Tradition bezeugen, werden memoriert, aber nicht verstanden und nicht so interpretiert, daß sie zu einer ganzheitlichen Deutung des Menschseins dienen, die der marxistischen Lebensdeutung den Rang ablaufen könnte. Kein Abschied von der Legende, daß Maria auf der Flucht nach Ägypten die eine Beherbergung verweigernden Bauern in Affen verwandelt habe – von ihren Hofhunden auf die Bäume gejagt.[14] Die Höheren Schüler reizt das zum Lachen. Keine Glaubensklärung gegenüber der modernen Naturwissenschaft, die wie im Europa des 19. Jh.s als rationale Barriere gegen den Glauben wirkt.

Wenn der orthodoxe Glaube seine kritische Selbstüberprüfung verweigert, hat er, menschlich gerechnet, in der Bildungsschicht wenig Zukunftschancen. Wenn der bisher gottesfürchtige Äthiopier zur Säkularität herüberwechselt, hat er nicht nur das Heil verloren, sondern auch den ihm eigentümlichen Charme. Wer könnte die nötige Antwort geben? Die wenigen Äthiopier, die das vermöchten, werden nicht in die entscheidenen Positionen gelassen. Sie könnten dahin führen, daß die der Modernität inhärente Kritik die kirchliche Tradition sichtet, die Glaubenssubstanz aber gegenüber pseudowissenschaftlicher Glaubenszerstörung immunisiert wird.

---

[14] Zu Ta'amera Maryam vgl. E. Cerulli, Il libro etiopico dei miracoli di Maria e le sue fonti nelle letteratura de Medio evo latino, Rom 1943; E. A. W. Budge, The miracles of the virgin Mary, 1900.

2. Die Einheit der Kirche und die Vielzahl der Nationen

VLADISLAV CYPIN, ZAGORSK

Die Universalität der Kirche und die Vielzahl der Lokalkirchen

Die Universalität der Kirche wird in der Sprache des Glaubensbekenntnisses mit zwei Begriffen bezeichnet – die Eine und die konziliare (katholische). Um terminologischen Mißverständnissen aus dem Wege zu gehen, ist die Feststellung notwendig, daß der Begriff „Sobornost" (Konziliarität), der in der russischen theologischen und religions-philosophischen Tradition sorgfältig ausgearbeitet wurde, nur eine der Seiten eines viel umfassenderen Begriffes von Katholizität darstellt.

In den Schriften der Kirchenväter finden wir die vollständigste Definition der katholischen Eigenschaft der Kirche beim Hl. Kyrill von Jerusalem (ca 313–387). Die Kirche, schreibt er, „nennt sich konziliar (katholisch), weil sie sich im ganzen Universum von einem Ende der Erde zum anderen ausbreitet, und weil sie in der Katholizität (καθολικως) und ohne jegliches Auslassen alles darbietet, was zum menschlichen Wissen gehören soll, die Dogmen ... und letztendlich, weil ... sie überall von den verschiedensten Sünden heilt, die durch die Seele oder durch den Körper begangen wurden; genauso wird in ihr alles erworben, was sich Tugend nennt ... in Taten, in Worten, und in jeder geistigen Gabe."[1]

Damit hat der Hl. Kyrill in den Katholizitätsbegriff auch die Universalität der Kirche hineingelegt, ihren Besitz des vollständigen Wissens über die von Gott geoffenbarten Dogmen, und ihre gnadenreiche Kraft, die menschlichen Schwächen und Sünden zu heilen. Die Katholizität der Kirche gründet sich auf der göttlichen Dreieinigkeit. „Nach dem traditionellen und für orthodoxe Christen einzig möglichen Verständnis wurzelt die Katholizität in der Fülle des Lebens der göttlichen Dreieinigkeit. Aus diesem Grund stellt sie die göttliche Gabe an die

---

[1] Kirill, archiepiskop Ierusalimskij: Tvorenija. M 1855, S. 340f.

Menschen dar, die die Kirche zur Kirche Gottes macht", schreibt Ioann Meyendorff.[2]

Die Kirche ist theozentrisch; der Ausgangspunkt der orthodoxen Ekklesiologie ist das Trinitätsdogma. Aber die orthodoxe Ekklesiologie ist zur gleichen Zeit auch christozentrisch. Das Inkarnationsdogma (oder das Dogma über die Fleischwerdung) vermittelt der christlichen Glaubenslehre eine historische Dimension. In einer der Strömungen des russischen religiösen Denkens des 20. Jahrhunderts bildete sich eine Tendenz heraus, aus der Katholizität und Universalität der Kirche viel zu weitgehende Schlüsse über ihre Alluniversalität, Grenzenlosigkeit und darüber, daß die ganze Schöpfung durch sie umschlossen wird, gezogen wurden. „Die Grenzen des Lebens der Kirche," schreibt Sergij N. Bulgakov (1871-1944), „reichen bis in die Erschaffung der Welt und des Menschen zurück und verlieren sich in der Ewigkeit." „Weil die Kirche das göttliche Leben ist, das der Schöpfung geschenkt wurde, ist es etwa möglich oder angebracht, in Anbetracht dieser ihrer göttlichen Kraft über die Entstehung in der Zeit, über ihre Erschaffung zu sprechen?"[3]

Die Entstehung „der göttlichen Kraft" ist, um mit den Worten von S. Bulgakov zu sprechen, selbstverständlich nicht an irgendwelche Zeit gebunden. Was aber die Kirche anbetrifft, die ein gottmenschlicher Organismus ist, so fanden und finden die christlichen Theologen es durchaus angebracht, die Worte Jesu Christi und seiner Apostel als gottgeoffenbarte Wahrheiten immer wieder zu wiederholen, aus denen folgt, daß die Kirche ihren zeitlichen Anfang hat. Der Erlöser sagte: „Ich will meine Kirche bauen, und die Pforten der Hölle sollen sie nicht überwältigen" (Matth 16,18). Sind solche Worte etwa auf das voranfängliche, nichtgeschaffene Sein anwendbar? Der Herr hat nach dem Worte des Apostels die Kirche durch „sein Blut" gegründet (Apg 20,28), durch das Blut, das einmalig am Kreuz zu Golgatha vergossen wurde. Die apostolische Benennung der Kirche als „Leib Christi" (Eph 1,23; Kol 1,18) hätte ihren Sinn verloren, wenn sie nur mit der ontologischen, und nicht auch mit der historischen Tatsache der Inkarnation des Göttlichen Wortes verbunden wäre. Die Gründung der Kirche wird traditionsgemäß mit der Ausgießung des Heiligen Geistes auf die Apostel verbunden, die wiederum eine genaue chronologische Adresse hat: Pfingsten nach der Auferstehung des Heilands.

Den Gedanken über das voranfängliche Sein der Kirche finden wir allerdings an zwei Stellen in der frühchristlichen Literatur. Im „Hirt"

---

[2] Ioann Mejendorf: Kafoličnost' Cerkvi. In: Vestnik Russkogo Zapadno-evropejskogo Patriaršego Ėkzarchata 1972, Nr. 80, S. 232

[3] Sergij Bulgakov: Pravoslavie. Očerki učenija Pravoslavnoj Cerkvi. Paris 1985, S. 38 f.

des Hermas (2.Jh.) wird die Kirche in Gestalt einer Starica dargestellt, die „vor allem" „geschaffen" wurde und für die „die Welt erschaffen wurde."[4] Und ein unbekannter christlicher Schriftsteller schreibt in einer Schrift (um 150), die dem heiligen Märtyrer Clemens von Rom unter dem Titel „Der zweite Brief an die Korinther" zugeschrieben wird: „So, Brüder, erfülle ich den Willen des Vaters, unseres Gottes, wir stammen von der ersten, geistigen Kirche, die vor Sonne und Mond erschaffen wurde."[5]

Aber der Gedanke von der Präexistenz der Kirche gegenüber der Welt, der in den maßgebenden Schriften so selten vorkommt, wird dagegen in den gnostischen Schriften, die zur neutestamentlichen Theologie und zur apostolischen Ekklesiologie durchaus in Widerspruch stehen, allgemein vertreten. In der theologischen Literatur kommen solche Begriffe wie „Kirche vor dem Gesetz", „unter dem Gesetz", „patriarchale" und „alttestamentliche Kirche" vor. Aber aus dem Wesen der orthodoxen Theologie folgt, daß man diese Begriffe fromm und ohne zu sündigen nur im bildlichen Sinne benutzen darf, denn das Gesetz enthielt „nur einen Schatten der zukünftigen Güter, nicht das Bild der Dinge selbst" (Hebr 10,1), die in Christus Jesus geoffenbart wurden. „Im Zusammenhang mit der Katholizität der universalen Kirche", schreibt Metropolit Filaret von Kiev (*1929), „entsteht die Frage nach der Legitimität der Teilung der Kirche in die sichtbare und die unsichtbare, in die irdische und die himmlische. Die Lehre von der sichtbaren und unsichtbaren Kirche, die unter dem Einfluß empirischer Prinzipien, die in die Theologie eingedrungen sind, entstanden ist, wurde zu einer großen Versuchung für das theologische Denken."[6] Der Versuchs-Charakter dieser Doktrin, die der althergebrachten evangelischen Ekklesiologie fremd ist, wird heute auch den Theologen der Konfession bewußt, in der sie entstanden ist. So schrieb der protestantische Theologe Hermann Leitz zurecht: „Die sogenannte ‚unsichtbare Kirche' ist eine Fiktion, die dem Geist des Neuen Testaments nicht entspricht. Diese Theorie ist aus dem Schamgefühl gegenüber der Realität der nicht-einen, nicht-heiligen, nicht-universalen und nicht-apostolischen Kirche der späteren Zeit entstanden. Genauso wie es keine unsichtbaren Christen gibt, kann es auch keine unsichtbare Kirche geben."[7]

*

---

[4] Rannechristianskie Otcy Cerkvi. Antologija. Brjussel' 1978, S. 171
[5] Zit. nach: Pavel Florenskij: Stolp i utverždenie istiny – opyt pravoslavnoj teodicei. M 1914, S. 334
[6] Filaret, mitropolit Kievskij i Galickij: Pomestnaja Cerkov' i Vselenskaja Cerkov'. In: ŽMP 1981/3, S. 75
[7] Hermann Leitz: Una Sancta – Eine Heilige Kirche. Marburg/Lahn 1960, S. 9

Die Eine universale Kirche existiert in der Welt als Gesamtheit der Vielzahl der Lokalkirchen. „Das Prinzip der Lokalität liegt der Katholizität zugrunde."[8] Der Hl. Irenäus von Lyon (ca 140–ca 200) schrieb über die Katholizität der Lokalkirchen nicht in theoretischen Abstraktionen, sondern er schrieb darüber wie über eine lebendige, im wortwörtlichen Sinn offensichtliche Realität: „Die Kirche hat, obwohl sie über das ganze Universum bis ans Ende der Welt zerstreut ist, von den Aposteln und ihren Schülern den Glauben erhalten ... Diese Predigt und diesen Glauben hütet ... die Kirche ... sorgfältig, als wenn sie in einem Haus wohnte, und sie glaubt so ..., als wenn sie ein Herz und eine Seele hätte, und dementsprechend predigt sie und lehrt ... als eine, die den einen Mund hat. Und obwohl es in der Welt verschiedene Sprachen gibt, ist die Kraft der Überlieferung immer die gleiche. Die Kirchen, die in den germanischen Ländern gegründet wurden, glauben und geben ihren Glauben nicht anders weiter als die Kirchen in Iberien (Gebiet südl. des Kaukasus, Hauptstadt: Tiflis/Tbilisi; d. Red.), bei den Kelten, im Orient, in Ägypten oder in Libyen. Sie sind nicht gegründet worden auf der Erde, sondern wie die Sonne als Schöpfung Gottes stellen sie in der ganzen Welt dasselbe dar. So ist es auch mit der Predigt der Wahrheit, die überall leuchtet und alle Menschen erleuchtet, die zur Erkenntnis der Wahrheit gelangen wollen."[9]

Aber diese erlebte Identität, deren Realität unbezweifelbar ist, einer Lokalkirche mit der universalen Kirche bereitet in der theologischen Diskussion ernsthafte Schwierigkeiten. Die römisch-katholische Ekklesiologie neigt zu einer widerspruchsfreien, nicht-antinomischen Deutung des Verhältnisses zwischen dem universalen und lokalen Prinzip im Leben der Kirche: Eine lokale Gemeinde ist ein Teil der universalen Kirche, deren Mitte der Bischofssitz in Rom – der Stuhl des Hl. Petrus – ist. Bei einer solchen Formel gelingt es allerdings nicht, das Gleichgewicht zwischen der lokalen und universalen Dimension der Kirche zu erhalten.

Indem die katholische Theologie die Universalität der Kirche in jeder Hinsicht betont und zur gleichen Zeit deren administratives, kanonisches und sogar geistiges Zentrum an einen geographischen Ort, an Rom bindet, gerät die katholische Theologie, die nicht nur die historische, sondern auch die geographische Gegebenheit dogmatisiert, in eine paradoxe Verlegenheit, die vom protestantischen Theologen H. Leitz treffend artikuliert wurde: „Der Ausdruck „römisch-katholisch" enthält

---

[8] ŽMP 1981/3, S. 73
[9] Zit. nach: ŽMP 1981/3, S. 74 f.

in sich einen Widerspruch; denn das „Römische" kann nicht universal, d. h., katholisch und das Katholische nicht römisch sein."[10]

Lassen Sie es uns vorsichtiger ausdrücken: Das Katholische kann nicht in höherem Maße römisch als konstantinopolitanisch, antiochenisch oder moskowitisch sein.

Nach dem Zweiten Vatikanischen Konzil, als die römisch-katholische Theologie vom früheren Triumphalismus und vom „Unfehlbarkeitskomplex" sich scheinbar zu befreien begann, wurde die Geschichte der Entstehung der kirchlichen Ordnung im Westen in der Epoche, die der großen Kirchenspaltung vorausging, mehr als früher einer kritischen Forschung und durchaus nüchternen Einschätzung auch seitens der katholischen Theologen selbst zugänglich. So hat Joseph Kardinal Ratzinger (*1927) in einem ziemlich charakteristischen Artikel „Der geistige Dienst und die Einheit der Kirche" die Entwicklung der Kirche im Osten und Westen im frühen Mittelalter verglichen. Er schrieb, daß „sich im Westen eine solche Neigung in Richtung auf eine päpstliche „Monarchie" herausbildete, die die Selbständigkeit der einzelnen Ekklesien (Kirchen) völlig in Vergessenheit geraten ließ."[11]

Jean Meyendorff, ein berühmter orthodoxer Theologe, sieht einen besonderen Mangel der römisch-katholischen Ekklesiologie darin, daß die Lehre von der universalen Jurisdiktion des Papstes in einen unvermeidlichen Widerspruch zur fundamentalen kanonischen und ekklesiologischen Norm tritt: „Es ist unzulässig, daß zwei Gemeinden (communautés) und zwei Bischöfe an ein und demselben Ort sind, es ist unmöglich allein schon aus dem Grund, weil es nur einen Christus gibt ..." Diese Überlegung ist zur Zeit in unserem Dialog mit den römischen Katholiken sehr wichtig, die jetzt dabei sind zu verstehen, daß die Existenz eines „Vikars (Stellvertreters) Christi" für alle Kirchen den bischöflichen Dienst in jeder Ortsgemeinde verdoppelt (wenn nicht gar unterdrückt).[12]

Die protestantische Ekklesiologie läßt, im Unterschied zur katholischen, bei ihrer Interpretation der Katholizität die universale Dimension der Kirche und die Hierarchie ihrer gottgegebenen Ordnung im Hintergrund, dafür werden die Wahrheitlichkeit und die Ganzheit der gepredigten Lehre und ihre erlösende Mission in den Vordergrund gerückt. „Die Kirche ist universal", schreibt der von uns bereits zitierte Theologe H. Leitz, „das bedeutet, daß sie allumfassend (katholisch) ist sowohl in ihrer Bestimmung, alle Menschen zur Erkenntnis Gottes, des

---

[10] H. Leitz, a. a. O., S. 8
[11] Joseph Ratzinger: Das neue Volk Gottes. Düsseldorf 1972, S. 39
[12] Jean Meyendorff: Orthodoxie et Catholicité. Paris 1965, S. 106

Erlösers in Christo, zu bringen, als auch in Bezug auf die Wahrheit selbst. Sie muß die Reinheit, Fülle und volle erlösende göttliche Wahrheit ohne Makel und Einseitigkeit besitzen, um Salz der Erde und Licht der Welt zu sein."[13]

Im Grunde genommen zeigte sich in der Untersuchung des orthodoxen Theologen und Kenners des Kirchenrechts und der Kirchengeschichte, Nikolaj N. Afanas'ev (1893-1966), „Die Kirche des Heiligen Geistes", wenn keine analoge, dann doch eine parallele Tendenz, den Begriff der Katholizität zu erschließen. Der einzige Unterschied bestand darin, daß bei ihm der besondere Nachdruck nicht auf der Glaubenslehre, sondern auf dem eucharistischen Aspekt im Leben der Kirche lag. Die Kirchenordnung in apostolischer und nachapostolischer Zeit, als die Kirche noch reich an Charismata war, gilt für N. N. Afanas'ev als Maßstab für die Kirchenordnung. Im Verhältnis zu ihr betrachtet er alle späteren Erscheinungen des kirchlichen Lebens hauptsächlich als Abweichungen von der Norm. Das ist ein aus der Reformationsgeschichte gut bekanntes Pathos.

Aber auch bei der Charakterisierung der urchristlichen Kirche in apostolischer Zeit ist N. N. Afanas'ev nicht in allem korrekt. „Die Kirche ist Eine", schreibt er, „weil sie die einheitliche eucharistische Gemeinschaft hatte, zu der sich das Volk Gottes versammelte, das aus den Priestern bestand. So wie die zeitliche Vielheit der Eucharistie den Einen Leib Christi nicht teilt, weil Christus gestern und heute und in Ewigkeit immer derselbe ist, so zerstört auch die Vielheit der eucharistischen Gemeinschaften die Einheit der Kirche Gottes nicht, weil die eucharistische Gemeinschaft in Raum und Zeit immer die gleiche bleibt. Im urchristlichen Bewußtsein erlebte man die Einheit der Kirche real, sie war keine nur dogmatische Behauptung, die keinen Niederschlag im Leben fand. Unabhängig vom Wachstum der Anzahl lokaler Kirchen blieb die Einheit der Kirche ungebrochen, weil in allen Kirchen sich nicht verschiedene eucharistische Gemeinschaften zusammenfanden, sondern überall immer die gleiche."[14] Alles bis hierher zitierte ist unbestritten und ruft keine Einwände hervor. Widerspruch erregt dagegen die Fortsetzung dieses Gedankens: „Einheit und Fülle waren nicht in der Gesamtheit der Lokalkirchen, nicht in deren Konföderation, die es niemals gab, sondern in jeder Ortskirche."[15]

Es ist richtig, daß die Kirche in alter Zeit und auch jetzt ihre Katholizität darin offenbart, daß die eucharistische Gemeinschaft, die die Fülle

---

[13] H. Leitz, a. a. O., S. 8
[14] Nikolaj Afanas'ev: Cerkov' Ducha Svjatogo. Paris 1971, S. 4f.
[15] a. a. O., S. 5

der Gaben des Heiligen Geistes besitzt, mit der Einen, Heiligen, Katholischen (konziliaren) und Apostolischen Kirche mystisch identisch ist. Das ist aber nur eine Seite der Angelegenheit, denn richtig ist auch, daß in einer Lokalkirche, die die Gemeinschaft mit den anderen Kirchen unterbricht – eine Gemeinschaft, die nicht nur einen eucharistisch-gottesdienstlichen, sondern auch einen kanonisch-hierarchischen Aspekt hat –, ihre gottgegebene Ordnung verletzt wird. Eine solche Kirche setzt sich der Gefahr aus, die gnadenreichen Gaben des Heiligen Geistes zu verlieren, die den Aposteln, die durch Liebe vereint waren und deswegen am Leben der göttlichen Dreieinigkeit teilhatten, herabgesandt wurden.

Weil er das katholische Sich-Selbst-Genugsein einer Lokalkirche verabsolutiert, hält N. N. Afanas'ev sogar die Praxis, Bischöfe auf freigewordene Bischofssitze durch die Vorsteher anderer Kirchen einzusetzen, was in der alten Kirche vorkam und die hierarchisch-kanonische Einheit der Lokalkirchen besonders deutlich ausdrückt, für eine Neuerung, die erst im 3. Jahrhundert ins Leben der Kirche eingetreten ist.

„Cyprian spricht von einer Veränderung, die sich in seiner Zeit vollzieht", schreibt er und zitiert den heiligen Vater weiter: „Man muß die göttliche Überlieferung und die apostolischen Canones sorgfältig beachten und bewahren, die bei uns und in fast allen Gebieten eingehalten werden und nach denen es für die gültige Einsetzung eines Bischofs für das Volk notwendig ist, daß sich die nächsten Bischöfe des entsprechenden Gebietes versammeln."[16] Lassen Sie uns über diese Stelle nachdenken. Nikolaj Afanas'ev bezeichnet als Veränderung, was beim hl. Cyprian († 258) als „göttliche Überlieferung und apostolische Canones" bezeichnet wird. Hier liegen jedoch offensichtlich unterschiedliche Lesarten vor. Deshalb muß man wählen. Aber wer ist glaubwürdiger als Zeuge der Überlieferung, ein Kirchenvater aus dem 3. Jahrhundert oder ein Theologe und Historiker aus dem 20. Jahrhundert? Eine offensichtlich rhetorische Frage.

Eine unwiderlegbare Kritik der antihierarchischen und antiuniversalen Neigung in der Ekklesiologie von N. N. Afanas'ev lieferte der bedeutende orthodoxe Theologe unserer Epoche, Erzbischof Vasilij (Krivošein). „In der orthodoxen geistigen Überlieferung," schreibt er, „ist die Eucharistie nicht alles, das Gebet hat auch seine Bedeutung ... Wie dem auch sei, es ist schwer zu verstehen, warum die eucharistische Ekklesiologie unbedingt zu einer Theorie der Lokalkirche führen muß und gegen die sogenannte „universale" Ekklesiologie sein soll? Die Eucharistie ist ein Sakrament der Einheit, und im Bewußtsein der Alten

---

[16] a.a.O., S. 104

Kirche hat eben die Eucharistie die lokalen Gemeinden aus der ganzen Welt in die Eine, universale Kirche versammelt ... Es scheint zweifelsfrei so zu sein, daß, wenn der Herr spricht „Ich will meine Kirche bauen und die Pforten der Hölle sollen sie nicht überwältigen" (Matth 16,18), er nicht die eine oder andere Landeskirche meint. Es gab zur damaligen Zeit keine Landeskirchen, sondern er meint die Katholische Kirche als ganzes ... Das Universalitätsbewußtsein der Kirche war in ihr seit den ältesten Zeiten lebendig ... Wie konnte es auch anders sein, da die Apostel von dem Herrn Selbst vor Seiner Himmelfahrt vernommen hatten, daß sie Seine Zeugen „bis ans Ende der Welt" (Apg 1,18) sein werden."[17]

Bei der Zusammenfassung seiner Überlegungen über das lokale und universale Prinzip in der Kirche bietet Erzbischof Vasilij eine streng orthodoxe, sich auf die Überlieferung der Kirchenväter gründende Formel zur Lösung des komplizierten ekklesiologischen Problems an: „Eine Lokalkirche ist nicht einfach ein Bestandteil der katholischen universalen Kirche, sondern ihre volle Offenbarung. Sie ist ihre vollständige unverminderte Offenbarung an einem bestimmten Ort", in dieser Einschätzung unterscheidet er sich nicht von N.N.Afanas'ev. Aber gleichzeitig (und hier stoßen wir auf einen theologischen Widerspruch) fährt Erzbischof Vasilij fort, und dabei überwindet er die einseitige Konzeption des in vieler Hinsicht hervorragenden, ernsthaften Forschers und Autors der Untersuchung „Die Kirche des Heiligen Geistes", N.N.Afanas'ev: „Die Lokalkirche ist nicht identisch mit der universalen Kirche, sie unterscheidet sich von ihr. Die Analogie zur Trinität kann uns helfen, ein wenig in dieses ekklesiologische Paradox einzudringen. Wir können sagen ..., daß Vater, Sohn und Heiliger Geist als die göttlichen Personen keine Bestandteile der Heiligen Dreifaltigkeit sind, sondern in jedem von ihnen die ganze Gottheit geoffenbart wurde, so daß jede göttliche Person wahrer Gott ist, so können wir dennoch nicht sagen, daß jede Person die Heilige Dreifaltigkeit ist, oder daß sie mit ihr identisch ist. Auf ähnliche Weise offenbarte sich die Fülle der Katholischen Kirche in jeder Landeskirche, die keine Bestandteile der Universalen Kirche sind, aber sie können nicht einfach mit ihr gleichgesetzt werden."[18]

*

---

[17] Vasilij (Krivošein): Kafoličnost' i struktury Cerkvi. In: Vestnik Russkogo Zapadno-Evropejskogo Patriaršego Ėkzarchata 1972, Nr. 80, S. 252 f.
[18] a.a.O., S. 254 f.

In der historisch entstandenen Struktur der Universalen (Ökumenischen) Orthodoxen Kirche ist eine ganze Hierarchie von Gebilden vorhanden: Angefangen von der Gemeinde bis hin zur autokephalen Kirche, dazwischen liegen Diözese (Eparchie), Metropolitankreis (in der Alten Kirche existierte eine solche administrative Einheit überall und in unserer Zeit ist sie in der Rumänischen Kirche erhalten geblieben), Exarchate und autonome Kirchen.

Es stellt sich die Frage, in welchen von all' diesen lokalen Gebilden denn alles Wesentliche enthalten ist, was für die vollständige Offenbarung der Katholizität der Kirche notwendig ist. Wenn man den extremen Äußerungen der eucharistischen Ekklesiologie bei N. N. Afanas'ev folgt, kann man zu dem Schluß kommen, daß die Katholizität sich vollständig in jeder eucharistischen Versammlung offenbart, unabhängig davon, wer ihr vorsteht, ein Bischof oder ein Presbyter. In urchristlicher Zeit, schreibt er, „war die eucharistische Versammlung die Offenbarung der Kirche Gottes in all' ihrer Fülle."[19] Mehr noch, das Bischofsamt soll nach N. N. Afanas'ev keine von Gott gegebene Einrichtung sein, sondern eine historisch entstandene Institution. „Der älteste Presbyter," schreibt er, „wurde zum Bischof, als seine Seniorenschaft oder seine Vorrangigkeit unter dem Volk der Priesterschaft sich in ein besonderes erzpriesterliches und bischöfliches Amt verwandelte. Das bedeutet, daß das Bischofsamt aus dem Priesteramt des Volkes entstanden ist."[20]

Indessen haben bereits die ältesten christlichen Schriftsteller im Bischofsamt „den grundlegenden schöpferischen Faktor im Leib der Kirche"[21] gesehen, um mit den Worten des Metropoliten Filaret von Kiev zu sprechen. „Es soll nur *die* Eucharistie für gültig gehalten werden," lehrt der heilige Märtyrer Ignatius Theophoros, „die von einem Bischof oder von dem, den er selbst dazu autorisiert, vollzogen wird."[22] Und an einer anderen Stelle lesen wir bei dem gleichen heiligen Vater: „Ohne Bischof soll man weder taufen noch Agapen vollziehen. Aber alles, was er billigt, ist auch gottgefällig, damit alles, was ihr tut, gefahrlos und gültig ist."[23]

Eine äußerst lakonische und klassische Formel lieferte der heilige Cyprian von Karthago. Sie drückt die absolute Notwendigkeit des Bischofsamtes für die Existenz der Kirche aus: „Die Kirche ist im Bischof, und der Bischof ist in der Kirche."[24]

---

[19] N. Afanas'ev, a. a. O., S. 4
[20] a. a. O., S. 238
[21] ŽMP 1981/3, S. 73
[22] a. a. O.
[23] a. a. O.
[24] a. a. O.

Die heiligen Kanones bewahren und schützen die bischöfliche Souveränität in der Kirche als unerschütterliche Norm der Kirchenordnung. „Presbyter und Diakone vollenden und erreichen ohne den Willen des Bischofs nichts," lautet die 39. apostolische Regel, „denn ihm ist das Volk Gottes anvertraut, und er trägt die Verantwortung für ihre Seelen." Dieses Prinzip liegt auch den kanonischen Normen zugrunde, wie sie die 31., 32. und 38. Apostolische Regel und die 6. Gangr. formulieren.

Vom Standpunkt der antihierarchischen Ekklesiologie konnte man die Bedeutung dieses Hinweises auf die entsprechenden Kanones mit dem Argument bestreiten, daß Apostel, Synoden und Kirchenväter bei der Festlegung dieser Kanones von der Kirchenstruktur ausgingen, die in der alten Zeit existierte, als Bischöfe noch Oberhäupter von kleinen eucharistischen Gemeinden waren und nicht, wie in unserer Zeit, Oberpriester, die an der Spitze von Kirchengebieten stehen – Eparchien mit zahlreichen kleinen eucharistischen Gemeinde-Gemeinschaften. Aber es besteht kein Zweifel, daß auch die Kanones, die Jahrhunderte nach der Christianisierung des Römischen Reiches und nach Entstehen eines verzweigten Netzes von Gemeinden, an deren Spitze Presbyter standen, erlassen wurden, die gleiche episkopale Ekklesiologie enthalten. Der Presbyter und Gemeindevorsteher hat in diesen späteren Kanones nicht den Platz des Bischofs eingenommen. Siehe: 4., 13. und 23. Regel v. Chalcedon wie die 7. Regel des 7. Ökumen. Konzils.

Auf diese Weise resultieren die Vollmachten des Bischofsamtes nicht aus der Leitung der eucharistischen Versammlung, denn ihr stehen auch Presbyter vor, sondern aus dem Umstand, daß der Bischof nicht nur Oberhaupt einer Lokalkirche ist, sondern auch ein Glied in der Kette der apostolischen Sukzession, ein Vermittler der Gnade des Priesteramtes und Teilnehmer an neuen Bischofsweihen – in dieser Qualität kann ihn keiner ersetzen. Er dient als Organ der katholischen und ökumenischen Einheit der Kirche, das die ontologische Gleichheit zwischen der Kirche der apostolischen Zeit und der Kirche, die in der Geschichte und in der Zeit existiert, schafft. Zugleich baut das konziliare Episkopat durch die Teilnahme einiger Bischöfe an der Einsetzung eines Oberhauptes einer verwaisten Kirche die katholische Einheit der Lokalkirchen auf, die auf der ganzen Erde verstreut sind, zur Einen, Heiligen, Katholischen und Apostolischen Kirche.

So vollzieht sich im Bischofsamt die räumliche und zeitliche Einheit der Kirche; in ihm offenbart sich besonders offensichtlich sowohl die Universalität der Kirche als auch ihr lokaler Charakter.

Viorel Ioniţă, Bukarest

Die Einheit der Kirche und die Vielzahl der Nationen

I

Die Einheit der Kirche Christi ist ein altes und dennoch ständig aktuelles Thema in der Ökumenischen Bewegung; die eigentliche Betrachtung dieses Themas kann und darf die Untersuchung des Verhältnisses zwischen Einheit und Vielfalt in der christlichen Überlieferung nicht übersehen. Die Kirchengeschichte und die heutige Lage der christlichen Konfessionen zeigen, daß die Einheit der Kirche nicht nur aus dogmatischer – oder besser gesagt, aus theoretischer – Sicht betrachtet werden darf, sondern sie muß auch vom historisch-praktischen Standpunkt aus gesehen werden, d. h., wir dürfen die Vielzahl oder Verschiedenheit der Konfessionen nicht aus dem Auge verlieren. Dabei ist zu unterstreichen, daß diese Verschiedenheit nicht nur interkonfessionell, sondern ebenso in der gleichen Kirchenfamilie vorhanden ist.

Von dieser Feststellung ausgehend stellt sich die Frage: Welche Beziehung besteht zwischen Einheit und Vielfalt in der Kirche? – und das ist eigentlich mein Thema: Die Beziehung zwischen der Einheit der Kirche und der Vielzahl der Nationen. Indem ich diese Frage zu beantworten versuche, werde ich diese Problematik auf das Gebiet der orthodoxen Kirche eingrenzen; meiner Meinung nach kommt hier die Beziehung zwischen Einheit und Vielfalt im Leben der Kirche eindeutig zum Ausdruck.

Wie die orthodoxen Theologen unterstrichen haben, muß man, bevor die Problematik der kirchlichen Einheit diskutiert wird, zuerst feststellen, was wir unter dem Begriff Kirche verstehen: Die verschiedenen Vorstellungen von der Kirche bestimmen das Bild der Verschiedenheit der Kirche. Bekanntlicherweise betrachtet die orthodoxe Theologie nach paulinischem Sprachgebrauch die Kirche als geheimnisvollen Leib Christi und die Gläubigen als Glieder des Leibes, dessen Haupt Christus selbst ist. Dumitru Stăniloae zeigt, daß die Kirche Christus selbst ist, sie die Menschheit auf seinen vergöttlichten Leib ausgedehnt oder diese Menschheit mit Christus vereinigt hat, soweit sie seinen vergöttlichten Leib in sich eingeprägt hat. Wenn der Sohn Gottes keinen Leib angenommen und ihn nicht durch Auferstehung und Himmelfahrt vergöttlicht hätte, dann fehlten das Bindeglied zwischen Gott als Schöpfer und seiner Schöpfung und die Liebe Gottes, die über uns ausgegossen ist und uns in die Einheit mit ihm zieht.[1]

Diese Feststellung erhellt die These, die Kirche habe eine theanthrische (gottmenschliche) Konstitution. Ihr Wesen besteht aus Christus, der seiner göttlichen Natur nach mit dem Vater und dem Heiligen Geist eins ist; mit uns verbindet ihn seine menschliche Natur. Indem die Kirche in die menschgewordene Hypostase Christi einbezogen ist, kann die Kirche selbst Christus genannt werden, soweit wir ihn in die Menschheit ausgedehnt verstehen.[2]

Wenn allerdings auf Grund dieser Thesen die Kirche nur als Institution oder als Organisation betrachtet wird, dann wäre sie einfach eine äußerliche Gemeinschaft, gebildet von ihren Mitgliedern mit einem Mann an der Spitze. Diese Sicht der Kirche wäre unrealistisch und einseitig, die Beurteilung der kirchlichen Einheit aus dieser Perspektive falsch.[3]

Wird die Kirche jedoch als geheimnisvoller Leib Christi angesehen, so ist auch ihre Einheit in Jesus Christus, dem Herrn, gegeben. Ein anderes Zitat von D. Stăniloae soll unterstreichen, daß „die Einheit der Kirche von ihrer Konstitution abhängt als dem in die Menschheit ausgedehnten Leib des inkarnierten Logos. Denn der Herr ist Mensch geworden, wurde gekreuzigt und ist als Mensch auferstanden, um alle, die von ihm getrennt waren, durch seine unendliche Liebe zu seinem Vater und des Vaters zu ihm um sich zu sammeln."[4]

Die Einheit als Attribut und fundamentale Eigenschaft der Kirche kommt von Christus, so daß dort, wo Christus ist, auch Einheit herrscht. Wo aber Christus ist, ist auch die Liebe, die alle Menschen umarmen will, um sie dem Vater anzuvertrauen.[5]

Die wahrhaftige Einheit der Kirche kann nur durch die Verwurzelung in Christus, dem göttlichen Logos, erreicht werden; er ist uns durch seine Menschwerdung und Menschennatur zugänglich, die uns alle miteinander verbindet. Andererseits ist die Trennung ein Zeichen der Entfernung von diesem einheitlichen und unendlichen Fundament.[6]

Die fundamentale Einheit der Kirche ist Christus, aber das Wesen ist nicht nur christologisch, sondern vor allem trinitarisch. Durch das Opfer Christi lebt die Kirche in den Beziehungen der unendlichen Liebe

---

[1] Dumitru Stăniloae: Teologia dogmatică ortodoxă. Bd. II. București 1978, S. 208
[2] a.a.O., S. 209
[3] Ausführlich bei Jacob Kukuzes: Unitatea Bisericilor creștine. Übers. v. Ioan I. Ică. In: Mitropolia Ardealului VIII/1963/11-12, S. 897f.
[4] D. Stăniloae, a.a.O., S. 255
[5] a.a.O., S. 256
[6] a.a.O., S. 257

der göttlichen Personen. Die Kirche hat Christus als Haupt, den Heiligen Geist als Seele und wird dem Vater als Opfer dargebracht.

Die Dreifaltigkeit als Fundament der Kirche und ihre Einheit in Christus findet notwendigerweise ihren Ausdruck in der Einheit der sichtbaren Kirche. In seiner äußeren Erscheinung kann man sich einen Christen, der mit Christus eins ist, aber außerhalb seiner Kirche lebt, nicht vorstellen. Die Einheit in Christus kann von der Einheit in der Kirche ebenso wenig getrennt werden wie das Haupt vom Leib.[7]

In ihrer sichtbaren Einheit hat die Kirche den Bischof als institutionelle und gnadentragende Einheit. Unsere Gemeinschaft in Christus zeigt sich in unseren Äußerungen in der Kirche und in der Gemeinschaft untereinander im priesterlichen Dienst Christi, den die Apostel und ihre Nachfolger fortsetzten. Im orthodoxen Verständnis bezieht sich der unsichtbare Aspekt der Kirche auf die Anwesenheit und das Wirken des Heiligen Geistes in den mit Christus vereinten Gläubigen durch ihre Teilhabe an seinem Leib und Blut. Der sichtbare Aspekt der Kirche erstreckt sich auf das gemeinschaftliche Leben unter der Führung eines Bischofs derer, die mit Christus vereint sind und vom Heiligen Geist geheiligt wurden. Wenn jemand den sichtbar objektiven Charakter der Kirche oder die unsichtbare göttliche Wirkung in ihr leugnet, der verneint die Kirche schlechthin und überläßt das Heil des Menschen einer unsicheren Subjektivität. Das Heil kommt von Gott, aber es wird uns in der Kirche durch die Heiligen Sakramente erteilt, die von den besonders dafür beauftragten Dienern gespendet werden.

Christus als geheimnisvoller Leib und Einheit der Kirche teilt sich seinen Gliedern in allen Sakramenten mit, umfassend aber in der Heiligen Eucharistie. Als geheimnisvoller Leib Christi ist die Kirche in ihrer ganzen Fülle in der eucharistischen Gemeinschaft vorhanden; sie existiert also dort vollständig, wo die Heilige Eucharistie auf der Grundlage des ursprünglichen Glaubens an Christus vollzogen wird. In jeder Lokalkirche haben die Gläubigen alle Gaben der Einen Kirche unter der Bedingung, daß sie mit den übrigen Lokalkirchen, die zusammen die Universalkirche bilden, in eucharistischer Gemeinschaft stehen.[8]

---

[7] Grigoraș Aurel: Unitatea în Christos și unitatea în Biserică. In: Studii Teologice XVII/1965/3-4, S. 198

[8] Viorel Mehedințu: Sf. Euharistie ca taină a mistății Bisericii. In: Mitropolia Olteniei XVII/1965/5-6, S. 369

II

Im ersten Teil des Aufsatzes habe ich die Elemente der kirchlichen Einheit aus orthodoxer Sicht nur unterstrichen. Die Einheit der Kirchen oder die kirchliche Einheit darf aber nicht mit der christlichen Einheit verwechselt werden: Die letztere wäre die Summe der gemeinsamen Elemente in den verschiedenen christlichen Konfessionen, die aber die Einheit des Glaubens und das Postulat der Einen Kirche nicht sichern können. Diese christliche Einheit ist eine Gegebenheit, aber sie schließt auch eine Pflicht für alle Kirchen und alle Christen ein: Als Gegebenheit bedeutet dies, daß wir alle den gleichen Herrn Jesus Christus haben, der uns eint und der als gemeinsames Fundament mehr oder weniger vollständig in allen Kirchen vorhanden ist. Diese christliche Einheit befriedigt aber die heutigen, durch doktrinäre Divergenzen getrennten Kirchen nicht; daher sucht man eine tiefere Einheit, in der Christus unter uns und in uns sein soll. Die Aufgabe der Kirchen besteht u. a. darin, die kirchliche Einheit zu verwirklichen: Dadurch treffen sich alle Christen mit Christus in der einen, gleichen Kirche und werden in der Eucharistie eins, die die Einheit der Kirche besiegelt.

Auf der Ebene der heutigen Christenheit könnte man die christliche Einheit als gegeben betrachten, aber die Einheit der Kirchen als ein Desiderat. Die christliche Einheit ist jedoch ein Hauptfaktor in der Betrachtung der christlichen Verschiedenheit, oder besser gesagt, für den Zusammenhang von Verschiedenheit und Einheit im Leben der Kirche.[9]

Die Verschiedenheit im Leben der Kirche ist eine Gabe Gottes an die Menschen seit Pfingsten, als die Kirche durch das Herabfahren des Heiligen Geistes auf die Apostel gegründet wurde. Indem er die Apostel in verschiedenen Sprachen sprechen läßt, erhöht der Heilige Geist das ethnische Element zu einem Bestandteil der Kirche. Dieses Geschehen bestätigt die enge Verbindung zwischen Kirche und Nation und rechtfertigt die Existenz der nationalen Kirche; man muß sich jedoch merken, daß der Begriff „Nation" für jene Zeit nur rückblickend zu verwenden ist.

Die Nationen sind verschiedene Einheiten der Schöpfung und werden als solche in den Organismus der Kirche Christi aufgenommen. Pseudo-Dionysios Areopagita (5./6. Jh.) behauptete, als er über die Eigenschaften der Engel sprach, daß jede Stadt und jede Nation ihren führenden Erzengel habe. Mit anderen Worten: Die natürlichen Ein-

---

[9] Kallistos Ware: L'unité dans la diversité. La vocation orthodoxe en Europe occidentale. In: Contacts XXXV/1983, Nr. 122, S. 179

heiten der Völker als solche beteiligen sich am hierarchischen Leben der christlichen Spiritualität.[10]

Es stimmt, daß es in der Kirche Christi weder Grieche noch Jude mehr gibt (Gal 3,28), weil alle Völker der Erde ihren Platz im kosmischen Organismus der Kirche haben. Die Einheit aller Völker in Christus ist allerdings geistiger Art im Glauben; sie muß aber die natürliche Vielfalt der Welt schöpfungsgemäß bewahren und sich eben dadurch entfalten. Die orthodoxe Kirche spiegelt perfekt die paradoxe Verbindung zwischen ‚lokal' und ‚universal' im christlichen Leben wider. Die orthodoxe Kirche paßt ihre lokalen Formen dem nationalen Organismus an: Daher gibt es ebenso viele Lokalkirchen wie orthodoxe Nationen wie auch so viele Lokalteile der einen ökumenischen oder kosmischen Kirche. In allen diesen lokalen Einheiten sind die gleichen Lehrbestimmungen und der gleiche Glaube gültig.

Die gesamte orthodoxe Kirche besteht aus allen orthodoxen Lokalkirchen, und zugleich behält jede orthodoxe Lokalkirche alle Eigenschaften der einen orthodoxen Kirche. Die aktuelle Verschiedenheit der Traditionen bringt die orthodoxe Kirche nicht von ihrem wesentlichen Standpunkt ab, der das Erleben Christi und seine Wirkung durch den Heiligen Geist möglich macht. Die Verschiedenheit in der orthodoxen Kirche heute beruht auf folgenden Faktoren:

1. Eigene nationale Traditionen;
2. Verschiedener Charakter der orthodoxen Völker;
3. Unterschiedliche historische Umstände.

Jeder dieser drei Faktoren prägt der Tradition folgende Aspekte auf:
1) Während der Christianisierung der heutigen orthodoxen Völker hat die Kirche einige heidnische Bräuche aufgenommen und verchristlicht. Dies geschieht mit entstehenden Traditionen oder sogar mit Folklorebildungen auch weiterhin. Dadurch haben diese Traditionen und Bräuche dem christlichen Ethos der betreffenden Völker eine gewisse Prägung gegeben. Dies ist eindeutig an der Entfaltung des Gottesdienstes abzulesen: Als Beispiel sind lokale Bräuche des Totengedenken zu nennen. Möglicherweise können zwischen diesen lokalen Bräuchen und der apostolischen Tradition gewisse Spannungen entstehen. Solche Spannungen werden dadurch gelöst, daß die apostolische Tradition selbst bis zu einem gewissen Punkt sich nur durch nationale, historisch bedingte Traditionen entfalten kann.[11] Andererseits muß das gläubige

---

[10] Nichifor Crainic: Ortodoxia, concepția noastră de viață. Sibiu 1937, S. 31
[11] D. Stăniloae: Unitate și diversitate în tradiția ortodoxă. In: Ortodoxia XXII/1970/3, S. 342

Volk streng darauf achten, daß es sich durch seine Bräuche nicht vom wahren und ganzen Christus entfernt.

2) Der verschiedene Charakter der orthodoxen Völker, der durch die Traditionen erklärbar ist und auch zum Ausdruck kommt, findet seine Rolle in der Ausprägung der ungeteilten, gleichen und apostolischen Tradition. In der frühen Kirche müssen die strenge Askese des ägyptischen Christentums wie auch die starke Überbetonung der göttlichen Natur Christi bis hin zur Leugnung seiner Menschennatur durch die besondere Zuneigung und Hingabe der Orientalen zu Gott erklärt werden. Auf der anderen Seite ist das juridische Denken und der zu starke anthropologische Akzent im Abendland teilweise durch die heidnischen Gegebenheiten der Römer zu erklären.

Solche verschiedenen Aspekte müssen nicht beklagt werden, sondern dürfen im Gegenteil als weitergehende Bestandteile des reichen Lebens in Christus bewertet werden. So haben sich in der frühen Kirche die katechetischen Schulen von Alexandrien und Antiocheia ergänzt; das gilt auch für die Schriften der morgenländischen Kirchenväter, die in gewisser Weise die griechische Philosophie „rezipiert" haben. Die lateinischen Kirchenväter sind vom römischen Recht beeinflußt. Solche Nuancierungen bedeuten verschiedene Ausdrucksmöglichkeiten des Lebens in Christus, in dem jeder Christ sich mit seinen Gegebenheiten abfinden und voll behaupten kann.[12]

3) Bestimmte historische Bedeutungen, unter denen die verschiedenen Kirchen sich entfalten, können auch die einheitliche apostolische Tradition prägen. So galt zum Beispiel bei den Rumänen in Transsylvanien wie auch bei den anderen orthodoxen Völkern – vor allem auf dem Balkan – die orthodoxe Kirche als nationale Institution.[13] Die Orthodoxie war für die Rumänen die Möglichkeit schlechthin, ihre nationale Identität zu behaupten; noch wichtiger ist jedoch die Tatsache, daß sich dadurch die Rumänen in einer übernationalen orthodoxen Gemeinschaft eingebettet und unterstützt fühlten. Hier ist darauf hinzuweisen, daß die nationale Behauptung einer orthodoxen Lokalkirche vom Nationalismus streng zu unterscheiden ist.

---

[12] a.a.O., S. 343
[13] Keith A. Hitchins: Die Idee der Nation bei den Rumänen in Transsylvanien (1691–1849). Bukarest 1989, S. 17

III

Das bisher Gesagte reicht aus, um die These zu untermauern, das Ideal einer Nation könne in das christliche Ideal vollständig integriert werden, und dies sei sogar das schönste Ziel einer Nation: Die Entfaltung ihrer geistlichen Kräfte in Christus. Nur dieses Ideal ermöglicht es einer Nation, ihre natürlichen Gaben zu entfalten. Dies führt nicht zu einer Gleichmäßigkeit der Nationen, sondern im Gegenteil zu ihrer Behauptung in der Einheit des christlichen Glaubens.

Das rumänische Volk, das von Gott wie vom Tode befreit wurde, entdeckt immer tiefer die Bedeutung seines christlichen Glaubens, der einem Hauptbestandteil seines nationalen Wesens gleicht; dadurch kann es sich in der europäischen christlichen Gemeinschaft behaupten.

Die Vielzahl der Nationen und die Einheit der Kirche Christi erscheinen somit als zwei sich ergänzende Gegebenheiten; ich bin der Meinung, daß die wahre Einheit der Nationen ihren Höhepunkt in der Einheit der Kirche Christi findet. Dafür sollten wir alle uns heute mehr denn je bemühen.

Damaskinos Papandreou, Chambésy

Die Einheit der Kirche und die Vielheit der Nationen

I

Der Begriff „Nation" ist aus der Völkergeschichte nicht wegzudenken. Auch wenn er nicht zu allen Zeiten gleich verstanden wurde, so ist sein Begriffsgehalt doch stets mit den jeweiligen natürlichen oder geographischen Gegebenheiten, der überlieferten Religion und der geistigen Mentalität, der Sprache und allgemein der kulturellen Tradition in Verbindung gebracht worden. Das Zusammenwirken dieser einzelnen Elemente ergibt sich dann eigentlich von selbst, genauso wie die Tendenz nach einer Konsolidierung und die Forderung, es möge in einer konkreten Staatsform seinen Ausdruck finden – entsprechend natürlich den politischen Auffassungen einer jeden Epoche. „Staat" und „Nation" müssen nicht unbedingt identische Begriffe sein, doch trachtet eine Nation unweigerlich danach, in einem konkreten Staatsgefüge ihren Ausdruck zu finden, auch wenn dies nicht immer möglich ist. So gibt es Fälle, in denen der Staat ein größeres Gebilde als die Nation darstellt, und manchmal ist es die Nation, die größer ist als der jeweilige Staat. Nur selten tritt jedoch der Fall ein, daß Staat und Nation genau miteinander übereinstimmen.

Das Verhältnis zwischen Nation und Staat ist keineswegs statisch; in allen Situationen schafft es eine geschichtlich bedingte Dynamik, die gewöhnlich dazu führt, daß die eine Größe über die andere die Oberhand gewinnt. Das heißt also: Wenn eine Nation innerhalb eines konkreten geographischen Raumes mit einem Staatsgefüge zusammenfällt, so strebt sie meistens danach, die Kontrolle des weiteren geographischen Gebietes zu übernehmen, das zu einer anderen oder zu mehreren anderen Nationen gehört. Eine solche eigenmächtige Annektierung eines geographischen Raumes hat dann zur Folge, daß diese Nationen in einen neuen staatlichen Organismus eingegliedert und der herrschenden Nation unterworfen werden. Doch auch diese neue staatliche Größe verlangt dann für gewöhnlich in eigenmächtiger Weise die Erweiterung ihres Herrschaftsbereiches. Aus dieser Dynamik, die dem Verhältnis von Nation und Staat inne ist, gehen zwei Haupttendenzen hervor: a) Die Tendenz *nach innen* versucht, die spezifischen Elemente der Identität der vorherrschenden Nation durch den Prozeß der Assimilierung den übrigen nationalen Einheiten des jeweiligen Staates aufzuzwingen; b) Die Tendenz *nach außen* sucht die spezifischen Elemente der nationalen Identität durch die Verwirklichung einer übernationalen staatlichen Organisation zu überwinden.

Die Geschichte zeigt uns viele Beispiele dieser beiden Tendenzen: Die erste begünstigt das längere Bestehen der Nationen in der Geschichte; die zweite erleichtert die Ausstrahlung der Staaten in einem breiteren Umfeld. Bei beiden Tendenzen darf jedoch die innere Dynamik der schwächeren nationalen Einheit nicht verkannt werden: Sie setzen nämlich all' ihre nationalen Eigentümlichkeiten ein, um ihr Überleben zu garantieren. So war die Nation stets ein beharrlicher und unbeweglicher Pol innerhalb des weiteren politischen, sozialen und geistigen Werdens, denn sie behauptete immer wieder ihre eigenen spezifischen Elemente im Kontext dieses geschichtlichen Prozesses.

Die Haltung des *Christentums* der nationalen Größe gegenüber wurde dadurch bestimmt, daß eine unbedingte Beziehung zwischen der ganzen, in Christus verwirklichten göttlichen Oikonomie und der Heilsgeschichte besteht – und zwar von der Schöpfung bis zur Vollendung der Zeiten. Die Erschaffung der Welt und des Menschen durch Gott, der Sündenfall des Menschen, die Heilsverheißung Gottes, die Erwählung des *„auserwählten Volkes"*, die in Christus erfolgte Vollendung der ersten Schöpfung, die Stiftung der Kirche und die Begründung des Reiches Gottes: All' dies sind die hermeneutischen Grundkriterien der christlichen Lehre über die Beziehung zwischen Gott, Mensch und Welt; durch sie wird auch die Haltung des Christentums der nationalen Größe gegenüber bestimmt. Mit diesen Kriterien wird überdies die neutestamentliche Lehre besser verstanden und zwar hinsichtlich der *Bejahung* der Nation und hinsichtlich ihrer *Überwindung* innerhalb der Strukturen und Funktion des „Corpus Ecclesiae".

Die göttliche Schöpfung und ihre Vollendung in Christus werden in der neuen Wirklichkeit der Kirche als Heilserfahrung und eschatologische Erwartung der in Christus neu geschaffenen Beziehung zwischen Gott, Mensch und Welt erlebt. „Er hat aus einem einzigen Menschen das ganze Menschengeschlecht erschaffen, damit es die ganze Erde bewohne. Er hat für sie bestimmte Zeiten und die Grenzen ihrer Wohnsitze festgesetzt. Sie sollten Gott suchen ... Denn in ihm leben wir, bewegen wir uns und sind wir" (Apg 17,26-28). Die in Christus erfolgte Erfüllung der alttestamentlichen Verheißung Gottes wurde besonders mit der Erwählung des „auserwählten Volkes" vorbereitet. Gemäß des Schöpfungsberichts haben alle Völker – allerdings auf unterschiedliche Weise – an dieser Vorbereitung Anteil gehabt, denn „wenn Heiden, die das Gesetz nicht haben, von Natur aus das tun, was im Gesetz gefordert ist, so sind die, die das Gesetz nicht haben, sich selbst Gesetz ... ihr Gewissen legt Zeugnis davon ab" (Röm 2,14). Im selben Sinne muß auch die Antwort des Apostels Paulus auf die Fragen verstanden werden: „Ist denn Gott nur der Gott der Juden, nicht auch der Heiden? Ja, auch der Heiden" (Röm 3,29). Es war also selbstverständlich, „daß nämlich die Heiden Miterben sind, zu demselben Leib gehören und an derselben Verheißung in Christus Jesus teilhaben durch das Evangelium" (Eph 3,6), nachdem im Heilswerk der göttlichen Oikonomie, das in Jesus Christus gewirkt wurde, das ganze Menschengeschlecht rekapituliert wurde (Anakephalaiosis).

Das ganzheitliche (ökumenische) und alle Menschen umfassende Erlösungswerk Jesu Christi kommt dem ausdrücklichen Gebot zum Ausdruck, das Er seinen Aposteln gegeben hat: „Geht zu allen Völkern und macht alle Menschen zu meinen Jüngern; tauft sie auf den Namen des Vaters und des Sohnes und des Heiligen Geistes, und lehrt sie, alles zu befolgen, was ich euch geboten habe" (Matth 28,19-20). Dieser Auftrag war nötig, damit „in seinem Namen allen Völkern ... verkündet wird, sie sollen umkehren, damit ihre Sünden vergeben werden" (Luk 24,47) und „dieses Evangelium vom Reich (Gottes) auf der ganzen Welt (Ökumene) verkündet wird, damit alle Völker es hören" (Matth 24,14; Mark 13,10). Durch das gesamte in Christus vollzogene Heilswerk der göttlichen Oikonomie und durch die apostolische Verkündigung wurde das „Corpus Ecclesiae" in der Geschichte verwirklicht; ihm sind alle Gläubigen einverleibt, und sie wurden untereinander und mit dem göttlichen Haupt verbunden und „zu einem auserwählten Geschlecht, zu einer königlichen Priesterschaft, zu einem heiligen Stamm, zu einem Volk, das sein besonderes Eigentum wurde" (1 Petr 2,9).

Die Überwindung der Nation wie auch deren Bejahung sind im gesamten in Jesus Christus verwirklichten Heilsplan der göttlichen Oikonomie inbegriffen, denn „Gott machte die Heiden auf Grund des Glaubens gerecht", und es wurde Abraham im voraus verkündet „durch dich sollen alle Völker Segen erlangen" (Gal 3,8). In dieser in Christus neu geschaffenen Wirklichkeit haben „alle, die ihr auf Christus getauft seid, Christus angelegt. Es gibt nicht mehr Juden und Griechen, nicht Sklaven und Freie, nicht Mann und Frau; denn ihr alle seid ‚einer' in Christus Jesus" (Gal 3,27-28). Der Sinn dieser Verkündigung besteht eindeutig darin, daß die Bejahung und die in Christus geschehende Überwindung der nationalen Größe innerhalb des Heilsplanes der göttlichen Oikonomie vonstatten gehen, und zwar als zwei unterschiedliche Etappen in der Heilsgeschichte. Die *erste* Etappe, d. h., die Bejahung der Nation, steht in ganz besonderer Weise in Bezug zur Erwählung des „auserwählten Volkes" und erfolgte aus dem Grunde, damit das ganze

Menschengeschlecht vorbereitet wird. Die *zweite* Etappe hingegen führt zu einer eschatologischen Sicht der Überwindung der nationalen Unterscheidung, wie es auch im Pfingsttroparion betont wird: „Als der Höchste die Sprachen gab, spaltete er weiterhin die Nationen, als er aber die Feuerzungen spendete, rief er alle zur Einheit auf." Die endgültige Überwindung wird jedoch als eschatologische Erwartung verstanden. Sie wird stufenweise in der Kirche und in der Perspektive der endgültigen Vollendung des Reiches Gottes ihre Verwirklichung finden.

In der Rückführung der Einheit aller Menschen auf das erste Paar der göttlichen Schöpfung liegt die eigentliche Quelle für die Werte Freiheit, Gleichheit, Brüderlichkeit und soziale Gerechtigkeit. Die christliche Lehre von der „*Zusammenfassung*" (recapitulatio) des Alls in Christus (vgl. Eph 1,10) hat die Heiligkeit und die erhabene Größe des Menschen wieder hergestellt und damit die Ursachen der Zerrissenheit, der Entfremdung, der Rassendiskriminierung und des Hasses aufgehoben. Die Integration der ganzen Menschheit und der Welt in Christus bewirkt deren organische Wiedervereinigung in einem einzigen Leib. Außerdem glauben wir, daß diese Einheit nichts Statisches oder Monolithisches hat. Sie ist im Gegenteil von großer Dynamik und Vielfalt, denn sie entspringt aus der Gemeinschaft von Personen nach dem Vorbild der Einheit der drei Personen der Heiligen Dreieinigkeit.

II

Diese neutestamentliche Sicht der Bejahung und der Überwindung der nationalen Unterscheidung wurde in systematischer Weise in der Vätertradition entwickelt. Sie weist einen stark christologischen und ekklesiologischen Aspekt auf. Ebenso wurden auch die Kriterien für die Ausübung der weiteren Aufgaben der Kirche in der Welt festgelegt. Diese Kriterien wurden in der kirchlichen Praxis in äußerst freier Weise zwischen *Bejahung* und *Überwindung* der jeweiligen nationalen Spezifika angewendet. Der Auftrag, den Christus den Aposteln gegeben hat, und das Beispiel derselben während ihrer Missionstätigkeit sind die Grundprinzipien, die zur Achtung der nationalen Identität der Völker und der Begünstigung der Elemente ihres geistigen Erbes innerhalb des weiteren „Corpus Ecclesiae" geführt haben. Charakteristisch ist auch, daß die Missionierung und Organisierung einer Lokalkirche jeweils mit besonderem Verständnis für die nationale Identität und das Erbe der einzelnen Völker, die den christlichen Glauben annahmen, ausgeführt wurden. Bekannt ist auch, daß zur römischen und byzantinischen Zeit die politische Idee des weltumfassenden (ökumenischen) Imperiums die einzelnen Nationen durch eigens aufgestellte Gesetze zu überwinden suchte – Gesetze, die die politische, religiöse, soziale und allgemein geistige Einheit der dem Imperium einverleibten Völker unterstrichen. Trotzdem handelten aber die nationalen Gruppen gegen diese Staatsidee und betonten die spezifischen Elemente ihres kulturellen Erbes (Sprache, Glaube, kulturelle Tradition usw.), um dadurch ihren inneren Zusammenhalt innerhalb eines viel schwierigeren geschichtlichen Prozesses zu verteidigen.

Die christliche Kirche hat trotz der eschatologischen Perspektive ihrer Lehre – wonach nämlich die nationalen und alle anderen Unterschiede in Christus aufgehoben werden – die nationale Sensibilität der verschiedenen Völker ständig und konsequent mit ihren eigenen geistigen Kriterien unterstützt. Die Aufnahme der Nationen in die neue Wirklichkeit des „Corpus Ecclesiae" wurde durch ihre geistige Aufgabe in der Welt bestimmt; ihr entsprechend werden auch die Verkündigung des Evangeliums, die Taufe und die Teilhabe der Gläubigen am „Corpus Ecclesiae" an jedem Ort und zu jeder Zeit als Offenbarung der Einen, Heiligen, Katholischen und Apostolischen Kirche verwirklicht. Die lokale Manifestation des Mysteriums der Kirche, die das „Corpus Ecclesiae" auf lokaler Ebene konstituiert, bestimmt auch in beträchtlichem Maße sein Verhältnis zur Nation, da die Existenz der Nation untrennbar mit einem bestimmten lokalen Rahmen verbunden ist. Die Verbindung der Ortsgebundenheit der Nation mit der lokalen Manifestation des Mysteriums der Kirche war immer schon ein authentischer Ausdruck nicht nur für die Inkarnierung des Mysteriums der Kirche, sondern auch der Perspektiven der Nation. Dies ist übrigens der Grund, warum die Organisation der Lokalkirchen auf Verwaltungsebene die Besonderheit der nationalen Identität und des kulturellen Erbes der christlichen Völker keineswegs verkannte. In dieser Hinsicht ist auch der 34. Apostolische Kanon von besonderer Bedeutung, wenn es heißt „die Bischöfe einer jeden Nation ..."

Dennoch beinhalteten die Aufspaltung des Menschengeschlechts in verschiedene Nationen und die christliche Lehre von der Rekapitulierung (Zusammenfassung) ihrer ursprünglichen Einheit in Christus eine entgegengesetzte Dynamik. Die Nation versuchte nämlich, den christlichen Glauben für die Stärkung der Besonderheiten ihres geistigen Erbes zu gebrauchen, und die Kirche betonte ihrerseits die Dynamik der eschatologischen Perspektive, um die Nation in Christus zugunsten der Verwirklichung des Reiches Gottes zu überwinden. Somit ist es verständlich, daß die Nation immer schon ein Element für die *Unterscheidung* der christlichen Völker war, während ihre Aufnahme in das „Corpus Ecclesiae" ein Element für die Hervorhebung ihrer *Einheit* war; diese gründete in der gemeinsamen Taufe und in der gemeinsamen Glaubenserfahrung.

Diese Einheit war völlig geistig und neutralisierte die Elemente der nationalen Identität, denn jede Lokalkirche verwirklicht – entsprechend der apostolischen und der Vätertradition – in vollkommener Weise den *Leib Christi* in der konkreten eucharistischen Versammlung einer Lokalkirche. Dieses fundamentale ekklesiologische Prinzip war für die Festlegung des Verhältnisses zwischen Nation und Lokalkirche bestimmend. Die Lokalkirche ist die lokale Manifestation der universalen Kirche; sie ist selbständig im Erfahren und Leben des Glaubensgehaltes. Ihre Einheit mit den übrigen Lokalkirchen auf der ganzen Welt ist „christozentrisch", d. h., sie stützt sich auf die Identität der Erfahrung, die jede lokale eucharistische Versammlung in Christus macht. „Christus ist alles in allem"; Er selbst ist „ganz in allem und ganz in jedem Teil". So könnte die Einheit aller Lokalkirchen mit dem Schema konzentrischer Kreise dargestellt werden, die alle denselben Radius haben und die alle deckungsgleich sind. Das Zentrum ist für alle unser Herr, Jesus Christus, der in seiner Menschennatur die ganze Kirche in jeder ihrer lokalen Manifestation angenommen hat.

III

Diese christozentrische und eucharistische Ekklesiologie ist jene, die das harmonische und ausgeglichene Verhältnis zwischen Lokalität und Ökumenizität der Einen, Heiligen, Katholischen und Apostolischen Kirche Gottes erhält, des funktionalen Verhältnisses zwischen der kirchlichen Einheit und der nationalen Aufsplitterung der Christenheit. Das nationale Selbstbewußtsein, das sich im lokalen „Corpus Ecclesiae" inkarniert, übersteigt die Ausschließlichkeit der Grenzen der Lokalität und macht den Sinn dessen bewußter, was heißt, zur Gesamtheit des Menschengeschlechts zu gehören, das durch die Inkarnation Jesu Christi und seine Annahme der menschlichen Natur in und mit ihm aufgenommen wurde. So nimmt einerseits die Kirche die Nation in ihrer lokalen Manifestation auf, um sie dem gesamten „Corpus Ecclesiae", das die ganze Welt umfaßt, einzuverleiben; und andererseits wird sich die Nation durch ihre Einverleibung in die Kirche bewußter über ihre innere Selbständigkeit, die zur Einheit der gesamten Menschheit führen sollte.

Dieses Spezifikum der patristischen und orthodoxen Ekklesiologie prägt die ganze Geschichte der missionarischen Tätigkeit der orthodoxen Kirche. Sie aktivierte mit der Taufe der Völker im christlichen Glauben ihre komplexe Spiritualität, um die ganze geistige Überlieferung des Christentums in das kulturelle Erbe der jeweiligen Völker zu „entleeren". Diese geistige Mystagogie, eine harmonische Synthese zweier heterozentrischer Überlieferungen, erwies sich für die Kirche und für die Nation als positiv. Tatsächlich lebt die Kirche auf diese Weise die ökumenische (weltumfassende) Dimension ihrer Heilsbotschaft in vollständiger Weise, und die Nation bereichert dadurch ihr geistiges Erbe, ohne daß sie die spezifischen Elemente ihrer nationalen Identität verliert. Das Entstehen und die Entwicklung einer nationalen Schriftsprache wurde aus den Quellen und dem Schatz der christlichen Überlieferung bereichert, und sie setzte sich auch im Streben nach höheren geistigen Werten in allen Formen des öffentlichen und privaten Lebens der Völker durch. In diesem Rahmen ist auch der Beitrag zu verstehen, den das Ökumenische Patriarchat mit seiner Mission bei den Gothen, den Äthiopiern, den Bulgaren, den Serben, den Mähren, den Abchazen, den Alanen, den Chazaren, den Russen und allen anderen Völkern geleistet hat, die von Zentraleuropa bis zum Ural und Persischen Golf und vom Mittelmeer bis zur Ostsee wanderten.

Die Organisation dieser Nationalkirchen stützte sich auf das territoriale Kriterium, das von den Grenzen der entsprechenden Staaten bestimmt wurde und die geistige Einheit des lokalen „Corpus Ecclesiae" festlegte. Das Verlegen der lokalen Organisationsstrukturen in größere Verwaltungseinheiten relativierte aber die Ausschließlichkeit der nationalen Grenzen für die geistigen Beziehungen zwischen den christlichen Völkern. Das Wachsen des geistigen und kirchlichen Lebens dieser Völker innerhalb des patriarchalen Verwaltungssystems der Kirche, das auch von der Sorge der Mutterkirche unterstützt wurde, nährte auch das Verlangen der einzelnen Kirchen nach Autonomie im Bereich der Verwaltung. Diese Autonomie lief dann für gewöhnlich auch darauf hinaus, daß entweder die Selbstverwaltung oder die Autokephalie von diesen Lokalkirchen proklamiert wurde. Die Autokephalie einer einzelnen Kirche im Bereich der Verwaltung ließ aber nie die geistigen Beziehungen zur Mutterkirche abbrechen, die ihrerseits die kanonischen Rechte bewahrte und dadurch das geistige Leben dieser Kirchen stärken wollte.

Während die Nation unablässig die Elemente ihres Andersseins kultivierte, legte die Kirche immer wieder den Akzent auf die gemeinsamen Elemente ihrer geistigen Identität, die sie mit allen anderen Nationen innerhalb des einen gemeinsamen kirchlichen Leibes verbindet. Dieser wiederum ernährt sich von der gemeinsamen Quelle des geistlichen Lebens. Das Ausgleichschaffen zwischen diesen beiden entgegengesetzten

Tendenzen wurde stets als fundamentale Aufgabe der orthodoxen Kirche in ihrer Verbindung mit der Welt verstanden. So erklärt sich auch, warum allen zeitbedingten Problemen stets mit diesem Verständnis begegnet wurde. Die orthodoxe Kirche hat die Erfüllung ihrer Mission mit der Nation verbunden, doch hat sie sich nicht in den isolierenden Tendenzen der Nation verloren, sondern dieser vielmehr die Perspektiven ihres ökumenischen (weltumfassenden) Bewußtseins weitergegeben.

Das zeitgenössische Denken in Westeuropa hat einerseits die Idee der *Nation* von dieser harmonischen Synthese mit dem christlichen Glauben isoliert, der innerhalb des geistigen Lebens der Kirche erfahren wird, und andererseits hat es die Tendenz des nationalen Selbstbewußtseins verabsolutiert, um nur noch deren Besonderheit gegenüber den anderen Nationen innerhalb der Entwicklung einer übermäßigen staatlichen Autorität zu betonen. Die orthodoxe Kirche blieb von diesen neuen Ideen nicht verschont, denn die jüngeren orthodoxen Staaten eigneten sich diese Idee an und machten sie zum Kriterium für die erneute Festlegung des Verhältnisses zwischen Kirche und Staat. So wurde die nationale Besonderheit vom zeitgenössischen säkularisierten Staat als Hauptachse für die Stärkung der staatlichen Autorität und als Vorwand für die Loslösung der Lokalkirche von ihrem ökumenischen (weltumfassenden) Selbstverständnis gebraucht.

Die kanonische Institution der Autokephalie in der Organisation und Verwaltung der einzelnen orthodoxen Lokalkirchen hat sich von ihrer funktionalen Beziehung zum ökumenischen Bewußtsein jeder Lokalkirche entfernt und ließ sich für die Stärkung der staatlichen Autorität gebrauchen, die jedoch völlig auf sich selbst bezogen ist. Dieses Selbständigwerden nährte mit jeder Form von Nationalismus oder nationalem Rassismus die Begeisterung der jungen orthodoxen Staaten im 19. Jahrhundert. Schließlich zog dies aber die offizielle Verurteilung durch die große Synode von Konstantinopel (1872) auf sich. Diese lokale Synode von Konstantinopel bestimmte, daß die Kirchen von Griechenland, Rußland, Serbien, der Walachei und Moldau oder besser die griechische, russische, serbische usw. Kirche autokephale oder halbunabhängige Kirchen in selbständigen oder halbselbständigen Ländern sind und daß sie genau festgesetzte Grenzen haben, nämlich die des politischen Staates, und daß sie *nicht* wegen der *Nationalität,* sondern wegen des *politischen Zustandes* gebildet wurden. Es gibt nicht Nationen und auserwählte Völker, die inmitten anderer qualitativ und politisch niedriger stehender Völker existieren. Die nationalen Unterschiede, auf die man vielleicht bei ihnen trifft, gehen nicht auf organische, sondern auf äußerliche und historische Gründe zurück. Sie haben für die allumfassende christliche Bruderschaft nur eine relative Bedeutung und können kein absolutes Kriterium für rassische Unterschiede zwischen den Menschen und den Völkern abgeben. So müssen der sogenannte Nationalismus und Rassismus verurteilt werden. Sie sind *hauptsächlich* ein Ausdruck des nationalen Geistes und Charakters und des *chauvinistischen* Verlangens der verschiedenen Völker. Nach der eben genannten lokalen Synode bedeutet der nationale Rassismus „die am gleichen Ort erfolgende Konstituierung eigener rassischer Kirchen, die nur die gleichen Rassen akzeptieren, alle andersartigen aber ausschließen und nur von den Hirten der gleichen Rasse sich führen lassen".

Ich erlaube mir, hier die Stellungnahme der Dritten Vorkonziliaren Panorthodoxen Konferenz (Chambésy 1986) hinzuzufügen:

„1. Im Reiche des Herrn, das bereits hier auf Erden beginnt und einen höchst geistlichen Charakter hat, ist weder Platz für nationalistischen Haß noch für irgendwelche Feindschaft oder Intoleranz (Jes 11,6; Röm 12,10).

2. In diesem Zusammenhang müßte man noch die orthodoxe Einstellung zur Rassendiskriminierung beleuchten. Diese Einstellung ist ganz eindeutig: Die orthodoxe Kirche glaubt, daß Gott *„aus einem einzigen Menschen das ganze Menschengeschlecht erschaffen hat, damit es die ganze Erde bewohne"* (Apg 17,26) und daß es *„nicht mehr Juden und Griechen, nicht mehr Sklaven und Freie, nicht mehr Mann und Frau gibt, da ihr alle einer in Christus Jesus seid"* (Gal 3,28). Gemäß diesem Glauben lehnt die orthodoxe Kirche jede Rassendiskriminierung in all' ihren Formen ab, da Rassendiskriminierung immer eine ungleiche Bewertung der menschlichen Rassen und unterschiedliches Recht zur Voraussetzung haben. Daher ist es nach Meinung der orthodoxen Kirche dringend notwendig, jede Rassendiskriminierung abzubauen, um allen Bewohnern unserer Erde eine umfassende persönliche Entfaltung zu ermöglichen. Aber sie beschränkt sich nicht nur darauf, die Abschaffung jeder Diskriminierung aufgrund der Hautfarbe – eine Diskriminierung, die nur in gewissen Regionen unseres Planeten vorkommt – zu unterstützen, sondern auch den Kampf gegen jede Diskriminierung zum Schaden irgendwelcher Minderheiten.

3. Eine Minderheit, ob sie religiöser, sprachlicher oder ethnischer Art ist, muß in ihrer Andersartigkeit geachtet werden. Die Freiheit des Menschen ist untrennbar verbunden mit der Freiheit der Gemeinschaft, der er angehört. Jede Gemeinschaft muß sich gemäß ihrer charakteristischen Eigenschaften entfalten und entwickeln können. Ein solcher Pluralismus müßte eigentlich das Leben aller Länder bestimmen. Die Einheit einer Nation, eines Landes oder eines Staates müßte daher das Recht auf Verschiedenartigkeit der menschlichen Gemeinschaft einschließen.

4. Die Orthodoxie verurteilt kompromißlos das unmenschliche System der rassischen Diskriminierungen und die gotteslästerliche Behauptung von der angeblichen Übereinstimmung eines solchen Systems mit den christlichen Idealen. Auf die Frage „Wer ist mein Nächster?" antwortete Christus mit dem Gleichnis vom Barmherzigen Samariter. So lehrte er uns die Beseiti-

gung jeder Mauer der Feindseligkeit und Voreingenommenheit. Die Orthodoxie bekennt, daß jeder Mensch – unabhängig von Farbe, Religion, Rasse, Nationalität und Sprache – das Bild Gottes in sich trägt und unser Bruder oder unsere Schwester ist und gleichberechtigtes Glied der menschlichen Familie."

Das Ökumenische Patriarchat unternahm mehrere Initiativen, um den authentischen Gehalt und das den Kanones entsprechende Funktionieren der Verwaltungsinstitution der Autokephalie in der orthodoxen Kirche wiederherzustellen. Diese Initiativen haben bei den Panorthodoxen Konferenzen in den Jahren 1960–1970 ihre Früchte getragen: Sie brachten die orthodoxen Lokalkirchen dazu, der Einberufung des „Heiligen und Großen Konzils der orthodoxen Kirche" beizustimmen. Dieses wird nämlich die negativen Auswirkungen der Verselbständigung der Institution der Autokephalie im Leben der einzelnen orthodoxen Lokalkirchen und der orthodoxen Kirche überhaupt bewerten.

Die künftigen Perspektiven für den Weg zum Heiligen und Großen Konzil sind jedoch untrennbar verbunden mit dem Erfolg des in der Tat schwierigen Werkes der kommenden Vorkonziliaren Panorthodoxen Konferenz, durch das im wesentlichen auch die Vorbereitung der Themenliste für die Tagesordnung des Konzils abgeschlossen wird. Die Themen der kommenden Vorkonziliaren Panorthodoxen Konferenz sind, wie bekannt, folgende:

a) Die Orthodoxe Diaspora;
b) die Autokephalie und die Weise ihrer Proklamation;
c) die Autonomie und die Weise ihrer Proklamation;
d) die Orthodoxen Diptychen.

Diese Themen nehmen auf konkrete reale Probleme Bezug, die die Mehrheit der Orthodoxen Lokalkirchen ernsthaft beschäftigen und gelegentlich ihre schwesterlichen Beziehungen abkühlen. Die Vielfalt der nationalen Diaspora fast auf der ganzen Welt, auch in Verbindung mit der großen Entfaltung des Verwaltungssystems der Autokephalen Kirchen der verschiedenen Nationalstaaten, hat das Thema der kanonischen Verwaltungsorganisation der Orthodoxen Gemeinden in der Diaspora kompliziert.

Die Schwierigkeiten ergeben sich hauptsächlich durch die Zugrundelegung der tatsächlichen oder vermeintlichen pastoralen Probleme für die Neuinterpretation der langen kanonischen Überlieferung einerseits und der nationalen oder nationalistischen Sensibilitäten bei der Fehlinterpretation oder Relativierung grundlegender Einrichtungen des etablierten Verwaltungssystems der Orthodoxen Kirche in der Praxis. Es ist eine unwidersprochene Tatsache, daß die Orthodoxe Kirche der Nation gedient hat und dient, doch ist ebenso unwidersprochen, daß sie dies tut, ohne ihre ekklesiologische Identität preiszugeben und ohne sich zu einem unfruchtbaren Rassismus hinreißen zu lassen, der die Kirche den zeit- oder situationsbedingten Optionen der Nation opfert.

Alle Stellungnahmen der orthodoxen Lokalkirchen zur Lösung der Diaspora weisen einerseits auf das akute pastorale Problem auf Grund der vielfältigen jurisdiktionellen Zersplitterung hin, und andererseits auf die dringende Notwendigkeit der sofortigen Regelung der ganzen Frage. Dabei variieren jedoch die zur Regelung des Themas vorgeschlagenen Lösungen nicht nur nach ihrem kanonischen Inhalt, sondern auch nach den kanonischen Voraussetzungen, weil die aufgestellten Kriterien differieren. Dennoch bestimmen die aufgestellten Kriterien in vielen Punkten die Voraussetzungen und die vorgeschlagenen Lösungen im voraus. Trotz der Verschiedenheit der Voraussetzungen und Kriterien gibt es unter den Beiträgen der Orthodoxen Kirchen zahlreiche konvergierende praktische Vorschläge bezüglich der Lösung des Problems der verwaltungsmäßigen und der pastoralen Einheit der Orthodoxen Diaspora. Das vorgeschlagene verschiedene Vorgehen zur endgültigen Regelung dieser Frage ergibt sich jedoch aus der Verschiedenheit der gewählten Kriterien.

Als konvergierende Ansichten in den Beiträgen der Kirchen können die folgenden angeführt werden:

a) Es besteht die dringende Notwendigkeit, das Jurisdiktionsproblem unmittelbar anzugehen, um die Verwaltungseinheit an allen Orten und das gemeinsame Zeugnis der Orthodoxen Diaspora wiederherzustellen.

b) Die Überwindung des Jurisdiktionsproblems der Orthodoxen Diaspora muß durch einstimmige panorthodoxe Entscheidung erreicht werden.

c) Der Begriff der Nationalität wird durch die Verwaltungseinheit der Orthodoxen Diaspora nicht nur nicht aufgehoben, sondern kann durch sie sogar vor Ort beim Dienst (Diakonia) und Zeugnis (Martyria) der Orthodoxie noch dynamischer werden.

d) Die Wiederherstellung der Verwaltungseinheit der Orthodoxen Diaspora am Ort muß ohne Abweichung von der althergebrachten kanonischen Überlieferung und den grundlegenden Prinzipien des konziliaren Systems der Orthodoxen Kirche erreicht werden.

e) Bei jedweder Lösung kann die Besonderheit der Orthodoxen Diaspora in den verschiedenen Gebieten der Welt – Amerika, Australien und Europa – nicht ignoriert werden, sondern die vorgeschlagenen konkreten Lösungen müssen differenziert werden.

f) Die Lösung für jede einzelne Lokalkirche der Orthodoxen Diaspora, sei es eine vorläufige „kat' oikonomian" (dispensweise), sei es eine endgültige, kann in der Regel eine stufenweise Bewegung von irgendeiner Form der Abhängigkeit hin zur kirchlichen Autonomie sein, die dann wenigstens für bestimmte Kirchen der Orthodoxen Diaspora in kirchlicher Autokephalie enden könnte.

g) Bei der Organisation jeder Kirche der Orthodoxen Diaspora muß sich die ungebrochene kanonische kirchliche Einheit der Orthodoxen Lokalkirchen untereinander und mit dem Ökumenischen Patriarchat widerspiegeln.

h) Die innere Einheit jeder Lokalkirche in der Orthodoxen Diaspora muß auf der orthodoxen kanonischen Ekklesiologie von der Ortskirche gründen, sei es durch Anwendung des Kriteriums des 8. Kanons des Ersten Ökumenischen Konzils, sei es durch die Anpassung dieses Kanons an die neue Realität der Großstädte durch Verkleinerung der bischöflichen Jurisdiktionsgebiete.

Es gibt genügend konvergierende Standpunkte unter den Beiträgen der Orthodoxen Ortskirchen zum Thema der Orthodoxen Diaspora, die als Grundlage eines konstruktiven Versuchs zu ihrer weiteren Verwertung durch die Interorthodoxe Vorbereitungskommission genommen werden könnten. Der Beitrag des Ökumenischen Patriarchats schlägt eine vorläufige Regelung „kat' oikonomian" vor:

„Eine vorläufige Regelung der Angelegenheiten der Diaspora, daß ‚kat' oikonomian' die am jeweiligen Ort hinlänglich erprobten Formen der kanonischen Zusammenarbeit und des Zusammenwirkens der kanonischen Bischöfe oder Vertreter der verschiedenen Orthodoxen Lokalkirchen, jeweils im Rahmen der etablierten kirchlichen hierarchischen Ordnung, akzeptiert werden.

Diese Regelung bräuchte, da sie vorläufig wäre, nicht die Bedeutung der Einführung einer neuen Form in die kanonische Verwaltungsgliederung der Orthodoxen Kirche zu haben, sondern diese begrenzte Selbstverwaltung könnte außer der vorläufigen Regelung der Angelegenheiten der Diaspora innerhalb der größeren kirchlichen Ordnung einen Übergangszustand bilden, der potentiell die Möglichkeit hätte, sich in der Folge zu einer tatsächlichen Autonomie und schließlich sogar zu einer Autokephalie zu entwickeln".

Im Rahmen dieses Vorschlags „kat' oikonomian" des Ökumenischen Patriarchats könnten von der Interorthodoxen Vorbereitungskommission die vielfältigen konvergierenden Vorschläge aus den Beiträgen der anderen Orthodoxen Kirchen zum Thema ausgewertet und die divergierenden Standpunkte – oder wenigstens die hauptsächlichsten unter ihnen – durch konkrete und praktische kanonische Lösungen versöhnt werden.

Sorgfältiges Studium und Vorbereitung des Themas sind jedenfalls notwendig, bevor dieses durch die etablierten Vorgänge der Vorbereitung für die Arbeit der Vorkonziliaren Konferenzen vor das Heilige und Große Konzil gebracht wird. So wird die Bemerkung gelten, die im Beitrag des Patriarchats von Rußland enthalten ist:

„Es kommt dem Heiligen und Großen Panorthodoxen Konzil zu, offiziell auf der Grundlage der regionalen Zustände in den verschiedenen Teilen der Welt eine konkrete Lösung für das Problem der Orthodoxen Diaspora zu proklamieren, eine Lösung, die in allen Details im voraus vorbereitet worden sein wird".

Im Beitrag des Patriarchats von Antiochien wird bezeichnenderweise betont – und damit möchte ich meine Ausführungen abschließen –, daß

„die Einheit der Orthodoxie in den verschiedenen Gebieten der Diaspora eine Notwendigkeit darstellt, damit die Integrität der Kirche bewahrt und ihr orthodoxes Zeugnis gestärkt werde".

KARL CHRISTIAN FELMY, ERLANGEN

Die Vielzahl der Völker und die Einheit des Volkes Gottes in der Eucharistie

Die eucharistische Ekklesiologie[1], die – abgesehen von früheren Ansätzen bei anderen Theologen – zuerst von Erzpriester Nikolaj Afanas'ev und dann, mehr oder weniger unabhängig von ihm, erneut von Vater Alexander Schmemann und Bischof Ioannis Zizioulas formuliert worden ist, dürfte in ihren wesentlichen Aussagen und Zügen allgemein bekannt sein. Auf eine kurze Formel gebracht, ist nach der eucharistischen Ekklesiologie die eucharistische Versammlung am Ort, die unter der Leitung ihres προεστώς die heilige Eucharistie feiert, die Katholische Kirche, die Kirche in ihrer ganzen Fülle, sofern sie sich nicht von den anderen Eucharistieversammlungen absondert, sondern in Gemeinschaft, in κοινωνία, mit ihnen steht.

Die Relevanz für das Gesamtthema unseres Symposions erweist sich bereits in der Geschichte der Entdeckung der eucharistischen Ekklesiologie. Einerseits fußt sie ganz offenbar auf altkirchlichen Überlieferungen, die vielleicht auch bei anderen Konfessionen, auf jeden Fall aber im orthodoxen Bewußtsein wirksam geblieben sind, auch wenn sie von anderen Zügen überlagert wurden. Mir ist das bei der Teilnahme an einer Tagung der Gesellschaft „Kanon" im Jahre 1978 urplötzlich deutlich geworden. Diese Tagung beschloß der römisch-katholische Theologe Yves Congar mit einem Vortrag, in dem er die eucharistische Ekklesiologie als die im wesentlichen ursprüngliche darstellte.[2] Als er seinen Vortrag beendet hatte, gratulierte ihm ein syrisch-orthodoxer Bischof mit den Worten, er habe noch nie eine so großartige Darstellung der orthodoxen Lehre von der Kirche gehört und stimme voll mit dem Gesagten überein.

Die Tatsache, daß der Bischof einer vorchalkedonischen Kirche angehörte, dürfte bei der Bewertung des Vorgangs kaum von Bedeutung sein. In der Ekklesiologie bestehen ja kaum wesentliche Unterschiede zwischen diesen Kirchen und den chalkedonisch-orthodoxen. Auffallend und wesentlich aber ist, daß ein Bischof spontan in einer seit mehr

---

[1] Zum Ganzen vgl. K. Ch. Felmy, Die orthodoxe Theologie der Gegenwart. Eine Einführung, Darmstadt 1990, 146–168 (dort auch Literatur).
[2] Yves Congar, Autonomie et pouvoir central dans l'Église vues par la théologie catholique, in: Kanon. Jahrbuch der Gesellschaft für das Recht der Ostkirchen, Wien 1980, IV, 130–144.

als tausend Jahren von anderen Vorstellungen überlagerten und verdrängten Ekklesiologie, die er mit Sicherheit aus keinem Lehrbuch kannte, die ursprüngliche orthodoxe Schau der Kirche wiedererkennen konnte.

Hat die eucharistische Ekklesiologie somit offenbar tiefe Wurzeln in der orthodoxen Überlieferung, so ist ebenso deutlich, daß nicht-orthodoxe protestantische Elemente bei ihrer Wiederentdeckung eine entscheidende Rolle gespielt haben, ohne daß die eucharistische Ekklesiologie deshalb selbst schon als protestantisch zu bezeichnen wäre.

Um den protestantischen Beitrag begreifen zu können, muß man sich daran erinnern, auf welch' lebhaftes Interesse die Arbeiten Rudolph Sohms zu Beginn unseres Jahrhunderts in Rußland stießen. Im Jahre 1906 hatten Aleksandr Petrovskij und Vater Pavel Florenskij den ersten Band von Rudolph Sohms ‚Kirchenrecht'[3] ins Russische übersetzt. In einer sehr ausführlichen Rezension dieses Werkes schrieb Nikolaj Aleksandrovič Zaozerskij: Angesichts der zahlreichen hilfreichen Erkenntnisse, die in diesem Werk gewonnen werden, „muß man nur den Grundgedanken Sohms modifizieren, und seine historischen Grundlagen des Kirchenrechts werden leicht von den Fehlern befreit, die leicht zu bemerken sind."[4] Tatsächlich ist diese Erwartung N. Zaozerskijs in Vater Nikolaj Afanas'evs ekklesiologischen Arbeiten erfüllt worden. Wie Peter Plank vor einigen Jahren eindeutig nachweisen konnte, ist Afanas'evs theologischer Neuentwurf ohne den Einfluß Rudolph Sohms undenkbar.[5] Aber andererseits ist ‚der Grundgedanke Sohms' durch den Katalysator der orthodoxen Überlieferung, in der Vater Nikolaj Afanas'ev lebte und dachte, so stark verändert, daß wirklich Neues – oder besser – das Ursprüngliche wieder gesehen wurde. Nehmen wir noch hinzu, daß Afanas'evs Grundeinsichten nirgendwo so viel Beachtung gefunden haben wie in der römisch-katholischen Theologie[6]

---

[3] Rudolph Sohm, Kirchenrecht. Erster Band. Die geschichtlichen Grundlagen, Leipzig 1892 = Systematisches Handbuch der Deutschen Rechtswissenschaft, hg. von Karl Binding, 8. Abt., 1. Bd.

[4] N. A. Zaozerskij, O suščnosti cerkovnago prava (Po povodu knigi ‚R. Sohm, Kirchenrecht, Bd I. Die geschichtlichen Grundlagen, Leipzig 1892', i perevoda iz nej: R. Zom, Cerkovnyj stroj v pervye veka christianstva. Perevod A. Petrovskago i P. Florenskago, Moskau 1906) = BV 1909/10, 312–338 (I. Teorija bezpravnoj cerkvi); 1909/12, 565–577 (II. Duchovnaja storona prava); 1910/4, 597–613 (III. Bazis cerkovnago obščenija); 1911/1, 63–103 (Ierarchičeskij princip v cerkovnoj organizacii): BV 1909/10, 331.

[5] Peter Plank, Die Eucharistieversammlung als Kirche. Zur Entstehung und Entfaltung der eucharistischen Ekklesiologie Nikolaj Afanas'evs (1893–1966), Würzburg 1980 = ÖC 31.

[6] Vgl. neuerdings Aidan Nichols, Theology in the Russian Diaspora Church, Fathers, Eucharist in Nikolai Afanas'ev (1893–1966), Cambridge 1989.

und Kirche – bis hin zur Berücksichtigung in kirchenamtlichen Texten[7], dann zeigt sich hier ein Weg zu ökumenischer Konvergenz, der mit dem von vielen Orthodoxen befürchteten Weg der Kompromisse nichts zu tun hat und doch auf Einheit hin zielt.

Zweifellos wirft die eucharistische Ekklesiologie, besonders in der von Vater Nikolaj Afanas'ev vertretenen Fassung, eine Reihe von Fragen auf. Sie betreffen vor allem:

Das Verhältnis von Patriarchat bzw. autokephaler Kirche, Eparchie und Pfarrei;
das Verhältnis von Bischofsamt und Priesteramt;
die Rolle und Bedeutung der Konzilien;
die Rolle und Bedeutung der Weihen zum Bischofs- und Priesteramt;
das Verhältnis des eucharistischen ekklesiologischen Aspekts zu anderen Aspekten (Lehre und Taufe u. a. m.).

Doch ungeachtet aller offenen Fragen hat der Rezeptionsprozeß der eucharistischen Ekklesiologie in der orthodoxen Theologie längst begonnen, zumal in den ekklesiologischen Studien von Vater Alexander Schmemann und Bischof Ioannis von Pergamon Arbeiten vorliegen, die die kritischen Anfragen z. T. bereits selbst aufnehmen. Die äußerst lebendige Auseinandersetzung mit der eucharistischen Ekklesiologie in der katholischen Theologie hat dagegen die Schwierigkeiten, die die offizielle lehramtliche römisch-katholische Ekklesiologie einer Rezeption der eucharistischen Ekklesiologie bereitet, noch nicht vermindern können. In der lutherischen Theologie kommt der eucharistischen Ekklesiologie bei der Begegnung mit der Orthodoxie zwar eine wichtige Bedeutung zu, zu einer wirklich *eigenen* Rezeption oder gar zu einer substantiellen Kritik an Vorstellungen und Praktiken, die der eucharistischen Ekklesiologie widersprechen, gibt es dagegen vorerst nur bescheidene Ansätze.[8]

Für die Kirchen auf ihrem Weg ins 3. Jahrtausend hält die eucharistische Ekklesiologie jedoch noch viele, bisher unausgeschöpfte Möglichkeiten bereit. Wie schon die Kirchen im Westen erhalten in unseren Tagen anscheinend auch die Kirchen im Osten endlich die Möglichkeit zu einem differenzierten Gemeindeleben mit der Einrichtung von Sonntagsschulen, kirchlicher Bildungsarbeit und der Zusammenkunft unterschiedlicher Interessengruppen. Die Russische Orthodoxe Kirche wird diese Möglichkeiten hoffentlich nutzen und dabei an Erfahrungen und Modelle des 19. Jahrhunderts anknüpfen können, vor allem an die Er-

---

[7] P. Plank, 11.
[8] Als einen solchen Versuch betrachte ich meinen Aufsatz: Eucharistie, Gemeinde und Amt. Ein Neuansatz in russischer Orthodoxie und Luthertum, in: KuD 2/1972, 139–160.

fahrungen der kirchlichen Bruderschaften.⁹ Gegenüber den notwendigen Differenzierungen in soziale Gruppen und in sprachliche und völkische Einheiten weist die eucharistische Ekklesiologie jedoch gewissermaßen korrigierend auf die Einheit des Volkes Gottes am Ort. Das orthodoxe kanonische Recht hat insofern an diesem Prinzip festgehalten, als die Gliederung des Volkes Gottes hier, jedenfalls grundsätzlich, dem territorialen, nicht dem nationalen Prinzip folgt. Auch die gottesdienstliche Praxis im Kloster des hl. Euthymios wies lange Zeit in diese Richtung, wenn hier die Mönche zwar im allgemeinen getrennte Gottesdienste hielten, die Eucharistie jedoch nur gemeinsam feierten und sie so alle Unterschiede der Herkunft und Überlieferung transzendieren ließen.¹⁰

In seinem Tutzinger Vortrag vom Mai 1987 sagte Christos Yannaras unter Bezugnahme auf den Beitrag der russischen Theologie zur Ekklesiologie: „Aber die Katholizität der Kirche ist keine geographische Größe, sie ist die Verwirklichung und Offenbarung des ‚Gesamten' der Heilswahrheit, so wie sie in jeder örtlichen eucharistischen Gemeinschaft verwirklicht wird. In jedem Zusammenkommen des Volkes zur Eucharistie, mit dem Bischof oder Priester als ‚Typos und Ort Christi' ist die Gesamtheit der Gläubigen, die gesamte Wahrheit, das gesamte uneingeschränkte und unsterbliche Leben gegenwärtig. Folglich ist ‚Kirche' nicht die Verwaltung, auch nicht der Klerus, nicht ein historisches Zentrum, das die ökumenische Einheit bestätigt, sondern allein das ‚Gesamt' des in der Eucharistie versammelten und zum ‚Gottesreich' umgewandelten Volkes."¹¹

In dieser Aussage zeigt sich ein Zug, der auch von Vater Nikolaj Afanas'ev bereits gesehen wurde, den aber Erzpriester Alexander Schmemann und Bischof Ioannis Zizioulas noch stärker hervorgehoben haben: Der eschatologische Aspekt der eucharistischen Ekklesiologie. Das

---

⁹ Vgl. Julia Oswalt, Kirchliche Gemeinde und Bauernbefreiung. Soziales Reformdenken in der orthodoxen Gemeindegeistlichkeit Rußlands in der Ära Alexanders II., Göttingen 1975 = KO.M.12; dies., Gemeindeaktivitäten der orthodoxen Kirche in Rußland im 19.Jahrhundert, in: K.Ch.Felmy, G.Kretschmar, F.v.Lilienfeld, C.-J.Roepke (Hgg.), Tausend Jahre Christentum in Rußland, Göttingen 1988, 429–434.

¹⁰ Blühende Wüste. Aus dem Leben palästinensischer und ägyptischer Mönche des 5. und 6.Jahrhunderts, Düsseldorf 1957, 48, 54 (für freundliche Hinweise sei an dieser Stelle Pater Johannes Düsing herzlich gedankt). Auf dem Berg Athos habe ich freilich vor einigen Jahren im Kloster Grigoriou von einer gegenteiligen Praxis gehört. Der Morgengottesdienst wurde gemeinsam vollzogen. Ganz im Gegensatz zu den Erkenntnissen der eucharistischen Ekklesiologie gingen die Mönche danach zu den verschiedenen Heiligtümern des Klosters auseinander, um dort getrennt Liturgie zu feiern.

¹¹ Christos Yannaras. Der Beitrag der russischen Orthodoxie zur Klärung der orthodoxen Identität, in: Tausend Jahre Christentum in Rußland 953–960, 958

Volk, das in der Eucharistie versammelt ist, ist zum ‚Gottesreich umgewandelt'.[12]

So gilt: Die eucharistische Ekklesiologie geht aus von der die Eucharistie feiernden Gemeinde am Ort, sie ist darum kaum vereinbar mit einer Individualisierung des Kommunionsempfangs, die die individuelle Vorbereitung und die individuelle Würdigkeit (die heute im Westen zweifellos allzu sehr vernachlässigt werden) einseitig betont. Insofern ist sie eine Herausforderung und Anfrage an die herrschende orthodoxe Kommunionspraxis, die früher auch im Abendland bestimmend war. Auf der anderen Seite transzendiert der eschatologische Aspekt jedoch stets auch die versammelte Gemeinschaft. Die eucharistische Versammlung ist niemals nur die versammelte „Gemeinde", sei es die aus einem Volk oder sei es aus verschiedenen Völkern. Sondern sie ist immer schon auch Abbild der Versammlung vor Gottes Thron (Offb 4) und insofern mit dieser vereint. Sie ist die Versammlung derer, die, wie der Apostel schreibt, gekommen sind „zu dem Berg Zion und zu der Stadt des lebendigen Gottes, dem himmlischen Jerusalem, und den vielen tausend Engeln ..." (Hebr 12,22). Ein rein individuelles Verständnis ist darum, wie gesagt, ein Mißverständnis. Mehr noch ein Mißverständnis ist es aber, wenn die in der Eucharistie ermöglichte Erfahrung des Reiches Gottes zum schlichten Gemeinschaftserlebnis verkommt, wenn der eschatologische Aspekt der eucharistischen Ekklesiologie vergessen wird. Nicht nur die am Ort versammelte Gemeinde feiert das Mahl des Herrn, sondern, um mit Vater Nikolaj Afanas'ev zu sprechen: „Auf dem eucharistischen Diskos ist die ganze Kirche versammelt, die irdische und die himmlische."[13] Die Vielzahl der Völker, das Volk Gottes aller Zeiten und Orte, findet ihre Einheit in der Eucharistie, im Leib des Herrn Selbst.

---

[12] Ch. Yannaras, Der Beitrag 958.
[13] N. Afanas'ev, Cerkovnye Sobory i ich proischoždenie (unveröffentlicht) 1,3 (zit. nach: Peter Plank, Die Eucharistieversammlung als Kirche 155).

ERNST CHR. SUTTNER, WIEN

Einheit in Vielfalt

Zum Anrecht der Ortskirchen auf ihren herkömmlichen Ritus

Das Konzil, zu dem Griechen und Lateiner 879/80 in Konstantinopel zusammentraten, um ein Schisma zu bereinigen, hielt es für angebracht, daß „jeder Sitz die alten Gewohnheiten seiner Überlieferung beibehält, die Kirche von Rom ihre eigenen Gewohnheiten, die Kirche von Konstantinopel die ihrigen, ebenso die orientalischen Throne."[1] Durch diese Feststellung sollten die damaligen Streitfragen beendet werden, die sich bezogen hatten

a) auf die Ordnung des Kirchenrechts: Die Rechtmäßigkeit der Erhebung des Photios zum Patriarchen war umstritten;
b) auf die Ordnung des sakramentalen Lebens: Patriarch Photios hatte die Firmspendung der Lateiner und den lateinischen Brauch, die Firmspendung den Bischöfen zu reservieren, heftigst angegriffen;[2]
c) auf die Formulierung des gemeinsamen Glaubens in Katechese und öffentlichem Gottesdienst: Die Kontroverse zur filioque-Frage war ausgebrochen.

Details aus allen jenen Bereichen des kirchlichen Lebens, die wir heutzutage zusammengefaßt den „Ritus" einer Ortskirche nennen, waren also betroffen. Denn

a) Unterschiede in den Rechtssatzungen bei Gemeinsamkeit in den Grundzügen der Kirchenordnung,
b) unterschiedliche Gottesdienstordnungen und Nuancen in der Sakramentenpraxis bei Gemeinsamkeit in den nämlichen Mysterien,
c) unterschiedliche, auf den je eigenen kulturellen Kontext bezogene Formulierungen für den gemeinsamen Glauben

heben die „Riten", denen unsere Ortskirchen herkömmlicherweise folgen, voneinander ab.

Das Konzil erklärte den Fortbestand jener Unterschiede, auf die man sich in der Zeit der Kontroverse berufen hatte, um das Schisma zu

---

[1] Die orthodox-katholische Dialogkommission zitiert diese Konzilsaussage in ihrer gemeinsamen Erklärung von Bari, nr. 53. Deutscher Text der Erklärung in Una Sancta 42 (1987) 262–270.
[2] Vgl. Vittorio Peri, Due diversi rituali per la cresima, in: Rivista liturgica 76 (1989) 541–554.

rechtfertigen, ausdrücklich als mit der Kircheneinheit vereinbar. Es erkannte an, daß der gemeinsame Glaube auf verschiedene Weise Ausdruck finden kann. Einheitlichkeit in den Ausdrucksformen des kirchlichen Lebens – oder, wie wir heute sagen: ein gemeinsamer Ritus – wurde vom erwähnten Konzil also weder für eine Bedingung noch für ein Kennzeichen der Kircheneinheit gehalten.

Unsere Kirchen blieben nicht unverrückbar bei dieser Haltung. Auf lateinischer Seite traten immer wieder Leute auf – und auch heute noch kann man auf solche stoßen – die meinten, daß man dem Ritus der Kirche von Rom folgen oder sich diesem wenigstens weitgehend akkomodieren müsse, um wirklich Katholik zu sein.[3] Unter Orthodoxen ist die Ansicht verbreitet, daß eine von allen autokephalen Kirchen gemeinsam befolgte Gottesdienstordnung eines von den unaufgebbaren Kennzeichen der Zusammengehörigkeit zur einen orthodoxen Kirche darstelle.[4] Sie halten dafür, daß der orthodoxe Glaube notwendigerweise Ausdruck finden müsse in dem Ritus, den die orthodoxe Kirche im Lauf der Geschichte ausarbeitete und als angemessen befand, und den man üblicherweise den byzantinischen Ritus nennt. So intensiv erscheint manchen orthodoxen Dogmatikern die Verknüpfung des byzantinischen Ritus mit dem Glauben der orthodoxen Kirche, daß sie meinen, dieser könne überhaupt nur von orthodoxen Christen dem inneren Sinn gemäß vollzogen werden. Daher vermuten sie, daß jedermann, der den byzantinischen Ritus vollzieht, ohne sich zur orthodoxen Kirche zu bekennen, unaufrichtig handle, weil er nach außen hin zu erscheinen versuche, was er im Inneren nicht ist. Eine logische Folgerung aus der These von der unablösbaren Einheit zwischen orthodoxem Glauben und byzantinischem Ritus ist die Forderung an die unierten Katholiken, die im Glauben geeint sind mit der katholischen Kirche, aber den byzantinischen Ritus vollziehen, entweder ihrem Glauben gemäß überzugehen zum lateinischen Ritus oder ihrem Ritus gemäß zum orthodoxen Glauben zu konvertieren.

Als sich im Januar 1990 in Wien jene Unterkommission zur ersten Arbeitssitzung traf, die von der gemischten internationalen Kommission für den offiziellen theologischen Dialog zwischen der katholischen und der orthodoxen Kirche zum Studium „der Fragen der mit Rom unierten Kirchen des byzantinischen Ritus und der damit verknüpften Probleme des Uniatismus und Proselytismus" eingesetzt

---

[3] Ausführliche Darlegungen über einschlägige Positionen bei W. de Vries, Rom und die Patriarchate des Ostens, Freiburg 1963.
[4] Hierzu und zu einem noch nicht bereinigten Widerspruch, der sich daraus zwischen orthodoxen Dogmatikern und orthodoxen Ökumenikern ergibt, vgl. E. Chr. Suttner, Gottesdienst und Recht in der orthodoxen Kirche, in: Liturg. Jahrbuch 33 (1983) 30–42.

wurde, trugen orthodoxe Mitglieder diese Forderung vor.[5] Die katholischen Kommissionsmitglieder widersprachen aus ekklesiologischen Gründen; sie vertraten, daß die notwendige Ehrfurcht vor jahrhundertealten, vom Heiligen Geist getragenen Ortskirchen es verbiete, an sie die Forderung zu richten, daß sie sich einfachhin in eine andere Kirche hinein aufzulösen hätten.[6]

1) Wie kam es zu Ortskirchen mit byzantinischem Ritus in Einheit mit Rom?

Wir lassen hier gänzlich außer Betracht, was über Unionskirchen aus der Zeit vor dem Florentiner Konzil gesagt werden könnte. Denn die mit Rom unierten Kirchen des byzantinischen Ritus, mit denen sich der Ökumenismus der Gegenwart zu befassen hat, sind allesamt erst nachher, sogar erst nach dem Konzil von Trient,[7] in die Einheit mit Rom eingetreten. Nur auf die nachtridentinischen Unionskirchen wollen wir uns im folgenden beziehen.

Ginge es um eine *kirchengeschichtliche Abhandlung* zu diesen Kirchen, bedürfte es für jede einzelne von ihnen einer gesonderten Untersuchung und Klärung der Motive und Hintergründe ihres Entstehens. Denn allzu verschieden waren bei den einzelnen Unionen der jeweilige geschichtliche Kontext, die ekklesiologische Bewertung des Schismas selbst und der Überwindung des Schismas und das Nebeneinander bzw. Ineinander von Motiven, von denen jedesmal nur ein Teil theologischer Natur war.[8] Doch uns geht es hier nicht um Kirchengeschichte, sondern um eine *ekklesiologische Überlegung* zum Anrecht der Ortskirchen auf ihren herkömmlichen Ritus. Dazu ist es erforderlich, über das zu sprechen, was allen Unionsabschlüssen gemeinsam ist, nämlich die Anerkennung eines römischen Verständnisses vom Aufgabenbereich des römischen Bischofs durch unionswillige Orientalen. Neben sonstigen Themen und Motiven, die bei den verschiedenen Unionsabschlüssen in unterschiedlicher Weise und in sehr uneinheitlicher Kombination wich-

---

[5] Vgl. das Presse-Kommunique über die Sitzung der Unterkommission in Kath-Press Nr. 24 vom 2.2.1990, S. 10a–11.

[6] Siehe ebenda.

[7] Zum Wandel des Unionsverständnisses in nachtridentinischer Zeit vgl. V. Peri, L'unione della Chiesa Orientale con Roma, in: Aevum 58 (1984) 439–498; zur zeitlichen Verschiebung, mit der im Herrschaftsgebiet katholischer Fürsten und im osmanischen Reich durchgesetzt wurde, was Peri „normalizzazione tridentina" nennt, vgl. E. Chr. Suttner, Wandlungen im Unionsverständnis vom 2. Konzil von Lyon bis zur Gegenwart, in: Ostk. Stud. 34 (1985) 128–150.

[8] Vgl. E. Chr. Suttner, Dialog und Uniatismus, in: Una Sancta 45 (1990) 87–94, insbesondere den Abschnitt „Die Formen des Uniatismus".

tig waren und zur Folge haben, daß die einzelnen Unionen voneinander deutlich divergieren, gibt es eine sie alle einende Gemeinsamkeit, daß die Unierten in jedem Fall das besagte römische Verständnis übernahmen. Wenden wir uns also dem römischen Verständnis von den Aufgaben des römischen Bischofs (und der entsprechenden orientalischen Gegenposition) zu.

Die Florentiner Kirchenversammlung sagte im Dekret „Laetentur coeli", daß der Papst Vollmachten habe, „wie es die Akten der ökumenischen Konzilien und die heiligen Kanones enthalten." Doch bis zum Florentiner Konzil war es längst schon zur Kontroversfrage geworden, wie diese Vollmachten recht in die Praxis des kirchlichen Alltags umzusetzen sind. Denn die Interpretation der primatialen Rechte selbst und noch viel mehr deren Ausübung hatten auf römischer Seite in der Zeit zwischen den ökumenischen Konzilien des ersten Jahrtausends und der Florentiner Kirchenversammlung eine Entwicklung erfahren. Als sich die Väter in Florenz auf die angeführte Formel einigten, nahmen sie keine Wertung dieser Entwicklung vor. Nach dem Florentiner Konzil ging die Entwicklung weiter und hatte infolge der tridentinischen Reformen ein weiteres Stadium erreicht, als in *Brest* die erste jener Unionen geschlossen wurde, mit denen wir uns in diesem Aufsatz zu befassen haben. Die Entwicklung setzte sich nach der Brester Union abermals fort. Erst beim Ersten Vatikanischen Konzil, fast drei Jahrhunderte nach dem Abschluß der Brester Union, fand die katholische Kirche dazu, den Jurisdiktionsprimat ihres Papstes in einer autoritativen Aussage zu definieren, d. h., abzugrenzen gegen das Zuviel und das Zuwenig. Nicht einmal auf römischer Seite konnte es also bei der Brester Union an der Wende vom 16. zum 17. Jahrhundert und bei jenen nachfolgenden Unionen, die vor dem Ersten Vatikanischen Konzil geschlossen wurden, eine ausgewogene Auffassung vom päpstlichen Jurisdiktionsprimat geben, die alles das, aber auch nur das verlangt hätte, was Dogma der katholischen Kirche ist. Noch viel weniger war es möglich, daß die Katholiken und die Orthodoxen zu einer gemeinsamen Auffassung darüber gefunden hätten, wie in angemessener Art im konkreten kirchlichen Leben zu verwirklichen wäre, was die Väter in Florenz mit ihrer knappen Formel meinten. Katholiken und Nichtkatholiken konnten in den Jahrhunderten der Entfaltung römischer primatialer Praxis der Meinung sein, was in Rom geschehe, sei die angemessene Weise, um zu verwirklichen, was immer schon Prärogative des römischen Stuhls war. Oder sie konnten diese Entwicklung eher als Wildwuchs und verfälschende Neuerung statt als Verdeutlichung der altkirchlichen Ordnung betrachten. Beide Auffassungen wurden tatsächlich vertreten, die eine wie die andere Auffassung von ihren jeweiligen Anhängern noch dazu in unterschiedlicher Schärfe. Es gab (und gibt bis auf den heutigen Tag) eine recht breit gestreute Palette von Ansichten.

Immer dann, wenn die zeitgeschichtlichen Umstände abendländischen Missionaren mit besonders weitgehenden Auffassungen von den päpstlichen Zuständigkeiten günstig waren und solche Missionare einen mehr oder weniger großen Teil der östlichen Christen für die Zustimmung zu ihrer römischen Interpretation, d. h., für eine Union, gewinnen konnten,[9] kam es, wie die Kirchengeschichte zeigt, zu umso entschiedenerer Ablehnung derselben Interpretation durch andere östliche Christen. Es gab dann jeweils einen Bruch zwischen den Anhängern der Missionare (d. h., den Unierten) und den Orthodoxen. Denn die Unierten wurden, obgleich sie ihren Ritus beibehielten und dadurch den Orthodoxen ähnlich blieben, wegen ihrer Zustimmung zu dem ihnen vermittelten römischen Verständnis von den Privilegien des römischen Bischofs den Orthodoxen entfremdet. Bei den Unionsabschlüssen wurde nicht nur kein gesamtchristlicher Konsens zur Frage nach dem rechten Verständnis des päpstlichen Amtes abgewartet. Man brachte, ehe man die Union abschloß, nicht einmal die Geduld auf, zuzuwarten, bis es wenigstens mit jener Ortskirche, mit der man verhandelte, zu einem für alle akzeptablen Konsens gekommen wäre. So zerfiel wegen des übereilten Vorgehens bei jeder der sogenannten Unionen die bisher geeinte östliche Ortskirche in zwei Teile, von denen einer dieser und einer jener Interpretation der Privilegien des römischen Bischofs anhing. In der Folge zeigte sich, daß beiden Teilen die Gnade verblieb, kirchliches Leben führen zu dürfen, d. h., daß weder die Annahme noch die Ablehnung der römischen Interpretation oder der entsprechenden Gegenposition den Verlust der Gnade des Heiligen Geistes nach sich zog. Der eine Teil, der seine Zustimmung gab zu jenem Verständnis von den Privilegien des römischen Bischofs, das eine Einbuße an herkömmlicher orientalischer Autonomie mit sich brachte, führte von da an sein kirchliches Leben in Verbindung mit dem Papst, unter Beibehaltung seiner Überlieferungen (seines Ritus), jedoch unter Verlust der Communio mit den orthodoxen Patriarchaten. Er erwarb geistlichen Austausch mit der lateinischen Kirche, doch der Preis dafür war der Verlust jenes geistlichen Austausches, den er bisher gepflegt hatte.[10] Der andere Teil, der diese Zustimmung verweigerte, verblieb,

---

[9] Vgl. E. Chr. Suttner, Kirchliche und nichtkirchliche Gründe für den Erfolg abendländischer Missionare bei Christen im Osten seit dem Tridentinum, in: Ostk. Stud. 35 (1986) 135–149.

[10] Diese apodiktische Aussage, die der kirchenrechtlichen Ordnung zu folgen scheint, erweist sich bei genauerem Zusehen als zu eindeutig. Denn gründliches Kirchengeschichtsstudium erbringt, daß kirchliche Schismen nie wirklich den Abbruch des geistli-

um das orientalische Herkommen besser zu bewahren, in Communio mit den östlichen Patriarchaten – unter Fortdauer des Schismas mit den Lateinern. Wo es einst eine einzige östliche Ortskirche gegeben hatte, standen sich fortan zwei östliche Ortskirchen gegenüber.[11]

Weil den Unionen kein gesamtkirchlicher Konsens über den Umfang der päpstlichen Privilegien zugrunde lag, weil vielmehr die Interpretation der einen Seite von nur einem, und zwar dem kleineren Teil der anderen Seite für gut befunden und angenommen, vom anderen, dem größeren Teil der anderen Seite dafür umso entschiedener zurückgewiesen wurde, behoben die Unionen keine Kirchenspaltungen, sondern erwiesen sich als Vorgänge, die die Grenzen der Schismen an andere Stelle verschoben. Infolge der Unionen wurden jene auseinander gerissen, die gemeinsame kirchliche Ausdrucksformen (einen gemeinsamen Ritus) zu eigen haben.[12]

---

chen Austausches nach sich zogen; vgl. Suttner, Wege und Abwege wechselseitigen Gebens und Nehmens zwischen Kirchen des Ostens und Westens nach dem Abbruch der Communio, in: Ostk. Studien 36 (1987) 123-153.

[11] Wo es um jene „Form des Uniatismus" (vgl. die Ausführungen, auf die Anm. 8 verweist!) geht, bei der (nur) Einzelkonversionen erfolgten, ist es nach einiger Zeit, wie die Kirchengeschichte zeigt, ebenfalls zu eigenen unierten Ortskirchen gekommen. Obgleich der Ursprung dieser Ortskirchen mit noch mehr Recht der Kritik unterzogen werden kann als der Ursprung von unierten Ortskirchen, die nach dem Modell der Brester Union ins Leben traten, ist – unter Bezugnahme auf das sog. Gamalielprinzip (vgl. Apg 5, 38 f) – auch in ihrem Fall Reverenz geboten vor dem Gnadenwirken des Heiligen Geistes, der auch bei ihnen die heilige Eucharistie ermöglicht.

[12] Der Vorgang läßt sich mit dem vergleichen, was nach dem Konzil von Chalkedon in den Patriarchaten Alexandrien und Antiochien geschah. Man wartete nicht, bis alle damaligen Ortskirchen die Entscheidung von Chalkedon annahmen, daß man beim Reden über die Inkarnation des Gottessohnes die philosophischen Termini „Natur" und „Person" in einer bestimmten, damals nicht allgemein verbreiteten Bedeutung verwenden solle. Vielmehr nahm man jene Teile der beiden Patriarchate, die die Entscheidung für gut hielten und sich zu ihr bekannten, unverzüglich in die Einheit mit der griechisch-lateinischen Reichskirche auf und trennte sie damit von der Mehrheit der Ortskirchen ihres Heimatlandes ab. Unter persischer und arabischer Herrschaft kam es schließlich zur Verdoppelung der beiden genannten Patriarchate. Da die Chalkedonenser der Patriarchate Alexandrien und Antiochien in späteren Jahrhunderten aber zum byzantinischen Ritus übergingen, unterscheiden sich Chalkedonenser und Nichtchalkedonenser dort heutzutage auch im Ritus, und die Ähnlichkeit zu den Vorgängen nach dem Konzil von Trient, mit denen wir uns befassen, ist etwas verdeckt. Man darf aber nicht übersehen, daß es Jahrhunderte dauerte, bis dieser Zustand erreicht war. Um zu verstehen, was die Kopten und Syrer, die Erben der ursprünglichen Patriarchate von Alexandrien und Antiochien, den bei ihnen eingerichteten chalkedonensischen Patriarchaten gegenüber empfinden, muß man sich vergegenwärtigen, daß sie das Konzil von Chalkedon mit genau denselben Argumenten ablehnen, die von den Orthodoxen gegen das Konzil von Florenz vorgebracht werden. Ohne daß es nach Auffassung der alten Patriarchate von Alexandrien und Antiochien eine gemeinsam erarbeitete Verwendung der Termini „Natur" und „Person" bei der Interpretation der Inkarnation gäbe, hielt die griechisch-lateinische Reichskirche ihre Interpretation für verbindlich und trat mit jenen Teilen der beiden alten Patriarchate

2) Das Anrecht der Ortskirchen auf autonomen Bestand

Die orthodox-katholische Dialogkommission stellte in ihrer Münchener Erklärung heraus: „Wenn man sich auf das Neue Testament stützt, wird man zunächst bemerken, daß die Kirche eine ortsgebundene Wirklichkeit bezeichnet. Die Kirche existiert in der Geschichte als Ortskirche. ... Es handelt sich immer um die Kirche Gottes, aber um die Kirche an einem Ort."[13] Und die Erklärung führt näher aus, daß Existenz der Kirche am Ort als göttliche Gnadengabe geschenkt und dort Tatsache wird, wo „ein Jerusalem von oben von Gott her herabsteigt"; daß die Kirche an einem bestimmten Ort „sich als solche kundgibt, wenn sie versammelt ist"; daß die Versammlung „im vollen Sinn ist, was sie sein soll, wenn sie Eucharistiegemeinde ist."

Wo dies der Fall ist, wo Eucharistie gefeiert wird und das himmlische Jerusalem herniedersteigt, dort ist die Kirche, und zwar die eine Kirche, weil es nur eine Kirche Christi gibt. Aber sie ist dort jeweils als eine bestimmte Ortskirche, die unterschieden ist von den anderen Ortskirchen, mit denen sie eins ist. Es steht der Ortskirche zu, ihr eigenes Leben zu führen, eigene Traditionen zu besitzen, auf Autonomie Anspruch zu erheben und auch dann bei ihrem Herkommen zu bleiben, wenn dieses sich nicht mit dem Herkommen anderer Ortskirchen deckt, mit denen sie in Einheit steht. Denn die Tatsache, daß die eine Kirche in vielen Kirchen am Ort verwirklicht ist, macht Grenzen und Unterscheidungsmerkmale zwischen den Ortskirchen zu einer ekklesiologischen Notwendigkeit. Jede Kirche hat das Recht und die Pflicht, die göttlichen Gnadengaben in der nach Ort und Zeit gerade für sie angemessenen Weise zu verwalten, und den anderen Kirchen obliegt es, die dafür erforderliche Freiheit zu respektieren.[14]

---

in Communio, die die griechisch-lateinische Interpretation übernahmen. Die betreffenden Teile der Kirchen von Ägypten und Syrien verloren darüber die Communio mit ihren angestammten Patriarchaten.

[13] Abschnitt II/1. Deutscher Text der Erklärung in Una Sancta 37 (1982) 334–340.

[14] Das Recht auf eigene Traditionen macht Zusammenschlüsse von Bischofskirchen (von Ortskirchen im ursprünglichen Sinn) mit gleicher Überlieferung zu Einheiten, die wiederum Ortskirchen genannt werden dürfen, notwendig und erweist sie als ekklesiologisch richtig. Um nämlich die Gnadengaben Gottes wirklich den Bedingungen von Ort und Zeit angemessen zu verwalten, müssen die Bischofskirchen auch der Tatsache Rechnung tragen, daß sich die Menschen eines Volkes, einer Nation, einer Kulturgemeinschaft (einerlei ob sie ein geschlossenes Gebiet besiedeln oder eine Diaspora bilden) zusammengehörig fühlen, weil sie eine gemeinsame Sprache, gemeinsame Bräuche und ein gemeinsames Kulturgut zu eigen haben. Dies erfordert ein besonderes Miteinander bestimmter Bischofskirchen, die sich folglich durch ihnen gemeinsame Merkmale von den übrigen Bischofskirchen unterscheiden. Um ein solches Miteinander ausbilden und bewahren zu können, muß den betreffenden Bischofskirchen eine gemeinsame Handlungsfähigkeit als

An der Geschichte der ökumenischen Konzilien zeigt sich allerdings, daß diese Freiheit Grenzen hat, daß es unter Umständen in einzelnen Kirchen zu Entwicklungen und Krisensituationen kommen kann, die das Eingreifen der übrigen Kirchen und ein Drängen auf Korrektur erforderlich machen. Wenn in solchen Fällen nach eingehender Prüfung ein Konsens der Gesamtheit der Ortskirchen und ein von ihnen gemeinsam getragener Spruch erlangt wurde, hatten alle Ortskirchen sich dem Spruch zu beugen. Doch erst dann, wenn im gemeinsamen Bemühen der Kirchen eine ausgewogene Lösung gefunden war, durfte die gebieterische Forderung an einzelne Ortskirchen gestellt werden, von ihrer unzulänglichen Position abzurücken. Obwohl objektiv gesehen die fragliche Position vor dem gemeinsamen Spruch ebenso unzulänglich war wie hinterher, durfte keiner Ortskirche das Festhalten an ihr untersagt werden, solange die Unzulänglichkeit noch nicht in kirchlicher Weise, d.h., durch freien Konsens aller Kirchen, festgestellt war. Übereiltes kategorisches Einfordern einer Zustimmung vor Erlangung des einschlägigen freien Konsenses hätte nämlich Verletzung der Freiheit der Ortskirchen und Knechtung der Gewissen ihrer Gläubigen bedeutet. An diese Regel hielten sich die Kirchen trotz der Vorbehalte, die sie, wie die spätere Entwicklung auch tatsächlich aufzeigte, mit Fug und Recht gegen die Position der betreffenden Kirchen anzumelden hatten und die von bestimmten Theologen auch längst schon erhoben wurden. Weil es vor dem gemeinsam erarbeiteten Spruch keine Verurteilungen geben darf, gelten uns beispielsweise auch manche Bischöfe und Theologen der frühen Kirche, die in ihren Schriften Redeweisen verwandten, gegen die sich nach ihrem Tod ein Ökumenisches Konzil aussprach, als heilige Väter.

Weil wir Menschen wegen unserer Geschichtlichkeit in einer Vielzahl von Fragen nur mühsam, in langen Auseinandersetzungen und nicht allerorts zur gleichen Zeit die rechten Antworten finden, stiftete der Herr die Kirche für uns so, daß sie Eine ist, aber zugleich in vielen Ortskirchen voneinander abgegrenzt bleibt. So ist die Kirche, in der wir dank der Gaben des Heiligen Geistes eins sind, zugleich eine Heimstatt, die auch Platz bietet für unser noch nicht überwundenes Ungenügen nach Ort und Zeit. Dies stellt das Dogma von der Unfehlbarkeit der Kirche nicht in Frage. Denn unfehlbar lehren heißt nicht, die Fülle der

---

Ortskirche zukommen; vgl. G. Greshake, Die Stellung des Protos in der Sicht der römisch-katholischen dogmatischen Theologie, in: Kanon 9 (1989) 17–50. Wir begehen also keine Ungenauigkeit, wenn wir von Grenzen zwischen den Ortskirchen sprechen und dabei sowohl die Grenzen zwischen den einzelnen Bischofskirchen als auch solche Grenzen, die mehrere Bischofskirchen miteinander von den übrigen Ortskirchen abheben, in den Blick nehmen.

Wahrheit aussprechen können. Eine solche Vollendung ist der irdischen Kirche nicht gewährt, denn nach dem hl. Paulus gilt: Stückwerk ist unser Erkennen, Stückwerk unser prophetisches Reden, und erst wenn das Vollendete kommt, wird das Stückwerk vergehen (vgl. 1. Kor 3, 9-10). Unfehlbar lehren heißt vielmehr nur, daß sich die Kirche dank des Beistands des Heiligen Geistes nicht von der Wahrheit abkehrt. Daß das kirchliche Lehren von Ungenügen gekennzeichnet ist und daher der Verbesserung bedarf, bleibt dabei selbstverständlich.

Wie der konkrete Verlauf der Kirchengeschichte beweist, gehört zu diesem Ungenügen unserer Ortskirchen auch, daß es zu verschiedenen Interpretationen kommen kann, die von den Ortskirchen so schwerwiegend empfunden werden, daß sie in tiefe Sorge geraten, ob diese nicht vielleicht die Glaubenseinheit in Frage stellen, und daß sie deswegen untereinander die Communio abbrechen. Dabei kann es geschehen, daß Ortskirchen, zwischen denen die Communio verloren ist, bezüglich ihres Ritus übereinstimmen, aber bezüglich einer Lehrfrage divergieren, zu der noch nicht alle Ortskirchen zum Konsens fanden. Und umgekehrt können Ortskirchen, die bezüglich dieser Lehrfrage übereinstimmen, bezüglich ihres geschichtlich ererbten Ritus voneinander divergieren. Wenn die Ortskirchen einander in ihren autonomen Rechten respektieren, darf weder die Kirche, deren theologische Lehrmeinung akzeptiert wird, deswegen die Übernahme ihres Ritus auferlegen; noch darf die Kirche, deren Ritus befolgt wird, deswegen Zustimmung für ihre theologische Lehrmeinung einfordern.

Adolf Martin Ritter, Heidelberg

Die Kirche(n) und das Problem des Nationalismus

1. Auf Ihrem Programm fanden Sie als Thema für mein folgendes Kurzreferat – in Wirklichkeit handelt es sich, wie Sie sehen werden, um nicht mehr als eine Folge von Diskussionsimpulsen – angegeben: „Die Kirche und das Problem des Nationalismus". Das klingt nach einer Wesensbestimmung oder doch wenigstens nach dem Versuch einer solchen, in jedem Fall nach einer systematischen Problemerörterung. Angemeldet war hingegen eine etwas „realistischere", realitätsbezogenere Formulierung, die mir als Historiker auch eher liegt – zumal in dem mir vorgegebenen zeitlichen Rahmen –, nämlich: „Die Kirchen und das Problem des Nationalismus". Und bei dieser angemeldeten Fomulierung soll es auch bleiben.

2. Der „Nationalismus", was immer darunter des näheren zu verstehen sein mag, ist nicht allein ein Problem für die Kirchen der Neuzeit, seit es so etwas wie Nationalismus überhaupt gibt.[1] Sondern er ist speziell auch – und damit wende ich mich an die eigene (Historiker-)Zunft – ein Problem für die Kirchen*geschichtsschreibung*!

3. Man könnte einen ganzen eigenen Kongreß veranstalten zum Thema: „Der Nationalismus als Problem (oder auch: in der Geschichte) der Kirchengeschichtsschreibung". Und es würde zutage treten, wie oft Kirchengeschichte zur Legitimation nationaler Ansprüche (z. T. in Verbindung mit konfessioneller Apologetik) geschrieben wurde. Ich könnte aus der Geschichte der deutschen Kirchengeschichtsschreibung, vor allem, aber nicht nur der das Mittelalter betreffenden, mit einer ganzen Fülle von erstaunlichen (Fehl-)Leistungen in dieser Hinsicht aufwarten. Es ist mir aber bekannt, daß auch andernorts Anlaß zu ei-

---

[1] Von „nationalen" Vorurteilen ist wohl schon immer, spätestens aber seit dem Mittelalter zu reden (vgl. dazu etwa L. Schmugge, Über „nationale" Vorurteile im Mittelalter, in: Deutsches Archiv für Erforschung des Mittelalters 38, 1982, S. 439 ff.). Unter modernem Nationalismus aber möchte auch ich „jene Ideologie verstanden" wissen, „die der Nationalität gegenüber der Nation absoluten Vorrang vor allen anderen Loyalitäten, etwa der kirchlichen, einräumt. Einen solchen Primat nationaler Loyalität gibt es als Massenphänomen erst seit der okzidentalen Revolution des späten 18. Jahrhunderts", sc. der Französischen Revolution (so H. A. Winkler/Th. Schnabel im Vorwort der von ihnen herausgegebenen „Bibliographie zum Nationalismus", Göttingen 1979 [= Arbeitsbücher zur modernen Geschichte 7]).

nem selbstkritischen Umgang mit den Traditionen der eigenen (Kirchen-)Geschichtsschreibung besteht.

4. Man kann inzwischen auf gelungene Versuche in dieser Richtung hinweisen: auf die Arbeit der deutsch-polnischen Schulbuchkommission etwa, die den Auftrag hatte, gegenwärtig benutzte Schulbücher daraufhin durchzumustern, wie diese beide Völker berührende Phänomene, Ereignisse, Gestalten und Probleme darstellen, und Vorschläge zu unterbreiten, wie diese in Zukunft dargestellt werden sollten, damit der Wahrheit die Ehre gegeben und das friedliche Zusammenleben der Völker gefördert werde. Ähnliches gab und gibt es für das deutsch-französische Verhältnis. Eine große internationale Historikerkommission hat sich, um ein letztes Beispiel zu nennen, der lange Zeit so strittigen und vergiftenden Frage der Kriegsschuld, der Schuld am Ausbruch des 1. Weltkrieges angenommen und ist zu – im großen und ganzen, die Mehrzahl der Historiker (nicht nur in Deutschland) – überzeugenden Ergebnissen gelangt.[2] Hier müßte die Kirchengeschichte überall da, wo die Vergangenheit Hypotheken hinterlassen hat, nachfassen und für die Beziehungen der Kirchen und Völker vergleichbar Vorwärtsweisendes zustande bringen.

5. Was aber heißt „Nationalismus"? Und worin liegt sein „Problem"? Nun, eines seiner Probleme ist zumindest, daß uns Nationalismus heute als ein Phänomen von extremer Ungleichzeitigkeit vor Augen tritt. In Westeuropa „liegt seine Hochzeit offensichtlich hinter ihm, während er in vielen Ländern" Ost- und Südosteuropas sowie erst recht der „Dritten Welt' in voller Blüte steht. Europäer, vor allem westliche, neigen aus guten Gründen dazu, im Nationalismus eine rückwärts gewandte Ideologie zu erblicken. In den meisten Entwicklungsländern hingegen" und auch in Ost- und Südosteuropa keineswegs erst seit den bodenstürzenden Folgen der Perestrojka „wird Nationalismus als etwas durchaus Fortschrittliches empfunden."[3] Und das führt ungezwungen zu einem weiteren Problem, dem der Definition(en). Besteht auch in der einschlägigen Literatur vielfach Einigkeit darin, „daß man eine verbindliche und allgemein akzeptable Definition ... nicht finden kann,"[4] so schlage ich Ihnen vor, sich an einem Nationalismusbegriff zu orientieren, wie ihn Neuzeithistoriker entwickelt haben, die sich mit den Denk-

---

[2] Vgl. nur die gemeinsame Erklärung deutscher und französischer Historiker vom Oktober 1951 (veröffentlicht u.a. in der Zeitschrift „Geschichte in Wissenschaft und Unterricht" 1952/3).

[3] So H.A. Winkler im Vorwort des von ihm herausgegebenen wertvollen Bandes, Nationalismus in der Welt von heute, Göttingen 1982.

[4] Dies das Fazit des von U. Dierse/H. Rath verfaßten Artikels „Nation, Nationalismus, Nationalität" im Hist. Wb. d. Philosophie 6, 1984, 406–414; hier: 411.

anstößen der systematischen Sozialwissenschaften auseinanderzusetzen bereit sind. Jedenfalls werde ich mich im folgenden daran halten. „Volk" wäre demnach als eine soziale Gemeinschaft mit bestimmten gemeinsamen Merkmalen wie Sprache, Kultur, Religion und politischer Geschichte zu verstehen, „Nation"-Bildung als jener Prozeß, in dem sozial oder regional voneinander getrennte Teile eines Volks ihre Fähigkeit zur kommunikativen Integration (K. W. Deutsch) realisieren, Nationalismus endlich als die politische und ideologische Bewegung einer sich als Nation verstehenden Bevölkerung(sgruppe), die - durch Modernisierungsvorgänge mobilisiert - politische Selbstbestimmung innerhalb eines eigenen Territoriums durchsetzen möchte. Im Kern und ursprünglich handelte es sich m. a. W. beim Nationalismus um eine politisch orientierte Autonomiebewegung.[5]

6. Wie leicht freilich solcher - tendenziell und ursprünglich emanzipatorischer - Nationalismus zu einer „rechten", rückwärtsgewandten Ideologie pervertieren kann, wie leicht er sich verbindet mit völliger Blindheit gegenüber den Nationalinteressen anderer, einer Art Pseudoreligion, wie sie in dem Satz „right or wrong my country" ihren adäquaten Ausdruck findet, das haben wir Westeuropäer und insbesondere wir Deutschen zur Genüge erfahren. Als „gebrannte Kinder" sind wir deshalb gewiß nicht zu Lehrmeistern anderer berufen; wohl aber müssen wir uns zu besonderer Wachsamkeit gegenüber den Gefahren des Nationalismus aufgefordert fühlen.

7. Es ist in diesem Kreise kaum nötig, die Brandspur zerstörerischen, blinden Nationalismus in unserem Jahrhundert in extenso nachzuzeichnen. Es genügt vielmehr die Erinnerung daran, daß im Gegenschlag gegen die Katastrophe des Ersten Weltkrieges (oder auch „nur" gegen die durch ihn hervorgerufene Enttäuschung - wie in Italien) in vielen Ländern nationalistische Tendenzen Auftrieb erhielten. In Italien entstand zuerst eine nationalistisch-faschistische Einparteiendiktatur. Wesentlich folgenreicher und verhängnisvoller war der Diktaturstaat des deutschen Nationalsozialismus, der in 14 Jahren der Opposition gegen die demokratisch-liberale Weimarer Republik wie den Kommunismus vorbereitet und 1933/1934 errichtet wurde. Nachdem in einer ersten Phase nationalsozialistischer Politik die deutschsprachigen Gebiete Europas (mit Ausnahme der Schweiz) politisch botmäßig gemacht oder gar „angeschlossen" worden waren, wurde in einer zweiten, direkt kriegerischen Phase in unmenschlicher Nichtachtung anderer Völker eine

---

[5] Vgl. zusätzlich zu der oben (Anm. 1) angeführten Bibliographie die von O. Dann herausgegebene Aufsatzsammlung „Nationalismus und sozialer Wandel" (Hamburg 1978).

„deutsch-germanische" Oberherrschaft nationalistischen Charakters begründet. Als dieser frevelhafte Versuch mißlang, blieb der Gegenschlag gegen die „deutsch-germanische" Expansion nicht aus. Vielmehr wendeten nun die Kriegsgegner den neuzeitlichen Nationenbegriff (Identität von Sprach-, Sitten-, Rechts- und Staatseinheit) auf das ganze Europa westlich der neuen sovetrussischen Grenzen an, wobei sie die Erreichung der nationalen Geschlossenheit durch Vertreibung der Deutschen aus z. T. jahrhundertealten Siedlungsgebieten duldeten oder gar förderten. Die Sovetunion führte in ihren eigenen Grenzen das Prinzip der Unterordnung des Nationalen unter ihr marxistisch-leninistisch gedachtes Programm der Gesellschaftspolitik durch und entwertete die nationale Eigenart zu einem politisch irrelevanten, bestenfalls folkloristischen Faktor. Allerdings ist in ihrem Machtbereich schon bald der programmatische „proletarische Internationalismus" als nicht mehr denn die Legitimationsideologie der Führungsmacht empfunden worden. Darum feiern heute allenthalben die Nationalismen fröhliche Urständ.[6]

8. In Mittel- und Westeuropa, das wir auch als Ursprungsregion des modernen Nationalismus bezeichnen dürfen, hat der Zweite Weltkrieg in breiten Bevölkerungsschichten zur Einsicht in die Begrenztheit des Nationalen geführt und Integrationsbestrebungen freigesetzt, die auf eine übernationale, europäische Einigung abzielen. Dieser Prozeß macht Besinnung auf die eigene Nation, das eigene kulturelle Erbe keineswegs überflüssig, weist ihr freilich die Aufgabe zu, sich in erster Linie der qualitativen Anforderungen bewußt zu werden, die die nationale Zugehörigkeit und das kulturelle Erbe an den Einzelnen richten. Ein so begründetes nationales Bewußtsein, das dazu dienen kann, daß der Einzelne in der größeren Gemeinschaft seine Identität findet und bewahrt, ist also durchaus positiv zu bewerten und geeignet, einer möglichen Ideologisierung Widerstand zu leisten, die, mit egozentrischer Barbarei verkoppelt, alles Andersnationale, ja das Menschliche überhaupt, verachtet.

9. Was haben mit dem allen „die Kirchen" zu schaffen? In der biblischen Überlieferung findet sich keine Hervorhebung des Volkes oder der Nation als eines besonderen Seinswertes, denen gegenüber spezielle ethische Verpflichtungen gelten würden. Die Zersplitterung in Völker und Sprachen (in 1. Mose 11 als Menschheits*schuld* verstanden) zielt auf künftige Aufhebung (Jes 2). Das Neue Testament interessiert sich erst recht nicht für die Verschiedenartigkeit der Völker und die Gren-

---

[6] Vgl. dazu den sehr guten Beitrag von G. Simon, „Nationalismus in der Sowjetunion", in: H. A. Winkler (Hg.), Nationalismus in der Welt von heute, Göttingen 1982, S. 82–103.

zen zwischen ihnen. „In Christo" haben *alle* vorhandenen Unterschiede, auch die der völkischen Zugehörigkeit, ihre *grundsätzliche* Bedeutung verloren (Gal 3,28; Apg 2 [Pfingstgeschichte!]). Dennoch ist die Teilhabe an Geschick und an den spezifischen Prägungen von Völkern und Nationen vom christlich-biblischen Standpunkt aus keineswegs als nullum, als gleichgültig zu betrachten. Vielmehr haben wir darin mit der „Schöpfungsethik" von Karl Barth (Kirchliche Dogmatik III,4, 3.Auflage Zürich 1969, S.320ff.) eine Fügung, eine Platzanweisung Gottes zu erkennen. Wertvolles verlangt und verdient Erhaltung und Pflege. Maßstäbe dabei sind menschliche Freiheit und Ermöglichung des Zusammenlebens der Völker.[7] Hier begegnen sich also, wenn das richtig gesehen ist, christliche Einsichten mit – und damit stellt sich der direkteste Bezug zu unserem Tagungsthema her – Impulsen der Aufklärung!

10. Den europäischen Kirchen, gleichgültig, ob in Nord- oder Süd-, West- oder Osteuropa, ist dieses gemeinsam, daß sie überwiegend nach wie vor „volkskirchliches" Gepräge aufweisen. Ihre historischen Wurzeln liegen größtenteils in der frühmittelalterlichen Christianisierung von Völkern und Stämmen. Sie haben sich teilweise gebildet, als auch die betreffenden Völker sich zu festeren Formen zusammenfanden und erstmals Literatursprachen schufen.[8] Die Mehrzahl dieser Kirchen haben, teilweise Jahrhunderte lang, das Privileg eines staatskirchlichen Status besessen, was auch von Marxisten in der Rückschau damit gerechtfertigt wurde, daß diese Kirchen im Laufe der Geschichte oft genug die einzige Basis zum Überdauern, zur Identitätswahrung ihrer Völker bildeten, solange diese Völker wohl (um mit Friedrich Meinecke zu reden) Sprach- und Kultur-, aber keine Staatsnationen waren.[9] Diese Kirchen müßten heute, wie ich fest überzeugt bin, ihren Völkern – gerade dort, wo die längst brüchige ideologische Klammer des Marxismus-Leninismus vollends gefallen ist und ungezügelter Nationalismus in dem Vakuum sich breitmachen könnte – noch einmal einen außeror-

---

[7] Vgl. dazu auch den Berichtsband über die Weltkonferenz von Oxford über Kirche, Volk und Staat (1937) unter dem Titel „Kirche und Welt in ökumenischer Sicht", Genf – Frauenfeld 1938.

[8] Vgl. den von mir herausgegebenen Referatband des IX. Theologischen Südosteuropaseminars „Die Anfänge des Christentums unter den Völkern Ost- und Südosteuropas", Heidelberg 1990; ferner etwa noch E. Turczynski, Konfession und Nation. Zur Frühgeschichte der serbischen und rumänischen Nationsbildung, Düsseldorf 1976.

[9] Besonders eindrucksvolle Beispiele sind das Rußland unter dem Tatarenjoch und die Balkanvölker unter der „Turkokratie" (d.h. der Osmanenherrschaft). In anderer Weise hat sich die Kirche um die Identitätswahrung der Slowenen historische Verdienste erworben, obwohl deren Christianisierung begleitet war vom Verlust der politischen Selbständigkeit (vgl. dazu den Beitrag von V. Grmić zu dem Band „Die Anfänge des Christentums unter den Völkern Ost- und Südosteuropas", S.50–57).

dentlich, ja geradezu lebens-wichtigen Dienst leisten, nämlich das Nationalbewußtsein zu läutern, zu „taufen", und den Nationalismus so zu zügeln, daß er der menschlichen Freiheit und Selbstbestimmung dient und das Zusammenleben der Völker ermöglicht.

Ich sage das, um es zum Schluß noch einmal zu unterstreichen, wahrlich nicht in der Pose des Besserwissenden, des Lehrmeisters. Ich sage es vielmehr als ein Angehöriger eines Volkes, das vom Fieberwahn zerstörerischen Nationalismus' mehr geschüttelt wurde als andere, als Glied einer Kirche, die gerade, was ihr Verhältnis zu „Volk – Nation – Vaterland" anlangt, mehr als andere zu kritischer Selbstbesinnung, zu „Denkbuße", aufgefordert ist, weil aufgearbeitet werden will, „daß nahezu alle Denker und Dichter, die zur Ausbildung des deutschen Nationalbewußtseins beigetragen haben, ... aus dem protestantischen Deutschland stammen."[10] Die Millionen unschuldiger Opfer aber haben, meine ich, einen Anspruch darauf, daß wir aus schrecklichen Erfahrungen endlich Lehren ziehen. Sonst wären sie – völlig sinnlos gewesen.

---

[10] R. Wittram, Kirche und Nationalismus, in: Das Nationale als europäisches Problem, Göttingen 1954, S. 113 f. Zum Problem insgesamt s. H. Zilleßen (Hg.), Volk – Nation – Vaterland. Der deutsche Protestantismus und der Nationalismus, Gütersloh 1970.

Nikolaj Šivarov, Sofia

Kirche und Nation

Theorie und Praxis im gegenwärtigen Bulgarien

Im Orient wirkt die christliche Mission öfters in Ländern mit barbarischen Bevölkerungsmassen (plebs, demos oder heidnisch ethnos) und trägt zu deren Zusammenschluß und Verwandlung in Völker bei. Unter historischem Aspekt entwickeln sich die Nationen außerhalb des byzantinischen Reiches gemeinsam mit ihren Kirchen und trachten nach Souveränität, Autonomie und Autokephalie.

Im Alten Testament werden die Nationen als Realität angesehen. Die Geschichte vom Turmbau zu Babel (1. Mose 11, 1–9) zeigt zwar keine positive Einstellung zur Entstehung der zahlreichen Völker auf Erden, die jedoch auf die negative Einschätzung von Hochmut und Ungehorsam dem Schöpfer gegenüber zurückzuführen ist. Die Sprachverwirrung muß in eben diesem Sinne gedeutet werden, daß nämlich die Gehorsamsverweigerung Gott gegenüber zum Mangel an Eintracht und Verständigung unter den Menschen führt. Der Pfingsttag bezeugt das Gegenteil: Das eine Wort Gottes durchdringt Herz und Gemüt von Menschen verschiedener Nationalität; unter den Völkern des Alten Testaments hat Gott das Volk Israel erwählt, damit auch andere, von Gott als Heiden verstoßen, durch Israel wieder geheiligt werden können.

Im Neuen Testament spricht Jesus Christus die Sprache seines Volkes. Er liebt dieses Volk, das an der Sündenlast trägt. Die frohe Botschaft ist an *alle* Menschen und Völker gerichtet (Matth 28, 19; vgl. Offb 2 und 3), die vor Gott gleich sind.[1] Zur Problemerläuterung sei auf die Aussage über die Menschen in der Apostelgeschichte hingewiesen: „Er hat für sie bestimmte Zeiten und die Grenzen ihrer Wohnsitze festgesetzt. Sie sollten Gott suchen, ob sie ihn ... finden könnten, er ist nicht ferne von einem jeglichen unter uns. Denn in ihm leben, weben und sind wir" (Apg 17, 26–28). Der Text läßt folgende Schlüsse zu: Gott als alleiniger Herr über Geschichte und Weltgeschehen hat im Blick auf die Völker verfügt: Über *die Zeit* – d. h., über deren Lage, Bewegung usw.; über *den Zweck* ihres Seins im Allgemeinen und Besonderen. Im Falle Israels sind wir mit einem Auftrag Gottes konfrontiert,

---

[1] Nach einer anderen Auslegung würde es sich um die Zeiten und Grenzen handeln, die Gott den verschiedenen Völkern zugeteilt hat (vgl. 1. Mose 10; 5. Mose 32). In jedem Fall handelt es sich um die Ordnung der Welt, die zur Erkenntnis Gottes führen kann (Jerusalemer Bibel S. 1576)

für dessen Erfüllung das Volk auch besondere Gaben erhält und ihm Volkstribune (Propheten) gegeben werden (vgl. Jes 41, Offb 2 und 3 u. a. m.). Die unterschiedliche Nationalität bringt vor Gottes Gericht keine Vorteile. Bei Ihm gelten nur Taten (vgl. J. Chrysostomos zu Röm 2,11). Mit anderen Worten: Die Nationen sind von Gott *gleich* berufen, ihren Beitrag zu leisten, und werden von ihrem Schöpfer deswegen auch gleich geschätzt.

Aus religiöser Sicht sind die Christen keine Erdenbürger (vgl. Phil 3,20; Eph 2,6 usw.), sondern sie müssen ihren Weg zum Reich Gottes antreten, so daß sie sich der wahren Gewalt – der Gewalt Gottes – zu fügen haben (vgl. 1. Kor 15,24). In eschatologischer Perspektive werden sie Augenzeugen eines neuen Himmels und Bürger einer neuen Erde sein (vgl. Offb 21,1).

Jeder Mensch auf dieser Welt ist Gottes Schöpfung, Gottes lebendiger Schrein und Altar Seiner heiligen Flamme. Die jeweiligen Heimatgrenzen haben nach einem Wort des Apostels Paulus keine grundlegende Bedeutung: „Denn wir haben hier keine bleibende Stadt, sondern die zukünftige suchen wir" (Hebr 13,14). Ohne in Widerspruch zu dieser idealen Problemstellung zu geraten sollte man die Realität nicht aus den Augen verlieren und stets berücksichtigen. Eine ganze Palette an Lebensfaktoren des Menschen – Klima, Wirtschaft, Glaube, Sitten, Bräuche, Sprache, geistige Gesamtstruktur – ruft die Unterschiede zwischen einzelnen Menschen und ganzen Völkern hervor. Aus christlicher Sicht ist die Idee als absolut falsch anzusehen, derzufolge alle in einer amorphen Masse zusammengefügt werden sollten, der eigenen Art und Gestalt beraubt.

„Nation" zu definieren ist keineswegs eine leichte Aufgabe. Soweit ich unterrichtet bin, besteht bisher in der Wissenschaft keine volle Übereinstimmung bei Begriffen wie ‚Volk' und ‚Nation'. Die folgenden Ausführungen wollen aber keineswegs die bestehenden Definitionsversuche im Vergleich analysieren: Von Bedeutung sind dafür vorwiegend Merkmale geistiger Natur – Sprache, Sitten, Bräuche, Traditionen usw. Als Hauptmerkmal ist die Sprache anzusehen: Sie gibt in der gesamten Geschichte für eine Nation den Ausschlag – von den Ansätzen ihrer Gestaltung bis zur ausgereiften Hochzivilisation. Die Sprache erleichtert die Kommunikation zwischen einzelnen Individuen und deren schöpferisches Zusammenwirken in den verschiedenen Lebensbereichen. Von besonderer Tragweite ist die Verbindung von Sprache, Schrift und Literatur. Dennoch darf die Rolle der Sprache nicht *überschätzt* werden. Eine größere Abkapselung und Isolierung könnte sie zu einem ernstzunehmenden Hindernis für die geistige und materielle Entfaltung einer Nation werden lassen. Der Geschichte von gestern und heute sind zahlreiche Beispiele in diesem Sinne zu entnehmen. Die Bestimmung des richtigen Stellenwerts der Sprache und ihrer Rolle im Leben einer jeden Nation öffnet den Weg zu mitmenschlichen Kontakten und zum Erfahrungsaustausch, zur Verwertung des Beitrags anderer Nationen, zur konsequenten Bereicherung in einem breitgefächerten Spektrum, angefangen mit gewöhnlichen Übersetzungen über die Anpassung übersetzter Schriftwerke an lokale Bedürfnisse bis hin zu Originalwerken auf Grund ausländischer Vorbilder usw. Eine solche Entwicklungstendenz kennt auch das altbulgarische Schrifttum, das, vom Geist der Kirchenväter durchdrungen, zu deren weiterem Vermittler wird.

Sitten, Bräuche und Traditionen eines Volkes verleihen auch seiner Entwicklung ein besonderes Gepräge. Als konstante Größen können sie das Bewußtsein des Volkes fördern und somit zu seinem Überleben im Laufe der Geschichte beitragen. Manchmal sind sie jedoch gewissen Änderungen unterworfen, die auch das Volk verändern. So kann beispielsweise die Bekehrung zum Christentum mit dem gesamten Wandlungsprozeß und mit dem Übergang vom Heidentum durch die Evangelisierung zum Christentum alle Volkssitten und -bräuche erfassen und den Ansatz zu einer neuen Tradition bieten. Die überwiegende Anzahl der 115 Fragen, die Fürst Boris († 907) nach der Taufe seines Volkes an Papst Nikolaus I richtete, betreffen eben diesen Bereich, die Lebensweise der Bulgaren christlich neuzugestalten. Elemente der bisherigen Sitten und Bräuche werden mit neuen Begriffsinhalten gefüllt und herüber gerettet. Als treffendes Beispiel seien die Feuertänze in einigen Regionen Bulgariens genannt: Barfüßige tanzen auf glühenden Kohlen, und schon tausend Jahre lang vollbringen sie die Leistung, ein Heiligenbild ins Feuer mitzunehmen und so den Sieg von Geist und Glauben über Fleisch und Sünde zu symbolisieren. Das Auftauchen neuer Ideologien kann andere Sitten und Bräuche wiederbeleben, die zur Unterdrückung des Christentums, ja sogar zur Entchristlichung führen und auch eine neue Tradition zu gestalten versuchen. In Deutschland spukt noch immer die Erinnerung an die „Religion der deutschen Rasse" mit ihren antichristlichen Riten. Aus der Nachkriegszeit rührt ein ähnliches Gemeinschaftsvorhaben schwedischer Kreise mit staatlichen und halbstaatlichen Einrichtungen in der ČSSR. Die Gestaltung „neuer moralischer Grundsätze" und „neuer säkularer Riten" in Osteuropa sowie in anderen Ländern ist mit einem ähnlichen Stempel versehen. Es sei von vornherein betont, daß sich solche Änderungsversuche und Innovationen durchwegs der jeweiligen Volkssprache bedienen, um einen höheren Einwirkungsgrad auf die menschliche Psyche zu erzielen.

Die maßgebenden politischen Auffassungen im Staat sowie das öffentliche Leben pflegen ihren Niederschlag auf der Entwicklung der Nation zu hinterlassen. Andererseits strebt die Nation selbst einen Staat nach eigenem Muster an, in dem sie sich selbst bestätigen und in Zukunft bewähren kann. Im Staat erblickt die Nation den äußeren Ausdruck für Selbstbewußtsein und Selbstbestimmung, den Hebel zum kulturellen Aufschwung, zur Bewahrung von Sitten und Bräuchen. Hier liegt die Erklärung der Tatsache, daß selbst eine jahrhundertelange Fremdherrschaft die Erinnerung der Unterdrückten an ihren eigenen Staat nicht auslöschen kann und den glühenden Wunsch zu seiner Wiederherstellung dauernd schürt. Die historische Entwicklung aller Völker auf dem Balkan, das bulgarische eingeschlossen, ist diesbezüglich reich an schlagenden Beweisen.

Im Schalten und Walten der Nation kommt der Kirche ein gebührender Platz zu. Der Glaube durchdringt das innerste Sein der Volksseele und gibt jedem Lebensbereich ein besonderes Gepräge. Für alle Völker bedeutet das Christentum einen hochgradigen Wandel, erweiterten Horizont und höhere Zielvorstellungen. Und eben da hat die Kirche anzusetzen. Ihre führende Rolle ist maßgebend und unbestritten. In Bulgarien werden heutzutage Stimmen laut, die zur Wiederherstellung aller von der Bulgarischen Orthodoxen Kirche dem Volke vermittelten ethischen Werte mahnen.

Worin besteht aber eigentlich die Bedeutung und Aufgabenstellung der Kirche auf lokaler und universaler Ebene? Sowohl in der alten als auch in der orthodoxen Kirche von heute fehlt bekanntlich eine offizielle und maßgebende Bestimmung vom Wesen der Kirche. Aus orthodoxer Sicht wird die Kirche als Mysteria par excellence dargestellt. Sie ist ein gottmenschlicher Organismus, in dem die Verbindung zwischen den Kirchenmitgliedern – dem Leibe Christi – und dem Haupt der Kirche – Unserem Herrn Jesus Christus – nach wie vor ein tiefes und großes Geheimnis bleibt. Aufgrund der Hl. Schrift sind aber die Eigenschaften der Kirche von den Kirchenvätern und ihren Nachfolgern beträchtlich erläutert. Einige dieser Eigenschaften stehen in direktem Verhältnis zur Beziehung „Kirche-Nation".

Zwar sind die Glieder der Kirche mit Sünden behaftete Menschen, sie ist aber kein Menschenbund oder keine Menschengemeinschaft im üblichen Sinne des Wortes. Aus dem, was der Apostel Paulus über Christus und Seinen Leib sagt (vgl. Röm 12,5; 1. Kor 12,12–31 u. a.), geht klar hervor, daß die Kirche nicht nur im übertragenen Sinn als Leib zu betrachten ist: Der Apostel spricht von ihr „im realsten und zugleich im irrealen und überrealen Sinne des Wortes."² Der Leib gedeiht in diesem Organismus unter der heilbringenden Wirkung des Hl. Geistes, in dem als Unterpfand die Liebe als Selbstaufopferung auf Golgatha waltet. Das Wachstum und die Entwicklung der Lokalkirche begründet die Lage der Diözese, das Leben der Diözese, die Lage der ganzen Gebiets- bzw. Landeskirche, und das setzt das geistige und organische Wachstum der universalen (katholischen) Kirche voraus. Es ist wie mit den einzelnen Zellen unseres Körpers, die die Gewebe bilden, und die Gewebe verbinden sich zu Organen, und die Organe bauen den ganzen Körper auf. Dank der Liebe und der heilbringenden Hilfe des Hl. Geistes wird die Kluft zwischen Gott und Sünder sowie unter den Menschen selbst überbrückt. Alle Menschen werden Freunde und Brüder Christi (vgl. Joh 15,6) und untereinander. Jeder Beitrag vor Ort kann unter solchen Umständen allgemein-menschliche Dimensionen erlangen. Die Nächstenliebe ist *nicht* als Liebe zum Unbekannten in der Ferne auszulegen. Sie ist zunächst an den *Allernächsten* in unserer unmittelbaren Umgebung und von dort aus an allen Menschen zu üben.

Wie es im Nicaeno-Konstantinopolitanum heißt, ist die Kirche Eine heilige und allgemeine (katholisch, universal). Wir sprechen von einer Kirche, da ihr Oberhaupt Jesus Christus als alleiniger Herr sie mit jenem Geist der Liebe und Einheit durchdringt, die auch der Hl. Dreifaltigkeit innewohnt. Diese Einheit überbietet alle menschlichen Grenzen und macht jede Spaltung zunichte. „Im Glauben an die Einheit der Kirche," bemerkt St. Cankov, „lösen sich alle trennenden und zersetzenden Unterschiede unter den Menschen – nach Rasse, Volk, Staat, Stände u. dgl. – auf, und insofern sie noch bestünden, verwandeln sie sich in Ihm zu einer Mannigfaltigkeit oder Fülle der verschiedenen Gaben Gottes zum gegenseitigen Dienst in der Liebe."³

Die Kirche ist *katholisch*. In dieser universalen Gemeinschaft wird das Natürliche zum Übernatürlichen, ohne dabei seine Eigenschaften einzubüßen und ohne sich zu verneinen. Die Kirche ist weder in Raum noch in Zeit begrenzt. Das bedeutet, daß jedem Teilchen von ihr die Eigenschaft der Katholizität eignet. Folgendes ist aber in diesem Zusammenhang zu beachten: Die Kirchengemeinschaften, die auf verschiedenen Kontinenten gegründet wurden, dem Gebot Christi folgen und das Evangelium in aller Herren Länder verkünden und predigen, erlangen dadurch nicht automatisch die Katholizität, obwohl sie nicht unbedingt nationalgebunden zu sein brauchen. Eine menschliche Organisation

---

² Stefan Cankov: Nation, Staat, Welt und Kirche im orthodoxen Osten. In: Jahrbuch der Theol. Fak. Sofia XIV/1937, S. 47
³ a. a. O., S. 49

kann einen kontinentalen oder gar interkontinentalen Charakter aufweisen, ohne an und für sich katholisch zu sein. Die alte Auffassung, die sich mit der orthodoxen deckt, verlangt dafür die apostolische Sukzession in Lehre und Weihe sowie die Heilsgnade Gottes.

Der lebendige, gottmenschliche Organismus wirkt auch im Geiste der Sobornost'. Im Gegensatz zum juristisch-säkularen und rationalistisch-individualistischen Prinzip stellt die Kirchengemeinschaft allerorts eine „interne, allerfassende Einheitlichkeit dar, eine Symphonie von Glauben und Leben, vom Externen und Internen, eine harmonische Vielfaltigkeit in der Einheitlichkeit, in der die Kirche sich weder als Kirche ‚nach der Erkenntnis des Einzelnen' noch als Kirche ‚nach der Einsicht des Bischofs von Rom' offenbart, sondern eben als Kirche katholisch ist – nach der tiefgründigen Einsicht Aller in ihre Einheit."[4] Das symphonische Leben in der Sobornost' umfaßt eine Synthese von Autorität und Freiheit und bedeutet volle Einmütigkeit. Jedes Kirchenmitglied ist demnach „katholisch", insofern es sich eins mit der ganzen Kirche „sowohl im Glauben als auch im Leben" weiß.[5] Von dieser Erkenntnis durchdrungen verkünden die Patriarchen der Ostkirche: „Weder den Patriarchen noch den Konzilien stehen Innovationen zu, denn Hüter (hyperaspistēs) der Frömmigkeit ist der Leib der Kirche selbst, d.h., das (Kirchen)volk, das die Erhaltung seines Glaubens ewig und unerschütterlich im Einvernehmen mit seinen Vätern fordert."[6]

Die Kirche ist nicht von dieser Welt. Durch die Hl. Taufe werden die Christen zu Bürgern der himmlischen Stadt. Jedoch müssen sie sich zu ihrem Glauben in Christo bekennen und ihrer Mission hier auf Erden in der Kirchengeschichte an einem bestimmten Ort und unter einer bestimmten Menschengruppe gerecht werden. Vom ersten Pfingsttag an hat dieses Zeugnis lokalen Charakter und universale Ausrichtung. Noch im apostolischen Jahrhundert vollzieht sich die Absonderung von Einzelkirchen als Normalerscheinung (vgl. Offb 2,1-7; 2,8-11, 18-29 usw.). Das Römische Reich und danach Byzanz erfassen restlos die damalige zivilisierte Welt. Die multinationale Kultur und die internationale griechische Sprache erleichtern die Verkündigung von Gottes Wort und ebnen den Weg zur Evangelisierung der Völker. Es dauert aber nicht allzu lange, und schon erscheinen die ersten Übersetzungen der Hl. Schrift und der Gottesdiensttexte in einzelnen Siedlungsgebieten von Gläubigen, die Griechisch nicht als Muttersprache haben. Es sei

---

[4] A.S. Chomjakov: Sočinenija. Bd. II. Moskva 1900, S. 281; vgl. A.S. Chomjakov: O cerkvi. Berlin 1926, S. 59f.

[5] S. Cankov: Edinstvoto i kafoličnostta na Cărkvata. In: Godišn. Duch. Ak. Sofija II/XXVIII/1951-1952, S. 19/249/

[6] Botschaft 1948

nur an das Latein in Westeuropa und Karthago, an das Syro-Aramäische, an das Koptische erinnert. Die christliche Mission jenseits der Reichsgrenzen wird mit einer neuen Realität konfrontiert: Sie trifft auf ein Volk mit eigenem Staat und mit eigenen Sitten und Bräuchen, auf eine Gesamtkultur, die diesem Volk ein anderes Gepräge verleiht. Zweifellos fällt den Triebkräften in Politik und Verwaltung eine wesentliche Rolle bei der Absonderung einer Kirchengemeinschaft in Armenien als Lokalkirche zu, die in die Geschichte als Armenische Kirche eingegangen ist. Nebenbei sei bemerkt, daß eine unangebrachte kirchenpolitische Stellungnahme zu Armenien allmählich zur Spaltung dieser Kirche führt; daraus bilden sich als neue Gemeinschaften die orthodoxe chalcedonische Kirche, die nichtchalcedonische (monophysitische) Kirche und die Gemeinschaft der Paulikaner.

Die mehrere Jahrhunderte umfassenden Erfahrungen der orthodoxen Kirchen enthalten zahlreiche Hinweise auf ein inniges Kirche-Nation-Verhältnis, das seinen Höhepunkt in einer erfolgreichen Evangelisierung und Entfaltung der Tugend, im geistigen und kulturellen Aufschwung des christlichen Volkes findet. Nationales und Nation können als Gegebenheiten keineswegs ausgeklammert werden, da die Kirche sonst nur begrenzte und nicht selten oberflächliche Erfolge zu erwarten hat. Die Kirchen der einzelnen Völker sind aber auch dazu berufen, daß sie die latenten Fähigkeiten des Volkes entfalten und das Gepräge seiner Individualität erhalten helfen. So hat das bulgarische Volk die segensreiche Wirkung seiner Kirche verspürt: Sprache, Schrift, Literatur, bildende Kunst und Architektur entwickeln sich nicht nur unter direkter Beteiligung von Bischöfen und Klerus – es ist fast zur Gesetzmäßigkeit in der langen Geschichte der Bulgarischen Orthodoxen Kirche geworden, daß die Kirchenführer auch als geistige Führer des Volkes auftreten. Dabei ist aber die Grenze zwischen Volksgebundenheit und Nationalismus einzuhalten.

Im Prinzip können nationale Eigenschaften und Einstellungen zweifellos zur Entfaltung des kirchlichen Lebens, zur Glaubenserhaltung und zum geistlichen Aufschwung der Christen anregen. Diese Beschaffenheit tritt bei fremdländischer oder religiöser Unterdrückung besonders stark hervor. Zugleich besteht aber nach wie vor die Gefahr, daß sich das Nationale als Hindernis für die Einheit der universalen Kirche entwickelt, und zwar in beiden Richtungen – sowohl von der stärkeren Nation und Nationalkirche als auch von der schwächeren. Im ersten Fall könnte man es als Nationalismus im Sinne des Kirchenimperialismus oder Paternalismus bezeichnen, während wir es im zweiten Fall mit einem Separatismus nationalistischer Färbung zu tun haben. Beide Formen sind philetistische Manifestationen, die einen Schwund der lebendigen Bindung an die Eine und Allgemeine (katholische, sobornaja) Kirche verursachen können. Sowohl die Beeinträchtigung des Nationalen und der Nationalinteressen als auch deren übermäßige Duldung gefährden in gleichem Maße die Einheit der Kirche, bewirken Einzelkämpfe im Leibe Christi und rufen seinen Siechtum und den Abfall von der lebensspendenden Urquelle der ‚katholischen' Kirche hervor. Auch den biblischen Propheten ist die Liebe zur Heimat kein unbekanntes Gefühl. Sie sprengt aber den engen ethnischen Rahmen und wird auch anderen Völkern zuteil. Ansonsten existiert die Heimatliebe im Menschen als eine unfaßbare, umstandsbedingte Neigung, die bald flakkernd zu erlöschen droht, bald als blinde Leidenschaft lichterloh aufflammen und alles Gute um sich herum vernichten kann. Der Patriotismus ist in solchen Fällen ein blinder Affekt, der in bösartigen, heftigen Haß oder in größenwahnsinniges Pathos ausarten kann. Auf diesem Nährboden keimt und gedeiht der Nationalismus, der die Menschenwürde und die Menschenrechte anderer Völker verschmäht und verkennt. Nikolaj Berdjaev (1874-1948) vermerkt zurecht, daß der moderne Nationalismus eine *Entchristlichung* der Gesellschaft, ja ihre *Paganisierung* bedeutet.[7]

Die (katholische) orthodoxe Kirche besteht in Wirklichkeit aus autokephalen orthodoxen Kirchen, zu denen auch die bulgarische zählt. Die Gemeinschaften der Lokalkirchen leben eng miteinander verbunden; es besteht zwischen den orthodoxen Kirchen ein ständiger Meinungsaustausch und gegenseitiges Einvernehmen besonders in den letzten Jahrzehnten, so daß eine Große und Heilige Synode vorbereitet werden kann. Sie erkennen gegenseitig die Rechte und Rechtsakte der einzelnen (autokephalen) Lokalkirchen und das Recht eines jeden rechtmäßigen Mitglieds einer orthodoxen Kirche auf liturgische bzw. eucharistische Gemeinschaft (Kommunion) in einer anderen orthodoxen Lokalkirche an. Bekannt ist, daß vom orthodoxen Standpunkt aus eine Kommunion (Eucharistie) *nur in der Kirche* möglich ist – deshalb kann man auch nicht in diesem Fall von Interkommunion sprechen. Die Lokalkirche ist nur eine Teilkirche der Einen, Allgemeinen Kirche.

Die Bulgarische Orthodoxe Kirche ist ein untrennbares Glied der Einen, Heiligen, Allgemeinen (katholischen, vselenska) und Apostolischen Kirche (Art. 1 des Statuts). Diese Einheit mit der ganzen (orthodoxen) Kirche ist näher bezeichnet als eine Einheit in der Glaubenslehre (Art. 110, Abs. 1), im Kultus (Art. 110, Abs. 2) und in der rechtlichen Organisation (Art. 3).

In Bulgarien äußert sich die Anerkennung des nationalen Prinzips

---

[7] Nikolaj Berdjaev: Mnogobožie i nacionalizm. In: Put' 1934, S. 4-43

zunächst darin, daß der Klerus grundsätzlich der bulgarischen Nationalität angehört, ein Grundsatz, der schon im 9. Jahrhundert anerkannt wurde.[8] Der Gebrauch der Nationalsprache wird als sehr wichtig angesehen. Was die Gottesdienstsprache anbelangt, kam es besonders nach dem Ersten Weltkrieg zur Doppelgleisigkeit. Die kirchenslavische Sprache ist heute für die Bulgaren in vielem unverständlich, obwohl sie sich auf der Grundlage des Altbulgarischen entwickelt hat. Deshalb wurde sie durch die lebendige gegenwärtige bulgarische Literatursprache ersetzt. Dennoch bleibt das Kirchenslavische nach wie vor besonders in den Kirchengesängen und teilweise in der Hl. Messe im Gebrauch. Das Festhalten an der alten Sprache wurzelt nicht nur in der Tradition, sondern auch im Bestreben, das kirchliche Leben Bulgariens in enger Verbindung mit dem der anderen slavischen orthodoxen Kirchen zu belassen und eine Konzelebration im öffentlichen Gottesdienst zu erleichtern. Aus diesem Grunde kommt die neubulgarische Sprache eher bei anderen Sakramenten und Gottesdiensten mit einer begrenzten Gläubigenzahl zum Einsatz.

Die Lokalkirche verfügt über ihren eigenen Wirkungsbereich. Wie die anderen orthodoxen Kirchen hat auch die bulgarische Kirche für ihren Wirkungsbereich ein genau abgegrenztes Territorium mit Rücksicht auf die Rechtseinheit der kirchlichen Organisation, um eine ungerechtfertigte Vermengung der Kirchengewalten zu verhindern. Schon vor dem I. Ökumenischen Konzil war die territorial-administrative Ausbildung der Kirche akzeptiert, was in Nikäa bestätigt wurde (Kan. 4,7,15). Die Diözesangrenzen der Bulgarischen Orthodoxen Kirche stimmen mit denen des bulgarischen Staates überein. Außerdem hat sie die jurisdiktionelle Gewalt über die bulgarische Diaspora außerhalb der bulgarischen Landesgrenzen beibehalten. Es gibt zwei Diözesen – in Westeuropa und in Amerika, solange dort keine orthodoxen Lokalkirchen nach einem panorthodoxen Beschluß gegründet und von der ganzen orthodoxen Familie bestätigt und anerkannt werden.[9]

Auf dem Verbreitungsgebiet der Bulgarischen Orthodoxen Kirche wohnen auch andere orthodoxe Minderheiten, so ähnlich, wie es auch orthodoxe Bulgaren in den Diözesen anderer orthodoxer Lokalkirchen gibt, deren Gemeinschaften von einigen Hunderten bis zu über hunderttausend Mitglieder zählen. Es gibt auch Fälle, in denen Orthodoxe anderer Nationalitäten abgesondert in kleiner Anzahl leben. An mehreren Orten sind kompakte Zigeunermassen, aber auch Walachen zu fin-

---

[8] Der Hl. Klement von Ochrid ist „der erste Bischof in bulgarischer Sprache" (vgl. Vita des Hl. Klement von Ochrid, geschrieben von Erzbischof Theophylaktos XX. 62).
[9] Nikolaj Šivarov: Verfassung und Verwaltung der Bulgarischen Orthodoxen Kirche in neuester Zeit. In: Österr. Archiv f. Kirchenrecht 31/1980/1-2

den.[10] Es steht aber nirgendwo im Statut der Bulgarischen Orthodoxen Kirche, daß etwa ein Patriarch, ein Bischof oder ein Pfarrer *nur* bulgarischer Herkunft sein dürfe. Ein Kandidat für das Patriarchen-, Bischofs- oder Priesteramt *muß* jedoch Mitglied der Bulgarischen Orthodoxen Kirche sein (Art. 11, Abs. 1; Art. 43, Abs. 1; Art. 82, Abs. 1). In den geistlichen Schulen (Priesterseminare, Theologische Akademie) werden als künftige Geistliche junge Leute aus verschiedenen Nationalitäten ausgebildet, und nicht nur Bulgaren erhalten die Priesterweihe und Mönchswürde. Der Eintritt in die Kirche begründet dem orthodoxen Kirchenbegriff gemäß eine Einheit im Glauben, in den Sakramenten und im Gottesdienst. Der Rechtsakt, durch den eine Person Glied in der Kirche wird, ist der Empfang des Sakraments der Taufe, verbunden mit jenem der Firmung.

Nicht nur auf höchster Ebene werden Kontakte zu anderen orthodoxen Kirchen gepflegt. Von wesentlicher Bedeutung erweist sich die Ausbildung künftiger Geistlicher und kirchlicher Amtsträger, die sich in anderen Lokalkirchen gut auskennen und unter dem Zeichen christlicher Liebe freundschaftliche Beziehungen zu diesen Gemeinschaften angebahnt haben. In den theologischen Fakultäten und Akademien anderer Lokalkirchen erhalten junge Bulgaren ihre Aus- und Weiterbildung. Auch umgekehrt studieren an der Theologischen Akademie Sofia seit eh und je orthodoxe Jugendliche aus Griechenland, Rumänien, Rußland und der Tschechoslowakei.

Bei großen Festen wohnen den Gottesdiensten in den Kirchen von Sofia und Plovdiv, im Bačkovo- und im Rilakloster große Gruppen orthodoxer Griechen und Serben bei. Dies bewirkt, daß nicht nur die Mitglieder der Bulgarischen Orthodoxen Kirche, sondern auch diejenigen anderer orthodoxer Kirchen die Knechtschaft des Nationalismus abwerfen, der uns allen in der Vergangenheit so manches bittere Leid gebracht hat.

In den Schriften des verstorbenen S. Cankov ist die folgende Frage enthalten: „Was gäbe es für die Christen, für die Menschen noch Tieferes, Festeres, Ergreifenderes und Schöpferischeres als dieser Glaube an die Einheit der Kirche? ... In ihm lösen sich alle trennenden und zersetzenden Unterschiede unter den Menschen." Die Überwindung des Nationalismus' und die Verbundenheit zwischen Kirche und Nation aufgrund christlicher Dienstbereitschaft im Zeichen der Nächstenliebe zur

---

[10] In der Balkanregion sind drei romanisierte Bevölkerungsgruppen als Nachfolger der alten Stammbewohner bekannt, nämlich die Rumänen (Nachkommen der ehemaligen Daker; im engeren Sinn: Bewohner der Walachei), die Walachen südl. der Donau (Nachkommen der Möser und anderer Thrakerstämme), Aromunen (Arămân - Nachkommen der Illyrer und Thraker, genannt noch Walachen, Zinzaren, Kucowalachen u. a.).

Vervollkommnung des Geistes und zum Seelenheil sind auch in der ökumenischen Bewegung eine wichtige Voraussetzung. In diesem Wirkungsbereich leisten die Kirchen auch ihren Beitrag zur Annäherung der Völker, zur Überwindung der Konfrontation, des „Block"-Denkens, der „Schwarz-Weiß-Malerei" und der Anwendung der „Freund-Feind-Schablone" zwischen den Staaten und zum Aufbau einer neuen Welt.

Rolf Schieder, Neuendettelsau

Die Vielzahl der Kirchen und die Einheit der Nation

Ich habe mir erlaubt, das Sektionsthema umzudrehen. Nicht die Einheit der Kirche in den vielen Nationen interessiert mich, sondern die Stabilität des Gemeinwesens angesichts der Vielfalt weltanschaulicher Optionen.

Das politische System in Osteuropa ist im Zusammenbruch begriffen. In der Sovetunion wankt es, in allen anderen Ländern Ost- und Mitteleuropas ist es bereits zusammengebrochen. Die politische Philosophie des Totalitarismus ist – zumindest in Europa – tot. Die Frage ist: Was soll an seine Stelle treten? Wie gewinnen die Gemeinwesen Legitimation und Identität? Wodurch wird die Integration der Gesellschaft hergestellt? Die Kirchen dagegen sind stabiler denn je. Sie haben mit diesen Problemen nicht zu kämpfen, ja sie sind zum wichtigsten Stabilitätsgaranten in der Zeit des politischen Umbruchs geworden. Zumal ein Blick in die DDR zeigt, welch' große Rolle die Kirchen gespielt haben. Ehemalige Pfarrer und Synodale befinden sich in höchsten politischen Ämtern. Ohne die Hilfen der Kirchengemeinden hätten die Kommunalwahlen mangels Mitarbeitern gar nicht abgehalten werden können.

Doch müssen von vornherein zwei wichtige Merkmale dieses kirchlichen Engagements im gesellschaftlich-politischen Raum markiert werden: Die Kirchen spielten diese Rolle nicht als *Staatskirche,* auch nicht als vom Staat mit besonderen Privilegien ausgestattete Kirche. Der sozialistische Staat verzichtete bewußt auf die Kirchen als Legitimations- und Integrationsfaktor. Das führte bei den Kirchen jedoch nicht zu einem Rückzug aus der Gesellschaft. Weder Klerikalismus noch Quietismus kennzeichneten die gesellschaftspolitische Rolle der Kirchen in der DDR. Vielmehr nutzte sie die wenigen Möglichkeiten, gesellschaftliche Öffentlichkeit in einem totalitären System herzustellen. Es ging ihr dabei nicht in erster Linie um innerkirchliche Angelegenheiten; sie verstand sich vielmehr als *Anwältin des Gemeinwesens.* Das zweite wichtige Merkmal des kirchlichen Engagements ist folgendes: Pfarrerinnen, Pfarrer, engagierte Laien verzichteten ganz bewußt auf kirchliches Vokabular, wenn sie politisch aktiv wurden. Obwohl man im Parteivorstand der DDR-SPD schon darüber witzelte, daß man bei so vielen Kirchenleuten auch eine Synode abhalten könne, kam weder dort noch in den Kirchenleitungen jemand auf die Idee, in der politischen Situation eine missionarische Gelegenheit zu erblicken.

Gleichwohl ist dieses Engagement nicht einfach „säkular". Es hat eine religiöse Dimension. Das zeigte sich schon bei den Leipziger Demonstrationen. Mit einem zweiten Beispiel will ich das illustrieren: Bei einem Besuch der Studentengemeinde aus Erfurt erhielt unsere ESG kürzlich eine Kerze für unsere Kapelle geschenkt, auf der mit Wachs geschrieben stand: „Wir sind das Volk" und „Keine Gewalt". Diese Kerze für einen Kirchenraum schmückt kein kirchliches oder christliches Symbol. Aber die Worte auf der Kerze sagten etwas über den Glauben der jungen Menschen aus Erfurt, über einen Glauben, dem Taten gefolgt waren und der insofern auch eine Geschichte hatte. Die Worte auf der Kerze sollten die tiefsten Grundüberzeugungen über das, was im Gemeinwesen gelten soll, zum Ausdruck bringen. Der Motor für viele Christen in der DDR, sich politisch zu engagieren, war eine auf das Gemeinwesen bezogene, von kirchlichen Interessen und kirchlicher Sprache unabhängige politische Religion. Der amerikanische Religionssoziologe Robert N. Bellah hat für die religiöse Dimension politischer Kultur den Begriff der *Civil Religion* geprägt.

An Martin Luther King, an John F. Kennedy versuchte er zu zeigen, daß politische Kultur und politische Moral nur dann im politischen Leben Wirkung haben können, wenn diese von einer Zivilreligion gespeist und gestützt werden. Diese Zivilreligion existiert neben der Religion der Kirchen. Die Kirchen haben auf sie keinen unmittelbaren Zugriff. Doch auch der Staat kann die jeweils herrschende Zivilreligion nicht nach Belieben manipulieren, weil in der jeweiligen Zivilreligion die Grundüberzeugungen *des Volkes* vom Sinn des Gemeinwesens ihren Niederschlag finden. Die Versuche des SED-Regimes, durch *Riten* und *Symbole* eine Zivilreligion *herzustellen,* mußten scheitern, weil Symbole und Rituale nur dann tragen, wenn sie *Ausdruck* einer gemeinsamen Überzeugung sind. Insofern kann man an der DDR auch zeigen, daß Zivilreligion nicht allein zur Stabilisierung staatlicher Macht taugt. Denn die Zivilreligion mißt das Gemeinwesen an den Idealen, die es von sich selbst hat. Wenn die Differenz zwischen Anspruch und Wirklichkeit unerträglich wird, kommt es zur Revolution.

Welches Theoriedesign steht hinter Bellahs Zivilreligionsbegriff?

a) Was versteht er unter Religion?

Religion ist für ihn ein universales Phänomen. In seiner Religionsdefinition lehnt er sich an Paul Tillich an: Religion, das sind Symbole und Rituale, die den Menschen zu den unbedingten und letzten Bedingungen seiner Existenz in Beziehung setzten. Da jeder Mensch mit den Grundbedingungen seiner Existenz konfrontiert ist, ist auch jeder Mensch religiös. Bellah kritisierte bereits in den sechziger Jahren eine Säkularisierungstheorie, die mit dem Ende der Religion in der modernen Welt rechnet. Denn solange dem Menschen seine Welt als ein Problem erscheint und somit sinnbedürftig ist, kann es gar nicht sein, daß Religiosität abnimmt. Die Notwendigkeit einer symbolischen Rekonstruktion der Wirklichkeit ist und bleibt eine anthropologische Konstante. Ganz anders steht es freilich mit den jeweiligen Institutionen, deren Hauptaufgabe es ist, Religion zu institutionalisieren und zu kontrollieren. In der Tat, so Bellah, haben die Kirchen an Einfluß und Bedeutung in der modernen Welt verloren. Doch das mag er nicht unbedingt bedauern, denn offenbar gibt es für die Menschen genug gute Gründe, sich auf dem freien Markt der Religionen nach anderen Sinnangeboten umzusehen.

b) Welches Gesellschaftsverständnis liegt dem Zivilreligionskonzept zugrunde?

Religion ist nicht nur konstitutiv für das Individuum, sondern auch für die Gesellschaft. Anknüpfend an *Émile Durkheim* ist Gesellschaft für Bellah keine materiale Entität, deren Grenzen man etwa geographisch oder historisch bestimmen könne. Gesellschaft ist vielmehr „above all a composition of ideas, beliefs and sentiments." „Gesellschaft" ist eine spirituelle Größe. Die Vorstellung von einer Gesellschaft impliziert immer die Vorstellung von gemeinsamen Werten und Überzeugungen der Mitglieder dieser Gesellschaft. Weil aber Werte und Normen nur innerhalb eines bestimmten Sinnsystems plausibel zu machen sind, impliziert der Gedanke der Gesellschaft immer auch den Gedanken der Religion dieser Gesellschaft.

Individualismus und Pluralismus der westlichen Gesellschaften sind dabei kein Gegenargument. Denn Individualismus und Pluralismus sind ja nicht deshalb in Geltung, weil die einzelnen Individuen es so gewollt haben. Vielmehr hat – nicht zuletzt unter dem Druck der Technisierung und Rationalisierung – die Gesellschaft als ganze diese Prozesse gesteuert. Auch der moderne Individualismus ist also eine Form *sozialer Beeinflussung und sozialer Kontrolle*.

Da es unterschiedliche Gesellschaftssysteme gibt, gibt es auch *unterschiedliche Zivilreligionen*. In Ländern mit geringem religiösem Pluralismus können die herrschenden Kirchen noch die Funktion von Zivilreligion für die Gesellschaft erfüllen. Klassisches Beispiel dafür ist nach wie vor die katholische Kirche in Polen. In Ländern mit hohem religiösem Pluralismus wie in den USA und in Westeuropa mußte sich eine von den konkurrierenden Konfessionen unabhängige Zivilreligion entwickeln.

Um es noch einmal zu betonen: Diese Religion ist kein bloßes Epiphänomen der ökonomischen, sozialen und politischen Entwicklung. Vielmehr ist die Religion eine selbständige Größe, die ihrerseits die politische, soziale und ökonomische Entwicklung beeinflussen kann. Man kann sich dieses Gesellschaftsmodell als ein Mobile vorstellen, bei dem Bewegungen an einem Faden Bewegungen bei den anderen Fäden nach sich ziehen. Während freilich bei einem Mobile der Gleichgewichtszustand sowie der Zusammenhang der Einzelteile von vornherein hergestellt ist, gehört gerade der ständige Ausgleich und Zusammenhalt zu den Kernproblemen einer modernen Gesellschaft, die raschem ökonomischem und kulturellem Wandel unterworfen ist.

Lassen Sie mich zusammenfassend folgende Definition von Zivilreligion formulieren: Zivilreligion ist der Versuch, den Sinnhorizont eines Gemeinwesens zu konstruieren. Dieser Sinnstiftungsversuch kann in der Form von Überzeugungen, von Symbolen oder von Ritualen auftreten. Jeder Staatsbürger findet sich bereits in einer Tradition von Sinnstiftungen vor. Sie oder er steht aber vor der Aufgabe, sich diese Tradition individuell – d.h., auch kritisch – anzueignen. So gesehen ist jeder Mensch, sofern er als soziales Wesen existiert, zivilreligiös.

Ein solches Religionsverständnis impliziert, daß der Mensch durchaus mehrere „Religionen" gleichzeitig haben kann: Als Staatsbürger hat er eine Zivilreligion, als Familienmitglied eine Familienreligion, als Angehöriger einer bestimmten Konfession eine Kirchenreligion, die sich bekanntlich wiederum auffächern läßt in ihre volksreligiösen, orthodox-dogmatischen und ethischen Bestandteile.

Läßt man sich zunächst einmal auf die Vorstellung ein, daß jeder Mensch zivilreligiös ist, d.h., letzte, unhintergehbare Vorstellungen vom Wert und vom Sinn seines Gemeinwesens hat, so muß man zu der Feststellung kommen, daß es in einem Gemeinwesen nicht nur *eine*, sondern *mehrere Zivilreligionen* geben muß. Selbst in totalitären Systemen war es nicht möglich, konkurrierende Entwürfe vom Gemeinwesen völlig zu unterdrücken.

Die Zivilreligion der pluralistischen Gesellschaft

Mit Hilfe einer kurzen biblischen Reminiszenz möchte ich nun zivilreligiöse Entwürfe skizzieren, die in den westlichen, liberal-kapitalistischen Gesellschaften vorherrschen. Im Buch Jeremia (29,7b) findet sich die Aufforderung an die Gemeinde: „Suchet der Stadt Bestes!" Das klingt wie ein Appell zum selbstlosen Einsatz für die Nächsten; man erwartet eine theologische Argumentation von der Sorte: „Weil es Gottes Wille ist", oder „weil das der Sünde Sold ist." Doch fragt man Jeremia: „Warum eigentlich?", so erhält man eine durch und durch *pragmatische Antwort:* „Suchet der Stadt Bestes, ... denn wenn es ihr wohl geht, so geht es auch euch wohl." Der Sinn des Gemeinwesens liegt also darin, das Wohlergehen aller zu sichern. Und sofern das Gemeinwesen das tut, verdient es auch unsere Unterstützung.

Dieser pragmatische Ansatz liegt auch der politischen Philosophie des liberalen Verfassungsstaates zugrunde: Die Trennung von Staat und Gesellschaft soll den privaten Interessen gesellschaftlicher Gruppen und Individuen freie Entfaltung sichern. Parteilichkeit und die Verfolgung eigener Interessen sind gewünscht. Man vertraut auf die Gesetze des Marktes und auf ein ausgeklügeltes System von *checks and balances,* das dafür sorgt, daß keine der konkurrierenden Gruppen alle Macht an sich reißen kann.

Der Staat, der für die Aufrechterhaltung des gesellschaftlichen Pluralismus sorgt, vermeidet es, letztgültige Antworten auf die „Wahrheitsfrage" zu geben. Die „Mehrheitsregel" ist die Antwort eines liberalen Gemeinwesens auf die „Wahrheitsfrage". Ähnliches gilt vom Rechtssystem: Es geht nicht darum, ob ein Verhalten legitim ist, sondern nur darum, ob es legal, also dem positiven Recht entspricht. Der Sinn für diese Unterscheidung liegt darin, daß nicht die Gerichte den ethischen Diskurs steuern sollen.

Der Staat schützt die Freiheit, das Recht und das Eigentum seiner Bürger – darin liegt sein Sinn. Das ist die pragmatische Zivilreligion, wie sie unserer Verfassung zugrunde liegt. Einen Schritt weiter geht die *kapitalistische Variante dieser Zivilreligion.* Die Aufforderung „Suchet der Stadt Bestes" quittiert sie mit der Rückfrage: Wozu soll das gut sein? Was dem Gemeinwesen am meisten nützt, ist vielmehr der Egoismus seiner Mitglieder. Der Egoismus ist die Quelle allen Wohlstands. Engagement für das Gemeinwesen ist Privatsache – und da kann jeder so handeln, wie es ihm oder ihr Spaß macht. Die Maxime lautet: Wenn du der Stadt Bestes suchen willst, dann denke zuerst und vor allem an dich selbst!

Man kann nicht umhin festzustellen, daß diese kapitalistische Zivilreligion ausgesprochen erfolgreich ist. Die ehemals sozialistischen Staaten Europas betreiben gerade die Konversion zu ihr. Und kritische Rückfragen an unser System zu stellen, wird gern als Häresie abgetan.

Doch sind die Krisen, die diese Zivilreligion und ihre Praxis erzeugt, nicht zu übersehen. Einige klassische Probleme seien genannt:
– Das Legitimationsproblem: Im Oktober 1987, nach dem Tod des

schleswig-holsteinischen Ministerpräsidenten Uwe Barschel hielten in einer Meinungsumfrage 92% der Deutschen Politik für ein schmutziges Geschäft. Wenn es gilt, daß ohnehin jeder um mehr Macht, mehr Geld und Einfluß kämpft, dann fragen sich viele, weshalb sie ausgerechnet der staatlichen Gewalt noch Vertrauen und Anerkennung entgegenbringen sollen.

– Das Identitätsproblem: Je ausdifferenzierter eine Gesellschaft wird, umso schwieriger ist es für den einzelnen, sich in ihr zurechtzufinden. Die Autonomie des Individuums kann zum Alptraum werden. Die Selbstvergewisserungsbedürfnisse nehmen zu. „New-Age"-Agenten profitieren davon. Die Sehnsucht nach Ganzheit, nach Gemeinschaftserlebnissen, nach Eindeutigkeit stehen im Konstrast zu den alltäglichen Erfahrungen einer modernen, hochtechnisierten Gesellschaft, in der Spezialisierung, Anonymität, Mobilität und Vieldeutigkeit gefragt sind.

– Konsumismus und Privatisierung: Die immer offensichtlicher werdenden ökologischen Probleme haben gezeigt, wie kurzsichtiges Konsumdenken und Rückzug in die Privatheit selbstzerstörerische Kräfte sind. Ein Individualismus und ein Pluralismus, der auf Kosten anderer lebt, kann auf Dauer nicht bestehen.

Viele Menschen haben deshalb das Bewußtsein, daß es an der Zeit ist „umzudenken", d.h. auch, eine Zivilreligion zu entwickeln, die einen Beitrag zur Lösung der skizzierten Probleme zu leisten vermag.

Welchen Beitrag können die Kirchen zu einer zukünftigen Zivilreligion leisten?

Die Geschichte der protestantischen Kirche in Deutschland kann uns zunächst darüber belehren, welche Fehler der Vergangenheit vermieden werden müssen:

Die nationalprotestantische Pflege einer *Staatsfrömmigkeit* im 19. und frühen 20. Jahrhundert kann wohl als überwunden angesehen werden. Macht man sich freilich klar, daß Motive dieser Staatsfrömmigkeit sowohl das Interesse an kirchlichen Privilegien als auch die Abneigung gegen Demokratie und Pluralismus waren, so kann man Residuen aus dieser Zeit als noch durchaus virulent ansehen.

Klerikalismus zeigt sich nicht nur dann, wenn die Kirche als Institution gegenüber anderen gesellschaftlichen Gruppen Privilegien beansprucht – wie dies etwa in der Medienpolitik der Kirchen nach dem Zweiten Weltkrieg geschehen ist – sondern auch dort, wo die Theologie mit appellativem Pathos „unüberhörbare Worte" zu sagen wünscht, die aber schon deshalb überhört werden müssen, weil aus ihnen weder die nötige Einsicht in die Komplexität ethischer Probleme noch die nötige dialogische Struktur spricht, die die Zuhörer zum Mitreden ermuntern könnte.

Auch eine kirchliche Gesellschaftskritik, die sich aus Eindeutigkeitsforderungen, aus Aufklärungskritik, aus einer diffusen Gemeinschaftsromantik speist, gehört in die Traditionslinie protestantischer Demokratie- und Pluralismusfeindlichkeit, die im Jahre 1933 den Zerstörern der ersten Demokratie auf deutschen Boden nichts entgegensetzen konnte.

Welche zivilreligiöse Option ist den Kirchen dann zu empfehlen?

Zuerst ein entschiedenes Ja zum Pluralismus. Denn Pluralismus ist die zu gesellschaftlicher Wirklichkeit geronnene Form der Freiheit. Die Anerkennung des Andersseins des Anderen ist Garant der Religionsfreiheit. Und auch Wahrheit ist nur in pluraler Form zu haben – die Alternative dazu ist der Totalitarismus.

Auf dieser Grundlage können die Kirchen freilich ebenso entschieden fragen: Ist den Menschen unserer Gesellschaft eigentlich noch bewußt, daß Pluralismus ohne normativen Rahmen nicht auskommen kann? Individuelle Freiheit entsteht ja nicht durch die Zerstörung aller gesellschaftlichen Bindungen und Normen. Im Gegenteil: Eine freiheitliche Gesellschaft braucht weitaus dringender als autoritäre Systeme verantwortungsbewußte Menschen, also Menschen, die Normen so verinnerlicht haben, daß sie auch handlungsrelevant werden.

Die Stärkung des Verantwortungsbewußtseins der Bürgerinnen und Bürger wird von den Kirchen ja auch als Aufgabe wahrgenommen. Frieden, Gerechtigkeit, Bewahrung der Schöpfung: Mit dieser ökumenischen Trias läßt sich die kirchliche Zivilreligion unserer Tage inhaltlich umschreiben.

Die Kirchen müssen freilich darauf achten, daß sie durch die Form ihrer Äußerungen die Inhalte nicht korrumpieren. Im Interesse einer Förderung von Frieden, Gerechtigkeit und Bewahrung der Schöpfung muß sie sich um *Rationalität* im politisch-ethischen Diskurs bemühen. Das fällt ihr schwer, weil ein Betroffenheitspathos dem herkömmlichen Predigtstil eher entspricht als ein Dialog über die Wahl der besseren von zwei schlechten Möglichkeiten. Die Kirche sollte auch bei der Wahl von apokalyptischen Szenarien zum Zwecke der Mobilisierung von Gemeinden vorsichtig sein. Zurückhaltung ist hier geboten, um nicht ungewollte Folgen zu erzeugen. Denn Apokalyptik kann nicht nur zu verantwortlichem Handeln motivieren, sondern auch zur Resignation und noch schlimmer: zur Radikalisierung.

Eine letzte zivilreligiöse Aufgabe der Kirchen sei genannt: Die Kirchen müssen *im Interesse der Religionsfreiheit Religionskritik, genauer: Zivilreligionskritik* üben. Denn die Gefahr ist immer präsent, daß sich die jeweiligen Machthaber eines Gemeinwesens durch zivilreligiöse Dogmen, Symbole und Riten Macht und Einfluß erschleichen wollen. Nach dem Zusammenbruch der Blöcke wird der Nationalismus in Europa wieder zum *Thema.* Die Ökumene der Kirchen hat mit dafür zu sorgen, daß der Nationalismus nicht zum *Problem* wird.

HANNU T. KAMPPURI, ESPOO

Ein Volk, zwei Kirchen

Das Verhältnis von Kirche und Volk als theologische Frage

In Finnland sind zwei Kirchen, die als Volkskirchen bezeichnet werden: Die Evangelisch-lutherische Kirche Finnlands und die Orthodoxe Kirche Finnlands. Die Mitgliedschaft der lutherischen Kirche beträgt heute 89% und die der orthodoxen Kirche 2% der Gesamtbevölkerung des Landes. Trotz des Größenunterschiedes der Kirchen werden beide als Volkskirchen bezeichnet, und sie haben auch juristisch im Vergleich zu den übrigen religiösen Gemeinschaften Finnlands eine Sonderstellung inne.[1]

In Finnland ist das Vorhandensein zweier Volkskirchen die Folge davon, daß Finnland auf der Wasserscheide zweier Kulturkreise entstanden ist. Der größte Teil Finnlands hat stets dem westlichen Kulturkreis angehört. Dieser Teil der Finnen übernahm das Christentum im 10. Jahrhundert durch die Mission der westlichen Kirche. Der östlichste Teil Finnlands, Karelien, hat dem östlichen Kulturkreis, dem Einflußbereich der russischen und byzantinischen Tradition angehört. Karelien hat das Christentum durch den Einfluß von Byzanz übernommen.

Als nach dem zweiten Weltkrieg Finnland den größten Teil Kareliens an die Sowjetunion abtreten mußte, wurde die Bevölkerung des finnischen Kareliens im gegenwärtigen Finnland verstreut angesiedelt.[2] Von den Umsiedlern gehörte ein beachtlicher Teil, wenn auch nicht annähernd alle, der orthodoxen Kirche an. Die orthodoxe Bevölkerung hat sich in knapp fünfzig Jahren kulturell so an die Majoritätsbevölkerung assimiliert, daß die kulturellen Differenzen im alltäglichen Leben nicht mehr sichtbar sind.

---

[1] Der Begriff „Volkskirche" entstammt dem 19. Jahrhundert. Im eigentlichen Sinne war der Vater des Volkskirchen-Gedankens Johann Hinrich Wichern (1808–1881), demnach die Verheißungen Gottes nicht nur den Einzelmenschen, sondern das Volksganze betreffen. Die Volkskirche bildet keine eigentlich ekklesiologische Größe, sondern den Versuch, die historisch-soziologische Situation der Kirche theologisch zu deuten.
[2] Die evakuierte Bevölkerung zählte ungefähr 420.000 Seelen, was etwa 11% der Gesamtbevölkerung Finnlands ausmacht.

Die von Finnland 1944 an die Sovetunion abgetretenen Gebiete sind schattiert.

Früher hatten die Mitglieder beider Kirchen ihre eigene Kulturidentität. Die Modernisierung des finnischen Gemeinwesens der Nachkriegszeit hat alle Finnen berührt, so daß sich die alten Kulturunterschiede nivellierten. Gegenwärtig kann man sagen, daß es in Finnland zwei Volkskirchen gibt, aber nur ein Volk.

Im ökumenischen Dialog zwischen den Kirchen erörtern wir die zwischenkirchlichen Beziehungen gewöhnlich als Frage. Die Thematik hat die Frage der Einheit und der Gespaltenheit berührt. Daß zwei sogenannte Volkskirchen nebeneinander existieren, wirft die theologische Frage nach dem Verhältnis von Kirche und Volk auf. Die Frage kann im Licht des biblischen Materials erörtert werden.

Das Israel des AT sah sich als von Gott erwähltes Volk an, mit dem Gott einen Bund geschlossen hat.

„An dem Tage schloß der Herr einen Bund mit Abraham und sprach: Deinen Nachkommen will ich dies Land geben, von dem Strom Ägyptens an bis an den großen Strom Euphrat." (1. Mose 15,18)

Zu Mose sprach Gott:

„Werdet ihr nun meiner Stimme gehorchen und meinen Bund halten, so sollt ihr mein Eigentum sein vor allen Völkern; denn die ganze Erde ist mein." (2. Mose 19,5)

Bekanntermaßen hat die christliche Kirche ihrer Auffassung nach die Rolle Israels als Volk des Bundes, als Gottes *Eigentumsvolk* geerbt. Dem Apostel nach:

„So ist Jesus Bürge eines viel besseren Bundes geworden." (Hebr 7,22)

Während sich der alte Bund auf das Volk Israel beschränkt hat, beruht der neue Bund nicht auf nationaler, rassenmäßiger oder sprachlicher Identität. Der neue Bund ist unabhängig von ethnischer Identität:

„Es ist hier kein Unterschied zwischen Juden und Griechen; es ist über alle derselbe Herr, reich für alle, die ihn anrufen." (Röm 10,12 und Varianten)

Zeichen für das Volk des alten Bundes bildete das Israel gegebene Gesetz. Zeichen des neuen Bundes ist das heilige Sakrament:

„Dieser Kelch ist der neue Bund in meinem Blut." (Luk 22,20)

Da es Gottes Wille ist, daß alle Völker Völker des neuen Bundes sind, hat die Kirche eine universale Aufgabenstellung:

„Darum gehet hin und machet zu Jüngern alle Völker: Taufet sie im Namen des Vaters und des Sohnes und des heiligen Geistes." (Matth 28,19)

Die Universalität der Kirche hebt jedoch nicht die nationale und sprachliche Identität der Kirchenglieder auf oder verdrängt diese. Das Erstaunen im Pfingsterlebnis betraf die Sprache. Wohl liegt die Identität der Nachfolger Christi in Galiläa. Das Evangelium gilt jedoch allen Völkern, und ein jeder soll die Botschaft vom Heil in seiner eigenen Sprache hören können:

„Siehe, sind nicht diese alle, die da reden, aus Galiläa? Wie hören wir denn jeder seine eigene Muttersprache? Parther und Meder und Elamiter und die wir wohnen in Mesopotamien und Judäa, Kappadozien, Pontus und der Provinz Asien, Phrygien und Pamphylien, Ägypten und der Gegend von Kyrene in Libyen und Einwanderer aus Rom, Juden und Judengenossen, Kreter und Araber: Wir hören sie in unsern Sprachen von den großen Taten Gottes reden." (Apg 2,7-11)

Im christlichen Universalismus sind die Volksidentität und die Universalität des Christentums nicht einander entgegengesetzte und einander ausschließende Faktoren, sondern die Vielfalt von Völkern und Sprachen ist ganz im Gegenteil Beweis für die Universalität der Kirche:

„eine große Schar, die niemand zählen konnte, aus allen Nationen und Stämmen und Völkern und Sprachen; die standen vor dem Thron und vor dem Lamm, angetan mit weißen Kleidern und mit Palmzweigen in ihren Händen." (Offb 7,9)

Die Volksidentität und -sprache bilden das Umfeld, in dem die Kirche an verschiedenen Orten wirkt. Der vom Apostel Paulus den Korinthern gesagte Grundsatz hat als Modell für das spätere Wirken der Kirche gedient:

„Denn obwohl ich frei bin von jedermann, habe ich doch mich selbst jedermann zum Knecht gemacht, damit ich möglichst viele gewinne. Den Juden bin ich wie ein Jude geworden, damit ich die Juden gewinne. Denen, die unter dem Gesetz sind, bin ich wie einer unter dem Gesetz geworden – obwohl ich selbst nicht unter dem Gesetz bin –, damit ich die, die unter dem Gesetz sind, gewinne. Denen, die ohne Gesetz sind, bin ich wie einer ohne Gesetz geworden – obwohl ich doch nicht ohne Gesetz bin vor Gott, sondern bin in dem Gesetz Christi –, damit ich die, die ohne Gesetz sind, gewinne." (1. Kor 9,19–21)

Die Abgrenzung des heiligen Apostels zum Judentum zeigt jedoch, daß das Verhältnis zwischen Volksidentität und kirchlichem Universalismus nicht indifferent, gleichgültig ist. Die nationale Identität schafft den Rahmen für das Wirken der Kirche, aber die Identität der Kirche bekommt ihren Inhalt nicht von der Volksidentität. Die Kirche schließt die Völkerschaften und Sprachen ein, aber der Inhalt des Evangeliums ist nicht abhängig von Volksidentität.

Die Zugehörigkeit zu einer gewissen nationalen und sprachlichen Gruppe ist für Christen nicht entscheidend – anders als für die Juden, bei denen nationale und religiöse Identität weitgehend identisch sind. Die Christen haben auch innerhalb ihrer jeweiligen nationalen Gruppe oftmals eine gewisse Fremdheit ihrem eigenen Land und Volk gegenüber empfunden. Als klassisches Beispiel hierfür kann die Stelle aus dem zu den Texten der apostolischen Väter gehörenden Brief an Diognetos angesehen werden, worin es heißt:

„Denn kein Land, keiner Sprache Laut noch Volksgebräuche scheiden die Christen von den übrigen Menschen. Bewohnen sie doch nicht eigene Städte, noch reden sie eine fremde Mundart, noch führen sie eine absonderliche Lebensweise. Hier handelt es sich nicht um eine Wissenschaft, die dem Nachdenken und Studium von Gelehrten ihren Ursprung dankt, noch vertreten sie eine menschliche Lehre, wie es so gewisse Leute tun. Sie bewohnen hellenische und ausländische Städte, wie es einem jeden beschieden ist, und in Kleidung, Lebensweise und im sonstigen Dasein folgen sie der heimischen Sitte, aber in ihrem ganzen Lebenswandel zeigen sie ein bewundernswertes und anerkanntermaßen völlig ungewöhnliches Wesen. Sie bewohnen jeder sein eigenes Vaterland, aber wie Schußverwandte, sie nehmen an allem gleich den Bürgern teil, und sie ertragen alles wie Fremde. Jede Fremde ist ihr Vaterland und jedes Vaterland Fremde. Sie heiraten gleich allen und zeugen Kinder, aber sie setzen die Neugebornen nicht aus. Gemeinsam ist ihnen das Mahl, nicht aber das Ehegemahl eines jeden. Sie erscheinen im Fleische, leben aber nicht nach dem Fleisch. Sie weilen auf Erden, ihre Stadt aber liegt im Himmel."[3]

Der christliche Universalismus nimmt die Vielfalt von Völkern und Sprachen als Realität hin. Diese Vielfalt beruht auf Gottes Wirken in Babel:

---

[3] Edgar Hennecke, Die Apokryphen, 621. Tübingen 1924.

„Und der Herr sprach: Siehe, es ist einerlei Volk und einerlei Sprache unter ihnen allen, und dies ist der Anfang ihres Tuns; nun wird ihnen nichts mehr verwehrt werden können von allem, was sie sich vorgenommen haben zu tun. Wohlauf, laßt uns herniederfahren und dort ihre Sprache verwirren, daß keiner des andern Sprache verstehe! So zerstreute sie der Herr von dort in alle Länder, daß sie aufhören mußten, die Stadt zu bauen. Daher heißt ihr Name Babel, weil der Herr daselbst verwirrt hat aller Länder Sprache und sie von dort zerstreut hat in alle Länder." (1.Mose 11,6–9)

Der christliche Universalismus sieht die ethnische Vielfalt als Realität. Die ethnische Vielfalt bildet kein Hindernis für das Evangelium, und ein Problem stellt sich erst dann, wenn die ethnische Identität und die kirchliche Identität inhaltlich vermengt werden. Das Verhältnis von kirchlicher und nationaler Identität erinnert gewissermaßen an die Definition des christologischen Dogmas im chalcedonensischen Konzil, worin es über das Verhältnis der göttlichen und der menschlichen Natur Christi folgendermaßen lautet:

„... derselbe auch uns wesensgleich der Menschheit nach, uns in allem ähnlich, die Sünde ausgenommen, vor den Zeiten aus dem Vater geboren der Gottheit nach, am Ende der Tage aber eben derselbe unsertwegen und um unseres Heiles (willen) geboren aus Maria der Jungfrau, der Gottesgebärerin, der Menschheit nach, ein und derselbe Christus Sohn Herr Eingeborener, in zwei Naturen *unvermischt, unverwandelt, ungetrennt, ungesondert* erkennbar, niemals wird der Unterschied der Naturen aufgehoben der Einigung wegen, vielmehr wird die Eigentümlichkeit jeder der beiden Naturen bewahrt, auch im Zusammenkommen zu einer Person und einer Hypostase ..."[4]

Ich behaupte nicht, daß das Verhältnis kirchlicher und nationaler Identität identisch sei mit der chalcedonensischen Formel, aber die Beziehungen sind analog. In beiden Fällen handelt es sich um eine Definition der Relationen inkommensurabler Größen. In beiden Fällen ist das Verhältnis der Größen auch asymmetrisch. Das Sein in Christus bedeutet nicht eine Assimilation, Auflösung der Persönlichkeit, Nationalität usw. in die göttliche Natur Christi. Die menschliche Person und menschliche Natur des Menschenindividuums vermischen sich nicht mit Christi göttlicher Person und göttlicher Natur.

Prinzipiell ist also das Verhältnis von kirchlicher und nationaler Identität problemlos. Kirchliche Identität hebt nationale Identität nicht auf, und Volksidentität verdrängt nicht Kirchenidentität, da diese inhaltlich nicht in Verbindung stehen. Die kirchliche Identität ist weitgreifender als die Volksidentität. Auf der anderen Seite hat die Kirche aufgrund der Universalität des Evangeliums solchen Zügen aus der

---

[4] Alois Grillmeier, Jesus der Christus im Glauben der Kirche. Freiburg/Brsg. 1979.

Volksidentität widerstanden, die im Widerspruch zum Evangelium stehen.

Es gibt also zwei Aspekte auf das Verhältnis von Kirche und Volk. Einerseits ist die Kirche übernational und enthält verschiedene Völker. Auf der anderen Seite ist die Kirche national, da sie inmitten des Volkes unter den Völkern wirkt.

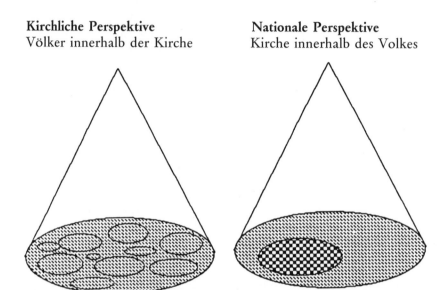

Kirchliche Perspektive
Völker innerhalb der Kirche

Nationale Perspektive
Kirche innerhalb des Volkes

In der Praxis sind die kirchliche und die nationale Identität allerdings sehr oft vermengt worden. In vielen Phasen der Geschichte haben die nationalen Kirchen (für die ein bestimmtes Volk ursprünglich Missionsfeld gewesen ist) eingewilligt, als Werkzeug des Nationalismus und Chauvinismus zu dienen. Die Beziehung von kirchlicher und nationaler Identität ist theologisch eine relativ einfache und deutliche Frage. In der Praxis ist das Verhältnis von Kirche und Volk oftmals eine ebenso janusköpfige Angelegenheit wie die Atomkraft. Beide können Wärme und Energie ins menschliche Leben bringen, aber mit beiden kann großes Leid und Zerstörung angerichtet werden.

FAIRY V. LILIENFELD, ERLANGEN

Das Gottesvolk und die Völker.
Neutestamentliche und patristische
Überlegungen

I

Das Ziel dieses Vortrages ist ganz schlicht: Er will ein paar Grundgegebenheiten des Selbstverständnisses der ersten Generationen des Christentums (des sogenannten Ur- oder Frühchristentums, der Ur- und Frühkirche) und des Zeitalters der Kirchenväter, der Alten ungeteilten Kirche, in Erinnerung rufen und daraus Fragen an unser christliches, kirchliches[1] Verhalten heute ableiten. Es geht hierbei nur um *einen* Aspekt dieses Selbstverständnisses: um das Verhältnis der Christen und der Kirche.[2]

Die Kirche beginnt ihre öffentliche Existenz mit der Ausgießung des Heiligen Geistes (Apg 2) über die Zwölf, die Apostel und alle, die mit ihnen zu sein pflegten, seit der auferstandene Herr sie verlassen hatte und zum Himmel aufgefahren war: „Petrus und Jakobus, Johannes und Andreas, Philippus und Thomas, Bartholomäus und Matthäus, Jakobus, des Alpäus Sohn, und Simon Zelotes, Judas, des Jakobus Sohn" (Apg 1,13) und der als Zwölfter anstelle des verlorenen Judas Ischariot gewählte Matthias (Apg 1,21-26) „ ... samt den Frauen und Maria, der Mutter Jesu, und seinen Brüdern" (Apg 1,14). „Und es erschienen ihnen Zungen, zerteilt, wie von Feuer; und er setzte sich auf einen jeglichen unter ihnen; und sie wurden alle voll des Heiligen Geistes und fingen an, zu predigen mit anderen Zungen, nachdem der Geist ihnen gab auszusprechen" (Apg 2,3+4).

Für unsere Fragestellung ist es wichtig, uns zu erinnern, wie die Ge-

---

[1] „Christlich" unterscheiden wir von „kirchlich" in diesem Text insofern, als wir mit dem ersten Ausdruck individuelles, mit dem zweiten kollektives Verhalten der Christen als Glieder des Corpus der Kirche und dann natürlich auch ihrer Leiter im Auge haben.

[2] „Kirche" im Singular bedeutet in diesem Text die Eine heilige katholische und apostolische Kirche Jesu Christi, von der der Kirchenvater der ersten nachapostolischen Generation Ignatius von Antiochien als erster spricht und die wir alle im apostolischen und nicaeno-konstantinopolitanischen Glaubensbekenntnis bekennen. „Kirchen" im Plural bedeutet für die Zeit der ungeteilten Kirche die Ortskirchen und regionalen Kirchenverbände (Metropolitanverbände), für die spätere Zeit und die Gegenwart die Konfessions-, aber auch die Nationalkirchen, insoweit sie autonom (bzw. in orthodoxer Terminologie: autokephal) sind.

schichte weitergeht: „Es waren aber Juden zu Jerusalem wohnend, die waren gottesfürchtige³ Männer aus allerlei Volk, das da unter dem Himmel ist." Mit diesem Vers der Apostelgeschichte werden wir daran erinnert, daß es schon eine jüdische Mission unter den anderen Völkern, den Heiden, gab. Vielleicht war es nicht „Mission" in unserem modernen „aktivistischen" Sinne; dann war es jedenfalls eine Attraktivität des jüdischen Glaubens an den Einen Gott des Alten Testamentes, der das Volk Israel aus Ägyptenland geführt und sich ihm immer wieder gnädig erwiesen hatte.

Schon im Alten Testament taucht der Anspruch auf die universale Geltung des Glaubens an Jahwe auf. Abraham erhält die Verheißung: „Ich will dich zum großen Volk machen und will dich segnen ... und du sollst ein Segen sein. Und ... in dir sollen gesegnet werden *alle Geschlechter auf Erden*" (1. Mose 12,2.3). Und: „... durch deinen Samen sollen *alle Völker* auf Erden gesegnet werden ... " (1. Mose 22,18; vgl. 26,4; 28,14).⁴

Die Prophezeiungen des Jesajabuches eröffnen die Schau auf die Verwirklichung des Abrahamssegens: Der Herr spricht zu seinem Knecht, der gesandt ist, das verlorene und verdammte Israel wieder aufzurichten und ihm Gottes Gnade zu verkündigen: „Es ist ein Geringes, daß du mein Knecht bist, die Stämme Jakobs aufzurichten und die Bewahrung Israels wiederzubringen; sondern ich habe dich auch zum Licht der Heiden gemacht, daß du seist mein Heil bis an der Welt Ende" (Jes 49,6). Und in Kapitel 60 desselben Buches wird das berühmte Bild vorausgeschaut, wie über Israel „die Herrlichkeit des Herrn aufgeht": „Denn siehe, Finsternis bedeckt das Erdreich und Dunkel die Völker, aber über dir geht auf der Herr, und Seine Herrlichkeit erscheint über dir. Und die Heiden werden in deinem Lichte wandeln und die Könige im Glanz, der über dir aufgeht" (Jes 60,2.3).

Die Urgemeinde der Christusgläubigen zu Jerusalem und die „gottesfürchtigen" Pilger „aus allerlei Völkern" (Apg 2,5), die um sie versammelt sind, werden von Petrus und den Aposteln darauf hingewiesen, daß damit erfüllt ist, was der Prophet Joel für den „Tag des Herrn", für die Endzeit, vorausgesagt hat: „Und so soll es geschehen in den letzten Tagen, spricht Gott, ich will ausgießen von Meinem Geist auf alles Fleisch; und eure Söhne und Töchter sollen weissagen ... Und soll ge-

---

³ „Gottesfürchtig" (griechisch: „eusebes") war der terminus technicus für diejenigen Personen „aus den Heiden", die an den Einen Gott Israels glaubten, sich zur Synagoge und dem Tempel in Jerusalem hielten, ohne durch die Beschneidung zu jüdischen Proselyten geworden zu sein.

⁴ Dieses Zitat aus dem 1. Buch Mose, der Genesis, taucht explizit in der apostolischen Botschaft auf: Gal 3,8.16; Apg 3,25.

schehen, wer den Namen des Herrn anruft, soll gerettet werden", im endgültigen Gericht, das Gott der Herr abhalten wird (Joel 3,1-5, vgl. Röm 10,13).

Die „Gottesfürchtigen" „aus allerlei Völkern, die unter dem Himmel sind" (Apg 2,5), erleben nun ein Wunder: „Da nun diese Stimme geschah, ... wurde die Menge bestürzt, denn es hörte ein jeglicher, daß sie in *seiner* Sprache redeten. Sie entsetzten sich aber alle, verwunderten sich und sprachen untereinander: Siehe, sind nicht diese alle, die da reden, aus Galiläa? Wie hören wir denn ein jeglicher seine Sprache, darin wir geboren sind? Parther und Meder und Elamiter, und die wohnen in Mesopotamien, und in Judäa und Kappadozien, Pontus und Asien, Phrygien und Pamphylien, Ägypten und an den Enden von Libyen bei Kyrene und Ausländer von Rom, Juden und Judengenossen[5], Kreter und Araber: wir hören sie alle *mit unseren Zungen* die großen Taten Gottes reden" (Apg 2,7-11).

Daß zum Pfingstereignis der Ausgießung des Heiligen Geistes die Multilingualität, die Vielsprachigkeit,[6] von Anfang an gehört, ist von der Christenheit, oder zum mindesten von jeweils Teilen der Christenheit, immer wieder vergessen worden.[7] Aber das Zeugnis der archäologischen Funde, besonders des handschriftlichen, aber auch des inschriftlichen Bestandes, spricht von dieser Mehrsprachigkeit in eindrucksvoller Weise: Neben dem Griechischen, der großen – wie heute manche Linguisten sagen – Transportsprache der hellenistischen Welt, stehen sogleich auch das Syrisch-Aramäische, die Transportsprache des Nahen und Mittleren Ostens jener Zeit und das Lateinische des Westens, sehr bald auch das Koptische für die ägyptische Welt. Gewiß, auch dies sind Umgangssprachen der Großregionen. Aber nicht umsonst werden im Pfingstbericht der Apostelgeschichte gerade auch die Kleinvölker Kleinasiens erwähnt: Phrygien, Pamphylien und Kappadozien[8], und ebenso die uralten Kultursprachen des Orients: Elamitisch,

---

[5] D.h., Beschnittene und „gottesfürchtige" Unbeschnittene (s.o. Anm 3). Hierbei ist zum Verständnis zu bedenken, daß das Judentum in der Diaspora oft die Sprache der Umwelt als eigene Umgangssprache angenommen hat. Dies aus der Neuzeit und Gegenwart uns allen bekannte Phänomen ist auch aus der Antike überliefert. Viele Papyri aus Ägypten und die berühmte alexandrinische Übersetzung des Alten Testament ins Griechische sprechen beredt davon.

[6] Über das Zungenreden unter der Wirkung des Heiligen Geistes vgl. unten Anm. 17.

[7] Über Vergessen der eigenen Geschichte mit und unter Gott als Sünde vgl. meinen Aufsatz: Über einige Probleme der Lehre von „Kirchengeschichte" im „ökumenischen" Zeitalter: Kirchengeschichtsschreibung und Gedächtnis der Kirche, in: „Kirchengemeinschaft – Anspruch und Wirklichkeit." Festschrift für Georg Kretschmar (60). Stuttgart 1986, S.249-265

[8] In Kappadozien wurden wohl schon damals mehrere Sprachen gesprochen, wie es uns die Kirchenväter für das 3. bis 4.Jahrhundert und später bezeugen: Armenisch, Geor-

Parthisch und Medisch, Ägyptisch, wie auch die „Barbarensprachen" der Wüste. Das heißt: Alte Kultursprachen mit alter schriftlicher Tradition stehen neben Volkssprachen ohne eigenes Schrifttum, und so ist es dem Apostel Paulus sehr wohl bewußt, daß es gilt, *jetzt* die Wahrheit der prophetischen Verheißung zu erfahren und sie durch den Heiligen Geist in der Ausübung seines Apostelamtes erfahrbar zu machen: „So spricht der Herr, der Himmel und Erde erschaffen hat ... Wendet euch zu mir, so werdet ihr selig, *aller Welt Enden,* denn Ich bin Gott und keiner mehr ... Mir sollen sich alle Knie beugen *und alle Zungen* (d. h., alle Sprachen, die Völker jeglicher Sprache) schwören und sagen: Im Herrn habe ich Gerechtigkeit und Stärke" (Jes 45,18-24; vgl. Phil 2,10f; Röm 14,11).

Die Missionsgeschichte des frühen Christentums bleibt diesem Anfang treu. Zwar nützen die Apostel[9] und Evangelisten in der Folgezeit weitgehend auch die großen „Transportsprachen" ihres Wirkungsgebiets, aber sie scheuen vor der Predigt in entlegenen Gegenden nicht zurück. Schon der Apostel Thomas aus den Zwölfen wird von der frühchristlichen Tradition mit Indien in Verbindung gebracht, Andronikus und Junia (vgl. Röm 16,7 und dazu die alten und mittelalterlichen kirchlichen Kalendarien und ihre Tradition) mit dem wilden Illyrien, Andreas der Erstberufene mit Skythien. Paulus schreibt, daß er bis Spanien reisen möchte (Röm 15,24). Er ist der Überzeugung, daß das Evangelium zu predigen sei, „wo Christi Namen nicht bekannt war (Röm 15,20), und daß die, welchen nicht von Ihm verkündigt ist, die sollen es sehen, und welche nicht gehört haben, die sollen verstehen" (Röm 15,21).

Die Berufung zum wandernden Lehrer und Verkündiger des Evangeliums war im Osten ziemlich sicher von Anfang an nach dem Vorbild des wandernden und lehrenden Jesus mit der Berufung zur asketischen Lebensform verbunden (vgl. Mt 19,12). Sie bleibt in späteren Jahrhunderten mit einer wichtigen Form des Mönchtums verbunden: mit der

---

gisch und Syrisch, daneben vielleicht eine lokale anatolische Kleinsprache oder im Westen des großen kappadozischen Gebiets das indogermanische Phrygisch.

[9] Mit den „Aposteln" sind nicht nur die Zwölf gemeint, die bekanntlich später allein als „die zwölf Apostel" angesehen wurden, sondern der Personenkreis, den der Bericht des Lukas über die Aussendung der 70 Apostel (10,1-12), der Erste Korintherbrief des Apostels Paulus (15,7) und die Grüße des Paulus an „die berühmten Apostel Junia und Andronikus" im Auge haben (Über die Namensform Junia und die Weiblichkeit des Namens und der damit benannten Person, vgl. den Kommentar von U. Wilckens zu dieser Stelle in Evangelisch-Katholische Kommentare zum NT, Bd VI, Teilband III [Röm 12-16]. Zürich, Einsiedeln, Köln 1982, S.135f.). Zum weitgefaßten Kreis der „Apostel" im palästinisch-syrischen Osten vgl. auch die „Didache" (die Lehre der Apostel) aus den Jahren ca. 100-110 n. Chr.

„wandernden Fremdlingschaft" (xeniteia). Diese besondere Form der Askese bedeutet die Willigkeit und Entschlossenheit zu fremden Völkern und Kulturen zu gehen, deren Sprache und Ausdrucksweise zu erlernen, um ihnen das Evangelium nahezubringen, oft zunächst auch einfach in ihrem Gebiet als Mönch oder Nonne zu leben (Die Mission, zumindest der Sturz der heidnischen Idole in einem nahegelegenen Tempel folgte dann oft sozusagen von selbst daraus). Es ist tatsächlich Askese, Selbstentsagung, die Äußerungsmöglichkeiten in der eigenen Sprache auf das eigene Gebet und vielleicht noch auf den Umgang mit einigen Begleitpersonen zu beschränken, und auf das Volk, das ganz fremde Volk, bei dem man sich aufhält, so einzugehen, daß man sich bemüht, sich in seiner Sprache auszudrücken.

Die frühchristliche Tradition ist voll vom Bewußtsein dieser Schwierigkeit, die es mit Hilfe des Heiligen Geistes zu überwinden gilt. Ein sehr bekanntes und berühmtes Beispiel ist das apokryphe Thomas-Evangelium. Ein eindrucksvolles Bild zeichnet uns auch die georgische Tradition von der Evangelistin Nino, die in den zwanziger Jahren des vierten Jahrhunderts dem Beispiel ihres Vaters folgte, der in reifem Lebensalter „das Kreuz genommen hatte (d.h., Mönch geworden war) und (von Jerusalem) ausgezogen war zu den Völkern jenseits des Jordan, deren Namen allein Christus kennt."[10]

Die hl. Nino wurde durch göttliche Führung ihres Geschicks, das sie mit der hl. Märtyrerin Rhipsime von Armenien und deren Gefährtinnen verband, vor dem Martyrium in Armenien, das die anderen Gefährtinnen erlitten, bewahrt; sie wurde weiter nach Norden, auf die Berge des Kleinen Kaukasus gewiesen, zu dem wilden „Volk des Nordens", den Bewohnern des kaukasischen Iberien, d.h., des heutigen Ost-Georgien. Und ihr wurde angst und bange vor dem unbekannten heidnischen Volk, der unbekannten Sprache, dem rauhen Klima. Durch einen Engel erhielt sie die Bestätigung ihrer Sendung und ihres Missionsauftrages, aber auch Stärkung und Trost.

Von den gleichen Voraussetzungen her erscheint bei uns in Niederösterreich (dem damaligen Noricum) und im niederbayerisch-österreichischen Grenzgebiet von heute im fünften Jahrhundert der hl. Severin, der „aus dem Osten", aus einem ganz anderen Lande, kommt und das Evangelium bei der übriggebliebenen „romanischen", d.h., vulgärlateinisch sprechenden Bevölkerung verkündigt, den letzten Besatzungs-

---

[10] So heißt es in der einen der beiden georgischen Handschriften, die die Geschichte von der „Bekehrung Georgiens enthalten", die andere zitiert an dieser Stelle Röm 15,20 und spricht von den Völkern, die Christi Namen nicht kennen. Doch die von mir zitierte Version schildert den Geist dieses Wanderasketentums im bisher ganz unbekannten Lande, wenn auch die andere Textvariante die ältere sein mag.

truppen des Römischen Reiches und ihrer zivilen Gefolgschaft, den seßhaft gewordenen Veteranen und deren Nachkommen in Städten und ländlichen Siedlungen bei den Kastellen. Er nimmt sich ihrer an, als ob sie sein Volk wären – und er redet eindringlich mit dem Fürsten der andringenden Germanen, daß die seßhafte Bevölkerung von Plünderung verschont bleiben möge.

Mit demselben Impetus setzt der hl. Patrick nach Irland über, kamen die irischen Mönche auf britannisches Gebiet und auf das Festland nach Frankreich, Deutschland, die heutige Schweiz, Norditalien. Ihnen folgten die angelsächsischen Missionare in den heutigen Niederlanden und in Deutschland, Willibrord und Bonifatius, Willibald und Walburga, und wie sie alle heißen. Die syrischen Mönche drangen auf ihrer „Fremdlingschaft" immer tiefer bis nach Zentralasien, Tibet und West-China vor, wo sich Christen bis ins 13. Jahrhundert hielten. Die archäologischen Zeugnisse, die wir von diesem Vordringen haben, sind mehrsprachig, in der übergreifenden „Transportsprache", aber auch in der dortigen Landessprache abgefaßt.

Für uns ist wichtig festzuhalten: Vom Beginn des Christentums an hat die Kirche – und haben besonders die Verkündiger des Evangeliums – mehrsprachig gelebt.[11] Sie haben im Vertrauen auf den Heiligen Geist gelebt, der die Sprachen zu verstehen lehrt.

Als Beispiel für diese vom Pfingstereignis abgeleiteten Überzeugung sei die Vita des hl. Ephräm des Syrers gewählt, die berichtet, wie Ephräm (4. Jahrhundert) nach Caesarea in Kleinasien kommt, um seinen berühmten Zeitgenossen, den Großen Basilius, den Theologen und Vertreter eines der Pfarrei und der bischöflichen Diözese zugewandten Mönchslebens, zu besuchen.

Ephräm, frisch angereist, besucht als erstes den bischöflichen Gottesdienst des Basilius. Er versteht kein Griechisch, aber der Heilige Geist macht es möglich: Er versteht dennoch *alles*. Die Identität des christlichen Glaubens und kirchlichen Betens war ihm durch die gespürte Gegenwart des Heiligen Geistes sicher und ließ ihn verstehen. Sogar die Predigt des hl. Basilius verstand er!

Die wichtige Einsicht, die wir aus all' den Fakten ziehen, die wir aus der Existenz der Kirche der ersten Väterzeit angeführt haben, ist, daß diese unsere Väter und Mütter die Frohbotschaft von der Versöhnung der Menschen mit Gott *grundsätzlich für übersetzbar* gehalten haben, wenn sie auch die Brücke zur Sprache der ersten Gemeinden nie ganz

---

[11] Für die moderne, sogenannte „äußere Mission" ist das auch heute eine Selbstverständlichkeit; merkwürdigerweise aber nicht für viele Situationen „innerer Mission" im eigenen Staatsgebiet, in dem Menschen leben, die die Sprache der Kirche – nicht mehr! – verstehen.

abgebrochen haben. Das heute noch in aller Christenheit gebräuchliche hebräische „Halleluja/Alleluia" und „amen" haben sie ebensowenig wie das urchristlich-aramäische „Maran atha" (1. Kor 16,22) fallen gelassen (obgleich der Schreiber der Johannesapokalypse vorzieht, diesen urchristlichen Gebetsruf in Griechisch zu zitieren, Offb 22,20 – selbst ein so altgeheiligtes liturgisches Gebet ist dennoch übersetzbar, damit es verständnisvoll gelesen und gebetet werden kann!). Solche ehrwürdigen Wörter blieben erhalten, weil sie mit dem Ursprung der Kirche verbanden. Vor allem gilt dies für die aramäische Gottesanrede „Abba" – „lieber Vater", die wohl aus dem Munde Jesu selber stammt. Wer hätte sich sonst erkühnen mögen, den Gott Israels, den Heiligen und Starken, den Schöpfer des Alls und Herrscher der himmlischen Heerscharen, den Herrn der Geschichte, nicht mit einem liturgischen Herrschernamen oder wenigstens mit einem feierlichen „patriarchalen" Vaternamen, sondern mit dem kindlichen umgangssprachlichen Kosewort „Abba" – etwa „Papa, Väterchen" entsprechend – anzureden, mit einem Wort reiner, kindlicher Liebe und Vertrautheit!

Doch diese wenigen Worte blieben sozusagen heilige Erinnerungszeichen an den Ursprung im Laufe des Evangeliums von Volk zu Volk, von Sprache zu Sprache, von Zeitalter zu Zeitalter. Sie wurden in die verständliche Sprache der Umwelt eingebaut, in der das Evangelium verkündigt und Gottesdienst gehalten wurde, und genügten in ihrer überaus geringen Zahl als Zeichen, gewissermaßen, der heiligen Tradition; nicht aber hielt die apostolische und nachapostolische Zeit eine für das Gefühl der Umwelt antiquierte „sakrale" Gesamtsprache aus dem Arsenal der Vergangenheit der Kirche für gottesdienstlich notwendig.

Gedenken wir der Leidenschaft, mit der die „Lehrer der Slaven", die Hll. Kyrill und Methodius, gegen die Konzeption der fränkischen Bischöfe von den drei „heiligen" Sprachen im Namen der Volkssprache kämpften!

Das bedeutet – wie wir aus dem großen Werk der uns namentlich bekannten kirchlichen Übersetzer wissen – *keine* Banalisierung des heiligen Gehaltes des Evangeliums. Nein, diese großen Missionare der Vergangenheit schufen – durch die Notwendigkeit, den der Gehalt der biblischen Schriften und der kirchlichen Gebete erzeugte, und also durch die Hilfe des Heiligen Geistes, – aus armen, anscheinend beschränkten illiterarischen Bauernsprachen Literatursprachen, die für die differenziertesten und hochgeistigen Inhalte geeignet waren. Genau genommen bedeutet das, daß schon diese Bauernsprachen sich dafür als geeignet erwiesen. Der Inhalt formt sich sein Gefäß. Und so hat das Übersetzen der Heiligen Schrift, der Werke der Kirchenväter und der hochpoetischen gottesdienstlichen Texte klassische Zeitalter der Literatur und Kultur in eben noch ganz rauhen und „barbarischen" Völkern hervorgebracht: die Hoch-Zeit der georgischen klassischen Literatur des 10. bis 12. Jahrhunderts als Ergebnis einer akribischen Redaktion und Überarbeitung früherer freierer Übersetzungen anhand des griechischen Urtextes; das Goldene Zeitalter der bulgarischen Literatur und Kultur als Folge des Übersetzungswerkes der Schüler des Hl. Methodius, des hl. Kliment und seiner Gefährten. Die großartige originale armenische klassische Literatur entstand noch im selben Jahrhundert, in dem der Hl. Mesrop-Maschtotz eine armenische Schrift geschaffen hatte (5. Jahrhundert). Das geschah in einem bisher illiteraten Bauernvolk unmittelbar als Folge der Schaffung einer armenischen Schrift und der Übersetzung der heiligen Schriften.

II

Die eine ungeteilte Kirche der ersten Jahrhunderte – noch vor dem Zeitalter der Ökumenischen Konzilien – bietet immer wieder Anlaß zu unerhörtem Erstaunen. Ein Wunder steht vor unserem geistigen Auge. Diese Kirche redet mit vielen Zungen, sie hat keine Gesamtorganisation, und doch ist sie die Eine Kirche Jesu Christi: Daran zweifelt sie nicht. Von dieser Einsicht des Glaubens geht sie aus. Man lese nur die Sendschreiben, wie sie in nachapostolischer Zeit von Gemeinde zu Gemeinde gingen. Man lese die Berichte von den ersten Treffen von Bischöfen und Theologen, um zu klären, ob neu auftauchende, aus geheimer, aber angeblich umso zuverlässigerer apostolischer Quelle stammende Lehren und Dokumente als dem allezeit öffentlich bekannten Glauben „der" Kirche entsprechend anzusehen seien, oder ob die neuen Propheten und Prophetinnen des Montanismus von „der" Kirche als wahre Träger des Heiligen Geistes, als wahre Propheten anzuerkennen seien, oder ob sie unter die dem Alten Testament schon bekannte Kategorie der falschen Propheten fielen. Man lebte damals in der Überzeugung, daß der Glaube an den Einen Herrn Jesus Christus grundsätzlich *einer* sei, – daß die Taufe im Namen des Vaters, des Sohnes und des Heiligen Geistes *eine* sei, – daß der Heilige Geist diese Kirche in Christus zu *einem* Leibe zusammenschließe: „ein Leib, ein Geist", „... eine Berufung zu *einerlei* Hoffnung", „ein Herr, ein Glaube, *eine* Taufe, ein Gott und Vater unser aller," sagt der Epheserbrief (4,5).

Doch der berühmte Text sagt *nicht* „ein Volk" im Sinne des griechischen Wortes „ethnos", das im Griechischen wesentlich die Spracheinheit bezeichnet, sondern er zieht die Metapher des Leibes für die Kirche als ‚corpus Christianum' vor. Hiermit ist eine *besondere* Einheit der Christen untereinander bezeichnet. Wenn das Neue Testament von dieser Einheit spricht, so braucht es nicht das Wort „ethnos" (Plural: „ta ethne"), das schon das Volk Israel in der Übersetzung der griechischsprachigen Bibel von Alexandria für die – heidnischen – Völker seiner Umwelt benutzte, sondern das Wort, das diese Septuaginta für Israel, das Gottesvolk, benützt: „laos". Genau dieses Wort benützt nun die junge Kirche für ihr Kirchenvolk, das neue Gottesvolk aus den vielen Völkern, aus Juden und Heiden.

Und wiederholen wir dies und unterstreichen es: Es war *ein* Gottesvolk, *das* Gottesvolk *in vielen* Sprachen. Was dies bedeutet, wird uns vielleicht am deutlichsten, wenn wir auf den Islam schauen: Jeder Gläubige, der ernsthaft den Quran studiert – und das soll jeder Gläubige – , muß ihn in Arabisch lesen und lernen, denn Gott hat Arabisch zu Mohammed gesprochen, und diese Originalsprache ist daher in ihrer klassischen Form sakrosankt. Der Quran darf auch nicht übersetzt werden. Alle Übersetzungen, die vom Quran existieren, sind sozusagen illegal, nicht gültig und zitierungsfähig zur Begründung von Urteilen. Der Imam, der Mufti usw., sie können in der Sprache des betreffenden Volkes predigen und den Quran auslegen ... , aber in ihm nachgeschlagen werden und wörtlich zitiert werden muß sein Inhalt in der *heiligen* Sprache, in Arabisch.

Nicht immer war die Christenheit ihrem Ursprung in der Alten Kirche in Hinsicht auf die Vielsprachigkeit treu, wir wissen es. Es gab und es gibt immer wieder Tendenzen, auch im kirchlichen – besonders im liturgischen – Gebrauch, für „heilige Sprachen" zu plädieren.[12] Ein wirksamer Grund ist, daß es schon die Gebetssprache unserer Väter und Vorväter war. In ihr zitieren wir die Worte Jesu Christi, der Apostel und Propheten, und die Psalmen auswendig. In ihr ist die altüberkommene gottesdienstliche Liturgie unserer Kirche – eingeschlossen die gottesdienstlichen Schriftlesungen – besonders vertraut. Gerade in ihrer Altertümlichkeit erscheint sie uns als erhaben und besonders poetisch und besonders sakral. Das Deutsch der Lutherbibel und der Deutschen Messe, das Englisch des Book of Common Prayer und der King-James-Bibel, das Kirchenslavische und seine erhabenen Texte aus Heiliger Schrift und Liturgie, die griechische Reinsprache, die im Gegensatz zur Volkssprache am antiken Erbe ebenso wie an der Ursprache des Neuen Testaments und der alten griechisch-orthodoxen Liturgie orientiert ist – sie alle sind gute Beispiele für einen solchen Sprachgebrauch.

---

[12] Wir zitierten oben schon die fränkischen Bischöfe zur Zeit der hll. Konstantin-Kyrill und Methodius, der Lehrer der Slaven, vgl. oben S. 484, 485

Aber solches Vorziehen der „erhabenen" alten Sprachform vergißt die zahllosen Zeitgenossen, deren Väter und Vorväter schon diesen Sprachkreis verlassen haben, oder die ihm nie angehört haben und die diese alte Sprache einfach nicht verstehen. Solche Menschen erreicht die christliche Frohbotschaft nicht oder nur sehr schwer, weil sie das Evangelium und seinen Gehalt mit einer bestimmten Sprache oder Sprachform verwechseln, die nicht die ihre ist. Mag es eine Sprache noch so hoher Kultur sein, sie ist ihnen fremd und oft auch schlicht unverständlich.

Es ist daher gut, sich an die Praxis des frühen Christentums zu erinnern, das zwar – wie schon dargelegt – einige ihm besonders teure Wörter aus der Sprache der Väter im Glauben bewahrte, – ihnen zum Gedenken und als Ausdruck der Einmaligkeit dieses Glaubens –, das aber andererseits die Frohbotschaft an die Völker „in allerlei Sprachen" ausbreitete und in ihnen Gottesdienst abhielt, ohne anzunehmen, daß dem Evangelium dadurch Abbruch geschähe, im Vertrauen auf das Wirken des Heiligen Geistes.[13]

Menschen sind schwach! Schon in den Tagen des Urchristentums gab es auch das Mißtrauen zwischen Gemeindegruppen verschiedener Sprache. So glaubten die griechisch sprechenden Christen in Jerusalem, daß sie gegenüber den aramäisch sprechenden Hebräern benachteiligt

---

[13] Das sollte aber nicht unbedingt hindern, alte vertraute Wörter und Texte der Väter in Auswahl zu bewahren, sie für den Gottesdienst und die Gestaltung seiner Sprache in Nutzung der eigenen muttersprachlichen Kompetenz nutzbar zu machen, wie unsere Ahnen das „Amen" oder „Kyrie eleison". Doch im Maße liegt offenbar die Unterscheidungsgabe des Heiligen Geistes. So konnte z. B. ein die Sprache Luthers und seines Zeitalters weitgehend nutzendes Kirchenlied von Rudolf Alexander Schröder („O Christenheit, sei hocherfreut...") – trotz aller Bemühungen früherer Kirchentage der 50er und 60er Jahre – bei den Gemeinden wegen der als künstlich empfundenen archaisierenden Sprache nicht wirklich Wurzel schlagen, obgleich es vielen kirchlich gesonnenen Gebildeten gerade deswegen so gut gefiel und obgleich es den Glauben voll ausdrückte. Doch was nützt das, wenn man, um es zu verstehen, philologische Anmerkungen im Kleindruck nachlesen muß, die die altertümliche Sprache erläutern, – und das bei einem Lied, das im 20. Jahrhundert entstanden ist! Als Gegenbeispiel: Es scheint mir in der Russischen Orthodoxen Kirche eine Praxis zu geben, die den von den Gläubigen geliebten und ihnen bekannten und verständlichen kirchenslavischen Text der Evangelien, der besonders schwer zu verstehenden Briefe des Hl. Paulus und vieler gottesdienstlicher Hymnen so „erleichtert", daß das Sprachgefühl der konservativen Gläubigen nicht verletzt ist und der Text doch den nicht eingeweihten Zuhörern verständlich wird. Doch das Verhältnis zwischen dem im Russischen immer noch aktiven kirchenslavischen Element (die Sprache der Naturwissenschaft und Technik lehrt das ebenso wie die der Dichtung) und dem Neurussischen des 20. Jahrhunderts ist zu kompliziert, um hier angegangen zu werden. Hier geht es nur um das Prinzip, daß nicht alle historische Tradition verloren gegeben werden muß, sondern kreativ („Komm, Schöpfer Heiliger Geist!") in eine allen verständliche und dabei doch der Schönheit des Evangeliums würdige Sprache hineingenommen werden kann.

würden. In Liebe und Fürsorge wurde diese Spannung in dem in der Apostelgeschichte (6,1 ff) berichteten Falle aufgehoben.

Besonders eindrücklich und schmerzlich erleben wir heute die Sprachenfrage in den orthodoxen Kirchen Amerikas, wo fast jede von ihnen den alten „ethnical background", - wie man dort gerne sagt, ohne daran zu denken, daß „ethnisch" lange einfach „heidnisch" bedeutete! - die alte nationale Identität, sei sie griechisch oder arabisch, rumänisch, bulgarisch, serbisch, russisch oder ukrainisch, aufrechterhalten möchte und in denen die alte Generation, die die Einwanderung noch nicht vergessen hat, zusammen mit der aus der Heimatkirche importierten Hierarchie mit spätestens der Generation der Enkel in Konflikt gerät, die Englisch spricht und sich als Amerikaner fühlt und ihren Gottesdienst in Englisch haben möchte und dies auch durchsetzt. Zur konfessionellen Gespaltenheit der Christenheit in Nordamerika kommt die nationale Gespaltenheit der Orthodoxie hinzu.[14]

Hier sind wir bei einem wichtigen Grund[15] für das verbreitete Streben nach Aufrechterhaltung der Einsprachigkeit der Kirche(n): die enge Verbindung, die das Christentum der gegebenen Sprache mit einem bestimmten Volkstum - neuzeitlich gesprochen: mit einer Nationalität - eingegangen ist,[16] besonders aber auch mit einem Groß-Staat: mit dem als universal verstandenen Römischen Reich, das das Christentum zur Staatsreligion gemacht hatte.

Nicht umsonst war es jahrhundertelang das Frankenreich, das besonders energisch für die lateinische Liturgie in allen seinen Teilen eintrat, da ja die Franken in Gallien und in Deutschland schon verschiedene Sprachen sprachen und immer neue Völker in dieses Großreich integriert wurden. Die lateinische Sprache sollte die Einheit garantieren, dazu die Übernahme des römischen Erbes mit seiner überlegenen Kultur anzeigen und dazu den Anspruch auf die Rechtmäßigkeit der erneuten „Translatio Imperii" bekräftigen. In eben jenen Jahrhunderten „gräzisiert" sich das östliche Römische Reich, das einst Konstantin der Große von Rom nach Konstantinopel übertragen hatte.

In denselben Tagen, in denen die großen Lehrer der Slaven, Kyrill und Method, für das Recht der Slaven eintraten, den Gottesdienst in ihrer Sprache zu feiern, setzten sich die Byzantiner und ihre kirchliche

---

[14] Das bedeutet nicht, daß andere Konfessionen dieses Problem nicht haben oder hatten, wie die skandinavischen oder deutschen Lutheraner in Amerika. Sie haben nur - aus hier nicht zu diskutierenden Gründen - dies Problem zugunsten der Sprache ihres Landes, der USA, bereits hinter sich gelassen.

[15] Eigentlich folgt nun eine Reihe von Gründen.

[16] Über die historischen Gründe hierfür sind in jedem einzelnen Falle lange Abhandlungen zu schreiben, was hier nicht geschehen kann.

und staatliche Oberschicht durchaus für die Einmaligkeit des Griechischen und die Ausschließlichkeit seines Sprachgebrauchs in Kirche und Staat aufgrund seines kulturellen Vorranges und seiner Geschichte in der geistigen und kirchlichen Kultur ein. Der Hl. Methodius hatte schon vor der Teilnahme an den Missionen seines Bruders in seinem Heimatkloster auf dem Berg Auxentios bei Milet Sprachquerelen von seiten der griechischen Mehrheit gegenüber einer Minderheit von georgischen Mönchen erlebt. Aber er und sein Bruder Konstantin kannten die altkirchliche Praxis gut und waren mit ihrem großen armenischen Vorgänger Mesrop-Maschtotz überzeugt, daß die Verständlichkeit der gottesdienstlichen Rede ein wichtiger Ausdruck der Nächstenliebe für Gläubige und solche, die für den Glauben gewonnen werden sollen, sei: „Wie soll der, der an des Laien statt steht, ‚Amen' auf deine Danksagung (an Gott im Gebet) sagen, wenn er nicht versteht, was du sagst? Du danksagst wohl fein, aber der andere wird davon nicht gebessert" (1. Kor 14,16–17). Und so ist mit Paulus das mit fremder Zunge Gesprochene[17] in die Sprache des Hörers hinein zu interpretieren und auszulegen. Er ist sich sicher, daß das, was der Apostel vom Zungenreden sagt, auch von den irdischen Sprachen gilt. Und ich zweifle nicht, daß es ebenfalls von der von den Vätern überkommenen Sprache gilt, wenn sie dort gebraucht wird, wo keiner sie mehr versteht: „Wer" so „redet, redet nicht den Menschen, sondern Gott, denn ihm hört niemand zu, er ... redet Geheimnisse. ... Er bessert sich selbst." „Wer aber weissagt," – und das heißt: wer in einer allen verständlichen Sprache redet, – „der redet den Menschen zur Besserung, zur Ermahnung und zur Tröstung" (1. Kor 14,2–4). Und der Apostel unterstreicht, daß dies nicht nur von der Weissagung gilt, die die Menschen mahnend und tröstend anredet, sondern auch vom Gebet, dem „Segnen", wie Luther sagt, dem Lobpreisen Gottes (vgl. oben V.16).

Das *eine* Gottesvolk, die Kirche, lebt, solange sie in „dieser Welt" (Paulus) pilgert, in *vielen* Sprachen, in *vielen* Kulturen. In diesem Jahr-

---

[17] Im 14. Kapitel des 1. Korintherbriefs geht es Paulus bei diesen Ausführungen um das Zungenreden. Auch bei der Ausgießung des Heiligen Geistes an Pfingsten haben die Apostel und die mit ihnen waren wohl in himmlischen Zungen geredet. Was dieses selten gewordene mystisch-enthusiastische Phänomen im Kontext der vielen Sprachen zu bedeuten hat, wäre einmal neu zu durchdenken. Ich denke, es geht um den Hinweis darauf, daß die Sprache des Gottesreiches eine ganz eigene – keine der vorfindlichen Menschensprachen! – ist, die von einer ganz anderen Wirklichkeit, als diese irdische Wirklichkeit ist, zeugt. Umso wichtiger ist, wie sehr Paulus die den Zuhörenden verständliche „Weissagung" dem Zungenreden in der Gemeinde vorzieht (1. Kor 14,20 ff) und mit dem von uns angeführten Zitat die Übersetzung der Zungenrede fordert. Gerade dieses Zitat aber dient dem Hl. Methodius beim „Sprachendisput" von Venedig als Begründung der Übersetzertätigkeit von einer Sprache in die andere.

hundert hat das Zweite Vatikanische Konzil uns gelehrt, diese Tatsache, die nur das Spezialwissen einiger Missionare zu sein schien, für das Gottesvolk „daheim" wieder zu entdecken und uns daran zu erinnern, daß der Heilige Geist, der Pfingstgeist, der Geist der Liebe, uns die Sprache der anderen zu verstehen lehrt. Der russische Naturwissenschaftler, Philosoph, Theologe und Priester Pavel Florenskij (1882–1937) hat uns gelehrt, dies innerste Wesen verstehender Liebe in die Sprache der Philosophie unseres Jahrhunderts zu fassen: Während in der Welt des objektorientierten naturwissenschaftlichen Denkens nicht anders gedacht werden kann als im Rahmen der mathematischen Logik, in der A immer A und B immer B ist, damit sie den Seins-Grundgesetzen von Identität und Verschiedenheit entspricht, kann im Bereich der personalen liebenden Begegnung A zu B werden, indem er-sie-es (A) sich liebend in ihn-sie-es (B) hineinversetzt, sich mit ihm identifiziert, so daß es fähig wird, die Welt – und sich selbst – mit den Augen von B zu betrachten. Das sind „neue Augen" für A, deren Sicht es nicht vergißt, wenn es wieder zu sich zurückkehrt. Es hat sich mit den Augen von B gesehen!

Man bedenke, was das – was man auch bezogen auf überindividuelle personale Identitäten verstehen kann – im Bereich der Sprachen und Kulturen, des verschiedenen Habitus, bedeutet ...

Zugleich erhält die alttestamentliche Dimension des gleichen Wortes, das für „lieben" und „erkennen" gebraucht wird (worauf Florenskij ausdrücklich hinweist), eine neue Tiefe. Dies gilt natürlich nicht nur von den Sprachen und Ausdrucksweisen derer, die gleichzeitig mit uns leben, sondern auch von den Vätern und Müttern unseres Glaubens in anderen Zeiten, mit anderer Sprache, in anderem kulturellem Kontext. Es ist *auf diese* Weise, daß wir ihr Erbe nicht verlieren und die Gabe der Liebe, des Übersetzens, des Verstehen-Lernens, des Interpretierens, des Auslegens üben. Die Gaben des Heiligen Geistes gelten nicht nur auf der Ebene des zeitgenössischen Miteinanders, sondern auch diachronisch, durch den Lauf der Zeiten.

So soll der Wortlaut der Heiligen Schrift in seiner ältesten sprachlichen Gestalt in der Kirche studiert werden, so bereichern uns auch ihre alten Übersetzungen. So soll die griechische, lateinische und syrische Gestalt des Denkens, des Predigens und Dichtens der großen Kirchenväter nicht verloren gehen, die lebendige Leibhaftigkeit, die ihr Denken in ihrer Muttersprache hatte.[18]

---

[18] Und wenn wir uns denjenigen ihrer Werke zuwenden, die uns nur in alten Übersetzungen erhalten geblieben sind, im Armenischen, im Georgischen, im Syrischen (aus dem Griechischen) oder im Griechischen (aus dem Syrischen), im Lateinischen oder Kopti-

III

Warum betone ich hier auf dieser Konferenz dieses Phänomen aus dem Leben der frühen Kirche so sehr? Was soll die Tatsache ihrer alten Vielsprachigkeit uns auf einem Symposion sagen, das so sehr mit der Frage des Weges unserer – o weh – getrennten Kirchen in der Zukunft, in das neue Jahrtausend beschäftigt ist? Warum scheint es mir so außerordentlich wichtig, gerade heute und hier an diese Tatsachen zu erinnern?

Als Antwort darauf möchte ich noch einmal auf das Pfingstgeschehen zurückkommen. Wir dürfen nicht übersehen, daß im Pfingstbericht von Apostelgeschichte 2 der Bericht vom Turmbau zu Babel (1. Mose 11, 1–9) zurückgenommen ist. Die Vielsprachigkeit, das Nicht-Verstehen und das Mißverstehen und damit die Ablehnung des anderssprachigen Volkes und seiner Menschen, des Volkes mit einer anderen kulturellen Ausdrucksweise, der Haß und die Feindschaft zwischen den Völkern, die daraus erwachsen, sind Gericht Gottes des Herrn über die Überheblichkeit der Menschen, der Völker und ihrer Regenten, die denken, sie könnten ihre Ziele alleine – ohne IHN – erreichen. Nach dem Bericht vom Turmbau zu Babel wollen die Bewohner des Zweistromlandes im Morgenrot der Geschichte der Hochkulturen angesichts der Vielfalt der Gegenden, in denen sie Menschen verstreut wissen, deren Leben sicher weit differenziert erscheint, ihre Einheit durch ein gemeinsames kultisches Unternehmen, den Turmbau in Babylon, sichern. Der Herr aber läßt dies nicht zu und „verwirrt" ihre Sprachen, um ihnen zu zeigen, daß sie nicht „alles tun" können, „was sie sich vorgenommen haben." Und dieser selbe Herr ist es nun, der an Pfingsten diesen seinen Sündenfluch der Sprachenverwirrung unter denen, die im Namen Seines auferstandenen Christus versammelt sind, ausdrücklich aufhebt! Die Glieder des neuen Gottesvolkes verstehen im Heiligen Geist Seine Botschaft in ihren vielen Sprachen und können Ihn gemeinsam bekennen und preisen.

Gewiß, es war drei Jahrhunderte später eine unerhörte geschichtliche Erfahrung für die Kirche, als das Römerreich, das ihren Glauben nicht als Religion verstand, sondern als Atheismus, den christlichen Glauben anerkannte und seine Ausübung in der Hoffnung genehmigte und zu-

---

schen usw., dann bemerken wir – um das noch einmal hervorzuheben – wie deutlich wir den Urtext im Übersetzungstext durchschimmern hören, wenn wir recht lauschen – in Liebe und Verstehen. Wir werden angesichts der vielsprachigen Überlieferung der biblischen und liturgischen Texte staunen, wie sehr die „neuen", bis vor kurzem völlig unliterarischen Sprachen, in die die Originaltexte übersetzt wurden, fähig waren und fähig wurden, den Gehalt des Urtextes wiederzugeben – vor allem im lebendigen Gebrauch der Gemeinde, der Kirche.

ließ, Gott, der Vater Jesu Christi, würde dann das Reich schützen. Eusebius von Caesarea hat bekanntlich dieser Bewunderung für die Führung Gottes, nach der die Christen nun frei ihre Gottesdienste abhalten konnten, ihren Glauben ausbreiten konnten und bald auf jede Weise gefördert wurden, Ausdruck gegeben. Wirklich verständlich nach dem Zeitalter grausamer Verfolgung und Unterdrückung! Jahrhundertelang und jahrtausendelang wurde es als eine selbstverständliche Entwicklung angesehen, daß die christliche Kirche einen christlichen Staat präge, eine christliche Gesellschaft hervorbrächte. Die Geschichtsquellen wie der syrisch-sprachigen Christenheit, die unter Herrschern einer fremden Religion im Perserreich oder später infolge der arabischen und türkischen Eroberungen von einstmals „römischem" Gebiet nicht in diesem christlichen Reich lebte, zeigen uns anschaulich, wie wichtig für sie die Existenz eines solchen christgläubigen Reiches mit einem christgläubigen Kaiser war.[19] Auch für sie war eine Zugehörigkeit zu ihm etwas Wichtiges, Erhofftes, wenn auch kaum Realisierbares, ein Gut von eschatologischer Qualität, ein tausendjähriges Reich vielleicht am Ende der Zeiten, in dem sie würden wohnen dürfen, gegen das die Völker, die sich vom Bösen verführen lassen, anbranden. Doch dies *eine* christliche Reich wahren Glaubens, höchsten Rechts und höchster Kultur, auf das ihre Augen hoffnungsvoll als eine Art Bollwerk auch für sie gerichtet waren, spaltete sich, wie wir wissen. Beide Reiche, das östliche und das westliche Römische Reich, hielten das Ideal der Christokratie aufrecht, aber in Spannung, Konkurrenz und schließlich Feindschaft gegeneinander. Und dann tauchten immer neue christliche Länder auf, die nie wirklich zu einem dieser beiden Universalreiche gehörten ... [20]

Es ist hier nicht der Platz, über Staatentheorien, die in der neueren

---

[19] Den ersten Hinweis auf diesen Umstand, den ich seitdem weit bestätigt gefunden habe, z.B. in den christlich-orientalischen Versionen des Alexanderromans und ihm verwandter, weit verbreiteter und beliebter Texte, verdanke ich P. Sidney Griffith, Professor am Institut für den Christlichen Orient der Catholic University of America, Washington.

[20] Wir erwähnten schon, wie wichtig für das neue westliche Imperium, das Frankenreich, die übergreifende lateinische Gottesdienst-, Wissenschafts- und Rechtssprache war. Das Reich Konstantins des Großen und seiner Nachfolger war demgegenüber aber zweisprachig gewesen: Latein als Regierungs- und Gesetzessprache, Griechisch als Umgangs- und Handelssprache, weitgehend auch als übergreifende Kultursprache. Die wachsende innere Entfremdung zwischen dem christlichen Westen und dem christlichen Osten hatte eine Menge mit der sprachlichen Re-Latinisierung des Westens und der Re-Gräzisierung des Ostens in der Völkerwanderungszeit zu tun. Im 7. bis 8. Jahrhundert schien dieser Prozeß im wesentlichen vollendet. Schon im 9. Jahrhundert meinte einer der wenigen Theologen, die in Rom noch Griechisch verstanden, daß der dogmatische Streit um das „filioque" auf Unkenntnis des Sprachsinns des griechischen Wörtleins „ek" bzw. des lateinischen „ex" durch jeweils die anderssprachige Partei zurückzuführen sei. Und vielleicht hatte er gar nicht so unrecht. Ein Beispiel neuer Sprachverwirrung!

Geschichte die Vision des christlichen Weltreichs abgelöst haben und die besonders seit der Renaissance reichlich florierten, zu sprechen oder zu reflektieren. Doch ist der Gedanke des weitumfassenden christlichen Staates in verschiedenen Formen, meist auf Imperien von Großnationen bezogen, in der Neuzeit nicht ausgestorben. Lebte er nicht in der „Heiligen Allianz" christlicher Monarchien gegen den von der französischen Revolution geprägten säkularen Imperialismus Napoléons und der „Grande Nation" auf? Und fühlte sich nicht das neurussische Imperium als ein tragender Pfeiler dieser „Heiligen Allianz" gerade auch, weil es sich als legitimer Erbe der christlichen Kaiseridee von Ost-Rom verstand?[21]

Der christliche autokratische, gegenüber Gott verantwortliche Herrscher, durch seine kirchliche Salbung nach dem Vorbild der alttestamentlichen Könige Israels mit einer besonderen kirchlichen Amtsgnade ausgestattet, leitet einen christlichen Staat, eine christliche Gesellschaft[22], in der die Kirche ihren besonderen hierarchisch bestimmten Ort hat. Er ist ihr Protektor (wie schon Euseb sagte: quasi ihr „Bischof über die äußeren Angelegenheiten"), der Hüter des wahren christlichen Glaubens. In dieser Tradition wollte unter Zar Nikolaus I. die sogenannte „Formel" verstanden werden, auf die sein Kultusminister Uvarov dieses Reich bringen wollte: „Autokratische Monarchie, Orthodoxie und nationale Volksverbundenheit."[23] Und da finden wir sie in der

---

[21] Die heutige Forschung ist sich darüber nicht ganz einig, wieviel Gewicht die Idee von „Moskau, dem Dritten Rom" zu jener Zeit, als der Mönch Filofej von Pskov diese Theorie formulierte, wirklich hatte (Wende vom 15. zum 16. Jh.). Sicher aber war sie dann im 19. Jahrhundert, als die Sendschreiben des Mönchs an den Großfürsten von Moskau wiederentdeckt wurden, einflußreich. Die Theorie Filofejs besagt, daß „das erste Rom", das heidnische Römerreich, eben wegen seines Heidentums durch Gottes Strafgericht „gefallen" sei; daß das „zweite Rom" Konstantinopel „gefallen", d. h., von den Türken erobert worden sei, weil es die „Union von Florenz" mit der abendländischen Kirche geschlossen habe – wiederum Gottes verdientes Strafgericht! Und Filofej stellte nun die These auf, Moskau sei das „dritte Rom", das als christlich-orthodoxes Reich bis an das Ende der Zeiten (das damals als relativ nahe erwartet wurde!) „nicht fallen" würde. Die sogenannten Slavophilen des 19. Jahrhunderts, vor allem ihre Nachfolgegeneration, die Panslavisten, sonnten sich in solchen Vorstellungen, die wir mit „russischem Messianismus" bezeichnen. Doch dürfen wir um der Gerechtigkeit willen nicht vergessen, daß es auch in den westlichen Nationen im 19. Jahrhundert solche Vorstellungen von ihrer exklusiven Geschichtsberufung gab; man denke an Hegels Idee von der endgültigen Höhe politischer Rechtskultur, die der preußische Staat erreicht habe, oder an den großdeutschen Spruch: „An deutschem Wesen soll die Welt genesen"!

[22] Daß dies nicht die historisch genau zutreffende Beschreibung der Stellung des byzantinischen Kaisers gegenüber der Kirche ist, sondern in Wirklichkeit von einer ganzen Menge westlichen barock-aufklärerischen Gottesgnadentums gekennzeichnet ist, steht auf einem anderen Blatt.

[23] So versuchen wir den russischen Begriff der „narodnost'" zu übersetzen. Er ist vom Wort „narod" = „Volk" abgeleitet und enthält sowohl die Bedeutungsnuance, die am be-

Praxis dieses Reiches: die Durchsetzung der *einen* Sprache des Herrscherhauses und seines Volkes als staatstragend und staatseinend, die von den anderen Völkern dieses Imperiums „Russifizierung" genannt wurde.[24]

Wie attraktiv diese von dem christlich gewordenen Römerreich überkommene Konzeption einer „Theokratie" war, sehen wir an dem denkerischen Bemühen eines so gegen gewaltsame Durchsetzung von nationalen Vorherrschaftsansprüchen und auf das Recht aller Nationen auf Selbstbestimmung bedachten kritischen und liberalen, tief christlichen Philosophen wie Vladimir S. Solov'ëv (1853–1900), der jahrzehntelang auf den Aufbau einer „wahren" Theokratie in der Menschheit bedacht war. Erst mit der kurz vor seinem Tode entstandenen „Erzählung vom Antichrist" gab er sie endgültig auf, ja verneinte er sie ausdrücklich.

Doch aller Theokratismus vermochte nicht, das Kaiserreich vor innerem Aufruhr und vom Verfall seiner Macht zu retten, wie er auch Rom, Konstantinopel und das Heilige Römische Reich Deutscher Nation nicht vor dem Verfall gerettet hatte.

Aber merkwürdigerweise hielt die revolutionäre Gegenmacht im Namen ihrer messianischen Idee der angeblich von Marx, Engels, Lenin und Stalin wissenschaftlich erwiesenen Zukunft der idealen „klassenlosen Gesellschaft" am nationen-umspannenden Großreich fest, das diese Idealgesellschaft endzeitlichen Charakters – denn nach ihr sollte nichts anderes mehr zu erwarten (sozusagen das „Ende der Geschichte" angebrochen) sein – mittels einer sozialistischen Entwicklung erreichen sollte. Die reale Entwicklung, die folgte, kennen wir: Ausdehnung des Herrschafts- und Einflußbereiches, auch unter Anwendung brutaler Gewalt, Macht und Großmachtpolitik, die sich in nichts von der anderer Gesellschaftssysteme unterschied, – und was uns in unserem Zusammenhange interessiert: Pflege und Förderung der Herrschaftssprache, des als „älterer Bruder" deklarierten Herrschaftsvolkes – also „Russifizierung" auch jetzt.

Der moderne „Turmbau zu Babel", der Traum vom Aufbau einer „qualitativ neuen" klassenlosen Gesellschaft, der auf so einem Wege zu

---

sten durch das im Deutschen durch die Nationalsozialisten belastete Wort „Volksverbundenheit", vielleicht auch mit „Volkstümlichkeit" wiedergegeben wird, als auch die der „nationalen Gesinnung".

[24] Auch diese Erscheinungen gab es entsprechend anderswo, z.B. als Germanisierung (der Sorben) oder Magyarisierung der Slovaken. Hier erschien sie aber den Trägern der „Russifizierung" durch die besondere Qualität des Russischen Reiches, das die christliche Weltrolle des konstantinischen Reiches übernehmen sollte, im Namen dieser Idee als religiös gerechtfertigt.

erreichen wäre, ist zusammengebrochen, daran besteht kein Zweifel mehr. Und neben den ungeheuren wirtschaftlichen Problemen sind es die von vielen gläubigen oder halbgläubigen Kommunisten, aber auch von redlichen Aufklärern alten Schlages nicht erwarteten Nationalitätenprobleme, die der Sovetgesellschaft zu schaffen machen und sie vielleicht bis an den Rand eines Bürgerkrieges bringen: Azeris gegen Armenier und vice versa, Abchazen und Osseten gegen Georgier und vice versa, Uzbeken gegen Kirgizen, Moldavanen gegen Gagausen, Krimrussen gegen Krimtataren und so fort ... und beinahe alle gegen die Russen, die nicht verstehen, daß sie von den meisten Angehörigen der anderen Nationalitäten mit dem Sovetsystem, mit dem real existierenden Sozialismus-Kommunismus identifiziert werden, daß für diese anderen Völker Russifizierung und Sovetisierung zusammenfallen.

Aber nicht nur die Sovetunion steht vor solchen Fragen der babylonischen Sprachenverwirrung und der gegenseitigen nationalen Ausschließlichkeit, wenn sie auch im gegenwärtigen Zeitpunkt dieses Problem im größten Maßstabe durchzumachen hat. Wir brauchen nur an Jugoslawien zu denken, an Ungarn und Deutsche in Rumänien, an Basken und Katalanen in Spanien, Waliser in Großbritannien, das ganze nordirische Problem – und dabei sind wir mit unseren Beispielen nur in Europa geblieben! Wir könnten uns aber in jeden beliebigen Weltteil wenden, um ähnliche Bilder zu finden.

Was sagen unsere Kirchen, wie handeln sie angesichts der wütenden Nationalitätenkonfrontationen? Unsere Welt fragt nach dem Christentum, auch da, wo sie dachte, es längst hinter sich gelassen zu haben. Aber inmitten des Zusammenbruchs der kommunistischen Utopie, des ständigen Wachsens der Aggressionsbereitschaft zugunsten des eigenen Wohlergehens des Individuums, der Gruppe, der Klasse, des eigenen Ethnos, erinnert sich unsere anscheinend so glaubenslos gewordene „erste" und „zweite" Welt an die christlichen Werte der Barmherzigkeit und Nächstenliebe, des Bedachtseins auf das Wohlergehen des anderen und der anderen. Was sagt die Kirche, was sagen die Kirchen, wie verhalten sie sich in der Sprachenfrage, in der Frage der Nationen? Das interessiert viele Menschen. Aber die Antworten, die wir hören, sind oft genug seltsam lahm und leise.

Wenn wir auf unsere apostolische und patristische, allen heute getrennten Kirchen gemeinsame Tradition blicken, dann haben wir kein Recht, die Sprache und mit ihr verbundene Kultur eines anderen Volkes zu negieren, sie zurückdrängen zu wollen. Ich will es ganz scharf sagen: Zum Christ-Sein gehört m.A.n. die Bereitschaft zur Mehrsprachigkeit, zur Multikulturalität, die Bereitschaft zum Übersetzen in die Sprache des anderen, die Bereitschaft, auch nötigenfalls die zur Hand gegebene übergreifende „Transportsprache" zu gebrauchen, – das ist heute oft das Englische oder das Russische oder das Spanische, – ohne sie als Herrschaftsinstrument weltlicher Art benutzen zu wollen und auf einen christlichen Imperialismus zu bauen. Angesichts der heutigen Weltlage müßten die Christen den Mut haben, ihre Brüder und Schwestern, besonders diejenigen in den großen Völkern und Staatsnationen dazu aufzurufen, auf den Unwillen zu verzichten, die Sprache der Minderheit zu achten oder gar zu lernen. Meiner Erfahrung nach zeichnen sich Nordamerikaner und Russen besonders durch diesen Unwillen aus, aber Franzosen und Deutsche stehen ihnen nicht um vieles nach. Gewiß hat nicht jeder die Fähigkeit dazu; aber diejenigen, die das Sprachenlernen und Übersetzen stellvertretend für ihre Mitbrüder und Mitschwestern tun, müßten als besonderer Schatz der Kirche gelten.

Wir sollten aus dem Reichtum der Kirchenvätertheologie die Einsicht wieder hervorholen, die der Lehrer der Slaven, der heilige Konstantin-Kyrill bei Gregor von Nazianz, dem Theologen, fand und auf seine Zeit anwendete: In Christus werden allen Menschen „die urväterlichen Ehren" Adams, des Menschen vor dem Fall, wiedergeschenkt. Zu ihnen gehört auch seine Sprache, die Mutter- und Vatersprache. In Christus haben die Menschen das Recht, auf Gottes Wort in je ihrer Sprache zu hören und Gott in ihr zu preisen. Zu Pfingsten hat es uns der Heilige Geist als eine Gabe Gottes offenbart.

Der „Turmbau zu Babel", der mit weltlichen, staatlichen Mitteln in *einem* Herrschaftsgebiet mit *einer* Herrschafts-, Kult- und Kultursprache die staatliche und gesellschaftliche Einheit des Menschen wahren will: Er ist nicht einfach archaische Vergangenheit, sondern immer lebendige Versuchung.

> Doch Täter werden nie den Himmel zwingen,
> was sie vereinen, wird sich wieder spalten,
> und was sie schaffen, über Nacht veralten ...
> (Reinhard Schneider)

Aus der Erfahrung vieler ökumenischer Konferenzen und Diskussionen bin ich manchmal zu fragen geneigt, ob nicht auch unsere kirchlichen Konfessionen so etwas wie die babylonische Sprachenverwirrung als Gottes Strafe für von Menschen gemachte Utopien christlicher Weltherrschaft sind? Wir bedürfen immer neu des Heiligen Geistes, des Pfingstgeistes, um zu begreifen, daß es das *eine* Evangelium, der *Eine* Herr ist, den wir in vielen Sprachen und Kulturen hören, anbeten, verkündigen. In Ihm ist die Kirche eins, wird sie eins, und daher ist es so wichtig, daß das „neue Gottesvolk", der christliche „laos"[25] mehr ist, als

---

[25] Vgl. das oben S. 487 Gesagte.

nur „Volk" als Ansammlung von Menschen, sondern daß die Kirche auch Leib Christi ist, dessen Einheit Er im Geheimnis, im Sakrament Seines Leibes und Blutes nährt und wachsen läßt in der Teilhabe an Seinem heiligen Leiden und Sterben. „Ein jeder sei gesinnt, wie Jesus Christus auch war: Welcher, ob er wohl in göttlicher Gestalt war, hielt er's nicht für einen Raub, Gott gleich zu sein, sondern entäußerte sich selbst und nahm Knechtsgestalt an ... Er erniedrigte sich selbst und war gehorsam bis zum Tode, ja zum Tode am Kreuz. Darum hat ihn auch Gott erhöht und ihm einen Namen über alle Namen gegeben, daß in dem Namen Jesu sich beugen sollen alle Knie ... und alle Zungen bekennen sollen, daß Jesus Christus der Herr sei, zur Ehre Gottes des Vaters" (Phil 2,6-10).[26]

Dies ist die Erfahrung, der Glaube, der der Mahnung des Paulus vorausgeht: „Ist nun bei euch Ermahnung in Christus, ist Trost der Liebe, ist Gemeinschaft des Geistes, ist herzliche Liebe und Barmherzigkeit, so erfüllet meine Freude, daß ihr *eines* Sinnes seid. Nichts tut durch Zank oder eitle Ehre, sondern durch Demut achte der eine den anderen höher als sich selbst, und ein jeglicher sehe nicht auf das seine, sondern auch auf das, was des andern ist" (ebenda V. 1-3). Möchten doch unsere Kirchen in diesem Geiste bei der Lösung ihrer Sprachen- und Nationenfragen in der Sprachen- und Nationenverwirrung unserer Zeit handeln und so ins neue Jahrtausend gehen! Die Welt bedarf ihrer.

---

[26] Und hier schließt sich der Kreis, denn natürlich zitiert hier der Apostel Paulus eben jene von uns oben S. 482 angeführte Prophetenstelle Jes 45,23.

GERHARD PODSKALSKY SJ, FRANKFURT/MAIN

Primat – Patriarchate (Pentarchie) – Panorthodoxe Synode

Überlegungen und Fragen zur Geschichte und Gegenwart kirchlicher Strukturen

Nach dem unmißverständlich geäußerten Willen der Veranstalter dieses Symposions sollen die Referate auf die gemeinsame Zukunft der Kirchen in Ost und West im dritten Jahrtausend ausgerichtet sein. Diese Zielsetzung liegt eindeutig außerhalb meines üblichen Arbeitsgebietes, der Kirchengeschichte. Schon aus diesem Grunde können meine folgenden Äußerungen nur ganz persönliche, d. h.: provisorische Gedanken sein (auch wenn die Fragen z.T. sehr direkt gestellt sind), wie sie sich gelegentlich beim Studium oder auch bei der Lektüre von Zeitungen und Zeitschriften einstellen.[1]

Die letzten 50 Jahre unserer Geschichte sind von einer Vielzahl von Bemühungen, sowohl auf staatlicher wie auch kirchlicher Ebene, geprägt, neue Modelle einer größeren Einheit in Vielfalt zu entwickeln; auf kirchlicher Seite sind hier vor allem die interkonfessionellen Dialoge nationaler oder weltweiter Tragweite zu nennen, aber auch der eher der christlichen Aktion (Life and Work) als dem (noch fehlenden) gemeinsamen Bekenntnis verschriebene „Konziliare Prozeß" (Basel/Seoul). Allerdings schließt der Aspekt des Neuen bei diesen Phänomenen – entsprechend der Eigenart des Christentums als geschichtlich fundierter Religion – immer auch die Rückbesinnung auf die Vergangenheit, insbesondere die Zeit des Ursprungs, mit ein. Insofern sind dann manche Dinge nicht so neu, wie sie aussehen: Denken wir nur an die von G.W. Leibniz propagierte Idee eines alle christlichen Konfessionen einschließenden Weltkonzils (1710–1713), die vorübergehend auch Peter d. Gr. begeisterte, während J. B. Bossuet sehr nüchtern auf die Unwiderruflichkeit konziliarer Entscheidungen hinzuweisen sich verpflichtet fühlte; ähnlich scheiterte wenig später ein Vorschlag (1716) von anglikanischer Seite (Non-Jurors), alle christlichen Kirchen dem Patriarchat von Jerusalem zu unterstellen, als der Mutter aller Kirchen („Mitte der Welt": Eirenaios von Lyon, Adv. haer.): Kein geringerer als der dama-

---

[1] In besonderer Weise habe ich nochmals die letzten Jahrgänge (1987–1989) der folgenden Zeitschriften durchgesehen, die hier als einschlägig gelten dürfen: Irénikon, Istina, Ökumenische Rundschau.

lige Patriarch von Jerusalem selbst, Chrysanthos (Notaras), seiner hohen Geistesgaben wegen zugleich Wortführer der Gesamtorthodoxie, mußte den mit diesem Vorschlag verbundenen, latenten dogmatischen Relativismus als der Tradition widersprechend zurückweisen.

Mut und Realismus gleichermaßen sind also notwendig, wenn aussichtsreiche Schritte in die Zukunft gemacht werden sollen. Ich möchte im Folgenden einige Bemerkungen zu den drei in der Überschrift genannten Themenbereichen machen, die vielleicht zum Ausgangspunkt einer anschließenden Diskussion dienen könnten.

I. *Primat:* Während eines der zahlreichen Symposien zum Millennium der Taufe der Ruś in Rom (Mai 1988) sagte mir einer der russisch-orthodoxen Laienteilnehmer beim mittäglichen Spaziergang auf der Piazza Navona: „Was unterscheidet uns beide eigentlich voneinander? Ich denke, nur das: Ich bin in erster Linie Russe, dann Christ; Sie wohl in erster Linie Katholik, und dann Deutscher." Mit diesen Worten war – soweit ich das beurteilen kann – kein Vorwurf verbunden, auch keine Reue, sondern sie brachten eine Feststellung zum Ausdruck: „Das ist so und wird/muß wahrscheinlich so bleiben." Bedeutet das – für die Frage des Primates –, daß sich autokephale Landeskirchen oder Patriarchate (deren Zahl sich letztlich – je nach Bedarf – beliebig vermehren läßt) und Universalprimat unversöhnlich gegenüberstehen müssen? Die Frage des Primates wurde seit dem 12. Jahrhundert in zahlreichen Traktaten (περὶ τῆς ἀρχῆς τοῦ πάπα) der byzantinisch-slavischen Kirche diskutiert; einer der letzten bemerkenswerten Beiträge dieser Art stammt von dem Jerusalemer Patriarchen Nektarios (Ed.: Iaşi 1682), eine polemische, aber gehaltvolle Antwort auf eine übertrieben papalistische Schrift des (spanischen) Franziskanerguardians Pietro Matteo de Lara (1637–1671), wie schon der große Orient-Spezialist Michel Le Quien OP in einer Erwiderung auf Nektarios festgestellt hat.[2] Das Problem hat sich aber seit dem Ersten Vatikanum eher verschärft; zumindest einige der letzten Päpste waren sich dieser Lage durchaus bewußt (Paul VI.: „Ich selbst bin das größte Hindernis zur Einheit" – gemeint war natürlich das Amt, nicht die Person; eine ähnliche Äußerung gegenüber dem jetzigen Papst – von seiten des Schweizer Metropoliten Damaskinos Papandreou – ist uns ebenfalls überliefert). Angesichts dieser Tatsache ist es erstaunlich, wie relativ stiefmütterlich die Ekklesiologie in der Orthodoxie betrieben wird – jedenfalls soweit es um

---

[2] Vgl. E. Stéphanou, La „Panoplia contra schisma Graecorum" de Le Quien, in: Ech. d'Or. 32 (1933), 267–274. – Zum gesamten Hintergrund: vgl. G. Podskalsky, Griech. Theologie in der Zeit der Türkenherrschaft (1453–1821), München 1988, passim.

selbständige und systematische Arbeiten geht. Ein kleiner, vereinzelter Traktat des in Rußland wirkenden Griechen Aloisios Soteres „La chiesa militante" (Triest 1798) ist immerhin fast 200 Jahre alt.³ Zwar gab es in den letzten Jahren von orthodoxer Seite wiederholt die Forderung, im Dialog mit der katholischen Kirche nach den Gemeinsamkeiten endlich auch die dornigen Fragen aufzugreifen: Ob damit aber die Ekklesiologie als Ganzheit gemeint war oder nur strittige Einzelfragen lokaler Natur (die sog. Uniaten, Proselyten), ist noch nicht abzusehen. Bei der auch auf dem Zweiten Vatikanum zitierten „eucharistischen Ekklesiologie" (Nik. Afanas'ev; vgl. auch Joh. Zizioulas) ist nicht klar, wieweit sie von der Gesamtorthodoxie rezipiert ist; was ihre patristische „Grundlage" betrifft, bedürfte die ausschließliche Konzentration auf Ignatios von Antiocheia und Cyprian von Karthago noch einer weiteren kritischen Erörterung.⁴ Im übrigen hat man als Katholik manchmal den Eindruck, daß Protestanten und Orthodoxe uns mehr von Rom her definieren, als wir es selbst tun. Auf der anderen Seite hat es in den letzten Jahren den Anschein, daß orthodoxe Christen/Kirchenleitungen für manche Dienste, die der Papst – gerade der gegenwärtige dank seiner Herkunft – nur kraft seines Amtes leisten konnte, dankbar sind: Ich denke hier an seine nicht zu unterschätzende Rolle bei der Ablösung der osteuropäischen Diktaturen oder auch seinen anhaltenden Vermittlungsdienst zwischen Orthodoxen und Unierten in der Ukraine. (Letzteres ist wohl ein neues Beispiel für die altbekannte Tatsache, daß sich der Ausbau des römischen [Jurisdiktions-]Primates nicht zuletzt aus den Anfragen der Lokalkirchen ergab.)

Nennen wir als Fazit nochmals einige für die Zukunft bedenkenswerte Punkte:

a) Eine gewisse Phasenverschiebung zwischen Theorie und Praxis der Primatsauffassung spiegelt sich gelegentlich in der Diskrepanz zwischen Spitzenökumene und Ortsökumene. Das gilt z. B. für die oft zögerliche Rezeption der im „Dialog der Liebe" erarbeiteten Papiere durch die jeweiligen Partnerkirchen.

b) Das auf dem Zweiten Vatikanum formulierte Kirchenmodell einer kollegialen Kirche scheint immer wieder einmal durch Kommunika-

---

³ Vgl. meinen Aufsatz: „Die Idee der Kirche in der Theologie der Kiever Ruś (988–1237)", in: ... (Sammelband/Symposium z. Millennium, Thessalonike 1988 [im Druck]). – Erstaunlich wirkt auch die Tatsache, daß ein kirchenpolitisch so wichtiges Dokument wie der „Duchovnyj reglament" (1721) so gut wie nichts über Wesen und Aufgabe der Kirche sagt.

⁴ Vgl. dazu: P. Plank, Die Eucharistieversammlung als Kirche. Zur Entstehung und Entfaltung der eucharistischen Ekklesiologie Nikolaj Afanas'evs (1893–1966), Würzburg 1980.

tionsprobleme der Kurien- bzw. Nuntiaturenbürokratie in seiner sichtbaren Realisierung gefährdet. Manche Kreise sehen auch die Communio-Ekklesiologie des Zweiten Vatikanums (vgl. „Lumen gentium", Kap. 2 und 3) durch das Lefebvre-Dokument (1988) des Hl. Offiziums gefährdet, das keine ausdrückliche Anerkennung des Zweiten Vatikanums mehr fordert (nur implizite Approbation durch Billigung der höchsten Autorität des Papstes). - Was die vor allem von protestantischer Seite geforderte Interkommunion (vgl. Norwegen: P. Lønning) als konkreter Weg zur Einheit betrifft, so ist der augenblickliche Zustand nicht weit entfernt von der Situation um die Mitte des 18. Jahrhunderts, als im Orient eine über längere Zeit praktizierte „communicatio in sacris" zwischen dem lateinischen (bzw. unierten) und orthodoxen Klerus am beiderseitigen Abgrenzungsbedürfnis (vgl. den Wiedertaufstreit [Patr. Kyrill V.] nach den Teilunionen von 1596 und 1724) zerbrach (vgl. die unlängst erfolgte, einseitige Aufhebung der zwischen Rom und Moskau getroffenen Regelung über gegenseitige Sakramentenspendung in Notfällen). Bedeutet das Stagnation oder stehen wir vor einem neuen Aufbruch, gerade auch angesichts der riesigen, ich denke: gemeinsamen Aufgabe eines christlichen Neuaufbaus in den osteuropäischen Ländern?

c) Schon 1874 hatten die deutschen Bischöfe mit Billigung Roms gegenüber dem Reichskanzler Bismarck festgestellt, daß der Papst als Bischof von Rom und Oberhaupt aller Bischöfe deren Eigenständigkeit und Eigenverantwortlichkeit nicht aufhebe. Das Gleichgewicht zwischen Zentral- und Partikularautorität muß aber immer wieder neu austariert werden im Sinne der „ecclesia semper reformanda". Die Perfektion heutiger Kommunikationsmittel sollte eigentlich weder einen selbstgenügsamen Provinzialismus noch eine Fehlinformation der Zentrale durch einseitige oder willkürliche Auswahl (Filterung) der einlaufenden Informationen erlauben. - Andererseits muß man angesichts der fast unbegrenzt erscheinenden Möglichkeiten des technisch Machbaren vor übertriebener Ungeduld über die anhaltende Spaltung warnen: Denn bisher sind Gesamtunionen (Lyon II/Florenz) oder Unionsversuche fast immer an mangelnder Vorbereitung der Basis bzw. am forcierten Tempo der (isolierten) Hauptbeteiligten gescheitert.

II. *Patriarchate (Pentarchie):* Wir kommen zum zweiten Themenkreis: Patriarchate - Pentarchie. Die von den altchristlichen Konzilien (Nikaia I bis Konstantinopel II) festgeschriebene Kirchenstruktur der fünf Patriarchate (trotz römischen Protests gegen Chalkedon, can. 28), die von Kaiser Justinian I. dann durch die übergreifende Idee der Pentarchie (= fünf Patriarchate als oberste Leitungsorgane; später oft als die fünf „geistlichen Sinne" des Leibes Christi bezeichnet) eine abschließende Prägung erhielt, ist besonders in der Epoche des Ikonoklasmus und später des Großen Schismas vorgetragen worden, mit immer stärkerer Betonung eines Gegenmodells zum römischen Universalprimat (vgl. auch die Position der lateinischen Autoren [ab Anastasius Bibliothecarius] des Mittelalters). Die Zahlenmystik des 6. Jahrhunderts wurde erstmals durchbrochen durch die, wenn auch von Byzanz gerne abgeschwächte Anerkennung eines bulgarischen und serbischen Patriarchats (10.-14. Jahrhundert) und endgültig beiseitegeschoben durch die Erhebung des Moskauer Patriarchats (1589 bzw. 1593);[5] eine Ersetzung des „häretischen" Roms durch Moskau in einigen russischen Chroniken (17. Jahrhundert) - zur Rettung der Fünfzahl - fand nie die Billigung der Gesamtorthodoxie. Vereinzelt finden wir aber auch die reduzierte Formel der „Tetrarchie", während Rom gegenüber dem seiner Meinung nach rein politisch begründeten Anspruch Konstantinopels die petrinische Triarchie (Antiocheia, Alexandreia, Rom) hervorhob. Die neuen Patriarchate (die teils durch die Türkeninvasion, teils durch interne Gründe wieder untergingen) hatten bis ins 20. Jahrhundert nie die gesamtkirchliche Bedeutung erlangt wie die alten, orientalischen. - Das nach mehreren Anläufen 1593 von den orientalischen Patriarchen bestätigte, 1721 wieder aufgehobene und 1918 neuerrichtete Patriarchat Moskau hat aber nicht nur die Fünfzahl durchbrochen, sondern auch eine neue Rivalität mit Konstantinopel begründet, die z. T. dieselben Gründe aufweist wie die frühere zwischen Alexandreia und Konstantinopel (sowohl Alexandreia wie auch Moskau waren am Anfang zahlenmäßig und vor allem durch ihren Kirchenbesitz stärker als die Hauptstadt am Bosporos); einige Ausläufer dieser alten Spannungen haben sich ja auch vor kurzem während des Millenniums gezeigt.

Auf diesem Feld ergeben sich für die Zukunft ebenfalls manche Fragen:

a) Wird man den historischen, durch die Praxis überholten Terminus „Pentarchie" beibehalten oder neue, aus der biblisch-patristischen Tradition entwickelte Begriffe suchen müssen, die der Wirklichkeit besser

---

[5] Vgl. G. Podskalsky, Die Einstellung des Ökumenischen Patriarchen (Jeremias II.) zur Erhebung des Moskauer Patriarchats (1589), in: Or. Chr. Per. 55 (1989), 421-437. - Zum Thema „Pentarchie" wird P. DDr. Ferdinand Gahbauer OSB (Abtei Ettal) noch in diesem Jahre (1991) eine Habilitationsschrift abschließen, die sowohl den geschichtlichen Werdegang wie auch die theologische Bedeutung und aktuelle Krise dieses kirchenrechtlichen Modells untersuchen wird (Erstlingswerk in einer westlichen Sprache!): „Die Pentarchietheorie - Untersuchung zu einem Modell der Kirchenleitung von den Anfängen bis zur Gegenwart."

entsprechen (wie das auch für die Texte beim Dialog Orthodoxie–Katholizismus gefordert wurde)? Wird die Rangordnung der Patriarchate dieselbe bleiben wie im Altertum, oder werden die neueren osteuropäischen Patriarchate (Rußland, Serbien, Rumänien, Bulgarien) an die Stelle der zusammengeschrumpften orientalischen Patriarchate (mit ihren griechischen Amtsträgern) treten?

b) Stehen wir vor der Schaffung weiterer Patriarchate in der stark anwachsenden sog. Diaspora, und wie werden sich bis dahin die alten Patriarchate gegenüber den jungen Tochterkirchen, die oft schon neue Wege gehen in der Theologie, Ökumene und vor allem Pastoral, verhalten? Wird Uniformität oder Pluralismus bestimmend sein? Wie wird man mit den zahlreichen Paralleljurisdiktionen, wie sie sich aus der Nationalitätenvielfalt, aber auch aus kirchenpolitischem Dissens ergaben, umgehen? Wie weit werden die sicher z. T. auch positiven Erfahrungen eines konfessionellen Pluralismus in der Diaspora auf die teilweise noch in Theorie und Praxis monolithisch denkenden und handelnden Mutterkirchen zurückwirken?

c) Antoine de Saint-Exupéry (1900–1944) hat einmal über die eheliche Liebe gesagt: „Die wahre Liebe beginnt dort, wo zwei nicht mehr aufeinander, sondern in die gleiche Richtung schauen." Auf die Kirche bezogen könnte man sagen: Einheit ist kein Ziel in sich (Selbstzweck), sondern notwendig und erstrebenswert wegen der gemeinsamen Mission. Welchen Weg sehen die Patriarchate, um die verschiedenen Jurisdiktionen (Problem der Auslandskirchen, Paläokalendarier, usw.) zu überwinden? Wie wird man in Zukunft die unierten Kirchen sehen: Ist hier eine „versöhnte Verschiedenheit" (bei aller – auch im Westen gesehenen – Problematik solcher Teilunionen, die aber mangels eines Willens zur Gesamteinheit unvermeidlich scheinen) möglich? – Im Zusammenhang der Wiederzulassung der ukrainischen Unierten wurde von der russischen Orthodoxie (Bischof Kirill von Smolensk, Leiter des Außenamtes, ROK) geäußert, man halte zwar den Weg der Teilunionen theologisch/ökumenisch grundsätzlich für falsch, weil er zu immer neuen Spaltungen führe, erkenne aber das Prinzip der Religionsfreiheit auch für die Unierten an: Würde dies nicht auch den Ausdruck des Bedauerns über die widerrechtliche Zwangseinverleibung der Unierten („Synode" von Lemberg 1946) einschließen sowie die Bereitschaft zur materiellen Restitution nach Maßgabe des Möglichen? Und welche Autorität entscheidet darüber, ob eine Nationalkultur die Reife zur Autokephalie besitzt oder nicht, nur die sog. „Mutterkirche" oder die Gesamtorthodoxie (z. B. im Falle der ukrainischen Orthodoxie)? Vgl. die Anerkennung der Autokephalie und des (13.) Patriarchalranges der georgischen Kirche (März 1990), die schon seit 1917 als autonom galt!

d) Ein russisch-orthodoxer Gläubiger in Frankreich (Laie) sagte mir einmal: „Wir haben so viele eigene Probleme, da bleibt keine Zeit für Ökumene." In Rußland selbst ist dieses Dilemma heute sicher noch deutlicher als im Westen – und doch wird man die in langen Jahren manchmal mühsam gewachsenen ökumenischen Verbindungen nicht wieder aufgeben wollen (wie auch dieses Symposium beweist). Aber wo liegt das genaue Ziel, soweit Einheit überhaupt ein menschliches Ziel sein kann und nicht Gottes Geschenk sein muß? Von griechischer Seite wird andererseits im Weltrat der Kirchen in bestimmten Abständen kritisch angemerkt, daß dort die Hauptenergie nicht der Theologie bzw. dem Sektor „Faith and Order" gewidmet wird, sondern dem praktischen Christentum (Life and Work), dagegen Elemente der Einheit durch Neuerungen (wie z. B. die Frauenordination) unnötig aufs Spiel gesetzt werden. – Welche Perspektiven lassen sich auf diesem Felde für die Zukunft aufzeigen?

III. *Panorthodoxe Synode:* Zum Abschluß noch einige Worte zur panorthodoxen Synode. Die Vorbereitungen, einschließlich der drei Vorkonferenzen, laufen nun seit 1961; aus den allgemein zugänglichen Informationsbulletins (wie „Episkepsis") ist aber nicht ersichtlich, ob und wann ein zeitlich fixierter Einberufungsvorgang zu erwarten ist. Soweit bekannt, sind bisher Arbeits- und Diskussionsvorlagen zu verschiedenen, als brennend betrachteten Themen – in ihrer Gesamtzahl schon stark reduziert – von den einzelnen Nationalkirchen (Patriarchaten) erarbeitet worden, u.a. zur definitiven Wertung der ökumenischen Dialoge. Aber es bleiben wohl noch viele organisatorische und inhaltliche Fragen offen, zumal die Umwälzungen des letzten Jahres (1989) wohl auch nicht ohne Folgen für die geistliche und kirchenpolitische Neuorientierung der orthodoxen Nationalkirchen (Stichwort: Auslandskirchen) bleiben werden.

Für die nichtorthodoxen Christen ergeben sich aus dieser Situation etwa folgende Anfragen:

a) Welcher Ermessensspielraum für Tagesordnung/Tagungspunkte bleibt der Synode noch vorbehalten (unabhängig von den vorbereiteten Papieren)? Welche Beteiligung/Information der nichtorthodoxen Kirchen ist während dieser Synode vorgesehen? Welche Gesamtdauer ist in etwa vorgesehen (vgl. Stand der letzten Vorkonferenz: 28. Okt.– 6. Nov. 1986)?

b) Welcher Status wird der Synode zukommen: Ökumenisches Konzil (Nr. 8)? Denn einerseits gilt die Reihe der Ökumenischen Konzilien seit dem II. Konzil von Nikaia (787) als abgeschlossen, andererseits aber will die Orthodoxie als die Eine und wahre Kirche ihre Konzilsfähigkeit nicht verleugnen: ein Dilemma? Wie wird man aber dann die Zeit seit dem 7. Ökumenischen Konzil (Nikaia II) werten – wie sind die „Symbolischen Schriften" bzw. Glaubensbekenntnisse aus byzantinischer und nachbyzantinischer Zeit einzuschätzen? Wie wird sich die gegenseitige Aufhebung der Exkommunikation (Rom/Konstantinopel: 1965) auswirken, z. B. auf die wechselseitige Anerkennung der Taufe und anderer Sakramente?

Vielen von Ihnen werden meine Bemerkungen und naturgemäß offenen Anfragen nicht neu gewesen sein. Doch solange keine Lösungen gefunden sind, werden dieselben Fragen immer wieder aufkommen. Vielleicht läßt sich jetzt hier oder im privaten Gespräch etwas zu ihrer weiteren Klärung beitragen.

Heinz Ohme, Erlangen

Das kanonische Recht in der neueren orthodoxen Theologie und der ökumenische Dialog

„Im allgemeinen werden die kirchenrechtlichen Fragen bei dem Gespräch um die Einheit der Kirchen nicht besonders berücksichtigt, da man die Differenzen zunächst immer in der Dogmatik sucht." Diese Aussage von *R. Slenczka*[1] aus dem Jahre 1962 ist auch noch heute gültig, wenn man die Themen der bislang geführten Dialoge betrachtet.[2] Es fragt sich allerdings, ob dies weise und dem Selbstverständnis des orthodoxen Gesprächspartners letztlich angemessen ist. Ist doch das erste theologische Gespräch zwischen lutherischen und orthodoxen Theologen im 16. Jahrhundert so erfolglos wegen der unterschiedlichen Bewertung der kirchlichen Tradition geendet[3], die für Patriarch Jeremias II. (1536–1595) „die Gesamtheit der in seiner Kirche tradierten Glaubenssätze, rituellen und rechtlichen Vorschriften und liturgischen Bräuche, wie sie von den Ökumenischen und Partikularsynoden ... sowie von den Vätern festgelegt seien", umfaßte.[4] Damit aber war der gesamte Bestand des orthodoxen kanonischen Rechtes der Lehrüberlieferung der orthodoxen Tradition gleichgeordnet und seine Annahme zur Voraussetzung kirchlicher Einheit erhoben worden.

Die Frage der Bewertung und Einordnung des kanonischen Rechtes in der orthodoxen Kirche und Theologie und die neuere Diskussion hierüber sollten deshalb heute für eine realistische Begegnung mit der Orthodoxie im theologischen Dialog nicht außer Acht gelassen werden.

---

[1] R. Slenczka, Ostkirche und Ökumene, Die Einheit der Kirche als dogmatisches Problem in der neueren ostkirchlichen Theologie, Göttingen 1962 (= Forschungen zur syst. u. ökum. Theol. 9) 234.
[2] Für die Themen bis zum Jahre 1979 vgl. etwa: H. Ohme, Die theologischen Gespräche der Evangelischen Kirche in Deutschland mit orthodoxen Kirchen, in: Kirchliches Jahrbuch für die Evangelische Kirche in Deutschland 1979, Gütersloh 1979, 229–277; danach die Dokumentationen der Dialoge in den Beiheften zur Ökum. Rundschau.
[3] Vgl. hierzu jetzt: D. Wendebourg, Reformation und Orthodoxie. Der ökumenische Briefwechsel zwischen der Leitung der Württembergischen Kirche und Patriarch Jeremias II. von Konstantinopel in den Jahren 1573–1581, Göttingen 1986 (= Forschungen zur Kirchen- und Dogmengeschichte 37).
[4] A. a. O., 336.

Im folgenden soll der Versuch gemacht werden, diese Diskussion an einigen Beispielen vorzustellen und hinsichtlich der ökumenischen Konsequenzen zu würdigen.

I

Entscheidende Anstöße für eine Neubesinnung auf die Stellung und Bedeutung des kanonischen Rechtes in der orthodoxen Kirche erfolgten auf dem ersten Kongreß für orthodoxe Theologie, der im Jahre 1936 in Athen stattfand.[5] Sie sind mit den Stichworten „Revision" und „Kodifizierung" der Kanones und den Namen von *Hamilkar S. Alivisatos*[6] und *Valerian Sesan*[7] auf das engste verbunden.

Alivisatos forderte dort nachdrücklich eine Kodifizierung der Kanones, weil diese „viele überflüssige Wiederholungen" enthielten. Eine „Verkürzung und Zusammenfassung" sei deshalb wünchenswert. Darüberhinaus aber seien viele Kanones „heute nutzlos und unverwendbar", besäßen „nur historischen Wert" und seien in einem heutigen Corpus nur „störend."[8] „Eine systematische Ordnung der Kanones auf wissenschaftlicher Grundlage und eine Trennung der brauchbaren Ordnungen von den unbrauchbaren" sei „dringend notwendig." Ferner müsse „der autoritative Charakter der verschiedenen Kanones genau untersucht und nachgeprüft werden." Für diese Aufgabe solle eine „Kommission von Kirchenrechtlern" gebildet werden, die „die Arbeit der Kodifizierung der Kanones zu übernehmen" habe.[9]

Sesan stellte aus ähnlichen Gründen den Gedanken der „Revision der Kanones" an die erste Stelle, denn eine Kodifizierung allein wäre „nur halbe Arbeit."[10] Vielmehr stellte sich die grundlegende Frage, „ob nicht andere, neue Kanones ... zu erlassen wären."[11] Eine Revision jedenfalls müsse „alle kirchlichen Normen ins Auge fassen," also alle Kanones und Nomoi, die im sog. ‚Nomokanon in XIV Titeln' des Jahres 883, dem „Fundamental-Kodex" der Orthodoxie, Aufnahme gefunden hätten sowie auch die später von der Gesamtorthodoxie angenommenen

---

[5] Vgl. H. S. Alivisatos (Hrsg.), Procès-Verbaux du premier Congrès de Théologie Orthodoxe à Athènes 1936, Athènes 1939.

[6] Vgl. ders., „Die Kodifizierung der Kanones und ihre Bedeutung". a.a.O., 308–310 (künftig: Kodifizierung).

[7] Vgl. ders., „Revision der Kanones und anderer kirchlicher Normen, sowie deren Kodifizierung", 310–323 (künftig: Revision).

[8] Kodifizierung 309.

[9] Alle Zitate a.a.O.

[10] Revision 313.

[11] A.a.O., 311.

Normen.¹² Auch aus diesem Grunde ergebe sich „die unbedingte Notwendigkeit der Einberufung einer Panorthodoxen Synode."¹³ Für deren Programmpunkte sei „als einer der wichtigsten anzuführen: Die Kodifizierung der Kanones und anderer kirchlicher Normen unter Revision derselben hinsichtlich ihrer heutigen Geltung, sowie die Erlassung neuer Kanones."¹⁴

Für beide orthodoxe Theologen war die Geschichtlichkeit der Kirche und der damit gegebene „zeitgeschichtlich bedingt(e)"¹⁵ Charakter der Kanones selbstverständliche Voraussetzung ihres Denkens.¹⁶ Die grundsätzliche Frage nach der Veränderbarkeit der Kanones wurde von beiden bejaht. Eine Panorthodoxe Synode sei zu einer „Revision", „Abänderung", ja sogar „Abrogierung der von ökumenischen Synoden erlassenen Kanones" befugt.¹⁷

Ähnlich äußerte sich ebenfalls im Jahre 1936 *Nikolaj N. Afanas'ev*¹⁸, der den inzwischen eingetretenen fundamentalen Wandel der historischen Bedingungen des kirchlichen Lebens stark betonte.¹⁹ Die neuen historischen Lebensbedingungen forderten „creative canonical work. The church cannot live only by the existing canon law."²⁰ Denn dieses sei in Wirklichkeit „das Recht der byzantinischen Kirche, ergänzt durch Bestimmungen der Lokalkirchen."²¹ Deshalb seien die Kanones „relevant only for their own age."²²

Als bis zum Jahre 1970 in dieser Sache nichts erfolgt war, unternahm es der damalige Archimandrit²³ *Bartholomaios Archontonis*²⁴, dieses Anliegen mit neuen Impulsen zu versehen. Revision und Kodifizierung

---

¹² A. a. O., 321.
¹³ A. a. O., 312.
¹⁴ A. a. O., 312. Ähnlich auch: 295
¹⁵ Kodifizierung 309.
¹⁶ Revision 310 f.; ähnlich auch: 314.
¹⁷ A. a. O., 321.; genauso: 322.
¹⁸ Neizmennoe i vremennoe v cerkovnych kanonach, in: Živoe Predanie (= Prav. Mysl' Heft 3) 1937, 82–96, in englischer Übersetzung 1967 wiederveröffentlicht: The Canons of the Church: changeable or unchangeable, in: St. Vladimir's Seminary Quarterly 11 (1967) 54–68. Ich zitiere nach der englischen Fassung (künftig = Canons).
¹⁹ Canons 66.
²⁰ Ebd.
²¹ Ebd.
²² Canons 62.
²³ Mittlerweile ist Archontonis Metropolit von Chalkedon und nimmt damit nach dem Patriarchen die zweithöchste Position im Ökumenischen Patriarchat ein.
²⁴ In seiner Dissertation: Περὶ τὴν κωδικοποίησιν τῶν ἱερῶν κανόνων καὶ τῶν κανονικῶν διατάξεων ἐν τῇ Ὀρθοδόξῳ Ἐκκλησίᾳ (Über die Kodifizierung der Heiligen Kanones und der kanonischen Anordnungen in der orthodoxen Kirche), (= Analekta Vlatadon 6), Thessaloniki 1970, (künftig: Archontonis).

müßten auch nach ihm in folgenden Schritten parallel erfolgen[25]: 1. Verschmelzung aller gleichartigen Kanones; 2. Streichung von Kanones, die aus historischen oder praktischen Gründen nicht mehr zu gebrauchen sind; 3. Modifizierung einiger Kanones nach neuen kirchlichen Einsichten; 4. Harmonisierung des kanonischen Rechts mit den staatlichen kirchlichen Anordnungen.[26]

Betrachtet man nun die mittlerweile definitiv aufgestellte Tagesordnung der in Vorbereitung befindlichen „Heiligen und Großen Synode der Orthodoxen Kirche,"[27] so ist deutlich, daß diese Synode zwar rechtssetzenden Charakter haben wird. Vom Projekt einer Kodifizierung der Kanones ist jedoch nicht mehr die Rede. Eine Verschmelzung gleichartiger Anordnungen wird nicht mehr angestrebt, und eine Streichung „unbrauchbarer" Kanones ist gar kein Thema mehr. Der faktische Bestand des orthodoxen kanonischen Rechts scheint demnach in seinem Wortlaut nicht angerührt werden zu sollen. Es wird deshalb nicht übertrieben sein, wenn man das Programm der „Kodifizierung und Revision" als von der Gesamtorthodoxie nicht rezipiert betrachten.

II

Gleichwohl ist das Bewußtsein für die Tatsache eines mit dem unveränderten Bestand des kanonischen Rechts gegebenen immensen hermeneutischen Problems bei nicht wenigen Theologen verbreitet. Es sind vor allem drei Ansätze, die hier nur kurz angedeutet werden können:

a) Eine Differenzierung von Kanones mit „dogmatisch-symbolischem Inhalt" und Kanones disziplinären und verwaltungsmäßigen Charakters, die vor allem *Joannes Karmiris* verfochten hat. Dies bedeutet faktisch eine Abstufung innerhalb des kanonischen Materials.[28] Denn allein Kanones „dogmatisch-symbolischen Charakters" hätten demnach Anteil an der Gültigkeit der dogmatischen Beschlüsse von

---

[25] Archontonis 69.
[26] Archontonis 70–73.
[27] Vgl. dazu etwa: Damaskinos Papandreou, Metropolit der Schweiz, Überlegungen zu der aktuellen vorkonziliaren Etappe des heiligen und großen Konzils der Orthodoxen Kirche, in: Münchener Theologische Zeitschrift 37 (1986) 65–74.
[28] J. N. Karmiris, Abriß der dogmatischen Lehre der Orthodoxen Katholischen Kirche, in: P. Bratsiotis (Hrsg.), Die Orthodoxe Kirche in griechischer Sicht, Stuttgart ²1970, 15–120.23; genauso: ders., Τὰ Δογματικὰ καὶ Συμβολικὰ Μνημεῖα τῆς Ὀρθοδόξου Καθολικῆς Ἐκκλησίας Bd. I, Athen ²1960, 17 (künftig: Mnemeia). Nach ihm spricht die Kirche „nur in dogmatischen Beschlüssen derselben (d. h. der 7 ökumenischen Synoden) ewige Gültigkeit, absoluten Wert, autoritativen, katholischen und verpflichtenden Charakter" zu.

ökumenischen Synoden.²⁹ Diese Unterscheidung ist nun allerdings auf scharfen Widerspruch gestoßen.³⁰

b) Der heute oft anzutreffende Sprachgebrauch von der „Kanonizität" und dem „Kanonischen Bewußtsein" der Kirche. Er wird z. B. von Metropolit *Maximos von Sardeis* propagiert.³¹ Dieses „Kanonische Bewußtsein" sei freilich nicht in den Texten der Kanones zu suchen! Vielmehr könne es nur „in der Lehre der Dogmen von der Kirche" gefunden werden.³² Die Kanones werden hier zu „Modellen", die „Zugang zum Verständnis ... Leitlinien der kirchlichen Normsetzung" eröffnen.³³ Es sei durchaus zu unterscheiden zwischen „grundlegenden" und „allgemeingültigen" Kanones und solchen, die nur zeitgebundenen Umständen entsprungen sind, dem „Geist des Gesetzes" und seiner „Form". Damit aber kommt der Praxis der Kirche und dem kirchlichen „Brauch" entscheidende Bedeutung zu: „Das Maß der kirchlichen Gestaltung ist also nicht der Buchstabe des Kanons, sondern das lebendige Zeugnis der Überlieferung der Kirche, wie es sich ihrem Leben und ihrer Praxis eingeprägt hat."³⁴

Es sind freilich nicht wenige Fragen, die hier unbeantwortet bleiben oder gar nicht erst in den Blick geraten. Denn es bleibt unklar, welche Kriterien existieren um zu entscheiden, was zur historisch bedingten „Form" einzelner Kanones gehört und was zu deren „Wesen". Oder was soll etwa geschehen, wenn Praxis und Brauch der orthodoxen Lokalkirchen oder der Gesamtorthodoxie in ihrer Geschichte uneinheitlich sind? Es ließen sich dafür ja nicht nur Beispiele aus früheren Jahrhunderten anführen.³⁵ Darf man dann etwa den Schluß ziehen, daß das

---

²⁹ Mnemeia 29.19.

³⁰ Bei Afanas'ev: „There are no decrees in canonical literature which ... we would be able to label ‚fundamental'". Denn Kanones „do not establish the basic order" der Kirche, dies sei allein den Dogmen über die Kirche vorbehalten. „The truth that canons express is in itself absolute, but the content of canons is not the truth itself, but the mode through which this truth must be expressed in a given historical form of the Church's life. Canons express the eternal in the temporal." (Canons 60.62)

³¹ In seinem offiziösen Werk über das Ökumenische Patriarchat: Das Ökumenische Patriarchat in der orthodoxen Kirche (Dt. Fassung des gr. Originals von 1972), Freiburg. Wien. Basel 1980 (künftig: Patriarchat). 340.

³² Ebd.

³³ Patriarchat 344.

³⁴ Patriarchat 349.

³⁵ In der Gegenwart ist z. B. auf die Wiedertaufpraxis in Jurisdiktionsgebieten des Ökumenischen Patriarchates (z. B. Hl. Berg Athos) hinzuweisen, die zu gegenteiligen Beteuerungen in der westlichen Diaspora im Gegensatz steht. Zur geschichtlich wechselhaften Haltung der Orthodoxie zum Problem der Wiedertaufe vgl. D. Wendebourg, Taufe und Oikonomia. Zur Frage der Wiedertaufe in der Orthodoxen Kirche, in: Kirchengemeinschaft – Anspruch und Wirklichkeit (FS G. Kretschmar, Hrsg. v. W. D. Hauschild, C. Nicolaisen u. D. Wendebourg) Stuttgart, 93–116.

kanonische Bewußtsein der Orthodoxie an dieser Stelle gespalten ist? Es hat jedenfalls den Anschein, daß sich die geschichtliche Fragestellung nicht so einfach umgehen läßt, denn für manche heutige Praxis stellt sich dann doch die Frage, *welche* Praxis *welcher* Jahrhunderte eigentlich *heute* gelten soll. Dies betrifft ja durchaus auch das Verhältnis der orthodoxen Kirchen zueinander in nicht unbedeutenden Fragen. Man denke etwa an die Probleme, die mit der heutigen Geltung und Interpretation von can. 28 von Chalkedon verbunden sind.[36] Was eigentlich gehört z. B. an diesem Kanon *nicht* zur historisch bedingten „äußeren Form", sondern ist sein „Geist" und sein „Wesen", wenn doch seine Anwendung in der kirchlichen Praxis milde ausgedrückt umstritten ist? Deutlich ist jedenfalls soviel, daß mit der Konzeption des „Kanonischen Bewußtseins" die hermeneutische Problematik des kanonischen Rechts in die Praxis verlegt wird. Es drängt sich dabei für den nichtorthodoxen Beobachter nicht der Eindruck auf, daß die Uneinheitlichkeit des kanonischen Wortlautes dabei durch eine einheitliche Praxis ausgeglichen werden kann. Schließlich stellt sich nachdrücklich die Frage, welche Instanz denn bindend – gerade auch in Fällen unterschiedlicher kirchlicher Praxis – dem „Kanonischen Bewußtsein" Ausdruck verleihen soll?

c) Der Ansatz bei einer starken Betonung der sog. „*Oikonomia.*"[37] *Anastasios Kallis* z. B. geht in seinem für Nicht-Orthodoxe gedachten „einführenden Einblick in die Orthodoxie"[38] auf die Bedeutung des kanonischen Rechts überhaupt nur unter dem Leitgedanken der „Oikonomia" ein.[39] Kallis geht sogar soweit, die Oikonomia „eigentlich nicht als eine kirchenrechtliche Kategorie, als eine kanonische Verhaltensregel für Ausnahmefälle" zu bezeichnen.[40] Vielmehr sei sie ein „pastoral-soteriologisches Prinzip kirchlichen Handelns."[41] Es sei „der Kirche nicht nur erlaubt, von der strengen Einhaltung der kirchlichen Vorschriften abzuweichen, sondern sie ist dazu verpflichtet."[42] Oikonomia und Akri-

---

[36] Zum historischen Konflikt um diesen Kanon vgl. z. B.: F. Dvornik: Byzanz und der Römische Primat, Stuttgart 1966, 52–63; S. Runciman: Das Patriarchat von Konstantinopel vom Vorabend der türkischen Eroberung bis zum griechischen Unabhängigkeitskrieg, München 1970, 309–326.

[37] Zur Fülle der Literatur zu diesem Thema vgl.: Y. Congar, Propos en vue d'une théologie de l'Économie dans la tradition latine, in: Irénikon 45 (1972), 179 Anm. 2; M.-M. Garijo-Guembe, Bibliographia fundamental sobre el tema de la „Economia", in: Diálogo Ecuménico 10 (1975) 639–644; E. Chr. Suttner, Ökonomie und Akribie als Normen christlichen Handelns, in: Ostkirchliche Studien 25 (1975) 15–26.

[38] Orthodoxie – Was ist das?, Mainz 1979, 8 (künftig: Orthodoxie).

[39] In dem Abschnitt: „Oikonomia – ein Prinzip der Freiheit", a. a. O., 57–61.

[40] Ebd.

[41] Orthodoxie 60.

[42] Orthodoxie 59.

beia sind für ihn nicht „zwei äquipolente Begriffe des Kirchenrechts", wie er gegenüber dem allerdings zugegebenermaßen „allgemeinen kirchlichen Sprachgebrauch" betont.[43] Deutlich ist, wie hier das hermeneutische Problem nun in die seelsorgerliche Praxis im engeren Sinne verlegt wird. Es ist der Bischof, in dessen Person gewissermaßen alle genannten hermeneutischen Fragen und Probleme akkumulieren und von dessen „pastoral-soteriologischem" Handeln anscheinend die Lösung aller Probleme erwartet wird.

Dasselbe läßt sich auch bei *Christos Yannaras* in seiner Darstellung der orthodoxen Ethik „The freedom of Morality"[44] feststellen.[45] Bei Yannaras wird nun darüberhinaus der Hinweis auf die Vollmacht des Bischofs in *prinzipiellem* Gegensatz zu jeder historisch-kritisch begründeten Revision oder Kodifizierung der Kanones gebracht. Denn der „kontingente Charakter" vieler Kanones sei dem Leben der Kirche allein angemessen und werde sachgemäß als „The miracle of their antinomy" beschrieben. Dieses „miracle" wird zu einem *ontologischen Wesensmerkmal* orthodoxen kanonischen Rechtes erhoben, das keinesfalls einer Kodifizierung zum Opfer fallen dürfe.[46] Es fällt auf, wie bei Yannaras jeder Versuch einer systematisierenden Revision und Kodifizierung rundweg mit einer legalistischen Anwendung der Kanones identifiziert wird.

Im Ergebnis bleibt in dieser Konzeption jedenfalls der historisch gewachsene Bestand des orthodoxen kanonischen Rechtes in seinem Wortlaut unangetastet. Seine Widersprüche werden nun sogar in der „Ontologie der Kirche" verankert und zum Wesensmerkmal orthodoxer Ekklesiologie erklärt.

Ganz abgesehen davon, ob hier nicht dem einzelnen Bischof eine beträchtliche Bürde auferlegt wird[47] und die Frage der Einheitlichkeit des kirchlichen Handelns so offen bleiben muß, bringt doch der somit unverändert beibehaltene Bestand der Kanones es unweigerlich mit sich, daß der Wortlaut von Kanones gegen die bischöfliche Auslegungs- und

---

[43] Orthodoxie 58 f.; dieser ist nun allerdings als allg. verwendet zu betrachten. Vgl.: Metropolit Panteleimon Rhodopoulos, Μαθήματα Κανονικοῦ Δικαίου, Thessaloniki 1986, 122 (künftig: Mathimata).

[44] New York 1984 (künftig: Freedom). Es handelt sich um die englische Übersetzung von: Ἡ ἐλευθερία τοῦ ἤθους, ³Athen 1989.

[45] Etwa wenn Yannaras feststellt: „It is he who interprets the canons, applies them, and supplements them or sets them aside, because ... he holds the position of Christ." (Freedom 192).

[46] Eine Kodifizierung könne kaum zuwege gebracht werden „without ... even destroying the ontological content of the ‚semantics' of the canons." (Ebd.).

[47] Gerade diese von den Bischöfen tatsächlich empfundene Bürde war das seelsorgerliche Anliegen aller auf eine Revision hinarbeitenden Theologen. Vgl. Alivisatos, Kodifizierung 309.

Anwendungspraxis unter Berufung auf die zu wahrende Tradition ins Feld geführt wird.[48] Damit birgt diese Konzeption aber die latente Möglichkeit einer Förderung des Unfriedens in der Kirche durch Berufung auf den Wortlaut der Kanones mit letztlich sogar schismatischen Konsequenzen in sich.[49] Die Konzeption von Yannaras scheint mit jener „ultra-konservativen" Haltung zu konvergieren, die in den anstehenden Fragen wohl als die herrschende bezeichnet werden kann.

III

Die Klassifizierung „ultra-konservativ" stammt von Metropolit Maximos von Sardeis.[50] Als ihr Charakteristicum wird von ihm die Bestreitung jeder Möglichkeit der Veränderung oder Anpassung der Kanones genannt unter Berufung auf can. 2 des Concilium Quinisextum (692) und c. 1 des VII. ökumenischen Konzils (787), eine These, die er als „irrig" bezeichnet.[51] Scheinbar selbstverständlich wird von verschiedenen Autoren die weite Verbreitung der gleichzeitig als „legalistisch" und „ultra-konservativ" bewerteten Position hervorgehoben.[52] Sie soll hier anhand einer der jüngsten Darstellungen des kanonischen Rechtes durch einen griechischen Kirchenrechtler exemplarisch skizziert wer-

---

[48] Yannaras selbst kommt zu dieser Schlußfolgerung, wenn er formuliert: „At the same time, because the canons delimit the life of the Church, it is they that indicate also whether the bishop is representing her truth genuinely or unworthily" (Freedom 193).

[49] Man denke etwa daran, wie die Einführung des Gregorianischen Kalenders in einigen orthodoxen Kirchen zu beträchtlichen Abspaltungen innerhalb dieser Kirchen geführt hat. Vgl. hierzu etwa B. Spuler, Gegenwartslage der Ostkirchen, Frankfurt ²1968, 210f. In gleicher Weise wird das offizielle ökumenische Engagement der orthodoxen Kirchen im Ökumenischen Rat der Kirchen von manchen mit dem Hinweis auf die Häretikerkanones der Tradition und das Verbot des gemeinsamen Gebetes durch can. 33 von Laodikeia prinzipiell in Frage gestellt.

[50] Patriarchat 334ff. Namentlich ordnet er seiner eigenen Position allein Archontonis und den Konstantinopeler Kirchenrechtler A. Christodoulos (Δοκίμιον Ἐκκλησιαστικοῦ Δικαίου, Konstantinopel 1896) zu, aus dessen Werk er mehrfach seitenweise zitiert. Vgl. z. B. 337ff. 343ff.

[51] Patriarchat 340. Ähnlich hatte auch Archontonis diese Position charakterisiert und ergänzt, daß hier die Kanones „buchstäblich" genommen würden und als „positive Gesetze mit überall und zu allen Zeiten unangreifbarer, unerschütterlicher und unveränderlicher Autorität" betrachtet würden. (Kodifizierung 23).

[52] Kallis etwa spricht von einer „verhängnisvollen Entwicklung in der Kirche", „die ... das Gesetz zur Grundlage ihres Handelns erklärt hat" und von einem „Vorherrschen des Gesetzesdenkens" (Orthodoxie 59). Bei Yannaras vgl. Freedom 188. Afanas'ev zielt mit seinem gesamten Aufsatz gegen die „doctrine of the immutability of the canons, which we often come across at the present time" (Canons 65). Als einen ihrer Kernpunkte betrachtet Afanas'ev die Zuordnung der Kanones zum „ius divinum", eine Kategorie, deren Berechtigung er prinzipiell bestreitet, vgl. Canons 56. 60.

den. Es handelt sich um das 1988 in Athen erschienene Werk von *Panagiotis I. Boumis,* Κανονικὸν Δίκαιον Α'.[53]

Die Frage nach der Gültigkeit der Kanones beantwortet Boumis[54] sogleich mit dem Verweis auf das Selbstzeugnis der kanonischen Tradition, nämlich auf can. 2 des Quinisextums und can. 1 des Nicänum II.[55] Den Kanones insgesamt käme absolute Rechtsgültigkeit („ἀπόλυτον κῦρος") zu, weil sie die Beschlüsse von ökumenischen Synoden seien.[56] Und weil diese unfehlbar seien, seien auch „alle von ökumenischen Synoden festgesetzten Kanones unfehlbar."[57] Grundsätzlich wird hier also die Autorität, Unveränderbarkeit und Unfehlbarkeit der Kanones aus jener der ökumenischen Synoden abgeleitet. Die Kanones „enthalten die Wahrheit"[58], weil der „Geist der Wahrheit" die Synoden zu ihrer Festsetzung erleuchtet habe.[59] Als solche trügen sie zurecht die Bezeichnung „göttliche Kanones"[60] und seien das „göttliche Recht."[61] Von daher ist für Boumis dann auch jede Unterscheidung von Kanones dogmatisch-religiösen Inhalts und solchen der kirchlichen Verwaltung prinzipiell inakzeptabel. Das gleiche betreffe die Differenzierung von grundlegenden und nicht-grundlegenden Kanones.[62]

Von der ewigen Rechtsgültigkeit der Kanones (κῦρος) zu unterscheiden sei weiterhin deren aktuelle Rechtskraft (ἰσχύς) in der konkreten Anwendung durch die Kirche.[63] Das seelsorgerliche Institut der ‚Oikonomia'[64] sei eine zeitweilige Suspendierung der Rechtskraft (ἰσχύς) eines Kanons[65], keineswegs aber eine Aufhebung der ewigen Rechtsgültigkeit (κῦρος) desselben.[66] Deshalb dürften beide Begriffe nicht identifiziert oder vertauscht werden. Lasse sich ein Kanon z. B. zeitweilig

---

[53] (künftig: Dikaion) Die in unserem Zusammenhang besonders interessierenden Ausführungen hat der Verf. bereits 1982 gesondert unter dem Titel publiziert: Τὸ κῦρος καὶ ἡ ἰσχὺς τῶν ἱερῶν κανόνων, Athen 1982 (künftig: Kyros). Sie sind wörtlich in das vorgenannte Werk eingeflossen.

[54] Bei den meisten der von ihm vertretenen Positionen verweist Boumis als Kronzeugen auf die Werke seines Vorgängers auf dem Athener Lehrstuhl für Kanonisches Recht K. Mouratides.

[55] Während der erste den Bestand des Kanonischen Rechtes festlege, würde der zweite jede Verfälschung und Veränderung der Kanones verbieten, Kyros 10; Dikaion 10–12.

[56] Kyros 10.
[57] Kyros 12; Dikaion 16.
[58] Ebd.
[59] Kyros 11.
[60] Dikaion 24.
[61] Dikaion 77.
[62] Dikaion 18.
[63] Kyros 17 ff.
[64] Kyros 18; Dikaion 54–71
[65] Kyros 18.
[66] Kyros 22.

nicht anwenden, so bedeute dies keinesfalls, daß damit auch dessen ewiges ‚Kyros' aufgehoben sei. Es sei ja nicht ausgeschlossen, daß die Kirche in der Zukunft zum Nutzen der Gläubigen die Rechtskraft dieses Kanons wieder erneuere.[67]

So wendet sich Boumis nun auch prinzipiell gegen die Meinung, daß die Kanones vorläufig (προσωρινοί) seien und heute unanwendbar geworden wären. Wenn mancher Kanon heute nicht mehr angewendet werden könne, so bedeute dies ja nur, daß „die Menschen sich heute so weit vom Richtigen entfernt hätten."[68] Jeder nur scheinbare Widerspruch werde nämlich hinfällig, wenn der Ausleger als Voraussetzung der Auslegung die Erleuchtung des Hl. Geistes erflehen würde und Demut, Buße, Liebe – auch eine philologische Qualifizierung – mitbrächte[69] und darüber hinaus die richtigen Prinzipien der Hermeneutik und Harmonisierung der Kanones beachten würde.[70]

Als nicht-orthodoxer Beobachter ist man nun doch nicht wenig überrascht, wie hier zu allen bislang dargestellten Versuchen der Anpassung des kanonischen Rechts an die heutigen Lebensbedingungen der Kirche eine radikale Gegenposition bezogen wird. Es scheint fast keine der bisher angesprochenen Fragen zu geben, in der hiernach ein Konsens orthodoxer Theologie festgestellt werden kann.

Die Forderung nach Revision der Kanones steht gegen die These ihrer absoluten Geltung, unveränderbaren Natur und Unfehlbarkeit; die Konstatierung unaufhebbarer Widersprüche zwischen einzelnen Kanones gegen die Möglichkeit der Harmonisierung von in jedem Fall nur scheinbaren Widersprüchen; das buchstäbliche Beharren auf dem kanonischen Wortlaut gegen eine Sicht der Kanones als Modelle und Quelle zur Gewinnung von Kriterien für kirchliches Handeln heute; die Gleichstellung und -gewichtung von Dogma und kanonischem Recht gegen eine deutliche Nachordnung der Kanones; die unterschiedliche Gewichtung innerhalb des kanonischen Materials gegen die absolute

---

[67] Dies sei immer die Praxis der Kirche gewesen, wie die häufige Erneuerung von früheren Kanones durch nachfolgende Synoden mit der Formel „ἀνανεοῦμεν" beweise: Kyros 22f; Dikkaion 74. Zu dieser Praxis vgl. z.B. can. 3 des Quinisextum und can. 6 von 787. Für Archontonis (22) ist demgegenüber gerade die häufige „Erneuerung", „Bestätigung" und „Anerkennung" früherer Kanones durch die spätere Synoden Indiz für die nichtewige Autorität derselben.

[68] Kyros 24; Dikaion 76.

[69] Dikaion 80f.

[70] Dikaion 82–86. Als solche nennt er u.a.: Das Recht ökumenischer Synoden bricht das Recht von Lokalsynoden; die richtige Zuordnung einer Anordnung zur entsprechenden Phase der Heilsgeschichte; die Unterscheidung, ob es sich um einen Kanon der Akribie oder der Ökonomie handele; die Beachtung der Ökonomie bei kanonisch divergierenden Bußstrafen (Epitimien); die Möglichkeit der späteren ‚Anreicherung' einer kanonischen Bestimmung u.a.m.

Gleichrangigkeit jedes Beschlusses eines ökumenischen Konzils; die Qualifizierung des gesamten kanonischen Bestandes als ius divinum gegen die prinzipielle Infragestellung dieser Kategorie.[71]

Der allem letztlich zugrundeliegende Gegensatz scheint mir dabei allerdings in einer sehr unterschiedlichen Bewertung des historisch-kritischen Denkens zu liegen. Während für die einen der historische Zugang für das Verständnis des kanonischen Materials und seine Einordnung selbstverständliche Voraussetzung war, fehlt das Verständnis für diese Kategorie in der von Boumis vertretenen Richtung anscheinend. Sie spielt weder bei seinen hermeneutischen Erwägungen eine Rolle, noch scheint sie auf seine prinzipiellen Aussagen zur Bedeutung der Kanones einzuwirken.

Damit aber sind wir bei der grundlegenden Frage nach dem Verhältnis von kanonischem Recht und orthodoxem Traditionsbegriff angelangt, der der letzte Abschnitt gewidmet sein soll.

IV

Als im Jahre 1959 die Evangelische Kirche in Deutschland ihr erstes theologisches Gespräch mit der Russischen Orthodoxen Kirche begann, ordnete dort *Vladimir Talysin*[72] der „Heiligen Überlieferung" auch die „Apostolischen Regeln (bzw. Apostolischen Kanones)" und die „Bestimmungen und Regeln der ökumenischen Synoden und einiger Landessynoden (Lokalsynoden)" zu.[73] Talysin identifiziert hierbei die „Heilige Überlieferung" mit der „Apostolischen Überlieferung", die er andererseits aber von der „Kirchlichen Überlieferung" und dem „Kirchlichen Brauch" unterscheidet.[74] Das kanonische Recht ordnet

---

[71] Durch Afanas'ev, auf dessen Ablehnung dieser Kategorie und seine Begründung hier nur hingewiesen werden kann, Vgl. o. Anm. 52.

[72] In seinem Referat über „Die Kirchliche Überlieferung", in: Tradition und Glaubensgerechtigkeit. Das Arnoldshainer Gespräch zwischen Vertretern der Evangelischen Kirche Deutschlands und der Russischen Orthodoxen Kirche vom Oktober 1959, hrsg. v. Außenamt der Evangelischen Kirche in Deutschland, Witten 1961, 13–20 (künftig: Talysin).

[73] Talysin 16. Gemeint und parallelisiert sind damit offensichtlich die Horoi und Kanones der ökumenischen Konzilien. Weiterhin sei die „Heilige Überlieferung" enthalten in den Glaubenssymbolen, den Liturgien, den Märtyrerakten und alten Kirchengeschichten, den Werken der Väter und Lehrer der Kirche und in der ganzen alten Praxis der Alten Kirche.

[74] „Da die Heilige Überlieferung den Menschen durch die Apostel übergeben wurde, so wird sie anders auch Apostolische Überlieferung genannt. Aber von ... (ihr) muß man die Kirchliche Überlieferung unterscheiden. Nämlich, während Quelle der Heiligen

Talysin demnach dem Bereich der Apostolischen oder Heiligen Überlieferung zu, wobei er allerdings hervorhebt, daß „natürlich ... nicht alles das, was in den ... aufgestellen Quellen ... der Heiligen oder Apostolischen Überlieferung enthalten ist, deshalb auch schon Apostolische Überlieferung" sei.[75]

Solche Differenzierung innerhalb der Tradition ist nun allerdings keineswegs allgemein rezipiert. Boumis z. B. redet nur von der „Kirchlichen Überlieferung", die die Grundlage jeder Orthodoxie „und Orthopraxie" sei und in den Dogmen und den Kanones bestehe.[76] Und Metropolit *Panteleimon Rhodopoulos* benutzt in seinem Lehrbuch des kanonischen Rechts nur den Begriff der „Heiligen Tradition", zu der die Kanones gehören.[77] Für beide ist damit eine Unterscheidung zur „Apostolischen Tradition" nicht gegeben.

Nun ist von orthodoxer Seite jüngst das Traditionsverständnis in der orthodoxen Theologie eingehend untersucht und dabei „Uneinigkeit" festgestellt worden.[78] *Viorel Mehedinţu* war dabei besonders daran interessiert, eine „Überwindung des Traditionsverständnisses als Ergänzung der Schrift" in der neueren orthodoxen Theologie herauszuarbeiten. Ihm gelingt dabei jedoch nur der Nachweis, „daß die Ergänzung der Schrift durch die Tradition nicht dogmatischen Charakters ist" und „bis in die dogmatischen Konsequenzen nicht aufrechterhalten werden kann." Für den gottesdienstlich-rituellen und organisatorisch-kanonischen Bereich ist die Ergänzungsthese – auch nach der Meinung Mehedinţus' – „berechtigt und nachweisbar."[79] Demnach scheint es wohl als opinio communis orthodoxer Theologie betrachtet werden zu müs-

---

Überlieferung der Wille Gottes ist, so ist Quelle der Kirchlichen Überlieferung der Wille der Kirche selbst", a.a.O., 15.

[75] Talysin 18. Vielmehr bedürfe es bestimmter „Kennzeichen" innerer und äußerer Art, um die Apostolische Überlieferung näher einzugrenzen. (ebd.) Als solche nennt Talysin sodann: Innere Widerspruchsfreiheit und Widerspruchsfreiheit zu unzweifelhafter Apostolischer Überlieferung und zur Hl. Schrift; und als äußere Kennzeichen: was auf apostolische Zeiten zurückgeführt werden kann; was alle oder viele Lehrer des 3., 4., und 5. Jahrhunderts einstimmig als Apostolische Überlieferung bezeichnen; woran sich die ganze ökumenische Kirche hält.

[76] Vgl. z. B. Dikaion 52f.

[77] „Wie bekannt bildet die Lehre (διδασκαλία) der ökumenischen Synoden einen Teil der Heiligen Tradition, die mit der Hl. Schrift zugleich Quelle der göttlichen Offenbarung ist und gleicher Autorität mit ihr. Folglich bilden auch die Heiligen Kanones, sofern sie von einem ökumenischen Konzil herausgegeben und mit ‚Kyros' versehen wurden, einen Teil der Heiligen Tradition, die gemeinsame Quelle der göttlichen Offenbarung aller orthodoxen Teilkirchen ist." Vgl. Mathimata 130.

[78] V. Mehedinţu, Offenbarung und Überlieferung (= Forschungen zur Systematischen und Ökumenischen Theologie 40), Göttingen 1980, 237 (künftig: Überlieferung).

[79] Überlieferung 248.

sen, daß dem kanonischen Recht als Bestandteil der ‚Heiligen Überlieferung' ergänzender Charakter zur Hl. Schrift zukommt.

Es scheint mir deshalb ein Manko der Untersuchung von Mehedinţu zu sein, daß er die Überlieferung fast ausschließlich als *Lehr*-Überlieferung der Kirche begreift, evtl. noch die liturgische Tradition hinzunimmt, aber den gesamten Bereich der Kirchenordnung und der Kanones aus dem Blick verliert. Dies mag auch mit seiner starken Betonung des „liturgisch-sakramentalen und charismatischen Charakter(s) der Tradition" zusammenhängen.[80]

Dieses Traditionsverständnis hat bekanntlich besonders nachdrücklich *George Florovsky* verteten.[81] Damit ist für Florovsky die Tradition nicht ein Problem von feststehenden Begriffen oder schriftlich fixierter Überlieferung.[82] Dieses Traditionsverständnis aber hat nun zur Folge, daß im gesamten Werk von Florovsky mit seiner kaum überschaubaren Menge von Publikationen[83] keine nähere Auseinandersetzung mit der Frage des kanonischen Rechts stattfindet und eine Unterscheidung von Apostolischer und Kirchlicher Überlieferung letztlich vermieden wird. So kommt zwar auch Mehedinţu zu dem Ergebnis,. daß „bei aller Identität des Inhaltes ... zwischen beiden auch wesentliche Unterschiede" bestehen.[84] Um welche „wesentlichen" Unterschiede es sich jedoch dabei handelt, läßt er den Leser im Unklaren. Auch für ihn gilt grundsätzlich, daß zwischen beiden „kein inhaltlicher Unterschied", sondern nur einer „formaler Art" bestehe.[85]

Für den weiteren Verlauf des ökumenischen Gespräches wird dieses Thema von großer Bedeutung sein müssen, sind doch dabei bekanntlich

---

[80] Vgl. Überlieferung 255–275.

[81] Er definiert Tradition als „die fortwährende Leitung und Erleuchtung des Geistes im Sein und in der Erfahrung der Kirche", als „Gedächtnis" oder „Bewußtsein" der Kirche. Vgl. Art. Tradition, in: Weltlichenlexikon. Handbuch der Ökumene, hrsg. v. F.H. Littell u. H.H.Walz, Stuttgart 1960, 1469–1475.1473 und als „charismatisches Prinzip" (le Corps du Christ Vivant, in: La Sainte Église Universelle – Confrontation Œcuménique, hrg. v. G.Florovsky u.a., Neuchâtel 1948, 9–57.41. Zu dem Gesamtwerk Florovskys vgl. jetzt die systematische Darstellung durch Chr. Künkel, Totus Christus. Die Theologie Georges V. Florovskys, Diss. Erlangen 1989 (Künftig: Künkel). Zu Florovskys Traditionsbegriff im einzelnen vgl. Künkel, Abschnitt 5.4.1

[82] „Die Kirche ist durch den Buchstaben nicht gebunden. Vielmehr wird sie ständig durch den Geist vorwärts bewegt", St. Gregory Palamas und the Tradition of the Fathers (1959), in: Collected Works I, Belmont, Mass. 1972, 105–120.106. Vgl. Künkel 200.

[83] Vgl. hierzu Künkel, Abschnitt V.1 und 2.

[84] Überlieferung 279.

[85] Überlieferung 277. Wenn Mehedinţu dabei feststellt: „Gerade ... weil es stimmt, daß die orthodoxe Kirche die Tradition der altkirchlichen Kirche treu bewahrt hat, sollte die orthodoxe Theologie es als ihre Aufgabe betrachten, in historisch-kritischen Untersuchungen diese ihre Überzeugung unter Beweis zu stellen" (279), kann man ihm nur beipflichten.

die Fragen der Kirchenordnung und Kirchenverfassung von hervorgehobener Bedeutung. Wenn etwa von dem Kirchenrechtler und vormaligen Erzbischof von Athen, *Hieronymos Kotsonis,* festgestellt wurde,[86] daß der Gesamtbestand des kanonischen Rechts der Orthodoxie[87] „allgemeine, ökumenische Geltung" hätte, ist nunmehr Klarheit darüber zu gewinnen, ob diese „ökumenische Geltung" die Grenzen der orthodoxen Ökumene übersteigen soll. Eine innerorthodoxe Klärung des Traditionsbegriffs hinsichtlich der Rolle und Stellung des kanonischen Rechts in ihr scheint somit ökumenisch äußerst wünschenswert zu sein.

Damit verbunden aber ist die Frage nach dem Recht und der Bedeutung des historisch-kritischen Denkens in der Kirche. Die von namhaften orthodoxen Theologen dieses Jahrhunderts mit scheinbarer Selbstverständlichkeit vertretene Überzeugung, daß die Kirche in ihrer Existenz historischen Bedingungen unterworfen und deshalb ihre normsetzenden Lebensäußerungen auch im Kontext historischen Denkens hermeneutisch einzuordnen seien, scheint heute in Frage gestellt zu sein und zu einer Tendenz dogmatischer Ontologisierung der Geschichte in starker Spannung zu stehen. Für den heutigen ökumenischen Dialog aber ist die Frage nach dem geschichtlichen und kulturellen Kontext des Lebens der Kirche unabdingbar. Für evangelische Theologie jedenfalls werden – um es zugespitzt zu formulieren – nur die Normen und Richtlinien apostolischer Überlieferung ökumenisch verbindlich sein können, nicht jedoch die Rechtssetzungen des byzantinischen kanonischen Rechts.

---

[86] Vgl. ders., Verfassung und Aufbau der Orthodoxen Kirche, in: Die Orthodoxe Kirche in griechischer Sicht, hrsg. v. P. Bratsiotis, Stuttgart ²1970, 170–175. 170.

[87] Nämlich: „die Kanones der ökumenischen Synoden und die von der sechsten ökumenischen Synode bestätigten Kanones einiger Partikularsynoden und Väter" (ebd.)

Wacław Hryniewicz OMI, Lublin

Ecumenical lessons from the past: soteriological exclusivism at the basis of uniatism

In the unionist movement among Ruthenians, especially in the 16th and 17th centuries, a considerable role was played, on the theological level, by soteriological exclusivism, i.e. by a rigid confessionalist interpretation of the axiom *extra Ecclesiam nulla salus*. Such exclusivism had permeated Latin theological thinking since the Middle Ages. A careful analysis of the sources of those times can show us to what extent it had also influenced the theological evolution of the Uniates themselves. The Orthodox, in their opposition to the Union of Brest (1596), were not free of the same sort of exclusivism either. Dealing today with the difficult question of so-called "uniatism", one has to bear in mind its soteriological and ecclesiological presuppositions. A detailed theological analysis of them, on the basis of the sources, is the task of this paper.

I. Extra Ecclesiam Romanam nulla salus

A strictly confessionalist interpretation of the ancient axiom *extra Ecclesiam nulla salus* was adopted in the official teaching of the medieval Latin Church. The IV Lateran Council (1215) stated generally: "There is one universal Church of the faithful, outside which no one whatever is saved."[1] Pope Boniface VIII in his bull *Unam Sanctam* (1302) stressed not only the necessity of the Church for salvation, but linked it very closely with subordination to the bishop of Rome: "We declare, define and pronounce that for every human creature to be submitted to the Roman Pontiff is simply a necessity of salvation."[2] The same reference to the pope is also evident in the statement of Clement VI (1351), for whom "the Roman Church" *(Ecclesia Romana)* is "the only one Catholic Church" *(quae una sola catholica est);* consequently

---

[1] DS 802.
[2] DS 875.

"being outside the faith of the same Church and the obedience of the Roman Pontiffs, no man among the pilgrims can finally be saved."[3]

Quoting St. Fulgentius of Ruspe, the Council of Florence uttered the same conviction in the Decree for the Jacobites: "No people who do not exist within the Catholic Church can be participants in eternal life, not only pagans, but also Jews and heretics and schismatics (...). Nobody can be saved, whatever alms he would give, even if he had shed his blood for Christ's name, unless he remains in the bosom and the unity of the Catholic Church."[4] The quotation of Fulgentius played an important role in this ecclesiological conception. A long tradition ascribed this text, although unjustly, to St. Augustine, whose authority contributed greatly to its significance and application.

A famous Jesuit, A. Possevino who unsuccessfully tried to convert tsar Ivan the Terrible, makes in his book *Moscovia* (1586) a clear reference to the same teaching: "If somebody reads very attentively the canons of the Council of Florence (...), he will come to know the truest and the only faith, without which nobody can achieve the glory of heaven" *(sine qua nemini unquam ad coelestem gloriam aditus patebit)*[5]. And, significantly, he adds: "But among all errors, the most obvious and the greatest is the opinion of the Greeks and the Ruthenians that they may achieve salvation *(æternam se posse salutem adipisci)* outside the Roman Catholic Church. (...) In fact, if somebody denied that Christ the Lord gave Peter power and primacy on earth *(potestatem ac primatum in terris)* or, deceived fradulently, thought the power which should never be overcome by the gates of hell had become extinct – he has already been condemned, even if he believes in all other truths" *(iam condemnatus est, etiamsi pleraque alia omnia credat)*[6]. Similar views were shared also by another well-known Jesuit theologian of that time, Piotr Skarga[7].

In his letter of November 12, 1594 card. I. Aldobrandini expressed quite clearly his theological opinions while speaking about those

---

[3] DS 1051.

[4] DS 1351; Fulgentius, De fide ad Petrum 37, 78 sqq. PL 65, 703 sq.

[5] Moscovia, Vilnae 1586, 96ᵛ [quotation taken from "the list of errors" common to the Greeks and Ruthenians].

[6] Ibid., 108ʳ [from the catalogue of errors proper to Ruthenians]. Hence the conclusion of Possevino: "For this reason, those who have not been approved by the Pope, his [St. Peter's] successor on earth, are in the eyes of God no metropolitans and bishops" [ibidem, 108].

[7] O jedności Kościoła Bożego pod jednym Pasterzem ... [On the Unity of the Church under One Sheperd ...], Vilna 1577. Many opinions of Skarga were simply offensive to the Orthodox Ruthenians. He was firmly convinced that there was no salvation outside the Catholic unity based upon the recognition of pope's authority and upon the unity of faith. The first part of the book was entirely altered in the 2nd edition [1590].

Ruthenian bishops who had been ready to acknowledge the primacy of the Roman See:

> (...) Se li vescovi di Russia (...) si mostreranno saldi nel proposito di riconoscere l'autorità et il primato di questa Santa Sede, sarà cosa non solo per se stessa utilissima et salutare ad infinite anime che vanno miseramente dannate, ma sarà argomento che la divina Providentia, toccando così li cuori degli huomini, voglia lasciar placare l'ira sua, per esserci poi nelle cominciate imprese più propitia.[8]

Here again we can see "infinite souls going miserably to be condemned", because they live outside the true Church. Those who are ready to acknowledge the authority and the primacy of the Pope can consequently be seen as a sign of divine Providence touching human hearts to appease the wrath of God.

The constitution *Magnus Dominus* (1595) which proclaimed the Union displays the same soteriological and ecclesiological exclusivism. It says that Ruthenian bishops came to the conclusion that they themselves and the flock entrusted to their responsibility "had not been members of Christ's body which is the Church, because they lacked any link with the visible head of his Church, the supreme Roman Pontiff" *(non esse membra corporis Christi, quod est Ecclesia, qui visibili ipsius Ecclesiæ capiti Summo Romano Pontifici non cohaererent)*[9]; that "they were not inside the sheep-fold of Christ, inside the Ark of Salvation, and in the house built on a rock" *(intra Ovile Christi, intra Arcam salutis et intra Domum illam non essent, quæ est ædificata supra petram)*[10]. Therefore "they firmly decided to return to the Roman Church, their Mother and the Mother of all faithful, to come back to the Roman Pontiff, the Vicar of Christ on earth, the common Father and Shepherd of the whole Christian people" *(firmiter decreverunt redire ad suam et omnium fidelium Matrem Romanam Ecclesiam, reverti ad Romanum Pontificem Christi in terris Vicarium, et totius populi christiani communem Patrem et Pastorem)*[11]. The Constitution notes that this return takes place after the more than 150 years which had elapsed since the Union of Florence, and thus should be understood as accepting the union again. The category *return* plays a decisive role in this ecclesiological thinking. The Roman Church is called "the Head, the Mother and the Teacher of all

---

[8] In: Documenta Unionis Berestensis eiusque auctorum [1590–1600], ed. A. G. Welykyj, Romae 1970, No 15, p. 32 [further quoted: DUB].

[9] DUB, No 145, pp. 217–226, here p. 218. There is a printing omission in the same long sentence [p. 218], which has to be completed according to another edition of the same constitution in: Monumenta Ucrainae Historica [further: MUH], vol. IX-X, Romae 1971, No 124, pp. 182–191, here p. 184.

[10] Ibid., 218.

[11] Ibid., 218–219.

Churches" *(Caput, Mater et Magistra omnium Ecclesiarum)*[12]. In their confession of faith, the Ruthenian bishops pledged to preserve the "true Catholic faith, outside which nobody can be saved" *(extra quam nemo salvus esse potest)* in all its integrity and purity[13].

This final formula was taken from the Tridentine profession of faith[14] reintroduced also in the profession of faith prescribed in 1575 for the Greeks by pope Gregory XIII[15]. It will appear later also in a special profession of faith introduced by pope Urban VIII (1623-1644)[16] which was used unchanged until the 1st Vatican Council by newly appointed Uniate bishops (a reference to the primacy and infallability of the pope was introduced only in 1878)[17].

In the light of all these statements, the membership of the Church of God was seen as essentially conditioned by communion with the pope: Those who do not belong to the Roman-Catholic Church cannot be saved because they are not members of the Church of God as such. Membership of the Roman Catholic Church was thus thought of as the only possible way of attaining salvation.

II. Evolution in soteriological views of the uniates

There is a striking evolution in the soteriological and ecclesiological views of those Ruthenian bishops who prepared the union with Rome and later tried to justify or to defend it. In the early period of preparation for the event they had their own understanding of ecclesiology and soteriology. Latin theology did not yet influence their minds. The decision to conclude the union with Rome was from the outset motivated soteriologically, but only in general terms. It is noticeable already in the initial secret document signed by four bishops on June 24, 1590[18]. The most significant piece of evidence in this respect were the deliberations held on December 2, 1594, i.e. two years before the formal conclusion

---

[12] Ibid., 221.
[13] Professio Fidei catholiae Hypatii Potij ... , in: DUB No. 143, p. 215.
[14] DS 1870.
[15] DS 1987.
[16] Published by C. G. Patelos, Aux origines dogmatiques de l'uniatisme, "Revue d'hist. eccl." 73 (1978) 334-348; the Latin text, pp. 340-343, the Greek text, pp. 344-348. For a long time this profession of faith was unduly associated with Benedict XIV. Cf D 1459-1473; DS 2525-2540. Patelos [p. 340] writes: "Cette profession de foi nous dévoile le fondement dogmatique de l'uniatisme et de la latinisation hiérarchique de l'Orient; son existence dès Urbain VIII fait mieux ressortir que l'uniatisme est le produit de la conjoncture posttridentine dans l'Église catholique romaine". See also p. 337.
[17] DS 2539.
[18] In: DUB, No 2, p. 8.

of the Union of Brest in 1596. The bishops expressed their conviction of being "the people of the same God" *(unius Dei homines)*, "like children of one Mother, the Holy Catholic Church" *(tamquam unius Matris Sanctæ Ecclesiæ Catholicæ filii)*[19]. This is clear evidence that the consciousness of belonging to the same Church of Christ had not vanished among Ruthenians at that time. They firmly believed themselves to be members of the same "Holy Catholic Church", within the same Body of Christ[20]. They did not doubt the possibility of salvation within their own community. At the same time they also realized all the negative effects of the schism in the Church in those, as they put it, "most unhappy times" *(his infelicissimis temporibus nostris)*[21]. Here are some features of the situation: Many people are subject to the heavy influence of "different heresies" *(variæ hæreses)* and depart from "the true and Orthodox Christian faith" *(plurimi recedentes a vera et Orthodoxa fide Christiana)*; they leave the Church of God and abandon the true worship of God in the Trinity (this is a clear reference to the spread of antitrinitarianism). All this happens, stress the bishops, "because of disagreement" with Romans. The division foils any mutual help and support: *Ab iis divisi sumus, unde auxilio præsidioque invicem nobis prodesse nequimus*[22]. The bishops note that they have been expecting new initiatives for reunion from the Eastern Patriarchs, especially from the Patriarch of Constantinople *(spectando semper Superiores nostros, et expectando)*. This hope, however, was fading all the time because of the Turkish captivity. The Ruthenians themselves try then to achieve what the Greeks could not, even if they wanted to *(servitute paganorum opressi, etiamsi fortasse vellent, non possunt)*[23]. To justify their own initiatives of reunion, the bishops stress therefore their soteriological preoccupations: Without reunion of the Churches people have serious obstacles on the way towards salvation; the salvation of many is endangered by discord in matters of religion[24].

---

[19] In: DUB, No. 17, p. 32-35, here p. 33.
[20] Ibid., p. 33. The same conviction was expressed much earlier in the letter sent to pope Sixtus IV by bishop Misael [Pstrutski], the metropolitan-elect in 1476; that letter, or rather a lengthy theological treatise was also signed by two archimandrites and thirteen representatives of Ruthenian nobility. See MUH vol. IX-X, No 4, pp. 6-30 [Ruthenian text], 30-55 [Latin version]. Cf pp. 35 and 43.
[21] DUB, No 17, p. 33.
[22] Ibidem.
[23] Ibidem. A. Jobert [De Luther à Mohila. La Pologne dans la crise de la chrétienté 1517-1648, Paris 1974 p. 335-336] is wrong when he understands these words in the sense that the bishops justify this way their break with the Eastern Patriarchs.
[24] DUB, No 17: "... quanta impedimenta homines habeant ad salutem absque hac unione Ecclesiarum Dei ..." [p. 33], "... animarum salus multarum ob eas in Religione discordias diutius periclitaretur ..." [p. 34].

This important synodal document reveals unambiguously the real intentions and hopes of the initiators of the Union of Brest. They wanted not only to preserve their own Eastern heritage and identity, but also to remain in communion with all Orthodox Sister-Churches, while at the same time being united with the Roman See. The Kievan metropolitan Church wished to live in communion both with the East and the West. The possibility of breaking the bond of unity with the other Eastern Churches was not even taken into consideration. It soon became clear, however, that the union with the Latins inevitably led to severing relationship with the rest of the Orthodox Churches. This is one of the reasons why the Union turned out to be only a partial one, unable to overcome the schism in the Church. It has made it even more visible and painful.

Some other documents deserve a careful analysis as well. Very significant in this respect is the declaration of four Ruthenian bishops of August 27, 1595[25]. It was signed by Cyril Terlecki of Lutsk, Michael Kopystynski of Przemyśl, Gedeon Balaban of Lvov and Dionysius Zbirujski of Chełm. Kopystyski and Balaban were soon to change their minds and go over to the opposition. In their common declaration they still shared the same soteriological concern. The unity of the Church of God appeared then to all those bishops "useful to our salvation" *(poleznuju do spasenija našego)* because Christ himself wanted it for His Church.[26] Nothing was said which could denote a soteriological degradation of their own Church.

In the expectations of the Ruthenian bishops the new union was about to bring better fruit than the Union of Florence itself: Isidore was alone, they are many, enlightened by God's grace for the salvation of their people. According to the report of nuncio G. Malaspina, they said this during their decisive meeting with Latin hierarchy and nobility in Cracow on Sept. 22, 1595, shortly before leaving for Rome.[27] There is another very interesting statement in this report. If accurate, it would indicate that the Ruthenian bishops had already been strongly influenced by Roman soteriological and ecclesiological exclusivism.

Dissero (...) che erano constituiti in tal termine, che o devevano ritornare allo stato della dannatione, riconoscendo il Patriarca di Constantinopoli (il che essi non volevano fare in eterno, ma più tosto eleggevano di morire), overo doveano unirsi con la chiesa latina. Che senza capo non potevano stare, ne altro legitimo conoscevano, se non il Romano Pontefice. Che non ambitione, non altro rispeto

---

[25] DUB, No 79, pp. 126–127.
[26] Ibidem, p. 126.
[27] DUB, No 95, p. 152.

humano li haveva indotti alla Unione, ma si ben la gratia et lume celeste, quale li haveva levati dalle tenebre[28].

Malaspina's account seems to be very clear on this point: Without reunion with Rome, by recognizing only the Patriarch of Constantinople, Ruthenians would have to "return to the state of damnation". They are supposed to have said this themselves, describing their previous state as that of "darkness".[29]

This change in the ecclesiological motivations for the reunion is incomprehensible without taking into account the tragic axiom of those times: *Outside the Roman Church there is no salvation.* When a delegation of Ruthenian bishops came to Rome in November 1595, they brought 32 articles composed synodally as quasi-conditions of the Union. They wanted some guarantees on the part of Rome, so that even those Ruthenians who still hesitated or were hostile to the Union might have safeguards for everything that was truly their heritage. Pope Clement VIII had the Ruthenian conditions scrutinized by a special commission of cardinals and theologians. The most serious reservations came from a Dominican theologian Juan Saragoza de Heredia: As membership of the Roman Church is necessary for salvation, it cannot be subject to any preconditions! Many articles seemed to him quite unacceptable. The Ruthenian bishops had to yield to that uncompromising attitude, and 32 articles dealing mostly with liturgical and disciplinary questions went to the archives.[30]

On arrival in Rome, the Kievan delegation had to face a concept of union much different from what they had been expecting and aiming at during their own early deliberations. Their sacramental vision of the Church was now challenged by a predominantly institutional ecclesiology developed by Latin theologians after the Council of Trent.[31] From the Roman perspective it was not enough to restore the sacramental communion with the Kievan Church. The Ruthenians had to be incorporated, as individual Christians, into the institution of the Roman Church under the leadership of the pope. The union was reduced to an

---

[28] Ibidem, p. 151.

[29] G. Hofmann is therefore right, when he gives the following comment: "Inzwischen trafen Terlecki und Pociej in Krakau ein. Sie gaben am 22. Sept. 1595 auf die ihnen von der Konferenz gestellten Fragen die bestimmte und klare Antwort, die alle Bedenken zerstreute: Ihr Anschluß an Rom sei eine Heilsnotwendigkeit". Ruthenica. Wiedervereinigung der Ruthenen mit Rom. "Orientalia Christiana" vol. III-2 No. 12 [1925] p. 135.

[30] Cf. Articuli seu conditiones Unionis Berestensis ..., in: DUB, No 60, pp. 107-110.

[31] The situation of the Italo-Greeks in southern Italy and on Sicily had a special influence on this development. Cf V. Peri, Chiesa romana e "rito" greco, Brescia 1975; id., L'unione della Chiesa Orientale con Roma. Il moderno regime canonico occidentale nel suo sviluppo storico, "Aevum" 58 [1984], 439-498.

ecclesiastical legal act of submission, considered then essential to the very existence of the Church. The Eastern Christians were supposed to have lived, before reunion with Rome, outside the true Church of God.

The constitution *Magnus Dominus,* as we have seen earlier, did not sanction the sacramental communion with the Kievan See as such. The Ruthenian bishops, the clergy and the faithful were canonically received into communion with the Roman Church not as a metropolitan Sister-Church, but simply as individuals, coming to the Church from the outside and asking *individually* for reunion. No mention was even made of the synodal decision of the Ruthenian bishops in this matter. There was, on the part of Rome, no recognition of the Kievan Sister-Church.

This is a clear case of collision of two different ecclesiologies. Sacramental understanding of the Church had to yield to a powerful institutional ecclesiology centred around the primacy of the pope. Ruthenian bishops, inspired by a sacramental vision of the Church, came to Rome to ask the pope for admission of their autonomous metropolitan Church to communion with the Roman See. Instead they had to comply with the Roman model of union, shaped in the spirit of soteriological exclusivism.

The fact remains that in the solemn synodal proclamation of the Union of Brest by the Ruthenian bishops in the presence of the legates of pope Clement VIII and of king Sigismund III on October 18, 1596 only a general soteriological concern was again expressed. The bishops, however, became more negative in their attitude towards Constantinople. They said that the Patriarchs of Constantinople had abandoned the Church union *(ot soedinenija cerkovnogo ... otstupili).* Because of that sin of breaking the unity *(grech otstuplen'ja i rozorvan'ja edinosti cerkovnoj)* they had fallen into the pagan captivity of the Turks. Metropolitan Michael Rahoza and the bishops loyal to him declare then they neither want to be participants in that sin any more *(ne choteči byti učastnikami grěchu tak velikogo)* nor to contribute to the continuation of the schism in the Church.[32] Their firm wish is to prevent the process of spiritual devastation of the Churches which more and more endangers the salvation of their people.[33] This was simply a general soteriological preoccupation.

A clear change in the Uniates' thinking came some time later. They had to justify theologically the necessity of the Union. A most decisive role began to be played then by the conviction that "outside the Roman

---

[32] DUB, No 231 p. 360.
[33] Ibidem, pp. 360-361.

Church there is no salvation". This was one of the most striking features of Uniate theology in the first half of the 17th century. For metropolitan Hypatius Pociej, the Roman Catholic Church is "the Ark of Noah" and everybody who does not belong to it must burn in hell.[34] The very term "the Ark of Noah" seems in this context to be only an echo of "the Ark of Salvation" in the constitution *Magnus Dominus*. In this spirit Hypatius addressed the Orthodox in one of his sermons: "Invocations of the Saints will not help, for you have trampled on their heads. Jesus, the Mediator, will not help, because you have despised the Vicar of Jesus. The holy sacraments will not help, because with your cruel hand you have torn the keys of the Kingdom from Peter, their steward."[35]

This was a constant motif in the writings of the Uniates. In his famous memorial *De quinque impedimentis unionis*[36] metropolitan Joseph Velamin Rutski complains of the Latins who display towards the United the same animosity and contempt which they have for the schismatics. Some Latin bishops would willingly abolish the Union instead of supporting it.[37] According to Rutski the Union is necessary for the salvation of the Ruthenian people. Ruthenian nobility may go over to the Latin rite, but not Ruthenian peasants *(rusticelli)*. Their salvation is at stake: *salus illorum curanda est.*[38] Keeping their own Eastern rite they have to learn the Catholic faith in order to be "in the bosom of the Church". Otherwise, "an infinite multitude of people who die in obstinacy will descend to hell, whereas they can be saved by abiding, through the Union, by their rite."[39]

The most dramatic expression of the same conviction appears in the spiritual testament (1637) of metropolitan Rutski: "So I testify before the whole world that I believe all that the Holy Catholic Church proposes to believe in, and that without this faith, especially without communion of the Holy Roman Church nobody can be saved ..." *(sine hac fide et speciatim sine communione S. Ecclesiæ Romanæ nemo salvus esse*

---

[34] Kazania y homilie [Sermons and Homilies], Supraśl 1714, 190.

[35] Ibidem, 274.

[36] Epistolae metropolitarum, archiepiscoporum et episcoporum, vol. I: Epistolae Josephi Velamin Rutskyj, metropolitae kiovensis catholici (1613-1637), ed. Th. T. Haluščynśkyj, A. G. Welykyj. Romae 1956, No 66, pp. 130-160.

[37] Ibid., 136-141.

[38] Ibid., 139.

[39] "Interim infinita multitudo hominum in pertinacia sua morientium descendet ad Infernum, qui per Unionem manendo in Ritu suo salvi poterant". Ibidem, 139.

potest).[40] His last words before death were: "There is no salvation outside the Roman Church."[41]

One only has to compare these last statements with the synodal document of 1594 to see a long evolution in the soteriological and ecclesiological thinking of the Uniates themselves. Latin ideology slowly got the upper hand. The general soteriological preoccupations and motivations in evidence at the beginning of the unionist initiatives had yielded to a soteriological exclusivism, adopted from the official Roman position in this matter.

III. *The soteriological arguments of the orthodox in rejecting the union of Brest*

It is true that the Orthodox Church as a whole did not officially support soteriological exclusivism in the same manner as the Roman Church had been doing since the Middle Ages.[42] Nevertheless, reading attentively the documents relating to the Union of Brest, one can also find similar convictions on the Orthodox side. There exists only one, right way of confessing and praising God – the Orthodox one. The Orthodox Church is the only true Church of Jesus Christ where the true Tradition of the Apostles and the Fathers lives. Outside there is only schism, heresy, error and damnation. Those who fall away into the Latin heresy will no doubt perish in hell. One soteriological and ecclesiological exclusivism had been opposed by another restrictive confessionalist interpretation of the same sort.

In his letter of March 8, 1594 sent to prince Constantine Ostrogsky, patriarch of Alexandria, Meletios encouraged him to persevere in the ancient faith of the Fathers: "When we shall all stand before the awful throne [of God], whom will the Fathers recognize as their own *(koich poznajut svoich otcy)*? Those who have rejected the fatherly faith and the God-inspired traditions of the holy Fathers? Or us, the Orthodox, who have changed nothing and in no respect *(ničto že nivčem izměnšich)*? Not them, I think, but us. The symbol of the Faith, composed by the distinguished Fathers, the "God-bearers" *(vsěch izrjadnii bogonosnii otcy onii)* /.../ is now different for the others *(v inych ubo nyně inako)*,

---

[40] Testamentum spirituale ... [Jan. 28, 1637], in: MUH vol. XI, Romae 1974, No 167, pp. 190–192, here 190.

[41] Cf. Jobert, op. cit., 367.

[42] In modern times, esp. since the 18th century, there appeared some extreme tendencies denying the ecclesial status of all non-Orthodox denominations. Russian and Greek position in this matter were often divergent, as one can see e.g. in a long debate on the validity of Roman-Catholic baptism.

whereas among us it is kept by the divine grace without alteration *(v nas že božieju blagodatiju nepremĕnno chranitsja).*"⁴³ Meletios adds that those who depart from the faith and the tradition of the holy Fathers risk denying them and uttering blasphemies, thus passing a verdict of condemnation on themselves *(kakoby osudilisja na sude).*⁴⁴

Prince Ostrogsky himself became soon a leading personality among those who opposed the Union of Brest. He also shared the opinion that the Latins fell away from the true Orthodox faith, although in the past they were brothers *(ottorgnuvšichsja Rimljan, jaže inogda běša bratija).*⁴⁵ When the majority of Ruthenian bishops agreed upon the project of union with Rome during their preparatory synod in Brest (June 22, 1595), the prince appealed to the clergy and to the faithful. The bishops had been declared "false shepherds ... turned wolves", who had renounced "the only true faith of the holy Eastern Church" and defected from their Patriarchs.⁴⁶ In bitter words these bishops were accused of acting in conspiracy *(potaemnĕ)*, like Judas, the traitor of Jesus, in order "to precipitate all devout Christians in these lands with themselves into perdition" *(z soboju v pogybel' vrinuti).*⁴⁷ Being conscious of his particular responsibility *(mene nekako ... za načalnika v pravoslaviju byti menjat)*, the prince declared: "Together with you I want to stand firmly against such wretched enemies of our salvation" *(protiv takovych pagubnych spasenija našego supostatov).*⁴⁸ These enemies are simply deserters and apostates *(otstupci, predateli)*, who dare to treat fellow Christians as if they were mute *(jako bezslovesnych sobe vmeniajušče)* and to lead to perdition *(v pagubu sotvoditi).*⁴⁹

The spirit of soteriological exclusivism was often present in the argumentation of opponents of the Union. There is an interesting account of the Synod of Brest written by a Greek Orthodox who took part in the events there.⁵⁰ It is a very critical evaluation of the Union concluded in Brest (1596). The bishops favouring the Union are accused of acting secretly and with bad intentions as apostates and "enemies of the

---

⁴³ DUB, No 13, pp. 29–30.

⁴⁴ Ibidem, p. 30.

⁴⁵ Poslanie kievskago voevody knjazja Konstantina Ostrožskago ... Ipatiju Poteju, in: Akty otnosjaščiesja k istorii Zapadnoj Rossii vol. IV, S. Peterburg 1851, No. 45, pp. 63–66, here 64; also in: DUB, No 8, p. 17–18. This letter to Pociej was sent from Lublin, on June 21, 1593.

⁴⁶ Okružnoe poslanie kievskago voevody knjazja Konstantina Ostrožskago ... [24. VI. 1595], in: Akty otnosjaščiesja k istorii Zapadnoj Rossii, vol IV, S.-Peterburg 1851, No 71, pp. 99–104, here 100; also in DUB, No 47, pp. 82–87.

⁴⁷ Ibid., p. 100.

⁴⁸ Ibidem.

⁴⁹ Ibidem, 101.

⁵⁰ DUB, No 229, pp. 344–358.

truth". Being "bad workers of the vineyard entrusted to them by the Lord", they attempted to destroy it.[51] This was surely the way towards perdition. In this context a Greek points to the words of Jesus: "Enter by the narrow gate, since the road that leads to perdition is wide and spacious, and many take it" (Mt 7:13). The bishops have strayed from the good path of righteousness and turned out to be "cruel wolves". They have to be torn out and thrown away like bad eyes offending the whole body, "for it will do you less harm to lose one part of you than to have your whole body thrown into hell" (Mt 5:29).[52]

Similar views were shared by many opponents to the Union of Brest. Their traces could be easily observed in polemical Orthodox literature of the 17th century. In this context metropolitan Peter Mohyla stands rather as an exception. In spite of a long opposition to the Union of Brest he ventured in his secret memorial (1644) which was sent to Rome a project for an autonomous Ruthenian Patriarchate, and found support among both his clergy and laity.[53] According to Mohyla, a true union is possible, if the two Churches fully recognize each other in their own identity. It is, above all, an identity in common faith, which is one and the same in its essence on both sides *(essentiam vero fidei unam ab omnibus, et eandem teneri)*.[54] Mohyla was not inclined to adopt any kind of soteriological exclusivism. The "true salvation" *(vera salus)*, he says, is to be found in the Church, which is only one *(unam esse Ecclesiam Catholicam Apostolicam)*.[55] The Ruthenians have received the gift of faith and Baptism from Constantinople as a gift of salvation. This is one of the main reasons why they cannot break their communion with the Patriarch, if they adopt the union with Rome.

Mohyla's project to establish an autonomous Kievan patriarchate in communion both with Constantinople and Rome still reflects an ecclesiology of Sister-Churches. Unfortunately, for various reasons, it had no chance of being put into practice. The main theological ideas expressed in it today deserve a careful consideration. They remind us of some earlier attempts of Ruthenians to remain in communion both with Constantinople and Rome. This was the attitude of metropolitan Gregory († 1472), and especially of his successor metropolitan-elect Misael. Mohyla's secret memorial on the union of the two Churches is

---

[51] Ibidem, 345.
[52] Ibidem, 356.
[53] Sententia cuiusdam Nobilis Poloni Graecae Religionis, published by A. G. Welykyj, Un progretto anonimo di Pietro Mohyla sull'unione delle Chiese nell'anno 1645, in: Mélanges card. E. Tisserant vol. III, Città del Vaticano 1964, 451-473 [Latin text pp. 467-473].
[54] Ibidem, 472.
[55] Ibidem, 473.

similar in tone and content to the letter of Misael to pope Sixtus IV, signed also by two archimandrites and 13 representatives of the nobility on March 14, 1476.[56] One can see a certain parallel between these two documents, unfortunately both unsuccessful and largely forgotten.

IV. Conclusions

1. The process of ecumenical learning from the past may be a painful lesson but it cannot be neglected. A regional union of Ruthenians with Rome was achieved at the cost of another separation lasting until today. The most tragic side of the unionist movement was a break of the communion between the United ("Uniates") and the Orthodox Church as a whole. The real union of Ruthenians with Rome was not the same that they were hoping for at the beginning. Its modality and ecclesiological consequences were imposed unilaterally by Latin ecclesiology. Clear evidence of that was the slow evolution of their soteriological views.

2. Soteriological exclusivism was often adopted in the past. It led to many sterile polemics and non-Christian attitudes. Any narrow confessionalist appropriation of God's sovereign gift of salvation contradicts His universal will to save all men and runs contrary to the ecclesiology of Sister-Churches. Each Church is a God-given community of salvation. Soteriological universalism is the most radical challenge to any kind of soteriological exclusivism.

3. The axiom "outside the Church there is no salvation" became tragic because of its restrictiveness and confessionalist interpretation. It contributed decisively to the destruction of the ecclesiology of communion and, at the same time, to the dissolution of the theology of Sister-Churches.

4. If there is a chance today to solve the problem of "uniatism", it should be looked for within the frame of the ecclesiology of Sister Churches. The ecclesiology of absorption and annexation cannot be reconciled with an ecclesiology of communion. The true faith of the Church demands respect for the variety of cultures, rites and traditions.

5. In spite of its good initial intentions, uniatism has proved unable to overcome the division. It cannot be considered a model for the union of the Churches. We have to look for new ways of reconciliation by means of a patient dialogue. Mutual forgiveness of past mistakes and injustices can open new ways of reconciliation and new ecclesiological prospects for the future.

---

[56] See above, note 20.

Ioann Ėkonomcev, Moskau

Orthodoxie et «ethnos» dans le contexte dans l'histoire russe

Ces derniers temps la question des relations entre nations et, en général, le problème de la nature de l'ethnos dans ses liens avec l'élément religieux ont pris une acuité exceptionnelle dans notre pays. Et cela s'est opéré d'une manière inexorable. Même sans posséder de la perspicacité ni de l'intelligence particulières la crise qui approche était à prévoir.

Il y a à peu près dix-huit ans, étant à l'époque jeune employé de l'ambassade soviétique en Grèce, j'accompagnais dans son voyage d'Athènes à Phives, le secrétaire du comité du parti de la région de Leningrad, qui était «*compagnon de lutte*» très proche de Romanoff, alors une puissante personnalité. Soudain, au cours d'une conversation, il m'a demandé: «*Comment voyez-vous l'idée de la naissance de notre pays d'un ethnos soviétique?*» A cette question, posée sans la moindre pointe d'humour, du ton de l'homme préoccupé d'une manière sérieuse de cette idée - j'ai failli lâcher le volant. «*Mon Dieu* - ai-je pensé, effrayé - *Qu'est-ce qui se passe donc à Moscou? Quelle est cette nouvelle expérience sinistre, que machinent des idéologies de l'école Brejnev-Suslov?*» Heureusement, l'idée d'un «*ethnos soviétique*» s'est éteinte aussi vite qu'elle était née. Mais l'idée du «*peuple soviétique uni*» qui inclut «*inséparablement cent nations et peuplades*» possède ses partisans jusqu'à nos jours - aussi bien que l'idée d'une «*seule culture soviétique*».

Quand a donc pris naissance la crise actuelle? Dans les années '70? Ou bien dans les années, quand a été adoptée la Constitution stalinienne, «*la plus humaine du monde*»? Ou encore en 1922, au moment de la création de «*l'Union indestructible des républiques libres*»? Peut-être en octobre de l'année 1917? Ou bien les origines de cette crise remontent-elles aux siècles passés?

A la fois fascinés et le cœur rempli de peur et d'espoir - comme cela arrive toujours lors de brusques tournants de l'histoire - mes compatriotes scrutent leur passé. Des concepts tel que «*nation*», «*ethnogénèse*», qui étaient jusque là objet de recherches théoriques des savants et d'élaborations scholastiques des idéologues du régime, suscitent aujourd'hui l'intérêt de tout le monde. Alors, qu'est-ce que c'est que la «*nation*», «*l'ethnos*»?

Par le mot «*ethnos*», on entend habituellement une communauté stable de gens, formée historiquement, qui sont unis par la conscience de leur origine et leur langue communes, qui ont des traits particuliers de la culture matérielle et spirituelle, du mode de vie, de la psychologie, une communauté qui est liée, du moins au stade de sa formation, avec un milieu géographique concret. Dans leur développement, les ethni parcourent des phases d'essor, d'expansion active et d'extinction graduelle.

Qu'est-ce qui donne une impulsion stimulante à l'ethnos? Quelles sont les causes d'une explosion ethnique? Pourquoi la nation perd par la suite son énergie créatrice et entre dans un stade de stagnation, de dégradation et de dégénérescence? Cette question est loin d'être vaine. Si on en croit ceux qui limitent l'existence des ethni à un cycle millénaire, les nations européennes se trouvent donc aujourd'hui dans leur âge critique.

En essayant d'expliquer l'ethnogénèse et le caractère cyclique du développement d'une nation, un historien russe contemporain, Lev N. Goumilev a avancé l'idée selon laquelle l'essor national est le résultat d'une activité des gens à l'esprit créateur, qui engendrent des mythes ou des idées scientifiques[1]. D'après sa terminologie, ce sont des *«passionaria-mutants»*, qui absorbent plus d'énergie, qu'ils n'en ont besoin pour une activité vitale normale[2]. Leur œuvre mène à la *«surchauffe»* de l'ethnos, à une *«explosion»* ethnique; suit une longue période d'inertie, jusqu'à ce qu'on arrive à la stagnation et à la décadence. L. Goumilev détermine le cadre temporel de l'existence de l'ethnos par une période de mille ans, indispensable pour l'élimination naturelle des mutants. Le biologisme de la conception de L. Goumilev exclut entièrement de son système le facteur religieux[3].

Nous ne pouvons d'aucune façon partager cette idée. Selon notre conviction profonde, la communauté religieuse constitue un élément nécessaire et fondamental à la formation de l'ethnos, elle est le *«levain»* de l'ethnogénèse, qui donne à l'homme la possibilité de surmonter en lui-même l'élément *«bestial»* et de transformer l'énergie biologique en un processus créateur. A ce propos, l'œuvre créatrice des *«passionaria»* - à laquelle L. Goumilev accorde une telle importance dans l'ethnogénèse - dépasse déjà les limites du biologisme. De par sa nature, l'œuvre créatrice est religieuse. Elle ne découle pas des lois biologiques ni socio-économiques. C'est la *kénosis*, on y surmonte la *«Selbstheit»*, c'est un sacrifice, la montée du Calvaire. Mais pour nous, il est plus naturel et plus commode de rester au niveau des instincts, dans les flots de l'inertie; la

---

[1] L. N. Goumilev, «Biographie de la théorie scientifique ou le nécrologe» Revue «Znamia», Moscou 1988, 4, p. 206.
[2] Idem, p. 214.
[3] Ibidem, p. 209.

surabondance d'énergie (si l'essentiel est l'énergie) peut être étouffée facilement par d'autres moyens.

L'idée religieuse, quelle que soit la forme de son expression, présuppose toute une conception cohérente du monde, du *cosmos* et de la terre, de soi-même et des autres, elle contient une somme de normes éthiques et un ensemble de notions et d'idéaux. Son influence est si universelle, que ce serait contraire à la logique de l'exclure de la formation de l'ethnos ou de la réduire à un facteur secondaire, complémentaire de ce processus.

La formation des nations européennes actuelles – y compris la nation russe – s'est opérée sous une action directe du christianisme. En Orient, un rôle analogue a été joué par le judaïsme, le bouddhisme et l'islam.

C'est bien l'élément religieux – et pas ceux de race ni de nation – qui est le ferment de l'ethnogénèse, comparable à un grain de sable, lequel, étant tombé dans un coquillage, mène à la formation d'une perle. Il est caractéristique qu'à l'époque des grandes invasions, les peuplades apparentées s'écartent les unes des autres, comme des corps aux charges électriques identiques, et *«se quittent»*. Pourtant, la formation des nations s'opérait toujours sur la base d'un mélange de tribus non-apparentées. En particulier, les tribus dont provient la nation russe, se rangeaient parmi quatre différents types craniologiques, et la tribu des *«polianes»*, des *«rosses»* (rhōs), qui ont donné leur nom au peuple russe, selon toute évidence, n'était pas slave.

Le type ethnique qui se forme à la suite de la fusion de différents groupes, de races et de tribus, de la longue interaction avec un milieu ambiant donné, cimenté par la même idée religieuse, par la même langue et un seul fonds culturel, passe assez vite sa période d'incubation et atteint une stabilité étonnante. Par exemple, il a suffi de deux ou trois générations après le baptême de la Russie au conglomérat des tribus en guerre entre elles – des viatichs, des polianes, des drevlianes, des dulèbes etc – pour se métamorphoser en une seule nation russe; et même le morcellement féodal, survenu peu après, n'a pas pu ébranler son unité.

L'ethnos acquiert des traits propres à l'individu humain et, avant tout, son caractère exceptionnel et unique. Son essence, aussi bien que l'essence de la personne humaine, n'est pas exprimable dans des catégories conceptuelles. En effet, chaque homme peut être caractérisé par une série d'épithètes: sage, courageux, de talent etc. Mais quoique cette liste puisse être toujours prolongée, on peut l'appliquer à une multitude d'autres personnes. Des définitions abstraites dissimulent toujours encore quelque chose, le plus important, qui soit la particularité unique de cette personne, son essence, qu'on n'arrive à exprimer que par des moyens artistiques. Cet élément irrationnel, inaltérable, demeurant au-dessus du monde, donc religieux, est présent aussi dans l'ethnos. Voilà pourquoi l'ethnogénèse n'est pas seulement un processus historique, qui se produit dans le temps, mais aussi un sacrement. L'élément irrationnel ethnique est l'âme de la nation, son idée, son idéal, son gène, dans lequel son destin est codé, entrelacé dans la destinée globale de l'humanité.

Selon la doctrine orthodoxe, chaque personne humaine est élue par Dieu, à chacun de nous est donné en abondance tel ou tel don charismatique; renoncer à ce don ou l'accepter, et dans quelle mesure l'accepter, cela dépend de nous. De même, chaque nation est élue de Dieu. Vl. Soloviev écrit: «*La vocation ou bien l'idée particulière que Dieu accorde à chaque être moral – soit à l'individu, soit à la nation et qui se révèle à la conscience de cet être comme étant son espoir suprême – cette idée agit toujours comme une force réelle, elle détermine dans tous les cas l'existence de cet être, mais elle le réalise par deux procédés opposés: elle se manifeste, comme la loi de la vie, quand le devoir est fait, et comme la loi de la mort, quand cela n'a pas eu lieu. Un être moral ne peut jamais se libérer du pouvoir de l'idée divine, qui est le sens de son être, mais c'est de lui que dépend: la porter dans son cœur et dans son destin comme une bénédiction, ou bien comme une malédiction*»[4]. A ce propos, A.V. Kartachev remarque: «*C'est très facile de négliger la vocation: avant tout, on peut ne pas la deviner et ne pas s'en rendre compte, se laisser séduire par une voie étrangère, on peut s'égarer, ou bien, l'ayant comprise, il est facile de tomber dans la paresse, de commencer à rêver de tout recevoir gratuitement, sans aucun effort et périr historiquement*»[5].

En quoi donc consiste l'idée nationale russe? Conscients de la complexité de son expression dans des catégories conceptuelles, nous nous risquons tout de même à indiquer son trait principal, à notre avis. Nous nous référons à une observation très curieuse de Vl. Soloviev. Voilà ce qu'il écrit: «*Habituellement, un peuple, tout en aspirant de faire l'éloge de sa nationalité, exprime dans cette même louange son idéal national, ce qu'il aime le plus, ce qu'il désire le plus. Ainsi un français parle d'une France belle et glorieuse; un anglais parle avec amour de l'ancienne Angleterre; l'allemand monte plus haut et, donnant un caractère ethnique à son idéal national, parle avec fierté de la fidélité. Et qu'est ce que dit dans ce cas le peuple russe, comment loue-t-il la Russie? Est-ce qu'il la nomme belle et ancienne, parle-t-il de la gloire russe ou bien d'une honnêteté et d'une fidélité russes? Vous savez bien qu'il ne dit nulle part des choses pareilles, mais que, voulant*

---

[4] Vl. Soloviev, «L'idée russe» dans le livre «De l'unité chrétienne», Bruxelles 1967, p. 221.

[5] A.V. Kartachev, «La reconstruction de la Russie», Paris 1956, p. 27.

exprimer ses sentiments les plus élevés envers sa patrie, il parle seulement de la «sainte Russie». Voilà l'idéal: celui qui n'est ni libéral, ni politique, ni esthétique, ni même esthétique-formel, mais moral, religieux»[6].

La sainteté russe est avant tout incarnée dans les saints russes. Examinez de plus près leurs visages, lisez attentivement leurs vies. Boris et Gleb, Serge de Radonège, Nil de Sorsk, Paissij Velichkovsky, Séraphime de Sarov, Ambroise d'Optina ... L'humilité, l'empressement au sacrifice de soi, la soif de pureté, une intuition surprenante du monde entier qui nous entoure, un mysticisme fin sans une quelconque exaltation, la tolérance, la pan-humanité – voilà l'idéal russe national, dont on ressent de la sérénité réconfortante et de l'apaisement.

L'idéal russe national est exprimé non seulement par nos saints; il a trouvé son incarnation dans des annales, la littérature, dans les icônes et les fresques, les chants liturgiques, dans l'architecture de nos églises, de nos villes et de nos villages. Il a son expression dans la structure de notre Etat dont l'exemple le plus illustre est la *«Vérité de Yaroslav»*. Cet idéal exerçait une influence sur notre politique extérieure. Mais il serait tout de même radicalement faux d'identifier l'idéal national, l'idée nationale, avec l'idée d'Etat et avec des intérêts de celui-ci. La sainte Russie est, d'une part, la Jérusalem céleste, la ville de Kitej invisible et, d'autre part, la terre russe, dont l'existence ne dépend pas de la structure de l'Etat ni de ses frontières. Durant la période de l'existence des principautés russes indépendantes, la terre russe les embrassait toutes. L'idéal national et l'Église, comme porteuse de l'idée religieuse, unique pour toute la terre russe – voilà ce qui était la garantie de son unité. La situation a commencé à changer dans la période d'essor de l'Etat moscovite. Commence alors la soumission graduelle de l'Église à l'Etat et une substitution de l'idée nationale par l'idée de l'empire.

Cette évolution est considérée comme inévitable et nécessaire, puisque nos intérêts nationaux auraient réclamé l'institution d'un Etat russe centralisé. Pourtant, est-ce que cela est exact? Une fédération ou une confédération des principautés et des républiques russes ne correspondaient-elles pas mieux à nos intérêts nationaux? En tous cas, dans les conditions d'une confédération, l'intervention d'un appareil bureaucratique d'Etat dans la vie spirituelle et économique aurait été minimisé, et les représentants de l'élite créatrice et des artisans auraient pu bénéficier des conditions plus favorables à leur activité, ayant la possibilité de faire le choix du lieu d'application de leurs forces compte tenu de la compétition entre les princes pour le meilleur ornement de leurs villes et le mécénat, comme c'était le cas en Allemagne. N'aurions-nous pas

---

[6] Vl. Soloviev, «La lettre ouverte à I. Aksakov» dans le livre cité, p. 27.

pu éviter le schisme tragique de la nation? Car c'est bien la politique «centralisatrice» de Moscou qui a encouragé la principauté «numéro deux» russe avec sa capitale Vilno à préférer une fédération avec la Pologne. Les meilleurs représentants de l'Église orthodoxe russe et, en particulier, saint Serge de Radonège, faisaient des efforts pour rapprocher et stimuler une coopération entre les principautés russes (donc, on pourrait dire, dans la direction d'une fédération); l'union des princes russes, fondée sous la pression directe de l'Église, a remporté une victoire éclatante sur le champ de Koulikovo, ayant prouvé son efficacité et ayant fait un pas très important vers la solution de la tâche historique nationale – celle de libération de la Russie du joug tatar, ce à quoi, soit dit en passant, les gouverneurs moscovites n'aspiraient pas tellement, préférant utiliser la Horde dans les intérêts de leur politique centralisatrice.

Certains savants, ne se rendant pas compte de la *«substitution»*, de la *«falsification»* qui s'était produite, parlent de l'idée de *«Troisième Rome»* – non seulement dans le sens eschatologique (ce qui dans son essence est exact) mais également politique (ce qui est complètement faux) – comme étant l'expression de l'idée nationale russe. En parlant du refus du prince Vassilij Vassilievitch de reconnaître l'union de Florence, A. V. Kartachev s'exclame: *«Le pouls d'émotion spirituelle de l'âme russe s'élève jusqu'aux sommets bibliques. La sainte Russie a confirmé sa prétention en fait. Elle a pris sur elle la responsabilité héroïque de «défenseur» de l'orthodoxie dans le monde entier, elle est devenue à ses propres yeux une nation mondiale, car le Royaume moscovite est soudain devenu le dernier porteur, l'armure et la coupe du Royaume du Christ dans l'histoire – il est devenu la troisième Rome, et il n'y aura pas de Quatrième»*[7]. Et plus loin: *«La conscience russe n'a encore jamais atteint de tels sommets et n'a jamais atteint de tels horizons. Son histoire ultérieure n'était qu'une révélation et une application de ce même cycle d'idées. La conscience russe, dès son berceau, comme d'un seul coup est montée jusqu'à son sommet maximum ... A la limite du XVe et du XVIe siècles, la grandeur et la gloire de la sainte Russie se sont révélées d'emblée et avec éclat à l'âme russe et après se sont enracinées en elle d'une manière inoubliable et à jamais»*[8].

La dernière phrase est très éloquente. Bien sur, il ne s'agit pas là de la sainte Russie, mais de l'idée de l'empire, car c'est bien cette dernière – et non l'idée nationale – qui *«s'est révélée avec éclat»* à la limite du XVe et du XVIe siècles. *«La grandeur et la gloire»* incombent à elle seule, et d'aucune façon à l'humble sainteté russe. D'autant plus qu'elle s'est ré-

---

[7] A. V. Kartachev, op. cit., p. 36.
[8] Ibidem, p. 37–38.

vélée non pas à l'âme russe, mais aux idéologies de l'empire naissant et ce n'étaient même pas eux qui l'avaient trouvée, mais elle leur a été soufflée par des étrangers.

Le mélange des notions a abouti à un brusque déplacement des accents. A présent, ce n'est plus l'œuvre créatrice intérieure, présentant un caractère et une signification pour toute l'humanité, qui est la pierre angulaire, mais l'attitude tournée vers l'extérieur accompagnée d'obligations, et de prétentions globales, mondiales, sur le moment encore nobles et compatibles avec l'idée nationale, mais jusqu'à quand?

Si le corps de l'idée nationale est le peuple, l'Église, l'élite créatrice, l'idée de l'empire, elle, se matérialise dans une force impersonnelle de l'appareil d'Etat. En cas de triomphe de la politique centralisatrice, ce dernier acquiert une puissance fabuleuse et devient capable de réaliser des projets fantastiques. Qu'on pense au partage de l'Etat sous Ivan le Terrible entre la *«zemchina»* et l'*«opritchnina»*, à la création d'un Etat terroriste dans l'Etat, dont les serviteurs circulant avec des têtes de chiens attachées à leur selle (et c'est en Russie sainte) causaient l'arbitraire, tuaient et volaient, ne reconnaissant aucune loi morale.

L'*«opritchnina»* a exercé une action profondément démoralisatrice sur la population. L'âme russe a eu bien des raisons de se sentir confuse. N'est-ce pas là qu'on trouve la source des troubles dont les paroxysmes la torturaient constamment durant tout le XVIIe siècle, la remplissant d'un horreur apocalyptique, du pressentiment de nouveaux ébranlements horribles, de l'approche de la fin du monde, de la venue de l'antéchrist?

Pierre a fait tout son possible pour justifier ces pressentiments. Sous son règne, l'empire – s'étant déjà proclamé empire de manière nominale – a définitivement élaboré et affirmé son idéologie, complètement contraire à l'idéal national. Tout est inversé dans cette idéologie: à la place de la communauté ethnique, une communauté civile; à la place du territoire national traditionnel, organiquement lié à l'ethnogénèse et la vie de la nation, le territoire de l'empire, sans aucune limite à son extension; à la place de l'œcuménisme et de pan-humanité spirituelles, des aspirations globales d'empire; à la place de l'eschatologie, la politique, élevée au niveau d'une eschatologie; à la place du cosmisme, le terrestre le plus limité; à la place d'un mysticisme affiné, le rationalisme et le positivisme; à la place de la notion du bien et de Dieu, un certain *«bien commun»* abstrait; à la place de la loi morale, des normes juridiques d'empire; à la place d'élément personnel, le totalitarisme; à la place de la *«sobornost'»*, la collégialité; à la place d'hiérarchie spirituelle, *«le tableau des classes et des rangs»*; à la place de la tolérance, la lutte contre les dissidents; à la place du créationisme, l'artisanat; à la place de création, son imitation piteuse. Voilà pourquoi le règne de Pierre est stérile sur le plan spirituel et créateur. Et si par la suite on a vécu une renaissance dans la vie spirituelle et culturelle russe, cela s'est produit non pas grâce à, mais en dépit des réformes de Pierre, malgré l'idéologie de l'empire qui n'a pas réussi à écraser et à éliminer l'idéal national et religieux de la sainte Russie. Ce n'est pas par hasard que le sort des représentants les plus géniaux de l'élite créatrice russe ait été si tragique et que leur art, leur talent, fondé sur la base nationale, aient été un défi lancé à l'idéologie d'empire, privée de spiritualité.

Le rôle personnel de Pierre dans la réalisation des réformes liées à son nom est très grand, mais tout de même, il ne faudrait pas le surestimer. L'idéologie de l'empire, hostile à l'élément personnel, moud également dans ses meules la personne de l'empereur lui-même.

Doté d'un pouvoir illimité, du droit de vie et de mort, sans tribunal ni enquête, il devenait en même temps esclave de son propre pouvoir, une «roue» et une «vis» du mécanisme de l'empire, aussi bien que les dignitaires de l'appareil gouvernemental; il devenait un «manœuvre», serviteur du «bien commun». Une désacralisation inévitable s'opérait de même qu'une certaine dépersonnalisation du pouvoir de dirigeant.

Il n'est pas étonnant que les chercheurs examinant la question de savoir qui était l'initiateur de telle ou telle réforme de Pierre (l'empereur en personne ou son entourage), n'arrivent pas à en voir le bout dans certains cas. Mais peut-être cela n'a pas de grande importance. Parfois, Pierre achevait des idées de Théophane (Prokopovitch), parfois Théophane, lui, complétait les pensées de Pierre.

Un système de commandement administratif, impersonnel et abstrait, mais en même temps réel et puissant dictait ces réformes.

La politique de Pierre a eu des conséquences négatives très sérieuses pour l'Église. La violation du principe de la sobornost' ne pouvait ne pas amener à une certaine stagnation de la vie de l'Église. Une brèche s'ouvrait entre le pouvoir central nommé par l'empereur et agissant selon ses instructions, et les évêques diocésains placés sous la dépendance totale de ce pouvoir central. Une rupture est apparue entre la société et le clergé. Si dans l'ancienne Russie, le clergé ne représentait pas un état social étanche mais était ouvert à toutes les couches de la société (tout homme, n'ayant pas d'empêchement canonique, pouvait être ordonné prêtre), maintenant il se transformait en une classe de serviteurs, dont l'entrée et la sortie étaient strictement limitées. Au fond, c'était un asservissement du clergé. Les obstacles mis sur la route des «forces vivantes» menaient inévitablement à son appauvrissement intellectuel et spirituel et donc à l'affaiblissement de son influence sur la société.

Certains décrets du gouvernement, comme le supplément au règlement «*Des règles du clergé et des moines*», plaçaient les ecclésiastiques dans un état ambigu. Dans ce supplément, on imposait au clergé le devoir de dénoncer à la chancellerie secrète et au service de «Preobrajensky» les personnes ayant avoué des délits quelconques en confession. N. I. Kedrov remarque à ce propos: «*Quand Pierre a ordonné par décret qu'un père spirituel dût révéler au juge d'instruction des crimes avoués en confession, le clergé devait sentir que, dorénavant, le pouvoir d'Etat se place entre lui et le peuple, que le pouvoir lui prend la direction exclusive de la pensée du peuple et tâche de détruire ce lien des rapports spirituels, cette confiance mutuelle existant entre les ouailles et le pasteur*»[9].

La réforme de Pierre a eu des conséquences particulièrement graves pour les moines orthodoxes, qui étaient gênés dans leur manière d'agir, limités par des normes du tableau d'Etat, placés dans le cadre sévère des décrets impériaux, qui les privaient de la liberté de travail intellectuel et du libre déplacement. Le monachisme ne pouvait pas, par principe, trouver place dans le système des conceptions utilitaires de Pierre. Dans l'un de ses décrets, on lit: «*Le présent mode de vie des moines n'est qu'une apparence et une insulte aux lois, car la plupart d'eux sont des parasites ... Disent-ils qu'ils demeurent en prière: mais tout prient. Quel en est donc le profit pour la société?*»[10] Voilà pourquoi il insistait à trouver un travail pour les moines, «*qui serait profitable à la cause commune*»; il invitait, par exemple, des artisans du Brabant pour faire apprendre aux nonnes russes la filature et obligeait à transformer les monastères en orphelinats et hôpitaux. Selon E. Posselianine, «*Pierre, avec sa conception religieuse bornée, ne pouvait pas comprendre que le monachisme ascétique avec son train de vie contemplatif et de prière, rend un immense service à la société, représentant un asile pour des gens ayant une organisation spirituelle élevée qu'on rencontre dans toute société et à toute époque, des gens qui étouffent dans le mensonge et la brutalité de ce monde, et les aspirations idéales desquels ne trouvent satisfaction que dans le désert, dans le jeûne et la prière, dans la solitude. Il a oublié que le monastère, avec ses offices fervents, avec son faste sacré, accumulé depuis des siècles, qui luit au sein des églises, satisfait le sentiment esthétique du peuple qui y voit comme un reflet de la beauté éternelle du paradis auquel il aspire. Il a oublié, ce qu'avait été le monastère pour la société médiévale, qu'il a aidé à surmonter la souffrance du joug tartare; et quelles forces spirituelles le monastère de la Trinité a-t-il pu réveiller dans ce peuple qui mourrait à l'époque des troubles*»[11]. Pourtant, est-ce exact de dire que Pierre avait oublié tout cela? Il y était tout sim-

---

[9] N. I. Kedrov, «Le règlement du clergé et l'activité réformatrice de Pierre le Grand», Moscou 1886, p. 172.
[10] E. Posselianine, op. cit., p. 27.
[11] Ibidem, p. 29.

plement insensible. La vie spirituelle des monastères, organiquement liée à l'idéal national-religieux, se trouvait pour lui comme dans une autre dimension. Mais il ressentait en même temps instinctivement un élément hostile, incompatible à l'idée de l'empire.

La réforme ecclésiale ne pouvait pas, en fin de compte, ne pas influencer le caractère des relations ultérieures de l'Église orthodoxe russe avec les Patriarcats orientaux. Ces relations n'ont jamais plus atteint ce niveau d'intensité et d'ouverture dont elles jouissaient au XVIIe siècle. Il faut souligner que le changement général de la situation dans l'empire ottoman a contribué à créer cet état de choses, mais il serait faux de ne pas prendre en considération les résultats de la réforme de Pierre. On pourrait se référer à l'opinion de l'archevêque - devenu par la suite patriarche - Serge Stragorodsky. La hiérarchie russe - écrit-il - ne se considérait en fait que comme une partie de la hiérarchie œcuménique et sous le contrôle moral de l'Église universelle. Avec l'institution du Saint-Synode c'est avant tout ce lien réel avec l'Église universelle qui s'est écroulé, seuls les liens dogmatiques et sacramentels ayant subsistés ... le Synode dirige l'Église russe non plus comme le représentant de la hiérarchie œcuménique, mais ... *«sur le décret de Sa Majesté l'empereur»*[12].

«Dans le système des réformes de Pierre - écrit l'archiprêtre Georges Florovsky - *la réforme ecclésiale n'était pas un épisode fortuit. Plutôt au contraire. Dans l'économie générale de l'époque, cette réforme serait presque la plus conséquente et la plus fondamentale. Cette expérience a bien réussi. En cela, on trouve tout le sens, toute la nouveauté, toute l'acuité et toute l'irréversibilité de la réforme de Pierre»*[13]. Sans doute, l'époque de Pierre a-t-elle donné une forte impulsion à la sécularisation en Russie, mais ce serait faux de réduire l'essence de la réforme ecclésiale de Pierre à ce processus de sécularisation. En fin de compte, le tsar-réformateur n'allait pas contre l'Église comme institution; de plus, il prétendait au rôle de chef de l'Église locale, car il comptait l'utiliser à ses fins. En se référant au cabinet Tcherkassov, Schtelin écrit que, durant une des séances du Synode, tenue sous la présidence de Pierre, celui-ci, ayant reçu un billet où on posait la question de l'installation du patriarche, ayant donné un coup de poing dans sa propre poitrine et ayant tiré sa dague, s'est écrié, enragé: *«Voici votre Patriarche!»*[14] On peut voir, qu'il ne s'agissait pas seulement de sécularisation (laquelle a été tout simplement été une conséquence), mais qu'il s'agissait d'autre chose. Une œuvre cu-

---

[12] P. V. Verhovskoy, op. cit., p. CXXXV.
[13] G. Florovsky, «Les voies de la théologie russe», Paris 1937, p. 82.
[14] P. V. Verhovskoy, op. cit., p. XIV.

rieuse du principal idéologue de Pierre, l'archimandrite Théophane Prokopovitch, *«La vérité de la volonté du monarque»* aide à soulever le rideau. Ce document a été élaboré sur la demande du tsar pour justifier sa décision d'écarter du droit d'hérédité au trône son fils, le tsarevitch Alexis. P.V. Verhovskoy, en analysant cette œuvre, dégage les trois principales thèses:

1. l'Etat possède une supériorité – majesté – et pour cela tout autre pouvoir – y inclus ecclésial – n'a pas cette supériorité et est soumis du point de vue juridique au pouvoir politique;

2. le pouvoir supérieur de l'Etat obéit seulement à Dieu et n'obéit pas aux normes humaines quelconques, y compris les canons de l'Église;

3. c'est ce même pouvoir supérieur qui est le juge de la conformité de ses décisions à la volonté de Dieu.[15]

C'est trois thèses, de par leur essence, sont complètement opposées aux conceptions traditionnelles de la Russie, qui présupposaient que:

1. les relations entre le pouvoir politique et ecclésial sont caractérisées par une symphonie, par un parallélisme du caractère original de par leur essence et leur origine, du pouvoir du tsar et du pouvoir du patriarche;

2. les canons divins, qui sont la loi de Dieu, exigent une soumission absolue de la part de tous les chrétiens, y compris des tsars;

3. le clergé, doté du pouvoir de *«lier et de remettre»*, est le juge qui décide si le tsar commet des péchés ou non.

Ainsi on peut voir que le but de la réforme de Pierre ne consistait pas dans une sécularisation ni tellement dans la soumission de l'Église à l'Etat, mais dans l'absolutisation du pouvoir politique, dans son affranchissement de toute norme religieuse ou morale. C'était un défi à la tradition nationale, aux valeurs spirituelles et à tout le mode de vie du peuple russe.

Beaucoup de savants se sont intéressés à la religiosité de Pierre. Sa piété, avec des éléments de superstitions, est indubitable. Souvent on allègue des témoignages, selon lesquels Pierre chantait dans le chœur et on interprète cela comme une preuve de son dévouement aux rites orthodoxes. D'autre part, on le caractérise parfois presque comme un protestant. La réalité est évidemment plus complexe. Il n'y a pas de doute que l'éducation orthodoxe a laissé une empreinte ineffaçable sur la personnalité de Pierre, mais que son action pour certaines raison n'était pas très profonde. De là, l'absence de sensibilité envers le plus sacré, le mystique, le sacramental dans l'orthodoxie. Le sentiment de la vision mystique de l'Église a été comme atrophié chez lui. Il était complètement

---

[15] P.V. Verhovskoy, op. cit., p. 126.

indifférent à la dogmatique de l'Église. Les rites élevaient en lui plutôt l'ironie et même une certaine tentation diabolique à la farce parodique. On a de la peine à croire que c'était le côté ethnique qui attirait Pierre dans le christianisme orthodoxe, si l'on pense à sa perversité morale. Mais il voyait dans l'orthodoxie ce facteur idéologique stabilisant qui lui était si nécessaire. Le tsar pouvait faire des parodies des rites orthodoxes lors de ses *«conciles de farce»*, mais il ne pouvait pas se passer de l'orthodoxie. Le principal paradoxe de l'époque de Pierre, c'est d'avoir tenté d'utiliser l'orthodoxie – qui était devenue le levain de l'ethnogénèse russe et qui était indissolublement liée à l'idée nationale russe – pour servir les intérêts de l'idée de l'empire qui lui était complètement opposée.

N'est-ce pas étonnant que Pierre, qui implantait en Russie des coutumes occidentales et qui s'était entouré d'étrangers, a introduit la peine de mort pour détournement des orthodoxes de leur foi et introduction dans une autre foi (prosélytisme?). Dans le décret du Synode, adopté en 1723, il est dit: *«Dans tout Etat (= région) garder la foi ferme et la coutume des habitants naturels, ne pas permettre à aucun sujet de reculer de la foi de l'Etat, quoiqu'elle puisse être faible, et condamner les apostats à la peine de mort»*[16]. Cet acte législatif a été édicté non pas dans l'intérêt de l'Église, qui avait sur cette question une attitude plus indulgente, mais dans celui du régime politique, qui luttait contre toute dissidence et considérait celle-ci comme un défi au pouvoir étatique. L'État lui-même surveillait la régularité des visites des citoyens à l'église, l'observation du sacrement de la confession etc., et les infractions dans ce domaine étaient punies d'amende. Des infractions plus sérieuses étaient châtiées avec une sévérité impitoyable: le blasphème, par exemple, selon le règlement de l'armée, était puni de la peine suivante: *«brûler la langue du blasphémateur et le décapiter»*[17].

L'idôle du totalitarisme exige des sacrifices. On crée des organes spéciaux chargés d'enquêter sur des délits contre l'Etat, en particulier, le département de Preobrajensky. Des *«chancelleries d'instruction»* spéciales surgissent, l'une d'elles a été dirigé par le comte P.A.Tolstoi, celle qui, en 1718, a été transformée – en rapport à l'affaire du tsarevitch Alexis – en l'horrible *«chancellerie secrète des instructions»*. Des procès politiques se déploient et atteignent leur point culminant vers 1722.

On comprend fort bien qui était la cible de cette machine de répression idéologique créée par Pierre. Le conflit dramatique entre l'idéal

---

[16] S.P. Mel'gounov, «Le mouvement socio-religieux du peuple russe au XVIIe siècle», p. 696.
[17] Ibidem.

national-religieux et l'idée de l'empire en Russie entre dans sa crise la plus aiguë. Le fossé d'André Platonov commence à l'époque de Pierre. Pourtant le sort de ce grand projet de construction de la Tour de Babylone, c'est de rester au stade de la fouille, de la fosse, du vide, ouvert vers le bas, dans l'enfer.

Au XXe siècle, l'expérience va être répétée, cette fois à l'échelle immense, l'échelle universelle, bien que c'est la Russie qui en restera le principal polygone. L'idée du règne mondial de la justice sera opposée à l'idéal national-religieux (pas seulement russe, mais aussi à tout autre), cependant non dans une combinaison avec une religion mondiale quelconque, mais jointe à l'anti-religion.

«Voltaire – s'exclame Bakounine – *a dit: «S'il n'y avait pas de Dieu il faudrait l'inventer». Et moi, partisan fervent de la liberté, de cette condition la plus indispensable du développement humain et de la perfection, moi, je tends plutôt à retourner son aphorisme et je dis, que si Dieu existait, il aurait fallu l'éliminer»* (Bakounine, *«Dieu et Etat»*, St. Petersbourg 1906, p. 21). Dans les théories de Bakounine, de Mihailovsky, de Lavrov, de Bogdanov, de Lunatcharsky, la place de Dieu est occupée par l'homme-dieu, *«le héros qui pense d'une manière critique»*, l'objet de l'adoration et de la foi aveugle de la foule. Dans son image se dégagent très nettement les traits du satanisme. Ce n'est pas par hasard que Bakounine glorifie *«le Satan, le rebelle éternel, le premier penseur libre et l'émancipateur du monde»* (ibidem p. 6), et *«le bâtisseur de la divinité»*, Lunatcharsky, est littéralement hypnotisé par Lucifer, interprété à la façon de Nietzsche (A. A. Lebedev *«La dernière religion»*. A ce propos, A. Lebedev remarque: *«... Cette utopie de la construction de la divinité, qui poussait sur le même terrain historique, dans la même époque [dans la période d'avant la révolution d'octobre – I. É.] s'est révélée dans une «spire», sur un autre terrain historique «tout à coup» comme une réalité anti-utopique. Le développement historique a manifesté dans ce cas-là une ambivalence intérieure, propre objectivement à toute utopie, l'ambivalence qui crée dans des circonstances correspondantes l'effet de renversement du sens de l'utopie, effet de «lecture inverse», quand ce «signe positif», sous lequel l'utopie était considérée par ses créateurs, comme «de soi-même» change en un signe négatif».*).

Si, en Russie, au cours de la révolution et après celle-ci, un simple athéisme comme pensée séculière ou l'agnosticisme était opposé au christianisme, alors les conséquences n'en auraient jamais été si tragiques. Mais le problème est que le chrétien a dû se heurter à un fanatisme religieux opposé, à une religion du monde de *«derrière le miroir»*, avec une orthodoxie renversée sens dessus-dessous, avec une orthodoxie d'un signe négatif, ce qui, de par sa nature, induisait les âmes orthodoxes dans le trouble et la tentation.

Les tentatives de créer sur la base d'une antireligion *«une nouvelle communauté d'hommes»,* une anti-nation, ont eu un certain succès. On ne peut pas dire qu'à l'époque du totalitarisme, les liens entre les nations dans notre pays étaient maintenus exclusivement par la peur; et, donc, mon interlocuteur d'autrefois, ce haut dignitaire, qui faisait avancer l'idée de *«la formation de l'unique nation soviétique»,* avait quelques bonnes raisons. Mais l'absurde consistait en ce qu'il avançait cette idée au moment où cette antireligion était déjà au seuil de son écroulement.

La renaissance de l'idée nationale-religieuse russe, est-elle possible dans les nouvelles conditions? Répondant à cette question, A. V. Kartachev disait autrefois: *«Ce qui ne peut pas arriver, n'arrive pas. La neige de l'année passée a fondu. Et il ne s'agit pas de cette neige, de cette chair pourrie de l'ancienne Russie, mais il s'agit de son esprit immortel, qui a à s'incarner dans sa nouvelle forme dans des conditions nouvelles. Les conditions théocratiques vieillies ont disparu. Nous vivons dans un monde de culture sécularisée, dans le monde de nouveaux Etats de droit et autoritaires, qui ont beaucoup de croyances, des croyances différentes, ou aucune croyance ... La sainte Russie dans les charpentes de la structure d'Etat et de Société toutes neuves – ce n'est pas un paradoxe, c'est la seule possibilité réelle»*[18].

Ce sont des paroles remarquables! Malheureusement, A. Kartachev essaye encore une fois de réunir des choses qui ne peuvent pas être associées: l'idée nationale russe et l'idée de l'empire[19]. Dans ses travaux, il y a un potentiel du conflit, de ce conflit qui, durant toute l'histoire, nous a plusieurs fois amenés à des situations tragiques.

L'idée nationale russe, qui n'est pas de ce monde, se rapporte, selon notre conviction très profonde, exclusivement à la sphère spirituelle et morale. Elle peut et doit influencer les rapports sociaux et économiques au sein de l'Etat, sa politique extérieure et intérieure, mais son union à l'Etat est impossible par principe. La *«symphonie»* à Byzance et dans l'ancienne Russie – cette symphonie qui était imparfaite – ce n'est pas un phénomène régulier, mais c'est une exception. Étant un prêtre russe, je suis sûr de la mission particulière de l'Église orthodoxe russe comme gardienne de l'idéal national-religieux russe de son peuple. Je remarque, cependant, le rôle croissant de l'élite intellectuelle créatrice dans l'expression de cet idéal. Les représentants de cette élite travaillent dans différents domaines de l'art, de la science, de la vie sociale et de la politique. Leur appartenance visible à l'Église orthodoxe russe n'en est pas la condition *sine qua non.* Eux-mêmes, ils peuvent se voir en agnostiques ou au sein d'autres confessions, tout en restant dans le cours de la

---

[18] A. V. Kartachev, op. cit.
[19] Ibidem.

tradition russe orthodoxe et tout en étant porteurs de l'idéal russe national-religieux.

La sphère de l'idéal national-religieux, nous l'avons dit, est spirituelle. C'est la sphère de manifestation des différences ethniques et confessionnelles, mais non pas celle de l'hostilité nationale. Cette dernière apparaît lorsqu'on essaye d'associer l'idée nationale à l'idée de l'empire, ce qui n'est pas toujours le propre d'une grande nation. On peut saluer les aspirations des différentes nations qui peuplent notre pays, faire garantir leur souveraineté étatique dans le but de créer des conditions optimales à leur développement national; il est cependant important de ne pas perdre de vue toute la complexité de la dialectique des rapports entre l'élément national et étatique, ce dont témoigne le drame de l'histoire russe.

Peter Plank, Würzburg

Die Identität der orthodoxen Kirche Rußlands im Spiegel ihrer Kanonisationen seit 1970

Wer der Frage nachgeht, in welcher Weise und in welchem Umfang die Russische Orthodoxe Kirche ihren Glauben anderen Völkern und Kulturen verkündet und weitergereicht hat, wird bald auf zwei faszinierende Persönlichkeiten der jüngeren Vergangenheit stoßen, nämlich Metropolit Innokentij von Moskau und Kolomna (1797–1879) und Erzbischof Nikolaj von Japan (1836–1912). So schien es sinnvoll, diese beiden Hierarchen in den Mittelpunkt der Aufmerksamkeit zu rücken, als ich vor drei Jahren die Ehre hatte, zum Millenniums-Symposion in Tutzing einen kleinen Beitrag zum Thema „Die Fortsetzung des kyrillo-methodianischen Missionswerkes durch die orthodoxe Kirche Rußlands in neuerer Zeit"[1] zu leisten. Es lag damals nahe, auf die Tatsache zu verweisen, daß das Moskauer Patriarchat diese beiden großen Missionare des 19. und 20. Jahrhunderts 1970 bzw. 1977 heiliggesprochen und mit diesen beiden einzigen Kanonisationen seit 1918 deutlich gemacht hatte, daß sich die russische Orthodoxie nach wie vor als eine missionarische Kirche versteht.

Inzwischen zählen elf weitere podvižniki zu den in der gesamten russischen Kirche verehrten und angerufenen Heiligen. Neun von ihnen kanonisierte das zur Tausendjahrfeier versammelte Landeskonzil am 6. Juni 1988[2]; zwei weitere wurden anläßlich der 400-Jahr-Feier der Errichtung des Moskauer Patriarchats am 9. Oktober 1989 in das Verzeichnis der Heiligen aufgenommen[3]. Weitere Heiligsprechungen, darunter die von Erzpriester Ioann Sergiev von Kronštadt (1829–1908),

---

[1] in: K. Chr. Felmy u.a. (Hrsg.), Tausend Jahre Christentum in Rußland. Zum Millennium der Taufe der Kiever Ruś, Göttingen 1988, 473–479. Zur dort aufgeführten Literatur ist nun noch anzufügen: Nikolaj (Kasatkin), archiepiskop Japonskij, in: Die Russischen Orthodoxen Bischöfe von 1893 bis 1965. Bio-Bibliographie von Metropolit Manuil (Lemeševskij), Teil V (= Oikonomia Bd. 24), Erlangen 1987, 146–180.

[2] Prazdnovanie Russkoj Pravoslavnoj Cerkov'ju 1000-letija Kreščenija Rusi, ŽMP 1988, Heft 9, 3–42, dort: 13f. Die offiziellen Viten dieser 9 Heiligen sind vereinigt in dem Band: Kanonizacija Svjatych, Moskva: Verlag des Moskauer Patriarchats 1988 (mir nicht zugänglich). Soweit sie auch gesondert im Žurnal Moskovskoj Patriarchii erschienen sind, werden sie unten angeführt.

[3] A. Kyrležev, Cerkovnye toržestva, posvjaščennye ustanovleniju Patriaršestva, ŽMP 1990, Heft 2, 68–71, dort: 69.

sind dem Vernehmen nach geplant und werden von einer am 11. April 1989 errichteten eigenen Kommission unter dem Vorsitz von Metropolit Juvenalij von Kruticy und Kolomna vorbereitet.[4]

Dies ist nicht der Ort, an dem wir uns mit dem Leben und Wirken der neuen Heiligen im einzelnen befassen können, so gewinnbringend dies auch wäre, gleich ob wir unsere Einsicht in Geschichte und Gegenwart der russischen Orthodoxie mehren oder uns geistlich bereichern und auferbauen lassen wollten. Doch wir wollen versuchen, aus den jüngsten Heiligsprechungen streiflichtartig etwas vom Selbstverständnis der orthodoxen Kirche der Ruś zu erfassen oder wenigstens zu erahnen.

Heiligsprechungen sind immer engstens mit dem Selbstverständnis der Kirche verbunden. In den Heiligen verehrt sie jene ihrer eigenen Kinder, in denen sie ihre geistlichen Ideale am klarsten verwirklicht sieht, in denen sie ihr eigenes Wesen exemplarisch ausgestaltet findet, in denen sie sich selber auf je eigene Weise wiedererkennt. In den Heiligen ist der Kirche ihr Weg durch die Zeit lebendig. In ihrer Verehrung trägt sie ihre eigene Geschichte als Gegenwart in sich. In ihnen sprengt sie die Zeitlichkeit und Räumlichkeit dieser Welt. Welchen Eindruck also vermittelt die russische Kirche durch die Kanonisationen der letzten beiden Jahrzehnte, vor allem aber der letzten beiden vergangenen Jahre von sich selbst?

1. Geschichtliche Kontinuität

Zum einen finden wir in diesen Heiligsprechungen das Selbstgefühl einer vielhundertjährigen Kontinuität betont. Umfassen sie doch Persönlichkeiten vom 14. bis zum 20. Jahrhundert. Anhand ihrer Namen ließe sich eine ganze Geschichte der Moskovitischen Ruś und ihrer historischen Epochen schreiben. Schon lange verehrt die russische Kirche den Großfürsten Aleksandr Nevskÿ († 1263) als Heiligen, der das orthodoxe Russentum im 13. Jahrhundert gegen Übergriffe aus dem Westen verteidigt hat.[5] Nun stellt sie ihm den Moskauer Großfürsten Dmitrij (1350–1389)[6] zur Seite, der 1380 durch seinen berühmten Sieg auf dem Schnepfenfeld am Don den Russen den Mut gab, sich auch der

---

[4] Metropolit Juvenalij von Kruticy und Kolomna, O kanonizacii svjatych, ŽMP 1990, Heft 2, 6–8, dort: 6.

[5] A. M. Ammann, Kirchenpolitische Wandlungen im Ostbaltikum bis zum Tode Alexander Newskis. Studien zum Werden der russischen Orthodoxie (= OCA 105), Rom 1936.

[6] Igumen Feofilakt, Blagovernij Knjaz' Dmitrij Donskoj. K 600-letiju vremeni blažennoj končiny, ŽMP 1989, Heft 3, 61–64; Heft 4, 60–63.

Tatarenheere aus dem Osten zu erwehren. Endgültig zählt sie nun auch den Griechen Maksim zu ihren Glaubens-Heroen, der in sich so gegensätzliche Welten wie das Florenz der Medici und Savonarolas (1452-1498), den hl. Berg Athos als orthodoxe Insel im Osmanen-Reich und das Moskau Ivan Groznyjs (1530-1584) vereinigte.[7] Sie erkennt sich selbst wieder in der Sanktpeterburgerin Ksenija[8], die das höfische und gesellschaftliche Leben des 18. Jahrhunderts sehr wohl kannte und gerade deshalb selbst arm und verkannt durch die Straßen der neuen Hauptstadt streifen und nachts auf ihren Friedhöfen beten wollte. Durch die Heiligsprechung von Paisij Veličkovskij (1722-1794)[9] und Amvrosij von Optina (1812-1891)[10] sowie der beiden bischöflichen Asketen Feofan Zatvornik (1815-1894)[11] und Ignatij (1807-1867)[12] erklärt die russische Kirche den monastischen und patristischen Aufbruch und die Starzen-Bewegung des 19. und 20. Jahrhunderts in ihren unterschiedlichen Ausformungen zu ihrem unaufgebbaren Erbe, das verblaßte Züge ihres geistigen Lebens aufgefrischt und ihm neue bleibende hinzugefügt hat. Durch die Kanonisation der beiden Patriarchen Iov († 1607)[13] und Tichon (1865-1925)[14], mit deren Namen die Errichtung des Moskauer Patriarchats 1589 und seine Wiederbelebung nach über zweihundertjährigem Verfall 1917 verbunden ist, zeigt die russische

---

[7] R. A. Klostermann, Maxim Grek in der Legende, ZKG 53 (1934) 171-228; E. Denissoff, Maxime le Grec et l'Occident, Paris-Louvain 1943; Prot. Vladislav Cypin, Žizń i učenie prepodobnogo Maksima Greka, ŽMP 1989, Heft 4, 55 f; Heft 5, 65-70; Heft 6, 64-68.

[8] N. Il'ičeva, Svjataja Christa radi jurodivaja Ksenija Peterburgskaja, ŽMP 1989, Heft 3, 65-67. Von der Russischen Orthodoxen Auslandskirche wurde Ksenija bereits 1978 kanonisiert: V. Chmelev, Blažennaja Ksenija, in: Pravoslavnaja Rus' 1978, Heft 17, 2-5.

[9] I. Smolitsch, Russisches Mönchtum. Entstehung, Entwicklung und Wesen (988-1917), (Das Östliche Christentum Heft 10/11), Würzburg 1953, 482-493; S. Bolshakoff, Russian Mystics, London 1977, 79-98.

[10] N. Il'ičeva, Starec Amrosij Optinskij, ŽMP 1988, Heft 11, 62-68

[11] F. Tertyschnikow, Auf dem Weg zu Gott. Leben und Lehre des Starzen Theophan, Leipzig 1978; S. Bolshakoff 196-221; Th. Špidlík, Theophan der Rekluse (1815-1894), in: G. Ruhbach/J. Sudbrack (Hrsg.), Große Mystiker. Leben und Wirken, München 1984, 282-297.

[12] Žitie svjatitelja Ignatija Brjančaninova, ŽMP 1989, Heft 5, 60-65; F. v. Lilienfeld (Hrsg.), Hierarchen und Starzen, Berlin 1966, 139-160; Bolshakoff 144-163.

[13] Žitie svjatogo Iova, pervogo patriarcha Moskovskogo i vseja Rusi, ŽMP 1990, Heft 2, 49-56 (mit Bibliographie).

[14] Žitie svjatitelja Tichona, patriarcha Moskovskogo i vseja Rusi, ŽMP 1990, Heft 2, 56-68; Johannes Chrysostomus [Blaškevic], Kirchengeschichte Rußlands der neuesten Zeit, Bd. I: Patriarch Tichon (1917-1925), München-Salzburg 1965; R. Rößler, Kirche und Revolution in Rußland. Patriarch Tichon und der Sowjetstaat, Köln-Wien 1969; Die Russisch-Orthodoxen Bischöfe 1893-1965. Bio-Bibliographie von Metropolit Manuil (Lemeševskij), Teil VI (Oikonomia Bd. 26), Erlangen 1989, 257-291.

Kirche an, wie wichtig ihr die eigene kanonische Struktur gemäß dem 34. Apostolischen Kanon[15] im Gesamt der orthodoxen autokephalen Kirchen ist, auch und gerade unter den äußeren Bedingungen, die die Oktoberrevolution geschaffen hat.

2. Spirituelle Fülle

Versichert sich die orthodoxe russische Kirche in der personalen Konkretion ihrer Heiligen ihrer eigenen Identität im Fluß der Zeit, so wird sie an ihnen auch ständig der geistlichen und charismatischen Fülle inne, die sie in sich trägt.

Der heilige Fürst, der in engem Zusammenwirken mit den geistlichen Koryphäen seiner Zeit unter Einsatz seines eigenen Lebens alle Kraft und allen Mut aufbietet, um seinem Volk das physische und geistige Leben zu sichern und zu mehren, mag in dieser Form eine Erscheinung der Vergangenheit sein. Doch zeigt die Kanonisation des Großfürsten Dmitrij, daß auch die russische Orthodoxie unserer Tage keineswegs Abstand genommen hat vom alten Ideal des symphonischen Zusammenwirkens aller gesellschaftlichen Kräfte zum Wohl des Volkes.

Völlig ungebrochen steht offensichtlich der alte Satz des hl. Cyprian von Karthago in Geltung: „Wenn einer nicht mit dem Bischof ist, so ist er nicht in der Kirche."[16] Spiegelt sich doch das Bewußtsein von der tragenden Rolle des bischöflichen Dienstes für das innere Leben der Kirche wie für ihre Repräsentation nach außen nicht zuletzt in der Liste der alten[17] wie der neuen Heiligen der russischen Kirche wider.

Da die russischen Bischöfe aus den Klöstern kommen oder ihnen zumindest durch die Mönchsweihe eng verbunden sind, kommt durch die Heiliggesprochenen unter ihnen zugleich auch die Hochschätzung des monastischen Lebens zum Ausdruck, das überhaupt als bevorzugter Hort der Entfaltung reicher und verschiedenster Gnadengaben erscheint.

Die Gabe des hl. Andrej Rublev (1360/70-ca. 1430)[18], den christli-

---

[15] „Die Bischöfe eines jeden Volkes sollen wissen, wer unter ihnen der erste ist. Sie sollen ihn als ihr Haupt anerkennen und nichts Wichtiges tun ohne seine Zustimmung ... Aber auch er soll nichts tun ohne die Zustimmung aller ..." (F. X. Funk, Didascalia et Constitutiones Apostolorum, I, Paderborn 1905, 572/574).

[16] Si quis cum episcopo non sit in ecclesia non esse: Ep 66, 8, in: CSEL III/II (1871), 733.

[17] Vgl. etwa die von N. Thon verfaßten Kurzviten aller Heiligen, die in dem Gottesdienst zu Ehren aller Heiligen der Ruś am 2. Sonntag nach Pfingsten erwähnt werden: Gottesdienst zu Ehren Aller Heiligen der Rus, Würzburg 1987, 66–144.

[18] Diak. Andrej Lorgus, Duchovnaja tradicija prepodobnogo Andreja Rubleva, ŽMP

chen Glauben mit dem Malerpinsel in höchster Reinheit und Schönheit zu verkünden, konnte dort ebenso zur Vollendung gelangen wie die mit Leidensbereitschaft gepaarte theologische Denkkraft des hl. Maksim Grek. Dem hl. Paisij Veličkovskij ist es im ererbten klösterlichen Rahmen gelungen, das christliche Ideal des gemeinsamen geistlichen Lebens von Brüdern wieder aus alten patristischen Quellen zu speisen und mit der an sich anachoretisch geprägten individuellen Seelenführung durch die γέροντες bzw. starcy zu einer neuen fruchtbaren Einheit zu verbinden. Diese Synthese, von dem Russen Paisij im 18. Jahrhundert zuerst in moldauischen Klöstern eingeführt und erprobt[19], sollte dem geistlichen Leben Rußlands im 19. Jahrhundert mächtigen Auftrieb geben. Das aus solchen Wurzeln neu erblühte monastische Leben ermöglichte es dem hl. Amvrosij und den anderen Starcen zu Optina und anderwärts[20], mit der ihnen verliehenen Gabe seelsorgerischer Hellsichtigkeit ungezählten und ganz unterschiedlichen Menschen in direkter persönlicher Begegnung zu helfen. Dieses Mönchtum bot aber auch solch' einsiedlerischen Naturen wie den heiligen Bischöfen Feofan und Ignatij jenen Ort vollständiger Zurückgezogenheit, den sie brauchten, um ihr eigenes Heil zu wirken und um ihren Zeitgenossen wie späteren Generationen auf jene Art zu dienen, die ihnen gegeben war, nämlich als geistlich-asketische Schriftsteller.[21]

Seit 1988 ist auch die Liste der russischen jurodivye, der Narren um Christi willen, um einen Namen reicher, den der hl. Ksenija von Sanktpeterburg. Es liegt in der Natur des jurodstvo[22], daß jene, die es verkörpern, in keinerlei vorgefaßte Kategorie passen, so daß es schwer fällt, die Frage zu beantworten, worin das Wesen des Narrentums um Christi willen eigentlich bestehe. Die hl. Ksenija erinnert nach außen hin in manchen Zügen an einen Pariser Clochard unserer Tage. Ihre ärmliche, in die Kleider ihres verstorbenen Mannes gehüllte Gestalt, beseelt von einem erleuchteten prophetisch begabten Geist, steht in denkbar scharfem Kontrast zu den prächtigen Fassaden des kaiserlich-synodalen

---

1990, Heft 1, 39 f; Erzbischof Sergij (Golubzov), Künder einer Theologie in Farben. Aussagen und Schau der Gnadenbilder Andrej Rubljows, StdO 1987, Heft 3, 34-47; Heft 4, 38-44; Heft 5, 42-47; Heft 6, 34-41; Heft 7, 45-47; Heft 8, 36-43.

[19] Der Starez Paissi Welitschkowski, In: F. v. Lilienfeld, Hierarchen und Starzen 59-82; E. Chr. Suttner, Kloster Neamţ als Vermittler byzantinischer Literatur an der Wende vom 18. zum 19. Jahrhundert, OstkSt 23 (1974) 311-317.

[20] Am besten führt den deutschsprachigen Leser in die Gesamtthematik immer noch ein: I. Smolitsch, Leben und Lehre der Starzen, Wien 1936 (³1988).

[21] Deutsche Übersetzung einiger Briefe Bischof Feofans: N. v. Bubnoff, Russische Frömmigkeit. Briefe eines Starzen, Wiesbaden 1947.

[22] Th. Špidlík/F. Vandenbroucke, „Fous pour le Christ", Dictionnaire de Spriritualité V (1964) 752-770 (mit reicher Bibliographie).

Sanktpeterburg des 18. Jahrhunderts, hinter denen aufgeklärter Hochmut und geisttötende Bürokratie oft genug einander die Hand gereicht haben mögen. Es erfüllt mit Bewunderung, daß eine Kirche, die selbst lange in die Fesseln des Staatskirchentums geschlagen war, das geraume Zeit hindurch eher untunliche Andenken dieser Heiligen bewahrt hat, um es nunmehr der christlichen Welt als ihr heiliges lebendiges Erbe zu erzeigen. Viele werden sich auch deshalb über die Kanonisierung Ksenijas besonders gefreut haben, weil dadurch der allzu kleine Chor der heiliggesprochenen russischen Frauen[23] eine bedeutsame Erweiterung erfahren hat.

3. Kanonisation und Sobornost'

„Dem Heiligen Geist und uns hat es gefallen..." Indem die russische Kirche sich im Heiligsprechungs-Dekret für die beiden Patriarchen Iov und Tichon dieses Wort aus dem Apostel-Dekret (Apg 15, 28) zueigen machte[24], charakterisierte sie sich selbst, ihren Anspruch und ihr Tun. Die neuere russische Ekklesiologie verfügt ihrerseits über einen Ausdruck, der wie kaum ein zweiter geeignet ist, das kirchliche Geschehen einer Kanonisierung zu verdeutlichen und in den Strom biblischer Überlieferung hineinzustellen, nämlich den der sobornost'. Sei es, daß wir unter sobornost' mit den Theologen zuerst die qualitativ verstandene Katholizität (kafoličnost') als Wesenseigenschaft der Kirche[25] oder mit den Praktikern zunächst die konkrete Synodalität ihres Handelns[26] begreifen wollen, er wirft in jeder Weise ein klärendes Licht auf den Vorgang der Kanonisierung selbst wie auf die Kirche als Trägerin dieses Vorgangs.

Mit Nachdruck hat Metropolit Juvenalij darauf hingewiesen, daß die Vorbereitung und Durchführung einer Kanonisation als ein gesamtkirchlicher Prozeß zu verstehen ist, der unter der Leitung des Heiligen

---

[23] I. Kologriwow, Das andere Rußland. Versuch einer Darstellung des Wesens und der Eigenart russischer Heiligkeit, München 1958, 249-258.

[24] Kanonisationsbeschluß für die Patriarchen Hiob und Tichon, StdO 1990, Heft 2, 17; Dejanie Osvjaščennogo Archierejskogo Sobora Russkoj Pravoslavnoj Cerkvi o kanonizacii svjatitelej Iova i Tichona, patriarchov Moskovskich i vseja Rusi, ŽMP 1990, Heft 1, 6 f.

[25] B. Plank, Katholizität und Sobornost'. Ein Beitrag zum Verständnis der Katholizität der Kirche bei den russischen Theologen in der 2. Hälfte des 19. Jahrhunderts (ÖC 14), Würzburg 1960; E. Chr. Suttner, Offenbarung, Gnade und Kirche bei A. S. Chomjakov (ÖC 20), Würzburg 1967; P. Plank, Paralipomena zur Ekklesiologie A. S. Chomjakovs, OstkSt 29 (1980) 3-29.

[26] F. Jockwig, Der Weg der Laien auf das Landeskonzil der Russischen Orthodoxen Kirche Moskau 1917/18. Werden und Verwirklichung einer demokratischen Idee in der Russischen Kirche (ÖC 24), Würzburg 1971, 189-213.

Geistes steht und an dem Bischöfe, Klerus und Laien Anteil haben.[27] Ein Blick in die Geschichte der Kanonisation in der russischen Kirche[28] zeigt, daß in der Tat – wie übrigens auch in anderen Kirchen – die Verehrung der meisten Heiligen vom Kirchenvolk her seinen Anfang nahm, von den örtlichen kirchlichen Autoritäten zunächst geduldet, dann regional gefördert und schließlich von der obersten Kirchenleitung offiziell und allgemein eingeführt wurde. In diesem Zusammenhang sei erwähnt, daß auch einige der 1988 und 1989 kanonisierten Heiligen bereits vorher öffentlich, wenn auch regional oder örtlich begrenzt, verehrt wurden, wie etwa Andrej Rublev[29], Maksim Grek[30] und Patriarch Iov[31]. Aber auch die hl. Ksenija war von der gläubigen Bevölkerung ihrer Heimatstadt und weit darüber hinaus schon lange als Heilige geliebt und verehrt worden[32], bevor sie nun auch kirchenamtlich in den Kanon, in das offizielle Verzeichnis, der russischen Heiligen eingetragen wurde. So nimmt es nicht wunder, daß die Verehrung durch das Volk geradezu als eines der Kennzeichen für die Heiligkeit eines Menschen gilt, auf das im Kanonisations-Verfahren gebührend zu achten ist.[33] Geht von sobornost' im Sinne von Katholizität die Rede, die das ganze pléroma der Kirche umfaßt, so dürfte sich also nicht leicht ein Bereich des kirchlichen Lebens finden, an dem sich ihre Bedeutung und ihr Wesen deutlicher darlegen ließe als jener der Verehrung und der Kanonisierung der Heiligen.

Aber auch für sobornost' als strukturell gemeinte, alle kirchlichen Stände miteinbeziehende Synodalität wird der Kanonisations-Vorgang in der russischen Kirche wieder in stärkerem Maß als Beispiel stehen können. Die Heiligsprechungen im Rahmen des Landeskonzils 1988 sind ein deutliches Anzeichen für diese Entwicklung. Sie kann an die Heiligsprechung des dritten Bischofs von Irkutsk Sofronij († 1771)

---

[27] O kanonizacii svjatych, ŽMP 1990, Heft 2, 6–8.

[28] E. Golubinskij, Istorija kanonizacii svjatych v Russkoj Cerkvi, 2. Aufl., Moskau 1903; ferner: J. Bois, Canonisation dans l'Église Russe, DThC II (1932), 1659–1672.

[29] Andrej wird schon seit 1981 im „Sobor Radonežskich svjatych" verehrt, der am 6. Juli gefeiert wird: Mineja Ijul', 1. Teil, Moskau 1988, 339–360.

[30] Die Gebeine des hl. Maksim Grek wurden bereits 1591 erhoben, und Patriarch Iov ließ gottesdienstliche Texte auf ihn erstellen: Mineja Janvaŕ, 2. Teil, Moskau 1983, 234–246.

[31] Er wird an erster Stelle unter den Heiligen des Gebietes von Tveŕ genannt und verehrt, deren Feier seit 1979 am ersten Sonntag nach dem Fest der Apostel Petrus und Paulus (29. Juni) begangen wird: Mineja Ijuń, 2. Teil, Moskau 1986, 544–571.

[32] Siehe die von N. Ili'čeva, Svjataja Christa radi 67 angegebene Literatur über Ksenija, die größtenteils schon im 19. Jahrhundert erschienen ist.

[33] Metr. Juvenalij 7.

durch das gesamtrussische Landeskonzil 1918[34] anknüpfen, die letzte Kanonisation vor 1970. Vor allem aber ist hier mit Metropolit Juvenalij[35] auf die beiden Konzilien der Jahre 1547 und 1549 zu verweisen, die ausschließlich dazu einberufen wurden, um eine ganze Reihe von Heiligsprechungen vorzunehmen[36]. Sie betrafen insgesamt 39 Heilige, die vom 12. bis zum 15. Jahrhundert in der Ruś gelebt hatten. Nur neun von ihnen kamen damals ganz neu in das Verzeichnis der Kanonisierten, während die übrigen 30 schon vorher lokal verehrt worden waren. So erweisen sich die beiden großen Kanonisations-Akte zur Mitte des 16. Jahrhunderts in einer Reihe von Einzelzügen wie in ihrem konziliaren Gesamtcharakter als Vorbild vor allem für die Heiligsprechung von neun podvižniki durch das Millenniums-Konzil des Jahres 1988.

4. Nachgeahmte Nachahmer

Einer der Neukanonisierten des Jahres 1988 ist der Moskauer Metropolit Makarij (1543-1564)[37], auf dessen Veranlassung und unter dessen Vorsitz die beiden Synoden 1547 und 1549 stattgefunden haben. Ohne Zweifel stehen die Kanonisationen dieser beiden Moskauer Kirchenversammlungen in engem Zusammenhang mit dem monumentalen literarischen Lebenswerk Makarijs, den sog. Lese-Minäen (Čet'i-Minei)[38], die ihn zugleich als den bedeutendsten Hagiographen der russischen Kirche ausweisen. Durch seine eigene Heiligsprechung im Jahr 1988 erscheint nun Metropolit Makarij als eine Art lebendiger Brücke, die die konziliaren Kanonisationen ganzer Chöre von Heiligen zur Mitte des 16. Jahrhunderts und zu Ende des 20. Jahrhunderts zu einer organischen Einheit verbindet und die darüber hinaus in die Zukunft weist.

Im übrigen zeigt gerade das Beispiel des hl. Makarij, daß die eifrige Beschäftigung mit der vielgestaltigen Christus-Förmigkeit der Heiligen

---

[34] P. Prosvirnin, Svjatitel' Sofronij episkop Irkutskij vseja Sibiri čudotvorec, ŽMP 1971, Heft 9, 67-78, dort: 78. Die Kanonisation fand am 28. April 1918 statt.

[35] Metr. Juvenalij 7.

[36] Golubinskij 92-109; P. Veretennikov, Moskovskie Sobory 1547 i 1549 godov, ŽMP 1979, Heft 12, 69-77.

[37] Žitie Svjatitelja Makarija Mitropolita Moskovskogo i vseja Rusi, ŽMP 1989, Heft 6, 58-61; Heft 7, 62-64; E. Golubinskij, Istorija Russkoj Cerkvi, Bd. II/1, Moskau 1900, 744-815; Makarij Veretennikov, Makarij, Metropolit von ganz Rußland. Fragen der Hagiographie, in: Felmy, Tausend Jahre (s. Anm. 1), 687-716 (mit reicher Bibliographie).

[38] Igumen Makarij (Veretennikov), Velikie Makar'evskie Čet'i-Minei - sokrovišče duchovnoj pis'mennosti drevnej Rusi, in: Bogoslovskie Trudy 29 (1989) 106-126; D. B. Miller, The Velikie Minei Chetii and the Stepennaja Kniga of Metropolitan Makarij and the Origins of Russian National Consciousness, in: Forschungen zur osteuropäischen Geschichte 26, Wiesbaden 1979, 263-382.

dem Gläubigen unschätzbare Hilfen bietet auf seinem eigenen Weg hin zur ewigen Lebensgemeinschaft mit dem allein Heiligen, dem Drei-Einen Gott. „Werdet meine Nachahmer, wie ich ein Nachahmer Christi geworden bin" (1. Kor 11, 1). Diese Aufforderung des Apostels Paulus, die er mehrmals an die Leser und Hörer seiner Briefe gerichtet hat (vgl. 1. Kor 4, 16; Phil 3, 17; 1. Thess 1, 6; 2. Thess 3, 7.9), schallt uns aus dem Mund eines jeden und einer jeden Heiligen der Kirche mit je eigenem Klang entgegen. Sie ist bleibendes biblisches Fundament für die kirchliche Erfahrung, daß der Weg zu Gott, der über die Heiligen führt, kein Umweg ist, sondern so manchen Umweg und Irrweg erspart.

GÜNTHER SCHULZ, NAUMBURG

Begann für die Russische Orthodoxe Kirche das dritte Jahrtausend im Jahre 1917?

Einige grundsätzliche Bemerkungen zum Hl. Konzil der Russischen Orthodoxen Kirche 1917/18

Auf die herausfordernde Frage antworte ich mit zwei Zitaten aus Beschlüssen des Landeskonzils:

1. Verordnung des Hl. Konzils über die kirchliche Predigttätigkeit vom 1./14.12.1917:

„Nach der Lehre des Wortes Gottes (Matth 28,19–20, Mark 16,15, Apg 1,8, 1.Kor 9,16, 2.Tim 4,2 u.a.), nach den Kanones der Kirche ... und nach den Anweisungen der Ordnungen der Kirche ist die kirchliche Predigt eine der Hauptpflichten des pastoralen Dienstes. In der Gesellschaft und im privaten Leben soll sie so oft wie möglich ertönen. Aber auch außerhalb des Gottesdienstes, auf jeden Fall aber in jeder Feier der Göttlichen Liturgie, die an Sonn- und Feiertagen (Sechstes Ökumenisches Konzil, Kanon 9) gehalten wird, oder bei besonderen Anlässen im Leben der Kirche, der Gesellschaft und des Staates."[1]

2. Verordnung des Hl. Konzils ... über die aktive Mitarbeit von Frauen in verschiedenen Bereichen des kirchlichen Dienstes vom 7./20.9.1918:

„Indem das Hl. Konzil der ORK die Hinzuziehung von Frauen zur aktiven Mitarbeit auf allen ihrer Berufung entsprechenden Bereichen des kirchlichen Dienstes als nützlich anerkennt, beschließt es:
  1. Über das den Frauen durch das Hl. Konzil gewährte Recht, an Gemeindeversammlungen und Gemeinderäten teilzunehmen und das Amt von Kirchenältesten auszuüben, hinaus ist ihnen gleichfalls zu gewähren
    a) das Recht der Mitarbeit an Dekanats- und Eparchialversammlungen;
    b) das Recht, Amtspflichten auszuüben in allen eparchialen Bildungs-, Wohltätigkeits-, Missions- und kirchlichen Wirtschaftseinrichtungen ..."[2]

Ich übergehe die teilweise traditionell staatskirchlichen Aussagen des Konzils und komme thetisch zu dem Schluß, den ich im folgenden belegen will:
  1. Die beiden Revolutionen des einen Jahres 1917 führten für Ruß-

---

[1] Svjaščennyj Sobor Pravoslavnoj Rossijskoj Cerkvi, Dějanija, Priloženie vtoroe, Sobranie Opredělenij i Postanovlenij (= DSOP), Moskau 1918, vyp. 2, S. 9.
[2] ebd., vyp. 4, S. 47.

land und das Christentum in Rußland – ich behandle hier besonders die Orthodoxe Kirche – eine neue Epoche herauf. Mit den Antworten, die das Landeskonzil der ORK auf die revolutionären Herausforderungen gab, begann für die Orthodoxe Kirche das dritte Jahrtausend, die Moderne im eigentlichen Sinne.

Ich füge als zweite These hinzu:

2. Nach dem Millennium der Taufe der Ruś im Jahre 1988 steht das dritte Jahrtausend, die neue große Herausforderung, vor der ROK. Das dritte Jahrtausend wird und kann für die ROK nur beginnen, wenn diese Kirche zum Reformkonzil von 1917/18 zurückkehrt, das Konzil und seine Ergebnisse aufarbeitet. Ohne diese Rückkehr, ohne die Aufarbeitung der eigenen Reformtraditionen wird das dritte Jahrtausend im eigentlichen Sinne nur schwerlich für die ROK beginnen – so möchte ich zu sagen wagen.

Das Hl. Konzil der Orthodoxen Russischen Kirche

1. Die Grunddaten

Zwischen den Revolutionen des Jahres 1917 einberufen und eröffnet, seit dem Oktober 1917 im Wettlauf mit den Ereignissen, auch in den Tagen der Kampfhandlungen tagend, arbeitete das Konzil bis zum September 1918 in folgenden drei Sitzungsperioden:

I. Periode:	15./28. August 1917 –		9./22. Dezember 1917
	Sitzung 1	– 65	
	Dĕjanija I, 1	– IV, 2	(V?)
II. Periode:	20. Januar/2. Februar 1918	–	7./20. April 1918
	Sitzung 66	– 129	
	Dĕjanija VI, 1	– VII, 1; IX, 1	
III. Periode:	19.? Juni/2.? Juli 1918	–	7./20. Sept. 1918
	Sitzung 130	– ?	
	keine gedruckten Dĕjanija		

2. Beschlüsse und Quellen

Die vom Konzil verabschiedeten, damit auch von der Bischofsversammlung des Konzils rezipierten 52 Verordnungen und Verfügungen sind in vier Faszikeln (170 S.) unter dem Titel „Sobranie opredĕlenij i postanovlenij (Sammlung der Verordnungen und Verfügungen)" als Beilage 2 zu den Akten des Konzils, Moskau (Ende) 1918 (Faszikel 1 und Faszikel 3: Prichodskij Ustav, Warschau 1922) erschienen.[3] Diese Sammlung scheint vollständig zu sein.

Unvollständig ist die Ausgabe der Protokolle der Sitzungen der Vollversammlungen des Konzils geblieben. Meine Angaben bieten den Bestand der Sammlung im Institutum Pontificium Orientale, Rom.[4] Zugang zu diesem Bestand und Fotokopien davon verdanke ich den Herren Dr. Jockwig und Dr. Stricker. Es liegen folgende Bücher vor: I, 1–IV, 2; VI, 1–VII, 1; IX, 1.[5]

Damit fehlen aus der I. Sitzungsperiode die Protokolle der Sitzungen 6–16 und 52–65; aus der II. Sitzungsperiode die Protokolle der Sitzungen 83–103 und 107–169. Aus der III. Sitzungsperiode ist nichts mehr gedruckt worden (mit Ausnahme der Konzilsbeschlüsse); es fehlen also die Protokolle aller Sitzungen. Es gibt Grund zur Hoffnung, daß sich noch ungedrucktes Material in der Sovetunion findet.

3. Die Erforschung des Konzils in der Sekundärliteratur

In wenigen Monographien und Aufsätzen (Oseckij 1917[6], Vvedenskij 1923[7], Titlinov 1924[8], Kartašev 1942[9], Smolitsch 1964[10], d'Herbigny 1925[11], Wuyts 1941[12]) sind wichtige Aspekte (die Wiedererrichtung des Patriarchats, der Weg der Laien auf das Konzil, das Verhältnis zur Revolution) behandelt worden. Eine Gesamtdarstellung fehlt. Ich erlaube

---

[3] vgl. Anm. 1; nach Pospielovsky, D., The Russian Church under the Soviet Regime, 1917–1982, Bd. 2, 1984, S. 505 sind in Warschau 1922 gesondert gedruckt worden: Položenie o vysšem i eparchial'nom upravlenii Pravoslavnoj Cerkvi (wohl identisch mit vyp. 3, S. 13–41).

[4] Nach Regel'son, L., Tragedija Russkoj Cerkvi 1917–1945, 1977, S. 610 sind von den Dějanija noch gedruckt worden: Buch I, 3 und Buch V. Damit wären die Protokolle aller Sitzungen der I. Session gedruckt.

[5] Svjaščennyj Sobor Pravoslavnoj Rossijskoj Cerkvi, Dějanija, Moskau/Petrograd 1918.

[6] Oseckij, A., Pomestnyj Sobor. Svobodnyj opyt organizacii, Petrograd 1917.

[7] Vvedenskij, A., Cerkov' i gosudarstvo, očerk vzaimootnošenij 1918–1922, Moskau 1923.

[8] Titlinov, B. V., Cerkov' vo vremja revoljucii, Petrograd 1924.

[9] Kartašev, A. V., Revoljucija i sobor 1917–1918, in: Pravoslavnaja Mysl', Paris 1942, S. 75–101.

[10] Smolitsch, I., Der Konzilsvorbereitungsausschuß des Jahres 1906. Zur Vorgeschichte des Moskauer Landeskonzils von 1917/19. In: Kirche im Osten 7/1964, S. 53–93.

[11] d'Herbigny, M. S. J., Après la mort du Patriarche Tykhon. In: Orientalia Christiana IV/1925, S. 81–168.

[12] Wuyts, A. S. J., Le Patriarcat Russe au Concile de Moscou de 1917–1918, Orientalia Christiana Analecta 129/1941.

mir, auf die Arbeiten zweier (hier vielleicht anwesender) Herren hinzuweisen:

Franz Jockwig legte 1971 eine Monographie vor: Der Weg der Laien auf das Landeskonzil der ROK Moskau 1917/18. – Ein Aufsatz von Vladislav Cypin mit dem Untertitel „Kanonisch legitime Entscheidungen prägten das Profil des Landeskonzils 1917/18" findet sich in der Stimme der Orthodoxie 1/1989[13].

4. Die Vorbereitung des Konzils

Die Vorbereitung des Konzils wurde in den Jahren 1905/06 und 1917 geleistet. Am Ende der staatskirchlichen Ära Pobedonoscev und in der revolutionären Phase 1905/06 wurden die Bischöfe der ORK vom Hl. Sinod in einem Fragebogen über ihre Meinung zu einer künftigen Kirchenreform befragt. Die Antworten der Bischöfe, die otzyvy, werden im offiziellen Organ des Sinod, den Cerkovnye Vědomosti 1906, und separat in 4 Bänden, Petersburg 1906 publiziert. [Zu den Einzelheiten vergleiche man Franz Jockwig, Der Weg der Laien auf das Landeskonzil der Russischen Orthodoxen Kirche Moskau 1917/18, Würzburg 1971.] Schlagworte jener Tage wie: „Beteiligt den Laien an der Kirchenregierung!", „Ruft ein Konzil zusammen und macht den Laien zum Konzilsmitglied!"[14] finden ihren Niederschlag in Äußerungen der Bischöfe, die die Kirche und ihre Institutionen scharf kritisieren. Die meisten sprechen sich für eine Demokratisierung der Kirche und ihrer Organe aus, doch wünscht man, die hierarchische Grundstruktur der Kirche zu wahren. Viele Bischöfe müssen feststellen, daß sie dem eigentlichen Leben der Kirche, d.h., dem Gemeindeleben, fernstehen. Deshalb ist die Beziehung der Bischöfe zur Gemeinde zu stärken. Die Reform, die ansteht, ist deshalb die Reform der Gemeinde.

Der Leitbegriff in den otzyvy ist das sobornoe načalo, das ganzheitliche, katholische und konziliare Prinzip bzw. die sobornost', die Ganzheitlichkeit, Katholizität, Konziliarität. Dieses Prinzip wird die zentrale Rolle sowohl im Vorkonziliaren Ausschuß von 1906 als auch auf dem Landeskonzil 1917/18 spielen. Das konziliare Prinzip steht in der Tradition A. S. Chomjakovs, der sich auf die Enzyklika der östlichen Patriarchen aus dem Jahre 1848 und ihren Satz bezieht: „Ferner konnten bei uns weder Patriarchen noch Synoden jemals etwas Neues einführen,

---

[13] Cypin, V., Das Herz des Episkopats begann wieder zu schlagen. Kanonisch legitime Entscheidungen prägten das Profil des Landeskonzils 1917/18. In: Stimme der Orthodoxie 1/1989, S. 4–11. In Kürze erscheint ein Aufsatz von Vater Innokentij (Pavlov) zur Russischen Kirchengeschichte der Jahre 1917/18 in der Zeitschrift „Geist und Leben".

[14] Jockwig, F., Der Weg der Laien auf das Landeskonzil der Russischen Orthodoxen Kirche Moskau 1917/18. (= Jockwig, Der Weg der Laien) Würzburg 1971, S. 111.

weil der Hüter des Glaubens bei uns der Leib der Kirche selbst ist, d. h., das Volk selbst, das seinen Glauben immer unverändert und gleich dem Glauben seiner Väter zu bewahren wünscht, ..."[15] Das Volk – ich muß hier raffen und vereinfachen – als Hüter des Glaubens (chranitel' blagočestija) gerät bei Chomjakov in einen gewissen Gegensatz zum Episkopat und zur institutionellen Kirche. „Für uns gibt es kein kirchliches Oberhaupt, weder ein geistliches noch ein weltliches. Christus ist dieses Oberhaupt, ein anderes kennen wir nicht."[16] Für Chomjakov ist das Volk, das den Glauben trägt, „jenes Volk, bei dem es in Glaubensfragen keinen Unterschied gibt zwischen Gebildeten und Ungebildeten, zwischen Geistlichen und Laien, zwischen Mann und Frau, dem Herrscher und seinen Untertanen, zwischen Herren und Sklaven. Wenn es nötig ist, erhält nach dem Willen Gottes ... der ungelehrte Hirt die Fähigkeit, die Häresie seines gelehrten Bischofs zu entlarven und zu widerlegen, auf daß alle in der freien Einheit des lebendigen Glaubens seien, in der sich der Geist Gottes kundtut. Hier ist das Dogma, das der Idee des Konzils zugrunde liegt."[17]

Auf dem Landeskonzil von 1917/18 wird sobornost' als „Vereinigung und Einheit der Hirten und der Herde" (edinenie pastyrej i pasomych) definiert.[18] Dieses Prinzip soll das gesamte kirchliche Leben durchdringen und beleben. Es gilt für alle Stufen des kirchlichen Lebens, „angefangen von der Gemeinde bis zu den höchsten Einrichtungen – dem Sinod und dem Obersten Kirchenrat." Die traditionellere, mehr episkopale Richtung spricht sich auf der gleichen 45. Sitzung des Konzils in einer wesentlichen Variante anders aus: „Wir verstehen sobornost' nicht im Sinne von Kollegialität, d. h., der Entscheidung einer jeden Sache durch die Mehrheit. Das ist nicht nur im kirchlichen, sondern auch im staatlichen Leben nicht immer recht. Die wahre sobornost' liegt nicht in der Persönlichkeit und Kollegialität, sondern in der Synthese, die sowohl sobornost' als auch Persönlichkeit vereint. In der recht verstandenen sobornost' ist auch das hierarchische Prinzip eingeschlossen."[19]

Die Vorstellung vom Volk als dem „chranitel' blagočestija" bei Chomjakov wird hier kirchenpolitisch instrumentalisiert. Schon 1905 hatten sich die meisten Bischöfe für die sobornost' als der Grundlage für die anstehende Kirchenreform ausgesprochen. Kirchenreform wie

---

[15] Thon, N., (Hg.), Quellenbuch zur Geschichte der Orthodoxen Kirche, Trier 1983, S. 417.
[16] Chomjakov, A. S., Polnoe sobranie sočinenij, 8 Bde., Moskau 1900–1914, Bd. 2, S. 34.
[17] Khomiakoff, A. S., L'Église ... 1872, S. 62, zitiert nach Jockwig, Der Weg der Laien, S. 195.
[18] Mirovič, K. K., Dějanija IV, vyp. 1, S. 144.
[19] Vasilev, A. V., ebd. S. 149.

sobornost' sind also grundsätzlich schon 1905 akzeptiert. Es wird im folgenden – und dies mit Vehemenz – um die sich an verschiedenen Gegenständen immer neu entzündende Auseinandersetzung zwischen den verschiedenen Interpretationsrichtungen von sobornost' gehen.

1905 will man konkret und auf breiter Basis ein Konzil, d.h., die Befreiung vom Oberprokuror, mit breiter Beteiligung des niederen Klerus und der Laien, denn die rechte Kirchenreform muß alle Kräfte der Kirche motivieren. Nur durch ein Volkskonzil kann die Kirche wieder zur Volkskirche werden.

Zunächst setzt sich die hierarchische Richtung im Vorkonziliaren Ausschuß (Predsobornoe Prisutstvie) durch. Der Vorkonziliare Ausschuß wird 1906 auf Beschluß des Hl. Sinod als ein Sonderausschuß gebildet, um die Antworten der Bischöfe auszuwerten, Grundthemen für das Konzil abzustecken, ja, das Konzil vorzubereiten. Unter dem Vorsitz des Metropoliten Antonij von St. Petersburg arbeiten neun Bischöfe, sechs Professoren im Rang von Erzpriestern, 14 Laienprofessoren, zwei einfache Geistliche – das ist also ein ausgeglichenes Verhältnis von 16 zu 16. Hinzu kommen der Oberprokuror und sein Gehilfe und der Geistliche der Berliner Botschaft, Propst Mal'cev.

Nach lebhafter Diskussion in der zuständigen Kommission werden die Laien zum Konzil zugelassen, allerdings mit nur beratender Stimme.

Das folgende ist das Ergebnis der Arbeit des Vorkonziliaren Ausschusses:

„1. Das Konzil besteht aus Bischöfen, Klerikern und Laien.
4. Kleriker und Laien nehmen auf dem Konzil an der Beratung aller Konzilsangelegenheiten und Fragen teil. Aber die Bestimmungen und Beschlüsse des Konzils werden nur von den Bischöfen gefaßt und unterschrieben.
6. Aus jeder Eparchie kommen zusammen mit dem Bischof zwei Mitglieder zum Konzil: Ein Kleriker und ein Laie.
7. Die Kandidaten für das Konzil – jeweils ein Geistlicher und ein Laie aus jeder Eparchie – werden auf den Dekanatsversammlungen gewählt. Die Liste der in den Dekanaten gewählten Kandidaten wird dem Eparchialbischof zur endgültigen Auswahl der Konzilsmitglieder aus diesen Kandidaten und zu ihrer Bestätigung vorgelegt.
9. Erwünscht ist die Teilnahme von Vertretern der Klöster, geistlichen Lehranstalten und anderer kirchlicher Einrichtungen am Konzil ... , ebenso die Teilnahme von Privatpersonen, ... – nach dem Ermessen des Sinod.
10. Den Vorsitz auf dem Konzil führt das erste Mitglied des Sinod, die beiden anderen Metropoliten (von Moskau und von Kiev, G. S.) sind seine Stellvertreter.

Über die Reorganisation der zentralen Leitung der Russischen Kirche:

1. Die oberste Leitung der Russischen Kirche liegt bei dem periodisch einzuberufenden Landeskonzil der Bischöfe unter Vorsitz des Patriarchen.
2. Das Landeskonzil der Russischen Kirche hat die gesetzgebende, leitende Revisions- und oberste gerichtliche Gewalt.
3. Zu den Vollmachten des Landeskonzils gehört auch das Recht zur Wahl des Patriarchen.
5. Der Patriarch wird nur vom Konzil der Bischöfe gewählt.
6. Die periodischen Konzile sollen je nach Notwendigkeit, aber nicht seltener als alle zehn Jahre einberufen werden."[20]

Schon Ende 1906 wurde durch Verfügung des Hl. Sinod der Vorkonziliare Ausschuß aufgehoben, durch kaiserlichen Erlaß das Landeskonzil „wegen der unruhigen Zeiten" verschoben. So stand zunächst alles nur auf dem Papier ...

5. Die Einberufung des Konzils

Die Februarrevolution und die Abdankung der Romanovs (2.3./15.16. März 1917) verändern die Lage grundsätzlich. Der Oberprokuror entläßt alle Mitglieder des Hl. Sinod bis auf eines, Erzbischof Sergij, den späteren Patriarchen. Neu kommen drei Bischöfe und vier Priester hinzu, zwei davon sind Professoren. Am 29. April/12. Mai 1917 beschließt der veränderte Sinod, ein allrussisches Landeskonzil einzuberufen, am 5./18. Juli schreibt er dazu Wahlen aus. Der Hl. Sinod und die Eparchialbischöfe sind Mitglieder des Konzils, ebenso die Vorsteher wichtiger Klöster. Die Geistlichen Akademien, aber auch die Akademie der Wissenschaften, die Akademie der Künste und die elf Universitäten wählen Vertreter in das Konzil. Dem Staatsrat und der Duma werden 15 Plätze angeboten.

Die übergroße Zahl der Konzilsmitglieder wird in einem dreistufigen Wahlverfahren (Gemeinde-, Dekanats- und Eparchialversammlung) gewählt. Die Wahlen finden vom 23. Juli/5. August bis zum 8./21. August statt. Auf Gemeindeebene nehmen zum ersten Mal bei einer Wahl in Rußland auch Frauen teil. Die Gemeindeversammlung wählt doppelt soviele Laien wie angestellte Kleriker als Wahlmänner in die Dekanatsversammlung. Unter dem Vorsitz des Eparchialbischofs wählt schließlich die Eparchialwahlversammlung zwei Kleriker und drei Laien in das Konzil. Da der Bischof geborenes Mitglied des Konzils ist, entsendet jede Eparchie drei Kleriker und drei Laien. Das 1906 vorgeschlagene Recht der Bischöfe, aus den gewählten Kandidaten einen Priester und einen Laien zu bestimmen, entfällt. Die Wahlprozedur bzw. die Ge-

---

[20] Simon, G., in: Hauptmann, P., und Stricker, G., Die Orthodoxe Kirche in Rußland, Dokumente ihrer Geschichte, (860–1980) (= Hauptmann/Stricker, Dokumente), S. 593–595.

wählten kann auf Vorschlag des Personalausschusses des Konzils nur noch das Konzil anfechten.[21] Die Kirchenwahlen im Juli/August 1917 waren die ersten freien und geheimen Wahlen in der Geschichte Rußlands überhaupt. Die Wahlen zur Gesetzgebenden Versammlung fanden erst im November/Dezember 1917 statt.

Für das Landeskonzil ergab sich nach den Wahlen folgende Zusammensetzung: 564 Synodale vertreten die ganze Orthodoxe Russische Kirche, davon sind:
  80 Bischöfe,
  20 Mönche,
  165 Kleriker (davon sind 10 Diakone und 26 Psalmsänger),
  299 Laien (darunter zahlreiche Laientheologen).

Zu Recht stellt ein katholischer Autor fest: „Bei den Abstimmungen (in den Plenarsitzungen, G.S.) zählte die Stimme eines Bischofs nicht mehr als die eines sibirischen Bauern oder eines ukrainischen Landpfarrers."[22]

Ebenfalls am 29. April/12. Mai hatte der Sinod die Bildung eines Vorkonziliaren Rates (Predsobornyj Sovet) beschlossen. In der Zusammensetzung von 62 Personen (12 Bischöfe, 10 Erzpriester, 40 Laien, unter diesen zahlreiche Theologen und Kirchenjuristen) hat der Vorkonziliare Rat in zehn Ausschüssen in der Zeit von Mitte Juni bis Mitte August eine vorzügliche Arbeit geleistet, vor allem die Ordnung des Konzils (Ustav sobora) beschlossen. Kurz vor Eröffnung des Konzils, am 15./28. August 1917, wird die vom Vorkonziliaren Rat vorgelegte Ordnung vom Sinod entscheidend verändert. Um das Konzil zu beenden, bedurfte es bisher einer Verordnung des Konzils oder einer Verfügung der Bischofsversammlung. In der Bischofsversammlung mußte die Verfügung mit einfacher Mehrheit, jetzt aber muß sie mit 3/4 Mehrheit beschlossen werden (Art. 14). In der Fassung des Vorkonziliaren Rates konnte die von der Bischofsversammlung mit 3/4 Mehrheit ganz oder in ihren Teilen abgelehnte Vorlage des Konzils nur im allgemeinen Geschäftsgang wieder in die Vollversammlung des Konzils eingebracht werden. In der Neufassung geht die abgelehnte Vorlage direkt und sofort an die Vollversammlung zurück. Wurde sie ein zweites Mal in der Bischofsversammlung abgelehnt, war sie abgelehnt.

Der Hl. Sinod erkannte an, daß das Recht, die Ordnung des Konzils zu verfassen, das Recht des Konzils ist. Die vorgelegte Ordnung wurde als Sammlung von Leitregeln für das Konzil bis zur endgültigen Ent-

---

[21] Ustav Sobora, § 34–37, Dějanija I,1, S. 40f.
[22] Jockwig, Der Weg der Laien, S. 3.

scheidung durch das Konzil verstanden.²³ Die Ordnung des Konzils ist in der Eingangsphase des Konzils – so weit ich erkennen kann – nicht noch einmal grundsätzlich diskutiert worden. Nur auf der neunten Sitzung des Konzils (24. August/6. Sept.) hat der Rat des Konzils eine Eingabe eingebracht, die Artikel der Ordnung, die die Wahl der Ausschüsse betreffen, zu ergänzen.²⁴ Das Material der Sitzung ist leider nicht gedruckt. Die Zahl der Ausschüsse ist von 5 auf 11, dann auf 15 (Sitzung 8–10) und schließlich auf 22 erhöht worden.

6. Die Konziliarität des Konzils, Ordnung, Arbeit und Beschlüsse

Das vielleicht wichtigste Ergebnis des Konzils für die ORK war das Konzil selbst. Die konziliare Struktur seiner Arbeit, die Konziliarität des Konzils. Unter Konziliarität verstehen wir – wie dargelegt – die ausgewogene Einheit von Hirten und Herde. Das Konzil, seine Ordnung, seine Arbeit und seine Beschlüsse sind geprägt von einer beeindruckenden Synthese aller Gruppen des Volkes Gottes, der Bischöfe, Kleriker und Laien, von einem faszinierenden Ausgleich ihrer Interessen, von einer produktiven Zusammenarbeit aller Gruppen und Institutionen.

6.1 Die Ordnung des Konzils

Die Konziliarität des Konzils zeigt sich deutlich in seiner Ordnung.²⁵ Das Konzil verfügt über die ganze Fülle der kirchlichen Macht, um das kirchliche Leben auf der Grundlage des Wortes Gottes, der Dogmen, der Kanones und der kirchlichen Tradition zu ordnen. Der Hl. Sinod, der Oberprokuror sind dem Konzil zugeordnet. Das Konzil stellt die Ordnung der Obersten Kirchenleitung fest und wählt sie. Die neue Oberste Kirchenleitung wird die Aufgaben des Hl. Sinod übernehmen. Die gesamte Leitung des Konzils wird (und wurde) vom Konzil gewählt: der Vorsitzende und zwei Gehilfen aus den Bischöfen (Metropolit Tichon von Moskau, Erzbischof Arsenij von Novgorod, Erzbischof Antonij von Charʹkov), zwei Gehilfen aus den Priestern (die Protopresbyter N. A. Ljubimov, G. I. Šavelʹskij), zwei Gehilfen aus den Laien (Fürst E. N. Trubeckoj, M. V. Rodzjanko).

Der Sekretär und seine beiden Gehilfen werden vom Konzil gewählt ... und zwar unabhängig davon, ob sie priesterlichen Standes sind oder nicht (V. P. Šein, P. V. Gurʹev, Prof. V. N. Beneševič – alle drei sind

---

[23] Dějanija I,1, S. 37.
[24] ebd., S. VI.
[25] ebd., S. 37–51.

Laien). Der Sekretär leitet die Kanzlei und den Geschäftsgang des Konzils.

Die organisatorische und geistig-geistliche Mitte des Konzils war der *Rat des Konzils (Sobornyj Sovet)*. In dem ihm gewidmeten Abschnitt V der Ordnung des Konzils heißt es:

> „§ 52 Zum rechten Erwägen der allgemeinen Fragen innerer Ordnung und der Koordination der gesamten Tätigkeit wird ein Rat des Konzils gebildet.
>
> § 53 Der Rat macht Vorschläge über den Gang der Arbeiten auf dem Konzil ...
>
> § 55 Der Rat hebt auf eigene Initiative oder auf Grund der ihm gemachten Erklärungen die Verfügungen aller Organe des Konzils auf, die den kirchlichen Kanones, dem Gesetz, dieser Ordnung oder den Verfügungen des Konzils widersprechen.
>
> § 56 Der Rat besteht unter dem Vorsitz des Präsidenten des Konzils aus den sechs Vertretern des Präsidenten, dem Sekretär des Konzils und seinen Gehilfen und drei Vertretern durch Wahl des Konzils: Ein Bischof, ein Kleriker und ein Laie."[26]

Nach den Wahlen in der 6. Sitzung am 21.8./3.9.1917 ergab sich folgende Zusammensetzung: Vier Bischöfe, drei Priester und sechs Laien. Auf der 16. Sitzung (13./26.9.) wurde der vergebliche Versuch gemacht, noch zwei weitere Mitglieder des Konzils in den Rat des Konzils zu delegieren (je eines von der Dorfgeistlichkeit und von den Bauern).[27]

> „§ 58 Die Sitzungen des Rates sind für Personen geschlossen, die ihm nicht angehören."

Die Versammlung der Bischöfe (Soveščanie episkopov)

Der orthodoxen Tradition und der großen Schau der Einheit aller Gruppen des Volkes Gottes unter dem Aspekt der Konziliarität hätte es nicht entsprochen, wenn die Bischöfe auf dem Konzil nicht eine besondere Rolle gespielt hätten. So heißt es in § 10 der Grundsätze der Ordnung des Konzils:

> „Gesetzgebende oder andere grundsätzliche Verfügungen des Konzils werden gültige konziliare Verordnungen oder Sendschreiben nur, nachdem sie von der Vollversammlung des Konzils angenommen und von 3/4 der Stimmen der Bischofsversammlung nicht abgelehnt worden sind."[28]

Abs. VI der Ordnung des Konzils bestimmt:

---

[26] ebd., S. 42.
[27] ebd., S. VI und S. 39.
[28] ebd., S. 39.

„§ 61 Alle Bischöfe, die am Konzil mit den Rechten eines Konzilsmitgliedes teilnehmen, bilden die Bischofsversammlung.
§ 62 In der Bischofsversammlung präsidiert der Vorsitzende des Konzils oder einer seiner Stellvertreter im Rang eines Bischofs ...
§ 63 Die Teilnahme von Konzilsmitgliedern, die nicht Bischöfe sind, und von Nebenpersonen an den Sitzungen der Bischofsversammlung ist nicht zulässig.
§ 66 Wenn eine gesetzgebende Verfügung des Konzils im Verlaufe von drei Tagen ... im ganzen Umfang oder in ihren Teilen von einer 3/4 Mehrheit der in der Sitzung der Bischofsversammlung anwesenden Bischöfe abgelehnt wird – wobei die Gründe dafür aufzuführen sind –, wird eine solche Entscheidung von neuem in die Vollversammlung des Konzils eingebracht, auf der sie noch einmal verhandelt wird. Die neue Verfügung des Konzils wird in die Bischofsversammlung gegeben.
§ 67 Wenn danach diese Verfügung in der Bischofsversammlung abgelehnt wird, dann wird sie nicht gültige Konzilsverordnung, was auf der nächsten Sitzung des Konzils bekanntgegeben wird."[29]

Anders als der Entwurf von 1906 („Der Patriarch wird nur vom Konzil der Bischöfe gewählt") bestimmt die vom Konzil am 31.7./13.8.1918 verabschiedete Ordnung der Wahl des hl. Patriarchen: „Der Patriarch wird von dem Konzil gewählt, das sich aus Hierarchen, Klerikern und Laien zusammensetzt."[30]

Grundsätzlich kann man sagen, daß die besondere theologische, geistliche und kirchenrechtliche Rolle des Episkopats durch das Konzil und im Konzil berücksichtigt worden ist. Der faktische Einfluß nicht der Bischöfe, aber der Bischofsversammlung war gering. Knapp 30% der Vorlagen sind in der Vollversammlung des Konzils geändert worden, jedoch nie – soweit ich bisher feststellen konnte – durch Einspruch der Bischofsversammlung. Die entscheidende Arbeit wurde nach den Ausschüssen – leider kennen wir die Protokolle ihrer Arbeit nicht – immer von der Vollversammlung geleistet. In ihr fielen die Entscheidungen.

Auf die Ausschüsse und ihre Arbeit wie auch den Geschäftsgang des Konzils kann ich hier leider nicht eingehen.

6.2 Die Arbeit des Konzils

Nach verständlichen Anfangsschwierigkeiten, zu sich und der vorgeschriebenen Ordnung zu finden, gewann das Konzil schnell Sicherheit und eine ganz ungewöhnliche Intensität der Arbeit. Im Sturm der Ereignisse geriet man oft unter Zeitdruck, ließ sich aber auch vorantreiben wie in der Frage der Wiederherstellung des Patriarchats. Die strikte

---

[29] ebd., S. 42f.
[30] DSOP, vyp. 4, S. 3.

Einhaltung der Ordnung des Konzils, einer Ordnung der Konziliarität, profiliert das Konzil und fördert seine Entschlußkraft. Es findet seine Identität und behauptet sie in nicht wenigen Krisen. Der Beschluß des Konzils beispielsweise, die Diskussion um das Patriarchat abzubrechen, wird in der gleichen Sitzung aufgehoben.[31] (Nach der Oktoberrevolution wird dieser Beschluß neuerlich gefaßt.) In der Krise des Anfangs der 2. Sitzungsperiode (20.1./2.2.1918) ist die Beschlußfähigkeit des Konzils (1/3 der Konzilsmitglieder) nicht gegeben. Auf der 2. Sitzung der II. Sitzungsperiode (21.1./3.2.1918) protestiert das Konzil nicht gegen den Vorschlag seines Vorsitzenden (Erzbischof Arsenij), in jeder Zusammensetzung beschlußfähig zu sein.[32]

6.3 Die Konziliarität der Konzilsbeschlüsse

6.3.1 Die Wiederherstellung des Patriarchats

Die Wiederherstellung des Patriarchats wird in den einschlägigen modernen Darstellungen als das wichtigste und zwar wesentlich politisch motivierte Ergebnis des Konzils herausgestellt. Mir scheint, diese Sicht ist in vieler Beziehung einseitig.

1. Zum einen meinen A. Wuyts[33] und nach ihm R. Rößler,[34] das Patriarchat sei in den Wirren der Revolution und gegen die Revolution wesentlich aus politischen Motiven wiederhergestellt worden. Nach dem veröffentlichten Material der entsprechenden Sitzungen spielen politische Motive keine wesentliche Rolle. Das Patriarchat ist aus ekklesiologisch/theologischen, historischen, orthodox/ökumenischen Gründen – und zwar auch meiner Meinung nach – zu Recht wiederhergestellt worden. Der Patriarch wurde zur Symbolgestalt der Freiheit und Unabhängigkeit der Kirche, ihrer „Selbstbestimmung und Selbstverwaltung"[35], er wurde zur Symbolgestalt ihrer ekklesiologischen Identität. Man wünschte sich an der Spitze der Kirche nicht mehr einen Oberprokuror im Frack, sondern den ersten der Bischöfe im Ornat, den Beter, den Fürsprecher, den bevollmächtigten geistlichen Leiter. In der Diskussion fallen nachdenkenswerte Worte: „Patriarch zu sein, das bedeutet, auf den Weg zum Kreuz zu treten."[36]

---

[31] 26. Sitzung, Dějanija II, S. 270–282.
[32] Dějanija VI, S. 21.
[33] Wuyts, A., Le Patriarcat Russe au Concile de Moscou de 1917–1918, 1941, S. 112–120.
[34] Rößler, R., Kirche und Revolution in Rußland, Patriarch Tichon und der Sowjetstaat, Köln-Wien 1969, S. 30–41, besonders S. 32.
[35] D SOP, vyp. 2, S. 6; Hauptmann/Stricker, Dokumente, S. 642.
[36] Bischof Mitrofan von Astrachań, Dějanija III, S. 8.

In diesem Zusammenhang ist ebenso deutlich: Die Wahl des Patriarchen geschieht unter dem Druck der politischen Ereignisse, geradezu im Wettlauf mit der Revolution. In nur zehn Tagen wird die Diskussion um das Patriarchat abgebrochen, eine ad hoc-Wahlordnung beschlossen, werden zwei Wahlgänge durchgeführt und am 5./18.11.1917 wird Metropolit Tichon von Moskau zum Patriarchen durch Los gewählt. Dieser zeitliche Ablauf sagt aber wenig über eigentlich politische Motive bei der Wiederherstellung des Patriarchats.

In diesem Zusammenhang noch ein Wort zu den Liberalen: Bei allen guten, ja überzeugenden kirchenrechtlichen, historischen und theologischen Gründen, bei allen berechtigten Befürchtungen vor einem einseitigen Patriarchalismus und Episkopalismus, bei aller gediegenen Erudition und Eloquenz auf Seiten der Gegner des Patriarchats, in der gegebenen kirchlichen und politischen Stunde des Jahres 1917 war das geschichtliche Recht nicht auf ihrer Seite. So unterlagen sie nicht zufällig.

2. Zum anderen hat das Konzil nicht nur das Patriarchat, sondern vor allem die Konziliarität, die sobornost', der ORK wiederhergestellt, und in diese Konziliarität ist das Patriarchat unlösbar eingebunden, ja, dem Konzil unterstellt. Es gibt keinen eigenen Beschluß des Konzils über die Wiederherstellung des Patriarchats, auch nicht „Über die Oberste Verwaltung der Russischen Orthodoxen Kirche", sondern eben die „Verordnung über allgemeine Grundsätze zur Obersten Leitung der ORK" (dies ist der offizielle Titel in der Ausgabe der Konzilsbeschlüsse, Moskau 1918[37]). Ich zitiere die Verordnung über die allgemeinen Grundsätze ... vom 4./17.11.1917:

„1. Die oberste Gewalt in der Orthodoxen Russischen Kirche – die gesetzgebende, administrative, richterliche und Kontrollgewalt – liegt beim Landeskonzil, das periodisch zu bestimmten Zeiten in der Zusammensetzung Bischöfe, Kleriker und Laien einberufen wird.
2. Das Patriarchat wird wiederhergestellt, und der Patriarch steht an der Spitze der Kirchenleitung.
3. Der Patriarch ist der erste unter den ihm gleichen Bischöfen.
4. Zusammen mit den Organen der Kirchenleitung ist der Patriarch dem Konzil rechenschaftspflichtig."

Diese Grundsätze sind ein großer Kompromiß, das Ergebnis eines echten Ringens zwischen Befürwortern und Gegnern des Patriarchats. Sie sind nur zu verstehen, wenn man den Kampf der Liberalen für die Konziliarität würdigt.

These 1 lautete beispielsweise in der Vorlage des Ausschusses:

---

[37] DSOP, vyp. 1, S. 3.

„Die oberste Gewalt in der ORK liegt beim Landeskonzil."[38] Das Landeskonzil aber entschied sich für folgende Verbesserung des Professors an der Kiever Geistlichen Akademie, Petr Pavlovič Kudrjavcev: „Beim Landeskonzil, das periodisch zu bestimmten Zeiten – in der Zusammensetzung Bischöfe, Kleriker und Laien – einberufen wird, liegt in der Russischen Kirche die oberste Gewalt – die richterliche, gesetzgebende, administrative und Kontrollgewalt."[39] Die Redaktionskommission hat offensichtlich diesen Satz noch umgestellt und aus der Vorlage des Ausschusses das Wort „Orthodoxen" eingefügt. Die Unterschiede – wie auch die Kontinuität – sind so deutlich, daß ich darauf hier nicht näher einzugehen brauche. Es sei betont: Die Grundintention der Liberalen ist in die kirchenrechtliche Leitthese der ROK im 20. Jh. eingeschrieben worden.

6.3.2. Die Verordnung über den Hl. Synod und den Obersten Kirchenrat vom 7./20.12.1917

Das Ringen, dem Prinzip der Konziliarität rechte Gestalt zu geben, prägt die Arbeit des Konzils auch an der Verordnung über den Hl. Synod und den Obersten Kirchenrat.[40] P. P. Kudrjavcev, einer der großen Liberalen, hat in einer klassischen Rede vor dem Konzil die Anhänger des Patriarchats, also seine Gegner, gebeten, folgende Grundsätze zu bedenken:

„1. Das exekutive Organ der kirchlichen Macht muß seine Existenz und seine Vollmachten vom ganzheitlichen (d. h., aus Bischöfen, Klerus und Laien zusammengesetzten) Konzil der ORK erhalten, weshalb es vor einem ebensolchen, d. h., ganzheitlichen Konzil verantwortlich ist.
2. Dieses Organ muß auf einer solchen Zuordnung des konziliaren Prinzips zum Prinzip der Einzelpersönlichkeit beruhen, daß das erste nicht von dem zweiten aufgehoben wird. Das exekutive Organ der kirchlichen Macht darf nichts anderes sein als ein *ständig arbeitendes kleines Konzil* (Hervorhebung G. S.), das in seiner Struktur das Konzil widerspiegelt, das es geboren hat; d. h., es muß wie dieses letztere aus Bischöfen, Priestern und Laien bestehen, die auf dem ganzheitlichen Landeskonzil gewählt werden und die in das exekutive Organ eintreten in der Proportion und mit den Vollmachten, wie sie für die Grundbestandteile des Konzils insgesamt angenommen werden."[41]

Dieser streng konziliaren Konstruktion Kudrajavcevs ist das Konzil nicht gefolgt. Im Endergebnis hat das Konzil die Rolle des Patriarchen in der Leitung der Kirche stärker betont, *zwei* exekutive Organe (Hl.

---

[38] Dějanija III, S. 9.
[39] ebd.
[40] DSOP, vyp. 1, S. 7–33; Hauptmann/Stricker, Dokumente, S. 644; Sitzung 45–50, Dějanija IV, vyp. 1, S. 140 ff., Dějanija IV, vyp. 2, S. 3–160.
[41] Kudrjavcev, P. P., Dějanija II, S. 420.

Sinod, Oberster Kirchenrat) mit verschiedenen Vollmachten (Hl. Sinod: im wesentlichen Angelegenheiten in sacris; Oberster Kirchenrat: im wesentlichen Angelegenheiten circa sacra) geschaffen, allerdings in der Zusammensetzung der beiden Organe das konziliare Prinzip durchgehalten. Zahlreiche Gegenstände sollten in gemeinsamen Sitzungen beraten und beschlossen werden. Ich zitiere abschließend zwei Paragraphen der Verordnung:

> „§ 4 Der Hl. Sinod besteht aus dem Patriarchen als Vorsitzendem und 12 Mitgliedern: Dem Metropoliten von Kiev als ständigem Synodalmitglied, aus sechs vom Allrussischen Landeskonzil auf drei Jahre gewählten Hierarchen und fünf Hierarchen, die nach bestimmter Reihenfolge auf ein Jahr berufen werden.
> § 7 Dem Obersten Kirchlichen Rat gehören der Patriarch als Vorsitzender und 15 Mitglieder an: Drei Hierarchen aus dem Hl. Sinod nach Wahl durch diesen und nach Wahl durch das Allrussische Landeskonzil: Ein Mönch von den Klostermönchen, fünf Kleriker und sechs Laien.
> Anmerkung: Mitglieder des Obersten Kirchenrates aus dem Klerus können aus den Priestern, Diakonen und Psalmsängern gewählt werden."[42]

6.3.3 Gemeindeordnung

Bevor ich zum Schluß komme, möchte ich wenigstens auf die konziliare Struktur der vorbildlichen Gemeindeordnung (prichodskij ustav) hingewiesen haben.[43] Die Verwaltung dieser orthodoxen Gemeinde liegt praktisch bei der Gemeindeversammlung (prichodskoe sobranie), die aus den orthodoxen Erwachsenen beiderlei Geschlechts eines Pfarrbezirks besteht und zweimal jährlich zusammentritt. § 55 bestimmt:

> „Den Gemeindeversammlungen steht die Erörterung und Entscheidung aller Angelegenheiten in Fragen der Gemeinde zu, die Verfügung über die Geldsummen und das Vermögen der Gemeinde, die Aufsicht über alle Anstalten der Gemeinde vermittels gewählter Vertrauenspersonen – Mitglieder des Gemeinderats und Kuratoren – sowie die Festsetzung der Selbstbesteuerung."[44]

Diese Gemeindeordnung vom 7./20.4.1918 kann den Vergleich mit evangelischen Gemeindeordnungen nach dem Ersten Weltkrieg mehr als standhalten.

7. Ergebnisse

Wir fragen uns, was vom Landeskonzil der ROK 1917/18 geblieben ist. Durchgetragen hat

---

[42] DSOP, vyp. 1, S. 7 f.; Hauptmann/Stricker, Dokumente, S. 644.
[43] DSOP, vyp. 3, S. 3–41.
[44] ebd., S. 21; Prichodjko, M., Die Pfarrei in der neueren Gesetzgebung der Russischen Kirche, 1947, S. 274.

1. der Gottesdienst und eine intensivere, stärker christologisch orientierte Predigttätigkeit,

2. der Einsatz der Laien und Frauen, wenn auch in gewandelter Gestalt (Zwanzigerschaft),

3. die Leitung der Bischöfe, in ihrer Bedeutung zwischen Basisdemokratie auf Gemeindeebene und Konziliarität an der Spitze der Kirche durchaus betont,

4. das Grundmodell des Patriarchats, geschichtsmächtig und gleichzeitig bedroht,

5. vor allem aber ist auch in den bösen Jahren die Konziliarität gewahrt worden, das Lebens- und Identitätsmodell des Landeskonzils von 1917/18:

„Die oberste Gewalt in der Orthodoxen Russischen Kirche – die gesetzgebende, administrative, richterliche und Kontrollgewalt – liegt beim Landeskonzil, das periodisch zu bestimmten Zeiten in der Zusammensetzung Bischöfe, Kleriker und Laien einberufen wird."

Mit geringen Abweichungen steht diese Konziliaritätsformel an der Spitze des Statuts von 1945 und im Anfang des Statuts von 1988.

Mit zwei Thesen habe ich eingeleitet, mit fünf Thesen darf ich schließen:

1. Nicht nur in ihren Gliedern, sondern an ihrem Leib, ihren Strukturen und Institutionen ist die ROK im 20. Jahrhundert durch ein Fegfeuer, ein Martyrium gegangen.

2. Ihre authentische Antwort auf die geballte Herausforderung von bürgerlicher und proletarischer Revolution im Jahre 1917 (Konziliarität, neue Gemeindestruktur, konzentrierter Predigtauftrag, Mitarbeit der Laien und Frauen usw.) hat die ROK befähigt, den Herausforderungen der Moderne standzuhalten.

3. Es drängt sich mir der Eindruck auf: Die ROK – aber wohl auch andere Kirchen in der Sovetunion – gingen an der Spitze derer, die der Herr in unserem Jahrhundert in seine Nachfolge rief.

4. Offensichtlich kann authentisches Christentum und Christentum authentisch in sehr verschiedenen Gesellschaftsordnungen und Kulturen gelebt werden, aber auch in sehr verschiedenen kirchlichen Strukturen, in Strukturen wie der Konziliarität, aber auch in Strukturen einer beschränkten, ja, geradezu fehlenden Konziliarität.

5. Es gibt weiße Flecken nicht nur in der Geschichte, sondern auch in der Kirchengeschichte. Der Beitrag der ROK für den Weg der Weltchristenheit ist wahrscheinlich größer, als wir bisher wissen. Diesen Beitrag aufzuhellen, wird wohl nur eine europäische und ökumenische Geschichtsschreibung vermögen. Möchte unsere Tagung die Lösung dieser Frage fördern.

STEPHEN K. BATALDEN, TEMPE/ARIZONA

Nineteenth-century Russian Old Testament translation and the Jewish question

Translation of the Old Testament into modern Russian in the nineteenth century was invariably fraught with controversy. The use of the Hebrew Massoretic text and the underground circulation of Russian Old Testament texts during the reign of Nicholas I combined to bring special attention both to the translation process and to the translators.[1] One of the indirect consequences of this translation effort was the development of a distinguished tradition of Russian Hebraic studies within the Russian Orthodox Church, particularly at the St. Petersburg Theological Academy. It is the contention of this paper that it was the presence of just such a rich tradition of Hebraic studies that made possible a remarkable and articulate defense of Russian Jewry during the volatile events of the so-called "Saratov Affair." In the Saratov Affair enlightened nineteenth-century academic church leaders provided an ecumenical witness that remains relevant also in our day.

Although there were contributions also from Moscow and Kiev, major leadership in Russian Old Testament translation in the nineteenth century came from Petersburg, where a succession of outstanding professors of Hebrew determined the ultimate form of the modern Russian Old Testament. Three figures, in particular, were most prominent in this regard. The first of these, of course, was Gerasim Petrovich Pavskii, whose seminal work included the popular Psalter published by the Russian Bible Society in twelve printings between 1822 and 1823.[2]

---

[1] There is a rich secondary literature on the controversies attending biblical translation in the reign of Nicholas I. The standard work on the question is that of I. A. Chistovich, *Istoriia perevoda Biblii na russkii iazyk,* 2nd ed. (St. Petersburg, 1899). See also this author's article, "Gerasim Pavskii's Clandestine Old Testament: The Politics of Nineteenth-Century Russian Biblical Translation," *Church History,* vol. 57, no. 4 (December 1988), 486–498; and also my essay, "Mitropolit Filaret (Drozdov) i russkaia bibleiskaia tekstologiia XIX veka," in *Tysiacheletie kreshcheniia Rusi: Mezhdunarodnaia tserkovnaia nauchnaia konferentsiia "Bogoslovie i Dukhovnost"* (Moskva, Izd. Moskovskoi Patriarkhii, 1989), 310–318.

[2] On Pavskii's preparation of the Psalter, see S. V. Protopopov, "Gerasim Petrovich Pavskii," *Strannik,* 1876 (January–March). Protopopov was one of the few to have access to Pavskii's own autobiography. For a complete listing of Pavskii's translations, see the appendix "An Annotated Bibliography of Russian Biblical Imprints, 1794–1984," in my *Publishing the Word in Nineteenth-Century Russia: The Politics of Modern Russian Biblical*

Pavskii's labors were also reflected in the lithographed Old Testament books circulated in the late 1830s and 1840s by Petersburg Academy Students before the copies were seized and burned in a broad-ranging investigation undertaken by the Holy Synod. While Pavskii's text is not the text of the Synodal translation, his crucial role was in establishing (indeed, reestablishing) the place of Hebrew textology in Russian biblical studies. As a "first edition" of the Russian Old Testament, Pavskii's translation also came to influence by example all subsequent Russian Old Testament translation.

A second figure, Vasilii Andreevich Levison, has been largely overlooked in the histories of Russian biblical translation, but he came to play a pivotal role in Old Testament translation. Levison was born in Weimar and undertook rabbinical training. Following conversion to Orthodox Christianity in Weimar at the age of twenty-five, Levison ultimately moved to Petersburg where, from the late 1830s, he taught Hebrew both at the Orthodox and Catholic theological academies. In addition to his translations into Hebrew of the New Testament and the Russian liturgy of St. John Chrysostomos, Levison prepared theological studies in German manuscript which he submitted with special dedication to the Russian Empress. Later, Levison accompanied his former student, Bishop Porfirii (Uspenskii), in travels to Jerusalem where he became well-known among the other Christian missions to the Holy Places.[3] From 1865 until his death in 1869, Levison was engaged by the British and Foreign Bible Society (BFBS) in translating for the Society portions of the Old Testament into Russian. To assist in the project, the BFBS appointed at Levison's suggestion a Russian assistant, Levison's own former pupil and fellow staff member of the Russian mission to Jerusalem, Konstantin Ioannovich Bogoliubov.[4] By the time

---

Translation, forthcoming. In addition to the Psalter, Pavskii played a critical role in the preparation of the Old Testament Octateuch (Genesis–Ruth) printed in sheets, but never distributed, by the Russian Bible Society in 1824–25. The lithographed texts distributed clandestinely in the 1830s and 1840s varied in content depending upon the lithographing, but generally included some of the books of poetry as well as the major and minor prophets.

[3] There are brief biographical articles on Levison in both the *Russkii biograficheskii slovar'* and the *Entsiklopedicheskii slovar'* (Brokgaus-Efron). But, a more complete review of Levison's activity is provided in a lenghty letter of recommendation written regarding Levison to the British and Foreign Bible Society (copy of G[ottlieb] Abramsohn – E[dward] Millard [BFBS Vienna Agent], Berlin, 31 December 1864, BFBS Editorial Correspondence Inwards, Vol. 3, pp. 312–313). The BFBS Archive now is located on permanent loan at the Cambridge University Library, England.

[4] The terms of Levison's employment by the British and Foreign Bible Society included a salary of two hundred rubles per month, from which Levison also paid the salary of Bogoliubov whom he recommended as his assistant. On these terms and other working

of his death in 1869, Levison had translated from Hebrew into Russian the books of I and II Samuel, Proverbs and all the major and minor prophets. Following review of these translations in Petersburg by a revision committee composed of Dr. Gottlieb Hoffman and Professor Nikolai Astaf'ev, the editions were published in London at the press of W. M. Watts, printer for the BFBS.[5] Combined with the original Russian Bible Society's Old Testament Psalter and Octateuch, which still circulated in BFBS western reprintings, the Levison translations meant that the Society in London came very close to completing its own Russian translation of the Old Testament by the time of Levison's death in 1869.

The wider process of Old Testament translation came to completion under the guiding hand of the third and most internationally renowned figure involved in nineteenth-century Russian Old Testament translation, Daniil Avramovich Khvol'son.[6] Professor of Hebrew at Petersburg Theological Academy and distinguished professor of oriental studies at St. Petersburg University, Khvol'son, like Levison, was a pro-

---

details, see the copy of the letter, Andrew Muir [BFBS Petersburg Agent] – H. Knolleke, St. Petersburg, 30 March 1865, BFBS Editorial Correspondence Inwards, Vol. 4, pp. 25–28. BFBS formal decision to employ Levison is recorded in the Minutes of the Editorial Subcommittee, Vol. 8, 19 April 1865, p. 57. For Levison's acceptance of the terms and responsibilities, see copy of Levison-Muir, St. Petersburg, 1 May 1865, BFBS Editorial Correspondence Inwards, Vol. 4, pp. 60–61. Protoierei K. I. Bogoliubov, who was undoubtedly drawn into the Levison translation because of Levison's more limited Russian, was a graduate of the Petersburg Theological Academy and follower of Pavskii. Although his name is little known in church circles of the nineteenth century, he published unsigned articles in the journal, Khristianskoe Chtenie, and, from 1861 at the request of Pavskii, oversaw formal publication of Pavskii's translations of the book of Proverbs and the historical books of the Old Testament in the journal, *Dukh Khristianina*. On Bogoliubov, see the short entry, "Bogoliubov, Konstantin Ioannovich," in *Pravoslavnaia bogoslovskaia entsiklopediia*, vol. 2 (St. Petersburg, 1901), 747–748.

[5] The process of review by Hoffman and Astaf'ev is clarified in the copy of the letter of A. Muir to H. Knolleke, St. Petersburg, 2 September 1865, BFBS Editorial Correspondence Inwards, Vol. 4, pp. 100–101. In this letter, BFBS Petersburg agent Muir indicates he has sent the first of Levison's translations, that of the book of Proverbs, to London for printing. Hoffman is identified as a converted Jew and author of several works in Hebrew. Astaf'ev is recognized as the head of the Society for the Dissemination of Holy Scripture in Russia. The attestation of the approval of Astaf'ev and Hoffman accompanies the Muir letter. In like manner, the other Levison-Bogoliubov translations proceeded to press. For the book of Proverbs, see *Kniga Pritchei Solomona, perevedennaia s evreiskago teksta* (London: W. M. Watts, printer, for the British and Foreign Bible Society, 1866). Copies of the Levison translations are located both in the British Library and the BFBS Library (Proverbs, DM 7833) now on permanent loan at the Cambridge University Library.

[6] For the finest review of Khvol'son's life and publications, see I. G. Troitskii, "Professor D. A. Khvol'son," *Zhurnal ministerstva narodnago prosveshcheniia*, new series vol. XXXIV (1911), no. 8, section 4.

duct of central European Jewish parentage and schooling. He studied at Breslau under the tutelage of the eminent reformist rabbinical scholar, Abraham Geiger. Like Levison, Khvol'son also converted to Orthodoxy, taking his patronomic "Avramovich" from Avram Sergeevich Norov, the Minister of Public Instruction and traveller to Jerusalem, who became Khvol'son's Christian godfather. Khvol'son's broad erudition included, besides command of Hebrew and modern languages, knowledge of other ancient oriental languages, including old Syriac and Chaldean. Khvol'son undoubtedly was one of the major reasons why Petersburg became an international center for Hebraic and semitic studies in the nineteenth century. With respect to the Orthodox Church, one need only mention the name of Khvol'son's distinguished student, Ivan Gavriilovich Troitskii, to sense the solid foundation in Hebraic studies that was established at Petersburg Theological Academy during Khvol'son's tenure.

As a Russian Old Testament translator, Khvol'son's role was no less significant. He headed the committee at the Petersburg Theological Academy that bore primary responsibility for the ultimate Synodal Russian text of the Old Testament. Assisting Khvol'son on the academy committee were Professors Golubev and Loviagin, and, after Golubev's death, Professor Savvaitov.[7] In addition to his work on what became the Synodal Old Testament, Khvol'son collaborated with Pavel Savvaitov in bringing to completion the work of Levison and Bogoliubov on the BFBS Russian Old Testament text. Indeed, the competition of the British-sponsored translation appears to have been crucial in prodding the Synod to complete its own Old Testament text in the late 1860s and 1870s.[8]

---

[7] On the composition of the St. Petersburg committee, see I. A. Chistovich, *Istoriia perevoda Biblii*. The process is also described in Ivan Korsunskii, "O podvigakh Filareta, mitropolita moskovskago, v dele perevoda Biblii na russkii iazyk," in *Sbornik izdanyi obshchestvom liubitelei dukhovnago prosveshcheniia, po sluchaiu prazdnovaniia stoletnago iubileia so dnia rozhdeniia (1782–1882) Filareta, Mitropolita Moskovskago*. Vol. II (Moscow, 1883).

[8] The simultaneous Synodal and BFBS Old Testament editions came into increasing conflict as publication of the final books neared. For Khvol'son and Savvaitov, the conflict of interest rested in the fact that, while they were finishing the BFBS translation for London, they were also heading up the St. Petersburg Academy committee revising the Synodal edition. BFBS Petersburg Agent in the 1870s, William Nicolson, began to sense the apparent conflict in 1875 when he was unable to secure final proofs of the BFBS translations from Pavel Savvaitov. In the end, Nicolson had to prevail upon Khvol'son to liberate the proofs from the procrastinating Savvaitov. For a review of this not entirely coincidental obstruction in preparation of the final BFBS Old Testament copy, see BFBS Minutes of the Editorial Subcommittee, Vol. 11, 31 March 1875 meeting, p. 141. The final parts of both the BFBS and Synodal Old Testaments were published in 1875.

While the achievements of these three outstanding translators – Pavskii, Levison and Khvol'son – belong to the history of modern Russian biblical translation, it was the volatile Jewish question of their day that brought the careers of these three linguists momentarily together. For, in a unique and largely forgotten instance of collaboration, these three Christian Hebraists came to share joint membership on a special commission convened in 1855 to investigate the allegation in Saratov of Jewish use of Christian blood for ritual religious purposes. With unprecedented scholarly care and striking clarity, Pavskii, Levison and Khvol'son came to the defense of Russian Jewry, fearlessly challenging the prejudicial charges levied against the local Jews of Saratov. In order to place in perspective the significance of their combined effort, it is necessary to revisit the events and wide-ranging investigations associated with the Saratov Affair.[9]

In December 1852, a ten-year-old boy Feofan Sherstobitov failed to return home from school, and seven weeks later an eleven-year old, Mikhail Maslov, vanished in the same city. In March 1853, the bodies of the two boys were found. Local examination led to the allegation that the boys had been crudely circumcised, and then beaten to death. Further inflamed by the anti-Jewish sermon of a local cleric and by conflicts over destruction of a Jewish cemetery in the region, public outrage fed by rumors led the authorities to launch an interrogation of all the Jews of Saratov, including military servitors. The first to be arrested was a military private by the name of Shlifferman, who was identified as the sole person who conducted circumcision among local Jews. There was no evidence, however, linking Shlifferman with the time and place of the two disappearances.

When news of the disquieting events reached Petersburg, the Ministry of Internal Affairs (hereafter MVD) sent one of its *chinovniki*, N. S. Durnovo, to investigate the Saratov affair. Colored by earlier MVD reports about the ritual use of Christian blood by Jews, Durnovo presupposed the guilt of local Jews in the killing of the two boys and proceeded to direct a broad police surveillance of all Jews of the surround-

---

[9] There is a vast literature on the "Saratovskoe Delo," including voluminous investigatory records in the archives of the Ministry of Internal Affairs and the State Council now preserved in the Central State Historical Archive in Leningrad (TsGIAL). The most reliable secondary account, because of its appeal to the full manuscript record of the investigations, is that of Iu[lii] Gessen, "Saratovskoe delo," in *Evreiskaia Entsiklopediia*, vol. 14 (St. Petersburg, 1914), 2–8. See also Gessen's work *Istoriia evreev v Rossii* (St. Petersburg, 1914); and P. Ia. Levenson, "Eshche o saratovskom dele," *Voskhod*, 1881, no. 4, 163–178. See also A[leksandr] Alekseev, an Orthodox Christian of Jewish parentage, was present in Saratov during portions of the investigation.

ing district, including baptized Christians of Jewish parentage.[10] Insighted by rumors of "ritual crimes" by local Jews, a succession of witnesses came forward to point the finger of blame at local Jewish military personnel and others. Typical was the case of Private Bogdanov, a discredited drunkard and thief, who testified that he had disposed of the body of one of the boys after blood had been drawn from the child at the home of a local Jewish furrier, Yankel Yushkevicher. Bogdanov's internally conflicting testimony led to his own arrest and that of Yushkevicher. The expanding Durnovo investigation extracted ever more incredible testimony, such as that from retired *guberniia* secretary Kriuger, slandering local Jewish citizens of Saratov. In the atmosphere established by Durnovo, the probe inevitably became ever broader with predictable "findings" of wholesale kidnapping of boys.

In the end, the Saratov prisons and police department jails were unable to hold all those arrested in the affair, with the result that pri-

---

[10] N. S. Durnovo's attitude toward the question of ritual Jewish use of Christian blood was undoubtedly colored by the 1844 report of Vladimir Ivanovich Dal', *Rozyskanie o ubienii evreiami khristianskikh mladentsev i upotreblenii krovi ikh.* Dal', a Lutheran by confession who converted to Orthodoxy at the end of his life, was best known for his monumental four-volume Russian dictionary, *Tolkovyi slovar' zhivago velikorusskogo iazyka* (Moscow, 1893-66, first edition). Trained as a surgeon, Dal' worked in Orenburg under the direction of Count Vasilii Alekseevich Perovskii, brother of Nicholas I's future minister of internal affairs. When Lev Alekseevich Perovskii assumed the ministerial post in 1841, Dal' shortly thereafter followed him to Petersburg where, from 1843 to 1849, he participated in most major undertakings of the Perovskii ministry (see A. Cherkas, "Vladimir Ivanovich Dal'," *Russkii Biograficheskii Slovar'* [St. Petersburg, 1905], pp. 42-48). The anti-Semitism of Dal', seen also in occasional references in the dictionary, rested behind his *Rozyskanie* tract, which posed as an objective history of what in fact were unsubstantiated cases of ritual use of Christian blood by Jews from the time of Constantine the Great down to the Velizhkoe Affair of 1823.
The attention accorded the Dal' *Rozyskanie* profoundly affected subsequent Ministry of Internal Affairs (MVD) proceedings, including that at Saratov headed by the decidedly junior N. S. Durnovo. Utilizing nearly word for word the Dal' study, Valerii V. Skripitsyn, long-time director of the MVD *departament dukhovnykh del inostrannykh ispovedenii*, prepared an *otnoshenie* for Tsar Nicholas I, entitled "Svedeniia ob ubiistve evreiami khristian dlia dobyvaniia krovi." This Skripitsyn perpetuation of the slanderous and unfounded charges was later published in its entirety in *Grazhdanin*, 1878, nos. 23-28. The Skripitsyn/Dal' polemic continued to set the tone for much subsequent anti-Semitic propaganda, including that of Ippolit Liutostanskii (see note 19 below). The continuing appeal of the Dal' polemic, especially during times of volatile anti-Semitic reaction, is seen in the posthumous republication of his *Rozyskanie* in St. Petersburg in 1913 (Suvorin Press – "Novoe Vremia"). Additional bibliography relating to the allegation of Jewish ritual use of Christian blood can be found in an otherwise disturbing volume that perpetuates the old myths – Ivan O. Kuz'min, compiler, *Materialy k voprosu ob obvineniiakh evreev v ritual'nykh prestupleniiakh* (St. Petersburg, 1913).
For a firsthand account of how, operationally, Durnovo's Saratov investigation was affected by these prejudicial assumptions, see Alekseev, *Upotrebliaiut-li evrei khristianskuiu krov' religioznoiu tseluiu?* (Novgorod, 1886), pp. 10-12.

vate premises were rented for the incarceration of local citizens. Reporting to Internal Affairs Minister Bibikov of his difficulty in containing the affair, Durnovo was finally told to close his investigation. The Ministry declared the preliminary investigation closed in November 1853.

In order to judge the guilt or innocence of those arrested, a committee of ministers, with the approval of Tsar Nicholas I, established in July 1854 a judicial commission *(sudebnaia komissiia)* under the presidency of Aleksandr Karlovich Giers, section head for special affairs in the MVD and future Minister of Finance. The judicial commission had three charges:

1. To determine the facts surrounding the killing of Maslov and Sherstobitov.
2. To ascertain whether there was collaboration in this affair by Private Bogdanov, former Secretary Kriuger, or other local officials.
3. To investigate whether there were any secret dogmas of Jews that might explain their use of Christian blood.[11]

It was with respect to this last charge bearing on Jewish dogmas that Giers decided to convene in late 1855 an internal "special commission" *(osobaia komissiia)*. This special commission was attached to the MVD's own department of foreign creeds *(departament dukhovnykh del inostrannykh ispovedanii)*. This commission was composed of Giers (who presided), Khvol'son, Levison, Pavskii, and one of Pavskii's former students, Fedor Sidonskii. Thus, in 1855, the major architects of the modern Russian Old Testament, chosen for their expertise in Hebraic studies, were drawn together "to examine carefully whether in books or manuscripts anything could be found relating to the Jewish use of Christian blood for religious purposes."[12]

Following a period of research into Hebrew sources, as well as local lore, Pavskii, Levison and Khvol'son each submitted their findings to Giers' internal special commission. On the basis of these findings, the special commission reported to the wider Saratov judicial commission

---

[11] For the specific charges given the judicial commission, see Iu. Gessen, "Saratovskoe delo," p. 5. This *sudebnaia komissiia* met from September 1854 to June 1856. A. K. Giers' professional leadership of the judicial commission contrasts sharply with that earlier provided by Durnovo. These contrasting styles of MVD bureaucratic response are neatly summarized in Daniel T. Orlovsky, *The Limits of Reform: The Ministry of Internal Affairs in Imperial Russia, 1802-1881* (Cambridge, 1981), pp. 204-205, wherein Orlovsky speaks of "the ideological conflict within the bureaucracy itself."

[12] The charge to the internal *osobaia komissiia* is also in Gessen, "Saratovskoe delo," pp. 7-8. For a more complete account of this charge, see the preface to the 1880 edition of Daniil Khvol'son's work cited below in note no. 13.

that there was no documentary or other evidence whatsoever in the Hebrew tradition for the use of Christian blood in Jewish ritual. Indeed, such a practice it was concluded was in complete violation of Mosaic law which specifically forbad killing. In the most exhaustive effort undertaken by any commission member, Daniil Khvol'son prepared a lengthy report entitled, "Concerning Some Medieval Accusations Against Jews" *(O nekotorykh srednevekovykh obvineniiakh protiv Evreev).* Published in three subsequent Russian editions, as well as in German, the Khvol'son work is by far the most authoritative examination of sources ever consulted on the question, including use of works from the pre-Christian era down to the nineteenth century.[13] Khvol'son found no credible written foundation for the longstanding mythical notion of Jewish use of Christian blood.

In addition to his longer scholarly study, Khvol'son later prepared a separate brochure for a more popular audience reviewing the findings of the Saratov special commission.[14] Here Khvol'son indicated that the special commission had also reviewed testimony offered before the Saratov judicial commission, and had found no support for the charges levied against local Jews. Khvol'son recounted one very curious misuse of documentary evidence involving an illustrated Amsterdam publication found amongst local Saratov Jews that purported to show the Jewish killing of a Christian boy. In the absence of anyone able to decipher the Hebrew inscription under the illustration, no less a prominent figure than the historian Nikolai Ivanovich Kostomarov later argued that the illustration conclusively proved the practice of Jewish use of Christian blood.[15] Khvol'son recalled how, when he and Levison first saw the illustration, they were driven to laughter despite the seriousness of the charges. For, the inscription, which was in Spanish [intended for the

---

[13] D. A. Khvol'son, *O nekotorykh srednevekovykh obvineniiakh protiv Evreev: Istoricheskoe izsledovanie po istochnikam* (St. Petersburg, 1861). Also published separately in 1861, Khvol'son's work was first issued in the journal *Biblioteka dlia chteniia,* 1861, vol. 164 (March, pp. 1–56; and April, pp. 1–48) and vol. 165 (May, pp. 1–60). See also an expanded 1880 edition (386 pp.) published in St. Petersburg (Press of Tsederbaum and Gol'denblium) with a preface concerning the Saratov events. The German edition was published by J. Kauffmann Press in Frankfurt am Main in 1901, *Die Blutanklage und sonstige mittelalterliche Beschuldigungen der Juden: Eine historische Untersuchung nach den Quellen.* The Frankfurt edition was actually printed by L. Beck & Son in Vienna.
For Gerasim Pavskii's own response, similar in tone to that of Khvol'son's, but much shorter, see N. I. Barsov, "Mnenie protoierei G. P. Pavskago po voprosu ob upotreblenii evreiami khristianskoe krovi dlia religioznykh tselei," *Tserkovnyi Vestnik,* 1879, no. 20.

[14] D. A. Khvol'son, *Upotrebliaiut-li evrei khristianskuiu krov'?* (St. Petersburg, 1879), 69 pp. A third expanded edition, printed posthumously in Kiev in 1912, incorrectly identifies the author as *A. D.* Khvol'son.

[15] Khvol'son, *Upotrebliaiut-li evrei khristianskuiu krov'?*

Spanish Netherlands], but with Hebrew transcription, ironically retold the story of the killing of a *Jewish* boy by the Egyptian Pharaoh who had been advised to do so for the curing of his own illness. In this case, as in the broader reports resulting from the special commission, Pavskii, Levison and Khvol'son were able to use their expertise in Hebraic studies to defend the Saratov Jews against unjustified, racially motivated charges.

The Saratov events did not end, however, with the findings of Pavskii, Levison and Khvol'son. Giers' wider judicial commission in June 1856 referred the entire affair, with their findings, to the sixth department of the state senate in Moscow. The judicial commission, while recommending that the Jews Shlifferman, Yushkevicher and Yushkevicher's son be held in jail pending final judgment on the matter, indicated that they found no evidence of guilt on their part. The judicial commission also found the testimony of Bogdanov and Kriuger contrived and internally conflicting. The Moscow senate department confirmed the Giers commission findings and called for the immediate liberation of all Jews confined in Saratov.[16]

The matter then passed to the State Council in Petersburg. There a committee of three ministers reviewed the prior findings and, despite the call of Justice Minister Zamiatin for the unconditional acquittal of Shlifferman and the Yushkevichers, the State Council reversed the Moscow senate department's recommendation, voting by a margin of 22-2 to keep the two falsely charged Jews under arrest. Tsar Alexander II added his name to the majority, thereby officially closing the matter in 1860.[17] The State Council's reversal of the Giers' commission and senate findings sadly confirmed the precedent of the notorious Velizhskoe Affair in which Tsar Nicholas I had determined that, even if there could not be proven Jewish ritual use of Christian blood, there may have been some deviant Jewish sect that retained responsibility.

What particularly troubled Professor Khvol'son in this matter was the news he received from A. S. Norov that missing from the file *(delo)* reviewed by the State Council on the Saratov Affair was the report of the Pavskii-Levison-Khvol'son "special commission" regarding the spurious charge of ritual use of Christian blood by Jews. Emboldened by this omission, Khvol'son committed himself to the full publication of his own findings on the matter. In 1861 he secured publication of his

---

[16] Gessen, "Saratovskoe delo," pp. 5-6.
[17] Gessen, "Saratovskoe delo," p. 6. On the *memoriia* of the State Council, Alexander II wrote alongside the position of the 22, *"i ia"* [and I].

work, "O nekotorykh srednevekovykh obvineniiakh protiv Evreev," in the journal *Biblioteka dlia chteniia*.[18]

Later, following the deaths of Pavskii and Levison in the aftermath of a similar Kutaisskoe Affair, Khvol'son republished his work, and issued his more popular brochure challenging the repeated, unfounded charges in the slanderous works of Ippolit Liutostanskii and N. I. Kostomarov.[19] Responding in *Novoe Vremia* to Kostomarov, Khvol'son was particularly offended by two charges, the first an *ad hominem* charge, and the other directed at the search for truth. On the *ad hominem* charge raised by Kostomarov, that Khvol'son was merely driven by support for his fellow Jews, Khvol'son responded by saying:

> Mr. Kostomarov alludes to my "patriotism" and speaks about my "partiality toward Jews." Yes, I admit that I nourish an empathy for Jews, for I know not only their dark, but also their bright side. And I think that it is far more honest to defend those of my fellow race and my former religion from erroneous accusations, than to slander them with various fabrications and with false representation of the most innocent facts. To be sure, a defender of Jews cannot count upon the approbation of the majority who invariably throw in their lot with the slanderers of Judaism. But why does an honest man need such approbation? I hold true to my conscience in struggling for justice and for truth.[20]

To this Kostomarev countered that, in the end, truth always wins out, and the very stridency of Khvol'son's defense of Russian Jewry cast doubt upon his case. Khvol'son's rejoinder constituted an appeal to the duty of the Christian intelligentsia:

---

[18] See note no. 13 above.

[19] Ippolit Liutostanskii, basing his study on the work of Skripitsyn/Dal' noted above (see note no. 10), first issued his anti-Semitic polemic in 1876 under the title, *Vopros ob upotreblenii evreiami-sektatorami khristianskoi krovi dlia religioznykh tselei, v sviazi s voprosom ob otnosheniiakh evreistva k khristianstvu voobshche* (Moscow, 1876). The 1876 Liutostanskii broadside prompted Khvol'son to republish in 1880 his *O nekotorykh srednevekovykh obvineniiakh protiv Evreev*. Khvol'son also issued for a more popular audience in 1879 his *Upotrebliaiut-li evrei khristianskuiu krov'?* In turn, Liutostanskii issued in 1880 an expanded two-volume edition of his 1876 work under the slightly revised title, *Ob upotreblenii evreiami (talmudistkimi sektatorami) khristianskoi krovi dlia religioznykh tselei, v sviazi s voprosom ob otnosheniiakh evreistva k khristianstvu voobshche* (Moscow, 1880). This 1880 edition devoted a new preface, pp. i–xviii, to the attack on Khvol'son. Khvol'son's more popular 1879 work also responded to the historian Kostomarov's repetition in Novoe Vremia of the charge of Jewish ritual use of Christian blood. In particular, see within Khvol'son's *Upotrebliaiut-li evrei* the third appendix *(Prilozhenie III),* "Otvet na zamechanie N. I. Kostomarova 'po povodu broshiury, izdannoi g. Khvol'sonom: upotrebliaiut-li evrei khristianskuiu krov'?" This appendix, Khvol'son's response to Kostomarov, was first published in Novoe Vremia, no. 1172, 5 June 1879.

[20] Khvol'son, "Prilozhenie III: Otvet na zamechanie N. I. Kostomarova," in *Upotrebliaiut-li evrei* ... third edition (Kiev, 1912), p. 77.

Mr. Kostomarov says that "the light of truth by itself scatters the darkness of delusion." Unfortunately, I am not such an historical optimist as Kostomarov. ... Truth is not a material force, operating according to general physical laws. It is a spiritual power that does not act by itself, but requires assistance. If the intelligentsia quietly lays down its hands and awaits the "power of truth," surely this power will never be made manifest "by itself." For, as the Saviour said, "If indeed the salt has lost its taste, how shall its saltness be restored?" (Matt. 5:13).[21]

This forceful message of Daniil Khvol'son and his fellow Old Testament translators effectively challenged prevailing nineteenth-century superstitions directed against Russian Jewry and put racially motivated anti-semitic superstitions on the defensive.[22] Moreover, in their carefully reasoned appeal for Christian understanding across racial, ethnic, and religious lines, these Orthodox scholars offered a profoundly *ecumenical* witness of the Russian Church.

Here, in this setting only a relatively short distance from Dachau, we are reminded that these carefully reasoned and broadly ecumenical appeals of the nineteenth century have not always fared so well in the darkness of the twentieth century. Despite the rich tradition established by Pavskii, Levison, Khvol'son, and Troitskii, among others, at the Petersburg Theological Academy, the continuity of this scholarly Orthodox tradition in Hebraic studies has been severely threatened in the twentieth century.[23] Yet, the challenges of biblical translation and the Jewish question may well be every bit as pressing in our day as they were for those talented and fearless nineteenth-century Petersburg translators.

---

[21] Khvol'son, "Otvet na zamechanie N.I. Kostomarova," pp. 74–75.

[22] Although Khvol'son's impact was felt on several different levels, perhaps the most sensational immediate impact of Khvol'son's reasoned position was the extraordinary apology of Ippolit Liutostanskii himself, a converted Catholic priest and student at the Moscow Theological Academy. Persuaded of the error of his own position, Liutostanskii issued in 1882 a remarkable defense of the Jews, entitled *Sovremennyi vzgliad na evreiskii vopros,* wherein he recants of his former writings on the subject. Regarding the Orthodox convert Liutostanskii (b. 1835), see the entry under his name in the Brokhgaus-Efron *Entsiklopedicheskii slovar',* vol. XVIII (St. Petersburg, 1896), p. 265.

[23] The last major student of Khvol'son, Pavel Konstantinovich Kokovtsov (1861-1942), taught exclusively at Petersburg University, and became a part of the Academy of Sciences' Leningrad Institute of Oriental Studies. The Institute of Oriental Studies has continued up to the present to field specialists in semitic languages. Nevertheless, the once great authority of the Orthodox Church in Hebraic studies, seen preeminently in the contributions of Petersburg scholars Pavskii, Levison, Khvol'son and Troitskii, is today largely absent.

IANNUARIJ IVLIEV, LENINGRAD

Die Exegese des Neuen Testaments in der Russischen Orthodoxen Kirche (19.–20. Jahrhundert)

1. Die Periode des Traditionalismus

Die gegenwärtige Exegese entstammt der Aufklärung in Deutschland. Bevor die Exegese jedoch eine wissenschaftliche Methode ausbilden konnte, mußte sie eine Krise im religiösen Bewußtsein überwinden. Die russische Gesellschaft in der Zeit der Aufklärung und der Romantik erfuhr auch eine solche Krise, die jedoch keinen radikalen Charakter annahm, da die orthodoxen Traditionen in Rußland zu stark waren. Außerdem gab es keine Universitätstheologie in Rußland; dies schloß die freie wissenschaftliche oder kritische Erforschung der Heiligen Schrift aus.

Die kritische Bibelwissenschaft des Westens wurde als Anarchie und Abtrünnigkeit verstanden. Trotzdem wurden seit Beginn des 19. Jahrhunderts – während der Napoléonischen Kriege und besonders nach dem Sieg über Napoléon – in Rußland religionskritische Tendenzen stärker und die Suche nach nichttraditionellen Wegen und Kontakten mit dem westlichen, hauptsächlich mit dem protestantischen Christentum verstärkt.

Unter dem Einfluß der Britischen Bibelgesellschaft entstand eine ähnliche Bibelbewegung in Rußland, deren Ziel die Übersetzung der Bibel in die Nationalsprachen und ihre Verbreitung war. Mit der Übersetzung der Hl. Schrift ins Russische begann auch die kritische Exegese in Rußland. Schon die Idee, die Bibel in die russische Sprache zu übersetzen, erschien vielen seltsam, weil das soziale Bewußtsein keinen wesentlichen Unterschied zwischen Russisch und Kirchenslavisch verspürte: Es war kein linguistischer, sondern ein stilistischer Unterschied.

Merkmal der slavischen Bibel war der „hohe Stil", das der profanen Literatur der „niedere Stil" der gleichen Sprache. Die „Übersetzung" der Bibel vom „hohen" in den „niederen Stil" erschien als eine Lästerung. Erst 1821 in der liberalen Ära Aleksandrs I. (1777–1825) wurde die Übersetzung des Neuen Testaments möglich. Zar Nikolaj I. (1796–1855) verhinderte diese Arbeit: Neue Übersetzungen des Alten Testaments wurden vernichtet, ihre Übersetzer verfolgt. Nur unter Zar Aleksandr II (1818–1881), d.h., in den siebziger Jahren des vorigen

Jahrhunderts, konnte eine Neuübersetzung der ganzen Bibel veröffentlicht werden.

Die Übersetzung in die russische Sprache weckte eine textkritische Haltung. Bis zum ausgehenden 19. Jahrhundert sind keine eigenständigen exegetischen Studien zum Neuen Testament aufzufinden. Die Übersetzung ist das einzige Zeugnis für die Exegese, wie sie in den vier Geistlichen Akademien Rußlands durchgeführt wurde. Neben der offiziellen „Synodal-Übersetzung" existierten andere private Übersetzungen, die jedoch wenig bekannt waren. Bis heute ist die „Synodal-Übersetzung" der einzige, allgemein gebräuchliche Text der Hl. Schrift in russischer Sprache für Hauslektüre und Studium. Der übliche Gebrauch der kirchenslavischen Bibel kann teilweise mit der ziemlich niedrigen Qualität der russischen Übersetzung erklärt werden. Es ist ein Unglück der Russischen Orthodoxen Kirche, keine *gute* Bibelübersetzung zu haben.

Die Wahl der Varianten in der Wiedergabe ein und desselben Wortes zu analysieren ist aufschlußreich. Das bekannteste Beispiel ist dafür das Wort „dikaiōsynē", das in der slavischen Bibel immer mit dem Wort „pravda" übersetzt wird: Die Bedeutung steht zwischen „Gerechtigkeit" und „Wahrheit". In der russischen Übersetzung (wie auch in jeder deutschen) wird es – je nach Kontext – mit „pravda" (Gerechtigkeit) oder „opravdanie" (Rechtfertigung) wiedergegeben.

Manchmal zeugt die Nachlässigkeit der Übersetzung von einer exegetischen Gleichgültigkeit der Übersetzer; dafür gibt es in den russischen und in den deutschen Übersetzungen viele Beispiele:

Röm 1,1.2.9. Hier eine freie, aber ziemlich genaue Übersetzung: „Was ist dann der Vorteil des Juden? ... Er ist groß in jeder Beziehung ... Also, dürfen wir uns höherstellen? Durchaus nicht!"
Und hier ist eine andere Übersetzung, die der russischen genau entspricht, aber den Gedankengang des Apostels Paulus unverständlich macht:
„Was hat dann noch der Jude voraus? ... Viel in jeder Hinsicht! ... Was ist also? Haben wir etwas voraus? Keineswegs."

Röm 7,7: „Auch das Begehren hätte nicht nicht gekannt, wenn nicht das Gesetz gesagt hätte: Du sollst nicht begehren!"
Die „Synodal-Übersetzung" gibt statt „das Begehren" „das Wünschen".

Röm 7,15-20   Hier stehen verschiedene griechische Verben (katergazomai, prassō, poiō), die man im Deutschen mit „vollbringen", „tun", „ausführen" wiedergeben kann; in der russischen Übersetzung werden sie als Synonyme verstanden, und der Text wird völlig sinnlos.

Doch interessanter sind die Fälle, in denen die Übersetzung die dogmatischen Absichten der Übersetzer und ihr exegetisches Interesse bezeugt:

Röm 1,4:   „Christus Jesus ... eingesetzt zum Sohne Gottes." In der russischen Sprache lautet die Übersetzung: „Christus Jesus ... hat sich als Sohn Gottes geoffenbart."

Röm 5,20:   „Das Gesetz aber ist (nachträglich) hereingekommen, *damit* die Verfehlung zunehme."

Ins Russische wurde es so übersetzt:
„Das Gesetz aber war nachträglich hereingekommen, *und so* hat sich das Verbrechen gesteigert."

Merkwürdig ist in dieser Hinsicht das 8. Kapitel des Römerbriefes. Bekanntlicherweise ist dieses Kapitel pneumatologisch; in der russischen Übersetzung ist es jedoch anthropologisch. In der russischen Sprache werden Substantive mit Minuskeln geschrieben, sakrale Worte allerdings mit Majuskeln. Das Wort „geist" (duch) bedeutet bei Kleinschreibung einen abstrakten oder einen anthropologischen Begriff – „der menschliche geist". Bei Großschreibung bedeutet es den Geist Gottes. Die deutsche Orthographie kennt da keinen Unterschied. In der russischen Übersetzung wird die Pneumatologie durch die Anthropologie ersetzt – die Widerspiegelung einer gewissen exegetischen Tendenz. Zugleich zeigen die o. g. Beispiele und die Analyse der Konjekturen die dogmatischen Leitlinien der russischen Exegese im 19. Jahrhundert.

Die archaische Sprache der Übersetzung vermittelt den Eindruck des konservativen Traditionalismus, der allgemeinen Atmosphäre der patristischen Tradition. Aber dieser Eindruck täuscht oft, denn die Übersetzung gibt nicht die Exegese der Hll. Väter des Altertums wieder, sondern die scholastische Theologie des Westens. Auch die Polemik zwischen protestantischen und katholischen Theologen spiegelte sich in dieser Übersetzung: Dabei wurde natürlich mehr das katholische Lager vorgezogen.

2. Der Anfang der Kritik

In der zweiten Hälfte des 19. Jahrhunderts überwog das apologetische Interesse beim Studium des Neuen Testaments. Das furchtbare Gespenst der „negativen Kritik" von David Friedrich Strauß (1808–1874), der Tübinger Schule und Ernest Renan (1823–1892) machte es notwendig, die traditionellen Werte zu schützen. Die Apologetik weckte das kritische Denken. Kritisiert wurde auch die russische Übersetzung des Neuen Testaments mit ihrer Tendenz. In Rußland erwachte ein tiefes Interesse an der patristischen Tradition und der Asketik. Ein herausragender Vertreter der patristischen Tradition war Bischof Feofan Zatvornik (1815–1894), der 1989 im Zusammenhang mit dem Millennium der Taufe der Ruś kanonisiert wurde. Er war ein weit bekannter und verehrter Kirchenautor und Übersetzer mit großer geistlicher Freiheit und sehr guten griechischen Sprachkenntnissen.

Als Gegner der „Synodal-Übersetzung" schrieb er ein großes Buch: „Erläuterungen aller Briefe des Apostels Paulus" (ohne den Brief an die Hebräer). Dabei stützte er sich auf die Deutungen in der Patristik, meistens auf Johannes Chrysostomus (345–407) und Theodoretos v. Kyros (ca 393–466); aber auch neue westliche, besonders englische Kommentare benutzte er gern. Der archaische Stil seiner Erläuterungen erschwert die Lektüre seiner Kommentare, die bis heute wertvoll für das Studium der Exegese des Apostels Paulus in der Patristik sind. Feofans Erläuterungen durchbrachen doppelt die scholastische Tradition der „Synodal-Übersetzung": In die Richtung der Patristik und in die Richtung der zeitgenössischen wissenschaftlichen Exegese.

3. Die Kritik an der Kritik

Zu Beginn des 20. Jahrhunderts wurde es notwendig, auf viele neue kritische Ideen in der Bibelwissenschaft, die eine Periode revolutionärer Wandlungen erlebte, ernstlich zu reagieren. In dieser Zeit entstand auch die neutestamentliche Wissenschaft in Rußland. Die Bedingungen dafür waren nicht die besten: Staatliche und kirchliche Zensur geboten äußerste Vorsicht. Die westliche Bibelforschung verließ den traditionellen Dogmatismus, erreichte jedoch noch nicht eine ruhige wissenschaftliche Methodologie. Dabei war es sehr schwierig, seinen Standpunkt zu definieren. Die neue russische Schule der Bibelforschung mußte nun nüchtern das ganze wissenschaftliche und ideologische Material der westlichen Bibelforschung bewerten. Instrument dieser Bewertungen waren nicht dogmatische Feststellungen, sondern strenge logische Analysen.

Unübertrefflicher Meister der logischen Kritik in den Fächern Isagogik (Einführungswissenschaft) und Exegetik war Nikolaj N. Glubokovskij (1853–1937), Professor an der Geistlichen Akademie St. Petersburg. Zwei Eigenschaften zeichneten ihn aus: Die Neigung zum Traditionalismus verband sich mit voller Selbständigkeit in Urteil und Folgerung. Glubokovskij, der in Bulgarien im Exil starb, symbolisierte die ganze Epoche der russischen Bibelkunde. Weltruf brachte ihm eine historische Untersuchung über Theodoretos v. Kyros, die Adolf v. Harnack (1851–1936) als eine „der hervorragendsten patristischen Monographien" bezeichnete. Mit der Zeit wandte sich Glubokovskij fast vollständig der neutestamentlichen Forschung zu. Seine großartige Studie „Die Verkündigung des Apostels Paulus nach Herkunft und Wesen" erschien 1897. Seine Zeitgenossen betrachteten dieses Werk als eine Enzyklopädie des Faches.

Sein Erbe ist umfangreich: Vorlesungen, Monographien und Abhandlungen beziehen sich meistens auf Fragen der Isagogik und der biblischen Theologie. Manchmal erweist er sich als glänzender, einzigartiger Exeget. Das kann darauf zurückgeführt werden, daß er zum Historiker geboren war, zudem auch auf die Aufgaben, die sich in jener Zeit der orthodoxen Bibelkunde stellten: Es waren Aufgaben einer Apologetik traditioneller Werte. Besonders drei seiner exegetischen Studien, die jedoch nicht alle veröffentlicht wurden, müssen an dieser Stelle erwähnt werden: „Die Verkündigung der christlichen Freiheit im Brief an die Galater", „Die Verkündigung der christlichen Frömmigkeit im Brief an die Hebräer", „Die Verkündigung der christlichen Herrlichkeit in der Offenbarung". Sein „Bibellexikon" gehört zu den unveröffentlichten und bedeutendsten Werken.

Sein wissenschaftliches Erbe erfuhr dadurch ein trauriges Schicksal, daß er seine Werke in nicht immer klarer, russischer Sprache schrieb. Wie Adolf v. Harnack mit Bedauern feststellte, war Glubokovskijs Ruf und Einfluß außerhalb Rußlands deshalb nicht so bedeutend. Außerdem konnte Glubokovskij keine Schule hinterlassen: Wie auch alle anderen theologischen Hochschulen im Lande wurde bald nach der Oktoberrevolution die St. Petersburger Geistliche Akademie geschlossen, an der er als Professor lehrte. Zur Emigration gezwungen lebte er erst in Serbien und unterrichtete dann an der Theologischen Akademie in Sofia. Hätte er auch Schüler und Nachfolger in Rußland hinterlassen, so wären sie jahrzehntelang nicht imstande gewesen, diese Wissenschaft weiterzuentwickeln.

Vom Standpunkt allgemeiner Wertschätzung seiner Form der Exegese kann gesagt werden, daß seine Methode hauptsächlich in strenger Logik besteht. Zugleich ist seine Begeisterung von der Logik jedoch auch die Schwäche seiner Exegese. Mitunter entsteht der Eindruck, daß Glubokovskij sich das an Antinomien reiche Denken des Apostels Paulus als ein logisches, in sich widerspruchsloses System vorstellte.

4. Auf der Suche nach eigenständigen Wegen

Es wäre eine ungerechte Feststellung, nur wenige Menschen hätten vor der Revolution, d. h., vor der faktischen Vernichtung der Theologie in Rußland, neutestamentliche Forschungen durchgeführt. An den vier Geistlichen Akademien Rußlands (Moskau, St. Petersburg/Petrograd, Kiev und Kazań) waren mehrere Wissenschaftler im Fach ‚Bibelkunde' tätig. Als Anfang des 20. Jahrhunderts die Zensur aufgehoben wurde, konnten die Wissenschaftler offen und mutig ihre Meinungen äußern. Die Wissenschaft an den russischen Akademien sagte – ohne Glubokovskij – kein selbständiges Wort in der Exegese des Neuen Testamentes: Dieses Wort kam unerwartet von einer anderen Seite.

Rußland war Ende des vergangenen Jahrhunderts der Mittelpunkt der Weltphilosophie. Im ersten Viertel des 20. Jahrhunderts zeichnete sich in diesem Lande ein erstaunlicher Aufschwung der Spiritualität ab, der als Renaissance der russischen ‚Religionsphilosophie' bezeichnet wird; an ihrer Wiege stand Vladimir S. Solov'ev (1853-1900). Ihren Höhepunkt verkörperten solche für Europa außergewöhnlichen Denker wie Nikolaj F. Fedorov (1828-1903), Sergej N. Bulgakov (1871-1944), Nikolaj A. Berdjaev (1874-1948), Pavel A. Florenskij (1882-1937), Lev P. Karsavin (1882-1952), Lev Šestov (1866-1938), Sergej N. Trubeckoj (1862-1905), Evgenij N. Trubeckoj (1863-1920) und viele andere Religionsphilosophen. Während Revolution und Bürgerkrieg starben die einen, die anderen wurden aus Rußland vertrieben und die dritten kamen in den Konzentrationslagern um. Der letzte derer, die einem Wunder gleich die Stalinschen Lager überlebt hatten, war der große Philosoph und Historiker Aleksej Losev (1893-1988).

Die einzigartigsten dieser Denker verbanden in ihrem Wesen die von Plato (428/27-348/47 v. Chr.) über Plotin (205-270), Nikolaus v. Kues (1401-1464) und die deutsche klassische Philosophie reichende Weisheit mit der spezifischen russisch-byzantinischen Spiritualität orthodoxer Prägung. In der Exegetik haben die Priester P. Florenskij und S. Bulgakov etwas Neues gesagt. Beide waren keine professionellen Exegeten, räumten aber in ihrem Werk der Erforschung neutestamentlicher Texte und ihrer Auslegung einen wichtigen Platz ein. Die exegetische Hinterlassenschaft dieser beiden russischen Philosophen wurde kaum rezipiert.

Priester Pavel A. Florenskij war ein erstaunlicher Mensch – ein Rätsel und eine Legende. In seinem Schaffen war er ebenso universell wie einige Vertreter der Renaissance oder wie J. W. v. Goethe (1749–1832): Er war ein glänzender Theologe, Philosoph, Dichter, Mathematiker, Kunstwissenschaftler, Chemiker, Ingenieur und Botaniker. Dabei war er auf keinem dieser Gebiete ein Dilettant, sondern ein großer Wissenschaftler. Nach der Revolution wollte er nicht aus Rußland emigrieren, sah aber keine Möglichkeit, seine kirchlich-seelsorgerlichen Pflichten zu erfüllen: Er unterrichtete Kunstgeschichte und war als Ingenieur und Redakteur der „Großen Technik-Enzyklopädie" tätig. In den Dreißiger Jahren verbrachte er mehrere Jahre in einem Konzentrationslager und wurde dort hingerichtet.

Nur eine seiner Studien widmete er der Exegese des Neuen Testaments, diejenige zum mystischen Verständnis des Textes Phil 2,6–8 („Kenosis"), die eine Analyse der Anfangsverse des bekannten Christus-Hymnus darstellt. In seinen theologischen Abhandlungen finden sich jedoch exegetische Ausführungen. Noch als Student schrieb er einen dogmatisch-exegetischen Aufsatz über das „Verständnis der Kirche in der Heiligen Schrift", der damals schon die Besonderheiten seines späteren und reiferen Denkens und seiner Methodik aufzeigte. Sein bekanntes, hinreißendes Werk „Pfeiler und Grundfeste der Wahrheit" enthält mehrere exegetische Momente, von denen erwähnt werden müssen: Die Analyse der Antinomien des Apostels Paulus, die Ausführungen über die neutestamentlichen Begriffe „makarios" und „agapē", die Auslegung des Gleichnisses von den anvertrauten Zentnern (Matth 25,14–30), die Auslegung des Gleichnisses von der Heilung des mondsüchtigen Knaben (Matth 17,14–21) usw. Alle diese exegetischen Studien zeichnen sich durch eine bemerkenswerte linguistische Kenntnis und philologische Intuition aus.

Die Einzigartigkeit der Exegese Florenskijs kann – wie auch sein Gesamtwerk – mit dem Wort „Symbolismus" charakterisiert werden. Sein Symbolismus stellt den grandiosen Versuch dar, rationale Wissenschaft und mystische Theologie zu vereinen. Für Florenskij existieren keine selbständigen Gebiete der Erkenntnis (wie Physik, Mathematik, Medizin, Theologie, Philologie): Sie stellen lediglich unterschiedliche Möglichkeiten der Offenbarung einer mystischen Realität dar. Jeder Gegenstand oder jede wissenschaftliche Tatsache ist Symbol des mystischen Seins. Hier soll darauf hingewiesen werden, daß „Symbol" im Osten und im Westen unterschiedlich verstanden wird. Im Westen ist das Symbol ein Zeichen der Abwesenheit des Gegenstandes, der an *diesem Ort* und in *diesem Moment* symbolisiert wird, d.h., das Symbol ist die Erinnerung an den Gegenstand oder an etwas Nicht-Vorhandenes.

Zum Beispiel erinnert uns das Symbol H_2O an Wasser und bedeutet die Abwesenheit des Wassers dort, wo dieses Symbol gezeichnet wird. Im Osten stellt das Symbol die reale Erscheinung, die Anwesenheit dessen dar, was *hier* und *im Moment* symbolisiert wird. Beispielsweise ist das Christusbild keine Illustration zum Neuen Testament, keine Abbildung Dessen, Der im Moment nicht da ist, sondern die Präsenz Christi an diesem Ort und in diesem Moment.

Eine solche Synthese von Wissenschaft und Mystik erlaubte Florenskij eine Reihe produktiver Entdeckungen in der Kunstwissenschaft, in der Mathematik und auf anderen Gebieten der Erkenntnis zu machen.

Das Wort, besonders das Wort der Heiligen Schrift, darf nicht autonom betrachtet werden: Es ist Symbol einer lebendigen Erscheinung der mystischen Wirklichkeit. Selbstverständlich sollte diese Sichtweise entscheidend die Exegese beeinflussen. Hier wandte Florenskij ein Dogma des Konzils von Chalkedon (451) praktisch an. Aus seiner Sicht dürfen nicht alle Gegenstände dieser Welt – besonders heilige Gegenstände wie die Worte der Heiligen Schrift – nur vom Standpunkt der Wissenschaft oder dem der Mystik betrachtet werden. Wissenschaft darf nicht getrennt von der Mystik existieren. Die Trennung zwischen diesen beiden Gebieten ist Häresie und Irrealität. Daher erscheint Florenskijs Exegese sehr oft als unerwartet und ungewöhnlich; sie kann die Empörung der wissenschaftlichen Puristen erregen. Diese Exegese wurde jedoch zur wissenschaftlichen und geistigen Tatsache, an der man nicht vorbeigehen kann.

In diesem Zusammenhang muß als zweiter Autor Erzpriester Sergej N. Bulgakov erwähnt werden. Als bedeutender Wirtschaftswissenschaftler seiner Zeit, der dem Marxismus nahegestanden hatte, übte er deutlich einen Einfluß auf Vladimir I. Lenin (1870–1924) aus. Später zog sich Bulgakov vom Marxismus zurück, ließ sich zum Priester weihen und wurde zu einem der bedeutendsten russischen Theologen. Kurz nach der Revolution wurde er aus Rußland vertrieben und starb in den vierziger Jahren in der Emigration. Zu Beginn des Zweiten Weltkrieges hielt er Vorlesungen über die Apokalypse am Orthodoxen Theologischen St. Sergius-Institut in Paris. Später erschienen diese Vorlesungen als selbständiges Buch unter dem Titel „Die Offenbarung des Johannes" – dies war das letzte Buch aus Bulgakovs Feder.

Wie Florenskij war auch Bulgakov kein berufsmäßiger Exeget. Wie auch bei Florenskij erscheinen die Bemerkungen zur Exegese vereinzelt in seinen theologischen Schriften. In seinem Buch über die Apokalypse benutzte Bulgakov in bedeutendem Maße zeitgenössische exegetische Studien und löst die Aufgabe des Buches, die Auslegung, im Licht seiner theologischen Theorie, der Sophiologie. Dadurch führte er uns über die übliche Exegese auf das Feld der spezifischen Hermeneutik. Meines Wissens konnte dieses Werk Bulgakovs noch nicht von den Neutestamentlern kritisch rezipiert werden.

Die Wege der Exegese in der Russischen Orthodoxen Kirche hängen von zwei Komponenten ab: Die Aneignung der zeitgenössischen westlichen Exegese muß mit den eigenständigen Zügen der russischen symbolischen Exegese des 20. Jahrhunderts verknüpft werden.

Gerd Stricker, Zollikon/Zürich

Probleme der Ökumene in der Sovetunion

In der offiziellen kirchlichen Presse der Sovetunion, die sich bis vor kurzem im wesentlichen auf das „Journal des Moskauer Patriarchats", den baptistischen „Brüderboten", das georgische „Weinrebenkreuz" und wenige andere Blätter beschränkte und erst in letzter Zeit durch zahlreiche Neugründungen wie etwa den vom Patriarchat herausgegebenen „Moskauer Kirchenboten" (Monats- und seit Mai 1989 auch eine Wochenzeitung) sowie katholische, lutherische und baptistische Blätter ergänzt wurde, wurde stets der Eindruck eines harmonischen und brüderlichen Miteinanders der Kirchen in der UdSSR erweckt. Berichte über die Teilnahme religiöser Organisationen – christlicher und auch nichtchristlicher – an Kongressen, die sich oft mit Friedensfragen („friedenstiftendes Wirken" – mirotvoritel'nyj dejatel'nost') zu beschäftigen hatten, zeigten die religiösen Führer in der UdSSR in schöner Eintracht, z. B. an der großen „Weltkonferenz von Repräsentanten der Religionen zur Rettung der heiligen Gabe des Lebens vor der nuklearen Katastrophe" 1982. Die Folgekonferenzen religiöser Führer „am Runden Tisch" zeigten das gleiche harmonische Bild. Die Vorstellung von einem gedeihlichen Miteinander der Religionsgemeinschaften in der Sovetunion wurde im Westen auch genährt durch die Vermutung, daß sieben Jahrzehnte Kirchenbedrückung, die zeitweise ja in regelrechte Kirchenverfolgung ausgeufert waren (Ende der 30er Jahre „Säuberungen", Chruščev 1958–1964), die Gläubigen zu einer Art Solidargemeinschaft hätten zusammenführen müssen.

Das trifft zunächst einmal auf eine Solidarität zwischen Christen und Muslimen ganz und gar nicht zu. Die Vorgänge um die armenische Exklave Berg-Karabach in Azerbajdžan sind kein Zufall und bilden keine Ausnahmeerscheinung, sondern stellen gleichsam die Spitze eines Eisberges dar: Die Renaissance des Islam macht auch nicht vor den Grenzen der Sovetunion halt; die Muslime in der Sovetunion schicken sich an, das europäische Joch abzuschütteln. Diese europäische Vorherrschaft ist in islamischen Augen eine christliche – die Kultur, die die Russen seit der Annexion der mittelasiatischen Territorien den Muslimen aufzuzwingen suchten, ist eine christliche. Auch die sozialistische Ideologie in ihrer sovetischen Variante und die sog. sozialistische Kultur bleiben – trotz ihrer dezidiert atheistischen Ausrichtung – im Verständnis der Muslime abendländisch-christlich geprägt. In Uzbekistan (16,7 Mio.), Kazachstan (8,1 Mio.), in Azerbajdžan (6,8 Mio.), in Tadžikistan (4,2 Mio.), in Turkmenistan (2,7 Mio.), in Kirgisien (2,5 Mio.) sowie unter den Tataren (9 Mio.) werden die Europäer jetzt massiv bedroht – man werde sie (Russen, Ukrainer, Polen, Deutsche, Letten, Litauer u. a.) verjagen, wenn sie nicht innerhalb von zwei Jahren Mittelasien verließen. Die Angst geht unter den Europäern im sovetischen Mittelasien um. Wer die Möglichkeit hat, verläßt die islamisch geprägten Gebiete der Sovetunion. So erklärt sich teilweise das beängstigende Ansteigen der Zahlen aussiedelnder Rußlanddeutscher (1989: 105.000; 1990 werden 190.000 erwartet) – sie fliehen aus Mittelasien, die Hoffnung auf die Wiedererrichtung der früheren deutschen Wolgarepublik haben sie aufgegeben und damit die Hoffnung, in der Sovetunion als Deutsche zu leben – also ziehen sie in Scharen nach Deutschland, u. a. aus Angst vor dem Islam. Jeder weiß, daß die Aufrufe christlicher und islamischer Führer zu Toleranz und Zurückhaltung im Umgehen miteinander von „oben" bestellt sind; sie werden von den Muslimen jedenfalls nicht ernst genommen.

Daß darüber hinaus auch unter den christlichen Denominationen in der Sovetunion der Begriff „Ökumene" problematisch ist, mögen die folgenden Ausführungen verdeutlichen.

Christliche Religionsgemeinschaften in der UdSSR – statistische Anmerkungen

Um eine gewisse Vorstellung von den kirchlichen Relationen in der UdSSR zu geben, seien hier einige Zahlen genannt, die allerdings keinen Anspruch auf letzte Exaktheit beanspruchen können – zu widersprüchlich sind oft die seit zwei-drei Jahren gemachten Angaben über die Religionsstatistik in der UdSSR. Sehr unterschiedlich sind ja auch die Kriterien, nach denen man Menschen einer Religionsgemeinschaft zuordnet – oder dies im konkreten Falle dann auch nicht tut. Gemäß der Volkszählung 1989 leben in der UdSSR etwa 286 Mio. Menschen. Die *Russisch-Orthodoxe Kirche* reklamiert für sich 50–70 Mio. Gläubige. Die *Altgläubigen,* eine Abspaltung von der Orthodoxie im 17. Jahrhundert mit vielen Denominationen, könnte man vorsichtig mit 3–5 Mio. ansetzen. Die *Georgisch-Orthodoxe Kirche* kann jetzt mit vielleicht 2 Mio. Gliedern rechnen, wobei nach den Massentaufen 1989 und 1990 zu urteilen die Tendenz stark ansteigend ist. Die altorientalische (vorchalkedonensische) *Armenische Apostolische Kirche* dürfte ebenfalls um 2 Mio. Glieder zählen.

Die nach der Orthodoxie bedeutendste christliche Religionsgemeinschaft bildet die *katholische Kirche* mit ihrem lateinischen und ihrem byzantinischen Ritus: Sie dürfte mit ca. 7 Mio. zu veranschlagen sein (ca. 2,5 Mio. der litauischen Bevölkerung, ca. 400.000 katholische Letten, eine knappe Million Polen in Weißrußland und in Mittelasien, knapp 100.000 Rußlanddeutsche sowie kleinere Gruppen wie Ungarn, Ukrainer u. a.; hierzu kommen 2-4 Mio. ukrainische Katholiken des byzantinischen Ritus, die Unierten, deren Ukrainisch-Katholische Kirche im Wiedererstehen begriffen ist). Die *Lutheraner* in der Sovetunion (Letten, Esten, Deutsche und ca. 30.000 Litauer) machen kaum mehr als 400.000 aus; *reformierte* Ungarn und Litauer zählen zusammen allerhöchstens 100.000. Der Allunionsrat der *Evangeliumschristen-Baptisten* hat bisher immer mit der griffigen Formel operiert: 5.000 Gemeinden, 500.000 Gemeindeglieder und 5 Mio. sonstige Anhänger (ungetaufte Kinder und Sympathisanten). Der Kongreß des Bundes im Februar 1990 hat sich nun zu realistischen Zahlen bekannt: 250.000 Glieder, in 3.000 Gemeinden organisiert. Zahlen über *Adventisten, Pfingstchristen u. a.* Gruppierungen sind überhaupt nicht bekannt. Kompliziert wird bei diesen neoprotestantischen Denominationen die Situation dadurch, daß neben staatlich anerkannten („registrierten") Gemeinschaften ein teilweise beträchtlicher Teil der jeweiligen Anhänger im Untergrund oder aber in autonomen Gemeinden organisiert ist. Nicht vergessen darf man autochthon russische Sekten wie *Duchoborcy, Molokane* usw., die aber statistisch nicht erfaßbar sind. Insgesamt läßt sich vorsichtig schätzen, daß den knapp 70 Mio. russischen, georgischen und armenischen Christen sowie Altgläubigen höchstens 10 Mio. katholische und evangelische Christen gegenüberstehen.

Die nach der Orthodoxie bedeutendste Religionsgemeinschaft bildet allerdings der *Islam*. Von den etwa 45 Mio. Angehörigen traditionell muslimischer Völker wie Uzbeken, Kazachen, Azerbajdžaner, Kirgisen, Tadžiken, Turkmenen, Tataren u. a. könnten etwa 35 Mio. noch stärker religiös gebunden sein (wobei mitbedacht werden muß, daß das Kriterium der Religiosität bei Muslimen noch schwerer zu bestimmen ist als bei Völkerschaften des christlichen Kulturkreises).

Politische Implikationen

Kirchliche Repräsentanten hatten sich in der Vergangenheit oft an Veranstaltungen, die der Friedensthematik, wie sie in der UdSSR propagiert wurde, auf überregionaler und regionaler Ebene zu beteiligen, und zwar auf Weisung der Behörden oder auch der Parteibürokratie. Es war dies in vielen Fällen die einzige Gelegenheit, bei der sich Vertreter verschiedener Denominationen begegneten. Der Begriff „Ökumene" wurde in Kirchenkreisen der Sovetunion daher vielfach oft mit dem sog. „Friedenskampf" sovetamtlichen Verständnisses assoziiert und eben deshalb von den Gläubigen, auch von vielen Geistlichen, als eine mehr oder weniger staatlich verordnete Angelegenheit abgelehnt. In diesen Kontext gehörten auch die immer wieder Verärgerung verursachenden „freiwilligen Spenden" in den staatlichen „Friedensfonds", deren Höhe von den sovetischen Behörden bestimmt wurde: 20-40% der Einkünfte einer Gemeinde. Ebenfalls in diesen Zusammenhang (Ökumene - staatlich verordneter „Friedenskampf") fiel - sofern überhaupt in sovetischen christlichen Gemeinden etwas davon bekannt war - die Arbeit der „Prager Christlichen Friedenskonferenz", die durchaus als eine Moskau-gesteuerte Polit-Ökumene verstanden - und eben deshalb auch von vielen, die Kenntnis von der Prager Friedenskonferenz hatten, abgelehnt wurde.

Die Genfer Ökumene - Ökumenischer Rat der Kirchen und Konferenz europäischer Kirchen - ist vor allem in orthodoxen und katholischen Gemeinden der Sovetunion sicher noch weniger bekannt als die Prager Friedenskonferenz. Die wenigen in den Gemeinden, die etwas von der Genfer Ökumene wissen, halten sich in Urteil und Engagement sehr zurück: Sie wird, wie ja auch oft in unseren Landen, als eine stark politisierte Bewegung gesehen, die einerseits westlich-protestantisch eingefärbt ist und die andererseits Papiere, Erklärungen und Aktivitäten initiiert (Dritte Welt, Unterstützung des Befreiungskampfes angeblich oder wirklich unterdrückter Völker sowie der Befreiungstheologie), die ein Sovetbürger kaum von offiziellen sovetischen Aktivitäten in diesen Räumen unterscheiden konnte. Von daher erscheint die Genfer Ökumene sovetischen Christen - wenn sie überhaupt davon Kenntnis haben - oft als etwas Dubioses, dem man zunächst einmal ablehnend gegenübersteht. So haben beispielsweise Ende 1988 führende Vertreter der sog. autonomen Evangeliumschristen-Baptisten (EChB) - also jener sich seit ca. 10 Jahren konstituierenden EChB-Gemeinden, die sich *weder* dem registrierten „Allunionsrat der EChB" *noch* dem die staatliche Registrierung ablehnenden „Bund der Gemeinden der EChB" unterstellen wollen - einen an beide Bünde gerichteten Aufruf zur Einigung veröffentlicht, worin sie als eine gemeinsame Grundlage den Rückzug aus der Genfer Ökumene verlangen, da diese in zu starkem Maße politische Zielsetzungen verfolge. Und es ist ja nicht uninteressant, daß gerade auf dem letzten Kongreß des Allunionsrates der EChB im Februar 1990 zahlreiche ukrainische Gemeinden einen - nachher nur knapp abgelehnten - Entschließungsantrag einbrachten, die Evangeliumschristen und Baptisten der Sovetunion sollten wegen der Politisierung des ÖRK denselben verlassen.

Von der ökumenischen Bewegung erfahren die russisch-orthodoxen Christen in der UdSSR wahrscheinlich viel weniger als andere Christen in der Sovetunion, die als relativ unbedeutende Minderheitenkirchen meist Förderer im westlichen Ausland haben und die ganz bewußt nach internationaler Unterstützung suchen. Für die Nichtorthodoxen ist eine ökumenische Grundhaltung aller Kirchen, vor allem der Russisch-Orthodoxen Kirche, lebens-, manchmal überlebenswichtig.

Immer wieder ist die ROK von *nicht* orthodoxen Repräsentanten – unter vier Augen natürlich nur – als die am engsten mit dem Staat verbundene Kirche bezeichnet worden (im übrigen erhoben die Nichtorthodoxen unter sich diesen Vorwurf gegenüber dem Allunionsrat der Evangeliumschristen-Baptisten), wie man überhaupt mit solchen Zuweisungen in der Sovetunion recht schnell bei der Hand zu sein scheint (oder gewesen zu sein scheint). Diese Einstellung der Nichtorthodoxen gegenüber den Orthodoxen hat die Beziehungen zur ROK natürlich sehr belastet. Der Hinweis des westlichen Gesprächspartners an die Adresse des nichtorthodoxen Anklägers, daß doch die ROK mehr als die anderen Kirchen unter den Kirchenbedrückungen und -verfolgungen Stalins, Chruščevs und Brežnevs zu leiden gehabt habe und daher noch vorsichtiger dem Staat gegenüber habe auftreten müssen, vermochte in der Regel *nicht* den nichtorthodoxen Gesprächspartner aus der Sovetunion zu einer wohlwollenderen Haltung gegenüber der ROK zu bewegen.

Führungsrolle des Moskauer Patriarchats

Einen das ökumenische Denken in der Sovetunion belastenden Aspekt bildet ein Vorgang, über den sich nichtorthodoxe Christen beklagten: Schon jahrzehntelang, also bereits bevor die ROK zum Millennium 1988 als die große russische Nationalkirche auch vom Staat anerkannt und gewürdigt wurde, habe sie in vieler Hinsicht als Vermittler auch zwischen den nichtorthodoxen Kirchen bzw. Religionsgemeinschaften in der UdSSR *und* den staatlichen Behörden aufzutreten gehabt – so wurde von Repräsentanten nichtorthodoxer Denominationen jedenfalls (wie Evangeliumschristen-Baptisten) oft darüber Klage geführt, daß Pläne über Auslandsreisen oder Anträge für die Einreise nichtorthodoxer kirchlicher Vertreter über das Kirchliche Außenamt der ROK liefen. Vielfach war so unter Nichtorthodoxen der Eindruck entstanden, daß das Moskauer Patriarchat gemeinsam mit den staatlichen Organen über die Auslandsbeziehungen der Nichtorthodoxen entscheide. Daraus erwuchs Verärgerung, alte antiorthodoxe Ressentiments wurden wieder lebendig, wonach die orthodoxe Kirche in Rußland als verlängerter Arm des Staates zu fürchten sei. Von offizieller orthodoxer Seite wird allerdings eine derartige Einflußnahme des Patriarchats auf die Auslandsbeziehungen der nichtorthodoxen christlichen Religionsgemeinschaften dementiert. Wie auch immer: Unter nichtorthodoxen Christen war bisher diese Meinung verbreitet.

Hierher gehören auch die zahlreichen interreligiösen Friedenskonferenzen, Round-Table-Gespräche usw. auf verschiedenen Ebenen (siehe oben) –zu denen, man darf wohl voraussetzen: auf staatlichen Wunsch, das Moskauer Patriarchat einlud, das diese Veranstaltungen auch organisierte und ausgestaltete. Jedenfalls erschien den Nichtorthodoxen die Kirchenleitung des Moskauer Patriarchats als Partner des Staates, mit dessen Hilfe der Staat in bestimmten Bereichen auch über andere Religionsgemeinschaften, sogar über nichtchristliche, bestimmte. Es ist verständlich, daß sich ob solcher – angeblicher oder tatsächlicher Bevormundung durch die ROK – eine latente antiorthodoxe Stimmung breitmachte.

Zwischenkirchliche Spannungen

Es liegt in der Geschichte des Russischen Reiches und in der Rolle der ROK in der russischen Geschichte und in ihrer Bedeutung für die russische Kultur begründet, daß ein ökumenisches Bewußtsein unter russisch-orthodoxen Christen sehr unterentwickelt, eigentlich gar nicht vorhanden ist und auch nicht vorhanden sein kann. Die Notwendigkeit eines Miteinanders, eines Aufeinanderzugehens der einzelnen Konfessionen wird im orthodoxen Kirchenvolk meist überhaupt nicht erkannt; oft wird im Kirchenvolk sogar die Lebensberechtigung der anderen Denominationen angezweifelt. Das ist aus der Geschichte heraus verständlich. Die orthodoxen Russen assoziierten und assoziieren fremde Religionen, im Grunde genommen bis heute, mit Fremdvölkern vor allem des Westens, und sie stellten für die Russen unterschwellig immer etwas Bedrohliches dar, wobei das jahrhundertealte Unbehagen vor den Nachbarn bzw. Erbfeinden im Westen, den Polen und Litauern, auf die anderen Völker – und ihre Religionen – übertragen wurde.

Aber nicht nur für das Kirchenvolk ist eine entweder deutlich antiökumenische oder aber für diese Fragen völlig desinteressierte Haltung kennzeichnend; auch für viele Hierarchen, das Mönchtum und auch für bedeutende Teile der Priesterschaft trifft diese Charakterisierung zu. Meist wird diese Einstellung aber durch eine nach außen hin wohlwollende Haltung kaschiert, doch schlägt das Bewußtsein vieler Orthodoxer, es bei anderen Christen, namentlich bei Protestanten, eben doch nur mit Abtrünnigen und mit Häretikern zu tun zu haben, in Verhaltensweisen durch, die mit Begriffen wie Arroganz oder Hochmut vielleicht nicht einmal ganz unzutreffend charakterisiert werden. Von einem verbreiteten orthodoxen Desinteresse an den theologischen Gesprächen selbst sei an anderer Stelle die Rede.

Orthodoxie in der Ökumene

Blättert man das „Journal des Moskauer Patriarchats" durch, so findet man in den Protokollen der Sitzungen des Hl. Sinod und andernorts zahlreiche Hinweise auf ökumenische Reisen orthodoxer Hierarchen, daß man den Eindruck gewinnt, ein großer Teil des russischen Episkopats sei ständig auf Reisen, wobei aus den Protokollen in den meisten Fällen nicht klar wird, was das eigentliche Ziel der – mit Sicherheit in jedem Falle sehr kostspieligen – Unternehmung gewesen sein mag bzw. weswegen die ROK unbedingt durch einen Bischof mit Gefolge repräsentiert sein mußte. Seit 1961 ist die ROK auch im Weltkirchenrat vertreten. Seitdem hat die Orthodoxie im ÖRK erhebliches Gewicht und beeinflußt diesen – wenigstens in Teilbereichen (was von den orthodoxen Repräsentanten gar nicht so bemerkt wird). Von manchen westlichen Delegierten wird der Vorwurf der Orthodoxen zu Herzen genommen: „Ihr konzentriert euch in euren Aktivitäten so auf die horizontale Dimension – Diakonie, Dritte Welt, Friedensaktivitäten –, erschöpft euch so darin, daß ihr vollkommen die entscheidende: die vertikale Dimension – Gebet, Anbetung Gottes – vergeßt!" Und so ist es den Orthodoxen im protestantisch geprägten ÖRK unter der Führung *russisch*-orthodoxer Vertreter gelungen, der Orthodoxie im Weltkirchenrat größere Geltung zu verschaffen. In orthodoxen Augen sind diese Erfolge aber so wenig sichtbar, daß sie sich eigenem Bekunden nach in der Genfer Ökumene oft als Fremde fühlen und diese weiterhin als ein stark politisches Instrument betrachten.

In den vergangenen drei Jahrzehnten drängte sich angesichts der Allgegenwart russischer Kirchenvertreter in der Ökumene der Eindruck auf, daß es nicht primär theologisch-ökumenische Anliegen waren, die die ROK bewog, ihre Bischöfe ständig auf Reisen zu schicken. Einmal war es – dies wird vielleicht noch einige Zeit von der Leitung der ROK bestritten werden – ganz gewiß das Anliegen der staatlichen Führung, daß die ROK auf der ökumenischen Schiene die sovetische Außenpolitik als Friedenspolitik vertrat und begrüßte und mit Erfolg westliche kirchliche Kreise in der Ökumene für die Unterstützung der sovetischen „Friedenspolitik" gewann und gleichzeitig die westliche Außenpolitik, namentlich die amerikanische, als abenteuerlich, imperialistisch und in die nukleare Vernichtung führend verurteilte. So verteidigten Repräsentanten der ROK nach innen und nach außen die Niederschlagung des ungarischen Aufstandes 1956, den Einmarsch in die Tschechoslowakei 1968, der dem „Prager Frühling" ein gewaltsames Ende bereitete, sowie die Invasion in Afghanistan 1979. In der Mai-Ausgabe des „Journals des Moskauer Patriarchats" 1980 (S. 6) las man beispielsweise – mit Blick auf den sovetischen Einmarsch in Afghanistan: „Deshalb ist es ganz natürlich, daß die Regierung Afghanistans, die ... unser Land mehrmals um Hilfe zur Abwehr der Aggression von außen ersuchte, diese Hilfe auch erhalten hat. Als Männer der Kirche verstehen und teilen wir die Beweggründe, die die Sovetregierung zu diesem Schritt geführt haben, und sehen es keinesfalls als gerechtfertigt an, wenn die USA und eine Reihe anderer Länder die Ereignisse in Afghanistan dazu benutzen, die Spannungen zwischen Ost und West, zwischen der UdSSR und gewissen außereuropäischen Ländern zu schüren. Mit aller Entschiedenheit verurteilen wir es, wenn die Ereignisse in Afghanistan als Vorwand für eine unzulässige Kampagne gegen die Abhaltung der Olympischen Spiele 1980 in Moskau benutzt werden." Und Repräsentanten des Moskauer Patriarchats beim ÖRK in Genf warnten 1980 wiederholt Vertreter anderer Kirchen, die Afghanistan-Frage in irgendeiner Form zu thematisieren.

Theologische Aspekte

Es wird von deutschen Teilnehmern der theologischen Dialoge, namentlich der „Arnoldshainer Gespräche", zwischen der ROK und der EKD immer wieder die Beobachtung wiedergegeben, daß die orthodoxen Gesprächspartner an den Gesprächen selbst wenig interessiert zu sein scheinen. Es dränge sich der Eindruck auf, daß es den Repräsentanten manchmal stärker um die Pflege der Beziehungen zur EKD bzw. zu westlichen Kirchenleitungen als um den theologischen Austausch selbst gegangen sei; daß man die Beziehungen auch gepflegt habe, um einmal aus der Sovetunion herauszukommen und um materielle Hilfen von den westlichen Kirchen zu erhalten, aber auch – und dieser Aspekt kann nicht genug betont werden – um durch die Pflege der Beziehungen zu Kirchen im Westen, bis zu einem gewissen Grade wenigstens, vor staatlicher Willkür und Verfolgung geschützt zu sein.

Ökumene ist nicht nur im Kirchenvolk, sondern auch in der gebildeten orthodoxen Geistlichkeit ein Fremdwort mit unbestimmtem Gehalt geblieben. Weitgehend ist offenkundig das Gefühl bestimmend, daß Ökumene im wesentlichen die Rückkehr der Nichtorthodoxen, der Häretiker also, zur Orthodoxie bedeuten müsse. Vor allem trifft dies auf die protestantischen Mitchristen zu, die von Orthodoxen oft kaum als gleichberechtigte Gesprächspartner angesehen zu werden scheinen.

Das Verhältnis der Orthodoxen zu den *Katholiken* ist traditionell äußerst schwierig. Der Katholizismus wurde in Rußland bis ins 16. Jahrhundert natürlich mit dem Westen, in besonderer Weise aber und speziell mit Polen assoziiert, das von den orthodoxen Moskowitern und Russen jahrhundertelang als existentielle Bedrohung aus dem Westen erlebt wurde. Für einen orthodoxen Russen ist es bis zum heutigen Tage eine traumatische Vorstellung, auch nach über siebzigjähriger Säkularisierung und Entweihung der Kreml'kirchen durch die kommunistische Herrschaft, daß 1613 während der „Zeit der Wirren" nach dem Aussterben der Rjurikiden-Dynastie und dem Tode Zar Boris Godunovs unter der Führung des ersten Pseudo-Dmitrij Rußland von Polen aus katholisiert werden sollte; es ist bis heute für orthodoxe Russen eine traumatische Vorstellung, daß der Kreml' damals von polnischen Truppen besetzt war und in den Kreml'-Kathedralen katholische Messen gefeiert wurden.

Auf diesem Hintergrund wird es verständlich, daß bis ins ausgehende 17. Jahrhundert nur protestantische Ausländer – als Waffenschmiede, Festungsbau- und Sprengmeister, als Bergleute und Gießer – nach Rußland berufen wurden. So ist bereits 1576 in der durchwegs protestantischen Moskauer Ausländervorstadt, der „Nemeckaja sloboda", eine lutherische (deutsche) Kirche nachgewiesen; 1596 war in Archangel'sk am Weißen Meer eine lutherische deutsche Gemeinde bekannt. Als Fachleute mit Residenzrecht wurden Katholiken in das Moskauer Reich prinzipiell *nicht* eingeladen. Während man orthodoxerseits den Protestantismus – in weiten Kreisen bis zum heutigen Tag – als eine relativ harmlose Häresie ansah und in einer Einladung von Evangelischen nach Rußland keine Gefährdung für die orthodoxe Bevölkerung gesehen wurde, befürchtete man bei der Berufung von Katholiken sogleich römische Beeinflussung der orthodoxen Bevölkerung und Proselytenmacherei. Erst Peter d. Gr. hat mit seinen Riesenprojekten – dem Bau von St. Petersburg und der Errichtung einer russischen Flotte –, die eine Massenanwerbung von qualifizierten Ausländern notwendig machten, auch Katholiken in großer Zahl ins Land gerufen.

Andererseits ist für die jüngste Kirchengeschichte kennzeichnend, daß gewisse Erfolge der Bemühungen des 1978 verstorbenen Metropoliten Nikodim (Rotov) um ein besseres Verhältnis zwischen dem Vatikan und dem Moskauer Patriarchat seinen Tod nicht lange überdauerten – so wurde z. B. die vom Moskauer Patriarchat auf dem Landeskonzil 1971 zugestandene Möglichkeit, daß einem sterbenden Orthodoxen die Sakramente von katholischen Priestern und umgekehrt einem sterbenden Katholiken die Sakramente von einem orthodoxen Priester gespendet werden könnten, vom Moskauer Patriarchat 1986 wieder zurückgenommen. Selbst wenn das Patriarchat argumentiert, es sei in diesen 15 Jahren (1971–1986) vermutlich nie von dieser Möglichkeit Gebrauch gemacht worden, und auch wenn man daran erinnert, daß von den orthodoxen Schwesterkirchen dieser isolierte Schritt Moskaus mit Unverständnis und Verärgerung zur Kenntnis genommen wurde, bleibt doch die Rücknahme des Beschlusses von 1971 ein sicheres Anzeichen des sich verschlechternden Klimas zwischen Moskauer Patriarchat und Vatikan.

Das Verhältnis des Moskauer Patriarchats zur *Griechisch-Katholischen (Unierten)* Kirche war stets gespannt, solange es diese Kirche (1596 Brester Union) gibt. Das ist verständlich, da die ROK die Unierten als Abtrünnige betrachtet, die angeblich unter massivem Druck der polnischen Krone von der Orthodoxie unter den Primat des Papstes gezwungen worden seien. Auf dem Pseudokonzil von Lemberg 1946 haben nach der Verhaftung der Bischöfe und der führenden unierten Geistlichkeit und unter unglaublichen staatlichen Repressionen die verängstigten Synodalen die Selbstauflösung der Unierten Kirche und ihre Unterstellung unter das Moskauer Patriarchat – „Rückkehr in den Schoß der Mutterkirche" – beschlossen.

Daß die ROK diese Hilfestellung Stalins mehr oder weniger dankbar annahm (auch diese Feststellung wird von Bischöfen und offiziellen Repräsentanten der ROK heute zurückgewiesen: Die ROK habe gar keinen Einfluß auf diese Geschehnisse in Lemberg gehabt) und daß das Moskauer Patriarchat sich gegen ein – nunmehr staatlich verordnetes – Wiedererstehen der Ukrainischen Katholischen Kirche (UKK), der Kirchenorganisation der Unierten, wehrt, nimmt die Unierten noch stärker gegen die ROK ein. Wenn deren Vertreter nun immer deutlicher den staatlichen Vorgaben folgend sich mit Unierten an den Verhandlungstisch setzen, so geschieht dies offenkundig nicht so sehr aus eigenem Antrieb, sondern weil man der staatlichen Entscheidung, den Unierten eine legale Existenzmöglichkeit zu gewähren, irgendwie gerecht werden muß. Bezeichnend ist ja auch das Argument, mit dem die ROK ihr Einschwenken auf die staatliche Anerkennung der Unierten begründet: Ausschließlich die Anerkennung der Menschenrechte veranlasse die ROK zur Anerkennung der Existenzberechtigung der Unierten; aber eine irgendwie geartete theologische Begründung der Union von Brest erfolge dadurch keineswegs; im Gegenteil: Das Patriarchat könne die aus Unionen mit Rom hervorgegangenen Kirchenkörper, vor allem die UKK, nicht als gleichberechtigte Kirche anerkennen.

In gewisser Weise hat vor dem Gorbačev-Besuch im Vatikan die – vermutlich ukrainische – Regierung die von vornherein konfliktgeladene Situation zwischen Orthodoxen und Unierten noch künstlich aufgeheizt: Die Sovetpresse und kirchliche Repräsentanten bejubelten die Rückgabe Hunderter und Tausender von konfiszierten Gotteshäusern zum kirchlichen Gebrauch. Hunderte davon befinden sich in der Westukraine, im früher österreichischen Galizien: Es handelte sich um früher unierte Gotteshäuser, die nun, kurz vor der geplanten Zulassung unierter Gemeinden, von den staatlichen Behörden den *Orthodoxen* übergeben wurden. Vielfach befanden sich in den betroffenen Gemeinden gar keine Orthodoxen, schon gar keine Priester. So wurde eine groteske Situation herbeigeführt: Es gab hiernach in vielen westukrainischen Dörfern eine illegale unierte Gemeinde ohne Gotteshaus und ein an die Orthodoxen übergebenes (ursprünglich uniertes) Gotteshaus ohne orthodoxe Gemeinde. Die Kirchenbesetzungen und andere kritisierte Aktionen der Unierten spielen sich sehr oft vor diesem Hintergrund ab.

Andererseits ist der Schmerz im Moskauer Patriarchat, den die jüngsten Entwicklungen hervorrufen, nur zu verständlich, denn in der Westukraine, im traditionell unierten Galizien, gibt es die größte Konzentration von Gemeinden, die – wenn auch früher uniert – nun dem Patriarchat unterstehen bzw. unterstanden. Die ROK muß damit rechnen, daß das Wiedererstehen unierter Gemeinden die Zahl der Patriarchatsgemeinden erheblich verringert bzw. daß es zu Gemeindespaltungen kommt, nach denen möglicherweise nur mehr oder weniger kleine orthodoxe Gemeinden zurückbleiben. Beide Seiten – Unierte und Orthodoxe – zeigen wenig Dialogbereitschaft bzw. werfen sich gegenseitig mangelnde Gesprächsbereitschaft vor, so daß man noch einige Zeit mit teilweise tumultartigen Vorgängen zwischen Orthodoxen und Unierten, und zwar vor allem um den Besitz von Gotteshäusern, in der Westukraine wird rechnen müssen.

Ein permanent gespanntes Verhältnis hat die Orthodoxe Kirche zu den *Baptisten* (offizielle Bezeichnung seit Februar 1990: Union der Evangeliumschristen-Baptisten) als der größten unter den neoprotestantischen Kirchen, die durch Missionierung viele Gemeindeglieder gewinnen. Vor der Revolution und vor allem während der zwanziger Jahre – dem Goldenen Zeitalter der Freikirchen in der Sovetunion – haben diese ihren Mitgliederbestand im wesentlichen auf Kosten der Orthodoxen vergrößert: durch Abwerbung – durch Proselytenmacherei. In welchem Maße dies heute noch so geschieht, läßt sich schwer feststellen; jedenfalls hört man aus orthodoxem Munde oft den Vorwurf, daß die Evangeliumschristen-Baptisten, Pfingstchristen, Adventisten usw. doch nicht unter den Orthodoxen, die Christus bereits vor 1000 Jahren angenommen haben, Abwerbung betreiben, sondern vor allem unter den Atheisten missionieren sollten. – Umgekehrt findet man bei den Baptisten wenig Verständnis für diesen Wunsch der Orthodoxen; jene sehen in der Orthodoxie einen weitgehend im Formalen erstarrten Kultus: Man müsse den Orthodoxen erst den lebendigen Christus wiederschenken.

Das Moskauer Patriarchat als Instrument staatlicher Russifizierungspolitik

Die Tatsache, daß die Sovetunion ein Vielvölkerstaat mit weit über 100 Völkern ist, hat zweierlei Auswirkungen auf den Bereich der Ökumene. Die räumliche Trennung macht Ökumene oft praktisch gar nicht möglich – man versuche, sich intensive Beziehungen etwa zwischen der Armenischen Apostolischen Kirche und der Evang.-Luth. Kirche in Estland oder Lettland oder der Reformierten Kirche in Litauen vorzustellen. Oder aber es handelt sich um Kirchentümer verschiedener Völkerschaften auf dem gleichen Territorium – hier kann man entweder ein beziehungsloses Nebeneinander (in Mittelasien z. B. polnische oder deutsche Katholiken und russische Orthodoxe), oder gelegentlich auch ganz gute Beziehungen (ebenfalls in Mittelasien z. B. Orthodoxe und deutsche Lutheraner) oder aber auch spannungsreiche Beziehungen wie teilweise in Lettland beobachten, wo viele Mitte des 19. Jahrhunderts zur Orthodoxie konvertierte lutherische Letten jetzt von der Orthodoxie zur katholischen Kirche übertreten, weil diese orthodoxen Letten unter ihren Landsleuten als russenfreundlich und dem vielfach verhaßten Sovetstaat loyal gegenüberstehend und somit nicht als so etwas wie Vaterlandsverräter angesehen werden. Die orthodoxen Letten stehen also vor einem nationalen Identitätskonflikt, weil unter ihren Landsleuten die Zugehörigkeit zur Orthodoxie als prorussische und prokommunistische Haltung mißdeutet wird.

Es ist auch bezeichnend, daß in der ehemaligen Lettisch-Orthodoxen Kirche (1923 bis 1945 autonome Gliedkirche des Ökumenischen Patriarchats von Konstantinopel) mit lettischer Gottesdienstsprache das Lettische heute so zugunsten des Russischen bzw. Kirchenslavischen zurückgedrängt ist, daß von 12 orthodoxen Kirchen in Riga nur noch in einer, und hier auch nur bei Gelegenheit, lettisch zelebriert wird – aus der Lettisch-Orthodoxen Kirche ist innerhalb von 45 Jahren eine Provinz der Russisch-Orthodoxen Kirche gemacht worden. Aufschlußreich auch, daß nunmehr in Riga für die dort lebenden ca. 300.000 Russen 12 orthodoxe Kirchen zur Verfügung stehen, während in Leningrad vor kurzem noch etwa die gleiche Zahl orthodoxer Gotteshäuser für die ca. 4 Mio. Leningrader ausreichen mußte.

Die gleiche Tendenz staatlicher Kirchenpolitik, die der ROK in nichtrussischen Gebieten die Aufgabe zuweist, das Russentum zu stärken, zeigt sich darin, daß sich bis 1983 von den 17 auf dem Territorium der UdSSR verbliebenen russisch-orthodoxen Klöstern (1914: über 1000) nur ein einziges im Herzen der russischen Orthodoxie, in Zentralrußland, befand – das Dreifaltigkeits-Sergij-Kloster in Sergiev Posad (Zagorsk). Alle übrigen lagen in Estland (oder direkt an der estnischen Grenze – das Pleskauer Höhlenkloster), in Lettland, in Litauen, in Weißrußland und in der westlichen und südlichen Ukraine.

In jenen Zeiten vor Gorbačev, als Atheismus-Kampagnen an der Tagesordnung waren, kam es trotz Tausender Kirchenschließungen bei den Orthodoxen gelegentlich auch zu einigen Kirchenzulassungen, Kirchen-Neubauten – und es läßt sich über viele Jahre verfolgen, daß solche staatlichen Neuzulassungen („Registrierungen") meistens in nichtrussischen Gebieten zu verzeichnen waren. Diese neuen orthodoxen Gemeinden sollten ebenfalls das russische Element unter den nichtrussischen Völkern stärken – dienten also letztlich auch, wie in der Zarenzeit, der Russifizierung. In den nichtrussischen Republiken hat sich die ROK im allgemeinen als Repräsentantin der sovetischen, weil (ethnisch gesehen) russischen Kolonialmacht verstanden und damit ein vertrauensvolles ökumenisches Aufeinanderzugehen der Kirchen der nichtrussischen Völker auf die ROK und umgekehrt verhindert – die staatlich verordnete oder auf herausragende kirchliche Feste beschränkte „Ökumene" für die Photoseiten der wenigen Kirchenzeitungen förderte das gegenseitige Kennen-und Schätzenlernen kaum.

Überall im Sovetstaat hat die ROK in den außerrussischen Republiken unter dem Vorbehalt, der oft zur generellen Ablehnung wird, zu leiden: Das Moskauer Patriarchat als die Staatskirche des Sovetdespotismus. Allerdings hat man orthodoxerseits offenbar nur höchst selten Anstrengungen unternommen, um sich durch eine klare, von Sympathie getragene Haltung den Fremdvölkern gegenüber von der ihr durch den Sovetstaat gewiesenen Russifizierungsaufgabe zu distanzieren.

Die Ukrainische Autokephale Orthodoxe Kirche

Eine besonders schwierige Situation entsteht, wenn Religion zu einem Herzstück nationalistischer Bewegungen wird. Das Musterbeispiel stellt der bereits dargestellte Fall der unierten Ukrainisch-Katholischen Kirche dar, der uns Außenstehenden oft schon als eine eher nationalistische denn eine religiöse Bewegung erscheint. Jedenfalls wohnt der Auseinandersetzung mit der Orthodoxie eine sehr dominante, nationalistisch anmutende antirussische Komponente inne.

In diesen Kontext gehört auch die Abfallbewegung von der ROK, die von ukrainisch-national empfindenden ukrainischen Orthodoxen ausgeht, die sich der Ukrainischen Autokephalen Orthodoxen Kirche mit ihrem Zentrum in den USA unterstellen. Wie bedeutend diese Bewegung wird, bleibt abzuwarten. Das Hauptmotiv für den Abfall vieler orthodoxer Gemeinden von Moskau liegt auch in der russifizierenden Funktion, die seit Stalin dem Moskauer Patriarchat mit Blick auf die Ukraine gewiesen ist, welche die Russisch-Orthodoxe Kirche allerdings früher bereits ohne besonderen staatlichen Auftrag gehabt hat. Unter Stalin war 1946 die Unierte Kirche in der westlichen Ukraine (Schwerpunkt Lemberg/L'vov/L'viv – Galizien) zerschlagen, die Priester und Gläubigen – sofern sie nicht in den Untergrund gingen – der ROK unterstellt worden, die die sprachliche und vor allem die geistige Russifizierung und Sowjetisierung der unierten Westukrainer betreiben sollte. In den übrigen Gebieten der Ukraine, in denen die Union praktisch nicht anzutreffen ist, fiel diese Assimilierungsaufgabe traditionell den früher schon orthodoxen Gemeinden zu. Zwar wurde ein ukrainisches Exarchat innerhalb des Moskauer Patriarchats eingerichtet, es gab auch eine verkürzte ukrainisch-sprachige Ausgabe des „Journals des Moskauer Patriarchats", aber diese Maßnahmen täuschten nur darüber hinweg, daß es sich bei dem „Exarchat Ukraine" doch um eine Einrichtung der Russisch-Orthodoxen Kirche handelt. So war beispielsweise jede Eparchie im Exarchat ebenso direkt dem Hl. Sinod in Moskau unterstellt wie jede andere Eparchie in Zentralrußland oder in Sibirien. Nicht einmal eine Art Synode oder eine kollektive Leitung des Exarchats bestand.

Viele Ukrainer stemmen sich nun der bisherigen Russifizierung in ihren orthodoxen Gemeinden entgegen – sie begehren auf. Ende 1989 hatte Bischof Ioann (Bodnarčuk) von Žitomir und Ovruč ein Zeichen gesetzt, indem er sich dem Oberhaupt der Ukrainischen Autokephalen Orthodoxen Kirche außer Landes, Metropolit Mstyslav (Skrypnyk) von Philadelphia, unterstellte, woraufhin er von der Moskauer Kirchenleitung in den Laienstand versetzt wurde. Viele Priester folgen aber Bischof Ioanns Beispiel und wechseln nun, oft mit ihrer ganzen Gemeinde, zur Ukrainischen Autokephalen Orthodoxen Kirche über; Hunderte von Gemeinden sollen es Mitte 1990 bereits gewesen sein. (Die kanonische Fragwürdigkeit dieser Vorgänge kann an dieser Stelle nicht diskutiert werden.)

Diesem möglichen Auszehrungsprozeß sucht das Moskauer Patriarchat dadurch zu begegnen, daß es den Orthodoxen in der Ukraine (wie übrigens auch in Weißrußland) einen beinahe autonomen Status verleiht, sie zur „Ukrainisch-Orthodoxen Kirche" innerhalb des Moskauer Patriarchats erhoben hat, die nun auch ein eigenes kirchenleitendes Gremium, einen Hl. Sinod, erhalten soll. Ob es damit tatsächlich zu einer größeren Verselbständigung kommt oder aber ob es nur ein Scheingebilde wird, wie es das bisherige Exarchat Ukraine war, muß abgewartet werden.

Nationalismus in der ROK

Nicht nur in den ukrainischen orthodoxen und unierten Gemeinden sind nationalistische Züge unübersehbar, sondern auch in russischen Gemeinden und unter den russischen Bischöfen. Selbstredend sind die Russifizierungsbestrebungen des Moskauer Patriarchats schon eine Form von Nationalismus, der die Existenz eines ukrainischen (und auch eines weißrussischen) Volkes nicht zur Kenntnis nimmt. Deshalb ist die ROK immer schon, auch vor der Revolution, ein natürlicher Verbündeter jeder Moskauer und Petersburger Zentralgewalt gewesen, dessen sich der Staat immer bedient hat (russische Missionsgeschichte z. B. ist über weite Strecken auch Russifizierungsgeschichte gewesen). Im Zusammenhang mit dem Millennium und den Entwicklungen in der Sovetunion, die eine festliche Gestaltung des Jubiläums gestatteten (Stichwort: neue Kirchenpolitik im Kontext der Perestrojka), hat dieser gleichsam „systemimmanente" Nationalismus der ROK eine neue Qualität gewonnen: Die ROK wurde offiziell als positiver Faktor in der russischen Geschichte und in der russischen Kultur anerkannt, sie fungiert seit dem Millennium faktisch wieder als Staatskirche, die Gorbačev aufgefordert hat, bei der Schaffung einer neuen sovetischen Ethik und beim Aufbau des Sozialismus mitzuwirken. Das Millennium der ROK wurde als nationales Ereignis gefeiert, das durch die wiederholte Präsenz Raissa Gorbačevas staatliche Würdigung erfuhr. Heute klagen die Moskauer scherzhaft, daß ihnen in der Osternacht das staatliche Fernsehen nur eine begrenzte Alternative anbiete: Man habe 1990 nur zwischen Osterliturgien in jeweils unterschiedlichen Kirchen wählen können; auf jedem Kanal wurden Ostergottesdienste live übertragen. Die Russische Kirche hat natürlich immer ihre bedeutende Rolle in der Geschichte Rußlands betont, ihre „patriotischen" Verdienste – die Wahrung der nationalen Identität unter dem Tatarenjoch bis hin zum unermeßlichen moralischen und finanziellen Beitrag der ROK bei der Abwendung der faschistischen Invasion im „Großen Vaterländischen Krieg" – hat sie mit vollem Recht immer hervorgehoben. Aber die offizielle Geschichtsschreibung, die sovetische Ideologie erkannte die bedeutsame Funktion der Russischen Kirche nie an, sondern stellte sie stets an die Seite des ideologischen Gegners – der Feudalherren, die die Masse des Volkes in Leibeigenschaft hielten, der Imperialisten, der Antikommunisten und Kalten Krieger im Westen, die mit Hilfe der Kirche den Sozialismus zu Fall bringen wollten usw.

Nun also wird insbesondere die Russische Kirche von Gorbačev geradezu hofiert, ihre Bedeutung für die russische Geistes- und Kulturgeschichte in allen Medien hervorgehoben. Jetzt sind die bedrückenden Schranken gefallen, die ein Umschlagen in nationale Extreme innerhalb der Moskauer Kirche verhindert haben. Die katastrophale wirtschaftliche und moralische Krise, die durch die Perestrojka offenkundig wurde, nationale Auf- und Ausbrüche, die unzulängliche Versorgungslage, die ungewohnten Freiheiten in Verbindung mit der absoluten Hilflosigkeit der Ordnungsorgane, Orientierungslosigkeit und Zukunftsangst, ja Hoffnungslosigkeit der gesamten Bevölkerung bilden den Nährboden für extremistische Entwicklungen, z. B. besonders für nationalistische Tendenzen, wie sie in extremster Weise der rechte Flügel der Pamjat'-Bewegung repräsentiert.

Ähnlich wie der Nationalsozialismus in Deutschland sammelt die Bewegung die Unzufriedenen unter den Russen – hungernde Rentner, unterversorgte Kriegsveteranen, Angehörige der Mittelschicht, die um ihre Arbeitsplätze bangen, Hausfrauen, denen die Preiserhöhungen das Haushaltsgeld beschneiden bzw. die in den leeren Geschäften kaum noch das Notwendigste bekommen. Ihnen wird eine verschwommene Vision von Zarismus, Kirche, Stalinkult, Antisemitismus und – natürlich – extremstem russischen Nationalismus geboten. Unter ihren Anhängern sind Altstalinisten und Erzkonservative in der KPdSU, KGB-Leute, Polizeioffiziere, Militärs, Anti-Intellektuelle u. a., die nun mit ihrem Ruf nach dem nationalen Erwachen eine nationale Woge in Bewegung bringen, die sich nicht zuletzt auch in der Souveränitätserklärung der Russischen Sovetrepublik (RSFSR) vom Juni 1990 äußert. Daß es auch unter den orthodoxen Geistlichen (Bischöfen und Priestern) einige gibt, die sich extremen Positionen annähern, wie sie der rechte Flügel der Pamjat'-Bewegung bezogen hat, zeigen Äußerungen wie etwa die folgende eines Bischofs des Moskauer Patriarchats, die sich auf kritische Priester bezog und die sie durch den Hinweis auf ihre jüdische Herkunft diskreditieren sollte: „Schauen Sie sich doch einmal diese sog. dissidenten Priester an – den verstorbenen Lev Regel'son, sodann Aleksandr Meń, Georgij Edel'štejn und vor allem Gleb Jakunin – das sind doch alles Juden!" Dieser unverhohlene Antisemitismus geht oft einher auch mit einer antiökumenischen Grundeinstellung, die außer der Orthodoxie russischer Prägung im Grunde nichts neben sich gelten läßt – hier äußert sich ein Grundzug der russischen Orthodoxie: Der russisch-orthodoxe Messianismus, wie er seit 1510 in der Theorie von „Moskau, dem Dritten Rom", später in slavophilen Positionen – wie etwa in den Werken Dostoevskijs – sowie heutigentags in den Schriften Tat'jana Goričevas zum Tragen kommt.

Das Fehlen theologischer Ausbildungsstätten und Folgen für die Ökumene

Man sollte meinen, daß sich in der Vergangenheit die Kirchen in der Sovetunion angesichts der allgemeinen, zeitweise ja massiven Kirchenbedrückung und -verfolgung zu einer Art Solidargemeinschaft zusammengeschlossen hätten. Aber dazu ist es meistens nicht gekommen. Es ist ganz sicher seitens der damit befaßten staatlichen Organe eine Religionspolitik betrieben worden, die auf ein Ausspielen der einzelnen Kirchen gegeneinander abzielte und bewußt Mißtrauen unter den Kirchen säte, um eine Bündelung ihrer Kraft zu verhindern. Zwangsatheisierung, Kirchenverfolgung, Kirchenbedrückung, die sich in der Brežnev-Ära auf eine allgemeine Pressionspolitik mit eher selektiver Verfolgung reduzierte, haben vor der Ära Gorbačev den Kirchen und Gemeinden einen Überlebenskampf aufgezwungen, der es ihnen oft gar nicht erlaubte, mit anderen Religionsgemeinschaften in Verbindung zu treten und ein Vertrauensverhältnis zu ihnen aufzubauen. Jahrzehntelang mußte sich die Kraft von Kirchenleitungen und Gemeinden allein darauf konzentrieren, in der Atmosphäre offizieller Feindseligkeit ihnen gegenüber und unter der bedrohlichen Willkür regionaler Kleinfürsten, zu denen auch – meistens – die Beauftragten des Rates für religiöse Angelegenheiten (also die Kirchenunterdrückungsfunktionäre) gehörten, im ständigen Ringen mit den Behörden den Bestand zu erhalten.

Dazu tritt ein Problem, das in engem Zusammenhang steht mit den politischen Verhältnissen und das auch in starkem Maße für das ökumenische Defizit verantwortlich zu machen ist: Die unzureichende theologische Ausbildung. Unzureichend meint hier den quantitativen *und* den qualitativen Aspekt. Es gäbe manches Deprimierende über das Niveau der theologischen Ausbildung zu sagen (man brauchte nur Dozenten von theologischen Institutionen der unterschiedlichsten Denominationen zu zitieren). Hier dürften die orthodoxen Anstalten in der UdSSR derzeit wohl – relativ – den besten Stand haben. In unserem Zusammenhang ist das drängendste Problem aber das der fehlenden theologischen Ausbildungsstätten. Die staatlichen Behörden ließen bisher eine theologische Ausbildung im erforderlichen Maße einfach nicht zu. Es gehörte zu den Grundprinzipien der staatlichen Religionspolitik, stets die Ausbildung einer ausreichenden Anzahl von Geistlichen *zu verhindern* – die gelegentliche Zulassung neuer Anstalten sollte über diese Zielsetzung hinwegtäuschen und geschah offenbar nur, wenn sichergestellt war, daß durch eine Neuzulassung dem Mangel an Geistlichen nicht *wirklich* abgeholfen wurde. So verfügte beispielsweise die Russische Kirche vor der Revolution über 57 Priesterseminare und vier Geistliche Akademien, die Anfang der Zwanziger Jahre alle geschlossen wurden. Stalin gestattete dann nach dem Krieg die Einrichtung von acht Priesterseminaren und zwei Geistlichen Akademien, von denen jedoch unter Chruščev wieder fünf Seminare geschlossen wurden. Die kürzlich zugelassenen vier neuen Priesterseminare und einige Geistliche Schulen (für Hypodiakone, Psalmleser, Lektoren, Chorleiter) können den Mangel zwar etwas lindern, aber ihm nicht wirklich abhelfen. In der Georgisch-Orthodoxen und in der Armenischen Apostolischen Kirche sah es bis 1988 nicht anders aus – in kleinen Seminaren konnte nur ein Minimalprogramm geboten werden. Die katholischen Seminare in Kaunas/Litauen (seit 1989 wird ein weiteres in Telsiaj/Litauen eingerichtet) und in Riga/Lettland reichten ebenfalls bei weitem nicht aus, um nur dem allergrößten Mangel abzuhelfen. Gar nur Ferninstitute wurden den Protestanten – Lutheranern in Riga und Tallinn sowie Baptisten in Moskau – zugestanden. Andere christliche theologische Ausbildungsstätten gab es bis 1988 in der UdSSR nicht.

Schließlich müssen die Studierenden bis zum heutigen Tag oft vor Abschluß des Studiums schon in die Gemeinden entsandt werden, weil die geistliche Not dort zu groß ist. Das wirkt sich natürlich negativ auf ihren Ausbildungsstand aus. Aber auch die reguläre Ausbildung kann sich bis jetzt nur auf die Vermittlung des Allernotwendigsten beschränken. Wie immer wieder von Dozenten an theologischen Ausbildungsstätten betont wird: „Wir können uns den Luxus einer theologischen Diskussion überhaupt nicht erlauben." So verwundert es nicht, daß für alle Religionsgemeinschaften in der UdSSR ein theologischer Konservatismus kennzeichnend ist, dem ökumenisches Denken absolut fremd ist.

Eine Folge des permanenten Mangels an Geistlichen ist der Verlust der konfessionellen Identität der Christen (eine Beobachtung, die stärker auf protestantische Denominationen und auf Katholiken als auf Orthodoxe zuzutreffen scheint). Ob der Verlust der konfessionellen Identität so beklagenswert ist, mag hierzulande vielleicht bezweifelt werden; Ziel ist ja gerade die Überwindung des Konfessionalismus. Allerdings bedeutet ja Ökumene nicht, wie bei uns im Westen oft zu beobachten, das Verwischen der Konturen – ein Zusammenrücken, weil man um die grundlegenden dogmatischen Glaubenssätze nicht mehr weiß, sondern Ökumene sollte doch sein ein Sich-Annehmen *trotz* des festen eigenen Standpunktes, ein bewußtes Ringen um Annäherung der Standpunkte und um Aussöhnung. In diese Richtung weist eine Feststellung des katholischen Bischofs Vihelms Nukss, des Rektors des katholischen Priesterseminars in Riga: „Das Glaubenswissen unserer Katholiken ist z. T. sehr gering. Die theologische Ausbildung der Priester ist noch immer mangelhaft. Ökumenisches Aufeinanderzugehen hat erst dann einen Sinn, wenn die Partner stark genug in ihrem Glauben verwurzelt sind. Andernfalls kommt es zu nichts anderem als zu einer Confusio" (22.5.1989). Mit diesen Worten begründete er seine und seiner Kirche Ablehnung jeglicher ökumenischer Bestrebungen. Er meint: Erst wenn die Glieder seiner Kirche die katholischen Grundwahrheiten wirklich erfaßt haben und diese zu einem Teil ihres Wesens geworden sind, kann eine sinnvolle Begegnung mit anderen Konfessionen stattfinden. Dies alles aber sei nicht der Fall, so würde eine ökumenische Begegnung nur zur Verwirrung, zur Verunsicherung führen und die Gläubigen möglicherweise in andere Lager ziehen.

Nicht allein, aber sicherlich doch ganz wesentlich auf den Mangel an Geistlichen und auf ihre oft dürftige Ausbildung ist es zurückzuführen, daß im Verhältnis der Konfessionen in der Sovetunion zueinander vielfach ein Freund-Feind-Denken festzustellen ist. Daß es überall auch positive Ausnahmen gibt, sei an dieser Stelle einmal ausdrücklich hervorgehoben, sogar im Baltikum unserer Tage. Im allgemeinen werden andere Konfessionen eher mit feindseligen Augen betrachtet – wobei Klischees helfen, das Feindbild zu schärfen. Wenn ein Geistlicher, der in Sachen „Grenzüberschreitung" vorangehen sollte, diese Klischees nicht abbauen kann – und er ist in der Tat meistens nicht in der Lage dazu –, dann wird Ökumene nicht möglich. Natürlich ist es nicht allein Sache des Priesters, des Pfarrers, des Pastors oder des Predigers, Ökumene zu „machen" – aber wichtige Voraussetzungen zum gegenseitigen Verstehen, zur Achtung und Respektierung anderer Mitchristen kann eben nur er schaffen. Und das ist nur möglich, wenn die künftigen Geistlichen – natürlich auch in genügender Anzahl – eine über das bisher Mögliche hinausgehende theologische Ausbildung erhalten können.

Das alles sind nur einige Aspekte, die verdeutlichen sollen, warum „Ökumene" in der Sovetunion ein noch vielschichtigeres Problem darstellt als in vielen anderen Ländern. Wie wäre diesem Lande gerade in der jetzigen Krise, angesichts nationaler Auseinandersetzungen geholfen, wenn die Kirchen als Brückenbauer fungieren könnten – über nationale und konfessionelle Grenzen friedliche Lösungen für die zahlreichen Konflikte, von denen dieses Land geschüttelt wird, befördern helfen. Die beinahe 70 Jahre währende Unterdrückung von Religion und Kirche haben verhindert, daß die Kirchen heute diese Funktion wahrnehmen können.

Julia Oswalt, Frankfurt/Main

Koexistenzerfahrungen im Grenzraum zwischen Ost- und Westkirche

Eine der schwierigsten Aufgaben, die vor der Tür der Kirche auf dem Weg ins dritte Jahrtausend liegen, ist ohne Zweifel die Bewältigung der Probleme, die die Lage der Kirche in den Westgebieten der UdSSR und dem Osten der Republik Polen betreffen.

Das Verbot der Unierten Kirche 1946 auf dem Territorium der UdSSR hat den Weg zur Stabilisierung eines Nebeneinanders von Konfessionen, wie sie in den Bedingungen einer pluralistischen Gesellschaft möglich ist, für lange Zeit blockiert.

Der Historiker kann zur Bewältigung dieser Aufgabe beitragen, indem er sich bemüht, die Ursachen der heutigen Situation aufzudecken, gleichzeitig aber auch jene Strukturelemente sichtbar zu machen, die einer Lösung der Probleme dienlich sein können.

In der Kürze der vorgegebenen Zeit können hier natürlich nur die nach unserem Kenntnisstand wichtigsten Momente zur Diskussion gestellt werden.[1]

---

[1] Die Beschäftigung mit der Geschichte der Kirche im polnisch-litauischen Raum diente vorwiegend der Bestätigung des jeweiligen nationalen Selbstverständnisses. Hierzu sollen im folgenden die Initiatoren der prägnantesten kontroversen Positionen genannt sein:
S. M. Solov'ev (1820–1879) verstand die Geschichte der orthodoxen Kirche in Polen-Litauen als rein russische Vergangenheit. An dieser Sicht ist bis in die jüngste Zeit auch in der sowjetischen Historiographie kaum korrigiert worden, wie die Jubiläumsschriften zum Jahr 1954, der dreihundertjährigen Wiederkehr des „Wiederanschlusses" (vossoedinenie) der Ukraine an Moskau bezeugen. In diesem russozentrischen Geschichtsbild haben naturgemäß Ukrainer und Weißrussen keinen selbständigen Raum, den M. Hruševśkyj (1866–1934) mit seinem Geschichtswerk verteidigt, und der gerade in der orthodoxen Metropolie von Kiev, als sie im 16. und 17. Jahrhundert losgelöst von Moskau war, die Basis der Selbstbestimmung des ukrainischen Volkes gegenüber Polen und Moskau sieht. Die kirchliche Kultur der Union verteidigt J. Madey in seinem Buch „Kirche zwischen Ost und West" (München 1969), die er von Moskau und Polen bedroht sieht – von Polen, weil von dort aus versucht werde, die Ostkatholiken oder Unierten dem lateinischen Ritus zuzuführen und auf diese Weise zu entnationalisieren bzw. zu polonisieren. Das polnische Selbstverständnis war, wie N. Davies im ersten Band seines Buches „God's Playground". A History of Poland (Oxford 1981) referiert, von Anbeginn geprägt von dem Gedanken, Bollwerk des Christentums, das „Antemurale" der westlichen Kultur zu sein. Diese Einstellung hat indessen durch das Aufkommen des Koexistenzgedankens in den Jahren zwischen 1918 und 1938 wesentliche Korrekturen erfahren. Ausgelöst durch den Vergleich der tatsächlichen Lage der orthodoxen Kirche im Sovetstaat und in der Re-

Hierbei muß man bei den Überlegungen die Anfänge mit berücksichtigen:

Die Verwurzelung und Festigung der christlichen Kirchen im 10. und 11. Jahrhundert in Polen und in der Ruś vollzogen sich auf dem Hintergrund der Entfremdung des westlichen und östlichen Teils der christlichen Kirche. Ein äußeres Zeichen dieser Entfremdung setzten die bekannten Ereignisse von 1054, die als Anfang des Schismas angesehen werden. Die Tatsache, daß das Schisma nicht in dem geographischen Raum zwischen Polen und der Ruś verursacht war, sondern geerbt wurde, bleibt für die Folgezeit nicht ohne Bedeutung.

Der Gegensatz zwischen dem westkirchlichen Polen und der ostkirchlichen Ruś wird sich im Laufe der Geschichte in mancher Hinsicht sogar schärfer ausprägen als der Gegensatz beider Teile der Kirche im Mittelmeerraum. Rom hat sich nie in gleicher Weise als Bollwerk der westlichen Kultur gegenüber Byzanz verstanden, wie Polen als „Antemurale" des Westens gegenüber den Ostslaven. Und das schon deswegen nicht, weil die Kirche im Mittelmeerraum eine gemeinsame tausendjährige Geschichte nicht leugnen kann, in der die Grundlagen des einen christlichen Glaubens gelegt und die Grundstrukturen für beide Teile der Kirche entwickelt worden waren. Den jungen Kirchen der Ost- und Westslaven hingegen fehlt die historische Erfahrung von Gemeinsamkeit, vielmehr wurde hier sozusagen mit der Muttermilch eingegeben, daß der slavische Nachbar als Schismatiker anzusehen ist.

Ein zweites durchgängiges Problem, das von den sich ablösenden Generationen immer wieder aufs neue zu bewältigen war, besteht darin, daß die kirchlichen Gegensätze in diesem geohistorischen Raum keine Regionszuweisung erfahren haben, daß eben nicht rechts eines Längengrades die Ostkirche und links davon die Westkirche angesiedelt war und ist.

Mit der Angliederung des *regnum russiae* von Halič, später von Vladimir in Wolhynien, vollzogen in der zweiten Hälfte des 14. Jahrhunderts

---

publik Polen in den dreißiger Jahren unseres Jahrhunderts kamen Fragestellungen auf, in denen der beiden Bereiche die besseren Daseinsbedingungen auch in der Vergangenheit für die Ostkirche gegeben waren. Diesem Ausgangspunkt verdanken wir das Standardwerk von K. Chodynicki: „Kościół Prawosławny a Rzeczpospolita Polska 1330-1632" (Warschau 1934). Der dieses Werk prägende Koexistenzgedanke ist zunächst in den Fluten der Katastrophe des Zweiten Weltkrieges und dessen Folgen untergegangen. Die Enttäuschung über die Zerschlagung der Rzeczpospolita prägt auch das Denken O. Haleckis (1891-1973), für den nur in der Union mit Rom der Osten dem christlichen Europa angehören kann, was durch den Mißerfolg der Unionen: „From Florence to Brest 1439-1596", wie der Titel seines Buches, das 1958 in Rom erschienen ist, lautet, verhindert worden sei. In jüngster Zeit hat A. Jobert mit seiner 1974 in Paris erschienenen Arbeit „De Luther à Mohila. La Pologne dans la crise de la Chrétienté 1517-1648" den Versuch unternommen, Toleranzansätze in diesem Bereich aufzuspüren.

durch Kasimir den Großen von Polen (1333-1370), geriet die ostkirchliche Bevölkerung dieser Region – die Ruthenen, wie sie allgemein von der Historiographie bezeichnet werden – unter die Herrschaft einer westkirchlichen Krone. Wesentlich vergrößert wurde die Zahl der orthodoxen Untertanen mit der Union von Krewo 1385, die die durch die litauische Landnahme gewonnenen Gebiete der Kiever Ruś mit der Stadt Kiev in die Rzeczpospolita einbrachte.

Bis zur Union von Florenz 1439, wenn gar nicht bis zum Zeitalter der Reformation und Gegenreformation konstatiert die Geschichtsschreibung ein von einander klar abgegrenztes, eher indifferentes Nebeneinander ost- und westkirchlichen Lebens in diesen Gebieten. Es gibt ostkirchliche Klöster, zu denen Niederlassungen von Dominikanern und Franziskanern hinzukommen. In den Städten vor allem bilden sich durch den Hinzuzug von Kaufleuten und Handwerkern aus dem Westen lateinische Gemeinden. Die Schaffung eines römischen Bistums von Halič (mit Residenz ab 1414 in L'vov) scheint keine wesentlichen Konflikte heraufbeschworen zu haben, zumal den römischen Bischöfen eher die Rolle von Garnisonsgeistlichen zufiel, denn der aus dem Westen kommende Siedlerzustrom in ländliche ostkirchliche Gebiete setzt so recht erst im 16. Jahrhundert ein. Ganz allgemein scheint die Regel zu gelten, daß westkirchliche Gemeinden für den aus dem Westen kommenden Zuzug entstehen, für Gläubige also, die dem lateinischen Ritus angehört haben und nicht für die ortsansässigen ostkirchlichen Ruthenen.

Für die vorreformatorische Zeit kann man somit in den Westgebieten der heutigen UdSSR und im Osten der Republik Polen in den kirchenhistorischen Atlas ostkirchliche Stammgemeinden und dazwischen verstreut, konzentrierter in den städtischen Siedlungen, westkirchliche Gemeinden eintragen. Dabei gilt es noch einmal festzuhalten, daß die westkirchlichen Gemeinden nicht durch Übernahme von ostkirchlichen Gemeinden entstanden sind, sondern in ihrem Bestand der kirchlichen Betreuung der Zuwanderer aus dem Westen gedient haben. Im vorkonfessionellen Zeitalter sind dabei in diesem Raum Koexistenzerfahrungen gesammelt worden, die sich auf die späteren Versuche ausgewirkt haben, eine konfessionelle Vereinheitlichung in diesen Gebieten durchzusetzen.

Daß bis zum 16. Jahrhundert die kirchliche Vereinheitlichung kein politisches Ziel der jagiellonischen Politik war, zeigt auch der Umgang mit der Unionsakte von Florenz 1439. Nicht nur Großfürst Vasilij II. (1425-1462) vertrieb 1441 Isidor als Unionsmetropoliten aus Moskau, auch in Polen-Litauen kam die Unionsakte in dieser Zeit nicht in Anwendung, und das nicht nur, weil der König von Polen und Ungarn,

Władysław III. (1434-1444) (= Ulázló I), mit den Baslern gegen Papst Eugen IV. (1431-1447) gestimmt war, sondern weil das Nebeneinander der ost- und westkirchlichen Untertanen sich nicht destabilisierend auf die politische Struktur der Rzeczpospolita auswirkte, und somit keine politische Notwendigkeit für eine kirchliche Union der Untertanen gegeben war. Sogar als der von Rom aus 1458 für Kiev eingesetzte unierte Metropolit Gregor (1458-1472) kurz vor seinem Tod im Jahre 1471 die Metropolie von Kiev (ohne Moskau) dem Patriarchen von Konstantinopel jurisdiktionell wieder unterstellte, hatte dieser Schritt für die Rzeczpospolita keine unmittelbaren politischen Folgen und brachte keine spürbare Veränderung im kirchlich-geistigen Klima der Gemeinden beider Denominationen. Die Quellenlage zur Person Gregors und seiner wichtigen kirchenpolitischen Entscheidung ist äußerst dürftig, so daß hier mancherlei Deutungen versucht werden konnten, warum Metropolit Gregor diesen Schritt unternommen hat. Einige Forscher weisen darauf hin, daß die ostkirchlichen Mitglieder der Kirche dem Metropoliten nicht in die Union gefolgt sind und den Metropoliten von sich aus zu diesem Schritt bewegt haben. Diese Schlußfolgerung scheint allerdings eher aus der Haltung der ostkirchlichen Ruthenen gegenüber der Union von Brest (1596) anderthalb Jahrhunderte später abgeleitet worden zu sein.

Im Zeitalter der Reformation und Gegenreformation wurde das Verhältnis von Ost- und Westkirche, wie es bislang bestanden hatte, nun durch die konfessionellen Auseinandersetzungen belastet, die vom Westen in diesen Raum hineingetragen wurden.

In dem Augenblick, als die polnische Krone, der politischen Norm der Zeit - cuius regio, eius religio - folgend, der Gegenreformation die Möglichkeit bot, ihre ostkirchlichen Untertanen über die Union von Brest konfessionell an Rom zu binden, verlor sie im ruthenischen Raum den politischen Rückhalt.

Nimmt man das Jahr 1654, das Jahr des Anschlusses der linksufrigen Ukraine mit der Stadt Kiev an Moskau, als den Zeitpunkt, an dem sich die machtpolitische Waage von der Rzeczpospolita zugunsten des Czartums neigte, dann wird deutlich, daß die konfessionellen Gegensätze die Spannkraft des polnisch-litauischen Reiches überbeansprucht haben.

Die Widerstandskraft der ostkirchlichen Untertanen gegen eine Union mit Rom bezog ihre Kraft dabei nicht so sehr aus den konfessionsorientierten, ekklesiologischen Argumenten der Zeit, mit denen gerade die Ostkirche am schwächsten ausgestattet war, sondern vor allem aus der langen Erfahrung des Nebeneinanders von Ost- und Westkirche in diesem Raum ohne die Notwendigkeit einer Union trotz klar ausgeprägter kirchlich-kultureller Gegensätze.

So ist die Anlehnung an Moskau, zu der sich die Kosakenverbände unter Bogdan Chmel'nickij (ca. 1595–1657) entschlossen hatten, nicht der einzige Weg gewesen, den Mitglieder der Ostkirche damals zur Wahrung ihrer kirchlichen Eigenständigkeit gegangen sind.

In den Quellen finden sich vor allem Äußerungen des ruthenischen Adels, der sich der Union von Brest 1596 aus dem Bewußtsein heraus widersetzte, daß man auch ohne Anschluß an Rom immer Teil der Adelsrepublik – *cives polonis, natione ruthenis* gewesen sei.

Als besonders klassisches Beispiel mag Fürst Konstantin V. Ostrožskij (gest. 1608), der Voevode von Kiev, gelten, dessen von ihm gegründete theologische Schule von Ostrog ein wichtiges Zentrum der geistigen Wiederbelebung des ostkirchlichen Lebens war, und der die kirchenslavische Bibel 1581 in Ostrog erstmals drucken ließ.

Während er sich kirchenpolitisch wie kein anderer seiner Zeit der *ostkirchlichen* Tradition verpflichtet gezeigt hat, so war er doch in seiner Hauspolitik ganz Teil der Adelsrepublik: Er war mit einer *katholischen* Prinzessin verheiratet, sein Erbe Janusz und zwei weitere Söhne gehörten der römischen Kirche an, eine Tochter war mit dem *calvinistischen* Hetman von Litauen Krzycztof Radziwiłł, eine zweite Tochter mit Jan Kiżka, dem reichsten *Arianer* des Großfürstentums, verheiratet.

Die für das Zeitalter der Reformation und Gegenreformation völlig veraltete konfessionelle Ungezwungenheit, die die Hauspolitik Ostrožskijs charakterisiert, wird nur auf dem Hintergrund einer Tradition verständlich, die von den Koexistenzerfahrungen der vorkonfessionellen Epoche im Grenzraum zwischen Ost- und Westkirche geprägt war.

Seit Abschluß der Union am Ende des 16. Jahrhunderts bis in unsere Tage hat es nur kurze Zeitabschnitte gegeben, in denen neue Koexistenzerfahrungen gesammelt werden konnten.

Erste Erfahrungen eines Nebeneinanders konnten direkt nach dem Unionsabschluß gemacht werden, als unter den Bedingungen der Kosakenkriege noch keine territoriale Grenzziehung zwischen Moskau und Polen vollzogen war, in einer Zeit also, als die Protektion der weltlichen Mächte noch nicht zur Verhärtung der kirchlichen Fronten beitragen konnte.

Es hat auch vor den Grenzfestlegungen der Verträge von Andrusovo 1667 und Moskau 1686 in den aufgeheizten konfessionellen Auseinandersetzungen Konflikte gegeben, und jede Seite hat ihre Blutzeugen: Die römische Seite sprach Erzbischof Ioasaf Kuncevič von Vitebsk und Polock selig, der 1623 von Unionsgegnern umgebracht worden war. Die orthodoxe Seite kanonisierte Afanasij von Brest, der 1648 wegen seiner Treue zur orthodoxen Kirche erschlagen wurde, und doch ist gerade in der nämlichen Zeit kirchliches Leben nebeneinander möglich gewesen. Hierzu hat unter anderem das Wirken des Metropoliten Iosif Rutskij (1587–1632), der durch die Gründung des Basilianerordens die Union in diesem Bereich verwurzelt hat, beigetragen. Auch hier scheint von besonderer Bedeutung, daß er für seinen neuen Orden keine bestehenden orthodoxen Klöster übernahm, sondern neue Klöster gegründet hat, orthodoxe Klöster hingegen in ihrem Bestand weitgehend erhalten blieben, wie uns die Geschichte des Klosters Počaev bis zur Synode von Zamość 1720 lehrt, so daß bis zum Ende des 17. Jahrhunderts der Charakter der konfessionellen Mischlandschaft hier erhalten blieb.

Zwangsübernahmen von Klöstern und Kirchen, wie beispielsweise nach der Synode von Zamość oder im Zuge der Teilungen Polens im 18. Jahrhundert, waren im wesentlichen verursacht durch die territorialen Abgrenzungen der konfessionellen, später säkularisierten, schließlich atheistischen Machtstaaten, denen eine konfessionelle Mischlandschaft keine Legitimationsbasis bieten konnte. Bis in unsere Zeit hinein hat der Zugriff des territorialen Machtanspruchs immer von neuem die konfessionellen Gegensätze verschärft und die bekannten, unsere Geschichtswerke anfüllenden gegenseitigen Leidzufügungen mit verursacht, deren Aufrechnung zu keinem Ausgleich führen kann.

Ganz ohne Zweifel muß man dem zustimmen, was Erzpriester Vitalij Borovoj unlängst betont hat[2], daß nämlich „das Erbe der Ruś die gemeinsame Wurzel der folgenden historischen Entwicklung des nationalen Selbstbewußtseins des russischen, ukrainischen und weißrussischen Volkes bleibt"; nur muß der Historiker davor warnen, dasselbe mit territorial flächendeckenden Ansprüchen zu verbinden.

Jüngsten Verlautbarungen aus Moskauer kirchlichen Kreisen ist zu entnehmen, daß Vertreter einer aus der Knechtschaft des atheistischen Staates sich befreienden orthodoxen Kirche den Weg zu einem Nebeneinander mit anderen kirchlichen Denominationen auch in den Westgebieten der UdSSR suchen werden. Die Erinnerung daran, daß in Zeiten, in denen die staatliche Einmischung in kirchliche Angelegenheiten am schwächsten war, Koexistenzerfahrungen kirchlich und kulturell so gegensätzlicher Positionen, wie das Erbe der ostkirchlichen Ruś und des westkirchlichen Polens, gemacht werden konnten, möge zur Ermutigung der heutigen Ansätze dienen.

---

[2] Žurnal Moskovskoj Petriarchii 2/1990, S. 73 f.

Frank E. Sysyn, Edmonton

The Ukrainian Autocephalous Orthodox Church and the Traditions of the Kiev Metropolitanate

Modern Ukrainian Orthodox churchmen and intellectuals have frequently looked to the early modern period as the model for the Ukrainian Orthodox revival. They have seen their goals of autocephaly, conciliarism, and Ukrainianization as rooted in the earlier period but undermined during the long intervening period of subordination to the Moscow patriarchate and the Synodal Russian church. They have sought to bring into harmony Ukrainian ecclesiastical institutions, cultural and educational advances, and sociopolitical reforms in a manner similar to that which they perceive to have occurred in an earlier period of Ukrainian religious ferment, cultural revival, and political renaissance. They have striven to return the Orthodox church to that which they see as its proper and positive role in Ukrainian cultural, social and political life and have turned to the past for affirmations of specifically Ukrainian traditions.

The vision of the Orthodox church as a repository and patron of Ukrainian spiritual, cultural, and political life has been an enduring one in the twentieth century. It is primarily associated with the Ukrainian church movement that coalesced after 1917 and with the Ukrainian Autocephalous Orthodox church established in 1919–1921, but it has also sustained Ukrainianizing groups within other Orthodox churches in Ukraine. Stalin's brutal liquidation of the Ukrainian Autocephalous Orthodox church in the 1930s terminated this period of renewal. His subsequent accommodation with the Russian Orthodox church gave the newly elected Moscow patriarch a monopoly on Orthodox ecclesiastical life in Ukraine after World War II. Whenever conditions have permitted, however, attempts to bring Orthodoxy and Ukrainian interests into a harmonious relationship have reemerged: Examples of such strivings are the Ukrainian church movement in inter-war Poland, the restoration of the Ukrainian Autocephalous Orthodox church during German occupation in the 1940s, and church life of the Ukrainian diaspora.

In 1989 *perestroika* and *glasnost'* permitted the resurrection of the Ukrainian Autocephalous Orthodox church, and in 1990 a church council was convened that proclaimed a Kiev patriarchate. Metropolitan Mstyslav, leader of the church in the West, returned to Ukraine to be enthroned as patriarch in October 1990. With over 1000 parishes, the Ukrainian Autocephalous Orthodox church has reemerged as an important element in religious life in Ukraine. As in the 1920s, Ukrainian Autocephalous Orthodox activity has caused the Russian Orthodox church to rethink its policies toward Ukraine. The designation of the Ukrainian exarchate of the Moscow patriarchate as the "Ukrainian Orthodox church" with certain autonomous rights may be seen as a reaction to the Autocephalist revival. The reemergence of the Ukrainian Autocephalous Orthodox church, which asserts its continuity with the church of the 1920s (though not necessarily with its more radical canons), makes an examination of the Autocephalists' vision of the past essential to any discussion of current religious affairs.

Although the leaders of the modern Ukrainian Orthodox movement also turned to the Kievan Ruś period as a source for inspiration, the early modern period, about which much more was known and which was so important in defining modern Ukrainian political and cultural life, offered a more immediate vision. The early modern period represented the rebirth of church and religious life after a time of stagnation. It also constituted the most recent period in which a distinct Ukrainian Orthodox church, ecclesiastical institutions, and religious tradition had existed. Perception of analogous situations combined with the need for historical precedent to give the seventeenth and eighteenth centuries dominant influence as a model in religious matters, similar to the importance given the period in twentieth-century Ukrainian political and cultural affairs. The more scholarly and erudite might admit the existence of the important political, social, cultural differences between the early modern period and the twentieth century. The more careful and detached might recognize how frequently information on the earlier period was fragmentary or contradictory or how complex the realities of the early modern age were. All the leaders of the Ukrainian church revival, however, used examples from the early modern church in shaping their own church life.

Since the Ukrainian church movement was closely related to the Ukrainian national revival, its intellectual leaders shared its desire to restore and develop authentic Ukrainian traditions. Just as churchmen such as Metropolitan Vasyl' Lypkivśkyi and Archbishop Kostiatyn Krotevych sought to expound a theology and ecclesiology; composers such as Mykola Leontovych, Kyrylo Stetsenko, and Oleksander Koshyts' provided the church with its own music; artists, architects, and art historians such as Vadym Shcherbakivs'kyi and Iukhym Sitsinśkyi sought to define its iconography and architecture; linguists such as

Ivan Ohiienko (later Metropolitan Iliarion) strove to forge a new liturgical language; and statesmen such as Symon Petliura and Oleksander Lotots'kyi sought to establish a conducive political climate – all by attempting to "restore" as much as to create something entirely new – so historians offered the church a historical tradition of legitimacy.

The most striking case is that of Orest Levyts'kyi, whose scholarship chronicled the development of the early modern Ukrainian church and whose religious and national loyalties brought him into the Ukrainian church community of the newly forming Ukrainian Autocephalous Orthodox church.[1] The creators of Ukrainian national historiography, with diverse religious views, examined the role of the Orthodox church in the national past and thereby afforded a historical basis for those churchmen who wished to change the relationship of the Orthodox church to Ukraine and the Ukrainian national awakening. The impetus for the Ukrainian church revival, however, also came from the nineteenth- and early twentieth-century historians of the "Zapadno-russkaia tserkov" or "West Russian church," many of whom were Ukrainophiles and proponents of the specific characteristics of the Kiev metropolitanate, others of whom were All-Russian (or even "Great Russian") patriots and occasionally severe critics of the circumstances of the Kiev metropolitanate. In general, the detailed studies of scholars holding diverse religious and national viewpoints (such as Metropolitan Evgenii Bolkhovitinov, Stefan Golubev, Platon Zhukovich, Mykola Sumtsov, Vitalii Eingorn, Kostiantyn Kharlampovych, Ivan Malyshevs'kyi, Gennadii Karpov, Vasyl' Bidnov, Fedir Titov, and others) provided a vast body of material in which the particular church life and traditions of Ukraine were portrayed. Some consciously and others almost against their will created the knowledge that informed the Ukrainian church movement.[2]

The contribution of historical scholarship to the Ukrainian church revival has yet to be studied. It is certain, however, that the attention paid in nineteenth- and early twentieth-century scholarship to the period from the final division of the Kievan metropolitan see into Russian and Ruthenian (Ukrainian-Belorussian) churches in 1458 to the subordination of the see of Kiev to Moscow in 1686 and the dismant-

---

[1] Levyts'kyi's reaction to the forming of the Ukrainian church is described movingly in an obituary by Nykolai Vasylenko in Zapysky sotsial'no-ekonomichnoho viddilu, I (Kiev, 1923): xcvii–xcviii.

[2] The literature of Ukrainian church history is best approached through the bibliography of Izydor Patrylo, Dzherela i bibliohrafiia istorii Ukrains'koi tserkvy (Rome, 1975) (= Analecta OSBM, series 2, section 1, vol. 33) and the addendum in Analecta OSBM, X (Rome, 1979): 405–487.

ling of the Kiev metropolitanate and the undermining of the traditions of Ukrainian-Belorussian Orthodoxy in the eighteenth century served to emphasize how different early modern Ukrainian Orthodoxy was from Russian Orthodoxy of that period as well as from the Russian Orthodox church in Ukraine of the nineteenth and early twentieth century. These centuries of independent ecclesiastical development, especially the latter part, posed great problems for historians who sought to describe church history as one "Russian" ecclesiastical tradition. Discussion of subjects acceptable to an "All-Russian" identity, such as Catholic persecution of the Orthodox in the Polish-Lithuanian state, resistance to Uniate "schisms," the Treaty of Pereiaslav, and the role of Ukrainians in the "All-Russian" church, could not counterbalance awareness of the estrangement of the Muscovite and Ruthenian churches, of the unique religious traditions of Ukraine, and of the resistance of many Kievan churchmen to alienation from Constantinople and absorption by Moscow.

Churchmen and historians of the Moscow patriarchate have found the history of the Kiev metropolitanate in the fifteenth to eighteenth centuries so difficult to integrate into their vision of the "Russian" church's past that they have largely ignored the subject.[3] In contrast, modern Ukrainian Orthodox leaders such as Lypkivśkyi, Chekhivśkyi, Ohiienko (Metropolitan Ilarion), Skrypnyk (Metropolitan Mstyslav), and church historians such as Polonśka-Vasylenko, Vlasovśkyi, and Doroshenko have lavished particular attention on this period.[4] While they concur with the negative evaluations of Catholic and Polish dominance posed by Russian historians and churchmen, they view the period as one in which the faith of Kievan Ruś endured and developed its own traditions in the heartland of the old Kievan Ruś state. They assert time and again that these traditions were more closely related to those of Kievan Ruś than were the traditions of the Muscovite state, and they

---

[3] See, for example, Archbishop Makariy, The Eastern Orthodox Church in the Ukraine (Kiev, 1980), and my review in Religion in Communist Lands, XIV, no. 1 (1986): 73–76.

[4] See Dmytro Doroshenko, Pravoslavna Tserkva v mynulomu i suchasnomu zhytti ukrainśkoho narodu (Berlin, 1940); Nataliia Polonśka-Vasylenko, Istorychni pidvalyny UAPTs (Munich, 1964); Ivan Vlasovśkyi, Narys istorii Ukrainśkoi Pravoslavnoi Tserkvy, 4 vols. (New York-South Bound Brook, N.J., 1955–1956) (volumes one and two are available in English translation: Ivan Wlasowsky, Outline History of the Ukrainian Orthodox Church [New York-South Bound Brook, N.J., 1956–1979]); Ivan Ohiienko, Ukrainśka Tserkva, 2 vols. (Prague, 1942); and Vasyl' Lypkivśkyi, Istoriia Ukrainśkoi Pravoslavnoi Tserkvy, rozdil 7: Vidrodzhennia Ukrainśkoi Tserkvy (Winnipeg, 1961) (available in German translation: Die Ukrainische Autokephale Orthodoxe Kirche. Würzburg 1982).

argue that by the sixteenth century Muscovite Orthodoxy was a particularly alien phenomenon for Ukrainians and Belorussians.

In the process of differentiating the Ukrainian church from the Russian Orthodox church and restoring Ukrainian Orthodoxy, the Autocephalists evolved principles fundamental to their church. The separation of the church from the state, autocephaly, conciliarism, Ukrainianization, and Christianization of life became tenets of what was even called the "ideology" of the Ukrainian Autocephalous Orthodox church.[5] The major historian of the church, Bohdan Bociurkiw, has described these principles as the basis of a renewal or "modernization" that transformed the Orthodox church into an active and effective institution in Ukrainian society and, consequently, made it particularly dangerous to the Soviet regime.[6] However modernizing the principles were in practice, they drew their legitimacy by being cast as a return to earlier traditions. The Autocephalists' insistence that the church base itself on the Apostolic church gave their reforms a universal Christian basis. Their dedication to restoring the Ukrainian church's traditions stimulated them to search the history of the Kiev metropolitanate for support for their church reforms. Rather than investigating the nature and accuracy of the precedents utilized by the Autocephalists, this paper will discuss the degree to which the early modern period could serve as a model for the Ukrainian Autocephalists' goals.[7]

---

[5] See Arkhiepiskop K. Krotevych, "Do ideolohii U.A.P.Ts.," Tserkva i zhyttia, 1928, no. 1, pp. 14-24.

[6] Bohdan Bociurkiw, "The Ukrainian Autocephalous Orthodox Church, 1920-1930: A Case Study in Religious Modernization," in Dennis J. Dunn, ed., Religion and Modernization in the Soviet Union (Boulder, Colo., 1977), pp. 310-347. Also see Friedrich Heyer, Die Orthodoxe Kirche in der Ukraine von 1917 bis 1945 (Cologne-Braunsfeld, 1953); and Frank E. Sysyn, The Ukrainian Orthodox Question in the USSR (Cambridge, Mass., 1987).

[7] The basic works on Ukrainian church history are Vlasovśkyi, Narys; A. Velykyi, Z litopysu Khrystyianśkoi Ukrainy, vols. 4-6 (Rome, 1971-1973); M. Harasiewicz, Annales Ecclesiae Ruthenae (L'viv, 1862); H. Luzhnyts'kyi, Ukrainśka tserkva mizh Skhodom i Zakhodom. Narys istorii Ukrains'koi tserkvy (Philadelphia, 1954); L. Bienkowski, "Organizacja Kościoła Wschodniego w Polsce," in Kościół w Polsce, ed. J. Kłoczowski ([Kraków], 1969), pp. 733-1050; and E. Winter, Byzanz und Rom im Kampf um die Ukraine: 955-1939 (Leipzig, 1942). Important works in East Slavic church history are A. M. Ammann, Abriß der Ostslawischen Kirchengeschichte (Vienna, 1950); A. Kartashev, Ocherki po istorii Russkoi tserkvi, 2 vols. (Paris, 1959); and Makarii (Bulgakov), Istoriia Russkoi tserkvi, 12 vols. (St. Petersburg, 1864-1886).

The Separation of Church and State

The Ukrainian Orthodox church movement saw the bondage of the Orthodox church to the Russian imperial state as a major failing of the old order. Forged in the struggle against the Russian state's assault on Ukrainian Orthodox traditions and against a Russian hierarchy that depended on the state to buttress its position, the Ukrainian Orthodox believed in benevolent state neutrality and religious toleration. The socialist cast of Ukrainian parties in the Ukrainian People's Republic (UNR) and the atheistic nature of the Ukrainian SSR meant that this principle represented the optimal situation for which the church could hope. Although we might assume that the Autocephalist position would have moved toward seeking more active support for the church had there been an independent state with more powerful pro-religious political factions, we can be sure that the long negative experience of the Russian state's role in church affairs left an enduring mark on Autocephalist thought.

Ukrainian Orthodox turned to visions of Kievan Ruś and Cossack Ukraine for a more positive model of church-state relations than that provided by the nineteenth-century Russian Empire. While Kievan Ruś offered the example of a Ukrainian state that could be clearly contrasted with Muscovy, and in some cases with Byzantium, the early modern period presented a more contradictory image of church-state relations.[8] Modern church leaders condemned both the discriminatory practices against Orthodox of the Lithuanian and Polish states and the practice of patronage rights of kings which undermined election of hierarchs by the church. They especially censured King Zygmunt III and the Commonwealth's Diet for their role in the Union of Brest and the persecution of the Orthodox church. Yet, despite this negative appraisal, they approved of the privileges of self-administration granted the church and the traditions of legality that were lacking in Muscovy. The clear preference of Peter Mohyla and his successor Sylvester Kosiv for the Commonwealth over Muscovy slightly muted the modern churchmen's criticism of the policies of the Commonwealth, but greatly strengthened their argument that the Ukrainian Orthodox had disavowed subordination to the Russian church and state. Kosiv's insis-

---

[8] On church-state relations, see Kazimierz Chodynicki, Kościół Prawosławny a Rzeczpospolita Polska 1370–1632 (Warsaw, 1934); Mykola Chubatyi, "Pro pravne stanovyshche tserkvy v kozats'kii derzhavi," Bohosloviia, III (L'viv, 1925): 156–87; and Oleksander Ohloblyn, "Problema derzhavnoi vlady na Ukraini za Khmel'nychchyny i Pereiaslavs'ka Uhoda 1654 roku," Ukainśkyi istoryk, II (1965), pt. 1–2, pp. 5–13; pt. 3–4, pp. 11–16.

tence that he would not surrender church lands to tsarist officials, the decision of Metropolitan Dionysii Balaban to support Hetman Ivan Vyhovs'kyi's break with Moscow, and the action of Metropolitan Iosyf Tukal'skyi in siding with Hetman Petro Doroshenko indicated how deeply the Ukrainian churchmen mistrusted the Muscovite pattern of church-state relations.

The modern Ukrainian churchmen sought to find positive aspects in the relations of the Cossack Hetmanate and the church, but the picture was a mixed one at best. The concept of "state" was even more tenuous as a description of the Hetmanate than it was of early modern Muscovy or the Commonwealth. The evolution of the Cossack Host into the political organizing structure of many Ukrainian territories was gradual. Even though Bohdan Khmel'nyts'kyi governed the Hetmanate as a de facto independent state and was treated by some churchmen (Patriarch Paisios of Jerusalem and Paul of Aleppo) as a sovereign Orthodox prince, no assertion of full independent status with the hetman as a sovereign occurred before Ivan Mazepa's time. In many ways, the ideal hetman for the modern Ukrainian church movement was Petro Sahaidachnyi, who used his political power to secure restoration of the church hierarchy and who patronized educational and monastic institutions. Although Sahaidachnyi was the image of the righteous ruler, as a loyalist to the Commonwealth who led the Host before the establishment of the Hetmanate, he was never a sovereign over Ukrainian territory. In looking for positive aspects of church-state relations, the twentieth-century Ukrainian churchmen could point to the part played by the Khmel'nyts'kyi uprising in ending discrimination against the church, the solicitude of Khmel'nyts'kyi and his successors for Orthodox ecclesiastical institutions, the support of the hetmans and the Cossack administration for church privileges, and the maintenance of electoral procedures in church life.

There were other incidents between hetmans and the church that were troubling to the twentieth-century churchmen. Khmel'nyts'kyi had threatened and bullied the metropolitan, and early indications that hetman and metropolitan would develop into complementary ruling authorities in the Ukraine progressed no further. Khmel'nyts'kyi had also entered into the Pereiaslav agreement against the metropolitan's wishes; Hetman Ivan Briukhovets'kyi had requested that a metropolitan be sent from Moscow; and Hetman Ivan Samoilovych had taken an active part in subordinating the Kiev metropolitanate to Moscow in 1685–1686. Criticism could also be leveled against churchmen. Although the Orthodox bishops of L'viv and Luts'k were reported to have provided funds and munitions to the rebels in 1648 and the clergy and students of Kiev greeted Khmel'nyts'kyi as a liberator, Metropolitan Kosiv had been no real friend of the revolt and had feared bondage to the Cossacks. In 1651 he had tried to come to an accommodation with the victorious armies of the Commonwealth. Finally, numerous Orthodox clerics such as Bishop Metodii Fylymonovych showed a willingness to serve tsar and Muscovy, rather than the hetman and the Hetmanate.

Had an enduring independent Ukrainian state emerged in the seventeenth century, the twentieth-century churchmen would have had a more solid precedent to invoke. Instead, they had to discuss an autonomous entity that existed in ever-changing relations with Muscovite, Polish-Lithuanian, Tatar, and Turkish states and sovereigns. Just as important, they could only turn to a political entity that from the first had not encompassed all the Ukrainian lands, to say nothing of the even greater lands of the Kiev metropolitanate. Political divisions had presented the seventeenth-century metropolitans with grave problems as they attempted to keep the metropolitanate united despite the political fragmentation of their lands. As victorious Muscovite armies alienated episcopal sees in Belorussia from Kiev and metropolitans had to choose in which part of the metropolitanate they would reside at the cost of losing control of other areas (e.g., the appointment of administrators for the lands in the Left-Bank Hetmanate), they faced the losing battle of maintaining the integrity of a church without an independent Ukrainian state and within the context of political divisions. It was an ominous precedent for twentieth-century Ukrainian church leaders, who could only hope that modern separation of church and state would allow them to succeed in a venture (i.e., maintenance of a Ukrainian church without an independent Ukrainian state or without the unification of all Ukrainian lands) in which their seventeenth-century predecessors had failed.

Autocephaly

The modern Ukrainian church movement saw autocephaly, or self-rule, as the only form of administration that would permit the development of a national church free of manipulation by a Russian hierarchy, either synodal or patriarchal. It viewed, correctly as time would show, the concessions by the Moscow patriarchate of autonomy to the church in Ukraine after 1917 as tactical maneuvers to be withdrawn as soon as the opportunity arose. Ukrainian church leaders, above all Oleksander Lotots'kyi, studied the institution of autocephaly in the Orthodox world.⁹ Modern Autocephalous churches have appeared largely as a consequence of the emergence of new states; the collapse of the independent Ukrainian state occurred before an Autocephalous Ukrainian church could gain recognition from the patriarchate of Constantinople. The Ukrainian church movement did not consider the Russian church, which had controlled Ukrainian Orthodoxy and had no desire to relinquish control, as the authority empowered to recognize autocephaly. Rather, it turned to the Oecumenical Patriarchate of Constantinople, the mother church of the Kiev metropolitanate, which had lost control of the metropolitanate to Moscow in 1686. Even though Constantinople never recognized the Ukrainian church as Autocephalous, it strengthened the Ukrainian church movement greatly when, in 1924, it condemned the alienation of the Kiev metropolitan see as simoniacal and uncanonical.

In all discussions of the Autocephalous issue, the Ukrainian churchmen evoked historical precedents. They emphasized elements of autonomy in the relationship between Kiev and Constantinople in the Middle Ages and the virtual self-government of the various metropolitanates created for the Ukrainian and Belorussian lands in the fourteenth and fifteenth centuries. Essential to the Autocephalist argument, however, was the extremely limited role of Constantinople in the sixteenth century. In reality, this situation had come about because of the weakness of the patriarchate and the increasing interference of Lithuanian and Polish rulers in church affairs. The late sixteenth-century Ukrainian church revival had, in fact, been marked by an increasing influence of the Constantinople and other Eastern patriarchs in Ukrainian church affairs, evident in the deposing of the Kiev metropolitan in 1589, the granting of stauropegial rights to brotherhoods and monasteries, and the appointing of exarchs. The modern Autocephalist could, however, point to the virtual independence of the church, which was supported, but not controlled, by the patriarchate. Although the Mohylan hierarchy had been constituted in 1632 by direct intervention of the state, the Mohylan church did represent a virtually Autocephalous church. After 1654 the Kiev metropolitanate had to defend its integrity against the Muscovite state and patriarchate (albeit Patriarch Nikon did uphold some of its rights). For the twentieth-century leaders there were clear-cut heroes and traitors; the modern churchmen did little to understand the motivations of a Metodii Fylymonovych or a Lazar Baranovych, ignoring the fact that the seventeenth-century churchmen had real fears of Catholic or Islamic power and could not fully predict

---

⁹ Aleksander Lotots'kyi, Avtokefaliia, 2 vols. (Warsaw, 1935–1938).

the outcome of their relations with Muscovy. For the modern Autocephalists, the dismantling of the Kiev metropolitanate and the subordination to Moscow (1685-1686) destroyed a de facto Autocephalous church.[10]

The early modern period offered an unfulfilled program to a Ukrainian Autocephalous church – the project for a Kiev patriarchate. Discussions in the 1580s proposing that the patriarch of Constantinople take up residence in Ostrih were followed in the 1620s by projects to elevate the metropolitan of Kiev to patriarchal rank. They illustrated the growing importance of the Kiev Orthodox see in the early seventeenth century. During the 1920s the possibility of such an innovation was discussed, and seventeenth-century precedents could be invoked.

The seventeenth century also served as a model for a pronounced Ukrainian, rather than Ruthenian (Belorussian-Ukrainian), character of the Kiev metropolitanate. Most historians of the Ukrainian Orthodox church appropriate the entire Kiev metropolitanate to their church. Yet the church of the fifteenth to seventeenth centuries should properly be referred to as Ruthenian since it encompassed Belorussians and Ukrainians. Indeed, the Belorussian territories of the Grand Duchy of Lithuania provided the center of gravity for church life in the fifteenth and early sixteenth centuries, since the metropolitans resided in Vilnius and Navahrudak. However, by the end of the sixteenth century, the Ukrainian territories rose to greater prominence in Orthodox church life: The metropolitans returned to Kiev; L'viv and Kiev rose as major centers of ecclesiastical and intellectual activities; and the strongholds of Orthodoxy – the L'viv Brotherhood, the Zaporozhian Cossacks, and the nobility of the lands incorporated into the Kingdom of Poland at the Union of Lublin – were all in Ukrainian territories. With the establishment of the Kiev Academy, Ukraine became the intellectual center of Orthodoxy for believers in the metropolitanate.

In the first stage of the Cossack revolt, the Ukrainian aspect of the church was reinforced, since the Muscovite armies sought to subordinate Orthodoxy in Belorussia directly to the Moscow patriarchate, thus making the metropolitanate more Ukrainian. Even the acceptance of "Little Ruś" in the title of the metropolitan of Kiev defined the church as Ukrainian. Therefore, just as political (the existence of a Ukrainian polity) and social differentiation (the importance of the Cossacks in Ukraine) furthered the distinctiveness of the Ukrainian and Belorussian

---

[10] On the subjugation of the Kiev metropolitanate to the Moscow patriarchate, see Nataliia Carynnyk-Sinclair, Die Unterstellung der Kiever Metropolie unter das Moskauer Patriarchat (Munich, 1970).

people, so the rise of the Kievan ecclesiastical centers and the evolution of the church in the political and social conditions of the Hetmanate led to a distinct Ukrainian rather than Ruthenian Orthodox tradition. Although the elements of virtual autocephaly, delimitation of the Kiev metropolitan see to the Ukrainian territories, and evolution of a specific Ukrainian rather than Ruthenian tradition did not occur at the same time and were but certain phases of early modern developments, they did provide examples for the modern Autocephalists.

Conciliarism-Sobornopravnist'

The members of the modern Ukrainian church movement considered the interference of the state and the authoritarian policies of bishops responsible for the decay of Orthodoxy in the Russian Empire. As the secular clergy and laymen who backed the movement found the bishops and monks their antagonists, their belief in conciliar governance of the church increased. Conciliarism also influenced Russian church circles, but the Ukrainian church leaders saw their program not only as a movement of reform but as a movement of restoration of authentic Ukrainian traditions. They saw active participation of the laity, election of hierarchs and clergymen, and governance by parish, diocesan, and national councils as ancient Ukrainian traditions. In practice, however, their precedents were drawn chiefly from the late sixteenth and seventeenth centuries. The L'viv Brotherhood, Hetman Sahaidachnyi, the inscription of the Cossack Host into the Kievan Brotherhood, participation of the nobility and Cossacks in church councils, and lay participation in electing clergy in the Hetmanate were held up as exemplary models for the present. The councils of the 1590s, the 1620s, and 1640 were seen as examples of proper means of governance.

Influenced by Western cultural influences and organized along the lines of corporate orders, Orthodox nobles in the early modern period took a more active role in church affairs. Endowed with the rights of citizens of the Commonwealth, the nobles alone could guarantee security for the church. They could provide safe haven to Orthodoxy on their estates, even when the church was illegal (1596-1632), and they could argue for church rights in the Diet. As the nobles assumed more important positions in the governance of the church, the clergymen were able to respond to governmental pressure by asserting that they could come to no decisions without nobiliary consent (e.g., the synod of 1629). The nobles, however, proved to be an uncertain bulwark for the church. Increasing numbers of conversions undermined the level of noble support for Orthodoxy while, after the revolt of 1648, many Orthodox nobles chose the nobiliary Commonwealth over the Orthodox rebels. By the late seventeenth century, the loss of the Orthodox nobility sealed the fate of the church in the lands held by Poland, as resistance to the Union of Brest sputtered out.

The Autocephalists, operating in a society in which the upper classes were predominantly russified, propagated "democratic" views that made them more favorably disposed to non-elite orders. In looking at early modern church affairs, they saw their counterparts in the burghers and the Cossacks. The burghers were indeed the organizers of the brotherhoods, that unique contribution of the Ukrainians and Belorussians to ecclesiastical affairs.[11] They had also inaugurated schools and publishing enterprises that reformed religious life. Their delegates had taken part in church councils, and they had contributed to organizing the political defence of Orthodoxy. The Cossacks appeared in the Ukrainian tradition as knights defending the nation and the church. Their stubborn adherence to Orthodoxy, their enrollment into the Kievan Brotherhood, and their support for the Orthodox church before and after 1648 made them model lay activists. However, in their conservatism in ritual and their resistance to innovation, the burghers and Cossacks were far removed from the Autocephalists' vision of renewal.

Most important to the Autocephalists was the election of church officers as a tradition of the local churches. From the councils that met to elect metropolitans to the selection of priests by the parishes, the early modern church had strong traditions of democracy and community participation that could be invoked by the Autocephalists. While it may be questioned how ancient these traditions were and how fully they diverged from the practices of the Russian church in all times and places, the election of clergy and hierarchs had indeed characterized the early modern Ukrainian church.

There were aspects of the early modern Ukrainian church that did not provide supporting examples for the Autocephalists' program. Viacheslav Zaikin argued persuasively that many of these practices were not known in the early Christian church or in Kievan Ruś, and that they were often practical responses to difficult situations reluctantly embarked upon in early modern Ukraine.[12] It was indeed true that the laity became prominent because the early modern church was weak and poorly led by the clergy and because the rulers could not be trusted to

---

[11] On the brotherhoods, see Iaroslav Isaevych, Bratstva ta ikh rol' v rozvytku ukrains'koi kul'tury XVI–XVII st. (Kiev, 1966).

[12] Viacheslav Zaikin, Uchastie svetskogo elementa v tserkovnom upravlenii, vybornoe nachalo i sobornost' v Kievskoi mitropolii v XVI–XVII v. (Warsaw, 1930).

act in the church's best interest. Throughout the early modern period, some clergymen had resisted the influence of the laity in the governance of the church and resented their own dependence on laymen and brotherhoods. Under Mohyla, the church and Host were at odds, and, after 1648, hierarchs such as Kosiv resented the influence of the Cossacks in church affairs.

The monastic tradition of early modern Ukraine presented particular difficulties to the Autocephalist movement, which was deeply distrustful of the monks of the imperial Russian church as a group alienated from the faithful and antagonistic to Ukrainian aspirations. The late sixteenth and seventeenth century had been a time of monastic renewal in Ukraine. Founded frequently by the old Orthodox nobility and the Cossack elite, the monasteries had provided an important service not only as bastions of the faith, but also as centers of printing and learning. The archimandrite of the Caves Monastery had been elected by clerical and lay dignitaries and functioned as a wider community leader. The great monasteries of Kiev had initially opposed the extension of the Russian church's jurisdiction into Ukraine as undermining their autonomy. With its tradition of flight from the world, however, the monastic tradition contained an element antithetical to the Ukrainian Autocephalists' vision. The Autocephalists found the pro-Russian sentiments of the Transdnieper monasteries of the 1630s and the eagerness of the great Kievan monasteries to be directly subordinated to alien patriarchates – first Constantinople and then Moscow – troubling. Also, the monks had eventually provided the cadres for the imperial Russian church and in so doing undermined Ukrainian church traditions.

The early modern church was one in which councils were used in governance and married clergymen and laymen had an important voice. Institutions such as the brotherhoods were derived from reform movements in the laity. In the Hetmanate "national" and local assemblies met to fill civil and ecclesiastical posts. The Autocephalists could find a great deal in the early modern period to affirm their vision of church. They could not, however, draw upon a precedent entirely harmonious with their vision: Bishops had resisted lay influence, church councils had not met after 1648, and monasteries and monasticism had played a much greater role in the church than the Autocephalists wished them to do in the modern church.

Ukrainianization

For the Ukrainian intelligentsia and certain segments of the peasantry, the Ukrainian church movement offered the benefit of Ukrainianization – a church in a comprehensible and national tongue. The Ukrainian Orthodox church was the first Slavic church to abandon Church Slavonic in the liturgy and to accept the modern vernacular. Ukrainianization also involved incorporation of traditional and folk religious practices, approbation of national holidays and values in liturgical settings, and revocation of such anti-Ukrainian practices of the imperial church as the anathema against Hetman Ivan Mazepa.

From the perspective of the Ukrainian national movement, upgrading the status of Ukrainian so that it had a place in the Ukrainian Autocephalous Orthodox church was essential. The introduction of Ukrainian in the liturgy, therefore, did not stem only from the consideration of comprehensibility that churchmen in Russia offered in proposing the introduction of Russian. By replacing Russian with Ukrainian in sermons and church administration, the major characteristic of Ukrainian identity, the Ukrainian language, would be established as a central aspect of church life and its status would be elevated. The Autocephalists could not find precedent for the use of early modern Ruthenian or Ukrainian in the liturgy; indeed, the seventeenth-century Ukrainian church reform concentrated on purifying Church Slavonic and improving its teaching. They could, however, point to the use of Ruthenian-Ukrainian in translations of Scripture, in composition of sermons, and in church administration. It was among the Ruthenians that the question of the use of a vernacular literary language alongside Slavonic was first raised among the Orthodox Slavs. Ukrainian and Belorussian intellectuals discussed the relationship of two different languages – Slavonic and Ruthenian – and their spheres of use. Some sought to increase the sphere of Ruthenian (Meletii Smotryts'kyi), while others wished to hold firm to the use of Church Slavonic (Ivan Vyshenśkyi). In practice, however, all employed the vernacular.[13]

The modern Ukrainian church movement could also find precedents in the nativization of the church. In contrast to earlier periods in which Greek or South Slavic prelates had occupied major posts, in the seventeenth and eighteenth centuries almost all bishops and hegumens were Ukrainians or Belorussians. Metropolitan Mohyla was the notable exception, though the close relationship of Moldavian culture to

---

[13] On the role of the church in cultural life, see Mykhailo Hruševśkyi, Kul'turno-natsional'nyi rukh na Ukraïni XVI–XVII st., 2nd ed. (n.p., 1919).

Ruthenian culture and of the Mohyla family to the Commonwealth made him very close to a native. After 1654, the local clergy actively resisted any attempts to appoint Muscovites. The Ukrainianization in personnel paralleled an indigenization in rituals. Metropolitan Mohyla pursued an active policy of emphasizing the history and the sanctity of the local church. He canonized the Fathers of the Caves Monastery and refound the relics of Volodymyr. In practice, the church also incorporated local customs. Frequently, this was not the result of a conscious policy and at times seventeenth-century clergy even sought to purify practices by excluding local customs.

In general, the church of the seventeenth century was a specifically Ruthenian branch of Orthodoxy and, for reasons outlined earlier, may even, in customs and traditions, be viewed as specifically Ukrainian. The art, music, and literature of the church integrated Byzantine traditions, Orthodox Slavonic culture, the legacy of Kievan Ruś, local customs, and Western influences into a distinctive Ukrainian synthesis. Autocephalists could appeal to the partial use of the vernacular language and to the patterns of Ukrainian church culture in their efforts to Ukrainianize the church.

Christianization of Life

The final principle of the Autocephalists was the Christianization of life. By offering instruction in the vernacular and reforming the church to address the needs of contemporary society, the Ukrainian Autocephalists sought to create Christian communities of dedication and conviction. They could find numerous precedents for their program in the early modern church. The brotherhoods were communities dedicated to spiritual and intellectual renewal that emerged as a response of the society at large. The educational revival represented a movement to enlighten and had resulted in the Ukrainian church assuming leadership in the Orthodox world. The pious donations of the nobility and the Cossack officers had been accompanied by a general rise in religious interest and personal piety. The one model offered by the early modern period that the Ukrainian church movement rejected was that of the dominant role played by monasteries and monks in the seventeenth century. Generally, however, Autocephalists could see the early modern period as one in which reform and revival had raised the level of religious thought and deepened piety.

Conclusions

Despite contradictory tendencies in early modern church affairs, the Ukrainian church movement could find many authentic precedents for its program. The culture and faith of Ukraine of the early modern period differed so markedly from imperial Russian Orthodoxy of the nineteenth century that they could serve as the basis for a modern Ukrainian Orthodox revival. In particular, the need to reform and adapt in the early modern period corresponded to the spirit of the Ukrainian church movement. There were, however, a few major differences. In the early modern period the church constituted the major intellectual and cultural institution of Ukrainian society and it established values and norms. In the twentieth century, the church was a peripheral institution for much of the population and had to compete with secular ideas and institutions. The establishment of the Ukrainian church movement was a means of returning the church to a more central position in society by realigning it away from Russian imperial traditions and toward the Ukrainian national awakening. The fundamental difference was that early modern Ukrainian Orthodoxy evolved under new political, cultural, and social circumstances without a program for change and innovation. Although the modern Ukrainian church movement looked to the past for precedents and legitimacy, the founders of the Ukrainian Autocephalous Orthodox church espoused an ideology that approved of innovation and change as positive aspects of renewal.

TOOMAS PAUL, TALLINN

Kulturelle und kirchliche Identität in Estland in der Gegenwart

Seit dem 21. Juli 1940 ist Estland Teil der Sovetunion, dem flächengrößten Staat der Erde (22 402 200 km²), der nur etwas kleiner als Afrika ist. Die verschiedenen Völker haben natürlich auch unterschiedliche Traditionen und Kulturen in die Union eingebracht. In manchen Gegenden – wie dem Transkaukasus – gab es schon jahrhundertelang blutige Konflikte zwischen Nationen und Volksstämmen, anderswo sind die Zwistigkeiten erst vor kurzem entstanden. Glasnost' und Perestrojka haben die Hypothek der Vergangenheit sichtbar gemacht und damit die Ungeduld der Völker geschürt. In seiner heutigen Form ist der Nationalitätenkonflikt das Ergebnis der imperialistischen Politik. Die Geschichte Rußlands in den zurückliegenden 70 Jahren ist die Geschichte eines expansiven Kolonialismus – Landeroberung bedeutet Machtzuwachs. Im System war dies so lange möglich, als nationale Eigenheiten nach dem Marxismus-Leninismus, wenn sie den sozialistischen Fortschritt behinderten, für historisch überwunden erklärt und zu volkskundlichen Unterschieden zurückgestuft wurden. Der Kommunismus hat jedoch den Nationalismus nicht beseitigt, sondern verschärft.

Iosif V. Stalin (1879–1953) hat wie kein anderer Herrscher ganze Völker durch Zwangsumsiedlungen und willkürliche Grenzziehungen entmachtet und seiner Kontrolle unterstellt. Das Los der Esten ist dafür ein Beispiel: Im Jahre 1945 machten die Esten 97,1 % der Gesamtbevölkerung Estlands aus, 1950 waren es noch 75 %, 1970 68,2 % und 1986 61,3 %; setzt sich diese Tendenz fort, dann werden die Esten spätestens im Jahre 2000, wahrscheinlich schon vorher eine Minderheit im eigenen Lande sein. Die nationale Homogenität ist in Estland während einer Generation sehr zurückgegangen. Es ist daher verständlich, daß sich der Este in Estland nicht mehr heimisch fühlt. Die Esten wollen jedoch auch nicht der „neuen historischen Gemeinschaft, dem Sovetvolk (sovetskij narod)" angehören, das die sovetische Sprache spricht.

Wer andere versklavt, kann selbst nicht frei sein. Deshalb kann eine wirkliche Freundschaft nur zwischen Freien und Gleichen bestehen. Aber es ist so, wie der estnische Dichter und Essayist Hando Runnel sagt: „Die Russen meinten, daß sie überall hingehen, herumspazieren, lehren und Ordnung schaffen sollen, aber ihr eigenes ‚Heiliges Rußland', die Heimat der Nation, verfiel, schlimmer noch als die Heimat anderer Nationen. Ihre Vorrechte fallen mit dem Fall des Dogmas, aber sie haben kein eigenes Heim mehr, keine allgemeine nationale Idee, die sie dazu aufriefe, sich durch Wiedergeburt zu erneuern."[1] Jetzt kann man viele Klagen wie diejenige A. Prochorovs lesen, die in der auflagenstärksten Zeitung „Argumenty i Fakty" stand: „Bevor die Alarmglocke schlägt ..."

> Die Tragödie der heimatlichen Kultur besteht nicht nur darin, daß man Tausende Denkmäler und Reliquien eingebüßt hat, sondern auch darin, daß die Traditionen wie Quellen in der Wüste versiegen. Wie kann man etwas retten, das es nicht mehr gibt?
> Natürlich könnte man mit gesammeltem Geld nach erhaltenen Entwürfen und Maßangaben eine Kirche oder einen Turm wieder aufbauen. Doch es wären nur blasse Kopien, aber keine originalen Kunstwerke: Sie können wir nie mehr sehen. Außerdem verlieren Geschichts- und Architekturdenkmäler ohne die ursprüngliche Umwelt ihren Wert. Die Umwelt verschwindet jedoch unwiderbringlich... Zu langsam erkennt unsere Gesellschaft das Ausmaß ihres Verfalls. Der Staat hat kein Geld zur Restaurierung von Gotteshäusern. Was kann man tun? Womit kann man beginnen? Offenbar sollte man die Vorschläge bekannter Wissenschaftler und Künstler akzeptieren, Kultusgebäude ihren wirklichen Herren, den Gläubigen, zu übergeben. Sollen die Gemeinden doch selbst entscheiden, ob sie die Gebäude zu orthodoxen, lutherischen oder katholischen Kirchen, zu Synagogen oder Moscheen ausbauen oder gar als Museen verwenden wollen. Das Geld für die Restaurierung werden die Gemeinden selbst aufbringen. Verhüte Gott, daß wir nicht die Grenze überschreiten, hinter der eine Wiedergeburt der Kultur unmöglich ist.[2]

Dazu seien einige Kommentare erlaubt. Woher kommen diese reichen Gläubigen, denen man so großmütig zehntausende Kirchenruinen zurückgeben will? Früher war das *ganze* Volk gläubig, jetzt meint der „fortschrittliche" Journalist, besonders freigeistig zu sein, wenn er den Interessierten Überreste der Kultur feilbietet, und sei es nur für Moscheen.

Die Analogie zur Bauernschicht ist vollständig: Nachdem die Landwirtschaft (des Großbauerntums als einer Klasse, wie die Machthaber selbst sagen) endgültig zerstört ist und die Getreideeinkäufe aus den USA und Kanada immer weiter zunehmen, können die Städter zwar Land anbieten, aber wo sind diejenigen, die es kaufen wollen? Außerdem will man den Boden auch jetzt nicht verkaufen, sondern nur verpachten.

Daher wandern die entwurzelten Menschen dorthin aus, wo es mehr zu essen gibt – natürlich auch ins Baltikum. Sicherlich ist das Schicksal

---

[1] In: Akadeemia 1989/6, S. 1190
[2] In: Argumenty i fakty 1990, Nr. 15

den Baltenstaaten Estland, Lettland und Litauen gnädiger gewesen. Obwohl die Westmächte nach dem Ersten Weltkrieg sich als Gegengewicht zu Deutschland ein großes und unteilbares Rußland gewünscht hätten, hat der Freiheitskrieg den drei Völkern 20 Jahre Gnadenfrist gebracht: Der heftigsten Vernichtung von Bauern und Kirche in den Dreißiger Jahren sind wir entkommen; unsere Massendeportationen nach Sibirien fanden erst in den Jahren 1941 und 1949 statt. Zur Illustration dessen sei erwähnt, daß die Republik Estland zwei gut erhaltene Klöster Rußland geschenkt hat, die sonst das Schicksal vieler anderer geteilt hätten und zerstört worden wären – die Klöster Petseri und Pühtitsa (Kuremäe). Nebenbei sei bemerkt, daß heute in diesen Klöstern unter den Nonnen und Mönchen keine Esten mehr sind (auch die Pilger kommen aus Rußland).

Unser kleines Land wird von Kolonisten und Wirtschaftsflüchtlingen überschwemmt. In den letzten fünfzig Jahren konnten die Esten die Bevölkerungszahl unseres letzten Friedensjahres vor dem Kriege nicht wieder herstellen (Estlands Bevölkerungsverlust im Krieg betrug 24%). 35 000 Fremde wandern jedes Jahr bei uns ein, davon bleiben etwa 15 000. Selbstverständlich kann ein Christ nie Chauvinist sein, Haß und Feindschaft sind für ihn undenkbar. Die Kirche weiß das; aber wie kann man das einem kleinen Volk klarmachen, das dem Untergang geweiht ist?

In Estland gab es eine rein nationale lutherische Kirche, von der ein Rest noch lebendig ist.[3] Die Rolle der Nationalkirchen wird meistens nur negativ gesehen: Sie sollen den Separatismus anschüren und die Verbrüderung, Konsolidierung und Integration der Völker behindern. Ist eine positive Rolle vorstellbar? Man denke an die Parabel vom Turmbau zu Babel. Als Gott die Sprachen verwirrte, damit die Menschen nicht mehr eines Sinnes und Rates wären, damit sie ihren Plan nicht verwirklichen könnten, so war das beides zugleich – Strafe und Gnade. Wenn die Mächtigen dieser Welt wirklich *eines* Sinnes wären, was würde dann noch passieren? Wenn sie tatsächlich eine „gemeinsame Sprache" fänden?

Die Rolle der Kirche könnte bei einem großen wie bei einem kleinen Volk die des Hüters von Sprache und Nation sein. Aber es ist etwas Verschiedenes, ob der Glaube unterdrückte Menschen (wie die Volga-Deutschen) in einem Volkssplitter vereint oder in einem Imperium, um der Regierung zu helfen, die Einheit des Staates zu garantieren. Aber kein Großreich, weder das mongolische noch das makedonische, hat

---

[3] T. Paul: Zur Situation der Evangelischen Kirche in Estland. In: Baltica, Juli 1989, S. 28-33

seinem Volk etwas Anderes für die Zukunft als die Erinnerung an die einstige Größe hinterlassen.

Der französische Linguist und Estophile Jean Leo Leonard sei abschließend zitiert:

„Hinter jeder Sprache steht ein Universum. Ich glaube, daß es heute die Pflicht eines jeden Geisteswissenschaftlers ist, die Standardisierung und die Vereinheitlichung zu bekämpfen. Es ist wirklich höchste Zeit, mit dieser universalen Verarmung unter dem Vorwand, den Konsumstandard zu erhöhen, Schluß zu machen. Vom Blickwinkel der Sprachwissenschaft würde das vor allem Sprachökologie bedeuten, die pflegend bewahrende Haltung einer jeden Sprache – Dialekte inbegriffen – gegenüber als Selbstzweck. Ich möchte Geschäftsleuten sagen, daß nichts billiger sein kann als das Natürliche zu unterstützen. Je größer die Gewalt, desto teurer kommt es letztlich zu stehen."

Theodor Nikolaou, München

Die griechisch-christliche Kultur und die Einheit der Kirche

Wir leben in einer Zeit, in der Mauern abgerissen werden und die starren Fronten von Machtblöcken weichen; in einer Zeit, in der politische Ideologien und soziowirtschaftliche Theorien durch revolutionäre Ereignisse überrollt werden und sich in Frage stellen. Der Blickwinkel des zeitgenössischen Betrachters ist wohl überfordert, will er die weltgeschichtliche Tragweite dieser Entwicklung und ihrer Folgen einschätzen. Es würde ebenfalls nicht zu der allgemeinen Stimmung des fast allseitigen und weitgehend berechtigten Triumphes passen, würde man auf eventuelle Begleiterscheinungen und mögliche neue Probleme und Gefahren in dieser Entwicklung (z. B. Expansion und Verstärkung multinationaler Konzerne und Machtzentren) hinweisen. Als Theologe wird man sich jedoch der Herausforderung stellen und sich fragen müssen: Welche Rolle spielen die christlichen Kirchen in dieser Entwicklung? Inwiefern kommen sie der Aufforderung Christi nach, „das Licht der Welt" zu sein (Matth 5,15)? Verhält es sich vielleicht nicht manchmal so, daß sie durch ihre Spaltungen auf dem Weg einer weltweiten Verständigung und einer europäischen Vereinigung eher schwerfällig und hinderlich wirken? Welchen Beitrag leisten sie jedenfalls konkret zu dieser Entwicklung?

Ich könnte an dieser Stelle mit solchen und ähnlichen kritischen Fragen fortfahren. Was damit bezweckt wird, läßt sich folgendermaßen formulieren: Entgegen ihrem Auftrag und ihrer Sendung für die eigene Einheit und die der Menschheit ergreifen die Kirchen kaum die Initiative, sondern hinken oft der weltlichen Entwicklung hinterher. Hier ein Beispiel: Als vor etwa siebzig Jahren der „Völkerbund" (der Vorläufer der heutigen UNO) gegründet wurde, gab dies einigen kirchlichen Persönlichkeiten und Zentren Anlaß, ähnliche Pläne für die Kirchen zu entwerfen; insbesondere veranlaßte dies das Ökumenische Patriarchat von Konstantinopel, durch die berühmte Enzyklika von 1920 die Gründung eines „Kirchenbundes" (κοινωνία τῶν Ἐκκλησιῶν) offiziell anzuregen.[1] Auf ähnliche Weise ist die Gründung der Europäischen Wirt-

---

[1] Vgl. J. Karmiris: Dogmatica et Symbolica Monumenta Orthodoxae Catholicae Ecclesiae, Bd. 2, Graz ²1968, S. 1058. Siehe hierzu W. A. Visser't Hooft: Report of the General Secretary, Minutes of the Central Committee, Genf: WCC 1959, S. 95. Ders.: The Genesis

schaftsgemeinschaft der Entstehung der Konferenz Europäischer Kirchen vorangegangen. Und während die UNO inzwischen alle Staaten der Erde umfaßt, kann der Ökumenische Rat der Kirchen (gegründet 1948) nicht auf denselben Erfolg verweisen. Auch die politische Einigung Europas macht sichtbare Fortschritte, demgegenüber erscheint die Einheit der Kirchen zuweilen fast wie eine Utopie.

Unter Berücksichtigung dieses zögernden und unbefriedigenden Verhaltens der Kirchen will ich als Kirchenhistoriker in diesem Referat auf eine überaus wichtige christliche Konstante aufmerksam machen, die seit der Reformation und besonders seit der Aufklärung in kirchlich-theologischen Kreisen des Westens, aber auch in der Slavophilen-Bewegung des Ostens mißverstanden wurde und in Mißkredit geraten ist: *Die bleibende Bedeutung des Hellenismus für das Christentum und die Einheit der Kirche.* Damit dieser Sachverhalt näher verdeutlicht wird, werden folgende Gesichtspunkte dargestellt:

1. Die Bedeutung der klassischen Antike bzw. des Hellenismus für Europa und die Menschheit schlechthin;

2. Die Bedeutung des Hellenismus für das christliche Dogma oder die Griechisch-christliche Kultur und die Einheit der Kirche.

1. Die Bedeutung der klassischen Antike bzw. des Hellenismus für Europa und die Menschheit schlechthin

Der bekannte Philologe Werner Jaeger[2] schrieb in seinem Artikel „Die geistige Gegenwart der Antike" die fast prophetischen Worte: „Das Klassische und seine erhabene Harmonie ist uns nicht mehr das Selbstverständliche, fast schon Banale. Es ist uns wieder zum Problem geworden." Das vertrauliche Nahgefühl der Epigonen des Klassizismus sei für ihn einer respektvollen Distanz gewichen, die vielleicht das erste Vorzeichen einer neuen tieferen Erfassung des Wesens der griechischen Antike sei. Man wird sicherlich keineswegs behaupten können, daß inzwischen eine tiefere Besinnung über die klassische griechische Antike stattfindet. Dies umso weniger, wenn man bedenkt, mit welcher Geschwindigkeit einerseits die humanistische Bildung weltweit zurückgeht

and Formation of the World Council of Churches, Genf: WCC 1982. G. Tsetsis: Ἡ συμβολὴ τοῦ Οἰκουμενικοῦ Πατριαρχείου στὴν ἵδρυση τοῦ Παγκοσμίου Συμβουλίου Ἐκκλησιῶν, Katerini: Tertios 1988, S.73ff.

[2] O. Leggewie, H. Lenzen, J.R. Zinken: Texte zur Antike. Von Platon bis Heisenberg, (Herder Bücherei, 290), Basel–Wien 1967, S.25. Dieser Band enthält Beiträge nicht nur von verschiedenen Autoren aus verschiedenen Zeiten, sondern auch über mannigfache Bereiche der menschlichen Wissenschaft und Kultur. Die Beiträge sind höchst interessant und bezeichnend für das Thema, das hier angeschnitten wird.

und offensichtlich zum Problem wird und andererseits der technische Fortschritt und das wirtschaftliche Wachstum zum Maßstab aller Dinge zu werden scheinen. Man wird aber zugleich doch eine Sensibilisierung von einzelnen Menschen und Menschengruppen für geistig-kulturelle Werte und eine neue menschenwürdige Lebensqualität konstatieren dürfen. Diese Sensibilisierung stellt vielleicht das Vorzeichen einer Wende zum Maßvollen, zum griechischen μέτρον, dar. Vielleicht ist sie auch das eigentliche Vorzeichen einer tieferen Erfassung des Sinnes der geistigen griechischen Antike.

Der Sinn der geistigen Antike besteht nicht bloß darin, daß die großen griechischen Dichter, Philosophen und Künstler in ihren Geistesschöpfungen Unnachahmliches zu bieten haben, als vielmehr, daß sie uns auch heute zur wahren Dichtung, Philosophie und Kunst zu erziehen vermögen. Ihren wahren klassischen Wert macht nicht ihre eventuelle Eignung für das Museum aus und die Bewunderung, die ihre Werke auch heute zu entlocken in der Lage sind, sondern ihre unbestrittene jede Zeit überdauernde und jeden Ort überschreitende Aktualität und Erziehungskraft. *Der ewige griechische Geist bildet in dieser Hinsicht die unversiegbare Quelle aller wissenschaftlichen Suche und allen geistigen Schaffens und trägt somit fortdauernd zur Formung des Menschen bei.* Gerade diesen Aspekt der Würdigung der griechischen Antike als eines wahren Bildungsideals drückt der Begriff des Humanismus aus.

Den *Humanismus,* diese große geistige Bewegung, verbindet man gewöhnlich mit der Zeit der Renaissance.[3] Aber vor dem Humanismus der Renaissance gibt es bereits den allgemein wenig bekannten Humanismus der Griechen im Oströmischen Reich[4] und noch früher den Humanismus der Römer. Denn begrifflich ist der Humanismus (abgeleitet von humanus = menschlich) eine Weiterbildung des lateinischen Wortes *humanitas,* das bereits seit Cicero († 43 v. Chr.) *den Wesenskern des Menschen* zusammenfaßt und das im Menschen bezeichnet, „was ihn im eigentlichen Sinne zum Menschen macht."[5] Darunter verstand Cicero das griechische Bildungsideal humaner Gesinnung und menschenwürdigen Lebens. Und gerade mit dieser Bedeutung des griechischen Erzie-

---

[3] Vgl. Paul O. Kristeller: Humanismus und Renaissance. 2 Bde. München: W. Fink Verlag (UTB 914-915), o. J. Siehe auch die zusammenfassende Darstellung von Lewis W. Spitz: Humanismus/Humanismusforschung, TRE, Bd 15, S. 639-661, mit weiterführender Literatur.

[4] Vgl. z. B. Paul Lemerle: Le premier humanisme byzantin. Notes et remarques sur enseignement et culture à Byzance des origines au Xe siècle, Paris: Presses Universitaires de France 1971, wo auch weitere Literatur angeführt wird.

[5] Vgl. K. Ziegler u. W. Sontheimer (Hgg.): Der Kleine Pauly. Lexikon der Antike, München 1979, s. v. Humanitas, Sp. 1241.

hungsideals begegnet uns das griechische Äquivalent, der Begriff ἀνθρωπισμός, bei Diogenes Laertios (3.Jh. n.Chr.).[6]

Auch *der deutsche Humanismus* bis zum sogenannten *Neuhumanismus* von Werner Jaeger bewegt sich in derselben Richtung. Die wahre Erziehung verbindet sich nach Johann Joachim Winckelmann (1717-1768), einem Wegbereiter des deutschen Humanismus, mit dem Griechentum. Der einzige Weg, um groß und nach Möglichkeit unvergleichbar zu werden, sei, meinte er, die alten Griechen nachzuahmen. Seitdem begann man, bewußter das humanistische mit dem griechischen Ideal, den neueren, fortschrittlichen mit dem klassischen Geist zu identifizieren. Auf das Erbe der griechischen Klassiker stützten sich auch weitere hervorragende Schöpfer des deutschen Humanismus von Lessing (1729-1781) und Herder (1744-1803) bis Schiller (1759-1805) und Hölderlin (1770-1843). Dies gilt in höherem Maße für Goethe (1749-1832), der in den großen griechischen Dichtern die „Väter der Dichtung" entdeckte und „das Land der Griechen mit der Seele suchte", und Humboldt (1767-1835) mit dem Weimarer Kreis: Humboldt entfaltete seinen Glauben an den griechischen Geist und den klassischen Humanismus zu einem System. Dieses System, das bereits im Altertum begann, setzte sich in der Zeit Winckelmanns und Goethes fort. In den Werken „Iphigenie" und besonders „Hermann und Dorothea" von Goethe erblickte Humboldt die Brücke zwischen klassischer und neuerer Zeit[7]. Neben das Volk der Griechen trat somit das Volk der Deutschen als das „Volk der Dichter und Denker".

Es ist aber nicht meine Absicht, in diesem Zusammenhang die Geschichte des Humanismus zu behandeln. Was hier ausgeführt wird, soll lediglich ein Hinweis auf die Bedeutung der klassischen Antike für Europa und die Menschheit schlechthin sein. Und diese Bedeutung läßt sich näher erahnen, wenn man die wegweisende Entdeckung des Humanum, des Menschlichen in seinem tieferen Sinn, durch den griechischen Geist bedenkt. Obwohl viele alte und geschichtlich bedeutsame

---

[6] Diogenes Laertios, Vitae philosophorum II, 70: Aristippos aus Kyrene sagte „ἄμεινον ... ἐπαίτην ἢ ἀπαίδευτον εἶναι· οἱ μὲν χρημάτων οἱ δ' ἀνθρωπισμοῦ δέονται". Auf den Umstand, daß der Ausdruck ἀνθρωπισμός im Griechischen nicht eine spätere Rückübersetzung des lateinischen Begriffes Humanismus ist, hat Konstantinos Vourveris ['Ανθρωπισμός, (Ἀρχαιότης καὶ σύγχρονα προβλήματα, 37), Athen 1967, S.5] aufmerksam gemacht. In diesem Zusammenhang möchte ich auf die gesamte Veröffentlichungsreihe Ἀρχαιότης καὶ σύγχρονα προβλήματα der „Greek Society for Humanistic Studies and Centre for Classical Studies", Athen 1959ff, hinweisen. Sie enthält Beiträge von vielen namhaften Gelehrten (z.B. W.Schadewaldt, A.Lesky). Vgl. auch K.Vourveris: Κλασσικὴ παιδεία καὶ ζωή, Athen 1969, S.211ff.

[7] A.Alevisopoulos: Ἡ φιλελληνικὴ κίνησις καὶ αἱ πρῶται ἐν Γερμανίᾳ ἑλληνικαὶ κοινότητες, Athen 1979, S.41-42.

Völker des Ostens eine bemerkenswerte und kolossale, im wahren Sinne des Wortes, Kultur aufzuweisen haben, waren die Griechen die ersten und einzigen, die den Sinn des Menschen haben entdecken können. Dabei geht es nicht bloß um eine zutreffende Beschreibung des Menschlichen, als vielmehr um die Entdeckung und Hervorhebung der zwei wichtigsten Komponenten für den Menschen: *des λόγος und der παιδεία*. Der Logos und die Erziehung, die Formung des Menschen, bilden die zwei Fundamente der griechischen und entsprechend der europäischen Kultur.[8] Die abendländische Kultur ist demnach eng und unauflöslich mit dem Griechentum verbunden; sie ist ἑλληνοκεντρική (hellenozentrisch).

Es wäre sicherlich möglich, weitere konkrete Bereiche dieser Entdeckung des griechischen Geistes an dieser Stelle anzuführen: Wie z. B. die der Dichtung, der Kunst, der Philosophie, der Politik (etwa die Konzeption des Menschen als ζῷον πολιτικόν, politischen Wesens) und selbst der Naturwissenschaften, aber auch das grundlegende Verständnis von Begriffen und Werten, ohne die die Kultur Europas und der Menschheit schwer vorstellbar wäre: Das Gute, das Schöne, das Wahre, die Freiheit, das Maß, die Gerechtigkeit, die Demokratie etc.

Diese erhabenen Geistesprägungen der griechischen Antike sind für sich selbstverständlich beachtenswert und überaus wertvoll. Aber ihr Hauptcharakteristikum besteht darin, daß sie, nachdem sie einmal erfaßt und verwirklicht wurden, Schöpfungen und Errungenschaften des menschlichen Geistes schlechthin sind und somit der ganzen Menschheit angehören. Ihre erste und ausschlaggebende Verbreitung verdanken sie jener Kulturepoche, die durch Alexander den Großen eingeleitet wurde und als Hellenismus bekannt ist.

Der Begriff *Hellenismus* wird in diesem Zusammenhang allerdings nicht in seiner antiken Bedeutung der richtigen Verwendung der griechischen Schriftsprache gebraucht, sondern im Sinne *einer bestimmten kulturellen Entwicklung der Menschheit, in der das Griechische als das Edelste des menschlichen Geistes sich behaupten konnte*. Diese Entwicklung setzte zwar mit Alexander dem Großen an, umfaßt aber in ihrer Wirkung nicht nur das Imperium Romanum, sondern die gesamte abendländische Kultur. Mit Recht betont F.C.Grant[9] zusammenfas-

---

[8] Vgl. Werner Jaeger: Paideia. Die Formung des griechischen Menschen, 2 Bde, Berlin 1901. – Ders.: Early Christianity and Greek Paideia, Cambridge, Mass., London: Oxford University Press 1962. Vgl. auch Konstantinos Vourveris: Ἀνθρωπισμός, (Ἀρχαιότης καὶ σύγχρονα προβλήματα, 37), Athen 1967, S.7.

[9] F.C.Grant: Hellenismus, Religion in Geschichte und Gegenwart, Bd. 3, Tübingen: Mohr ³1986, Sp. 209.f. Auf die verschiedenen Ansichten über das Verständnis des Hellenismus kann in diesem Zusammenhang nicht eingegangen werden; ebenso kann hier die

send: „In Wirklichkeit ging der Hellenismus nie zu Ende. Sein Einfluß drang tief in die ganze römische Welt ein, im Westen wie im Osten, und bestimmte weithin den Gang der Geschichte von Byzanz, des Mittelalters und der Renaissance. Seine Hauptzüge waren die Verschmelzung und gegenseitige Durchdringung der verschiedenen Kulturen in Berührung mit griechischem Leben und Denken, *wobei dieses die Führung innehatte.*"

Führung des griechischen Lebens und Denkens bedeutet in diesem Zusammenhang, daß die vielfältigen Kulturen der Antike nicht verschwanden, sondern *bereichert* wurden. Zugleich wurden sie *wesentlich vereinheitlicht*, weil sie sich die griechischen Geistesschöpfungen zu eigen machten. Der Hellenismus ist in diesem Sinne weder eine nationale und monokulturelle Erscheinung noch eine kulturelle Verschmelzung des Griechischen mit orientalischen Elementen, wie J.G.Droysen[10] meinte, der im Jahre 1836 den Begriff in die historische Wissenschaft einführte; er bedeutet auch nicht die griechische Zivilisation schlechthin (A.J.Toynbee)[11]. *Hellenismus bedeutet vielmehr eine multinationale und multikulturelle Entwicklung, die aber durch den griechischen Geist beherrscht und bestimmt wird. Während der Humanismus also die Würdigung der griechischen Antike als eines wahren Bildungsideals ausdrückt, bezeichnet der Hellenismus eine Kulturepoche, die für das Abendland und die Menschheit schlechthin fortdauert. Der Hellenismus kennzeichnet die faktische geschichtlich-kulturelle Entwicklung der Völker unter dem Einfluß des Griechischen; das heißt konkreter die Übernahme der griechischen Kulturwerte, aber auch des griechischen Denkens und der griechischen Bildung durch Nichtgriechen.*

Sehr klar verfolgt man diese Entwicklung in der Begegnung des Hellenismus mit dem Römischen Kaiserreich. Hierbei genügt wohl der Hinweis auf den eingebürgerten Terminus der *„griechisch-römischen"* Kultur oder auf die Tatsache, daß die geistigen Zentren im Imperium

---

chronologische Abgrenzung des Hellenismus nicht näher erörtert werden. Vgl. hierzu folgende Auswahl an Literatur: Fr. Adorno u.a.: La cultura ellenistica, 2 Bde, Mailand 1977. – H. Bengston: Der Hellenismus in alter und neuer Sicht. Von Kaerst zu Rostovzeff, Historische Zeitschrift 185 (1958) 88-95. – R. Bichler: „Hellenismus". Geschichte und Problematik eines Kulturbegriffes, Darmstadt 1983. – J.G.Droysen: Geschichte des Hellenismus, Gotha ²1877. – T.R.Glover: The Conflict of Religions in the Early Roman Empire, Boston ²1961. – F.C.Grant: Hellenistic Religions, New York 1953. – M.Huxley: The Root of Europe. Studies in the Diffusion of Greek Culture, London: The Geographical Magazine 1952 – J.Kaerst: Geschichte des Hellenismus, Bde 2, Leipzig ³1926-27. – S.Sieberman: Hellenism in Jewish Palestine (Texts and Studies of the Jewish Theol. Sem. of America 18), New York 1950. – W.W.Tarn: Hellenistic Civilisation, 3ᵈ Edition revised by G.T.Griffith, Cleveland–New York ⁵1966.

[10] Vgl. J.G.Droysen: Geschichte des Hellenismus, I, 1836
[11] Vgl. A.J.Toynbee: Hellenism. The History of a Civilization, 1959

Romanum die des Hellenismus blieben. Einer der bedeutendsten römischen Dichter, Horaz (65-8 v. Chr.), formulierte diese geistes- und kulturgeschichtliche Entwicklung bekanntlich mit den bezeichnenden Worten: „Graecia capta ferum victorem cepit, et artes intulit agresti Latio."[12] Noch deutlicher tritt die Bedeutung des Hellenismus in seiner Begegnung mit dem Christentum in Erscheinung.

2. Die Bedeutung des Hellenismus für das christliche Dogma oder die Griechisch-christliche Kultur und die Einheit der Kirche

Im Zuge der philologischen Kleinarbeit, die unter dem Namen der historisch-kritischen Methode bekannt ist und deren positive Seiten unbestreitbar sind – nicht zuletzt, weil sie zu einer Blüte der patristischen Forschung geführt hat –, glaubte Adolf von Harnack die Ostkirche einfach in die „*griechische Religionsgeschichte*"[13] einreihen zu können: „... dieses offizielle Kirchentum mit seinen Priestern und seinem Kultus, mit allen den Gefäßen, Kleidern, Heiligen, Bildern und Amuletten, mit seiner Fastenordnung und seinen Festen hat mit der Religion Christi gar nichts zu tun. Das alles ist antike Religion, angeknüpft an einige Begriffe des Evangeliums, oder besser, das ist die antike Religion, welche das Evangelium aufgesogen hat ...."[14] Für ihn hat man darum scharf zu unterscheiden zwischen dem Evangelium Christi und der christlichen Religion mit ihren Dogmen; das christliche Dogma sei „*ein Werk des griechischen Geistes auf dem Boden des Evangeliums.*"[15] Es handelt sich praktisch um den schwerwiegenden Vorwurf der „Hellenisierung" des Christentums, d. h., einer illegitimen und unhaltbaren Entfaltung des Evangeliums Christi. Die christliche Botschaft sei durch das altkirchliche Dogma, durch ihre Übertragung in die hellenistische Welt und Begrifflichkeit verfälscht worden.

Mit diesem Urteil knüpfte Harnack an die Aufklärung an und erinnerte u. a. an Gottfried Arnold (1666-1714) und Johann Salomo Semler (1725-1791) mit ihrer „Abfallstheorie". Für beide stellte das Dogma der

---

[12] Horaz, Epist. II, 1, 155-156
[13] A. v. Harnack: Das Wesen des Christentums, (Gütersloher Taschenbücher Siebenstern, 227), Gütersloh ²1985, S. 132. Die Hervorhebung stammt vom Verfasser.
[14] A. v. Harnack: Das Wesen des Christentums, (Gütersloher Taschenbücher Siebenstern, 227), Gütersloh ²1985, S. 143. Vgl. auch S. 141, wo vom „Rückfall in die antike Form der Religion niedrigster Ordnung" die Rede ist. – Ders.: Lehrbuch der Dogmengeschichte, Bd. II, (reprographischer Nachdruck der Aufl. Tübingen ⁴1909), Darmstadt: Wiss. Buchgesellschaft 1983, S. 438 f.
[15] A. v. Harnack: Lehrbuch der Dogmengeschichte, Bd. I, (reprographischer Nachdruck der Aufl. Tübingen ⁴1909), Darmstadt: Wiss. Buchgesellschaft 1983, S. 20. Die Hervorhebung stammt vom Verfasser.

Kirche eine zeitgeschichtlich bedingte Entwicklung dar und ist deshalb etwas *Relatives*. Das Dogma ist im Grunde eine Verfallserscheinung der christlichen Religion.

Es würde zu weit führen, würden wir uns mit den Ansichten Harnacks näher befassen. Es genügt wohl an dieser Stelle auf die Tatsache hinzuweisen, daß der Prozeß der altkirchlichen Entwicklung heute weitgehend anders beurteilt wird.[16] Die harnacksche Fehlinterpretation, daß es zwischen dem Evangelium und dem altchristlichen Dogma keine innere Verbindung gibt, wich der heute auch wissenschaftlich begründeten Ansicht, daß auch „rein literargeschichtlich ... sich die Abgrenzung der neutestamentlichen Schriften vom sonstigen urchristlichen Schrifttum kaum begründen (läßt)."[17] Vor allem wird Harnack die genuine und altbewährte kirchliche Glaubensüberzeugung entgegengehalten, daß die Kirche als geschichtlicher Organismus, der vom Heiligen Geist geleitet wird, ihr Leben berechtigterweise in organischer Einheit mit ihrer Umgebung des Judentums und des Griechentums zu entfalten hatte.[18]

Trotzdem gibt es auch in der heutigen theologischen Forschung Bereiche, die stärker oder schwächer unter dem Einfluß dieses harnackschen Urteils, oder besser gesagt *Vorurteils*, stehen. Vielleicht ist es nicht falsch, und ich kann mich oft des Eindrucks nicht erwehren, daß beispielsweise die moderne Exegese mit ihrem übertriebenen Historismus[19] noch unter dieser Voreingenommenheit leidet. Indem sie von der

---

[16] Vgl. Ernst Benz: Die Bedeutung der griechisch-orthodoxen Kirche für das Abendland, Θεολογία 30 (1959) 331–355; insbesondere wird nach Benz (S.337) die Ansicht von Harnack weitgehend nicht mehr bejaht, daß das Evangelium durch die „Hellenisierung" inhaltlich verändert wurde und diese Veränderung als „Abfall" zu deuten sei. Benz hält zwar an dem Begriff der „Hellenisierung" fest, betont aber gleichzeitig, daß „die tiefgreifende Beeinflussung des europäischen Christentums durch die griechische Kirche ... eine Tatsache (ist), die außerhalb jeder Diskussion steht".

[17] G. Kretschmar: Die Folgerungen der modernen biblischen und patristischen Forschung für das Verständnis und die Autorität der altkirchlichen Tradition, Oecumenica. Jahrbuch für ökum. Forschung 1971–1972, 116. Vgl. auch Th. Nikolaou: Die Bedeutung der patristischen Tradition für die Theologie heute, Orthodoxes Forum 1 (1987) 12 ff.

[18] Vgl. N. Matsoukas: Γένεσις καί οὐσία τοῦ ὀρθοδόξου δόγματος, (Analecta Vlatadon 2), Thessaloniki 1969, S. 35 ff; bes. S. 187.

[19] Charakteristisch hierfür scheinen mir die Worte des klassischen Philologen Olof Gigon: Die antike Kultur und das Christentum, Gütersloh: Verlagshaus Gerd Mohn ²1966, S. 142–143: „Ein übereifriger, mit den Möglichkeiten und Grenzen philologischer Textinterpretation wenig vertrauter aufklärerischer Historismus hat sich während Generationen angestrengt bemüht, das Ganze des Neuen Testaments in einen Entwicklungsprozeß aufzulösen. Die daraus resultierenden Theorien sind bekannt: Die paulinischen Texte werden den Evangelien gegenübergestellt, innerhalb der Evangelien werden die sogenannten Synoptiker aufs schärfste vom Johannesevangelium unterschieden, und selbst der Text der Synoptiker erweist sich als ein Konglomerat verschiedenster Auffassungen, die bald von dieser, bald von jener Gruppe innerhalb der ältesten christlichen Gemeinde in die Er-

vermeintlichen Verkehrung der Botschaft Christi ausgeht, arbeitet sie weitgehend einseitig anhand von jüdischen Vorstellungen; sie berücksichtigt dabei nicht gebührend die weitreichenden Konsequenzen, die die Verbreitung der griechischen Sprache, Kultur und Philosophie selbst für die neutestamentlichen Schriften gehabt haben. Die Botschaft des Evangeliums wurde unbestreitbar durch das mosaische Gesetz und den griechischen Logos (die griechische Philosophie) vorbereitet; beides hat die Menschen auf Christus hin erzogen (παιδαγωγὸς εἰς Χριστόν)[20]. Es ist somit der Wille und der Plan Gottes gewesen, seinen Sohn dann zu entsenden, als „die Fülle der Zeit kam" (Gal 4,4). Hier ist die geistes- und kulturgeschichtliche „Fülle der Zeit" nicht auszuschließen. Vielmehr hängt die Christusbotschaft engstens mit dieser geistes- und kulturgeschichtlichen „Fülle der Zeit" zusammen. Als die „Fülle der Zeit" kam, vollzog sich *eine innere Begegnung und enge Verbindung der hellenistischen Geistes- und Kulturwelt mit der Botschaft Christi; es entstand die griechisch-christliche Kultur.* Es handelt sich hierbei um ein unleugbares geistes- und kulturgeschichtliches Faktum.[21]

Die Inkulturation des Christentums beginnt im Grunde mit dem einmaligen Ereignis der Menschwerdung des Logos und Sohnes Gottes selbst und ist eine Selbstverständlichkeit. Es ist ebenfalls selbstverständlich, daß *diese erste Inkulturation so grundlegend in ihrer Bedeutung ist,* daß sie sich mit allen späteren Inkulturationserscheinungen in keiner Weise vergleichen läßt. Dies dürfte jedem einleuchten, der bedenkt, daß z.B. die Niederschrift der Botschaft Christi in der damaligen Weltsprache und die Bildung des Kanons, aber auch die Festlegung des trinitarischen und des christologischen Dogmas durch die Alte Kirche einmalige und für alle Zeiten verbindliche Vorgänge im Leben der Kirche darstellen.

Die wechselseitige Wirkung und Nützlichkeit, aber auch die hervorragende und bleibende Bedeutung der inneren Begegnung zwischen der hellenistischen Geistes- und Kulturwelt einerseits und der Botschaft Christi andererseits lassen sich an folgenden Beispielen leicht verdeutlichen: a. Orientierung des griechischen Geistes und des Evangeliums am

---

zählung hineingearbeitet worden sein sollen: die eine Perikope gilt als judenchristliche, die andere als heidenchristliche Einschaltung ... Zum Scheitern verurteilt sind diese Theorien, weil sie weder dem historischen noch dem philologischen Befunde gerecht werden ..."

[20] Vgl. Gal. 3,24. Ebenso das Werk der Apologeten und besonders von Klemens von Alexandrien; Belege hierfür siehe Th. Nikolaou: Ἡ χριστιανικὴ ἀλήθεια καὶ ἠθικὴ ἐν σχέσει πρὸς τὴν ἑλληνικὴν φιλοσοφίαν κατὰ Κλήμεντα τὸν Ἀλεξανδρέα, *Κληρονομία* 11 (1979), 67 ff.

[21] Vgl. auch Th. Nikolaou: Ὁ Ἑλληνισμὸς στὴ Γερμανία. Προοπτικὲς στὰ πλαίσια τῆς Εὐρώπης, (Sonderdruck aus *Ἐκκλησία*), Athen 1986, S. 23 ff.

Menschen, b. Universalität des Christentums, c. Ökumenizität des altkirchlichen Dogmas und Einheit der Kirche.

a. Orientierung des griechischen Geistes und des Evangeliums am Menschen

Bereits die Apologeten und besonders Klemens von Alexandrien haben den oben erwähnten erzieherischen Charakter der griechischen Philosophie auf Christus hin betont. Klemens stellte zusätzlich fest, daß im Gegensatz zu der Erziehungsrolle des Gesetzes, die nach der Ankunft Christi aufgehört hat, der erzieherische Wert und die Nützlichkeit der Philosophie für die christliche Lehre und das christliche Leben fortdauert.[22] Hervorhebung des griechischen Geistes für das Christentum bedeutet in diesem Zusammenhang nicht bloß humanistische Akzentsetzung im Christentum. Sie erklärt sich vielmehr aus einem tatsächlich vorhandenen Berührungspunkt, einer Art Verwandtschaft: Sie bezieht sich auf die gemeinsame Auffassung über den Menschen als ein Wesen, das sich durch seine erhabenen geistigen Fähigkeiten unter allen anderen Geschöpfen auszeichnet und im Kosmos eine besondere Stellung und Aufgabe hat.[23]

Die Begegnung des Christentums, der in Christus geoffenbarten Wahrheit, mit dem griechischen Geist erfolgte deshalb „in einer Art dialektischem Prozeß; sie stellt weder eine unkritische Rezeption dar noch eine permanente Gegnerschaft;" zugrunde lag die Tatsache, „daß beide Bewegungen unabdingbar am Menschen und seiner Existenz orientiert sind" und aus dieser Tatsache „erklärt sich die Dynamik dieses Vorgangs, an dem über das Menschenbild hinaus verschiedene Faktoren wirksam werden."[24] Einer dieser Faktoren, den ich hier kurz ansprechen möchte, ist die Kultur.

Nach T. S. Eliot „(verdanken wir) unserem christlichen Erbe ... mehr als einen religiösen Glauben. In ihm liegt die Entwicklung unserer Künste beschlossen."[25] Aus der Sicht eines Dichters überrascht diese Aussage nicht. Daß aber zu ihrem richtigen Verständnis viel mehr als Poesie gehört, habe ich in einem anderen Zusammenhang zu erhellen ver-

---

[22] Klemens von Alexandrien, Stromata 1, 5: Stählin II, 17 f. Vgl. nähere Erläuterung und weitere Belege Th. Nikolaou: Ἡ χριστιανικὴ ἀλήθεια καὶ ἠθικὴ ἐν σχέσει πρὸς τὴν ἑλληνικὴν φιλοσοφίαν κατὰ Κλήμεντα τὸν Ἀλεξανδρέα, *Κληρονομία* 11 (1979) 71 ff.

[23] Vgl. M. Siotis: Ἑλληνικὴ διανόησις καὶ χριστιανικὴ πίστις, (Sonderdruck aus EEThSA, 17) Athen 1971, S. 8.

[24] P. Stockmeier: Die Begegnung des frühen Christentums mit dem antiken Humanismus, in Fr. Henrich (Hg.): Humanismus zwischen Christentum und Marxismus (Münchner Akademie-Schriften, 56), München 1970, S. 21.

[25] T. S. Eliot: Beiträge zum Begriff der Kultur, übers. v. G. Hensel, Berlin–Frankfurt/M. 1949, S. 164.

sucht und bin zum Ergebnis gekommen: „Die kulturelle Offenheit des Christentums mußte im wahren Sinne des Wortes erkämpft werden, obwohl sie eine Selbstverständlichkeit zu sein hatte. Und wenn heute häufig davon die Rede ist, daß die europäische Kultur eine Einheit bildet, die von der griechischen Antike bis heute reicht, so ist man sich nicht immer dessen bewußt, welche Wege diese Kultur gegangen ist. Vor allem ignoriert man hierbei die bahnbrechende Leistung eines Klemens von Alexandrien oder eines Augustins oder gerade der Drei Hierarchen (Basileios des Großen, Gregor des Theologen und Johannes Chrysostomos). Der Weg führt für viele von Phidias und Praxiteles geradewegs zu Michael Angelo oder Tizian. Aber ist das Werk der Letzteren ohne die kulturoffene Haltung mancher Gelehrten der christlichen Frühzeit ohne weiteres denkbar? Gleich wie man eine solche Frage beantworten wird, die Entwicklung in der Alten Kirche und insbesondere im 4. Jhdt. n. Chr. zeigt uns, daß hier ein Meilenstein gelegt wurde. Nur durch solche Meilensteine, meine ich, war es möglich, daß in weniger als zwei Jahrhunderten danach die Architekten Anthemios und Isidoros ihren altgriechischen Kollegen Iktinos und Kallikrates nacheifern und den Parthenon durch die Kirche der Hagia Sophia ablösen konnten."[26]

Dies bedeutet, daß *das Christentum in seiner Orientierung am Menschen und speziell das Christentum als Kulturträger vom Hellenismus überaus wichtige und einschneidende Impulse erhalten hat. Ohne diese Impulse wäre es fraglich, ob Kultur und Künste eine Selbstverständlichkeit für den christlichen Glauben gewesen wären.*

b. Universalität des Christentums

Die Universalität des Christentums ist ohne die Verbreitung und Vorleistung des Hellenismus kaum vorstellbar. Denn der Hellenismus bedeutet nicht nur Verbreitung des griechischen Geistes und Denkens unter vielen Völkern und Vereinheitlichung der damaligen Welt und Kultur, sondern ist auch die geistige Brücke, über die die edelsten Früchte des menschlichen Geistes in die einzige wahre Religion, das Christentum, hinübergerettet wurden. Dadurch wurde der Hellenismus eine Art *Nervensystem des Christentums,* das zu seiner weltweiten geschichtlichen Verwirklichung beigetragen hat und weiterhin beiträgt. Es handelt sich nicht etwa um religiöse Wahrheiten, die der Hellenismus dem Christentum verliehen hat (das ist der Irrtum Harnacks), sondern um jene strukturelle Elemente, die als menschliche Geistesschöp-

---

[26] Th. Nikolaou: Die Kunst und ihr erzieherischer Wert bei den Drei Hierarchen (Basileios d. Gr., Gregor v. Nazianz, und Joh. Chrysostomos), Θεολογία 49 (1979) 910–911. Zum vielfältigen Beitrag und Einfluß griechischer Kultur vgl. M. Huxley (ed.): The Root of Europe. Studies in the diffusion of Greek culture, London 1952.

fungen für die geoffenbarte Wahrheit eine geschichtliche Notwendigkeit darstellen und auch heute Fundamente menschlicher Kultur und wissenschaftlicher Erkenntnis sind.[27] „Ohne den Hellenismus würde das Christentum in der engherzigen Atmosphäre von Judäa ersticken; ohne das Christentum würde das Griechentum (wörtlich: „die griechische Nation") die Flut nicht überleben, in der die ganze übrige Welt der Antike untergegangen ist."[28]

„Wer prinzipiell", schreibt mit Recht ein heutiger lutherischer Theologe, Georg Kretschmar, „die Möglichkeit der Übersetzung in die Denkformen der Griechen bestreitet, schränkt damit faktisch die Universalität der Christusbotschaft, die auf Glauben und Verstehen zielt, ein. Die Geschichte des altkirchlichen Dogmas ist deshalb umgekehrt in jedem Fall ein Hinweis auf diese Universalität und zugleich die Notwendigkeit solcher Übertragung ... Die Identität (sc. des altkirchlichen Dogmas) mit dem ursprünglichen Evangelium ist dabei durch den kritischen Rückbezug auf die Schrift behauptet. Sie ist prinzipiell nachprüfbar. Daraus folgt, daß die Autorität des altkirchlichen Dogmas auf das Weiterwirken des altgriechischen Wahrheitsverständnisses bezogen ist, sonst wird es unverstehbar und bedarf selbst der Auslegung. Diese Feststellung schließt ein, daß verbindliche Lehre sich nicht mit Rezitieren der Schrift des altkirchlichen Dogmas oder späterer dogmatischer Formulierung erschöpfen darf. Wenn es um verbindliche Lehre heute geht, wird man das altchristliche Dogma aber auch nicht überspringen können, weil auch unser Verstehen von Wirklichkeit nicht das Denken der Griechen überspringt, sondern weiterführt ... Wer mit der Übernahme des technischen Denkens sich in die Erbfolge der Griechen eingliedert, wird gut tun, auch im Bereich der Theologie die hier geforderten analogen Reflexionen nicht einfach auszusparen."[29]

Daß diese klaren Formulierungen eines modernen, protestantischen Theologen die Beziehung zwischen dem griechischen Geist und dem christlichen Glauben vom Vorwurf der „Hellenisierung des Christentum" befreien, liegt eindeutig auf der Hand. Die positive Einschätzung der „geistesgeschichtlich unausweichlichen und gegenseitig nützlichen Begegnung"[30] beider Größen bejaht heute jeder, der sich mit der alt-

---

[27] Vgl. einige dieser Elemente bei Vl. Pheidas: Δομὲς τῆς Ἑλληνοχριστιανικῆς Παραδόσεως, in: Dam. Papandreou u. a. (Hgg.): Oecumenica et Patristica, Festschrift für Wilhelm Schneemelcher, Chambésy-Genf 1989, S. 355f.

[28] K. Paparigopoulos: Ἱστορία τοῦ Ἑλληνικοῦ Ἔθνους, ergänzt von P. Karolidis, Bd. 3, 8. Aufl., Athen: N. D. Nikas, o. J., S. 14.

[29] G. Kretschmar: Die Folgerungen der modernen biblischen und patristischen Forschung ..., Oecumenica. Jahrbuch für ökumenische Forschung 1971-1972, 118-119.

[30] Th. Nikolaou: Die Willensfreiheit bei Klemens von Alexandrien, Φιλοσοφία 7 (1977) 385 mit Anm. 4. Vgl. auch Ders.: Grundlegende Gedanken über die byzantinische

kirchlichen Entwicklung befaßt; allerdings trifft man weiter auf die Ansicht, die auch in den obigen Ausführungen von G. Kretschmar anklingt, daß nämlich die Kirchenväter „die philosophische Sprache bloß als erlaubtes Werkzeug" verwenden[31]. George Florovsky[32], einer der bedeutendsten orthodoxen Theologen unserer Zeit und bekannter Patristiker, der übrigens die Bedeutung der griechischen Kirchenväter sowohl den Protestanten als auch den Slavophilen gegenüber ein Leben lang herausgestellt hat, hat bereits 1936 in seiner Mitteilung „Patristics and Modern Theology" beim ersten Kongreß der orthodoxen Theologie die orthodoxe Auffassung über die Legitimität der Heranziehung des Griechischen bzw. Hellenistischen im Christlichen, mit anderen Worten den gemeinsamen Weg des Humanen mit dem Göttlichen, folgendermaßen beschrieben: Der Hellenismus, schreibt er, „*is really so-to-say canonised. It is a new, Christian Hellenism.* It is a Common atmosphere of the Church, created by a series of Christian generations. Our Christian Worship in its essential is hellenistic ... The same one has to say of our icons. The same is true of our doctrinal formularies too. In a sense *the Church itself is hellenistic,* is a hellenistic formation, – or in other words, *Hellenism is a standing category of the Christian existence* ... And thus any theologian must pass an experience of a spiritual hellenisation (or re-hellenisation) ... Many shortcomings in the modern developments of Orthodox Churches depend greatly upon the loss of this hellenistic spirit. And the creative postulate for the next future would be like this: *Let us be more Greek to be truly catholic, to be truly orthodox*".

Nicht nur Florovsky, sondern auch andere bekannte orthodoxe Theologen unterstreichen den hellenistischen Einschlag des altkirchlichen Dogmas und die damit verbundene Universalität des Christentums. So schreibt Vl. Lossky, daß der Hellenismus, befreit von natürli-

---

Philosophie, *Βυζαντινά* 9 (1977) 170: „Mit Justin, aber hauptsächlich mit Klemens von Alexandrien beginnt die Dialektik der treffenden Synthese der beiden Größen untereinander, welche im großen und ganzen die vorherrschende Tendenz der griechischen Kirchenväter und späterer Denker bleibt."

[31] Vgl. auch W. Völker: Der wahre Gnostiker nach Clemens Alexandrinus (TU 57), Berlin 1952, S. 8f., für den z.B. Klemens von Alexandrien „bei seiner Methode der Anknüpfung nie die Grenzlinie überschritten hat". Siehe auch E. v. Ivánka: Plato Christianus. Übernahme und Umgestaltung des Platonismus durch die Väter, Einsiedeln 1964, S. 97f.

[32] G. Florovsky: Patristics and Modern Theology, in: Ham. Alivisatos (Hg.): Pocès-Verbaux du Premier Congrès de Théologie Orthodoxe, Athen: Pyrsos 1939, S. 241–242. Die Hervorhebung stammt vom Verfasser. Ders.: Ἡ πορεία τῆς Ρωσσικῆς Θεολογίας, in: Ilias Mastrojannopoulos (Hg.): Θεολογία. Ἀλήθεια καὶ ζωή, Athen 1962, S. 32ff. 41: wo er betont, daß die Verneinung des griechischen Erbes „letzten Endes mit geistigem und kirchlichem Selbstmord gleichkommt".

chen Bindungen und ethnischen und kulturellen Grenzen schließlich *„eine universelle Form des Christentums"*[33] wurde. John Meyendorff geht von dieser Einschätzung des Hellenismus durch Lossky aus und spricht von einer *„Konversion"* des Hellenismus zu Christus; der Versuch der griechischen Kirchenväter, das Christentum in den Kategorien des Hellenismus zu formulieren, kann für ihn „nur als legitim betrachtet werden."[34] Es wäre überflüssig, hier weitere orthodoxe Theologen anzuführen, um die orthodoxe Auffassung über die gegenseitig nützliche Begegnung des christlichen Geistes mit dem griechischen Denken zu untermauern. Absichtlich habe ich hier Theologen russischer Herkunft zitiert. Denn die Tatsache, daß griechische Theologen die Bedeutung des Hellenismus für das Christentum hervorheben, könnte mißverständlich klingen, ja zu Fehlinterpretationen führen.

c. Ökumenizität des altkirchlichen Dogmas und Einheit der Kirche

Mit all' dem, was gesagt wurde, wurde auch der Nachweis erbracht, daß die Entwicklung in der Alten Kirche und die Formulierung des christlichen Dogmas weder bloß eine zeitgeschichtlich bedingte Entwicklung noch etwas Relatives darstellt. Das Dogma der Alten Kirche ist im Gegenteil *die legitime und heilsnotwendige Entfaltung der Botschaft Christi.* Eine Entfaltung, die unter der Leitung des Heiligen Geistes die apostolische Überlieferung treu aufbewahrt und wiedergegeben hat. Aus diesem Grund ist das altkirchliche Dogma eine unüberholbare, unaufgebbare und absolut verbindliche Konstante im Christentum. Das altkirchliche Dogma ist im wahren Sinne des Wortes *ökumenisch.*

Es ist ökumenisch nicht nur, weil es die Universalität der christlichen Botschaft gesichert hat, sondern auch und vor allem, weil es in der damaligen Ökumene von allen Christen als verbindlich angesehen und erlebt wurde und dadurch die Einheit der Kirche weitestgehend gewährleistet hat. Es ist ferner ökumenisch, weil es auch heute allen Christen gleichermaßen zugehört und nicht das ausschließliche Erbe dieser oder jener Kirche ist und überdies die einzige Basis und Chance zur Ver-

---

[33] Vl. Lossky: Schau Gottes, übers. aus dem Französischen v. Brigitte Hirsch, (Bibliothek für Orthodoxe Theologie und Kirche, 2), Zürich: EVZ-Verlag 1964, S. 53. Die Hervorhebung stammt vom Verfasser.

[34] J. Meyendorff: Byzantine Theology. Historical Trends and doctrinal Themes, New York ²1976, S. 2. Vgl. auch P. Christou: Ἑλληνικὴ Πατρολογία, Bd 1, Thessaloniki 1976, S. 99 ff; bes. S. 112, wo auch die Worte von Wilamowitz-Moellendorff (Kleine Schriften I, 1938, S. 208) angeführt werden: „neque sine graecis christianae neque sine christianis graecae literae recte intelligi aut estimari".

wirklichung der ersehnten Kircheneinheit bietet.[35] Unser Glaube kann und darf wegen seines Heilscharakters nicht ein anderer als jener der Alten Kirche sein.

Gerade die in dieser Weise beschriebene Ökumenizität und Bedeutung des altkirchlichen Dogmas für das Heil des Menschen und speziell für die Einheit der Kirche erfordern von jedem einzelnen Christen, aber auch von den Kirchen insgesamt eine unmittelbare und uneingeschränkte Bejahung. Eine solche Bejahung würde eine substantielle und lehrmäßige Wiedervereinigung der Kirchen in großen Zügen bedeuten. Sie würde aber auch bedeuten, daß die Kirchen zum Prozeß der Verständigung der Menschen und der Einigung Europas mit gutem Beispiel vorangehen und glaubhaft wirken würden. Die griechisch-christliche Kultur würde in diesem Fall die ihr zukommende Bedeutung wiedererlangen. Sie würde vor allem dem heutigen Europa seine latente, jedoch in Vergessenheit geratene Einigungsbasis wiedergeben. Denn „die Kraft, die zwischen Völkern mit eigener Kultur eine Kulturgemeinschaft entstehen läßt, ist vor allem die Religion."[36] Im Falle Europas ist dies die christliche Religion so, wie sie in ihrer Begegnung mit dem Hellenismus „eine universelle Form" angenommen hat. Die Orthodoxie hat diese Form am treusten bewahrt. Ihr kommt deshalb die Pflicht zu, darüber Zeugnis abzulegen und dadurch einen wichtigen Impuls im Prozeß der Einigung Europas zu liefern.

---

[35] Vgl. Th. Nikolaou: Die Bedeutung der patristischen Tradition für die Theologie heute, Orthodoxes Forum 1 (1987) 18

[36] T. S. Eliot: Beiträge zum Begriff der Kultur, übers. v. G. Hensel, Berlin-Frankfurt/M. 1949, S. 163

PETER NEUNER, MÜNCHEN

Das Zweite Vatikanische Konzil und das Problem der Inkulturation

I. Der Hintergrund

Die Aussagen des Zweiten Vatikanischen Konzils über die Bedeutung der Ortskirchen, das bischöfliche Amt und die Inkulturation des Evangeliums im jeweiligen Kontext müssen auf dem Hintergrund des Ersten Vatikanums gesehen werden. Im Anschluß an das Konzil von 1870 war weithin der Eindruck entstanden, in der römisch-katholischen Kirche sei alle kirchliche Wirklichkeit ganz auf Rom konzentriert, die Kirche sei einzig und allein Weltkirche, straff zentralistisch regiert. Ignaz v. Döllinger kritisierte: Durch die beiden Dogmen des Ersten Vatikanischen Konzils gilt in der römischen Kirche nicht mehr die Tradition, sondern die jeweilige Glaubensaussage des Papstes. Diese Veränderung der regula fidei wurde nach Meinung Döllingers auch institutionell abgesichert: Die bischöfliche Vollmacht sei völlig in der päpstlichen Vollmacht aufgegangen, die Bischöfe haben damit aufgehört, noch Bischöfe im Sinn der Alten Kirche zu sein. Sie sind lediglich noch kirchliche Würdenträger, päpstliche Delegaten, aber nicht mehr Zeugen des Glaubens und Repräsentanten ihrer Kirchen.[1] Mit diesen Thesen hat Döllinger die Kritik auch im orthodoxen Bereich auf den Begriff gebracht. Nur von diesem Hintergrund her ist zu verstehen, welche Neuansätze das Zweite Vatikanum vorgetragen hat.

II. Das Zweite Vatikanum als Ereignis

Das Zweite Vatikanum ist schon als Ereignis für die Verhältnisbestimmung von Weltkirche und Ortskirche von hoher Bedeutung. Nach dem Ersten Vatikanum hatte weithin die Meinung geherrscht, jetzt hätte das Konzil in der katholischen Kirche kein Recht mehr, weil alle Vollmacht vom Papst und von ihm allein ausgeübt wird. So herrschte in streng kurialen Kreisen nach der Ankündigung des Konzils durch Papst Johannes XXIII. große Verwirrung. Wozu ein Konzil? Der Papst kann alles, was die Kirche braucht, alleine verordnen und entscheiden.

---

[1] Siehe hierzu P. Neuner: Stationen einer Kirchenspaltung. Der Fall Döllinger – ein Lehrstück für die heutige Kirchenkrise, Frankfurt 1990.

Und schließlich steht ihm die Kurie zur Seite. Weil die Willensbildung ausschließlich vom Papst zu den Bischöfen geht, darum läßt sich die erkannte Wahrheit leichter durch kuriale oder päpstliche Rundschreiben verbreiten, als durch die komplizierte Einrichtung eines Konzils. Man solle die Bischöfe nicht so lange von ihren Diözesen fernhalten, sie haben besseres zu tun, als über Dinge zu beraten, die dem Papst allein zustehen. Und eine Kritik an den von der Kurie angefertigten Texten stehe den Bischöfen und dem Konzil ja ohnehin nicht zu.

Es ist bekannt, daß das Zweite Vatikanum einen grundlegend anderen Verlauf genommen hat, als von dieser kurialen Schule vorhergesehen. Die Bischöfe haben in bester konziliarer Tradition Zeugnis abgelegt vom Glauben ihrer Kirchen. Und vor allem haben sie keineswegs einfachhin die vorgelegten Dokumente mit Applaus und in Dankbarkeit angenommen. Die Bischöfe verstanden sich als Bischöfe, als vollmächtige Zeugen des Glaubens ihrer Kirchen, und keineswegs als Ausführungsorgane des Papstes und Untergebene der Kurie. Daß das Konzil stattfand, und daß nicht nur Erlasse entgegengenommen wurden, war wohl die wichtigste Kritik an Einseitigkeiten des Ersten Vatikanums und seiner Konzentration aller potestas auf den Papst allein.

III. Die Kirche als Ortskirche und als Weltkirche

a) Kirche als Kirche am Ort

Wenn das Konzil von Kirche spricht, dann meint es die in der Communio, der Gemeinschaft der Kirchen am Ort existierende Kirche. Beides: Kirche am Ort und Communio dieser Ortskirchen in der universalen Kirche sind Fundamente der konziliaren Ekklesiologie. Dabei werden Grundanliegen der neutestamentlichen und der frühchristlichen Sicht von der Kirche aufgegriffen.[2] Von besonderer Bedeutung ist dabei die dogmatische Konstitution über die Kirche. Hier heißt es: Die „Kirche Christi ist wahrhaft in allen rechtmäßigen Ortsgemeinschaften der Gläubigen anwesend, die in der Verbundenheit mit ihren Hirten im Neuen Testament auch selbst Kirchen heißen. Sie sind nämlich je an ihrem Ort ... das von Gott gerufene neue Volk. In ihnen werden durch die Verkündigung der Frohbotschaft Christi die Gläubigen versammelt, in ihnen wird das Mysterium des Herrenmahls begangen ... In diesen Gemeinden, auch wenn sie oft klein und arm sind oder in der Diaspora leben, ist Christus gegenwärtig, durch dessen Kraft die eine, heilige, ka-

---

[2] Vgl. zum ganzen Abschnitt W. Beinert: Dogmenhistorische Anmerkungen zum Begriff ‚Partikularkirche', in: ThPh 50 (1975), S. 38–69, hier S. 58.

tholische und apostolische Kirche geeint wird."³ Von diesen Ortskirchen gilt also: „In ihnen und aus ihnen besteht die eine und einzige katholische Kirche."⁴ Der Begriff „Kirche" wird also im Vatikanum auf die Orts- oder Teilkirchen angewendet. Diese sind Kirche, also nicht ein Unterbezirk von Kirche.

Was sind die Elemente, die diese Qualität der Ortskirchen ausmachen und bestimmen? Kirche wird zunächst konstituiert durch die Feier der Eucharistie. Das Konzil hat im Rückgriff auf frühchristliche Texte mit Nachdruck eine eucharistische Ekklesiologie vertreten. Kirche verwirklicht sich in der Feier des Herrenmahls, sie kann als Volk Gottes nicht sein ohne den Leib Christi. Zweitens: Kirche verwirklicht sich im Wort der Verkündigung. Die Kirche ist die Gemeinschaft der Glaubenden, und der Glaube kommt vom Hören des Wortes. Kirche ist dort, wo das Wort Gottes verkündet und im Glauben gehört wird. Diese beiden Kriterien: Wort und Sakrament werden im Rahmen des dritten Kapitels der Kirchenkonstitution genannt, und dieses handelt über das Bischofsamt. In der Darlegung des bischöflichen Amtes wird also die vom Bischof geleitete Ortskirche, die Diözese, als wahre Kirche dargestellt. Zur Ortskirche gehört damit als drittes Kriterium die Verbundenheit mit dem Bischof. Dabei ist zu beachten, daß dieses Kriterium nicht mit Wort und Sakrament auf einer Stufe steht. Der Bischof ist vielmehr Diener des Wortes und der Eucharistie. Als viertes Kriterium für Kirchesein ist zu nennen, daß sich keine dieser Ortskirchen abschließen darf und für sich allein existieren könnte. Jede ist verwiesen auf die anderen Teilkirchen, und sie realisiert gerade in dieser Offenheit auf sie auch die Universalkirche.

Wir haben also vier Kriterien, die nach dem Konzil Teilkirche konstituieren: Wortverkündigung, Sakramentenverwaltung, bischöfliche Verfassung und Gemeinschaft mit den anderen Ortskirchen. Darin zeigt sich, daß Ortskirchen im strengen und eigentlichen Sinn des Wortes die bischöflich geleitete und verfaßte Teilkirche, also die Diözese ist. Sie ist zunächst gemeint, wenn das Konzil von der Ortskirche spricht. Andererseits ist es nicht richtig zu behaupten, das Konzil bezeichne mit dem Terminus Ortskirche „ausschließlich" die Diözese.⁵ Es hat mit gutem Grund eine weniger scharfe Terminologie verwendet.

---

³ LG 26,1
⁴ LG 23,1
⁵ Als Kritik am ersten Entwurf der Ökumene-Vorlage der Gemeinsamen Synode der Bistümer beanstandete die Deutsche Bischofskonferenz, daß das Konzil „ausschließlich und nicht, wie es in der Vorlage heißt, zunächst die Bistümer Ortskirchen" heißt (Erklärung der Deutschen Bischofskonferenz, in: Synode. Amtliche Mitteilungen der Gemeinsamen Synode, Heft 2, 1973, S. 58 f.).

Denn schließlich stehen die genannten Kriterien für Kirche nicht auf einer Ebene. Das bischöfliche Amt ist Dienst an Wort und Sakrament und Dienst an der Gemeinschaft der Kirchen. Es ist für das Konzil Bedingung für Kirchesein, aber nicht in gleicher Weise konstitutiv wie Wortverkündigung und die Feier der Eucharistie. Darum kann das Konzil auch oberhalb und unterhalb der Diözesanstruktur Kirche erkennen. Dies gilt in erster Linie für die Pfarrei, in der Wortverkündigung und Sakramentenspendung verwirklicht sind, und in der der Pfarrer den Bischof vertritt. Die Pfarrei stellt damit „auf eine gewisse Weise die über den ganzen Erdkreis hin verbreitete sichtbare Kirche dar."[6] In der Kirchenkonstitution wird selbst die christliche Ehe „Hauskirche"[7] genannt.

b) Kirche als Communio von Kirchen

Es gehört zum Kirchesein der Ortskirchen, daß sie sich nicht von anderen Kirchen isolieren, daß sie vielmehr offen sind über die jeweiligen geographischen, historischen und kulturellen Grenzen hinaus. In dieser Offenheit ist Kirche einbezogen in ein Geflecht von Kirchen, die gemeinsam die Weltkirche konstituieren. Kirche lebt als Communio, als Gemeinschaft von Kirchen. Diese Communio-Ekklesiologie des Zweiten Vatikanischen Konzils wurde von Kommentatoren als eine kopernikanische Wende innerhalb des katholischen Kirchenverständnisses bezeichnet. J. Ratzinger hat die Communio-Ekklesiologie auf den Begriff gebracht: „Katholischsein heißt ... in Querverbindungen stehen."[8]

In diesem Netz von Querverbindungen realisiert sich Kirche auch als Universalkirche. Weil jede Ortskirche durch Wort und Sakrament über sich hinaus ist, offen auf Universalität, ist in jeder Ortskirche immer Weltkirche gegenwärtig und verwirklicht. Kirche ist also von ihrem Ansatz her immer beides: Universal- und Partikularkirche, hier gibt es kein Früher oder Später, weder zeitlich noch sachlich. Universalkirche und Ortskirche sind beide ursprünglich Kirche. Ortskirche ist kein Unterbezirk der Universalkirche, aber die Universalkirche ist auch kein nachträglicher Zusammenschluß von Ortskirchen, kein Kirchenbund. Weltkirche und Ortskirche bedingen und verwirklichen sich gegenseitig, sie stehen nicht in Konkurrenz zueinander. Weltkirche ereignet sich dabei in der Offenheit der Ortskirchen für einander, in ihren Querverbindungen, nicht in ihrer Unterordnung unter ein Zentrum. Diese Tat-

---

[6] SC 42

[7] LG 11,2

[8] J. Ratzinger: Das neue Volk Gottes. Entwürfe zur Ekklesiologie, Düsseldorf 1969, S. 215.

sache erweist „die Gleichsetzung von Rom, von päpstlicher Lehre und Weisung mit der ‚Weltkirche' ... als eine ungedeckte Behauptung."[9]

c) Die Bischöfe und der Papst

Konkret wird diese Neuorientierung der Ekklesiologie im Verhältnis von Primat und Episkopat, von Papst und Bischöfen. Das Zweite Vatikanum wollte von seinem Ansatz her die Papstdogmen des Ersten Vatikanums ergänzen und sie durch die Betonung des bischöflichen Amtes aus ihrer Isolierung herausführen. So heißt es in der Kirchenkonstitution: „Bischöfe leiten die ihnen zugewiesenen Teilkirchen als Stellvertreter und Gesandte Christi ... Diese Gewalt, die sie im Namen Christi persönlich ausüben, kommt ihnen als eigene, ordentliche und unmittelbare Gewalt zu."[10] In Ergänzung der Aussagen des Ersten Vatikanums wird hier auch den Bischöfen eine ordentliche und unmittelbare Gewalt zugeschrieben. Diese haben sie, wie zweimal betont wird, von Christus selbst, also nicht vom Papst. Sie sind Bischöfe, nicht päpstliche Delegaten. Ihnen „ist das Hirtenamt, d.h., die beständige tägliche Sorge für ihre Schafe, im vollen Umfang anvertraut. Sie sind nicht als Stellvertreter der Bischöfe von Rom zu verstehen, denn sie haben eine ihnen eigene Gewalt inne und heißen in voller Wahrheit Vorsteher des Volkes, das sie leiten. Folglich wird ihre Gewalt von der obersten und allgemeinen Gewalt nicht ausgeschaltet, sondern im Gegenteil bestätigt, gestärkt und in Schutz genommen."[11]

Ihre Konkretion findet die Communio-Ekklesiologie des Zweiten Vatikanums in der Lehre von der Kollegialität der Bischöfe. Nach W. Kasper ist diese „sozusagen der amtliche Außenaspekt der sakramentalen Communio-Einheit."[12] Die Aussagen zur Kollegialität der Bischöfe gehörten zu den am meisten umstrittenen Passagen des Konzils, schließlich machen sie die Communio-Ekklesiologie konkret. Der Bischof hat sein Amt demzufolge immer als Mitglied des Bischofskollegiums, er ist in ihm Nachfolger der Apostel. Die Bischöfe haben dabei, wie die altkirchliche Ekklesiologie zeigt, eine gemeinsame Verantwortung für die Kirche als ganze. J. Ratzinger stellt das so dar: „Während die Leitung der Einzelkirche monarchisch ist ..., beruht die Einheit der

---

[9] D. Wiederkehr: Von der Theorie der bischöflichen Kollegialität zur Praxis der Ortskirche, in: Les études théologiques de Chambésy, Bd. I, Chambésy–Genève 1981, S. 249–266, hier S. 259.
[10] LG 27,1
[11] LG 27,2
[12] W. Kasper: Kirche als communio. Überlegungen zur ekklesiologischen Leitidee des Zweiten Vatikanischen Konzils, in: F. König (Hg): Die bleibende Bedeutung des Zweiten Vatikanischen Konzils, Düsseldorf 1986, S. 62–84, hier S. 74.

Gesamtkirche auf den Querverbindungen der Bischöfe untereinander, die das eigentliche Wesen der Katholizität ausmachen."[13] Dieses Bischofskollegium, nicht allein der Papst, ist nach altkirchlichem Zeugnis verantwortlich für die Kirche als ganze. Dazu führt das Konzil aus: „Wie nach der Verfügung des Herrn der heilige Petrus und die übrigen Apostel ein einziges apostolisches Kollegium bilden, so sind in entsprechender Weise der Bischof von Rom, der Nachfolger Petri, und die Bischöfe, die Nachfolger der Apostel, untereinander verbunden ... Dies beweisen die im Lauf der Jahrhunderte gefeierten ökumenischen Konzilien."[14]

Der Papst hat demzufolge seine Autorität nicht außerhalb oder über, sondern im Bischofskollegium und im Konzil. „Die Ordnung der Bischöfe aber, die dem Kollegium der Apostel im Lehr- und Hirtenamt nachfolgt, ja, in welcher die Körperschaft der Apostel immerfort weiter besteht, ist gemeinsam mit ihrem Haupt, dem Bischof von Rom, und niemals ohne dieses Haupt, gleichfalls Träger der höchsten und vollen Gewalt über die ganze Kirche."[15] Der Bischof von Rom ist Glied dieses Kollegiums, und das in einem Maße, daß das Kollegium ohne ihn oder gegen ihn nicht das Bischofskollegium wäre. Aber der Papst gehört zum Bischofskollegium und damit zum Konzil, er ist ihm nicht enthoben. Er erscheint nicht mehr als alleiniger Herrscher der Kirche, von dem alle Vollmacht ausgehen würde. Vielmehr hat er seinen Ort innerhalb eines Netzes von Kirchen, die miteinander in Communio stehen. Innerhalb dieser Gemeinschaft bildet die „sedes romana" nach konziliarer Lehre einen Fixpunkt, an dem sich die Ortskirchen und ihre Communio zu orientieren haben. Aber Rom hat diese Funktion als eine Kirche innerhalb der Communio der Kirchen. Der Papst steht als Ortsbischof innerhalb des Kollegiums der Bischöfe, er hat in ihm eine besondere Verantwortung, aber er steht nicht über ihm. Er ist Bischof von Rom, nicht der Weltbischof oder gar der einzig wahre Bischof der Kirche, wie er in der Rezeption des Ersten Vatikanums manchmal erschien.

IV. Inkulturation und Katholizität

Die Konzentration aller kirchlichen Vollmacht auf den Papst führte im 19. und im frühen 20. Jahrhundert zu einer geistigen und kulturellen Einheitlichkeit des Katholizismus. Die Kirche wandte sich von der mo-

---

[13] J. Ratzinger: Das neue Volk Gottes, Düsseldorf 1969, S. 206.
[14] LG 22, 1
[15] LG 22, 2

dernen Kultur in ihrer Vielgestaltigkeit und Unübersichtlichkeit ab und baute eine eigene katholische Kultur auf. Das Zweite Vatikanum wollte dagegen ein aggiornamento der Kirche: Die moderne Welt wird nicht mehr einfach zurückgewiesen, sondern als Plan Gottes für unsere Welt verstanden. Diese Neubesinnung wird vor allem deutlich in den Konzilsaussagen zur Mission. Das Verhältnis der Kirchen in Europa zu den jungen Kirchen war traditionellerweise geprägt durch die Vorstellung der „plantatio ecclesiae": Die katholische Kirche, so wie sie sich in Europa entwickelt hatte, und wie Nordamerika sie übernommen hatte, sollte auch in den Regionen eingepflanzt werden, die vor allem im 19. Jh. für das Christentum erschlossen wurden. Die Missionskirchen wurden streng nach europäischem, besser nach römischem Vorbild und Muster gestaltet. Es war die katholische Sonderkultur, die, garantiert durch den Papst als dem Fundament der Einheit und Einheitlichkeit, überall in der Welt errichtet werden sollte.

Das Zweite Vatikanum hat diese Vorstellung von Mission überwunden. So heißt es im Dekret über die Mission: „Christus und die Kirche ..., überschreiten alle Besonderheiten der Rasse oder der Nation und können deshalb von niemand und nirgendwo als fremd erachtet werden."[16] Somit wird es zur Aufgabe der Kirche, daß sie „in allen Sprachen spricht, in der Liebe alle Sprachen versteht und umfängt."[17] Darum ist das christliche Leben „dem Geist und der Eigenart einer jeden Kultur angepaßt; die besonderen Traditionen, zusammen mit den vom Evangelium erleuchteten Gaben der verschiedenen Völkerfamilien, werden in die katholische Einheit hineingenommen. So haben schließlich die jungen Teilkirchen mit dem ganzen Reichtum ihrer Überlieferung ihren Platz in der kirchlichen Gemeinschaft."[18] Die Einheit der Kirche ist nach einem Wort von Papst Johannes Paul II. heute nur noch möglich im „Dialog der Kulturen". Die Teilkirchen sind untereinander verbunden durch diesen Dialog innerhalb der Communio. Dabei muß jede der Ortskirchen ihren speziellen Beitrag zu Gehör bringen.

Die römische Kirche und die europäischen Kirchen sind damit nicht mehr der Mittelpunkt, von dem aus und nach dessen Vorbild und Vorschrift die Weltkirche einheitlich geleitet und gestaltet werden könnte. Vielmehr erscheint hier die Kirche als ein Netz von Ortskirchen, die in ihrer Verschiedenheit zusammenwirken müssen und dadurch jeweils dazu beitragen, daß Katholizität der Kirche wird. So heißt es in der Kirchenkonstitution: „Kraft dieser Katholizität bringen die einzelnen

---

[16] AG 8,1
[17] AG 4,1
[18] AG 22,2

Teile ihre eigenen Gaben den übrigen Teilen und der ganzen Kirche hinzu, so daß das Ganze und die einzelnen Teile zunehmen aus allen, die Gemeinschaft miteinander halten und zur Fülle in Einheit zusammenwirken."[19] Sicher, alle Kirchen müssen in Gemeinschaft stehen mit der Kirche Roms und mit ihrem Bischof. Das bedeutet aber nicht, daß sie von dieser Mitte her regiert und verwaltet werden könnten und ihr kulturelles Erbe nach Rom ausrichten müßten. Nur wenn alle Kirchen ihre jeweiligen Gaben in die Kirche einbringen, wenn im Dialog der Kulturen der Austausch innerhalb der Communio erfolgt, entsteht rechte Einheit. Oder mit den Worten der Kirchenkonstitution: „Diese einträchtige Vielfalt der Ortskirchen zeigt in besonders hellem Licht die Katholizität der ungeteilten Kirche."[20]

Ausblick

Mit derartigen Texten hat das Konzil eine Entwicklung angestoßen, die vor allem in Lateinamerika Frucht getragen hat, aber auch in anderen kulturellen Regionen ihre Dynamik entfaltet. Gerade die derzeitigen Schwierigkeiten zwischen den neu entstehenden Theologien und der römischen Kurie zeigen aber auch, wie schwer es ist, diese konziliaren Vorstellungen in die Praxis umzusetzen, die Idee von der Communio auch als Handlungsprinzip zu akzeptieren. Es scheint mir, daß die Kirchen heute gemeinsam neu aufgerufen sind, Strukturen zu entwickeln, wie die Einheit der Ortskirchen untereinander gewährleistet und ermöglicht werden kann. Hier sind wir alle auf der Suche und auf Erfahrungsaustausch angewiesen. Der traditionelle römische Zentralismus vermag die Einheit nicht mehr zu gewährleisten; aber es erscheint mir auch sehr fraglich, ob konfessionelle Weltbünde wie der Lutherische Weltbund oder auch die Einrichtung von Synoden die Einheit des Geistes wahren können. Wir sind heute gemeinsam aufgerufen, Strukturen der Einheit zu finden, die in der Geschichte nicht einfachhin parat liegen. Veranstaltungen wie dieses Symposion scheinen mir in hohem Maße geeignet, auf diesem Weg zu einer gesamtkirchlichen Einheitsfindung einen Schritt weiterzukommen.

---

[19] LG 13,3
[20] LG 23,4. Zum ganzen Abschnitt vgl. J. A. Komanchak: Ortskirchen und Gesamtkirche, in: H. J. Pottmeyer – G. Albergio – J.-P. Jossua: Die Rezeption des Zweiten Vatikanischen Konzils, Düsseldorf 1986, S. 107–123.

JERZY GRYNIAKOW, WARSCHAU

Minderheitskirchen in Polen

In der Regel ist fast jeder Besucher aus dem Westen sehr verwundert, wenn er erfährt, daß es in Polen noch andere Kirchen außer der römisch-katholischen gibt. Tatsächlich gehört das polnische Volk zu 97% der größten christlichen Kirche in der heutigen Welt an. Diesen für sich günstigen Umstand verdanken die römischen Katholiken der wesentlichen Verschiebung Polens nach 1945 von Ost nach West. Vor 1939 lebten in Polen nur 22 Millionen römische Katholiken (= 64%), 3,5 Millionen griechische Katholiken, 3,8 Millionen Juden (= 11%), 4 Millionen Orthodoxe und eine Million Protestanten.

Durch die fast völlige Ausrottung retteten sich nur etwa 7000 Juden nach Rußland und kehrten nach 1945 nach Polen zurück, griechische Katholiken befanden sich nach der neuen Grenzziehung auf russischem Territorium. Die deutschen Protestanten aus Polen wohnen überwiegend heute in Deutschland oder in Kanada. Wenn der letzte Krieg für Polen eine Tragödie war, so war er für die evangelische Kirche eine Katastrophe: Die Evangelischen wurden buchstäblich dezimiert und zählen jetzt nur 1/10 ihres Vorkriegsstandes. Von den 4 Millionen Orthodoxen verblieben 3,5 Millionen in der Sovetunion, nur etwa eine halbe Million wohnt heute im Nordosten, den Polen nach 1945 behalten durfte.

Alle diese Kirchen und Glaubensgemeinschaften haben bedeutend zur Entwicklung von Nationalkultur, Toleranz und Fortschritt beigetragen. Sie gestalteten Charakter und Frömmigkeit des polnischen Volkes in viel höherem Maße, als ihre Zahl andeuten könnte – dies verschwieg die römisch-katholische Kirche gerne und gibt es erst jetzt in ihren Publikationen allmählich zu. In der Reformationszeit nahm der Beitrag der Evangelischen ein solches Ausmaß an, daß das 16. Jahrhundert in der polnischen Geschichte das *Goldene Zeitalter* genannt wird.

Im heutigen Polen wohnen unter 38 Millionen römischen Katholiken eine halbe Million Orthodoxe, etwa 120000 Protestanten (lutherische, reformierte und freikirchliche), etwa 70000 Altkatholiken in drei Kirchen.

1. Die Orthodoxe Kirche

Die orthodoxe Kirche hatte ihre Gläubigen im Ostteil Polens sogar schon vor der offiziellen Taufe im Jahre 966, die von Böhmen aus erfolgte und somit den westlichen Ritus für den Großteil des Landes einführte. Die Kirche wurde 1924 vom Ökumenischen Patriarchen in Konstantinopel unabhängig und erst 1948 vom Moskauer Patriarchat als autokephal anerkannt. Sie hat heute in Polen vier Diözesen und 200 Pfarrgemeinden, zwei Klöster, ein Priesterseminar für den niederen Klerus und eine orthodoxe Sektion in der „Christlichen Theologischen Akademie" (Warschau). Durch den Krieg wurden viele Gläubige in die verschiedenen Landesteile zerstreut, u. a. nach Westen. Hier entstanden neue Gemeinden, die ihre eigenen Kirchen bauen mußten, da es in den ehemaligen deutschen Gebieten vor 1945 keine orthodoxen Christen gab. So reicht beispielsweise die westliche Diözese von Szczecin (Stettin) bis Wrocław (Breslau) und wird von einem Bischof verwaltet, der noch zugleich Dozent an der Theologischen Akademie in Warschau ist.

Ein großes Hindernis für die Entwicklung dieser Kirche stellen die verschiedenen Nationalitäten dar, die zu dieser Kirche gehören: Polen, Russen, Weißrussen und Ukrainer. Demnach ist die offizielle theologische Monatszeitschrift dieser Kirche auch viersprachig. In diesen Sprachen wird auch gepredigt – und die drei letzten Sprachen klingen für die Polen nicht besonders freundlich. Das schon belastete Verhältnis zur römisch-katholischen Kirche wurde in den letzten Jahren noch durch den Umstand erschwert, der einen Streit zwischen den „Unierten" und den Orthodoxen hervorrief. Die „Unierten" wurden in Rußland und teilweise in Polen mit ihren Kirchen und Gebäuden von den Orthodoxen vereinnahmt. Die römisch-katholische Kirche fordert jetzt diese Mitglieder und Gebäude zurück, da die „Unierten" laut Vertrag von Brześć (Brest-Litovsk) 1596 in die Jurisdiktion der römischen Kirche übergingen. Ein viel größeres Ausmaß hat dieser Konflikt jetzt in Rußland angenommen. Da die Regierung der UdSSR den Papst eingeladen hat, will sie bis zu seinem Besuch diesen Streit schlichten und bemüht sich sehr um die Aussöhnung zwischen den beiden Kirchen. Das Ergebnis dieser Auseinandersetzung wird auch Konsequenzen für die bilateralen Kontakte in Polen haben.

2. Die polnisch-katholische Kirche

Die polnisch-katholische Kirche wurde bei uns erst 1946 rechtlich anerkannt. Schon 1922 wurde sie von der „Polnischen Nationalen Kirche" in Amerika ins Leben gerufen. Die politische Lage in Polen ließ eine Legalisierung vor 1939 nicht zu, da die Regierung zu sehr von der römisch-katholischen Kirche beeinflußt war. Die Lehre dieser Kirche weicht eigentlich nicht von der der übrigen altkatholischen Kirchen ab, die der Utrechter Union seit 1873 angehören. Die Hauptunterschiede (zu Rom) kann man in drei Punkten wiedergeben: Gottesdienstsprache ist nicht mehr das Latein, die Pfarrer dürfen heiraten, der Papst wird nicht als unfehlbar und nicht als Oberhaupt dieser Kirche anerkannt.

Die Kirche zählt in Polen etwa 30000 Mitglieder, 90 Priester und 75 Gemeinden; sie bildet ihre Pfarrer an der altkatholischen Sektion der „Christlichen Theologischen Akademie" (Warschau) aus. Im ultrarömisch-katholischen und fanatischen Polen wird diese Kirche als Verräter des Katholizismus angesehen und wurde vor dem Krieg von der Mehrheitskirche sehr verfolgt. Da der heuige Papst ein Pole ist und die römisch-katholische Messe in polnischer Sprache vollzogen wird, hat diese Kirche verständlicherweise viel von ihrer Attraktivität verloren und nur geringe Entwicklungschancen in Polen. Dagegen ist sie in Amerika populär und umfaßt dort fast eine halbe Million Amerikaner polnischer Herkunft; sie trägt bedeutend zur Erhaltung der polnischen Kultur unter den ehemaligen Emigranten bei.

3. Die Altkatholische Kirche der Mariaviten

Diese Kirche entstand 1893 innerhalb der römisch-katholischen Kirche anfangs heimlich in der Stadt Płock (100 km nordwestlich Warschaus) als Ordensversammlung von Pfarrern. Ihr Name kommt von lateinisch „vita Mariae" und deutet auf die Notwendigkeit hin, das Leben Mariens nachzuahmen. Die Lehre gründet sich auf einer Offenbarung von Maria Franciszka Kozłowska: Einzige Rettung von den Sünden besteht in der Verehrung des allerheiligsten Sakraments und der Anrufung der ununterbrochenen Hilfe der allerheiligsten Jungfrau Maria.

Die Mariaviten behielten grundsätzlich alle Dogmen der römischen Kirche, verwarfen nur die Dogmen von Primat und Unfehlbarkeit des Papstes, die man als Gotteslästerung empfand. Neben der Erneuerung des geistlichen Lebens trat man für den Unterhalt aus eigener körperlicher Arbeit ein, besonders in Landwirtschaft und Handwerk. Von dieser Kirche spaltete sich später eine Gruppe ab, die weibliche Priester ablehnte und sich Mariavitenkirche in Felicjanów (bei Płock) nannte. Beide Kirchen existieren nur in Polen und zählen heute 22000 und 17000 Gläubige, führen ein bescheidenes Dasein und sind keineswegs so attraktiv wie im vorigen Jahrhundert, als eine starke Opposition gegen das Unfehlbarkeitsdogma bestand.

4. Die protestantischen Freikirchen

Sie sind in Polen nicht besonders zahlreich, jedoch sehr aktiv und manche von ihnen sogar aggressiv. Zu ihnen gehören Methodisten, Baptisten, Pfingstler (in fünf Gruppen) und Adventisten.[1] Auf polnischem Boden sind die *Baptisten* die ältesten, die schon 1858 die erste Erwachsenentaufe in Adamów bei Warschau durchführten. Vor dem Kriege waren sie die fast einzige Freikirche mit etwa 20000 Mitgliedern meistens unter der deutschen und ukrainischen Bevölkerung. Zu den starken Gemeinden gehörten Stanisławów, Łódź (mit eigener Druckerei „Kompas"), Pabianice und Zelów. Die *Methodisten* begannen 1920 ihre Arbeit in Polen, wurden aber erst nach dem Krieg durch starke amerikanische Hilfe in Polen bekannt, missionierten besonders unter den Lutheranern in Masuren (im Norden) durch Gaben und im Schnellverfahren ausgebildete Prediger. Auch die Gründung der besten Schule für die englische Sprache in Warschau half den Methodisten nicht, ihre Lehre im polnischen Volk weiter zu verbreiten. Ihre Mitgliederzahl ist konstant bei 3000 geblieben. Im Gegensatz zu den ersten Nachkriegsjahren (1945–1947) sind sie heute nicht mehr expansiv eingestellt.

Dagegen sind in den letzten zwei Jahrzehnten die *Pfingstler* sehr aktiv geworden. Im Jahre 1953 gründeten sie mit anderen Gruppen die „vereinigte Evangeliumskirche", die die folgenden Freikirchen umfaßte: Bund der slavischen Evangeliums-Christengemeinden, Bund freier Christen, Bund entschiedener Christen, Vereinigung der Christuskirchen und Kirche der Christen des Evangeliumsglaubens. Unmöglich kann eine geschlossene, klare Lehre dieser so verschiedenartigen Kirchen angegeben werden. Eher können sie durch die Ähnlichkeit des Glaubensbekenntnisses und durch fehlende dogmatische Grundsatzformulierungen charakterisiert werden. Hierbei wurde besonders hervorgehoben: Glaube an die Unfehlbarkeit der ganzen Heiligen Schrift, Begeisterung durch den Heiligen Geist, Geistestaufe, Bekehrung und Wiedergeburt in Christus. Diese Kirche hat durch aggressive Missionsmethoden besonders unter den Lutheranern im Teschener Schlesien (Gebirgsland in Südpolen) Proselyten gemacht und ist rasch auf 7500 Mitglieder angewachsen. Seitdem sie 1988 wieder in diese fünf Gruppen zerfiel, ist die vereinzelte Mission nicht mehr so massiv. Ähnlich fanatisch und aggressiv wirken die *Adventisten,* die in Polen nicht dem Ökumenischen Rat der Kirchen angehören, ihm aber ziemlich nahestehen. Ihre Zahl übersteigt nicht 10000 Glieder, die meist unter den Luthera-

---

[1] Ihre Mitgliederzahl geben sie mit 3000 bis 7000 an.

nern in Schlesien angeworben wurden. Pfingstler und Adventisten werden seit Jahren von ihren Glaubensgenossen in Amerika hauptsächlich durch Massenmedien unterstützt: Video-Filme, Dias, Bücher in hoher Auflage und Finanzierung attraktiver Jugendlager.

Alle Freikirchen in Polen zählen insgesamt nicht mehr als 30000 Mitglieder. In diesem Zusammenhang muß erwähnt werden, daß es in unserem Lande etwa 100000 *Zeugen Jehovas* gibt, die an Aktivität die Freikirchen noch bei weitem übertreffen.

5. Die evangelischen Kirchen

Diese Kirchen gehören zu den „historischen Reformationskirchen" und sind den Polen aus der Geschichte bekannt; sie haben sich um die Kultur des polnischen Volkes bedeutende Verdienste erworben. Die *Evangelisch-Reformierte Kirche* entstand in der zweiten Hälfte des 16. Jahrhunderts unter dem Einfluß des Calvinismus, der sich besonders in Polen unter den gebildeten Schichten verbreitete. Um die Mitte des 17. Jahrhunderts nahm die Reformierte Kirche die dem Untergang entronnenen Gemeinden der Unität der Böhmischen Brüder mit dem berühmten Theologen, Philosophen und Pädagogen Johann Amos Comenius (1592–1670) in Großpolen auf. Somit kamen zu den Adligen aus der Reformationszeit die Bürger und Bauern aus Böhmen. Viele Gemeinden hatten noch starke Bindungen an Böhmen – heute sind es nur die zwei Gemeinden in Zelów und Kuców. Vor 1939 gab es neben der Warschauer Reformierten Kirche eine ebenso starke reformierte Kirche in Wilna (heute: Litauen), beide Kirchen zählten vor dem Zweiten Weltkrieg jeweils etwa 15000 Glieder. Von diesen 30000 Mitgliedern sind heute etwa 5000 geblieben, die meistens im Umkreis der Städte Warschau und Łódź leben.

Die litauische Unität wurde während des Zweiten Weltkrieges völlig zerstört, die Warschauer Unität war einer strengen Ausrottungspolitik durch die Besatzungsbehörden unterwofen. Ihre Gemeindeglieder waren obdachlos, die Pfarrgebäude und Kirchen mußten mühsam wieder aufgebaut werden. Die Gemeinden schrumpften durch Zerstreuung und Auswanderung (beispielsweise emigrierten 1945 2000 aus Lelów nach Böhmen) in einem solchen Umfang, daß sie nur mit Hilfe der Schweizer und Holländischen Kirche ihre Aktivitäten wieder aufnehmen konnten.

Die Kirche zählt heute etwa 5000 Gläubige mit einem Bischof, sechs Pfarrern und zehn Gemeinden. Sie erinnert das polnische Volk daran, daß aus ihrer Mitte viele berühmte Schriftsteller (Mikołaj Rej, Andrzej Frycz-Modrzewski, Stefan Żeromski), Künstler und Gelehrte hervorgingen, die sich um die Kultur des Landes und um das soziale Wohl seiner Bürger sehr verdient gemacht haben. Ziele dieser Kirche sind weiterhin: Pflege und Vertiefung kreativen religiösen Denkens, Verbreitung der Kenntnisse der Ideen aus der Reformationszeit in Polen, aktive Teilnahme an der ökumenischen Bewegung (ihr Bischof ist wieder der Präses des Polnischen Ökumenischen Rates) und entschlossene Mitarbeit an der moralischen Erneuerung des Volkes. Die reformierte Kirche beteiligt sich mit ihren Gläubigen an allem, das den Wohlstand des Landes und die soziale Gerechtigkeit fördert. Man muß auch betonen, daß gerade diese Kirche die besten Kontakte zur römisch-katholischen Kirche besitzt und sich auch sehr im politischen Leben engagiert. Mit den Lutheranern hat sie schon seit 1570 als erste Kirche der Welt eine Kanzel- und Abendmahlsgemeinschaft. Außerdem werden viele Arbeitsgebiete (wie Jugendarbeit) oft gemeinsam geleitet.

Die *Evangelisch-Augsburgische Kirche* zählt heute rund 80000 Mitglieder und ist in sechs Diözesen aufgeteilt: Masuren (4500 Seelen), Wrocław (3500), Pommern-Großpolen (Poznań; 4000), Warschau (5000), Oberschlesien (23000) und Teschener Schlesien (40000). Nur die südlichste Diözese in Cieszyn (an der čechischen Grenze) hat große Gemeinden; hier bewohnen die Lutheraner ein geschlossenes Gebiet, in dem eine umfassende aktive Tätigkeit durchgeführt wird. Das übrige Polen ist eine große Diaspora.

Die Kirche wird vom *Konsistorium* mit dem Bischof in Warschau geleitet, jede Diözese von einem Senior (Superintendent). Die gesetzgebende Behörde ist die *Synode*, die alljährlich in Warschau tagt und aus 30 Laien und 15 Pfarrern besteht. Sie hat 121 Gemeinden, 183 Kirchengebäude und 153 Kapellen. Im Durchschnitt kommen jedes Jahr zu jedem Sonntagsgottesdienst 35 Gläubige, jährlich 95000 zum Abendmahl. Auf 80000 kommen 1100 Taufen, 520 Trauungen, 1200 Beerdigungen, 970 Konfirmanden und einige Hunderte an Eintritten. Alle Kinder kommen zum *Religionsunterricht*, der seit 1961 in den Gemeinden (nicht in den Schulen) stattfindet – von insgesamt 7250 Kindern besuchen 5200 Kinder 135 Sonntagsschulen. Es wirken 110 Pfarrer (mit fünf im Ruhestand befindlichen) und 15 Katechetinnen. Von 160 Studenten an der „Christlichen Theologischen Akademie" sind etwa 60 Lutheraner (davon 11 Frauen, die bei uns noch nicht ordiniert werden).

In der *diakonischen* Arbeit wirken in den großen Gemeinden und in vier Altersheimen 22 Diakonissen; in diesen Heimen betreuen wir 135 Insassen. Das Diakonissenhaus in Dzięgielów (bei Cieszyn/Südpolen) leitet auch die gesamte Evangelisationsarbeit. Dorthin kommen zur Evangelisation in der ersten Juliwoche etwa 5000 Menschen – meistens Jugendliche: Das entspricht 50% aller Jugendlichen in unserer Kirche.

Jede Gemeinde hat eine Jugendgruppe. Die *Jugendarbeit* wird von sechs Jugendpfarrern geleitet. An drei Jugendlagern zu je drei Terminen nehmen etwa 800 Jugendliche teil. Diese Treffen sind für uns besonders wichtig, da sie für unsere Jugend oft die einzige Gelegenheit darstellen, bei der sich junge Lutheraner kennenlernen, geistig und konfessionell stärken, aber auch einen evangelischen Partner treffen können. Mischehen vorzubeugen ist für diese Kirche und auch für die anderen Minderheitskirchen eine Existenzfrage. Fast jede Gemeinde hat ihren *Chor*, der nicht nur die Musik fördert und die Gottesdienste mit Gesang ausgestaltet, sondern auch das Zusammensein mit Menschen gleichen Glaubens ermöglicht. Sehr gute Chöre gehen mit polnischer Musik auf Tournee ins Ausland und laden ebenfalls ausländische Chöre nach Polen ein.

Da wir meistens verstreut leben, legen wir großen Wert darauf, daß die Kontakte mit der Kirche durch das *Schrifttum* aufrechterhalten werden. Wir geben jedes Jahr etwa zehn Bücher mit einer Gesamtauflage von 150000 Exemplaren heraus, alle zwei Wochen eine Nummer der Kirchenzeitung „Zwiastun" („Der Verkündiger") mit einer Beilage für Kinder und Jugendliche mit 12000 Exemplaren. Die britische Bibelgesellschaft in Warschau gab zwischen 1975 und 1987 die neue Bibel in 29 Auflagen mit über 1950000 Exemplaren heraus.

In den letzten 20 Jahren haben wir 16 neue Kirchen erstellt, die meistens im Süden in der größten Diözese gelegen sind. Im Bau sind jetzt sechs Kirchen und drei Pfarrhäuser; zwei Kapellen werden ausgebaut. In Bielsko wird auch ein großes Verlagshaus erbaut, das etwa 20 bis 25 Bücher im Jahr drucken und binden wird. In den letzten fünf Jahren hat die Kirche drei neue Gemeinde-Buchhandlungen eröffnet. Seit einiger Zeit besuchen Katholiken unsere Gottesdienste mit Interesse, sie kaufen viel Literatur über die evangelische Lehre (das Wissen über andere Konfessionen ist bei den Katholiken sehr gering). Das Interesse an der evangelischen Kirche ist gewachsen, seitdem in jeder Stadt der katholischen Bevölkerung mit Medikamenten oder mit Lebensmitteln etwa seit 1980 geholfen wurde.

Die Kirche lebt vom Staat getrennt. Jede Gemeinde *finanziert* sich selbst; wenn sie sehr klein ist, erhält sie einen Zuschuß vom Konsistorium. Jedes Gemeindemitglied zahlt freiwillig als Beitrag 1 % seines Einkommens. Die Gemeinde bezahlt ihren Pfarrer selbst; der Staat gibt keine Zuschüsse. Seitdem die Energie um 500 % teurer wurde, hat jede Gemeinde große Schwierigkeiten, die Heizungskosten (für Strom, Gas oder Kohle) zu decken.

Die *Renovierungen* der Kirchen- und Pfarrgebäude bilden besonders dann das größte Problem, wenn eine Gemeinde nur einige Dutzend oder Hunderte Glieder zählt. Die Polen sind jedoch sehr opferbereit und erhalten meistens ihre Kirchengebäude in gutem Zustand – als ihren Stolz gegenüber anderen Denominationen. Die evangelischen Polen sehen noch immer wie in der Reformationszeit ihre wichtigste Aufgabe darin, dem polnischen Volk das wahre Evangelium in einer ihm verständlichen Sprache zu bringen. Ebenso eine Lebensweise, deren Kennzeichen Zuverlässigkeit, Ehrlichkeit, Solidität und Verantwortungsgefühl sind: Danach sehnen sich doch die Polen im Grunde ihrer Herzen. Es würde nicht nur den Nationalcharakter bessern, es wäre darüber hinaus ein bedeutender Beitrag zum Glück in Zeit und Ewigkeit dieser romantischen Nation!

SIEGFRIED SPRINGER, HANNOVER

Die Frömmigkeitsstrukturen der rußlanddeutschen Lutheraner als Anfrage an die aufnehmenden Gemeinden

In der Bundesrepublik Deutschland leben derzeit ca. 300 000 Rußlanddeutsche. Nicht alle suchen, wenn sie hierherkommen, auch den Weg in ihre Kirche. Dennoch hat sich das gottesdienstliche Leben verändert, wo sie in größerer Zahl hinzugekommen sind. Ihr Gesang, die Gebete und ihr liturgisches Verhalten verändern allmählich das bisherige Bild. Ein Novum besonderer Art stellen die lutherischen Brüdergemeinden dar. In den letzten zehn Jahren sind im Bereich der EKD ca. 35 solcher Gemeinschaften entstanden. In ihnen dienen zur Zeit etwa 310 „Brüder am Wort". Das ist eine Entwicklung, die mit dem anhaltenden Aussiedlerstrom eher zunimmt als abflacht. Nachdem 1989 ca. 100 000 Rußlanddeutsche gekommen sind, werden in diesem Jahr [1990] ca. 150 000 erwartet. Wir werden uns darauf einstellen müssen, daß diese Brüdergemeinden zunehmend ein unübersehbarer Faktor im Erscheinungsbild unserer Kirche werden.

Die Gründe für diese Entwicklung mögen so vielfältig sein wie die Erfahrungen dieser *geprägten* Leute vor Ort in den sie aufnehmenden Gemeinden und mit Kirche allgemein. Wer mit einem relativ begrenzten Sprachschatz unter der Kanzel sitzt, wird der ungewohnten Diktion hiesiger Prediger in den ersten Jahren kaum folgen können. Und wer diese Sprache allmählich lernt, wird sich nur ungern den befremdenden Inhalten der meisten Predigten öffnen. Der Mangel seelsorgerlichen Zuspruchs in die persönliche Situation ihrer Angefochtenheit hinein enttäuscht sie ebenso wie Gleichgültigkeit gegenüber libertinistischen Einflüssen in Kirchen, Schulen und Medien. Das Fehlen erwecklicher Predigt als Ruf zur Buße, besonders gegenüber der Jugend, ist ihnen unverständlich. Denn davon lebten ihre Gemeinden, daß jeder, der dazugehörte, in einer persönlichen Glaubensverantwortung stand, die ihn auch der Familie und Gemeinde gegenüber verpflichtete. Das haben sie mit den baptistischen und mennonitischen Brüdergemeinden gemeinsam. Das waren und sind für sie unverzichtbare Werte evangelischer Frömmigkeit oder besser gesagt, ihres lutherischen Selbstverständnisses. Die so erfahrene Fremdheit und Enttäuschungen in der eigenen Kirche sind zwar nicht immer der entscheidende, wohl aber der auslösende Faktor für die Gründung eigener Gemeinschaften nach dem Muster ihrer bisherigen Tradition. Ohne diese eigentliche geistliche Identität würden sie in ihrer eigenen Kirche im Land ihrer langgehegten Sehnsucht heimatlos.

Nicht selten erhalten Gemeindepastoren beim Besuch rußlanddeutscher Familien auf die Frage, was ihnen besonders fehle, die entwaffnende Antwort: Gemeinde! Damit meinen sie eine Gemeinschaft, die Anteil nimmt und Anteil gibt, die am Schicksal des Einzelnen beteiligt ist; in der man weiß, wohin man gehört. So wie es früher war. Und *früher,* das heißt: Die Situation in den lutherischen Gemeinden in der Zerstreuung nach der Deportation, aus denen sie heute kommen. Das heißt aber auch: Die Situation davor, in den geschlossenen deutschen Siedlungsgebieten Rußlands. Das heißt aber auch darüberhinaus: Die Auswanderung aus Deutschland nach Rußland war bedingt durch Auseinandersetzungen geistlicher Gruppen mit Trends und Tendenzen ihrer administrativen Kirche jener Zeit (Gesangbuch- und Liturgiereform in Württemberg um die Jahrhundertwende: 18./19. Jahrhundert, und dergleichen mehr). Die Sorge um das Heil der Seele war mit der Sorge um eine Kirche gepaart, die dem Prozeß der Verweltlichung nicht zu widerstehen schien. Sie, die Auswanderer damals, verstanden sich als Salz und Licht, so wie sich ihre Nachkommen heute in ihren Brüdergemeinden hier und in der Sovetunion als Salz und Licht verstehen. Kirchliche Neuerungen waren und bleiben ihnen suspekt, es sei denn, der Geist Gottes wirkt in einem Menschenleben ein Neues. Der neue Mensch in Christus, der mit seinen geistlichen Gaben der Gemeinschaft dient und als geistlicher Mensch in der Welt verantwortlich wirkt, das ist das angestrebte Ziel. Darauf sind alle Zusammenkünfte ausgerichtet. Feste Ordnungen sichern den Bestand. Wer heute in eine der Brüdergemeinden stößt, ist aufgenommen und geschützt. Bibel, Gesangbuch und Katechismus gelten hier wie je zuvor und genügen, um in einer noch fremd wirkenden Kirche und Gesellschaft bestehen zu können.

So stellt sich für viele Gemeinden die Frage nach der Akzeptanz einer sie oft unbewußt provozierenden, zumindest in Frage stellenden Frömmigkeit, der man die Kraft und Freude ihres Glaubens nicht absprechen kann. Ihre doppelt so langen Versammlungen sind mehr als doppelt besucht als die Gottesdienste am Sonntagmorgen. Kinder und Jugendliche kommen dort oft in größerer Zahl als in die mühsam organisierten Sonderveranstaltungen in der Kirchengemeinde.

Wie geht man damit um, wenn kirchliche Räume dafür erbeten werden und damit auf lange Zeit ausgebucht sind? Soll man solche „Ghettoisierung" überhaupt dulden oder gar fördern? Ist damit nicht jegliche

Art kirchlicher Integration ausgeschlossen? Doch solche Fragen haben sich bereits von selbst beantwortet, wo Brüdergemeinden sich frei entfalten konnten und da für beide Seiten zum Segen wurden. Die früher skeptischen Pastoren möchten sie jetzt nicht mehr missen: Man weiß, was man aneinander hat, ohne einander zu vereinnahmen.

Unsere Kirche braucht die mündige Eigenständigkeit dieser Gemeinschaften nicht zu fürchten – im Gegenteil: Indem sie dafür Freiraum gewährt, wird sie beschenkt. Denn diese Gemeinschaften erfüllen in ihr eine wichtige Funktion. Sie werden zum Auffangbecken für alle, die aus solchen Traditionen kommen. Gäbe es dieses Angebot für sie nicht im Rahmen ihrer Kirche, müßten sie sich außerhalb ihrer ein geistliches Heimatrecht sichern. Damit aber wären die meisten für ihre Kirche verloren, der sie jahrzehntelang die Treue hielten.

In solchen Gemeinschaften hat das allgemeine Priestertum aller Gläubigen überzeugend Gestalt gewonnen und in der Not früherer Zeiten Tugenden erwachsen lassen. Man versammelt sich da meist schon eine Stunde vor Beginn, um frei und ausgiebig singen zu können. Wer da sein Lied einbringt, bekennt sich in Bitte, Lob und Dank zu seinem Inhalt dem Psalmwort gemäß: Preiset mit mir den Herrn und laßt uns miteinander seinen Namen erhöhen. Diesem geistlichen Bedürfnis wird in allen Brüdergemeinden entsprochen. Wohl gemerkt: Man singt nicht, weil man schon so früh beieinander ist, sondern umgekehrt ...

Auch das Charisma der frei predigenden Laien wird hier geübt und gepflegt. Ihr Wort ist der Gemeinde näher als das der Pastoren, auch wenn es unbeholfen und ungeschliffen wirkt. Erbauung – Ermahnung – Erweckung: Das sind die ständig wechselnden Inhalte der mindestens drei Predigten einer Versammlung. Gäste aus anderen Gemeinden haben Vorrang, sie müssen zuerst „ans Wort". So findet unter den Gemeinden ein Austausch statt. Es lohnt sich zu kommen.

Auf die Predigt antwortet die Gemeinde kniend mit dem gemeinsamen freien Gebet. Das ist die Gelegenheit, um persönliche Betroffenheit zu artikulieren (Flehen im Geist). Da ist scheinbar noch vieles aus der Vergangenheit nicht ganz bewältigt. Es ist auch das geistliche Klima, in dem sich besagte Bekehrungen ereignen, ohne daß viel davon auffällt.

Am Schluß werden Grüße ausgetauscht, meist durch ein Bibelwort. Freud' und Leid werden ausgesprochen, Kranke und Sterbende namentlich genannt und gezielt Fürbitte gehalten. Auch persönlicher Dank für erfahrene Hilfe soll Gottes Nähe bezeugen. Die Versammlungen beginnen und schließen im Namen des Dreieinigen Gottes.

Das alles sind Zeichen sehr bibelnah und bewußt gelebten Glaubens. Die daraus erwachsene Mündigkeit darf uns nachdenklich machen, ob unser Gemeindeleben nicht zu stark pastoral bevormundet ist. Bleibt auch zu fragen, ob die evangelische Christenheit und ihre Kirche in der Sovetunion ohne ihre Brüdergemeinden überlebt hätte, die sie manchmal bekämpft hat.

Paul N. Tarazi, Crestwood

The Eastern Orthodox Christians in the Middle East

Introduction

The Eastern Orthodox experience in the Middle East is undoubtedly quite unique. The Christians of this tradition are part of a *sensu stricto* ecumenical church: during the first millennium, of the church of the Roman Empire; during the second, of the church extending over Eastern Europe and the Middle East. Moreover, their experience has been all along ecumenical in the contemporary sense of the word. Their geo-cultural territory is the same as that of: (a) the Oriental Christians, Nestorians, Non-Chalcedonians (Armenians, Jacobites, and Copts) and Maronites; (b) the Roman Catholic church that established itself in the Middle East, though in a small minority status; (c) the churches that came about from the Roman church's proselytizing efforts, namely the Melkite, Chaldean, Armenian Catholic, Syriac Catholic, and Coptic Catholic churches; (d) the many Protestant denominations that resulted from a relentless proselytization on the part of European and later American "missions". The experience of the Middle Eastern Orthodox includes their interaction with the two other monotheistic beliefs since the same geo-cultural setting includes the Muslims in their different traditions as well as the Oriental Jews. Add to this the very important fact that Palestine is an integral part of their geography.

On the other hand, their strictly-speaking Orthodox experience is itself multi-faceted. Their spiritual heritage is patristic and Byzantine. Still, during the Ottoman period, their Orthodox contact encompassed the Romanian and the Russian churches. The chronicles of Deacon Paul of Aleppo at the occasion of the Antiochian Patriarch Makarios Zaim's visit to Romania and Russia in the 17th century are one of the most important primary sources for our knowledge of the life of those two churches at that time. The Russian church's presence and influence in the Middle East in the last two centuries are well-known. One historic outcome is the fully indigenous Arab hierarchy – including the Patriarch – of the Patriarchate of Antioch since 1899.

In many ways I represent in my person and life this richly multi-faceted experience. Born in Jaffa, Palestine (Patriarchate of Jerusalem),

I moved with my family to Cairo, Egypt (Patriarchate of Alexandria), in 1948, and then settled one year later in Beirut, Lebanon (Patriarchate of Antioch). I did my primary and secondary studies at a French Roman Catholic Christian Brothers school. I finished five years of studies at the Medical School of the French Jesuit University of Beirut. During my youth I was blessed to have been a member of the Orthodox Youth Movement that was and still is the heart of the spiritual revival of the Church of Antioch, and in this movement my mentors were bred on Scripture, liturgical life, patristic and Greek Byzantine tradition, as well as on the theological insights of the Orthodox Russian emigration in Paris. Between 1965 and 1969 I pursued my Master in Divinity degree at the Theological Institute of Bucharest. The following year, I studied at the Ecumenical Institute in Bossey, Switzerland, and I spent my field work assignment at the (Dutch Reformed) Kraemer Haus in West Berlin, which allowed me to have extensive contact with the Christian youth there as well as in East Germany. From 1970 to 1976 I taught Scripture at the newly founded School of Theology of the Patriarchate of Antioch, in northern Lebanon. During that time I earned my Master of Theology and Doctor of Theology degrees from Bucharest. Since 1977 I have taught Old Testament at (the originally Russian) St Vladimir's Orthodox Theological Seminary in the USA. With such a varied background, it does not seem unnecessary to add that I am married to a Dutch woman whose father is a Dutch Reformed minister.

Indigenousness and Evangelical Diakonia

The first most characteristic feature of the Middle Eastern Orthodox Christians is their indigenousness. They fully are fully part of that area at each and all levels: ethnic, sociological, cultural, political, and spiritual. They are – and they are aware that they are – one of the essential ingredients that made the area what it is today. The Middle East *is* their earthly home. It is their earthly home as much as it is the home of the other indigens, be they Oriental Christians, Muslims, or Middle Eastern Jews. They are bound to this their home so intimately that it is their *natural* context for witness to Jesus Christ. They learned from Him that the conjunction 'and' in the statements "church and world" and "Christian and non-Christian" is not to be taken as meaning 'versus' as is the case with the Old Testamental "Israel and the nations". They also learned from the Lord Jesus and His apostle Paul that Christian witness does not entail superiority; rather, it does entail service and sacrifice, i.e., *diakonia* in the sense of *douleia*.[1] Giving is not the benevolent action of someone who has more than the other, and thus is superior to the other, as Western missionaries to the Middle East have unfortunately taught in word and deed. Rather, giving is the duty – an imposed necessity *(anagke)*, as St Paul puts it[2] – of a servant or slave. I would dare say that, in this sense, the second most characteristic feature of the Middle Eastern Orthodox is their daily living of the evangelical *diakonia*.

These two characteristics, indigenousness and evangelical *diakonia*, are actually the two sides of the same coin. It is, after all, only in our earthly home that we can possibly live out our heavenly citizenship *(politevma)*.[3] The acuteness of the difficulty inherent to such a living – here and yet "out of there" – has never been felt to the same extent by Europeans whose *oikoumene* has never entailed – and still does not entail – a complex mosaic such as the Middle Eastern one which I described at the beginning of my presentation. Yet, there is quite a similarity between our context and that of the Soviet Union, the only major point of dissimilarity being the length of the two experiences: ours is eighteen-and-a-half-centuries longer. Sharing our experience may prove of some interest to, and possibly help, our Russian Orthodox brethren and, in a planet on its way to shrinking down to a Roman type *oikoumene* in the third millennium, all Christians and all human beings of all beliefs. The Soviet Union offers as rich and as complex a mosaic as the Middle East[4]; actually its vast territory encompasses a richer variety of ethnic groups, cultures and beliefs. I am aware that, the way things stand today, virtually everybody is speaking in terms of economic help, i.e., in terms of a "gift" from those who proved themselves "successful", and are therefore implicitly "superior", to those "who have failed", and are therefore implicitly "inferior". In this context, the Orthodox Middle Easterners, who obviously cannot compete with such a language, can only say to the Soviet Union as well as to our shrinking world: "Silver and gold we do not have; whatever we do have, we share with you."[5]

---

[1] Mt 20:26-28 / Mk 10:43-45; 1 Cor 9:19.
[2] 1 Cor 9:16.
[3] Phil 3:20f.
[4] I dismiss the case of the United States of America as dissimilar. It is a mosaic to be sure; however, this mosaic consists of immigrants and not of peoples in their original setting. The tendency in the United States is toward changing people into a new uniform entity that is created, and thus non-natural.
[5] Acts 3:6 paraphrased.

Culture and Gospel

The fact that Palestine has all along been part of our geo-cultural context has left its stamp on us: The Holy Land is for us neither unimportant nor a mere spiritual reality. Either of these false assumptions led to a different kind of crusade, both deadly to us. The latter kind took place at the beginning of the second millennium, and we are still paying for its dreadful consequences. The former assumes that the notion of land has no place in the Christian faith, that it has value only in the Jewish belief; again, we are paying with our lives for this misconception. In both cases, I must add, the totally incorrect view is *imposed* upon us. We have been all along the church of God peregrinating in Palestine, and *we* bear the responsibility to witness for Christ there. This New Testament eschatological understanding of the church may not be compromised. And we learned from St Paul that it is not success that matters, but rather the "truth of the gospel."[6]

The expression "the church of God in such and such a place" does not mean that the church's spiritual reality has precedence over its earthly reality. The spiritual should have priority but it can never have precedence. The latter pertains to the geo-cultural context. Indeed, the church does not land in a particular place from heaven, let alone from another country; rather, it is the already-existing people who are baptized into Christ and *become* the church. We, the Middle Eastern Orthodox, are made out of Middle Eastern fabric which we share unequivocally as well as totally with the Oriental Christians, the Muslims and the Oriental Jews of that area. The Middle East is no more ours than it is theirs; what is ours is our faith and our particular witness. However, anything imported, whether through spiritual allegiance or physical relocation, is alien and will remain so. Christians from outside the Middle East may teach us how to improve our witness by sharing theirs with us, but ultimately, solely ours is the decision to accept the teaching or refuse it, to learn or not. They may well have been using the criterion of earthly success when speaking of spiritual fruit. What is deemed "successful" by them may be unsuitable, if not detrimental, to our fabric. And since our fabric is an integral part of our witness to Christ, it is, in our eyes, as spiritual as it is geo-cultural. Moreover, we strongly believe that our fabric is the same as that of the New Testament witness.

Our stand is that it is the gospel of Christ crucified, of the slain lamb, of the faithful martyr, which is itself the criterion for truth. Using the

---

[6] Gal 2:5, 14; also 5:7.

so-called results of such a gospel as criteria, as the mentality bred on success wants us to do, is mere falsehood. The only "result" of such a gospel is the resurrection which is, by definition, eschatological and places us before the dread judgment seat of the glorified Christ.[7] Anyone looking for any other results or using them as criteria, even for the so-called meaningfulness of the cross, is already under judgment and committed to its wrath. It is this mentality of Jesus, St Paul, the martyrs and the monastics, which is integral to our fabric. It is with this mentality that our father in the faith, St John of Damascus, and his contemporaries approached Islam: lovingly, both open-heartedly and open-mindedly, in utmost *diakonia* that knows no fear except that of Christ to whom we strive to be witnesses. With Islam we shared to the best of our ability the fashioning of the Arab culture which made an indelible stamp upon the universal culture. Thus, the Christian Arab became a reality, our reality.

The Experience with Islam

Perhaps the most important aspect of sharing with you the experience of the Christian Arab in view of the upcoming millennium lies in his genuine encounter with Islam. The reason is not only that Islam may well be on its way to becoming the major monotheistic belief, but also and more importantly that it presents Christianity with the most serious theological challenge concerning the issue of the universality of the Abrahamic faith. The age-long policy of Western Christendom to speak of the Muslim "world" versus our "world", and thus avoiding the challenge, will not hold any more in the 21st century. We will be sharing the same world. This means that the Christians worldwide will have to undergo the experience the Middle Eastern Christians have been living for the last thirteen and a half centuries; the former will have to learn from the latter that fear, which engenders aggressiveness and feud, is not the solution. The true way is rather openness, dialogue, and above all genuine evangelical love which makes up the witness to Christ.

Both Eastern and Oriental Christians, as well as Oriental Jews, fared very well in the Muslim context, actually much better than in any context of Western Christendom. The reason is that the Islamic Arab culture was open to and serious about their integration without robbing them of their identity. The Middle Eastern Christians, in turn, accepted wholeheartedly to be an integral part of this culture, making it fully their own. Indeed, they were poets, philosophers, mathematicians, phy-

---

[7] Rom 6.

sicians, politicians, founders of political parties, statesmen, historians of the Arab culture and eminent linguists of the Arabic language. In fact, Middle Eastern clergymen, Orthodox and Orientals, are well known to be masters in Arabic as well as of Arabic poetry and literature.

That the Christian Arabs did all this in order to survive in a hostile context cannot be further from reality. Two examples from our contemporary history should suffice here. In the latter part of the 19th century and the first half of the 20th, Lebanese Christians, especially Maronites, spearheaded the study of the Arabic language at a time and in a country where they were under the all-powerful protection of France. At the same time, many Lebanese Christian poets and writers, again especially Maronites, were productive in Arabic in the United States. Their genuine interest in Arab culture can be seen in the fact that the most famous among them, Gibran Khalil Gibran, wrote many of his major works in English!

The reality is rather that the Christian Arabs were part and parcel of the Arab civilization and that they actively shared in its shaping. They did what came naturally. If there was ever a witness to Christ in all that, it was neither forced nor acted. After all, it is the treasure that holds together the earthen vessels, not vice versa.[8] If Christ's cross is used in some contemporary Palestinian Muslim poetry to speak of the martyrdom of Palestinians for justice and peace in their country, this is a bonus willed by Christ himself, we believe, and not our handiwork. We were taught by Christ himself: "So you also, when you have done all that is commanded you, 'We are unworthy servants; we have only done what was our duty.'"[9]

An Open Appeal to the Western Christians

In all this experience of ours, Western Christendom was in many ways responsible for hammering quite a few nails into our cross in the name of brotherhood in the faith. The fact of the matter is that the European, and later American, Christians invited us to alienate ourselves by asking us to consider the Middle Eastern Oriental Christians, Muslims and Jews as "aliens" to us. They consistently tried to rob us of our reality, of our being, by trying to convince us that we owed our continuous presence over the centuries to the crusades and the European powers. What is amazing in this respect is that, for the last forty years, these same Western Christian brothers had no trouble teaching

---

[8] 2 Cor 4:7.
[9] Lk 17:10.

that it is God Himself who preserved the Jews over the centuries. What a stunning double standard!

For the time being, the Western Christian mentality still lives in the countries that wield earthly power. It is not enough for them to be satisfied with learning from their own mistakes, and the rest of us cannot afford to wait until they make up their own mind concerning these issues. This always takes time, and we cannot afford time in our shrinking world. The Western Christians will have to undergo a drastic *metanoia* and stop thinking of their civilization as either the only one or the main one or even the most advanced one. To do that, they will have to stop setting the criteria that "decide" the truth and the correctness of matters. They have to accept the reality that they are on the same footing as others. Had they done that long ago, they would have learned about ecology – such a pressing issue today – from the American Indians (just to name one example).

Moreover, the Western Christians will have to understand that it is not enough to learn from others in order to improve only their *own* civilization. This ego-centrism has cost everybody else much, and they are now discovering that they have to pay dearly themselves. Yes, there are many civilizations; there is, however, one world. This is the most central consequence of the premise of monotheism. For the Christians, who confess also the oneness of Christ's lordship, the tangible facet of this same consequence is that their being God's *oikonomoi in* this world can have only *one* meaning: that they are the *diakonoi of* this world. And, as I indicated earlier, the only possible meaning of evangelical *diakonia* is *douleia*.[10] This is the price of sharing in Christ's gospel.[11] Whoever does not heed this reality may well miss God's Kingdom, be he the apostle Paul himself![12]

---

[10] Mt 20:25f. / Mk 10:42f.; Lk 22:25–27; 1 Cor 9:19, 23.
[11] 1 Cor 9:23.
[12] 1 Cor 9:27.

Joseph Hajjar, Damaskus

Die abendländische Kirche und die Lokalkirchen im Vorderen Orient

Ein solches Thema in einem Kurzreferat zu skizzieren ist ein Wagnis. Wie kann man in etwa 30 Minuten das Wesentliche darlegen, warum die Beziehungen zwischen Orient und Okzident so intensiv und immer so heikel waren?

In drei Schritten möchte ich über meine eigene Kirche, die griechisch-melkitische, im Verhältnis zur römisch-katholischen Kirche berichten:

I. *Das Erbe* (Stichwort: Stammkirche)
II. *Zwischen Byzanz und Rom.* Schicksalsschläge einer unierten Kirche (Stichwort: Uniatismus)
III. *Der Ökumenische Auftrag.* Historische und kirchliche Aufgaben der Zukunft (Stichwort: Ökumenismus)

I. Das Erbe

Die griechisch-melkitische Kirche ist eine Stammkirche; als apostolische und patriarchale Kirche ist sie von einer Eigentümlichkeit gekennzeichnet.

Nach der Auffassung arabischer Historiker gehören alle Anhänger des Konzils von Chalkedon (451) dieser Kirche an: So der Papst von Rom und die vier anderen Patriarchen des Ostens. Das Wort ‚griechisch' ist die Übersetzung des arabischen *Roum* (Römer oder Byzantiner). In stricto sensu sind solche ‚Griechen' eigentlich die Christen, die die Glaubenslehre des Konzils von Chalkedon beibehalten haben. Das Wort Melkit kommt von syrisch Melko (Kaiser). Solche Melkiten sind die Anhänger des byzantinischen Kaisers, der am Anfang das Dogma des Konzils unterstützt hat. Seit dem 6. Jahrhundert vertritt die griechisch-melkitische Kirche (Al-Roum al-Malkiyyoun) im arabischen Raum des Vorderen Orients das Erbe der vier Patriarchate des Ostens. Die Patriarchate von Konstantinopel und besonders von Alexandrien, Antiocheia und Jerusalem sind mit den meisten Suffragandiözesen echt apostolische Kirchen; von den Aposteln oder ihren unmittelbaren Nachfolgern gegründet behalten sie die apostolische Sukzession und Tradition. Jerusalem ist nicht nur die erste apostolische Gemeinde, sondern auch die ‚Mutter aller Kirchen'. Antiocheia ist nach der Auffassung der Päpste Leo I († 461) und Gregor I (ca 540–604) ebenso ein petrinischer Stuhl wie Alexandrien. Von diesen apostolischen Bischofsstädten ist die christliche Botschaft in alle bekannten Erdteile verbreitet worden. Dieses apostolische Erbe (Theologie, Liturgie, Kirchen-Verfassung und -Disziplin, Mönchtum und Spiritualität) bildet bis heute die Grundbestandteile von Katholizismus und Orthodoxie. Die christliche Identität setzt sich aus dem apostolischen Erbe so echt und verbürgt wie auch aus der Lebensquelle des gesamten Neuen Testaments zusammen. Sie ist klar apostolische Tradition und Fundament der ganzen Entwicklung in einer kontinuierlichen Geschichte.

Nach der Herausbildung der Kirchenstruktur und Organisation im 4. Jahrhundert werden diese drei Hauptdiözesen nach den Bestimmungen der ökumenischen Konzilien zu Patriarchalsitzen (Patriarchaten). Seitdem nehmen sie in der Universalkirche eine Vorrangstellung ein und haben eine besondere Autorität, die über die Provinz hinausgeht. Diese Situation entwickelte sich langsam im Rahmen der Praxis bischöflicher Kollegialität oder Solidarität. Diese Kollegialität fand zuerst ihren Ausdruck in der Regionalsynode, deren Vorsitz der Bischof einer Provinzhauptstadt innehatte. Der Metropolit (oder Diözesanbischof) besaß eine besondere Autorität, die *Exousia*, die jedoch im Einklang mit der gemeinsamen Meinung des Bischofskollegium stehen mußte. Der Patriarch steht über den Metropoliten und Provinzsynoden. Die ökumenischen Konzilien nennen fünf Patriarchate: Rom, Konstantinopel (das neue Rom), Alexandrien, Antiocheia und Jerusalem. Die ökumenischen Konzilien nennen die Tatsache, ohne eine theologische Frage zu stellen. Trotzdem sind die verschiedenen Benennungen für einen jeden der fünf Bischofssitze bezeichnend. Für „Westrom", dessen Vorrang unanfechtbar ist, gibt es keine besondere Qualifikation. Alexandrien besitzt eine *Exousia*, eine Jurisdiktion, die mehrere Provinzen umfaßt. Antiocheia ist mit einer *Presbeia* ausgestattet, und zwar mit wirklichem Recht über die Provinz-Metropoliten der zivilen „Diözese" des Ostens. Man erinnert sich an Ignatius von Antiocheia († ca 107), der sich als „Bischof von Syrien" oder als Aufseher über alle Kirchen in Syrien bezeichnet. Jerusalem hat eine *Akolouthia Timis* mit eigenem Rang, obwohl in der Vergangenheit das palästinensische Caesarea die wirkliche Jurisdiktion über Palästina ausübte. Jerusalem tritt hinfort an die Stelle von Caesarea. Schließlich kommt Konstantinopel ab 381 zu einer *Presbeia Timis*, dem Ehren-Primat.

Später erhebt Kaiser Justinian I den Vorrang der fünf Patriarchate in der Hierarchie zu einer *Pentarchie* für die gesamte Kirche. Diese ekklesiologische Auffassung bleibt bei bestimmten Kreisen der byzantinischen und slavischen Theologie unverändert. In diesem Zusammenhang ist ein weiterer historischer Begriff zu nennen: die orientalische *Triarchie* der griechisch-melkitischen Patriarchate oder der Kirchen von Alexandrien, Antiocheia und Jerusalem. Diese Triarchie spielte oft eine große Rolle zwischen den beiden römischen Kirchen (dem alten und dem neuen Rom) und in neuester Zeit zwischen Konstantinopel und Moskau.

Die Bedeutung der griechisch-melkitischen Kirchen für die Entfaltung der apostolischen Tradition ist bekannt: Von den Anfängen bis ins 8. Jahrhundert wird die ganze Entwicklung der Patristik tief vom Geist – sogar vom Genie – der zahlreichen Glieder dieser Kirchen geprägt. Namen zu nennen oder Werke zu beschreiben scheint hier überflüssig. Die Wirkung der alexandrinischen und der antiochenischen theologischen Schulen ist bis heute überaus wichtig für die gesamte Theologie. Das Erbe der griechisch-melkitischen Kirche bleibt auf diese Weise in die Geschichte der universalen katholischen Kirche einbezogen. Sie gehört vollständig zur Basis der Katholizität in Orient und Okzident. Das Zweite Vatikanische Konzil hat in der dogmatischen Konstitution über die Kirche diese „alten Patriarchatskirchen als Stammütter des Glaubens" bezeichnet (notatim antiquae Patriarchales Ecclesiae veluti matrices Fidei). Diese Kirchen sind gewissermaßen als Töchter geboren, mit denen sie durch ein engeres Liebesband im sakramentalen Leben in der gegenseitigen Achtung von Rechten und Pflichten bis in unsere Zeit verbunden sind. Das ist das wirkliche Wesen dieser apostolischen und patriarchalen Ostkirchen; die Bedeutung und das Erbe der griechisch-melkitischen Kirchen wird als ein Werk der göttlichen Vorsehung angesehen.

II. Zwischen Byzanz und Rom.

Schicksalsschläge einer unierten Kirche

Nach der arabisch-islamischen Eroberung ging die griechisch-melkitische Kirche nicht unter. Bis zu den Angriffen der byzantinischen und später der fränkischen Kreuzzüge blieb diese Kirche nun unter arabischer Herrschaft lebendig und sogar wie vorher im Rahmen der eigenen Tradition, der historischen Entfaltung von Theologie und Liturgie schöpferisch. Joannes v. Damaskos, in Damaskus nach der Eroberung durch die Araber geboren, lebte zuerst in seiner Geburtsstadt und wurde Mönch im Sabas-Kloster bei Jerusalem. Er und viele andere Glieder der griechisch-melkitischen Kirchen schrieben in griechischer und manchmal auch in arabischer Sprache. Er verteidigte die traditionelle Ikonentheologie; sein bedeutender Einfluß auf die Gesamtkirche ging von seiner großen und ersten „Summa theologica", der „Pēgē Gnōseōs" aus. Die Art der Hymnen (Melodien), die Romanos der Melode (* ca 560; ein Melkit aus Homs) begründet hatte, setzte er fort. Dabei darf man nie vergessen, daß die meisten Verfasser dieser liturgischen Melodien (Gedichte) dem griechisch-melkitischen Patriarchat und der Triarchie (besonders von Antiocheia und Jerusalem) in der Zeit nach der arabisch-islamischen Eroberung entstammen. Außer Joannes v. Damaskos sind zu nennen: Kosmas, Bischof von Maiuma (8.Jh), gebürtig aus Damaskus; Andreas, Bischof von Kreta (ca 660-740), auch aus Damaskus stammend (alle drei waren Mönche im Sabas-Kloster); die Brüder Theophanes Graptos (ca 775-854) und Theodoros Graptos († 844) aus Transjordanien usw. An dieser Stelle muß auch das Sabas-Kloster genannt werden: Es war theologisches Zentrum und Ausgangspunkt jener großen Liturgiereform, die bis heute dem byzantinischen Ritus seinen wunderbaren Reichtum an Hymnen und rituellen Formen verleiht. Das Sabas-Kloster gehört zur griechisch-melkitischen Kirche.

Während der arabisch-islamischen Herrschaft gab es zwischen beiden Machtbereichen (Byzanz und Araber) keine unüberwindliche Grenze, aber auch keine schweigende Kirche im arabischen Reich. Diese völlig neue Lage ließ der griechisch-melkitischen Kirche eine neue Rolle zuwachsen: Sie sollte zwischen dem alten und dem neuen Rom vermitteln, die sich von Anfang an oft sehr gegnerisch verhielten. So versuchte beispielsweise Photios (ca 820-891), die drei melkitischen Patriarchen in seinem Kampf gegen den autoritären Papst Nikolaus I (9.Jh.) auf seine Seite zu ziehen. Später versuchte Petros III (ca 995-1056), der Patriarch von Antiocheia, mit Michael Kerullarios († ca 1058) und Papst Leo IX (1002-1054) zu einer Einigung zu kommen. Er bat um Verständnis dafür, daß die Lateiner doch „unsere Brüder sind, wenn auch ihre Ungebildetheit, ihr Hängen am eigenen Gefühl sie manchmal vom rechten Weg abbringt ... Es ist doch schön, wenn sie rechtgläubig das Geheimnis der Lebenschaffenden Dreifaltigkeit und das der Inkarnation bekennen..."

Mit den Kreuzzügen begann eine neue Ära in den Beziehungen zwischen Abend- und Morgenland. Die römisch-lateinische Kirche war eng mit der feudalen Latinität verbunden. Konstantinopel wird 1204 erobert. Wie die anderen Patriarchen von Antiocheia und Jerusalem ging auch der byzantinische Patriarch mit dem Kaiserhof ins Exil nach Nikaia. Wenn der Kreuzzug auch jede Mission ausschließt, wird dennoch die Wiedervereinigung der Kirchen versucht, aber ohne Erfolg. Ebenso war es bei den Konzilien von Lyon (1274) und Florenz (1439): In beiden Fällen wurde die kirchliche Angelegenheit den politischen Verhandlungen untergeordnet.

Die Unionskonzilien von Lyon und von Florenz haben keine bleibende Wirkung gezeigt, weder in Konstantinopel noch in der Ruś, weder bei den Griechen noch bei den Melkiten. Fast 200 Jahre danach kam es zwischen dem Papsttum und einigen Lokalkirchen in Osteuropa zu Unionsbeschlüssen: Die Union von Brest-Litovsk (1595/96), die Union von Užhorod (1646), die Union der Rumänen in Wien (1698) und die Unionen im Nahen Osten im 18. und 19. Jahrhundert (Melkiten – Armenier – Jakobiter [Syrer] – Nestorianer [Chaldäer]).

Die Union der griechisch-melkitischen Kirche ist in unserer Betrachtung von besonderem Interesse. Religiöse Faktoren und Strömungen und politische Umstände müssen zusammengefaßt werden, um ein zutreffendes Bild dieser verwickelten kirchlichen Bewegung zu gewinnen. Die Einstellung der römischen Kirche (Congregatio de Propaganda Fide und Congregatio pro Ecclesia Orientali) zur Besonderheit der orientalischen Kirchen blieb bis zum Vaticanum II – vielleicht noch bis heute – bewußt unverändert exklusiv, gekennzeichnet von dem Ziel einer langsamen Assimilation im Bereich der Theologie, der Disziplin, der patriarchalen Synodalverfassung. Eine sorgfältige Erforschung der Quellen (alle 158 Synoden der unierten Kirchen, die Vorbereitungskommission für das Vaticanum I, die Vorbereitungskommission und die römischen Studien für die Kodifikation des Kirchenrechts, noch heute das Schema des Codex iuris canonici orientalis) belegt reichlich diese Überzeugung. Was beibehalten wird, ist die Liturgie und einige wenige Besonderheiten in der Disziplin. Schon 1926 schrieb Lambert Beauduin OSB (1873–1960): „Die Liturgie ist nicht der einzige, nicht einmal der hauptsächliche Unterschied zwischen der lateinischen und der orientalischen Kirche." Diese Feststellung wurde damals wie eine Offenbarung betrachtet. Seitdem hat sie ihre Bedeutung nie verloren.

III. Der Ökumenische Auftrag.

Historische und kirchliche Aufgaben der Zukunft

Mit dem Motto „Mut zur Wahrheit" sei nun ein heikles Thema erörtert. Kritisch, aber treu, muß die Existenzfrage nun behandelt werden: Es ist die Herausforderung für die Ounia.

Vor dem II. Vaticanum wurde diese Ounia (Uniatismus) oft als idealer, vorbildlicher, bleibender Zustand angesehen – eine sogenannte „etablierte" Kirche: Das war die katholische orientalische Kirche. Sie hatte die Aufgabe, sich die orthodoxen Kirchen zuzuführen, und wurde als Anziehungskraft betrachtet. Dafür wurden so viele Mittel aufgebracht: Geld, Missionare, kirchliche Anstalten, Priesterseminare usw.:

Ein ganzes Arsenal an Elitegruppen. Man hatte lange beinahe auf die Beisetzung der Orthodoxie gehofft. Dies geschah, Gott sei Dank, nicht. Die apostolischen Patriarchatskirchen sind *Stammkirchen*/Quellenkirchen. Sie haben eine wesentlich ergänzende Mission und Rolle in der Heilsgeschichte des Neuen Testaments für die gesamte Kirche wie die römisch-lateinische. Das Konzil hat diese echte, ökumenische Auffassung im Dekret über den Ökumenismus voll und ganz bestätigt. Der Dialog zwischen der römischen Katholizität und der orthodoxen Katholizität wird nun direkt, ohne die Vermittlung der uniatischen Kirche, geführt. In Anbetracht dieser neuen Situation ist etwas vorzutragen, was ich schon lange geschrieben habe.

Von Jesus Christus ist ein Lehrspruch überliefert: „Die Welt ist eine Brücke. Geht über sie hinüber, aber baut euch darauf kein Haus." Die Ounia ist eine Übergangssituation, ein Zwischenaufenthalt, eine Brücke, eine *Metaxy*. Ideologisch gesehen könnte man wie Martin Buber (1878–1965; „Ich und Du") und sogar wie Simone Weil (1909–1943) eine Vision, eine Philosophie erarbeiten und literarisch besonders geschickt beschreiben, wie hoffnungsvoll und befriedigend ein solcher Zustand wäre: Eine „Überbrückung" in einer Welt – oder Kirche – der Unsicherheit und der Spaltung. Tatsächlich wird die Sicherheit vorgezogen. Auf diese Weise verkörpert die Ounia (Uniatismus) den Zustand der Übergangsperiode – die Unsicherheit. Aber der Ökumenismus trägt in sich Hoffnung, Sicherheit und Ziel.

Auf Grund dieses traditionellen und existentiellen Grundsatzes müssen einige Überlegungen erklärt werden. Sie richten sich auf zwei Gesichtspunkte: Die Zwischenlage der Ounia und das Endziel des Ökumenismus, die Auflösung der Übergangslage.

Zur Lage der Ounia

Ich bin selbst Uniat. Mit der gleichen Innigkeit, mit der ich als Orientale die Orthodoxie liebe, hänge ich auch Rom an. Aber Treue zur Geschichte und Einsicht in das Ergebnis jahrhundertelanger Erfahrung zwingen zur Reflexion.

Die Uniaten scheinen junge christliche Kräfte zu sein, die die Trennung überwinden wollen. Sie sind (oder glauben zu sein) im traditionellen christlichen Osten und im römisch-katholischen Westen verwurzelt. Dem Osten gehören sie als ein Zweig des uralten Stammes an; dem Westen, dem sie eingepfropft sind, verdanken sie neue Kraft ... Die Uniaten sind intensiv mit Rom „uniert"; sie wollen aber auch „orientalisch" bleiben. Doch mit welch' großen Anstrengungen, verbunden mit

Rücksichtnahme und peinlichen Kompromissen müssen sie die neue Verbindung zusammenschweißen, um die wesentlichen Strukturelemente des christlichen Ostens wie des christlichen Westens so zu erhalten, daß echte Harmonie gelingt.

Die Uniaten erfahren keine Wertschätzung und kein Verständnis von ihren Stammkirchen, mit denen sie nicht unter allen Bedingungen zusammenkommen können. Anderseits streben sie nach Anerkennung und Schutz der römischen Kirche um *jeden* Preis, obwohl deren uniformierenden und zentralisierenden Ansprüche deutlich genug waren. Während die morgenländische Orthodoxie den Uniatismus als Spaltung verwirft, ohne jedoch die Uniaten selbst auszuschließen, umfängt der römische Katholizismus sie immer stärker, ohne sie aber nach seinem Geschmack umbilden zu können. In ihrem gegenwärtigen Stand haben die uniatischen Kirchen zweifellos gewisse grundlegende Charakterzüge der morgenländischen Kirchentradition eingebüßt und stattdessen mitunter ziemlich künstlich gewisse Eigenheiten des zeitgenössischen Lateinertums angenommen. Der Uniatismus hat – trotz aller schönen orientalischen Fassaden – die morgenländische Seele verändert. Er hat an seiner kirchlichen Identität (Personalität) und traditionellen Spiritualität Schaden genommen.

Wird der Uniatismus, der nun schon seit Jahrhunderten geprüft wird, sein Anliegen durchsetzen können? Verschiedene Faktoren führen das Anliegen zu einer klar umrissenen Bestimmung. Zu befürchten wäre, daß es zu einem naiven Überlegenheitsgefühl wird und dort steckenbliebe, wo es scheinbar Ruhe und Sicherheit gefunden hat. Dann wäre es um seine ökumenische Spannung geschehen. Es würde zur selbstzufriedenen und wohl-„etablierten" Kirche. Der Stachel der Verantwortung, oft entscheidender Anstoß und einzige Gewähr für die Zukunft, wäre abgestumpft und das Ideal des Uniatismus in Frage gestellt ... Für die Zukunft ist entscheidend, daß der Uniatismus in seinem ökumenischen Anliegen über sich selbst hinausgelangt. Die Uniaten müssen ihre wahre kirchliche Berufung erkennen und über sich selbst hinauswachsen.

Zur ökumenischen Berufung.
Die Auflösung: Selbstzerstörung oder Wiederbelebung?

Letzten Endes müssen die Uniaten als konstituierte Körperschaften zugunsten des wiedervereinten orthodoxen Blocks verschwinden, den sie – mit gutem Grund – in ihrem dreihundertjährigen Bestehen nicht in ihr Kielwasser ziehen konnten ... Der Uniatismus ist kein Stand des intellektuellen und kirchlichen Komforts, weniger noch gesichert und endgültig für reiche und zufriedene Pensionäre mit aller erforderlichen

Garantie. In seinen theologischen Ansätzen wie in seiner historischen Bedeutung ist der Uniatismus aus Spannung und existentiellem Übel hervorgegangen. Dem schmerzhaften Bruch folgt die Wanderung in das gelobte Land, einst die Heimat unserer Väter im Glauben; dieses Land müssen wir nach langen Wüstenwanderungen und durch zahlreiche Anfechtungen und Nachstellungen hindurch unter Führung des „neuen Moses", der Kirche von Rom, finden, die uns bis an die Grenzen der ausgesöhnten und geläuterten Orthodoxie führen wird, selbst aber dort nicht eindringen kann, denn sie ist von einer anderen Welt. Der Aufruf zum ökumenischen Wagnis ist ein Aufruf zu Einsatz und Verzicht. Die große Versuchung wäre zu glauben, das „Land Ägypten", fruchtbar und reich, wäre der wünschenswerteste Aufenthaltsort, an dem das Gute und Teure, so billig erworben, die Unterdrückung, Fron und Entrechtung vergessen läßt...

Im Blick auf die Orthodoxie scheinen die Uniaten immer mehr zu verkennen, daß sie ihre Mutterkirche aus verschiedenen berechtigten Gründen verlassen haben, um das römisch-katholische Wagnis einzugehen. Jedoch sind die Bande, die die Uniaten mit der Orthodoxie zusammenschließen, natürliche Bande, die am Geheimnis des Lebens in seiner ursprünglichen, transzendenten Form teilhaben. Doch in Wahrheit bleiben diese Bande unzerstörbar. Die Rückkehr zu den Quellen, den Vätern, der Liturgie, der Spiritualität des eigenen Ursprungs steht den Uniaten unmittelbar bevor. Von allen Seiten wird dies herbeigesehnt. Dann werden sie die authentische Orthodoxie der goldenen Zeit wiederfinden. Die Umarmung mit der wiedergefundenen Mutter wird von unsäglicher Freude sein – Freude der Rückkehr und der Versöhnung in einer wahren Läuterung.

Dixi et salvavi animam meam.

WANIS A. SEMAAN, NEUENDETTELSAU

Kirche und Kirchen im Libanon

Schon seit den ersten Jahren des Christentums ist die Kirche im Libanon vertreten. Alle nur möglichen Arten von Kirchen gibt es heute dort, und deswegen ist es unmöglich, von einer monolitischen Kirche und von einer einzigen Verantwortung, sei es in einem religiösen oder politischen Rahmen, zu sprechen. Da mir nur zwanzig Minuten zur Verfügung stehen, kann ich die Kirchen im Libanon nur ganz kurz erwähnen; stattdessen werde ich die Kirchen nur nennen, um dann gleich zum Thema zu kommen.

Die Kirchen im Libanon sind die maronitische Kirche, die griechisch-orthodoxe Kirche, die melkitisch-katholische Kirche, die armenisch-apostolische Kirche, die syrisch-orthodoxe Kirche, die assyrische Kirche, die chaldäische Kirche, die evangelische Kirche und verschiedene protestantische Sekten. Man kann die Geschichte dieser verschiedenen Kirchen in mehreren Werken zur Kirchengeschichte nachlesen.

Aber was ist nun die religiöse Verantwortung dieser Kirchen? Man kann ihre Verantwortung in zwei Teile gliedern: Der erste Teil ist die Aufgabe dieser Kirchen ihren eigenen Mitgliedern gegenüber, und der zweite ist die Verantwortung dieser Kirchen der ganzen Gesellschaft gegenüber. Jede Kirche versteht ihre Aufgabe auf eigene Art und Weise. Die Ekklesiologie jeder einzelnen Kirche bestimmt das Verständnis der Verantwortung ihren Mitgliedern gegenüber. Zum Beispiel: Wenn eine Kirche sich ekklesiologisch so versteht, daß ihr Dasein in einem Bischof verkörpert ist, dann wird die Verantwortung der Gemeinde gegenüber sicher anders sein, als wenn sie sich als eine Gruppe freiwilliger Christen versteht, die mit Christus im Zentrum zusammengekommen sind. Im ersten Kirchentyp ist die seelsorgerliche Verantwortung weniger betont als im zweiten. Schwerpunkt des ersten Kirchentyps ist der Bischof, während im zweiten der Schwerpunkt auf der freiwilligen christlichen Gemeinde, die sich um Christus gesammelt hat, liegt. Die Verantwortung den Kirchenmitgliedern gegenüber ändert sich also von Kirche zu Kirche.

Die zweite Ebene der kirchlichen Verantwortung kann ähnlich beschrieben werden, d. h., daß je nach dem Selbstverständnis jeder Kirche sich die Verantwortung den Menschen außerhalb der Kirche von Fall zu Fall ändert. Daher möchte ich heute nur von meiner Kirche sprechen und nicht die Pflichten aller Kirchen verallgemeinern. Ich bin evangelisch-reformierter Theologe und gehöre zur Nationalen Evangelischen Synode in Syrien und im Libanon. Wie versteht sich nun meine Kirche? Wie verhält sie sich in der Gesellschaft des Landes? Und was versucht solch' eine Kirche in einem Land zu tun, in dem ihre Rolle, die sie in der Gesellschaft spielt, auf der Zahl ihrer Mitglieder beruht?

Als eine Kirche, die in der evangelisch-reformierten Tradition steht, sieht meine Kirche sich dem Dienst der Gemeinde und Gesellschaft verpflichtet. Sie folgt ihrem Haupthirten Jesus Christus, der nicht in die Welt kam, um bedient zu werden, sondern um der Welt zu dienen. Genau das ist der Ausgangspunkt, von dem sich diese Kirche zu verwirklichen anfängt. Weil wir Menschen sind, die Gott nach seinem Ebenbild erschaffen hat, hat jeder von uns diesen Dienst verdient.

Dieser Dienst der Kirche an den Menschen wird durch Schulen und Krankenhäuser ausgeübt. In allen größeren Städten des Landes hat die evangelische Kirche Schulen. Die Kinder, die diese Schulen besuchen, kommen meistens nicht aus einem christlichen Elternhaus, aber die Schüler können unsere Schulen vom Kindergarten an bis zur dreizehnten Klasse besuchen. Während dieser Zeit erfahren sie das evangelische Ethos. Nicht alle Schüler bleiben in unseren Schulen so lange; trotzdem lernen sie während ihrer Schulzeit bei uns unsere Werte und Normen kennen. Obwohl sie Angehörige ihrer eigenen Religion bleiben, nehmen sie evangelische christliche Werte mit nach Hause. So beeinflußt die evangelische Kirche durch ihre Schulen die Gesellschaft, in der sie lebt und wirkt.

Vor dem Krieg hatten wir mehr Krankenhäuser als jetzt. Jetzt ist nur noch ein einziges Spital übriggeblieben. Es spezialisiert sich auf Chirurgie und die orthopädische Behandlung von Kriegsopfern. Alle Kranken werden in diesem Spital aufgenommen, um zu sehr gemäßigten Kosten oder gar umsonst verpflegt und betreut zu werden. In dieser Aufgabe wird auch der Dienst an der Gesellschaft als Hauptaufgabe der Kirchen gesehen.

Seit letztem Januar kämpfen Christen gegen Christen. Und was macht die Kirche? Hier fragt man oft: Wie kann so etwas zwischen Christen geschehen? Aber durch solche Fragen behaupten die Fragesteller, daß solch' ein Benehmen zwischen gleichartigen Gruppen unmöglich sei. Aber Christen haben schon oft schamlos gegen einander gekämpft. Der Fragesteller, der die Behauptung macht, daß Christen nicht gegeneinander kämpften sollten, hat einen ziemlich kurzen Atem. Er drückt diese Stellungnahme aus, und damit glaubt er, daß er schon seine christliche und ethische Aufgabe erfüllt habe. So einfach geht es aber nicht. Die Christen, die im Libanon miteinander kämpfen, sind keine Christen in Isolation. Sie gehören der einen „Heiligen universalen Kirche" an. Und wo es im einzigen Körper Schmerzen gibt, dann spürt der ganze Körper diese Schmerzen und leidet darunter. Diese universale Kirche erinnert mich in dieser Frage an den Priester in der Geschichte von dem guten Samariter; er sah, daß jemand schwer verletzt war und ging zur anderen Seite der Straße; er mußte etwas gemurmelt haben, der arme Kerl.

In unserem Fall murmelt die universale Kirche auch wahrscheinlich etwas Ähnliches und bedauert den armen Libanon und seine Leute: Der arme Libanon – das Ende eines Traums. Aber damit sagt die universale Kirche, daß es ihr nichts ausmache, ob der Libanon lebt oder stirbt. Wann und woher kommt die Rettung? Wann wird endlich die ganze Kirche ihre Verantwortung ernst nehmen? Wird sie etwas riskieren oder wird auch sie sagen – wie viele es unter den Mächtigen dieser Welt ausdrücken –, daß sie sich im Libanon nicht die Finger verbrennen wollen? Hätte Jesus Christus etwas Ähnliches gesagt, dann hätten wir ihn gewiß schon vergessen: Dann gäbe es auch keine Rettung für die Menschheit.

3. Religiöse Sprache und sakrale Symbole in einer säkularisierten Welt

AUGUSTIN NIKITIN, LENINGRAD

Christentum und Kultur

Vorwort

Alle alten Felsendarstellungen, die bis heute aus vorgeschichtlicher Zeit erhalten sind – wie in Tassili N'Ajjer (Algerien), Südafrika, Australien und Ozeanien, wie in den Höhlen von Altamira (Spanien) und Lasqueau (Frankreich), im Ural und in Jakutien, in Gobustan (Azerbajdžan) und im Altai –, sind Elemente der ältesten Kultur und haben zugleich einen religiösen Sinn. Daraus ist zu erkennen, daß die meisten gemalten Tierdarstellungen auf den Felsen oft Objekte der Jagd waren. „Die Bilder der Tiere, die später die Höhlen der Altsteinzeit füllen, sollten möglicherweise eine Beute der Jäger darstellen", schreibt ein zeitgenössischer Ethnograph. „Die Riten, die in den Höhlen heimlich verrichtet wurden, sollten die mögliche Beute durch Magie in die erwünschte Wirklichkeit umwandeln. Die Wände der Höhlen drückten diese Traumverwirklichung durch Magie mit den Formen der Bildenden Kunst aus."[1]

Diese Vermutung bezieht sich auf die Urkultur in ihrem Verhältnis zum Animismus. Johann Gottfried Herder (1744–1803), der lutherische Superintendent, bemerkt in diesem Zusammenhang: „Alle wilden Völker verbinden bis heute ihre unbedeutenden Kenntnisse und ihre Kultur mit der Religion", und dann fügt er hinzu: „Was als erstes nicht verneint werden kann, ist die Tatsache, daß nur die Religion den Völkern Wissenschaft und Kultur gebracht hat, daß Kultur und Wissenschaft in der ersten Periode einfach eine besondere religiöse Tradition gewesen sind."[2]

Heute in der säkularen Zeit findet das meiste kreative Schaffen außerhalb der Kirche statt. Oft verrichten es gleichgültige Menschen, die manchmal Feinde der Kirche, des Christentums und vor allem der Religion sind. Der moderne Mensch erkennt oft gar nicht, woher der Geist

---
[1] A. F. Anisimov: Ètapy razvitija pervobytnoj religii. M 1967, S. 26
[2] I. G. Gerder: Idei k filosofii istorii čelovečestva. M 1977, S. 253

ihm zuweht, der ihn erfrischt und lebendig macht. Aber christliche Forscher und Publizisten erinnern kirchenferne Menschen daran. „Sogar den Forschern, die dem Glauben sehr fernstehen, ist schon lange klargeworden, daß Ethik und Metaphysik, Kunst und Naturwissenschaft von der Religion herkommen", schreibt ein gegenwärtiger Publizist der orthodoxen Kirche. „Die Kunst wurde aus dem Kult geboren, die Wissenschaft und Philosophie entstanden als Versuche, die Welt in religiöser Hinsicht zu begreifen; Moral, Recht und Familie stützten sich auf die Gebote des Glaubens. Und das bezieht sich nicht nur auf die Vergangenheit: Der Glaube an den höchsten Sinn des Kosmos ist heute wie auch im Altertum der Angelpunkt, der jeder Kultur die innere Einheit verschafft."[3]

Diese Zeilen, die sich vor allem an den russischen Leser in der UdSSR richten, finden sich im Buch „Quellen der Religion" (Brüssel 1981) von Erzpriester Aleksandr Meń (1935-1990). Als Epigraph zum ersten Kapitel seines Werkes nahm er die Worte des bekannten Ethnologen James George Frazer (1854-1941): „Alle Kultur entstammt dem Tempel." „Die Tatsache, daß die Religion heute mit den bedeutendsten geistlichen Bewegungen der Gegenwart verbunden ist, erinnert uns wieder an die Verwurzelung der Kultur im Glauben", fährt Vater Aleksandr fort. „Die Kultur wird in dem geboren, was als Religion im weitesten Sinne des Wortes bezeichnet werden kann. Die Geschichte gibt uns mehrere treffende Beispiele dafür, wie Ideen und Glauben die Welt in Bewegung setzten, wie Mythen, Konzeptionen und Überzeugungen Kulturen veränderten."[4]

Viel ausführlicher schreibt darüber J. G. Herder, und die Gedanken des lutherischen Superintendenten des 18. Jahrhunderts stimmen mit den Worten des heutigen orthodoxen Autors überein. „Auch die Ägypter und alle orientalischen Völker bis zu den nördlichsten Peripherien des Orients und alle Kulturvölker des Altertums - Etrusker, Griechen, Römer - erhielten durch religiöse Riten die Wissenschaften aus der Tiefe religiöser Traditionen; so empfingen sie Dichtung und Kunst, Musik und Schrifttum, Geschichte und Medizin, Naturwissenschaft und Metaphysik, Astronomie und Zeitrechnung, sogar Ethik und Staatslehre", schreibt Herder. „Die ältesten Weisen waren mit einer einzigen Sache beschäftigt: Sie teilten die von ihnen erhaltenen Samen und wogen die Pflanzen; dieser Prozeß dauerte auch nach ihnen viele Jahrhunderte. Auch wir, die Völker im Norden, erhielten unsere Wissenschaft als eine Art der Religion; deshalb können wir zusammen mit der

---

[3] A. Meń: Istoki religii. Brjussel' 1981², S. 36
[4] a. a. O., S. 35

Geschichte aller Völker kühn sagen: ‚Die Erde ist dank der religiösen Tradition von Schrift und Sprache mit den Samen einer immer höheren Kultur verbunden.'"[5]

Religion und Kultur in vorchristlicher Zeit

In allen Religionen werden durch einen Kult gewisse Beziehungen zwischen Mensch und Gott hergestellt. Der Kult im Alten Testament entwickelte sich, und im Laufe seiner Geschichte erschienen darin Elemente wie Heiligtümer, Lade, Altäre und sakrale Handlungen. Der religiöse Kult und die Kultur Israels entstanden ursprünglich aus den Traditionen dieses Nomadenvolkes; die Kulturebene der Staaten, die das von Gott erwählte Volk umgaben, lag damals viel höher. Zu Ende der zwanziger Jahre dieses Jahrhunderts bemerkte der katholische Philosoph und Kulturhistoriker Christopher Dawson (1889–1970): „Die Geschichte Israels zeigt, wie die materielle Zivilisation eines wenig kulturellen Volkes zum Wegweiser einer hohen religiösen Tradition werden kann. Denn Jahve war nicht nur ein Gott der Gefechte, sondern auch ein Gott der Gerechtigkeit und Wahrheit, und das Übergewicht des ethischen Elements in der hebräischen Religion entstand durch den Geist der Kompromißlosigkeit und Intoleranz, der die Augen von der höheren Kultur der Städte Kanaans abwandte und zum Sinai und zur Wüste lenkte."[6]

Als Israel durch den Bund mit Jahve zum Volke Gottes wird, unterstellt sich sein Kult immer mehr einer strengen Gesetzgebung. Im Mittelpunkt dieses Kults ist die Bundeslade – ein Symbol der Gegenwart Gottes unter dem Volk. Die Herstellung der Lade war ein wichtiger Schritt in der Entwicklung der alttestamentlichen Kultur und bezeugte, daß die materielle Kunst ursprünglich von Gott kommt und eine Gabe Gottes ist. Gott als Quelle der Schönheit und als Erster Künstler lehrte die Menschen die Kunst, wie Joannes Chrysostomos (345–407) schreibt. „Als die Stiftshütte zur Zeit Mose in der Wüste gebaut wurde", sagt Joannes Chrysostomos, „brauchte man zweifellos keine Lehrgabe, sondern die Gabe eines Architekten; man sollte wissen, auf welche Weise feine Leinwand, Hyazinth, Purpur und Scharlach gemacht werden. Gott schenkte die gesegnete Gabe des Architekten, die Gabe zu nähen und zu weben, die Gabe, Gold zu schmelzen, und diejenige, Steine zu bearbeiten und zusammenzufügen. Warum hat Gott

---

[5] I. G. Gerder, a. a. O., S. 254
[6] K. Dauson: Christianstvo i vozniknovenie zapadnoj civilizacii. In: Logos 21–24/1976 (Pariž-Brjussel'), S. 26 f.

diese Künste geschenkt? Weil er auf Erden die Stiftshütte schuf, und weil man die Gabe des Heiligen Geistes brauchte, der die Sache ordnete. Das war keine Lehrzeit, sondern die Zeit der Webkunst und anderer Künste."[7]

Die Bundeslade war zuerst tragbar, dann stellte man sie in verschiedenen Heiligtümern auf, bis schließlich König David sie nach Jerusalem bringen ließ, wo sein Sohn Salomo den Tempel baute (1. Kön 6). Nach der Gefangenschaft in Babylon wurde zum Kult des zweiten Tempels der Synagogengottesdienst hinzugefügt, der aus Gebeten und Gesang bestand und seit der Gefangenschaft das gemeinsame Gebetsleben der Juden in der Diaspora unterstützen sollte.[8]

So entwickelten sich der alttestamentliche Tempelkult und die damit verbundenen Kulturtraditionen. „Der Kult ist eine gewisse Handlung des Menschen, nämlich eine Art seiner Kulturtätigkeit, die neben anderen existiert", schrieb Pavel Florenskij (1882-1937). „Die Kultgegenstände – Tempel, Tempelgerät, andere Objekte für Tempel und Hausgebet, sowie alle Elemente des Kults, beispielsweise Text und Melodien der Gesänge, Gebete, geweihte Stoffe, usw., die in konkreten Ganzheiten zusammengefügt wurden, – sind Werkzeuge dieser Kulturtätigkeit; mit ihnen, durch sie und in ihnen wird der Kult manifestiert und verwirklicht."[9]

Wichtigster Teil althebräischer Volkskultur war das religiöse Erbe in literarischer Form. Das Wort Gottes, in der Bibel geoffenbart, kann in vielen Kulturen unterschiedlicher Völker wohnen. Aber für das hebräische Volk hatte die Bibel eine besondere Bedeutung: Sie sollte die kulturelle Identität der Nation bewahren, die dazu gezwungen war, in der Zerstreuung zu wohnen. Aleksandr Meń betrachtete dieses Problem im weiteren Kontext und bemerkte: „Die Trennung der Kultur von ihren religiösen Grundlagen kann nicht ohne fatale Folgen bleiben. Echte kulturelle Blüte ist ohne intensives geistliches Leben undenkbar. In der Tat: Was wäre beispielsweise die Geschichte Israels ohne Bibel, und was wäre die Zivilisation Europas ohne Bibel? Was wäre die westliche Kultur ohne Katholizismus, die indische ohne ihre Religionen, die russische ohne Orthodoxie, die arabische ohne Islam?"[10]

Die rituellen Traditionen waren auch ein wichtiger Faktor, der dem althebräischen Volk bei der Wahrung seiner kulturellen Identität geholfen hat. Als die Hebräer im Lauf der Geschichte mit der kosmopoliti-

---

[7] Vgl. Ioann Zlatoust: Tvorenija. Bd. III. SPb 1897, S. 882
[8] Vgl. Slovaŕ biblejskogo bogoslovija. Brjussel' 1974, S. 514 f.
[9] P. Florenskij: Iz bogoslovskogo nasledija. In: Bogoslovskie trudy (Moskva) 17/1977, S. 101 f.
[10] A. Meń, a. a. O., S. 41 f.

schen Kultur des Hellenismus in Berührung kamen, bewahrten sie allein ihre besonderen Traditionen und ihre Weltanschauung, und sie trennten sich davon durch eine strengere Befolgung ihres Ritualgesetzes. Anderseits wohnte dem Ritusglauben, der im hebräischen Volk zu der Zeit, in der der Heiland in die Welt kam, schon verbreitet war, eine verhüllte Gefahr für ihre Religionsgrundlagen und ihr Kulturerbe inne.

„Damit du gründlich weißt", sagte Joannes Chrysostomos, „daß nur die Tugend die Menschen schmückt, versuche ich das am Beispiel dessen zu beweisen, was würdiger als jede Stadt ist – der Tempel Gottes in Jerusalem. Es ist der Tempel, in dem Opfer und Gebete dargebracht wurden, Gottesdienste gefeiert wurden, in dem sich das Allerheiligste befand und die Cherubim und die Bundeslade und der goldene Vorhang – diese großen Zeichen der Sorge Gottes für sein Volk. Und doch wurde dieser schöne, wunderbare und heilige Tempel geschändet, entweiht und entehrt, als die Betenden Unzucht trieben, so daß er noch vor der Zerstörung eine Höhle der Räuber und des Weibes genannt wurde und später in die unreinen und lasterhaften Hände der Barbaren überliefert wurde."[11] Also können die Kult- und Kulturtraditionen nur dann wahrhaftig sein, wenn sie der Sittlichkeit folgen und der sittlichen Vollkommenheit des Menschen dienen.

Den Zusammenhang von Religionen und Kultur gab es auch in der antiken Welt, da die Kultur ursprünglich zwei Prinzipien hat: Arbeit und Inspiration. Kultur hat im Lateinischen einen doppelten Wortsinn: „Cultura agri" und „Cultura Dei". Als Arbeit ist die Kultur mit dem Erdboden verbunden. Als Inspiration wohnt die Kultur in der Kunst der Antike, untrennbar mit Gebet und Kult verbunden. Die alten Griechen und Römer glaubten an den göttlichen Charakter der künstlerischen Begeisterung. Die Dichtung ist heiliger Wahnsinn *(mania)*, und der Dichter ist ein Prophet. Sogar Aristoteles (384/3 v.Chr. – 322/1 v.Chr.) nennt den Dichter gottbesessen *(Entheos)*.[12] „Die Muse ist das Pseudonym, in dem die alten Dichter die Gnade der Begeisterung des ihnen unbekannten Heiligen Geistes *(Ruah)* herbeiriefen", schrieb zu Beginn der dreißiger Jahre dieses Jahrhunderts G.P.Fedotov (1886–1951), der russische Kirchenpublizist im Ausland. „Prophezeite nicht Vergilius die Geburt des Göttlichen Kindes im Namen des Beelzebubs?"[13]

Gerade in einem solchen Verständnis der Verbindung zur antiken

---

[11] Vgl. Ioann Zlatoust: Tvorenija. Bd. II. SPb 1896, S.195
[12] Vgl. G.P.Fedotov: Rossija, Evropa i my. Sb. st. Bd. II. Pariž 1973, S.220
[13] a.a.O., S.221

Kunst liegt die Ursache, daß die altchristliche Kunst auf der ersten Stufe Formen und Technik heidnischer Kunst übernahm, indem sie ihr einen anderen Sinn beilegte (wie die Katakombendarstellung Jesu Christi als Orpheus). So kann man im gewissen Sinn den Gedanken von der Gnadenwirkung des Heiligen Geistes in der antiken Welt zulassen, aber mit dem grundsätzlichen Vorbehalt, daß „zwischen heidnischer und christlicher Geistigkeit das Kreuz steht, an dem die Menschennatur in göttlicher Urgestalt gekreuzigt wurde."[14]

Wenn wir das Schaffen eines antiken und eines christlichen Dichters vergleichen, so ist das Schaffen des letzteren unvergleichlich tiefer: „Hinter der Schönheit und Macht der Welt sah er auch das andere – das Antlitz des gekreuzigten Christus. Und da er ihn wirklich sah, brachte er seine neue Erfahrung in die Elemente der Welt", setzt der russische Theologe seinen Gedankengang fort. „Die Welt der Kultur ist immer die Welt gespannter Gegensätze. Die Kreuzigung wird nur allmählich vom weltlichen Bewußtsein erkannt. Die christliche Katharsis der Inspiration ist selten zu Ende. Aber auf allen Stufen der Begeisterung ist sie eine Inspiration durch Heiligen Geist und Feuer."[15] Die Verbindung von Kultur und Religion gab es ohne Zweifel in vorchristlicher Zeit bei vielen alten Völkern – von den wilden Stämmen bis hin zur feinen antiken Gesellschaft. „Wir als Christen wollen weder Sokrates (469–399 v.Chr.) noch Aischylos (525–455 v.Chr.) den Dämonen überlassen; wir können die wahren Namen den göttlichen Kräften geben, die nach dem Apostel Paulus in der vorchristlichen Kultur wirkten", fährt G.P.Fedotov fort. „Diese Namen sind Logos und Geist: Der erste bezeichnet Ordnung, Einklang, Harmonie, der zweite Inspiration, Begeisterung, schöpferischen Elan. Beide Prinzipien sind in jeder Kultursache anwesend."[16]

Frühchristliche Zeit

Der Herr Jesus Christus, der um unserer Rettung willen in die Welt gekommen ist, verkündete eine neue Art, Gott zu dienen – „in Geist und Wahrheit"; deshalb wird der wahre Kult ein geistlicher Kult, dem Riten innewohnen können, aber die Hauptsache ist die Gegenwart des Heiligen Geistes, der jeden erfüllt, den er wiedergeboren hat (Joh 4,23 u.a.). Hauptziel eines jeden Christen ist es, den Heiligen Geist und das Reich Gottes zu erringen, in dem das reine, immaterielle Leben im Hei-

---

[14] a.a.O., S.222
[15] a.a.O., S.228
[16] a.a.O., S.220

ligen Geist bleibt und die materiellen Attribute der menschlichen Kultur keinen Platz haben. Deshalb entsteht die Frage von Ort und Rolle der Kultur in neutestamentlicher Zeit.

Dieses Problem regte immer die russischen Theologen an, es verschiedenartig zu lösen. Zu Beginn des 20.Jahrhunderts schrieb einer von ihnen: „Immer gibt es die Versuchung, im Christentum nur ein Streben nach dem Jenseitig-Göttlichen zu sehen. Diese Versuchung bewirkt gerade das, was manche die ‚Askese des historischen Christentums' nennen, d.h., seine Trennung vom Interesse am Kulturleben der gesamten Menschheit. Manche theologisierenden Intellektuellen erlauben nicht einmal einen Gedanken an die Anwendung der Gebote Christi im Leben unserer Welt; sie sehen Kirche und Kultur als feindliche Kräfte und Räume ... Sind etwa Kirche und Kultur unversöhnlich getrennt und schließen einander aus?"[17]

Um die Beziehung des Christentums zur Menschenkultur in ihrer ganzen Mannigfaltigkeit zu klären, wollen wir uns an das alte Erbe der heiligen Väter wenden. Einer der hervorragenden Vertreter der „goldenen Zeit" der Patristik war Joannes Chrysostomos. In dieser Zeit bestätigte und festigte die Kirche Christi ihren Einfluß in der Welt als geistliche und materielle Kraft. „Nachdem die Väter der christlichen Welt ‚andere Welten' berührten, hinterließen sie darüber ihre Werke; sie bildeten Ritus, Ordnung, Forderungen, Bräuche und Institutionen aus; der Kanon wurde gefestigt, die Liturgie wurde geschaffen, das Kirchengebäude wurde gebaut", schrieb V.V.Rozanov (1856–1919). „Geschaffen wurde eine Menge des materiellen Heiligtums in Raum und Zeit. Das Licht Gottes blieb ebenso unversehrt wie die Reliquien eines Gerechten. Eine Berührung war hier schon für jeden möglich – ein Rettungsmittel, das jedem vorgeschlagen ist."[18]

In der Zeit von Joannes Chrysostomos erhielt die Kirche den legitimen Status in den Augen der Kaisermacht: Kirchen wurden gebaut und geschmückt, die neue christliche Kultur entwickelte sich. Aber Fragen der Kunst interessierten Joannes Chrysostomos – wie auch andere Kirchenväter – nur so weit, wie sie dem Hauptziel, der Grundlage ihrer theologischen Werke entsprachen. Sittliche Vollkommenheit war die Hauptsorge des großen Kirchenlehrers. Auch auf dem Gebiet der Kirchenkunst bewertete er alles von diesem Standpunkt aus.

Sicher können solche Leuchter des Glaubens und des religiösen Lebens wie Joannes Chrysostomos, die sich nicht besonders mit Kunstfragen beschäftigten, nicht alle privaten Fragen beantworten. Aber bei den

---

[17] K. Šebatinskij: Evangelie i kul'tura. In: Strannik 1910/12, S.730
[18] V.V. Rozanov: Religija i kul'tura. Sb. St. SPb 1899, S.243

Leitprinzipien leuchtet die Fackel des Hl. Joannes Chrysostomos jedem auch heute, der die Beziehung von Christentum und Kultur tiefer begreifen möchte. J. Chrysostomos und die anderen Kirchenväter benutzten zur Erklärung unterschiedlicher Aspekte des menschlichen Seins oft die Werke antiker Autoren, aber sie deuteten sie bei der Anwendung zur christlichen Lehre um. Ein antiker Philosoph, der sich mit Fragen der Kultur und Kunst befaßte, war Plotinos (205-270), der Begründer des Neuplatonismus, dessen Werke teilweise Plato (428-347 v. Chr.) und Aristoteles rezipierten, aber er formulierte die Lehre über das Schöne klarer als sie. Dieser Philosoph, der die Werke solch' großer Kirchenväter wie Kyrill von Jerusalem (ca 313-387), Basilios der Große (330-379) und Gregor von Nazianz (330-390) beeinflußte, war zweifellos Joannes Chrysostomos bekannt; ihre Ansichten zur Kunst sind ähnlich (soweit eine Ähnlichkeit zwischen den Ansichten des heidnischen idealistischen Philosophen und dem großen Kirchenvater möglich ist). Nach Joannes Chrysostomos ist die Quelle aller Künste die Natur, der erste Künstler ist ihr Schöpfer selbst – Gott. Und Chrysostomos wendet dieses Epitheton als Gottes Namen an. „Als der weise Künstler schuf Gott die erhabene Schönheit aus nichtigem Stoff, um dir seine Weisheit zu zeigen. Bewundere diese Schönheit, um den Künstler zu preisen", sagt Joannes Chrysostomos.[19] An anderen Stellen seiner Werke nennt J. Chrysostomos Gott den größten Künstler,[20] der „allem Sichtbaren die nötige Ordnung und Schönheit verleiht."[21] Gott ist nicht nur der Schöpfer der Schönheit, sondern auch ihre Quelle.

„Folgende drei Gegenstände erwecken Liebe in uns", sagt Joannes Chrysostomos, „entweder körperliche Schönheit oder große Wohltat oder Liebe eines anderen zu uns ... In Gott kann man nicht nur einen in Vollkommenheit, sondern alle drei in solch' hohem Grad sehen, daß es mit Worten nicht mehr auszudrücken ist. Die Schönheit dieses seligen und unverzehrbaren Wesens ist unsagbar, mit nichts zu vergleichen, vortrefflicher als jedes Wort und höher als jeder Verstand."[22] Absolute Schönheit ist nur Gott eigen, und von ihm als der Quelle erhalten die von ihm erschaffenen Dinge und der Mensch selbst ihre Schönheit, da sie ihrer geistlichen Natur nach Gott ähnlich sind.

Diese Ansicht über die Urquelle der Schönheit kommt der Ansicht nahe, die davon Plotinos hatte. Jedoch sind die Positionen der christlichen und der antiken Denker nur in bestimmten Grenzen vergleichbar; denn J. Chrysostomos nimmt als Grundlage seiner Ansichten Bücher

---

[19] Vgl. Ioann Zlatoust: Tvorenija. Bd. V. SPb 1899, S. 807
[20] a.a.O., Bd. IV. SPb 1898, S. 122
[21] a.a.O., S. 56
[22] a.a.O., Bd. V. SPb 1899, S. 155 f.

der Bibel, in denen auch solche Zeilen zu lesen sind: „Die Himmel erzählen die Ehre Gottes, und die Feste verkündigt Seiner Hände Werk", (Ps 19,2) „denn Gottes unsichtbares Wesen, das ist seine ewige Kraft und Gottheit, wird ersehen seit der Schöpfung der Welt und wahrgenommen an seinen Werken ..." (Röm 1,20).[23]

Joannes Chrysostomos begründet die sittliche Legitimität des Genusses durch die Schönheit mit folgenden Worten: „Man kann sehen, daß viele Dinge in unserem Leibe nicht nur für den Nutzen existieren, sondern auch für die Schönheit; Farben existieren für die Schönheit, und nicht für den Nutzen; man kann schwarz sein und nichts am Nutzen verlieren ... Da uns ein schwieriges und schweres Leben gegeben ist, wurde uns auch mancher Trost geschenkt."[24]

Als Schöpfer wunderbarer Werke in der Natur ist „der größte Künstler Gott" gütig und am vollkommensten; ebenso soll auch jeder Künstler – als Schöpfer der Werke menschlicher Kunst – dem Urkünstler in seiner sittlichen Qualität möglichst ähnlich sein. Indem wahre Kunst ihrem Wesen und ihrer Herkunft nach göttlich ist, muß sie höchst sittlich sein, denn Gott ist nicht nur absolute Schönheit, sondern auch absolute Güte; deshalb kann alles, was der sittlichen Güte zuwider ist, nicht Gott zur Quelle haben.

Der Inhalt der Kunst ist das innere Erleben des Künstlers während des Erschaffens seiner Kunstwerke, die in den Betrachtern entsprechende Emotionen hervorrufen. „Die Schönheit des Werkes selbst, die ästhetische Emotionen und Genuß hervorruft, ist doch keine Eigenschaft des Gegenstandes, sondern die Eigenschaft der Seelen von Künstler und Zuschauer", schrieb ein russischer Autor darüber. „Darum ist Schönheit in der Kunst ein Maß der sittlichen Reinheit und der Größe des Gefühls, das im Kunstwerk seinen Ausdruck findet; aber es ist nur Maßstab und erhöhender Anreiz, aber keine Ursache."[25]

Hauptziel der Kunst ist daher die Antwort auf das Gefühl der Schönheit, das der Menschenseele eigen ist und das die absolute Schönheit des Göttlichen im Menschen widerspiegelt. „Sache der Kunst ist es", sagt Joannes Chrysostomos, „einen Nutzen zu verschaffen."[26] „Wie auch in den Häusern gibt es einige Sachen zum Nutzen, andere für die Schönheit, so gab Gott dem Menschen eine für die Schönheit und eine andere zum Nutzen ... Gott schuf nichts Körperliches ohne Schönheit, sondern alles um der Schönheit und des Nutzens willen."[27] So bewahrt

---

[23] Vgl. S. Anan'in: Učenie Plotina o prekrasnom. In: Vera i razum, Bd. I. S. 99
[24] Vgl. Ioann Zlatoust: Tvorenija. Bd. VI. SPb 1900, S. 492
[25] E. Viktorovskij: Iskusstvo i moral' v ich vzaimootnošenii. In: Strannik 1910/1, S. 221
[26] Vgl. Ioann Zlatoust, a.a.O., Bd. VII. SPb 1901, S. 539
[27] a.a.O., Bd. VI. SPb 1900, S. 788 f

man auch in der christlichen wie in der vorchristlichen Kunst dieselben Traditionen, aber sie sollen Träger göttlicher Inspiration sein, obwohl sie jede Lebenssphäre hat.

Mithin steht die Kultur nicht im Gegensatz zum Christentum, sondern wird von ihm legitimiert und durch es gesegnet, wenn sie das Streben nach Wahrheit zur Grundlage hat. Deshalb erkennt Joannes Chrysostomos von den Mitteln, die ein Künstler zur Erfüllung seiner Aufgaben gebraucht, nur solche an, die nichts Sittenloses und Nutzloses enthalten. Manche Kunstarten billigt er, manche aber nicht. So nennt er „die Kunst, die für uns notwendig ist, die Kunst des Arztes, die Architektur und ähnliche Künste."[28] „Wenn ich dich zur Malerei führe, wirst du verwirrt werden. Sag' mir, scheint es dir nicht umsonst, was ein Maler macht?" fragt J. Chrysostomos. „Wozu dienen ihm die gezeichneten und verwickelten Linien? Wenn er aber die Farben darauf legt, dann siehst du die Schönheit der Kunst."[29]

Joannes Chrysostomos verneint jedoch die Künste, die der Seele des Menschen nichts nützen. „Heute leben solche Menschen, die ihr Haus mit goldenen Decken und farbigen Steinen schmücken."[30] „Was nützt es, wenn wir große, helle Häuser bauen, sie mit Säulen, Marmor, Galerien, Götzen und Standbildern schmücken?"[31] „Malerei und Ornamente führen nur zu vielen Ausgaben. Ist es etwa nützlich, Tiere auf Mauern und Kleidern abzubilden?"[32]

In seinen Schriften vergißt J. Chrysostomos auch nicht den Hinweis, daß Schönheit und Nutzen nicht das Ziel der Kunst sind; wie auch jede andere Arbeit des Menschen ist die mögliche Annäherung an Gott, diesen Urquell der Schönheit, das Ziel. „Welche Schande ist es, die Wände ohne Not und Nutzen mit Marmor zu schmücken", sagt der Kirchenvater, „damit Christus unter uns ohne Kleid wandle! Laßt uns lieber nicht die Häuser, sondern unsere Seelen davor schmücken."[33] Das Zitat drückt ein gewisses Bestreben nach Askese aus, was aber keineswegs den Wert christlicher Kunst schmälert. Deshalb scheinen die Aussagen der Kritiker christlicher Kunst unberechtigt; sie denken, eine solche Askese führe dazu, daß „das Evangelium den einen Weg ging, und das natürliche Leben einen anderen: Zwischen ihnen konnten keine Beziehungen sein; das Evangelium konnte keine Kulturformen, keine sozialen

---

[28] a.a.O., Bd. VII. SPb 1901, S. 512
[29] Vgl. Ioann Zlatoust: Tvorenija (Beseda na poslanie k Efesjanam). M 1844, S. 305
[30] a.a.O., Bd. I. M 1864, S. 27
[31] a.a.O. (Beseda na poslanie k Filippijcam). M 1844, S. 203
[32] a.a.O. (Beseda na Evangelie ot Matfeja). Bd. II. M 1846, S. 342 f.
[33] Vgl. Ioann Zlatoust: Tvorenija. Bd. II. M 1896, S. 34

und politischen Verbesserungen einleiten, und das Leben konnte sich nicht die asketischen Ideale des Evangeliums zueigen machen."³⁴

Tatsächlich werden in der künftigen verklärten Welt, in der die Natur selbst verschwindet, keine sichtbaren Zeichen des kulturellen Erbes sein. Aber die Arbeit und Heldentat bleiben auf dem Weg zur Heiligkeit; deshalb ist auch das Kulturschaffen notwendig. „Solange die Natur besteht, muß Kultur geschaffen werden", schreibt G. P. Fedotov. „Sonst würde die Reinheit der Engel mit der Bestialität der Sünder zusammentreffen. Die Kirche hat die Aufgabe, die Menschheit zu retten, und weiht dadurch die Kultur als eine Form des allgemeinen Lebens der Menschheit ein."³⁵

Noch einmal soll betont werden: Die Entwicklung der Kultur ist im Christentum kein Selbstzweck, sondern ein Mittel zur Rettung des Menschen im Lauf seiner sittlichen Vervollkommnung. „Das wahre Kulturschaffen, geleitet vom Glauben an den endgültigen Sieg der Wahrheit und Güte, muß ein Hilfsorgan der religiösen Tätigkeit des Menschen sein – es klärt unser sittliches Selbstbewußtsein und macht unser geistliches Leben vernünftiger", schrieb zu Beginn des 20. Jahrhunderts P. P. Kudrjavcev, Professor an der Geistlichen Akademie Kiev. „Von diesem Glauben begeistert ist das Kulturschaffen eine religiöse Heldentat, ein Dienst an Gott als realer, lebendiger Zusammensetzung der reinen Wahrheit, sicheren Rechts, höchsten Güte und unaussprechlichen Schönheit."³⁶

Indem die Kirche christliche Ideen ins menschliche Bewußtsein einführte, wollte die Kirche die Kultur weder abschaffen noch verschlingen, obwohl manche Ansprüche darauf gerichtet sein konnten, denn das Reich Gottes „ist nicht von dieser Welt" (Joh 18,36). Von diesem Dualismus, der die schöpferische Freiheit der Person im Christentum bezeugte, schrieb im 18. Jahrhundert Charles de Montesquieu (1689-1755): „Es ist ein erstaunliches Phänomen: Die christliche Religion setzt wahrscheinlich nur die Seligkeit im künftigen Leben des Menschen voraus und dennoch begründet sie in diesem Leben sein Glück."³⁷

Diesen Gedanken bestätigen immer wieder auch die russischen Autoren, die über den Zusammenhang zwischen Christentum und Kultur nachdachten. Einer von ihnen schrieb zu Beginn des 20. Jahrhunderts:

---

³⁴ Zit. nach N. Jumonov: Christianstvo i formy kul'turnoj zizni. In: Strannik 1915/1, S. 3
³⁵ G. P. Fedotov, a. a. O., S. 223
³⁶ P. P. Kudrjavcev in: TKDA 1906/2, S. 361
³⁷ Zit. nach: A. S.: Christianstvo i ego kul'turno-istoričeskoe značenie v mirovoj istorii. In: Strannik 1907/4, S. 603

„Alles, was den geistlichen Aufstieg des Menschen in Güte, Liebe und Wahrheit fördert, was das Schaffen des Menschen erhöht und veredelt, was die hohen Ansprüche und Begabungen des Menschengeistes mehr öffnet und den Menschen zum Reich Gottes hinführt, hat ein legitimes Existenzrecht und dient als Leiter zum Himmelreich. Wahre Menschenkultur fördert dieses Ziel, und wenn sie es gemäß den begrenzten Kräften und Fähigkeiten des Menschen erreicht, ist sie tatsächlich die Brücke, die uns dazu führt, die Ideale des Reiches Gottes auf Erden zu verwirklichen."[38]

Das Mittelalter im Osten und im Westen

Byzanz vererbte die Ansicht der Kirchenväter über die Kultur und ihre Bedeutung im Lauf des Aufbaues zur Rettung des Menschen. Im Gegensatz zum Westen bildete sich in Byzanz der Humanismus als antichristliche Weltanschauung heraus.[39] In Byzanz waren, wie später auch in der Ruś, Christentum und Kultur eine organische Einheit. „Dort wird die Kultur unmittelbar aus den Quellen des gnadenhaften Lebens erschaffen", schrieb G.P. Fedotov. „Die Philosophie drückt die Erfahrung der Mystiker aus, Dichter verfassen Gebete, Künstler fixieren ihre Visionen der himmlischen Welt in Ikonen und Statuen. Das freie kreative Wehen des Heiligen Geistes kommt aus der Mitte kirchlichen Lebens – vom Altar und vom Golgathaopfer, das darauf erbracht wird. ‚Crux' und ‚Ecclesia' sind eins."[40]

Trotz der Trennung von West- und Ostkirche im Jahre 1054 zeigte sich im christlichen Osten noch lange Zeit in eigentümlicher Form die Kulturgemeinschaft zweier Welten – der byzantinischen und der westlichen. Ein Zitat aus dem Werk J.G. Herders kann das Gesagte bestätigen: „Der beste Gotenkönig, Theoderich (der Große; ca 453–526), wurde in Konstantinopel erzogen, und alles Gute, das er für Italien getan hat, verbinden wir in bedeutendem Maße mit Ostrom. Keinem einzigen heidnischen Volk schenkte Konstantinopel die Samen der Kultur, der Schrift und des christlichen Glaubens; daher gestaltete Bischof Wulfila (ca 311–383) das griechische Alphabet für seine Goten, die die Küsten des Schwarzen Meeres bewohnten, um und übersetzte das Neue Testament in die gotische Sprache; die Russen, Bulgaren und die anderen slavischen Völker empfingen von Konstantinopel Schrifttum,

---

[38] K. Šebatinskij: Evangelie i kul'tura. In: Strannik 1910/12, S. 732
[39] Vgl. I.P. Medvedev: Vizantijskij gumanizm XIV–XV vv. L 1976, S. 164f.
[40] G.P. Fedotov, a.a.O., S. 227

Glauben, Sitten, und es geschah viel friedlicher, als ihre westlichen Nachbarn von den Franken und Sachsen dasselbe erhielten."[41]

Die byzantinischen Kulturtraditionen beeinflußten auf diese Weise sehr die Kirche des Westens; wie auch derselbe lutherische Kirchenhistoriker bemerkte, „war es eine Wohltat für die ganze zivilisierte Welt, daß die griechische Sprache und Literatur so lange im östlichen Kaiserreich blieb, bis Westeuropa dazu gediehen war, sie aus der Hand der byzantinischen Flüchtlinge zu empfangen."[42]

Das byzantinische Kaiserreich brach 1453 nach dem Fall Konstantinopels zusammen. Aber schon lange vor diesem traurigen Ereignis siedelten griechische christliche Gelehrte in den Westen über; sie brachten wertvolle Manuskripte, Ikonen und andere Attribute byzantinisch-christlicher Kultur mit. Beispielsweise ist bekannt, daß Francesco Petrarca (1304–1374), der Vorläufer des Humanismus, die griechische Sprache bei dem griechischen Lehrer Barlaam erlernte.[43]

Die Traditionen des Humanismus, die in die christliche Kultur in Byzanz keinen Eingang fanden, trafen im Westen auf mehr Verständnis. Unter dem Einfluß der aus Byzanz geflohenen Griechen interessierten sich die westlichen Humanisten für die Literatur und Kunst der Antike; ein Ziel ihrer ganzen Beschäftigung war die Nachahmung und Wiederherstellung der klassischen Meisterwerke. Aber der Humanismus, der in den Westen gebracht wurde, fiel auf einen Boden, der schon lange von der christlichen Lehre erleuchtet wurde. Entgegen jeglicher menschlichen Logik zerstörte gegen die Weisheit antiker Philosophen und die Macht heidnischer Autoritäten das Christentum, anfangs von wenigen galiläischen Fischern verbreitet, gänzlich die heidnischen Tempel in den mächtigsten Kulturzentren der alten Welt und verdrängte überall den heidnischen Kult, vom prächtigen Kaiserpalast bis zur armen Bauernhütte. „Sogar jene Schriftsteller, die den göttlichen Ursprung des Christentums leugneten und es einfach als historische Erscheinung betrachteten, bemühten sich darum, den gewaltigen Einfluß der christlichen Religion auf Schicksal und Charakter der neuen Menschheit zu erklären,"[44] schrieb ein russischer Autor darüber.

Die römische Kirche entstand mitten in der Kultur und Religion der antiken Welt. In Rom traf das Christentum auf den höchsten und vollständigsten Ausdruck einer vielhundertjährigen Kultur. Tatsächlich trat das Christentum in Rom ins Leben, änderte sich in der Sphäre der An-

---

[41] I.G.Gerder, a.a.O., S.501
[42] a.a.O., S.501
[43] Vgl. N.E.: Gumanizm i christianstvo. In: Strannik 1908/I 1, S.8
[44] A.S.: Christianstvo i ego kul'turno-istoričeskoe značenie v mirovoj istorii. In: Strannik 1904/4, S.585

tike und, indem es das sittliche Leben der Gesellschaft reformierte, wurde es selbst von der antiken Kultur beeinflußt. „Rom verlor seine Bedeutung als politisches Zentrum der Welt, aber nach seinem Fall büßte es nicht seine Bedeutung als Mittelpunkt von Religion und Kultur ein, und der Papst wurde zum ‚Paten' aller Völker in Westeuropa und zu ihrer höchsten sittlichen Autorität,"[45] schrieb man zu Beginn dieses Jahrhunderts in der theologischen Presse in Rußland.

Deshalb sollen wir, wenn wir über das Christentum in der Westkirche sprechen, zusammen mit J. G. Herder „dieses neue Mittel der Kultur betrachten, dessen Ziel sehr groß war: Man brauchte nämlich alle Völker zur Bildungsvermittlung, zu einem einzigen Volk verschmolzen; und dieses Mittel wirkte nirgends so stark wie in Europa."[46]

Wie auch in Byzanz waren die Bedingungen zur Entwicklung einer eigenständigen schöpferischen christlichen Kultur im römischen Westen gut. Ein Ehrenplatz gebührt in diesem Prozeß dem Benediktinerorden (OSB); seit dem frühen Mittelalter waren die Benediktiner prinzipiell fast die einzigen Schöpfer und Kulturkräfte in Westeuropa. „Die Mönche bestellten mit eigenen und mit fremden Händen die Brache; sie stellten alles selbst her, was ein Kloster brauchte, oder förderten wenigstens Tüchtigkeit und Arbeitsamkeit in den Klöstern", schreibt Herder. „In den Klöstern fanden auch die antiken Autoren Asyl, die nicht verloren gegangen waren – sie wurden von Zeit zu Zeit abgeschrieben und dadurch für die Nachkommen erhalten."[47]

Der Benediktinerorden entstand im 6. Jahrhundert in Italien, und bald darauf entfalteten seine Missionare auch außerhalb der Apenninhalbinsel ihre Tätigkeit. C. Dawson bewertete die Leistungen der Benediktiner, die sie bei der kulturellen Aufklärung der Völker Europas vollbrachten: „Sie christianisierten England und schufen im Norden ein neues Zentrum christlich-lateinischer Kultur. Die sächsischen Mönche (am bekanntesten von ihnen sind Willibrord [658–739], Bonifatius [ca 675–754] und Alkuin [ca 730–804]) bekehrten das heidnische Deutschland mit Unterstützung des Papsttums, reformierten die fränkische Kirche und legten die Basis der karolingischen Kultur. Deshalb war die neue Zivilisation, langsam und mühsam im frühen Mittelalter verbreitet, eine ganz und gar religiöse Erscheinung, denn sie ruhte auf der kirchlichen, und nicht auf der politischen Einheit. .... Dieses Hauptverhältnis überdeckte alle Unterschiede von Klasse und Nation. Die Kirche war eine Welt an sich mit eigener Kultur und Organisation und

---

[45] N. E., a. a. O., S. 13 f.
[46] I. G. Gerder, a. a. O., S. 477
[47] a. a. O., S. 553

mit eigenen Gesetzen. Und wenn die Zivilisation einigermaßen überlebte, dann nur dank der Kirche. Hauptzentren von Kultur und Wirtschaft waren im Mittelalter die Klöster der Karolinger, wie beispielsweise in Fulda; die reine Existenz der Städte war ohne Bischof und Kirchenvertreter undenkbar."[48]

Die Kirche setzte auf diese Weise die Kulturtraditionen in Westeuropa und in Byzanz ein: Alle Arten von Bildung und Literatur, alle Formen sozialer Hilfe, wie die Betreuung Kranker, befanden sich unter kirchlichem Einfluß. In der Renaissance erfüllten viele Päpste unter dem Einfluß des Humanismus die Aufgabe, die Werke der klassischen Literatur und Kunst wiederherzustellen. Hier sind Päpste wie Nikolaus V. (1447-1455), der Gründer der *Vaticana*, und Pius II. (1458-1464) zu nennen.

Die Humanisten bezweifelten das Gewicht der Dogmen und die Verbindung des Katholizismus zur Realpolitik, vor allem zur kulturellen Tätigkeit, ohne die Dogmen selbst und die allgemeinen Prinzipien der Religion zu untergraben. Die Renaissance „reformierte" die Traditionen mittelalterlicher Kultur und Sitte; sie bot eine viel freiere und vieldeutige Interpretation der praktischen Werte und Kultureinflüsse auf konfessionelle Normen. Wenn vor der Renaissance die höchste Wahrheit, die jede Tätigkeit anerkannte, der Corpus der Quellen katholischer Glaubenslehre war, stellten ihnen die Humanisten die Texte der griechisch-römischen Antike als gleichberechtigt zur Seite.

Die Reformation

Bis zum 16. Jahrhundert hatten die Prinzipien des Humanismus in der katholischen Kultur der Westkirche Fuß gefaßt. Aber trotz der vielhundertjährigen Christianisierung war das mittelalterliche Europa ein freier Verband unterschiedlichster Kulturen und Nationen. Im politischen und sozialen Leben begann die äußere Einheit der christlichen Welt im Mittelalter unter dem Druck der aufstrebenden Kräfte von Nationalismus und weltlicher Kultur zu stürzen. Neue Staaten des Westens wollten sich von der kirchlichen Bevormundung Roms befreien, um eine eigene, unabhängige Kultur zu schaffen.

Wenn sich der Humanismus in Byzanz in vieler Hinsicht dem Christentum als heidnisches Prinzip entgegensetzte, und beide Prinzipien in ihrer historischen Erscheinung einander näherkamen, fand das religiöse Phänomen – die Reformation im 16. Jahrhundert – seine Grundlage im

---
[48] K. Dauson, a.a.O., S. 38

Humanismus.⁴⁹ Indem die Reformation neue Ideen auf religiöses Terrain übertrug und die heidnischen Züge des Humanismus beseitigte, machte sie den Humanismus zum ersten Mal in der Geschichte des christlichen Europas zur schöpferischen Kraft. „Die Reformation", schrieb Ch. Beard (1874-1948) Ende des 19. Jahrhunderts, „war die eine Seite der allgemeinen Reaktion auf den kirchlich-asketischen Geist des Mittelalters im Namen des hellenischen Denkens; sie war die Rückkehr zur Natur, aber kein Aufstand gegen Gott; sie war die Hinwendung zum Verstand, indem sie auch die Demut gegenüber Bibel und Christus meinte."⁵⁰

Der Unterschied in den Kulturtraditionen der Völker mit gemeinsamer christlicher Lehre sollte eigentlich, wie es scheint, nicht zur Trennung führen; darüber schreibt Pavel Florenskij: „Es gibt Unterschiede im ganzen Christentum wie auch in den einzelnen Konfessionen, die von Rasse, Nation, Temperament, historischen Bräuchen usw. abhängen. Da wird der Konfession, die in bestimmten Formen lebt, eine andere mit anderen Formen entgegengesetzt. Diese konfessionellen Formen sind einander ungewöhnlich, vielleicht sogar organisch fremd und unverständlich; es wäre falsch und lasterhaft, diese fremden Formen einzuführen. Aber daraus folgt ja nichts hinsichtlich der gegenseitigen Anerkennung."⁵¹

Der katholische Forscher Chr. Dawson schreibt über die Notwendigkeit für die christliche Religion, sich konkret in Formen zu verkörpern, die dem Nationalcharakter und der Kulturtradition eines Volkes entsprechen. „Es ist ganz richtig", meint er, „daß italienische Bauern und englische Kaufleute ihre Gefühle in verschiedenen Formen ausdrücken; aber es ist schlimm, wenn sie sich einander für entfernt vom Geiste Christi und vom Leib der Kirche halten, nur weil sie verschiedene Sprachen gebrauchen. Mit anderen Worten – der Unterschied im Ritus soll nicht zum Unterschied im Glauben führen."⁵²

Dennoch war der Kulturfaktor – unter manch' anderen Faktoren – eine der Ursachen für die gegenseitige Entfremdung christlicher Völker. Nach der Meinung desselben katholischen Autors „verbirgt sich unter den theologischen Fragen, die den Katholizismus und den Protestantismus scheiden, die große kulturelle Trennung zwischen Nord- und Südeuropa, die Trennung, die auch dann existierte, wenn es nie ein

---

⁴⁹ Vgl. N.E.: Gumanizm i christianstvo. In: Strannik 1908/I 1, S.5
⁵⁰ a.a.O., S.30
⁵¹ P. Florenskij, a.a.O., S.76
⁵² K. Dauson, a.a.O., S.64

Christentum gäbe. Aber da es diese Trennung gibt, drückt sie sich unvermeidlich in religiösen Termini aus."⁵³

Bekanntlicherweise spielten politische Faktoren eine entscheidende Rolle, als es zum Bruch zwischen England und Rom in der Zeit König Heinrichs VIII. (1509-1547) kam. Chr. Dawson erwähnt dies und zeigt dann auch andere Aspekte dieses Problems auf, darunter auch die kulturwissenschaftlichen. „Wenn wir nun zur Reformation in England übergehen, so ist der Einfluß nichtreligiöser Faktoren so klar, daß wir das nicht zu beweisen brauchen", schreibt er. „Hauptsächlich war es die Bewegung des Staates gegen die Kirche, und die Kräfte der Bewegung, die dahinterstanden, erweckten das Nationalbewußtsein und die Selbstbehauptung der nationalen Kultur."⁵⁴

Wenn wir nun zu Fragen christlicher Kultur ‚in der Wiege' der Reformation – in den deutschen Ländern – übergehen, so können wir feststellen, daß nach ihrem Sieg in manchen Sphären die Kultur einen Aufschwung erlebte, in anderen Sphären jedoch einen Rückgang. In Deutschland, wie auch in den anderen protestantischen Ländern, sehen wir einen Verfall der Bildenden Künste, der bis zum Anfang des 19. Jahrhunderts andauerte. Krise und Verfall wecken deshalb eine besondere Aufmerksamkeit, weil sie gerade die Bildenden Künste betreffen. Denn das 16. Jahrhundert erlebte eine Blüte in Philosophie, Literatur, Musik und den exakten Wissenschaften.

Die Reformation spielte im Kulturleben verschiedener Länder eine unterschiedliche Rolle, aber im ganzen war sie für die Entwicklung der Bildenden Künste negativ. Das zeigte sich ganz offen in den Lehren und Bewegungen der Bilderstürmer, die buchstäblich in den ersten Jahren der Reformation stattfanden (1522 Wittenberg, zwischen 1523 und 1526 Nürnberg); besonders verbreiteten sie sich in den Niederlanden, in der Schweiz, im Elsaß und in Westfalen. Der Bildersturm ging in zwei Richtungen: Die Anhänger dieser Bewegung zerstörten Altäre und andere Werke der Kirchenkunst und verhinderten die Schaffung neuer Werke für Kirchen.

Aber die Führer der gemäßigten Refomationsbewegungen standen der sakralen bildenden Kunst tolerant gegenüber. Aussagen führender Reformatoren bezeugen das. So schrieb Luther bespielsweise, es sei ihm gleichgültig, ob die Kirchen Kunstwerke enthielten oder nicht.⁵⁵ Martin Luther (1483-1546) und Lucas Cranach d. Ä. (1472-1553) waren befreundet, und das bezeugt das Interesse des deutschen Reformators für

---

⁵³ a.a.O., S. 64
⁵⁴ K. Dauson: Kul'turnaja poljarizacija i religioznyj raskol: Analiz pričin raskola. In: Logos (Paris-Brüssel) 15/16 (1974), S. 68
⁵⁵ Martin Luthers Werke. Weimar 1905, S. 26, 28-29

die Kunst überhaupt. Auch der Trauerchor, der nach dem Tode Albrecht Dürers (1471–1528) besonders unter den Protestanten erklang, war ein Tribut des Andenkens an den großen Deutschen, den Stolz Deutschlands, den Anhänger der Reformation und den genialen Maler.

Trotz alledem sinkt seit der Mitte der zwanziger Jahre des 16. Jahrhunderts die Anzahl der Aufträge für sakrale Kunstwerke in den Regionen dramatisch, die die Reformation erfaßt hatte. Nach 1525 wurden in Deutschland keine großen Altäre geschaffen, die im 15. Jahrhundert der Höhepunkt deutscher Kunst waren. Nach dem Aufstieg der Bildhauerei im letzten Drittel des 15. Jahrhunderts, nach der Blüte von Malerei und Graphik in der Zeit A. Dürers kam es zum Verfall der Bildenden Künste. Die nationalen Traditionen waren verloren gegangen. Zwischen 1540 und 1580 entstanden fast keine bedeutenden Werke.

Nachdem die Künstler solche Auftraggeber wie die Kirche verloren hatten, versuchten sie, ihre Kräfte und Talente anders anzuwenden. Die Altarwerkstätten in den Niederlanden beschränkten beispielsweise ihre Arbeit und waren meistens für den Export tätig – hauptsächlich für Skandinavien und die Pyrenäen-Halbinsel. In den Regionen, in denen die Reformation gesiegt hatte (und nicht nur dort), erarbeitete man neue Genres – wie Landschaften und Stilleben; auch entwickelte man die Genres und Arten der Kunst, die früher zweitrangig waren: Porträts in der Malerei, Skulptur und weltliches Denkmal. Folge der schwierigen Lage der Bildenden Künste war – als Resultat der Ausbreitung der Reformation – das Wachstum künstlerischer Kräfte in der angewandten Kunst: Da gediehen die Kunst der Juweliere, der Silberschmiede und der Tischler.

Die Reformation beseitigte die Klöster, diese großen Zentren christlicher Kultur mit ihren Werkstätten und Bibliotheken. In England gelangte die nationale Malerei erst im 18. Jahrhundert zum Aufstieg; vorher wurde sie vom Puritanismus unterdrückt.

Der Verdienst der Reformation lag jedoch in der Entwicklung „fleischloserer" Formen kirchlicher Kultur, wie die Predigt des Wortes Gottes und die Musik. 1530 schrieb Luther: „Nach der Theologie gibt es keine andere Kunst, die mit der Musik verglichen werden könnte, denn nur sie allein ist nach der Theologie fähig, das zu geben, was nur die Theologie gibt, d. h., Ruhe und Seelenfreude, und das ist der klare Beweis, daß der Teufel, der Schuldige für traurige Sorgen und Schmerzen, beim Ton der Musik fast genauso flieht wie beim Wort der Theologie."[56]

---

[56] Zit. nach: Istorija èstetiki. Pamjatniki mirovoj èstetičeskoj mysli. Bd. I. M 1962, S. 606

Während der ganzen Reformation, die dem Volk eine aktive Rolle im Gottesdienst verschaffte, war die Notwendigkeit bewußt, für das deutsche Volk einen Kirchengesang zu schaffen, der es von den unverständlichen Hymnen in lateinischer Sprache befreien sollte. 1524 wurde „das Buch der acht Lieder" herausgegeben, von denen vier Luther gedichtet hatte. Bald erschien eine weitere Sammlung mit 32 deutschen Liedern, von denen Luther 24 verfaßt hatte. 1545 erschien die Sammlung „Geistliche Lieder" (105 deutsche Lieder), in der 36 Lieder Luther als Verfasser hatten. Im Ganzen dichtete Luther 41 Lieder; das berühmteste ist „ein' feste Burg ist unser Gott" (1529).[57]

Während des Dreißigjährigen Krieges (1618–1848) verfiel überall in Europa die Kultur, aber zur gleichen Zeit fand in Deutschland eine Wiedergeburt des geistlichen Liedes statt: Im Jahre 1644 hatten die deutschen Lutheraner 1300 und im Jahre 1697 5000 geistliche Lieder. Der bekannteste Dichter geistlicher Lieder war Paul Gerhardt (1600–1676), der „König der geistlichen Sänger." Viele seiner Lieder wurden von Johann Sebastian Bach (1685–1750) vertont, der Gerhardt verehrte. In den Chorälen der „Matthäus-Passion" benutzte er seine Zeilen. „Der Kantor der St.-Thomas-Kirche in Leipzig widmete sein ganzes musikalisches Schaffen der lutherischen Kirche. Alles, was Bach verfaßte, diente der Verherrlichung Gottes und der Verkündigung des Wortes Gottes. Choräle, Kantaten, Passionen, Motetten, Orgelpräludien und Sonaten bereicherten vor allem geistlich den Gottesdienst"[58] – so wurde der Beitrag der Reformation zur kirchlichen Musikkultur Wirklichkeit. Es gab auch andere Verdienste der Reformation in der Geschichte der christlichen Kultur.

Die kurze Bemerkung genügt, daß bald nach der Übersetzung der Bibel in die deutsche Sprache, die Luther zu Beginn der zwanziger Jahre des 16. Jahrhunderts verwirklichte, ihre Ausgaben sich in allen protestantischen Ländern Europas auszubreiten begannen. Eine einzige Druckerei in Wittenberg stellte in vierzig Jahren 100 000 Exemplare der Heiligen Schrift her. Übersetzungen wurden auch für andere protestantische Länder gedruckt: Die muttersprachliche Bibel erhielten die Christen von Dänemark (NT – 1524, Bibel – 1550), Schweden (NT – 1526, Bibel – 1541), Holland (1526) und Island (NT – 1540, Bibel – 1584).

„Die Bibel Luthers ist keine Übersetzung, sondern eine ganze geistliche, durch Luther vollzogene deutsche Offenbarung der Bibel,"[59] schrieb G. Rückert. Die Luther-Übersetzung der Bibel beeinflußte die

---

[57] Text in: Evropejskie poéty Vozroždenija. Sbornik. M 1974, S. 223 f.
[58] „Guten Tag" 1983/11, S. 31
[59] In: Novyj Plutarch. Sbornik. Bd. I. SPb 1875, S. 71

Entwicklung der deutschen Schriftsprache: „Alle deutsch sprechenden Deutschen sprechen auch heute seine Sprache."⁶⁰ Über die aufklärerischen Früchte der Reformation schrieb der Dichter Vjačeslav Ivanov (1866-1949) folgende Zeilen: „Die Gatten lasen die Bibel, gemütlich am Morgen sitzend. Auch die Leibeigenen durften am Feste Gottes die Kirche nicht vergessen."⁶¹

Die Evangelisation wurde in den protestantischen Ländern sehr schnell durchgeführt, da sie die weltliche Verwaltung förderte. In Schottland beispielsweise wurde 1559 ein Gesetz herausgegeben, laut dessen jedes Oberhaupt der Familie eine Bibel zu Hause haben sollte. „Die Bibel ist in jedem Haus eingeführt, und viele Generationen der Deutschen, Amerikaner und Schweden werden sich dasselbe Bild ins Gedächtins rufen: den alten Vater, der am Abend die Bibel aufschlägt und daraus einen Auszug den versammelten Familienmitgliedern vorliest,"⁶² bemerkt einer der heutigen Forscher in der UdSSR.

Gleichzeitig entwickelte sich in den protestantischen Ländern auch die Lese- und Schreibfähigkeit – der allgemeine Anfangsunterricht ist ein Verdienst des Protestantismus. Beispielsweise gab es 1887 in Rußland etwa 90 % Analphabeten, während es im Gouvernement Estland 4,85 % und in Finnland nur 1,89 % waren. Der hervorragende russische Pädagoge Konstantin D. Ušinskij (1824-1870) schrieb: „Wenn die ersten englischen Ansiedler in Nordamerika, die Pilgerväter, einen Ort für die Siedlung wählten, gründeten sie vor allem Kirche und Schule, und oft eher eine Schule als eine Kirche."⁶³

Die Britische Bibelgesellschaft wurde 1804 mit dem Geld privater Personen geschaffen. Zu Ende des 19. Jahrhunderts war die Bibel in etwa 300 Sprachen übersetzt: Dies war für manche Völker der Eintritt in das Zeitalter des Schreibens und der Entdeckung der Quellen der Weltkultur.

Christentum und Kultur in der Alten Ruś

Die Kirchengeschichte bezeugt: Nachdem der hl. apostelgleiche Fürst Vladimir (ca 950-1015) das Christentum aus Byzanz empfangen hatte, ließ er die Griechen ihr Kulturerbe mit der Ruś teilen. Die russische Kultur wurde als eine der christlichen und europäischen Kulturen in dem Moment geboren, als Vladimir nach tiefem Nachdenken die

---

⁶⁰ a.a.O., S. 69
⁶¹ Vjačeslav Ivanov: Stichotvorenija i poėmy. L 1978, S. 349
⁶² In: Filosofija ėpochi rannich buržuaznych revoljucij. Sbornik. M 1983, S. 103
⁶³ K. Ušinskij: Sobranie sočinenij. Bd. III. M-L 1948-1952, S. 611

Taufe nach byzantinischem Ritus bewußt gewählt hatte. Dadurch wurde Vladimir zum Urheber der russischen Nationalkultur.

Die Besonderheit der russischen Kultur bestand in der Tatsache, daß sie auf eine besondere, ihr eigentümliche Weise entwickelt wurde. Die russische Kulturtradition entstand im Rahmen des östlichen Christentums. Die Orthodoxie in der Ruś verwandelte sich schnell genug aus der äußeren, geliehenen in die nationale Form. Dadurch vereinigte die Orthodoxie die Nation auch geistlich: Sie sammelte die zerstreuten Elemente, deren Gesamtheit den russischen ‚Ethnos' bildet.

Der muttersprachliche Gottesdienst war in diesem Prozeß besonders wichtig. „Nur die Geschichte eines einzigen Volkes gründet sich auf den Denkmälern der Muttersprache – das ist die Geschichte Rußlands", schrieb J. G. Herder. „Aber dies konnte nur geschehen, weil dieser Staat der römischen Hierarchie fremd blieb: Vladimir hat den päpstlichen Nuntius nicht empfangen. Aber in den anderen Ländern Europas verdrängte das Latein der Mönche alles, was es nur konnte; und wenn das Latein für etwas gelobt werden kann, dann nur dafür, daß es im notwendigen Augenblick als ein schmaler Steg diente, auf dem die antike Literatur in die besseren Zeiten gelangte."[64]

Im 14. Jahrhundert begann die Stärkung des Moskauer Fürstentums, die den Segen des Moskauer Heiligen Petr und die Weihe des hl. Wundertäters Sergij v. Radonež (1314–1391) erhielt. So begann der großartige Prozeß der Christianisierung, die sich von den Inseln Solovki im Norden bis zur Pazifikküste im Osten über ganz Sibirien erstreckte. Zur gleichen Zeit erblühte die geistliche Kultur. Der Ikonenmaler Andrej Rublev (ca 1360/70–ca 1427/30; er wurde vor kurzem von der Russischen Orthodoxen Kirche kanonisiert) nahm aktiv an diesem Prozeß teil. Iosif Volockij (1439/40–1515/16) lud den berühmten Ikonenmaler Dionisij ein, die Kirchen mit Malerei zu schmücken. In den Klöstern arbeiten Abschreiber – sie bewahren das altrussische Erbe; man komponiert neue Kirchenmelodien.

Vom 14. bis zum 17. Jahrhundert ist die Zeit jener einzigartigen geistlich-politischen Gemeinschaft russischer Christen, die später „die Heilige Ruś" genannt wurde. In der Mitte des 17. Jahrhunderts erreichte die russische geistliche Kultur ihren Höhepunkt, wie viele Zeichen bezeugen: die Blüte sakraler Architektur, die Anzahl der gebauten Kirchen und die Besonderheit ihres inwendigen Schmucks. (Der Komponist H. Berlioz (1803–1869) schrieb über seine Reiseeindrücke aus Rußland, als er die Kirche in Kolomenskoe sah: „Ich war völlig erschüttert: eine geheimnisvolle Stille, die Harmonie der Schönheit vollendeter For-

---

[64] I. G. Gerder, a.a.O., S. 557

men. Ich sah eine ganz neue Art der Architektur. Ich sah das Streben nach oben und stand lange verwundert.").

Das russische Nationalbewußtsein sah sich als christlich an. Die Orthodoxie in Rußland ist ein Beispiel für die Symbiose von Volkskultur und christlicher Glaubenslehre. Die Christianisierung der russischen Folklore und die Folklorisierung der christlichen Hagiographie bestätigen diese These. Das Leben fand seine Fortsetzung in der Vita, wie die Vita im Leben. Die Lebensweise eines christlichen Bauern war nicht nur asketisch im Sinne des Evangeliums, sondern auch am Evangelium als täglicher Leitung ausgerichtet. Wie das Kirchengebäude in der Ruś zum kulturellen und geistlichen Mittelpunkt wurde, um den herum die Bevölkerung wohnte und geistlich erzogen wurde, so wurde auch jede Hütte zur Verlängerung der Kirche. In der „Schönen" Ecke begann und endete der Tag einer jeden Familie. Hier entstand neues Leben und das Veraltete kam zur Ruhe. Das Gebet bekräftigte jeden Anfang. Gebet, Sprichwort und Beiwort bereicherten die Rede. Der Heiligenkalender stimmte mit dem Ackerbaukalender überein. Die Orthodoxie verwurzelte ethnisch und sicherte sich dadurch ein langes Leben.

Weder „das alte England", „das schöne Frankreich", „das gelehrte Deutschland" noch „das edle Spanien" – keine christliche Nation empfing den wesentlichsten Ruf der Kirche gerade zur Heiligkeit, dieser Eigenschaft Gottes. Aber die demütige Ruś nahm keine stolzen Epitheta ornantia für sich an, sondern beanspruchte das Wort „heilig", widmete sich dem überirdischen Ideal und gab ihm sein Herz. Die Ruś erwählte sich „die Heiligkeit" zur höchsten Bestimmung seiner Geschichte und Kultur. Die Ruś verstand sie als das Hauptziel, als die Heiligkeit der konkreten Orthodoxie mit ihrem Kult, ihrer Kultur, Askese und Barmherzigkeit.

In der religiösen Kunst zeigte die Ruś unbestritten ihre Genialität. Sie hat auch den mächtigsten Staat schaffen können, an dem sich die Wellen der Feinde aus Ost und West zerschlugen. Außerdem nahm Rußland die Verantwortung auf sich, Beschützer der Welt-Orthodoxie zu sein; es wurde die Weltnation in seinen Augen, denn die Macht Moskaus wurde allmählich zur Trägerin, zum Gefäß und zur Beschützerin der christlichen Kultur des Ostens – das „Dritte Rom". Diese Ergebenheit und Treue der Ruś zur Orthodoxie führte zur geschichtlich unumkehrbaren Eigentümlichkeit russischer Kulturtraditionen, die während der petrinischen Reformen geprüft werden mußten.

Nach dem Ende der „Zeit der Wirren" im Jahre 1612 festigte die innere Trennung der russischen Welt vom Westen schon stark den besonderen osteuropäischen Charakter der russischen Kultur, den auch die westeuropäisch-geprägte Reform Peters I (1672-1725) weder äußerlich noch innerlich auslöschen konnte. „Vom Lehensleben zur Autokratie, von der ‚Heiligen Ruś' zum ‚orthodoxen Reich' – das war ein großer Bruch in den sittlichen und religiösen Ideen. Vassian Patrikeev (gest. ca. 1532/35) und Fürst A. M. Kurbskij (1528-1583) waren Konservative, die das alte Bojarentum mit den Geboten von Kirill Belozerskij (1337-1427) und Nil Sorskij (1433-1508) verbanden. Zusammen mit dieser Klasse gingen auch diese Gebote unter (oder erlebten eine Dämmerung) – das Ideal des halbtausendjährigen Lebens der Alten Ruś", schrieb G. P. Fedotov. „Das zeigt, daß auch die religiöse Ganzheit, die sich sogar auf die orthodoxe Kirchlichkeit stützt, nicht vor Revolutionen auf dem Gebiet geistlicher wie auch sozialer Kultur bewahrt wird. Es ist verständlich: Sogar die religiöse Kultur ist eine Sphäre menschlichen Schaffens, das sich immer verändert, wenn es sogar auf dem Stein des Glaubens ruht. Wenn eine Bewegung aufhört, ist das der Tod, Stagnation jedoch eine schwere Krankheit. Das Moskau des 17. Jahrhunderts war schwer krank, indem es seine Krankheit mit trügerischer dikker Röte und mit der Farbe äußerer Ritengläubigkeit überdeckte. Die Reformen (oder Revolutionen) von Nikon (1605-1681) und Peter waren als Mittel zur Rettung des Kranken von der Ohnmacht unvermeidlich, aber auch gefährlich."[65]

Es ist merkwürdig, daß diese Probleme auch im Westen auf dem Gebiet der Kirchenkultur entstanden; Pavel Florenskij schrieb: „Das westliche Barockchristentum beging einen wesentlichen Fehler, als es rohe Stücke antichristlicher Kultur sich anzueignen versuchte, und ohne sie sich innerlich zu vergeistigen, sie mit dem Lack der Frömmigkeit äußerlich zu bedecken und mit falscher Kirchlichkeit zu schmücken."[66]

Peter I. setzte der Heiligen Ruś seine These des weltlichen Staates und der weltlichen Kultur gegenüber. Er impfte Rußland die Kultur der europäischen Renaissance und des Humanismus ein. Man kann viel über die Folgen dieser Synthese für das geistliche Leben in der russischen Gesellschaft sagen. Hier seien nur die Manifestationen des Einflusses erwähnt, die in einige Sphären der vaterländischen Kultur zum Vorschein kamen. In der Literatur wurde A. S. Puškin (1799-1837) zum Symbol für die ununterbrochene Synthese der Kultur des Ostens und des Westens. Seitdem wird der Akzent der orthodoxen Strömung in der russischen „Synthese" immer mehr erweitert. Gogol' (1809-1852) ist schon ein tragisches Streben nach der Heiligen Ruś. F. M. Dostoevskij (1821-1881) bestätigt die Synthese Puškins, aber ruft nach derselben

---

[65] G. P. Fedotov, a. a. O., S. 11
[66] P. Florenskij: Christianstvo i kul'tura. In: Simvol (Paris) 21/1989/7, S. 72 f.

Heiligen Ruś. Die Slavophilen, K. N. Leont'ev (1831–1891) und V. V. Rozanov (1856–1919) betonen die Rolle der Orthodoxie für Kultur und Staatlichkeit. V. S. Solov'ëv (1853–1900) und die Brüder Trubeckoj erkennen die *russische* Kultur schon als *orthodoxe* Kultur an.

Christentum und Kultur in der Neuzeit

In der zweiten Hälfte des 19. Jahrhunderts wurden in der Entwicklung der russischen Kultur unruhige Tendenzen beobachtet. Die Generationen, die mit ihrem Bestreben, mit ihrer Reue die russische Kultur auf den Wegen der Orthodoxie festlegten, sahen mit Besorgnis, daß der Nihilismus in der Gesellschaft zunahm. „Nicht umsonst ist der Nihilismus mit dem Aufbruch der Raznočincen auf der historischen Bühne verbunden; das waren die Menschen der altorthodoxen Kultur, meistens aus der Sphäre der Geistlichen. Die Seminaristen waren die bedeutendste Schicht unter den Nihilisten. Wie soll man das erklären? Konnten sie vielleicht in ihren Seminaren oder – besser gesagt – in der alten Tradition keine Kultur finden?"[67] fragte G. P. Fedotov.

Zu Beginn des 20. Jahrhunderts spitzte sich die Krise der russischen Gesellschaft zu. Im Ersten Weltkrieg wurde die russische Kultur, wie auch die ganze europäische Kultur, gründlich erschüttert. Mit dem Entstehen totalitärer Diktaturen und dem Fortschritt der industriellen Zivilisation setzte sich dieser Prozeß nach einiger Zeit fort. Zusammen mit diesen Ereignissen setzte in Rußland durch den staatlichen Atheismus die Verfolgung der Geistlichen und die massenhafte Schließung der Kirchen und Klöster ein. „Unter den Bedingungen der Revolutionskatastrophe, der Vernichtung der Kulturschicht in Rußland droht der neue Nihilismus mit dem Kulturabbruch Rußlands, mit der Verwandlung des Landes in das grenzenlose, graue Pošechon'e, sei es auch orthodox und demokratisch,"[68] schrieb derselbe Publizist im Jahre 1930.

Die Verarmung des religiösen Lebens hatte Krisen- und Dekadenzerscheinungen in der Kultur zur Folge, die das echte Schaffen degradieren und absterben ließen, denn das Volk, in dem jede Generation das Vätererbe absolut verneint, kann keine organische Kultur schaffen. „Statt Gott wurde ein Götze, der sich vergötternde Mensch aufgestellt, und schon damals war die notwendige Folge die ganze Kulturentwick-

---

[67] G. P. Fedotov, a. a. O., S. 12
[68] a. a. O., S. 10

lung mit dem Ziel, überall die menschliche Selbstvergötterung zu rechtfertigen,"⁶⁹ schrieb Pavel Florenskij darüber.

Die Gefahr des Absterbens droht jeder seelenlosen (oder erdrosselten) Kultur; mit besonderer Schärfe fühlt man das in der Zeit, wenn die verstärkte Ausrottung der Religion aus der Volksseele planmäßig verwirklicht wird. Immer öfter wurden die Vertreter der vaterländischen Kultur dazu gezwungen, einen Sozialauftrag zu erfüllen, indem sie ihr Schaffen ins Prokrustesbett des „Sozialistischen Realismus" preßten. Wie war denn die Beziehung zwischen Kultur und Religion in dieser Zeit der Wirren? „Die Kunst wird oft dämonisch, aber das verneint ihren göttlichen Ursprung nicht", schrieb G. P. Fedotov. „Der Teufel ist ein Schauspieler, der Gott nachzuahmen trachtet. Da er zum Schaffen unfähig ist, zieht er Larven des Schöpfers an. Am besten dringt er in das echte, d.h., das göttliche Schaffen ein, um das saubere Wasser mit trüben Beimischungen zu verschmutzen. Die Muse ist der Heilige Geist, aber die Harpien stehlen und verderben die Speise Gottes."⁷⁰

Der Aufbau der Kultur wird vom geistlichen Gesetz bestimmt, das der Herr selbst verkündete: „Wo euer Schatz ist, da wird auch euer Herz sein" (Luk 12,34). Der Schatz - das sind die geistlichen Werte, d.h. das, was wir objektiv als Sinn und Rechtfertigung unseres Lebens anerkennen. Dieses Prinzip widersetzte sich der stalinistischen Variante des Sozialismus, der falschen Lehre, die das Reich Gottes in der allgemeinen Sattheit (tatsächlich aber in der Ausrottung) sucht, die ihren Weg zum Staat der Zukunft über die Leichen bahnte, die die niederen menschlichen Instinkte förderte und das geistliche Leben abwertete.

Im Lande schritt die Entchristlichung der russischen Kultur fort, was Pavel Florenskij vorausgesehen hatte, der selbst ein Opfer des unmenschlichen Regimes wurde. „Alle Sphären des Lebens - Kunst, Philosophie, Wissenschaft, Politik, Wirtschaft usw. - können nicht als sich selbst genügende Objekte anerkannt werden; sie sind nur Bilder, die in diese Welt wirklich gesetzt werden, aber nur dann, wenn die Kultur überhaupt nach dem Bilde Christi geschaffen wird", schrieb er. „Wenn wir in der Sphäre der Kultur nicht mit Christus sind, sind wir unvermeidlich gegen Christus, denn im Leben gibt es in Bezug auf Gott keine Neutralität, und es kann sie auch nicht geben."⁷¹

Wenige orthodoxe Gemeinden der Gläubigen, die in jenen Jahren manche Herde der Geistigkeit in der Kirchengemeinschaft bewahren konnten, hatten konservative Traditionen, und das ist ganz verständ-

---

⁶⁹ P. Florenskij, a.a.O., S.73
⁷⁰ G.P. Fedotov, a.a.O., S.221
⁷¹ P. Florenskij, a.a.O., S.72

lich. Auch für einen Teil der westlichen Christen war das charakteristisch, was irgendwelche gemeinsame psychologische Voraussetzungen bezeugt – eine Rückwirkung auf krasse soziale Veränderungen, gegen ihre Angriffe auf den Grundlagen christlicher Traditionen.

Mehrere Generationen der Gläubigen in Rußland mußten durch das Feuer einer neuen, unvermeidlichen, religionslosen Ideologie und „Kultur" gehen. Diese tragische Erfahrung haben sie mit schweren Verlusten für sich schon durchlebt, aber sie haben sich nicht selbst verloren; sie wandelten im Gegenteil alle Ereignisse der Neuzeit durch das Prisma der Orthodoxie um. Einer der Gäste, ein Sprachlehrer aus dem Gebiet Rostov, der im März 1990 Leningrad besuchte, schrieb: „Mit Erstaunen und Begeisterung betrachtete ich die wunderbar erhaltenen Denkmäler unserer russischen Geschichte: die Aleksandrsäule mit dem kreuztragenden Engel an der Spitze, die Kathedralen – diese Meisterwerke der Architektur: genauer gesagt diejenigen von ihnen, die die verderbte Hand vulgärer Atheisten nicht vernichten konnte. Was aber diese Hand angeht, so hat sie den Heiligtümern doch viel geschadet." Weiter schreibt der Autor des Briefes, den die Zeitung „Leningradskaja Pravda" abdruckte, über das Schicksal der Kazań-Kathedrale, des Siegesdenkmals der russischen Waffen im Vaterländischen Krieg 1812. „Das Schicksal wollte es", schreibt er, „daß die Kazań-Kathedrale nicht die Tragödie der Christ-Erlöser-Kathedrale in Moskau wiederhole. Aber was blieb von der erhabenen Symbolik in ihrem Inneren? Meiner Meinung nach nur das Grab des großen Kutuzov (1745–1813). Die wütenden Zerstörer der Grundlagen haben hier das Lasterhafteste verrichtet: Sie machten aus der Kathedrale ein ‚Museum für die Geschichte der Religion und des Atheismus'. Das kam einem Spott über die geistlichen und sittlichen Werte des leidgeprüften russischen Volkes gleich. Wir zertraten viele Jahrzehnte unsere eigenen Heiligtümer so, daß wir nun am Rande des Abgrunds stehen, weiter kommen dann Ausweglosigkeit und Vakuum. Heute haben wir das verstanden, und wir begannen endlich von der sittlichen Wiedergeburt des Volkes zu reden. Wenn einmal die wiedergeborene Kazań-Kathedrale mit den Zaubertönen des Kirchengesangs belebt wird, so wird es ein weiterer Sieg auf dem Weg sein, auf dem die Gesellschaft zur verlorenen Geistigkeit und zur großen historischen Vergangenheit zurückkehrt."[72]

Lange Jahre warteten die Russen auf die Möglichkeit äußerer geistlicher Befreiung, um vom Staatsatheismus direkt zur entgegengesetzten Seite – der Heiligen Ruś – überzugehen. Da seit Peter I. die russische

---

[72] V. Soldatov: Simvol utračennoj duchovnosti. In: Leningradskaja pravda 22. März 1990

Kultur unumkehrbar verändert wurde, fühlt man heute die Notwendigkeit einer Neu-Synthese von humanistischem Erbe aus antiker und westlicher Kultur und der Wahrheit der Orthodoxie. Die russische Kultur wird in neuester Zeit in den Anfangsprozeß hineingezogen, orthodoxe Traditionen im russischen Christentum mit dessen Fähigkeit zu verbinden, in der neuen, leider säkularisierten Sphäre zu leben und zu arbeiten.

Dabei muß man die Gefahr berücksichtigen, daß sich die Ideen der wiedergeborenen und erneuerten orthodoxen Kultur und eigentlich der Orthodoxie vermischen. „Wir sind es so gewohnt, an die Kultur statt an Gott zu glauben, daß die Mehrheit nicht mehr die Idee der ‚Kultur' und der ‚Kultur unserer Zeit' unterscheiden kann", warnte Pavel Florenskij. „Geschichtlich ist eine solche Identifikation ganz falsch, denn die Kultur hatte und kann ganz verschiedene Strukturen haben. Der Etymologie nach (*Cultura* d. h., was aus dem *Cultus* entwickelt werden kann) keimten die meisten Kulturen aus dem Samen der Religion, ein Senfbaum, der aus dem Samen des Glaubens aufgewachsen ist."[73]

Da wir über die russische Nationalkultur sprechen, wollen wir uns daran erinnern, daß überhaupt jede Kultur individuell ist, d. h., sie ist national. Die Volksseele ist die Schöpferin der Kultur, und sie formt sich unter dem eigenartigen Einfluß der herkömmlichen Religion. Die arabische Kultur ist moslemisch, die tibetische buddhistisch, die nordamerikanische protestantisch. Die russische Kultur ist orthodox. Wenn jemand sich dessen noch nicht bewußt ist, daß es ohne orthodoxe Wurzel die russische Kultur nicht gibt, so ist dies nur ein Zeichen für unser unreifes nationales Selbstbewußtsein.

Zusammenfassung

In den letzten Jahrzehnten ist die Kultur Europas kosmopolitisch geworden. Im Mittelalter war sie universal, denn sie war für alle bestimmt; heute aber versucht sie, dadurch universal zu sein, daß sie Formen vermischt, die anderen Kulturen entstammen. Das bezieht sich auf die Länder des Westens wie auch auf die Länder Osteuropas. In dieser Hinsicht besteht der Unterschied zwischen den kapitalistischen und den sozialistischen Ländern darin, daß die Massenkultur in den ersteren vorherrscht, während sie in den zweiten noch vom Staat kontrolliert wird, und er zieht es vor, die Massenkultur mit den Themen ‚Arbeit', ‚Disziplin' und ‚Achtung der Autorität' ideologisiert zu haben. Aber der Abgrund zwischen solcher ideologischen Deklamation und

---

[73] P. Florenskij, a. a. O., S. 71

realen Kultur ist groß und nimmt zu, und die Jugend Europas wird von denselben Rhythmen, Ideen und Mythen bewegt.

Ganz gesetzmäßig wird die Massenkultur, die fast nicht mit der Religion in Berührung kommt, als Gegenkultur bezeichnet. Sie kann die geistlichen Ansprüche einer Person nicht befriedigen und appelliert meistens an die Instinkte des Menschen. „Die gegenwärtige Menschheit braucht eine christliche Kultur, keine Attrappe, sondern eine ernste, wirklich Christus-gemäße Kultur", schrieb Pavel Florenskij. „Jedenfalls soll jeder entscheiden, ob er sie haben will und in welcher Form er sie für möglich hält. Wenn nicht, dann soll man nicht von Christentum sprechen und andere Menschen mit unbegründeten Hoffnungen irreführen. Dann haben die anderen recht, wenn sie sich um etwas Anderes bemühen. Dann sind die kraftlosen Proteste naiv, die Ideale christlicher Sittlichkeit zu verneinen, denn ohne den christlichen Glauben sind sie nur eitle Träume und ein Hindernis im Leben: „Ist Christus aber nicht auferstanden, so ist auch euer Glaube nichtig ...", dann „lasset uns essen und trinken, denn morgen sind wird tot" (1. Kor 15, 17 + 32)."[74]

Kann die Kirche eine Gegenkultur fördern, die die Prinzipien der Sittlichkeit nicht in die zwischenmenschlichen Beziehungen bringt? Hier muß die Kirche wach und völlig im Glauben gerüstet werden. Uns ist bekannt, wie eifrig die Hirten und Lehrer der Kirche den Schatz des Glaubens vor Angriffen des Unglaubens schützten, um Reinheit und Ganzheit des katholischen Bekenntnisses und der Einheit zu bewahren.

Die Gegenkultur, die die christliche Lehre und überhaupt religiöse Prinzipien bewußt leugnet, kann mit dem Heidentum verglichen werden, aber nicht immer zu ihrem Nutzen. „Das Schaffen eines Heiden, der Christus nicht kennt, ihn aber auch nicht verrät, ist auch göttlich inspiriert", schrieb G. P. Fedotov. „Es ist schwierig zu sagen, steht sie höher oder niedriger, ist sie unschuldiger oder heiliger als die sündhaften Inspirationen der abtrünnigen christlichen Welt. Es ist auch wahr, daß das Heidentum in seiner Begeisterung nie so tief wie unser gottloses geistloses Schaffen fiel. Aber auch im abgrundtiefen Verfall, der Scheußlichkeit Sodoms, sind Renegaten des Kreuzes berührt, denn die Sünder ahnen es nicht mehr. Aus dem Abgrund führt der Weg zur Schädelstätte. So geht heute die gottlose Seele meistens diesen Weg von Sodom zur Schädelstätte, und sie ist nicht imstande, sich das Siegel der vergessenen Taufe abzuwaschen."[75]

Die Kunst muß die Seele zufriedenstellen, den Menschen mit seinen Leidenschaften beruhigen; sie soll ihn vor allem Niederträchtigen be-

---

[74] a.a.O., S.73
[75] G.P. Fedotov, a.a.O., S.229

wahren und nicht in einen Kult der Heiden übergehen. „Wenn dir deine rechte Hand Ärgernis schafft, so haue sie ab und wirf sie von dir. Es ist dir besser, daß eines deiner Glieder verderbe und nicht der ganze Leib in die Hölle fahre" (Matth 5,30). Wenn die Kunst anderen Zielen dient, wenn sie Gewalt und Unterdrückung predigt, so muß man sich im Namen des Evangeliums solcher Gegenkultur verweigern.

Da aber in der Gegenwartsgesellschaft die Verbindungen zur Kirche nicht endgültig abgerissen sind, so nähren sich die säkularisierten, der Kirche abtrünnigen rebellierenden Kinder aus ihren geistlichen Quellen, ohne sogar es wahrzunehmen. Ihr Schaffen unterscheidet sich dadurch vom christlichen Schaffen, daß ihnen ein anerkanntes Kriterium fehlt. Es kann sündig und rein, verderblich und lebendig machend sein – oft gleichzeitig in demselben Geschöpf; und es soll durch das Kreuz gerichtet werden.

Das Kulturschaffen eröffnet die besten Fähigkeiten unseres gottähnlichen Geistes, es trennt uns nicht von Gott, sondern führt uns zu ihm. Die Haupttendenz des Kulturprozesses strebt nach der Objektivierung absoluter Werte auf Erden – Wahrheit, Güte, Schönheit. Mithin kann das Kulturschaffen ganz zurecht „das Streben des Menschen nach Gott" genannt werden. Sicher ist der Mensch in seiner Begrenztheit nicht vor Fehlern und Irrtümern geschützt; deshalb können einzelne Steine im Gebäude der Weltkultur nutzlos sein. Aber in jeder Sphäre kann das Schaffen des Menschen keine absolute Bedeutung und Unfehlbarkeit beanspruchen, da es als menschliches Schaffen relativ ist.

Bekanntlich stört alles Neue im Schaffen die anerkannten Normen. Aber nicht jede Neuerung ist geistlich, und nicht jede Kultur ist schöpferisch: „Das Kriterium des Kreuzes verlangt, daß darin die Elementarkräfte gekreuzigt werden ... Hier muß man sich fragen: Ist der Künstler oder der Zuschauer vom Übel der Welt, ihrer Sündigkeit und ihrem Leiden durchdrungen? Ist er mit Christus in der Person der geringsten seiner Brüder oder der nichtigsten seiner Schöpfungen der Erde gekreuzigt? Wenn ja, wenn sein Hosianna durch Furcht und Mitleid ging, dann wird seine Vision der Welt christlich sein, und seine Muse kommt vom Heiligen Geist herab."[76]

Dem christlichen Künstler werden Kräfte für das Kulturschaffen in der Erfahrung sakramentalen Gebets und geistlichen Lebens verliehen. Natürlich schließt das nicht aus, daß ein Antagonismus im Raum seiner geschaffenen Werte möglich ist – beispielsweise asketische Verneinung der Kultur oder Kampf zwischen einzelnen religiösen und kulturellen Sphären. Auf dem Weg zur Vollkommenheit kann dieser Kampf be-

---

[76] a.a.O., S.226

rechtigt sein. Deswegen richten sich die Worte von Pavel Florenskij an die Vertreter der verschiedenen christlichen Konfessionen: „Ohne sich dem Gut einer jeden Kirche zu verweigern, sollen die Christen vor allem die Fahne des Christentums als Ruf zur Selbsterkenntnis der christlichen Welt und zum Aufbau der christlichen Kultur erheben; möge sich die Herde Christi um diese Fahne scharen!"[77]

Bezüglich der Kulturentwicklung sollen wir die Worte Jesu empfangen: „Ohne mich könnt ihr nichts tun", d.h., nichts geistlich Wertvolles. Das schließt den Gedanken vom rein menschlichen Charakter der Kultur aus. In der Tat ist die Kultur die Sache des Menschen, der zwischen Gott und Kosmos gestellt ist, aber Gott inspiriert sein Schaffen. In diesem Sinne ist das Schaffen des Christen eine Vorbereitungsstufe zu solch' vergöttlichtem Zustand des Menschen, in dem er keine Kunst mehr zur Vervollkommnung und Heiligkeit braucht. Die Heiligen im alten Christentum erreichten diesen Zustand: Für die Asketen von Nitreia und Thebais hörten Staat und Welt mit ihren Versuchungen zu existieren auf. Sie lebten ausschließlich nur um des Geistes willen, indem ihr Leib ein armseliges Dasein führte.

Die christlichen Asketen erreichten eine solche geistliche Vollkommenheit, daß sie keine materiellen Attribute menschlicher Kultur brauchten. Denn in den Werken menschlicher Kunst nimmt ein Zuschauer die Erlebnisse wahr, die der Künstler in sie hineingelegt hat; der Zuschauer der Werke des Größten Künstlers kann jedoch das Göttliche Leben wahrnehmen – nur soll ein jeder, der das große Buch der Natur lesen möchte, ein ganz reines Herz haben, denn nur diejenigen, „die reines Herzens sind, ... werden Gott schauen" (Matth 5,8).

Aber warum genießen wir so wenig diese Kunst, warum bemerken wir sie so wenig? „Ist es nicht darum", schrieb John Ruskin (1819-1900) im Jahre 1870, „daß wir unsere Werke mehr lieben als die seinigen; wir schätzen helle Gläser, und nicht die hellen Wolken, bedecken unsere Kleider mit wunderlichen Ornamenten und die Decken mit Goldfarbe, und schauen dabei nicht gen Himmel, die Schöpfung Seiner Hände. Sehen wir nicht die Sterne an diesem wunderbaren Firmament, das Er geschaffen hat? Indem wir Becken und Säulen ihm zu Ehren machen, der den Flüssen den Weg bahnt und dessen Zorn die Erde erbeben läßt, denken wir, uns werde die schamvolle Mißachtung der Hügel und Ströme verziehen, die Er unserem Wohnort – der Erde – schenkte. Es wird das Gift verziehen sein, mit dem wir die wohlriechende Luft vergiften, die Flamme, mit der wir sanfte Kräuter und Blumen verbrennen, verziehen sein wird die Schande, Pracht und Armut auf unserer lieben

---

[77] P. Florenskij, a.a.O., S. 80

Erde zu mischen, als diente unsere ganze Arbeit nur einem Ziel – gegen das Lied aufzutreten, das die Cherubim im Himmel und die Menschen hier in den Kirchen singen: ‚Heilig, heilig ist der Herr, unser Gott. Himmel und Erde sind mit Deiner Herrlichkeit gefüllt'."[78]

Deshalb kann man in der Verallgemeinerung alles Gesagten versuchen, verschiedene Stufen christlichen Schaffens zu umreißen. „Auf dem Gipfel haben wir unmittelbar eine ‚Aneignung des Heiligen Geistes'", schreibt G. P. Fedotov. „Hier ist das Schaffen des Menschen auf den Heiligen Geist selbst gerichtet, und die Form, die Ihn wahrnimmt, ist der Geist des Menschen. Dieser Prozeß verläuft außerhalb der Kultur, wenn wir nicht die Kultur als eine asketische Reinigung des Menschen ansehen. Das ist das Schaffen der Heiligen. Niedriger steht die schöpferische Inspiration im Leben der Kirche: Ihre Liturgik, Kunst und Weltanschauung. Hier ist das Schaffen auf die Welt von Offenbarung und Heiligkeit des Gottmenschen gerichtet. Es wird nicht im Menschengeist, sondern in der Materie objektiviert – in Formen, Farben und Tönen, in Ideen und Worten. Dieses Schaffen mischt sich mit persönlicher Sündigkeit, setzt aber die Teilnahme am Leben der Kirche und an ihrem Reinigungsprozeß voraus. Das ist ein heiliges Schaffen, das Schaffen des Heiligen, aber nicht immer das Schaffen der Heiligen. Im weiteren Herabsteigen treten wir in das christliche Schaffen ein, das sich der Welt und der Menschenseele zuwendet. Es ist immer zusammengesetzt, das Reine mit dem Sündigen, Unheiligen, indem das Geweihte geheiligt wird."[79]

Im Christentum sind uns die unausschöpflichen Quellen des Heiligen Geistes verliehen und damit auch die Möglichkeit gegeben, ihre Reinheit zu bewahren. Deshalb sollen wir in unserer Bewertung der Alltagskultur folgende Worte des Apostels Paulus berücksichtigen: „Mir ist alles erlaubt, es frommt aber nicht alles. Mir ist alles erlaubt, es soll mich aber nichts gefangen nehmen" (1. Kor 6,12). Und wir möchten glauben, daß die Menschheit ganz am Ende die Unfruchtbarkeit der Versuche erkennen wird, das Licht der Wahrheit nur in einer Kultur ohne Kult, d.h., außerhalb der Kirche, zu finden, wenn die Menschen die heiligen Worte in ihrer ganzen Tiefe verstehen werden: „Trachtet am ersten nach dem Reich Gottes und nach seiner Gerechtigkeit, so wird euch solches alles zufallen" (Matth 6,33). Nur die strahlende Liebe Christi kann den Menschen dazu befähigen, die Wahrheit zu erkennen; denn „Gott ist Liebe; und wer in der Liebe bleibt, der bleibt in Gott und Gott in ihm" (1. Joh 4,16).

---

[78] D. Reskin: Lekcii ob iskusstvě, čitannye v Oksfordskom universitetě v 1870 godu. M 1900, S. 69f.
[79] G. P. Fedotov, a.a.O., S. 228

Anhang

Der Kirchenarchitekt Georg/Jurij Veldten (1730–1801)

Zur Geschichte der deutsch-russischen Kirchenbeziehungen

Unter den bekannten russischen Architekten in der zweiten Hälfte des 18. Jahrhunderts nimmt Jurij Matveevič Veldten (Fel'ten) einen Ehrenplatz ein. Er lebte und wirkte in Rußland in einer Zeit, als hier ein neuer Stil geprägt wurde: Der Barockstil mußte dem Klassizismus weichen. Das Lebenswerk Veldtens ist auch deshalb besonders interessant, weil er als Deutschstämmiger im orthodoxen Rußland wirkte; dies hat dazu geführt, daß seine Kirchenbauten eine aufschlußreiche Kombination verschiedener Stilrichtungen und Epochen aufweisen.

Der Vater des künftigen Architekten, Matthias Veldten, bekleidete seit 1725 das Amt eines Ökonomen („Verwaltungsangestellter" für Wirtschaftsfragen, AdÜ) an der neugeschaffenen St. Petersburger Akademie der Wissenschaften. Matthias Veldten war ein Vetter zweiten Grades von Johann Veldten (oder Velten), dem „Oberkochmeister" von Zar Peter dem Großen, der 1703 aus Danzig nach Sankt Petersburg zog. 1730 wurde Matthias Veldten ein Sohn geboren, der Georg-Friedrich genannt wurde, in seiner russischen Lesart: Jurij Matveevič Veldten. Im Alter von zehn Jahren kam Jurij Veldten an das neben der Akademie ins Leben gerufene Gymnasium und verbrachte hier ganze fünf Jahre.

Im Mai 1745 mußte Georg/Jurij Veldten aus familiären Gründen das Gymnasium verlassen und zog mit seiner Mutter, seinem Bruder und seinen Schwestern nach Tübingen, zum Ehemann seiner ältesten Schwester, dem Tübinger Professor für Physik und Mathematik G. W. Krafft (1701–1754). Dieser wirkte vorher als Inspektor des erwähnten Akademie-Gymnasiums in St. Petersburg. Georg/Jurij Veldten war nach den fünf Jahren Gymnasialunterricht hinreichend vorbereitet, um seine Ausbildung an der Universität Tübingen fortzuführen. Hier studierte er mehrere Jahre lang bei Krafft Mathematik und Physik (In der Liste der Studenten der Universität Tübingen aus dem Jahr 1745 steht an 13. Stelle der Name „Georg Friedrich Veldten."[1]). Etwas später schrieb er:

---

[1] Vgl. Bürk A., Die Matrikeln der Universität Tübingen, Bd. 3. Tübingen 1953, S. 132

„... aufgrund meiner Veranlagung widmete ich mich mit besonderem Fleiß dem Studium der Architektur und anderer Künste, die ein guter Architekt kennen muß. Meine praktische Ausbildung erhielt ich an der Herzöglichen Württemberger Residenz zu Stuttgart, beim Bau des dortigen Prunkschlosses in den Jahren 1747-48. Von dort aus bereiste ich einen Teil Deutschlands, besuchte 1749 Berlin, wo ich ebenfalls einen Sommer lang all' das, was zur Architektur gehört, in meinem Innern festigen konnte."[2]

Was Veldten in Deutschland sah und erlebte, wurde zu seiner bestimmten Schule; es legte gleichsam ein festes Fundament seines architektonischen Denkens und schlug sich ohne Zweifel im gesamten weiteren Lebenswerk dieses Architekten nieder. Die Architektur des kleinen Herzogtums in Südwest-Deutschland fesselte die Aufmerksamkeit des jungen Veldten. Das mittelalterliche Tübingen, das schmucke Ludwigsburg – die alte Residenz der Württemberger Herzöge, die Anfang des 18. Jahrhunderts nach den verheerenden Zerstörungen infolge französischer Einfälle in den Jahren 1680 bis 1690 neu hergerichtet worden war, machten auf ihn großen Eindruck. Und schließlich durfte er persönlich am Bau des Stuttgarter Schlosses teilnehmen, das nach dem Plan seiner Schöpfer ein „Wunder der Baukunst" werden sollte. Dem Stuttgarter Schloß lag ein Entwurf von Leopoldo Matteo Retti zugrunde, der Endausbau erfolgte unter Leitung von Louis Philippe de la Guêpière in den Jahren 1744 bis 1760. Bei seinen Reisen durch deutsche Lande sammelte Veldten systematisch seine Eindrücke und war über die allerletzten Leistungen der europäischen Baukunst gut informiert.[3]

Im Herbst 1749 kehrte Georg/Jurij Veldten nach St. Petersburg zurück. Am 2. Dezember desselben Jahres legte er an der Akademie der Künste ein Examen ab; das Examensprotokoll beinhaltet auch seine Prüfungsaufgabe – es ist die Fassade einer Kirche. Dieser Entwurf stellt das einzig erhaltene Beispiel der frühen Graphik Veldtens dar.

Der erste Lehrmeister Veldtens im Fach Architektur war Johann Jakob Schumacher (1701-1767), ein Bruder des Bibliothekars von Zar Peter dem Großen. In der „Architektur-Kammer", die an der Akademie der Wissenschaften und Künste ins Leben gerufen wurde, studierte Veldten auch bei dem Bildhauer I. F. Dunker aus Wien, bei dem Zeichner I. E. Grimmel aus Memmling sowie bei dem Physiker und Mathematiker Prof. Georg Wilhelm Richmann (1711-1753). Nach Abschluß seiner Studienzeit wurde Veldten im März 1752 als Architektur-Geselle in den Akademiedienst aufgenommen.

---

[2] Staatl. Zentrales Archiv der UdSSR, Fonds 470, op. 83/517, d. 110, 1.3.-1755. – Zit. nach: Architektor Jurij Veldten. Katalog vystavki. Hrsg. M. F. Koršunova, Leningrad 1982, S. 6

[3] Vgl. Koršunova M. F., Jurij Fel'ten. Leningrad 1988, S. 11

Seine weitere Laufbahn ist untrennbar mit Petersburg und seiner Umgebung verbunden. Im Frühjahr 1755 wurde J.J. Schumacher entlassen und an seine Stelle der Architekt Savva Ivanovič Čevakinskij (1713–ca. 1780) eingestellt, der zu dieser Zeit am Bau der St. Nikolaus-Militärkathedrale (heute: Leningrader Kathedralkirche) beschäftigt war. Es ist anzunehmen, daß Veldten eine bestimmte Zeit unter der unmittelbaren Leitung Čevakinskijs arbeitete.[4] In den 1760er–1770er Jahren erscheint Veldten als Leitender Architekt der „Kanzlei für Bauwesen"; die Aufgaben dieser Kanzlei wurden folgendermaßen definiert: „Es gilt, die Stadt St. Petersburg in eine Ordnung bzw. einen Zustand zu versetzen, der ihr als Hauptstadt eines solch' ausgedehnten Reiches, wie es das Russische Reich ist, geziemt."

In der russischen Baukunst entstand in diesen Jahren der Klassizismus; in der Folgezeit erlebte er eine ziemlich lange Entwicklungsgeschichte und machte mehrere Etappen durch. Gewöhnlich wird er in Rußland in zwei große Abschnitte eingeteilt: In der ersten Periode unterscheidet man wiederum den frühen Klassizismus (1760er–1770er Jahre) mit Spuren des Barock. Zu den größten Meistern dieses Zeitabschnitts, die in Petersburg tätig waren, gehören Vasilij Ivanovič Baženov (1737–1799), Aleksandr Filippovič Kokorinov (1726–1772), Jean-Baptiste Vallin de la Mothe (1729–1780), Antonio Rinaldi (ca. 1710–1794). Seine Reinheit und Klarheit erlangte dieser Stil vollends im reifen Klassizismus der 1780er–1790er Jahre (Ivan Egorovič Starov (1745–1808), Giacomo Quarenghi (1744–1817), Charles Cameron (ca. 1740–1812), Nikolaj Aleksandrovič L'vov (1751–1803).[5] Georg/Jurij Veldten lebte und wirkte im Zeitalter des frühen Klassizismus, zu einer Zeit, als in der Kunst auf komplizierten Wegen ein neuer Stil entstand: Der Barock machte dem Klassizismus Platz, und gerade hier wurden die größten Leistungen der russischen Baukunst des 18. Jahrhunderts vollbracht.

Ein bedeutender Teil der Kirchenbauten Veldtens fällt in diese Periode. Seine ersten Arbeitserfahrungen sammelte er auf diesem Gebiet bereits 1763, als er am Wettbewerb zum Entwurf der Dreifaltigkeits-Kathedrale des Aleksandr-Nevskij-Klosters in St. Petersburg teilnahm.[6]

---

[4] Suslova E. N., Učeničeskie gody Ju. M. Fel'tena, in: „Architekturnoe nasledstvo" 1959, Nr. 9, S. 70

[5] Alešin P. S. (Hrsg.), Leningrad i ego okrestnosti, Moskau 1986, S. XIV.

[6] Pamjatniki architektury Leningrada, Leningrad 1976, S. 46. – Infolge eines Erlasses vom 29. September 1764 nahm Veldten 1765 am Wettbewerb zum Wiederaufbau des bis dahin dreimal abgebrannten Glockenturms der Peter-und-Pauls-Kathedrale teil. Neben ihm hatten auch folgende führende Architekten jener Zeit ihre Pläne der Jury vorgelegt: S. Čevakinskij, A. Rinaldi, A. Vist. – Zwei im April 1765 fertiggestellte Planblätter Veldtens zeichnen sich durch besondere Sorgfalt ihrer Ausführung aus.

Der nächste Schritt war 1765, als in der Klosteranlage Smol'nyj der Bau einer Lehranstalt für junge Mädchen aus dem Bürgerstand in Angriff genommen wurde. Das nach einem Entwurf von Veldten errichtete Gebäude wurde 1775 fertiggestellt.[7]

Im Anschluß an das 1763 herausgegebene kaiserliche Manifest, wonach allen in Rußland ansässigen Ausländern die freie Religionsausübung erlaubt wurde, überschrieben die Stadtverwaltungen der beiden russischen Hauptstädte – St. Petersburg und Moskau – an die ausländischen Gemeinden entsprechende Baugrundstücke für die Errichtung von heterodoxen Gotteshäusern. In mehreren Fällen wurde Veldten mit der Ausarbeitung der Baupläne bzw. mit der Bauleitung betraut.

Die von Veldten erbaute lutherische Katharinenkirche (1768–1771) – Anschrift in Petersburg/Leningrad: Bol'šoj prospekt Nr. 1 der Vasil'evskij-Insel; z. Zt. ist hier eine Unterabteilung des Instituts „Hydroproekt" untergebracht – stellt einen für seinen Stil charakteristischen Typ einer Ein-Kuppel-Kirche im Stil des frühen Klassizismus dar. Ein mit vier dorischen Säulen versehenes Portal mit Giebeldach schmückt die Hauptfassade; sie wurde im frühen 20. Jahrhundert durch Seiten-Anbauten, die das Portal in eine Loggia verwandelten, entstellt: In den Jahren 1902–1903 baute man am Portal Treppenhäuser an. Damals wurden auch die in den Nischen zu beiden Seiten des Eingangs befindlichen Statuen der Apostel Petrus und Paulus in die Außennischen der Treppenhaus-Anbauten zu beiden Seiten der Loggia versetzt. Noch zuvor im Jahre 1859 führte der Architekt W. Langwagen eine Restaurierung des Kirchengebäudes durch und ließ in den Innenraum ein Chorschiff einbauen.[8]

1768 nahm die russische Regierung Beziehungen zum Sitz des Armenischen Patriarchats in Ečmiadzin/Erevan auf. Kurze Zeit später erfolgte eine wohlwollende Resolution der Kaiserin Katharina der Großen auf ein Gesuch der Petersburger armenischen Gemeinde unter dem Vorsitz ihres prominentesten Mitglieds, des Hofjuweliers I. Lazarev, „in Petersburg ihnen den Bau einer Kirche zum Abhalten von Gottesdiensten ihres Glaubens gemäß zu gestatten und hierfür ein Baugrundstück zur Verfügung zu stellen."[9] Es folgte am 2. Mai 1770 ein Ukaz, unterzeichnet vom „General-Polizmeister" Čičerin:

„Den Armeniern ist es zu gestatten, sowohl hier in Petersburg als auch in Moskau ihre Kirchen bauen zu dürfen, und zwar aufgrund der für die katholischen Gotteshäuser geltenden Vorschriften; geeignete Grundstücke für

---

[7] Pamjatniki architektury ..., a. a. O., S. 18 u. 26
[8] ebda., S. 300
[9] Polnoe Sobranie Zakonov Rossijskoj imperii, Bd. 19, SPb 1830, S. 59, Nr. 13457

den Bau der erwähnten Kirchen sind hier und in Moskau von der Polizei zur Verfügung zu stellen."[10]

Mit dem Bau der Armenischen Kirche in Petersburg wurde 1771 begonnen; die nach den Plänen von Georg/Jurij Veldten errichtete Ein-Kuppel-Kirche erwies sich als ein hervorragendes Baudenkmal des frühen russischen Klassizismus. In der Ausschmückung ihrer Fassaden wurde von den Skulpturdarstellungen besonders oft Gebrauch gemacht. Der Haupteingang in die Kirche hatte ein Portal mit Dreieckgiebel. Am 18. Februar 1780 wurde die Petersburger Armenische Kirche durch Erzbischof Iosif Argutinskij-Dolgorukov, den Oberhirten aller in Rußland lebenden Armenier, eingeweiht. Die Einweihung erfolgte in feierlicher Atmosphäre im Beisein des Fürsten G.A. Potemkin (1739-1791) und anderer namhafter Persönlichkeiten. Die heute noch vorhandene armenische Kirche befindet sich im Hintergrund eines Grundstücks zwischen zwei Wohnhäusern (Nevskij Prospekt 40-42). Die zum Nevskij Prospekt blickende Fassade hat einen durch vier korinthische Säulen markierten Vorbau-Porticus. Auf dem Dach sitzt ein kleiner Zwiebelturm auf einer hohen Rundtrommel. Die armenische Kirche am Nevskij Prospekt erfuhr 1891 einen geringfügigen Umbau[11]; 1906 wurde das Gebäude unter Aufsicht von Baumeister A. I. Tamanjan restauriert, wobei man auch seinen Entwurf den Metallgittern an den Eingangstüren zugrunde legte. 1779 wurde nach den Bauvorlagen Veldtens auch in Moskau eine armenische Kirche gebaut. Geldgeber war „der Adlige Christofor Lazarevič Lazarev; der Kirchenbau erfolgte nahe der orthodoxen Nikolaus-Kirche."[12] Diese armenische Heilig-Kreuz-Kirche wurde am 9. September 1781 eingeweiht.

Inzwischen arbeitete Georg/Jurij Veldten am Entwurf eines weiteren nichtorthodoxen Gotteshauses, nämlich der lutherischen Anna-Kirche (1775-1779), deren heutige Anschrift lautet: ulica P. Lavrova 8 (vormals Furštadtskaja ulica). Die für Veldtens Arbeitsweise typische Einkuppelkirche hat hier eine recht eigenwillige architektonische Lösung gefunden: Die Hauptfassade ist halbkreisförmig angelegt und hat sechs freistehende ionische Säulen. Dem rotondenhaften Charakter der Vorderseite entspricht die auf einer hohen Trommel sitzende Zwiebelkuppel. Das hinter der Halbrotonde befindliche Hauptgebäude des Gotteshauses stellt eine langgezogene dreischiffige Basilika dar. 1939 wurde das

---

[10] ebda., S. 59
[11] Vsepoddanejšij doklad ministra vnutrennich del ob utverždenii proekta perestrojki zdanij armjanskoj cerkvi na Nevskom prospekte 1891, Zentrales Staatl. Archiv der UdSSR, F. 1293, op. 170, d. 51,1.31
[12] Basijanc A. P., Nad archivom Lazarevych, Moskau 1982, S. 27

Gebäude nach den Plänen von A. I. Gegello und L. S. Kosven umgebaut und beherbergt seitdem das Kino „Spartacus."[13]

G./J. Veldten entwarf auch die Baupläne anderer protestantischer Kirchen in St. Petersburg: der schwedischen lutherischen Kirche (1767-1769) sowie der reformierten Kirche in der heutigen Željabov-Straße 19 (1770-1773). Die Schwedenkirche birgt schon einen Vorgeschmack auf Veldtens künftige Meisterwerke: Die Fassade schmückte ein mit vier Pilastersäulen (korinthisches Kapitell) und einem Dreieckgiebel besetztes Portal. Aus Archivunterlagen geht hervor, daß das Bauwerk im Jahre 1862 vollständig zerstört wurde. Erhalten ist uns immerhin ein Steindruck aus dem Jahre 1855, der in einem deutschen Buch zur Geschichte der lutherischen Gemeinden in Petersburg herausgegeben wurde: Diese Abbildung erlaubt es, sich eine Vorstellung über ihr ursprüngliches Aussehen zu machen. Die Kirche befand sich im Hintergrund eines Hofes; das Gebäude verlief parallel zur heutigen S. Perovskaja ulica, wobei ihre hintere Wand zum Švedskij pereulok („Schwedengasse") blickte, einer Gasse, die die „Große und Kleine Stallstraße" („Bol'šaja i Malaja Konjušennaja" – heute: Perovskaja und Željabova ulica) miteinander verband.

Das Buch des Pastors an der Katharinenkirche Johann Christian Grot „Bemerkungen über die Religionsfreiheit im Russischen Reich", das 1797 in deutscher Sprache erschien, half entscheidend, die Autorenschaft Veldtens bei den erwähnten Kirchen festzustellen. Grot äußert sich ohne Umschweife:

> „Veldten hat es verstanden, sich durch die Errichtung von vier hervorragenden nichtorthodoxen Kirchenbauwerken – nämlich der schwedischen, der Katharinen- und Annakirche sowie der armenischen Kirche – ein Denkmal zu setzen."

Die Schwedenkirche stellt den ersten Versuch Veldtens dar, eine nichtorthodoxe Kirche zu entwerfen. Auf der Suche nach einer zeitgemäßen Lösung verwarf er erstmals die traditionellen Formen lutherischer Kirchenbauten mit ihrem hohen und spitzen Kirchturm. Der begabte Baumeister schuf sein eigenes System der Größenverhältnisse, arbeitete seinen eigenen Stil aus und entwarf einen neuen Typ einer Ein-Kuppel-Kirche.[14]

Auch die französisch-deutsche reformierte Kirche in der Bol'šaja-Konjušennaja ulica (heute Željabov ulica) war 1770-1773 nach den

---

[13] Leningrad i okrestnost ... a. a. O., S. 442

[14] Murašova N. V., Avtorstvo ustanovleno. Novye dannye o tvorčestve Fel'tena, in: „Stroitel'stvo i architektura Leningrada" Nr. 2. 1978, S. 43. – Vgl. auch: Leningrader Historisches Staatl. Archiv, F. 513, op. 102, ed. chr. 3349 (Die schwedische lutherische Kirche)

Bauplänen Veldtens gebaut worden. Das Gebäude mußte auf engem Raum zwischen bereits vorhandenen Häusern errichtet werden. Veldten setzte das Gotteshaus mit der Längsseite zur Straße und nutzte die ganze Breite des Grundstücks. Dies hatte dann eine ganz eigenartige Raumplanung zur Folge. Eine festliche Marmortreppe führte unmittelbar vom Straßeneingang in den ersten Stock, in dem sich der Kirchenraum und andere Räumlichkeiten befanden. Im Erdgeschoß lagen die Wohnräume des Pastors. Der Hauptkirchenraum war durch keinerlei Säulen unterteilt, und die Empore verlief nur an einer Seite, nämlich dort, wo sich die Orgel befand. In dieser Kirche ist heute der M. I. Čigorin-Schachklub untergebracht.[15]

Als Deutschrusse schenkte G./Ju. Veldten auch dem Bau von orthodoxen Gotteshäusern gebührend Beachtung. Diese nach seinen Plänen erbauten Kirchen zeugen von der architektonischen Eigenart jener Zeit. Es war einerseits ein Niedergang des Barock, andererseits ein allmählicher Übergang des Klassizismus in seine strengeren Formen des 18. Jahrhunderts; einen wichtigen Stellenwert besaß in der russischen Architektur jener Zeit die Tradition der Eklektik, was gerade in Rußland zu einem bedeutenden Einfluß der Pseudogotik führte.

Auffällig ist in dieser Beziehung die russische Geburt-Johannes-des Täufers-Kirche am Kamennyj Ostrov („Steinbrücke"), die Veldten 1776-1778 im pseudogotischen/neugotischen Stil baute. In der Folgezeit gehörte sie zum Kriegsversehrten-Hospiz für Seeleute der Baltischen Flotte (Anschrift: Kamennoostrovskij Prospekt 7). Dieses relativ kleine Bauwerk, das eigentlich eine Hofkapelle darstellen sollte, zeigte in aller Deutlichkeit die Begeisterung ihres Auftraggebers, Großfürst Pavel Petrovič (später als Zar Paul I. bekannt), bzw. auch des Baumeisters Veldten für die Romantik. Diese Kirche zeichnet sich durch eindrucksvolle Schlichtheit ihrer Formen aus. Ein konischer Abschluß des Kirchenturms und des Türmchens über dem Hauptschiff, dessen Grundriß einen Kreuzbau aufweist, langgezogene Fenster, unverputztes Backstein-Mauerwerk – dies alles erinnert stark an gotische Vorlagen.[16]

Von besonderem Wert ist auch die von Veldten 1777-1780 erbaute „Česmenskaja"-Kirche, die zum „Česmenskij"-Schloß gehört (ebenfalls von Veldten 1774-1777 errichtet). Der Ort, an dem das Schloß erbaut wurde (heute: ulica Gastello 15), hieß ursprünglich „Kekerekeksinnen" (auf finnisch „ein Sumpf mit Fröschen") bzw. „Kekerikki". Von daher

---

[15] Leningrader Staatl. Historisches Archiv, F. 444, op. 2, ed. chr. 5 (Die französische reformierte Kirche. Register der Regierungserlasse und Bauausgaben 1735-1772)
[16] Architektor Jurij Fel'ten ... a.a.O. (vgl. Anm. 2), S. 26-27

wurde das Schloß anfangs das „Kekerekeskin'sche" oder „Kekerikitische" genannt. 1780 erhielt es einen neuen Namen und wurde zu Ehren der für Rußland siegreichen Schlacht gegen die türkische Flotte in der Tscheschme-Bucht/Ägäis (1770) in „Česmenskij-Schloß" umgetauft. Bei der architektonischen Lösung der Schloßfassaden verwendete Veldten bewußt Stilelemente der Gotik: zinnenumsäumte Brüstungen und konisch zulaufende Fenster. Das Schloß war ursprünglich als Rastplatz für Umzüge des Zarenhofes aus Petersburg in die Sommerresidenz nach Carskoe Selo konzipiert, doch in den Jahren 1831 bis 1836 baute man es um und eröffnete dort ein Kriegsversehrten-Heim für Veteranen des Vaterländischen Krieges gegen Napoléon von 1812. Mit dem Umbau, dem die zinnengeschmückten Brüstungen und zwei „gotische" Steintore zum Opfer fielen, wurde der Architekt A. E. Staubert beauftragt.[17]

Am 6. Juni 1777 erfolgte in Petersburg im Beisein Katharinas II. sowie des schwedischen Königs die Grundsteinlegung dieser 1780 nach den Plänen von G./Ju. Veldten erbauten „Česmenskaja"-Kirche (die Fertigstellung erfolgte zum zehnjährigen Jubiläum des Sieges über die Türkenflotte). Später wurde am Kircheneingang eine Marmortafel mit der Inschrift angebracht:

> „Dieses Gotteshaus zu Ehren des heiligen Propheten, Vorläufers und Täufers unseres Herrn – Johannes – wurde aus Anlaß des bei Tscheschme 1770, am Gedenktage seiner Geburt, stattgefundenen Sieges über die türkische Flotte errichtet. Die Grundsteinlegung erfolgte im 15. Regierungsjahr Katharinas II. im Beisein des schwedischen Königs und Grafen von Gotland Gustav III. Die Einweihung fand am 24. Juni 1780 in Anwesenheit seiner Majestät des Römischen Kaisers und Grafen Falkenstein, Joseph II., statt."[18]

Im Vergleich zum nahegelegenen Česmenskij-Palast ist die gotisch anmutende Ausschmückung der Kirche noch deutlicher gehalten. Das Gebäude mit seinem als vierblättriges Kleeblatt gehaltenen Grundriß trägt gleichsam ein gotisches Gewand. An den Innenwänden sind vertikal verlaufende Rippen angebracht, die in Spitzbogen enden; aus der Bedachung und den fünf Türmen der Kirche recken sich ebenfalls spitze Pinakel-Türmchen empor (Die heutige Anschrift der Kirche lautet ulica Lensoveta zwischen den Häusern Nr. 14 und 16.[19]). Der Česmenskij-Palast und seine Schloßkirche stellen wohl das erste, auf alle Fälle jedoch das bedeutendste Beispiel eines in der Umgebung Petersburgs befindlichen architektonischen Ensembles im neugotischen Stil dar. Und es ist nicht von ungefähr, daß dieses Schloß dem Vorstand des

---

[17] Die Baudenkmäler Leningrads ..., a. a. O., S. 238
[18] Koršunova M. F., Ju. Fel'ten, Leningrad 1988, S. 70
[19] Leningrad und Umgebung, a. a. O., S. 449

1769 in Rußland gegründeten St. Georgs-Ordens als Versammlungsraum diente. Später wurde es auch dem Kapitel (zu russisch „Duma") des Malteserordens (auch Orden des Hl. Johannes von Jerusalem genannt), dessen Großmeister Zar Paul I. war (er war es auch, der dazu beitrug, daß dieser Orden in Rußland Fuß fassen konnte), zur Verfügung gestellt.

Die eigentümliche Ausführung der Česmenskaja-Kirche erregte die Aufmerksamkeit der Zeitgenossen und ließ mehrere Nachahmungen entstehen. Zweimal wurde diese Sehenswürdigkeit der Metropole in der Provinz nachgebaut, so beispielsweise 1781–1784, als der Favorit der Zarin, A. D. Lanskoj, in Posadnikovo/Gouv. Pskov eine ähnliche Kirche erbauen ließ, weil man vorhatte, hier eine neue Kreisstadt unter dem Namen „Novo-Ržev" zu gründen.[20] Im Gegensatz zur Petersburger Kirche wurde das Gotteshaus in Posadnikovo durch einen getrennt daneben stehenden Glockenturm ergänzt. Beide Bauwerke existieren nicht mehr, doch wir verfügen immerhin über ihre Abmessungen, die 1901 vom Architekten S. Beljaev durchgeführt wurden.[21]

Eine andere analoge Kirche war das 1790 in Krasnoe/Gouv. Tver' von M. F. Poltorackij errichtete Gotteshaus. Auch hier werden Form und Gestalt der Česmenskaja-Kirche nachvollzogen. Einen besonderen Reiz verleiht dem Gebäude indes sein weißer Stein-Sockel, die ebenfalls aus weißem Stein ausgeführten Fassaden-Schmuckdetails, Fenster- und Türeinrahmungen wie auch die Engelsfiguren oberhalb der Säulenpilaster des Portals. Ungeachtet ihres bautechnisch schlechten Zustandes strahlt die Kirche auch heute noch wahre Schönheit und Feinheit aus.[22] Diese Christ-Verklärungs-Kirche in Krasnoe, eine gekonnte Nachahmung der architektonischen Kunst Veldtens, stellt ein Denkmal der neugotischen Architektur von hohem Seltenheitswert in der russischen Provinz dar. Man kann sie unter die lokalen Sehenswürdigkeiten dieser Gegend, die aufs engste mit dem Namen des russischen Nationaldichters A. S. Puškin verbunden ist, einreihen. Die Restaurierungsarbeiten an diesen Kirchen wurden vor kurzem erfolgreich abgeschlossen. Es sei darauf hingewiesen, daß kürzlich in den Archivunterlagen des Staatlichen Historischen Museums die Baupläne eines vormals unbekannten Gotteshauses in Nachahmung der Česmenskaja-Kirche – mit nur wenigen geringfügigen Abweichungen im Detail – entdeckt wurden (Staatl. Historisches Museum, Inventar-Nr. 3347: Grundriß/Vorderansicht).

---

[20] Stankevič, Cerkov' v Pskovskoj gubernii, in: „Zodčij" Nr. 3–4, 1892, S. 31.
[21] Archiv der Leningrader Abt. des Instituts für Archäologie (kurz: LOIA) F. 1, 1925, Nr. 3, 28, 45–47, 1899 Nr. 122
[22] Architektor Ju. Fel'ten (vgl. Anm. 2), a. a. O., S. 21

Die Ausführung war nicht in der Hauptstadt, sondern irgendwo in der Provinz, vermutlich im Gouvernement Tver, geplant.[23]

Einer der letzten Kirchenbauten, der zu Lebzeiten G./Ju. Veldtens entstand, war die lutherische Peter-und-Paul-Kirche in Vyborg bei Petersburg (1793–1799). Lange Zeit war man sich über den Verfasser der Baupläne der Vyborg-Kirche im Unklaren. Erst die Erwähnung dieser Kirche im Buch von J. Viiste „Das gemütliche Alt-Vyborg" lieferte den Hinweis auf die Autorenschaft Veldtens. Dort heißt es, die schwedisch-deutsche lutherische Peter-und-Pauls-Kirche in Vyborg sei nach den Plänen des Petersburger Architekten Georg-Friedrich von Veldten erbaut worden (J. O. Viiste, Viihtyisa vanhaa Wiipuri, 1948). Heute beherbergt die Kirche einen Konzert- und Vortragssaal.

Von Veldten stammen auch die Baupläne zur lutherischen Kirche in Pavlovsk, einer Vorstadt St. Petersburgs. In den Archivunterlagen des Palastmuseums von Pavlovsk befindet sich eine Skizze, die eine Vorstellung über das ursprüngliche Aussehen dieser Kirche am Ufer der Slavjanka gibt (Baujahre 1794–1796). Das Gebäude war sozusagen ein zartes Kleinod: Die elegante Hauptfassade stellte eine eigenwillige Interpretation des von Veldten entwickelten lutherischen Steinkirchen-Typs dar. Pastor Grot hielt in seinem Buch fest, die Kirche von Pavlovsk sei aus Holz, mit viel Geschmack gebaut und mit Bildern geschmückt gewesen.[24]

Es war G./Ju. v. Veldten im Laufe der langen Jahre seines Wirkens gelungen, einen ganz besonderen Typ einer mittelgroßen Kirche auszuarbeiten. Ein jedes seiner Werke hat seinen eigenen Reiz, und jedes einzelne stellt einen bestimmten Gebäudetyp in Vollendung dar. Der lakonische Charakter des Grundrisses wird mit einer ausgesprochenen Vollendung der Formen und einer besonderen Ausdruckskraft der Silhouette kombiniert.

Das angespannte, abwechslungsreiche Arbeitsleben machte sich am Gesundheitszustand Veldtens bemerkbar. 1794 wird er auf eigenes Gesuch „wegen Gesundheitserschöpfung infolge der Mühen und der fortgeschrittenen Jahre, vornehmlich aber wegen Verlust des Augenlichtes"[25] aus dem „Baukontor" (Bauamt) entlassen. Die Unmöglichkeit weiterhin schöpferisch tätig zu sein ließ Veldten seine gesamte Aufmerksamkeit auf die Verwaltungsarbeit an der Kunstakademie richten.

---

[23] Koršunova M., Neizvestnaja postrojka Ju. M. Fel'tena v Kalininskoj oblasti in „Soobščenija Gosudarstvennogo Ėrmitaža" Bd. 34, Leningrad 1972, S. 61–64

[24] Zentrales Staatl. Historisches Archiv, F. 493, op. 3, ed. chr. 16828. Über den Bau einer lutherischen Kirche in Pavlovsk anstelle der am 15. Juli 1875 abgebrannten. 1876.

[25] Zentrales Staatl. Historisches Archiv der UdSSR, F. 470. op. 84/518, d. 170, Bl. 1, zit. nach: Architektor Jurij Fel'ten (vgl. Anm. 2), a. a. O., S. 30

Schon im Juli 1785 war er zum „Adjunkt-Rektor" der Kunstakademie ernannt worden; am 2. April 1789 folgte auf Empfehlung des Akademie-Präsidenten Ivan Ivanovič Beckij (1704-1795) seine Ernennung zum Akademie-Direktor, eine Stellung, die er bis Dezember 1794 behielt. Der deutschrussische Architekt wurde auch im Ausland bekannt: Schon 1783 wurde Veldten zum Korrespondierenden Mitglied der Königlichen Französischen Akademie gewählt.[26]

Georg/Jurij v. Veldten starb am 2./14. Juni 1801. Zu diesem Zeitpunkt hatte er bereits seinen festen Platz in der Reihe der bekanntesten russischen Architekten des 18. Jahrhunderts eingenommen. Auch eine Vielzahl von einzigartigen weltlichen Gebäuden, die eine ganze Entwicklungsstufe in der russischen Baukunst markieren, geht auf Veldten zurück: Hierzu gehören unter anderem Monumental-Bauwerke wie die Alte Eremitage (1771-1787), die berühmte schmiedeeiserne Umzäunung des Sommerparks „Letnij sad" (1770-1784 in Zusammenarbeit mit dem Architekten P. E. Egorov); eine ganze Reihe von Gebäuden in der Sommerresidenz der Zaren Carskoe Selo und Peterhof, die Bauleitung bei der Errichtung des „Ehernen Reiters" (Reiterstandbild Peters des Großen an der Neva) u. a. m. Dennoch stellen die nach den Plänen Veldtens errichteten sakralen Baudenkmäler mit Sicherheit den interessantesten Aspekt seines vielseitigen Lebenswerks dar.

---

[26] Sobko N., Russkij bibliografičeskij slovar', Bd. F-C, SPb 1901, S. 49

JAN DE WAARD, ST. MARTIN DE LA BRASQUE

Translation as Cultural Transfer

In contrast to English people the Koyas of South India do not distinguish between dew, fog, and ice. They only use one word for these different phenomena. On the other hand, quite distinct from Western cultures, they recognize and name seven different kinds of bamboo. Especially kinship studies reveal great distinctness. Whereas in English a *cousin* may be, without any differentiation, the son of one's mother's brother or sister, the Koya will have to distinguish and use distinct terms. However, this does not mean that people in one culture are unable to observe the same differences as people in another culture do. It only means that they do not attach the same significance to the same differences. Cultures are not material phenomena but cognitive organizations of material phenomena. This is one of the important lessons cognitive anthropology has taught us. It has also become exceedingly clear that not only semantic word domains and cultural structure are closely linked. Cultural matrices may cover elements of much wider range. As studies in the ethnography of communication have shown, even narrative schemata may be very different from one culture to another.

Unfortunately in linguistics very little attention has been paid to these cultural aspects. This in spite of early warnings by linguists as Edward Sapir and Roman Jacobson that unless a linguist is somewhat unimaginative, he cannot but share in some or all of the mutual interests which link linguistics with anthropology and the history of culture, with sociology, with psychology, and more remotely, with physics and physiology. Even if one does not embrace in all its details the Whorf-Sapir hypothesis on the relationships between language and culture, one cannot deny the importance of these warnings. More unfortunately, even in translational studies where the intercultural factors are so preponderant, the issue of cultural transfer is rarely touched upon. Georges Mounin has been one of the exceptions in the past. He has made it abundantly clear that the semantic content of a language is the ethnography of the community which speaks that language. When an inhabitant of Neuchâtel makes the following statement: "Les cantiques qui n'ont pas de fourre n'osent pas sortir des rangs", all native speakers of French will through the formal sentence structure recognize the statement as a French one, but only those will understand it who have full access to the semantic values which make the statement meaningful.

And in the case of interlingual (or even intralingual) transfer, the translator will have to make himself the ethnographer of that particular language community in order to be able to translate. The Bible translator, since he has to deal with a dead source language and a dead source culture, will even have to do more. He has to become a philologian in addition. For one of the legitimate definitions of philology could be that it is a non-organic ethnography of the past. In the most recent translational research the outstandig exception is the definition which Reiss and Vermeer have given of translation as a special kind of cultural transfer. The importance of such a cultural transfer becomes especially clear when one has to render a text belonging to the so-called "operative" text-type, because the receptor rendering will have to contain an appeal equivalent to that of its source. For example, the following French wine advertisement makes use of the maxim of king François I: "Souvent femme varie" when it states: "Souvent femme varie. Les vins du Postillon ne varient jamais." However, a literal rendering of such a statement into, let us say, German, would not create the same effect. One would have to look for a well-known and equivalent literary *Vorlage* in German culture, and one might end up with a German statement such as: "Frauenherzen sind trügerisch, Postillon-Weine betrügen dich nie!"

It is certainly true that the similarities that unite mankind as a cultural "species" are much greater than the differences that separate. It also is this simple truth which makes translation possible. One therefore does not have to discuss seriously all the arguments in favour of translational impossibilities. They range from the statement made by Wilhelm von Humboldt in his famous letter of July 23, 1796 to August Wilhelm Schlegel (Alles Übersetzen scheint mir schlechterdings ein Versuch zur Auflösung einer unmöglichen Aufgabe. Denn jeder Übersetzer muß entweder an einer der beiden Klippen scheitern, sich entweder auf Kosten des Geschmacks und der Sprache seiner Nation zu genau an sein Original, oder auf Kosten seines Originals zu sehr an die Eigentümlichkeiten seiner Nation zu halten. Das Mittel hierzwischen ist nicht nur schwer, sondern geradezu unmöglich.) to observations about the difficulties of rendering certain words which are specific to a certain language community such as *esprit, patrie, charme, gentleman, fairness, Sehnsucht, Gemütlichkeit, Weltschmerz, Innerlichkeit, Tüchtigkeit,* etc. Although such difficulties which mainly concern what we now call "associative" meaning cannot be denied and although *translatability* remains a relative notion, it is in no way justified to create a principle of *untranslatability* out of a few exceptions. Nevertheless, it is also true that differences between cultures cause many more severe complications for the translator than do differences in language structure. For example, although Hungarian and German belong to two very different language families, their speakers share to a large extent the same cultural ideas, attitudes and values. On the other hand, German and Hindi belong to one and the same Indo-European family of languages but in cultural respect their speakers seem to many to be poles apart.

So the major problems in translation are caused by cultural distance in communication. It should, however, be observed that the relative degree of cultural remoteness or proximity may have either a predominant time or a predominant space dimension. When it is e.g. pictured in 2 Sam 16 how, at the advice of Ahitophel, a tent is set up for Absalom on the roof of the palace, and how he went in and, in sight of everyone, had intercourse with his father's concubines, people of many Western cultures may immediately associate such behaviour with debauchery. However, for the receptors of the original culture of that time, the significance of this gesture was quite a different one. It simply signified Absalom's assumption of royal power. In fact, the meaning was so clear that any form of linguistic explanation was completely superfluous. On the other side, also very close cultural proximity occurs as in the case of the institution of levirate marriage shared by both ancient Israelite society and many contemporary African cultures. And it remains an interesting feature that in one particular African translation project translators expressed the wish to render Leviticus as the first book of the Bible. Reason was that people were especially excited by the cultural affinities in the domain of negative taboos.

Translation as cultural transfer means that no translation of a sociosemiotic type can exist without a certain degree of cultural reinterpretation. Such a reinterpretation becomes obligatory because of the presence in all languages of a large number of language elements which are culturally bound and determined. For example, in most Indo-European languages joy is experienced in the heart, but in most Chadic languages joy is related to the liver, whereas in Hebrew the kidneys do enjoy. A translator should pay particular attention to experiences which are culturally related to the heart. In Israelite culture, the heart is not considered to be the seat of feelings, but the centre of will and decision making. Therefore, a Hebrew idiom such as "harden the heart" has nothing to do with "insensitiveness", but with a refusal to do something, or with a fierce opposition to something of someone. It will be clear that a literal translation of non-literal meanings should not be attempted too easily because of the risk of semantic distortion. For idiomatic expressions frequently allow literalizations which give a perfect sense in the receptor language, but a wrong one. Such is the case with the Hebrew idiom under discussion when literally rendered in the Fulani language of West Africa. It makes perfect sense, but it means something quite different: "to be courageous". The functional equivalent in Fulani of the Hebrew idiom would be "to harden the head", an idiom in no way restricted to Fulani (compare German "starrköpfig").

Cultural reinterpretation is not only necessary in the domain of sentiments and experiences related to body parts, but also in the special domain of culturally conditioned gestures. When it is said of the tax collector in Luke 18:13 that he "beats his breast", the action is symbolic in that it has the meaning of repentance and contrition. Exactly the same expression occurs, for example, in the Tswana language of South Africa, but it stands for the opposite feelings. The Motswana only beats his breast when he is self-assertive and agressive. And when he wants to show contrition he "takes hold of his beard". In other cultures of our world the functional equivalent gesture would be "to strike the head" or "to grasp the abdomen". In all these cases the necessity of providing some kind of cultural reinterpretation either in the text or in a comment becomes apparent. This need may be less apparent, but still existing in languages which over centuries have been exposed to biblical culture. For example, the last Dutch translation has marked the "beating of the breast" in the text by saying explicitly that the tax-collector is doing this "repentantly". The translator may be confident of having done the right thing. After all, the most authoritative dictionary of his language gives under this entry first of all the meanings of "sorrow" and "contrition", and only supplementary the meaning of "self-congratulation". Nevertheless, the first two meanings only reflect the historical influence of biblical culture, and for the vast majority of today's native speakers only the last meaning would exist. It may, however, be good to state already at this point that cultural reinterpretation is by no means tantamount to wild cultural substitution. All transfer has to be strictly controlled by translational rules. When the famous logion on Matthew 6:19: "Do not lay up for yourselves treasures on earth, where moth and rust consume" is rendered into the Toradja language in the following way: "Do not save up a lot of cotton goods, which white ants and damp consume", the correct application of at least three major translational rules makes the translation to an acceptable one. Toradja, not having like Greek a generic word for "treasure", substitutes it by a specific one; it substitutes the "moth" by "white ants", belonging to the same semantic domain of insects, and, finally, it substitutes "rust" by "damp", which means: the effect by the cause.

In the case of the so-called "dead" languages and "dead" cultures, it may be extremely difficult to draw the exact borderline between cultural gestures and culturally bound idioms. Many originally symbolic gestures end up as mere idiomatic speech. Now idioms normally are the result of a process of metaphorical usage and they have their origin in so-called complex metaphors. "Simplex" metaphors may have to undergo some kind of cultural reinterpretation in the same way as complex metaphors. Languages very rarely share the same figurative extensions of words. Therefore, with the exception of what has been called loan-metaphors, like "fox", metaphors can seldom be transferred literally. Moreover, since they are the vehicles of impact, one should first of all try to render them with different, but equivalent metaphors of the receptor language which are preferably situated in the same semantic domain. For example, most Tonga farmers would have difficulties to understand why the author of Psalm 22:12 is upset when he states: "A heard of bulls surrounds me". For having so many bulls around is quite fortunate. Only when the formally similar "water buffalo" is substituted, the picture becomes clear, for that beast is considered to be extremely dangerous and unpredictable. It would be difficult in the same way for a Frenchman today to know that the Hebrew figure of "cleanness of teeth" in Amos 4:6 stands for famine. Unless it is replaced by the French figure of "le ventre creux". Since metaphorical loss in translation is unavoidable, one may even occasionally have to compensate for it by introducing figurative expressions in the receptor language where they are absent from the source text. The prosaic statement of Mark 3:5: "He looked around at them with anger", may in Southern Soto become: "He ate them with his eyes", and the even more prosaic statement about the "sixth hour" in John 19:14 may become in the same language: "in the belly's middle of midday".

Finally, cultural reinterpretation is especially necessary in the case of certain metaphysical phenomena. This is particularly true when one has to do with supernatural non-material beings like spirits, or when one has to render such a central biblical notion like "Holy Spirit". As to the last one, in many languages of the world one has simply taken a word with the meaning "clean" and a word with the meaning "breath", neglecting completely the fact that none of the two vocabulary items had any figurative meanings in the language concerned. In the few and rare instances in which they had such figurative extensions, the unwanted components of meaning were predominant, like in that language in which one would say of a woman that she had a "clean breath" during six days after child birth. It is, as far as I know, only in some Chadic languages that one has taken the calculated risk to translate "Holy Spirit" with "shadow of God". The unwanted components of meaning here are several as well. "Shadow" is the double of man. When someone sleeps or dies, his shadow leaves him and continues to have an independant existence. So one risks to introduce in quite a different manner a "God is dead" theology. However, the diagnostic components are so similar that one has taken the risk and avoided the borrowing from Arabic.

In a socio-semiotic approach to translation all these cultural reinterpretations are obligatory. However, there are at least three areas in which it can be questioned whether a specific form of cultural transfer can still be considered as a legitimate translation. The first area is that of translations which actualize such as, for example, Clarence Jordan's Cottonpatch Version, in which Pilate becomes governor of Georgia, in which Annas and Caiaphas become co-presidents of the Southern Baptist Convention, in which Jesus is born in Gainesville and lynched in Atlanta. Or, to take another example, Roger Parmentier's French actualizations of Matthew with its "comrades" and "militants" instead of disciples, and of Amos, "un des travailleurs de la banlieu", in which "Amatsia" becomes an abbreviation of "Alliance Mondiale Antimarxiste Très Sainte Interconfessionnelle et Apolitique". Although even most authoritative church translations can sometimes be defined as actualizations – I think most particularly of the Septuagint of Isaiah – one should nevertheless ask the question whether these cultural transpositions are still translations. To do justice to the facts, even Parmentier does not speak of translation, but of "modern transcription". Another area, which is more difficult to define, might be termed "cryptic cultural reinterpretation", either as a conscious device or as the result of an unconscious transfer. When, e.g., a so-called common language translation like Today's English Version renders Ps 22:9 (Yet thou art he who took me from the womb; thou didst keep me safe upon my mother's breasts.) in the following way: "It was you who brought me safely through birth, and when I was a baby, you kept me safe", it gives a cryptic cultural reinterpretation of the Hebrew on the base of anglo-saxon puritanism. Finally, a last area is that of ideologically conditioned cultural reinterpretation, as when we are told that, as a translational result of some of the excesses of the feminist movement, the "Kingdom of God" should be replaced by the "Realm of God".

With these last series of questions we have entered into a borderland, or into a kind of interdisciplinary no man's land. It will still be a task for the future to trace the ultimate limits of translation as cultural transfer.

Selected Bibliography

1. Carlo Buzzetti, *La Bibbia e la sua comunicazione.* Torino: Elle Di Ci 1987. Especially chapter III: Comunicazione e distanza culturale.
2. M. B. Dagut, *A Linguistic Analysis of Some Semantic Problems of Hebrew-English Translation.* Jerusalem: Hebrew University 1971
3. Teun A. van Dijk and Walter Kintsch, *Strategies of Discourse Comprehension.* New York: Academic Press 1983
4. Roman Jakobson, *Main Trends in the Science of Language.* New York: Harper & Row 1974
5. Jin Di and Eugene A. Nida, *On Translation. With Special Reference to Chinese and English.* Tianjin 1984
6. J. P. Louw and E. A. Nida, *Greek-English Lexicon of the New Testament Based on Semantic Domains.* New York: United Bible Societies 1988
7. Georges Mounin, *Les problèmes théoriques de la traduction.* Paris: Gallimard 1963
8. Eugene A. Nida, *Toward a Science of Translating.* Leiden: E. J. Brill 1964
9. Johs. Pedersen, *Israel. Its Life and Culture.* Copenhagen: Povl Branner 1946
10. W. Pierrehumbert, *Dictionnaire historique du parler neuchâtelois et suisse-romand.* Neuchâtel: Victor Attinger 1926
11. J. Reiling and J. L. Swellengrebel, *A Translator's Handbook on the Gospel of Luke.* Leiden: E. J. Brill 1971

Boris A. Uspenskij, Moskau

Die Sprache des Gottesdienstes und das Problem der Konventionalität des Zeichens

Das Problem der Liturgie-Sprache stellt möglicherweise eines der aktuellsten Probleme des religiösen Bewußtseins und folglich der praktischen Theologie dar. Hat sich nun die Sprache der Liturgie an die alltägliche, gewöhnliche Sprache anzupassen? Auf der einen Seite steht die Praxis der Katholiken vor dem Zweiten Vatikanischen Konzil, als die Sprache des Gottesdienstes eine besondere Sprache war, die sich von der jeweiligen Nationalsprache, d.h., der Sprache der alltäglichen Kommunikation, unterschied. Auf der anderen Seite steht die Praxis der Protestanten oder derselben Katholiken, aber bereits in unserer Zeit nach dem Zweiten Vatikanischen Konzil, als die gottesdienstliche Sprache mehr oder weniger mit der Nationalsprache übereinstimmte.

Zugleich bleibt in der orthodoxen Kirche eine im allgemeinen stabile Tradition erhalten, eine besondere liturgische Sprache zu benutzen, die sich von der Sprache der alltäglichen Kommunikation unterscheidet. Eine Ausnahme bilden nur neue, erst vor kurzem gegründete Landeskirchen oder Auslands-Gemeinden. So wird in der Russischen Orthodoxen Kirche bekanntlich die kirchenslavische Sprache benutzt.

Soll man darin lediglich einen Konservatismus, eine Relikterscheinung erblicken? Ist es zu erwarten, daß die orthodoxen Kirchen dem Beispiel der Katholiken folgen werden, daß die Russische Orthodoxe Kirche auf die kirchenslavische Sprache verzichten und zur russischen Sprache übergehen wird?

Es gibt gewichtige Argumente zugunsten eines Überganges zur russischen Sprache – trotz der ganzen Schmerzhaftigkeit einer solchen Reform. Tatsächlich erweist sich die liturgische Sprache oft für die breite Masse der Gläubigen als unverständlich. Darüber läßt sich nicht streiten, gleichzeitig muß anerkannt werden, daß das Problem der liturgischen Sprache nur einen Teil eines viel allgemeineren und wichtigeren Problems darstellt, das vor der Russischen Orthodoxen Kirche steht. Ich meine: Eine breite religiöse Bildung fehlt, in deren Rahmen im Prinzip auch das Erlernen der kirchenslavischen Sprache – als ein Teilaspekt – vorgesehen werden muß.

An dieser Stelle ist zu vermerken, daß der orthodoxe Gottesdienst kompliziert genug ist: Er ist eher für die Wissenden, d.h., für die vorbereiteten Hörer bestimmt. Es ist kein Zufall, daß die Reformen des

Zweiten Vatikanischen Konzils sich nicht auf die Veränderungen in der Sprache des Gottesdienstes, d.h., auf den Übergang zu den Nationalsprachen beschränken. Gleichzeitig wurde auch die Messe selbst wesentlich vereinfacht. Beim Bestreben, ein maximal adäquates Auffassen des kirchlichen Gottesdienstes zu erreichen, und wenn man den Akzent auf die Verständlichkeit des kirchlichen Geschehens setzt, wäre es zweifellos ungenügend, nur die Sprache des Gottesdienstes zu verändern: Eine Reform solcher Art – der Übergang zur Nationalsprache – wäre nur unter der Bedingung effektiv, wenn eine globale Kirchenreform verwirklicht würde, die sich ganz auf den kirchlichen Gottesdienst beziehen würde (ich kann nicht beurteilen, inwieweit eine solche Reform in absehbarer Zeit zu verwirklichen wäre).

So oder so gibt es ziemlich offensichtliche Argumente zugunsten des Verzichts auf die kirchenslavische Sprache und des Übergangs zur russischen Sprache in der Gottesdienstpraxis der Russischen Orthodoxen Kirche. Und dennoch ist, wie mir scheint, diese Frage ziemlich kompliziert. In meinem Referat möchte ich einige Argumente zur Verteidigung eines entgegengesetzten Standpunktes vorbringen (umso mehr, als Argumente, die die Notwendigkeit einer solchen Reform begründen, auf unserer Konferenz bereits ausgesprochen wurden). Ich werde besonders zu erklären versuchen, warum das Problem der liturgischen Sprache für das religiöse Bewußtsein und *besonders* für das *orthodoxe* religiöse Bewußtsein so aktuell sein kann.

Ich werde unterschiedliche Argumente darlegen. Am Anfang wird es um die allgemein linguistische – und im weiteren Sinn um die semiotische – Seite dieser Angelegenheit gehen: Ich werde über das Problem der Konventionalität des Sprachzeichens und in diesem Zusammenhang über die liturgische Sprache sprechen.

Weiter werde ich über die Spezifik des orthodoxen religiösen Bewußtseins bei der Lösung dieses Problems berichten. Und schließlich gehe ich zur Spezifik der Wahrnehmung und des Funktionierens gerade der kirchenslavischen Sprache als liturgischer Sprache über.

*

Die Sprache kann als Mittel der Kommunikation und als Mittel zum Ausdrücken der Wahrheit verstanden werden: In einem Fall wird der Akzent auf den Prozeß der Informationsübertragung gelegt, in dem anderen – auf den Ausdruck des Inhalts. Die kirchenslavische Sprache wurde traditionsgemäß eben als ein Ausdrucksmittel der von Gott geoffenbarten Wahrheit verstanden – mit anderen Worten, als Ikone der

Orthodoxie. Ein solches Herangehen setzt mit Notwendigkeit ein Verhältnis der Nicht-Konventionalität gegenüber dem sprachlichen Zeichen und den Ausdrucksmitteln voraus. In diesem Fall erweist sich das Problem der sprachlichen Form als wesentlich, die im Prinzip dem Inhalt nicht entgegengesetzt wird, d.h., das Problem der *Richtigkeit* des Ausdrucks. Die Sprache als Kommunikationsmittel aktualisiert umgekehrt *die Wahrnehmung* des Adressaten, für den die Mitteilung bestimmt ist.

So kann die Sprache als Kommunikations- oder als Ausdrucksmittel, als Mittel zur Fixierung eines bestimmten Inhalts verstanden werden. Offensichtlich entsprechen diese zwei Sprachfunktionen den Rollen des Sprechenden und des Zuhörenden bei der sprachlichen Kommunikation. Wenn mir etwas gesagt wird, ist es für mich in erster Linie wichtig, den Inhalt zu verstehen, ihn mir anzueignen: Ich bin für die Form nicht verantwortlich, es ist nicht meine Form, sie ist mir im Prinzip gleichgültig.

Wenn ich sage, daß es für mich wichtig ist, möglichst adäquat den Inhalt auszudrücken, die Bedeutung in eine Form zu kleiden, existiert für mich der Inhalt überhaupt nicht außerhalb des Ausdruckes, und psychologisch ist es wichtig, eben die richtige, möglichst adäquate Ausdrucksform zu wählen. In diesem Fall kann die Gleichgültigkeit gegenüber der Form auch die Gleichgültigkeit gegenüber dem Inhalt bedeuten.

Auf solche Weise wird in einem Fall das Problem der Richtigkeit des Ausdruckes und im anderen Fall das Problem der Zugänglichkeit (der Auffaßbarkeit, der Effektivität) aktuell. Im ersten Fall ist es der Inhalt, der ausgedrückt werden soll; und im zweiten Fall ist es das, was verstanden werden soll (aufgefaßt und angeeignet werden soll).

Wie ist dies mit dem Problem der liturgischen Sprache verbunden? In der allgemeinsten Form ist ein Gottesdienst natürlich die Kommunikation mit Gott. Aber in einem Fall vernehmen wir die Göttliche Wahrheit, und in einem anderen Fall wenden wir uns an Gott. Mit anderen Worten: Ein kirchlicher Dienst kann sowohl als das verstanden werden, was von Gott an den Menschen gerichtet ist und als etwas, was von den Menschen an Gott gerichtet ist. Tatsächlich verbindet er in sich das eine und das andere. Predigt und Gebet sind die äußersten Fälle, die diese Antithese ausdrücken.

Wenn die Botschaft von Gott an die Menschen gerichtet ist, d.h., wenn Menschen sich die von Gott geoffenbarte Wahrheit aneignen, ist die Wahrnehmung, das Verständnis wichtig. Wenn aber die Verbindung von den Menschen zu Gott gerichtet ist, dann ist die Form, in die der Inhalt gekleidet wird, wichtig. Darin liegt die Bedeutung jedes Rituals. Hier wird das Problem der Richtigkeit des Ausdruckes aktuell. Denn der Inhalt, der in keine Form gekleidet ist, ist etwas Verschwommenes, etwas Amorphes; die Richtigkeit des Ausdruckes bestimmt im äußersten Fall die Richtigkeit des Inhalts.

Es scheint, daß in unterschiedlichen kirchlichen Traditionen überwiegend der Akzent auf die eine oder auf die andere Gottesdienstfunktion gelegt werden kann, d. h., der Gottesdienst kann als etwas verstanden werden, was von Gott an die Menschen gerichtet ist oder als das, was von den Menschen an Gott gerichtet ist. Und es ist kein Zufall, daß der Übergang der Römisch-katholischen Kirche zu den nationalen Sprachen mit der Liturgie-Reform zusammenfiel, in deren Folge der katholische Priester sich während des Gottesdienstes mit dem Gesicht den Menschen zuwendete – der Akzent wurde auf die Auffassung, auf das Verständnis gelegt.

*

Bis jetzt habe ich über die allgemeinen Probleme der gottesdienstlichen Sprache gehandelt. Jetzt werde ich mich mit der Spezifik der orthodoxen Tradition beschäftigen. Ist es etwa Zufall, daß ausgerechnet die Orthodoxie so beständig an der besonderen liturgischen Sprache festhält? Ich glaube, nein. Und es liegt nicht nur am Konservatismus der orthodoxen Tradition, obwohl auch sie natürlich eine große Rolle spielt.

Das Dogma der Ikonenverehrung bestimmt die Spezifik der Orthodoxie. Bezeichnenderweise heißt der erste Sonntag der Großen Fastenzeit, an dem dieses Dogma feierlich bestätigt wird, eben „Sonntag der Orthodoxie". Entsprechend der Dogmatik der Ikonenverehrung ist eine Ikone das faßbare Bild der übernatürlichen Realität, d. h., das Zeichen, das berufen ist, die subjektive Auffassung mit dem Urbild zu verbinden und das Bewußtsein in die geistige Welt hinauszuführen. Diese Beziehung zum visuellen Zeichen bestimmt, wie es scheint, im orthodoxen Bewußtsein das Verhältnis zum sakralen Zeichen überhaupt: So kann sich die Beziehung zum visuellen Zeichen auch auf das sprachliche Zeichen erstrecken. Das hat sich besonders deutlich im Hesychasmus oder in einer so relativ neu entstandenen geistigen Bewegung (die eine Art Widerhall des Hesychasmus darstellt) wie der „Namenverehrung" (Imjaslavie) gezeigt.

Namenverehrung kann eben verstanden werden als eine Ausdehnung der Beziehung zum Zeichen auf das Wort – das sakrale Wort –, wie wir es bei der Ikone beobachtet haben. Ähnlich wie wir über eine Ikone, die

Gott oder einen Heiligen darstellt, wie über Gott oder den Heiligen selbst sprechen (so nennen wir eine Ikone, die den Heiland darstellt, „der Heiland", die die Gottesmutter darstellt, „Mutter Gottes", die Darstellung des Heiligen Nikolaus, „Nikolaus" usw.), dachten die Vertreter der Namenverehrung, daß das Wort, das Gott bezeichnet, auch selbst Gott ist.

Mich beschäftigt jetzt nicht die dogmatische Seite der Frage, und ich erörtere nicht, ob die Vertreter der Namenverehrung recht hatten oder nicht. Ich möchte nur betonen, daß selbst das Herangehen an das Zeichen für das orthodoxe Bewußtsein typisch ist: In der Tat beobachten wir ein und dasselbe Herangehen an das visuelle und an das wörtliche sakrale Zeichen.

Übrigens muß auf der ikonographischen Darstellung unbedingt die Aufschrift (titlo) vorhanden sein, die die Darstellung bestätigt, andernfalls ist es keine Ikone. Eine Ikone ist auf diese Weise nicht nur ein visuelles, sondern auch gleichzeitig ein sprachliches Zeichen: Es ist zugleich das eine und das andere. Aber genauso kann auch die Kommunikationssprache mit Gott verstanden werden. Bei einem solchen Verständnis erscheint die kirchenslavische Sprache als eine Art Ikone der Orthodoxie; genauso wurde sie auch in der Ruś aufgefaßt. In diesem Sinne ist diese Sprache keine Konvention, genauso wie auch der orthodoxe Ritus keine Konventionalität und wie auch die christliche Symbolik keine Konvention ist.

*

Es bleibt nur zu betonen, daß die kirchenslavische Sprache – im Unterschied zum Lateinischen – traditionell als die *eigene* Sprache wahrgenommen wurde, als eine außerordentlich richtige Realisierung der Muttersprache. Und wenn heutzutage ein Priester beim Verlesen des ersten Kapitels des Johannesevangeliums im Ostergottesdienst in verschiedenen Sprachen diesen Text sowohl in Kirchenslavisch als auch in Russisch vortragen kann, so wäre das bis vor kurzer Zeit unmöglich gewesen: Die kirchenslavische und die russische Sprache konnte man nicht als zwei verschiedene Sprachen einander gegenüberstellen, denn sie wurden als die sakrale und die profane Realisierung ein und derselben Sprache aufgefaßt. In einer solchen Situation können spezifische kirchenslavische Ausdrucksmittel besondere Konnotationen gewinnen, die sie speziell mit der sakralen Sphäre verbinden.

In der Tat sind in der kirchenslavischen Sprache besondere Ausdrucksmittel mit einem sakralen Inhalt vorhanden, die es in den anderen Sprachen nicht gibt. Wir sagen zum Beispiel „Carstvie Nebesnoe" (Himmelreich) im Gegensatz zu „carstvo zemnoe" (irdisches Reich), „Gospod'" (der HErr), aber „gospodin" (der Herr) usw.; vergleichbar damit sagen wir „Premudrost'" (die Allweisheit), „Presvjataja Bogorodica" (Allheilige Gottesgebärerin), und stellen damit die Worte „Premudrost'" (die Allweisheit) und „mudrost" (die Weisheit), „Presvjataja" (Allheilige) und „svjataja" (die heilige) usw. einander gegenüber. In allen diesen Fällen stellen die Worte mit der sakralen Bedeutung spezifische kirchenslavische Ausdrucksmittel dar. Genauso können auch die sich korrelierenden kirchenslavischen und russischen Formen gegenübergestellt werden, wie zum Beispiel die Worte „grad" (die Stadt) und „gorod" usw. Selbstverständlich besitzen die nichtvollklingenden Formen (wie *grad*) in der kirchenslavischen Sprache selbst keine sakralen Konnotationen, aber sie tauchen natürlicherweise im russischen Sprachbewußtsein, d. h., in der Perspektive eines Trägers der russischen Sprache, auf. Einen solchen Gegensatz gibt es in den anderen Sprachen nicht. Hat das zu bedeuten, daß wir, wenn wir den einen oder anderen Text ins Kirchenslavische übersetzen, seine Bedeutung ändern und einen neuen Inhalt hereintragen? Nein, das bedeutet es nicht. Die entsprechenden formalen Zeichen – das sind eine Art Markierungen, die die Modalität bezeichnen –, verändern den Sinn nicht, sie demonstrieren aber das Verhältnis des Sprechenden zu dem, was er sagt. Das entspricht der Auffassung der kirchenslavischen Sprache als Ikone der Orthodoxie.

*

Alles, was ich gesagt habe, stellt eine, meinen Kräften entsprechende Verteidigung der kirchenslavischen Sprache als Sprache des orthodoxen Gottesdienstes dar. Gleichzeitig hebt alles Gesagte das Problem, das ich am Anfang dieses Referates erwähnt habe, nicht auf: Die kirchenslavische Sprache, die Ehrfurcht gebietet, bleibt für viele unverständlich. Was kann man tun?

Ich glaube, man muß zwei Wege beschreiten. Einerseits ist eine religiöse Bildung für viele notwendig, die das Erlernen der kirchenslavischen Sprache vorsieht. Und andererseits ist es nötig, diese Sprache langsam zu vereinfachen, der russischen Literatursprache anzunähern; das ist umsomehr möglich, als die russische Literatursprache unter dem unmittelbaren Einfluß der kirchenslavischen Sprache stand und in einem erheblichen Grad in der kirchenslavischen Sprache ihren Ursprung hat. Im Prozeß einer solchen Reform muß die Ersetzung der unverständlichen Worte und Konstruktionen durch verständliche vollzogen werden. Allerdings ist dabei außerordentliche Vorsicht geboten.

In der Russischen Orthodoxen Kirche gab es schon immer eine konsequente und zielstrebige Arbeit zur Vereinfachung der kirchenslavischen Sprache im Prozeß der Bücherkorrektur, d.h., bei der Revidierung der kirchenslavischen Texte. Diese Arbeit hat spätestens im 11. Jahrhundert begonnen und wurde bis ins 20. Jahrhundert – genauer gesagt, bis 1917 – fortgesetzt. Als Ergebnis dieser Arbeit entstand letztendlich auch die besondere nationale Fassung der kirchenslavischen Sprache. Diese Arbeit muß fortgesetzt werden.

Innokentij Pavlov, Moskau

Das Problem der sakralen Sprache im Kontext der modernen russischen Sprachkultur

Eines der Probleme, das die moderne russische kirchliche Gesellschaft bewegt, ist die Frage nach der Gottesdienstsprache, genauer gesagt nach der Möglichkeit, die moderne russische Sprache im Gottesdienst (einschließlich der Lesungen aus der Heiligen Schrift) zu benutzen.

Als Argument zugunsten eines solchen Wunsches gilt in erster Linie eine geringe Verständlichkeit der in der Kirche gelesenen und gesungenen Texte für die Beter, insbesondere für die kirchlichen Neuankömmlinge, deren Zahl in letzter Zeit ständig zunimmt. „Für diejenigen, die sich um die Probleme des kirchlichen Zeugnisses sorgen," meint in diesem Zusammenhang Erzbischof Kirill von Smolensk, „erscheint die liturgische Sprache, die jetzt in unserer Kirche benutzt wird, als ein Hindernis, sich den modernen Reichtum und die Schönheit des orthodoxen Gottesdienstes anzueignen, weil diese Sprache nicht nur für das Volk, sondern auch für die Intelligenz die Verständlichkeit verloren hat, die sie ohne Zweifel in der Vergangenheit besaß."[1]

Man kann nicht behaupten, daß dieses Problem für die Russische Orthodoxe Kirche völlig neu ist. Die Entwicklung der russischen Sprache im Laufe des 18. und 19. Jahrhunderts als einer literarischen Sprache führte und mußte auch unvermeidlich zu Versuchen führen, sie für die Übermittlung sakraler Texte (Heilige Schrift und Gottesdienstordnungen) zu benutzen, wenn schon nicht für die liturgische Aktualität, dann zumindest zur Erklärung entsprechender kirchenslavischer Übersetzungen (oder originaler Werke), deren Sprache sich nach dem Verlust der früheren allgemeinliterarischen Bedeutung immer mehr und mehr dem genügenden Verständnis derer entzog, die sie nicht besonders gelernt hatten. Dem muß man auch die „Zweideutigkeiten" der Übersetzungen einiger Gottesdienstordnungen (hauptsächlich der Kanones) hinzufügen, bei deren Übertragung die slavischen Übersetzer manchmal die ohnehin künstlichen dichterischen Konstruktionen der griechischen Hymnographen einfach wörtlich übersetzen, was die ent-

---

[1] Materialy Meždunarodnoj naučnoj cerkovnoj konferencii „Liturgičeskaja žizń i cerkovnoe iskusstvo Russkoj Pravoslavnoj Cerkvi". Vyp. 2. Leningrad 1988 [im Druck]

sprechenden kirchenslavischen Texte schon damals für die Hörer schwerverständlich machte.

Aber wie schon früher stößt auch jetzt die Frage nach der Gottesdienstsprache in der Russischen Orthodoxen Kirche auf eine ziemlich deutliche konservative Reaktion. Außer den Argumenten, die theoretisch für eine ausschließliche Stellung der kirchenslavischen Sprache als Gottesdienstsprache[2] sprechen, wurden bis vor kurzem auch praktische Schritte gegen die schüchternen Versuche, die russische Sprache im Gottesdienst für entsprechende Lesungen aus der Heiligen Schrift zu benutzen, unternommen.[3]

Als besonders verbreitetes (wiederum seinem Sinn nach keinesfalls neues) Argument zugunsten einer solchen Position tritt die Überlegung auf, daß es unzulässig sei, die heiligen Texte und das Gebet durch die Verwendung der modernen russischen Sprache zu profanieren, d.h., der Sprache, in der Aksenov und Limonov schreiben, Zeitungen gedruckt werden und in der die Menschen in der Schlange schimpfen. Unterdessen hängt eine solche Einstellung, unabhängig davon, wie man zu ihr steht, mit dem historischen Schicksal der russischen Sprache zusammen, das in der bekannten Theorie M.V.Lomonosovs (1711-1765) von den drei „Stilen" zum Ausdruck kommt. In der Mitte des 18.Jahrhunderts hat der genannte Gelehrte folgende Abstufung der russischen Sprache je nach dem Charakter ihrer Verwendung konstatiert: Der *höchste* Stil - dazu rechnete er die gottesdienstliche, d.h., die kirchenslavische Sprache; der *mittlere* Stil - dazu wurde die eigentliche russische Sprache, sowohl die schriftliche als auch die mündliche, gerechnet; und der *untere* Stil - dazu wurde die Umgangssprache des Volkes gerechnet.[4]

Man muß anerkennen, daß die Theorie Lomonosovs keinesfalls aus der Luft gegriffen war. Sie stellte einen Versuch dar, die Lage, die in der russischen Sprachkultur seiner Zeit, sowohl als Folge der petrinischen Umwälzungen als auch infolge ihrer natürlichen Entwicklung, entstanden war, widerzuspiegeln. Dabei muß man einen wichtigen Faktor berücksichtigen, der auch bis heute seine Bedeutung behalten hat, daß es zweifellos eine Verbindung zwischen der kirchenslavischen und

---

[2] Dem wurden zwei Referate (von Archimandrit Rafail Karelin und N.K.Gavrjušin) auf einer internationalen wissenschaftlichen Konferenz anläßlich des Millenniums der Taufe der Ruś „Liturgičeskaja žizń i cerkovnoe iskusstvo Russkoj Pravoslavnoj Cerkvi" gewidmet (Leningrad 1988).

[3] Dieser Brauch, den Metropolit Nikodim von Leningrad und Novgorod in der Kirche der Geistlichen Akademie Leningrad eingeführt hatte, wurde kurz nach seinem Tode 1978 abgeschafft.

[4] M.V.Lomonosov: Polnoe sobranie sočinenij. Bd.7 (v traktate „Predislovie o pol'ze knig cerkovnych"). Moskva-Leningrad 1952

der modernen russischen literarischen Sprache gibt. Von allen lebenden Sprachen der orthodoxen slavischen Völker erwies sich diese Verbindung im Russischen (und auch im Ukrainischen) als besonders eng in lexikalischer und in grammatischer Hinsicht. Es mag ausreichen zu erwähnen, daß eine bedeutende Anzahl kirchenslavischer Lexeme in die moderne russische Sprache übergegangen ist. Und andere kirchenslavische Lexeme, die entsprechende russische Analogien in der russischen Umgangssprache haben, findet man nicht selten in der russischen poetischen Sprache; dabei behalten sie ihre volle Verständlichkeit für jeden Russischsprechenden.[5] Das Gleiche sehen wir auch in der russischen Grammatik, die trotz der beträchtlichen Vereinfachung (das Fehlen einer großen Anzahl von Vergangenheitsformen, des Vokativs der Substantive usw.) dennoch in vieler Hinsicht die gemeinsamen Züge mit dem Kirchenslavischen behalten hat. Im Grunde genommen sind es Verbparadigmata, Partizipien und eine Reihe von heute archaischen Lexemen, die hauptsächlich Schwierigkeiten beim Verständnis der kirchenslavischen Texte für die unvorbereiteten russischsprachigen Leser und Hörer bereiten. Andererseits läßt die erwähnte Nähe der kirchenslavischen und russischen Sprache, wobei das Kirchenslavische offensichtlich über eine hohe stilistische Harmonie verfügt, bei Übertragung der kirchenslavischen Texte in die moderne russische Sprache den Anschein einer Vulgarisierung entstehen, worauf bereits im vergangenen und am Anfang unseres Jahrhunderts hervorragende russische Philologen wie A. A. Potebnja (1835-1891) und D. I. Abramovič (1873-1955) hingewiesen haben[6].

Eine bedeutende Wende in der russischen Sprachtradition steht mit der historischen Situation in Verbindung, die sich im 18. Jahrhundert herausbildete, als das vereinfachte bürgerliche Alphabet in Gebrauch kam und die kirchenslavische Sprache aus allen Sphären der schriftlichen Verwendung außer der gottesdienstlichen und der biblischen verdrängt wurde. Dieser Prozeß verlief im 18. Jahrhundert im Kontext ei-

---

[5] Nehmen wir als Beispiel den slavischen Text des ersten Kapitels des Johannes-Evangeliums (1, 1-18) in der „neuen Redaktion" aus dem 14./15. Jahrhundert. Die Mehrzahl der dort verwendeten Substantive wurde in die moderne russische Sprache übernommen: НАЧАЛО, СЛОВО, Б(О)ГЪ, СВѢТЪ, Ч(Е)Л(О)ВѢКЪ, СВИДѢТЕЛЬСТВО, МІРЪ, ПОХОТЬ, БЛ(А)ГОДАТЬ, ИСТИНА, ЗАКОНЪ. Die anderen Substantive aus diesem Text können, obwohl sie mehr oder weniger zu Archaismen wurden, in der modernen russischen poetischen Sprache verwendet werden: ЖИВОТЪ (im Sinne „Leben", im Ausdruck „ohne sein eigenes Leben zu schonen"), ПЛОТЬ, ЧАДА, ЛОНО. Und nur das Substantiv ОБЛАСТЬ in der Bedeutung ‚Macht', ‚Besitzung' bleibt für einen unvorbereiteten russischen Leser und Hörer unverständlich.

[6] D. I. Abramovič: Lekcii po istorii cerkovnoslavjanskago i russkago jazyka dlja studentov Sankt-Peterburgskoj duchovnoj akademii. 1905-1906 učebnyj god. Litografija

ner starken Entwicklung der säkularen Strömungen in der russischen Nationalkultur. Auf diese Weise blieb für die kirchenslavische Sprache nur die sakrale Funktion reserviert, in die zur damaligen Zeit kaum jemand eingreifen wollte und dabei gar nicht aus Furcht vor einer neuen Kirchenspaltung, ähnlich wie im Fall der Altgläubigen, sondern eher aus der ehrlichen Überzeugung heraus, daß die sakrale Sprache sich im gesamten Sprachkontext durch ihre Treue zur früher angeeigneten Tradition und durch den „hohen Stil" auszuzeichnen hat. Es ist kein Zufall, daß Peter (1672-1725) gerade den traditionellen kirchenslavischen Text meinte, als er 1712 einen Erlaß über die Textkorrektur der Bibelübersetzung herausgab. Was aber die kirchlichen Lehrschriften anbetrifft, wurden sie bereits am Anfang des 18. Jahrhunderts in der vereinfachten Variante der kirchenslavischen Sprache, die der Umgangssprache angenähert wurde, herausgegeben. Das betraf hauptsächlich homiletische und katechetische Werke. Dabei wurden sie noch im ersten Viertel des 19. Jahrhunderts nicht selten in slavischer kyrillischer Schrift gedruckt, und die Sprache selbst wurde slavenorussisch genannt.

Im übrigen liefert das 18. Jahrhundert uns bereits auch interessante Beispiele der eigentlichen russischen Übersetzung biblischer Bücher; dazu zählen poetische Übertragungen der Psalmen von V. K. Trediakovskij (1703-1768) und A. P. Sumarokov (1717-1777).

Am Anfang des 19. Jahrhunderts gestaltete sich die sprachliche Situation in Rußland folgendermaßen: Der Charakter der Bildung, die die führende kulturelle Schicht der damaligen Zeit - der Adel - erhielt, schloß in vielen Fällen die Beherrschung der sakralen Sprache der Russischen Kirche aus. Es ist deswegen nicht verwunderlich, daß Kaiser Aleksandr I. (1777-1825) das Evangelium zum ersten Mal in französischer Sprache las. Was aber die anderen kulturellen Schichten der russischen Gesellschaft der damaligen Zeit anbetrifft, ausgenommen den Priesterstand, in dessen Mitte die kirchenslavische Sprache weiterhin gelernt wurde, so wurde auch dort das klare Verstehen der traditionellen kirchlichen Texte schwächer. Es ist daher kein Zufall, daß ausgerechnet am Anfang des zweiten Jahrzehnts des 19. Jahrhunderts der Bedarf an einer russischen Übersetzung der Heiligen Schrift besonders akut wurde.

Im übrigen erschienen zu dieser Zeit die ersten russischen Übersetzungen biblischer Bücher, die dazu gedacht waren, parallel zu speziellen Auslegungen den kirchenslavischen Bibeltext zu kommentieren. Solche erklärenden Übersetzungen wurden 1792 von Archimandrit Mefodij (Smirnov - dem späteren Erzbischof von Pskov; 1761-1815) zu seinen Kommentaren zum Römerbrief und von Archimandrit Filaret (Drozdov, - dem späteren Metropoliten von Moskau; 1783-1867) zu seinen „Notizen zum Genesisbuch" (2. Auflage 1819) verfaßt. Diese Übersetzungen, die eine Hilfsfunktion hatten, zeichneten sich durch deutliche Wörtlichkeit aus und entsprachen besonders im ersten Fall wenig dem Bau der russischen Sprache.

Zum Anstoß für eine weitere Entwicklung der russischen Übersetzungen biblischer Bücher wurde die 1813 in Rußland gegründete Bibelgesellschaft, deren ursprüngliches Ziel es war, die Heilige Schrift in den Sprachen der nichtrussischen Völker des Imperiums und die kirchenslavische Bibel zu verbreiten. Aber ziemlich bald zeichnete sich nicht nur beim Initiator der Gründung dieser Gesellschaft, Fürst A. N. Golicyn (1773–1844), sondern auch bei den führenden Vertretern der Geistlichkeit und in erster Linie bei dem damaligen Rektor der St. Petersburger Geistlichen Akademie, Archimandrit Filaret (Drozdov), eine deutliche Position ab, die der Veröffentlichung eines kaiserlichen Erlasses im Jahre 1815 zugrundelag, wonach auch „den Russen die Möglichkeit gegeben werden soll, damit sie das Wort Gottes in ihrer natürlichen russischen Sprache lesen können."[7] Allerdings wurde die Übersetzung nicht für die kirchliche (gottesdienstliche), sondern für die private (häusliche) Verwendung bestimmt, und sie sollte parallel zum slavischen Text in der Redaktion der Elisabethbibel herausgegeben werden.

Die Übersetzungsarbeit, mit der die Synodal-Kommission der geistlichen Lehranstalten beauftragt wurde, und die unter der Leitung von Filaret ausgeführt wurde, verlief ziemlich zügig. 1819 wurden bereits die vier Evangelien herausgegeben, und 1820 die Übersetzung des ganzen Neuen Testaments fertiggestellt, das dann zwei für die damalige Zeit beträchtliche Auflagen von 111 000 Exemplaren hatte. Die Kommission wurde ferner beauftragt, mit der Übersetzung des Alten Testaments zu beginnen. Bald wurde der Psalter in russischer Sprache herausgegeben. Und 1825 wurde der erste Band des alttestamentlichen Teils der russischen Bibel gedruckt, der acht Bücher beinhaltete (die fünf Bücher Mose, das Buch Josua, das Buch der Richter und das Buch Ruth). Die Übersetzung wurde aus dem hebräischen masoretischen Text in der späteren Kollation mit der Septuaginta vorgenommen. Aber das Schicksal dieser Ausgabe, genauso wie auch das der Rußländischen Bibelgesellschaft, gestaltete sich ziemlich traurig.

Eine gründliche Bewertung der russischen Übersetzungen biblischer Bücher, die im ersten Viertel des 19. Jahrhunderts unternommen wurden, muß zweifellos Gegenstand einer gesonderten ausführlichen wissenschaftlichen Beschäftigung werden. Jetzt lassen sich nur allgemeine

---

[7] Zit. nach: P. V. Znamenskij: Čtenija po istorii Russkoj Cerkvi za vremja carstvovanija Aleksandra I. Kazań 1885, S. 38

Bemerkungen zu dieser wichtigen Erscheinung in der Geschichte der russischen geistigen Kultur machen.

Zum Ersten: Man hört oft die Meinung, daß die russische Bibelübersetzung zu den allerspätesten gehört und fast schon zu spät unternommen wurde[8]. Wenn wir uns aber die Geschichte der russischen Literatursprache vergegenwärtigen, erweist sich eine solche Meinung als nicht stichhaltig. Erstens konnte man noch zu Zeiten Peters I. von der kirchenslavischen Sprache als von einer verständlichen und zugänglichen Form der Literatursprache des russischen Volkes sprechen. Und zweitens, wenn wir die moderne russische Sprache meinen und auf dem Standpunkt stehen, daß sie ihre literarische Gestaltung hauptsächlich in den Werken A. S. Puškins (1799–1837) erhielt, stellt sich heraus, daß diese Übersetzung sogar ziemlich früh vorgenommen wurde, besonders wenn man berücksichtigt, daß das Schaffen des großen Dichters und das Aufblühen der rußländischen Literatur in die Zeit fielen, als sie (die Sprache) bereits eine abgeschlossene Sache zu sein schien.

Zum Zweiten: Zur Durchführung der Übersetzung des Neuen Testaments arbeitete Archimandrit Filaret Regeln aus, die den Stand der damaligen europäischen Bibelphilologie und den Zustand der rußländischen Literatur widerspiegelten. Man muß sagen, daß diese Regeln[9] in vieler Hinsicht ihre Bedeutung bis heute nicht verloren haben; in jedem Fall ist es für zukünftige Übersetzer der Heiligen Schrift ins Russische sinnvoll, sich mit ihnen vertraut zu machen.

Und schließlich *zum Dritten:* Trotz der erwähnten guten Regeln stellte sich heraus, daß die russische Übersetzung des Neuen Testamentes sie nicht immer befolgte. Das zeigte sich in einer Reihe wesentlicher Ungenauigkeiten (sogar im Vergleich zum slavischen Text) bei der Wiedergabe des Originals,[10] beim Festhalten an den slavischen Lexemen an solchen Stellen, an denen sie ganz offensichtlich zu Archaismen geworden waren.[11] Außerdem erwies sich auch die Stilistik der Übersetzung im Hinblick auf den Bau der russischen Sprache als nicht genügend konsequent, sogar an den Stellen, an denen die entsprechenden slavischen Konstruktionen sich mit ihr in Einklang bringen lassen.[12]

---

[8] Cf. zum Beispiel: Biblija v sovremennom mire. In: Sovetskaja bibliografija 1989/3, S. 66

[9] Siehe: I. A. Čistovič: Istorija perevoda Biblii na russkij jazyk. SPb 1893, S. 26 ff.

[10] Zum Beispiel wurde Luk 2,34 der Ausdruck in der Rede Simeons des Gottempfängers (gr. σημεῖον ἀντιλεγόμενον; slav. ЗНАМЕНЇЕ ПРЕРѢКАЕМО) in dieser Übersetzung als ‚Gegenstand der Gegensätze' übertragen. In der späteren Synodalübersetzung heißt es ‚Gegenstand der Streitigkeiten', was den Sinn des Originals entstellt.

[11] Beispielsweise ist die Verwendung des Ausdruckes „vom Himmel" in Joh 3,13 deutlich ein Archaismus, zumal hier auch der Ausdruck „im Himmel" verwendet wird.

[12] In Joh 15,18 lauten die Worte Christi an seine Jünger in der Filaretübersetzung: Er-

Die alttestamentlichen Übersetzungen, die 1820–1825 von dem hervorragenden Hebraisten Gerasim P. Pavskij (1787–1863) ausgeführt wurden (privat hat er die Übersetzungsarbeit bis 1836 fortgesetzt), zeichneten sich durch Genauigkeit aus, obwohl die von ihm verwendeten, dem Original entsprechenden Ausdrücke oft dem Bau der russischen Sprache nicht gemäß waren.

Allerdings muß man, um gerecht zu sein, sagen, daß das Unglück der ersten russischen Bibelübersetzung darin bestand, daß sie *erstens* ziemlich eilig durchgeführt werden mußte, und daß sie *zweitens* – und dies ist meiner Meinung nach das Wichtigste – ziemlich bald aus dem Verkehr gezogen wurde, und zwar in dem Augenblick, als im Kontext der Entwicklung der russischen Literatur-Sprache die Arbeit in Richtung auf die Vervollkommnung dieser Übersetzung hätte einsetzen können.

Das ist aber nicht geschehen. Eine Veränderung der gesellschaftlichen Situation 1824 (das Ende der politischen Karriere des Fürsten A. N. Golicyn und der Aufstieg des reaktionären Zarengünstlings A. A. Arakčeev [1769–1834]) trug zur Zerschlagung der Bibelgesellschaft in Rußland bei, die endgültig 1825 bereits in der Zeit Nikolaus I. (1796–1855) aufgehoben wurde.

Dabei ist es wichtig, daß in den regierenden staatlich-kirchlichen Kreisen in Bezug auf die Heilige Schrift die Theorie von Lomonosov über die „drei Stile" die Oberhand gewann, die den Realitäten ihrer Zeit zwar entsprach, aber hinter den neuen Lebensverhältnissen offensichtlich zurückblieb. Auf diese Weise wurde die russische Übersetzung der Heiligen Schrift für vier Jahrzehnte dem Volksgebrauch künstlich entzogen, und das hatte traurige Folgen für ihr historisches Schicksal.

Freilich haben in den vierzig Jahren der hervorragende russische Dichter V. A. Žukovskij (1783–1852) und der bedeutende russische slavophile Philosoph A. S. Chomjakov (1804–1860) versucht, eine russische Übersetzung des Neuen Testaments zu unternehmen. Der erste wohnte im Ausland und übersetzte das ganze Neue Testament, der zweite übersetzte die Briefe an die Galater und an die Epheser. Im übrigen wurden diese beiden Übersetzungen viel später im Ausland veröffentlicht, so blieben sie praktisch außerhalb des Blickfeldes der kirchlichen und literarischen Öffentlichkeit der damaligen Zeit. Und obwohl sie von bedeutenden Meistern des russischen Wortes unternommen wurden, erwiesen sich diese Übersetzungen in literarischer Hinsicht als ziemlich schwach. So benutzt die erste von ihnen eine in vieler Hinsicht

---

kennet, daß (die Welt) mich zuerst vor euch gehaßt hat, und im slavischen Text wurden sie übertragen: вѣдите, ꙗкѡ мене прежде васъ возненавидѣлъ. Die letzte, harmonischere Konstruktion wurde später in der Synodalübersetzung beibehalten.

künstliche Syntax, die offensichtlich verwendet wurde, um der Erzählung Feierlichkeit zu vermitteln. Für die zweite Übersetzung ist auch die häufige Nichtübereinstimmung mit dem Bau der natürlichen russischen Sprache charakteristisch.

Und dennoch kann man nicht behaupten, daß die Versuche, Denkmäler der kirchlichen Überlieferung in die moderne russische Sprache zu übersetzen, in der Zeit vor den Reformen in Rußland gänzlich aufhörten. Im Gegenteil, die Geistlichen Akademien in Petersburg und Moskau beginnen verstärkt, die Kirchenväter ins Russische zu übersetzen, um sie dem breiten lesenden Publikum zugänglich zu machen. 1855 veröffentlicht E. I. Lovjagin, Professor an der Petersburger Geistlichen Akademie, „Gottesdienstliche Kanones in griechischer, slavischer und russischer Sprache" mit dem Ziel, diese im Gottesdienst ständig erklingenden hymnographischen Denkmäler dem Verständnis der Zeitgenossen näherzubringen. Selbstverständlich konnte und durfte zur damaligen Zeit von der Verwendung der russischen Sprache im Gottesdienst keine Rede sein, aber die Anfertigung russischer Übersetzungen der liturgischen Texte hatte eine große Bedeutung für Kirche und Gesellschaft.

Natürlich konnte die abnorme Lage, die hinsichtlich der russischen Übersetzung der Heiligen Schrift entstanden war, nicht ewig andauern. Aus diesem Grund reichte Metropolit Filaret (Drozdov) 1856 bei der Krönung des neuen Herrschers Aleksandrs II. (1818–1881), als der ganze Heilige Sinod sich in Moskau versammelte, eine Denkschrift über die Notwendigkeit ein, die vor mehr als vierzig Jahren unterbrochene Arbeit wieder aufzunehmen. Im gleichen Jahr verabschiedete der Sinod im Anschluß an eine Diskussion eine Bestimmung, deren Folgen sich auf die Russische Orthodoxe Kirche bis heute auswirken.

So wurde vom Hl. Sinod die Anfertigung einer Übersetzung „ins Russische zuerst der Bücher des Neuen Testaments und nachfolgend auch anderer Teile der Heiligen Schrift" abgesegnet, „die notwendig und nützlich ist *nicht zur Verwendung in den Kirchen, für die die slavische Sprache unantastbar bleiben soll,* sondern einzig und allein als Lehrmittel zum Verständnis der Heiligen Schrift."[13] Auf diese Weise wurde die kirchenslavische Sprache in der Russischen Orthodoxen Kirche als sakrale Sprache quasi zementiert, den russischen Übersetzungen der Heiligen Schrift und der Gottesdienstordnungen überließ man lediglich die Bedeutung einer Interlinear-Übersetzung für Laien.

Im übrigen war von dieser Lage nur der russische Ethnos betroffen,

---

[13] Zit. nach: Trudy mitropolita Moskovskago i Kolomenskago Filareta po pereloženiju Novogo Zaveta na russkij jazyk. SPb 1893, S. 1

der der Orthodoxen Kirche in Rußland angehörte. Was aber die Gemeindeglieder aus anderen Völkern anbetrifft, wie Letten und Jakuten, Chinesen oder Amerikaner, so waren für sie die Liturgie genauso wie auch die Lesungen aus der Heiligen Schrift bereits in ihrer lebendigen Sprache vorhanden. Die Glaubenstat einer kleinen, aber aktiven und selbstlosen Gruppe russischer orthodoxer Missionare im 19. und zu Beginn des 20. Jahrhunderts schloß vor allem die Aufklärung der Völker ein, denen sie die Frohe Botschaft brachten. Das geschah in ihren Muttersprachen, in erster Linie ging es dabei um die liturgische Aktualisierung dieser Sprachen.

Wie wir sehen, ist für das 19. und 20. Jahrhundert keine Parallele zwischen der Situation des Lateinischen als sakraler Sprache in der katholischen Kirche und der kirchenslavischen Sprache in der russischen Kirche gegeben. Hier haben wir es mit dem Problem der sakralen Sprache eben im Kontext der russischen Sprachkultur zu tun.

Indessen wurde eine neue russische Bibelübersetzung in einer Zeitspanne von 19 Jahren (1857–1876) durchgeführt. Allerdings wurde das Neue Testament ziemlich schnell übersetzt. Bereits 1860 wurden die vier Evangelien und zwei Jahre später alle restlichen neutestamentlichen Bücher veröffentlicht. Natürlich waren dabei die bereits gesammelten Erfahrungen der früheren russischen Übersetzung nützlich, an manchen Stellen wurde sie revidiert, dennoch gab es in ihr immer noch viele Ungenauigkeiten. Was aber die Sprache der Übersetzung betrifft, gab es in ihr sowohl gelungene Verbesserungen des russischen Textes als auch schwerfällige, stilistisch schwache Konstruktionen. Der hochbetagte Moskauer Metropolit Filaret († 1867), der die Übersetzungsarbeit beobachtete, hat sie mit einer Reihe, in ihrer Mehrheit treffenden Bemerkungen versehen[14], die bei der Herausgabe des russischen Textes berücksichtigt wurden. Allerdings betrafen sie bei weitem nicht alle Ungenauigkeiten und stilistischen Plumpheiten.

Das Alte Testament wurde nach dem hebräischen masoretischen Text übersetzt und nachträglich mit dem Text der Septuaginta verglichen. Einen deutlichen Einfluß auf diese Arbeit übte die frühere Übersetzung von G. Pavskij aus. Dabei ist die Tatsache der Hinwendung zum masoretischen Text als Grundlage der Übersetzung der alttestamentlichen Bücher auf die Opposition einer ganzen Reihe von Kirchenmännern gestoßen, die der Meinung waren, man solle sich an die Tradition der Septuaginta halten, die der slavischen Übersetzung der meisten alttestamentlichen Bücher zugrundeliegt.[15] Und obwohl es in den russi-

---

[14] a.a.O.
[15] Die zwei Bücher der Chronik, das Buch Esra und das Buch Nehemia, wie auch die

schen Geistlichen Akademien zu der Zeit genügend gut vorbereitete Bibelgelehrte gab, benötigte man für diese Arbeit mehr Mühe - sowohl für die Übersetzung als auch für ihre Genehmigung.

Die russische Bibelübersetzung wurde zwar auch vom Heiligen Sinod gebilligt (aus diesem Grund nennt man sie auch synodal), in der Praxis aber wurde sie vom Augenblick ihres Erscheinens an der Kritik ausgesetzt, insbesondere ihr neutestamentlicher Teil.

So wurde eine gründliche Analyse der Übersetzungsmängel der Evangelien in den neunziger Jahren des 19. Jahrhunderts von dem Professor der Petersburger Geistlichen Akademie, N. N. Glubokovskij (1853-1937), unternommen (dieses bis jetzt unveröffentlichte Material wird heute in der Handschriftenabteilung der Leningrader Öffentlichen Bibliothek aufbewahrt). Diese Arbeit wurde im Auftrag des mächtigen Ober-Prokurors des Heiligen Sinods K. P. Pobedonoscev (1827-1907) durchgeführt, der im übrigen auch von sich aus einen Versuch unternahm, das Neue Testament ins Russische zu übertragen. Das Ziel seines Versuchs war, in der Übersetzung möglichst viele Slavismen beizubehalten. Diese Übersetzung wurde in den Jahren 1902-1905 in einzelnen Büchern herausgegeben; allerdings zog sie keine große Aufmerksamkeit der kirchlichen Öffentlichkeit auf sich.

Was aber die synodale Bibelübersetzung anbetrifft, so wurde in erster Linie ihre literarische Leistung der Kritik unterworfen. In diesem Zusammenhang schrieb der bedeutende russische Bibelforscher, Philologe und Slavist I. E. Evseev, als er 1917 vor dem Landeskonzil der Orthodoxen Rußländischen Kirche die Frage nach einer neuen russischen Übersetzung der Heiligen Schrift aufwarf:

> „Die Sprache dieser (synodalen) Übersetzung ist schwerfällig, veraltet, künstlich an das Slavische gebunden, sie blieb hinter der allgemeinliterarischen Sprache um ein Jahrhundert zurück: Das ist eine literarisch völlig unzumutbare Sprache aus der Zeit vor Puškin, die dazu noch weder durch Inspiration noch durch künstlerische Meisterschaft veredelt wurde. Um durch die Übersetzung Hochachtung gegenüber dem hohen Original auszudrükken, und sie auf ein hohes literarisches Niveau zu heben, damit sie einen gebührenden Einfluß bekommt, braucht man keine rückständige und unschöpferische, sondern eine künstlerische und schöpferische Übertragung. Man muß auch für ihre ständige Vervollkommnung Sorge tragen. Die nationalen

---

(atl.) Apokryphen (außer des Buches Jesus Sirach) und ein bedeutender Teil des Propheten Jeremia fehlten in den alten slavischen Übersetzungen. Ende des 15. Jahrhunderts wurden sie in Novgorod aus der Vulgata übersetzt, und später wurden diese Übersetzungen für die Edition der Ostroger Bibel (1580) und der Elisabethbibel (1751) nach der Septuaginta überarbeitet.

und allgemeinkirchlichen Werte bedürfen einer sorgfältigen und ständigen Aufmerksamkeit."[16]

Aber in Rußland fehlte es später an Bedingungen für diese umfangreiche Arbeit.

Zur gleichen Zeit vollzog sich etwas Anderes. Langsam verschwanden die Literaten, die in der Sprache der russischen klassischen Literatur erzogen worden waren, und es erschien eine bedeutende Zahl von Schriftstellern und Dichtern einer neuen Formation; dabei kam es zu einer Art Bruch mit der Tradition der russischen Sprachkultur. Diese Situation bedarf natürlich einer genaueren Betrachtung. Aber in Bezug auf unser Problem wirft sie eine Frage auf: In welche Sprache soll jetzt die Heilige Schrift für einen russischsprachigen Leser übersetzt werden?

Ich erlaube mir zu behaupten, daß die Aufgabe einer neuen Bibelübersetzung nicht nur exegetischer, sondern auch sprachschöpferischer Natur ist. Und in dieser Beziehung kann man sie mit der Glaubenstat der slavischen Erstlehrer, der Hll. Kyrill und Method, vergleichen, die durch ihre Bibel- und Liturgieübersetzungen eine Norm für die ursprüngliche Literatursprache der slavischen Völker geschaffen haben. Lassen Sie mich jetzt ein paar Worte über die moderne russische Sprache als eine mögliche liturgische Sprache sagen.

Mehr als ein halbes Jahrhundert nach E.I. Lovjagin unternahm V. Adamenko eine ziemlich umfangreiche Arbeit. Er stellte eine „Sammlung der täglichen kirchlichen Gottesdienste, der wichtigsten Festgesänge und besonders gebräuchlichen Gebete der Orthodoxen Kirche in russischer Sprache" zusammen. Es ist interessant, daß dieser Band erst 1926 in Nižnij Novgorod veröffentlicht wurde, d.h., zu einer Zeit, als seine Verbreitungsmöglichkeiten sehr beschränkt waren. Zweifellos verdient diese Arbeit, die mit großer Liebe und mit dem Ziel durchgeführt wurde, den Kirchgängern den Sinn dessen, was in der Kirche gelesen und gesungen wird, maximal nahezubringen, die tiefste Dankbarkeit. Natürlich kann und muß die Arbeit zur literarischen Vervollkommnung der russischen Übersetzungen liturgischer Texte weitergeführt werden. Aber radikale Veränderungen beim Übergang von der kirchenslavischen zur modernen russischen Sprache im gottesdienstlichen Gebrauch sind viel weniger ein Problem der Kirchenpolitik als ein objektives philologisches Problem. So ist es zum Beispiel in einer derart slavischen Kirche wie der bulgarischen, in der vor einigen Jahrzehnten der Übergang zum Gebrauch der modernen Sprache beim Lesen im Gottesdienst vollzogen wurde, bis heute unmöglich, auch beim Singen

---

[16] I.E. Evseev: Sobor i Biblija. Petrograd 1917, S. 9f.

dazu überzugehen. Das hängt mit der organischen Synthese der slavischen hymnographischen Poetik mit dem byzantinischen achtstimmigen Gesang zusammen, ohne den dort bis heute ein orthodoxer Gottesdienst undenkbar ist.

Jetzt eröffnen sich für die Russische Orthodoxe Kirche Möglichkeiten, das jahrzehntelang verborgene schöpferische Potential zu realisieren. An der Schwelle zum dritten Jahrtausend steht sie vor der Aufgabe, ihre eigene, neue sakrale Sprache, die voraussichtlich auch die Sprache der russischen nationalen Wiedergeburt sein wird, zu schaffen.

Karl-Heinrich Bieritz, Berlin

Die Sprache des Gottesdienstes

I

Im Gottesdienst werden Worte gemacht, Sätze formuliert, Texte verlautbart. Zu viele Worte, sagen manche; aber indem sie das sagen, fügen sie den vielen Worten schon wieder neue hinzu. „Man kann nicht *nicht* kommunizieren", lautet das grundlegende Dogma der Theorie zwischenmenschlicher Kommunikation (Paul Watzlawick u.a.); und das heißt eben: Man muß Worte machen, wenn man als Mensch unter Menschen lebt. Gottesdienst ist Wortgeschehen, ist Sprachhandeln: Das hängt zunächst einmal damit zusammen, daß der Mensch ein in Sprache verfaßtes, aus Sprache geborenes Wesen ist. „Der Mensch ist ein sprechendes Wesen", schreibt Hermann Volk. „Das heißt nicht nur, daß der Mensch sprechen kann, sondern daß er als Person sich ganz wesentlich sprechend, sich selbst aussprechend, vollzieht." Wie der Mensch im Wort ein Verhältnis zur Welt, zum Mitmenschen, zu sich selbst gewinnt, vermag er sich erst im Medium des Wortes auch zu Vergangenheit und Zukunft zu verhalten; er kann – Gerhard Ebeling drückt das so aus – im Wort hinter „sein Jetzt zurückfallen und ihm vorauseilen", kann Vergangenes und Zukünftiges, Verborgenes und Abwesendes vergegenwärtigen, ohne es in solcher Gegenwärtigkeit aufgehen zu lassen. Nach der Schöpfungsgeschichte ist es das erste gottgewollte Werk des Menschen, daß er den Tieren Namen gibt, sich solchermaßen sprechend auf seine Mitgeschöpfe bezieht (1.Mose 2,19f). Die Geschichte läßt sich so deuten: Die Sprachfähigkeit des Menschen ist Teil seiner geschöpflichen Ausstattung; ihren Grund hat sie letztlich darin, daß Gott den Menschen anspricht, ihm sein ‚Du' anbietet, vor allem anderen: „Du darfst essen von allen Bäumen im Garten..." (1.Mose 2,16). Die konkrete Sprachgestalt jedoch, zu der der Mensch findet, ist *sein* Werk, Voraussetzung und Erzeugnis der von ihm gewirkten Kultur. Als Wortgeschehen hat Gottesdienst an dieser Kultur und ihrer Sprache teil, wirkt zugleich an ihr mit, ist selber ein kulturelles Phänomen.

II

Im Gottesdienst werden Worte gemacht: Das hat nun freilich – solche anthropologischen Reflexionen übersteigend – noch einen unmittelbar theologischen Bezug. Daß in, mit und unter jenen Worten, die Menschen dort von sich geben, Gott selber das Wort ergreift, ist eine Überzeugung, die in großer Einmütigkeit von den christlichen Kirchen vertreten wird. Nichts anderes kann im Gottesdienst geschehen, lehrt Martin Luther, „denn das unser lieber Herr selbs mit uns rede durch sein heiliges Wort, und wir widerumb mit jm reden durch Gebet und Lobgesang" (WA 49, 588); und das Zweite Vatikanische Konzil sekundiert ihm: „Denn in der Liturgie spricht Gott zu seinem Volk; in ihr verkündet Christus noch immer die Frohe Botschaft. Das Volk aber antwortet mit Gesang und Gebet" (SC 33). In beiden Bestimmungen wird christlicher Gottesdienst als Dialog zwischen Gott und der versammelten Gemeinde beschrieben, als ein Dialog, in dem Gott Menschen in seinem Wort anspricht, sich ihnen mitteilt und sie so zu glaubender Antwort befähigt. Bedingung und Mittel solchen Austauschs ist stets – wenn er denn überhaupt auf Teilgabe, Teilhabe und darin auf Verständigung zielt – eine von Menschen gesprochene Sprache und die in dieser Sprache präsente Spielart menschlicher Kultur. Weil solcher Austausch sich auf zwei Ebenen vollzieht, kann man auch von einem symbolischen Dialog sprechen: Hörbar, sichtbar ist das Reden und Handeln von Menschen, das jedoch zugleich – ungetrennt und unvermischt – Darstellung und Vollzug jenes Gespräches ist, in das Gott Menschen verwickelt und in das er sich selbst verwickeln läßt.

III

Im Gottesdienst werden Worte gemacht: Die kleinste Einheit gesprochener Sprache ist freilich nicht, so sagt man, das Wort, auch nicht die Silbe oder der Laut, sondern die konkrete Sprachhandlung, der Sprechakt (J. L. Austin, J. R. Searle). Sprechen heißt handeln: Menschen handeln aneinander, indem sie miteinander sprechen. Und sie handeln mit Gott, wenn sie ihn ansprechen und sich von ihm ansprechen lassen. Die Alternative von Sprechen und Handeln wird damit prinzipiell relativiert: Sprachliche Äußerungen lassen sich in ihrem Kern auf Handlungen zurückführen bzw. treten an die Stelle solcher Handlungen. Je nach der intendierten Handlung und der in der Äußerung sich aussprechenden Beziehung lassen sich verschiedene Typen von Sprachhandlungen unterscheiden: solche, die etwas behaupten, etwas feststellen (auch das ist eine Handlung!), solche, die eine Aufforderung ausspre-

chen, einen Wunsch, eine Bitte, ein Versprechen, eine Klage, einen Rat
... All' das geschieht auch im liturgischen Sprachhandeln auf vielfältige
Weise. Dennoch scheint es, als begegnete hier eine besondere Gruppe
von Sprachhandlungen, die ihre Eigenart der einzigartigen Beziehung
verdanken, die in ihnen – buchstäblich – zur Sprache kommt. In den
Texten sind diese Handlungsformen häufig nach bestimmten Mustern
ineinander verwoben, treten aber auch je für sich in Erscheinung. *O
Herr Christe, erwecke deine Gewalt und komm,* betet die Lutherische
Agende am 1. Sonntag im Advent. *O Herr Christe*: Da wird der Auferstandene angerufen, bei seinem Namen und seinem Wesen genannt; *anakletisches* Handeln, so läßt sich sagen, zeigt den Angerufenen, identifiziert ihn, weist ihn als Retter, Schöpfer, Heilbringer aus (Michael B. Merz). Im *epikletischen* Handeln wird er herbeigerufen, herabgerufen, wird sein Kommen, seine An-Wesenheit angesagt und ausgerufen: *O Herr Christe, erwecke deine Gewalt und komm.* Im *anamnetischen* Handeln wird sein rettendes, heilbringendes Werk danksagend erinnert und in die Gegenwart gestellt; im *doxologischen* Handeln werden Vergangenheit, Gegenwart und Zukunft lobpreisend überschritten, wird gleichsam die Brücke geschlagen „zu der ganzen Schöpfung und ihrem Schöpfer" (Michael B. Merz); und im *akklamatorischen* Handeln werden ihm Gewalt und Ewigkeit zugesprochen, zugerufen. Der Versuch, auf solche Weise unterschiedliche Handlungsformen liturgischer Sprache zu bestimmen, ist gewiß vorläufig und unvollständig; es fehlen das fürbittende, das bekennende, das klagende und anklagende Handeln, nur um einiges zu nennen. Der Versuch kann aber zeigen, wie Sprache des Gottesdienstes am Handlungscharakter aller Sprache teilhat und sich zugleich in ihr einen eigenen Handlungs- und Beziehungsraum zu schaffen vermag. Die Frage ist, was es für eine Kultur und ihre Sprache bedeutet, daß in ihr auch solche Redeweisen überliefert, gelernt und gebraucht – oder aber ausgeschieden und vergessen werden.

IV

Im Gottesdienst werden Worte gemacht: Jedes Wort, jeder Satz, ja, jede Silbe, jeder Laut unserer Sprache steht in einem doppelten Bezug. Es ist einmal Element in einem aktuellen Sprachspiel, das ihm – mit seiner Position im Spiel – zugleich seine Bedeutung zuweist, und es ist zum anderen ein Stück überlieferter Kultur, ein Stück Sprach-Geschichte, das uns mit vergangenen Sprachspielen verbindet, uns die in ihnen entwickelten, in ihnen aufbewahrten Bedeutungen überliefert. Linguisten sprechen in diesem Zusammenhang vom synchronen bzw.

diachronen Aspekt, unter dem sich Sprache betrachten und behandeln läßt.

Gottesdienstliche Sprache ist zu weiten Teilen überlieferte Sprache: Das gilt für die Texte der Lesungen, der Gebete und Akklamationen, der Lieder und anderen Gesänge, zum Teil gar für die hier gesprochene Predigt-Sprache. Gottesdienstliche Sprache – wenn sie von jetzt lebenden Menschen vor einem lebendigen Gott gesprochen wird – ist zugleich Teil des umfassenden Sprachspiels gegenwärtiger Kultur, und sie hat an den Bedeutungen teil, die in dieser Kultur auf dem Spiele stehen. Wie solche Spannung lösen? *O Herr Christe, erwecke deine Gewalt und komm*: Das klingt alt, gewalttätig alt in unseren Ohren, und rasch machen wir uns ans Werk, es in die Sprache der Zeit, unserer Zeit zu übertragen – vielleicht so: *Mach endlich deinen Einfluß geltend, o mächtiger Mann Gottes, in unserem Interesse...* Doch andere protestieren: Ihr habt nicht nur die Worte ausgetauscht, ihr habt den Sinn verloren, ja, das Christus-Bild selber zerstört! Wir entgegnen: Wer versteht das denn noch – „erwecke deine Gewalt"?

Es ist wahr: Wörter und Wendungen, Bilder und Begriffe werden uns fremd mit der Zeit, unzugänglich in ihrem Sinn, wenn sie – gefangen in Texten und Büchern – ein einsames, vom Strom des Lebens abgeschnittenes Dasein fristen. Andere verbrauchen sich, werden leer mit der Zeit, nimmt die Zeit sie zu oft in den Mund. Doch es bringt nichts, sie zu rasch abzuschreiben, wegzuwerfen, aus den Sprachspielen zu verbannen. Tragen sie doch allesamt ihren Sinn nicht unveräußerlich in sich, sondern gewinnen ihn erst – oder verlieren ihn auch – in dem Spiel, das man mit ihnen treibt. Gerade überlieferte Sprache, auch gottesdienstlich überlieferte Sprache, kann in solchem Zusammenhang eine wichtige Aufgabe erfüllen: Das alte Wort etwa, das alte Bild verweist nicht nur auf seine Geschichte und die in ihr eingeschlossenen Bedeutungen. Mit allzu gängigen Wendungen, mit zeitgenössischem Blablabla konfrontiert, vermag es sich womöglich als Sprengsatz zu erweisen, treibt es den allzu selbstverständlichen Sinn auseinander, regt es dazu an, die Sinn-Bruchstücke, die wir dann in den Händen halten, neu zusammenzufügen. Vielleicht so?

> o herr christe
> wir sind in gefahr
> komm wie du kamst
> ohne gewalt.

V

Im Gottesdienst werden Worte gemacht: Der Eindruck täuscht – in gewisser Weise. Es sind nicht die Worte, nicht die Begriffe, die die Sprache des Gottesdienstes bestimmen; es sind die Bilder, die Sprach-Bilder, von denen sie lebt. Das hat einen theologischen Grund: Von Gott, mit Gott läßt sich nur in Bildern reden, will man sich nicht an ihm ... verbrennen. H. G. Gadamer hat von der „grundsätzlichen Metaphorik der Sprache selbst" gesprochen: Über-Tragung von Bedeutungen – man achte auf den ursprünglich höchst anschaulichen, bildhaften Sinn des Wortes – ist danach ein originäres Bildungs- und Funktionsprinzip aller Sprache schlechthin, nicht eine Eigenschaft, die ihr neben anderen auch noch zukäme; die Möglichkeit von Sinngewinn, von Sinnerweiterung basiert geradezu auf der Möglichkeit analogischen, bildhaften Sprachgebrauchs. Im Blick auf die Sprache des Gottesdienstes möchte ich dies präzisieren. Es ist die grundsätzliche *Ikonizität* der Sprache, die sie überhaupt erst befähigt, als Medium gottesdienstlichen Austauschs zu dienen; nur weil es möglich ist, mit Worten Sprach-Bilder zu malen, kann Gott im Gottesdienst unter solcher Sprache zu Worte kommen und der Mensch ihm Antwort geben.

Neige dein Ohr zu unseren Gebeten, betet die Lutherische Agende am 3. Sonntag im Advent, *erleuchte die Finsternis unserer Herzen durch die Heimsuchung deiner Gnade.* Ein Satz, drei Bilder: das geneigte Ohr Gottes, das erleuchtete Herz, der Besuch der Gnade ... Sprach-Bilder, die auf das „ganz andere", den „ganz anderen" verweisen und doch dieses „ganz andere" in sich enthalten; ihr Sinn erschließt sich nicht, indem man sie verläßt, sondern indem man in sie eindringt, sich in sie vertieft. Nicht am Rande, nicht jenseits des Bildes wohnt sein Sinn, sondern in seiner Tiefe. Die gängige Entgegensetzung von Wort und Bild, Wort und Symbol ist in solcher Hinsicht unsinnig: Worte können selbstverständlich symbolische Qualität gewinnen; und die Grund-Symbole des christlichen Glaubens haben auch ihre Wortgestalt.

Die Bilder: Irgendwann und irgendwo einer Geschichte entstiegen, kommen sie immer wieder neu in Geschichten zur Welt, entfalten sich in der Menschheitsgeschichte ebenso wie in der Lebensgeschichte des einzelnen. Der Grund ist tief, auf dem sie liegen; auch wenn sie beim ersten Hören und Sehen fremd erscheinen, rühren sie doch an Grunderfahrungen unserer Existenz, geben ihnen eine begreifbare, sagbare Gestalt, sprechen sie auf eine ganzheitliche Weise aus. Wieder können wir die Probe auf das Exempel machen, können den Text in ein möglichst modernes, allgemeinverständliches, bildfernes Deutsch übersetzen – ohne doch den Metaphern ganz entkommen zu können: *Mach unser Leben sinnvoll,* heißt es dann vielleicht, *durch die Erfahrung deiner liebenden Gegenwart.* Wir spüren: Was da bleibt, sind kümmerliche Klischees, theologisch vielleicht noch stimmig, aber einer Sprache des Gottesdienstes nicht mehr gemäß.

So hat Sprache des Gottesdienstes ihre Besonderheit nicht nur in den ihr eigenen Handlungsformen, nicht nur in ihrem spezifischen Umgang mit überlieferter Sprache, sondern auch in der für sie wesentlichen, unverzichtbaren Bildhaftigkeit. In all' dem sondert sich Sprache des Gottesdienstes keineswegs ab von der Sprache der Zeit, konstituiert sich auch nicht eigentlich als ‚geistliche' neben ‚weltlicher' Rede; vielmehr verweist sie gerade in ihrer Besonderheit auf Konditionen, wie sie der Sprache überhaupt zugrundeliegen. Anders: Gerade als Sprache des Gottesdienstes hält sie grundlegende Züge menschlicher Sprache schlechthin fest. Daß sie diese Konditionen selber verletzt, wenn sie sich nicht mehr als Sprache für Menschen begreift und gestaltet, ergibt sich daraus von selbst. Andererseits gerät – so denke ich – eine Menschensprache, will sagen, die in einem konkreten Kulturbereich gesprochene Sprache, unüberhörbar in Gefahr, wenn in ihr die Sprache des Gottesdienstes verstummt.

Hans-Christoph Schmidt-Lauber, Wien

Die Bedeutung von Symbol und Bild für das religiöse Erleben

Kurt Niederwimmer zum 60. Geburtstag

Symbole und Bilder sind für das religiöse Erleben und damit für die kirchliche Sozialisation von zentraler Bedeutung. Sie führen in Tiefendimensionen menschlicher Existenz und vermitteln Transzendenzerfahrung. Ikonen finden sich in jedem orthodoxen Haus, Kruzifixe in jedem römisch-katholischen. Ohne Ikonostase ist der östliche Gottesdienst nicht denkbar, in seiner Liturgie wird das Heilsgeschehen von Kreuz und Auferstehung symbolisch-dramatisch nachgebildet und so für die Gläubigen miterlebte Gegenwart. Auch der westliche Gottesdienst ist nie ohne Bild, Zeichen, Symbol, Bewegung und Raumbewußtsein geblieben.

Der Protestantismus hat diese Dimension religiöser Erfahrung in seiner Geschichte weitgehend vernachlässigt. Schon bei Luther finden sich Aussagen, die das Wort dem Zeichen prinzipiell vor- und überordnen, letzteres ist für ihn zur Not auch entbehrlich. In der reformierten Tradition wird das alttestamentliche Bilderverbot ohne Rücksicht auf die Menschwerdung Christi vorherrschend.

Jedoch hat das reformatorische Christentum die Bedeutung des Bildes für das religiöse Erleben nie ganz vergessen. Nur verlagerte sich der Schwerpunkt von der liturgischen Dimension zur homiletischen und katechetischen. Mit der Ausrichtung an der biblischen Botschaft waren deren Bilder und Gleichnisse stets präsent. Ebenso spielten Anschauung, Bewegung und Beispiel in der Redeweise der Homiletik und Katechetik schon immer eine wichtige Rolle, nicht allein wegen der eingängigeren Vermittlung der Inhalte und damit eines optimierten Lerneffektes.

Jeder evangelische Pfarrer macht die Erfahrung, daß er zum Inhalt seiner mit erheblichem Aufwand an Mühe und Zeit erarbeiteten Predigt nur selten eine Rückmeldung erhält, schon eher eine Äußerung auf der emotionalen Ebene („Ihre Predigt hat mir wohlgetan!"). Wenn aber an der Liturgie etwas geändert oder auch nur eine neue Gebetsform – etwa in den Fürbitten – praktiziert wird, muß mit mehr oder weniger deutlich artikulierten Reaktionen aus der Gemeinde gerechnet werden. Was geht hier vor?

Der Gottesdienst ist für alle Beteiligten ein vielschichtiges Gefüge von Kommunikation und Interaktion verbaler wie nicht-verbaler Art, bei dem Wiederholung und Wiedererkennbarkeit eine wichtige Rolle spielen. Es vollziehen sich in ihm tiefenpsychologische Prozesse, die mit dem von Freud entlehnten Titel eines neueren Sammelbandes zur Sozialpsychologie des Gottesdienstes „Erinnern, Wiederholen, Durcharbeiten"[1] bezeichnet werden mögen. Unerwartete Veränderungen können Störungen verursachen, die in Tiefenschichten hineinreichen. Es geht uns dann wie jenen alten Leuten, die sich in dem von den Kindern in bester Absicht renovierten und neu eingerichteten Haus einfach nicht mehr wohlfühlen und dies möglicherweise nicht einmal begründen können. Das Gesamtgefüge des Gottesdienstes ist einer Behausung vergleichbar, in der die Gottesbegegnung gesucht und erfahren wird und deren Wohnlichkeit für den Christen wichtig ist. Er braucht den Gottesdienst als „Haus der Gnade".

Die Predigt ist dabei keineswegs zweitrangig oder gar bedeutungslos. Umfragen haben ergeben, daß – bald nach Schluß des Gottesdienstes befragt – kaum ein Drittel der Besucher (31%) das Thema der Predigt anzugeben und nur 4% ihren Inhalt richtig wiederzugeben vermochten. Aber die Frage, ob ihnen die Predigt zugesagt habe, beantworteten nicht weniger als 82% uneingeschränkt positiv.[2] Daraus ergibt sich, daß das Predigtgeschehen weit über den noetischen und damit vom Hörer rekapitulierbaren Inhalt hinaus von großer Bedeutung ist und bei unserer Fragestellung nicht anders als die Liturgie behandelt werden kann. Man kann vielleicht bessere Predigten lesen oder über die Medien hören, aber das ist nicht dasselbe wie das miterlebte Predigtgeschehen in der Kirche. Hierzu gehört der von der Kirchensoziologie entdeckte „unwahrscheinliche Kirchenbesucher,"[3] dessen Wertsystem überhaupt nicht mit dem der Kirche übereinstimmt, der aber dennoch zu den regelmäßigen Kirchgängern zählt.

Die Bedeutung von Symbol und Bild für das religiöse Erleben führt uns in einen komplexen und sich rasch entfaltenden Bereich theologischer Forschung hinein. Er hängt mit neueren und neuesten Bemühungen anderer Wissenschaften um ein tieferes Verstehen von Sprachgeschehen und Kommunikation zusammen und ist darum interdisziplinär angelegt. Da die Dinge hier ganz im Fluß sind, wird es – zumal für den Praktiker – nicht leicht sein, sich zu orientieren und die Praxisrelevanz

---

[1] Yorick Spiegel (Hg.), Stuttgart 1972, vgl. Sigmund Freud, Zs. f. Psychoanalyse 1914, GW 10, 125 ff.

[2] Wolfgang Marhold, Fragende Kirche, München 1971, 143 f.

[3] Gerhard Schmidtchen, Gottesdienst in einer rationalen Welt (VELKD-Umfrage), Stuttgart/Freiburg 1973, 37 ff.

der zahlreichen Ansätze und Theorien zu beurteilen. Man wird aber nicht erst Kommunikationstheorie, Verhaltens- und Symbolforschung, Semiotik, Semantik, Linguistik – und was es noch für moderne Erfahrungswissenschaften gibt – studiert haben müssen, bevor man sich mit unserem Gegenstand beschäftigen kann. Er brennt uns auf den Nägeln, weil es mit der Verkündigung des Evangeliums um das Zentrum unseres Auftrags, mit dem Gottesdienst um unsere Existenz und mit dem Religionsunterricht um unsere Kinder geht.

Bild und religiöses Erleben (allgemein)

Wie „in jedem wirklichen Denken Bilder mitgesetzt sind" und menschliche Erkenntnis überhaupt „durch Zeichen konstruiert wird", so gehört das Bild im besonderen in der Theologie zu den Grundkategorien der religiösen Praxis. Schon Augustin hat bei der Ursprungsbeziehung des Bildes *(imago)* zwischen Gleichheit *(aequalitas)* und Ähnlichkeit *(similitudo)* unterschieden. „Beide zum Wesen des Bildes gehörenden Elemente (treffen) nur im Sohn Gottes zusammen. Als Ikone Gottes ist er Modell von Glaubensbeziehungen: einerseits ursprünglichen Beziehungen homolog, andererseits konstruktiv für deren Entwicklung, ein Gedanke, der Schleiermachers Christologie stark geprägt hat." Die Nähe dieser Gedankengänge zur neueren Bilddefinition, etwa bei Umberto Eco, ist unverkennbar. Rainer Volp weist zu Recht darauf hin, daß die sogenannten bildlosen Religionen des Judentums und des Islam nicht das Bild selbst, sondern die Fixierung auf bestimmte Bildarten abgelehnt haben. Die Gottesvorstellung ist nie ohne Bild gewesen, wohl aber kann eine unglaubwürdige Darstellung ihr im Wege stehen.[4]

Für den theologisch verantworteten Umgang mit Bildern müssen diese als Medium der christlichen Botschaft erkennbar bleiben. Die Geschichte der christlichen Kunst erweist eine „Prädominanz des Erlösungs- und Errettungsgedankens", die „prophetische Aufgabe des Bildmediums" und schließlich auch eine didaktische. Bild und Bildung sind im Mittelalter eng miteinander verbunden gewesen, Bildbetrachtung und Bildmeditation bleiben unentbehrliche Wege zur „Wahr-nehmung" und experientia des Glaubens.[5]

Die komplexen Zusammenhänge von Bild und religiösem Erleben können und brauchen hier nicht ausführlich dargelegt zu werden.[6] Ihre

---

[4] Rainer Volp, Bild VII, TRE 6 (1980) 557 f. 562
[5] a.a.O. 562 ff.
[6] Hierzu Rainer Volp: 1. „Bilder gehören konstitutiv zur Sprache und Kommunikation

wahrscheinlich interessanteste Zuspitzung erfährt die Problematik aber im Bereich des mit dem Bild engstens verbundenen Symbols, dem sich nun unsere Aufmerksamkeit zuwenden soll.

Die (Wieder-)Entdeckung von Symbol und Ritual

Die dialektische Theologie postulierte in scharfer Abgrenzung zu jeder Form von natürlicher Theologie, das Evangelium bedürfe keines Anknüpfungspunktes im hörenden Menschen, diesen schaffe es sich selber. Symbol und Ritual stünden in Konkurrenz zum Gottesdienst als dem Dienst Gottes an uns, sie führten in gefährliche Nähe des der Reformation so verdächtigen Opfergedankens. Die Konsequenz war dann der Vorrang der Predigt vor aller Liturgie und der Unterweisung vor aller kommunikativen Begegnung und Erfahrung.

Wohl ist der anthropologische Ansatz des liberalen Gottesdienstverständnisses nie ganz der Vergessenheit anheimgefallen; von Schleiermachers „Kultus als darstellendem und mitteilendem Handeln" über Smends und Spittas „Gottesdienst als Fest und Feier" bis zu Rudolf Ottos „Wesen des Heiligen" in der „Welt der Religionen" und Arper/Zillesens Kirchenbuch gehen bis heute beachtliche Nachwirkungen aus bis hin zum Wiederaufleben dezidiert neuprotestantisch-liberaler Theologie.

Doch viel elementarer meldet sich die vernachlässigte Dimension des Gottesdienstes zu Wort: Der empfindliche Rückgang des Kirchenbesuchs[7] läßt nach dem Grund für die zunehmende Unbehaustheit so vieler Gemeindeglieder im Gottesdienst fragen. Dabei stößt man fast zwangsläufig auf die ererbte Kopflastigkeit des protestantischen Gottesdienstes und die darin begründete Vernachlässigung der emotionalen und transrationalen Bezüge. Auch die in den sechziger Jahren aufgekommenen neuen Gottesdienste haben, so wichtig sie als Antithesen, Ergänzungen und Variationen zur herkömmlichen Agende waren und wohl auch bleiben, dieses Defizit nicht beseitigen können. Wenn wir aus den bewegten Jahren des Suchens nach neuen und überzeugende-

---

der Kirche". 2. „In dem Maße, in dem sich der Glaube vom Wissen verdrängt ... empfindet, muß das Leben der Bilder genauer betrachtet werden". 3. Der Bildkategorie fällt eine „elementare theologische Aufgabe zu: die ‚Ausarbeitung einer Urvision' (Harvey Cox)". 4. Theologie muß „Riten- und Kunstprobleme, Bildungsprozesse und die Organisation der Kirche auf theol. verantwortete Kommunikationsregeln und Handlungsfiguren hin befragen". 5. „Die ikonische Funktion erw(eist) sich als ein Relationsmodell, ... wodurch sie geeignet ist, ebenso als Regel wie als Vision erkannt zu werden", a.a.O., 566f.

[7] Im Verhältnis zu den Kirchenmitgliedern sank der sonntägliche Gottesdienstbesuch von 7,3% (1963) auf 5,1% (1987), d.h., um 31%, absolut um 35,7%, vgl. AB1EKD Stat. Beil. zuletzt Nr. 85/1989, 18.32; KJ 113 (1986) 86.

ren Formen des Gottesdienstes etwas gelernt haben, dann dieses, daß es mit Formen allein noch nicht getan ist: Tradition und Innovation sind keine Gegensätze, die sich ausschließen. Sie gehören zu einem umgreifenderen Gesamtgeflecht der konkreten Gestalt, in dem Symbol und Ritual eine wichtige Rolle spielen. Wer dies übersieht, geht an elementaren Determinanten des Gottesdienstes vorüber und darf sich nicht wundern, wenn sein reformerischer Elan kaum Früchte zeitigt.

Wenn wir an dieser Stelle einen kurzen Blick auf die römisch-katholische Theologie werfen, so finden wir zunächst einen unbefangeneren Zugang zum Gegenstand. Der Begriff Symbol wird in den Dokumenten des Zweiten Vatikanums zwar nicht verwendet, sein Sachgehalt aber vor allem unter dem Stichwort Zeichen ausführlich dargelegt. So heißt es in der Liturgiekonstitution: „Die sichtbaren Zeichen, welche die heilige Liturgie gebraucht, um die unsichtbaren göttlichen Dinge zu bezeichnen, sind von Christus und der Kirche ausgewählt", und von den Sakramentalien: „Durch diese Zeichen werden die Menschen bereitet, die eigentliche Wirkung der Sakramente aufzunehmen; zugleich wird durch solche Zeichen das Leben in seinen verschiedenen Gegebenheiten geheiligt."[8] Die Kirchenkonstitution kann sogar der Kirche diesen Zeichencharakter zuerkennen, denn sie „ist ja in Christus gleichsam das Sakrament, das heißt Zeichen und Werkzeug für die innigste Vereinigung mit Gott wie für die Einheit der ganzen Menschheit."[9]

Die Wiederentdeckung von „Symbol und Ritual" als „anthropologischen Elementen im Gottesdienst"[10] war auch in der evangelischen Theologie fällig. Wilhelm Stählin hatte schon früh ausgesprochen, daß es eine geistliche Erneuerung der evangelischen Kirche ohne Wiedergewinnung eines tragfähigen Symbolverständnisses nicht geben kann.[11] Paul Tillichs Methode der Korrelation, „der Entsprechung zwischen religiösen Symbolen und dem, was durch sie symbolisiert wird", dem Unendlichen und dem Endlichen, „zwischen Gott und Mensch im religiösen Erlebnis"[12] macht das Symbol zum Schlüsselbegriff theologischer Erkenntnis. Aber erst heute scheinen die Ängste vor der natürlichen

---

[8] SC 33.60
[9] LG 1. Obwohl sich der römisch-katholischen Theologie des Gottesdienstes und der nachkonziliaren Liturgiereform somit eine umfassendere Perspektive eröffnete, war zur gleichen Zeit ein auffallender Rückgang des Gottesdienstbesuchs von 53,9 % (1950) auf 26 % (1985) zu beobachten, eine Einbuße von mehr als der Hälfte der gottesdienstlichen Gemeinde. Man wird sich von neuen Einsichten keine schnellen und vor allem keine Totallösungen der Probleme versprechen dürfen. Sie verlieren dadurch aber nicht an Bedeutung.
[10] So der Titel des Buches von Werner Jetter, Göttingen 1978, ²1986
[11] Vgl. seine Aufsatzsammlungen Symbolon I-IV, Stuttgart 1958, 1963, 1973, 1980
[12] Systematische Theologie I, Stuttgart ²1956, 74f.

Theologie überwunden und ein neuer Zugang zu einem theologisch verantworteten und die Praxis des Gottesdienstes bestimmenden Symbolverständnis gewonnen zu sein.

Zum Symbolverständnis

Für den sachgerechten Gebrauch des Begriffes Symbol ist eine Übereinkunft zu seiner Bestimmung notwendig, und das heißt eine Auswahl aus einer breiten Palette von Verwendungen.[13] Noch Pius X. konnte in seinem Rundschreiben gegen den Modernismus schreiben: Für die Modernisten sind die Sakramente „bloße Symbole oder Zeichen, wenn sie auch nicht jeder Kraft entbehren,"[14] auch die römisch-katholische Kirche hatte zu lernen.

Es war Odo Casel (1886–1948), der das objektive, ganzheitliche Symboldenken der Kirchenväter zurückzugewinnen begann: „Wie Jesus Christus das sichtbare Bild des unsichtbaren Gottes ist, so sind die Sakramente Christi sichtbare Symbole der unsichtbaren Heilstat, ... Kanäle des göttlichen Lebens, das durch den Kyrios der Kirche zufließt."[15] Die Liturgie gewinnt bei Casel „die Grundstruktur eines ‚heiligen Spieles‘, eines ‚Dramas‘, das die Gläubigen aufführen und so die Heilstat des Herrn vergegenwärtigen."[16]

Für Romano Guardini (1885–1968) sind Leiblichkeit und Symbol eng miteinander verknüpft. Wie sich die Seele im Leib ins Symbol „übersetzt", so vollzieht sich in der Liturgie die „Übersetzung des Mysteriums" in symbolische Form. Die Teilnahme an der Liturgie geschieht „rezeptiv-symbolisch, d. h. verstehend und empfangend, und aktiv-symbolisch, gestaltend und antwortend."[17]

Joseph Pascher (1893–1979) endlich suchte die Engführung der abendländischen Eucharistietheologie mit ihrer Isolierung der Konsekration vom Gesamtgeschehen und die Reduktion der Symbolhandlung

---

[13] Die Antike gebrauchte Symbol für ein schlichtes Erkennungszeichen, das zerbrochene und wieder zusammengefügte Holzstäbchen, und im Kultus der Mysterienreligionen für die Initiation. Die Kirche verwendete σύμβολον für die Taufe, auch das Herrenmahl, wobei der entscheidende Unterschied zum Mysterienkult in der Anamnese des Heilsgeschehens in Kreuz und Auferstehung Jesu Christi bestand. Später übernahmen μυστήριον und seit der Scholastik sacramentum diese Aufgabe. Symbol wurde im Widerstreit platonisch und aristotelisch inspirierter Sakramententheologien suspekt, blieb aber über die Reformation hinaus für das Bekenntnis der Kirche in Verwendung.
[14] Nuda symbola seu signa, quamvis non vi carentia, Pascendi dominici gregis 1907, DS 3489
[15] Glaube, Gnosis und Mysterium, JLW 15 (1941) 257.191
[16] Franz Kohlschein, Symbol und Kommunikation als Schlüsselbegriffe einer Theologie und Theorie der Liturgie, LJ 35 (1985) 207; vgl. zum Ganzen dortselbst.
[17] Vgl. Liturgie und liturgische Bildung, Würzburg 1966, 37 ff.

auf die Beziehung zwischen dem Spender und dem Empfänger mit dem Begriff der Gestalt zu überwinden. Er entwickelte entsprechende Kriterien einer Morphologie des Gottesdienstvollzugs.[18]

Für die theologische Diskussion ist nun aber die Begegnung mit der philosophischen Symbolforschung unerläßlich, zugleich auch ungemein anregend. Fest steht, daß das Symbol zu den Zeichen gehört. Übereinkunft besteht auch darin, daß das Symbol

(1) etwas Wahrnehmbares ist, sei es als Bild, sei es als Handlung;
(2) etwas Übersinnliches bezeichnet – Transzendentes, aber auch Innerweltliches (z. B. eine Fahne);
(3) wesentlich gemeinschaftsbezogen und innerhalb der Gemeinschaft ohne weiteres verständlich ist; sowie
(4) nicht allein den Verstand, sondern den ganzen Menschen anspricht und erlebnishaft verstanden wird.[19]

Im übrigen gibt es eine große Vielfalt von Theorien, von denen folgende fünf hier kurz vorgestellt werden sollen:[20]

1. Im sozial-anthropologischen Bereich erweist sich das Symbol als *„gemeinschaftsgebundenes Ausdrucks- und Zeichenphänomen"* (Robert Scherer).[21] Das Symbol unterscheidet sich vom Zeichen dadurch, daß es mit einer Tätigkeit verbunden ist, in der sich der Mensch bzw. eine Gruppe zum Ausdruck bringt und kundtut. Ein Abzeichen, eine Fahne, auch eine Osterkerze für sich ist Zeichen, noch kein Symbol. Erst die Verwendung, „das Tragen des Abzeichens oder der Fahne, das gläubige Sich-um-die-Osterkerze-Scharen macht das Zeichen zum Symbol ... Das Wesentliche am Symbol ist im Ausdruckscharakter zu suchen, nicht in seinem Zeichencharakter."[22] Hinzu kommt, daß das Symbol einer allgemeinen Übereinkunft bedarf: Mimik und Gestik für sich schaffen noch keine Symbole, das Handerheben wird erst durch allgemeine Zustimmung zum Symbol des Grußes. Die Sprache ist mehr auf das Objektive gerichtet und will begrifflich erschließen, beim Symbol „tritt der Zeichencharakter zu Gunsten des Ausdruckscharakters zurück."[23]

2. Karl Rahners *Ontologie der Symbolwirklichkeit* unterscheidet zwischen Realsymbolen und Vertretungssymbolen. Während letztere nur

---

[18] Vgl. Eucharistia. Gestalt und Vollzug, Freiburg 1947; dazu Kohlschein, a.a.O. 208 f.
[19] Vgl. Josef de Vries, Symbol: Phil. Wb., hg. von Walter Brugger, Freiburg u.a. ¹⁴1976, 390 f.
[20] Nach dem Überblick von Kaspar Hürlimann, Philosophische Erkundungen der Symbolik: Das Gold im Wachs (FS Thomas Immoos), hg. von Elisabeth Gössmann/Günter Zobel, München 1988, 47 ff.
[21] Das Symbolische, PhJ 48 (1935) 213
[22] Hürlimann, a.a.O. 48, vgl. Scherer, a.a.O. 225
[23] Hürlimann, a.a.O. 4

willkürlich festgelegte Zeichen sind, besteht zwischen dem echten (deshalb Real-) Symbol und dem Symbolisierten ein innerer Zusammenhang. „Der Leib ist (z. B.) das Symbol der Seele, insofern er als der Selbstvollzug der Seele (wenn auch nicht als deren adäquater) gebildet wird, und sich die Seele in dem von ihr verschiedenen Leib selbst anwesend sein und ‚in Erscheinung' treten läßt."[24] Die ontologische Ausweitung auf alles Seiende, nicht nur die höheren Seinsstufen, kann hier ausgeklammert bleiben.[25] Bedeutsam aber ist an diesem Symbolbegriff:
- Das Seiende „ist von sich selber her und nicht erst auf Grund menschlicher Vereinbarung symbolisch";
- „das Wesen selbst (ist) im Ausdruck anwesend";
- es ist nicht statisch, sondern dynamisches Geschehen, (Selbst-)Vollzug;
- „durch diesen Vollzug kann ein Element oder ein Aspekt Symbol eines anderen sein"; und
- „erst in diesem Selbstausdruck in ein anderes hinein kommt das Seiende zu sich."[26]

3. Weil sie alle Erscheinungen dieser Welt auf ihren verborgenen Grund hin befragt, hat sich die *Metaphysik* von Platon über den Aquinaten bis hin zu Karl Jaspers auch mit dem Symbol befaßt. Das Endliche wird zum Symbol des Unendlichen. In der Lehre von der analogia entis wird gleichzeitig Ähnlichkeit und Unähnlichkeit festgehalten, wobei letztere aber größer ist:[27] Das Absolute ist letztlich durch den menschlichen Verstand nicht einholbar. „Die unserer Erfahrungswelt entliehenen Bilder, Chiffren, Symbole dienen der Annäherung an ein Geheimnis, das sich jedem Begreifen entzieht, und vor dem jedes erklärende Reden sich selbst aufheben muß ... Alles in der Welt spiegelt und offenbart etwas vom Seinsgrund und verhüllt ihn zugleich."[28]

4. Die *idealistische Symboltheorie* von Ernst Cassirer[29] begreift das Symbol nicht wie die Metaphysik von einem objektiven Seinsverhältnis her, sondern als eine Funktion des menschlichen Bewußtseins. Die ontologische Interpretation ist dem Neukantianer nicht mehr möglich, Symbole sind vielmehr „Ausdrucksformen des vitalen und geistigen Lebens. Alle Kulturformen (mythisches Bild, Sprache, Wissenschaft,

---

[24] Ontologie der Symbolwirklichkeit: Schriften zur Theologie, Bd. 4, Einsiedeln u. a. ⁴1964, 306
[25] Vgl. dazu Heinrich Ott, Erkenntnisfunktion des Symbols, StPh 24 (1963) 3
[26] Hürlimann, a. a. O. 50 f.
[27] Vgl. 4. Laterankonzil, DS 804
[28] Hürlimann, a. a. O. 53 f.
[29] Philosophie der symbolischen Formen, 3 Bde. Berlin 1923, 1925, 1929; An Essay on Man, New Haven/London 1944, dt.: Was ist der Mensch? Stuttgart 1960

Kunst, Religion) sind symbolische Formen, sind die geistigen Instrumente, mittels derer der Mensch seine gegenständliche Welt erst selber aufbaut und ansieht."[30] „Der Mensch hat nicht mehr wie das Tier einen unmittelbaren Bezug zur Wirklichkeit ... Statt mit den Dingen selbst umzugehen, unterhält (er) sich in gewissem Sinne dauernd mit sich selbst."[31]

5. In der *Tiefenpsychologie* gewinnt der Symbolbegriff eine neue Bedeutung. Traumsymbole weisen bei Freud auf unbewußte, genauer aus dem Bewußtsein verdrängte seelische Inhalte. Unerfüllte Wünsche suchen symbolisch verkleidet Erfüllung, während ein strenger Zensor den Schlaf bewacht. Nach Jung können Traumsymbole in den Tiefen des kollektiv Unbewußten verwurzelt sein und auf aus der Vorzeit der Menschheitsgeschichte ererbten Archetypen gründen. Diese nehmen allerdings Gestalt an in Vorstellungen, die das Bewußtsein sich erworben hat.[32] Bei Freud mag es sich allerdings weniger um Symbole, sondern eher um Metaphern bzw. Allegorien handeln, während Jung zwischen beidem klar unterscheidet.[33]

Symbolerfahrung in Gottesdienst und Unterweisung

Werner Jetter hat uns auf die anthropologischen Voraussetzungen und Elemente des Gottesdienstes aufmerksam gemacht: „Symbolisierung und Ritualisierung sind ... zwei überaus bedeutsame, grundlegende und umfassende, ineinandergreifende Elemente menschlichen Weltverhaltens (und darum auch) die tragenden anthropologischen Faktoren jeden religiösen Kultus". Im Symbol bringt sich ein „vielgestaltetes Stück menschlicher Lebens- und Welterfahrung in Erinnerung" und schafft einen dem wissenschaftlichen Denken verschlossenen „Wirklichkeitszugang sui generis". Das Ritual hat es nie nur mit Formularen, sondern immer mit einer „konkreten Lebensgestalt in einem konkreten Kontext" zu tun. Es lebt von Wiederholung und Vertretung und zielt auf Vergewisserung. Es erweist die Kirche als ein „Haus des Glaubens, als Bereich und Werkzeug symbolischer Integration in den Lebensraum dieses Glaubens". So ist das Ritual eine „darstellende symbolische Handlung. In ihr stellen sich auch die Beteiligten selber mit

---

[30] Hürlimann, a.a.O. 56
[31] Was ist der Mensch?, a.a.O. 39
[32] Vgl. dazu Jolande Jacobi, Komplex, Archetypus, Symbol in der Psychologie C. G. Jungs, Zürich 1957, 86 ff.
[33] So wohl zu Recht Hürlimann, a.a.O. 58

dar und auf symbolische Weise dem Gott ihres Glaubens und ihrer Glaubensgemeinschaft zur Verfügung."[34]

Wenn nun danach gefragt wird, wie die Wiederentdeckung von Symbol und Ritual für das religiöse Erleben fruchtbar werden kann, dann dürfen Predigtaufgabe und Gottesdienstgestalt nicht mehr als zwei Bereiche angesehen werden, die fein säuberlich nacheinander abzuhandeln sind. Der Verkündigungsauftrag geht zwar über den Gemeindegottesdienst hinaus.[35] Aber in letzterem fallen bei unserem Fragen nach Symbolerfahrung Predigt und Gottesdienst zu einer Einheit zusammen. Die Predigt ist – was vielleicht nicht in jeder anderen Betrachtungsweise zu gelten braucht – hier Teil der Liturgie. Das schließt natürlich nicht aus, daß die Predigt ein besonders sorgfältig zu verantwortender Teil des Gesamtkomplexes Gottesdienst ist, in dem bildhafte Sprache, anamnetische Konkretion und gelegentlich auch narrative Redeweise gefordert werden – alles Bereiche, die ihrerseits wieder besonders mit dem Symbol zu tun haben.

Eine zweite Bemerkung ist an dieser Stelle nötig: Es kann nicht nur darum gehen, einzelne Symbole für Predigt, Gottesdienst – einschließlich der Raumgestaltung – und Unterricht wiederzugewinnen, so wichtig dies für Homiletik, Liturgiedidaktik und Gemeindepädagogik sein mag. Es muß das Gesamtgeschehen des Gottesdienstes so in den Blick gelangen, daß sein symbolischer Grundcharakter freigelegt, abgesichert und optimiert und damit dem eigentlichen Ziel, der Gotteserfahrung, dienstbar gemacht werden kann.

Gottesdienste sind Zeichenprozesse. Die Unergiebigkeit der Diskussion um Leitbilder und Modelle mag vor allem darin begründet sein, daß elementare Gesetze zwischenmenschlicher Kommunikation nicht hinreichend bedacht wurden. Deshalb zeigen neue Gottesdienstformen so rasch Abnutzungserscheinungen, deshalb fühlen sich Initiatoren avantgardistischer Formen so bald überfordert, deshalb gelingen neue Traditionsbildungen so selten und deshalb ist das Interesse des Kirchenvolkes so schwer zu gewinnen und zu halten. Hier bleibt das von Günther Schiwy und anderen herausgebrachte Arbeitsbuch „Zeichen" nach wie vor wegweisend, vor allem in seinen Kommentaren zu neuen Gottesdienstversuchen.[36] Hinzu kommen der von Rainer Volp heraus-

---

[34] a.a.O. (Anm.9), 200.57.90.116.121
[35] Es gibt neben der innergemeindlichen Wortverkündung auch eine primär missionarische. Es gibt die „papierene Kanzel" vom Gemeindebrief bis zum Wort des Pfarrers in der Tageszeitung. Es gibt das Zeugnis jedes Christen in Beruf, Familie und Freundschaft.
[36] Günther Schiwy/Hellmut Geißner/Herbert Lindner/Heiner Michel/Herbert Muck/ Klaus Pfitzner/Rainer Volp, Zeichen im Gottesdienst. Ein Arbeitsbuch, München 1976

gegebene Sammelband „Zeichen"[37] und eine Reihe von Aufsätzen aus der Feder von Karl-Heinrich Bieritz[38]. Nimmt man die Arbeit von Josef Schermann zur „Sprache im Gottesdienst"[39] hinzu und natürlich den Teil 3 des Handbuchs der Liturgiewissenschaft[40], dann hat man schon die heute verfügbaren einschlägigen Informationsquellen zur Hand.

---

[37] Zeichen. Semiotik in Theologie und Gottesdienst, München/Mainz 1982, hier besonders der Beitrag von Karl-Heinrich Bieritz „Zeichen der Eröffnung", 195 ff.
[38] Lutherischer Gottesdienst als Überlieferungs- und Zeichenprozeß, LJ 34 (1984) 3 ff.; Daß das Wort im Schwange gehe. Reformatorischer Gottesdienst als Überlieferungs- und Zeichenprozeß, JLH 29 (1985) 90 ff.; Gottesdienst als „offenes Kunstwerk"? Zur Dramaturgie des Gottesdienstes, PTh 75 (1986) 358 ff.; Predigt-Kunst? Poesie als Predigt-Hilfe, PTh 78 (1989) 228 ff.
[39] Innsbruck/Wien 1987
[40] Gestalt des Gottesdienstes. Sprachliche und nichtsprachliche Ausdrucksformen, Regensburg 1987

Hans-Dieter Döpmann, Berlin

Kirche unter dem Kreuz – das Symbol in seiner aktuellen Bedeutung für Evangelische und Orthodoxe

1) Für Christen ist das Kreuz Zeichen des Heils, der Liebe und des Erbarmens Gottes, der Rechtfertigung des Sünders, Zeichen des Bekennens, des Trostes und der Hoffnung.

Für christliche Existenz steht vom Neuen Testament her ein zweifacher Bezug im Vordergrund:
- das Wort vom Kreuz als „Torheit" und zugleich „Gotteskraft" (1. Kor 1, 18)
- Jesu Ruf zur Nachfolge, das Kreuz täglich auf sich zu nehmen (Luk 9, 23), und zwar im Zeichen der ‚metanoia' (Luk 5, 32). Vielfach sind die Erfahrungen, die Christen zu allen Zeiten unter und mit dem Zeichen des Kreuzes gemacht haben. Und für jeden ist das Kreuz Christi immer wieder ein Ausgangspunkt neuer Besinnung.

2) Das Kreuz fand als äußeres Symbol sichtbaren Ausdruck:
- bei der Taufe als Zeichen der Zugehörigkeit zu Christus,
- im Gottesdienst als Dank und Bitte um Gottes Segen,
- bei der architektonischen Gestaltung von Kirchengebäuden.
- Die verschiedenen Kreuzesformen dienten unterschiedlicher theologischer Interpretation.
- Das Kreuz vor dem Namenszeichen kennzeichnet den Dienst in der Kreuzesnachfolge.
- Das Kreuz wurde zum Zeichen der Bewahrung vor dem Bösen, zum Zeichen des Schutzes, z. B. im Sinn des Asylrechts.
- Dank und Fürbitte wurden Anlaß zur Kreuzesverehrung.

3) Das Kreuzessymbol dient als Ausdruck der Frömmigkeit:
- Die für die Frömmigkeit charakteristischen Kreuzesdarstellungen weisen Unterschiede auf: im Abendland die Darstellung des Todesleidens; die östliche Ikonographie zeigt den Gekreuzigten als Überwinder von Sünde und Tod.
- Der Brauch, sich zu bekreuzigen, ist Zeichen des Bekennens, der vertrauensvollen Bitte um Gottes Segen und Schutz.
- Die Art, sich zu bekreuzigen, wurde zu einem Unterscheidungsmerkmal der Konfessionen. Obwohl Martin Luther am Kreuzeszeichen

festhielt, lehnten es Evangelische später als bloße Veräußerlichung ab.
- Die Art, sich zu bekreuzigen, konnte in Rußland (Altgläubige) zum sichtbaren Ausdruck kirchentrennender Gegensätze führen, für die viele in ihrer Existenz ihr Kreuz auf sich nahmen und ihr Leben einsetzten.

4) Christliche Existenz in der Kreuzesnachfolge:
- Schon die Alte Kirche erkannte, daß Wohlergehen oder Ertragen von Leid nicht einfach Folge von Frömmigkeit oder Unfrömmigkeit sind.
- Für Augustin ist die Menschheitsgeschichte ein Pädagogium, das durch Kreuzesleid erzieht. Gottfried Arnold erkannte in der berechtigten Kirchenkritik vermeintlicher „Ketzer" die Bereitschaft zur Kreuzesnachfolge um des Evangeliums willen bis hin zum Martyrium.
- Es war problematisch, daß seit der Alten Kirche bis zur Gegenwart nicht wenige Prediger ein Erfahren des „Kreuzes" in Leid, Not und Krieg als willkommenes Mittel sahen, Menschen zum Glauben zu führen.
- Die Gefahr, Glaubensaussagen den Forderungen der Umwelt anzupassen, führte immer wieder zu echter Neubesinnung (z.B. Bekennende Kirche in Deutschland).
- Die Ermordung Unschuldiger in Konzentrationslagern veranlaßte viele zum Zweifeln an der Heilsbedeutung des Kreuzes.

5) Kirche unter dem Kreuz in nichtchristlicher Umwelt
Als Kirche unter dem Kreuz ergaben sich neue Existenzbedingungen in den veränderten gesellschaftlichen Verhältnisssen dieses Jahrhunderts (Trennung von Kirche und Staat):
- Für die Russische Orthodoxe Kirche hinterließen die Veränderungen seit der Oktoberrevolution mit der Trennung von Kirche und Staat, der Nationalisierung des Grundbesitzes sowie der Kirchengebäude samt Inventar, der antireligiösen Tätigkeit, der einengenden gesetzlichen Bestimmungen, der Schließung von Kirchen, Klöstern und theologischen Ausbildungsstätten wie auch der Inhaftierung von Hierarchen, Geistlichen und Gemeindegliedern tiefe Spuren. Gleichzeitig bemühten sich namhafte Repräsentanten der Kirche immer wieder um ein neues Verhältnis zum Staat. Viele Gläubige verbargen ihr Christsein und auch ihr Taufkreuz, während Kreuze zum säkularen Schmuckstück wurden. Andererseits wurde das Schlagen des Kreuzeszeichen zum sichtbaren Gemeinschaftssymbol.
- Die Entwicklung der orthodoxen und anderen Kirchen in den nach

dem Zweiten Weltkrieg sozialistisch gewordenen Ländern war in unterschiedlicher Weise durch gesetzliche Einschränkungen geprägt.
- In der Deutschen Demokratischen Republik blieb das offizielle kirchliche Leben weithin unangetastet, das kirchliche Eigentumsrecht erhalten, ebenso die diakonischen Einrichtungen, kirchlichen Kindergärten, die Theologischen Fakultäten an den Universitäten, kirchliche Radio- und Fernsehsendungen. Nur kurzzeitig war man staatlicherseits gegen die Jungen Gemeinden und Studentengemeinden vorgegangen. Aber seitdem hörten junge Menschen auf, das Abzeichen mit dem Kreuz zu tragen. Jugendweihe, allgemeine Säkularisierung, die Sorge vor Benachteiligungen im Berufsleben sowie die Übersiedlung von Christen in die Bundesrepublik Deutschland führten zum Kleinwerden der Gemeinden (in manchen Neubaugebieten unter 5% der Bevölkerung). Im Verhalten der Christen zeigte sich offenes Bekennen, aber auch Gleichgültigkeit oder ängstliches Verbergen (auf „Tauchstation" gehen). Trotzdem fanden nicht wenige neu den Weg zur Kirche.
- Die gemachten Erfahrungen zeigten: Es ist leichter, über das Kreuz theologisch zu reflektieren, als es im konkreten Leben zur Geltung zu bringen.

6) Chancen der Kreuzesnachfolge
6.1.) Die „Kirche der Armen" wurde zum Hoffnungsträger:
- Die russische Orthodoxie hatte keine Möglichkeiten zum öffentlichen Einwirken auf die Gesellschaft. Aber in den Gemeinden ergab sich eine bedeutende Opferbereitschaft. Die Kirchen mit ihren Gottesdiensten und besonders die Klöster wurden zu Orten des Vertrauens und der Hoffnung.
- Die Kirchen in der Deutschen Demokratischen Republik waren immer mehr auf finanzielle Hilfe, die theologischen Ausbildungsstätten auf Literatursendungen seitens der EKD angewiesen. Dies führte einerseits zur Gefahr, sich als Kirche auf Hilfe von außen zu verlassen. Andererseits schuf das „eigene Ärmersein" und die relative Unabhängigkeit der Kirche in der Gesellschaft Vertrauen auch bei Nichtchristen. Besonders evangelische Kirchen wurden zum die „Wende" vorbereitenden Schutzraum für Andersdenkende und Anwalt für Bedrängte.

6.2.) Die Ausstrahlungskraft der Kirche:
- Nicht wenige Nichtchristen und selbst überzeugte Atheisten erwarteten von Christen eine höhere ethische Haltung und spendeten bei kirchlichen Sammlungen.

- Das Christen entgegengebrachte Vertrauen führte zu Ansätzen einer „säkularen Seelsorge".
- Der durch die Liebe tätige Glaube (Gal 5,6) in Gestalt der diakonischen Arbeit und Hilfeleistungen durch einzelne Christen verlieh der Kirche größere Ausstrahlungskraft als die Wortverkündigung der Botschaft vom Kreuz.
- Für orthodoxe Christen ist die im Gottesdienst erfahrene Gemeinschaft mit dem Gekreuzigten und Auferstandenen sowie untereinander (sobornost') Grundlage für eigenes Wirken. In ähnlicher Weise füllten sich die Kirchen in der Deutschen Demokratischen Republik zu den Friedensgebeten, wo unter Gebet und Meditation zu brennenden Lebensproblemen Stellung genommen und dann mit brennenden Kerzen das Licht in die Umwelt getragen wurde. Dies trug in hohem Maße dazu bei, berechtigte Anliegen nicht nur gewaltlos zur Geltung zu bringen, sondern auch in einer friedlichen Revolution durchzusetzen.

7) Heutige Aufgaben der Kreuzesnachfolge

Die tiefgreifenden Umwälzungen der Gegenwart stellen Kirchen und Christen vor neue Aufgaben einer Bewährung der Kreuzesnachfolge.

- Durchsetzung von Politik und damit Machtausübung darf nicht Aufgabe der Kirche sein. Aber christlicher Glaube ist nicht „unpolitisch", sondern erstrebt in der Verkündigung des Evangeliums und im Dienst am Nächsten das Bewahren der heiligen Gabe des Lebens in Lebensbedingungen, die Gottes gutem Willen entsprechen.
- Die VI. These von Barmen (1934): „Der Auftrag der Kirche, in welchem ihre Freiheit gründet, besteht darin, an Christi Statt und also im Dienst seines eigenen Wortes und Werkes durch Predigt und Sakrament die Botschaft von der freien Gnade Gottes auszurichten an alles Volk", warnt zugleich davor, sich von eigenmächtigen Wünschen und Zielen leiten zu lassen. Die sich heute für die Kirchen der sozialistischen Staaten neu bietenden Möglichkeiten dürfen *nicht* im eigenen Interesse genutzt werden.
- Zu den Friedensgebeten vor der „Wende" strömten die Menschen in die Kirchen. Inzwischen sind die Kirchen wieder recht leer geworden. Manche Pastoren und Theologen haben Staatsämter übernommen, andere helfen als Moderatoren der „Runden Tische" Umgangsformen einer sachlichen Auseinandersetzung zu finden. Doch dürfen darüber die eigentlichen Aufgaben der Kirche nicht vergessen werden.
- In der kirchlichen Jugendarbeit gibt es eine große Bereitschaft, viele Probleme zu diskutieren, aber eine erschreckend geringe Bereit-

schaft, sich mit der Botschaft vom Kreuz, mit der Bibel zu beschäftigen und von daher eine Grundlage für eigenes Handeln zu finden.
- Jugendliche und Erwachsene, die weder getauft noch konfirmiert sind, zeigen Interesse an der Kirche. Es ergeben sich neue missionarische Möglichkeiten. Hier ist eine große Aufgabe für die in manchen Gemeinden gebildeten Hauskreise, die bereit sind, in Glaubensfragen und in die Gemeindearbeit einzuführen. Dadurch steigt die Bedeutung des „allgemeinen Priestertums der Gläubigen".
- Als Aufgaben für tätige Nächstenliebe geht es um das Schaffen von Frauenhäusern als Hilfe zur Selbsthilfe, die verstärkte Sorge um Rehabilitanden, Beratungsstellen für Suchtkranke sowie den Ausbau bzw. die Einrichtung von Diakoniestationen.
- Verantwortliches Denken und Handeln erfordert das Festhalten am Ideal der sozialen Gerechtigkeit, neben den vielen eigenen Problemen der Gegenwart die Hilfsbereitschaft für die wirklich Armen in aller Welt zu fördern.
- Nicht „Wende", sondern Umkehr (metanoia) führt zum Neuanfang. Die Frage, ob wir selbst bei aller Veränderung die Alten geblieben sind, erfordert den Dienst der Versöhnung unter dem Kreuz im Bekenntnis eigener Schuld.

8) Chancen ökumenischer Gemeinschaft unter dem Zeichen des Kreuzes

Seit dem Ende des Zweiten Weltkriegs ergab sich im eigenen Lande ein neues Verhältnis zwischen Evangelischen und Katholiken, über die Grenzen hinweg neue Beziehungen unserer evangelischen zu den orthodoxen Kirchen. Sie waren durch ein gleichgeartetes gesellschaftliches Umfeld, die Existenz in einer sozialistischen Gesellschaft, geprägt. Auch beschränkten sich die Reise- und Begegnungsmöglichkeiten weithin auf diese Länder.

- „Verständnis als Weg zur Verständigung" (Karl Rose) erforderte, im Bewußtsein des gemeinsamen Glaubens an den Gekreuzigten und Auferstandenen die bisher als Gegensätze verstandenen Unterschiede neu zu verstehen und Ansätze zu gemeinsamer Verantwortung in den heutigen Lebensproblemen zu finden.
- Als Formen ergaben sich besonders im Bezug zur Russischen, Bulgarischen und Rumänischen Orthodoxen Kirche ökumenische Gottesdienste, offizielle Besuche (besonders zu kirchlichen Jubiläen), Studienaufenthalte sowie die seitens des ‚Bundes der Evangelischen Kirchen in der DDR' bisher geführten sechs „Zagorsker Gespräche" (seit 1974) mit der Russischen und vier „Herrnhut-Gespräche" (seit 1978) mit der Bulgarischen Orthodoxen Kirche.

- In der Deutschen Demokratischen Republik wurde die Beschäftigung mit den Orthodoxen Kirchen zu einem Lehrfach an den Theologischen Fakultäten zu Berlin und Halle sowie am Katechetischen Oberseminar (jetzt: Kirchl. Hochschule, d. Red.) in Naumburg. Vom Orthodoxen Studienausschuß der Evangelischen Kirche der Union (Bereich DDR), dessen Arbeit jetzt die Fachkommission Orthodoxie beim ‚Bund der Evangelischen Kirchen in der DDR' fortführt, werden alle zwei Jahre Pastoralkollegs zu Fragen der orthodoxen Kirchen veranstaltet.
- Somit ergab sich die Möglichkeit, sich gegenseitig zu bereichern, von einander zu lernen, sich gegenseitig bei heutigen Aufgaben zu helfen.
- Evangelische können den Orthodoxen pädagogische Erfahrungen für Neuanfänge der kirchlichen Unterweisung vermitteln.
- Den Aufbau diakonischer Einrichtungen hatte der spätere bulgarische Patriarch Kirill (1953–1971) noch als Metropolit von Plovdiv vor Ende des Zweiten Weltkriegs geplant. Von der russischen Orthodoxie werden heute ethische Impulse in der Sorge für Suchtgefährdete, für eine neue Arbeitsmoral sowie für das Familienleben erwartet. Es begann die Mitarbeit von Christen in Krankenhäusern und Pflegeheimen, der Aufbau eines kirchlichen Altersheims. Hier könnten Erfahrungen evangelischer diakonischer Arbeit vermittelt werden.
- Angesichts neuer nationalistischer Tendenzen können unsere Kirchen zur Versöhnung beitragen.
- In unseren Ländern wird immer mehr offenbar, welchen Ungerechtigkeiten viele Menschen ausgesetzt waren. Gegenüber Rachegefühlen kann nur die Botschaft der am Kreuz gestifteten Versöhnung dazu beitragen, auch jenen Menschen, die in Schuld verstrickt waren, die Möglichkeit zur Umkehr zu geben.
- Soziale Ungerechtigkeit und die ökologischen Probleme bedrohen Menschen in aller Welt. Nur gemeinsam lassen sich die Aufgaben des konziliaren Prozesses lösen.
- In der ökumenischen Arbeit haben die Orthodoxen zurecht betont, daß man nicht von „vertikal" und „horizontal", sondern von einem organischen Ganzen zu sprechen hat, das vom Glauben an Christus ausgeht. Im Blick auf die von den Orthodoxen besonders betonte Zusammengehörigkeit von Kreuz und Auferstehung sollten auch Evangelische über das Wort der orthodoxen Liturgie reflektieren: „Denn siehe, durch das Kreuz ist Freude gekommen für die ganze Welt".

Ein Dienst (slav. podvig) in der täglichen Kreuzesnachfolge, der „Torheit" des Kreuzes, ist zu keiner Zeit populär gewesen, läßt uns aber kraft der damit verheißenen Gotteskraft hoffen, in der Gemeinsamkeit des Wirkens unserer Kirchen dazu beizutragen, daß etwas von dieser Freude in der Welt spürbar wird. Und so dürfen wir hoffen, daß das Kreuzessymbol, das so vielen als Schmuck dient oder als ästhetische Zierde gilt, im persönlichen Leben wie in unserer Umwelt erneut verstanden und zum Zeichen des vom Kreuze Christi ausgehenden Heilsgeschehens wird.

Totju P. Koev, Sofia

Religiöse Sprache und sakrale Symbole in der Gegenwartsgesellschaft Bulgariens

Wenn ich davon ausgehe, daß dem Symposion die Idee „Herausforderung des christlichen Glaubens durch die Aufklärung und Säkularisierung" zugrundeliegt und sich hieraus die Aufgaben der Kirche im dritten Jahrtausend ergeben, dann halte ich es für angebracht, die Lage der Bulgarischen Orthodoxen Kirche heute und ihre Aufgaben in der zeitgenössischen bulgarischen Gesellschaft zu skizzieren. Daher hat das Thema meines Referats weniger einen theoretisch-theologischen Charakter denn eine aktuell-praktische Richtung. Dies schmälert seinen wissenschaftlichen Wert und führt zu Problemen, die auch bei nationalem Charakter allgemein christlich oder allgemein kirchlich sind. Immerhin hoffe ich, daß ich Ihnen ganz knapp etwas von einer Kirche und einem Volk in Europa berichten kann, von denen man bis vor kurzem im Westen verhältnismäßig wenig, ja vielleicht zu wenig wußte.

Bei der Behandlung des Themas werde ich von bekannten grundlegenden Glaubenseinstellungen und historischen Fakten Gebrauch machen, um das heutige Bild bei uns zu beleuchten und versuchen, einen Blick in die Zukunft zu werfen.

Wir alle kennen die Spezifika der geistigen Struktur im Osten und im Westen. Hier sei nur auf Wesentliches verwiesen: Während der Christ im Westen im Geiste der aristotelischen Philosophie seinen Blick vorwiegend „nach unten" zum Boden richtet, blickt der östliche Christ im Geiste Platos mehr „nach oben" zum Himmel. Der westliche Christ entwickelt vorwiegend durch die Vernunft solide theologisch-philosophische Konzeptionen, während der Christ im Osten eher danach strebt, seinen Glauben zu erleben; dabei denkt er daran, daß die Worte Jesu Christi „Geist und Leben sind" (Joh 6,63). Während im Altertum das östliche Christentum von häretischen Bewegungen und den damit verbundenen Kämpfen zerrissen war, hat sich das westliche Christentum relativ ruhig entwickelt.

Noch in der Antike hat die Orthodoxie im Osten ihre eigene religiöse Sprache geschaffen, entwickelt und vervollkommnet, die sich in das wissenschaftlich-theologische Schaffen, in den Alltags- und in den Festgottesdienst und in die Verkündigung von Gottes Wort tief eingeprägt hat. Bis auf den heutigen Tag hat sie diese ihre religiöse Sprache eifrig bewahrt. Ein anderes wesentliches Element der Orthodoxie ist ihre reiche Symbolik, die einen klaren Ausdruck vorwiegend in der christlichen Kunst, im Gottesdienst (in den Sakramenten, Riten, in den liturgischen Geräten), in den Ikonen und der Ikonenverehrung u. a. gefunden hat. Von der äußeren Symbolik abgesehen gibt es auch einen reichhaltigen inneren Wesenszug, ohne den die Orthodoxie nicht bestehen kann. Ein weiteres Element, das mit der Volkstümlichkeit verbunden ist, darf nicht ausgelassen werden: Das östliche Christentum hat in seiner orthodoxen Form ein betont positives Verhältnis zu „Nation" oder „Ethnos". Auf dieser Grundlage sind die orthodoxen Volkskirchen entstanden, haben sich herausgebildet und entwickelt. Ihre Existenz und Tätigkeit in der Geschichte trugen dazu bei, daß das ethische Selbstbewußtsein der einzelnen Völker aufrechterhalten und gefestigt wurde, daß die materielle und geistige Kultur dieser Völker entstand und fruchtbar wurde und daß diese Völker an der allgemein-menschlichen Schatzkammer der Kultur teilhaben konnten.

*

Geographisch gesehen liegt Bulgarien an der Grenze zwischen dem Osten und dem Westen, genauer gesagt, es grenzt an den Osten. Schon dadurch, aber auch der Seelenstruktur nach, neigt es mehr zum Osten, ohne dabei den westlichen Einfluß auszuschließen.

Bulgarien übernahm im Jahre 865 das Christentum von Byzanz. Der damalige bulgarische Herrscher, Fürst Boris I, der Bekehrer, entschied sich nach langwierigem und kompliziertem Schwanken und nach diplomatischen Verhandlungen mit Konstantinopel und Rom endgültig für Byzanz. Geht man von den bereits genannten Komponenten (wie Seelenstruktur, Symbolik, religiös-ethnischer Zusammenhang und geographische Lage) aus, dann war diese Entscheidung des Herrschers die einzig richtige und logische. Dies bestätigte auch die gesamte weitere bulgarische (kirchliche und weltliche) Geschichte.

Das epochemachende Werk der hll. Brüder Kyrillos (826/27–869) und Methodios (ca 815–885) besteht nicht nur in der Zusammenstellung des slavischen Alphabets – was zweifellos wichtig ist –, sondern vorwiegend in der Übersetzung biblischer und gottesdienstlicher Bücher aus der griechischen in die kirchenslavische Sprache, in der Zusammenstellung lexikalischer Termini, die denen in der christlichen theologisch-religiösen Sprache und den sakralen Symbolen der griechischen adäquat sind.

Von der zweiten Hälfte des 9.Jahrhunderts bis zu Beginn des 11.Jahrhunderts hat die Bulgarische Orthodoxe Kirche durch Übersetzungsliteratur und wissenschaftlich-theologische Originalwerke diese Sprache und Symbolik ständig weiterentwickelt und bereichert, sie der Seele des Bulgaren eingeprägt und auf diese Weise seine christlichen Tugenden gepflegt. Während der byzantinischen Herrschaft (1018-1186) hat sie dies auch mehr oder weniger getan. Erfolgreicher hat sie dieses Werk während des zweiten bulgarischen Königreichs (1186-1393) fortgeführt und bereichert. Während des Osmanenjochs (1393-1878), als die Kirche nicht offiziell als Institution bestand, betrieben diese edle Mission die bulgarischen Kirchen und Klöster, die unversehrt geblieben waren. In dieser Periode entwickelte sich das Identitätsgefühl in religiöser und ethnischer Hinsicht: Orthodox bedeutete Bulgare und umgekehrt.

Von der Befreiung (1878) bis zum Ende des Zweiten Weltkriegs hat die Bulgarische Orthodoxe Kirche nicht immer unter den günstigsten Bedingungen die religiöse Sprache und die orthodoxe Symbolik durch religiöse Ausbildung in den Schulen, lebendige Predigt und karitative Tätigkeit im Volk gefestigt und das Gefühl für Gerechtigkeit und Humanität gepflegt. Nach dem Aufbau eines neuen sozialpolitischen Systems hat sich die Lage in religiöser Hinsicht verändert. Die Kirche wurde vom Staat getrennt, der Religionsunterricht in den Schulen wurde abgeschafft, die karitative Tätigkeit der Kirche auf ein Mindestmaß beschränkt. Die Haupttätigkeit der Kirche wurde auf den Gottesdienst und die Verkündigung des Wortes Gottes vorwiegend in den Kirchen und Klöstern eingegrenzt. Die orthodoxe Kirche und die anderen Glaubensgemeinschaften hatten keine Möglichkeit, frei und ungehindert zu missionieren. Dadurch wurde die theologisch-religiöse Sprache und die reichhaltige sakrale Symbolik allmählich für den Großteil des Volkes mißverständlich und unbegreiflich. In vielen Fällen spekulierte die Propaganda des kämpferischen Atheismus mit diesen christlichen Werten und stellte sie in ein falsches Licht.

Nach Kraft und Möglichkeit beteiligte sich die Bulgarische Orthodoxe Kirche an einer Reihe ökumenisch-friedensstiftender Äußerungen. Zu Recht wurde auf verschiedenen internationalen Foren im In- und Ausland die Frage nach der Beziehung zwischen Kirche und Staat in Bulgarien gestellt. Bulgarische Kirchenvertreter, in Rang und Dienststellung verschieden, antworteten, diese Beziehungen seien loyal. Die Kirche war, indem sie von den Worten des Apostels Paulus ausging, daß „keine Obrigkeit ohne von Gott ist" (Röm 13,1), in der Tat loyal. Hier ist es nicht am Platze, davon zu sprechen, daß Abweichungen und Verletzungen der religiösen Rechte bei uns zugelassen wurden. Im Westen weiß man davon. Offiziell war die Loyalität gegeben. Staatsmänner und Parteifunktionäre wußten und wissen um den Beitrag der Bulgarischen Orthodoxen Kirche, Volkstum und kulturelle Blüte des bulgarischen Volkes zu erhalten. Sie wußten jedoch auch von der Beziehung des Volkes zur Kirche. Indem sie allerdings von den Konzeptionen des kämpferischen Atheismus ausgingen, strebten sie danach, zu beweisen und zu überzeugen, *Religion* sei *Rauschgift* für das Volk, *Glaube* sei *Obskurantismus,* ein fortschrittlicher Mensch könne heute nichts mit der Religion zu tun haben; sie waren bemüht, den Glauben an Gott aus den Seelen und Herzen der Menschen auszurotten und das religiöse Leben zu veralbern. Im Interesse der Wahrheit sei erwähnt, daß die allgemeine atheistische Propaganda – ihr durfte sich die Kirche nicht widersetzen – gewisse partielle Erfolge erzielen konnte. Soziologische Untersuchungen „erbrachten" – soweit sie glaubhaft sind – „den Beweis", daß in Bulgarien die Gläubigen höchstens 20% der Bevölkerung ausmachen.

Wie sieht es heute bei uns aus? Als man seit dem 10. November 1989 das totalitäre Herrschaftssystem zu beseitigen begann, hat sich das Bild kraß verändert und ändert sich weiterhin mit jedem Tag. Was morgen geschehen wird, wissen wir nicht. Man kann aber mit Sicherheit behaupten, daß nicht mehr zurückkommen wird, was bis zum 10. November war, oder wie man üblicherweise sagt, dieser Prozeß ist unumkehrbar. Hier ist es jedoch nicht meine Pflicht, von der gesamten Lage Bulgariens zu sprechen. Um den Platz und die Rolle der Kirche in Bulgarien heute und morgen noch klarer umreißen zu können, möchte ich lediglich erwähnen, daß sich das bulgarische Volk zur Zeit in einer politischen, ökonomischen und geistigen Krise befindet. Meines Erachtens ist die dritte, die geistige Krise, die tragischste und auch am schwierigsten zu überwinden. 45 Jahre lang hat man uns eingeredet, daß wir eine wohlhabende Gesellschaft aufbauen, eine Gesellschaft sozialer Gerechtigkeit, eine Gesellschaft geistiger Werte, eine atheistische Gesellschaft – das bedeutet eine zeitgenössische, moderne Gesellschaft, in der der Mensch dem Menschen ein Bruder ist; eine Gesellschaft, in der alles namens des Menschen und für den Menschen getan wird. Tatsächlich aber erwies sich die Wahrheit als ganz anders, vollkommen verschieden von der, die uns geschildert wurde. Viele Menschen sind heute in einer Ausweglosigkeit der Ideen; sie schwanken zwischen Scylla und Charybdis. Ihr geistiger Durst läßt sie nach unvergänglichen Werten suchen. Sie brauchen moralische Stützen; da sie eine innere Schwerelosigkeit empfinden, wollen sie den archimedischen Schwerpunkt finden.

Die Faktoren für den erfolgreichen Ausweg aus der geistigen Krise sind verschieden. Meines Erachtens ist einer der wichtigsten dieser Faktoren die Kirche. Ihre fruchtbare Tätigkeit während der jahrtausendelangen Vergangenheit ist ein sicherer Garant dafür. Heute hat sie die Möglichkeit, sich kundzutun und zu bejahen, und sie hat die Verpflichtung, dies wahrzunehmen. Diese ihre Verpflichtung ergibt sich aus ihrem gottmenschlichen und überpolitischen Charakter. Heute bieten Rundfunk, Fernsehen, Tagespresse und überhaupt alle Massenmedien die Möglichkeit für die kirchliche Behauptung. Was dem Volk während beinahe eines halben Jahrhunderts genommen wurde, wird ihm jetzt allmählich zurückgegeben. Dafür ein Beispiel: Der lichteste orthodoxe Feiertag – die Auferstehung Christi – wurde seit 45 Jahren zum ersten Mal vollkommen frei begangen; er war ein treffender Beweis des religiösen Geistes. Um diese „Feier der Feier" – wie es in einem Osterhymnus heißt – zu begehen, waren zu Hunderten und Tausenden, vielleicht auch Millionen Menschen in den Kirchen zusammengekommen; nicht nur traditionell Gläubige, sondern auch indifferente Menschen und sogar viele Atheisten. Ich begehe kaum einen Fehler, wenn ich sage, daß junge Menschen vorherrschten. Zweifellos waren einige Anwesende aus Neugier gekommen. Aber das ist auch ein Hinweis auf die geistige Suche, ein Ausdruck geistigen Hungers. Soziologische Untersuchungen, die zur Zeit durchgeführt werden, weisen darauf hin, daß die Gläubigen in Bulgarien 50% (es sind meines Erachtens mehr) ausmachen. Nach der jahrzehntelangen atheistischen Propaganda – und vielleicht eben deswegen! – ist das immerhin ein sehr hoher Prozentsatz. Hier müssen die Worte eines bulgarischen Dichters zitiert werden: „Was brennt, kann nicht gelöscht werden." Oder, wie Tertullian noch in der Antike sagte, daß die Seele ihrem Wesen nach christlich sei. Dies stimmt zwar im Grunde genommen, reicht jedoch nicht aus, damit sich die Kirche im persönlichen und sozialen Leben äußern und behaupten kann. Sie braucht eine geistig wohltuende Mitwirkung und Unterstützung. Keiner kann sagen, wie lange diese geistige Suche des bulgarischen Volkes dauern wird. Jetzt ist es mehr denn je notwendig, daß die Kirche dieser Suche entgegen kommt. Sollte sie das nicht rechtzeitig und umfassend tun, wird sie diese Gelegenheit verpassen und viel an Prestige einbüßen. Hoffentlich wird dies nicht der Fall sein.

Welche Aufgaben und Aussichten hat die Kirche bei uns heute und in nächster Zukunft? Sie können hauptsächlich auf zwei Gebiete zurückgeführt werden: Theologisch-theoretische und lebenspraktische Aufgaben; obwohl keine Grenze zwischen ihnen besteht, da sie miteinander verknüpft sind.

Angesichts der erfolgreichen Erfüllung dieser Aufgaben hat der Hl. Sinod, unsere oberste Kirchenleitung, noch im Dezember 1989 der Volksversammlung einen umfangreichen, mit 28 Punkten wohlbegründeten Antrag eingebracht. In Punkt 1 dieses Antrags hat der Hl. Sinod die Aufnahme „reglementierter Beziehungen zwischen Kirche und Staat gestellt, damit keine Einmischung der Vertreter der Staatsmacht an Ort und Stelle in die Angelegenheiten der Kirche zugelassen wird," d. h., die vollständige Selbständigkeit der Kirche auf dem Gebiet ihrer inneren Angelegenheiten soll gesetzlich gewährleistet werden. Einige dieser 28 Forderungen sind bereits erfüllt worden: Weihnachten und Ostern sind zu offiziellen Feiertagen erklärt worden, das Gebäude des Priesterseminars in Sofia wurde zurückgegeben. Hoffentlich werden auch die übrigen Forderungen allmählich erfüllt.

Um die religiösen Bedürfnisse der Gläubigen zufrieden zu stellen, ist die Bulgarische Orthodoxe Kirche an die Verwirklichung eines breitangelegten Plans herangegangen: Die Auflage der kirchlichen Periodika, die Zeitung „Cărkoven vestnik" und die Zeitschrift „Duchovna kultura", wird erhöht; andere Zeitungen und Zeitschriften werden in den Diözesanzentren herausgebracht; Bücher mit allgemein zugänglichem religiösen Inhalt werden neu aufgelegt; neue Bücher mit einem solchen Inhalt sind in Vorbereitung; aktuelle weltanschauliche Themen sollen vertieft wissenschaftlich-theologisch behandelt werden, und die Bibel soll neu in hoher Auflage herausgegeben werden. Mit der Erfüllung dieser Aufgaben, die auf keinen Fall leicht sind, wird man einen Beitrag dazu leisten, das geistige Vakuum auszufüllen, die Glaubensmacht und das geistig-wohltuende Leben der Kirche zu erschließen, die Sprache der Orthodoxie in rechter Weise begreiflich zu machen und ein vertieftes Eindringen in ihre reiche Symbolik zu ermöglichen. Unsere orthodoxen Christen – und nicht nur sie – erwarten das alles von der Bulgarischen Orthodoxen Kirche mit erhöhtem Interesse, besonders junge und suchende Menschen wie Schüler, Studenten und Arbeiter. Objektiv gesehen ist dafür vor allem die innere kirchliche Einheit erforderlich, damit das Zeugnis überzeugt. Es ist auch erforderlich, unsere bescheidenen theologischen Möglichkeiten zu vereinigen. Mit den Worten Jesu Christi heißt es: „Die Ernte ist groß, aber wenige sind der Arbeiter" (Matth 9,37). Zu unseren schwerwiegenden Problemen gehört der Mangel an Druckpapier. Manche der anderen christlichen Gemeinschaften rufen bei uns Verwirrung im inneren Leben der Kirche hervor, indem sie ungerechtfertigt unter den Orthodoxen Proselyten machen. Die obengenannten subjektiven und objektiven Gründe schmälern keineswegs die Aufgaben und die Verantwortung der orthodoxen Kirche gegenüber der bulgarischen Gesellschaft von heute.

Jetzt kann sich die Kirche zur Lebenspraxis äußern. Schon in Kürze werden Sonntagsschulen zur religiösen Ausbildung Heranwachsender gegründet werden können. Die Rückkehr des Priesterseminars Sofia in sein eigenes Gebäude in Sofia und die Wiedereröffnung des vor 40 Jahren geschlossenen Priesterseminars in Plovdiv lassen die theologischen „Kader" größer werden, die eine höhere theologische Bildung haben. Auch die Zahl der Studenten an der Theologischen Akademie soll erhöht werden. Diese und andere Tatsachen erlauben, auf kurze und auf weite Sicht optimistisch zu sein.

Es gibt auch einen anderen, sehr gewichtigen Anlaß zur Zuversicht. Die atheistische Propaganda hat in meinem Lande im vergangenen, beinahe halben Jahrhundert und das soziale System im gleichen Zeitraum einen Beweis für das Wesen des Atheismus erbracht, so daß das bulgarische Volk in seinem überwiegenden Teil wenigstens in den nächsten Jahrzehnten kaum an Atheismus interessiert sein wird. Indifferenz verschafft auch keine Genugtuung. Nun bleibt die Religion, und zwar das Christentum. Selbstverständlich erleichtert ein solches Ziel kaum die Aufgabe der Kirche, sondern sie verpflichtet sie im Gegenteil mehr, regt sie zu einer intensiveren und vielfältigeren Tätigkeit, zu einem rechtzeitigen Eingehen auf aktuelle Probleme, Weltanschauungs- und Lebensfragen an, die uns unsere Zeit und unsere Bedingungen stellen. Die einen und die anderen haben eine globale Dimension und sollten unverzüglich mit Erfolg gelöst werden.

Was die theologischen Probleme des Ostens und unsere Probleme im einzelnen betrifft, bedürfte deren richtige Lösung keiner neuen Theologie, sondern neuer sprachlicher Ausdrucksmittel, einer noch besser entwickelten orthodoxen Theologie, die am besten der geistigen Struktur der ‚Ostchristen' imponiert, nämlich eine biblische, patristische *und* moderne Theologie. Obwohl die orthodoxe Theologie ihrem Wesen nach christozentrisch ist, enthält dieser Christozentrismus implizit an und für sich triadologische Elemente und ist eine Voraussetzung für die Entwicklung der orthodoxen Pneumatologie, die ihrerseits zur Ekklesiologie führt. Der hl. Irenäus von Lyon (ca 140-ca 200) brachte diesen Gedanken mit den Worten zum Ausdruck: „Dort, wo die Kirche ist, ist der Geist Gottes, und dort, wo der Geist Gottes ist, dort ist die Kirche mit ihrer ganzen Gnade" (Adversus haereses III 24, 1).

Unsere Gegenwart mit ihrem säkularisierten Geist fordert dringend von den orthodoxen Theologen, den Schwerpunkt auf Pneumatologie und Eschatologie zu legen, in der Gegenwartssprache die reichhaltigen geistigen Mittel der Kirche zu erschließen und ihre Symbolik zu ergründen, die uns geistig nährt, veredelt und den Menschen erhebt, ihn Gott näherbringt und ihn Gott ähnlich macht.

Jeder orthodoxe Christ ist davon überzeugt, daß die Kirche Gottes als gottmenschliche Einheit (Joh 15,5) „ein Pfeiler und eine Grundfeste der Wahrheit ist" (1.Tim 3,15) und alle Tage bis an der Welt Ende bleiben wird, denn Christus selbst ist bei uns (Matth 28,20), der Heilige Geist begnadet sie (Joh 14,15 + 26). Das wurde in ihrem zweitausendjährigem Bestehen bezeugt. Mit dieser Überzeugung wird sie auch in das dritte Jahrtausend eintreten, um es mit der Gnade Gottes zu befruchten und zu bereichern, die das Schwache heilt und das Unzulängliche vollständig macht.

Günther Gassmann, Genf

Gemeinsame Sprache der Kirchen als Ausdruck gemeinsamen Glaubens

1. Klärung der Themaformulierung

Die Formulierung des Themas setzt voraus, daß der gemeinsame Glaube von Christen aus unterschiedlichen kirchlichen Traditionen und kulturellen Kontexten seinen Ausdruck in einer gemeinsamen Sprache finden muß. Was hier mit „gemeinsamer Sprache" gemeint ist, muß näher geklärt werden, denn hier stehen wir vor großen Problemen. Es ist keine Frage in der ökumenischen Diskussion, daß der gemeinsame Glaube, der für die Gemeinschaft der Kirchen grundlegend ist, die schon besteht, die aber auf eine volle Gemeinschaft hin erweitert und vertieft werden muß, auch einen sprachlichen Ausdruck finden muß. Der wiederentdeckte oder neu gefundene Konsens im Glaubensverständnis, die Annäherungen (Konvergenzen) in bislang trennenden Glaubensüberzeugungen müssen formuliert werden. Die Feier der bereits bestehenden Gemeinschaft unter den Kirchen, ihr gemeinsames Zeugnis von Gottes Heilswillen für die ganze Menschheit kann nicht schweigend geschehen oder sich in symbolischen Handlungen und gemeinsamen Aktionen erschöpfen, sondern muß im gemeinsamen Sprechen und in gemeinsamer Sprache laut und hörbar werden.

Hier habe ich eine erste Unterscheidung vorgenommen: Gemeinsames Sprechen und gemeinsame Sprache. Beides setzt eine Gemeinsamkeit im Glauben voraus, die geklärt, festgestellt oder noch weiter erstrebt werden muß. Diese Gemeinsamkeit kommt in gemeinsamer Sprache zum Ausdruck, wenn wir mit den Worten der Heiligen Schrift oder den altkirchlichen Bekenntnissen unseren gemeinsamen Glauben bezeugen und bekennen. Sie kann aber auch im gemeinsamen Sprechen zum Ausdruck kommen, wenn wir im ökumenischen Dialog gelernt haben, den gemeinsamen Glauben in unterschiedlichen sprachlichen Ausdrucksformen zu erkennen und zu bejahen. Dann können wir uns im gemeinsamen Sprechen miteinander verbinden, auch wenn uns die jeweils benutzten Sprachgestalten fremd sind. Dies zu ermöglichen ist eine wesentliche ökumenische Aufgabe und ein erzieherischer Auftrag für unsere Kirchen: Inwiefern können wir mit anderen zusammen den gemeinsamen Glauben aussagen, auch wenn die anderen dies in einer anderen Sprachgestalt tun als der uns vertrauten?

Wir sind uns natürlich auch bewußt, und das wäre eine zweite Unterscheidung, daß der gemeinsame Glaube nicht nur in einer gemeinsamen Sprache oder einem gemeinsamen Sprechen zum Ausdruck kommt. Wenn wir in der ökumenischen Diskussion immer wieder unterstreichen, daß die Einheit der Christen ihren vollen und tiefsten Ausdruck in der gemeinsamen Eucharistiefeier findet, dann geht es offenkundig um mehr als nur eine gemeinsame Sprache. Gewiß, auf dem Wege zu diesem Ziel hin kann das ökumenische Bemühen um Verständigung, Konvergenz und Konsens nicht auf gemeinsame Sprachformen verzichten. Doch die eucharistische Feier der Gemeinschaft selbst, die hier erfahrene Realität von Koinonia mit dem dreieinigen Gott und untereinander, kommt in mehr als nur in gemeinsamer Sprache zum Ausdruck. Von daher wird man folgern dürfen, daß die gemeinsame Sprache und das gemeinsame Sprechen der Kirchen ein wesentlicher, unerläßlicher, aber nicht einziger Ausdruck des gemeinsamen Glaubens sind.

2. Das Zerbrechen einer gemeinsamen Sprache

Die ökumenische Bewegung, solange sie noch stark protestantisch und europäisch-nordamerikanisch geprägt war, sah sich mit dem Problem konfrontiert, daß zwar weitgehend eine – biblisch und reformatorisch bestimmte – gemeinsame Sprache der Kirchen vorhanden war, aber kein gemeinsamer Glaube. Darum mußte das Bemühen darauf abzielen, die unterschiedlichen Glaubensverständnisse und die gemeinsame Sprache wieder anzunähern. Heute befinden wir uns in einer sehr viel komplizierteren und höchst komplexen Situation. Durch den intensiven Dialog zwischen der westlichen und östlichen Tradition der Christenheit ist uns bewußter geworden, daß sich in Jahrhunderten der Trennung und zum Teil auch Isolierung unterschiedliche Strukturen christlichen Denkens und damit auch der Sprache des Glaubens herausgebildet haben. Selbst wo gemeinsame Glaubensüberzeugungen bewahrt worden sind, kommen sie in unterschiedlicher Sprache zum Ausdruck. Dies trifft, wenn auch nicht im gleichen Maße, auch für die Trennung innerhalb der westlichen Christenheit zwischen Rom und den anderen Kirchen zu.

Diese Situation wird heute noch zunehmend durch die weltweite Ausbreitung der Christenheit und das Streben nach Unabhängigkeit, Eigenständigkeit und Heimischmachung des Glaubens im jeweiligen kulturellen und sozialen Kontext verschärft. Gruppen innerhalb der Kirchen in Afrika, Asien und Lateinamerika suchen bewußt nach Ausdrucksformen des Glaubens, die eigenständig und relevant für ihren

Kontext sind. Sie lehnen daher eine simple Übernahme der im mediterranen Kulturkreis erwachsenen Ausdrucks- und Sprachformen des christlichen Glaubens ab.

So haben die Trennungen unter den Kirchen und die zunehmende Kontextualisierung des christlichen Glaubens dazu geführt, daß eine gemeinsame Sprache des Glaubens nicht mehr vorhanden ist. Oder, genauer gesagt: Eine solche gemeinsame Sprache ist nicht mehr als etwas Vorgegebenes, Selbstverständliches vorhanden. Selbst wo Kirchen bei näherer Prüfung im Glauben nicht getrennt sind, haben sie Schwierigkeiten, diese Gemeinsamkeit in einer gemeinsamen Sprache auszudrükken. Wir müssen also neu nach einer gemeinsamen Sprache des Glaubens suchen.

3. Eine gemeinsame Sprache des Glaubens: Widerstand und Sehnsucht

Die Suche nach einer gemeinsamen Sprache des Glaubens ist identisch mit der Suche nach dem gemeinsamen Glauben selbst, dessen Ausdruck diese Sprache sein soll. Doch diese Identität, diese Verbindung von gemeinsamem Glauben und gemeinsamer Sprache wird heute von zwei Seiten – und zum Teil von den gleichen Theologen – in Frage gestellt.

Die eine Seite habe ich bereits erwähnt. Von einer kontextuellen Theologie wird eine gemeinsame Sprache abgelehnt, weil man in einer solchen Sprache ein Mittel zur Bewahrung der Vorherrschaft des europäisch-nordamerikanischen Christentums sieht. Die gemeinsame Sprache des Glaubens war von Anfang an eine von einem bestimmten und begrenzten kulturellen Kontext geformte Sprache, so argumentiert man. Diese Sprache hat zwar in den weiteren geschichtlichen Entwicklungen Modifizierungen erfahren und vielfältige Ausformungen gefunden. Dennoch ist sie auf einem relativ begrenzten Raum auch weiterhin von gemeinsamen geistigen, sozialen und politischen Voraussetzungen bestimmt worden. In diesem Sinne ist auch diese gemeinsame Sprache eine „kontextuelle" Sprache, was nur zu verständlich und auch legitim ist. Nur kann eine solche kontextuelle Sprache in einer weltweiten Christenheit nicht mehr beanspruchen, Ausdruck des Glaubens in ganz anderen Kontexten zu sein. Wo aber dieser Anspruch weiterhin erhoben wird, wird Sprache als Herrschaftsinstrument mißbraucht. Die sich hier unmittelbar ergebende Frage nach dem Verhältnis zwischen Universalität des Glaubens und Partikularität seiner Ausdrucksformen wird damit noch nicht negativ beantwortet. Man kann die Universalität des Glaubens bejahen, so meint man, ohne damit die Notwendigkeit einer gemeinsamen Sprache zu verbinden. Ich habe diese Position in ihrer relativ extremen Ausprägung zusammengefaßt. Daß sie dennoch auf ein echtes Problem für unser Bemühen um eine gemeinsame Sprache des Glaubens hinweist, dürfte deutlich sein.

Auf der anderen Seite begegnen wir heute einer neuen Sehnsucht nach einer gemeinsamen Sprache. Damit meine ich nicht die am bilateralen und multilateralen Dialog Beteiligten: Für sie ist das Ringen um gemeinsame sprachliche Ausdrucksformen der erreichten theologischen Konvergenzen und Übereinstimmungen selbstverständlich und unerläßlich. Nein, ich meine bestimmte Kreise unter denen, die sich besonders für ein gemeinsames ökumenisches Zeugnis und Handeln in Fragen der Gerechtigkeit, des Friedens und der Bewahrung der Schöpfung engagieren. In diesen Kreisen ist eine Tendenz erkennbar, auf eine gemeinsame Sprache des Glaubens in Fragen christlicher Weltverantwortung zu drängen, auch wenn Fragen und Inhalte des gemeinsamen Glaubens noch nicht genügend geklärt oder zu einer Übereinstimmung gebracht worden sind. Die Weltversammlung in Seoul im März 1990 hat gezeigt, daß das Bemühen um gemeinsame Sprache ohne ein gleichzeitiges und intensives Bemühen um den gemeinsamen Glauben nicht zum Ziel führt. Eine ökumenische Christenheit kann nur dann überzeugend etwas zu den bedrängenden Problemen der heutigen Welt sagen, wenn darin gemeinsame theologische und geistliche Grundüberzeugungen zum Ausdruck kommen. Entsprechend haben einige aus der Erfahrung von Seoul die Folgerung gezogen, daß beispielsweise verstärkt an gemeinsamen ekklesiologischen Perspektiven ökumenisch gearbeitet werden sollte.

Bejahung des gemeinsamen Glaubens, aber Ablehnung einer gemeinsamen Sprache – Sehnsucht nach einer gemeinsamen Sprache, aber ungenügende Bemühung um den gemeinsamen Glauben: Zwei weitere Aspekte, die auf die Schwierigkeit unseres Themas hinweisen.

4. Schwierigkeiten mit einer gemeinsamen Sprache des Glaubens

Aber auch da, wo wir uns im ökumenischen Dialog bewußt um eine gemeinsame Sprache der Kirchen als Ausdruck gemeinsamen Glaubens bemühen, begegnen wir immer wieder Schwierigkeiten auf der Ebene der Sprache. Wir benutzen die gleichen Worte, doch in ihrer Übersetzung in eine andere Sprache – und damit oft verbunden in eine andere „ekklesiale Kultur" – oder selbst bei ihrem Gebrauch in derselben Sprache werden sie von Vertretern unterschiedlicher kirchlicher Traditionen mit verschiedenen Inhalten gefüllt. Der englische Originaltitel des

Lima-Dokuments lautet „Baptism, Eucharist and Ministry". Der englische Begriff „ministry" umfaßt sowohl „Dienst" als auch „Amt" und war im Titel wohl auch in diesem breiteren Sinne gemeint. Die deutsche Übersetzung benutzte den engergefaßten Begriff „Amt" und die griechische Übersetzung den Begriff „Priesteramt", der bereits ein bestimmtes theologisches Verständnis andeutet. – Ein anderes Beispiel: Wir sprechen gern und viel von der „Erneuerung der Kirche". Auf einer unserer Tagungen protestierten orthodoxe Kollegen gegen diesen Ausdruck. Auf unsere Rückfrage hin erklärten sie, man könne doch nicht von einer Erneuerung des Leibes Christi sprechen. So einigten wir uns auf die Formel „Erneuerung des Lebens der Kirche" und wurden uns erneut bewußt, daß das Wörtlein „Kirche" für uns Evangelische gerade auch auf die historische Wirklichkeit der Kirche hinweist, für unsere orthodoxen Freunde dagegen primär auf die Kirche als eine geistliche Wirklichkeit.

Dies sind keine unüberwindbaren Schwierigkeiten, aber sie mahnen uns, nicht einfach von der Identität der Sprache auch auf eine Gemeinsamkeit des mit ihr zum Ausdruck gebrachten Glaubens zu schließen. Aber diese Erfahrung machen wir auch innerhalb unserer Kirchen.

Eine andere Schwierigkeit ergibt sich, wenn wir im ökumenischen Dialog bestimmte Glaubensüberzeugungen, die in den verschiedenen kirchlichen Traditionen ihre eigene spezifische Sprachgestalt gefunden haben, gemeinsam aussagen wollen. Das bedeutet häufig, daß wir nach neuen Formulierungen suchen, in denen sich solche unterschiedlichen Sprachgestalten zusammenbringen lassen. So kann man beispielsweise versuchen – und man hat den Versuch gemacht – die Gemeinsamkeiten im Verständnis des Heils, die in der reformatorischen Tradition in der Sprachgestalt der Rechtfertigungslehre, in der orthodoxen Tradition in der Sprachgestalt der Vergöttlichung zum Ausdruck gebracht werden, in einer neuen, gemeinsamen Sprache auszusagen. Doch nicht selten ist die Reaktion auf diesen Versuch, daß keine der beiden Seiten ihren Glauben in solchen neuen Formulierungen wiederkennen kann.

Ist es also angesichts all' der angedeuteten Schwierigkeiten illusorisch, eine gemeinsame Sprache der Kirchen anzustreben? Wäre das aber nicht eine Kapitulation vor unserer ökumenischen Berufung, auch das gemeinsam in Worte zu fassen, was uns im Glauben vereint?

5. Möglichkeiten, den gemeinsamen Glauben in einer gemeinsamen Sprache der Kirchen zum Ausdruck zu bringen

Unsere bisherigen Überlegungen haben gezeigt, daß es eine ökumenische Voraussetzung ist, der gemeinsame Glaube der Christen müsse auch in einer gemeinsamen Sprache der Kirchen zum Ausdruck gebracht werden – andernfalls müßte die Ökumene stumm bleiben oder bestenfalls gemeinsam singen. Selbst in Kreisen, die vielleicht der klassischen ökumenischen Methode des Ringens um Konvergenz und Konsens kritisch oder gleichgültig gegenüberstehen, wird darauf gedrängt, das gemeinsame christliche Zeugnis in der heutigen Welt in einer gemeinsamen Sprache zum Ausdruck zu bringen. Andererseits haben wir gesehen, daß in einer durch verschiedene konfessionelle Traditionen und zunehmend auch durch unterschiedliche Kontexte geprägten Christenheit heute das Bemühen um eine gemeinsame Sprache vor ernsten Hindernissen steht. Diese ergeben sich entweder aus der bewußten Ablehnung eines solchen Bemühens oder aus der Realität unterschiedlicher Sprachgestalten des christlichen Glaubens – selbst wenn sich hinter diesem, zum Teil jedenfalls, gemeinsame Überzeugungen verbergen.

Ich sehe, nimmt man diese Situation ernst, drei Möglichkeiten für die Überwindung dieser Schwierigkeiten – Möglichkeiten, die einander nicht ausschließen, sondern vielmehr ergänzen.

Wir sollten *erstens* im ökumenischen Dialog von der Tendenz Abschied nehmen, alle wiederentdeckten oder neu erreichten Gemeinsamkeiten oder Annäherungen im Glaubensverständnis lediglich in gemeinsame Formulierungen zu fassen. Wir müssen das Gemeinsame aussagen. Aber wir könnten dabei gleichzeitig auf die unterschiedlichen sprachlichen Ausdrucksformen verweisen, in denen das Gemeinsame in verschiedenen Traditionen ausgesagt wird. Dabei könnte gleichzeitig deutlich werden, daß es Grundübereinstimmungen gibt, die aber unterschiedlich akzentuiert und formuliert werden, ohne daß dadurch die grundlegende Gemeinsamkeit eingeschränkt wird. Der Reichtum unseres jeweiligen geistlichen und theologischen Erbes würde auf diese Weise auch besser zum Ausdruck kommen und nicht in eine uniforme Sprachform gezwängt und vereinheitlicht werden. Das wäre eine Verarmung. Also: Bemühen um eine gemeinsame Sprache, die aber gleichzeitig die verschiedenen „Sprachen" mit einschließt.

Wenn wir so das Gemeinsame auch in unterschiedlichen sprachlichen Ausdrucksformen entdecken und zum Ausdruck bringen, dann könnten wir *zweitens* dahin gelangen, daß die Sprache einer bestimmten kirchlichen Tradition zur gemeinsamen Sprache werden kann. Damit meine ich, daß wir uns im Prozeß des gegenseitigen Kennenlernens und Verstehenlernens – theologisch und geistlich – in der Sprachform einer anderen kirchlichen Tradition zu Hause fühlen, weil wir in ihr den gemeinsamen Glauben wiedererkennen. Die gemeinsame Sprache wäre dann nicht gleichsam ein neues ökumenisches Produkt, sondern die Sprache einer bestimmten Tradition, die in einer gegebenen Situation zu unserer gemeinsamen Sprache wird. Dies wird besonders im Gottesdienst erfahrbar, aber auch bei theologischen und kirchlichen Begegnungen im Kontext einer bestimmten Kirche. Auf diese Weise könnte es geschehen, daß reformatorische Christen in einer orthodoxen Liturgie oder in der Feier einer lateinamerikanischen Basisgemeinde, die ihnen zunächst sehr fremd sind, dennoch die gemeinsame Sprache des Glaubens und der Kirche erkennen und in sie einstimmen können. So können hier und jetzt diese fremden Sprachen zu ihrer eigenen Sprache, zur gemeinsamen Sprache werden. Dies setzt allerdings ein intensives gegenseitiges Kennenlernen in Theorie und Praxis voraus.

Drittens finden wir zu einer gemeinsamen Sprache der Kirchen im Gottesdienst, und hier wohl in besonders exemplarischer und tiefreichender Weise. Wenngleich die unterschiedlichen konfessionellen und kontextuellen Sprachgestalten des Glaubens nicht zuletzt im Gottesdienst zum Ausdruck kommen, so sind doch gleichzeitig Lobpreis Gottes, Sündenbekenntnis, Lesen der Heiligen Schrift, Verkündigung des Wortes Gottes, Bekenntnis des Glaubens, Fürbitte, sakramentale Gemeinschaft mit dem dreieinigen Gott und untereinander, und der Zuspruch des Segens Gottes Elemente, in denen unsere Sprachen zur gemeinsamen Sprache zusammenkommen. Weil der gemeinsame Gottesdienst mit der gemeinsamen Eucharistiefeier der tiefste Ausdruck unseres gemeinsamen Glaubens werden sollte, wird auch die gemeinsame Sprache der Kirchen hier ihren eigentlichen Platz finden müssen. Wir sind auf dem Weg zu diesem Ziel. Wir sind dabei, die gemeinsame Sprache des Glaubens zu formulieren und sollten sie doch gleichzeitig auch in den vielen Sprachen des christlichen Glaubens und Lebens entdecken und lernen.

Eugen Hämmerle, Bensheim

Evangelische Christen vor Symbolen und Bildern

Erwägungen

Die Reformation hat die Frage der Bilder und Symbole nicht gelöst; sie hat diese Frage auch nicht umfassend gestellt. Mit den klassischen Bildern der byzantinischen Tradition, den Ikonen, hatte sie sich nicht befaßt. Die Auseinandersetzung um die „Bilder" blieb im wesentlichen im aktuellen und im westlichen Rahmen. Man kann daher von der Reformation keine Lösung, keine weiterführenden Aspekte für die heutige Situation der Wiederkehr der „Bilder" erwarten.

Ein wichtiger Anstoß zur Auslösung der Bilderfrage lag auf sozialem Gebiet. Die damals in zahlreichen Werkstätten hergestellten Bilder, die in einer Art zeitweiliger Überproduktion in zahlreichen Kirchen in Gestalt von Hochaltären, Sakramentshäuschen etc., als Plastiken oder als Bas-Relief aus verschiedenen Materialien nun zu sehen waren – vielfach auch Gebilde von höchstem Kunstwert –, provozierten die Bilderfrage mit, denn letztlich bezahlte das Volk den Boom. Im Ergebnis wurde das vielfach überwiegend sozialkritische Interesse der Bildergegner theologisch formuliert. Die „Bilder" wurden nun zu Götzen; auf sie wurde die Götzenschelte des Alten Testaments angewendet. Die Botschaft des apostolischen Evangeliums erschien so zugleich als Botschaft von der Entlarvung und Entthronung der Götzen.

Dennoch war die pädagogische Bedeutung der Bilder erkannt und akzeptiert. Man vermied jedoch, diese Bedeutung der Bilder als heilsrelevant zu bezeichnen. Aus der Optik der bilderfeindlich eingestellten Teile der Reformation blieb es bei dem Urteil, sie seien zum Heil nichts nütze, ja eher schädlich.

Die Bilderfrage in der Anfangszeit der reformatorischen Kirchen

Die Reformation hat keine einheitliche Einstellung zu den Bildern gewonnen. Dabei ist daran zu erinnern, daß die lutherische Haltung zu den Bildern auch im Luthertum späterer Jahrhunderte eine gemäßigte, sachlich-pädagogisch respektvolle war, wie umgekehrt die Grundhaltung Zwinglis zu einer weiterlaufenden Ablehnung der Bilder den

Grund legte. Noch 1520 wurde aus dem Bereich der noch nicht reformierten Schweiz ein Todesurteil berichtet[1], das einem leichtfertigen Zerstörer eines Bildwerks widerfuhr. Bezeugt ist, daß Zwingli mit eigener Hand Götzen zerschlug; wie auch dies, daß er veranlaßte, daß die Bilder mit Züchten hinweggetan wurden, damit „dem Wort Gottes stattgegeben werde."[2] Zwingli konnte die Bilder nicht als adiaphora ansehen, die man brauchen und benutzen konnte oder auch nicht; er blieb fest: „Die Bilder müssen weg." Er formulierte im Sinne der Ikonoklasten Anstöße, die Bilder in der Kirche erwecken. Bilder verstießen gegen das Gottesgebot im Dekalog. Das Bild könne zum verderblichen und gefährlichen Götzen werden. Die reiche Bildausstattung von Kirchen sei ein Hohn auf die Armen. Die göttliche Natur Christi könne ohnehin nicht im Bild dargestellt werden. Unablässig würden schwache Gewissen gehindert, rechte Frömmigkeit zu üben, denn Bilder führten dazu, „ut a creatore ad creaturam conversi simus."[3] Seine Erfahrung oder Vermutung betreffend der Bilder, seine Furcht vor ihrer Verführungskraft, seine Befürchtung, es könne sich im Umgang mit ihnen eine Entwicklung ergeben, die sich dem Wort gegenüber verselbständige, seine Lust, auch den Ratsherren anderer Städte zu empfehlen, die Messe – „diese unerträgliche Torheit" – und die Bilder, die immer noch beim Gottesdienst dastehen, abzuschaffen, wirkten nach. Die „Bibliokratie" Zwinglis[4] verträgt sich, so scheint es, nicht mit einem positiven Verhältnis zu den Bildern und plastischen Schnitzwerken, wie sie damals in den Kirchen allgemein üblich waren. Die Kraft der Heiligen Schrift – so seine reformationsgemäße Erfahrung – ist ohne alles Zutun die Quelle aller Erneuerung und allen geistlichen Fortschritts.

Kaum ein evangelischer Christ dürfte solcher Hochschätzung der Schrift nicht zustimmen. Die Frage ist jedoch, ob aus einer allgemeinen Zustimmung für das Wort und seine Heilsbedeutung, aus der Feststellung, daß das Wort alles schafft, für das Bild die Konsequenz folgen muß: „Quantum ad sensum tribuis, tantum spiritui detraxeris ... Soviel du an der Bildbedeutung zulegen wirst, soviel wirst du am göttlichen Geist abziehen". Offenbar ist auch hier das Dogma von 787 nicht richtig verstanden worden.[5] Daß das Abtun der Bilder im Bereich Zwinglis

---

[1] Altendorf, Hans-Dietrich/Jetzler, Hans-Peter, Bilderstreit im Kulturwandel in Zwinglis Reformation, S. 13, Anm. 8.

[2] Zwingli an Blarer, nach Hans Rudolf Lavater, Regnum Christi externum, zit. n. Zwingliana Bd. 15, S. 366, Anm. 155.

[3] Damit beschreibt Zwingli eine in falscher Richtung, vom Schöpfer weg auf ein Kreatürliches wirkende Kraft der Bilder.

[4] Gäbler, Ulrich, Huldreich Zwingli im 20. Jahrhundert, Forschungsbericht, S. 31

[5] Das Problem des Mißverstehens bzw. des Nicht-zur-Kenntnisnehmens der Bildtheologie von 787 (Nicäa II) wird vielfach als der erste Bruch der Einheit zwischen Ostkirche

die allgemeine Frömmigkeit gemehrt hätte, entspricht dem Bewußtsein Melanchthons, der feststellte, daß „unsers Teils" die Messe mit größerer Andacht gefeiert wird als zuvor.

Johannes Calvin hat in der Institutio von Christen sprechen können, deren Sucht nach Bildern größer sei als für einen Christenmenschen recht sein könne. In der Zeit, als die Lehre der Kirche noch rein und lauter war, sei man ohne Bilder ausgekommen (I, 11, 13). Das Konzil, so sagt Calvin von Nicäa II (787), gibt den Bildern ohne Ausnahme dasselbe wie dem lebendigen Gott (I, 11, 16). Allgemein stellt Calvin fest, daß, wollten wir wirklich nur einen Gott haben, wir auch darauf zu achten hätten, „ihm auch nicht das Geringste von seiner Ehre zu rauben". Diese allgemeine Abwehr dessen, was Gottes Ehre rauben könnte, kann nicht das letzte und einzige Wort über die Bilder gewesen sein.[6]

So steht also neben einem zurückhaltenden Ja zu den „Bildern" im Luthertum das entscheidende Nein der Systematik des größten Dogmatikers der Reformation, Johannes Calvin. Dieses Nein ist freilich umrahmt von dem großen Ja zur Ehre Gottes, die es zu erkennen, zu wahren und zu preisen gilt.

Die lutherische Bildtheologie wird von Margarethe Stirm folgendermaßen zusammengefaßt: „Das gedachte oder gemalte Bild ist zwar nicht heilsnotwendig, wie Christi Erlösungstat oder wie Wort und Sakrament, hat keinerlei Erlösungsqualität wie Jesu Christi Wort und Werk oder Verheißungscharakter wie Wort und Sakrament, ist aber nach Gottes Güte und Erbarmen mit des Menschen Begrenztheit erlaubt und wie das von den Propheten und von Jesus selbst verwertete Bildwort in Folge seiner Anschaulichkeit und Einprägsamkeit für Verkündigung und Ermahnung nützlich."[7]

Ein Kompromißversuch?

Auf eigene Weise klingt die Frage der Bilder in jener Begebenheit wider, die als Götzentag von Urach im Herzogtum Württemberg bezeichnet zu werden pflegt.[8] Am 10. September 1537, so stellt ein Historiker fest, „bekam Blarer eine Mehrheit für seinen Standpunkt, daß die Bil-

---

und Westkirche angesehen. Libri Carolini – siehe: G. Ficker/H. Hermelinck, Das Mittelalter, Tübingen ²1929, S. 33 ff.

[6] Margarethe Stirm stellt fest: „Das Bild, das Calvin ablehnt, ist nicht das Bild, das Luther erlaubt und wünscht." M.S., Die Bilderfrage in der Reformation, Gütersloh 1977, S. 8 und S. 224–228.

[7] Margarethe Stirm, aaO. S. 116.

[8] Dort stand sich eine mehr von Zwingli und eine mehr vom Luthertum beeinflußte Auffassung der Bilder gegenüber.

der ärgerlich seien, weil sie vom Wort abziehen."⁹ Johannes Brenz kam mit seinem Einwand, man trenne sich dadurch von der Kirche in Sachsen und den anderen lutherischen Ständen, nicht durch. „Es sei besser, wenn die jungen Burschen während der Predigt die Bilder und nicht die Jungfrauen als lebendige Götzen angucken." Dem Herzog überließ man die Entscheidung. Am 20. Januar 1540 wurde von ihm befohlen, alle Bilder zu entfernen, „doch nicht mit Stürmen und Poltern, sondern mit Zucht und bei geschlossenen Türen." Der Befehl wurde nicht streng durchgeführt. Manches Kunstwerk aus dem Mittelalter blieb dadurch erhalten.

Symbole

Stärker als vielfach bewußt ist unsere heutige organisierte Welt mit praktischen Symbolen angereichert. Sie werden kommerziell und ideologisch in Dienst gestellt. Kirchen brauchen ihrerseits Symbole und Zeichen, um mit ihrer Hilfe ihre Sache anzusagen. Das Symbol als Zeichen, dem der Geist Bedeutung zuspricht, so Ernst Cassirer, kann offenbar in sehr verschiedenen religiösen, säkularen und psychologischen Zusammenhängen erkannt und benannt werden.¹⁰ Der Mensch ist fähig, sowohl auf Symbole zu reagieren und mit ihnen umzugehen, wie auch solche zu schöpferischer Erhellung des Daseins zu schaffen, zu erfinden und zu finden. Denn Symbolen eignet, daß sie immer weitere Dimensionen hinzufügen.¹¹ So dienen Symbole der Transzendenz dazu, um auf etwas hinzuweisen, das nicht mehr kategorial erkennbares Datum der Immanenz ist. „Sie sind Grenzzeichen, die die Gedanken zu Grenzgängern machen – zu Grenzgängern, die nicht mehr erkennend die Grenzen abschreiten, sondern sie ahnend überschreiten."¹² Die Heilsgeschichte ist insofern des christlichen Symbols deutender und bedeutsamer Inhalt.

Auch der Mensch in Säkularismus und Profanität kennt und sucht jene Symbole, die eine weitere Dimension zum jeweils Erkannten und Bekannten hinzufügen. Auch er lebt in dieser Welt voller Zeichen, vol-

---

⁹ Hermelinck, Heinrich, Geschichte der Ev. Kirche in Württemberg von der Reformation bis zur Gegenwart, Das Reich Gottes in Württemberg, Tübingen 1949, S. 79.
¹⁰ Beispiele für interdisziplinäre Bearbeitung der Problematik: Wolfgang Beinert (Hg.), Symbole als Glaubenshilfe, Regensburg 1987; Hans-Joachim Schulz/Jakob Speigl (Hg.), Bild und Symbol – glaubensstiftende Impulse, Würzburg 1988.
¹¹ Saner, Hans, Der Mensch als symbolfähiges Wesen, in: Gaetano Benedetti/Udo Rauchfleisch, Welt der Symbole. Interdisziplinäre Aspekte des Symbolverständnisses, Göttingen 1988, S. 13.
¹² Saner, Hans, aaO., S. 16.

ler sprachlicher Symbole, von denen stets längst nicht alle aufgedeckt sind. Unter anderem lernt auch er, daß, um zu verstehen, uns das Verständnis der Symbole aufgedeckt sein muß. Es bedarf der Einweisung. Man muß Adept sein. Sprachsoziologisch existiert christliche Gemeinde so in einem speziellen, originären Symbolsystem. Dieses System ist auch über Konfessionsgrenzen hinaus verständlich und unverzichtbar. „Immanente Symbole mögen nützlich sein. Transzendente sind notwendig. Denn es gibt keine andere legitime Möglichkeit, dort noch zu denken, wo man nicht mehr wissen kann, und es gibt keine andere Präsenz des Transzendenten als im verweisenden Zeichen."[13]

Bilder als Zeugen

Präsenz durch Transparenz – so könnte man die Wirkung der Bilder des christlichen Ostens, der Ikonen, nennen. Das Dogma von Nicäa II (787) hat einerseits die Identität der Bilder mit dem Ursprung festgeschrieben. Sie sind Abbilder des Urbilds. Andererseits hat es die Bilder bleibend von der Gottheit unterschieden. Die Wirkung der Ikonen bleibt heilsames, erkenntnisstiftendes Mysterium. Gerade so jedoch wendet in den Ikonen Gott seine menschliche Seite jedem Betrachter zu, gleichzeitig Heiligkeit durchschimmern lassend und als das „ganz andere" an Gott durch Detailgestaltung andeutend.

So steht die Ikone in einer nach der Logik unserer Zeit rational organisierten, auf Nutzen und Profit ausgerichteten, die Zwecke selbst setzenden, säkularen Welt heute betont als Zeugin einer in Farben gemalten christlichen Transzendenz, die im Alltag nach Glaubensverwirklichung, nach Gemeinde, nach Realisierung im Glauben sucht. Sie kann auf wachsendes spirituelles Interesse rechnen. Bei Bruderschaften und Kommunitäten, in Seitenkapellen katholischer Kirchen, in Andachtsräumen christlicher Akademien haben Ikonen in unserem Land längst Heimatrecht. Evangelische Christen nehmen immer mehr die Inhalte der Ikonen wahr, vertiefen dabei ihr Glaubensbewußtsein und erweitern ihren ökumenischen Horizont.

Nimmt man einen orthodoxen Kirchenraum samt Ikonostase mit allen Ikonen als Einheit zusammen, so wird daraus im Zeichen der Bilder jenes attraktive, faszinierende Parlatorium Gottes, worin Gott mitten durch Wort, Bild, Gebet, Gesang, Kerzen, Weihrauch, Eucharistie und die anderen Sakramente, vor allem aber durch die in solchem Zusammenhang sich äußernde Glaubenshingabe ungezählter Beter sein Erlö-

---

[13] Saner, Hans, aaO., S. 20. Darüber wurde schon des öfteren in Reiseberichten über dort ausgestellte Ikonen berichtet.

sungswerk an vielen zu verwirklichen trachtet. Gerade dieses Zusammenwirken hat der Orthodoxie vielfach ihre Identität bewahren helfen. Auf solche Art gelebte Kirchlichkeit wird weiterhin für Protestanten herausfordernd und anziehend bleiben, stets aber für den des Glaubens überhaupt Unkundigen verlockend sein.

Bilder als Träger der Botschaft

Auch im Zeitalter des Säkularismus und der Profanität reden die Bilder, die, wie ein orthodoxer Theologe einst sagen konnte, zunächst durch ein providentielles Unglück in den ganzen Westen kamen und heute überall in der Welt bekannt sind. Sie wirken auf eine im Sinne der Bibel heilsame und förderliche Weise.[14] Bilder können meditative Identifizierung mit einer Person anregen – zum Beispiel mit dem Lieblingsjünger in der Johannäischen Leidensgeschichte. Bilder lehren beten. Säkularismus bedeutet in diesem Zusammenhang: keine selbstverständliche Weitergabe der Botschaft in gegebener Tradition, eher Bruch und Traditionsabbruch. In solcher kirchlicher Existenz zwischen stetem Bruch und doch stetem Neubeginn, bei schmalerem Traditionsfluß in einer nicht mehr alle Menschen umfassenden Gemeinde als einer Gegebenheit, wird das öffentlich zugängliche Bild zur Erinnerung des Erinnernswürdigen, zum Vorweis des Notwendigen, zum Sammelpunkt von Gedanken und Gebeten. Bilder führen Personen zusammen zum gemeinsamen Brauch. Bilder werden zur Anregung, das im Bild Präsente erneut zum Gegenstand der Rede, des Nachdenkens, des Gesprächs und des Gebets zu machen. Das Bild bedarf der verbalen Interpretation, bis es selbst für den Betrachter zu reden anfängt. Die Bilder und die Legenden von Heiligen, Aposteln, Propheten, Anachoreten und Patriarchen entsprechen einander und interpretieren sich gegenseitig. Bilder können die Botschaft oft genauer beschreiben, als Worte dies zuweilen zu tun vermögen, in Gesten wie der des Greifens Christi nach der Hand des Adam, das Heil darstellen, für den Eingeweihten konkretisieren und so heilsames Wort sein. Bilder stehen auf dem tragenden Grund der gesamten Überlieferung. Sie geben dem Fragenden Anstoß, dem Suchenden Zielrichtung, und dem Einsamen weisen sie einen Weg zur Gemeinschaft der Glaubenden. Die Bilder selbst führen zu lebenstiftender und lebenswendender Intensität der Bildbetrachtung.

---

[14] In russischen Museen ausgestellte Ikonen wurden des öfteren als Beispiel für solch stille Wirkung in Berichten genannt.

Wort, Symbol und Sakramentales

Das Heil nimmt Gestalt im Wort. Alle Sprache ist durch die Geschichte ihres Gebrauchs symbolüberlagert, was sich jeweils aus dem Kontext erheben und nutzen läßt. Sprache ermöglicht, daß die Repräsentationszeichen, aus denen sie besteht, sich je nach Kontext mit Symbolbedeutung aufladen können „und dann mehr sagen, als durch bedeutungsbestimmende Konvention investiert ist". Ein Tisch kann Abendmahlstisch sein, ein Brot Brot des Lebens. „Eine offene Flanke zur Überschußbedeutung des Symbolischen haben vielleicht alle Dinge, mögen sie noch so geschlossen erscheinen. Wir suchen und finden sie bloß nicht immer."[15]

Alles also kann für den, der kennt und erkennt, der sucht und findet, in Wort und Bild zu einem Zeichen der Gegenwart des Göttlichen werden – wenn man will, zu einem Sakrament. Es läßt sich aus den Forschungen über Ritual und Sprache vermuten, daß die Kirchen des Worts eine erneute Gesprächsrunde über das Wesen des Worts im Horizont von Bild und Symbol führen könnten. Offenbar gibt es hier Felder des Lernens, der Verständigung und der Annäherung.

Die Wiederkehr der Bilder

Bildloser Rationalismus kam an eine Grenze. Bilder werden neu erkannt und respektiert. Gemein-christliche Zukunft ist eine Zukunft der Bilder. Wort und Bild bleiben einander zugeordnet; Bilder, Ikonen, werden mit Recht in Farbe gemalte Frohbotschaft genannt. Die im Konzil von Nicäa II (787) definierten, im byzantinischen Bereich gewachsenen Bilder gehören neben dem evangelischen Choral, den Passionen und Oratorien Johann Sebastian Bachs, den entfalteten Tageszeitgebeten und Liturgien in Ost und West zu den aus der Menschheitsgeschichte nicht herauslösbaren und wegdenkbaren Erfahrungen.[16] Bilder kehren nun im Zusammenhang heutigen multikulturellen Lebens wieder zurück, dahin, wo sie im religiösen Bereich aus historischen und aus theologischen Gründen zurückgetreten waren. Mit den Bildern kehren für den protestantischen Christen Fragen zurück wie die der Heiligen, der Verstorbenen, der Kirche überhaupt und der Mariologie. Rückkehr der Bilder ist auch eine Rückkehr zu den Bildern.

---

[15] Saner, Hans, aaO., S. 14.
[16] Zum Ganzen: Dumeige, Henri (Hg.), Geschichte der ökumenischen Konzilien, Bd. IV., Nicäa II, Mainz 1985. Das Buch dokumentiert den Verlauf des Konzils, dessen Beschlüsse grundlegend wurden für die Bilderfreundlichkeit des Ostens. Es erläutert zugleich Vorgeschichte und gegnerische Positionen.

Rückkehr der Bilder ist Rückkehr zu Glaube und Weisheit vor Bildern und durch Bilder, durch das, was sie darstellen und präsentieren. Das ist eine Chance, die sich – ubi et quando visum est deo – immer wieder neu auftun mag. Lebensformen des Säkularismus können so wenig wie die anderer Zeitalter die Sehnsucht der Menschen erfüllen, die ihr stets unruhiges Herz dann erst stillen können, wenn es „ruht, o Gott in Dir". Wo sich dies vor und mit den Bildern im liturgischen Zusammenhang und durch sie ereignet, wo dies Zur-Ruhe-Kommen im Zeichen des Worts sich ereignet, wird in Andacht und Gebet die Schau Gottes und der Welt zugleich vertieft und erweitert. Damit aber verwandelt sich für den so Schauenden der Alltag, und der Lebensweg wird nach einem Wort von Mircea Eliade eine „Wanderung zum Zentrum der Welt"; er lernt, „aus der Freude zu leben" (Alexander Schmemann).

Schauen wir zurück in die Bibel. Das letzte Buch der Bibel, die Offenbarung des Johannes, kann als Erweis dafür angesehen werden, daß die Christenheit auch nach Jesu Bildreden das Denken in Bildern als ihm eigentlich adäquate Denkform angesehen hat und solches Denken praktizierte.

Wahrscheinlich wird es nie ganz möglich sein, das Wie der Heilsbedeutung der von der Kirche geschaffenen und der Menschheit vorgestellten Bilder zu definieren. Für den Glauben ist dies auch nicht nötig. Die Hauptsache bleibt die immer neue Erfahrung, daß die Bilder vernehmlich reden – vom Wort und als Wort, das zu allen Zeiten den Vater, den Sohn und den Heiligen Geist preist.

Nikolaus Thon, Bochum

Der Gebrauch des Deutschen als orthodoxer Liturgiesprache

A. Die geschichtlichen Wurzeln

Als 1539 der hessische Theologe Georg Wicelius [Witzel] (1501-1573)[1] im Anhang seines Werkes „Typus prioris ecclesiae"[2] eine erste deutsche Übersetzung der orthodoxen Liturgie veröffentlichte, da war in keiner Weise an eine gottesdienstliche Verwendung derselben gedacht: Vielmehr ging es Witzel, der selbst 1523 vom Katholizismus zur lutherischen Lehre gefunden hatte, aber schon 1531 wieder zum alten Glauben übergetreten war, darum, einen Lösungsversuch für die kirchlichen Probleme seiner Zeit vorzulegen und zugleich das (dann allerdings wenig glückliche) Religionsgespräch von Leipzig 1539 vorzubereiten. Wie der Titel des Buches andeutet, war für Witzel die Kirche des ersten Jahrtausends das anzustrebende Ideal.[3] So schreibt er selbst in seinem Vorwort: „*Gewiß ists, das wer diß Messebüchlein von hertzen liset, der kriegt mehr lust zum offentlichen dienst Gottes weder er vorher gehabt. ... Der Herr gebe uns allen den Geist der wahrheit und füre unß auff die alte bane ....*"[4]

Auch die in den folgenden Jahrhunderten vollständig oder auszugsweise vorgelegten Übersetzungen orthodoxer liturgischer Texte ins Deutsche sind nicht zum direkten gottesdienstlichen Gebrauch bestimmt, sondern dienen vordringlich der Unterrichtung abendländischer Christen über den orthodoxen Ritus. Dies gilt auch für umfangreichere Editionen, unter denen wohl das (allerdings nicht von Fehlern und teilweise etwas willkürlichen Auslassungen freie) Werk des anglikanischen Theologen John Glenn King, das – ursprünglich in englischer Sprache verfaßt – 1773 auch in einer deutschen Übersetzung her-

---

[1] Vgl. zu ihm den Artikel von N. Paulus in: Wetzer und Welte's Kirchenlexikon. 12. Bd., Freiburg 1901, Sp. 1726-1730; ferner: G. L. Schmidt, G. Witzel – Ein Altkatholik des 16. Jahrhunderts, Wien 1876.

[2] Das Werk erschien, da Witzel 1539 an den Hof des Kurfürsten Joachim II. von Brandenburg berufen worden war, im selben Jahr in Berlin.

[3] Vgl. zu diesem Aspekt des Wirkens Witzels: L. Pralle, Die volksliturgischen Bestrebungen des Georg Witzel, in: Jahrbuch für das Bistum Mainz, Bd. 3, Mainz 1948, S. 224-242.

[4] Zitiert nach: S. Heitz, Der Orthodoxe Gottesdienst, Bd. I: Göttliche Liturgie und Sakramente, Mainz o. J. (1965), S. XX.

auskam, wohl das bemerkenswerteste ist; so umfaßt es selbst solche Gottesdienste wie den „*Dienst am orthodoxen Sonntage*" oder den „*Von der Amtsverrichtung bei dem heiligen Salböl*", also der Weihe des heiligen Myron.[5]

Die Situation änderte sich, als auf deutschem Boden orthodoxe Christen mehr oder minder festen Wohnsitz nahmen. So kam es Mitte des 18. Jahrhunderts zur Gründung der ersten ständigen orthodoxen Gemeinden, die nicht nur Botschafts-, sondern schon regelrechte Pfarrkirchen waren. Dies geschah beispielsweise, als König Friedrich II. von Preußen den „*Kaufleuten aus der Ukraine, russischer Nation*" im nunmehr preußischen Breslau am 14. März 1750 erlaubte, „*daß sie ihren Gottesdienst nach ihren Gebräuchen und Gewohnheiten der morgenländischen Kirche in einem zu solchem Behufe daselbst zu mietenden Hause einrichten und frei und ungehindert exerzieren und mit einem Priester und anderen benötigten Kirchenbediensteten versehen mögen.*"[6]

Eine weitere Gemeinde war schon kurz zuvor in Potsdam bei Berlin entstanden und darf wohl als die älteste russische und überhaupt orthodoxe Pfarrei auf deutschem Reichsboden bezeichnet werden. Sie verdankt ihren Ursprung einer Gruppe von 55 hochwüchsigen Grenadieren, sogenannten „Langen Kerls", die Kaiser Petr I. dem preußischen König Friedrich Wilhelm I. für dessen Gardetruppen überlassen hatte. Nach längerem Bemühen erhielten sie eine Fachwerkkirche am ehemaligen Stadtkanal, die am 11. April 1734 eingeweiht werden konnte und – mit immer weniger Gemeindemitgliedern – bis etwa 1810 bestand. Die Seelsorge übernahmen dabei die Geistlichen der Kaiserlich-Russischen Gesandtschaft am Preußischen Hof.[7]

Hatten diese russischen Gemeinden auch nur einen kurzfristigen Bestand von wenigen Jahrzehnten und unterlagen zudem infolge politischer Umwälzungen starken Wanderungsbewegungen, so stellten sie doch den Anfang des orthodoxen Gemeindelebens in Deutschland überhaupt dar. Die in ihnen gefeierten Gottesdienste wurden selbstverständlich in kirchenslavischer Sprache gehalten, aber gerade die weitere

---

[5] J. G. King, Die Gebräuche und Ceremonien der Griechischen Kirche in Rußland, Riga 1773. Die erwähnten Gottesdienstordnungen stehen S. 370–378 bzw. S. 387–394.

[6] Zitiert nach: G. Hoffmann, Die griechisch-katholische Gemeinde in Breslau unter Friedrich d. Gr., Breslau 1925, S. 62.

[7] Vgl. zu der ersten Potsdamer Gemeinde: Bratskij ežegodnik – Pravoslavnyja cerkvi i russkija učreždenija za graniceju (Spravočnaja kniga), Petrograd 1906, S. 300 ff.; H. Mai/J. Flemming, Die russischen Kirchen in Potsdam, Weimar, Dresden, Leipzig (Reihe: Das Christliche Denkmal, Heft 119), Berlin 1983, S. 4 ff.; N. Thon, Die russische orthodoxe Gemeinde zu Berlin bis zum Beginn des Ersten Weltkrieges – Ein Ort der Begegnung zwischen russischer Orthodoxie und deutschem Protestantismus, in: Der Christliche Osten, Jg. XLI, Heft 3, Würzburg 1986, S. 141–145 (mit Abb.).

Entwicklung der oben angeführten Potsdamer Gemeinde zeigt, wie rasch eine „Germanisierung" der Gläubigen stattfand; so schildert uns der Historiker Nikolaj Karamzin in seinen *„Briefen eines russischen Reisenden"* vom 4. Juli 1789 seine Begegnung mit dem alten Soldaten, der als Kirchenwärter amtierte: *„Der schwache Greis saß auf einem großen Lehnstuhl, und da er hörte, daß wir Russen wären, so streckte er uns die Hände entgegen und rief mit zitternder Stimme: ‚Gott sei Dank! Gott sei Dank!' Er wollte anfangs russisch sprechen, aber wir konnten nur mit Mühe einander verstehen. Wir mußten ihm fast jedes Wort wiederholen, was ich aber mit meinem Gefährten sprach, das verstand er überhaupt nicht und wollte nicht einmal glauben, daß wir Russisch sprächen!"*[8]

Potsdam sollte auch der Ort werden, an dem zuerst regelmäßig orthodoxer Gottesdienst in deutscher Sprache gefeiert worden ist. Und zwar hatte am 22. März 1813 Kaiser Aleksandr I. seinem Verbündeten gegen Napoléon, dem preußischen König Friedrich-Wilhelm III., auf dessen Bitte einundzwanzig russische Soldaten zwecks Bildung eines russischen Chores zum Geschenk gemacht. Bald kamen weitere hinzu, so daß schließlich 62 Russen in der nach dem Kaiser benannten Kolonie „Aleksandrovka" lebten. Ihnen wurde eine dem hl. Aleksandr von der Neva geweihte Kirche errichtet, deren Weihe 1829 erfolgte. Allerdings sank die Zahl der Kolonisten eindeutig russischer Nationalität vor allem durch die Verheiratung mit deutschen Frauen ständig. Schon bei der Weihe der Kirche waren es nur noch zwölf und 1861 wohnte kein einziger russischer Sänger mehr in der Kolonie.[9] Es hatte vielmehr hier, wie auch unter den Mitgliedern der zweiten, unter Kaiser Nikolaj I. entstandenen und ihm zu Ehren „Nikol'skoe" benannten russischen Siedlung bei Berlin eine starke Naturalisierung eingesetzt. Daher begann schon 1836 der damalige Gesandtschaftspfarrer Dorimedont Vasil'evič Sokolov mit der Feier deutscher orthodoxer Gottesdienste in „Aleksandrovka". Nach einem zustimmenden Beschluß des Heiligsten Sinod von 1839 wurden bald mehr und mehr und schließlich alle Gottesdienste in Potsdam in deutscher Sprache gefeiert. Der Nachfolger Sokolovs, Vasilij Petrovič Polisadov, der 1853–1859 in Berlin wirkte, edierte sogar einen *„Auszug aus der Lithurgie des heiligen Chrisostomos für die russische Colonie Alexandrowka bei Potsdam"*, der die Situation schlagfertig beleuchtet: In ihm steht nämlich parallel zum deutschen Text das kirchenslavische Original, jedoch in lateinischen Buchstaben! In seinem Bericht an den Ober-Prokuror stellt Vater Vasilij 1857 nüch-

---

[8] N. Karamzin, Pis'ma Russkogo putešestvennika, Moskau 1983, S. 71.
[9] Zu den heutigen Nachkommen der Sänger-Soldaten vgl.: E. Schwerk, Bei Schischkoff und Grivorieff in „Alexandrowka" – Die sechste Generation in Blockhäusern der Russischen Siedlung von Potsdam, in: Der Tagesspiegel, Berlin, 4. März 1990.

tern fest, daß die Kolonisten sich weitgehend der Kirche entfremdet hätten, daß sie *„alle Deutsche geworden sind, und die Deutschen leiden allgemein an einer schrecklichen Kälte der Kirche gegenüber."*[10]

Auch andere russische Auslandsgeistliche mühten sich um die Übertragung der orthodoxen liturgischen Texte ins Deutsche – teils aus konfessionskundlichen Gründen, teils auch wegen der unmittelbaren pastoralen Notwendigkeit. So erschien 1861/62 in Wien eine dreibändige Ausgabe aller wichtigen Gottesdienste *„aus dem Griechischen Original-Text mit durchgängiger Berücksichtigung der altslavischen Übersetzung ins Deutsche übertragen"* von Erzpriester Michail Raevskij, deren Zweck *„ist, dieses Verständnis des Gottesdienstes, insbesondere aber der erhabenen Gebete und Gesänge der orthodox-katholischen Kirche Jenen zu öffnen, die der deutschen Sprache mächtig sind."*[11] Diese Edition umfaßt neben einer detaillierten Einleitung das Stundenbuch, die Göttlichen Liturgien, die Sakramente, Segnungen und Sondergottesdienste des Kirchenjahres. Auch andere russische Gesandtschafts- und Hofgeistliche gaben einzelne Gottesdienste heraus, so Gr. Ostroumov in Schwerin[12] oder Ioann Bazarov in Wiesbaden[13] u. a.

Der Ehrenplatz auf diesem Feld gebührt aber zweifelsohne dem 1886 bis 1914 in Berlin wirkenden Erzpriester Aleksij Mal'cev (1854–1915)[14],

---

[10] Zitiert nach: Bratskij Ežegodnik, a. a. O., S. 304.

[11] Michael Rajewsky, Euchologion der Orthodox-Katholischen Kirche, Bde. 1–3, Wien 1861/62.

[12] Gr. Ostroumov, Božestvennaja Liturgija vo svjatych Otca našego Ioanna Zlatoustago – Die Heilige Liturgie unseres heiligen Vaters Johannes Chrysostomus, Schwerin 1889.

[13] Vgl. zu ihm den Namens-Artikel von A. Rodosskij in: A. P. Lopuchin (Hrsg.), Pravoslavnaja Bogoslovskaja Ènciklopedija, Bd. II, Petrograd 1901, Sp. 249 ff.

[14] Zur Person von Mal'cev bietet die vollständigste Darstellung: A. Roginec, Protoierej A. P. Mal'cev, ego žizń i liturgičeskie trudy (Kandidatenarbeit an der Moskauer Geistlichen Akademie 1976), Manuskript, Moskau 1976, bes. der äußerst detaillierte biographische Teil S. 3–44; vgl. außerdem: J. Danz, Alexios von Maltzew – Sein liturgisches Editionswerk und seine ökumenische Intention (Diplomarbeit an der Bayerischen Julius-Maximilians-Universität), Manuskript, Würzburg 1985; W. Kahle, Fragen der russisch-orthodoxen Theologie, dargestellt am Lebenswerk des Berliner Propstes A. P. Maltzew, in: Kyrios – Vierteljahresschrift für Kirchen- und Geistesgeschichte Osteuropas, Neue Folge Jg. II, Berlin 1962, S. 133–147; S. Položenskij, Pamjati Protoiereja A. Mal'ceva, in: Golos Pravoslavija, Berlin 1954, S. 2–4 u. 23–28; G. A. J. J. Sandberg, Studien zur Geschichte der russisch-orthodoxen Gemeinde in Hamburg (Magisterarbeit an der Universität Hamburg), Manuskript, Hamburg 1978, S. 44–57; V. Talin, Protoierej A. P. Mal'cev – K pjatidesjatiletiju so dnja končiny, in: Žurnal Moskovkoj Patriarchii, No. 11, Moskau 1965, S. 72–78; N. Thon, Die Russisch-Orthodoxe Gemeinde in Berlin bis zum Beginn des Ersten Weltkrieges (Diplomarbeit an der Theologischen Fakultät zu Paderborn), Manuskript, Paderborn 1973, S. 7 ff.; ders., Propst Aleksij Mal'cev, in: Der Christliche Osten, XXXI. Jg., Heft 5–6, Würzburg 1976, S. 161–163; ders., Die russische orthodoxe Gemeinde zu Berlin, a. a. O., S. 146–159.

dessen bis heute in ihrer Vollständigkeit unübertroffenen Ausgaben nach und nach alle gebräuchlichen, teilweise aber auch weniger üblichen Gottesdienste der „*orthodox-katholischen Kirche des Morgenlandes*" nicht nur einfach in deutschen Textausgaben vorgelegt (zumeist mit dem kirchenslavischen Paralleltext in russischer bürgerlicher Schrift versehen), sondern ihnen auch in deutscher Sprache ausführliche Kommentare und liturgiewissenschaftliche Abhandlungen beigegeben haben[15]. Die Übersetzungen wirken zwar nach dem heutigen Empfinden gelegentlich etwas antiquiert und gewollt altertümelnd, da sich Vater Aleksij an der von ihm hochgeschätzten Sprachgestalt der unrevidierten Luther-Bibel orientierte; aber trotzdem ist „der Mal'cev" heute die Grundlage vieler in deutscher Sprache zelebrierter Gottesdienste und liegt manchen Bearbeitungen[16] und unter dem Namen ihrer jeweiligen Herausgeber erschienenen jüngeren Texteditionen[17] zugrunde.

Für Propst Mal'cev lag ein Hauptgrund zur Edition der deutschen liturgischen Bücher in der pastoralen Sorge, da er in seinen Gemeinden sowohl an der Botschaftskirche wie in Potsdam zahlreiche Gläubige vorfand, die „*der gottesdienstlichen Sprache nicht mächtig waren.*"[18] Denn bis die kleine griechische Gemeinde 1905 eigene Seelsorger erhielt, wurden alle Orthodoxen in Berlin von der russischen Botschaftskirche aus betreut. Hinzu kam die erwähnte, seit langem deutschsprachige Gemeinde in Potsdam, über die Vater Aleksij vermerkt: „*Ich hatte daher gleich anfangs Gelegenheit genommen, die Liturgie und die Sakramente in deutscher Sprache zu vollziehen, was nicht verfehlte, die Seelen der Gläubigen mit besonderer Freude zu erfüllen. Die Wahrnehmung dieses Erfolges erweckte in mir den Wunsch, den Mitgliedern der mir anvertrauten kleinen Gemeinde ein Buch in die Hände zu geben, dessen Benutzung in der Kirche und im Haus geeignet wäre, die lebendige Teilnahme derselben an den kirchlichen Gebeten und Gesängen zu erhöhen.*"[19] Nun, aus diesem einen geplanten Buch wurde das oben geschilderte umfassende Editionswerk,

---

[15] Ein vollständiges Verzeichnis der liturgischen Ausgaben Mal'cevs bei: Talin, a.a.O., S. 68, Nr. 1-14.

[16] Vgl. beispielsweise die von Erzpriester Sergij Položenskij besorgten Ausgaben der Diözesanverwaltung des Moskauer Patriarchats in Deutschland, Berlin o.J. (ca. 1948), oder die von dem römisch-katholischen Pfarrer R. Walther erarbeitete Ausgabe des St. Benno Verlages „Die göttliche Liturgie unseres heiligen Vaters Johannes Chrysostomos", Leipzig 1976 (vgl. ebd., S. 5).

[17] So wurde in: Heitz, Gottesdienst, a.a.O., „für die kirchlichen Texte ... vorzüglich der sehr genaue Maltzew-Text zugrunde gelegt," und sind dort z.B. die Texte der Sakramente bis auf marginale Anpassungen wortwörtlich der Ausgabe von Mal'cev entnommen.

[18] Die göttlichen Liturgien unserer heiligen Väter Johannes Chysostomos, Basilios des Großen und Gregorios Dialogos, Berlin ¹1890, S. VI (Vorwort).

[19] ebd.

zumal Propst Mal'cev in Anton Ferdinand (später: Vasilij) Goecken (1845–1915) einen hervorragenden Mitarbeiter fand[20]. Goecken war zwar jüdischer Abstammung, doch römisch-katholischer Konfession. 1890 konvertierte er zur Orthodoxie und empfing 1894 die Priesterweihe. Er war damit der erste und für längere Zeit auch einzige reinblütige Deutsche, der in seinem Heimatland als orthodoxer Geistlicher wirkte – natürlich besonders auch in deutschsprachigen orthodoxen Gottesdiensten.

Nicht unerwähnt bleiben sollte in diesen Zusammenhang ein anderer Reichsdeutscher, der 1912 ebenfalls zum orthodoxen Priester geweiht wurde, aber schon nach seiner Diakonatsweihe 1907 für deutschsprachige orthodoxe Gottesdienste Sorge getragen hatte, allerdings nicht in Deutschland, sondern im Rahmen der Bemühungen um eine Bekehrung der deutschen wolhynischen Kolonisten zur Orthodoxie. Es handelt sich dabei um den 1883 in Leipzig geborenen und 1903 in Dresden konvertierten Albert Lade[21], der nach seiner Aufnahme in die Orthodoxe Kirche den Namen Serafim erhielt. Auch bei den Bemühungen Vater Serafims, die in lutherischen Kreisen großes Aufsehen erregten[22], lagen die Übersetzungen Propst Mal'cevs zugrunde.

Nach dem ersten Weltkrieg veränderte sich die Situation der orthodoxen Gemeinden in Deutschland schlagartig durch den Zustrom einer immens großen Zahl russischer Emigranten und Flüchtlinge; nach Angaben des Auswärtigen Amtes sollen es Ende 1922 rund 600000 Menschen gewesen sein. Allein für Berlin waren 1923 etwa 360000 asylsuchende russische Staatsbürger vermerkt, davon natürlich die weitaus

---

[20] Vgl. zu ihm ausführlich: K XV-letiju Sv.-Knjaz-Vladimirskago Bratstva v Berlině 1890–1905, Berlin 1906, S. 209 ff.; ferner die von Propst Mal'cev zur Einführung von Vr. Vasilij in die Potsdamer Kirche am 15. (27.) Februar 1894 gehaltene Rede, in: Cerkovnye Vědomosti, Jg. 1894, S. 10; außerdem: Thon, Die russische orthodoxe Gemeinde, a. a. O., S. 151 f.

[21] Serafim Lade war später Bischof (ab 1939 Erzbischof) von Berlin und Deutschland, ab 1942 Metropolit von Mitteleuropa in der Jurisdiktion der Russischen Orthodoxen Kirche im Ausland; vgl. eine detaillierte Biographie in: G. Seide, Geschichte der Russischen Orthodoxen Kirche im Ausland von der Gründung bis in die Gegenwart (Reihe: Veröffentlichungen des Osteuropa-Institutes München, Bd. 51), Wiesbaden 1983, S. 424.

[22] Vgl.: Th. Meyer, Luthers Erbe in Rußland – Ein Gedenkbuch in Anlaß der Feier des 400jährigen Reformationsfestes der evangelisch-lutherischen Gemeinden in Rußland, Moskau 1918, S. 119: „Ganz besonders feindlich gesinnt war der evangelisch-lutherischen Kirche der kluge, schlaue und zielbewußte Erzbischof Antoni [Chrapovickij, N.T.] und sein grausamer Nachfolger im Amte Jewlogi [Georgievskij, N.T.]. Um zu seinem Ziele zu gelangen, brachte es Antoni fertig, einen Reichsdeutschen, Sachsen von Geburt, Namens Lade, anzustellen, der als Vater Seraphim im Jahre 1907 in Nowograd-Wolhynsk und Umgegend speziell unter den Kolonisten wirken sollte, um sie zum Übertritt zu bewegen. Massenhaft wurden Einladungen zu den deutschen orthodoxen Gottesdiensten in die Kolonien versandt."

meisten orthodoxen Glaubens und russischer Nationalität[23]. Verständlicherweise wurden in ihren Kirchen – schon aus heimatlichen Gefühlen heraus – nahezu ausnahmslos alle Gottesdienste in kirchenslavischer Sprache gefeiert. So bezeugt ein Brief der sehr kleinen russischen Kirchengemeinde in Stuttgart vom Mai 1924, *„daß die Stuttgarter Gottesdienste nicht nur von den wenigen Orthodoxen (45 Russen und 6 Griechen), sondern auch von sehr viel Deutsch-Russen, die in Stuttgart leben und zur evangelischen oder zur römischen Kirche sich bekennen, besucht werden. Die Deutsch-Russen sagen, daß in unserer Kirche ihnen die Herzen höher schlagen in schöner Erinnerung an ihre eigentliche Heimat – Rußland."*[24] Daher überlegt diese Gemeinde zwar die Einführung griechischer Gottesdienste, nicht aber deutschsprachiger, obwohl von den 16 Sängern des Chores 14 Deutsch-Russen und der Dirigent ein Deutscher sind – alles Nicht-Orthodoxe, wohlgemerkt!

Sicher ist Stuttgart ein besonders krasser, aber in gewisser Hinsicht doch typischer Fall für die Zeit zwischen den Weltkriegen: Die meisten orthodoxen Gemeinden verstehen sich in weitestgehendem Maße auch als Hüter des nationalen Volkstums. Regelmäßige, gar ausschließlich deutschsprachige Gottesdienste an einem Ort sind von daher einfach „nicht vorgesehen".

Die Bevölkerungsverschiebungen am Ende des Zweiten Weltkrieges verstärken für ein gutes Jahrzehnt noch einmal die aus Osteuropa-Flüchtlingen (Russen, Ukrainern, Rumänen, teilweise auch Serben) bestehenden Gemeinden im westlichen Deutschland und damit die eben skizzierten Tendenzen, so daß erst in den letzten Jahren aufgrund der Umschichtungen in der Orthodoxie Deutschlands infolge der ökonomisch bedingten Migrationsbewegungen eine Änderung eingetreten ist bzw. für eine absehbare Zukunft zu erwarten steht.

B. Die heutige Situation

In der Bundesrepublik Deutschland lebt derzeit bekanntlich mehr als eine halbe Million orthodoxer Christen, von denen die meisten der Griechisch-Orthodoxen Metropolie von Deutschland, Exarchat des Ökumenischen Patriarchats für Zentraleuropa, angehören, wobei die derzeitige Zahl von deutlich mehr als 300 000 griechischen Gläubigen nach Öffnung des europäischen Binnenmarktes 1992 noch erheblich

---

[23] Zahlenangaben nach: H.-E. Volkmann, Die russische Emigration in Deutschland 1919–1929 (Reihe: Marburger Ostforschungen, Bd. 26), Würzburg 1966, S. 4–7.
[24] P. Blumenthal, Die Russisch-Orthodoxe Kirche in Stuttgart von ihrer Entstehung im Jahre 1816 bis 1946, Ludwigsburg 1946, S. 118f.

ansteigen dürfte. Die Bindung der großen Mehrzahl dieser griechischen orthodoxen Christen an ihr Heimatland, seine Sprache und Kultur ist sehr stark, so daß die nahezu ausschließliche Verwendung des Griechischen als liturgischer Sprache nicht nur selbstverständlich, sondern unbestreitbar auch eine pastorale Notwendigkeit ist. Allerdings dürfte sich hier in den nächsten Jahren eine gewiß nicht radikale und rasche, wohl aber unbedingt zu erwartende Änderung ergeben, da ein Großteil der Griechen bzw. ihrer Kinder, die aus der ersten „Gastarbeiter-Generation" erwachsen sind, das Deutsche als hauptsächliche Bildungs- und Kommunikationssprache mit der deutschen bzw. andersnationalen Umwelt benutzt.[25] Bedenken wir, daß inzwischen 70% aller in der Bundesrepublik lebenden griechischen Staatsbürger länger als 10 Jahre in Deutschland ist, nahezu die Hälfte mehr als 20 Jahre.

Ähnliches wie für die griechische Metropolie gilt für die mit derzeit etwa 120-150 000 Gläubigen zweitstärkste orthodoxe Kirche in der Bundesrepublik Deutschland, nämlich das serbische Bistum von Westeuropa, auch wenn hier die Integration noch weniger institutionalisiert ist. Während die große Mehrheit der Gläubigen dieser beiden Bistümer erst im Rahmen der ökonomisch bedingten Migrationsbewegung von Südosteuropa in die Bundesrepublik seit dem Ende der Fünfziger bzw. Beginn der Sechziger Jahre nach Deutschland gekommen ist, hat ein erheblicher Teil der anderen, zahlenmäßig wesentlich kleineren orthodoxen Diözesen[26] überwiegend Gläubige, die bereits hierzulande geboren

---

[25] Ein bezeichnendes Beispiel hierfür ist, daß der bundesweit erste Oberstufenkurs in griechisch-orthodoxer Religionslehre, der zum Schuljahr 1989/90 in Düsseldorf in einem deutschen Regelgymnasium eingerichtet wurde, für die Zweisprachigkeit offen ist und von einem Priester der Griechisch-Orthodoxen Metropolie erteilt wird, der selbst russisch-rumänischer Herkunft ist. Entsprechend definiert auch der vorläufige Lehrplan für den Unterricht in griechisch-orthodoxer Religionslehre an der Grundschule im Lande Nordrhein-Westfalen (Entwurf vom August 1989) die Situation: „Die Orthodoxie in der Bundesrepublik spiegelt die gesamte Vielfalt der orthodoxen Gemeinschaft wider." (ebd., S. 8)

[26] Dabei handelt es sich – ohne Berücksichtigung des teilweise umstrittenen jeweiligen kanonischen Status der einzelnen Gruppen – um folgende Diözesen bzw. Gemeinden, deren Gläubigenzahlen oft natürlich nur annähernd geschätzt werden können:
a. Russische Orthodoxe Kirche/Moskauer Patriarchat (Bistümer Berlin-Leipzig, Düsseldorf und Baden-Bayern) mit zusammen ca. 2000 Gläubigen
b. Russische Orthodoxe Kirche im Ausland (Bistum Berlin u. Deutschland) mit ca. 10 000 Gläubigen
c. Russisches Orthodoxes Erzbistum von Westeuropa/Ökumenisches Patriarchat mit maximal 1000 Gläubigen
d. Rumänische Orthodoxe Kirche/Patriarchat Bukarest/Erzdiözese von Zentral- und Mitteleuropa mit ca. 5000 Gläubigen
e. Rumänische Orthodoxe Kirche in Deutschland/Ökumenisches Patriarchat mit ca. 8000 Gläubigen
f. Bulgarische Orthodoxe Kirche/Patriarchat von Sofia mit ca. 1000 Gläubigen

sind oder doch zumindest den weitaus größten Teil ihres Lebens verbracht haben. In diesem Falle ist auch die Diaspora-Situation derart ausgeprägt, daß viele von ihnen fast vollständig in einer deutschen Umwelt leben und teilweise als völlig assimiliert gelten dürfen. Das gilt sowohl für die verschiedenen Jurisdiktionen der russischen Orthodoxie als auch für die meisten Ukrainer und Rumänen. Insofern wird in all' diesen Bistümern – wenigstens gelegentlich – das Deutsche als liturgische Sprache verwandt, wobei natürlich das Ausmaß sehr unterschiedlich ist und von rein deutschsprachigen Gottesdiensten bis bloß zur zweisprachigen Verkündigung von Apostol und Evangelium reichen kann. Nicht unerwähnt bleiben sollte in diesem Zusammenhang, daß es auch wenige rein deutschsprachige Gemeinden in der Bundesrepublik Deutschland gibt, von denen die älteste – heute zum Westeuropäischen Bistum des Ökumenischen Patriarchates gehörige – in Düsseldorf immerhin inzwischen auf ein fast dreißigjähriges kontinuierliches Gedeihen zurückblicken kann.[27] Alles in allem gilt: Die Orthodoxie ist schon lange keine ferne „Ostkirche" mehr, sondern mehr und mehr wurzeln orthodoxe Gläubige inzwischen nicht mehr nur allein in der alten Heimat, sondern sprachlich wie kulturell in Deutschland und tragen damit zur Festigung des einen Hauses Europa bei. Die Orthodoxe Kirche in Deutschland bleibt sich sehr wohl der Größe und Wichtigkeit ihres reichen und vielseitigen nationalen Erbes in Ost- und Südosteuropa bewußt, hütet es als ein wichtiges Fundament, hört zugleich aber auf, ein exotischer Fremdkörper zu sein, sondern bildet mehr und mehr einen integrierten und integrativen Bestandteil der Gesellschaft dieses Landes.

g. Ukrainische Autokephale Orthodoxe Kirche/Bistum von London und Westeuropa, mit ca. 15 000 Gläubigen
In jüngerer Zeit sind die vor allem aus Flüchtlingen aus der Ost-Türkei und dem Libanon bestehenden arabischen Gemeinden der Orthodoxen Kirche von Antiochien mit ca. 3000 Gläubigen hinzugekommen.

[27] Die Zahl rein deutschstämmiger Konvertiten ist allerdings aufs ganze gesehen marginal und dürfte weniger als ein halbes Prozent der in der Bundesrepublik lebenden Orthodoxen ausmachen, wobei noch zu bedenken ist, daß ein Teil der Konvertiten bei seiner Bekehrung zur Orthodoxie den Weg in andersnationale Gemeinden gefunden hat – sei es aus geographischen Notwendigkeiten, sei es auch aus eigenem Entschluß. Immerhin gibt es aber zwei derzeit amtierende orthodoxe Bischöfe, die rein deutscher Herkunft sind. Es handelt sich dabei um den Leiter der Russischen Orthodoxen Erzdiözese von Westeuropa (innerhalb der Metropolie von Gallien des Ökumenischen Patriarchates), Erzbischof Georgij (Wagner) von Eudikias, geboren 1930 in Berlin, und den Leiter der Deutschen und Administrator der Englischen Diözese der Russischen Orthodoxen Kirche im Ausland, Bischof Mark (Arndt) von Berlin und Deutschland, geboren 1941 in Chemnitz. Ein dritter Deutscher, Eulogios Hessler, ist seit 1984 – inzwischen mit dem Titel eines Erzbischofs von Mailand – Hierarch in einer der (allgemein als unkanonisch geltenden) altkalendarischen griechischen Gruppen.

Die Notwendigkeit einer (Weiter-) Entwicklung der deutschen orthodoxen Liturgiesprache erwächst somit nicht aus einer Konversionsbewegung zur Orthodoxie (und erst recht nicht aus irgendwelchen orthodoxen Proselytierungsbestrebungen!), sondern aus einer echten pastoralen Notwendigkeit, denn eben nicht nur die teilweise in der dritten und vierten Generation in Deutschland ansässigen Gläubigen der russischen oder ukrainischen Emigration, sondern auch viele junge orthodoxe Christen griechischer und serbischer, arabischer und rumänischer Nationalität gebrauchen ihre Muttersprache vordringlich nur noch im häuslichen und familiären Bereich, sind ansonsten aber mehr und mehr der deutschen Sprachwelt verhaftet. Da etliche von ihnen aller Wahrscheinlichkeit nach auf lange Zeit – vielleicht für immer! – in der Bundesrepublik Deutschland bleiben werden, stellt sich – wie schon gesagt – nunmehr dringlich die Notwendigkeit qualitätvoller, sprachlich befriedigender wie theologisch korrekter deutschsprachiger Ausgaben der orthodoxen liturgischen Texte, damit auch diesen jungen Orthodoxen ermöglicht wird, die geistlichen Traditionen ihrer Heimat und den orthodoxen Glauben auch in dem neuen Lebensraum und der neuen sprachlichen Umwelt zu erhalten, ohne ihn zu einer bloßen Folklore verkommen zu lassen. Es geht um das Wachsen dessen, was Anastasios Kallis einmal eine „*westliche Orthodoxie östlicher Prägung*"[28] genannt hat, also die Bewahrung der heimischen Traditionen als Ausformungen des lebendigen, gelebten Glaubens in einer nicht-orthodoxen, aber auch andersnationalen bzw. multikulturellen Umgebung. Damit diese Integration gelingt und weder eine Assimilierung noch eine „Folklorisierung", nämlich ein Abgleiten der kirchlichen Praxis in ein bloßes volkstümliches Brauchtum, Platz greifen, bedarf es allerdings großer Geduld und pastoraler Klugheit, die jede falsche Hektik vermeidet: Eine von vielen Gläubigen derzeit noch als Zwangsgermanisierung (miß)verstandene überstürzte und einseitige Einführung des Deutschen im schulischen Religionsunterricht oder im Gottesdienst wäre ebenso verhängnisvoll wie ein exklusives Festhalten an den heimischen Sprachen um jeden Preis! Welche Lösung hier in den je verschiedenen Situationen der einzelnen Ortsgemeinden „Geist"-reich im Sinne einer vom Heiligen Geist gewirkten Klugheit ist, kann nicht generell, sondern jeweils nur vor Ort entschieden werden: Umso notwendiger aber erscheint es, die Voraussetzungen zu erarbeiten, daß immer und überall da, wo eine echte pastorale Notwendigkeit besteht, auch deutschsprachige orthodoxe Gottesdienste möglich sind, denn auch dies ist *„eine unerläßliche*

---

[28] vgl. Materialdienst der Ökumenischen Zentrale, Frankfurt, Juni 1986, Nr. 10; auch: KOINONIA-Information, Nr. 2 (11), Bochum, Dezember 1986, S. 10–17, bes. S. 15.

Notwendigkeit der Orthodoxie in der Bundesrepublik Deutschland, wenn sie in diesem Land nicht auf die Dauer in der Gestalt von Ghettofilialen der national geprägten und verfaßten Mutterkirchen wirken wollen."[29]

C. Die Problematik der Übersetzung

Für die Übersetzung orthodoxer liturgischer Texte gelten im Prinzip die gleichen Normen – und ergeben sich auch die gleichen Schwierigkeiten – wie bei den ihnen sehr wohl vergleichbaren Bibelübersetzungen. Auch hier besteht das Hauptproblem in der kulturellen, näher in der theologischen Nähe und Ferne zweier Sprachen und Denkweisen. Die Übersetzung hat einerseits die theologischen Akzente zu bewahren, sie andererseits in die andere geistliche Kultur zu transferieren. Auch hier steht immer die Gefahr einer semantischen Verzerrung und eines metaphorischen Verlustes im Raum!

Anders aber als bei einer Bibelübersetzung, wo eine legitime Vielfalt der Ausgaben mit unterschiedlicher Zielrichtung (zur gottesdienstlichen Verkündigung, zum exegetischen Studium, zur häuslichen Lektüre etc.) gegebenenfalls sogar wünschenswert sein kann, ist bei den zum gottesdienstlichen Gebrauch bestimmten Texten nicht eine Übersetzungsflut anzustreben, sondern letztlich eine für alle deutschsprachigen orthodoxen Gottesdienste gemeinsame (und entsprechend approbierte bzw. privilegierte) Textfassung, die das gemeinsame Beten von Gläubigen verschiedener Gemeinden erst ermöglicht. Auch dies wird nicht überstürzt und „am grünen Tisch" oder überhaupt durch eine Anordnung „von oben" zu bewerkstelligen sein, sondern erst in einem langdauernden Prozeß praktischer Erfahrung unter Beteiligung der Gläubigen selbst, denn auch – und gerade – hier auf dem Felde der gottesdienstlichen Praxis darf nie das orthodoxe Prinzip vergessen werden, das die orientalischen Patriarchen in ihrer Enzyklika von 1848 herausgestellt haben, wenn sie betonen, daß *„bei uns Neuerungen weder von den Patriarchen noch den Konzilien eingeführt werden, da der Wächter der Religion im gesamten Leibe der Kirche besteht, d. h. im Volke selbst, das will, daß sein religiöses Dogma auf ewig unverändert demjenigen der Väter entsprechend sei."*[30]

Zu diesem Prozeß haben all' jene wichtige Bausteine geliefert, die in den letzten Jahren Editionen deutschsprachiger orthodoxer Gottes-

---

[29] ebd.
[30] Enzyklika der Patriarchen von Konstantinopel, Alexandreia, Antiocheia und Jerusalem mit 29 Bischöfen ihrer Synoden als Antwort an Papst Pius IX., zitiert nach: N. Thon (Hrsg.), Quellenbuch zur Geschichte der Orthodoxen Kirche (Reihe: Sophia, Bd. 23), Trier 1983, S. 417 f.

dienstbücher publizierten, sei es, daß diese direkt zum liturgischen Gebrauch gedacht sind, wie beispielsweise (um nur einige zu nennen!) die Veröffentlichungen der Erzpriester Sergius Heitz aus Düsseldorf[31] und Sergij Taurit aus Berlin[32] oder als wissenschaftliche Basis dienen können, wie die Ausgabe der Göttlichen Liturgie in der Reihe „Oikonomia"[33] des evangelischen Lehrstuhls für Geschichte und Theologie des christlichen Ostens in Erlangen. Aus der allerjüngsten Zeit können noch zwei Publikationen erwähnt werden, die beide ein beredtes Zeugnis für die zunehmende Bedeutung der deutschen Liturgiesprache in der Orthodoxie hierzulande darstellen, nämlich einmal die recht umfangreiche, an der russischen Tradition orientierte Ausgabe eines „Orthodoxen Gebetbuches" für den häuslichen Gebrauch[34], zum andern eine dreisprachige (Griechisch, Kirchenslavisch, Deutsch) Ausgabe der Göttlichen Liturgie durch den Leiter des Lehr- und Forschungsgebietes Orthodoxe Theologie an der Universität Münster, Anastasios Kallis,[35] die – wie dort im Vorwort vermerkt wird – *„exemplarisch der Situation der Diaspora-Orthodoxie im deutschen Sprachraum (entspricht), die in ihrer Mehrheit in die zweite bzw. dritte Generation geht, die in der deutschen Sprache aufwächst."* Denn *„in Westeuropa begegnen sich orthodoxe Christen unterschiedlicher Kulturtraditionen und Glaubenserfahrungen mit derselben Treue zu ihrer gemeinsamen Liturgie, die sie in ihrer gewohnten Weise feiern."*[36]

All' diesen – und den vielen anderen Bearbeitern[37] – stellen sich bei

---

[31] Außer dem in Anm. 4 genannten Werk: S. Heitz/S. Hausammann, Das Gebet der Orthodoxen Kirche (Horologion und Oktoich), Sonderdruck, Köln 1981; dies., Mysterium der Anbetung, Bd. I: Göttliche Liturgie und Stundengebet der Orthodoxen Kirche, Köln 1986; Bd. III: Die Mysterienhandlungen der Orthodoxen Kirche und das tägliche Gebet der Orthodoxen Gläubigen, Köln 1988. Bd. II mit den Eigentexten zu den Festen des Kirchenjahres ist in Vorbereitung.

[32] Da das umfangreiche Übersetzungswerk von Erzpriester Taurit nur im Eigenverlag, teilweise sogar nur in vervielfältigten Typoskript-Ausgaben vorliegt, ist eine bibliographische Erfassung schwierig; hier sind daher – ohne jeden Anspruch auf Vollständigkeit – nur einige wenige seiner Editionen aus jüngerer Zeit genannt: Lasset uns beten zu dem Herrn I - Orthodoxe Hausgebetsordnung, Berlin 1977 (66 S.); Gesänge zur Göttlichen Liturgie, Berlin 1978 (240 S.); Offizien zum Hochfest Mariä Entschlafen und zum Ritus der Grablegung, Berlin 1982 (77 S.).

[33] F. v. Lilienfeld (Hrsg.), Die Göttliche Liturgie des Hl. Johannes Chrysostomus mit den besonderen Gebeten der Basilius-Liturgie im Anhang (Reihe: OIKONOMIA, Bd. 2 - Heft A, B, C), Erlangen ²1986 (274, 280 u. 76 S.).

[34] Orthodoxes Gebetbuch, hrsg. von der Russischen Orthodoxen Diözese des Orthodoxen Bischofs von Berlin und Deutschland, Kloster des hl. Hiob von Počaev, München 1989 (224 S.).

[35] A. Kallis (Hrsg.), Die Göttliche Liturgie der Orthodoxen Kirche, Mainz 1989 (262 S.).

[36] ebd., S. X.

[37] Wenn auch nicht von orthodoxen, sondern von katholischen Mönchen des byzanti-

der Erarbeitung deutscher Übersetzungen orthodoxer liturgischer Texte merklich immer wieder die gleichen sachlichen Probleme, die allerdings in sehr unterschiedlicher Weise angegangen wurden, was logischerweise zu teilweise stark differierenden Ergebnissen geführt hat. Hier können in aller gebotenen Kürze nur die wichtigsten davon aufgezeigt werden, wobei es unmöglich erscheint, auch zugleich allseits befriedigende Lösungen anzubieten:

1. Das Fehlen einer adäquaten Bibelübersetzung

„*Wenn man den orthodoxen Gottesdienst näher untersucht, zeigt sich, daß er das biblische Element im Überfluß in sich trägt!*"[38] Der so von Panagiotis Trembelas formulierten Erkenntnis muß jede Übersetzung Rechnung tragen, wobei sich allerdings die Schwierigkeit ergibt, daß alle im Deutschen existierenden Bibelübersetzungen des Alten Testamentes auf dem hebräischen Text basieren, nicht auf der Septuaginta, was – besonders im Bereich der Psalmen – teilweise erhebliche Unterschiede bedingt und für die liturgische Praxis Probleme aufwirft. Da eine solche LXX-Übersetzung auch in absehbarer Zeit nicht zu erwarten ist, bleibt nur die Wahl zwischen zwei Übeln: Entweder wird auf die Übereinstimmung mit der Septuaginta und den originalen liturgischen Büchern verzichtet und eine der am masoretischen Text orientierten verbreiteten deutschsprachigen Bibelübersetzungen gewählt[39] oder aber eine eigene Übersetzung auch der biblischen Stellen bevorzugt[40], was aber den Nachteil hat, daß dann keine entsprechende Bibelausgabe für die gottesdienstliche oder häusliche Lektüre zur Verfügung steht.

---

nischen Ritus getragen, so stellen hier die benoteten Ausgaben einiger Gottesdienste, die in der bayerischen Benediktiner-Abtei Niederaltaich entstanden sind, einen wichtigen Schritt dar; besonders die Partituren, die der Leiter der dortigen Kantorei, Archimandrit Irenäus Totzke OSB, ein international anerkannter Fachmann für orthodoxe, speziell russische Kirchenmusik erarbeitet hat, finden m.W. teilweise auch in orthodoxen Gemeinden Verwendung; vgl. Ökum. Institut Niederaltaich (Hrsg.), Die Göttliche Liturgie unseres hl. Vaters Johannes Chrysostomus und Gesänge aus der Vesper für gleichstimmigen Chor, Würzburg 1975 (54 S.); Archim. Irenäus Totzke, Byzantinische Osterliturgie in deutscher Sprache, Flüeli-Ranft 1982 (38 S.); ders., Orthodoxe Ostermatutin in deutscher Sprache, Gersau 1985 (65 S.).

[38] P. Trembelas, Der Orthodoxe christliche Gottesdienst, in: P. Bratsiotis, Die Orthodoxe Kirche in griechischer Sicht (Reihe: Die Kirchen der Welt, Bd. I), Stuttgart ²1970, S. 159.

[39] So verwendet die Anm. 4 zitierte Ausgabe von Heitz beispielsweise die Zürcher Bibel.

[40] So Heitz selber in seinen späteren Ausgaben.

2. Die gewachsene deutsche nicht-orthodoxe Gottesdienstsprache

Wenn eine Übersetzung der orthodoxen Texte wirklich ins Deutsche und nicht in ein gekünsteltes Idiom erfolgen soll, so muß sie sich an einer gewiß literarischen, aber nicht artifiziell überfremdeten deutschen Gegenwartssprache orientieren. Dabei taucht aber sofort eine nicht zu unterschätzende Schwierigkeit auf, nämlich, daß es im Deutschen (bislang?) keine gewachsene orthodoxe theologische und liturgische Terminologie gibt, d. h., alle fachspezifischen Ausdrücke sind von der römisch-katholischen oder evangelischen Tradition her geprägt und setzen teilweise einen *eindeutig* nicht-orthodox bestimmten theologischen Kontext voraus. Andererseits kann hier die bloße Beibehaltung griechischer Termini und ihre Einfügung in eine „deutsche" Übersetzung auch nicht als letztlich befriedigende, wenn auch manchmal unvermeidliche Lösung gesehen werden. Auch hierzu ein Beispiel: Das griechische Wort „Mysterion" entspricht zwar teilweise dem lateinisch-deutschen „Sakrament", aber eben nur teilweise.[41] Soll nun eher der gängige deutsche kirchliche Sprachgebrauch – einschließlich der Gefahr einer theologischen Verzerrung – gewählt oder dem Fremdwort der Vorzug gegeben werden – unter Inkaufnahme seiner Unverständlichkeit?

3. Die anzustrebende „Singbarkeit"

Orthodoxer Gottesdienst ist gesungener Gottesdienst; daher ist verständlicherweise gelegentlich die Forderung erhoben worden, eine deutsche Übersetzung habe sich an der Singbarkeit zu orientieren. So verständlich dieser Wunsch ist, so sehr es auch ein pastorales Anliegen sein muß, die vertrauten Melodien auch bei einem Sprachwechsel beizubehalten, um so dem Gläubigen ein Stück liturgischer Heimat zu erhalten, so sollte doch nicht vergessen werden, daß beim orthodoxen *„Kirchengesang der Text die Melodie (beherrscht) und sie nach den logischen Akzenten ordnet; nur im Text liegt die konstruktive Kraft."*[42] Da zudem die unterschiedlichen musikalischen Traditionen der Heimatkirchen auch verschiedene Textfassungen erfordern würden, muß ohnehin der Vorrang der adäquaten Übersetzung vor der leichten Singbarkeit betont werden; es wird Aufgabe der Kirchenmusiker sein, hier von der bislang üblichen reinen Adaption slavischer oder griechischer Melodien

---

[41] Vgl. dazu ausführlich das Stichwort „Sakramente (mysteria) III, orth. Sicht" von A. Kallis in: H. Krüger u. a. (Hrsg.), Ökumene-Lexikon, Frankfurt 1983, Sp. 1063–1068.

[42] Johann von Gardner, Gesänge der Heiligen und Göttlichen Liturgie, Partitur, Krefeld-Traar, S. IX.

und einer womöglich rein silbenmäßigen Übertragung zu einer eigenständigen, aber aus orthodoxer Tradition erwachsenen und in orthodoxem Geiste lebenden deutschen orthodoxen Kirchenmusik zu kommen. Sicher keine leichte Aufgabe: Das heute noch weithin übliche gegenteilige Vorgehen will aber so erscheinen, als wollte man zu einem gefundenen Hufeisen nun das passende Pferd suchen![43]

4. Die Orientierung am griechischen Urtext

Aufgrund der sprachlichen Kompetenz der meisten bisherigen Übersetzer wie auch ihrer kirchlichen Einbindung ist ein erheblicher Teil der bisher vorliegenden Übersetzungen an den slavischen liturgischen Büchern orientiert und nicht an den griechischen Originalen.[44] Es dürfte sich nach allen Regeln einer verantworteten und verantwortbaren Übersetzung aber von selbst verstehen, daß hier der jeweilige Urtext zugrunde gelegt werden muß, wobei natürlich die slavische, vordringlich russische Tradition durchaus ihre Berücksichtigung im Entstehungsprozeß der Übersetzung finden kann und soll, wie überhaupt die zu erhoffende zukünftige gemeinsame Ausgabe der orthodoxen liturgischen Texte ein Werk aller hier vertretenen orthodoxen Bistümer werden sollte, ja müßte, damit auch sie zu einem Ferment werden kann beim Prozeß des Zusammenwachsens der orthodoxen Christen in diesem Lande, denn *„die in ihrem ökumenischen Charakter begründete Flexibilität der Liturgie, die eine Komposition verschiedener Kulturtraditionen darstellt, hat auch die Verbindung von Kult und Nation, Liturgie und nationalem Schicksal bewirkt, so daß die überlieferten liturgischen Formen in der jeweils vertrauten Sprache zum Träger der orthodoxen und kulturellen Identität geworden sind, die keine erzwungene Uniformität darstellt, sondern Universalität in der Vielfalt. Das bedeutet gewiß nicht eine ‚platoni-*

---

[43] Einen beachtenswerten, wenn auch (schon wegen der stark textverändernden Übersetzung) nicht unumstrittenen Versuch stellen in dieser Hinsicht die Arbeiten des (zur Église Catholique Orthodoxe de France gehörigen) Deutschen Orthodoxen Dreifaltigkeits-Klosters (bislang Berlin, ab 1990 Buchhagen) dar, die eine neue, eigenständig deutsche orthodoxe Musikform zu entwickeln versuchen, u.a. unter Berücksichtigung des gregorianischen Chorals. Eine nähere Erläuterung der – teilweise ähnlichen Versuchen des Pariser orthodoxen Kirchenmusikers Maxime Kovalevsky entsprechenden – musikalischen Prinzipien in: Chorbuch für die Göttliche Liturgie – Für den orthodoxen christlichen Kult in deutscher Sprache, Berlin 1986, Hinführung.

[44] Eine bemerkenswerte Ausnahme bilden auch hier Mal'cev und Goecken, die bei ihren Übersetzungen nicht nur stets die griechischen liturgischen Texte berücksichtigen (soweit vorhanden), sondern sogar bei alttestamentlichen Passagen, besonders den Psalmen, den masoretischen Text – eine leider von den meisten jüngeren Übersetzern nicht mehr geübte Praxis!

sche Einheit' der Orthodoxie in der Liturgie, sondern eine Wesensidentität, die nicht zur Uniformität zwingt, sondern die natürliche Entfaltung kulturell-spezifischer Frömmigkeitsformen zuläßt"[45] – und darunter bestimmt auch solcher, die sich mehr und mehr nicht nur in der Sprache der alten Heimat, sondern auch in Deutsch äußern werden!

---

[45] Kallis, Göttliche Liturgie, a. a. O., S. X.

Sergius Heitz, Düsseldorf

Erfahrungen aus einer orthodoxen Diasporagemeinde

I. In Frankreich, Belgien, den Niederlanden, der Schweiz und Deutschland gibt es grundsätzlich zwei verschiedene Arten von orthodoxen Diasporagemeinden:

1. Die Gastarbeiter- und Emigrantengemeinden (z. B. griechische, serbische und russische Gemeinden), deren kulturelle Verwurzelung im Herkunftsland bleibt und bei denen Orthodoxie und Wahrung der hergebrachten ethnischen Identität in eins gehen;

2. Multinationale Gemeinden von orthodoxen Gläubigen verschiedenster Herkunft, deren Bildungssprache die des Gastlandes ist, weil sie ihre kulturelle Sozialisation in diesem Land vollzogen haben, während sie ihre geistliche Heimat in der Orthodoxie bewahrt oder gefunden haben. Dazu gehören in zunehmendem Maße Kinder oder Enkelkinder von Gastarbeitern, besonders aus Mischehen, aber auch Konvertiten aus anderen Konfessionen und aus dem Neuheidentum, die aus den verschiedensten persönlichen Gründen zur Orthodoxie gefunden haben. Was die Konvertiten betrifft, so gilt es zu betonen, daß die Orthodoxen sowenig wie eine der anderen großen Konfessionen ein Interesse daran haben, „Proselyten zu machen". Doch man muß unterscheiden zwischen der grundsätzlichen ökumenischen Haltung und dem seelsorgerlichen Einzelproblem: Weder lösen Einzelkonversionen die ökumenische Problematik, noch darf man auf dem Rücken der einzelnen Gläubigen die ökumenischen Probleme austragen. Wenn also der Zugang zur Orthodoxie, genau wie zu den anderen großen Konfessionen, in Einzelfällen immer offen bleiben muß (– es sind ja meist Menschen, deren religiöse Integration anderswo nicht gelungen ist und die in einer Notlage sind, die bei Minderheiten Zuflucht suchen; sehr oft handelt es sich im übrigen um Kinder aus Mischehen –), so ist es doch gerade für die Orthodoxen kennzeichnend, daß sie sich bewußt davor hüten, Glieder aus anderen Kirchen abzuwerben, und daß sie im ökumenischen Raum nicht Mission, sondern gegenseitiges Verständnis zu fördern suchen. Diese Haltung ist oft so stark ausgeprägt, daß Neophyten nicht selten unter dem Trauma leiden, sie müßten erst Griechen oder Slaven werden, um orthodox sein zu können. Dem jedoch gilt entgegenzuhalten, daß das orthodoxe Selbstverständnis die orthodoxe Ausprägung

des Christlichen ebenso als universal gültig verstehen darf, wie dies Katholizismus und Protestantismus für sich in Anspruch nehmen.

II. Fragt man nach dem spezifischen orthodoxen Selbstverständnis innerhalb der Theologie, so fallen zunächst einmal zwei Punkte besonders auf:

1. Das orthodoxe ekklesiale Bewußtsein nimmt die Kirche nicht primär als Institution wahr, sondern als Leib Christi und Volk Gottes, wobei immer im Bewußtsein bleibt, daß die Vollzahl der Geschlechter aller Zeiten samt allen himmlischen Hierarchien die Handvoll Gläubigen der Jetztzeit stets zur verschwindend kleinen Minderheit werden lassen. Jeder, der einen orthodoxen Gottesdienst voll bewußt mitfeiert, wird darauf gestoßen, daß hier die anwesenden Gläubigen nicht ihren Gottesdienst vollziehen, sondern daß sie vielmehr am himmlischen Gottesdienst teilnehmen, der Zeit und Raum überschreitet. Daher die Treue der orthodoxen Gottesdienste zu den Formen der Tradition. Tradition ist im orthodoxen Verständnis als „göttliche Tradition" die Gegenwärtigsetzung des ganzen Christusmysteriums durch den Heiligen Geist, der den Leib Christi lebendig erhält.

2. Charakteristisch für das orthodoxe Theologieverständnis ist ferner insbesondere die Sicht der Erlösung als einen Weg, der mit juridischen Kategorien (wie der Rechtfertigungslehre) nicht voll erfaßbar ist. Denn aufgrund von Christi Menschwerdung, Tod und Auferstehung sind wir instandgesetzt und aufgerufen, mit unserem Willen und dem Einsatz all' unserer Kräfte, mit der Gnade zu kooperieren und ihr unsere Leidenschaften und selbstsüchtigen Erregungen zu unterwerfen, was im Gebet seinen Anfang nimmt und immer wieder dahin zurückführt.

III. Aufgrund des oben genannten orthodoxen theologischen Selbstverständnisses, das durch die Konfrontation mit dem anders gearteten westlichen Kirchen- und Erlösungsverständnis gerade in den Diasporagemeinden stark zum Bewußtsein kommt, ergeben sich Besonderheiten in der Ausprägung der pastoralen Betreuung der Gemeinden, zu denen ich einige Hinweise geben möchte:

1. Der Vollzug des Kultes, nicht eine abstrakte Glaubenslehre, steht in den orthodoxen Gemeinden an erster Stelle, d. h., orthodoxe Theologie oder orthodoxe Glaubensauffassungen machen noch keinen orthodoxen Gläubigen. Das muß man gerade in der Diaspora immer wieder betonen. Vielmehr setzt erst die „Orthopraxie" Gemeinden wie einzelne auf den Weg einer immer tieferen Erfassung der orthodoxen Wahrheit. Diese ist denn auch nicht eine abstrakte Größe, somit kein blosses Erkennen oder Erfühlen, sondern vielmehr ein Tun, nämlich die „rechte Gottesverherrlichung" (Orthodoxie).

Für die orthodoxen Gemeinden der Diaspora ergeben sich daraus verschiedene Probleme, von denen ich fünf besonders hervorheben will:

a) Es geht primär darum, die grundsätzliche Bedeutung des Kultes in einer säkularisierten Welt festzuhalten. Kult ist Akklamation Gottes und Proklamation Seiner Herrschaft in einem. Kult ist damit wesentlich Gebet und Verkündigung, nicht jedoch Magie, wie ihn manche „aufgeklärte" westliche Gelehrte mißverstehen (A. von Harnack).

b) Gebet und Verkündigung lassen sich nicht auf verbale Formen beschränken. Das Sich-niederwerfen, Verbeugungen, Kreuzeszeichen und das Stehen im Gottesdienst gehören ebenso dazu wie Ikonen und Ikonenverehrung oder das Anzünden und Halten von Kerzen. Zwar sind gerade in diesem Bereich die Gebräuche in unseren Gemeinden nicht ganz einheitlich, dennoch läßt sich feststellen, daß sich hier in den multinationalen Gemeinden ein Konsens herausbildet, der sich stärker an die slavischen als an die griechischen Gebräuche anlehnt, und dies zu Recht, denn *im allgemeinen* sind die russischen non-verbalen Gebräuche *älter* als die griechischen.

c) In unserer kurzatmigen westlichen Welt stellt die Fülle der orthodoxen Dienste ein besonderes Problem dar. Auf der einen Seite ist es Orthodoxen nicht möglich, Gottesdienste aus vorhandenen Versatzstücken selbst zusammenzustellen. Orthodoxe Gottesdienste sind der Tradition verpflichtet, und zwar nicht aus „Traditionalismus", sondern weil in jedem orthodoxen Gottesdienst die vergangenen und zukünftigen Geschlechter mit allen Himmlischen die Feier mitvollziehen. Auf der anderen Seite müssen gewisse Gottesdienste gekürzt werden, und es ist keine geringe theologische Aufgabe, einen sinngemäßen und strukturgemäßen Vollzug des Gottesdienstes herzustellen. Hier ergibt sich insbesondere ein Problem für die Diasporagemeinden im deutschsprachigen Raum, in dem man in Bezug auf prägnante, treffende, situationsgerechte Gottesdienstformen besonders sensibel ist.

d) In diesem Zusammenhang sind nun die Übersetzungsprobleme von besonderer Bedeutung. Zweierlei muß berücksichtigt werden: einerseits die Schriftüberlieferung; so ist es z.B. Orthodoxen nicht möglich, alttestamentliche Bibeltexte (etwa die Psalmen) anders als in der LXX-Version, in der sie im frühen Christentum übernommen worden sind, zu verwenden. Andererseits muß aber auch die theologische Prägung der Begriffe, die für die Übersetzung gewählt werden, beachtet werden. Diese sind in Bezug auf die deutsche Sprache durch die römisch-katholische Scholastik und durch die reformatorische Theologie vorgeprägt. Diese Vorprägung muß man kennen, wenn man übersetzt. So ist es z.B. nicht sinngemäß, im deutschsprachigen Raum Maria als „Mittlerin" zu bezeichnen, da diese Bezeichnung eine ontologische Vorstellung suggeriert.

e) Von besonderer Wichtigkeit ist die Beachtung der Beziehung zwischen dem ekklesialen und dem privaten Gebet. Da das private Gebet der Gläubigen Mit- und Nachvollzug des ekklesialen Gebetes ist, müssen die gleichen Texte immer gleich übersetzt werden, damit die Gläubigen einen festen Schatz von Glaubensaussagen gewinnen. Die Nachlässigkeit, mit der manche Übersetzer Texte einmal so, einmal ein bißchen anders in Deutsche übertragen, wirkt in unseren Gemeinden verwirrend.

2. Das alles bedeutet, daß ein verantwortlicher Vollzug des Kultes eine wesentliche Aufgabe darstellt und theologische Bildung voraussetzt. Dennoch muß man betonen, daß der Kult nicht aus der Theologie, sondern die Theologie aus dem Kult hervorgeht. Orthodoxe Theologie kann also niemals ein bloßes Schreibtischprodukt sein. Wer orthodox reden will, muß zuvor orthodox beten und leben. Dies konkretisiert sich in Bezug auf die Terminologie der theologischen Sprache.

a) Die orthodoxe Theologie kann nicht einfach die Terminologie der westlichen Konfessionen übernehmen, sonst verfällt sie einer ihrem Wesen fremden Scholastik, was zeitweise in der russischen und in der griechischen Theologie geschehen ist. Insbesondere ist die juridische Begrifflichkeit der westlichen Konfessionen (wie in der Soteriologie) der orthodoxen Theologie inadäquat.

b) Bei der Wahl der Begrifflichkeit ist es aber gerade in der Diaspora besonders wichtig, daß das Gesagte nicht einer Mißdeutung durch die evangelischen oder römisch-katholischen Gesprächspartner Vorschub leistet; so ist es z.B. nicht sachgerecht, in den Kommunionsgebeten davon zu reden, daß Christus immer wieder geopfert werde, wo sachlich von der Repräsentation und der Anteilgabe am einmaligen Opfer Christi die Rede ist. Hier wird sichtbar, daß theologiegeschichtliche Unwissenheit bei Übersetzern liturgischer Texte gerade in der Diasporasituation unserer Gemeinden sich irreführend auswirkt.

3. Spiritualität und Ethik gehören in der Orthodoxie zusammen, wobei die Spiritualität, nicht die Moral, den Primat hat. Das bedeutet u.a., daß das eschatologische und damit das monastische Moment christlicher Lebensführung einen anderen Stellenwert hat als in den westlichen Konfessionen. Zwar gibt es in der Orthodoxie keine Zwei-Stufen-Ethik; dennoch ist orthodoxes „Weltchristentum" ohne die Vorbildfunktion, die Fürbitte und geistliche Führungsfunktion des Mönchtums undenkbar. Auch wenn die orthodoxe Hierarchie mit dem Mönchtum immer wieder Schwierigkeiten hatte (das Mönchtum hat sich oft auch gegen eine bequeme politische Anpassung gestellt), so haben doch die orthodoxen Laien in den Mönchen stets ihre unbestechlichen geistlichen Väter gefunden. Das russische Starzentum ist dafür nur ein

Zeugnis. Wir hier in der Diaspora bedürfen dringend authentischer orthodox-monastischer Zentren.

4. Des weiteren macht den Orthodoxen in der Diaspora das jurisdiktionelle Problem zu schaffen, zumal die verschiedenen Jurisdiktionen nicht nur durch rechtliche Grenzen, sondern allzuoft auch durch politisch motivierte Animositäten geteilt sind. Die Laien beginnen nun allerdings immer deutlicher diese Grenzen zu überwinden. Das geschieht vor allem in den Fraternitäten. Der Klerus tut gut daran, diese Bewegung zu unterstützen, gerade auch im Vorfeld des geplanten panorthodoxen Konzils, da die kanonisch-jurisdiktionellen Fragen nicht den Kern orthodoxen Lebens berühren. Das orthodoxe Leben ist vielmehr charakterisiert durch eine Spiritualität, die die Fülle des Mysteriums Christi unversehrt und ganzheitlich bewahrt hat. Unsere Diasporagemeinden, trotz der Heterogenität in ihrem Erscheinungsbild, halten die Zugänge zu dieser Spiritualität offen. Das ist denn auch ihre Aufgabe in ökumenischer Verantwortung.

Vladimir Fedorov, Leningrad

Wiedergeburt oder Wiederkehr

Religiöses Leben in der UdSSR heute

Die Probleme, die vor den Christen am Vorabend des dritten Jahrtausends stehen, sind allen Weltregionen, allen sozialpolitischen und nationalen Kulturen gemeinsam. Und dennoch spielen national-kulturelle und politische Zusammenhänge eine Rolle und bestimmen die Prioritäten.

Es ist schwierig und auch unnötig, eine Hierarchie der Probleme aufzustellen. In bedeutendem Maße entsprechen sie den Namen der Sektionen unserer Konferenz. Die Fragen nach der Wechselbeziehung zwischen Glaube und Wissenschaft, dem Platz der Religion in der säkularisierten Welt, dem Verhältnis zwischen der allgemeinchristlichen, den konfessionellen und den nationalen Kulturen, der Beziehung zwischen Patriotismus und Kosmopolitismus, Probleme der religiösen Sprache, der Sakralisierung und der Säkularisierung in Kultur und Gesellschaft – all' diese und weitere Probleme, die als solche außerordentlich wichtig sind, gewinnen ein besonderes Interesse im Rahmen der Erörterung der Frage nach der Einheit der Christen. Vielleicht ist das sogar das schärfste und aktuellste Problem der christlichen Welt.

Die Erfahrungen jeder Landeskirche, aller Konfessionen sind für das Begreifen der behandelten Probleme nützlich und wesentlich, aber die Erfahrungen einer Kirche, die im Augenblick eine seltene, nicht allen vertraute Phase der Wiedergeburt erlebt, werden vielleicht von besonderem Interesse sein. Dabei muß man allerdings einen Vorbehalt machen und anmerken, daß das Wort Wiedergeburt vielleicht nicht ganz genau ist. Das Wort klingt zu stark, zu optimistisch. Genauer wäre es, über die Tendenzen einer Wiedergeburt zu sprechen, aber in jedem Fall handelt es sich um offensichtliche Tendenzen. Es wäre vielleicht noch korrekter, über eine mögliche Wiedergeburt zu sprechen.

Denn man möchte nicht die Rückkehr zum Stand des religiösen Lebens als Wiedergeburt bezeichnen, einem Stand, der den Christen des Russischen Imperiums mit Gewalt genommen wurde, der aber nicht ideal war und heute nicht erstrebenswert ist. Bei allem russischen und orthodoxen Patriotismus muß man gestehen, daß all' die schwierigen Prüfungen, Schändungen des Glaubens und der Frömmigkeit, die Millionen Menschen in Rußland – und nicht nur in Rußland – erdulden mußten, nicht nur das Ergebnis ökonomischer, sozialer und politischer

Krisen und der nachfolgenden tragischen Ereignisse waren, sondern auch die Folge ideologischer und geistiger Krisen der Gesellschaft, in der keine ausreichenden Voraussetzungen für ein richtiges religiöses Leben bestanden, und vielleicht auch die Folge einer gewissen innerkirchlichen Krise, egal wie wir sie bezeichnen.

Es ist bekannt, wie grundlegend und tiefgreifend die Vorschläge der Hierarchen der Orthodoxen Rußländischen Kirche waren, die sich am Anfang dieses Jahrhunderts im Zuge der Vorbereitung auf das Landeskonzil für die Notwendigkeit von Veränderungen in der kirchlichen und in der staatlich-kirchlichen Sphäre aussprachen. Leider konnte das Konzil von 1917–1918 wegen der beginnenden Revolution das festgelegte Programm nicht realisieren. Man kann darüber streiten, welche Beschlüsse zu der einen oder anderen Frage verabschiedet worden wären; offensichtlich ist aber, daß viele zu dem Zeitpunkt herangereifte Probleme zumindest erörtert worden wären. Mag sein, daß es nicht offensichtlich ist, daß das Konzil eine, dem Zweiten Vatikanischen Konzil vergleichbare Bedeutung gehabt hätte, es wäre zumindest nicht weniger wichtig und notwendig für die Kirche gewesen. Die Tatsache, daß viele Themen nicht ausreichend angesprochen und erörtert wurden, wirkte sich später auch im Zusammenhang mit dem Problem des „Erneuerertums" aus. Eine kirchliche politische Gruppierung, genauer gesagt, eine nichtkirchliche politische Gruppierung innerhalb der Russischen Orthodoxen Kirche, hat in ihre kirchlich-politische Machtkampfstrategie Themen einbezogen, die für das kirchliche Leben aktuell waren und es bis heute sind. Weil aber ihre Erneuerungsideen politisch motiviert und Handlungsmethoden offen unmoralisch waren, werden diese Themen bis heute im Bewußtsein des orthodoxen Volkes mit der skandalösen „Erneuererbewegung" verknüpft und bis heute nicht offen erörtert. Man kann sagen, daß sie gründlich diskreditiert wurden. Der Schatten des „Erneuerertums" fällt sogar auf die Bemühungen und Initiativen der Geistlichkeit und der frommen schöpferischen Laien, die noch vor der Revolution, weit vor der Entstehung des politischen „Erneuerertums" stattfanden.

Wenn man das alles berücksichtigt, muß man sich klar darüber werden, in welcher Form wir das religiöse Leben, und zwar das orthodoxe kirchliche Leben, in Rußland wiederherstellen wollen. Wir wollen doch wohl kaum zur Situation der vorrevolutionären Jahre zurückkehren, als die Mehrheit der Absolventen der Geistlichen Seminare den geistigen Pfad verließ und an säkulare Lehranstalten überwechselte (sie wählten hauptsächlich die naturwissenschaftlichen Fakultäten, nicht wenige widmeten sich der Revolution), und als einer der Bischöfe vorschlug, derartige Absolventen strafrechtlich zu verfolgen.

Für die Russische Orthodoxe Kirche unserer Zeit ist die Gefahr sehr aktuell, in eine Idealisierung des kirchlichen Lebens vor der Revolution zu verfallen und so die alten Fehler zu wiederholen. Es ist leicht, die Gründe dieser Illusion, ihre Quellen zu begreifen; das bedeutet aber nicht, zu verzeihen und zum Beispiel die romantischen Vorstellungen von einer erhabenen und tief spirituellen Atmosphäre einer Symphonie zwischen der Kirche und Monarchie in den letzten Jahren vor der Revolution zu akzeptieren. Der Ausbruch romantischer Sympathie für die orthodoxe russische Lebensweise verbindet sich heute bei vielen mit der Zuneigung zur Monarchie und zu den bereits im 19. Jahrhundert veralteten und überholten Formen, die bei vielen die Aufmerksamkeit für die Predigt der offiziellen Prediger schwächten.

Ein besonderes Thema ist das orthodoxe, kirchliche Verständnis der nationalen und national-patriotischen Idee, ein Thema, das heute die Gesellschaft nicht nur in Erregung versetzt, sondern auch praktisch, zumindest was die Intelligenz angeht, in „Patrioten" und „Demokraten" spaltet. Das ist keine strenge Klassifizierung, aber eine ziemlich scharfe Teilung der Gesellschaft in die Parteigänger bestimmter Zeitschriften. Es ist tragisch, daß der Patriotismusbegriff, sein kulturelles und nationales Verständnis als ideologische Waffe von den Anhängern dieser Richtung benutzt wird; zuweilen erinnert ihre Argumentation an die stalinistisch-bol'ševistische, bei der jegliches Andersdenken als Ränke des „Volksfeindes" und Vaterlandsverrat, wenn schon nicht in politischer, dann in kulturell-nationaler Hinsicht, aufgefaßt wurde. Tragisch ist auch der Umstand, daß viele mit Selbstverständlichkeit davon ausgehen, daß die Russische Orthodoxe Kirche die „Patrioten" unterstützt, damit rechnet man sie, d. h., ihre Mitglieder, dem Lager der Antidemokraten zu. Das ist natürlich keine kirchliche, aber dennoch eine weit verbreitete Position. Aber dieses Thema würde einen besonderen Platz bei der Erörterung des christlichen Verständnisses der national-kulturellen und national-konfessionellen Problematik beanspruchen.

Wir wenden uns jetzt der Frage zu, welche Form des religiösen Lebens wiederzubeleben wäre, die, die schon einmal existierte, oder eine, die uns vielleicht noch unbekannt ist, die aber heute schon neue Umrisse gewinnt. So kann man zum Beispiel nicht behaupten, daß es Ende des 19./Anfang des 20. Jahrhunderts keine Kontakte und Dialoge, keine Suche nach gegenseitiger Verständigung mit den Christen anderer Konfessionen gab, aber heute wird danach viel aktiver gesucht. Aber für einen Teil der Orthodoxen erscheint eine solche Suche als Verrat an der Orthodoxie, für den anderen Teil der Orthodoxen bedeutet im Gegenteil die Ablehnung solcher Schritte Verrat am Christentum. Oder zum Beispiel die aktive Teilnahme der Laien am kirchlichen Leben und an der Verbreitung der Lehren der Kirche ruft bei manchen konservativen Orthodoxen Mißtrauen hervor, während zu Zeiten des Heiligen Patriarchen Tichon viele Laien (ohne theologische Ausbildung, sondern Professoren in weltlichen Disziplinen) den Segen erhalten haben, vom Ambon zu predigen.

Das alles erfordert angespannte Aufmerksamkeit und unvoreingenommene Erforschung. Sogar wenn wir in der Lage gewesen wären, so wie in ein Museum zu den Bedingungen einer relativ befriedigenden historischen Periode des kirchlichen Lebens zurückzukehren, dürften wir nicht das heutige Bewußtsein des Menschen ignorieren, der der Verkündigung bedarf, einer Verkündigung, die eben an ihn gerichtet ist, an sein von den gegenwärtigen Problemen beherrschtes Bewußtsein. Das bedeutet, daß wir für unsere Predigt nicht mehr die alte Sprache (im weiteren Sinne des Wortes) verwenden können, die viele bereits vor hundert Jahren nicht mehr befriedigte.

Die Schärfe aller erwähnten Probleme erklärt sich auch dadurch, daß in der Sovetunion unter den Bedingungen der sich plötzlich eröffnenden Möglichkeiten, in einer Situation der erweiterten Freiheiten das Interesse an Religion explosionsartig gestiegen ist; es gibt ein tiefes wie auch ein oberflächliches Interesse an religiösen Werten und Fragen des geistigen Lebens. Es entstand die Möglichkeit, ganz laut vor einem großen Auditorium die frohe Heilsbotschaft zu verkünden. Es enstand eine Situation, die auf den ersten Blick für die Predigt viel günstiger als im Westen erscheint. Aber gerade dieser Umstand zwingt, auch die Sprache der Verkündigung, ihre Form sorgfältiger zu durchdenken und die Verkündigung den Persönlichkeiten anzuvertrauen, die dazu berufen und tatsächlich Persönlichkeiten sind.

*

Welche ungewöhnlichen Veränderungen nach Maßstab und Ausrichtung sich im gesellschaftlichen Bewußtsein in Rußland im Laufe eines einzigen Menschenlebens vollzogen, davon zeugen beispielsweise folgende Details. Es sind noch Menschen am Leben, die im Russischen Reich zu dem Zeitpunkt geboren wurden, als (vor 1905) der Austritt aus der orthodoxen Kirche und die Konversion zu einer anderen Konfession strafrechtlich verfolgt wurde (für Propaganda nach Art. 187; für das Verfassen von religiösen Büchern mit dem Ziel, die anderen zu verführen nach Art. 189; für die Verbreitung einer häretischen oder sektiererischen Lehre nach Art. 196). Über die Lage der orthodoxen Kirche im Russischen Reich spricht eindrucksvoll auch die Tatsache, daß es eine Instruktion gab, eine Bescheinigung über die Teilnahme an der Eucharistie auszustellen, als Garantie der Regierungstreue. Nach weniger als zwei Jahrzehnten veränderte sich die Situation grundlegend.

Es geht nicht nur darum, daß durch das Dekret der Sovetmacht vom 20.1.1918 die Kirche vom Staat getrennt wurde, sondern es handelt sich darum, daß die herrschende Ideologie der im Aufbau begriffenen ersten sozialistischen Gesellschaft das Absterben der Religion im Sozialismus voraussetzte. Nach diesem Standpunkt ist der Sieg des Sozialismus nur dann endgültig, wenn die Religion besiegt ist. Daher kommt auch die Parole der antireligiösen Bewegung: „Der Kampf *gegen* die Religion ist der Kampf *für* den Sozialismus." Die neue Ideologie wurde auf diese Weise zu einer groben Parodie auf die alte, die sie ablöste. (Das ist übrigens ein besonderes Thema im Gespräch über die Kontinuität und die Verbindung zwischen der nationalen Kultur und der vorausgegangenen Kultur).

Es ist ja gut bekannt, wohin die atheistische Ideologie bereits in den ersten 25 Jahren ihrer Herrschaft führte. Und dabei liegt das natürlich nicht nur am Stalinismus, der Stalinismus selbst bedeutet auch keine eindeutige Politik gegenüber der orthodoxen Kirche. Ausgerechnet Stalin hat befohlen, die Russische Orthodoxe Kirche, die im Land praktisch zerstört war, wiederherzustellen. Aber die nachfolgende Geschichte hört dennoch nicht auf, eine Epoche der Kirchenverfolgungen zu sein. Paradoxerweise gehören die Jahre des sogenannten „chruščevschen Tauwetters", die Jahre der ersten Welle der Verurteilung des Stalinismus, zu den außerordentlich harten Jahren für die Kirche.

Und nun wird eine beinahe zerstörte, zumindest in die weiteste, kaum für jemanden zugängliche Ecke der Gesellschaft abgedrängte Kirche in den letzten Jahren zum Lieblingsthema der Massenmedien. (Ich spreche nicht über das Wesen der Sache, sondern nur über die äußere Seite, die aber bezeichnend ist). Es vollziehen sich Massentaufen und Eheschließungen, Priester besuchen Krankenhäuser und Gefängnisse. Religiöse Literatur überquert unbehindert die Grenzen, es wird immer mehr davon innerhalb des Landes herausgegeben, es werden tausende neue Kirchen eröffnet, dutzende Klöster, berühmte Kulturschaffende und Wissenschaftler sprechen offen über ihren Glauben an Gott, keiner leugnet die Tatsache der schrecklichen Verfolgungen des Glaubens und der Kirche. Nach diesen und anderen Beobachtungen kann man über eine Revolution im Massenbewußtsein und im Bewußtsein der ideologischen Führer sprechen.

Aber alles ist natürlich nicht so einfach. Eine stark säkularisierte Gesellschaft kann sich nicht von heute auf morgen so einschneidend verändern. Man kann von einer plötzlichen und wunderbaren Bekehrung einer Person sprechen, aber nicht von der Umkehr einer Gesellschaft. Denn das Problem des Atheismus ist immerhin kein in erster Linie politisches Problem.

Wenn man über die Lage der Religion in der Sovetunion spricht, so sind Kirchenschließungen und das Verbot der religiösen Predigt nicht das tragischste. Das kann man schließlich durch Dekret wiederherstellen. Viel schlimmer ist die Verführung des Geistes, die Versuchung des Volkes. Dabei wurde besonders das nichtaufgeklärte, ungebildete Volk verführt, und es schenkte den leidenschaftlichen, lauten Predigten der sozialen Veränderer Glauben, die das Volk in eine Menge verwandelten, die bereit war, die alte Kultur in den Boden zu stampfen und endgültig zu zerstören, in eine Menge, die von einem neuen Glauben daran, daß „wer niemand war, der wird alles werden," besessen war.

Aber unabhängig davon, wie groß die Schuld der Verführer war, das tragischste besteht doch darin, daß dasselbe Volk, das Volk der Hüter der Frömmigkeit, das gotttragende Volk, die Kirchen zerstörte und die Reliquien schändete. Selbstverständlich gab es auch andere Menschen, die als Bekenner per Etappe in die Lager abgeschoben wurden und als Märtyrer in den Todeszellen saßen. Sie unterschieden sich von der Menge, die während der Oster- und Weihnachtsfeiertage und während der schamlosen atheistischen Straßenfeste, die von den neuen Machthabern organisiert wurden, johlte und höhnte, und dennoch war es dasselbe Volk, das in überwiegender Mehrheit der Russischen Orthodoxen Kirche angehörte. Dabei spielt es keine Rolle, daß viele von ihnen Soldatenmäntel und Matrosenüberzieher trugen, praktisch waren sie alle Arbeiter und Bauern. Leider denken nicht alle in unserem Land (einschließlich der Kirche) daran, nicht alle verstehen, daß die Priester der orthodoxen Kirche die Verantwortung für ihre verirrten Kinder tragen, die sich mit einer solchen Leichtigkeit von der Predigt über den Aufbau einer „neuen Welt" - einer *gottlosen* Welt - verführen ließen.

Es ist verständlich, daß man die Angriffe der Atheisten in der Zeit, als die Kirche rechtlos und unfähig zu antworten war, so erwiderte, daß man die Beschuldigungen gegenüber der ganzen Kirche leugnete. Die atheistische Propaganda machte keinen Unterschied zwischen der Kirche als Leib Christi und einer Institution, einer bürokratischen Verwaltungsstruktur. Aber wenn wir heute zu verstehen versuchen, was unser religiöses Leben störte und stören kann, wäre es seltsam, unmoralisch und sündhaft, die Augen gegenüber den Fehlern und Verfehlungen, die zweifellos da waren, zu verschließen. Aber viele Vertreter der heutigen Geistlichkeit sind nicht bereit, die Verantwortung für die Sünden, die begangen wurden, zu übernehmen, weil sie denken, daß sie damit nichts zu tun haben und es sie nicht betrifft. Aber die gleichen Priester halten sich für die wahren Erben der ganzen Schatzkammer der Spiritualität der orthodoxen Kirche, und sie zweifeln nicht eine Minute daran, daß sie das Recht haben, stolz darauf zu sein. Aber die Hinterlassenschaft muß doch ganz übernommen werden. Dies wird sofort in dem Augenblick deutlich, in dem der gleiche Fehler, die gleiche Sünde, die nicht zum Erbe zu gehören schien, sich wiederholt. Sie wird aber wiederholt, weil sie nicht gebüßt wurde.

*

Indem wir uns Rechenschaft darüber ablegen, daß der Atheismus, zumindest die Ungläubigkeit und der Agnostizismus in der sovetischen, und nicht nur in der sovetischen, Gesellschaft ziemlich verbreitet sind, müssen wir die Motive für die Entfremdung von der Kirche vor hundert, achtzig und sechzig Jahren mit der Einstellung eines heutigen Durchschnittsmenschen, der sich neben der Kirche befindet, aber deren Schwelle nicht überschreitet, vergleichen.

Vor der Revolution war die Begeisterung für atheistische Propaganda hauptsächlich von drei Motiven bestimmt: von der Sehnsucht nach sozialen Veränderungen – nach einem besseren Leben (in ökonomischer Hinsicht), von Illusionen bezüglich der Möglichkeiten von Wissenschaft und Technik bei der Vervollkommnung der Menschheit, und schließlich von dem, was man als ikonoklastische Tendenz bezeichnen könnte (das mangelnde Verständnis und das fehlende Gefühl für Sinn und Bedeutung eines Rituals, die Ablehnung des Heiligen, das Unverständnis für solche Kategorien wie „Ikone", der „Name" u.a.).

Was aber die Staatsmacht betrifft, so wurde das Urteil über sie im Februar und in den nachfolgenden Monaten des Jahres 1917 unmißverständlich gesprochen. Nicht alle sind heute damit einverstanden, man kann aber diese Macht keinesfalls unfehlbar nennen, obwohl sie äußerlich orthodox war und auf den ersten Blick (*nur* auf den ersten Blick) alle Bedingungen für das Existieren und Aufblühen des kirchlichen Lebens geschaffen hatte.

Heute gibt es keinen Grund, die antikirchlichen Stimmungen weder mit den Kritikern der staatlichen Ideologie noch mit ihren Apologeten zu verbinden. Die vergangenen Jahrzehnte widerlegen die Befürchtungen einiger agnostischer Intellektueller, daß die Orthodoxie zur Staatsreligion wird. In jedem Fall scheint ihnen das erhöhte Interesse, das heutzutage gezeigt und erklärt wird, von oben suggeriert zu sein. Wie mir scheint, gibt es für die Autoren solcher Äußerungen natürlich keinen Grund zur Beunruhigung, aber solche paradoxen Aussagen zeugen von einem gewissen Umschwung. Aber eine Art Mißtrauen und Zurückhaltung hat dennoch eine bestimmte politische Färbung. Selbstverständlich sind hier die Befürchtungen mit der kulturell-nationalen Politik, die die Orthodoxie ausbeuten könnte, verbunden. Zu den Illusionen, die die wissenschaftlich-technischen Errungenschaften und die Fetischisierung der Wissenschaft betreffen, kann man wohl sagen, daß diese Motive wahrscheinlich Haupthindernisse auf dem Weg zum religiösen Erwachen bleiben werden. Das ist eine alte Versuchung. Am meisten sind diejenigen von ihr betroffen, die in die Schaffung dieses Fortschrittes nicht einbezogen wurden. Um zu beweisen, daß die Wissenschaft als solche die religiöse Weltanschauung nicht zu zerstören vermag, würde sogar nur ein einziger gläubiger Naturwissenschaftler als Beispiel genügen. Von ihnen gibt es jedoch viele. (Nehmen wir allein schon die Person des weltberühmten religiösen Denkers und Gelehrten Vater Pavel Florenskij). Warum aber entsteht der Kult der Wissenschaft, die zur gleichen Zeit mit der Ethik auseinanderklafft?

Das ist eben eine der Seiten des vielschichtigen und verzweigten Prozesses der Säkularisierung, bei dem es unmöglich zu verstehen ist, wo die Gründe und wo die Folgen liegen. Ein allmählicher Niedergang der geistigen Werte in der Gesellschaft macht sich in erster Linie bei der Intelligenz bemerkbar, die ihrerseits die Stimmungen in der ganzen Gesellschaft bestimmt. Der materialistische Einfluß der Wissenschaft zeigt sich vor allem in der ersten Etappe der wissenschaftlich-technischen Revolution. Er bleibt auch später erhalten, aber hauptsächlich dank der groben und primitiven Popularisierung, für die natürlich die Intelligencija verantwortlich ist. Was aber die Intelligenz am Vorabend der Revolution anbetrifft, so wurden bereits zur damaligen Zeit von den Vertretern dieser Intelligenz viele aufrichtige Reuebekenntnisse, bittere vorwurfsvolle und gleichzeitig auch warme Worte, von Hoffnung auf eine religiöse Wiedergeburt erfüllt, ausgesprochen. Man braucht sich nur an den Sammelband „Die Wegzeichen" (Věchi) zu erinnern. Dem fügen wir als Beispiel noch einige wenig bekannte Aussagen des hervorragenden russischen Wissenschaftlers und Denkers V. I. Vernadskij hinzu.

> „Die russische Intelligenz ist unter den Trümmern der Revolution untergegangen, und es ist auch gut so, denn auf ihr, auf der alten russischen Intelligenz liegt die Schuld für vieles, was geschehen ist und was jetzt geschieht ... Mehr noch – die russische Intelligenz war nicht einmal atheistisch, sie war antireligiös; sie hat zu leben versucht, ohne religiöse Fragen wahrzunehmen, sie verschwieg sie. So war es. Aber so wird es nicht in der Zukunft sein ... Es entsteht eine neue Intelligenz für ein neues Rußland. Die Umrisse dieser neuen Intelligenz zeichnen sich ab. Das sich bildende Interesse für soziale Fragen und Versuche, die reale Orthodoxie wiederzubeleben, sind Tatsachen von großer Wichtigkeit. Ganz zu Unrecht fürchten sich viele davor und be-

trachten dies als Symptome für Reaktion und Stagnation. Nein. Die Geschichte lehrt uns, daß der menschliche Geist auf dem Gebiet der wissenschaftlichen Erkenntnis nur dann etwas Neues erfassen kann und nicht auf der Stelle tritt, wenn die wissenschaftliche Kreativität mit einer breiten religiösen Kreativität Hand in Hand geht. Die moderne religiöse Bewegung in Rußland ist ein Unterpfand für das zukünftige Aufblühen der russischen Wissenschaft."[1]

Das ist ein langes, aber ein sehr wichtiges Zitat. Vernadskij zeigt Optimismus nicht nur in Bezug auf die Rolle der Intelligenz in der Zukunft, sondern überhaupt in Bezug auf Wissenschaft und Zivilisation. An einer anderen Stelle behauptet er, daß „die Wissenschaft eine große Kraft ist. Sie führt zur Verbundenheit der ganzen Menschheit. Sie ist aber ihrem Wesen nach nicht imstande, den Menschen eine vollständige Vorstellung über das Leben zu liefern. Sie kann weder Religion noch Kunst ersetzen. Die westliche Zivilisation mit ihrer materiellen Kultur ist keine Abweichung von der idealen Ordnung. Die materielle Zivilisation der Menschheit ist ein kosmischer Prozeß in der Geschichte der Erde. Sie ist die gleiche Erscheinung des Lebenden, wie auch das Lebende selbst auf unserem Planeten."[2]

Wie mir scheint, haben die Worte von V. I. Vernadskij auch heute nichts von ihrer Aktualität eingebüßt. Wir verbinden die Hoffnung auf das Aufblühen der Kultur wieder mit der immer stärkeren Verkirchlichung der Intelligenz. In den großen Städten zeichnet sich ein großes Interesse für die Religion besonders unter der Intelligenz ab. Auch unter der Jugend ist das religiöse Suchen hauptsächlich im intellektuellen Milieu verbreitet. Das verpflichtet die Priester zu vielem, die sich früher hauptsächlich auf alte Frauen und den ungebildeten Teil der Bevölkerung orientierten. Vielleicht ist das eine der wesentlichen Besonderheiten der Predigt in unserer Zeit.

Weil aber für die Mehrheit der Menschen, die sich außerhalb der orthodoxen Kirche befinden, die Orthodoxie in bedeutendem Maße vom Ritual bestimmt ist, gehört das Unverständnis, das mangelnde Gefühl für das Ritual zu einem der Motive der Säkularisierung. Das Ritual ist die äußerliche, symbolische Form des tiefen spirituellen Inhalts der Religion in der russischen Orthodoxie, ohne dessen Verständnis vieles

---

[1] Russkaja intelligencija i novaja Rossija. Doklad na s"ezde Tavričeskoj naučnoj associacii. „Tavričeskij golos" (Simferopol'), 9.11.1920. Zit. nach: V. Vernadskij: „Dovol'no krovi i stradanij", in: Vek XX i mir 1/1990, S. 28
[2] Pis'ma k russkoj i ukrainskoj molodeži. Nabroski, ijuń 1924 goda. – Archiv AN SSSR, f. 518, op. 1, d. 220. Zit. nach V. Vernadskij: „Dovol'no krovi i stradanij", in: Vek XX i mir 1/1990, S. 30

nicht zu begreifen ist: Dies ist aber das Thema der dritten Sektion unserer Konferenz, deswegen werde ich mich damit nicht beschäftigen.

Das ist nur ein flüchtiger Überblick über das Problem der Wiedergeburt des religiösen Lebens in Rußland und des Säkularisierungsprozesses in der modernen Welt. Die nächste Ebene der Analyse dieses Problems ist ihre Betrachtung im kulturologischen Kontext. Damit beschäftigt sich aber die zweite Sektion unserer Konferenz.

Valentin Asmus, Zagorsk

Konservatismus und Modernismus

Konfessionell bedingt divergierende Meinungen und Trennungen hat es im Christentum eigentlich schon seit den Anfängen seiner Geschichte gegeben. Und stets führten sie in den zurückliegenden Jahrhunderten zu bekenntnisorientierten Abgrenzungen der Gemeinden gegeneinander, da als wichtigstes Aufbauprinzip einer christlichen Gemeinde zu allen Zeiten die Einheit im Glauben galt. Doch seit dem letzten, in verstärktem Maße aber seit diesem Jahrhundert gewinnt eine neue Trennung innerhalb der Christenheit an Boden: die Unterscheidung nach Konservativen und Modernisten. Es ist eine Trennung, die sowohl bei Protestanten als auch bei Katholiken und orthodoxen Christen festgestellt werden kann. Sie übt einen großen Einfluß auf den Gesamtverlauf der Kirchengeschichte aus, führt sie doch ähnlich wie die früheren konfessionellen Unterschiede zu neuen Schismen und Abgrenzungen. Für die Orthodoxie ist diese neuere Erscheinung noch nicht so kennzeichnend wie für die westliche Christenheit, obgleich es auch in der Welt der Orthodoxie zu schmerzhaften Kirchenspaltungen gekommen ist. So zieht sich beispielsweise innerhalb der Griechischen Orthodoxen Kirche bis in unsere Tage das „altkalendarische" Schisma hin, das seine Anfänge in den 1920er Jahren nahm. Freilich muß die Ursache dieser Kirchenspaltung eher als zweitrangig bezeichnet werden, da sie den dogmatischen Bereich nicht tangiert. Zu den kühnsten Versuchen einer Modernisierung der Orthodoxie gehört zweifellos das russische „Erneuerertum" in den Zwanziger und Dreißiger Jahren unseres Jahrhunderts. Die Erneuerer haben nicht nur die Soziallehre des Kommunismus voll und ganz rezipiert, sondern auch den kanonischen Aufbau der Kirche entscheidend reformiert. Aber auch sie wagten es nicht, die dogmatischen Lehrinhalte der Orthodoxie anzutasten; selbst ihre breit propagierten liturgischen Reformen wurden größtenteils nicht realisiert. Das Erneuerertum fand bei den breiten Schichten des Kirchenvolkes keine nennenswerte Unterstützung, und sobald der Staat ihm seine Unterstützung entzogen hatte, fiel es augenblicklich in sich zusammen. Insgesamt gesehen sind modernistische Strömungen eher für das christliche Abendland kennzeichnend. Innerhalb der protestantischen Welt hat der Modernismus schon in der zweiten Hälfte des 19. Jahrhunderts feste Positionen bezogen. Die katholische Kirche wiederum wurde über längere Zeit hinweg von vielen als eine weltweite Vereinigung der konservativen Kräfte verstanden. Doch es findet das

Zweite Vatikanische Konzil statt – und die gesamte katholische Kirche wird von einer stürmisch aufbrausenden Strömung der Erneuerung erfaßt, auf deren Wogen der Modernismus immer höher reitet. Noch ist es zu früh, von einem vollständigen Sieg des Modernismus innerhalb der christlichen Kirchen sprechen zu wollen, doch in der öffentlichen Meinung einer säkularisierten Gesellschaft hat er schon seit langem siegreichen Einzug feiern können. In den Augen dieser Gesellschaft kann nur das modernisierte Christentum als einzig rechtmäßiger Vertreter des Christentums gelten. Und jene Christen, die sich in aufrichtiger Überzeugung für treue Anhänger der traditionellen Glaubenslehre halten und bemüht sind, diese zu verteidigen, werden öffentlich zu „Aussätzigen der Christenheit" deklariert und mit allerlei diskriminierenden Epitheta versehen (bis hin zu rein politisch orientierten Spottnamen wie „Reaktionäre", „Ultras", „Chomeinisten" u. a. m.). Wir erleben allenthalben eine Atmosphäre der Ungerechtigkeit und der Voreingenommenheit. Zu kirchlichen Ruhestörern werden eben jene erklärt, die gerade am wenigsten Lust haben, an den jahrhundertealten Traditionen des Christentums zu rütteln, ihre Gegner aber, die eine breit angelegte Revision der christlichen Glaubenslehre verwirklichen, präsentieren sich als Repräsentanten des ursprünglichen Geistes bzw. des ursprünglichen Gedankenguts der Kirche. Dieser Zusammenprall der beiden Tendenzen innerhalb der modernen Christenheit kann weitreichende Folgen haben, und wir sollten uns an der Schwelle zum dritten Jahrtausend unserer Geschichte darüber Gedanken machen.

Schon hat das Schisma des Mgr. Marcel Lefebvre (1905–1991) stattgefunden. Selbst wenn seine Bewegung zahlenmäßig begrenzt blieb, hat sie dennoch die Sympathien eines bedeutenden Teils der intellektuellen Elite auf ihrer Seite. Die ihrer Veranlagung nach liberale protestantische Welt konnte über längere Zeit hinweg der sich ausweitenden Konfrontation der beiden Richtungen in aller Ruhe zusehen. Doch auch in den protestantischen Kirchen vollziehen sich Veränderungen, die nicht mehr ignoriert werden können. So hat sich die konservative Minderheit der nordamerikanischen Lutheraner unter der Führung der Missouri-Synode von den übrigen Lutheranern Amerikas deutlich abgegrenzt. Und wenn es innerhalb der europäischen protestantischen Kirchen noch nicht zu einem endgültigen Bruch gekommen ist, so sind die unterschwelligen Spannungen dennoch unverkennbar. Darüber hinaus lassen sich die bedeutenden Erfolge jener Konfessionen, die bei uns in Rußland „Protestantische Sekten" genannt werden und in Deutschland unter der Bezeichnung „Freikirchen" bekannt sind, vor allem dadurch erklären, daß sie unter dem Banner des Kirchenkonservatismus agieren.

In den Augen vieler einfacher Gläubiger kompromittiert der Modernismus die von der Ökumenischen Bewegung unternommenen Bemühungen zur Annäherung unter den Kirchen. Zu den ersten Schlagworten der Ökumenischen Bewegung gehörte der Aufruf, zu den gemeinsamen Ursprüngen und Grundlagen des Christentums zurückzukehren. In Wirklichkeit machten sich aber im Ökumenismus schon bald modernistische Verführungskünste bemerkbar, die für viele unabdingbar zu einem Bestandteil des Ökumenischen Denkens geworden sind.

Der Modernismus manifestiert sich in den verschiedensten Bereichen. Ich möchte hier über die sozialen Lehren der Modernisten kein wertendes Urteil abgeben. Es sei jedoch festgehalten, daß sie nicht nur die neutestamentliche Lehre von der menschlichen Gesellschaft revidieren, sondern nur allzuoft die Grundlagen des christlichen Glaubens durch falsche, wenn auch weitgefächerte, soziale Doktrinen zu ersetzen suchen; diese reichen vom Liberalismus bis hin zum Extremismus, wobei die Vertreter dieses letzteren sich zu haarsträubenden Lästerungen hinreißen lassen – etwa wenn sie auf Plakaten einen mit einer Maschinenpistole bewaffneten Christus darstellen.

Der Modernismus dringt aber auch in den Bereich der Glaubenslehre ein. Sehr zutreffend kennzeichnete der russische Philosoph K.N. Leont'ev (1831–1891) die modernistischen Methoden zur „Ausarbeitung einer Weltanschauung" (er stellte schon in den frühen achtziger Jahren des 19. Jahrhunderts die Gefahr des Modernismus in Rußland fest):

> „Für sie gilt es, das eine *zu verschweigen;* das andere *zu ignorieren;* das dritte wiederum völlig *zu verwerfen;* vor manchen hat man sich *zu schämen;* als *heilig und gottgegeben* wird nur das anerkannt, was für die Orthodoxie völlig fremden Auffassungen eines europäischen *utilitaristischen Fortschritts* am nächsten kommt ... Diese Art „Häresie", die allerdings nicht genauer ausformuliert ist und sich bislang noch nicht zu einer häretischen Kirche organisiert hat, ist bei uns innerhalb der Gebildetenschicht heutzutage ziemlich verbreitet" (Quelle: Naši novye christiane, Moskau 1882, S. 4).

Leont'ev sprach von den Verirrungen der Menschen, die mit einem „Kirchenmagisterium" nichts zu tun hatten. Heutzutage kann man aber dieselben Vorwürfe sogar an viele Leitfäden zur Glaubenslehre richten, d.h., an Lehrbücher, die ganz offiziell im Namen ihrer Kirchen verlegt werden. Ein kennzeichnendes Merkmal solcher Lehrwerke ist die beabsichtigte Vernebelung ihrer Formulierungen und Definitionen. Dadurch kann erreicht werden, daß jemand, der in der Kirchenlehre bewandert ist und sie anerkennt, nicht geschockt wird, – anderseits aber jemand, der nicht mehr bereit ist, dem traditionellen christlichen Glauben Folge zu leisten, die volle Freiheit erhält, so zu glauben, wie es ihm beliebt. Selbst wenn hier nur gutgemeinte pastorale Überlegungen den Anstoß gegeben hätten, bleibt der Versuch einer solchen Kompromißlösung dennoch unzulässig und unmöglich, denn „was für ein Teil hat ein Gläubiger mit dem Ungläubigen?" (2. Kor 6,15). Meistens scheinen jedoch solche neuen Formulierungen ganz aufrichtig gemeint zu sein, ohne irgendwelche begleitende Überlegungen der „Ikonomie". Und schon beginnt man über die wichtigsten Glaubensinhalte zu sprechen: Die Lehre vom Heiligen Geist wird in Anlehnung an den alten Modalismus gedeutet, so daß sie auf diese Weise dem jüdischen und islamischen „strengen Monotheismus" nahekommt. In ausgesprochen diffuser Weise wird auch die Christologie dargelegt. Anstelle von klaren Worten über den Gottmenschen, über die Menschwerdung Gottes werden nebelhafte Phrasen vorgesetzt wie „Gott selbst ist es, der im Leben und Tod Jesu wirkt;" „Sein Leben und Tod sind ein Ereignis, das Gott in Seinen Tiefen aufs heftigste aufwühlt, ein Ereignis, in dem Er selbst gegenwärtig ist;" „es gehört zum Wesen Gottes, sich in diesem Menschen Jesus zu manifestieren." Alle diese Phrasen drücken alles Mögliche aus – Arianertum, Adoptionismus, Nestorianertum ... – nicht aber den ursprünglichen, auf dem Evangelium aufbauenden Glauben an das Wort Gottes, an den fleischgewordenen Logos (Joh 1,1-14). Die anthropologische Dichotomie des Christentums wird von der modernistischen Theologie einfach verworfen. Und zwar geschieht dies mit Sicherheit aus einer feigen Liebedienerei vor der sog. „wissenschaftlichen" atheistischen Anthropologie. Überhaupt gehört eine gewisse kultische Anbetung der „Wissenschaft" und das Bestreben, die aus dem Glauben resultierende Lehre mit der „wissenschaftlichen Weltanschauung" in jeder Hinsicht in Einklang bringen zu müssen, zu den Hauptmerkmalen des Modernismus. Hier wird weder der durch völlig unwissenschaftliche philosophische Theorien erfolgenden Indoktriniertheit der modernen Wissenschaft noch der unheilvollen Auswirkung derartiger „vernünftiger Interpretationen des Glaubens" auf den Glauben selbst in irgendeiner Weise Rechnung getragen.

Das Erstaunliche dabei ist, daß beim Leugnen der traditionellen christlichen Anthropologie auf die in der Bibel enthaltenen Lehre vom Menschen verwiesen und diese zur mittelalterlich-patristischen Lehre in Opposition gesetzt wird. Dabei weigert man sich zu erkennen, daß die Dichotomie schon durch den Genesis-Bericht über die Erschaffung des Menschen (2,7) belegt und im Neuen Testament mehrmals bezeugt wird. Dies alles ist für den Glauben und auch für die moralischen Grundsätze völlig verheerend. Heute ist die Behauptung zur Mode geworden, die Moral des Mittelalters wäre streng genommen gar nicht christlich gewesen, gründete sie doch auf dem Platonismus, der alles Irdische, darunter auch den menschlichen Körper, verachtete und dem spirituellen Prinzip in allem den Vorrang einräumte. Dieser neuen Auffassung zufolge hat das Christentum mit diesem sogenannten mittelalterlichen Platonismus nicht das geringste gemeinsam. In Wirklichkeit aber bedeutet dieses Herauslösen des Platonismus aus dem Christentum durchaus keine Rückkehr zur Lehre der Bibel über den Menschen. So stört sich der moderne Mensch an der biblischen Lehre vom Sündenfall der Vorfahren und an dem daraus resultierenden Geschädigtsein der menschlichen Natur durch die Sünde. Viele wünschen sich, daß das biblische „sehr gut" (1. Mose 1,31) sich direkt auf sie bezöge, auf den Menschen und die Welt in ihrem jetzigen Zustand. Dabei erkennen sie nicht, daß zwischen diesem „sehr gut" (1. Mose 1,31) und uns der Abgrund des Sündenfalls liegt.

Man verschließt seine Augen vor der durch die Sünde provozierten Krankheit und will auch die von Gott angebotenen Methoden zu ihrer Behandlung nicht erkennen. Man vergißt nur allzu leicht, daß eines der wichtigsten Heilmittel schon immer die Askese war; sie ist der Religion als solcher zu eigen, das Christentum ist aber vornehmlich eine asketische Religion. Die Formen der christlichen Askese können mannigfaltig sein. Die Askese ist keineswegs nur das Los der Mönche. Es wäre ein unmögliches Unterfangen, alle Belege des Neuen Testaments zur Askese sammeln zu wollen. Wir erinnern in diesem Zusammenhang aber besonders an die Stelle im Galaterbrief: „Die aber Christus Jesus angehören, die haben ihr Fleisch gekreuzigt samt den Leidenschaften und Begierden" (Gal 5,24). Diese Worte beziehen wir nicht allein auf Mönche, die es in der Apostelzeit noch nicht gab. Man kann überhaupt sagen, daß die „Doppelmoral" für den Apostel Paulus etwas vollkommen Fremdes darstellt. Die mittelalterliche Askese war allumfassend und erstreckte sich auf alle Lebensbereiche. Der moderne Mensch der Verbrauchergesellschaft steht auf großer Distanz zur Askese, obgleich in unserer heutigen Welt vieles dafür spricht, daß die Selbstbeschränkung, die in früheren Zeiten ein freiwilliges Werk darstellte, gegenwärtig immer mehr zu einer drängenden Lebensnotwendigkeit wird (man denke beispielsweise nur an die Umweltkrise).

So steht es um den Modernismus im Bereich des Glaubens und der Moral. Aber auch im Bereich der Kirchenordnung finden wir zahlreiche Neuerungen, die mit der Bibel nicht in Einklang zu bringen sind. Man nehme beispielsweise das sogenannte Priestertum der Frauen, das der naturgegebenen Ungleichheit der Geschlechter völlig widerspricht („Denn der Mann ist nicht von der Frau, sondern die Frau von dem Mann" – 1. Kor 11,8; „Der Mann aber ist das Haupt der Frau" – ebda., 3) und auch zur geheimnisvoll-gnadenreichen Bedeutung der beiden Geschlechter im NT in Widerspruch steht (Eph 5,22–27), wo der Mann mit Christus, die Frau aber mit der Kirche gleichgesetzt wird.

Dabei gibt der Apostel auch völlig eindeutige Anweisungen: „Eure Frauen sollen in der Gemeindeversammlung schweigen" (1. Kor 14, 34) bzw. „einer Frau gestatte ich nicht, daß sie lehre" (1. Tim 2, 12).

Äußerst Betrübliches spielt sich vor aller Augen auch im gottesdienstlichen Bereich ab. Der aus der jahrhundertelangen geistigen Erfahrung der Kirche gewachsene Gottesdienst wird leichtfertig verworfen. Wir erleben eine wahre Säkularisierung des Kultus. Die ehrfürchtige Anbetung Gottes „im Geist und in der Wahrheit" (Joh 4, 23) muß einem Meeting, einem Vortrag, einer Musik- oder theaterähnlichen Veranstaltung weichen.

Zu allen Zeiten stellte die Bibel die Grundlage des christlichen Glaubens dar. In den letzten Jahrzehnten ist eine ausgeprägte Bibelorientierung, die früher vor allem für die Protestanten typisch war, nun auch für die katholische Welt kennzeichnend geworden. Auch die Modernisten verweisen natürlich auf die Bibel. Jedoch leugnen sie mit aller Entschiedenheit das Ansehen der Bibel als eines auf göttliche Eingebung zurückgehenden Buches. Wollten die Reformatoren des 16. Jahrhunderts der Welt ein von allen späteren menschlichen Hinzudichtungen befreites Wort Gottes präsentieren, so ist es die Absicht der Modernisten (sofern sie wirklich aufrichtig nach der Wahrheit suchen und nicht nach der Möglichkeit irgendeines schwammigen Kompromisses), die Gott inspirierte Wahrheit von den – wie sie meinen „allzu menschlichen" – Einschränkungen der Heiligen Schrift zu befreien. So begibt man sich auf die Suche nach einem gewissen „ursprünglichen Wesen des Christentums" (diesen Titel hatte das bekannte Buch von Adolf v. Harnack), in dessen Licht der gesamte Inhalt der Heiligen Schrift aufs strengste untersucht, sortiert und beurteilt wird. Als eine mögliche bequeme Methode einer derartigen Präparierung und inhaltlichen Beschneidung der Schrift dient ein merkwürdiger Ansatz zur scheinbaren Lösung des Problems der Beziehung zwischen Glaube und Kultur. Dieser Lösung zufolge stellt die Kultur etwas Neutrales und in bezug auf die Religion Außenstehendes dar. Folglich läßt sich der Glaube einerseits mühelos von seinem kulturellen Mantel abstrahieren und andererseits mit Leichtigkeit in den Kontext einer beliebigen Kultur einflechten. Mir persönlich erscheinen derartige Ansichten von Haus aus falsch. Die Kultur wird doch von einer bestimmten, konkreten Religion gezeugt und drückt sie entsprechend aus. Und es ist sehr schwierig, besser gesagt – unmöglich–, die Kultur zum Ausdrucksmittel einer anderen, neuen Religion machen zu wollen. Es bedurfte eines titanenhaften geistigen und intellektuellen Einsatzes mehrerer Generationen, um die griechisch-römische Kultur dem Christentum dienstbar machen zu können – und im Endergebnis wurde diese alte Kultur umgeformt; in ihrer früheren Gestalt verschwand sie gänzlich von der Oberfläche und wurde gleichsam zum Sockel eines neuen Bauwerkes. Brauchte man derart immense schöpferische Anstrengungen, um eine vorchristliche Kultur, die immerhin von einer Erwartung des Kommenden durchdrungen war, christlich zu machen, so läßt sich kaum abschätzen, um wievieles schwieriger so etwas in bezug auf eine vom Glaubensabfall gekennzeichnete postchristliche Kultur wäre. Deshalb ist es fast schon eine Gesetzmäßigkeit, wenn konservative Kirchenkreise auch einen kulturellen Konservatismus an den Tag legen.

Somit erscheint der Konservatismus auf dem Hintergrund des Modernismus als ein ganzheitliches und insgesamt gesehen gesundes Phänomen. Sehr viele Vorwürfe, die gegen die Konservativen erhoben werden, sollten eigentlich nur ihrem radikal-militanten Flügel dienen. Bei näherer Betrachtung des Konservatismus stellen wir fest, daß er unterschiedlich motiviert und von einem unterschiedlichen geistigen Gehalt erfüllt sein kann. Zum einen kann er der Ausdruck eines starken Glaubens sein, der sich dem modernen Unglauben mit aller Entschiedenheit widersetzt, zum anderen kann er aber auch einen Kleinglauben ausdrücken, der seine inneren Schwankungen durch äußere Stabilität auszugleichen sucht. Er kann tiefe Religiosität ausdrücken, aber auch eine Art oberflächlicher Sentimentalität bzw. kalten Ästhetismus beinhalten. Der für den modernen Konservatismus typische Eschatologismus kann ein frohes Erwarten des in Herrlichkeit einziehenden Christus sein, ist zuweilen aber auch der Ausdruck von Furcht und Ratlosigkeit angesichts der Veränderungen und Erschütterungen in der Welt von heute. Der Konservatismus kann eine lebendige Teilnahme an der Tradition sein, kann aber auch die Unfähigkeit bedeuten, diese Tradition im modernen Leben schöpferisch zu aktualisieren. In diesem letzteren Fall appelliert der Konservatismus nur allzuoft nicht an die altehrwürdigen ursprünglichen Traditionen, sondern an ganz junge „Traditionen" aus dem 19. Jahrhundert bzw. der ersten Hälfte des 20. Jahrhunderts, – mit anderen Worten an eben jene Traditionen, die selbst erst noch im Lichte des christlichen Zeugnisses einer kritischen Revision unterzogen werden müssen.

Fühlen die Modernisten keinerlei Verantwortung für die Wahrung der Nachfolge, so empfinden die Konservativen längst nicht immer eine Verantwortung für die Wahrung der kirchlichen Einheit und sind verhältnismäßig leicht bereit, Kirchenspaltungen in Kauf zu nehmen.

Das Thema meines Beitrags ist natürlich eng mit dem Problem des Allgemeinen bzw. des Besonderen in der Kirche verknüpft. Das Eingebundensein in lokale Traditionen, ein Partikularismus, der die ökumenischen, globalen Horizonte und Perspektiven vergessen läßt, – all' dies ist zumeist ein unverkennbares Merkmal des Konservatismus. In einigen Fällen treten jedoch unter dem Schlagwort des Partikularismus bzw. eines sektiererhaften kirchlichen Nationalismus ausgesprochene Modernisten auf. In solchen Fällen sind ihre Verweise auf die Tradition mehr oder weniger unbegründet bzw. falsch.

Zum Abschluß darf ich meine Ansicht wiederholen, daß die immer deutlicher werdenden Gegensätze zwischen Modernisten und Konservativen in der Geschichte der Kirche sehr folgenschwer sein können. Zur Überwindung dieser Gegensätze erscheint es notwendig, unsere jüngste Vergangenheit (d. h., die beiden letzten Jahrhunderte) einer kritischen Revision zu unterziehen. Es gilt, eine Bestandsaufnahme aller Verluste, die die Christenheit innerhalb dieser Zeitspanne hinnehmen mußte, zu erstellen und die Zukunft mit dem festen Wunsch anzusteuern, daß bei allen menschlichen Streitigkeiten der Sieger Christus sei. Stets müssen wir nur das wollen, „was göttlich, nicht aber das, was menschlich ist" (nach Matth 16,23) und uns mit festem Willen am Aufbau des Werkes Christi auf Erden bzw. am geistigen Streben zum „Himmlischen Jerusalem" aufrichtig beteiligen.

Irenäus Totzke OSB, Niederaltaich

Sakral und profan in der Kirchenmusik

Sakral und *profan* haben verschiedene Bedeutungen. Die beiden Begriffe sollen im folgenden unter christlichem Gesichtspunkt verstanden sein: *Profan* als das Naturhafte, Kreatürliche (d.h., das auf der Ebene des bloß-Geschöpflichen Liegende), das noch nicht für die Erlösung in Dienst Genommene, das noch nicht Geheiligte, noch nicht Geweihte. Demgemäß ist *sakral* das auf der Ebene der Erlösung Liegende, das für die Erlösung in Dienst Genommene, das Geheiligte, Geweihte.

Alles Sakrale war in unserer christlichen Geschichte vorher profan; alles Profane aber soll geheiligt werden. Die Hl. Väter predigen deshalb die Theose der Welt (gr.: „Theiōsis tou kosmou", slav.: „Oboželtvlenie mira"). Nur einer ist von sich aus – genuin – sakral: der Heiligende, der Weihende: Gott, und zwar als heiligender Sohn und heiligender Geist. Wir aber, die zu Heiligenden, erfahren diese Heiligung durch das Instrument des Bildes als Wort, Farbe, Klang und Handlung, wobei dem klarifizierenden Wort eine gewisse Präponderanz zukommt. Keine Ikone ohne Aufschrift, keine Musik ohne Text, keine liturgische Handlung ohne Hl. Schrift bzw. Hymnus bzw. Gebet.

Brot und Wein sind – rein natürlich betrachtet – profan. Sie werden aber durch die Heiligung sakral, ja sie werden als einzige zu Anti-Typen (Nachbildern) des Leibes und des Blutes Christi. Andere Gegenstände, wie z.B. das Hl. Öl (Chrisam bzw. Myron) werden auch sakral, bleiben aber in ihrer Substanzialität unverändert. Ähnlich die Musik: Sie ist zunächst profan. Erst durch Bindung an das Heilige Wort wird sie sakral. So ist die Entwicklung in der ganzen christlichen Kirche im ersten Jahrtausend. Erst durch diese Bindung an das sakrale Wort aber entstand die Voraussetzung zur Entstehung einer weltlichen Musik, die zwar nicht mehr sakral ist, aber doch noch das Gütezeichen der alten Weihe an sich trägt. Sie kann ihre sakrale Herkunft – genau wie das europäische Theater seine Herkunft aus dem antiken Kult – nicht verleugnen, obgleich sie es je länger desto mehr versucht. Diese Entwicklung hin zu einer weltlichen Musik ist im west-römischen Europa ab dem 13., im ost-römischen Europa ab dem 17. Jahrhundert zu beobachten. Weltliche Musik entsteht als Abzweigung von der sakralen.

Für die sakrale Musik ist folgender Umstand besonders wichtig: Die musikalisch gefaßte, d.h., in den Ornat der Musik eingekleidete sakrale Sprache erklingt im Kult in einer Gruppe zugleich als Ausdruck dieser Gruppe, als ihre Darstellung, als ihr Zeugnis, als ihre Hingabe. Sie ist

„ekklesial". Deswegen ist sie auch nicht Umgangssprache, sondern – wie dies schon vom jüdischen Gottesdienst gefordert wird – „gehobene" Sprache, Sprache der Dichtung. Die „gehobene", d. h. von höherer Warte aus zusammen-schauende und in-die-Tiefe-blickende „poetische", d. h. kreatorische Sprache aber drängt, da vom Logos bestimmt und vom Pneuma getrieben, in voneinander abgesetzte Intervalle, und aus Seufzer und Schrei wird Gesang. Wortlose Haltung wird zum Hymnus, anbetender Gestus zum Gebet. So entsteht in der christlichen Kirche der einstimmige liturgische Gesang. Er ist „tönende Verkörperung der Gemeinde" (Georgiades) und als Klang „Musik der Textaussprache" (Jammers). Wort und Ton bilden eine unauflösliche Einheit, beide sind jetzt *sakral.*

„Profane" Musik ist demnach dort, wo sie nicht an das sakrale Wort gebunden ist: im instrumentalen Bereich und in jener Mehrstimmigkeit instrumentaler Herkunft. Letzteres ist im Westen der Fall (mit Ausnahme der ungeklärten Herkunft der Mehrstimmigkeit des italienischen Trecento). Eine – im Westen leider nicht gebührend beachtete – Ausnahme im Osten ist der russische gottesdienstliche Gesang des 16. Jahrhunderts, der seine eigentümliche homophon-polyphone Gestalt allem Anschein nach aus dem Wort aufgerichtet hat. Seine Tragik ist – und hierin spiegelt sich die ganze Tragik der Entwicklung des russischen Lebens im 17. Jahrhundert –, daß nicht er die kommende Entwicklung bestimmte, sondern der aus dem Westen importierte venezianisch-polnische Stil, der sog. Partes-Gesang („partesnoe pěnie"). Gleichzeitig dürfen wir aber nicht vergessen, daß alle Profanität geweiht werden soll, kann und muß. Und so wurde auch diese Profanität geweiht. Im Westen entstanden die verschiedenen Schulen des Kirchengesanges: Notre-Dame, die Niederländer, die Italiener und im Osten der sog. polnisch-ukrainische Stil. Die Frage aber, die sich erhebt, wenn man die verschiedenen Transformationen des europäischen Denkens betrachtet, lautet: Wird sich jede Profanität in den Dienst der Erlösung nehmen lassen oder wird sie ihrerseits eines Tages versuchen, die Sakralität zu profanisieren oder gar zu profanieren?

Im Westen dauert der Prozeß der Heiligung der Profanität durch die Sakralität vom 10. bis zum 17. Jahrhundert. In dieser Zeit ist Musik – Musik als Sinnträger, nicht Musik als Unterhaltung und Zerstreuung wie Tanzmusik – also nichts anderes als mehrstimmige Bearbeitung des einstimmigen Gesanges. Ähnlich verläuft die Transformation in Rußland: Aus dem einstimmigen Gesang werden zwei-, drei- und vierstimmige Partituren. Es entsteht die sog. „frühe russische Mehrstimmigkeit" („rannee russkoe mnogogolosie") im mittleren und späten 16. Jahrhundert, die sich etwa 100 Jahre lang behauptet. Im 17. Jahrhundert aber geschieht etwas Neues: Es erfolgt im Westen der Einbruch der instrumental- und damit profan-gezeugten Musik. In der Öffentlichkeit wird die Kathedrale vom Hof verdrängt, an die Stelle der Liturgie tritt mehr und mehr die Oper. Die orthodoxen Sänger der Ukraine entwickeln gegen diese profanen Allmachts-Tendenzen den mit den Mitteln der Modernität – kurze und mehrstimmige Melodien! – ausgestatteten „Kiever Choral" („kievskij rospěv") und als zweiten Schritt den polnisch-ukrainischen Kathedralstil, den sie ab 1652 nach Moskau exportieren. Im Westen entwickelt die Kirche gegen die Oper das Oratorium, doch gelingt es nicht, deren Vorherrschaft in der Öffentlichkeit zu brechen. So beschreitet man den nicht ungefährlichen Weg der „Überwindung durch Angleichung": Um den Einfluß in der Öffentlichkeit und damit die Möglichkeit der Evangelisation nicht zu verlieren, bilden die Bischöfe ihre Kurien zu Höfen um; Elemente der höfischen Festmusik werden in die Kirchenmusik übernommen. Die weltliche Instrumentalmusik aber erlernt von der sakralen Sprache das Artikulieren, die Musik wird sprachähnlich. Melodische Figuren werden entworfen, die dem dafür gebildeten Hörer artikulierte Gedanken vermitteln. Ab dem 18. Jahrhundert drängt sie ihre – ursprünglich der sakralen Sprache abgewonnene – Art zu artikulieren dann der Sprache auf. Auch die wortgebundene Musik wird nun in ihrem Charakter instrumental. Es ist der erste Versuch des Übergriffs der Profanität auf die Sakralität; denn die Inhalte der mitgeteilten Artikulierungen sind nicht mehr lange christlich! Im Osten versuchen die Russen, die polnische Musik zu „orthodoxisieren" – und es gelingt ihnen zunächst. Im Westen aber geht der Weg zur Darstellung des – einstweilen noch – von der Sakralität bestimmten Menschen, etwa in der „Zauberflöte" oder im „Fidelio". Die russische Musik des 17. Jahrhunderts ist eine Verbindung von (russisch-) kirchenslavischer Sprache mit instrumental-gezeugter, aber durch die Sakralität geweihter mehrstimmiger Musik. Höhepunkt ist der Komponist Vasilij Titov: Bei ihm deckt sich Struktur der Musik mit Struktur der Sprache (wie in Deutschland bei Schütz). Seine Musik zeigt den Menschen von einer neuen, bis dahin nicht geahnten, aber immer noch authentischen Seite.

Das 18. Jahrhundert bringt insofern etwas Neues, als bis dahin die Faktur der *gesamten* Musik durch die sakrale Musik bestimmt war. Die Musik war an das sakrale Wort gebunden, die Mehrstimmigkeit war durch das Wort geheiligt, die Instrumentalmusik der Kirche war integriert. Bedrohlich aber waren die Entwicklung von Fürstenhof und Oper. Ab dem 18. Jahrhundert wird die Faktur der weltlichen Musik maßgebend auch für die geistliche. Der alte Prozeß der „Heiligung" gelingt nur an einem Ort: in Wien bei Haydn, Mozart und Beethoven.

Die Versuche in Italien – etwa bei Galuppi, Cimarosa, Paisiello und Sarti – sind nicht überzeugend, ebenso die Versuche in Rußland bei Berezovskij, Bortnjanskij und Vedel'. In den Vordergrund schiebt sich das Individuelle, Subjektive, Private. Nur in Wien gelingt für kurze Zeit eine Synthese: Die Wiener Klassiker verwandeln das spezifisch Sakrale der Sprache und der Musik, nämlich die Wortgebundenheit, den Inhalt der Worte, die sakrale Artikulation, die geweihte Instrumentalität in „zutiefst christlich-verankertes Allgemein-Gültiges" (Georgiades). Was in der „Zauberflöte" noch möglich war: Mythos-Märchen *plus* Evangelium zerfällt später in „Parsifal" einerseits und „Fledermaus" andererseits (Georgiades).

Übrigens hat die gesamte Musik der Wiener Klassik – nicht nur ihre Opern – diesen weltlich-geistlichen bzw. geistlich-weltlichen Doppelcharakter. Selbst da, wo sie keine sakralen Wörter verwendet, ja auch da, wo sie überhaupt keine Wörter verwendet, ist ihr Inhalt immer noch christlich. Die Symphonie stammt formal gesehen von der Oper ab, die Faktur ihrer Sprache aber kommt von Händel, Bach und Schütz. Das Streichquartett stammt formal gesehen aus der Unterhaltungsmusik, aus dem Divertimento, die Faktur seiner Sprache aber hat die gleiche Herkunft wie die Symphonie; ihr „sprechender", artikulierender Charakter war ursprünglich durch das sakrale Wort herbeigeführt worden. Das Wissen um das religiöse Faktum bleibt in der Wiener Klassik oft unausgesprochen, ist aber vorhanden. Bei den anderen europäischen Völkern, die diese im Sinne der Apokalypse „aufhaltende" Barriere der Wiener Klassik nicht kennen, beginnt schon im 18. Jahrhundert die Teilung zwischen weltlicher und geistlicher Musik, wobei die geistliche Musik unwillentlich in den Sog, ja in den Bann der weltlichen gerät. Denn das Wichtigste geht verloren: das Ekklesiale. In beiden Teilkulturen – der geistlichen und der weltlichen – wird nun das Individuum in Riesendimensionen dargestellt. An die Stelle des meditierenden Ernstes tritt Düsterkeit (vgl. die Requiemkompositionen des 19. Jahrhunderts, besonders die Dies-irae-Vertonungen), an die Stelle des durchgottenden Taborlichtes treten grelle Farben (überhaupt tritt Farbe an die Stelle des Lichtes) und die Tränen der Tiefe – das donum lacrymarum der Mystik – werden durch jene der Sentimentalität ersetzt. Die Komponisten schöpfen aus der privaten Sphäre des Subjekts; dies aber steht – und sogar mit Stolz – gegen das Öffentlich-Verbindliche, gegen das Geschichtlich-Verankerte, gegen das Ekklesiale. Waren früher auch weltliche Werke durch die Sakralität geweiht, so sind seit dem 19. Jahrhundert sogar die religiösen Werke – wegen ihres nicht-ekklesialen Charakters – ungeweiht (Man denke an die religiösen Werke Berlioz', Verdis oder Čajkovskijs!). Rühmenswerte Randerscheinungen, die aufgrund ihres historischen Gedächtnisses sich wenigstens die Gestik der alten Musik bewahrt haben, sind im Westen Anton Bruckner und im Osten – im Westen leider zu wenig bekannt – Sergej Rachmaninov. Die „Vigil" („Vsenoščnaja") des letzteren ist ein Jahrhundertwerk.

Trotzdem tragen beide Komponisten, besonders Bruckner, die Mängel des allzu Privaten und allzu Subjektiven an sich. Die weltlichen Werke des 19. Jahrhunderts verstehen sich, da sie der historischen Verankerung immer mehr entbehren, sehr zu Recht als „autonome Kunst" und als „absolute Musik". Ihr teilweise zu beobachtendes Historisieren (etwa bei Reger) ist ebenso künstlich wie der historisierende Baustil. Die geistlichen Werke der gleichen Zeit aber *verkünden* nicht mehr, sondern versetzen „in Stimmung". Die auch bei ihnen zu beobachtende gelegentliche Historisierung (etwa bei den Cäcilianern) ist ebenso künstlich.

Abschließend sei noch ein Blick auf die sogenannten „Erneuerungsbestrebungen" geworfen, die wir in der Kirchenmusik des Westens und des Ostens seit dem 19., besonders aber seit dem 20. Jahrhundert beobachten können. Im Westen wendet man sich zunächst an den Beginn der Neuzeit und propagiert eine Musik, die sich an Palestrina anlehnt. Im orthodoxen Bereich hat diese Richtung eine Entsprechung in den sog. „Petersburger Strengen Stilisten" („Peterburgskie Strogostil'niki"). Beider Einfluß ist bescheiden, vor allem verfügen sie über keine bedeutenden Komponisten. Die zweite Stufe geht im Osten und im Westen von verschiedenen Überlegungen aus, weist aber auch Gemeinsamkeiten auf. Als erstes tritt der Osten in Erscheinung und zwar in Gestalt der bisher im Westen zu wenig beachteten sog. Moskauer Schule, die unter Führung von Aleksandr Kastal'skij (1856–1926) stand. Er fordert die Anlehnung an die alten Choralsysteme in der Melodie und die Anlehnung an die Volksmusik in der Harmonik. Durch beides soll aus subjektiver Privatfrömmigkeit wieder objektive „Volksfrömmigkeit" werden. Der weltlichen Ästhetik dagegen entstammt seine Forderung, die Stimmführung des Chores derjenigen des Orchesters anzugleichen. Durch Angleichung an die Harmonie des Volksliedes aber und durch die ebenfalls von ihm betriebene Förderung des Volksgesanges („obščenarodnoe pěnie") erweist sich Kastal'skij als Parallele zum Westen, wo man seit der Jahrhundertwende, besonders aber seit der Zerstörung der alten Gesellschaftsstrukturen durch den 1. Weltkrieg, durch ein neues „Gemeinschaftsgefühl" und „Gemeinschaftserlebnis" den früheren Subjektivismus und Individualismus zu überwinden sucht. Gleichzeitig werden aber auch zwei Unterschiede deutlich: Im Westen wird die „Gemeinschaft" mehr und mehr das Ziel der Bestrebungen, während sie im Osten neue Voraussetzung für eine wieder zu gewinnende verbindliche

Öffentlichkeit sein soll. Im Westen verfällt die weltliche Musik völlig dem Eklektizismus: Jeder kann seine Musik zwischen Perotin und Pärt auswählen; die geistliche Musik folgt entweder diesen Tendenzen oder aber pervertiert die ‚Gemeinschaft-als-Voraussetzung' zur ‚Gemeinschaft-als-Ziel'. Im Osten geht die weltliche Musik denselben Weg wie im Westen. Die religiöse Musik wollte auf dem Weg über die Volksmusik die alte sakral-profane Einheit wieder herstellen. Die ausbrechende Revolution von 1917 hinderte sie daran. Wir alle – im Westen und im Osten – stehen vor diesem Problem der Wiederzusammenführung der auseinandergefallenen Hälften. Mögen wir dabei nicht in die Fehler der Vergangenheit fallen, mögen wir dabei nicht einer die Fehler des andern nachahmen, mögen wir zu fruchtbarer Zusammenarbeit finden. Einer allein schafft es nicht mehr. Die Probleme sind übergreifend. Mögen wir aber vor allem beherzigen, was wir im Einleitungsvortrag hörten: Nur der Glaube – und damit eine vom nicht nur christlichen, sondern kirchlichen Glauben getragene sakrale und das Profane weihende Kirchenmusik – hat Zukunft.

T. ALLAN SMITH CSB, TORONTO

Film als Diener des Evangeliums: „Je vous salue, Marie" von Jean-Luc Godard und „Offret" von Andrej Tarkovskij

Die Weitergabe des lebenschaffenden Glaubens an Jesus Christus bleibt auch in unserem Zeitalter eine Herausforderung für die Kirche, die in einer von der Aufklärung und der Säkularisation geprägten Welt ihren Weg zu gehen hat. Die Kirche steht einem Menschentypus gegenüber, der den christlichen Glaubensinhalt und das Glaubensgeschehen weitgehend teilnahmslos an sich vorbeigehen läßt. Neugier auf Religion und geistliche Erfahrungen läßt nicht nach, wenn man das Aufblühen von exotischen Sekten der New-Age-Bewegung so deuten darf, aber eine tiefliegende Skepsis gegen alle absoluten Ansprüche kennzeichnet den modernen Menschen des Abendlandes, der außerstande ist, eine einzige allumfassende Wahrheit als solche anzuerkennen. Kann die Kirche mit ihrem Glauben an den einzigen Erlöser Jesus Christus den säkularen Menschen und ihren laugewordenen Mitgliedern das Glaubensgeschehen als eine anziehende und sogar notwendige Erfahrung noch verkündigen und ermöglichen?

Die Kunst hat bekanntlich eine entscheidende, wenn auch umstrittene Rolle in der kirchlichen Glaubensverkündigung gespielt. Mit beispielhafter Großzügigkeit hat die Kirche Musik, Malerei, Baukunst und Skulptur gefördert und zu allgemein anerkannten Höchstleistungen gebracht. Unser Jahrhundert hat als eigene Kunstform die Filmkunst entwickelt, die der Kirche große Hilfe leisten könnte, wenn sie von Kirchenmenschen ernst genommen würde. Obwohl sie noch in den Geburtswehen liegt, könnte die Kinematographie der christlichen Botschaft dennoch verhelfen, in die säkulare Kulturwelt einzudringen, weil sie den zweiteiligen Grundstein moderner Kultur anwendet, der gleichzeitig Bestandteil und Inhalt jener frohen Botschaft ist, nämlich Bild und Wort.

Bild und Wort sind im Bereich der säkularisierten Weltkultur Träger des gemeinsam Erlebten und Erdachten. Daß ein Mensch des zeitgenössischen Abendlandes in einer Überschwemmung von Bildern und Wörtern ertrinkt, aber nach errettendem Bild und Wort verzweifelt um sich schaut, ruft in keinem empfindsamen Beobachter irgendein Staunen mehr hervor. Ein einziger Knopfdruck liefert dem suchenden Menschen sofort einen wahren Festschmaus von Bildern und Worten, die unsichtbar um und durch ihn alltäglich gesendet werden. Ob Musik, Ferngespräch, Werbung oder Film, Bild und Wort prägen das menschliche Leben.

Auch im Bereich der Theologie sind Bild und Wort angemessene Mittel, dank denen der glaubende Mensch das Mysterium des dreieinigen Gottes ergründet und es seinem Mitmenschen versuchsweise und annähernd begreiflich auslegt, wenn es auch eine Grundwahrheit bleibt, daß Gott in seinem tiefsten Wesen absolut unbegreiflich, dem menschlichen Verstand unerreichbar und dem menschlichen Auge unsichtbar ist. Dank der Menschwerdung des ewigen Wortes Gottes ist aber die sichtbare Welt zu einem Gnadenträger geworden, so daß Menschen die Schöpfung als sichtbares Zeichen der göttlichen Herrlichkeit betrachten und gebrauchen können, um ihre reel erfahrenen religiösen Erlebnisse einander verständlich mitzuteilen.[1]

Im Neuen Testament wird viel Wert darauf gelegt, daß der Mensch das Heil mit seinen Augen sieht und so zum Glauben an den Heiland kommt. Sehen erweckt Glauben, Sehen ist Glauben.[2] Gewiß spielt das gesprochene kerygmatische Wort eine entscheidende Rolle im Vorgang des zum Glauben Kommens, und es führte in die Irre, wollte man das Sehen gegen das Hören mit dem Ziel ausspielen, eine hierarchische Reihenfolge im Glaubensvorgang herzuleiten.[3] Der Mensch ist weder ganz Auge noch ganz Ohr; er erlebt und versteht seine Umwelt als ein Gesamtwesen, dessen eingeborene, erlernte oder durch Gnade geschenkte Fähigkeiten es ihm ermöglichen, alles zu begreifen, das überhaupt begreiflich ist.

Erst die Kinematographie, deren Technik eine den menschlichen Begebenheiten gerechte Kunstform erzeugt, kann die sichtbare (und unsichtbare) Welt, so wie sie vom Menschen tatsächlich erlebt wird, realistisch erfassen, und sie dem Zuschauenden in einem aus Bild und Wort zusammengefügten Ganzen akustisch-visuell wiedergeben. Ein Film übertrifft alle bisherigen Kunstformen[4]; er wendet ihre Errungenschaf-

---

[1] Vgl. Vaticanum I: „Gott, der Anfang und das Ziel aller Dinge, kann mit dem natürlichen Licht der menschlichen Vernunft aus den geschaffenen Dingen mit Sicherheit erkannt werden." (D 1785); Weish 13, 1–9, Röm 1, 18–21.

[2] Siehe vor allem das Johannesevangelium, das die großen Wunder Jesu als Zeichen interpretiert, die den Betrachter zum Glauben an Jesus bringen sollen: Joh 2, 1-11; 9, 1–41; 11, 1–45; 19, 37.

[3] Daß Gott den ersten Schritt macht und daß Glaube die menschliche Antwort auf seine frei geschenkte Gnade ist, sei vorausgesetzt.

[4] Ein Film enthält Farbe, Form, Komposition, Licht und Dunkel, Abstraktion, m. a. W., alles Sehbare; Musik, Gespräch, Lieder, Gedichte, Schweigen, m. a. W., alles Hörbare; Gedankengänge, menschliches aufeinander Einwirken, Begegnung, Bewegung, das Werden, Bleiben, Vergehen, die Ausdehnung und Verkürzung, m. a. W., alles Zeitliche.

ten an und steigert sie erheblich dank des Zusatzes eines unausweichlichen Elements menschlichen Daseins, das jeder anderen Kunst – die Musik ausgenommen – noch fehlte: die Zeit. Bild, Wort und Zeit, Sehen, Hören und Werden bilden zusammen die Einheit Film. Dabei ist ein Film größer als seine zusammengesetzte Teile. Und die Zeit ist mehr als ein Zusatz: Sie ist der eigentliche Rohstoff, aus dem der Regisseur sein Werk schafft oder von dem er es befreit. Ein Film ist eine Zeitgestalt[5], die als eine Ganzheit erlebt und betrachtet werden will. Als Zeitgestalt übt ein Film eine eigenartige, fast gottähnliche Herrschaft über die Zeit aus, die ein vom menschlichen Gesichtspunkt her schon vergangenes und nie zu wiederholendes Geschehnis tatsächlich wieder geschehen läßt. Zwar endet die im Film ablaufende Zeit mit dem Schluß des Films, aber die kinematographisch gefangene Zeit wird nie zur Vergangenheit, sie bleibt vielmehr ewige Gegenwart, die einem beliebigen Zuschauer sooft vergegenwärtigt wird – d.h., für ihn zur Gegenwart und ursprünglicher Unmittelbarkeit –, als der Film gezeigt wird. In dieser Weise ähnelt ein Film dem göttlichen Gedächtnis, das alles in Zeit und Raum Geschehene in sich als ewige überzeitliche Gegenwart aufrecht erhält. Im göttlichen Bereich haben Begriffe wie Zeit, Dauer, Länge, Ewigkeit eben keine Bedeutung, wohingegen ein Film innerhalb der Zeit läuft, eine gewisse Länge hat und endlich ist. Ein Film ist auch dem kirchlichen Gedächtnis ähnlich, wie dieses in der eucharistischen Liturgie aktualisiert wird. Da wird das einmalige und unwiederholbare Kreuzesopfer Jesu dem glaubenden Menschen wirksam und wiederholt vergegenwärtigt. Bei der Aufführung eines Films darf der Zuschauer an einem einmaligen, im filmischen Gedächtnis gespeicherten Ereignis so teilnehmen, als ob es sich zum ersten Mal ereignete. Und wie man ein Sakrament zwar in seinen verschiedenen Teilen untersuchen und erklären kann, jedoch es nicht als zerstückeltes Ding, sondern als ein Ganzes empfangen muß, so muß man einen Film auch als ein Ganzes erleben und aufnehmen.

Wenn es auch stimmt, daß ein Film eine Geschichte erzählt, so räumt das Erzählerische doch der Form den Vorrang ein, weshalb man einen Film mit einem Gedicht nützlich vergleichen kann.[6] Ein solcher Ver-

---

[5] Merleau-Ponty, "The Film and the New Psychology", in Sense and Non-Sense, Chicago: Northwestern University Press, 1964, p.54: "Let us say right off that a film is not a sum total of images but a temporal gestalt." Tarkovskij vergleicht den Regisseur mit einem Bildhauer: Wie der Bildhauer sein Werk aus dem Stein befreit, so löst der Regisseur sein Werk von der Zeit los. Dazu Andrey Tarkovsky, Sculpting in Time, Austin: University of Texas Press, 1986.
[6] Siehe Maya Turovskaya, Tarkovsky. Cinema as Poetry, London/Boston: Faber & Faber, 1989. S.94–101, und Merleau-Ponty, S.57.

gleich ist m. E. nur zum Teil zutreffend, denn das gesprochene und gehörte Wort bzw. dessen akustische Bestandteile macht im Wesentlichen ein Gedicht aus und unterscheidet es von einem Roman oder einer Erzählung, wohingegen ein Film mehr ist als laufende Lautbilder. Die Frage läßt sich schon stellen, ob Filme mit anderen Kunstformen überhaupt zu vergleichen sind.[7] Dennoch steckt in den noch nicht voll ausgeschöpften Möglichkeiten des Filmischen der Keim einer erstaunlichen Ähnlichkeit des Filmischen mit einer in Worten verfaßten und schriftlich festgehaltenen Form, die eine eigene Gattung bildet und sie für sich allein beansprucht, ohne daß sie in dieser Gattung gänzlich aufgeht, nämlich mit dem Evangelium. Auf der einen Seite ist ‚Evangelium' eine faßbare konkret gewordene Größe, die aus mehreren literarischen Stücken zusammengebaut ist. Auf der anderen Seite ist Evangelium weit mehr als seine schriftliche Fassung. Es ist göttliche Offenbarung, gnadenträchtiges Ereignis, Umkehr schaffendes Moment. Unsere schriftlich niedergeschriebenen Evangelien ermöglichen es immer wieder, daß das Evangeliumsereignis jedes Mal wirksam wird, wenn ein Mensch sich mit dem göttlichen Bild und Wort konfrontieren läßt.[8] Darin liegt der Anknüpfungspunkt des Evangeliums mit dem Filmischen vor: die Möglichkeit unmittelbarer Erfahrung und Begegnung mit dem einmaligen Urereignis.

Sowohl „Je vous salue, Marie"[9] von Jean-Luc Godard als auch „Offret"[10] von Andrej Tarkovskij nützen die künstlerisch-schöpferischen

---

[7] Ist dies nicht eben eine wesentliche Schwäche der heutigen kinematographischen Kunst, die von Kritikern und Zuschauern zugleich mit dem Maßstab des literarischen Schaffens gemessen wird? Am deutlichsten sieht man dies in den sogenannten Bücherverfilmungen. Äußerungen wie „das Buch war besser als der Film" verraten den noch nicht verstandenen Unterschied zwischen Film und Literatur, zwischen Gedrehtem und Geschriebenem. Ein Film ist ein Film und muß mit anderen Filmen verglichen werden.

[8] Siehe J. Schmid, „Evangelium I", LThK 3, 1255-1259.

[9] Folgende Filmbesprechungen wurden benutzt: Alain Bergala, „La fin d'une enfance", „Si près du secret", Cahiers du Cinéma 367 (Janvier 1985): 14-16; Jean-Claude Biette, „Je vous salue, Marie", Cahiers du Cinéma 369 (Mars 1985). ix; Vincent Canby, „Hail Mary, directed by Jean-Luc Godard", New York Times; Michel Chion, „Marie et les bien-pensants", Cahiers du Cinéma 369 (Mars 1985): 37-39; Hervé le Roux, „Le trou de la vierge ou Marie telle que Jeannot la peint", Cahiers du Cinéma 367 (Janvier 1985): 11-13. Siehe Jean-Luc Godard, „Je vous salue, Marie [scénario], [continuité pour le tournage]", „Dans Marie il y a aimer", Jean-Luc Godard par Jean-Luc Godard, Paris?: Cahiers du Cinéma - Editions de l'Etoile, 1985, 591-608. [Dt.: „Maria und Joseph", d. Red.]

[10] Folgende Besprechungen wurden benutzt: Antoine de Baecque, „L'homme de terre", Cahiers du Cinéma 386 (été 1986): 23-25; Pascal Bonitzer, „L'idée principale", Cahiers du Cinéma 386 (Juillet-Août 1986): 12-13; Freddy Buache, „Andréî Tarkovski et le sacrifice", in Balant András Kovács, Les mondes d'Andréî Tarkovski. Lausanne: L'Age d'homme, 1987, 175-189; Thierry Cazals, „Au-delà du regard", Cahiers du Cinéma 386 (Eté 1986): 17-20; Michel Chion, „Le langage et le monde", Cahiers du Cinéma 386 (Eté 1986): 21-22; Klaus Kreimeier, „Offret. 1985/86", in Andrej Tarkovskij. Reihe Film 39,

Möglichkeiten des Filmischen aus, um Kernfragen und Grunderlebnisse des christlichen Glaubens in Bild und Wort auf der Leinwand hervorleuchten zu lassen. Diese Filme nehmen es ernst, Filme zu sein, brechen mit dem rein Erzählerischen und versuchen die Gesamtheit dessen, was einen Film ausmacht, zu benutzen, um dem Herausfordernden des christlichen Glaubensinhaltes zu dienen. Wie das Evangelium zwingen auch diese Filme den angesprochenen Menschen zur Stellungnahme und Entscheidung.

Nur wenigen von den vielen religiösen Filmen gelingt es, die Lebendigkeit der Frohen Botschaft zu vermitteln. Die überwiegende Mehrzahl sind bewegende Bilderbibeln[11], die eine heilige Geschichte erzählen und den Zuschauer nur oberflächlich in das Kinoereignis einbeziehen. Sie lassen den Menschen in seiner Ruhe.[12] Kirchliche Kunst braucht nicht immer störend zu wirken, dennoch muß sie im Sinne des evangelischen Aufrufs zur Umkehr ihren Betrachter aus der Lage bringen, wenn sie ihren Auftrag als Mitverkünderin des Glaubens erfüllen will. Die Filmkunst entspricht beispielhaft diesem Zweck kirchlicher Kunst, d.h., den suchenden Menschen in das Mysterium göttlicher Herrlichkeit einzuweihen.

Thematisch behandeln beide Filme eine von der modernen Welt an die Kirche gestellte Frage: „Wie ist es noch möglich, an Gott zu glauben?" Dahinter steckt das Verlangen des modernen Menschen zu verstehen, was passiert oder geschieht, wenn einer glaubt. Tarkovskij filmt den vertrauensvollen Glauben eines bisweilen areligiös gewordenen, sehnsüchtigen Menschen namens Alexander, der sich selbst und alles um sich hingibt, um seine Familie und die ganze Welt zu retten. Durch

---

München/Wien: Carl Hanser Verlag, 1987, 167–180; Mark Le Fanu, „Ahead of Us?" Sight and Sound 55/4 (Autumn 1986): 284; Mark Le Fanu, The Cinema of Andrei Tarkovsky. London: British Film Institute, 1987, 124–143; Joël Magny. „Le mystère des limites", Cahiers du Cinéma 385 (Juin 1986): 15–17.

[11] Ich erwähne bloß einige Titel: The Song of Bernadette, The Bells of St. Mary's, The Ten Commandments, The Robe, Shoes of the Fisherman, Therese, Diary of a country Priest, The Last Temptation of Christ.

[12] Zum Beispiel der neue Erfolgsfilm von Denys Arcand, „Jésus de Montréal". Sein Film erzählt die Passion des Herrn und bietet dem Kinogänger eine anspielungsreiche und auf vielen Ebenen laufende Handlung; dennoch bleibt auch dieser Film dem romanhaften Nacherzählen verhaftet. Mit einer sehr gelungenen Inszenierung der Passionsgeschichte setzt Arcand die Ereignisse der Karwoche in das Leben einer kleinen zufällig zusammengesetzten Theatergruppe in Montréal um und zeigt, wie das Evangelium vom Leiden des Herrn seine Überzeugungskraft keineswegs eingebüßt hat. So schön der Film auch ist, poetisch-ikonenhaft ist er nicht, geschweige denn evangeliumsähnlich. Blätterte ein Zuschauer ein modernisiertes Evangeliumbuch durch, hätte er dasselbe erleben können, was er mittels des Films erlebt. Sehenswert ist Jésus de Montréal dennoch. Siehe Klaus Nientiedt, Der „wilde Mann" Jesus, Herderkorrespondenz 3 (März 1990): 135–138 für eine sehr sympathische Stellungnahme zum Film.

die langen, am Anfang und Ende der Handlung gedrehten Fernaufnahmen, wo sich die Szenen unediert in die Ewigkeit hinein ausdehnen, charakterisiert Tarkovskij den Gott, dem Alexander sich opfern will, als ein unendlich fernes und dem menschlichen Verstand unbegreifliches Wesen. Gleichzeitig versteht der Zuschauer, daß der Mensch wie ein nebensächliches kleines Wesen in einer schönen, aber bedrohlichen Welt lebt. Der nach Beginn des Atomkrieges eintretende Stromausfall macht das menschliche Ausgeliefertsein allzu deutlich: Die nächtliche Dunkelheit lauert wie ein wildes Tier auf die Inselbewohner, die Ehefrau Adelaide fällt in hysterischer Ohnmacht um, Alexander selbst zieht sich angstvoll und hilflos in seine Kammer zurück, wo er sich ratlos an den fast vergessenen Gott wendet – er kann ja das Vaterunser nicht mehr! –, um Hilfe zu erflehen. Daß die zentrale Handlung des Films als eine Traumsequenz, d. h., als eine die Rahmen der menschlichen Vernunft sprengende Wirklichkeit gedreht wurde, bezeugt Tarkovskijs Überzeugung, daß ein Opfer und der mittragende Glaube als wirkliche, jedoch irrationelle Tatsachen des menschlichen Daseins anzusehen sind.

Über die Bedeutung des Films und des Opfers haben sich manche Kritiker den Kopf zerbrochen.[13] Eines ist aber klar: Der Film hat keinen Sinn, wenn ein Opfer nicht stattgefunden hat. Jedes Opfer ist Anbetung und setzt den Glauben des Opfernden voraus. Mit der Betrachtung des Bildes von der Anbetung der heiligen drei Könige am Anfang des Films will Tarkovskij die nachfolgenden Taten Alexanders auch als Anbetung auslegen. Daß die drei Könige ihre kostbare Opfergabe einem neugeborenen Kind darbrachten, wäre eine sinnlose Tat gewesen, hätten sie Jesus nicht für den Sohn Gottes gehalten. Die darauf folgende Erzählung über den Glauben des Johannes Kolobos macht zum zweiten Mal die Sinnlosigkeit und Irrationalität des Glaubensaktes deutlich. Sinnlos auch das Opfer Alexanders: Nicht ein Kind, sondern einen unsichtbaren und ihm unbekannten Gott betet er an, indem er sein Leben, seinen Verstand, seine Freunde und Familie um der sicheren Zukunft des Sohnes willen aufgibt. Daß sein Sohn Jüngchen am Ende des Films den noch toten Baum mit Wasser begießt, schiene dem Zu-

---

[13] „Here, in The Sacrifice, we have to judge the nobility of Alexander's decision, without ever knowing whether he is mad, or drunk, or truly inspired by God. The film has a terrible sincerity but it is not didactic", schrieb Mark le Fanu in „Ahead of Us?", Sight and Sound 55/4 (Autumn 1986): 285. Vgl. die Behauptungen von Klaus Kreimeier, „Offret. 1985/86", S. 175–177: „Die Bedeutungsschwere des Films, die den Zuschauer zunächst einschüchtern mag, hält der Prüfung nicht stand ... So subtil die Konstruktion – so despotisch die Botschaft ... Die Zitate aus der bildenden Kunst und der Weltliteratur paraphrasieren noch einmal das Bekannte, unterstreichen es ... Und wenn OFFRET ein religiöser Film ist, vereinigt er alle repressiven Wesenszüge der Religion."

schauer auch sinnlos, ließe er den Glauben und das Opfer Alexanders außer Acht. Denn Alexanders Opfer ist tatsächlich von Gott angenommen worden: Die Gefahr eines Atomkrieges ist gebannt, die Welt geht nicht zugrunde, der Friede kehrt zur Insel zurück. All' dies ergibt sich aus dem Selbstopfer des modernen aufgeklärten Menschen Alexander, ein Opfer, das Tarkovskij in schönen verwirrenden Bildern anschaulich macht. Der mystisch liturgische Beischlaf mit der Hexe (oder ist sie eine wundertätige Frau?) Maria, die feurige Vernichtung des Hauses, das Nicht-Mehr-Sprechen-Wollen des Alexander, der am Ende des Films verstandesledig und wortlos herumläuft, bis ihn die Sanitäter wegschleppen, gestalten ein ergreifendes Bild von Selbsterniedrigung und Selbstvernichtung, das dem Zuschauer den Verlauf eines Opfers offenbaren soll. Den Spruch aus dem Johannesevangelium sieht man verwirklicht in diesem Film. „Es gibt keine größere Liebe, als wenn einer sein Leben für seine Freunde hingibt" (Joh 15,13; Einheitsübersetzung). Alexander hat sich auf einen ihm unbekannten Gott gewagt, er hat sich freiwillig und vertrauensvoll dem Mysterium Gott ausgeliefert, ohne zu wissen, ob er vernünftig oder richtig gehandelt hat.[14] Er hat geglaubt. Im Kontext des Films haben sein Opfer und sein Glaube einen Sinn: Sie retten. Den Zuschauer lädt Tarkovskij ein, diese Glaubenstat nachzuvollziehen. Der hat ein Wunder unmittelbar miterlebt und mit eigenen Augen und Ohren vernommen, nämlich die Rettung der Welt. Er sieht die wirksame Selbsthingabe eines modernen Menschen, er sieht einen lebenschaffenden Glauben, der in der Vergangenheit (die drei Könige), in der Gegenwart (Alexander) und in der Zukunft (Jüngchen) die Welt aufrecht erhält. Tarkovskij zwingt den Zuschauer, Stellung zu beziehen, eine Entscheidung zu treffen, aber der Zuschauer besitzt seine volle Willensfreiheit. In diesem Sinn ist der Film „Offret" evangeliumstreue Kunst: Das Heil ist greifbar nah, man braucht sich bloß darauf einlassen, glauben.

Um die Frage nach dem Sinn des Glaubens zu beantworten, nimmt Jean-Luc Godard die Perikope von der Verkündigung und der Geburt Jesu unter die Lupe, eine für kirchliche und säkulare Menschen schwierige Geschichte.[15] Godard stellt die Jungfrauengeburt nicht in Frage;

---

[14] Siehe z.B. die Bemerkungen von P. Bonitzer, „L' Idée principale", Cahiers du Cinéma 386 (Eté 1986): 12–13; J. Magny, „Le mystère des limites", Cahiers du Cinéma 385 (Juin 1986): 16, und H.G. Pflaum, „Blicke über die letzte Grenze", Süddeutsche Zeitung, 14. Januar 1987.

[15] Hier muß ich Herrn K. Nientiedt energisch widersprechen; er behauptet, der Film wolle keine Darstellung der Jungfrauengeburt liefern. Klaus Nientiedt, „Filmstreit", S. 257. Im Gegenteil, der Film stellt keine andere Geschichte als die der Jungfrauengeburt dar, die Charaktere sind in der Tat Marie, Josef und Jesus, und keine verallgemeinerten Jedermannsfiguren. Wer dies nicht versteht, hat den Film nicht begriffen. Die protestie-

für ihn ist das Entscheidende das heilbringende Eingreifen Gottes in das Leben einer jungen Frau und der Glaube, den sie in Wort und Tat danach bekennt, ein Glaube, der ihr ganzes Wesen wirklich ändert. In Godards zeitgemäßer Handlung findet die geistige Notlage des modernen Menschen befriedigende hochspirituelle Heilung.[16]

Vor dem eigentlichen Godard'schen Film kommt ein Kurzfilm namens „Das Buch von Maria", der von einer seiner Schülerinnen unabhängig gedreht, aber von Godard nicht unwillkürlich dem Anfang des Hauptfilms angeschlossen wird.[17] Der Kurzfilm zeigt eine schöne, aber zerspaltene Welt, die vom Ereignis des Hauptfilms nicht beeinflußt ist. Das Licht ist finster, die Figuren reden an einander vorbei, die Musik ist verstimmt. Theologisch gesehen ist das eine Welt ohne Gnade, eine Welt vor der Verkündigung. Im Hauptfilm dagegen schaffen Beleuchtung, Komposition und Hauptdarsteller eine reine, fast himmlische Schönheit. Unschuld leuchtet aus den Szenen und Gesichtern hervor, ein schöpferisches Schweigen umhüllt die Handlung, obwohl sehr viel gesprochen wird, schöne Musik kommentiert das Gesamtbild und einzelne Momente.[18] Als der Film in verschiedenen Großstädten Europas

---

renden Katholiken haben zumindest das verstanden; leider haben sie den Film nicht als Film lesen können, deswegen ihre Empörung. Der Film besteht aus Flächen: Was man sieht, ist die Wahrheit, die Oberfläche enthält den tiefen Sinn. Godards Botschaft und Anliegen verkennt man, wenn man den Film als Parabel oder Sittenspiel deutet. Wir haben hier mit Evangelium zu tun, unmittelbar und ohne verschönende und hinwegerklärende Worte. Wie das Evangelium, so stört und beunruhigt dieser Film, gerade weil er die Wirklichkeit des Glaubens und der Gnade so ernst nimmt.

[16] In einem Interview hat Godard sein religiöses Vorhaben ausdrücklich bekannt gegeben: "... I think there's something so strong in the way the Bible was written, how it speaks of events that are happening today, how it contains statements about things which have happened in the past. I think, well – it's a great book. And somehow I think we need faith, or I need faith, or I'm lacking in faith. Therefore maybe I needed a story which is bigger than myself." Katherine Dieckmann, „Godard in his ‚fifth period'", Film Quarterly 39 no. 2 (Winter 1985–86): 3.

[17] Ich behandle diesen Kurzfilm weiter nicht. Darin wird filmisch erzählt, wie die Scheidung seiner Eltern auf das innere Leben des jungen Mädchens Marie wirkt. Marie schließt sich in sich selbst ein, sondert sich von der Welt ab und hängt an ihren glücklicheren Kindheitserinnerungen fest. Ihre Umwelt richtet ihr Schaden an. Sie bleibt unschuldig, aber nicht mehr unversehrt. Das Licht im Film hat eine sanfte, aber trügerische Qualität, die Gesicher werden von Außen beleuchtet. Die Szenen spielen sich am selben Ufer des Genfer Sees ab wie die des Hauptfilms. Es gibt viele schöne Aufnahmen und poetische Momente, aber alles bleibt irdisch und verfallen. Der Kurzfilm ist ein Bild der Welt vor der Verkündigung, vor der Geburt Jesu, also eine unerlöste, hoffnungslose Welt. Sie ist schön, weil sie Gottes Schöpfung ist, aber sie leidet unter der Last einer unheilbaren Wunde.

[18] Interessant dabei sind seine Bemerkungen in einem Interview: "I tried to put in all sorts of Bach: violins, church music, piano, choral. The picture could be described also as a documentary on Bach's music. And it couldn't have been Beethoven or Mozart, because historically Bach was the music of Martin Luther. And as I was saying before, Martin Lu-

und Nordamerikas uraufgeführt wurde, standen Gläubige vor den Kinos und beteten ihre Rosenkränze, marschierten mit Plakaten herum und verlangten die sofortige Einstellung des Programms und die Verbrennung des Films. Der Grund? Blasphemie, Verunglimpfung der seligen Jungfrau Maria und Profanierung des christlichen Glaubens.[19]

Gewiß wird man zunächst beunruhigt, wenn die junge Frau Marie ruchlose Wörter benutzt, wenn sie nackt im Bett liegt und ihren Körper mit den Fingern abtastet. Aber Godard dreht keinen Pornofilm, er macht aus der Jungfrau keine Dirne. Die Beleuchtung, die filmische Fläche, das Ineinanderfließen von Bildern der reinen Natur und des jungfräulichen Leibes zeigen ein Wesen, das nicht mehr unter der Last der Sünde steht, das gnadenvoll und erhaben schimmert. Man vergleiche nur den anderen im Film gezeigten entblößten weiblichen Körper mit dem der Marie, wenn man des großen Unterschieds zwischen Sünde und Gnade bewußt sein will, zwischen Weltlich-irdischem und Himmlisch-irdischem. Marie ist eben kein halb-göttliches Wesen, sondern eine ganz normale Frau; aber durch ihren Glauben an Gott und Vertrauen zu Gott tritt sie als ein einzigartiger Mensch hervor. Von Gott ohne eigenes Verdienst auserwählt, erfüllt Marie ihren Auftrag mit der unbefangenen Zuversicht eines Menschen, der Gott begegnet ist.[20]

Im Film laufen zwei Liebesgeschichten parallel zueinander: Die eine erzählt die Liebe zwischen Josef und Marie, die andere handelt von der Beziehung zwischen einer Studentin namens Eva und ihrem Professor.[21] Die zwei Handlungen versinnbildlichen verschiedene Auffassun-

---

ther was attacking the Catholic Church, specifically the way the Catholic Church makes images ... Bach's music can be matched to any situation. It's perfect. When you play it in reverse, it sounds almost the same. It's very mathematical. You could play it in the elevator, like Musak. It blends itself. Bach is the perfect musician for the elevator." Katherine Dieckmann, ebenda, S. 4. Dem Interview nach hält sich Godard für einen Reformator der kirchlichen Kunst. Die Anwendung der Musik von Bach entspricht einem künstlerischen und theologischen Anliegen Godards: das Geheimnis der Verkündigung als wirklichen Bestandteil menschlicher Geschichte. Die Menschwerdung des ewigen Wortes Gottes hat sich im Lebensbereich realer durchschnittlicher Menschen ereignet.

[19] Siehe dazu verschiedene Artikel und päpstliche, kuriale und bischöfliche Stellungnahmen in Osservatore Romano: „L' A.C., di Roma e movimenti mariani contro uno spettacolo blasfemo" 20.04.85, „Deplorazione del Papa per un film dissacrante", „Alle offese i cristiani rispondono con la preghiera", 24.04.85. Siehe auch Klaus Nientiedt, „Filmstreit: Jean-Luc Godards ‚Maria und Joseph'", Herder Korrespondenz 6 (Juni 1985), S. 256-258.

[20] Daß Maria um Einsicht in das göttliche Geschehen ringt, darf keinen Anstoß erregen, zumal die Evangelisten vom Ringen Jesu im Garten von Getsemane zu berichten wissen. Ich denke hier an die lange Filmsequenz, wo sich Marie im Bett unruhig hin und her wälzt, ehe sie ihren Auftrag endgültig akzeptiert.

[21] Die kirchliche Sexuallehre entfremdet den modernen Menschen am meisten. Es überrascht umso mehr, wie konservativ sich Godard in diesem Film zeigt. Aber weil er

gen von Welt und Schöpfung: eine wissenschaftliche, aufklärerische und dabei in eine verkommene Form der Religion verfallene Fassung[22], und eine geistliche, mit dem Problem des Glaubens und der Möglichkeit des göttlichen Eingreifens in weltliche Geschehnisse ringende Fassung. Folgen wir zunächst der Erzählung von Eva und dem Professor, so stellen wir fest, daß ihre Liebe rein äußerlichen sinnlichen Charakters ist. Die junge Studentin Eva lädt den Professor mit dem allzu deutlichen Ziel zu einem gemeinsamen Wochenende ins Hotel Paradies[23] ein. Für beide ist Sex nur Mittel zum Zweck menschlicher Annäherung. Die Anonymität, die Banalisierung der Liebe, die Erniedrigung und Enttäuschung am Ende – hier ist Sünde sichtbar geworden. Und hörbar, denn beim tränenvollen und wutentbrannten Abschied am Bahnhof sausen Fernzüge kreischend am Liebespaar vorbei. Der harmonische Anfang am wunderschönen Seeufer löst sich in eine häßliche Kakaphonie auf. Diese Szenen des urmenschlichen Falls hat Godard in die gewichtigeren Sequenzen der Liebe von Marie und Josef meisterhaft hineingeflochten, um den Unterschied umso deutlicher zu unterstreichen.

Josef, ein Taxifahrer, liebt die Schülerin Marie und will mit ihr schlafen. Aber das verwehrt ihm das Mädchen. Nach dem Besuch des Erzengels Gabriel beharrt Marie noch eindringlicher darauf, daß ihre Liebe anders ist und bleiben muß als die Liebe durchschnittlicher Jugendlicher. Josef glaubt es ihr nicht und wirft Marie Untreue vor. Nur mit größter Mühe begreift Josef, daß ein sonderbares Ereignis sein und Mariens Leben auf immer verändert hat. Sein Ringen um Verständnis, das ihn schließlich zum Glauben führt, kommt deutlich zu Tage, als Marie dem Wunsch Josefs nachgibt, sie einmal vor der Trauung nackt zu sehen. Nach mehrmaligem Versuch lernt Josef seine Verlobte keusch betrachten. Eine zärtliche Berührung des entblößten Schoßes mit der Hand drückt die keusche Liebe des Paares aus, die Josefs Mund leise bekundet.

Man hat Godard vorgeworfen, er zeige einen unmenschlichen Gott bar jeder Zärtlichkeit.[24] Die Kraßheit des Erzengels Gabriel, seine

---

den modernen Menschen in seinem Sitz im Leben direkt anspricht und ihn nicht von vornherein abweist und seine Erfahrungen und Erwartungen nicht gleich vom Tisch wischt, gibt Godard der Kirche ein Beispiel, dessen sie sich bedienen sollte, wenn sie noch eine Stimme in der Welt haben will.

[22] Man denke nur an die Art und Weise, wie der Professor seine Theorien über die Entstehung des Universums vorliest und an den Inhalt dieser Theorie!

[23] Hier ist nur einer von den Scherzen Godards.

[24] „Da una falsa idea di Dio consegue una falsità anche in' tutto il nostro modo di comunicare. Non è possibile, ad esempio, che uno ha un' immagine di un Dio prepotente e dispotico, cioè privo di tenerezza, uno quindi non sia nutrito in qualche modo da una pietà cattolica, possa accostare e reccontare con verità l' immagine di Maria e descriverla

schroffe Behandlung des nichts verstehenden Josef, seine Art, die Geburt Jesu als schon vollendete Tatsache zu verkünden – wer diese Szenen aus dem Zusammenhang des Films absondert, findet gewiß nur einen willkürlichen, die menschliche Freiheit mißachtenden Gott. Aber wie versteht man denn die Montage, die die lange Sequenz gestaltet, wo Marie und Josef sich mit dem Eingreifen Gottes in ihr Leben auseinandersetzen? Geistiges Ringen, Mit-Sich-Selbst-Kämpfen, Nachdenken, Fragen, Ablehnen, Bejahen, Annehmen, alles durchwoben mit Sonnenauf- und -untergängen, glänzendem Wasser, Blumenpracht, Wind, jungen Tieren: Dies stellt die Zärtlichkeit Gottes und die Freiheit seiner Schöpfung unverkennbar dar, wenn man den Film als ein Ganzes ansieht.

Auch Godard zwingt dem Zuschauer eine Entscheidung auf: Ein außergewöhnliches Ereignis ist ihm vor Augen soeben abgelaufen. Allen Erwartungen zuwider lassen sich die sehr moderne Marie und ihr unschlüssiger Freund Josef auf das Geheimnis Gottes ein. Beide jungen Menschen kommen zum Glauben und führen danach ein nüchtern-glückliches Leben. Hätten sie das göttliche Angebot aber zurückgewiesen, was dank ihrer im Film klar ausgedrückten Freiheit durchaus möglich gewesen wäre, so wäre ihnen das traurige Schicksal der Studentin Eva zuteil geworden. Zwischen diesen Wirklichkeiten des Films muß der Zuschauer seine Wahl treffen. Sich weigern bedeutet im Kontext des Films, sich für die Welt Evas entscheiden.

Der Säkularmensch in seiner hochtechnisierten Welt will alles bewiesen haben. Obwohl er gelernt haben mag, seinen Sinnen kein allzu großes Vertrauen zu gewähren, akzeptiert er eher unüberlegt die Ergebnisse wissenschaftlicher Forschung. Kraft der passenden Methode könne man alles erklären; was sich nicht erklären läßt, scheidet zwangsläufig aus dem Bereich der Wirklichkeit aus. Zur Kategorie des Unerklärlichen gehört der Glaube an Gott, der für ein Hirngespinst oder ein Überbleibsel vorwissenschaftlicher, primitiver Zeiten gehalten wird. Dieser Voreingenommenheit gegen den Glauben an Gott erteilen Tarkovskij und Godard einen kräftigen Gegenstoß, indem sie Filme gedreht haben, die den Glauben soweit wie nur möglich untersuchen und sein wirksames Vorhandensein im menschlichen Leben „beweisen". Was ist Glaube, wie funktioniert er? Antwort darauf kann der aufge-

---

con accenti autentici ... se il Dio della tenerezza o il Dio della violenza e dell' arbitrio, che impone il suo volere come legge inesorabile, a cui l' uomo non può che opporsi o sottoporsi. Dunque, da questa falsa immagine di Dio segue un' incapacità di comprendere la tenerezza e di viverla sia nel rapporto con Dio, sia nel rapporto con gli altri ..." sagt Kardinal Carlo Martini von Mailand. Osservatore Romano, 5.05.85. Man wüßte gern, ob der Kardinal den Film gesehen hat, denn seine Bemerkungen entsprechen nicht dem Film.

schlossene Zuschauer in den Filmen „Offret" und „Je vous salue, Marie" in Bild und Wort[25] sehen und hören. Ohne gnostische Heimlichtuerei bringen Tarkovskij und Godard den ganzen Glaubensvorgang in seiner vollen Kompliziertheit auf die Leinwand und konfrontieren ihre Zuschauer anhand lebensnaher Beispiele mit der Vor- und Nachgeschichte des Glaubensakts. Ob aus dem verzweifelten Zustand eines Alexanders, oder dank persönlicher Gotteserfahrung einer Marie, oder nach ernsthaftem Ringen eines Josefs mit dem Unbegreiflichen – Tarkovskij und Godard fordern ihre Zuschauer von ihrer jeweiligen Lebenssituation her auf, denselben Glaubensschritt zu wagen, den die Filmfiguren vollzogen haben. Eine besondere Art von Menschen, die ohnehin zum Glauben veranlagt sind, gibt es nach den Filmen Tarkovskijs und Godards nicht. Jeder Mensch, auch der allerunwahrscheinlichste, kann an Gott glauben. Zeichen, Hinweise, Ereignisse, Wunder, die einen zum Glauben führen könnten, sind in beiden Filmen reichlich vorhanden. Aber am Ende bleibt der Entschluß zum Glauben unerklärlich. Glaube vollzieht sich eben nicht zwangsläufig, sondern ist die freie, durch Gnade gewirkte Handlung eines freien, aus Gnaden geschaffenen Menschen. In dieser Hinsicht sind beide Filme Diener des Evangeliums. Denn in Bild und Wort zeigen sie alles, das zum Glaubensentschluß und -vollzug notwendig ist, wie es unsere Evangelien auch tun. Noch dazu erlauben sie uns, lebendige zeitgenössische Menschen zu sehen, die mutig und überzeugend zu dem Entschluß kom-

---

[25] Es ist nicht ohne Interesse festzustellen, wie sich Bild und Wort auf einander beziehen in den Filmen. Von dem Kulturprotestant Godard könnte man erwarten, daß er das Wort die entscheidende Stelle im Film würde einnehmen lassen, und tatsächlich wird sehr viel in seinem Film gesprochen, auch spezifisch über das Thema Wort und Sprechen. Vergleicht man jedoch „Je vous salue, Marie" mit seinen früheren Werken, so staunt man darüber, wie zurückhaltend sich Godard gerade in bezug auf den Gebrauch von geschriebenen Wörtern zeigt. Frühere Werke boten dem Kinobesucher einen regelrechten Zweikampf zwischen Wort (als Beschriftung) und Bild an, so daß man nicht mehr wußte, was von beiden den Vorrang hatte. In „Je vous salue, Marie" hat Godard seine mit sich selbst geführte Auseinandersetzung zugunsten des Bildes anscheinend entschieden. Denn hier taucht nur gelegentlich eine Worttafel auf, aber dann bezeichnenderweise immer mit demselben liturgischen Satz „en ce temps-là" (So werden die Evangeliumslesungen in der Eucharistischen Liturgie eingeleitet!). Das Wort bleibt, aber es nimmt eine andere Gestalt an, es wird zum Bild. Was gesprochen wird im Film, wird gleichzeitig inszeniert, so etwa wie die aus dem Buch von Dolto „L'Evangile au risque de la psychanalyse" zitierende Stimme sich in die Bewegungen und das Benehmen Mariens konkretisiert.
Im Tarkovskij'schen Werk „Offret" reden Haupt- und Nebenfiguren fast ununterbrochen aneinander vorbei. Das letzte Wort im Film spricht der bis zu diesem Moment schweigende Sohn Alexanders aus, „Im Anfang war das Wort – warum, Papa?" Aber im Film war das Wort weder am Anfang noch am Ende: Der Film beginnt mit der langsamen Kamerabetrachtung eines Gemäldes von da Vinci und endet mit der Betrachtung des ausgedorrten, aber hoffnungverheißenden Baums. Für beide Regisseure sind Bild und Wort so eng miteinander verbunden, daß ihre Filme wie die Bildwerdung des Wortes wirken.

men, an Gott zu glauben. Mehr als das Evangelium selbst bewirken kann, können diese Filme allerdings nicht. „Obwohl Jesus so viele Zeichen vor ihren Augen getan hatte, glaubten sie nicht an ihn" (Joh 12,37).

Dennoch gebührt solchen filmischen Versuchen, wie wir sie in den behandelten Werken Tarkovskijs und Godards vorfinden, die volle Unterstützung der Kirche, denn sie führen immer wieder glaubhafte Zeichen vor Augen, die des christlichen Glaubens würdig und dem nach Sinn und geistlicher Erfüllung suchenden Säkularmenschen angemessen sind. Sie machen den christlichen Glauben wieder glaubwürdig und menschennah, ohne dabei das Geheimnisvolle preiszugeben.

FËDOR B. POLJAKOV, KÖLN

„Ewiges Licht".
Zur liturgischen Symbolik in B. N. Širjaevs Roman „Neugasimaja Lampada"

In immerwährendem Andenken
an Vater Aleksandr Men'

Im Jahre 1926 veröffentlichte A. V. Lunačarskij einen Artikel unter dem recht vielsagenden Titel „Bogi choroši posle smerti". Dieser Erguß jenes unheilvollen Kannibalismus enthält allerdings eine Feststellung, hinter der sich eine semiotisch relevante Erkenntnis birgt. Seinen zeitgenössischen Ikonoklasten weiß der gebildete Minister u. a. folgendes zu erklären:

> „Eine Ikone, vor der ein Lämpchen in einer funktionierenden Kirche hängt, ist zehntausendmal gefährlicher als eine Ikone in der Sammlung Ostrouchov."[1]

In beiden Situationen behält die Ikone ihre Zugehörigkeit zu einer bestimmten Gruppe von markierten Objekten, ihre theoretische Akzeptanz durch Lunačarskij in dem zweiten Falle hängt damit zusammen, daß sie als eine besondere Art Darstellug (der *ikonische* Aspekt) wahrgenommen wird und sich somit eventuell nur thematisch oder stilistisch von anderen (resp. nicht-sakralen) Darstellungen unterscheidet. Für den Vertreter einer solchen Richtung kommt es in entscheidendem Maße darauf an, die Funktion der Ikone auf diesen einen Aspekt zu reduzieren oder, mit anderen Worten, sie als ein Bildnis *(kartina)*, ein Zeichen mit einer ausschließlich *linearen* Beziehung zu dem darauf Dargestellten erscheinen zu lassen. Zugleich ist jedoch die Ikone ein Zeichen mit einem *symbolischen* Gehalt, der semantisch bedingt ist.[2] Allerdings scheint sich Lunačarskij dieser Tatsache voll bewußt, da er auf die er-

---

[1] Das Zitat aus Lunačarskij ist dem Beitrag von R. Stichel, Gedanken zur Wesensbestimmung der Ikone, in: Die geistlichen Grundlagen der Ikone, hg. von W. Kasack, München 1989 (Arbeiten und Texte zur Slavistik, 45), hier S. 19, entnommen. – Die Ikonen aus der besagten Sammlung Ostrouchov inspirierten schon den Fürsten E. N. Trubeckoj, Umozrenie v kraskach. Tri očerka o russkoj ikone, Paris 1965, 25, 29, 39, 68, 75–76, 81–82, 86f., u. a.

[2] Vgl. B. A. Uspenskij, O semiotike ikony, Trudy po Znakovym Sistemam 5, 1971, 178–222, hier S. 187–188. – Über das Verhältnis von „znak" und „simvol" s. noch die Überlegungen von A. F. Losev, Problema simvola i realističeskoe iskusstvo, Moskau 1976.

stere Situation – die Ikone mit einem davor hängenden Lämpchen, und dies noch in einer „funktionierenden Kirche" – eingeht. Es wird klar (und dies wohl auch einem praktizierenden Ikonoklasten), daß sich lediglich durch die besagte Zusammensetzung der Gegenstände die Ikone aus einem Museumsstück in etwas anderes verwandelt, was gar „zehntausendmal gefährlicher" sei. Die Lampade ist somit ein Symbol, das den ursprünglichen sakralen Kontext definiert und zur eindeutigen Realisierung der mannigfaltigen Natur der Ikone verhilft. Durch die Zusammenfügung zweier miteinander korrelierender Symbole entsteht ein sakraler Raum, oder, wie Ju. M. Lotman dies vom Standpunkt der Semiotik der Kultur beschreibt, „nekotoryj složnyj znak s edinym značeniem."[3] An dieser Stelle ist es angebracht, an die Argumentation von Pavel Florenskij, insbesondere in dessen Arbeit „Chramovoe dejstvo kak sintez iskusstv" (1918/1922), zu erinnern. Darin wird gleich zu Beginn in bezug auf die Troice-Sergieva lavra die Vision eines in seinen Teilen untrennbaren ästhetischen und kulturellen Phänomens entwickelt, das ihm mit Athen vergleichbar vorkommt.[4] Die Idee eines Museums wird dagegen aus diesem Verständnis der semiotischen Natur von sakralen Gegenständen heraus von P. Florenskij verworfen:

„Zadača muzeja est' immenno otryv chudožestvennogo proizvedenija, ložno ponjatogo kak nekaja vešč', kotoruju možno unesti ili uvezti kuda ugodno i

---

[3] Ju. M. Lotman, Semiotika kul'tury i ponjatie teksta, Trudy po Znakovym Sistemam 12, 1981, 3–7, insbes. S. 3–4. – Zur Auffassung der Ikone und des zu dieser gehörenden Lichtes als einer Einheit vgl. noch das bekannte Gedicht Lermontovs „Molitva" (1837): „Ja, Mater' Božija, nyne s molitvoju, // Pred Tvoim obrazom, jarkim sijaniem ..."; Polnoe sobranie sočinenij M. Ju. Lermontova, pod redakciej i s prim. D. I. Abramoviča, Bd. II, St. Petersburg 1910, 208 Nr. 52.

[4] Svjašč. P. Florenskij, U vodorazdelov mysli. Sobranie sočinenij, I. Stat'i po iskusstvu. Pod obščej redakciej N. A. Struve, Paris 1985, 41–55, hier S. 42. – Während im traditionellen Denken Athen des öfteren gerade als Gegensatz zum christlichen Glauben auftauchte (vgl. einige altrussische Beispiele bei F. B. Poljakov, Südslavische und russische Denkmäler in der Sammlung M. P. Pogodin, Die Welt der Slaven 36, 1991), ist hier eine solche Analogie zwischen dem geistigen Potential von Athen und der geistlichen Harmonie der Welt der Troice-Sergieva lavra auffallend. Die Überwindung des herkömmlichen Wortgebrauches ist für P. A. Florenskij überhaupt kennzeichnend; so vermochte er beispielsweise den Begriff „Magie" auf das Wesen des Christentums anzuwenden, was natürlich anfangs nicht adäquat verstanden wurde, vgl. die Erzählung von A. F. Losev darüber: P. A. Florenskij po vospominanijam Alekseja Loseva. Publikacija Ju. A. Rostovceva i P. V. Florenskogo, Kontekst. Literaturno-teoretičeskie issledovanija 1990, Moskau 1990, 6–214, insbes. S. 22–24. Eine Ähnlichkeit zwischen Athen und einem anderen russischen Zentrum, nämlich Novgorod, wurde von G. P. Fedotov betont, sie bezieht sich allerdings auf die politischen Institutionen, s. Protoierej Aleksandr Meń, Vozvraščenie k istokam, in: G. P. Fedotov, Svjatye Drevnej Rusi, Moskau 1990, 7–26, hier S. 25–26.

pomestit' kak ugodno, – uničtoženie ... chudožestvennogo predmeta kak živogo."⁵

Im Mittelpunkt dieser Abhandlung steht ein literarisches Werk, der Roman „Neugasimaja Lampada" des russischen Schriftstellers Boris Nikolaevič Širjaev (* 1889 in Moskau – † 1959 bei San Remo). Kennzeichnend für Širjaev ist das Bemühen um eine primär religiöse Interpretation der Ereignisse der russischen Geschichte nach 1917 in ihrer Beziehung zu den traditionellen Grundlagen des russischen Geisteslebens.

Seine Biographie läßt sich in Kürze wie folgt rekapitulieren. Nach der Absolvierung der Historisch-Philologischen Fakultät der Moskauer Universität (der Schriftsteller zählte sich zu den Hörern des Altmeisters V. O. Ključevskij), einem Studienaufenthalt in Deutschland und dem Studium an einer Militärakademie tritt er bei Ausbruch des Ersten Weltkrieges dem Černigover Husarenregiment bei. Kurz nach 1918 versucht er, zu den Weißgardisten in Südrußland zu gelangen, wird verhaftet, zum Tode verurteilt und kann nur wenige Stunden vor der Hinrichtung fliehen. Einige Zeit verweilt er in Odessa, verläßt die Region, als sie der neuen Macht anheimzufallen droht, und findet sich schließlich irgendwo in Mittelasien wieder. Seine Lebensgrundlage bildet der Verdienst als Hirte. Es ist verständlich, daß er 1920 diesen Unterschlupf aufgibt und Moskau erreichen will; bei diesem Versuch wird er verhaftet und ins Moskauer Butyrka-Gefängnis geworfen. In der Zelle hat er übrigens Gelegenheit, Gespräche mit M. V. Nesterov zu führen. Erst 1922 wird er erneut zum Tode verurteilt, das Urteil wird jedoch nicht vollstreckt, sondern in eine zehnjährige Haft auf Solovki (der berühmte § 58) umgewandelt. Am 17. November 1923 wird der Schriftsteller in das Konzentrationslager gebracht und bleibt dort bis 1929: Die restlichen Strafjahre muß er in der Verbannung in Mittelasien verbringen.⁶ Danach kehrt er 1932 nach Moskau zurück, wird bald wieder verhaftet und zu einer dreijährigen Strafe verurteilt, nach deren Verbüßung er nun in Stavropol' lebt und an einer pädagogischen Anstalt als Lehrer tätig ist. 1942 wird die Stadt durch die Wehrmacht besetzt, und angesichts dieser Veränderung sieht der ehemalige Häftling von So-

---

⁵ P. Florenskij, U vodorazdelov mysli, 42–43.
⁶ Was beispielsweise eine Stadt wie Taškent um diese Zeit darstellte, erzählt N. Ju. Fioletova, die Witwe des 1943 umgekommenen Professors für kanonisches Recht N. N. Fioletov: „Taškent byl v to vremja gorodom ssyl'nych. Tjur'my vsegda byli polny ljudej, otpravljaemych v ešče bolee otdalennye kraja ... V samom Taškente bylo mnogo otbyvšich trechletnij srok ssylki posle vychoda iz konclagerej, glavnym obrazom iz Solovkov – vse ljudi, osuždennye po 58 stat'e Ugolovnogo kodeksa kak političeski neblagonadežnye", vgl. M. Popovskij, Žizń i žitie Vojno–Jaseneckogo, archiepiskopa i chirurga, Paris 1979, 202–203.

lovki, der bislang auch außerhalb der „Zone" ein sehr unauffälliges Leben zu führen hatte, eine Chance, seiner Existenz einen anderen Sinn zu geben. Er beginnt mit der Herausgabe einer Zeitung, muß dann freilich mit dem Rückzug der deutschen Truppen Rußland verlassen. Širjaev setzt seine journalistische Tätigkeit 1943 in Berlin, wo er in Kreisen der „Russkaja Osvoboditel'naja Armija" verkehrt, später auch in Belgrad und kurz vor dem Kriegsende in Italien fort. Dort gerät er in Gefangenschaft, wird jedoch recht bald freigelassen und kann sich, obschon in bedrückenden Verhältnissen, gänzlich der literarischen und journalistischen Tätigkeit widmen.[7]

Die letzte, italienische Periode im Leben Širjaevs war ausgesprochen fruchtbar, da er in dieser Zeit seine wichtigsten Werke erstmals zu Papier bringen konnte. Einige Details über die Umstände, unter denen dies geschah, können hier dank eines Zeugen mitgeteilt werden, dem ich vor mehreren Jahren in Rom begegnete und der sich bereit erklärte, mir seine Notizen über Širjaev zu überlassen. Pater Vincenzo (Vikentij) Pupinis SJ kannte ihn seit 1945, besuchte ihn damals in Rom, wo der Schriftsteller zuerst in den Kellerräumen einer Kirche lebte und sich später eine Baracke baute, war auch bei ihm in einem Flüchtlingslager bei Napoli. Pater V. Pupinis war es auch, der Širjaev in einer bescheidenen Hütte, die in einem Wald in der Nähe von San Remo stand und in der dieser seine letzten Jahre zusammen mit der Familie verbrachte, kurz vor dem Tode im Jahre 1959 die Sakramente erteilte.[8] Unmittelbar nach seiner Ankunft in Norditalien im Jahre 1945 war Širjaev zum Katholizismus konvertiert. Eine der wesentlichen Voraussetzungen dafür geht möglicherweise noch auf seine Studienzeit in Moskau zurück. So hielt sein anonymer Biograph 1960 fest:

---

[7] Vgl. W. Kasack, Lexikon der russischen Literatur ab 1917. Ergänzungsband, München 1986 (Arbeiten und Texte zur Slavistik, 38), 174–176; V. Kazack, Ènciklopedičeskij slovar' russkoj literatury s 1917 goda, London 1988, 855–857; L'émigration russe. Revue et recueils, 1920–1980. Index général des articles, Paris 1988 (Bibliothèque russe de l'Institut d'études slaves, t. LXXXI), 551–552. – S. ferner noch W. Kasack, Religiöse Motive in der russischen Literatur des 20. Jahrhunderts, Ostkirchliche Studien 39, 1990, Hf. 1, 40–63, insbes. S. 57–58; P. Saval'ev, Pisatel'-monarchist. K 100-letiju so dnja roždenija Borisa Širjaeva, in: „Naša Strana" (Buenos Aires) Nr. 2048 vom 4. November 1989, S. 4 (Hinweis Professor W. Kasack).

[8] Noch in Stavropol' heiratete Širjaev seine ehemalige Schülerin Nina Ivanovna Kapralova, die ihm später bei der Niederschrift und Druckvorbereitung seiner Schriften zur Seite stand (er selbst zog es vor, die Schreibmaschine nicht zu benutzen: „mysli lušče rabotajut"). Beide hatten einen Sohn namens Lollij, der nach Amerika auswanderte und eine Zeitlang bei den in Italien stationierten amerikanischen Truppen diente. Nach Širjaevs Tod zog seine Witwe zu dem Sohn, der Schriftsteller selbst hatte an Tuberkulose gelitten und Italien deshalb nicht mehr verlassen können. Es ist uns im übrigen bisher nicht gelungen, festzustellen, ob das Archiv Širjaevs erhalten geblieben ist.

„V universitete v osnovu ego mirovozzrenija legla mysl', vyražennaja Trubeckim, drugom i učenikom Vladimira Solov'eva: „Ja ispoveduju religiju Svjatogo Ducha. Ja čužd kak rimskim, tak i vizantijskim ograničenijam."⁹

Širjaev selbst sprach über seine religiöse Erfahrung während der ersten Tagung russischer Katholiken in Brüssel und wies sowohl dort als auch anderenorts (unter Berufung auf das Beispiel Vjač. Ivanovs) mit Nachdruck darauf hin, daß eine solche Entscheidung persönlicher Natur keineswegs die Abkehr von der russischen Glaubenswelt und ihren inneren Werten bedeutet.¹⁰ Sein Hauptwerk, der Roman „Neugasimaja Lampada", der um 1950 auf Capri niedergeschrieben worden ist, kann diese Auffassung nur bestätigen. Der besagte Roman wurde 1954 in New York veröffentlicht. Er ist eines der wichtigsten und wohl bekanntesten Zeugnisse über Solovki in der Frühzeit dieses Konzentrationslagers.¹¹ Noch in den Siebziger Jahren gab es Kopien von ihm im Samizdat. Einer der ersten Schritte zur Einführung des Werkes in den allgemein zugänglichen Rahmen der zeitgenössischen russischen Kultur war seine Verwendung durch Viktor Listov und Dmitrij Čukovskij, die Autoren des neuen Filmes über Solovki („Vlast' Soloveckaja"; Regie von M. Goldovskaja)¹². Trotz seiner Bekanntheit ist der Roman „Neugasimaja Lampada" in literaturwissenschaftlicher Hinsicht noch kaum erschlossen.

Sowohl die behandelte Thematik als auch die Quellenlage in bezug auf die früheren sovetischen Darstellungen Solovkis führte indes zu einer gewissen Verschiebung der Akzente: Der Roman wurde vordringlich nicht als literarisches Werk, sondern eher als ein biographischer Tatsachenbericht behandelt. Das einzige Zugeständnis an seinen literarischen Status wurde insofern gemacht, als man dem Autor eine Quote an Fiktion und gewissen Ungereimtheiten gegenüber den historischen Fakten zubilligte. In der wichtigsten Übersicht über die Lagergeschichte, die M. Rozanov anhand verschiedenster Quellen zusammengestellt hat, muß Širjaev – ob verdient oder unverdient – neben den historisch zweifelsfreien Zeugnissen des öfteren auch als Gewährsmann

---

⁹ (Anonymus), in: B. N. Širjaev, Religioznye motivy v russkoj poèzii, Bruxelles 1960. 7.
¹⁰ Vgl. B. N. Širjaev, Religioznye motivy, 7-8, 35, 41.
¹¹ B. N. Širjaev, Neugasimaja Lampada, New York [Izdatel'stvo imeni Čechova] 1954. – Wir ziehen es vor, die Originalbezeichnung „Neugasimaja Lampada" (sic. zur Schreibweise s. auch unten) statt ihres funktionellen Äquivalents im deutschen Sprachgebrauch, des Begriffs „Ewiges Licht", zu verwenden, da im letzteren zumindest ein Teil der ursprünglichen Bildhaftigkeit (unauslöschlich vs. ewig) nicht unmittelbar greifbar ist (Hinweis Archimandrit Irenäus Totzke OSB).
¹² Vgl. „Pervaja sovetskaja kartina o GULage", Russkaja Mysl' v. 19. Mai 1989, Br. 3776, S. 10. S. ferner V. Tolz, Soviet Film Describes Birth of Gulag System, Radio Liberty/Radio Free Europe. Research Bulletin, Report on the USSR, April 21, 1989, p. 9-13.

für diverse Gerüchte, wenig wahrscheinliche Erzählungen und Anekdoten, also insgesamt für viele der sogenannten „soloveckie paraši" herhalten.[13]

Diesem Dissens ist nur beizukommen, wenn man von vornherein nicht nur die thematischen Aspekte der „Neugasimaja Lampada", sondern auch die historiosophische Konzeption Širjaevs und die Besonderheiten seiner Erzähltechnik in Betracht zieht. Der Schnittpunkt, in dem sich die beiden Linien kreuzen, wird von der liturgischen Symbolik bestimmt. Somit wird eine Untersuchung sowohl der ideologischen als auch der kompositionellen Implikationen eines solchen sakralen Zeichens wie der *neugasimaja lampada* in Širjaevs Roman zu einer wesentlichen Voraussetzung für die adäquate Entschlüsselung seiner Aussage.

Im Zusammenhang mit dem semantischen Gehalt des besagten Symbols sind wir in der Lage, einen bisher wenig beachteten Artikel von Dmitrij Vladimirovič Filosofov (1872-1940) heranzuziehen. Dieser Artikel unter dem Titel „Neugasimaja lampada" wurde am Ostersonntag des Jahres 1910 abgeschlossen.[14] Er ist einer der sog. „typisch russischen" Fragen gewidmet, nämlich der nach dem Fortbestehen der Glaubenskräfte im russischen Volk unter den unerträglichen, kaum vorstellbaren Lebensbedingungen. Dieses Thema bleibt mit nur wenigen Variationen auch heute noch genauso fesselnd sowohl für den russischen als auch für einen Teil des westlichen religiösen und theologischen Denkens, handelt es sich nun um seinen geschichtlichen oder den zeitgenössischen Aspekt. Unser Anliegen ist es lediglich, auf die Beziehung zwischen diesem Thema und der von Filosofov verwendeteten Symbolik einzugehen, da dieser Vergleich die weltanschaulichen Grundlagen Širjaevs zu erhellen vermag.

---

[13] M. Rozanov, Soloveckij konclager' v monastyre. 1922-1939 gody. Fakty - domysly - „paraši". Obzor vospominanij solovčan solovčanami, Bd. I (časti 1-3), [ohne Ort] 1979; Bd. II (časti 4-8), [ohne Ort/USA] 1980; Bd. III: Dopolnenija, Frankfurt am Main 1987. Vgl. L. Zorin, Soviet Prisons and Concentration Camps. An Annotated Bibliography 1917-1980, Newtonville, Mass. 1980. - Über das Leben russischer Katholiken in der Lagerhaft auf Solovki s. insbes. Diakon Vasilij OSB, Leonid Fedorov. Žizń i dejatel'nost', Rom 1966 [Publicationes Scientificae et Litterariae „Studion" Monasteriorum Studitarum, III V], 620-672 (Hinweis B. A. Uspenskij). Eine der umfassendsten Rekonstruktionen der Geschehnisse auf Solovki wurde bekanntlich von A. I. Solženicyn, Archipelag GULag. 1918-1956. Opyt chudožestvennogo issledovanija, Bd. III, Paris 1974, 24ff., unternommen. Demnächst sollen die Erinnerungen (samt Tagebüchern) eines der wenigen noch lebenden ehemaligen Solovki-Häftlinge, Dmitrij Sergeevič Lichačev, veröffentlicht werden (mündliche Mitteilung Vera Tolz). Vgl. vorerst noch Beiläufiges in: „Svjataja Rus' i soloveckie mučeniki very po rasskazu odnogo iz uznikov lagerja", Simvol 20, 1988, 47-51 (ein Interview mit D. S. Lichačev).

[14] D. V. Filosofov, Neugasimaja lampada, in: D. V. Filosofov, Neugasimaja lampada. Stat'i po cerkovnym i religioznym voprosam, Moskau 1912, 5-9.

Am Anfang gibt Filosofov eine bedrückende, wenngleich nicht unbekannte Schilderung der Lebensumstände in einem russischen Dorf – überall und nirgendwo. Neben einer ungemütlichen, dunklen und unproportioniert erbauten Kirche stehen zwei Wirtshäuser, in denen man den Schnaps in Kannen serviert; die Straßen sind im Frühling und im Herbst unpassierbar, ebenso auch im Sommer, wenn es regnet. Der Priester ähnelt mehr einem einigermaßen gut situierten Bauer denn einem Seelenhirten, bei der Liturgie hört man dauernd das Näseln und Röcheln eines angetrunkenen Klerikers:

„Kažetsja, čto èto zakoldovannyj kraj, otrezannyj ot ostal'nogo mira. Net tut ni christianstva, ni jazyčestva, ni pervobytnosti, ni kul'tury ... Carstvo tenej, tusklych prizrakov. Strana vospominanij. Real'na tol'ko ugrjumaja priroda."

Selbst die Ikone der Muttergottes an der Kirchenmauer hat verwischte Züge („Lika ne razobrat'").[15]

Diesem amorphen Bild der *existenziellen* Zeit steht die Natur gegenüber, in der die Gesetzmäßigkeiten ihrer eigenen, *kosmischen* Zeit wirken.[16] Die Eigenart der kosmischen Zeit in bezug auf den menschlichen Lebenszyklus verdeutlicht Filosofov, indem er von dem nahegelegenen See spricht:

„Chorošo smotret' na ozero s lavočki, okolo cerkovnoj ogrady. Takoe že ono bylo i v jazyčeskie vremena, i vo vremena Gospodina Velikogo Novgoroda, ili Ioanna Groznogo. Takoe že ono ostalos' i teper', čuždoe ljudjam, ravnodušno sijajuščee večnoj krasoj."[17]

Im Schlußsatz verbirgt sich eine Allusion auf Puškin:

I pust' u grobovogo vchoda
  Mladaja budet žizń igrat',
I ravnodušnaja priroda
  Krasoju večnoju sijat'.[18]

Auch die Erkenntnis, daß der See den Menschen *fremd* geblieben ist, läßt sich am ehesten im Sinne der unterschiedlichen Zeitrechnung auffassen:

---

[15] D. V. Filosofov, Neugasimaja lampada, 6–7.
[16] An dieser Stelle greifen wir auf die Unterscheidung des Zeitlichen in „existential time", „cosmic time" und „ecclesiastical time" bei G. Wainwright, Sacramental Time, in W. Vos, G. Wainwright (eds.), Liturgical Time, Rotterdam 1982 [Studia Liturgica, 14, Nr. 2-4], 135–146, zurück.
[17] D. V. Filosofov, Neugasimaja lampada, 6–7.
[18] „Brožu li ja vdol' ulic šumnych ...", vom 26. Dezember 1829; Polnoe sobranie sočinenij A. S. Puškina, Bd. 3/1 [hg. von M. A. Cjavlovskij], Moskau–Leningrad 1948, 194–195.

Priroda znat' na znaet o bylom,
Ej čuždy naši prizračnye gody ..."[19]

Vor der Ikone flackert ein Licht, und viele sorgen Tag und Nacht dafür, daß es nie für längere Zeit ausgeht: „V lampade kak by teplitsja podlinnaja žizń sela. Bez nee – nebytie." In der Nacht auf Ostersonntag werden überall in Rußland unzählige Lampaden angezündet, und dieses Licht ist

„smutnaja vera, čto smert' pobeždena, robkoe čajanie, čto Rossija voskresnet. (...) Esli buri i bedstvija do sich por ne potušili neugasimoj lampady, to živa ešče russkaja zemlja ..."[20]

Soweit der Artikel Filosofovs.

Zwischen dieser Vision und dem Werk Širjaevs läßt sich insgesamt eine erhebliche Affinität feststellen. Sowohl für Filosofov als auch für Širjaev besitzt das von der *neugasimaja lampada* ausgehende Licht eine providentielle Bedeutung. In beiden Fällen wird dies als ein sichtbares sakrales Zeichen verstanden, das eine Aussage über das Schicksal Rußlands enthält. Die Erhaltung dieses Lichtes wird ferner mit der Erhaltung der religiösen Identität des gesamten russischen Volkes ungeachtet jedweder widriger Umstände gleichgesetzt:

„Narod russkij možet dojti do poslednego uniženija, zverstva. Na nego mogut obrušit'sja vsjačeskie bedstvija: trus, potop, vojna, čuma. On možet popast' pod vlast' busurmanov, no neugasimaja lampada vse-taki budet mercat', paschal'naja noč' vse-taki budet svetloj."[21]

Die apokalyptischen Bilder dieser Gegenüberstellung hängen mit der eschatologischen Deutung der russischen Geschichte bei Vladimir Solov'ëv zusammen.[22] Dieser Name fällt in demselben Atemzug auch bei Filosofov, wenn er an Solov'ëvs Frage an Rußland erinnert:

---

[19] F. I. Tjutčev, „Ot žizni toj, čto buševala zdes' ..." (1871); F. I. Tjutčev, Lirika. Izdanie podgotovil K. V. Pigarev, Bd. I, Moskau 1966, 225 [„Literaturnye Pamjatniki"].

[20] D. V. Filosofov, Neugasimaja lampada, 8–9.

[21] D. V. Filosofov, Neugasimaja lampada, 8.

[22] Nach der bewußten Wende in der russischen Geschichte können dieselben apokalyptischen Bilder (die Katastrophen, die Versklavung) auch als Zeichen für die noch zu absolvierende Sühne verstanden werden, so z. B. bei Vološin, „Mir" (November 1917): „O, Gospodi, razverzni, rastoči, // Pošli na nas ogń, Jazvy i biči, //, Germancev s zapada, mongol s vostoka, // Otdaj nas v rabstvo vnov i navsegda ...", M. Vološin, Stichotvorenija i poėmy v dvuch tomach. Obščaja redakcija B. A. Filippova, G. P. Struve i N. A. Struve, Bd. I, Paris 1982, 227.

Kakim že chočeš' byt' Vostokom –
Vostokom Kserksa il' Christa?²³

Für Solov'ëv ist der „Orient des Xerxes" (kontextuell zunächst als Gegensatz zu der freiheitlichen hellenischen Lebensordnung begriffen) nicht von jenem zerstörerischen asiatischen Element in „Panmongolizm" zu trennen, das Rußland von der gesamten, vor allem aber von der westlichen Christenheit abzuschneiden droht.²⁴ Filosofov setzt hier einen anderen Akzent, indem er, wie schon anfangs gesagt, am Beispiel eines liturgischen Symbols, der *neugasimaja lampada*, dargelegt, daß es einzig und allein die traditionellen, in einem solchen Symbol verkörperten Glaubensformen sind, die einen besonderen Sinn in das Leben des Volkes hineinstrahlen und unter gewissen Umständen auch sein Überleben zu sichern helfen.

Ferner fällt auf, daß sowohl bei Filosofov als auch bei Širjaev dieses Symbol *dieselbe Struktur* aufweist: Die *neugasimaja lampada* wird als ein *Licht in der Finsternis* konzipiert und verstanden. Besonders prägnant ist die Beschreibung im letzten, 33. Kapitel des Romans „Neugasimaja Lampada", das überschrieben ist „Sed'moj angel" (eine apokalyptische Reminiszenz):

„… plamja lampady poslednego schimnika. Svet vo t'me (…) Množatsja svetil'niki, rassekaja t'mu (…) Togda byla t'ma. Nemnogie videli v ètoj t'me dogoravšee, kak kazalos', blednoe, zadušennoe t'moju plamja, plamja lampady poslednego russkogo schimnika. (…) Togda, v neprogljadnoj t'me, byla liš' odna [scil. Lampada]."²⁵

Mit einem solchen Verständnis des Zeichens seitens des Lesers wird übrigens permanent gerechnet. Hinter diesem ersten Eindruck verbirgt sich ein Sachverhalt, der zu wesentlichen Implikationen betreffend die Semiotik des sakralen Zeichens zu gelangen erlaubt.²⁶ Nachdem wir festgestellt haben, daß die providentielle und überhaupt symbolische Auslegung der *neugasimaja lampada* in diesen Texten als „Licht in der

---

²³ Sobranie sočinenij V. S. Solov'ëva, Bd. XII, Bruxelles 1970, 27–28 Nr. XLII. – Bei Filosofov kehrt diese Stelle in folgender Form wieder: „V otčajanii Vladimir Solov'ëv vprošal svoju rodinu: kakoju chočeš' byt' Rossiej – Rossiej Kserksa ili Christa?", D. V. Filosofov, Neugasimaja lampada, 8.
²⁴ Vgl. dazu N. A. Berdjaev, Problema Vostoka i Zapada v religioznom soznanii Vl. Solov'ëva, in: Sbornik pervyj. O Vladimire Solov'ëve, Moskau 1911, 105–128, insbes. S. 124–126.
²⁵ B. N. Širjaev, Neugasimaja lampada, 403. – Für die kulturgeschichtliche Semantik des Symbols „Licht in der Finsternis" (Joh 1,5) s. S. L. Frank, Svet vo t'me. Opyt christianskoj ètiki i social'noj filosofii, Paris 1949, insbes. S. 17–31.
²⁶ Zum Begriff „Semiotik des Zeichens" und zu den daraus resultierenden Beschreibungsmodi (semantische, syntaktische, pragmatische Aspekte) vgl. B. A. Uspenskij, Istorija i semiotika (Vosprijatie vremeni kak semiotičeskaja problema). Stat'ja pervaja, Trudy po Znakovym Sistemam 22, 1988, 66–84, insbes. S. 68–69.

Finsternis" aufzufassen ist, können wir die Genesis einer solchen liturgischen Symbolik etwas präziser verfolgen. Es wird sich demnach um ein sakrales Zeichen handeln, dessen Struktur mannigfaltig ist.

Allerdings lassen sich seine konstituierenden Elemente nicht auf die primäre kosmologische Opposition „Licht vs. Finsternis" reduzieren. Die liturgische Provenienz des Symbols macht es indes möglich, auch andere Konnotationen einzubinden. Denn eine Lampade als solche setzt immer einen breiteren Zusammenhang voraus, sei es ein vollkommenes „chramovoe dejstvo" (im Sinne P.A.Florenskijs) oder eine davon reduzierte Form, selbst wenn es lediglich eine Ikone sein mag, vor der eine Lampade hängt. Man wird sich vielleicht an das eingangs angeführte Zitat erinnern, in dem von der Gefährlichkeit einer Ikone mit einer Lampade die Rede ist.

An einigen Stellen des Romans deutet Širjaev an, daß ihm selbst das Vorhandensein eines solchen größeren Zusammenhanges durchaus bewußt ist; so spricht er beispielsweise von den Lampaden, die auf dem Altar stehen. Ein solcher Altar ist nach seinem Verständnis der Berg Golgatha von Solovki, auf dem Tausende ihren Tod fanden und sich durch ihr irdisches Märtyrertum (hier nicht an das Glaubenszeugnis gebunden) Christus nähern konnten.[27] Allerdings ist auffallend, daß Širjaev trotz der Fülle von dazugehörenden Bildern davon Abstand nimmt, diesen Zusammenhang mit sprachlich-künstlerischen Mitteln bis ins Letzte auszuarbeiten. Vielmehr bleibt die spirituelle Dimension nur durch die Verwendung der liturgischen Metaphorik aktualisiert.

Ein umgekehrtes Beispiel ist der Schluß von Aleksandr Bloks „Dvenadcat'". V. B. Šklovskij führt einen Auszug aus dem Brief von Blok an Jurij Annenkov an („Znaete li Vy, čto kogda flag b'etsja pod vetrom, to pod nim myslitsja kto-to ogromnyj, kak-to k nemu otnosjaščijsja; ne deržit, ne neset, a kak – ne umeju skazat'") und rekonstruiert die Assoziationsgänge folgendermaßen:

„Veter. Veter rvet poltnišča plakatov. Veter i vyzyvaet flag, a flag vyzyvaet kogo-to ogromnogo, k nemu otnosjaščegosja, i pojavljaetsja Christos. Konečno, on – „imenno Christos" po zapasu obrazov poèta, no vyzvan on kompoziciej obrazov – vetrom i flagom."[28]

---

[27] Zur Herkunft des Namens „Golgatha" in bezug auf Solovki (die Vision eines Hieromönchs namens Iov im Jahre 1712) vgl. A.I.Solženicyn, Archipelag GULag, Bd.II, 50 Anm.20.

[28] V.B.Šklovskij, O teorii prozy, Moskau 1929 (Nachdruck Leipzig 1977), 206. Zu Bloks eigenem Empfinden der Schlußszene von „Dvenadcat'" vgl. insbes. S.Hackel, The Poet and the Revolution. Aleksandr Blok's „The Twelve", Oxford 1975, 189-190. S. dazu jetzt J.Forsyth, The Beginning of the End: Blok's The Twelve and the Apocalypse According to Vladimir Solov'ev, Scottish Slavonic Review 14, 1990, 117-137.

Die von V. B. Šklovskij angesprochene „kompozicija obrazov" (syntaktischer Aspekt) hat eine Erweiterung des semantischen Rahmens der *neugasimaja lampada* als eines komplexen sakralen Symbols zur Folge. Mit anderen Worten, die literarische Darstellung gründet sich nicht auf ein Zeichen (wie z. B. die Lampade), sondern auf ein semiotisches Modell *(neugasimaja lampada)* mit all' seinen kulturhistorischen Reminiszenzen. Daher stellt sich die Frage nach den weltanschaulichen Grundlagen des Geschichtsverständnisses von Širjaev als wiederum eine der Voraussetzungen, die für die Poetik Širjaevs maßgeblich waren.

Neben dem Licht (gemeint ist freilich nur der entsprechende Bestandteil des Syntagmas „Licht in der Finsternis") erfährt auch diese zweite Komponente, die Finsternis, eine symbolträchtige Auslegung. Als Auswirkung der Kräfte der Finsternis werden bei Širjaev eindeutig die neue politische Ordnung und deren Taten verstanden. Die dazugehörenden Begriffe (*t'ma*, aber auch *mgla*) werden in dem Roman des öfteren in Anlehnung an Dostoevskij („Besy") verwendet, allerdings kommt einer solchen Interpretation eine eher marginale Rolle zu, während im Mittelpunkt die Konzeption der Verklärung *(preobraženie)* der menschlichen Natur auf Solovki steht. Außerdem sind die Ansichten über das Lenken des russischen Volkes durch dämonische Kräfte insofern objektiviert, als sie im Roman (Kapitel 28 „Samoe strašnoe") durch einen Mitgefangenen, Boris Aleksandrovič Glubokovskij, geäußert werden.[29] Es sei angemerkt, daß die Bezeichnung „carstvo sovetskoe Antichristovo" vergleichbar ist mit der Auffassung Vladimir Solov'ëvs in den kurz vor seinem Tod niedergeschriebenen „Tri razgovora", dieser historische Prozeß könne nur dazu führen, daß Rußland aufhören werde, ein christliches Land zu sein.[30]

Aus dem oben angeführten Vergleich mit Filosofov wurde bereits ersichtlich, daß es zwischen ihm und Širjaev eine Reihe wesentlicher Übereinstimmungen gibt. Ferner läßt sich feststellen, daß die Anzahl von Affinitäten zwischen Širjaev auf der einen und den Vertretern der russischen religiös-philosophischen Renaissance[31] auf der anderen Seite

---

[29] B. N. Širjaev, Neugasimaja Lampada, 327–347; vgl. ebd. S. 336 den Ausdruck „carstvo sovetskoe Antichristovo". – Über B. A. Glubokovskij, den (Mit-?) Verfasser des „Soloveckij gimn", s. Ju. Ovčinnikov, O „Soloveckom gimne", in: Pamjat'. Istoričeskij sbornik, vyp. 3, New York 1980, 419–422 sowie M. Rozanov, Soloveckij konclager', Bd. III, 62–64.

[30] Vgl. dazu u. a. F. Lieb, Sophia und Historie, Zürch 1962; D. Strémooukhoff, Vladimir Soloviev et son œuvre messianique, Paris 1935 [Publications de la Faculté des Lettres de l'Université de Strasbourg, 69] (Nachdruck Lausanne 1975); A. F. Losev, Vl. Solov'ev, Moskau 1983, 193–195, u. v. a.

[31] Von den zahlreichen Abhandlungen über dieses heterogene Phänomen seien nur er-

nicht nur sehr erheblich ist, sondern überhaupt von einer solchen Provenienz der weltanschaulichen Grundlagen Širjaevs zu sprechen erlaubt.

Diese Schlußfolgerung kann die Angabe Širjaevs über die ihn formenden Einflüsse während seiner Studienzeit an der Moskauer Universität (von Širjaev selbst wird in diesem Zusammenhang nur V. O. Ključevskij genannt) ergänzen. Dies verwundert auch nicht, da es sich hierbei um eine der intellektuellen Hauptströmungen jener Zeit handelt. Nachfolgend sind einige Beispiele für die hier angesprochene *Koinzidenz des Kulturkodes* notiert.

Den bisher verborgenen Sinn dessen, was ihm zu sehen und zu erleben beschieden war, faßt Širjaev in diese Worte:

„Divnaja, neskazannaja prelest' Preobraženskogo Kiteža zasijala iz-za rassejannoj peleny krovavogo, smradnogo tumana. Obnovlennymi zolotymi rizami odelis' obgorelye kupola Soloveckogo Preobraženskogo sobora, vozneslis' v bezmernuju vys' i zapeli povergnutye na zemlju kolokola. Nezemnym svetom Večnogo Ducha zasijala porugannaja, ispepelennaja, krov'ju i slezami omytaja pustyn' Russkich Svjatitelej, obitel' Very i Ljubvi. Stony rodili stony. Stradanie – podniv. Vremennoe smenilos' večnym."[32]

Man vergleiche damit nun beispielsweise folgende Schilderung, die aus der Feder des Fürsten E. N. Trubeckoj stammt:

„Takova poslednjaja i zaključitel'naja stadija v razvitii vozzrenij Solov'ëva. V nej vremennoe otdelilos' ot večnogo. Rassejalsja zemnoj miraž, zaslonjavšij soboj vysočajšie veršiny gornjago mira, teokratija otpala, kak vetchaja češuja, i Solov'ëvu otkrylos' videnie podlinnogo carstvija Christova ..."[33]

Den Leidensweg von Solovki in der Neuzeit pflegt Širjaev als *Verklärung* zu bezeichnen. Gemeint ist damit die Erhellung, Veränderung der menschlichen Natur durch die aufgebürdete Pein, den Hunger und die Gewalt; ein solches Schicksal kann nach Širjaev als eine Art Nachahmung des Leidensweges Christi gelten. Der damit verbundene Begriff *preobraženie* gehört zu der am häufigsten gebrauchten Terminologie Širjaevs, wobei sich eine metaphorische Reihe aufbaut: Verklärung (Preobraženie) Christi – sobor Preobraženija (die Hauptkathedrale von Solovki) – Solovki als Ort des (menschlichen) Preobraženie – Preobra-

---

wähnt: G. V. Florovskij, Puti russkago bogoslovija, Paris 1937 (Nachdruck Paris 1983), 452–499; N. M. Zernov, Russkoe religioznoe vozroždenie XX veka, Paris 1974.

[32] B. N. Širjaev, Neugasimaja Lampada, 398. – Bezeichnend ist hier auch der Ausdruck „obitel' ... Ljubvi", der sinngemäß direkt an Solov'ëv erinnert; zu dessen Konzeption der Liebe vgl. insbes. M. George, Mystische und religiöse Erfahrung im Denken Vladimir Solov'ëvs, Göttingen 1988 [Forschungen zur systematischen und ökumenischen Theologie, Bd. 54], 272.

[33] E. N. Trubeckoj, Vladimir Solov'ëv i ego delo, in: Sbornik pervyj. O Vladimire Solov'ëve [s. oben], 75–95, S. 94.

žennyj grad Kitež etc. Eine verklärte Menschheit (allerdings in einem ganz anderen Sinne als bei Širjaev, versteht sich) war auch zu Beginn unseres Jahrhunderts ein beliebtes, häufig wiederkehrendes Thema russischer messianistischer Sozialutopien. Über diese Geistesströmungen schrieb Fürst E. N. Trubeckoj in der schon zitierten Abhandlung beispielsweise folgendes:

„Vse my ... učastvovali v sozdanii ... toj preobražennoj zemli, gde dolžno carstvovat' preobražennoe čelovečestvo. No Rossija ešče ne vystradala svoego prosvetlenija, ne prinjala ešče svoej poslednej krestnoj muki ... Rušitsja vse to, čto ne imeet bezuslovnogo osnovanija. Unositsja vremenem vse to, čto ne imeet kornej v sverchvremennom ..."[34]

Širjaevs Projektion des historischen Prozesses auf die Dichotomie „Zeitlich – Ewig" äußert sich in derselben Bildersprache:

„Upal večevoj kolokol, sorvannyj groznoj rukoj Moskovskogo carja. On – vremennyj, zemnoj, čelovečeskij. No peli svoju gornjuju pesn' zvonnicy Svjatoj Sofii. Oni – večnye, Božeskie. Im otzyvalis' iz jasnoj ozernoj glubiny nezrimye kolokola Preobražennogo grada Kiteža, im vtorili derevjannye bila pervogo chrama Soloveckogo ... vo imja svetlogo Preobraženija. (...) Novye chozjaeva žgli ukrašavšie ee [Ruś – F. P] sokrovišča Ducha. Sotvorennoe čelovekom – vidimoe – sgoralo. Sotvorennoe Bogom – nevidimoe – žilo. Ono – večno."[35]

Als Fazit solcher Gegenüberstellungen, die sich freilich leicht vermehren ließen, sei festgehalten: Širjaevs weltanschauliche Kategorien sind von russischen religionsphilosophischen Gedanken, vor allem von V. S. Solov'ëv und dessen Kreis, geprägt. Die damit verbundenen Einflüsse gehen auf Širjaevs Werdejahre an der Moskauer Universität zurück, sie lassen sich aber gerade im Spätwerk Širjaevs am deutlichsten erkennen. Obwohl dieser Hintergrund Širjaevs bisher mehr oder minder verborgen blieb oder nicht hinreichend differenziert angedeutet wurde, liefert er wesentliche Voraussetzungen für eine adäquate Interpretation seines Romans „Neugasimaja Lampada". Die grundlegende These Širjaevs über Solovki als einen Ort der Verklärung, die sowohl die Komposition des Romans als auch dessen Bildlichkeit mitbestimmt, wird ohne Kenntnis des Beitrages von Solov'ëv zur Lehre über das Gottmenschentum *(Bogočelovečestvo)* keinen tieferen Einblick in die bestehenden Zusammenhänge, d. h., in die intertextuelle Poetik Širjaevs gewähren.[36] Nicht zuletzt hat auch Širjaevs Verhalten in Glaubensfra-

---

[34] E. N. Trubeckoj, Vladimir Solov'ëv, 94–95.
[35] B. N. Širjaev, Neugasimaja Lampada, 25–26.
[36] Zur Auffassung von „Bogočelovečestvo" bei Solov'ëv vgl. M. George, Mystische und religiöse Erfahrung, 325 ff. (wo u. a. zu Recht auf die zentrale Stellung dieser Konzeption

gen seine geistige Nähe zu Solov'ëv bezeugt. Unserem Versuch, in Širjaevs Gedankengut, wie es sich konkret im Roman „Neugasimaja Lampada" äußert, rezeptorische Momente in bezug auf Vladimir Solov'ëv festzuhalten, widerspricht keineswegs die allgemeine Erkenntnis über den erheblichen Anteil der Idee des *Preobraženie* an der Konstituierung der russischen Frömmigkeit.[37]

Bereits bei unseren obigen Ausführungen über den semantischen Gehalt der liturgischen Symbolik im Werk Širjaevs konnte festgestellt werden, daß ihre Verwendung mit der Überlieferung der kollektiven Werte der russischen spirituellen und kulturellen Welt unter fortwährend feindseligen Umständen zusammenhängt. Diesen Prozeß wußte Širjaev überdies als Schwinden der christlichen Ordnung aus der Substanz des russischen Lebens zu bezeichnen. Somit entsteht der Gegensatz zwischen der „Svjataja Ruś" und der „sovetskaja Ruś" (sic), genauer gesagt: jenem anderen Gebilde, das anfangs sooft denselben Namen „Rußland" beanspruchte. Es verwundert auch nicht, daß dieser Gegensatz bei Širjaev (nach unserer Annahme in Übereinstimmung mit dem Grundgedanken Solov'ëvs) *eschatologisch* unterwoben ist. Auf Solovki werden, so Širjaev, Menschen verbannt (in Anlehnung an die Mönche und Pilger von damals hier „novye trudniki" genannt)

> „so vsech koncov Rusi, no uže ne Svjatoj, a popravšej, razmetavšej po bujnym vetram svoju svjatuju dušu, Rusi sovetskoj, nizvergnuvšej krest i zvezde poklonivšejsja."[38]

Mit dieser Vision des Schicksals eines vormals christlichen Landes, das nun dem *Stern* huldigt (vgl. u. a. „Stern" als Substitut Luzifers), läßt

---

in der Theosophie Solov'ëvs hingewiesen wird) sowie V. Ammer, Gottmenschentum und Menschgottum. Zur Auseinandersetzung mit Christentum und Atheismus im russischen Denken, München 1988 (Slavistische Beiträge, Bd. 228).

[37] Vgl. dazu die Einschätzung von N. A. Berdjaev, Russkaja religioznaja ideja, in: Problemy russkogo religioznogo soznanija. Sbornik statej, Berlin 1924, 52-138, insbes. S. 119: „V centre russkogo Pravoslavija, vzjatogo ne vo vnešnich, official'nych projavlenijach, a v ego duchovnoj glubine, stoit ideja prosvetlenija i preobraženija."

[38] B. N. Širjaev, Neugasimaja Lampada, 29. Über den Begriff „Svjataja Ruś" speziell im Zusammenhang mit Solovki vgl. vorerst das oben erwähnte Interview mit D. S. Lichačev. Nach dem Zeugnis von M. M. Prišvin aus dem Jahre 1903 wurde Solovki vom Volk als „svjataja zemlja" bezeichnet, M. Rozanov, Soloveckij konclager', Bd. II, 227. – In Hinblick auf den hier angesprochenen Überlieferungsgedanken bei Širjaev mit seinem Gegensatz „Svjataja Ruś – Ruś sovetskaja" ist ferner die Abhandlung des Fürsten G. N. Trubeckoj, Krasnaja Rossija i Svjataja Ruś, Paris 1931, von Bedeutung. An einer Stelle (S. 55) begegnet uns darin ein Satz, dessen Metaphorik enge Verwandtschaft zu Širjaevs Vorstellungen aufweist: „Čem bol'še sdvinulis' gosudarstvennye i obščestvennye idealy, tem jarče sijajut pered nim [vor einem gläubigen Menschen – F. P.] nezyblemye duchovnye načala, osveščajuščie zemnoj mrak."

sich im übrigen folgende Stelle bei A. Remizov vergleichen, der sich auf dieselben historischen Kataklismen bezieht:

„Obodrannyj i nemoj stoju v pustyne, gde byla kogda-to Rossija. (...) I vremja propalo, net ego, končilos'. (...) I iz bezny podymaetsja angel zla – serebrjannaja pjatigrannaja zvezda nad ego golovoj s sem'ju lučami, i strašen on."³⁹

Das Motiv der verschwundenen Zeit, das bei Remizov im Zusammenhang mit dem Erscheinen der Kräfte des Bösen anklingt, führt uns an einen weiteren Punkt unserer Untersuchung heran. Denn die Funktion der liturgischen Symbolik bei Širjaev läßt sich anhand jener Kontexte am deutlichsten definieren, in denen seine Konzeption des Zeitlichen im Vordergrund des literarischen Verfahrens steht. Da Širjaev, ein Absolvent der Historisch-Philologischen Fakultät der Moskauer Universität, seine Erlebnisse in einem frühen sovetischen Konzentrationslager mit einer Interpretation verschiedener Begebenheiten aus der russischen Geschichte zu verbinden sucht, sind in dem Roman mehrere zeitliche Strata zugleich angesprochen. Zum einen ruft dies stilistische Variationen hervor, zum anderen finden sich in seinem Werk durchweg historiosophische Spekulationen, die ihrerseits eine ganze Reihe von Metaphern und Anspielungen enthalten und insgesamt einer separaten Erörterung bedürfen.⁴⁰

Es fällt auf, daß in dem Roman die Schreibweise der Wendung *neugasimaja lampada* variiert, und zwar wird sie bald groß-, bald kleingeschrieben (*Neugasimaja Lampada* vers. *neugasimaja lampada*). Die Voraussetzungen zum Verständnis dieser Unterscheidung, die für den Autor selbst relevant war, liefert folgende Textstelle:

„Na potemnevšem skorbnom kupole neba laskovo i smirenno zasvetilas' pervaja zvezda, *Neugasimaja Lampada* pered večnym prestolom Tvorca žizni. V zemljanoj kel'e prizvannogo Bogom schimnika tak že nežno i bledno teplilsja ogonek ego *neugasimoj lampady* pered skorbnym likom Spasa ..."⁴¹

Dieser Differenzierung ist zu entnehmen, daß durch die unterschiedliche Schreibweise derselben Bezeichnung die konkrete (wenngleich ebenfalls symbolträchtige) irdische Manifestation des heiligen Zeichens, also ein konkretes liturgisches Gerät, von dem Symbol als sol-

---

³⁹ A. M. Remizov, Vzvichrennaja Ruś. Kommentarii (imennoj ukazatel') A. Kozina, ²London 1979, 185.
⁴⁰ Im Lichte der Untersuchungen von B. A. Uspenskij, Istorija i semiotika (Vosprijatie vremeni kak semiotičeskaja problema). Stat'ja pervaja [vgl. oben]; Stat'ja vtoraja, Trudy po Znakovym Sistemam 23, 1989, 18–38 (eine Monographie darüber in Vorbereitung) kann man die besagten historiosophischen Spekulationen Širjaevs in ihrem Wesen insofern recht genau ergründen, als Širjaev die entsprechend ausgewählten Zeitläufe bewußt als eine zusammenhängende, bedingte Einheit („Text") auffaßt.
⁴¹ B. N. Širjaev, Neugasimaja Lampada, 353.

chem getrennt wird. Mit anderen Worten, die markierte Schreibweise verändert nicht die Semantik des Zeichens, sondern seinen Modus, d. h., das Verhältnis des Autors zu diesem Zeichen. Dementsprechend haben diese zwei Varianten eines und desselben Zeichens unterschiedliche narrative Realisationsmöglichkeiten.

Zunächst zu der materiellen Lampade. Gemeint ist eine solche, die ein auf der Insel verbliebener Klausner, den Širjaev selbst einige Male gesehen zu haben angibt, vor der Erlöser-Ikone in seiner versteckten Höhle hängen hatte. Dieser Klausner wird im Roman als „poslednij na Rusi schimnik" bezeichnet; er erscheint in keiner anderen Erzählung über Solovki. Širjaev soll zufällig auf seine Erdhöhle gestoßen sein, als er in einer dunklen Nacht von einem Waldweg abgekommen ist. Später wurde dieses Versteck im Walde auch noch dem damaligen Lagerkommandant Nogtev bekannt. Als dieser, wie immer betrunken, eines Tages in die Höhle hereinplatzte und den Klausner im frühsovetischen Jargon („otec opium" etc.) beschimpfte, wies der Klausner auf den neben ihm stehenden geöffneten Sarg. Der erblaßte Henker verließ fluchtartig diesen Ort, weil er, so Širjaev, darin eine Prophezeiung über sein baldiges Ende erkannt hatte.

Was die Existenz einer solchen Gestalt wie „der letzte Klausner" auf Solovki betrifft, so hat M. Rozanov gezeigt, daß diese nur eine Erfindung Širjaevs darstellt. M. Rozanov stellt ferner die Frage, ob diese ganze ohnehin unglaubwürdige „Odyssee" dem Autor möglicherweise nur dazu dienen sollte, den Romantitel „Neugasimaja Lampada" zusätzlich zu untermauern.[42] Für uns ist Rozanovs Beobachtung wichtig, um festzustellen, daß diese „Erfindung" zum künstlerischen Vorhaben Širjaevs gehört und ihre eigene Aussagekraft besitzt.

Die irdische Lampada (vor der Ikone des Erlösers) ist ein sichtbares sakrales Zeichen, das in der Parallelität zu seiner himmlischen Entsprechung begriffen ist. Deswegen bemüht sich Širjaev ausdrücklich darum festzuhalten, daß diese Lampada selbst einige Tage nach dem Ableben des Klausners weder von selbst ausgegangen noch von jemandem ausgelöscht worden ist, sondern weiterhin leuchtete.[43] Auf diese Weise kommt zum Ausdruck, daß auch das irdische Licht dieselbe entscheidende Eigenschaft des sakralen Zeichens, nämlich seine Unauslöschbarkeit, besitzt.

Die Erzähltechnik Širjaevs konstituiert sich unter Berücksichtigung des jeweiligen Modus dieses liturgischen Symbols. Sämtliche Themen,

---

[42] M. Rozanov, Soloveckij konclager', Bd. I, 253-254.
[43] B.N. Širjaev, Neugasimaja Lampada, 350: „Potuchla lampada? – vskriknul ja nevol'no. – Net, tlelas' ešče malym svetom. Podlinno – neugasimaja (...) I ne peretuchla? – Ne dopustili togo."

die mit der materiellen, irdischen Verkörperung des „Ewigen Lichtes", d. h., mit der *neugasimaja lampada* (sic) zusammenhängen, werden auf der *Ebene der Fabel* abgehandelt. Demgegenüber ist die andere Variante des sakralen Zeichens, *Neugasimaja Lampada*, neben ihrer Rolle bei der Wahl des Erzählstoffes und dessen Interpretation auch ein wichtiges Element der *Komposition* des Romans. Was beispielsweise anfangs mit der Bewahrung des Lichtes der irdischen Lampade dem Leser mitgeteilt werden sollte, wird im Anschluß daran innerhalb desselben Romanabschnittes (Teil V „Na trope k Kitežu") in einer Reihe von biographisch aufgefüllten Szenen nochmals und nochmals reproduziert, wobei diese synonymischen Aussagen allesamt durch die Verwendung derselben liturgischen Symbolik (vgl. z. B. Kap. 30 „Lampada teplitsja") gekennzeichnet sind. Ferner wird von Širjaev eine Parallele zwischen seinen Erlebnissen und dem Zeugnis der Apostel vollzogen (sic!), da sowohl sie als auch er selbst die Manifestationen eines und desselben Lichtes, der *Neugasimaja Lampada*, erfahren haben.

Eine solche Betrachtungsweise zeigt, daß die von Širjaev verwendete liturgische Symbolik unmittelbar mit seinem Empfinden der Zeit, wie eingangs postuliert, zu tun hat. Daraus ergibt sich für Širjaev die Möglichkeit, die zwischen ihm und dem Zeitalter der Apostel befindlichen Zeiträume zu überwinden, genauer gesagt: sie gewissermaßen außer Kraft zu setzen. Unter diesem Gesichtspunkt wird verständlich, weshalb in seinem Roman die erfundene Gestalt des „letzten Klausners" vorkommt.

Verläßt man den unbeweglichen Standpunkt, nach dem die Aussage des Romans „Neugasimaja Lampada" mit einem Tatsachenbericht o. ä. gleichzusetzen wäre, so wird man feststellen können, daß es sich dabei gattungsmäßig um eine *Legende* handelt. Bekanntlich verfügt die Legende über eigene Mechanismen der Zeitrechnung, die die sakrale (bzw. kosmische, zyklische, mythische etc.) und die historische (bzw. lineare etc.) Zeit aneinanderbringt oder verbindet. Die traditionellen Handlungsfiguren der Legende (darunter insbesondere Mönche und Asketen) leben „v proryve', kak by na poroge istorii i metaistorii."[44] Die *Neugasimaja Lampada* läßt sich daher u. a. als ein *sichtbar gewordenes Zeichen der sakralen Zeit* begreifen. In der Liturgie wird die historische, lineare Zeit durchbrochen, und der Rezipient (ein Individuum, die Gemeinschaft der Gläubigen etc.) kann in eine Dimension gelangen, in der die sakrale (liturgische) Zeit bestimmend ist.

---

[44] Vgl. M. A. Bljumenkranc, K probleme žanrovogo svoeobrazija legendy, in: Ėtnolingvistika teksta. Semiotika malych form fol'klora, II. Tezisy i predvaritel'nye materialy k simpoziumu, Moskau 1988, 7–9.

Unter den vielen Aspekten, die sich aus der Aufnahme des liturgischen Denkens und des liturgischen Mysteriums in der Literatur ergeben[45], erweist sich der Zusammenhang zwischen der sakralen (resp. „nicht-historischen") Zeit und der liturgischen Symbolik speziell in bezug auf Širjaev als ausgesprochen relevant. Denn im Roman wird jene gewaltsame Unterbrechung der natürlichen Lebensordnung dargestellt, deren Folge Solovki war. Ebenfalls unterbrochen ist der Verlauf der Zeit; man ist unter solchen Bedingungen außerstande, das angebrochene sovetische Zeitalter in früheren Kategorien zu erfassen. Nicht umsonst spricht A. Remizov vom „Verschwinden der Zeit". Dies bedeutet nur, daß die bisherige lineare Zeitrechnung, die sich auf die Abfolge von irdischen (historischen etc.) Geschehnissen bezog, nunmehr zu funktionieren aufhört. Darin kommt die Reaktion des semiotischen Mechanismus einer Kultur zum Ausdruck, der sich mit deren Untergang zwangsläufig verwandelt. Symptomatisch sind indes auch die Bezeichnungen für die neue Epoche, die sich bei Širjaev finden lassen. So nennt er die Zeit nach dem Umsturz *bezvremennye gody, metel' bezvremennych let* und seinen Roman bemerkenswerterweise *zapis' bezvremennych let*[46].

In seiner religiös-heilsgeschichtlichen Interpretation der Geschehnisse auf Solovki in den frühen Sovetjahren hat Širjaev auf die Verbindung zwischen der Überlieferung russischer geistiger und religiöser Werte und der Konzeption der sakralen Zeit (bzw. dem überirdischen, spirituellen Weg dieser Überlieferung) hingewiesen. Daß er für die literarische Umsetzung seiner Visionen die liturgische Symbolik wählte, zeugt von seinem tiefen Empfinden sakraler Ausdrucksformen.[47]

---

[45] Von der umfangreichen Literatur darüber seien hier nur einige wenige Titel notiert: J. Wortley (Ed.), Liturgy and Literature, Winnipeg 1979 [Mosaic 12/2]; H. Schmidt – D. Power (Eds.); Liturgy and Cultural Religious Traditions, New York 1977; La liturgie, son sens, son esprit, sa méthode. Liturgie et théologie, Roma 1982 [Ephemerides liturgicae, 27]; Liturgie, spiritualité, cultures, Roma 1983 [Ephemerides Liturgicae, 29]; The Divine Drama in History and Liturgy. Essays Presented to H. Davies..., Allison Park 1984. Vgl. auch W. Vos – G. Wainwright (Eds.), Liturgical Time (s. oben).

[46] B. N. Širjaev, Neugasimaja Lampada, 21 u. 27. Es braucht nicht betont zu werden, daß eine solche Einschätzung der neuen politischen Ordnung als einer Epoche der bezvremen'e auch ansonsten vielfach anzutreffen ist; uns geht es hier in erster Linie um die Begrifflichkeit, die für Širjaev charakteristisch ist. Vgl. z.B. Fürst G.N.Trubeckoj, Krasnaja Rossija, 85: „Prošloe Svjatoj Rusi ušlo glubokimi svoimi kornjami v Cerkov'. K nej vozvraščaet nas i nastojaščee naše bezvremen'e."

[47] Bei meinem Wiedersehen mit Vater Aleksandr Meń und mit Boris Andreevič Uspenskij in der Evangelischen Akademie Tutzing hatte ich u. a. die Gelegenheit, die wesentlichen Gesichtspunkte dieses Beitrages mit ihnen zu erörtern. An unsere Zusammenkünfte werde ich stets mit großer Dankbarkeit zurückdenken.

Vladimir V. Ivanov, Berlin

Der eschatologische Aspekt in der Ästhetik Vladimir Solov'ëvs

Auf dem Hintergrund weitreichender, das Gesicht Europas so stark verändernder Ereignisse dürfte das auf den ersten Blick unbedeutende Jubiläum eines Artikels von Vladimir Solov'ëv: „Der Kunst allgemeiner Sinn" (Obščij smysl' iskusstva) nahezu unbemerkt vorübergehen. Dennoch verdient diese kleine Arbeit eingehende Beachtung. 1890 verfaßt, bietet sie eine Skala ästhetischer Werte, die den Sinn des von der europäischen Kunst im 20. Jahrhundert zurückgelegten Weges und der weiteren Perspektiven bewußt werden lassen. Die Beantwortung dieser Frage dürfte von Belang nicht allein für einen engeren Kreis von Fachleuten sein.

Die ästhetische Funktion, wie die religiöse aus dem menschlichen Bewußtsein erwachsend, kann übersehen werden, kein Interesse finden oder gar in einem absterbenden Zustand sein. Wo solche Erscheinungen Massencharakter annehmen und für eine Epoche typisch werden, wird man irrtumsfrei deren schmerzhaften Verfall diagnostizieren müssen. Wenn die ästhetische Funktion abstirbt, droht dem Bewußtsein ein Niveaugefälle.

Eine Epoche, der das Verlangen nach Schönheit abgeht, verliert zugleich das Verständnis für die Wahrheit als Logos in schöpferischer Projektion auf die objektive Welt der Ideen und mißachtet das Gute, indem sie es entweder gegen eine Summe von Gesetzen eintauscht oder offen den sittlichen Relativismus predigt. Demgegenüber ist die Erweiterung der ästhetischen Funktion des Bewußtseins ein eindeutiger Indikator für die Dominanz des geistlichen Prinzips über die jeweilige Physiologie sinnlicher Isolation in einer Welt rein äußerer Wahrnehmungen. Verständlicherweise hat ein solches ästhetisches Prinzip nichts mit dem subjektiven Geschmacksästhetismus zu tun, der die Kunst aus der Gesamtheit des geistigen Kosmos herauslöst und sie, um eine Sentenz Vladimir Solov'ëvs zu gebrauchen, in ein „abstraktes Prinzip" verwandelt, „das, vom Ganzen getrennt und in seiner Ausschließlichkeit bestätigt, seinen wahren Charakter einbüßt, in Widerspruch und Kampf miteinander gerät und so die Menschenwelt in die Verfassung intellektuellen Zerfalls stürzt, in dem sie sich bislang befindet."

Mithin heißt die Frage nicht: Wie viele Menschen haben sich im modernen Europa die Fähigkeit zu künstlerischer Sensibilität und uneigennützigem Interesse an der Kunst erhalten, sondern vielmehr, *wie* geht die Entwicklung des ästhetischen Bewußtseins innerhalb der allgemeinen Evolution der europäischen Kultur vor sich? Zu Beginn der Neunziger Jahre des vorigen Jahrhunderts wurde Vladimir Solov'ëv von der Ahnung erfaßt, daß sich die traditionellen Formen der europäischen Kunst erschöpft haben. Dabei ging es nicht um eine kurzfristige oder im Laufe der Zeit doch überbrückbare Krise, um eine Strähne schöpferischer Unfruchtbarkeit, sondern um den Abschluß einer durchaus konkreten Entwicklungslinie der europäischen Kunst.

Solov'ëvs Empfindungen für die weiteren Geschicke des Kontinents nahmen einen deutlich eschatologischen Charakter an. Kurz vor seinem Tod glaubte er sogar an das nahe Ende der Weltgeschichte: „Es geht alles zu Ende" äußerte er in einem Gespräch zu seinem Freund S. N. Trubeckoj, „die Magistrale der Geschichte, der antiken, der mittleren und der neuen, läuft aus."

Allerdings hat er ironisch hinzugefügt, der Epilog der Weltgeschichte würde sich wohl, wie in den Dramen von Ibsen, noch etliche Akte hinziehen, die Auflösung des historischen Geschehens werde – allgemein gesprochen – noch relativ lange Zeit in Anspruch nehmen, ohne daß sich dadurch etwas am Kern der Sache ändern werde: Die Geschichte in ihrem traditionellen Sinne ist zu Ende.

In dem Artikel „Der Kunst allgemeiner Sinn" wird indessen das Eingeständnis, die Formen der europäischen Kunst seien erschöpft, unter dem Blickwinkel der Hoffnung auf eine geistige Wiedergeburt gefaßt. Vl. Solov'ëv hielt eine schöpferische Metamorphose in der Welt der Kunst für möglich, die sich bis über die ihr gewöhnlich gesetzten Grenzen erstreckt. Es läßt sich hier eine gewisse Parallele zwischen Solov'ëvs ästhetischen Ansichten und dem antikantianischen Pathos der russischen Religionsphilosophie am Anfang des 20. Jahrhunderts feststellen, das die Möglichkeit realer Gotteserkenntnis bejahte und damit gegen die Behauptung des Kantianismus auftrat, das menschliche Bewußtsein sei in unüberschreitbare Grenzen eingebunden.

Auf einer neuen historischen Ebene wiederholte sich der Streit um die Grenzen der Erkenntnis, der zwischen den byzantinischen Hesychasten des 14. Jahrhunderts und deren Position der Erkennbarkeit Gottes an Seinen unerschaffenen Energien und den vor Kant kantianisch eingestellten Theologen ausgetragen wurde. Diese leugneten solche Erkenntnisfähigkeit und legten damit den Grund zur Verweltlichung der westlichen Kultur.

Der Kantianismus wurde zum logischen Abschluß des mittelalterlichen Nominalismus und gleichzeitig zu einem ernsten Symptom für die Hinfälligkeit der westlichen Zivilisation. Entsprechend mündeten die antikantianischen Tendenzen der russischen Religionsphilosophen mit logischer Folgerichtigkeit in die Behauptung, eine neue Kultur müsse auf *den* Grundlagen geschaffen werden, die dem Aufstieg des menschlichen Bewußtseins zu Gott unbegrenzte Möglichkeiten einräumen.

Eine weitere Entwicklung der Kultur war für Vladimir Solov'ev nur unter der Voraussetzung denkbar, daß sie die von der Tradition gezogenen Grenzen überschreiten würde. Denn „die neueuropäischen Völker haben bereits alle übrigen uns bekannten Arten der Kunst ausgeschöpft, und wenn die letztere noch eine Zukunft hat, dann in einer völlig neuen Sphäre des Wirkens."

Damit hat Vl. Solov'ev den Übergang von der naturalistischen Kunst mit ihrem Prinzip der Nachahmung zur theurgischen (von Gott bewirkten) vorausgesehen, die über eine reale, die Wirklichkeit verändernde Kraft im Blick auf deren Vergeistigung verfügt.

Bei einem Vergleich der Kunstentwicklung insgesamt unterschied er drei Hauptphasen, die seine ästhetische Konzeption bestätigen. In der ersten hat Vl. Solov'ev Religion und Kunst so eng miteinander verbunden, daß sich das künstlerische Prinzip voll den höheren Interessen der Religion unterordnete. In Kulturen dieser Struktur läßt sich deutlich ein Verschlungenwerden des menschlichen Elementes durch das göttliche beobachten ...

Diese Wechselbeziehung zwischen Religion und Kunst wird bis zum Ausgang des Mittelalters als voll berechtigt akzeptiert. In den Verfügungen des Siebten Ökumenischen Konzils (787), das die Ikonenverehrung verteidigte, wird unterstrichen, die Herstellung von Ikonen im sakralen Sinne des Wortes stehe den heiligen Vätern, nicht den Künstlern zu, die nur deren Anweisungen technisch auszuführen und zu beherzigen haben.

Diese vom modernen Blickwinkel nur schwer verständliche Regelung ist im Rahmen der hieratisch orientierten Kulturen mehr als berechtigt. Das mit den Mitteln der Kunst gestaltete Bild verfolgt ein bestimmtes Ziel: Es soll das Bewußtsein zum geistig-göttlichen Urbild emporleiten.

Um rechte Wegweisung für den Aufstieg der Seele zu geben, müssen diejenigen zum Zuge kommen, die bereits selbst auf diesem Wege fortgeschritten sind.

Wie immer ein Bild aus subjektiver Inspiration geschaffen wird, da wird es nur Schaden stiften und, statt die Seele emporzuführen, sie der Versuchung aussetzen und die Ausgeburten ihrer niederen Schichten für eine Offenbarung der geistlichen Welt ausgeben.

Im 2. Buch Mose läßt der HERR die Stiftshütte nach den Mose auf dem Sinai spirituell gegebenen Anweisungen fertigen: „Wie ICH dir ein Vorbild der Wohnung und alles ihres Gerätes zeigen werde, so sollt ihr's machen" (25,9). Auch die Abbilder der Wesen aus der himmlichen Hierarchie, die Cherubim, sind davon betroffen: „Und die Cherubim sollen ihre Flügel ausbreiten von obenher, daß sie mit ihren Flügeln den Gnadenstuhl bedecken ..." (25,20).

So fordert das sakrale Ideal eine strikte Verwirklichung in der Kunst. Doch schon im Mittelalter kommt es nicht selten zu Erscheinungen, die eine Kluft zwischen Ideal und künstlerischer Praxis bezeugen, weil das Gleichgewicht von göttlichen und menschlichen Elementen in der Kunst verloren gegangen war. Das unbestrittene Primat des ersteren über das letztere wurde im Laufe der Zeit immer weniger als selbstverständlich empfunden.

Vladimir Solov'ëv hielt diesen Vorgang in der Kunst für innerlich geboten. Mit dem Blick auf das Christentum als einer Religion des Gottmenschentums, bei der sich ein Synergismus (Zusammenwirken) der beiden vor dem Kommen Christi getrennten Naturen realisiert, kann es nicht um das Aufgehen der menschlichen Natur in der göttlichen (nach östlicher Manier) gehen, sondern um ihrer beider schöpferischer Synthese.

Bei aller Begeisterung und Wertschätzung für die Integrität der mittelalterlichen Kultur wird man doch bemerken müssen, daß Byzanz bei der dogmatischen Verwerfung des Monophysitentums psychologisch recht unsensibel gegenüber dem menschlichen Prinzip des Christentums war. Wäre das nicht so gewesen, dann hätte die spätere, für die Neuzeit so typische Säkularisation keinen so schmerzhaften Charakter getragen.

Die Neuzeit verfiel in das andere Extrem und kam über die Bevorzugung des humanistischen Ideals nicht nur zur Ablehnung Gottes, sondern verlor letzten Endes auch den Menschen. Vl. Solov'ëv hegt die Hoffnung, daß ungeachtet aller zerstörerischen Tendenzen der säkularen Zivilisation das in Freiheit entfaltete menschliche Element, nachdem es sich von der eigenen Einseitigkeit selbst überzeugt hat, zu einer Vereinigung mit dem früher verworfenen göttlichen Prinzip auf einer neuen Ebene führen wird.

Sogar in der primitiven Ästhetik des Utilitarismus entdeckte er eine positive Seite, weil er in ihren Absichten die unbewußte Vorahnung sah, daß „das ästhetisch Schöne zu einer realen Verbesserung der Wirklichkeit beitragen muß".

Eine Kunst, die auf den Grundsätzen des Naturalismus und der Imitation der äußeren Wirklichkeit aufgebaut ist, kann offensichtlich diese Forderung nicht erfüllen. Wie der säkulare Humanismus den Menschen verliert, so geht die realistisch imitierende Kunst des künstlerischen Wesens verlustig. Alles Gute, was die Kunst der Neuzeit hervorgebracht hat, entstand einzig und allein dadurch, daß die naturalistische Hypnose überwunden wurde.

Vladimir Solov'ëv hebt drei für derartige Kunstwerke charakteristische Momente hervor: *Erstens* entstehen sie dann, wenn es dem Künstler gelingt, „den Glanz der ewigen Schönheit in unserer alltäglichen Wirklichkeit" einzufangen. Eben dadurch setzen sie *zweitens* denjenigen, der sie rezipiert, in den Stand, „die für uns noch kommende, transzendente Wirklichkeit" vorzuempfinden. Und schließlich dienen diese Kunstwerke *drittens* allein durch die Tatsache ihrer Existenz „als Übergang und Bindeglied zwischen der Schönheit der Natur und der Schönheit des künftigen Lebens" im Geiste.

Damit freilich erschöpft sich die Aufgabe der Kunst nicht. Vl. Solov'ëv sah den Anbruch einer theurgischen Epoche in der Entwicklung der Kunst voraus; wenn sie befähigt wird, „das absolute Ideal nicht in einer Abbildung, sondern in Wirklichkeit zu verkörpern, muß sie unser Alltagsleben beseelen und überhöhen". Er betrachtete dieses Problem unter eschatologischem Blickwinkel und meinte, „die Wahrnehmung dieser Aufgabe werde mit dem Abschluß des gesamten Weltprozesses zusammenfallen müssen".

Etwas Ähnliches scheint in Dostoevskij vorgegangen zu sein, als er dem Fürsten Myškin seinen rätselhaften Ausspruch in den Mund legte: „Die Schönheit wird die Welt retten." In den „Brüdern Karamazov" findet das eschatologische Verständnis der Schönheit seinen vollen Ausdruck: „Die Schönheit ist nicht nur eine schreckliche, sondern auch geheimnisvolle Sache. Hier kämpft der Teufel mit Gott, und das Schlachtfeld ist das Herz des Menschen." Wie nahe diese beiden Bahnbrecher der russischen Religionsphilosophie sich in ihren ästhetischen Ansichten kommen, wird von drei Reden bestätigt, die Vl. Solov'ëv im Gedenken an Dostoevskij gehalten hat, und in denen er am klarsten seine Gedanken über den geistigen Sinn im Entwicklungsprozeß der Kunst ausgesprochen hat. Später unterstrich Solov'ëv den Zusammenhang von Ästhetik und Eschatologie stärker. Nicht zufällig hat er kurz vor seinem Tode, ganz unter dem Eindruck des nahen Endes der Weltgeschichte, die Niederschrift der „Ästhetik" als seine „wichtigste Aufgabe" bezeichnet.

In welchem Grade waren solche Intuitionen berechtigt? Hundert Jahre nach der Niederschrift „Der Kunst allgemeiner Sinn" herrscht in der geistigen Welt Europas eine Atmosphäre, in der die Worte „Eschatologie", „Ende der Weltgeschichte", „Apokalypse" einen allgemein verständlichen, fast alltäglichen Charakter erhalten haben.

Wenn Solov'ëvs Prophezeiungen zu seinen Lebzeiten als Merkwürdigkeiten einen klugen Menschen etikettiert wurden und es Vasilij Rozanov, dem mystisch-religiöse Empfindungen durchaus nicht fremd waren, für geistreich hielt, nach der Solov'ëvschen Vorlesung über den Antichristen im Hörsaal vom Stuhle zu fallen, wenn die Studenten der Moskauer Universität brieflich zu erfahren suchten, ob Vladimir Solov'ëv tatsächlich geistesgestört sei oder nur so tue, so gilt es gegenwärtig für völlig respektabel und sogar verdienstvoll, wenn man, natürlich in bestimmten Grenzen, über eschatologische Themen schreibt oder spricht. Was aber im modernen Leben völlig verlorengegangen ist, das ist die Fähigkeit, ernsthaft und verantwortlich mit der ästhetischen Dimension des Daseins umzugehen.

Bedeutet das etwa gar, daß sich die Prognosen Vl. Solov'ëvs vom Übergang der Kunst zu einer qualitativ neuen Stufe bei „einer freien Synthese" der durch die Zivilisation der Neuzeit getrennten, religiösmystischen und künstlerischen Prinzipien nicht bewahrheitet haben? Nicht von ungefähr haben Zeitgenossen und Schüler Solov'ëvs ihn häufig und gern utopischer Schwärmerei bezichtigt. Unter diesem Aspekt wäre die theurgische Kunst, von der man nur mit einem mitleidigen Lächeln zu sprechen pflegte, ein Beispiel für die traurige Neigung des großen Philosophen zur Formulierung schöner Utopien.

Fundamentalistisch, d. h., konservativ-bewahrend eingestellten Theologen flößte schon der Begriff der Theurgie (Gotteshandeln) einen nicht abzuschüttelnden Verdacht auf häretischen Irrtum ein. Künstler, die legitimerweise gegenüber dem ungünstigen Einfluß der ästhetischen Theorien auf die Kunst Bedenken trugen, konnten mit der „Theurgie" ebenfalls kaum etwas anfangen. Selbst Aleksandr Blok schrieb, allerdings nicht im Blick auf Vladimir Solov'ëv, daß die Trugbilder der Überkunst die wirkliche Kunst behindern.

Ohne daß wir uns an dem Terminus als solchem festhalten wollen, müssen wir bei ernsthafter Betrachtung der eigentlichen Problemlage feststellen, daß es sich nicht um eine neue und utopische ästhetische Theorie handelt; vielmehr geht es hier um „Sein oder Nichtsein" der Kunst in der künftigen Periode der Menschheitsgeschichte.

Das Vorhandensein einer Kunst im Altertum, die, ganz und gar der Religion zugeordnet, sakrale Funktionen im hierarchisch organisierten Wertesystem zu erfüllen hatte, unterliegt keinem Zweifel. Unschwer läßt sich auch konstatieren: Wie und wann dieses sakrale Kunstverständnis unter dem Druck des Humanismus und der Verweltlichung verdrängt zu werden begann, die der Kunst die Emanzipation von den objektiv geistigen Urbildern eintrug. Das alles sind Fakten aus der Kunstgeschichte.

Problematisch und keineswegs zweifelsfrei bleibt der mögliche Übergang in die dritte Entwicklungsperiode der Kunst. Recht selten wird vermerkt, daß das Wesen einer Sache nicht so sehr in ästhetischen Theorien als vielmehr durch die dahinter stehenden Kräfte und Bewußtseinsstrukturen enthüllt wird. Wie gut auch immer eine Theorie sein mag, wenn ihr die entsprechende Macht des Bewußtseins fehlt, dann vermag eine noch so glühende Begeisterung für die Wahrheiten der Vergangenheit kein noch so kleines, wenn schon wertvolles Kunstwerk hervorzubringen. Es kommt höchstens zu einer kühnen Stilisierung.

Denkbar ist indessen noch eine andere Variante, wenn sich schöpferische Kräfte aus vergangenen Geschichtsperioden in bestimmten Kreisen erhalten und ihre attraktive Frische und Unmittelbarkeit bewahrt haben. In der Natur werden solche Erscheinungen als Reliktbildungen liebevoll erforscht, wohl wert, geschützt und bestaunt zu werden. Allein, solche Schutzzonen des Bewußtseins verdeutlichen häufig nur noch klarer den Kontrast zwischen der großartigen Vergangenheit und der miserablen Gegenwart.

Beispielsweise waren die Kräfte, die – nach Auffassung Solov'ëvs – die Kunst in die Emanzipation aus religiöser Abhängigkeit führten, zu ihrer Entstehungszeit gerechtfertigt. Zum 20. Jahrhundert hin hatten sie ihren schöpferischen Sinn verloren, und ihre Anwendung im Kontext der modernen Zivilisation trug offen einen destruktiven Charakter. Man mochte den Eindruck erwecken, es habe sich nichts geändert, und die Kunst könne auch ohne die „Berührung jener Welten" aus eigener Kraft heraus existieren, aber schließlich kommt der Zeitpunkt, wo die im 19. Jahrhundert noch gut erhaltene Maske der Wohlgestalt und Wohlfeilheit abgeworfen wird. Was man früher als Kunst ausgeben konnte, zeigt jetzt sein wahres Gesicht.

Nachdem sie sich einmal diesen Kräften ausgeliefert hatte, widerfährt ihr nun eine irreversible Transformation. Sie wird zur Subkultur, d. h. zu dem, was sich jenseits der eigentlichen menschlichen Ästhetik befindet. Diese Tendenz zu dementieren, wäre völlig sinnlos. Sie folgt einer verhängnisvollen Logik und muß an das eigene Ende kommen, nachdem sie erlitten hat, was in der Offenbarung „der zweite Tod" genannt wird.

Weit wichtiger ist es, jene Keime einer positiven Kunstentwicklung zu finden, die dazu beitragen können, was Vl. Solov'ëv unter der Verkörperung des „absoluten Ideals" versteht. Während er seine Gedanken über den „allgemeinen Sinn der Kunst" niederschrieb, konnte er sich wohl eher auf seine eigenen ästhetischen Intuitionen verlassen als auf jenes Material, das ihm die moderne Kunst zur Reflexion anbot. Was ihm sichtbar vorlag, mußte durch seine Stagnation betroffen machen. Der einzige Mensch, bei dem er Verständnis hätte finden können, war

F. Dostoevskij, der 1881 gestorben war; und das folgende Jahrzehnt stand unter dem Zeichen der Herrschaft eines schwermütigen irdischen Realismus. Was – wie die ersten Schößlinge des russischen Modernismus – Anspruch auf eine Neuerung erheben konnte, rief bei Vl. Solov'ev nur ein Lächeln hervor. Einem genauen Seismographen gleich spürte sein Genius die unterirdischen Stöße, die den Anbruch einer neuen Epoche in der menschlichen Geistesgeschichte, und folglich auch in der Kunst, ankündigten.

„Er lebte in der Welt Aleksandr III., des Positivismus, Idealismus und des Spießertums aller Art. Die Menschen schliefen diabolisch hilflos, wie so viele auch heute noch schlafen; trotz allem ist eine neue Welt unaufhaltsam auf uns zugekommen und hat die von uns erlebten und zu erlebenden Jahre in Jahrhunderte gewandelt", schrieb Aleksandr Blok in seinem Artikel „Vladimir Solov'ev und unsere Tage".

Wiewohl er Stützen für seine Intuitionen in der ihn umgebenden Welt entbehren mußte, gab er doch der russischen Kunst einen mächtigen Impuls und lenkte sie auf die theurgische Bahn. Sein Einfluß setzte den Rahmen für die Prinzipien und – was noch wichtiger ist – für die innere Haltung des russischen Symbolismus zu Beginn des 20. Jahrhunderts. Sie fußte in außerordentlich geringem Maße auf theoretischen Arbeiten und wurde vor allem durch die Tatsache ihrer geistigen Präsenz in der Atmosphäre der russischen Kultur bestimmt. Eine neue Dimension des Bewußtsein tat sich auf, in der die Gegenwart der Sophia, der Weisheit Gottes, in der Welt augenscheinlich wurde. Der von Vladimir Solov'ev gegebene Impuls war die Folge dieses sophianischen Welt- und Menschenverständnisses.

Auf der Ebene der Kunst bedeutete das eine radikale Änderung der künstlichen Gestaltungskonzeption, ihre Befreiung von der Zuchtrute imitierender Ästhetik. Wiederum erklärt sich ihre Macht nicht aus einer theoretischen Überzeugung. Seit Beginn der Neuzeit, die von einer Veräußerlichung des Bewußtseins gekennzeichnet ist, begann die mit den äußeren Sinnen wahrgenommene Welt die einzige Quelle für künstlerische Gestaltung zu sein. Und wenn sich in der orthodoxen Tradition das Wissen um andere Möglichkeiten der Gestaltung auch bewahrt hatte, hörte es doch auf, grundsätzlich, vom Grundsatz her organisch in die Praxis der darstellenden Kunst einzumünden.

Damit wird zugleich erklärt, weshalb die orthodoxe Ikonographie sich so leicht schon im 16. und 17. Jahrhundert – und je weiter desto stärker – die künstlerische Sprache der mimetischen Kunst angeeignet hat. Durch die gesamte orthodoxe Welt lief der Bruch zwischen dogmatischer Lehre vom Wesen der Ikone und ihrer künstlerischen Verwirklichung. Am dramatischsten war, daß er für das Bewußtsein unbemerkt blieb, so daß in der zweiten Hälfte des 19. Jahrhunderts sogar Sachkenner der orthodoxen Ikonographie die Einführung von Elementen der realistischen Malerei für eine große Errungenschaft hielten, durch die die Kunst der Ikone zum ersten Mal vom „handwerklichen Niveau" emporgehoben wurde. Gewiß widerfuhr den Ikonen im Bereich der typisch orthodoxen liturgischen Tradition auch weiterhin Verehrung, aber sie waren für die überwiegende Mehrheit der Gläubigen keine Gnadenbilder mehr, deren längere Betrachtung das Bewußtsein zum göttlichen Urbild erhob. Man küßte die Ikonen, stellte Kerzen vor ihnen auf, inzensierte und verneigte sich vor ihnen, doch gleichzeitig bedeckte man sie mit schweren und kostbaren Beschlägen. Die Gesichter dunkelten unter den alten Ölschichten nach. Aufschlußreich ist, daß bereits in der Mitte des 17. Jahrhunderts der Ikonograph und Reformator Simon Ušakov die alte Ikonenmalerei der „Dunkelfarbigkeit" zieh.

Der von Vladimir Solov'ëv ausgehende Impuls gestattete wieder, die Möglichkeiten der Kunst als konkreten Weg zur geistigen Welt zu erleben. Selbst Philosoph, schätzte er die Werke der Ikonenverehrer aus dem 8. und 9. Jahrhundert wegen ihres theologischen Gehaltes hoch und sah im Sieg der Ikonenverehrer über die Bilderstürmer einen bedeutsamen Abschluß der christologischen Auseinandersetzungen in der patristischen Periode. Dennoch ging er in seiner Ästhetik nicht von den mittelalterlichen Lehren und ihrer Erfahrung aus, sondern stützte sich auf die nach seiner Zählung zweite Periode, in der sich das „menschliche Element" entfaltete.

Er steuerte damit nicht, wie ein unbeteiligter Theoretiker, die Lösung des Problems von außen an, sondern nahm das Schicksal der Kunst in sich auf und erlebte eindrücklich jene kritische Zäsur, an die sie am Ende des 19. Jahrhunderts gelangt war. Bei der Entfaltung des „menschlichen Elementes" hatte sich die Kunst erschöpft, und weitere Versuche in dieser Richtung ließen schöpferische Produktivität vermissen. Jene Logik, die im ausgehenden Mittelalter zur Emanzipation der Kunst von der Religion führte, forderte jetzt so unabweisbar entweder den organischen Übergang zur dritten Phase, „der freien Synthese" von religiösen und künstlerischen Grundsätzen, oder den Weg zur Wiedergeburt, zu einer Antikunst sui generis.

Vladimir Solov'ëv entschied sich für die erste Lösung. Und so war auf dem von ihm vorgeschlagenen Wege die mittelalterliche Konzeption des Sakralbildes neu zu überdenken und zu bewerten in der Weise möglich, daß sie nicht äußerlich auf die heutige Praxis – diese dirigistisch beschwerend – aufgepfropft, sondern eher von innen her als ein Prinzip erkannt wurde, das sich organisch in das moderne ästhetische Bewußtsein einbeziehen ließ.

Keines besonderen Beweises bedurfte, daß die altrussische Ikonographie nicht zu Beginn des 20. Jahrhunderts als Höhepunkt der Weltkunst anerkannt werden konnte, solange nicht die erstaunlichen Übereinstimmungen zwischen ihrer künstlerischen Sprache und den Leistungen der europäischen Avantgarde entdeckt worden waren, die mit einem naturalistisch-imitierend verstandenen Wesen der künstlerischen Gestaltung gebrochen hatten. Freilich ging diese Neubewertung der Ikone – wie bekannt – unter dem Vorzeichen eines reinen Ästhetismus vor sich. Ihre sakral-liturgische Funktion blieb unbeachtet. Die althergebrachten Formen schienen ausdruckslos und fügten der Schönheit der mittelalterlichen Ikonenmalerei nichts hinzu.

Nur ein Bewußtsein, für das die Existenz von Bildern, die das Himmlische und Irdische, das Göttliche und Menschliche vereinen, Realität war, konnte nicht nur durch einseitige Anerkennung der künstlerischen Schönheit einer Ikone befriedigt, sondern auch die ganze Fülle ihres hieratischen Sinnes zu restaurieren instandgesetzt werden. Solche Erkenntnis wurde im Erfahrungsbereich der von Vl. Solov'ëv angeregten russischen geistigen Renaissance Wirklichkeit. Die beiden Vertreter der russischen Sophiologie, E. N. Trubeckoj und Priester Pavel Florenskij, sahen die altrussische Ikonenmalerei in ihrer Symbolik. Wenn das bei Trubeckoj noch den Charakter dunkler Intuitionen hatte, erarbeitete Florenskij ein ganzes System einer aus neuer Sicht gewonnenen, alle Aspekte orthodoxer sakraler Kunst berücksichtigenden Ikonosophie.

Das grundsätzlich Neue an seiner Methode war die symbolistische Deutung der Ikone. Den anderen russischen Symbolisten des beginnenden 20. Jahrhunderts gleich, sah er in der Kunst ein Mittel zum Aufstieg in die Welt der göttlichen Urbilder. In gewissem Maße gilt das nicht nur – wie Florenskij hervorhebt – für die Ikonographie, sondern für jedes Werk der Malerei, sofern sie adäquat ihre eigene wahre Natur begreift.

„Jede Malerei verfolgt das Ziel, den Betrachter über den Bereich der sinnlich wahrnehmbaren Farben und der Leinwand in eine gewisse Realität hinauszunehmen, und so teilt das Kunstwerk mit all' seinen Symbolen überhaupt deren eigentliche ontologische Charakteristik, das zu sein, was sie symbolisieren."

Ein so verstandener Symbolismus verkörpert nicht nur eine der üblichen ästhetischen Theorien, sondern erweist sich als Methode zur Betrachtung der objektiven spirituellen Grundlagen der Kunst, die ihre schöpferische Entwicklung erst ermöglichen. Der Symbolismus vermag zur Idee der Kunst im konkret platonischen Sinne vorzudringen, d. h. – wie es A. F. Losev formuliert – zu der Idee, die das Modell hervorbringt.

Träger dieser neuen Schau waren die russischen Symbolisten, die im

Sinne der von Vl. Solov'ëv ausgehenden Impulse gehandelt haben; daher vertraten sie die Künstler, die schöpferisch den Übergang der Menschheit in eine neue geistige Epoche durchlebt haben. Aleksandr Blok schrieb: „Durch unsere Zeit schimmern immer deutlicher Merkmale nicht etwa einer Zwischenepoche, sondern vielmehr einer neuen Ära; unsere Zeit erinnert weniger an die Wende vom 18. zum 19. Jahrhundert, aber sehr wohl an die ersten Jahrhunderte unserer Zeitrechnung."

Daher gewann auch die Geschichte des eigentlichen Symbolismus im ersten Jahrzehnt des 20. Jahrhunderts bedeutungsträchtige Züge. Nach dem phylogenetischen Gesetz durchläuft der menschliche Embryo alle wichtigen Evolutionsphasen des irdischen Lebens. Der russische Symbolismus läßt sich mit dem Keim einer künftigen Kunst vergleichen: Er hat ebenfalls in seiner beschleunigten Entwicklung drei Hauptperioden der menschlichen Geistesgeschichte durchlaufen, wie sie sich in der Kunst darstellen.

Was Vlamidir Solov'ëv in seinen Arbeiten zur Ästhetik als einen Dreistufenprozeß künstlerischer Evolution beschrieben hat, wiederholte sich im russischen Symbolismus. Man wird diese erstaunliche Übereinstimmung konstatieren müssen, wenn man Solov'ëvs Konzeption mit zwei 1910 gehaltenen Vorträgen verglichen hat: „Die Vermächtnisse des Symbolismus" von Vjačeslav Ivanov und „Über den gegenwärtigen Stand des russischen Symbolismus" von Aleksandr Blok. In den Vorträgen wird festgestellt, daß zu jener Zeit der Symbolismus zwei Entwicklungsperioden durchlaufen hat und nahe an den Übergang zu einer dritten gekommen ist, in der er seinen eigentlichen Sinn entfalten soll.

Beide Dichter schilderten die wirkliche Lage der Dinge in der modernen Kunst und – obwohl sie mit den Ansichten Solov'ëvs wohlvertraut waren – kam es ihnen doch keineswegs in den Sinn, Fakten zu der bekannten, in den „Drei Reden über Dostoevskij" und „Der Kunst allgemeiner Sinn" dargelegten Konzeption beizusteuern. Nichtsdestoweniger erwies sich die Übereinstimmung als vollständig.

Eine eingehende Analyse müßte Gegenstand eines speziellen Artikels sein. Hier soll nur auf die Richtigkeit der von dem großen russischen Denker geschauten Visionen verwiesen werden, der den Anbruch einer neuen spirituellen Ära in der Entwicklung der Menschheit vorausgesehen hat. In ihr wird die Kunst eine bislang noch nicht bekannte theurgische Bedeutung erlangen.

SABINE KÄHLER, BERLIN

Christen und Zauberer in Rußland. Zwei Beispiele für ihre Beziehungen zueinander im 11. und im 20. Jahrhundert.

Ich möchte hier zwei Beispiele für die Beziehungen zwischen Christen und Zauberern in Rußland vorstellen, ein Beispiel aus dem Mittelalter und eines aus der Gegenwart. Dabei gehe ich – im Unterschied zum Stichwort unserer Sektionsarbeit „Religion in einer *säkularisierten* Gesellschaft" – in beiden Fällen von einer in wichtigen Zügen *heidnischen* Gesellschaft aus. Für das 20. Jahrhundert werde ich noch zu erklären haben, worin ich die heidnische Prägung der gegenwärtigen russischen Gesellschaft sehe, die mir neben ihrer Säkularisierung zu bestehen scheint.

Für das 11. Jahrhundert, die Zeit, aus der das erste Beispiel stammt, ist nachgewiesen, daß aus der Zeit vor der Christianisierung der Rus' noch starke Relikte der zuvor herrschenden heidnischen Religion bestanden. Darüber, wie sie im einzelnen ausgesehen hat, wissen wir allerdings nur wenig. Die spärlichen Anhaltspunkte für Rekonstruktionsversuche sind ein paar Stichworte und Götternamen, überliefert in den später geschriebenen Chroniken, archäologische Funde und Zeugnisse der Folklore.

Es sind noch keine hundert Jahre von der Taufe unter Fürst Vladimir vergangen bis zum Jahre 1071, unter dem die Nestorchronik (Povest' vremennych lět) eine Reihe von Erzählungen über Heidenpriester bzw. Zauberer – v"lchvy – überliefert.[1] Zauberer und deren Anhänger stehen den Christen in diesen Erzählungen unversöhnlich gegenüber. Diese Darstellung überrascht einerseits darum nicht, weil der Widerstand gegen die neue Religion bei den professionellen Vertretern der alten natürlicherweise groß gewesen sein muß. Andererseits zeigt sich in den Kommentaren des Chronisten deutlich, daß diese Gegenüberstellung auch seiner pädagogischen Absicht entsprach. Sie wendet sich gegen Ansätze des oft beschriebenen „Doppelglaubens" – dvoeverie[2] –. Der Doppelglaube vereinte christliche und alte heidnische Glaubensinhalte

---

[1] Vgl. Rauchspur der Tauben. Radziwiłł-Chronik. Aus dem Altrussischen übertragen und herausgegeben von Helmut Graßhoff, Dietrich Freydank und Gottfried Sturm unter Mitarbeit von Jutta Harney. Leipzig-Weimar 1986, S. 175–181.

[2] Vgl. u. a. Vvedenie christianstva na Rusi. Otv. red. A. D. Suchov, Moskva 1987, S. 263–273.

und Bräuche bis hin zur völligen Verschmelzung; er blieb in Rußland das ganze Mittelalter hindurch bis weit in die Neuzeit hinein lebendig. Offenbar bestand aus der Sicht des Volkes keineswegs ein unversöhnlicher Gegensatz zwischen Heidentum und Christentum.

Eine der Zauberer-Geschichten, die mit unter dem Jahr 1071 in der Chronik verzeichnet ist, lautet folgendermaßen:

> „Genauso war es bei einem Zauberer, der zur Zeit Glebs in Novgorod erschienen war. Er redete nämlich zu den Menschen, wobei er sich wie Gott aufführte, und viele täuschte er, beinahe die ganze Stadt; denn er verkündete:
> ‚Ich weiß alles im voraus'. Und den christlichen Glauben lästernd, sagte er: ‚Ich werde vor aller Augen über den Volchov gehen'.
> Es gab Aufruhr in dieser Stadt, und alle glaubten ihm, und sie wollten den Bischof umbringen. Der Bischof jedoch ergriff das Kreuz, legte seinen Ornat ab, stellt sich hin und sprach: Jeder, der dem Zauberer glauben will, der soll zu ihm hingehen; glaubt aber jemand an das Kreuz, dann komme er her zu diesem!'
> Da teilten sie sich in zwei Haufen: Fürst Gleb nämlich und seine Družina gingen und stellten sich beim Bischof auf, alles Volk aber ging zum Zauberer. Und es kam zwischen ihnen zu einer heftigen Auseinandersetzung. Gleb steckte nun die Streitaxt unter seinen Umhang, trat zum Zauberer und fragte ihn:
> ‚Weißt du denn, was sich am Morgen und bis zum Abend hin ereignen wird?'
> Jener erwiderte: ‚Ich weiß alles im voraus.'
> ‚Weißt du denn, was mit dir heute geschehen wird?'
> ‚Große Wunder werde ich vollbringen, erwiderte er. Da holte Gleb seine Streitaxt hervor und hieb ihn mittendurch; er fiel tot um, und das Volk zerstreute sich. Jener ist also an Leib und Seele zugrunde gegangen, weil er sich dem Teufel verschrieben hatte."[3]

Soweit die Erzählung. Sie trägt auf ihrem Höhepunkt deutlichen Legendencharakter, aber das schmälert ihren Informationswert an den für uns entscheidenden Stellen keineswegs. Denn die Geschichte hatte nur dann eine Chance, in die Chronik einzugehen, wenn sie genau so erzählt und geglaubt worden war. Und als Bestandteil der Chronik wurde sie über viele weitere Generationen erzählt und geglaubt und wirkte sich aus. Der Grad an Realität, den die Geschichte damit besitzt, genügt wohl, um uns die Situation ernstnehmen zu lassen, die hier beschrieben wird:

> Der Zauberer bringt es fertig, die ganze – immerhin getaufte! – Bevölkerung der Stadt auf seine Seite zu ziehen. Davon, wer er ist und wie er das macht, erfahren wir nur sehr wenig:

---

[3] Rauchspur der Tauben, s.o., S. 180f. Fürst Gleb regierte in Novgorod von ca. 1069 bis 1078. Der erwähnte Bischof ist nach der Ersten Novgoroder Chronik Bischof Feodor.

- Er wisse alles im voraus, und
- er werde vor aller Augen über den Volchov gehen,

sagt er von sich.
- Er lästert den christlichen Glauben, und
- er führt sich wie ein Gott auf,

fügt der Chronist hinzu.

Insgesamt weisen diese vier Aussagen darauf hin, daß der Zauberer wohl kein Priester einer heidnischen Gottheit ist, sondern jemand, der selbst Anspruch auf die Rolle einer allwissenden, allmächtigen Gottheit erhebt. Jedenfalls sieht ihn das Volk in dieser Rolle und glaubt an ihn – mehr als an die noch nicht lange und tief verwurzelte christliche Lehre.

Auf der anderen Seite steht der Bischof – notgedrungen, möchte man zunächst fast sagen; denn die Novgoroder sind entschlossen, ihn zu töten. Aber er stellt sich dem Konflikt. Wahrscheinlich hätte er das nicht tun müssen, sondern hätte auch fliehen können, war ihm doch die Unterstützung des Fürsten gewiß. Doch der Bischof flieht nicht.

Es kommt zu der großartigen Legendenszene, in der der Bischof in seinem Festgewand, mit dem Kreuz in der Hand der ganzen Stadt gegenübertritt. Und hinter das Kreuz stellt sich tatsächlich nur der Fürst mit seinem Gefolge. Die im Grunde aussichtslose Lage wendet sich sofort, nachdem der Fürst den Zauberer mit List und Mut überwunden hat: „... er fiel tot um, und das Volk zerstreute sich."

Ich sehe darin einen weiteren Hinweis darauf, daß der Zauberer möglicherweise kein Diener einer heidnischen Gottheit war, sondern die eigene Person zur Gottheit erheben wollte. Denn dieser Anspruch war mit seinem Tod augenblicklich widerlegt, während der Bann, den die Lehren eines heidnischen Priesters ausübten, vielleicht nicht so plötzlich zu brechen gewesen wäre.

Anschließend heißt es: „Jener ist also an Leib und Seele zugrunde gegangen, weil er sich dem Teufel verschrieben hatte." Vom Volk ist nicht mehr die Rede. Offenbar ist es nicht zugrunde gegangen. Es ist wohl reumütig in den Schoß der Kirche zurückgekehrt; denn die Chronik geht im Weiteren stets selbstverständlich von einem christlichen Novgorod aus.

Soviel zunächst zu der Erzählung über Ereignisse des 11. Jahrhunderts.

Ich möchte nun von einer gegenwärtigen Erscheinung in Rußland berichten, die der oben beschriebenen in einigen Punkten verblüffend ähnelt. Aber dazu muß ich zunächst, wie angekündigt, erklären, warum ich auch die gegenwärtige russische Gesellschaft für nicht nur säkularisiert, sondern daneben auch für heidnisch geprägt halte.

Die vor Perestrojka-Zeiten existierende, wesentlich vom Stalinismus bestimmte sovetisch-russische Gesellschaft proklamierte zwar als ihre offizielle Ideologie stets vornehmlich eine atheistische Weltanschauung, kam aber in der Praxis doch regelmäßig auf vorchristliche religiöse Elemente zurück:

Man spricht z. B. vom Personen*kult* dieser Epoche und trifft mit diesem Ausdruck präzise die Art, in der die Führerpersönlichkeiten verehrt wurden; die Verehrung von Gegenständen – Fahnen usw. – hatte religiös-kultische Formen; die überdimensionalen Führerfiguren als Denkmäler, auf deren Sockel oftmals noch das ihnen huldigende Volk klein mit abgebildet ist, unterscheiden sich in der Art der Darstellung kaum von Götzenbildern, die man ausgegraben hat;[4] Parteitage, Demonstrationen und andere öffentliche Ereignisse wurde in streng festgelegten Formen kultischer Handlungen abgehalten; im „Kult der frohen Zukunft"[5] wurden Opfer jeder Art gebracht – bis hin zu Menschenopfern –, nur in größerem Maßstab, als man in alten Zeiten im Kult der Vergangenheit den Ahnen opferte. (In einigen seiner Kultformen ist der sovetische Stalinismus übrigens dem deutschen Faschismus äußerst ähnlich gewesen.[6] Vergleichende Untersuchungen auf diesem Gebiet könnten sicherlich helfen, dem Wesen der beiden Gesellschaftsformen nachzuspüren.)

Die wenigen genannten Charakteristika mögen genügen, um zu illustrieren, was ich mit „heidnisch" in bezug auf die herrschenden Verhältnisse in der Sovetunion vor der Perestrojka meine.

Jetzt, da die Menschen nicht mehr oder kaum noch durch offizielle Ideologien bevormundet werden, wird das Bedürfnis nach Religion ebenfalls weitgehend durch heidnisches Denken und Handeln befriedigt. Hierfür nun mein zweites Beispiel: Es ist das „Phänomen Kašpirovskij", wie die Medien es nennen:[7]

Ein Pychotherapeut, Anatolij Kašpirovskij, trat etwa ein Jahr lang bis Anfang 1990 regelmäßig im sovetischen Fernsehen auf, um durch Suggestion die Selbstheilungskräfte der Zuschauer freizusetzen. Seine suggestiven Fähigkeiten sind außerordentlich stark, er versetzt Menschen durch Worte, Gesten, Blicke, oft sogar schon durch sein bloßes Erscheinen in Trance und erzielt spektakuläre Erfolge: Patienten, die keine Narkose vertragen, können schmerzfrei operiert werden, Narben verschwinden, weißes Haar wird wieder dunkel, Lymphkrebs und Übergewicht werden geheilt.

---

[4] Vgl. Vvedenie christianstva na Rusi, s. o., Abb. 1.
[5] Den Begriff übernehme ich von G. M. Prochorov (Leningrad), von dem ich ihn gehört habe.
[6] Vgl. Klemperer, V.: LTI. 10. Aufl. Leipzig 1990, u. v. a. S. 40, 111–127.
[7] Vgl. Sputnik 3, 1990, S. 62–67.

Die traditionelle Psychotherapie kennt solche Wirkungen von Hypnose bzw. Suggestion auch, nur werden entsprechende Methoden dabei auf der Grundlage einer konkreten Diagnose, abgestimmt auf die Persönlichkeit des Patienten und unter ständiger ärztlicher Kontrolle, angewendet.[8] A. Kašpirovskij dagegen kommt zwar von der traditionellen Psychotherapie her, arbeitete dann aber im Stil der amerikanischen „Healers" mit Massensuggestionen über das Fernsehen.

Ich war von Ende September bis Dezember vergangenen Jahres (1989) in Leningrad und Moskau, und überall sprach man von Kašpirovskij – im Bus, im Lokal, an der Universität. Quer durch alle sozialen Schichten ging die Faszination, und zur Zeit der Fernsehsendungen durfte man auf keinen Fall jemanden besuchen oder anrufen. Und schließlich geriet ich mit Hilfe eines Bekannten in eine dicht umlagerte Veranstaltung:

Am 24. November fand an der Moskauer Universität eine Tagung von Psychiatern, Psychotherapeuten, Psychologen, Philosophen und anderen interessierten Fachleuten zum Thema „Das Phänomen Kašpirovskij" statt. Und auch A. Kašpirovskij selbst, der sich bis dahin konsequent von Untersuchungen und Diskussionen mit Spezialisten ferngehalten hatte, erschien. Allerdings nur für anderthalb Stunden, wie er gleich ankündigte, danach hatte er Fernsehaufnahmen. Und in dieser Zeit – kamen nur solche Vortragende zu Wort, die seine Künste lobten. Ein einziger Arzt, der Bedenken gegen eine Therapie ohne Diagnose und Rückkopplungsmöglichkeiten anmelden wollte, wurde von einer geschlossenen Gruppe im Saal vom Podium geklatscht. Herr Kašpirovskij ging nicht darauf ein, sprach kurz von seiner Nützlichkeit und ging. Als ein anderer Arzt ihm noch schnell eine Mappe mit Protokollen über einige Patienten, die durch Kašpirovskijs Sendungen Schaden gelitten hatten, übergeben wollte, nahm er sie nicht. Nachdem A. Kašpirovskij den Saal verlassen hatte, durften diejenigen reden, die konkrete Untersuchungen angefertigt hatten: zu den Ausfahrten der Dringlichen Medizinischen Hilfe nach Kašpirovskijs Sendungen im Vergleich zu sonst, zur Zahl der Herzinfarkte und psychischen Erkrankungen unmittelbar nach den Sendungen, Tests zum Allgemeinbefinden bei Frauen, Männern, Kindern. Es ergab sich ein grauenerregendes Bild.

---

[8] Vgl. u. a. Misjuk, N.: Opasnoe šou. – In: Literaturnaja Gazeta, 13-oe dekabrja 1989 g. In der gleichen Ausgabe der Zeitung nennt A. Archangel'skij in seinem Artikel „Rasputinščina na poroge?" neben bekannteren Gefahren der Hypnose im allgemeinen einen weiteren wesentlichen Grund für die Notwendigkeit genauester ärztlicher Kontrolle: Hypnose erhöht die Konzentration endogener Morphine im Hirn, und der rauschähnliche Zustand, der erreicht wird, kann wie beim Gebrauch anderer Rauschmittel zur Abhängigkeit, zur Sucht führen.

Die einzige Zahl, die ich mir notiert habe: Eine Analyse verzeichnete, daß jeweils in den 24 Stunden nach einer solchen Sendung die Zahl der Todesfälle um das *Dreifache* über dem Durchschnitt lag. Insgesamt waren die Zahlen der durch Kašpirovskij Geschädigten in sämtlichen Untersuchungen deutlich höher als die Zahl derer, denen die Sendungen geholfen hatten.

Die Tagung und auch andere kritische Stimmen, besonders aus kirchlichen Kreisen, hatten offenbar trotz allem Konsequenzen. Die Sendungen sind verboten worden. Aber der Schaden, den sie angerichtet haben, ist noch nicht abzusehen. Und die Farce der Auseinandersetzung auf der Tagung, die ich miterlebt habe, läßt ahnen, bis in welche Kreise hinein Kašpirovskij Unterstützung fand.

Was das „Phänomen Kašpirovskij" mit Religion bzw. mit Heidentum zu tun hat, zeigt die Frage, die mir im Herbst vorigen Jahres in der Sovetunion mehrmals gestellt wurde: „Glauben Sie an Kašpirovskij?" Meine Antwort: „Ich glaube doch lieber an Christus", war für zwei Gesprächspartner ein Grund, die Unterhaltung abzubrechen. Und ein Student im Zug sah offenbar gar keinen wesentlichen Unterschied zwischen den Hauptfiguren der verschiedenen Religionen: „Buddha, Jesus, Kašpirovskij – an sowas glaube ich nicht." – Eine beinahe groteske Umkehrung des alten russischen Doppelglaubens an christliche und heidnische Lehren zugleich.

Diese Umkehrung gilt wohl für einen beträchtlichen Teil der atheistischen Bevölkerung Rußlands, nämlich für den Teil, auf den die marxistisch-leninistische Ideologie stalinistischer Prägung die angestrebte Wirkung ausgeübt hat: Man identifiziert heidnische, christliche und überhaupt alle Religion und weist sie von sich als „Aberglauben". (Solcher umgekehrter Doppelglaube war natürlich nicht auf Sovetrußland beschränkt, sondern verbreitete sich, genau wie die anderen oben beschriebenen Kultformen, in allen von dieser Ideologie beherrschten Gebieten. – Als ich sieben Jahre alt war, aß einmal eine Klassenkameradin mit bei uns zu Mittag. Und nachdem meine Mutter das Tischgebet gesprochen hatte, nickte das Mädchen und sagte: „Ja, meine Oma ist auch abergläubisch.")

Ein anderer Teil der russischen Bevölkerung hat nur die Verbindung zum Christentum aufgegeben; die einzelnen heidnischen Relikte, teils eng mit dem regionalen Brauchtum verknüpft, haben sich oft als lebenskräftiger erwiesen. – Die erschütternde Erzählung F. A. Abramovs „Aus dem Geschlecht des Avvakum"[9] beschreibt den Leidensweg einer alt-

---

[9] Vgl. Abramov, F.: Iz kolena Avvakumova. – In: Ders.: Sobranie sočinenij v trech tomach, t. 3, Leningrad 1982, S. 446–456.

gläubigen Christin in sovetischer Zeit: Die Frau wird vor allem deswegen von ihren Mitmenschen verachtet, gefürchtet und verfolgt, weil sie als Hexe gilt. Hier haben wir es nicht mit Identifizierung, sondern mit Verwechslung von christlicher und heidnischer Religion zu tun. Und weil man die heidnischen Kräfte ernstnimmt und fürchtet, führt diese Verwechslung dazu, daß die angeblich zauberkundige Frau von ihrer Umgebung abgelehnt wird. (Ich nenne Abramov, der am 29. Februar 1920 geboren wurde und dieses Jahr 70 Jahre alt geworden ist, hier bedenkenlos als Zeitzeugen, da seine Werke auf so genauer Kenntnis der Verhältnisse ganz direkt und in strenger Wahrhaftigkeit aufbauen, daß man ihn in dieser Beziehung sicherlich dem altrussischen Chronisten zur Seite stellen darf.)

Die Bevölkerungsschicht, die in Abramovs Erzählung die Heldin verfolgt, scheint mir den Hauptteil des Publikums von A. Kašpirovskij auszumachen: Es sind diejenigen, die mit dem Christentum schon seit zwei bis drei Generationen nichts mehr anfangen können, die aber den Glauben ihrer Vorväter an die alten Zaubermächte halb unbewußt bewahrt haben. Nach dem Zusammenbruch der sozialistischen Ersatz-Wahrheiten füllen das entstehende Wahrheits-Vakuum diese uralten Glaubensformen in Verbindung mit den einzigen scheinbar stabil gebliebenen modernen Glaubensinhalten – Wissenschaft und Technik. Und die Person, die für diese Verbindung steht, ist der *Wundermann* Kašpirovskij, der nicht einmal verlangt, daß man ihn glauben müsse. Zu seinen stereotypen Erklärungen seiner Methode gebrauchte er stets streng naturwissenschaftliche Begriffe und Argumente, berief sich auf biochemische Vorgänge etc.[10] Auch Gebildete, auch Leute, die sich als Atheisten und Kommunisten bezeichnen, konnten Kašpirovskij folgen, ohne das Gesicht zu verlieren.

So geriet A. Kašpirovskij in eine Rolle, die der des Zauberers aus dem 11. Jahrhundert recht ähnlich ist:

- Er hat Dinge bewirkt, die als Wunder aufgefaßt werden.
- Ich konnte keine Umfrage veranstalten, aber ich habe den Eindruck, daß die überwiegende Mehrheit der Menschen in seinem Einflußgebiet an ihn geglaubt hat.
- Er wurde als allmächtiger Erlöser von verschiedensten Leiden verehrt.
- Er trat als einzelner auf, der das Zentrum des neuen Kultes allein verkörperte. (Es gibt andere Wunderheiler in der Sovetunion, zum

---

[10] Vgl. Sputnik 3, 1990, S. 64 f.

Teil in Kašpirovskijs Nachfolge, aber keiner, auch nicht der gleichfalls im Fernsehen auftretende A. Čumak, hat bisher auch nur annähernd Kašpirovskijs Popularität erreicht.)
- Er schien unbeschränkte Macht auszuüben und von jeglicher Kritik unerreichbar zu sein. (Über den Zauberer sagt der Chronist, er führe sich wie ein Gott auf.)

Wie stehen nun die russischen Christen zu dem Phänomen? Ich habe unterschiedliche Meinungen gehört. Etliche verließen sich auf die wissenschaftlichen Argumente Kašpirovskijs und sahen die Sendungen ohne Bedenken an. Eine Frau nannte ihn „Werkzeug Gottes". Andere verdammten jede Form von Hypnose oder Suggestion als Einschränkung des von Gott gegebenen freien Willens und wandten sich also auch gegen Kašpirovskij, den sie mit dämonischen Kräften im Bunde sahen. So argumentiert auch Priester Georgij Ševkunov in einem Presse-Artikel[11] und wohl auch andere Vertreter der Russischen Orthodoxen Kirche. Christliche Wissenschaftler, mit denen ich gesprochen habe, betonten die Gefahren unkontrollierter Psychotherapie für Leib und Seele des Einzelnen und für die Gesellschaft als Ganzes. – So unterschiedlich meine Gesprächspartner reagierten, hatten sie doch fast alle eines gemeinsam: Man war beunruhigt, im eigenen Urteil nicht sehr sicher und erwartete eine Orientierungshilfe von der Kirchenleitung.

Und hier fehlt leider die Parallele zu der anfangs beschriebenen Chronik-Erzählung: Der Bischof, der verantwortungsbewußt und deutlich die Gefahr öffentlich beim Namen nennt, ist, soweit ich weiß, noch nicht aufgetreten.

Freilich stellen wir uns heute die Auswirkungen wahrgenommener christlicher Verantwortung sehr anders vor als der Chronist, der befriedigt vom Totschlag des Zauberers berichtet. An Hexenjagden kann niemandem gelegen sein, der heute im Sinne Christi zu handeln versucht. Man wird vielleicht auch nicht in Bausch und Bogen die Mächte der Finsternis mit jeder suggestiven Heilmethode in Verbindung zu bringen brauchen, wie Priester Georgij Ševkunov – und keineswegs er allein – es tut.

Aber ich denke, es wäre gut, wenn ein unkontrollierbares Experiment mit den Seelen und Körpern eines ganzen Volkes auch von offizieller kirchlicher Seite eindeutig und vernehmlich abgelehnt würde. Vielleicht wäre eine solche klare Warnung ein erster Schritt auf dem Wege zu ei-

---

[11] Vgl. Literaturnaja Gazeta 13.12.1989, übernommen aus Žurnal Moskovskoj Patriarchii 12/89. Die gleiche Ausgabe der Zeitung enthält eine ganze Seite kritischer Artikel zum Thema. In der allgemeinen Flut begeisterter Pressestimmen bildete die Literaturnaja Gazeta eine bemerkenswerte Ausnahme.

ner eigenen, mündigen Entscheidung der Menschen in der Sovetunion gegen solche gefährlichen neuen Massenkulte. Das vor kurzem ausgesprochene Verbot von Kašpirovskijs Fernsehsendungen kann jedenfalls, wie richtig und hilfreich es auch sein möge, diese Entscheidung nicht ersetzen. Der Spuk ist vorüber, aber bis jetzt wohl kaum überwunden.

Demetrios J. Constantelos, Pomona N.Y.

Witness and Mission in a secularized world

The terms "witness", "mission", "secularized" are subject to different definitions. The first dilemma Christians in the modern world face is what to witness, how to witness and to whom they should witness. Technology, global communication, economic interactions, wars and peace negotiations have contributed to the realization that mother earth is a microscopic planet, in a small galaxy, in an inconceivable cosmos. Humanity multiplies arithmetically but it contracts geographically. The problem is not only secularism but also religious pluralism, which tends to remain a permanent state of humankind. Christian theologians, engaged in intra-religious, inter-faith and ideological dialogues, become increasingly aware of the religious diversity of humankind. We are often surprised to discover theologians of the Jewish, Islamic, Buddhist, Hindu and other religions and cultural traditions to be equally intelligent, equally devout, equally moral, equally given to prayer and spirituality. And it is not uncommon to meet so called secular humanists or ideologically secular people who could be easily compared with the best Christians around.[1]

Nevertheless all have something in common. All know that, notwithstanding material possessions, political power, social distinctions, and scientific knowledge, life is incomplete without religious or spiritual values. They all acknowledge that the human being is unique and as such it is in an endless quest for something more than what satisfies physical needs and intellectual curiosity. Augustine's outcry "you have made us for yourself [O God] and our heart is restless till it finds rest in you"[2] is the collective outcry of all humanity. Our witness therefore is a task toward a secularized but also a spiritually hungry and thirsty humanity. "Behold I will send a famine ... not a famine of bread, nor a thirst for water but of hearing the words of the Lord" (Amos 8:11) is just as real today as it was at the time of Amos.

*

---

[1] In the last few years I have participated in several interreligious dialogues (between Christians and Jews, Christians and Moslems, Christians and representatives of non-Semitic religions). In the writing of the present paper I depend on a number of notes taken in conferences held in Richmond, Va., Haverford, Pa. and Minneapolis, Minn. and the report "Consultation on Confessing Christian Faith in a Pluralistic Society" prepared by Jay Rock and John Borelli, Collegeville, Minn., June 17-23, 1989

[2] Augustine, Confessions, Bk I, ch. 1

"Witness", the Greek *martyria*, presupposes knowledge, to bear testimony to an attested fact. We are called upon to bear witness to the reality of events, facts, teachings but also personal experience of the Christian faith. The Christian problem is how to find ways to express the universality of the Christian faith in the light of Christian pluralism. How do we bring our different theological perspectives and goals to effect a common Christian *martyria*? It is Christian schism itself that accounts for much of the skepticism and criticism of Christianity.

The fulfillment of the mission "go out to the world: proclaim the Good News to all creation" (Mark 16:15) and "go... and make disciples of all nations, baptizing them in the name of the Father and of the Son and of the Holy Spirit" (Matt. 28:19) meets with numerous obstacles not only from a materialistically oriented humanity but from revived or equally zealous non-Christian religious movements, which are not lacking in a sense of mission as recent developments indicate. Asian and African religions are making numerous disciples in what used to be Christian strongholds, in capitalist but also in socialist countries.

What is it exactly that we want to witness? The Good News of God in Jesus Christ, the Good News that God was in Christ, the belief that God is in every human being independently of whether one has experienced the intensity of God's presence in his being, or the Good News that God became human in order to spiritually elevate and ultimately save the human? Most Christians agree that God's Spirit was, is, and will be at work in the cosmos beyond what was perceived as God's chosen people before and after the common era. As St. Paul wrote "God had not left himself *amartyron*, without witness" (Acts 14:17) before the coming of Christ and God is not absent today from the non-Christians. Early Christian thinkers such as Justin, Clement of Alexandria, Origen and many more discerned God's activity beyond the claims of ancient Israel.[3] Modern Christians agree on the cosmic scope of God's love though they remain faithful to the particularities of their belief that the nature and purpose of God were fully revealed in the *theanthropos Christos*. To be sure, not all Christians agree whether God's presence in other religions is propaideutic, preparing to receive the Christian gospel or is complete in and of itself. They disagree as to whether God in Christ and God in other faiths will ultimately converge

---

[3] See Henry Chadwick, Early Christian Thought and the Classical Tradition, (New York, 1966). For a good summary of the early Christian understanding of natural revelation and God's activity beyond the claims of ancient Israel see Jaroslav Pelikan, The Emergence of the Catholic Tradition (100–600) (Chicago and London 1971), pp. 11–41

and be realized in the life of all humanity toward the realization of the *eschaton,* when all will be in the One and the One in all.

Christians however agree that *soteria* (salvation), which involves reconciliation with God, neighbor, and creation and ultimate life in God *(theiōsis)* is a gift offered through the life, teachings, death and resurrection of Jesus the Christ. It is this central belief and personal experience that make us feel the need for a response and a witness. It is this knowledge and existential reality which prompts Christians to witness to what God has done for them as individuals and has promised to do for all humanity and indeed all creation as Origen of Alexandria and Gregory of Nyssa emphasized long ago. While we believe that God's spirit moves where it wills (cf. John 3:8) and is free to bless whomever God chooses, we hold firm on the belief that God's more concrete and saving action in history is through the incarnate Logos of God. The additional problem is: How do we promote a fundamentally united Christianity? For centuries Christianity has been defined differently by different creeds. Shall we agree on a theological definition which provides the most important features of Christianity-Christ the fulfillment of time, the God-made-man event, redemption and life eternal? Shall we seek an agreement as to what Christianity ought to be? Here we will find ourselves in chaos. Some will see Christianity in an idealized form as the norm, and will seek to impose that form of Christianity on others; their perception of Christianity will lead them to see other Christian denominations and non-Christian religions as inferior.

Perhaps the best way to make Christians agree on the nature of Christianity is to go back and see what attracted people to the new faith. Indeed the functional definition which looks at Christianity from the perspective of what it does and what it accomplishes is preferred. "Come and See" (John 1:46) is the most convincing way. The empirical definition of Christianity is preferred because it employs criteria which seek to discover whether it succeeds in satisfying certain spiritual, ethical, or even social needs of its adherents. Christian and non-Christian intellectuals of the first five centuries confirm that Christianity succeeded where others had failed because of its pragmatic approach even though it did not neglect the element of its doctrines, its metaphysics, its eschatological and theological principles. Describing the effect of Christianity on ordinary people, Justin the philosopher and martyr provides an excellent account of Christianity's power of metamorphosis. He writes:

> "We who formerly delighted in fornication now embrace chastity alone; we who formerly used magical arts, dedicate ourselves to the good and unbegotten God; we who valued above all things the acquisition of wealth and pos-

sessions, now bring what we have into a common stock and share with everyone who is in need; we who hated and destroyed one another and, on account of their different customs would not live with men of a different race, now, since the coming of Christ, live on excellent terms with them and pray for our enemies and endeavour to persuade those who hate us unjustly to live comfortably to the precepts of Christ to the end that they may become partakers with us of the same joyful hope of a reward from God the ruler of all."[4]

The advantage of this pragmatic approach to Christianity is that, while it retains what is essential and common to religions, it can be propagated on the basis of its functional results in history – its philanthropy (schools, hospitals, leprosaria, charity).[5]

The functional approach to Christianity may not impress intellectual secularists. In such a case the definition which sees religion "as the area of ultimate concern" or as *thrēskeia* – the ultimate quest (Greek)[6] – may be more appropriate. Cross-cultural and religiously pluralistic humankind would better confront the problem if it were to see religion as a process, evolution, relationship, and a symbol system. In the light of this, Christianity should be seen as the point of convergence between the religious quest of the Greco-Roman and the Semitic peoples, the way it was perceived by Christian theologians of the early centuries. Religion as human involvement with sacred function, vitality, significance, and value... mediated through symbolic processes of transformation... expressed in and transmitted by cultural traditions that constitute systems of symbols[7] fully corresponds to the nature and claims of early Christianity as the fulfillment of messianic expectations whether in a Semitic or Greco-Roman context.

The problem is how to translate Christianity in a language which would commend it as a universal, not Western, religion. "The Logos spread himself everywhere, to effect everything and engulf all – above and below, in depth and length. Above in the cosmos of the creation – below among men everywhere in the depths of the creation to redeem

---

[4] Justin, First Apology, ch. 14
[5] See my book Byzantine Philanthropy and Social Welfare, 2nd edition (New York, 1990), especially chapter one for the early Christian centuries, Adolf v. Harnack, The Mission and Expansion of Christianity, tr. by James Moffatt (Gloucester, Mass. 1972), ch. IV, pp. 147–198
[6] Demetrios J. Constantelos, Understanding the Greek Orthodox Church, 2nd ed. (Brookline, Mass. 1990), ch. 1 and William A. Lessa and Evon Z. Vogt, editors, Reader in Comparative Religion, 3rd edition (New York, 1972), 1–9
[7] Donald G. Dawe, "Christian Faith in a Religiously Plural World" in, Christian Faith in a Religiously Plural World, edd. by Donald G. Dawe and John B. Carman (Maryknoll, N.Y. 1978), pp. 13–33

those in Hades" believed the early Christians in the words of Athanasios.⁸

The experience of the early Christians is didactic and mimetic. They emphasized in word and manifested in action God's unconditional love not only through the sacrificial love of Christ but also through their own experience which empowered them to share their love with other people. They responded to the good news, the *Evangelion,* through the *kerygma* but also *philanthropia.* They experienced God's love by participating in God's purpose for humanity. They sought to become agents of reconciliation, peace, and love by bearing witness to what God had done for them, inviting others to share in the new way of life. The early Christian experience was one in word and deed, *kerygma* and *diakonia.*⁹

In addition to the theological dynamics, Christianity's universality must be sought in *agape* in practice. It was this very principle, the new commandment of love, that made early Christianity universally appealing. In the last analysis *agape* is the core of the Christian Gospel. The one unique attribute of God used as a refrain in Greek patristic thought and our liturgical services and prayer life is *philanthropia* and its synonymous *agape.* Christianity's God is called *Paniktoirmon, Eleemon, Evergetis, Efsplahnos,* the only *Philanthropos theos,* whose manifestation of concern for the well being and ultimate salvation of humanity is described as *philanthropia.*¹⁰ It is this evidence that makes Christianity a religion of hope and optimism for the present *kairos* (time) but also the *eschate hemera* (last day). And what is more universally needed than *agape* in theory and *diakonia.* A theology which stresses that God did not leave himself *amartyron* (without manifestation) in all humanity, as *spermatikos logos,* and *philanthropos* can not but be attractive and appealing. These teachings commended the universality of early Christianity. Christians retained their customs and traditions but put into practice the teachings of Christ. As the Epistle to Diognetos confirms: "The Christians are distinguished from other people neither by country, nor language, nor the customs which they observe... Inhabiting Greek as well as barbarian cities... and following the customs of the natives in respect to clothing, food, and the rest of their ordinary conduct, they display a ... striking method of life... Every foreign country

---

⁸ Athanasios, Peri Enanthropiseos, ch. 16, ed. Stergios N. Sakkos, Athanasiou Alexandreias tou Megalou Apanta to Erga, vol. 1 (Thessaloniki 1973), p. 266

⁹ Michael Green, Evangelism in the Early Church (Grand Rapids, Mich. 1970), pp. 58–70; Adolf v. Harnack, The Mission and Expansion of Christianity, tr. by James Moffatt (Gloucester, Mass. 1972), pp. 147–198

¹⁰ See my book Byzantine Philanthropy and Social Welfare, 2nd edition (New Rochelle, N.Y., Orpheus Publishing Co., 1990), ch. 3

is to them as their native land, and every land of their birth as a land of strangers. They marry as do all; they beget children; but they do not commit abortion. They have a common table, but not a common bed. They are in the flesh, but they do not live after the flesh... They display a ... striking method of life."[11]

In addition to the Epistle to Diognetos, Aristides of Athens, Ignatios of Antioch, Tertullian of Carthage but also the non-Christian Galenos the physician, Lukianos the satirist, and Emperor Julian bear testimony that Christians were people of self-control, pursuing justice, leading a life of virtue, morality and above all philanthropy. Galenos and Julian in particular were impressed by Christian philanthropy rather than theology and urged the pagan priests to imitate Christian practices.[12]

Problems which result from the encounter of Christianity with a secular or religiously plural world can not be minimized but at the same time should not discourage us. *It has never been easier.* How much more different was bearing Christian witness in the first three centuries of the Roman Empire? The Roman Empire was a multiracial, multilingual, multisectarian Empire. Syncristic religious creeds, numerous gnostic sects, atheism, secularism indeed had penetrated even the most religious and conservative circles of Judaea itself. It is historically baseless to assume that it was easier for early Christians to conduct their mission in the Roman Empire. Political events, religious circumstances and social conditions prevailing in the early centuries of our era made the conversion of the ancient world a very slow process.

Throughout the two millennia some Christians have stressed the need for verbal proclamation, sending out missionaries and preachers. Others have put more emphasis on witnessing their faith through acts of prayer, love and deeds of justice and philanthropy. *Evangelism, dialogue,* and *philanthropy* are the major means of witness and mission in the present secularized world.

"Evangelism" or "evangelization" means to proclaim the Good News that God works in history through various ways and diverse manners but the ultimate way, which provides more certainties and evidence, is that God works through his incarnate Logos. The teachings that "God became human that the human may be deified"[13] and live eternally in God is both rational and credible. People search for certainties, values,

---

[11] [Ioustinou Philosphou kai Martyros] Pros Diogneton, v. ed. by Apostolike Diakonia in the series Bibliotheke Hellenon Pateron vol. 2 (Athens, 1955), p. 253

[12] For a summary of Pagan views on Christian morality and philanthropy see Robert L. Wilken, The Christians as the Romans Saw Them (New Haven, Conn., 1984), pp. 72-83, 164-179

[13] Athanasios, Peri Enanthropiseos, ch. 54, ed. by Stergios Sakkos, op. cit., p. 366

immortality. If we were not religious we would not search for religion. The question we pose to the secularist is not whether or not God exists but why people are religious, why people never cease asking questions religious in nature.

Evangelism, however, should never be an act of coercion, propaganda for political or economic reasons, or cultural colonialism. Evangelism should always be dialogical in its approach and in its ways. Dialogue involves sharing deep faith with persons of similarly profound convictions. It entails dangers, but a well sustained dialogue between people of different creeds of mutual respect and understanding, good will and a common quest for truth leads to honest reevaluation and ultimately to change.

The problem among Christians is that while all agree that evangelism and dialogue should be honest and authentic, some emphasize the call to follow Christ and join His Body, the Ecclesia; others stress personal conversion and independence from ecclesiological requirements, minimizing the importance of ecclesial considerations. Divisions within the Christian community have always been a scandal and an impediment. Effective witness and successful mission would be achieved in both a secularized world and a pluralistic society, if Christians were to overcome their internal divisions and agree on a common approach to witness and mission. The universality of the Christian message is undermined by the particularities of the messengers.

Notwithstanding the unreconciled state of the modern Christians, we share certain basic unifying principles: the same Scriptures; belief in an incarnate God whose love and sacrifice encompasses the whole human family; the conviction that God's Spirit, who speaks through the Scriptures but also through various ways and diverse manners should always be invoked; we all acknowledge that God known in Christ is also the hidden God, the invisible *(aoratos)*, incomprehensible *(akataleptos)*, indescribable *(aperigraptos)*; transcendent in essence *(hyperousios)*; unapproachable *(aprositos)* – the creator of all intelligent essences and unintelligent natures.[14]

Witness and mission remains a challenge and a task which must be approached with a sense of humility and *metanoia* (penitence) for major failures and even crimes committed in history in the name of Christ; firm in conviction but also in a dialogic spirit; with eagerness to affirm God's dominion and the acknowledgment that the human is not

---

[14] First Prayer of Pentecost Service. For an English translation see Byzantine Daily Worship, tr. by Joseph Raya and José de Vinck (Allendale, N.J. 1969), p. 900

the measure of all things. Long ago Oedipos the King tried to affirm the autonomy of the human being, the absolute rule of reason, and Protagoras and Isocrates insisted that man is the measure of all things. History has confirmed, however, that not secular but religious humanism is what has guided human destiny for more than four thousand years. The secularized world needs to be constantly reminded that man does not stand alone, and that the human is not the measure of all things.[15] Science and technology, medicine and knowledge, necessary as they are, should not be idolized.

Thus the need to emphasize the religious nature of the human being. The religious life is an experience which leads from the state of becoming to the world of Being; it intends to elevate the practitioner, and through mystical symbolism and spiritual ascesis purify and raise one to a state of theiōsis where the human being will partake of the Supreme Being's glory.

Symbols are important to all, not only those confined in institutions, the sick and the destitute, the uneducated and the simple-minded. A scripture tray card, an icon, a biblical maxim, a candle are meaningful symbols bringing comfort, strength, reflection, and thoughtfulness. Secularists are not exempt from these needs. A few years ago I attended a small gathering of scholars and university professors – historians, economists, linguists, philologists. With a glass of wine in their hands two economists told me how much they enjoyed attending Sunday liturgies. The hypnotic lighted candles, the serene and spiritualized saints depicted on icons, the mystique of the liturgy and the metaphysical climate are uplifting, they said. The liturgy of the mystery and the symbolism rather than the liturgy of the word attracted them to church services.

The experience of the two scholars reminded me of the Russian delegation's experience when they visited the cathedral of Hagia Sophia in 988. It was the symbolism, iconography, music, aesthetics, movement that impressed them and made them report to Prince Vladimir that they did not know whether they were in heaven or on earth. Again it was symbolism, an icon of the last judgment, that influenced King Boris of Bulgaria to convert and lead his nation to Christianity in the ninth century.[16] The power of symbolism and the power of the word are capable of stirring an awareness of the Divinity's presence in the human. The

---

[15] See the thoughtful discussion of Preston H. Epps, Thoughts from the Greeks (Columbia, Missouri, 1969) pp. 86–93

[16] The Russian Primary Chronicle, tr. by Samuel Hazzard Cross and Olgerd P. Sherbowitz-Wetzor (Cambridge, Mass., 1953), pp. 110–111

mystery of the human being is resolved in the light of the God-incarnate event. It is this reconciling and salutary mystery, yet empirical event, that modern Christians are commissioned to witness through evangelism, dialogue, and philanthropy but always with respect, dialogic and irenic disposition and love in practice toward all.

WOLFGANG A. BIENERT, MARBURG

Das missionarische Zeugnis in einer säkularisierten Welt

Grundsätzliche Überlegungen über Wesen und Auftrag der Mission unter der Frage: Mission – notwendiges Zeugnis für die Welt?

I. Was ist Mission?

Das Wort ‚Mission' hat für viele Menschen in unserer Zeit einen schlechten Klang. Es erinnert sie an die Ausbreitung des christlichen Glaubens in Verbindung mit kolonialer Expansion, an Eroberung, Unterwerfung der Welt durch europäische Mächte, an geistige Unterdrückung, an Proselytenmacherei, an eine Art von ‚religiösem Imperialismus'.

Nicht nur das Wort ‚Judenmission' ist – insbesondere für uns Deutsche – durch die jüngste Vergangenheit schwer belastet. Der Begriff Mission wird insgesamt von vielen Menschen als Ausdruck geistig-kultureller Überheblichkeit angesehen, die dem christlichen Glauben widerspricht und für dieses europäische Christentum angesichts der teils erschreckenden Folgen kolonialer Expansion keine Legitimation mehr zu besitzen scheint.

Noch immer wird dabei Mission häufig so verstanden, wie sie Ernst Troeltsch zu Beginn dieses Jahrhunderts beschrieb, nämlich als „Ausbreitungs- und Mitteilungstrieb", wie ihn „jede geistige Macht" in sich trägt, wozu Troeltsch auch die Kirchen rechnete.[1] Für ihn war Mission „die Ausbreitung der religiösen Ideen der Welt Europas und Amerikas im engen Zusammenhang mit der Ausbreitung der europäischen Einflußsphäre,"[2] nicht Bekehrung, sondern Erziehung und Entwicklung,

---

[1] E. Troeltsch, Die Mission in der modernen Welt, in: Ges. Schr. II, Tübingen ²1922, S. 779–804. Zitat: S. 779. – Zu diesem Beitrag, der zuerst in der „Christlichen Welt" im Jahre 1906 erschien und der eine lebhafte Diskussion – u. a. mit G. Warneck – auslöste, vgl. auch: M. Rade, Heidenmission, die Antwort des Glaubens auf die Religionsgeschichte (1908), in: Chr. Schwöbel (Hg.), Martin Rade. Ausgewählte Schriften, Bd. 2, Gütersloh 1986, S. 123–146.

[2] E. Troeltsch aaO. S. 796 f.

Aufbau eines Schul- und Unterrichtswesens, „bei den Wilden auch die Arbeits- und Kulturerziehung."[3]

Vor diesem Hintergrund kann es – wie ich meine – nur um eine radikale Neubesinnung auf den Ursprung und das Wesen christlicher Mission gehen und zugleich um die Abkehr von allen Versuchen, Mission mit Unterdrückung und expansiver Machtausweitung zu verbinden. Zugleich sind aber auch die Folgen zu bedenken, die sich aus der bisherigen Missionsarbeit und dem negativen Bild von Mission ergeben. Daß sich mit der kolonialen Expansion Europas und Amerikas auch die Gedanken des Säkularismus, der Entzauberung der Welt und der Beherrschung ihrer Kräfte, ausbreiteten – im Zusammenspiel mit der Mission, aber auch im Konflikt mit ihr – sollte dabei allerdings mit bedacht werden.

Ursprünglich bedeutet ‚missio' nichts anderes als Sendung, und der Missionar ist nichts anderes als ein Bote, ein Gesandter, der eine Botschaft zu übermitteln hat, griechisch ein ‚Apostel'. Die apostolische Kirche des Ursprungs wußte sich zwar in die Welt gesandt, um die Menschen in die Nachfolge Jesu zu berufen (Matth 28), sie wirkte missionarisch und breitete sich aus, verfügte jedoch über kein Missionsprogramm.[4] Ihr Zielpunkt war die Welt, waren die Enden der Erde. Weltmission ist darum von Anfang an Kennzeichen der christlichen Kirche und ihr bleibender Auftrag. Erst in Verbindung mit politischer Macht wurde aus dem missionarischen Auftrag eine Legitimation für imperiales Machtstreben einzelner Völker, für die Expansion von Macht und Einfluß und für die Eroberung und Unterwerfung anderer Länder.

Von daher genügt es nicht, wenn sich die christliche Mission auf den Auftrag des Auferstandenen bezieht oder – wie man sagt – auf den Missions*befehl*. Sie muß ihn selbst, Christus, als Mitte und Grenze ihrer Mission erkennen, ihn, den Gesandten Gottes, in dem das Heil nicht nur angesagt, sondern selbst gegenwärtig ist. Der christliche Missionar ist auch nicht einfach nur ein Bote, der die Botschaft eines anderen übermittelt, als könne man seine Botschaft von ihm trennen. Auch der Apostel Paulus versteht sich nicht nur als Abgesandter des Auferstandenen mit dem besonderen Auftrag, das Evangelium zu den Heiden zu bringen. Er bezeugt vielmehr selbst in seiner Person die Wirksamkeit der Gnade Gottes, wenn er sagt: „Von Gottes Gnade bin ich, was ich bin" (1. Kor 15,10). Der urchristliche Missionar ist immer auch Zeuge (μάρτυς) und lebendiges Beispiel für Gottes Heilshandeln. Er ist ein

---

[3] Ebd. S.797.
[4] Vgl. E. Molland, Besaß die Alte Kirche ein Missionsprogramm oder bewußte Missionsmethoden? in: H. Frohnes u. a. (Hg.), Kirchengeschichte als Missionsgeschichte, Bd. I, München 1974, S. 51-67.

durch die Gegenwart Gottes verwandelter Zeuge des Evangeliums.

Außer der Begegnung mit dem Auferstandenen und dem von ihm empfangenen Auftrag gehört darüber hinaus aber auch die Bevollmächtigung zur Mission, ohne die christliche Mission leicht in ihr Gegenteil verkehrt werden kann. Diese Bevollmächtigung geschieht durch die Gabe des Heiligen Geistes.[5] Dieser ist von Anfang an das Lebenselement christlicher Mission. Wenn bisweilen gesagt wird, christlicher Glaube sei seinem Wesen nach missionarisch und Mission sei Ausdruck der Lebendigkeit der Kirche, dann kann dies nur gelten im Sinne der Gegenwart jenes Geistes, „der da Herr ist und lebendig macht", wie es im Bekenntnis von Nicaea/Konstantinopel heißt.

Auf der anderen Seite gilt aber auch, daß niemand als Christ geboren wird. Um Christ zu werden, bedarf es aber nicht nur der Taufe, sondern auch des Zeugnisses lebendigen Glaubens von Christen, die die heilsame Gnade Gottes erfahren haben, die in Christus allen Menschen erschienen ist. Ohne Mission, ohne missionarisches Zeugnis von Christen, gäbe es keine Kirche. Mission ist – so betrachtet – nicht nur ein Auftrag, den die Kirche zu erfüllen hat – stellvertretend für Christus oder gar in eigener Machtvollkommenheit –. Sie ist vielmehr Zeichen ihrer Lebendigkeit, allerdings einer Lebendigkeit, die sie nicht aus sich selbst hat, sondern die ihr geschenkt wird bzw. geschenkt werden muß.

II. Warum Mission?

Wenn es zutrifft, daß christliche Mission Ausdruck des lebendigen Glaubens und Werk des Heiligen Geistes ist, dann richtet sich die Frage: Warum Mission? – nicht an die Kirche oder ihre Amtsträger, sondern an ihren Auftraggeber. Entsprechend lautet die Antwort von Petrus und Johannes auf die Frage des Hohen Rates nach dem Grund ihrer Verkündigung: „Wir können's ja nicht lassen, von dem zu reden, was wir gesehen und gehört haben" (Apg 4,20). Wovon das Herz voll ist, davon geht der Mund über, sagt ein Sprichwort. Darin liegt ein wesentlicher Grund für missionarische Verkündigung. Wo die Botschaft des Evangeliums auf fruchtbaren Boden gefallen ist und wo der Geist Gottes Menschen zum Zeugnis erweckt, da geschieht Mission. Wo Menschen von lebendiger Hoffnung erfüllt sind, werden sie nach dem Grund der Hoffnung befragt, der sie erfüllt.[6] Das Lebensgefühl teilt sich auch unmittelbar anderen mit.

Allerdings gilt auch das andere, daß sich nicht nur das Gefühl von

---

[5] Vgl. Joh 20,21ff.; Apg 1,8 u.a.
[6] Vgl. 1.Petr 3,15.

Freude und Dankbarkeit als Ausdruck des Glaubens mitteilt. Auch Verzweiflung und Resignation stecken an und ebenso das Verlangen nach Macht, Einfluß und Reichtum. Entscheidend ist also, woran ein Mensch sein Herz hängt, worauf er sein Vertrauen setzt. Das ist, wie Luther sagt, sein Gott.[7] Anders ausgedrückt: Jeder Mensch treibt auf seine Weise Mission und versucht, den anderen für seinen Glauben zu gewinnen. Von daher geht es letzten Endes darum, wes Geistes Kinder die Christen sind, die ihren Glauben bezeugen. Es geht um den Beweis des Geistes und der Kraft, um den Streit zwischen Gott und Abgott, zwischen Gott und Götze. Deswegen ist es nicht in das Belieben der Kirche gestellt, ob sie Mission treiben will oder nicht. Sie hat Zeugnis zu geben von der Hoffnung, die in Christus dieser Welt geschenkt ist, von dem Leben, das in ihm erschienen ist, und von dem Frieden, der der Welt Zukunft verheißt. Wo die Kirche der Welt diese not-wendige Botschaft verweigert, verfehlt sie sich selbst und stirbt ab.

Das Problem unserer Zeit ist dabei – wie ich meine – nicht das Problem der Säkularisation im Sinne der Erkenntnis, daß die Welt Welt ist und der Mensch ein Teil von ihr. Es ist auch nicht das Problem der Entsakralisierung oder der Abkehr vom Mythos. Das Problem ist vielmehr die „Resakralisation" als Folge des Sündenfalls, daß sich nämlich der Mensch falschen Göttern zuwendet, die er sich selbst geschaffen hat, sichtbaren Göttern und Ideologien.[8] Denn seit dem Abfall des Menschen von Gott, seit dem Sündenfall erscheint die Welt dem Menschen nicht mehr als Welt Gottes, der gegenüber er sich verantwortlich weiß, sondern als eine Größe, der er sich zu bemächtigen und die er sich zu unterwerfen sucht. In diesen Prozeß ist die Mission der Neuzeit hineingezogen worden und für menschliche Expansion bei der Eroberung der Welt mißbraucht worden. Dies zu erkennen, könnte der erste Schritt zur Umkehr sein und zu einem neuen Verständnis von Mission. Diese Umkehr muß allerdings wegen der Verstrickung der Kirche in diesen Prozeß in der Kirche selbst anfangen.

---

[7] Vgl. M. Luthers Auslegung zum 1. Gebot in seinem Großen Katechismus von 1529: „Was heißt ein Gott haben oder was ist Gott? Antwort: Ein Gott heißet das, dazu man sich versehen soll alles Guten und Zuflucht haben in allen Nöten. Also daß ein Gott haben nichts anders ist, denn ihm von Herzen trauen und gläuben, ... daß alleine das Trauen und Gläuben des Herzens machet beide Gott und Abegott ... Denn die zweie gehören zuhaufe, Glaube und Gott. Worauf Du nu (sage ich) Dein Herz hängest und verlässest, das ist eigentlich Dein Gott" (Bekenntnisschriften der Ev.-Luth. Kirche, 4. Aufl. Göttingen 1959, S. 560).
[8] Vgl. H. D. Beeby, Bibelarbeit über Kolosser 1, 19-20, in: Die Mission der Kirchen in einem säkularisierten Europa. Biblische Aspekte der Mission. Konferenz Europäischer Kirchen, Studienheft Nr. 19, Genf 1989, S. 37–44; bes. S. 44.

III. Mission – aber wie?

Die Geschichte der Erweckung und Mission zeigt, daß jede Erneuerung mit der Umkehr, mit der Buße beginnt. Dazu gehört in der Regel die Wiederentdeckung des biblischen Glaubens und die Besinnung auf den Ursprung der Kirche. Dazu gehört aber auch die Erkenntnis eigener Schuld und eigenen Versagens vor Gott und den Menschen im Lauf der Geschichte und die Bereitschaft, dies vor sich selbst und auch anderen gegenüber einzugestehen. Erst die Erkenntnis, daß die Kirche selbst aus der Vergebung lebt, befreit sie dazu, Vergebung und damit Frieden zu stiften. Die Fähigkeit dazu hat die Kirche jedoch nicht aus sich selbst, sie ist eine Gabe, die ihr geschenkt werden muß. Das gilt für den einzelnen, das gilt aber auch für die Gemeinde und für die ökumenische Gemeinschaft der Kirchen. Erst daraus erwächst die notwendige Offenheit füreinander und für die Welt als Welt Gottes.

Der Weg zu einem glaubwürdigen Zeugnis der Christen und der Kirche beginnt also mit der Umkehr, d.h., mit der Rückkehr zum Ursprung des eigenen Lebens und Heils – so wie bei dem Sohn im Gleichnis vom ‚verlorenen Sohn', der aus falsch verstandener Selbstbestimmung und schließlich Fremdbestimmung in das Haus seines Vaters zurückkehrt.[9] Dies gilt nicht nur für den einzelnen, sondern auch für die Gemeinschaft der Kirchen in der Ökumene. Je mehr sie sich Christus zuwenden, umso näher kommen sie einander. Die dabei entstehende neue Gemeinschaft von Christen wird zugleich zu einem unübersehbaren Zeichen für die Welt und damit zu einem wichtigen missionarischen Zeugnis.

Mehr als Worte und Bilder überzeugen jedoch in einer von Worten und Bildern überfluteten Welt Lebenszeugnisse und Taten von Menschen. Ein Christ, der die Gemeinschaft mit anderen Christen meidet und keine Zeit für den Gottesdienst hat, kann seine Umwelt nur schwer davon überzeugen, daß Gottesdienst für den Glauben wichtig, ja lebenswichtig ist. Lob und Dank gegenüber Gott, aber auch Fürbitte und Friedensgebet im öffentlichen Gottesdienst ist ein wichtiges missionarisches Zeugnis derer, die ihr Heil von Gott in Christus erwarten und nicht von sich selbst. Daß Friedensgebete auch politische Wirkung haben können, belegen die Ereignisse der jüngsten Vergangenheit besonders eindrucksvoll.

Wenn Christus am Anfang der Bergpredigt die Armen im Geist selig preist (Matth 5,3), dann meint er nicht die, die materielle Not leiden[10],

---

[9] Vgl. Luk 15, 11–32.
[10] So die Parallele Luk 6, 20.

und auch nicht die, die in ihrem menschlichen Geist beschränkt sind, sondern Menschen, die erdrückt und beengt werden von Zukunfts- und Existenzangst, die keine Luft bekommen in dieser Welt. Sie sollen in seiner Gegenwart aufatmen. Freiheit beginnt damit, daß ein Mensch frei atmen kann. Eine Welt, die frei wäre von Angst und Unterdrückung, von Krieg und Ungerechtigkeiten, brauchte kein Evangelium von Jesus Christus, brauchte keine befreiende, tröstende und heilende Botschaft. Doch solange nicht nur Menschen, sondern die Natur unter dieser Welt seufzt und darauf wartet, daß die Kinder Gottes offenbar werden (Röm 8,19), bedarf es des Zeugnisses der Kinder Gottes, d.h. derer, die Gott allein die Ehre geben, sein Lob singen und die Welt einladen, mit ihnen die in Christus geschenkte Freiheit zu feiern.[11] Je mehr die Kirche zu ihrem ursprünglichen Auftrag zurückkehrt, umso wichtiger wird ihr Zeugnis für die Welt.

Mission – das ist nicht nur das notwendige Zeugnis, das die Kirche der Welt schuldet – Mission ist für sie selbst lebenswichtig, denn sie ist Zeichen lebendigen Glaubens und damit Zeichen der wirksamen Gegenwart des Heiligen Geistes.

---

[11] Vgl. G. Harbsmeier, An ihren Feiern sollt ihr sie erkennen, in: Junge Kirche 21 (1960), S. 278–283.

FEODOSIJ VASNEV, MOSKAU

Die Mission der Russischen Orthodoxen Kirche in der Gegenwart

Einige Aspekte

Im Verlauf ihres tausendjährigen Dienens an Gott und Volk hat die Russische Orthodoxe Kirche eine altehrwürdige Tradition und Kultur von hohem geistigen Wert entwickeln können. Das nun angebrochene zweite Jahrtausend ihrer Existenz betrat sie in einer Umbruchsperiode im Leben unseres Volkes; dieser wichtige, vielseitige Prozeß markiert die Umgestaltung bzw. Erneuerung unseres ganzen Daseins.

Die tiefgreifenden demokratischen Veränderungen, die sich in unserem Lande abspielen, berühren Theorie und Praxis des öffentlichen Lebens: Dadurch gewann auch die Kirche „die Möglichkeit, in vollem Einklang mit den in der Verfassung festgelegten Prinzipien ihr Wirken unter normalen menschlichen Verhältnissen ausbauen zu können."[1]

Wir erleben als Augenzeugen, wie ein neues Modell der Beziehungen zwischen Kirche und Staat entsteht. Anstelle der von uns früher her bekannten Vorgangsweisen wird jetzt ein bedeutsames ethisches Prinzip verkündet: die Priorität der allgemeinmenschlichen moralischen Werte, die für uns wiederum mit den unvergänglichen christlichen Werten identisch sind. Wir sehen in diesem Zusammenhang die Tendenz, andere Konzeptionen und Ansichten als die eigenen zu tolerieren. Insgesamt findet gegenwärtig eine Neubewertung der Rolle der Religion im öffentlichen Leben, ihrer Bedeutung für den Werdegang der nationalen Kultur bzw. für das Herausbilden der geistigen Wertvorstellungen eines Volkes statt.

Einen nicht zu unterschätzenden Beitrag zu dieser Entwicklung leisteten die Feierlichkeiten zum Millennium der Christianisierung der Ruś, als ein Umschwung in der staatlichen Politik der Gemeindenregistrierung begann: Allein 1988 wurden 809 Kirchen neu eröffnet, während es in den zurückliegenden drei Jahren insgesamt nur ganze 29 waren.

Als Ergebnis einer ideologischen Stereotypvorstellung, derzufolge das Vorhandensein von christlichen Überzeugungen für die Erbauer einer Neuen Gesellschaft nicht wünschenswert erscheinen, war die Kirche jahrzehntelang an den Rand des öffentlichen Lebens gedrängt wor-

---

[1] Izvestija 1989, Nr. 263

den. Man betrachtete sie als lästiges „Überbleibsel der alten bürgerlichen Gesellschaftsordnung", sie wurde als eine konterrevolutionäre, feindselige Kraft aufgefaßt, und man bekämpfte sie als ein im Widerspruch zur sozialistischen Moral stehendes „Vorurteil"; dabei wurden die unterschiedlichsten Methoden angewandt und der Kampf der Ideen artete nur allzuoft in eine politische Bekämpfung ihrer Träger aus.[2] Daher gilt es für die historischen Verhältnisse, unter denen die Kirche bemüht war physisch zu überleben, und die ihren Lebensstil in den zurückliegenden Jahrzehnten prägten, Verständnis aufzubringen.

Wenn wir heute „die vergangenen Jahrzehnte betrachten, die tragische Lebenserfahrung und das Zeugnis unserer Väter und Mütter, unserer Brüder und Schwestern an uns vorbeiziehen lassen und unsere eigenen Erfahrungen daran zu messen versuchen, dann dürfen wir behaupten, daß die Kirche nicht durch menschliche Kraft oder Weisheit überlebt hat, sondern allein durch die Kraft ihres Heiligen Geistes, durch die Gabe der Göttlichen Gnade, die, wie es in einem liturgischen Text heißt, ‚den Schwachen stets Heilung bringt und den Verarmenden neuen Reichtum schenkt'. Es war diese Gabe der Gnade, die die schwachen Kräfte des ganzen gläubigen Volkes stärkte und ihm half, die Treue zu Christus wahren und den Kreuzweg weitergehen zu können."[3]

Die rasanten Veränderungen haben unser Land vor zahlreiche schwierige Probleme gestellt. Es geht um eine geistige Erneuerung der Gesellschaft, um das Wiederentstehen der nationalen Kultur, deren Baudenkmäler sich in einem desolaten Zustand befinden und nur durch umgehende Rettungsmaßnahmen vor dem Ruin bewahrt werden können; es geht schließlich auch um dringend erforderliche effektive Maßnahmen im sozialen und umwelt-ökologischen Bereich. Die Kirche steht jetzt im Brennpunkt des öffentlichen Interesses: Die Gesellschaft erwartet ihre Stellungnahme zu Fragen der Moral, des Umweltschutzes, der Wirtschaft, Politik, Kultur, Erziehung, Familie, Ehe u. a. m. Es muß zugegeben werden, daß wir heute in vielerlei Hinsicht nicht genügend vorbereitet sind, um den Herausforderungen der Zeit gerecht zu werden; doch die jahrtausendealte Tradition des Christentums bleibt lebensfähig und inspiriert uns zum modernen Dienst an der Gesellschaft, sind wir doch alle für die Ergebnisse mitverantwortlich.

Eine wichtige Aufgabe der Kirche in unserer Zeit ist die Mission des Friedens. Schon immer ist sie ein bedeutender Bestandteil des Einsatzes

---

[2] Ju. Degtjarev: Neukosnitel'no sobljudat' zakon. Religija v SSSR 1989/6, S. 3
[3] Zajavlenie Svjaščennogo Sinoda Russkoj Pravoslavnoj Cerkvi ot tret'ego aprelja 1990 g.

der Russischen Orthodoxen Kirche, ihrer Bischöfe, Priester und Laien gewesen.[4] In Anlehnung an die frühe Christenheit beten wir „um den Frieden der ganzen Welt". Die weltanschauliche Herabsendung des erwünschten Friedens sehen wir in der Lehre der christlichen Kirche. In ihren Gedankengängen suchen die Kirchenväter nicht mehr nach dem Ursprung des Seins – denn sie sind ja bereits im Besitz der Wahrheit und verkünden sie: „Am Anfang war das Wort ... Alle Dinge wurden durch dasselbe gemacht und begannen zu sein ... Und das Wort ward Fleisch und wohnte unter uns" (Joh 1, 1, 3, 14). Diesen Worten liegt ein tiefer lebensbejahender Sinn zugrunde, eine Garantie für die Existenz dieser Welt. Sie läßt keine Zweifel darüber, daß alle edlen Bestrebungen der Menschheit zum Frieden und zur Gerechtigkeit ihre höhere Begründung bzw. ihren Ausdruck in der Weisheit und Liebe Gottes finden können.

Einsicht und Wohlwollen sind in der ganzen Vielzahl der Lebenssituationen die radikale Grundlage, Feindschaft unter den Menschen abzubauen; sie sind eine zuverlässige moralische Friedensgarantie und für den Christen eine Grundlage seines Friedensdienstes. Unsere Kirche hat von Christus den Auftrag, äußeren und inneren Frieden zu predigen; in diesem Sinne erfolgt ihr mannigfaltiges Engagement im Bereich zahlreicher Friedensinitiativen, deren Ziel die Beendigung aller existierenden militärischen Konflikte ist, die Abwendung der zerstörerischen Gefahr eines Atomkrieges, die Reduzierung todbringender Rüstungen. Es muß darauf hingewiesen werden, daß dieser Einsatz zumeist nach außen hin erfolgte, d. h., sich in der Außenpolitik abspielte. Wir waren der Meinung, daß die Völker unseres Landes im Geiste der Brüderlichkeit und gegenseitigen Achtung leben; daher wurden von uns hier keine sonderlichen Anstrengungen unternommen. Es sollte sich jedoch herausstellen, daß diese Ruhe nur durch Faktoren eines rein äußerlichen „Containment" bedingt wurde, nicht aber vom Geiste des Friedens, der Liebe oder einer hohen moralischen Vollendung. Das Ergebnis dieser Fehleinschätzung ist, daß unsere ganze Gesellschaft heute von nationalen Konflikten erschüttert wird. Als Christen sind wir daher gerade heute dazu berufen, mit unserem ganzen Leben die Lehre Christi, der allen Friedfertigen die Seligkeit verheißt (Matth 5,9), zu bezeugen. Die Feindschaft in sich selbst bekämpfen und die Verfeindeten zu Friedfertigkeit zu bewegen – dies ist unsere hohe Mission unter den Bedingungen der modernen Umwälzungen.

Als Christen ist es für uns allzu natürlich, daß wir auch anderen Völkern dasselbe Wohlergehen wie dem unsrigen Volk wünschen. Unsere

---

[4] Novoe vremja 1989/11, S. 22

Kirche begrüßt die Wiedergeburt einer jeden Nationalkultur; dort aber, wo das nationale Selbstbewußtsein sich vom christlichen Lebensverständnis löst und sich die Liebe zum Heimatlich-Eigenen von der Liebe zum Allgemein-Menschlichen absondert, erblickt unsere Kirche gefährlichen Nationalismus. Denn wo das Selbstbewußtsein zur ungesunden Selbstzufriedenheit ausartet, wird Liebe durch Mißtrauen und Haßgefühle ersetzt; dort hört man Aufrufe, nach Feinden zu suchen, die angeblich die Nation vernichten wollen. Und dies alles findet dort statt, wo die Menschen zu Bußfertigkeit, Läuterung, Verantwortungsgefühl, zu schöpferischem Einsatz im Geiste der Liebe zu *jedem* Menschen aufgerufen werden sollten![5]

Wir alle wissen, daß die Kirche seit ihrer frühesten Geschichte eine multinationale Gemeinde war, deren Grenzen zu keinem Zeitpunkt mit bestimmten ethnischen oder kulturellen Grenzen identisch waren. Schon die Zugehörigkeit zur Kirche ist eine Herausforderung an den eng-nationalen Egoismus, der wiederum nichts mit dem zu tun hat, was wir als Nationalstolz bzw. „Gefühl der nationalen Würde" bezeichnen. Letzteres ist als hohes Gefühl im Gegensatz zum Nationalismus keineswegs hochmütig und baut nicht auf Verachtung gegenüber anderen Völkern. Eine blinde Begeisterung für das eigene Volk behindert aber die richtige Aufnahme der Lehren der Geschichte bzw. der lehrreichen Erfahrung der anderen. Auch unsere Kirche ist multinational. Sie schließt die Kultur vieler Völker in sich ein und trägt heute das Wort der Versöhnung, indem sie mithilft, offene Wunden zu heilen und Eintracht unter den Menschen wiederaufzubauen. Der Dienst an der nationalen Aussöhnung verlangt von uns auch eine größere Offenheit gegenüber Traditionen der Frömmigkeit, der Spiritualität und der sprachlichen Formulierungen der zur Kirche gehörenden Völker.[6] Dies ist eine überaus wichtige Überlegung. Die Kirche arbeitet heute an der Überwindung ihrer längst nicht immer feinfühligen Einstellung zum Los vieler orthodoxer Völker und Volksgruppen, die noch nicht über eine Bibel- und Gottesdienst-Übersetzung in ihre jeweilige Muttersprache verfügen. Gegenwärtig bemühen wir uns, die Heilige Schrift und die liturgischen Bücher in mehreren Sprachen herauszugeben. Freilich stoßen wir hierbei auf zahlreiche technische Schwierigkeiten. Ich möchte ferner darauf hinweisen, daß wir in neueingerichteten Priesterseminaren den Unterricht bei Bedarf zweisprachig abhalten: So wird beispielsweise in der Diözese von Minsk neben Russisch auch Weißrus-

---

[5] Aleksij, mitropolit Leningradskij i Novgorodskij: Mirotvorčestvo Russkoj Pravoslavnoj Cerkvi v obnovljajuščemsja obščestve. ŽMP 1990/1, S. 56

[6] Kirill, archiepiskop Smolenskij i Kaliningradskij: Cerkóv v otnošenii k obščestvu v uslovijach perestrojki. ŽMP 1990/2, S. 36

sisch als Unterrichtssprache eingesetzt – ein absolutes Novum für dieses Gebiet. Dieses Vorgehen wird damit begründet, daß man jedem Christ das Heimischwerden in seiner Kirche erleichtern will: Niemand soll sich wegen seiner Volkszugehörigkeit hier fremd fühlen.

Ich glaube dies alles erwähnen zu müssen, weil mir bekannt ist, daß die heute vorhandenen nationalen Spannungen zuweilen auf einer falschen Vorstellung von der orthodoxen Position in bezug auf die Nationalitätenprobleme beruhen.

Aber auch in Fragen der Umweltpolitik erhebt die Kirche heute ihre Stimme. Das Drama des Sündenfalls hatte eine Störung der Harmonie zwischen Mensch und Natur und die Abhängigkeit des Menschen von den Naturgewalten zur Folge. Im Mysterium der Fleischwerdung Gottes erlebte der Mensch eine Erneuerung und erlangte seine Freiheit wieder; dies ließ ihn den ihm ursprünglich durch den Schöpfer zugedachten Platz in der Schöpfung wieder einnehmen. Doch der Kampf um den Neuen Menschen erfordert die Unterordnung seines Willens, die Anerkennung der Priorität des Göttlichen Willens, er erfolgt unter großen Anstrengungen und einem inneren Ringen mit dem eigenen „Ich". Ein Nachlassen bzw. gänzliches Fehlen dieses Ringens führt erneut zu einer Gleichgewichtsstörung im Verhältnis von Mensch und Natur. Dabei wird jetzt die Natur zum unterjochten Partner, denn der Mensch tritt ihr gegenüber als raffgieriger Verbraucher auf. Zwar ist der Mensch untrennbar mit seiner Umwelt, zu deren Nutzung er auf Gottes Geheiß berufen ist, verbunden, – doch muß diese Nutzung die technischen Errungenschaften des Menschen mit einer geistig-moralischen Vervollkommnung seiner Persönlichkeit auf harmonische Weise verbinden. Heute erinnert die Kirche den modernen Menschen daran, daß zwischen dem moralischen Aspekt und dem Überleben der Menschheit ein direkter Zusammenhang besteht; ihr Missionsanliegen zielt in Fragen der Wahrung der Zivilisation bzw. einer Lösung der globalen Umweltkrise primär auf eine „Ökologie des menschlichen Gewissens" ab.

Die nächstwichtige Missionsaufgabe unserer Kirche liegt gegenwärtig im Bereich moralischer Fragen. Dieses Engagement der Kirche findet in der Gesellschaft immer breitere Unterstützung und wird auch von Regierungskreisen mit Wohlwollen gefördert.[7] Viele geben heute zu, daß eine Unterschätzung der Bedeutung religiös orientierter Persönlichkeitserziehung zum Ignorieren solcher moralischen Grundwerte wie Achtung vor den Eltern, Familienzusammenhalt, Menschenwürde u. a. m. führen muß. Diese und andere Werte wurden gerade in der Kirche, eingebunden in die orthodoxen Glaubenswahrheiten, besonders

---

[7] Stimme der Orthodoxie 1990/1, S. 23

gepflegt. Die Kirche wurde als moralische Lichtquelle aufgefaßt, die die gesamte Umgebung aus- und erleuchtet. Auch heute noch ist die Erneuerung des moralischen Verantwortungsgefühls für die Kirche eine Aufgabe von erstrangiger Bedeutung. In steigendem Maße bemüht sie sich um eine Eindämmung der Drogensucht, des Alkoholismus, der Kriminalität, der moralischen Zügellosigkeit, des Egoismus und anderer Laster, die durch fehlende Spiritualität und ein Absinken der moralischen Hürden bedingt sind; letzteres wiederum ist eng verzahnt mit mangelndem Verständnis für die geistliche Komponente im menschlichen Wesen, einer Situation, die bei uns jahrzehntelang anhielt. Das Ergebnis davon war eine Akkumulation von Unzufriedenheit, Gereiztheit, Aggressionslüsten; der Egoismus gewann an Boden, ein Egoismus, genährt durch den in den Jahren des Personenkults ins Wanken geratenen Glauben an die Gerechtigkeit. Es war eine Zeit, in der die Lüge als Wahrheit, das Böse als das Gute präsentiert wurden. Zu den Verpflichtungen der Kirche gehört die Aufgabe, bei ihren Anhängern ein hohes Maß an Verantwortungsgefühl und Spiritualität zu erzielen. Dies ist eine Herausforderung für die Christen, für jeden von uns, die wir an der Schwelle zum dritten Jahrtausend stehen.

Enorm ist in letzter Zeit auch das soziale Engagement unserer Gläubigen gestiegen. Das Bestreben der Kirche, an karitativen Einrichtungen mitbeteiligt zu werden, hat in der neuen Satzung der Russischen Orthodoxen Kirche seinen Niederschlag gefunden. Lange Jahre war unsere Kirche der Möglichkeit der organisierten Wohltätigkeit beraubt gewesen. Sie war sich jedoch stets dessen bewußt, daß ihr soziales Wirken eine Form der Bekundung ihrer Nächstenliebe darstellt. Die Liebe, Güte und Barmherzigkeit verpflichten die Mitglieder der Kirche zur Teilnahme an der Arbeit von Wohltätigkeitsverbänden, zum Einsatz bei der Unterstützung von älteren Mitbürgern und Waisenkindern sowie bei der Krankenpflege und Spendenaktionen. Wir sind zuversichtlich, daß demnächst auch christliche Wohltätigkeitsverbände ins Leben gerufen werden können. Die Bereitschaft der Christen, sich am Barmherzigkeits-Programm zu beteiligen, und die ersten greifbaren Ergebnisse dieses Einsatzes fanden in unserer Gesellschaft einen durchweg positiven Widerhall. Besonders ergreifend ist die kostenlose Sorge der Kirche für behinderte und verwaiste Kinder sowie der selbstlose Einsatz der Gläubigen in Kinderkliniken und Kinderheimen.

Schon immer hat es in unserer Kirche die Tradition der Wohltätigkeit bzw. Barmherzigkeit gegeben, doch für uns stellt sie heute notgedrungen einen Neubeginn dar. Wir sind daher mit zahlreichen Problemen konfrontiert; es gibt auch die Versuchung, alles auf einmal anpacken zu wollen, was natürlich unrichtig und völlig unrealistisch ist. Auf der anderen Seite macht sich immer noch die Trägheit der zurückliegenden Stagnationsjahre (Brežnev-Zeit. – A.d.Ü.) bemerkbar, als sich unter den Gläubigen eine soziale Selbstisolierung und Initiativlosigkeit entwickelt haben. Und dennoch – der Anfang ist da. Die Zahl der Gläubigen, die zu guten Werken der Barmherzigkeit und Nächstenliebe bereit sind, nimmt unentwegt zu.

Ich komme jetzt auf den wohl wichtigsten Problemkreis zu sprechen. Es ist der Kirche in den zurückliegenden Jahrzehnten zwar gelungen, ihre gnadenreiche sakramentale Existenz zu wahren, nicht aber den Geist einer christlichen Gemeinde. Hieraus resultiert als die gegenwärtig wichtigste Aufgabe der Kirche die Notwendigkeit einer Wiedererweckung der Gemeinde und ihrer Lebens- bzw. Funktionsfähigkeit. Die Dringlichkeit dieses Problems wurde unter anderem auf dem im Zusammenhang mit der Vierhundertjahrfeier der Errichtung des Moskauer Patriarchats einberufenen Bischofskonzil sowie in der Erklärung der Heiligen Synode vom 3. April 1990 hervorgehoben. Von der erfolgreichen Lösung dieser Frage hängt eigentlich die gesamte Zukunft der Russischen Orthodoxen Kirche ab. Unsere Kirchengemeinden sind heute meistens Ansammlungen von zufällig zusammengekommenen Menschen, nicht aber wahre Gemeinden, in denen jedes Mitglied seine Anerkennung finden würde. Diesen Sachverhalt bezeugen auch Untersuchungen, die vom sovetischen Allunionsinstitut für Meinungsforschung durchgeführt worden sind. Die Ergebnisse sind verblüffend: 18,6 % der Befragten gaben zu, gläubig zu sein, doch nur 0,3 % bekannten sich zu einer Gemeinde.

Der Gottesdienst ist das wichtigste, aber auch das einzige Element, das die gläubigen Kirchgänger mit ihrer Gemeinde verbindet. Es ist nicht ihr Verschulden, daß dem so ist, war doch unser Gemeindeleben jahrzehntelang eben nur auf das Abhalten von Gottesdiensten beschränkt, so daß die Gemeindemitglieder von anderen Formen des Dienstes einfach keine Ahnung haben. Die auferlegten Beschränkungen haben dazu geführt, daß wir unsere Traditionen verloren haben; die Erfahrungen und der Formenreichtum der Gemeindearbeit sind bei uns in Vergessenheit geraten. Die Schwierigkeit liegt auch darin, daß viele Geistliche heute die ihnen gewohnte und bequeme Rolle einer geistlichen Amtsperson ohne jegliches Engagement nur ungern ablegen wollen und eigentlich gar keine Lust verspüren, an einem durch verschiedene Aktivitäten gekennzeichneten Gemeindeleben teilzunehmen.

Bei der Lösung dieser Probleme bemühen wir uns vor allem um den Aufbau enger Beziehungen unter den einzelnen Gemeindemitgliedern, um ihre Einbindung in das Alltagsleben der Gemeinde mit ihren Sorgen und Nöten. Wir sind der Meinung, daß sich hier Möglichkeiten für eine Zusammenarbeit mit Christen anderer Kirchen und Konfessionen ergeben: Für uns wäre es sicherlich nutzbringend, ihre Erfahrungen auf dem Gebiet des Aufbaus des Gemeindelebens studieren zu können. Kontakte könnten auch von Gemeinde zu Gemeinde aufgebaut werden. Des weiteren benötigen wir eine durchdachte und mit größerer Freiheit geführte Seelsorgearbeit in der Zeit außerhalb der Gottesdienste: Wir denken an Versammlungen, Gesprächs- und Vortragsabende, Arbeitskreise, gemeinsame Freizeitgestaltung und Wallfahrten ganzer Gemeinden. Wichtig sind für die Wiedergeburt des Gemeindelebens die vorerst nur in Städten ins Leben gerufenen Sonntagsschulen für Kinder und Erwachsene. Für uns alle gilt es, mit großem Einsatz zu arbeiten, damit die Wohltätigkeit, die in den Gemeinden heute nur auf dem Enthusiasmus einiger weniger Gemeindemitglieder aufbaut, zu einer natürlichen Komponente des Alltagslebens einer Gemeinde werden kann. Eine Belebung des Gemeindelebens versprechen wir uns auch von der ernstzunehmenden Reform der geistlichen Ausbildung zukünftiger Seelsorger unter Berücksichtigung auch der Anforderungen der Moderne, die bei uns für die nächste Zeit geplant wird.

Mit diesen Problemen ist die Russische Orthodoxe Kirche heute konfrontiert. Mit der Lösung dieser Aufgaben muß unverzüglich, ohne weiteren Aufschub begonnen werden, um durch die Wiederentdeckung des Gemeindelebens und der Kirchen-Diakonie und durch die Erschließung des reichen geistigen Potentials unseres Volkes die hohen moralischen Werte in unserer sich erneuernden Gesellschaft wiederentdecken zu helfen und ihr damit zum Erreichen eines qualitativ neuen Niveaus in allen Lebensbereichen zu verhelfen.

Wir sind zuversichtlich, daß das neue Religionsgesetz, dessen letzte Fassung am 11. April 1990 von Regierungskreisen debattiert wurde, zu einer Normalisierung der Situation unserer Kirche beitragen und ihr aktiveres Engagement fördern wird. Der Gesetzentwurf, der vom Obersten Sovet der UdSSR noch besprochen und verabschiedet werden muß, sieht vor, daß eine Reihe von Verboten und Einschränkungen im Wirken der religiösen Organisationen (sprich: Kirchen – A. d. Ü.) aufgehoben werden. Denn bisher hatte die Kirche juristisch gesehen ja gar nicht das Recht, außerhalb der „Kultausübung" irgendwelche Aktivitäten in Angriff zu nehmen. Jetzt aber wird unter anderem auch die Verbreitung religiöser Überzeugungen, der Religionsunterricht zu Hause und in den Religionsgemeinschaften, Wohltätigkeit und Teilnahme an Caritas-Verbänden sowie die Teilnahme am gesellschaftlichen Dialog ausdrücklich erlaubt. Mit einem Wort, für das Wirken der Kirche sind die neuen Bedingungen wesentlich günstiger denn je zuvor.[8] Aus Zeitmangel ist es mir unmöglich, auf die ganze Vielfalt der Einsatzbereiche der Russischen Orthodoxen Kirche in unserer sich erneuernden Gesellschaft einzugehen. Ich habe lediglich versucht, auf einige der wichtigsten Aspekte ihres Dienstes am Menschen bzw. an der Gesellschaft an der Schwelle zum dritten Jahrtausend hinzuweisen. Die moderne Realität stellt die Kirche vor immer neue Herausforderungen, zugleich aber öffnet sie ihr immer neue Möglichkeiten. Und wir alle sind uns als ihre Kinder dessen bewußt, „daß diese Möglichkeiten mit dem alleinigen Ziel eingesetzt werden müssen – nämlich dem modernen Menschen zu helfen, die Fülle des Lebens zu entdecken und das Heil zu gewinnen. Ein anderes Ziel hat die Kirche nicht und kann sie auch nicht haben; denn eben hier liegt ihre Berufung und genauso auch die Berufung eines jeden Dieners bzw. Mitgliedes der Kirche."[9]

---

[8] Izvestija 1990, Nr. 136
[9] Siehe Anm. 3

Gudrun Löwner, Herne

„DIAKONIE" in der Orthodoxie – die prophetische Dimension der Orthodoxen Akademie Kretas

Das Stichwort „Orthodoxie" wird häufig assoziiert mit Mystik, Askese, Mönchtum, Ikonenverehrung, Spiritualität, göttliche Liturgie und ganz besonders mit der horizontalen Dimension des Glaubens.[1] Diese Begriffe sind Charakteristika, die mit Recht Orthodoxie kennzeichnen, aber sie zeigen nur die uns im Westen geläufige Dimension auf. Ebenso eindimensional wäre es zu meinen, das Wesen der „protestantischen Kirchen" mit Stichworten wie „Diakonie, Entwicklungshilfe, Engagement für Gerechtigkeit, Frieden und Bewahrung der Schöpfung" charakterisieren zu können. Gerade in der Orthodoxie geht es im Sinne der „Orthopraxis" um die Vereinigung der horizontalen und der vertikalen Dimension.

Fragt man von der protestantischen Ethik nach der Ethik der Orthodoxie, so stellt man fest, daß es *eine* orthodoxe Ethik nicht gibt, ja nicht geben kann. Die Orthodoxen haben kein „social gospel"[2] formuliert, keine bestimmte Lehre über Arbeit und Beruf, keine theologische Wertschätzung der Säkularisation, kein Leitbild zu Fragen der Industrialisierung und keine einheitlichen Grundsätze zum Verhältnis von Staat und Kirche aufgestellt, vielmehr haben sich die autokephalen Kirchen eine „weite und anpassungsfähige" Position bewahrt[3], die für die unterschiedlichen politischen Kontexte sehr wichtig ist.

Gemäß dem griechischen Theologen *Nissiotis* gehören nach dem Selbstverständnis der Orthodoxie Kirche und Staat zusammen; falls es zur Spaltung kommt, geht sie vom Staat aus.[4]. In der Situation der Spaltung – vgl. die Länder des Warschauer Pakts – ist es Hauptaufgabe der

---

[1] Vgl. Constantelos, D.J., Theological Considerations for the Social Ethos of the Orthodox Church. In: Journal of Ecumenical Studies 11/1974, S. 25 f und Tsetsis, G., La Dimension Sociale de l'Engagement Orthodoxe dans le Mouvement Œcuménique, Chambésy 1986, S. 10. Tsetsis zeigt auf, daß im Anfang des ÖRK von der Orthodoxie mehr die soziale Linie unterstützt wurde als später, wo die horizontale Linie eingefordert wird.
[2] Nissiotis, N.A.: Kirche und Gesellschaft in der griechisch-orthodoxen Theologie. In: Kirche als Faktor einer kommenden Weltgesellschaft, hg. ÖRK, Stuttgart, Berlin 1966, S. 138.
[3] Ebd., S. 139.
[4] Vgl. ebd., S. 158.

Kirche, mit Hilfe des Zeugnisses „martyria" alles dem Leib Christi zu inkorporieren.⁵

Durch Glasnost' und Perestrojka hat sich der Handlungsspielraum der Kirchen in den Ländern des Ostens stark erweitert. Die Möglichkeiten für „martyria" werden zahlreicher, so daß auch dort die Forderungen der weltweiten Orthodoxie aufgenommen werden können: „The churches should be ready to defend human rights (freedom of conscience, freedom of speech, freedom of belief) and condemn their violations."⁶

Im Zusammenhang mit der Erschließung neuer Handlungsfelder im Bereich der Orthopraxis scheint es mir wichtig, die prophetische Rolle der Orthodoxen Akademie in Kreta mit ihrem Direktor Dr. Alexandros *Papaderos* als Anregung darzustellen. Die Akademie ist ein Exemplum für Ökumenisches-Voneinander-Lernen. In ihr sind Schwerpunkte der orthodoxen, protestantischen und katholischen Kirchen zu einer Synthese verschmolzen.

In drei Abschnitten möchte ich die Arbeit der Akademie und ihre konzeptionelle Einbettung in die Orthodoxie darstellen.

I. Die Orthodoxe Akademie von Kreta/Chania

Seit 1968 besteht die erste Akademie der Orthodoxie in Kreta, gegründet von ihrem derzeitigen Direktor, dem damals im Erziehungsministerium tätigen Dr. *Papaderos,* der von deutschen Akademien und alten griechischen Konzepten beeinflußt das Novum wagte. Dabei entstand ein Forum für Gespräche über Glauben und Leben für Menschen aus der Umgebung, Menschen vom Festland, Auslandskreter, nichtorthodoxe Christen und Nichtchristen, für Priester und Laien ...⁷ Das Land für die Akademie wurde vom nahegelegenen Kloster zur Verfügung gestellt, der Metropolit von Kissamos und Selyon unterstützte das Projekt, und es gelang trotz großer Schwierigkeiten während der Militärdiktatur, unter der zeitweilig die Akademie zweckentfremdet wurde, den Akademiebetrieb bis zum heutigen Tag aufrechtzuerhalten. Über 1000 Veranstaltungen haben bisher dem Zweck gedient, bei „der Er-

---

⁵ Ebd.
⁶ Bria, I. hg.: Go Forth in Peace, Geneva WCC 1986, S. 51.
⁷ Vgl. Orthodoxe Akademie von Kreta, Gonia, Unsere Arbeit 1968–1977, „ein Novum in der orthodoxen Kirche". 1986 Eröffnung der Orthodoxen Akademie in Neu-Valamo/ Finnland, vgl. A. Papaderos: Makro-diakonia: ein Auftrag für das Volk Gottes im Kontext unserer Zeit. In: Una Sancta 1/87. S. 69 ff.

neuerung der Kirche, der sozialen Integration und der kulturellen und wirtschaftlichen Entwicklung des Landes"[8] mitzuhelfen. Dabei fällt im Vergleich mit deutschen Akademien mit einem spezifisch dialogischen Angebot die Bandbreite auf, die hier wahrgenommen wird, da die Akademie weit und breit die einzige Einrichtung für Erwachsenenbildung ist. So gehören Fortbildungskurse für Theologen und ehrenamtliche Mitarbeiter/innen, die Unterstützung der Gründung von Frauenvereinen, der Aufbau eines kretischen Theaters, Alternativtourismus, Zusammenarbeit mit der Ökumene, wissenschaftliche Kongresse, Fragen der Migration, der Frauenemanzipation[9] und ein starkes Engagement im Entwicklungsbereich zu den Facetten der Akademie. Letzteres ist zu Beginn stark umstritten gewesen. Die Akademie wurde zum Ansprechpartner für die Nutzbarmachung von Brachflächen durch Treibhäuser, in denen Tomaten und Gurken angebaut werden. Einige Priester vermuteten eine Häresie. Ihr Argument war, daß Christus in die Welt gekommen ist, das Wort Gottes zu säen, nicht aber Gurken und Tomaten.[10] Trotzdem hat die Akademie gerade in diesem Bereich, wo auch die staatliche Anfeindung besonders groß war – Verdächtigung des Kommunismus – , bei der Bevölkerung nach anfänglichem Mißtrauen großes Vertrauen erworben. Nicht zu unterschätzen ist dabei die Rolle der kretischen Priester als Vermittler der Ideen auf dem Dorflevel.[11] Viele der Akademietätigkeiten bezeichnen wir in der Bundesrepublik mit dem Begriff „ökumenische Diakonie" mit dem Unterschied, daß sich bei uns ökumenische Diakonie zumeist außerhalb unseres Landes ereignet, während sie hier auf Kreta selbst wahrgenommen wird von der Akademie, während die anderen diakonischen Aufgaben von der Ortskirche durchgeführt werden. Große Teile der Landbevölkerung, deren einzige Hoffnung die Auswanderung war, haben nun wieder Hoffnung geschöpft. Dazu tragen Vermarktungsorganisationen für Zitrusfrüchte, Olivenöl etc. auf genossenschaftlicher Basis unter Ausschaltung des Zwischenhandels, eine Schiffahrtsgesellschaft und die Einführung von Züchtungen, die ertragreicher und dem Klima besser

---

[8] Merkblatt zur Arbeit der Akademie von Papaderos 1983, damals über 650. In dem grch. Bericht von 1988 werden 1000 Veranstaltungen namentlich genannt.

[9] Vgl. Constantelos, aaO, der mit Recht bemerkt, daß die orthodoxen Kirchen bei „revolutionary movements" ein Defizit haben, S. 39 f.

[10] Vgl. A. Papaderos: Our Ecumenical Diakonia – Both Large and Small. In: Hope in the Desert, hg. Slack, K., Geneva WCC 1986, S. 104.

[11] Vgl. die zumeist historischen Ausführungen von Papaderos: Skizzen aus dem Leben kretischer Priester. In: Wenn Theologie praktisch wird ... Sonnenberg, J. hg., Stuttgart 1983, S. 230-245, wo der Priester Vertrauensperson, Anführer im Widerstand, Friedensstifter etc. war.

angepaßt sind, wie Ziegen, Olivenbäume, Gurken etc. bei. Die Akademie ist also Ort für „*Symphilosophein*" (gemeinsames Philosophieren)[12], aber ebenso der Ort, von dem „*liturgische Diakonie*" ausgeht. Beide Bereiche sind gleich wichtig.

II. Der Begriff „liturgische Diakonie"

1978 hat Dr. Papaderos ein grundlegendes Referat auf der Konsultation „Kirche und Diakonie" des ÖRK in Kreta gehalten mit dem Thema: „Liturgische Diakonie."[13] Seine Ausführungen werden bestimmt vom neutestamentlichen Begriff „Diakonia", der gar nicht umfassend genug gedeutet werden kann. Er meint im Neuen Testament die Aufwartung bei Tisch oder im weiteren Sinne das Sorgen für Verpflegung und den Lebensunterhalt („Jede Dienstleistung, die aus rechter Liebesgesinnung heraus geschieht"[14]) und die Ausübung von bestimmten Diensten in der Gemeinde, z.B. Mission. Papaderos knüpft an das alte Verständnis an, nach dem der orthodoxe Gottesdienst „Sprungbrett für soziale Aktivität"[15] werden sollte. Insbesondere soll das Abendmahl als Vereinigung mit Christus den Grundstein und „a springboard of societal interest and welfare preparing for an eternal fellowship"[16] sein. Von Ion *Bria* aus Rumänien wird der Begriff „The liturgy after the Liturgy"[17] geprägt. Damit wird immer wieder ausgedrückt, daß Liturgie nicht nur kultisch ist, sondern sie sehen Liturgie als eine bestimmte *Lebenshaltung*, „die zwar ihren Ursprung und ihr Zentrum in der eucharistischen Liturgie hat, aber die gesamte Existenz des Menschen umfaßt."[18]

Hauptcharakteristikum der erlebten und verstandenen Liturgie ist ihre Katholizität im Sinne des Hl. Ignatius, für den die „Katholische" Kirche da ist, wo Jesus Christus ist. So formuliert *Papaderos* als Hauptthese seines Referats, und ich würde hinzufügen als Grundidee seiner ganzen Arbeit:

---

[12] Merkblatt zur Arbeit der Akademie von Papaderos 1983, S. 3.
[13] Papaderos, A.: Liturgical Diaconia. In: The Orthodox Approach to Diakonia, Consultation on Church and Service, Crete WCC 1978. Deutsch: Die Liturgische Diakonie, hg. Frauenarbeit in der Prot. Landeskirche der Pfalz, Ottersbach 1979.
[14] Beyer. In: THW, Bd. 2, S. 87.
[15] Nissiotis, aaO., S. 141.
[16] Constantelos, aaO., S. 32.
[17] Bria, I., The liturgy after the Liturgy. In: martyria mission – The witness of the Orthodox Churches today, Geneva WCC 1980, S. 66 ff.
[18] Papaderos, Die Liturgische Diakonie, S. 9.

„Im Rahmen des liturgischen Verständnisses der Kirche von Mensch, Welt und Gesellschaft und Geschichte ist jede Unterscheidung zwischen Vertikalismus und Horizontalismus nicht bloß absurd, sondern geradezu häretisch."[19]

Diese These wendet sich gegen Dualismus, gegen das Splitting in profan und heilig, in geistig und weltlich, in privat und öffentlich. „One cannot separate the true Christian identity from the personal sanctification and love and service to man (1 Peter 1:14-15)."[20] Der Anspruch der Ganzheitlichkeit ist so alt wie das Evangelium, aber bedarf immer wieder neu der Bewußtmachung gegenüber anders lautenden trennenden Tendenzen, die einen Bereich favorisieren. Bereits Basileios der Große berichtet uns von dem Konflikt zwischen den Symbolfiguren Maria und Martha:

„Ein Mönch begegnet einmal dem Abbas Siluanos am Berg Sinai. Und als er die Mönche dort arbeiten sah, sagte er zu dem Alten: ‚Arbeitet nicht für die Speise, die vergänglich ist; denn Maria hat das gute Teil erwählt'. Da sagte der Alte zu seinem Schüler: ‚Zacharia, gib doch diesem Bruder ein Buch und führe ihn in eine Zelle, die sonst gar nichts drin hat'. Als nun die Neunte Stunde kam, ging der Mönch an die Tür heran und wartete, daß jemand ihn zum Essen riefe. Da aber niemand erschien, um ihn einzuladen, ging er zum Alten und sagte zu ihm: ‚Abbas, haben etwa die Brüder heute nicht gegessen?'. Der Alte sagte: ‚Doch!' Er fragte: ‚Warum habt ihr nicht auch mich eingeladen?' Sagte der Alte: ‚Weil du ein geistlicher Mensch bist und solche Nahrung nicht brauchst; wir dagegen, die wir fleischlich sind, wir brauchen Essen, deshalb arbeiten wir. Du aber hast das gute Teil erwählt, indem du den ganzen Tag dem Lesen widmest und keine fleischliche Nahrung zu dir nehmen willst.' Als er dies hörte, beugte er sich nieder und sagte: ‚Verzeih mir, Abbas'. Sagt ihm der Alte: ‚Jedenfalls auch Maria braucht die Martha'; denn auch Martha trägt dazu bei, daß Maria verherrlicht wird!"[21]

Letztendlich hat sich die Orthodoxie in Kreta auf den Weg gemacht, die innere Einheit von Liturgie, Mission (nicht im Sinne von Proselytismus, sondern im Sinne der Missionierung der bereits Getauften), Zeugnis und „liturgischer Diakonie" wiederzuentdecken.[22]

---

[19] Ebd.,
[20] Bria, aaO., S. 70.
[21] Basileios d. Gr.: PG 29. Auch zitiert bei Papaderos, Die Liturgische Diakonie, S. 20.
[22] Vgl. Bria, aaO., S. 71, spricht von „social diaconia".

III. Mikrodiakonia und Makrodiakonia

Um die vielfältigen Bereiche von Diakonie besser zu unterscheiden, führt *Papaderos* folgende Unterscheidung ein:
1. *mikrodimensionale = therapeutische Diakonie*
2. *makrodimensionale = prophylaktische Diakonie*

Unter *mikrodimensionaler* Diakonie versteht er die „unmittelbare Bewältigung konkreten Elends."[23] In den orthodoxen Kirchen gibt es eine lange Tradition von Mikrodiakonie, die aber nur in den wenigsten Fällen umfassend organisiert ist. Bereits in byzantinischer Zeit finden wir Krankenhäuser, xenones, gerocomeia (Altenheime), ptocheia (Armenhäuser), Waisenhäuser und Blindenheime.[24] Dies hat sich bis auf den heutigen Tag fortgesetzt, besonders von den Klöstern getragen. Griechenland hat auf diesem Gebiet eine riesige Anzahl von Einrichtungen vorzuweisen, viele davon als fromme Stiftungen in kleinerem Umfang.[25] In Amerika gibt es orthodoxe Altersheime, die dem dortigen Bedarf entsprechen[26], die koptische Kirche ist ähnlich wie die Orthodoxe Akademie Kretas und die Ortskirche im Entwicklungsbereich tätig, unterhält Ausbildungszentren handwerklicher Art für arbeitslose Jugendliche ebenso wie Kindergärten und Heime für uneheliche Mütter.[27] Alle solche Bemühungen sind richtig und förderungswürdig. Besonders bedürfen sie in den jeweiligen Ländern einer größeren Organisation, so daß sie von den Zufälligkeiten wie Schenkungen weniger abhängig sind. Leider sind diese zahlreichen Aktivitäten bei den nicht-orthodoxen Christen kaum bekannt.[28]

Viel wichtiger als die mikrodimensionale Diakonie ist für Papaderos die *makrodimensionale* Diakonie, die er als „bewußte Beteiligung der Kirche am Prozeß der heute notwendigen soziokulturellen und politi-

---

[23] Papaderos, A., Die Konvergenztexte von Lima über Taufe, Eucharistie und Amt, S. 319.

[24] Vgl. die ausführliche Darstellung bei Constantelos, D.: Byzantine Philantropy and Social Welfare, New Brunswick, New Jersey 1968. Der auf dem Symposium anwesende Prof. Constantelos machte mich freundlicherweise auf die 2. Aufl. seines Werkes aufmerksam und auf Constantelos, D.J.: Poverty, Society & Philanthropy in the Late Mediaeval Greek World

[25] Vgl. Constantelos D.J., Theological Considerations ..., S. 40ff.

[26] Couchell, J., Orthodox Diaconia in North America. In: The Orthodox Approach to Diaconia, Geneva WCC 1978, S. 53ff.

[27] Athanasios, Bishop, Diaconia in the Coptic Church. In: Ebd., S. 53ff.

[28] So spricht der Artikel „Diakonie" in der TRE, Bd. VIII, der einen Umfang von 62 Seiten hat auf einer Seite, S. 664 in 25 Zeilen über die Diakonie der orthodoxen Kirchen, den Neuansätzen in Griechenland werden 6 Zeilen gewidmet, die Arbeit auf Kreta bleibt unerwähnt.

schen Veränderungen" versteht.[29] Der makrodimensionalen Diakonie mißt er „absolute Priorität"[30] bei. Acht Jahre später (1986) geht er sogar so weit, die Hoffnung zu äußern, daß auf Dauer gesehen die Makrodiakonie die Mikrodiakonie überflüssig werden läßt. Hier bringt sich *Papaderos* in den konziliaren Prozeß ein, wenn er fordert:

> „Macrodiakonia thus means conscious commitment to bringing about the kind of changes that will guarantee peace, promote justice, bring liberation, effectively fight against want and suffering, safeguard the dignity and rights of the human person and preserve the integrity of creation."[31]

Ausblick

Die Arbeit der Orthodoxen Akademie und der Orthodoxen Kirche in Kreta und ihre theologische Einbettung ist mindestens für zwei Adressatengruppen hier von großer Relevanz, ja kann sogar zum Modellfall werden:

1. In Ländern, in denen es die politischen Verhältnisse bisher nicht gestatteten, liturgische Diakonie in größerem Rahmen zu üben, sei es mikro oder makro, muß jetzt überlegt werden, wieviel Personal und Ressourcen dafür zur Verfügung stehen, welche Bereiche am dringlichsten sind und wie es zu einer möglichst großen Laienbeteiligung kommt.

2. In einigen Kirchen, z. B. in der BRD, in der das staatliche Subsidiaritätsprinzip den Kirchen und freien Wohlfahrtsverbänden einen großen Spielraum zum Engagement eröffnet, ist besonders die Mikrodiakonie weitgehend aus den Gemeinden ausgegliedert und in spezielle Dienste verwiesen worden, und die Makrodiakonie wird verhältnismäßig wenigen engagierten Gruppen überlassen. Im Prozeß des ökumenischen Lernens wird hier die liturgische Komponente und die Verbindung zum Abendmahl wichtig.

> „Christian diaconia flows from the divine liturgy ... Each local celebration of the Eucharist is complete and universal, involving the whole of creation and is offered for the material and spiritual needs of the whole world."[32]

---

[29] Papaderos, Die Konvergenztexte von Lima ..., S. 319.

[30] Papaderos, Die liturgische Diakonie, S. 29.

[31] Papaderos, Our Ecumenical Diakonia – Both Large and Small. In: Hope in the Desert, hg. Slack, K. Geneva WCC 1986, S. 101.

[32] An Orthodox Approach to Diaconia, Consultation on Church and Service, WCC Geneva 1978, S. 9.

Diakonie darf sich nicht auf das Spenden beschränken, sondern sie muß Ausfluß der Liturgie im Sinne einer *Lebenshaltung* sein, in deren Mitte das Abendmahl steht. Diese Aspekte bedürfen in den protestantischen Kirchen der Verstärkung durch das Gespräch mit der Orthodoxie, denn auch der konziliare Prozeß, die Makrodiakonie, die die Mikrodiakonie überflüssig machen soll, muß zur Liturgie, zur Lebenshaltung werden.

Das Verhältnis von Mikro- und Makrodiakonie spiegelt sich in dem Bild von Dietrich *Bonhoeffer* wider, der es als Aufgabe sieht, „nicht nur die Opfer unter dem Rad zu verbinden, sondern dem Rad selbst in die Speichen zu fallen."[33]

---

[33] Bonhoeffer, D. Gesammelte Werke, Bd. 2, München, S. 48.

Dieter Voll, Neuendettelsau

Rezension. Der Gottesdienst und sein Bedarf an Öffentlichkeit

Joseph Drexel, ein namhafter Nachkriegspublizist, war Herausgeber der „Nürnberger Nachrichten". Einmal habe ich ihn gefragt: „Wie ist das, wenn Sie in Ihrer Zeitung über Gottesdienste berichten?" „Schwierig", sagte er, „da lassen wir die Finger weg und machen nur das Nötigste." Ich hatte nicht den Eindruck eines publizistischen Tabus. Das gestörte Verhältnis des öffentlichen Gottesdiensts zur Öffentlichkeit war berührt. Von dieser Störung können wir ausgehen. Woher kommt sie, und was kann man tun?

„Kirche und Öffentlichkeit" ist ein Thema, „Gottesdienst und Öffentlichkeit" kaum. Dabei gilt als Regel für den Gottesdienst, daß man ihn öffentlich vollzieht. Er wird als „Cultus publicus" beschrieben. Geschlossene Gottesdienste hielt ich deshalb lang für unerlaubt. Aber mit den Jahren verlor sich das schlechte Gewissen. Heute möchte ich die Möglichkeiten eines Gruppengottesdiensts nicht mehr missen. Die theologische Frage liegt schlampig herum. Wir sollten sie nicht einfach liegen lassen.

Bischof Hermann Dietzfelbinger hat öfter gesagt: „Wenn Sie wissen wollen, ob ein Begriff theologisch taugt, dann versuchen Sie, ihn ins neutestamentliche Griechisch zu übersetzen." Wie heißt „öffentlicher Gottesdienst" im neutestamentlichen Griechisch? Die Experten winken ab. Zwar hat Paulus „verkündigt und gelehrt öffentlich und in den Häusern."[1] Aber das tat er als Missionar. Öffentliche Gottesdienste hat es in neutestamentlicher Zeit nicht gegeben und erst recht nicht in der Zeit der Verfolgung.

Natürlich gab es Gottesdienste. Heiden durften hinein. Aber dann beim Abendmahl schickte man sogar die Taufbewerber weg. Die Gemeinde wurde exklusiv: „Das Heilige den Heiligen!" Im orthodoxen Gottesdienst klingt das frühkirchliche Arkanum nach beim Ruf: „Die Türen, die Türen!" Keine Kirche würde die Austeilung des Abendmahls als öffentlich bezeichnen. Die offene Kommunion war dem Protestantismus nicht an der Wiege gesungen. Das klingt nur heute so, in der ambivalenten Kritik protestantischer Kirchenvertreter gegenüber der römischen Reserve am Altar.

---

[1] Apg 20,20

Seit dem Entstehen der Reichskirche partizipiert der Gottesdienst am feudalistischen Verständnis von Öffentlichkeit als Raum einer umfassenden Kontrolle. Der „Cultus publicus" taucht auf als juristischer und politischer Begriff. Der Kirchgang wird geboten, der Sakramentsempfang gezählt. Wer nie kommuniziert oder zu oft, könnte Ketzer und gefährlich sein.

1526 erschien Luthers Schrift „Deutsche Messe und Ordnung des Gottesdiensts". Hier erwähnt der Reformator seinen Wunsch nach einer bruderschaftlichen Zweitform des Gottesdiensts für „diejenigen, die mit Ernst Christen wollen sein."[2] Die tragen sich ein und treffen sich in Häusern zu Gottesdiensten ohne Öffentlichkeit. Leider, klagte Luther, fehlten die richtigen Leute dafür. In vorauseilendem Gehorsam begrub er seinen Traum. Für die Obrigkeit waren unkontrollierbare Gottesdienste ein Sicherheitsrisiko. Verbote folgten und 400 Jahre Revolutionsprophylaxe. So lange hielt der Schock des Bauernaufstands vor. Noch Wilhelm Löhe übertrat im 19. Jahrhundert mit seinen Bibelstunden bewußt die Konventikelgesetze.

Kontrollieren und Kontrollierenlassen charakterisieren die Öffentlichkeit des Gottesdiensts im Feudalismus – und anderswo. Letzten August (1989) habe ich im Dom zu Schwerin eine Trauung gehalten. Im Januar tauchte der Film darüber auf, bei der Stasi. Nach wie vor spielen Überwachungsphantasien eine Rolle für den Gottesdienst. Sie erschweren beispielsweise die Einführung von mehr Sakramentsgottesdiensten. Schier nostalgische Vorstellungen von sozialer Kontrolle begleiten latent den Gottesdienstbesuch: „Mich sehen Sie ja selten in der Kirche, Herr Pastor!"

Gruppengottesdienste haben Zukunft. Sie ermöglichen, was viele mögen: religiöse Erfahrung unter Ausschluß der Öffentlichkeit. Die anderen Gottesdienste werden bleiben und als öffentlich gelten. Was heißt das nach dem Ende des aufsichtsorientierten Öffentlichkeitsbegriffs? Keine Kontrolle ist noch kein Konzept. Werbende Worte und offene Türen stellen keine Öffentlichkeit her. In den modernen Demokratien ist die Öffentlichkeit der Raum der Meinungsbildung. Öffentlich heißt öffentlich erörtert. Dieser Öffentlichkeitsbegriff schließt öffentliche Rede und Gegenrede ein. Nicht daß die Anfangszeiten dankenswerterweise in der Zeitung stehen, macht die Gottesdienste öffentlich, sondern daß und ob die Presse sie für rezensionsgeeignet hält. Nicht schon die freundliche Überlassung von Sendezeiten gibt den

---

[2] Martin Luther, Ausgewählte Werke, hg. v. H. H. Borcherdt und G. Merz, 3. Bd., München 1950, S. 130

Gottesdiensten Öffentlichkeitsqualität. Die Medien müßten sie auch diskutieren wollen. Das allgemeine Interesse müßte ihnen blühen.

Es blüht aber nicht. Vieles, was die Kirche tut und läßt, kommt ins publizistische Gerede. Der Gottesdienst, die „zentrale Lebensäußerung", bleibt ohne Resonanz. Nur mäßig lockt die offene Kirchentür. Aber den Öffentlichkeitsverlust des Gottesdienstes besiegelt und besorgt das Schweigen der Medien.

Kein Bereich des öffentlichen Lebens steht jenseits der Kritik. Film und Bühne, Buch, Konzert, Fernseh-, Rundfunksendung, Ausstellung und Tagung, Neugebautes, Restauriertes – öffentlich ist, was öffentlich besprochen wird. Nicht eine schlechte Kritik ist die Katastrophe, sondern keine. Besprechungen intonieren die Meinungsbildung und stellen Öffentlichkeit her. Man überläßt sie Leuten, die etwas davon verstehen. Die hohe Kunst des Rezensierens erwächst aus einer perspektivenreichen Bildung, ein charismatischer Beruf, breit gefächert und mit prominenten Namen. Dem Leser der „Süddeutschen Zeitung" fallen Joachim Kaiser ein und Doris Schmidt.

Keine Kritik ist die Katastrophe. Wie geht die Öffentlichkeit mit den Gottesdiensten um? Schonend und unbeteiligt. Bei besonderen Anlässen bringt die Presse ein paar Sätze aus der Predigt, Pflichtübung wie manches, was der Kirche gilt. Das will nicht übel, aber fühlt sich fremd und kann mißglücken auf rührende Art. Religiöse Gefühle werden respektiert. Der Gottesdienst kann sicher sein vor publizierten Wutausbrüchen. Aber er ist es um den Preis der Bedeutungslosigkeit.

Habe ich je eine Gottesdienst-Rezension gelesen? Allenfalls beim Kirchentag. In Nürnberg gibt es Presseberichte zu den „Evangelischen Kommentaren" von St. Lorenz. Da ist bereits der Gottesdienst ein meinungsbildender Prozeß. Einige wollen sogar wissen, ob das noch Gottesdienste sind. Regelrechter Rezensionen erfreut sich die Kirchenmusik. Da wird oft auch der Hauch von Kultus kommentiert, der über kirchlichen Konzerten liegt.

Meinungsbildung motiviert zum Mitmachen. Aber die Öffentlichkeit bildet sich über den Gottesdienst keine Meinung. Es bleibt bei dieser interesselosen Rücksichtnahme. Ein Pfarrer wird das anders deuten als ein Journalist. Ursache und Wirkung sind längst ineinander geflossen und kaum mehr unterscheidbar. Unbewußt werden alte Sätze umgerüstet: „Der geistliche Mensch beurteilt alles und wird von niemandem beurteilt."[3] Steht das „Deus dixit" zur Disposition? Viele Pfarrer leiden unter dem geringen Gottesdienstbesuch. Einst hatten sie sich zugetraut, den Trend zu stoppen. Sie drängen nicht auf Rezensionen. Manche

---

[3] 1. Kor 2,15

fühlen sich schon angegriffen, noch bevor jemand was sagt. Da ist der Schutz der Heiligkeit von Wort und Sakrament gelegentlich schon etwas wert. Das gibt den Gruppengottesdiensten ihren Reiz: Das Risiko von öffentlichen Kommentaren ist gleich Null.

Karl-Alfred Odin, bisher bei der „Frankfurter Allgemeinen Zeitung", eine der Kirche zugewandter Publizist, beschreibt das Phänomen aus anderer Perspektive[4]: „In der Kirche gibt es eine Schwelle, über die der Journalist den Fuß nicht setzen darf. Dort beginnt der geweihte Boden; dort hat, auch in publizistischen Sachen, das Wort des jüngsten Vikars größeres Gewicht als das des erfahrenen Journalisten."[5] „Diese Kirche ist in ihren eigenen Augen nicht öffentlich, sondern geheim – wie ein abgedunkeltes Schiff, das sich im Dämmerlicht an der Küstenwache vorbeischleichen will."[6] Die evangelische Kirche „ist voll Mißtrauen gegen eine aus der Kirchenmitgliedschaft, aus den Kirchensteuern, aus der guten Sitte laufende Öffentlichkeit. Kein Wunder, daß ihr Verhältnis zum Sprachrohr der Öffentlichkeit, den Zeitungen, Schaden genommen hat."[7]

Vielleicht ist nicht mehr viel zu ändern. Die alten Öffentlichkeitsmuster halten durch. Sie boten Kontrolle, aber auch Schutz. Dann bliebe es beim schwachen Trost der Werbung und der Sendezeiten. Wenn jedoch der Gottesdienst Öffentlichkeit haben soll, mit allen Konsequenzen, dann nur um den Preis der öffentlichen Rezension. Sich darauf einzulassen, könnte Wunder wirken.

Es sind noch keine Wunder abzusehen. Mit eigenen Leuten wird es nicht gelingen. Im Kontext von Rivalität ist Gottesdienstkritik nicht zu vermitteln. Gefragt sich Journalisten mit Herz und Nase für den verbesserlichen Gottesdienst, kritische Sympathisanten, keine Feinde. Ihre Distanz darf nicht durch Honorare unterlaufen werden. Sie brauchen Sinn für Exotisches, Eros für Liturgik und Leidenschaft für den Primat der Beziehungen. Ich wünschte sie mir fasziniert vom Abenteuer, die letzte vordemokratische Enklave kulturellen Lebens der modernen Öffentlichkeit zu erschließen.

Solche Journalisten bräuchten Frustrationstoleranz und sollten wissen, daß es Jahre dauert, bis aus Informationen und Erfahrung Kompetenz entsteht. Ihre Themen lägen einmal auf der Sachebene, z. B. beim Problem der gottesdienstlichen Regie. Kaum ein größerer Einführungsgottesdienst, der da nicht aus dem Ruder liefe. Und die Themen lägen

---

[4] Karl-Alfred Odin, Kirche–Presse–Publikum. Wider die Angst der Kirche vor dem vernehmbaren Wort. München 1978.
[5] aaO S. 44
[6] aaO S. 44
[7] aaO S. 45

auf der Beziehungsebene. Der Rezensent wäre Anwalt der Kommunikation, d.h., der Würde der Besucher. Das meint den Umgang mit der Zeit und meint die Predigt, deren Monopol den Kanzelmißbrauch provoziert. Solche öffentliche Rezensionen wären ein Signal. Denn viele sehnen sich nach einem Gottesdienst des Atemholens, sind aber nicht bereit, Platzanweisungen in Kauf zu nehmen.

Wie käme das in Gang, und gibt es Namen? Mit Walter Jens greife ich hoch, aber das wäre ein Typ. Hinter dem „Streiflicht" der „Süddeutschen Zeitung" verbergen sich Talente, denen interessante Gottesdienst-Rezensionen zuzutrauen wären. Ich denke nur ans Streiflicht neulich über die Maiandacht.[8] Sicher gibt es mehr geeignete Kräfte fürs neue Metier. Wenn sie die Kirche als „zugängliche, verlockende Institution"[9] erleben, machen sie mit. Wenn Pfarrer/innen ihnen nicht nur mit Beschwerden und Forderungen kommen, beantworten sie Zuwendung mit Partnerschaft.

Journalisten beurteilen die Kirche nach ihrer Akzeptanz. Odin schreibt: „Der Journalist merkt kaum, daß die Kirche ihn einbezieht als Gemeinschaft der Glaubenden, die in der Verkündigung Leben gewinnt und in der Teilnahme aller in Erscheinung tritt, Journalisten eingeschlossen."[10] Er resümiert: „Das Kreuz der Kirche mit der Presse wird an dem Tag verschwinden, an dem Kirchenleute sich entschließen, vom geweihten Zufluchtsort zurück in die Öffentlichkeit zu treten und in den normalen Einwohnern wie in den Journalisten Mitarbeiter zu sehen. Das Kreuz mit der Presse ist das Kreuz mit dem Allgemeinen Priestertum der Gläubigen."[11] Als Aufforderung zum Dilettieren war das Allgemeine Priestertum schon immer mißverstanden. Es stellt im Gegenteil die Frage nach der Kompetenz und führt sie über das geistliche Amt hinaus.

Zum Gottesdienst gehören Wort und Sakrament. Um gesegnet zu sein, bedarf er der Öffentlichkeit nicht. Allerdings, das Neue Testament versteht die Öffentlichkeit als den Raum der Mission. Wenn der Gottesdienst sie durchweg meidet, meldet er sich missionarisch ab. Ohne die anstrengende Ehre des öffentlichen Pro und Contra verliert der Gottesdienst die Welt. Der Geist weht, wo er will. Diese Wahrheit hat uns noch nie vom Nachdenken befreit. Aber sie steht für Leichtigkeit, für Offenheit und für Humor – drei Voraussetzungen für eine neue Kultur der Gottesdienst-Rezension.

---

[8] „Süddeutsche Zeitung" vom 2.5.90
[9] Odin, aaO S.46
[10] aaO S.52
[11] aaO S.52

Verzeichnis der Autoren und Teilnehmer am Symposion

Pastorin Dr. Ruth Albrecht
   Nordelbische Evangelisch-Lutherische Kirche, Hamburg
Professor Dr. Anatolij A. Alekseev
   Institut für Russische Literatur der Akademie der Wissenschaften der UdSSR, Leningrad, UdSSR
Lic. phil. Zoran M. Andrić
   München
Erzdiakon Valentin Asmus
   Moskauer Geistliche Akademie, Zagorsk, UdSSR
Metropolit Augoustinos
   Griechisch-Orthodoxe Metropolie von Deutschland, Exarchat von Zentral-Europa, Bonn
Professor Dr. Sergej S. Averincev
   Institut für Weltliteratur der Akademie der Wissenschaften der UdSSR, Moskau, UdSSR
Professor Stephen K. Batalden
   Arizona State University, Tempe, USA
Martin Batisweiler M.A.
   Feuchtwangen
Elisabeth Behr-Sigel
   Theologin, Paris, Frankreich
Alexandra Benckendorff
   Dolmetscherin, London, Großbritannien
Propst Peter Berry M.A.
   Church of England, Birmingham, Großbritannien
Professor Dr. Wolfgang A. Bienert
   Fachbereich Evang. Theologie der Universität Marburg, Marburg
Dr. Karl-Heinrich Bieritz
   Hochschullehrer, Berlin
Gusztáv Bölcskei
   Reformierte Akademie Debrecen, Debrecen, Ungarn
Professor Dr. Demetrios J. Constantelos
   Stockton State College, Pomona N.Y., USA
Valerij A. Čukalov
   Kirchliches Außenamt der Russischen Orthodoxen Kirche, Moskau, UdSSR

ERZPRIESTER VLADISLAV CYPIN
   Moskauer Geistliche Akademie, Zagorsk, UdSSR
PRIESTER BORIS DANILENKO
   Synodalbibliothek des Moskauer Patriarchats der Russischen Orthodoxen Kirche, Moskau, UdSSR
ERZBISCHOF ALEKSANDR DIMITROV
   Rektor der Moskauer Geistlichen Akademie, Zagorsk, UdSSR
PROFESSOR DR. HANS-DIETER DÖPMANN
   Sektion Theologie an der Humboldt-Universität, Berlin
PATER JOHANNES DÜSING
   Jerusalem, Israel
PRIESTERMÖNCH IOANN ĖKONOMCEV
   Kirchliches Außenamt der Russischen Orthodoxen Kirche, Moskau, UdSSR
DIETER FAHL
   Student, cand. theol., München
PROFESSOR DR. KARL CHRISTIAN FELMY
   Lehrstuhl für Geschichte und Theologie des christlichen Ostens der Universität Erlangen-Nürnberg, Erlangen
ERZPRIESTER VLADIMIR FEDOROV
   Geistliche Akademie Leningrad, Leningrad, UdSSR
PROFESSOR DR. PAVEL V. FLORENSKIJ
   Moskovskij Institut Nefti i Gaza im. Gubkina, Moskau, UdSSR
PASTORIN DR. KÄTE GAEDE
   Evangelische Kirche von Berlin-Brandenburg, Berlin
OL'GA VASIL'EVNA GANABA
   Dolmetscherin, Moskau, UdSSR
PROFESSOR DR. GÜNTHER GASSMANN
   Ökumenischer Rat der Kirchen (ÖRK), Genf, Schweiz
HACIK GAZER
   Student, Armenische Apostolische Kirche, Tübingen
PFARRER DR. MARTIN GEORGE
   Theologische Fakultät der Universität Erlangen-Nürnberg, Erlangen
PROFESSOR DR. CHRISTOF GESTRICH
   Kirchliche Hochschule Berlin, Berlin
PROFESSOR DR. HERMANN GOLTZ
   Konferenz Europäischer Kirchen (KEK), Genf, Schweiz
PROFESSOR DR. FRIEDRICH WILHELM GRAF
   Philosophische Fakultät der Universität Augsburg, Augsburg
ELAINE GRIFFITHS
   Dolmetscherin, Heidelberg

Dr. Jerzy Gryniakow
 Rektor der Christlichen Theologischen Akademie, Warschau, Polen
Kirchenrat Eugen Hämmerle
 Konfessionskundliches Institut des Evangelischen Bundes, Bensheim
Dr. Hans-Joachim Härtel
 Wiss. Angestellter, München
Pater Dr. Angelus A. Häußling OSB
 Abt Herwegen Institut, Abtei Maria Laach, Maria Laach
Pastor Dr. Károly Hafenscher
 Lutherische Kirche in Ungarn, Budapest, Ungarn
Udo Hahn
 Redaktion „Rheinischer Merkur Christ und Welt", Bonn
Archimandrit Dr. Joseph Hajjar
 Griechisch-Katholisches Patriarchat Damaskus, Syrien
Professor Dr. Adolf Hampel
 Fachbereich Kath. Theologie der Universität Gießen, Hungen
Erzpriester Sergius Heitz
 Orthodoxes Erzbistum von Westeuropa, Düsseldorf
Präsident Dr. Heinz-Joachim Held
 Kirchenamt der Evangelischen Kirche in Deutschland (EKD), Hannover
Dr. Wolfgang Heller
 Seminar für Osteuropäische Geschichte der Universität Heidelberg, Heidelberg
Pastor Hans-Volker Herntrich
 Redaktion „Lutherische Monatshefte", Hannover
Professor Dr. Friedrich Heyer
 Theologische Fakultät der Universität Heidelberg, Heidelberg
Professor Dr. Wacław Hryniewicz OMI
 Universität Lublin, Lublin, Polen
Erzpriester Vladimir V. Ivanov
 Redaktion „Stimme der Orthodoxie", Berlin
Archimandrit Iannuarij Ivliev
 Geistliche Akademie Leningrad, Leningrad, UdSSR
Chefredakteur Hans Norbert Janowski
 Redaktion „Evangelische Kommentare", Stuttgart
Professor Dr. Viorel Joniță
 Theologisches Institut der Rumänischen Orthodoxen Kirche, Bukarest, Rumänien
Metropolit D. Irinej von Wien und Österreich
 Moskauer Patriarchat der Russischen Orthodoxen Kirche, München

DIAKON FRIEDER KÄB
    Evangelisch-Lutherische Kirche in Bayern, Altdorf/Nbg.
DR. SABINE KÄHLER
    Institut für Literaturgeschichte der Akademie der Wissenschaften, Berlin
BISCHOF HARALD KALNIŅŠ
    Deutsche Lutherische Kirche in der Sovetunion, Riga, Lett. SSR
PFARRER DR. HANNU T. KAMPPURI
    Evangelisch-Lutherische Kirche Finnlands, Helsinki, Finnland
DIAKON DR. GEORG KOBRO
    Dolmetscher, Penzing-Untermühlhausen
DR. FRIEDERIKE KÖCKERT
    Sektion Theologie der Universität Halle, Halle/S.
PROFESSOR DR. TOTJU P. KOEV
    Geistliche Akademie der Bulgarischen Orthodoxen Kirche, Sofia, Bulgarien
PROFESSOR DR. CHRYSOSTOMOS KONSTANTINIDIS
    Metropolit von Myra, Ökumenisches Patriarchat von Konstantinopel, Istanbul, Türkei
PROFESSOR DR. GEORG KRETSCHMAR
    Evangelisch-Theologische Fakultät der Universität München, Ottobrunn b. München
BISCHOF DR. MARTIN KRUSE
    Rat der Evangelischen Kirche in Deutschland (EKD), Berlin
PASTOR DR. CHRISTOPH KÜNKEL
    Eschede
PASTOR DR. INGOR LEMBKE
    Nordelbische Evangelisch-Lutherische Kirche, Hamburg
PROFESSORIN DR. FAIRY V. LILIENFELD
    Theologische Fakultät der Universität Erlangen-Nürnberg, Hemhofen b. Erlangen
PASTORIN GUDRUN LÖWNER
    Info-Zentrum Dritte Welt, Herne
PFARRER GÜNTER MÄDER
    Evangelisch-Lutherische Kirche in Bayern, München
PROFESSOR DR. GEORG MANTZARIDIS
    Theologische Fakultät der Universität Thessaloniki, Saloniki, Griechenland
ERZPRIESTER ALEKSANDR MEŃ
    Redaktion Inostrannaja Literatura, Moskau, UdSSR
GENERALSEKRETÄR DR. SIEGFRIED MEURER
    Deutsche Bibelstiftung, Stuttgart

LILO MEYER-BEHRENS
    Dolmetscherin, München
DR. VIGGO MORTENSEN
    Theologische Fakultät der Universität Aarhus, Aarhus, Dänemark
PROFESSOR DR. PETER NEUNER
    Katholisch-Theologische Fakultät der Universität München, München
ARCHIMANDRIT DR. AUGUSTIN NIKITIN
    Geistliche Akademie Leningrad, Leningrad, UdSSR
PROFESSOR DR. DR. THEODOR NIKOLAOU
    Institut für Orthodoxe Theologie der Universität München, Ottobrunn b. München
PROFESSOR PEDER NØRGAARD-HØYEN
    Nivaa, Dänemark
PROF. DR. DR. KURT NOWAK
    Sektion Theologie der Universität Leipzig, Leipzig
PFARRER DR. HEINZ OHME
    Studienkolleg für orthodoxe Stipendiaten der Evangelischen Kirche in Deutschland EKD, Erlangen
PROFESSOR DR. DUŠAN ONDREJOVIČ
    Theologische Fakultät der Universität Bratislava, Bratislava, ČSFR
DR. JULIA OSWALT
    Historisches Seminar der Universität Frankfurt, Frankfurt/Main
DR. DAMASKINOS PAPANDREOU D. D.
    Metropolit der Schweiz, Centre Orthodoxe du Patriarcat Œcuménique, Chambésy, Schweiz
PROPST DR. TOOMAS PAUL
    Evangelisch-Lutherische Kirche von Estland, Tallinn, Est. SSR
ABT INNOKENTIJ PAVLOV
    Synodalbibliothek des Moskauer Patriarchats der Russischen Orthodoxen Kirche, Moskau, UdSSR
METROPOLIT PITIRIM VON VOLOKOLAMSK UND JUŔEV
    Verlag des Moskauer Patriarchats der Russischen Orthodoxen Kirche, Moskau, UdSSR
DOZENT DR. PETER PLANK
    Institut für Theologie und Geschichte des christlichen Ostens der Universität Würzburg, Würzburg
PASTORIN KATHARINA PLEHN
    Evangelische Kirche in Berlin-Brandenburg, Berlin
PROFESSOR DR. GERHARD PODSKALSKY SJ
    Hochschule St. Georgen, Frankfurt/Main

Dr. Fëdor B. Poljakov
  Philosophische Fakultät der Universität Köln, Köln
Professor Dr. Walter H. Principe CSB
  Pontifical Institute of Mediaeval Studies, Toronto/Ontario, Kanada
Kirchenrat Edmund Ratz
  Deutsches Nationalkomitee des Lutherischen Weltbundes (DNK), Stuttgart
Professor Boris V. Raušenbach
  International Foundation, Akademie der Wissenschaften, Moskau, UdSSR
Professor Dr. Trutz Rendtorff
  Evangelisch-Theologische Fakultät der Universität München, München
Professor Dr. Adolf Martin Ritter
  Theologische Fakultät der Universität Heidelberg, Heidelberg
Pfarrer Claus-Jürgen Roepke
  Direktor der Evangelischen Akademie Tutzing, Tutzing
Gerhard Ruis
  Studio Salzburg des Österreichischen Rundfunks, Salzburg, Österreich
Priester Dmitrij Samadbegišvili
  Georgische Orthodoxe Kirche, Georg. SSR
Pfarrer Dr. Rolf Schieder
  Augustana Hochschule, Neuendettelsau
Erzpriester Professor Nikolaj Šivarov
  Geistliche Akademie der Bulgarischen Orthodoxen Kirche, Sofia, Bulgarien
Professor Dr. Hans-Christoph Schmidt-Lauber
  Evangelisch-Theologische Fakultät der Universität Wien, Wien, Österreich
Professor Dr. Günther Schulz
  Kirchliche Hochschule, Naumburg
Oberkirchenrat Klaus Schwarz
  Kirchenamt der Evangelischen Kirche in Deutschland (EKD), Hannover
Chefredakteur Dr. David Seeber
  Redaktion „Herder Korrespondenz", Freiburg i. Br.
Professor Dr. Martin Seils
  Sektion Theologie der Universität Jena, Jena
Dozent Dr. Wanis A. Semaan
  Nationale Evangelische Synode von Syrien und Libanon, Beirut, Libanon

PFARRER MAX SEUFFERLEIN
 Evangelische Jugendsozialarbeit in Bayern, München
NADJA SIMON
 Dolmetscherin, Pulheim
PATER DR. T. ALLAN SMITH CSB
 Pontifical Institute of Mediaeval Studies, Toronto/Ontario, Kanada
DIREKTOR DR. ROMAN SOLCHANYK
 Radio Free Europe, München
PROFESSOR DR. WALTER SPARN
 Kulturwissenschaftliche Fakultät (Ev. Theologie) der Universität Bayreuth, Bayreuth
PASTOR SIEGFRIED SPRINGER
 Amt für Gemeindedienst, Hannover
PROFESSOR DR. PETER STEINACKER
 Fachbereich Evangelische Theologie der Universität Marburg, Wuppertal
OBERKIRCHENRAT DR. GERHARD STRAUSS
 Evangelisch-Lutherische Kirche in Bayern, München
DR. GERD STRICKER
 Institut „Glaube in der 2. Welt", Zollikon-Zürich, Schweiz
PROFESSOR DR. ERNST CHR. SUTTNER
 Katholisch-Theologische Fakultät der Universität Wien, Wien, Österreich
PROFESSOR FRANK E. SYSYN
 Ukrainisches Institut der Harvard University, Cambridge, USA
DR. KLAUS TANNER
 Evangelisch-Theologische Fakultät der Universität München, München
PROFESSOR PAUL N. TARAZI
 St. Vladimir's Seminary, Crestwood, NY, USA
PROFESSOR DR. YACOB TESFAI
 Lutherische Kirche von Eritrea, Äthiopien
DIPL.-THEOL. NIKOLAUS THON
 „Hermeneia" Verein zur Förderung der ostkirchlichen Kunst, Bochum
GALINA VLADIMIROVNA TICKAJA
 Dolmetscherin, Moskau, UdSSR
ARCHIMANDRIT IRENÄUS TOTZKE OSB
 Ökumenisches Institut der Benediktinerabtei Niederaltaich, Niederaltaich/Ndb.
PROFESSOR DR. HANS G. ULRICH
 Theologische Fakultät der Universität Erlangen, Erlangen

Professor Dr. Boris A. Uspenskij
 Institut für Weltliteratur der Akademie der Wissenschaften der UdSSR, Moskau, UdSSR
Priestermönch Feodosij Vasnev
 Kirchliches Außenamt der Russischen Orthodoxen Kirche, Moskau, UdSSR
Oberlandeskirchenrat Dieter Vismann
 Evangelisch-Lutherische Landeskirche Hannover, Landeskirchenamt, Hannover
Metropolit Vladimir von Rostov und Novočerkask
 Moskauer Patriarchat der Russischen Orthodoxen Kirche, Moskau, UdSSR
Pfarrer Dr. Dieter Voll
 Neuendettelsau
Pater Dr. Gerhard Voss OSB
 Ökumenisches Institut der Benediktinerabtei Niederaltaich, Niederaltaich/Ndb.
Professor Dr. Jan de Waard
 St. Martin de la Brasque, Frankreich
Professor Rev. Geoffrey Wainwright
 The Divinity School, Duke University, Durham NC, USA
Präsident Dr. Michael Winckler
 Evangelisch-Lutherische Kirche von Schaumburg-Lippe, Bückeburg
Professor Dr. Christos Yannaras
 Pantion University of Social and Political Studies, Nea Smyrni-Athen, Griechenland
Pfarrer Dr. Wieland Zademach
 Arbeitsgemeinschaft Christlicher Kirchen in Bayern (ACK), München
Professor Dr. Johannes D. Zizioulas B.D.
 Metropolit von Pergamon, Ökumenisches Patriarchat von Konstantinopel, Athen, Griechenland

Register

Die Bearbeitung der Register erfolgte durch die Redaktion

1. Personenregister

Abchazen *423, 496*
Abraham (ca 18. Jh. v. Chr.) *480*
Abrecht, Paul (20. Jh.) *377, 384*
Abramov, Fedor Aleksandrovič (*1920) *918f.*
Abramovič, Dmitrij Ivanovič (1873-1955) *763*
Adorno, Theodor W. (1903-1969) *244*
Afanas'ev, Nikolaj N. (1893-1966) *404-406, 431-434, 501, 509*
Afanasij v. Brest († 1648) *623*
Alanen *423*
Albrecht, Ruth (20. Jh.) *9*
Aldobrandini, Ippolito (1592-1638) *522*
Aleksandr (Jaroslavič) Nevskij (ca 1220-1263) *552*
Aleksandr (Pavlovič) I (1777-1825) *589, 764, 825*
Aleksandr (Nikolaevič) II (1818-1881) *589, 768*
Aleksandr (Aleksandrovič) III (1845-1894) *908*
Alexander der Große (336 v. Chr. - 323 v. Chr.) *24, 348, 649*
Alfred der Große (848/9-900/1) *354*
Alivisatos, Hamilkar S. (*1887) *508*
Alkuin (ca 730-804) *714*
Allmen, Jean-Jacques v. (20. Jh.) *124*
Ambrosius v. Mailand (339-397) *141, 288*
Amvrosij Optinskij (1812-1891) *539, 553*
Andreas v. Kreta (ca 660-740) *692*
Andreev, Daniil (1907-1959) *315*
Andrić, Zoran M. (20. Jh.) *9*
Annenkov, Jurij Pavlovič (*1889) *892*
Antonij (Chrapovickij), Erzbischof v. Charkov (1863-1936) *569*

Antonij, Metropolit v. Petersburg *566*
Antonij, Metropolit v. Surož (*1914) *276ff., 282, 286-289, 291*
Araber *102*
Arakčeev, Aleksej Andreevič (1769-1834) *767*
Archontonis, Bartholomaios *509*
Aristides v. Athen (2. Jh.) *928*
Aristoteles (384/3 v. Chr.-322/1 v. Chr.) *301, 354, 705*
Armenier *496*
Arnold, Gottfried (1666-1714) *651*
Arsenij, Erzbischof v. Novgorod *569*
Athanasios (295-373) *289, 393, 927*
Äthiopier *423*
Augustinus, Aurelius (354-430) *20, 37, 82, 84, 94, 365, 522, 923*
Austin, John Langshaw (1911-1960) *774*
Avvakum Petrovič (1620/21-1682) *918*
Azeris *496*

Bach, Johann Sebastian (1685-1750) *719, 821, 866*
Bahro, Rudolf (*1935) *189*
Bakunin, Michail Aleksandrovič (1814-1876) *547*
Balaban, Dionisij († 1663) *631*
Balaban, Gedeon (1530-1607) *526*
Baranovyč, Lazar (1593/1620-1693/4) *633*
Barlaam v. Kalabrien (ca 1290-1350) *258, 713*
Barschel, Uwe (1944-1987) *470*
Barth, Karl (1886-1968) *44, 121, 126, 451*
Basileios der Große (330-379) *20, 37, 484, 655, 708, 953*
Basken *496*

Bazarov, Ioann Ioannovič (1819–1895) *826*
Baženov, Vasilij Ivanovič (1737–1799) *735*
Beard, Charles Austin (1874–1948) *716*
Beauduin OSB, Lambert (1873–1960) *693*
Beckij, Ivan Ivanovič (1704–1795) *743*
Beethoven, Ludwig van (1770–1827) *359, 865*
Bellah, Robert Neelly (*1927) *125, 466f.*
Belonick, Deborah (20. Jh.) *283*
Benedikt XV (1854–1922) *72*
Beneševič, Vladimir Nikolaevič (1874–1943) *569*
Berdjaev, Nikolaj Aleksandrovič (1874–1948) *21, 206, 460, 594*
Berezovskij, Maksim Sozontovič (1745–1777) *866*
Berger, Peter Ludwig (*1929) *119, 265*
Berlioz, Hector (1803–1869) *721, 866*
Berman, Morris *125*
Bevans, Stephen *86*
Bibikov, Dmitrij Gavrilovič (1792–1870) *583*
Bieritz, Karl-Heinrich (20. Jh.) *789*
Birch, Charles *305*
Bismarck, Otto Eduard Leopold v. Schönhausen (1815–1898) *502*
Bloch, Ernst (1885–1977) *295, 300f.*
Blok, Aleksandr Aleksandrovič (1880–1921) *892, 906, 908, 911*
Blumenberg, Hans (*1920) *64*
Bocjurkiv, Bohdan (20. Jh.) *629*
Bogdanov, Aleksandr Aleksandrovič (1873–1928) *547*
Bogoljubov, Konstantin Ioannovič *578*
Bolchovitinov, Evgenij Alekseevič (1767–1837) *627*
Bonhoeffer, Dietrich (1906–1945) *37, 45–48, 51, 122, 255, 956*
Bonifatius (ca 675–754) *346, 484, 714*

Bonifatius VIII (ca 1230–1303) *521*
Boris I v. Bulgarien († 907) *455, 800, 930*
Boris Vladimirovič († 1015) *539*
Borisov, Aleksandr (20. Jh.) *20*
Borovoj, Vitalij (20. Jh.) *624*
Bortnjanskij, Dmitrij Stepanovič (1751–1825) *866*
Bossuet, Jacques-Bénigne (1627–1704) *499*
Boumis, Panagiotis I. *515, 518*
Brenz, Johannes (1499–1571) *818*
Brežnev, Leonid Il'ič (1906–1982) *535, 603, 615*
Bria, Ion (20. Jh.) *952*
Brjančaninov, Ignatij (Dmitrij Aleksandrovič; 1807–1867) *553, 555*
Bruckner, Anton (1824–1896) *867*
Brunner, Peter (1900–1981) *131*
Buber, Martin (1878–1965) *694*
Bucharev, Aleksandr *281*
Bucharin, Nikolaj Ivanovič (1888–1938) *330*
Bulgakov, Sergij Nikolaevič (1871–1944) *21, 326f., 329, 400, 594, 596*
Bulgaren *423, 461*
Bultmann, Rudolf Karl (1884–1976) *37, 120f.*
Buren, Paul M. van *121*
Burhoe, Ralph Wendell (*1911) *180*
Burke, Kenneth (*1897) *126*

Čaadaev, Petr Jakovlevič (1794–1856) *37*
Cajetan de Vio OP, Thomas (1469–1534) *208*
Čajkovskij, Petr Il'ič (1840–1893) *866*
Callistus v. Rom *70*
Calvin, Johannes (1509–1564) *84, 121, 817*
Cameron, Charles (ca 1740–1812) *735*
Cankov, Stefan (20. Jh.) *457, 462*
Čaprygin, Sergej Alekseevič (1869–1942) *335*
Casel OSB, Odo (1886–1948) *142, 784*

Cassirer, Ernst (1874-1945) *786, 818*
Čechen *298*
Celsus *94*
Čevakinskij, Savva Ivanovič (1713-ca 1780) *735*
Chalupka, Samo (1812-1883) *364*
Charlampovič, Konstantin Vasil'evič (1870-1932) *627*
Charles, Prince of Wales (*1948) *130*
Chazaren *423*
Chmel'nickij, Bogdan (ca 1595-1657) *623, 631*
Chomjakov, Aleksej Stepanovič (1804-1860) *21, 42, 111, 290, 564f., 767*
Chruščev, Nikita Sergeevič (1894-1971) *18, 22f., 315, 599, 603*
Chvol'son, Daniil Avramovič (1819-1911) *579-587*
Cicero, Marcus Tullius (106 v. Chr.-43 v. Chr.) *647*
Cimarosa, Domenico (1749-1801) *866*
Clemens VIII (1536-1605) *527f.*
Clemens v. Alexandria *37, 654, 924*
Clemens v. Rom (2. Jh.) *401*
Comenius, Johann Amos (1592-1670) *673*
Comte, Auguste (1798-1857) *238*
Congar, Yves (*1904) *431*
Cox, Harvey (*1929) *206*
Cranach d. Ä., Lucas (1472-1553) *717*
Cromwell, Oliver (1599-1658) *84*
Cypin, Vladislav (20. Jh.) *564*
Cyprian v. Karthago (200-258) *70, 98, 106, 405, 407, 501, 554*

Darwin, Charles Robert (1809-1882) *179*
David, König (ca 1000 v. Chr.) *704*
Dawson, Christopher (1889-1970) *703, 714, 716f.*
Descartes, René (1596-1650) *21, 135, 204, 295*
Dibelius, Otto (1880-1967) *187*
Dietzfelbinger, Hermann (1908-1984) *957*

Diogenes Laertios (3. Jh.) *648*
Dmitrij (Ivanovič) Donskoj (1350-1389) *552*
Döllinger, Ignaz v. (1799-1890) *661*
Dorošenko, Dmytro (1882-1951) *628*
Dostoevskij, Fedor Michajlovič (1821-1881) *615, 893, 905, 908*
Drexel, Joseph (20. Jh.) *957*
Droysen, Johann Gustav (1808-1884) *650*
Dürer, Albrecht (1471-1528) *718*
Durkheim, Émile (1858-1917) *467*
Durnovo, N. S. *581ff.*

Ebeling, Gerhard (*1912) *773*
Eco, Umberto (*1932) *781*
Edel'štejn, Georgij (20. Jh.) *615*
Egorov, Dmitrij Fedorovič (1869-1931) *333*
Ėjngorn, Vitalij Osipovič (*1862) *627*
Eliade, Mircea (1907-1986) *125, 347, 822*
Eliot, Thomas Stearns (1888-1965) *654*
Elisabeth II v. England (*1926) *130*
Embede *346f.*
Engels, Friedrich (1820-1895) *298, 313, 495*
Ephräm Syrus (ca 306-373) *393, 484*
Eppler, Erhard (*1926) *305*
Erasmus v. Rotterdam, Desiderius (ca 1466-1536) *207*
Erickson, John *292*
Ešliman, Nikolaj (20. Jh.) *26f.*
Eugen IV (ca 1383-1447) *622*
Eusebius v. Caesarea (ca 260-339/340) *293, 494*
Evdokimov, Paul/Pavel (†1975) *281-285*

Fahl, Dieter (20. Jh.) *9*
Fedorov, Nikolaj Fedorovič (1828-1903) *315f., 594*
Fedotov, Georgij Petrovič (1886-1951) *705f., 711f., 723ff., 728, 731*
Felmy, Karl Christian (*1938) *9*

Feofan (Govorov) Zatvornik (1815–1894) *20, 553, 592*
Ferguson, Adam (1723–1816) *229*
Fester, Richard (*1860) *361*
Feuerbach, Ludwig (1804–1872) *136*
Filaret (Drozdov; 1783–1867) *764–768*
Filaret (Denisenko; *1929) *401*
Filosofov, Dmitrij Vladimirovič (1872–1940) *888ff.*
Florenskaja, Anna Michajlovna *336*
Florenskaja, Marija Pavlovna *336*
Florenskaja, Ol'ga Pavlovna *336*
Florenskij, Aleksandr Ivanovič (1850–1908) *319*
Florenskij, Ivan Andreevič (1815–1866) *319*
Florenskij, Michail Pavlovič *336*
Florenskij, Pavel Aleksandrovič (1882–1937) *21, 319–343, 432, 491, 594, 596, 704, 716, 725, 727f., 730, 852, 884, 892, 910*
Florensov, Antonij *320, 323*
Florovskij, Georgij Vasil'evič (1893–1979) *329, 519, 544, 657*
Forck, Gottfried (*1923) *196*
Frank, Simon Ljudvigovič (1877–1950) *21*
Frazer, James George (1854–1941) *702*
Freud, Sigmund (1856–1939) *179, 787*
Friedrich II v. Preußen (1712–1786) *824*
Friedrich Wilhelm I v. Preußen (1688–1740) *824*
Friedrich Wilhelm III v. Preußen (1770–1840) *825*
Fromm, Erich (1900–1980) *305*
Frycz-Modrzewski, Andrzej (1503–1572) *674*

Gadamer, Hans-Georg (*1900) *65, 166f., 777*
Gaede, Käte (20. Jh.) *9*
Gagausen *496*
Galenos, Klaudios (ca 130–ca 200) *928*
Galilei, Galileo (1564–1642) *228, 295*
Galuppi, Baldassare (1706–1785) *866*
Garstecki, Joachim (20. Jh.) *307f.*
Gazer, Hacik (20. Jh.) *9*
Geertz, Clifford James (*1926) *125*
Geiger, Abraham (19. Jh.) *580*
Georgiades, Thrasybolos (1907–1977) *864, 866*
Georgier *496*
Gerhardt, Paul (1600–1676) *719*
Gibran, Gibran Khalil (1883–1931) *686*
Giers [Girs], Aleksandr Karlovič (1815–1880) *583, 585*
Gleb Vladimirovič (†1015) *539*
Glubokovskij, Nikolaj Nikanorovič (1853–1937) *593, 770*
Godard, Jean-Luc (*1930) *869–881*
Godwin, William (1756–1836) *313*
Goecken, Anton Ferdinand (1845–1915) *828*
Goethe, Johann Wolfgang v. (1749–1832) *595, 648*
Gogol', Nikolaj Vasil'evič (1809–1852) *723*
Golicyn, Aleksandr Nikolaevič (1773–1844) *765, 767*
Golubev, Stefan Timofeevič (1849–1920) *627*
Golubcev, Vladimir Vasil'evič (1884–1954) *580*
Gorbačev, Michail Sergeevič (*1931) *27, 195, 345, 609, 611, 613, 615*
Gorbačeva, Raissa (*1932) *613*
Goričeva, Tat'jana Michajlovna (*1947) *615*
Gothen *423*
Graf, Friedrich Wilhelm (*1948) *377*
Graptos, Theodoros (†844) *692*
Graptos, Theophanes (ca 775–854) *692*
Gregor I (ca 540–604) *690*
Gregor XIII (1502–1585) *524*

Gregor v. Nazianz (der „Theologe"; 330-390) *37, 289, 497, 655, 708*
Gregor v. Nyssa (ca 344-394) *925*
Gregorios Palamas (1296-1358) *258, 262*
Griechen *93, 102*
Grot, Johann Christian (1733-1799) *738, 742*
Grundtvig, Nicolai (1783-1872) *42, 181*
Guardini, Romano (1885-1968) *24, 784*
Gumilev, Lev Nikolaevič (*1912) *315, 536*
Guroian, V. *379*

Haeckel, Ernst (1834-1919) *251*
Hagemeister, Michael (20. Jh.) *315*
Haile Selassie I (1892-1975) *394*
Händel, Georg Friedrich (1685-1759) *866*
Harakas, S. S. *379, 383*
Harnack, Adolf v. (1851-1936) *37, 46, 93f., 593, 651f., 655, 841, 860*
Havel, Václav (*1936) *122*
Haydn, Joseph (1732-1809) *865*
Heckel, Johannes (1889-1963) *365*
Hefner, Philip James (*1932) *181*
Hegel, Georg Wilhelm Friedrich (1770-1831) *301*
Heidegger, Martin (1889-1976) *121, 345*
Heinrich VIII v. England (1509-1547) *717*
Heitz, Sergius (20. Jh.) *834*
Heller, Wolfgang (*1952) *9*
Hengel, Martin (*1926) *93*
Henrich, Rolf *58*
Herbigny SJ, Michel d' (20. Jh.) *563*
Herder, Johann Gottfried (1744-1803) *360f., 648, 701f., 712, 714, 721*
Hermlin, Stephan (*1915) *189*
Hitler, Adolf (1889-1945) *316*
Hobbes, Thomas (1588-1679) *204, 229*

Hodža, Michael Miloslav (1811-1870) *364*
Hölderlin, Friedrich (1770-1843) *648*
Hoffman, Gottlieb (19. Jh.) *579*
Holbach, Paul-Henri v. (1723-1789) *229*
Hopko, Thomas (20. Jh.) *283ff.*
Horaz (65 v. Chr.-8 v. Chr.) *651*
Huber, Wolfgang (*1942) *378*
Humboldt, Wilhelm v. (1767-1835) *648, 746*
Hume, David (1711-1776) *229, 243, 249*
Hurban, Jozef Miloslav (1817-1888) *362, 364*
Huxley, Thomas Henry (1825-1895) *206*

Ibsen, Henrik (1828-1906) *902*
Ignatios v. Antiochien († 117) *98, 501, 928*
Innokentij (Veniaminov), Metropolit v. Moskau und Kolomna (1797-1879) *551*
Ioasaf Kuncevič, unierter Erzbischof v. Vitebsk und Polock († 1623) *623*
Iosif Volockij (1439/40-1515/16) *721*
Iov, Patriach v. Moskau und ganz Rußland († 1607) *553, 556*
Irenaeus v. Lyon (ca 140-ca 200) *81, 285, 402, 499, 805*
Irinej, Metropolit v. Wien (20. Jh.) *8*
Isidor († 1462) *621*
Isokrates (436 v. Chr.-338 v. Chr.) *930*
Ivan IV (Vasil'evič) Groznyj (1530-1584) *541, 553*
Ivanov, Vjačeslav (1866-1949) *720, 887, 911*

Jaeger, Werner (1888-1961) *646, 648*
Jakobson, Roman Osipovič (1896-1982) *745*
Jakunin, Gleb (20. Jh.) *21, 26f., 615*
Jammers, Ewald (*1897) *864*
Jarowinsky, Werner (*1927) *187*

Jaspers, Karl (1883-1969) *786*
Jeanne d'Arc (ca 1411-1431) *48*
Jens, Walter (*1923) *961*
Jeremias II, Patriarch v. Konstantinopel (1536-1595) *105, 507*
Jesus v. Nazareth (ca 7 v. Chr.-ca 30) *25, 33, 47, 50, 63, 69f., 73f., 81ff., 85, 88, 93, 122, 124, 128, 131, 133, 142, 282, 303, 352, 391, 400, 412, 422, 453, 457, 493, 682, 698, 797, 869, 924f.*
Jetter, Werner (*1913) *787*
Jockwig, Franz (20. Jh.) *563f.*
Johannes XXIII (1881-1963) *89, 661*
Johannes Chrysostomos (345-407) *20, 294, 454, 592, 655, 703, 705, 707-710*
Johannes Damaskenos (ca 650-ca 750) *685, 691*
Johannes Paul II (*1920) *73, 83, 136, 148, 667*
Joseph II (1741-1790) *203, 361*
Julian (332-363) *928*
Jung, Carl Gustav (1875-1961) *787*
Jüngel, Eberhard (*1934) *126, 179*
Justin der Philosoph (†ca 165) *37, 924f.*
Justinian I (527-565) *690*
Juvenalij, Metropolit v. Kruticy und Kolomna *552, 556, 558*

Kaiser, Joachim (*1928) *959*
Kallis, Anastasios (*1934) *512, 834*
Kamenev, Lev Borisovič (1893-1936) *330*
Kant, Immanuel (1724-1804) *56ff., 204, 227, 242, 268, 295, 322, 355, 360, 363*
Karamzin, Nikolaj Michajlovič (1766-1826) *825*
Karsavin, Lev Platonovič (1882-1952) *594*
Kartašev, Anton Vladimirovič (1875-1960) *538, 540, 548, 563*
Kasimir d. Große v. Polen (1333-1370) *621*

Kasper, Walter (*1933) *665*
Kašpirovskij, Anatolij (20. Jh.) *916-921*
Kastal'skij, Aleksandr (1856-1926) *867*
Katalanen *496*
Kennedy, John Fitzgerald (1917-1963) *466*
Kepler, Johannes (1571-1630) *228, 295*
King, John Glenn *823*
King, Martin Luther jun. (1929-1968) *466*
Kirill Belozerskij (1337-1427) *723*
Kirill (Gundjaev), Erzbischof v. Smolensk (*1946) *761*
Kirill, Metropolit v. Smolensk *306ff., 504*
Kiżka, Jan (†1592) *623*
Kliment (ca 840-916) *486*
Ključevskij, Vasilij Osipovič (1841-1911) *885, 894*
Kobro, Georg (20. Jh.) *9*
Köckert, Friederike (20. Jh.) *9*
Kokorinov, Aleksandr Filippovič (1726-1772) *735*
Kołakowski, Leszek (*1927) *299*
Kollár, Ján (1793-1852) *364*
Kolumbus, Christoph (1451-1506) *43*
Konfuzius/K'ung Fu-tse (551 v. Chr.-479 v. Chr.) *73*
Konstantin (Konstantinovič) II Ostrožskij (1526-1608) *530f., 623*
Kopernikus, Nikolaus (1473-1543) *179, 295*
Kopystyńskyj, Mihail (†1610) *526*
Kosaken *623*
Kostomarov, Nikolaj Ivanovič (1817-1885) *584, 586f.*
Kosiv, Sylvestr (†1657) *630, 632*
Kosmas, Bischof v. Maiuma (8. Jh.) *692*
Košyć, Oleksandr (1875-1944) *626*
Kotsonis, Hieronymos *520*
Kozłowska, Maria Franciszka (1862-1921) *671*

Krafft, Georg Wolfgang (1701-1754) 733
Kretschmar, Georg (*1925) 9, 147, 656
Krimrussen 496
Krimtataren 496
Krotovyč, Kostjatyn (*1872) 626
Kruse, Martin (*1929) 8
Ksenija v. St. Petersburg (1719/32-1794/1806) 553, 555ff.
Kudrjavcev, Petr Pavlovič 574, 711
Künkel, Christoph (20. Jh.) 9
Kujbyšev, Valerian Vladimirovič (1888-1935) 330
Kurbskij, Andrej Michajlovič (1528-1583) 723
Kyrill (826/7-869) 485, 489f., 497, 800
Kyrill v. Alexandrien († 444) 106
Kyrill v. Jerusalem (ca 313-387) 70, 399, 708

Lade, Albert/Serafim (1883-1950) 828
Lavrov, Petr Lavronovič (1823-1900) 547
Lefebvre, Marcel (1905-1991) 856
Leibniz, Gottfried Wilhelm v. (1646-1716) 21, 499
Leich, Werner (*1927) 187, 191
Leitz, Hermann (20. Jh.) 401ff.
Lenin/Ul'janov, Vladimir Il'ič (1870-1924) 214ff., 218, 315, 495, 596
Leo I († 461) 690
Leonard, Jean Leo (20. Jh.) 644
Leont'ev, Konstantin Nikolaevič (1831-1891) 724, 857
Leontovyč, Mykola (1877-1921) 626
Lessing, Gotthold Ephraim (1729-1781) 648
Levison, Vasilij Andreevič 578f., 581, 583, 585ff.
Levyćkyj, Orest (1849-1922) 627
Lichačev, Dmitrij Sergeevič (*1906) 337
Lilienfeld, Fairy v. (*1917) 9f.
Lindbeck, George (20. Jh.) 87, 132
Løgstrup, K. E. 181
Löhe, Wilhelm (1808-1872) 42

Lomonosov, Michail Vasil'evič (1711-1765) 315, 762, 767
Lonergan, Bernard 63, 87
Lønning, P. 502
Losev, Aleksej Fedorovič (1893-1988) 332f., 594, 910
Losskij, Nikolaj Onufrievič (1870-1965) 21, 277, 329
Losskij, Vladimir N. (1903-1958) 291, 329, 657f.
Lotman, Jurij Michajlovič (*1922) 884
Lotoćkyj, Oleksandr (1870-1939) 627, 632
Lunačarskij, Anatolij Vasil'evič (1875-1933) 223, 330, 547, 883
Luther, Martin (1483-1546) 50, 84, 179, 207f., 365f., 490, 717-719, 774, 779, 791, 958
Luzin, Nikolaj Nikolaevič (1883-1950) 333, 335
L'vov, Nikolaj Aleksandrovič (1751-1803) 735
Lypkivśkyj, Vasyl' (1864-1938?) 626

Machovec, Milan (20. Jh.) 299
Mähren 423
Makarij, Bischof v. Možajsk 22
Makarij, Metropolit v. Moskau (1482-1563) 558
Makarios Zaim, Patriarch v. Antiocheia (17. Jh.) 681
Maksim Grek (Michael Trivolis; ca 1470-1556) 48, 553, 555, 557
Malaspina, Germanico († 1604) 526f.
Mal'cev, Aleksij Petrovič (1854-1915) 566, 826ff.
Marcuse, Herbert (1898-1979) 138
Marion, Jean Luc 149
Markos, kopt. Bischof (20. Jh.) 275
Marty, Martin (*1928) 123
Marx, Karl (1818-1883) 271, 298f., 304, 313, 495
Maslov, Michail (*1842) 581, 583
Matteo de Lara, Pietro (1637-1671) 500

Maximos Confessor (580-662) *293*
Maximos, Metropolit v. Sardeis *511, 514*
Mazepa, Ivan (1639-1709) *631*
Mečev, Aleksij (20. Jh.) *325*
Mefodij (Smirnov; 1761-1815) *764*
Mehedinţu, Viorel (20. Jh.) *518f.*
Meinecke, Friedrich (1862-1954) *451*
Melanchthon, Philipp (1497-1560) *207*
Melkiten *689*
Meń, Aleksandr (1935-1990) *17-37, 615, 702, 704*
Mendeleev, Dmitrij Ivanovič (1843-1907) *315*
Mesrop-Maschtotz (†411) *486, 490*
Methodios/Michael (ca 815-885) *51, 485f., 489f., 800*
Mettrie, Julien-Offray de La (1709-1751) *229*
Mexikaner *298*
Meyendorff, John/Jean/Ioann (*1926) *400, 403, 658*
Michael Kerullarios († ca 1058) *692*
Michajlovskij, Nikolaj Konstantinovič (1842-1904) *547*
Minkin, Aleksandr (20. Jh.) *28-31*
Minucius, Felix (2./3. Jh.) *37*
Mogila/Mohyla/Movilă, Petr/Petro (1596-1646/7) *532, 630, 637ff.*
Moldavanen *496*
Moltmann, Jürgen (*1926) *179, 373f.*
Montaigne, Michel-Eyquem de (1533-1592) *229*
Montesquieu, Charles de (1689-1755) *711*
Mozart, Wolfgang Amadeus (1756-1791) *865*
Mstyslav (Skrypnyk), Metropolit v. Philadelphia (*1898) *612, 626*

Napoléon I (Bonaparte; 1769-1821) *825*
Nektarios, Patriarch v. Jerusalem (17. Jh.) *500*
Newbigin, Lesslie *205*

Newman, John Henry (1801-1890) *145*
Newton, Isaac (1643-1727) *228, 295*
Niebuhr, H. Richard (1894-1962) *84, 120*
Nietzsche, Friedrich (1844-1900) *136, 547*
Nikodim (Rotov), Metropolit v. Leningrad und Novgorod (1929-1978) *607*
Nikolaj I (1825-1855) *494, 577, 585, 825*
Nikolaj, Erzbischof v. Japan (1836-1912) *551*
Nikolaj (Jaruševič), Metropolit v. Kruticy und Kolomna (1892-1961) *22*
Nikolaos Kabasilas (ca 1320-ca 1390) *294*
Nikolaus I (858-867) *455*
Nikolaus V (1397-1455) *715*
Nikolaus v. Kues (1401-1464) *594*
Nikon (Nikita Minov), Patriarch v. Moskau und ganz Rußland (1605-1681) *633, 723*
Nil Sorskij (1433-1508) *539, 723*
Nino (4. Jh.) *483*
Nissiotis, N. A. *949*
Nolde, O. Frederick *267*
Norov, Avraam Sergeevič (1795-1869) *580, 585*
Novalis (Friedrich v. Hardenberg; 1772-1801) *41f., 44ff., 49, 51*
Nygren, Anders (*1890) *365*

Odin, Karl-Heinz (20. Jh.) *17, 960*
Ohienko, Ivan (*1882) *627*
Origenes (ca 185-ca 254) *924f.*
Orwell, George (1903-1950) *205*
Oseckij, Oleksandr (1873-1936) *563*
Osseten *496*
Otto, Rudolf (1869-1937) *782*

Paisiello, Giovanni (1740-1816) *866*
Paisios, Patriarch v. Jerusalem (17. Jh.) *631*

Palestrina, Giovanni Pierluigi da (1525-1594) *867*
Pannenberg, Wolfhart (*1928) *179*
Papaderos, Alexandros (20. Jh.) *950-955*
Papandreou, Damaskinos (20. Jh.) *500*
Pascher, Joseph (1893-1979) *784*
Patrick (ca 385-461) *484*
Paul VI (*1897) *73*
Paul v. Aleppo (17. Jh.) *631, 681*
Paulus, Apostel (ca 10-ca 64) *33, 70, 85, 280, 289, 445, 454, 456, 475, 482, 490, 498, 592ff., 683f., 859, 934, 957*
Pavel (Petrovič) I (1754-1801) *741*
Pavlov, Aleksej Petrovič (1854-1929) *314*
Pavskij, Gerasim Petrovič (1787-1863) *577f., 581, 583, 585ff., 767, 769*
Peter (Alekseevič) I, der Große (1672-1725) *6, 218, 499, 542-545, 607, 723, 764, 824*
Petljura, Symon (1879-1926) *627*
Petrarca, Francesco (1304-1374) *713*
Petros III, Patriarch v. Antiocheia (ca 995-1056) *692*
Petrovskij, Aleksandr (19./20. Jh.) *432*
Petrus *70, 74, 108*
Photios, Patriarch v. Byzanz (ca 820-891) *692*
Pimen (Isvekov), Patriarch v. Moskau und ganz Rußland (1910-1990) *23, 27*
Pius II (1458-1464) *715*
Pius VI (1717-1799) *42, 220*
Pius XI (1857-1939) *72f.*
Plank, Peter (*1951) *432*
Plato (428 v. Chr.-347 v. Chr.) *322, 594, 708, 786*
Platonov, Andrej (1899-1951) *314*
Plotin (205-270) *594, 708*
Pobedonoscev, Konstantin Petrovič (1827-1907) *564, 770*
Pociej, Ipatij (1541-1613) *529*
Polisadov, Vasilij Petrovič (†1878) *825*

Polonśka-Vasylenko, Natalja (*1884) *628*
Polanyi, Michael *125*
Polykarp (2. Jh.) *107*
Popiełuszko, Jerzy (20. Jh.) *31*
Popov, Ivan Vasil'evič (†1938) *330*
Porfirij (Uspenskij; 1804-1885) *578*
Possevino SJ, Antonio (1533-1611) *522*
Potebnja, Aleksandr Afanas'evič (1835-1891) *763*
Potemkin, Grigorij Aleksandrovič (1739-1791) *737*
Prenter, Regin (20. Jh.) *179*
Principe csb, Walter (20. Jh.) *7*
Prokopovič (Cerejśkyj), Feofan (Eleazar; 1681-1738) *542, 545*
Protagoras (ca 480 v. Chr.-ca 410 v. Chr.) *930*
Pseudo-Dionysios Areopagita (5./6. Jh.) *412*
Pufendorf, Samuel v. (1632-1694) *229*
Pupinis SJ, Vincenzo/Vikentij (20. Jh.) *886*
Puškin, Aleksandr Sergeevič (1799-1837) *316, 723, 741, 766, 889*

Quarenghi, Giacomo (1744-1817) *735*

Rachmaninov, Sergej Vasil'evič (1873-1943) *867*
Radziwiłł/Radvila, Krzysztof (16. Jh.) *623*
Raevskij, Michail I. (1811-1884) *826*
Rahner SJ, Karl (1904-1984) *87, 785*
Rahoza, Michail (†1599) *528*
Ratzinger, Josef (*1927) *88, 403, 664f.*
Reagan, Ronald (*1911) *81*
Regel'son, Lev (20. Jh.) *615*
Reger, Max (1873-1916) *867*
Rej, Mikołaj (1505-1569) *673*
Remizov, Aleksej Michajlovič (1877-1957) *897, 900*

Renan, Ernest (1823-1892) *592*
Rendtorff, Trutz (*1931) *7, 373*
Retti, Leopoldo (1705-1751) *734*
Rhipsime v. Armenien *483*
Richer, Edmond (1559-1631) *218, 221*
Richmann, Georg Wilhelm (1711-1753) *734*
Ricœur, Paul (*1913) *121, 125, 132*
Rilke, Rainer Maria (1875-1926) *140*
Rinaldi, Antonio (ca 1710-1794) *735*
Ritschl, Albrecht (1822-1889) *37, 239*
Rodzjanko, Michail Vladimirovič (1859-1924) *569*
Roepke, Claus-Jürgen (20. Jh.) *10, 105*
Rößler, Roman (*1914) *572*
Romanos der Melode (*ca 560) *692*
Rose, Karl (*1896) *795*
Rousseau, Jean-Jacques (1712-1778) *360*
Rozanov, Vasilij Vasil'evič (1856-1919) *707, 724, 905f.*
Rublev, Andrej (ca 1360/70-ca 1427/30) *554, 557, 721*
Ruckij, Iosif Velamin (1574-1637) *529, 624*
Runnel, Hando *641*
Ruskin, John (1819-1900) *730*
Ruthenen *621f., 627*

Šafářík, Pavel Josef (1795-1861) *364*
Sahajdačnyj, Petro Konaševyč (†1622) *631, 635*
Saint-Éxupéry, Antoine de (1900-1944) *504*
abuna Salama (1348-1388) *393*
Salomo (†932 v. Chr.) *704*
Saparova, Ol'ga Pavlovna *320*
Sapir, Edward (1884-1939) *745*
Saragoza de Heredia, Juan *527*
Sarti, Giuseppe (1729-1802) *866*
Šavel'skij, G. I. (1871-1951) *569*
Savonarola OP, Girolamo (1452-1498) *553*
Savramis, Demosthenes (*1925) *379*

Savvaitov, Pavel Ivanovič (1815-1895) *580*
Ščerbakivśkyj, Vadym (1876-1957) *626*
Schelling, Friedrich Wilhelm Joseph v. (1775-1854) *301*
Schiller, Friedrich v. (1759-1805) *648*
Schlegel, August Wilhelm v. (1767-1845) *746*
Schleiermacher, Friedrich Ernst Daniel (1768-1834) *37, 188, 254, 781f.*
Schmemann, Alexander (*1921) *155, 431, 822*
Schneider, Reinhold (1903-1958) *497*
Schönherr, Albrecht (*1911) *191, 195*
Schumacher, Johann Jakob (1701-1767) *734*
Schütz, Antal *203*
Schütz, Heinrich (1585-1672) *865f.*
Schwarz, Klaus (20. Jh.) *9*
Schweitzer, Albert (1875-1965) *94*
Searle, John Roger (*1932) *774*
Semler, Johann Salomo (1725-1791) *651*
Serafim Sarovskij (1758-1833) *539*
Serben *423*
Sergiev, Ioann v. Kronštadt (1829-1908) *551*
Sergij Radonežskij (1314-1391) *328, 539f., 721*
Sergij (Stragorodskij), Patriarch v. Moskau (1867-1944) *544, 567*
Šestov, Lev Isaakovič (1866-1938) *594*
Šerstobitov, Feofan (*1842) *581, 583*
Severin (5. Jh.) *483*
Ševkunov, Georgij (20. Jh.) *920*
Siciński, Juchym (1859-1937) *626*
Sidonskij, Fedor Fedorovič (†1873) *583*
Sigismund III v. Polen-Litauen (1587-1632) *528, 630*
Simon, Nadja (20. Jh.) *9*
Širjaev, Boris Nikolaevič (1889-1959) *883-900*
Sixtus IV (1414-1484) *533*

Skarga SJ, Piotr (1536-1612) *522*
Šklovskij, Viktor Borisovič (1893-1985) *892f.*
Sládkovič, Ondřej (1820-1872) *364*
Slaven *96*
-, Balkan- *298*
Slenczka, Reinhard (*1931) *507*
Slovaken *298*
Smolitsch [Smolič], Igor' Kornilovič (1891-1970) *563*
Smotryćkyj, Meletij Gerasimovič (ca 1578-1633) *638*
Sofronij, Bischof v. Irkutsk (†1771) *557*
Sohm, Rudolph (1841-1917) *432*
Sokolov, Dorimedont Vasil'evič (19. Jh.) *825*
Solov'ëv, Vladimir Sergeevič (1853-1900) *21, 24, 37, 495, 538, 724, 890f., 893, 895f., 901-911*
Solženicyn, Aleksandr Isaevič (*1918) *27, 338*
Sorg, Theo (20. Jh.) *370*
Sorokin, Pitirim (1889-1968) *206*
Soteres, Aloisios (18. Jh.) *501*
Spengler, Oswald (1880-1936) *206*
Spinoza, Baruch (Benedictus) de (1632-1677) *21, 204*
Spitta, Philipp (1841-1894) *782*
Stählin, Wilhelm (*1883) *783*
Stalin [Džugašvili], Iosif Vissarionovič (1879-1953) *18f., 495, 603, 625*
Stăniloae, Dumitru (20. Jh.) *409f.*
Starov, Ivan Egorovič (1745-1808) *735*
Stecenko, Kyrylo (1882-1922) *626*
Sternberger, Dolf (*1907) *166*
Strauß, David Friedrich (1808-1874) *592*
Stricker, Gerd (*1941) *563*
Štúr, L'udovít (1815-1856) *364*
Sumarokov, Aleksandr Petrovič (1717-1777) *764*
Sumcov, Mykola (1854-1922) *627*
Suslov, Michail Andreevič (*1902) *535*

Talysin, Vladimir (20. Jh.) *517f.*
Tarkovskij, Andrej (*1932) *20, 869-881*
Teilhard de Chardin SJ, Pierre (1881-1955) *314*
Terlećkyj, Kirill (†1607) *526*
Tertullian (ca 160-ca 220) *288, 803, 928*
Theissen, Gerd (*1943) *180*
Theoderich der Große (ca 453-526) *712*
Theodoretos v. Kyros (ca 393-466) *592f.*
Theodosios v. Studion *292*
Thielicke, Helmut (1908-1986) *133*
Thomas, Apostel *482*
Thomas v. Aquin (ca 1225-1274) *301, 786*
Tichon (Bellavin), Patriarch v. Moskau und ganz Rußland (1865-1925) *221, 223, 324, 328, 553, 556, 569, 848*
Tillich, Paul (*1886) *125, 127, 130, 206, 381, 466, 783*
Titlinov, Boris Vasil'evič (19./20. Jh.) *563*
Titov, Vasilij Polikarpovič (17./18. Jh.) *865*
Toffler, Alvin (*1928) *206*
Toynbee, Arnold Joseph (1889-1975) *650*
Tracy, David *87*
Tred'jakovskij, Vasilij Kirillovič (1703-1768) *764*
Trockij (Bronštejn), Lev Davidovič (1879-1940) *214, 329, 330*
Troeltsch, Ernst (1865-1923) *59, 61, 381, 933*
Troickij, Ivan Gavriilovič (*1858) *580, 587*
Trubeckoj, Evgenij Nikolaevič (1863-1920) *569, 594, 894f., 910*
Trubeckoj, Sergej Nikolaevič (1862-1905) *21, 329, 902*
Tvrdý, Josef *360*

Unamuno, Miguel de (1864-1936) *206*
Urban VIII (1568-1644) *524*
Ušakov, Simon (17. Jh.) *909*
Ušinskij, Konstantin Dmitrievič (1824-1870) *720*
Uvarov, Sergej Sergeevič (1785-1855) *494*
Uzbeken *496*

Vallin de la Mothe, Jean-Baptiste (1729-1780) *735*
Vasilij II, Großfürst v. Moskau (1425-1562) *621*
Vasilij Krivošein († 1960) *405*
Vasil'ev, Boris Aleksandrovič (20. Jh.) *20*
Vassian Patrikeev († ca 1532/35) *723*
Vazgen I (*1908) *317*
Vedel' [Wedel], Artemij Lukjanovič (ca 1770-ca 1811) *866*
Veldten, Georg-Friedrich/Jurij (1730-1801) *733-743*
Veličkovskij, Paisij (1722-1796) *539, 553*
Verdi, Giuseppe (1813-1901) *866*
Vernadskij, Vladimir Ivanovič (1863-1945) *313f., 852f.*
Vetelev, Aleksandr (20. Jh.) *22*
Virgil († 784) *347*
Vladimir (Svjatoslavič) I, Großfürst v. Kiev (ca 950-1015) *639, 720, 913, 930*
Volk, Hermann (*1903) *773*
Voltaire (François-Marie Arouet; 1694-1778) *204, 210*
Voznesenskij, Andrej (20. Jh.) *20*
Vvedenskij, Aleksandr Ivanovič (*1889) *223, 563*
Vyšenśkyj, Ivan (ca 1550-ca 1620) *638*

Walachen *461*
Walburga (ca 710-779) *484*
Waliser *496*
Warbede *346f.*
Ware, Timothy/Kallistos (*1934) *284*
Watzlawick, Paul (*1921) *773*
Weber, Max (1864-1920) *119, 125*
Weil, Simone (1909-1943) *694*
Welte, Bernhard (*1906) *149*
Whitehead, Alfred North (1861-1947) *177*
Wicelius/Witzel, Georg (1501-1573) *823*
Wilbede *346f.*
Willibald (700-787) *484*
Willibrord (658-739) *484, 714*
Winckelmann, Johann Joachim (1717-1768) *648*
Władysław III (= Ulázló I; 1424-1444), König v. Polen und Ungarn *622*
Wulfila (ca 311-383) *712*
Wuyts SJ, A. (20. Jh.) *563, 572*

Yannaras, Christos (*1935) *173, 379, 434, 513*

Zaozerskij, Nikolaj Aleksandrovič († 1919) *432*
Żeromski, Stefan (1864-1925) *674*
Zigeuner *461*
Zizioulas, Johannes (*1931) *7, 431, 434, 501*
Žukovič, Platon Nikolaevič (19./20. Jh.) *627*
Žukovskij, Vasilij Andreevič (1783-1852) *767*
Zwingli, Huldrych (1484-1531) *84, 815f.*

2. Sachregister

Abba *129, 485*
Abbruch, Traditions- *61*
-, willentlich *230*
Abend *140*
Abendland *41, 43, 46, 56, 119, 135, 245, 435*
-, christlich *855*
Abfall (vom Glauben) *49*
Abfolge Tag-Nacht *139*
Abgötterei *121*
Abhängigkeit *63, 295*
Abrüstung *198*
„Abschmelzen" christl. Substanz *8*
Absolutismus *217*
Abtrünniger *605*
Acculturation *78, 88*
Adam → Christus *285*
Adam, neuer *292*
Adaption *261*
Adel *218*
Adoptionismus *858*
Adventisten *79, 601, 610, 672f.*
Änderung, Wetter- *158*
Äon *124*
Agape *927*
Agende, lutherisch *775, 777*
Aggiornamento *132, 667*
Agitation, konterrevolutionär *335*
Agnostizismus *851*
Ahnen *73*
Akademie, Christlich Theologisch (Warszawa) *670*
-, Evangelisch (Tutzing) *5, 9, 18, 91, 105*
-, Geistlich (Kazań) *594*
-, Geistlich (Kiev) *594, 711*
-, Geistlich (Moskau) *20, 22, 320f., 323f., 326, 594*
-, Geistlich (St. Petersburg) *577, 579, 587, 765, 770*

- Kiev *634*
- der Künste *567*
-, Militär- *396*
-, Orthodox (Kreta) *949-956*
-, Theologisch (Ostrog/Ostroh) *623*
-, Theologisch (Sofia) *462, 593*
- der Wissenschaften, Čechisch *188*
- der Wissenschaften, Russisch *567, 733*
Akademien, Geistliche *567*
Akolouthia Timis *690*
Akribeia *519*
Aktivität, kirchlich *222*
-, Sonnen- *158*
Alkoholismus *387, 944*
Allianz, Heilig *494*
Allmacht, menschlich *202, 205*
Alphabet, slavisch *800*
Alternativität *253*
Altertum *799, 906*
Altgläubige *600f., 792*
Ambon *848*
Amt, Apostel- *482*
-, Bischofs- *408, 661*
-, kirchlich *42, 61, 124*
-, päpstlich *441*
-, Petrus- *86*
Anachorese *555*
Anakephalaiosis *419*
Anaklese *143, 146*
Analphabetentum *720*
Analyse, existentialistisch *127*
-, philosophisch *179*
Anamnese *147*
Anarchie *41*
Anathema *70, 221*
Anbetung *5*
„ancien régime" *220*
Andersdenkende *225*
Andersgläubige *225*

Andersheit *231*
Anglikanismus *60, 89*
Angst *206, 227, 302*
-, Existenz- *938*
Anhänger, New-Age- *122*
Annahme *237*
Anonymität *470*
Anpassung *222, 224f.*
-, erzwungen *221*
Anspruch *227, 229*
-, Absolutheits- *248*
-, Freiheits- *57*
Anthropologie *125, 248, 282*
-, atheistisch *858*
-, christlich *248, 858*
-, erfahrungsbestimmt *229*
-, philosophisch *179*
-, reformatorisch *179*
-, theologisch *179*
Anthroposophie *247*
Anthropozentrismus *65*
Antike *36, 349, 354, 714*
-, geistig *647*
-, griechisch-römisch *715*
-, hellenistisch *126, 646f.*
-, Spät- *149*
Antiaufklärung *62*
Antichrist *221, 352, 541, 906*
Antiklerikalismus *216, 224f., 228*
Antikommunismus *222, 614*
Antimoderne *62*
Antisemitismus *30, 218, 614*
Antithese Glaube-Unglaube *46*
Antrieb, innerer *156*
Anweisung *232*
Apatheia *289*
Apokalyptik *46, 50, 130, 356, 471, 890*
Apologetik *24, 63, 223, 238, 321*
-, konfessionell *447*
-, praktisch *239*
-, theoretisch *239*
Apologie *132*
Aporie *171*
Apostel *106f., 400, 412, 420, 476, 482, 899, 934*

Apostolikum *47*
Apostolizität *50, 99, 106-109, 111*
-, petrinisch *108f.*
Apparat, Partei- *186*
-, Staats- *186*
Arbeit *139, 705*
Arbeiter *219*
Arbeitslosigkeit *305*
Archäologie *157*
Archetyp *787*
Architektur *355, 459, 626*
„Argumenty i Fakty" *642*
Arianertum *858*
Aristokratie *218*
Arkandisziplin *46f., 122*
Arkanum, frühkirchlich *957*
Armija, Russkaja Osvoboditel'naja (Berlin) *886*
Armut *50, 76, 219*
Art, aussterbend *161*
Arzt *158*
Askese *230, 232, 235, 261, 483, 722, 859, 949*
Assemblée constituante *210*
Assemblée legislative *211*
Assimilation *26*
Astrologie *244*
Astronautik, geotrop *64*
Astronomie *160*
Atheisierung *217*
Atheismus *135, 216f., 223, 225, 331, 333, 492, 611, 805, 850f.*
-, militant *333, 801f.*
Atmosphäre, erstickend *127*
Atomkraft *478*
Aufbau, energetisch *234*
Auferstehung *82, 92, 95, 106, 246, 259, 303, 409, 840*
Aufgeklärtheit *173*
Aufhebung *213*
Aufklärung *6, 53f., 56f., 60f., 64, 94f., 102f., 167, 169f., 175f., 183f., 188f., 199, 201ff., 205f., 210, 224f., 228f., 233f., 241, 243, 248f., 267, 269, 272, 295, 306, 352, 360, 362, 385, 392, 589, 651, 799-806*

-, antireligiös *230*
„- über die Aufklärung" *64*
-, christlich *208*
-, deutsch *378*
-, Ende *54, 58*
-, (Epoche) *54f., 59, 119, 227*
-, europäisch *53, 66, 227, 253*
-, französisch *204, 210*
-, Gegen- *189*
-, liberal *270*
-, polemisch *229*
-, politisch *58f.*
-, Politisierung *271*
-, radikal *209f., 213, 216, 224*
-, rationalistisch *242*
-, Recht und Grenzen *57*
-, westeuropäisch *56, 378*
Aufruf zum Gebet *222*
Aufstand, Ungarn (1956) *606*
Augenzeuge *161*
Außer-logisches *157, 159*
Ausführungsbestimmungen *212*
Ausländerfeindlichkeit *196*
Ausländerfrage *196*
Ausreise *18*
Aussage, religiös *180*
Ausschuß, vorkonziliar (predsobornoe prisutstvie) *566f.*
Ausweglosigkeit *234*
Ausweisung *213*
Authentizität *114*
Autobiographie *326*
Autokephalie *101, 109f., 112f., 424, 504, 625*
-, orthodox *114, 426*
Autokratie *218, 326, 494*
Autonomie *58, 130, 135, 184, 242, 295, 426*
-, kirchlich *220, 222, 423, 443*
-, orientalisch *441*
- des Subjekts *228*
Autorität *85, 130, 380*
-, institutionell *228*
-, religiös *227*
-, theoretisch *228*
-, transzendent *227*

Baldachin, heilig *119*
Ballett *78*
BAM-Lag *336*
„Baptism, Eucharist and Ministry" *811*
Baptisten *48, 79, 672*
Barmherzigkeit *129, 154, 162, 722*
Barock *735*
Basilianer (OSBM/csb) *624*
Basisgemeinde, lateinamerikanisch *813*
Bauer *219, 570*
Bedeutung, ontologisch *105*
Bedeutungswelt *125*
Bedürfnis *228f.*
Befugnis *223*
Begabung *130, 156*
Begegnung *8*
Begehren *231*
Begrenzung *235*
Begriff, moralisch *229*
-, Religions- *244*
Behörde *214*
-, politisch *18*
Bejahung *229*
Bekämpfung, Verbrechens- *27*
Bekehrung *96, 307, 455, 672*
Bekenntnis *60, 175*
-, Augsburger *51*
Bekenntnisverpflichtung, kirchlich *57*
Benediktiner (OSB) *45, 714*
Beobachter, absolut *65*
Berakah *146, 148*
Bericht, Schöpfungs- *418*
Besatzungszone, Sovetisch *187*
Beschluß *223*
Betroffenheit, Aufklärungs- *60*
Bevölkerung *224*
-, DDR- *196*
Bevormundung *58, 228*
Bewegung, Konvergenz- *111*
-, New-Age- *8, 348, 869*
-, Ökologie- *301*
-, Ökumenisch *42, 73, 267, 409, 463, 808, 857*
-, Pamjat'- *614*

Bewegungen, charismatische *207*
Beweis *228*
Beweisführung, syllogistisch *228*
Bewußtsein *142*
-, historisch *61, 64, 166f.*
-, menschlich *153f.*
Beziehung *231, 233*
Bibel *6, 25, 32, 36, 61f., 69, 81, 83, 86, 91, 94f., 130, 258, 349*
-, Elisabeth- *765*
-, King-James- *487*
-, kirchenslavisch *623*
-, Luther- *8, 487, 827*
Bibelgesellschaft, Britisch (Warszawa) *675*
-, Britisch und Ausländisch (BFBS) *578, 580, 589, 720*
-, Russisch *577, 765*
Bibelkunde, russisch *593*
Bibelphilologie *766*
Bibliothek *203, 718*
Biblizismus, evangelisch *363*
-, fundamentalistisch *392*
Bild *25, 144, 153, 354, 779-789, 815-822*
-, Abbild des Urbildes *819*
-, Gottes- *130*
Bilder (adiaphora) *816*
Bilderstürmer *717*
Bildung *163, 223*
-, griechisch *650*
-, Höhere *78*
-, humanistisch *646*
Biographie, Auto- *238*
Biologie *153, 160*
-, Sozio- *131, 178f.*
Bischof *71, 85f., 99, 101, 107, 219, 280, 407, 411, 513, 557, 570, 915*
-, Landes- *187*
-, Versammlung (sovešcanie episkopov) *570*
-, Vikar- *22*
Bischofskonferenz *73, 85, 345*
Bischofssitz *402*
Bischofssynode *73f.*
Blasphemie *877*

Böse *81, 130, 350*
Bol'ševiki *214*
Bol'ševismus *214, 224*
„bonum commune" *268*
Book of Common Prayer *487*
Botschaft, christlich *87, 206*
Bourgeois *296f.*
Brauch, heidnisch *413*
Bräuche *454f.*
Brauchtum, religiös *137*
„brave new world" *298*
Brief *26f.*
-, 2. Clemens- *289*
-, Epheser- *50*
-, Hebräer- *81*
Brot, konsekriert *146*
- und Wein *236*
Bruderschaft *148*
-, christlich *288, 425*
-, diakonisch *50*
-, kirchlich *434, 633*
- (Kiev) *635f.*
- (Lemberg) *634f.*
Brüdergemeinden, lutherische *677*
Brüderlichkeit *351, 371*
Buch, Rot- *161*
Bücher, heilige *36*
-, liturgische *837*
Bücherkorrektur *759*
Buddhismus *135*
Bürger *131*
Bürokratie, Partei- *601*
Bulle, päpstlich *208*
„Bund/Allianz" *111*
Bund, alt *475*
-, Monisten- *55*
-, neu *351, 475*
- der Evangelischen Kirchen in der DDR *187, 195, 307, 795*
- des russischen Volkes *218*
Bundeslade *703f.*
Buße *124*

Calvinismus *673*
Caritas *290*
Cărkoven vestnik *804*

Cäsaropapismus *117*
Cathedra Petri *99*
„certificat de civisme" *214*
Čet'i-Minei *558*
Chaldäisch *580*
Charakter, performativ *125*
-, sprechend *125*
„checks and balances" *469*
Chemie *160*
Cherubim *904*
Chiromantie *244*
Choral, evangelisch *821*
-, Kiever (kievskij rospěv) *865*
Christen *44, 47, 76, 144, 207, 214f.*
-, aktive *183*
-, aufgeklärte *203*
-, evangelische *89*
-, Heiden- *70*
- als Hörer *82*
-, Juden- *70*
- als Lehrer *82*
-, Nicht- *44*
-, nicht-orthodoxe *24*
-, nominelle *183*
-, praktizierende *26*
-, reformierte *89, 217*
Christenheit *41f., 45, 48, 54, 73, 122, 149f., 245*
-, amerikanisiert *75*
-, europäisiert *75*
Christenlehre *20*
Christenpflicht *222*
Christentum *5, 24, 36, 54, 66, 94, 96, 98, 112, 121f., 124, 126, 183, 209f., 216f., 223, 228, 233, 246f., 253, 257, 262, 295, 360, 393, 418, 455, 473, 654, 713, 860, 925*
-, Aberglaube *216*
-, Ausbreitung *79*
-, biblisch *249*
-, byzantinisch *720*
-, Dichotomie (anthropologisch) *858*
-, europäisch *346*
-, evangelisch *360*
-, evolutionär *180*
- außerhalb der Kirche *185*

-, öffentlich *188*
-, Philanthropie *926f.*
-, privat *188*
-, protestantisch *237f.*
-, reformatorisch *779*
-, Relevanz *251*
-, religionslos *37*
-, Universalität *655*
Christianisierung *37, 413, 722, 913*
-, Millennium *939*
Christokratie *493*
Christologie *92, 96f., 100, 182, 248, 277, 410*
-, pneumatologisch *92*
Christozentrismus *805*
Christusförmigkeit *558*
Citoyen *296*
„cives polonis, natione ruthenis" *623*
„Civil Religion" *466*
„civitas Dei" *365*
„civitas diaboli" *365*
„civitas terrena" *365*
„Club of Rome" *64*
Codex Iuris Canonici (CIC; 1983) *74*
Codex Iuris Canonici Orientalis *693*
Communio *441f., 445*
Computer *154*
-, Analog- *333*
Congregatio pro Ecclesia Orientali *693*
Congregatio de Propaganda fide *73, 693*
„conscie" (bewußt) *138*
Conscientia *138*
Constitution civile du clergé (1790) *211*
„corpus Ecclesiae" *418-422*
ČSR *336*
ČSSR *455*
„cuius regio, eius religio" *622*
„cultura agri" *705*
„cultura Dei" *705*
„cultus publicus" *957f.*
Czartum (Moskau) *622*

Dämonische *127*
Danksagung *236*
Darstellung *282*
Darwinismus *238*
-, Sozial- *179*
Daseinsfürsorge, umfassend *268*
DDR *183f.*, *187*, *189*, *192*, *195*, *197*, *199*, *251*, *368*, *465*, *793*, *796*
Decharismatisierung *37*
Dechristianisierung *212*, *221*
„défanatisation" *216*
Deismus, englisch *204*
Dekalog *816*
Dekret *211*, *213*
- „Laetentur coeli" *440*
Delegation *18*
Demokraten, Konstitutionelle *219*
Demokratie *193*, *196*, *198*, *220*, *296*, *372*, *649*
Demokratisierung *197*
demos *453*
Demut *261f.*
Denken, abendländisch *241*
-, europäisch *348*
-, ganzheitlich *370*
-, griechisch *353*, *650*
-, indisch *247*
-, katholisch *78*
-, Menschenrechts- *267*
-, philosophisch *241*
-, Profit- *230*
-, theologisch *7*, *241*
Denkmal, weltlich *718*
Denkweise *233*
Denksystem, esoterisch *249*
Denomination *76*
Denominationalismus, protestantisch *55*
Département *211*
Deportation *211f.*
Deputierter *27*
Determination, historisch *300*
-, sozial *300*
Deutschland, evangelisch *46*
Deutung, religiös *179*
Dezentralisierung *88*

Diakon *22*, *321*
-, Hypo- *616*
„diakonia" *117*, *365*, *427*, *683*, *685*, *687*
Diakonia, Makro- *954*
-, Mikro- *954*
Diakonie *117*, *187*
-, liturgisch *952f.*
-, ökumenisch *951*
-, prophylaktisch (= mikrodimensional) *954*
-, therapeutisch (= makradimensional) *954f.*
Diakonikon (Thesaurarium) *328*
Dialektik *300*
Dialog *87*, *89*, *95*, *103*
-, christlich-marxistisch *188*, *306*
-, interdisziplinär *177*
-, lutherisch-katholisch (USA) *90*
-, ökumenisch *56*, *106*, *275*, *288*, *307*, *507*, *807*, *812*
-, orthodox-katholisch *504*
-, Ost-West- *369*
-, theologisch *6*, *8*
-, uniert-orthodox *609*
Dialogbereitschaft *24*
Diaspora, orthodox *7*, *101*, *426ff.*, *504*, *831*, *842*
Diastase *149*
Dichotomie *102*
Dichter *156*, *234*
Dichtung, mania *705*
Dienst *46*, *427*
Dienst (= podvig) *797*
Diesseitiges *121*
Dignitas Humanae *202*
Dilemma *238*
Ding *234*
Diözese *85*, *99*, *107*, *221*, *319*, *407*, *457*, *663*
- Minsk *942*
„disciplina" *348*
„discretio" *348*
Diskontinuität, systemisch *237*
Diskriminierung, rassisch *76*, *420*
Diskurs, theologisch *63*

Diskursivität *173*
Disputation *223*
Dissertation, Kandidaten- *322*
Dissident *18, 27, 189*
Dissidententum *18*
Distanz *61*
Disziplin, wissenschaftlich *238*
Divergenz, doktrinär *412*
Divertimento *866*
Divinisierung kosmischer Mächte *353*
Dogma *61, 204, 262, 516*
-, altkirchlich *651, 658f.*
-, christologisch *477, 653*
-, Inkarnations- *400*
-, Trinitäts- *400*
-, Unfehlbarkeits- *444*
Dogmatik *232, 378, 381*
Doketismus *81*
Doktrin *96*
Dokument *130*
-, Lima- *124, 811*
Dom (Schwerin) *958*
- (Worms) *346*
Dominat, theologisch *239*
Dominikaner (OP) *621*
Donareiche *346f.*
Doppelglaube (dvoeverie) *913*
Doppelmoral *859*
„douleia" *687*
„doxa" *356*
Doxologie *147, 173*
Drama *78*
Dreieinigkeit, göttlich *283, 350, 399, 420, 457*
Druck, sozial *81*
Dualismus *350*
- profan-heilig *953*
Duchoborcy *601*
„Duchovna Kultura" *804*
Duma *567*
Dünkel *232*
Dynamik *232, 236*

„ecclesia semper reformanda" *502*
„ecclesia universalis" *7*
Ecke, „schön" *722*

Egoismus *261, 268*
Ehe *50, 57, 148*
-, Bischofs- *221, 223*
-, bürgerlich *58*
-, Priester- *221*
-, Zivil- *211*
Eheschließung *211*
-, kirchlich *58*
Ehrentitel, kirchlich *221*
Eid *221*
Eidverweigerung *211, 220*
Eigennutz *271*
Eigenständigkeit *58*
Eigentum *214*
Einfachheit, apostolisch *221*
Einfluß, esoterisch *245*
-, religiös *119*
Eingreifen, militärisch *222*
Einheit, christlich *412*
-, deutsch *131*
-, kirchlich *6ff., 50, 53, 70, 72, 75, 86, 88f., 91, 93, 100, 117, 133, 403, 409, 412, 460, 645*
- sakral-profan *868*
„- in der Wahrheit" *288*
Einigkeit, ökumenisch *58*
Einheitsethik, ökumenisch *377, 384*
Einheitsliste *197*
Einsicht *302*
-, naturwissenschaftlich *177*
Ekklesia *114, 236*
Ekklesiologie *76, 100, 105, 108, 110, 114, 211, 383, 626*
-, apostolisch *401*
-, christozentrisch *422*
-, Communio- *502, 664*
-, episkopal *220, 408*
-, eucharistisch *407, 422, 431ff., 435, 663*
-, konziliar *662*
-, orthodox *99, 101, 110, 114, 400, 500, 513*
-, presbyterial *218, 220*
-, protestantisch *403*
-, reduktionistisch *187*
-, Reformations- *110*

-, römisch-katholisch *109, 403*
Ektropie *331*
Elemente des Kosmos *141*
Emanzipation *237*
-, Frauen- *951*
Emanzipationsbewegung, bürgerlich *296*
Emanzipationswille, kollektiv *271*
Emigration, russisch *832*
-, ukrainisch *832*
Empfinden, religiös *137*
Empirismus *227, 233, 235f.*
Enculturation *78*
Energien *235*
-, seelisch *231*
Engagement, politisch *47, 220*
-, sozial *139*
Engel *412*
-, Erz- *412*
Entchristlichung *7*
Enteignung *119*
Entfaltung, Lebens- *167*
- der Persönlichkeit *58*
Entfremdung *211, 349*
Entität, materiale *467*
Entkleidung (der geistl. Würden) *219*
Entklerikalisierung *383*
Entkulakisierung *217*
Entmythologisierung *37, 120f., 194*
Entropie *331*
Entsakralisierung *8, 936*
Entscheidung, religiös *139*
Enttabuisierung *58*
Entwicklung, historisch *77*
Enzyklika „Redemptor hominis" (1979) *137*
Enzyklopädie, Granat- *331*
Eparchie *22, 219, 319*
Epiklese *147, 293*
Episkopat *218ff., 565, 665*
-, verheiratet *219*
„episkopē" *107*
„episkopos" *107*
Epos, evolutionär *179*
-, kreationär *179*
Erbe *48, 174, 244, 345*

-, apostolisch *690*
-, griechisch-römisch *346, 349*
-, Kultur- *705*
-, reformatorisch *253*
Erde *69, 120, 128, 139, 161, 205, 331, 347*
Ereignis, Haupt- *136*
-, Offenbarungs- *180*
Erfahrung *64, 66, 137, 139, 144, 229, 231f., 235f., 333*
-, religiös *139*
-, sinnlich *227*
Erfahrungswelt *233*
Erinnerung, philosophisch *168*
Erkenntnis *170f., 173*
-, Umwelt- *159*
Erkenntnislehre *229*
Erkenntnistheorie, anglo-amerikanisch *178*
Erleben, religiös *779–789*
Erleuchtung *227*
Erlösung *71, 82, 129, 139*
Erlösungswerk *419*
Ermordung *212*
Erneuerer *222f., 324f.*
Erneuerung *221*
-, konziliar *223*
Eros *234f.*
Ersatz, Religions- *178*
Ersatzriten, säkulare *216*
Erscheinung, Natur- *157*
Erweckung, anglokatholisch *42*
Erziehung *237, 940*
-, christlich *32*
-, theologisch *77*
-, weltlich *265*
Eschatologie *93, 130, 258, 356, 420, 434, 454, 541, 684, 905*
Eschaton *104*
Essay *49*
Esoterik *245, 247*
Essen *129*
Establishment, sozialistisch *58*
Ethik *45, 180, 262, 381*
-, antiasketisch *229*
-, christlich *32, 131*

-, kirchlich *232*
-, orthodox *949*
-, protestantisch *949*
-, Schöpfungs- *451*
-, Sozial- *267, 377*
-, theologisch *180, 381*
-, theozentrisch *307*
-, Diskussion, ökumenisch *272*
Ethnographie *157*
„Ethnos" (Region) *101, 453, 486, 496, 535, 721, 800*
Ethologie *178*
Ethos, wissenschaftlich *63*
„etsi deus non daretur" *129*
Eucharistie *74, 95f., 107, 129, 146, 236, 282, 292, 404, 411, 431, 435, 443, 663, 808*
-, Göttlich *260*
Eunomia *348*
Eurozentrismus *369, 376*
Eva → Maria *285*
Evangelisation *132, 720*
Evangelium *24, 26, 70, 72f., 75–79, 83, 86f., 93ff., 111, 121, 146, 172, 174, 233, 263, 266, 352, 457, 653, 687, 872, 880f.*
Evangeliumschristen–Baptisten *601ff., 609f.*
Evolution *178, 202*
Ewigkeit *258, 260*
Exarchat Ukraine *612*
Existenz *232*
Exegese *203, 589–597*
-, modern *652*
Exil *220*
-, sibirisch *18*
Existentialismus *127*
Existenz *139*
-, biologisch *231*
-, menschlich *227*
-, personhaft *231*
Exodus *351*
Exorzismus *130*
Exousia *690*
Expansion, „deutsch-germanisch" *450*
-, theologisch *178*

„extra Ecclesiam nulla salus" *521, 527, 529f., 533*
Extremismus, Rechts- *30*

Fähigkeit *229*
Fakultät, biologisch *20*
Fall *80*
Familie *48, 78, 112, 148*
-, atheistisch *156*
-, Zerfall *387*
Farbe *234*
Faschismus, deutsch *916*
-, wissenschaftlich *238*
Fasten *261*
Fastenzeit, Groß *25*
Feier *144*
Feind, politisch *220*
Feminismus *280, 348*
Fernsehen *347, 803*
Fernstudium *20*
Fest *143f.*
-, Erntedank- *129*
-, Kreuzerhöhungs- *321*
Fetischismus, Wachstums- *297*
Feuer *128*
Feuilleton *130*
Film *869–881*
Fläche, Leucht- *140*
-, Wasser- *140*
Fleischwerdung Christi *257, 353*
Flintstein *128*
Flüchtling *78, 201*
-, Wirtschafts- *643*
Folklore, russisch *722*
Form *36*
Forschung, historisch *224*
-, wissenschaftlich *64f.*
Forschungsgebiet Orth. Theologie (WWU Münster) *834*
Fortschritt *63, 135, 139, 205, 238, 260, 345*
-, moralisch *57*
-, ökonomisch *260*
-, technisch *647*
-, wissenschaftlich *65*
Frage, theologisch *126*

Fragment 45
Franziskaner 621
Fraternität 843
Frau 276f., 279, 282, 287, 291
-, Emanzipation 279
Frauengestalt, heilig 346
Freiheit 31, 57ff., 82, 137, 189, 231f., 234, 254, 258, 272, 295, 298, 304, 350, 444
-, biologistisch-säkularistisch 254
-, christlich 50
-, christlich-säkular 254
-, Gewissens- 202, 368
-, Glaubens- 368
-, Meinungs- 368
-, religiös 59, 202
-, Religions- 267
Freiheitsbegriff, bürgerlich-liberal 296
-, christlich 295, 302
Freizügigkeit 195f.
Friede 5, 129, 195, 198, 202
Friedensfonds, staatlich 602
Friedenskonferenz, Prager Christl. 602
Frömmigkeit 366
-, idealistisch 230
-, Laien- 260
-, liturgisch 363
-, orthodox 6
Frühling, Prager 606
Führer, religiös 82
Führung 69
Führungsrolle 237
Fünfjahresplan, Zweiter (1932–1937) 216
Fürbitte 149
Fundamentalismus 239, 250, 371, 392
-, religiös 5, 8, 36, 354
Fundamentalist 81, 84, 122
Futurologe 207

Gallikanismus 218, 221
Gebäude 119
Gebet 97, 139, 147, 222, 722, 841
-, ekklesial 842
-, liturgisch 147

-, privat 842
-, Tisch- 148, 918
-, unaufhörlich 261
Geburt, Jungfrauen- 875
Gedächtnis, historisch 329
-, religiös 329
Gedanke 162
Gefangenenlager 217
Gefängnis 201, 215
-, Butyrka- (Moskau) 885
Gefühl, außer-logisch 158
-, moralisch 161
-, poetisch 154
-, religiös 154ff., 159, 162
-, Schönheits- 153, 157
Gegenaufklärung 64
Gegensatz Glaube–Wissenschaft 55
Gegenwart 8, 82, 136, 174, 241
- Gottes 67
„Gehäuse, stahlhart" 119
Geheimnis 47
Geheimschreiben 215
Geist 170f., 229
-, eudämonistisch 261
-, europäisch 241
- Gottes 170
-, griechisch 648
-, Heilig 42, 69f., 80ff., 85, 89, 92, 97, 99, 106, 129, 175, 277, 282, 284, 289, 400, 405, 411, 441, 444f., 457, 479, 484, 488, 497, 516, 556, 749, 822, 840, 935, 940
-, - (Weiblichkeit) 280, 282
-, koinobitisch 261
-, Menschen 170
-, Schwarm- 241
Geisteswissenschaften, europäisch 65
Geistlichkeit 210, 215f., 222
-, Dorf- 570
-, katholisch 217
-, orthodox 219f., 222
-, schwarz 219
-, weiß 219
Gemeinde 17, 131, 146, 211, 468
-, Basis- 375
-, Bürger- 44

-, Christen- *44, 140, 253, 305*
-, Diaspora- *7*
-, Orts- *223*
-, Studenten- *191, 196*
Gemeindeaufbau *375*
Gemeindebildung *375*
Gemeinschaft *232f., 270*
-, Ehe- *50*
-, Gesinnungs- *239*
-, Glaubens- *122, 144*
-, gottmenschlich *259*
- der Heiligen *51*
-, Heils- *47*
-, Kultur- *46*
-, Liebes- *230, 234*
-, monastisch *328*
-, Religions- *217*
-, religiös *88, 213, 473*
-, Welt- *102*
Gemeinwohl *268f.*
Generation, nachkommend *161*
Genese, evolutionär *178*
Genesis *141, 276*
Geographie, ekklesiastisch *113*
Gerechtigkeit *5, 129, 202, 246, 271*
-, international *273*
-, sozial *139, 298*
Geringschätzung, asketisch *227*
Gerontes/starcy *555*
Gerontokratie, Staats- *368*
Gesang *819*
Gesangbuch *8*
Geschichte *20, 53, 80, 85, 91, 96, 100, 123, 139, 167, 214, 242, 258, 260*
-, Apostel- *69*
-, biblisch *25*
- des Christentums *54*
-, Entstehungs- *168f.*
-, europäisch *55, 60, 202, 227, 349, 389*
-, Geistes- *165, 170, 350, 614*
- Gottes *130*
-, Heils- *25, 106, 136, 382*
-, innerkirchlich *136*
-, Kirchen- *55f., 90, 192, 409, 441, 448, 855*

-, Kultur- *614*
-, Kunst- *595*
-, Menschheits- *82, 85, 135, 229*
-, Missions- *45*
-, Offenbarungs- *345*
-, Philosophie- *295, 322*
-, politisch *449*
-, Problem- *171*
-, profan *93*
-, Religions- *23, 125, 157*
-, Revolutions- *350*
-, Säkularisierungs- *352*
-, Theologie- *61, 165*
-, Überlieferungs- *345*
-, Völker- *417*
-, Vor- *701*
-, Welt- *902*
-, Wissenschafts- *165, 167, 169f., 175*
Geschichtsauffassung *248*
Geschichtsschreibung, Kirchen- *447*
Gesellschaft *45, 47, 49, 57, 80, 84, 122, 127, 224, 229, 298*
-, christlich *44, 112, 493*
„-, gelehrt" *361*
-, heidnisch *84, 913*
-, klassenlos *495*
-, nachchristlich *44*
-, nichtchristlich *48*
-, nordatlantisch *135*
-, plural *45*
-, postchristlich *198*
-, russisch *218*
-, säkularisiert *5, 84, 251, 255, 266, 321, 913*
-, sovetisch *7*
-, sozialistisch *193*
-, ukrainisch *640*
-, Verbraucher- *859*
-, vormodern *120*
-, westlich *5*
-, Zerfall *386*
Gesellschaftsvertrag *123*
Gesetz *26*
-, Karma- *246f.*
-, Kausal- *242*
-, mosaisch *584, 653*

-, Natur- *229, 237*
-, transzendental-metaphysisch *228*
-, Vernunft- *246*
Gesetzgebung *211*
-, neu *221*
Gespräch, ökumenisch *53*
-, theologisch (EKD-ROK 1969) *22*
Gespräche, Arnoldshainer *606*
-, Herrnhut- *795*
-, Zagorsker *795*
Gestalt, geistig *166*
Gestaltung, künstlerisch *154*
Getaufte *48, 138*
Gewalt, staatlich *470*
Gewerbe *119*
Gewissen *138, 265, 308*
Gewissensfreiheit *225*
Gewissensfrömmigkeit, protestantisch *269*
Gewißheit *170, 228*
Ghettoisierung *387, 389*
Girondisten *214*
Glasnost' *625, 641, 950*
Glaube *43, 45 ff., 49, 55, 62, 71, 83, 93, 121, 132, 137, 142, 155 f., 163, 205, 232, 289, 303, 367*
-, Aber- *157, 216, 244, 295*
-, apostolisch *47*
-, biblisch *94*
-, christlich *5, 7, 20, 25, 37, 45, 70, 123, 128, 130, 135, 171, 183, 230, 420, 492, 873*
-, Eindeutigkeit *45*
-, Einheit *855*
-, Ersatz- *232*
-, Fortschritts- *306*
-, Geheimnis *89*
-, Gottes- *5*
„- in der Zweiten Welt" (G2W) *17, 32*
-, Wunder- *259*
Glaubensbedrückung *26*
Glaubensbekenntnis *25, 33, 70, 83*
-, Nicaeno-Konstantinopolitanum *347*
Glaubwürdigkeit der Evangelien *25*
Gleichgewicht *160*

Gleichgültigkeit *123*
Gleichheit *99, 203, 225, 272, 296, 351*
-, Chancen- *298*
-, sozial *271*
Glück *205*
-, persönlich *95*
Gnade *106, 124, 131, 247*
-, billig *248*
-, Sieg *130*
Gnadendoketismus *248*
Gnadengaben *85 f., 293, 404, 443, 554*
Gnoseologie *362*
Gnosis *348*
-, christlich-philosophisch *329*
Götzen *815*
Götzendienst *143*
Götzenschelte *815*
Gott *48, 64, 74, 87 f., 99, 121 f., 138 f., 141, 149, 180, 205, 207 f., 236 f., 257 f., 457, 493, 863*
-, Ebenbild *63*
-, Einheit *74*
-, Energie (energeia) *258 f.*
-, Enkosmisation *257 f., 262*
-, Erlöser *284*
-, Gericht *349*
-, Geschöpf *63*
-, Heilswerk *83*
-, Menschwerdung *350, 352*
-, Mysterium *83*
-, Ohnmacht *255*
-, Parlatorium *819*
-, personal *231*
-, personhaft *232*
-, Präsenz *163*
-, - in der Welt *258*
-, Sohn *80 ff., 96, 99, 289, 409, 822*
-, transzendent *121*
-, Vater *69, 80, 82, 99, 822*
-, Weisheit *908*
-, Wesen (ousia) *258*
Gottesbegriff *248*
Gottesbeweis *180*
Gottesbeziehung, unmittelbar *175*
Gottesdienst *9, 25, 33, 47, 73, 75, 96, 111, 122, 130 f., 137 f., 142 f., 172 f.,*

199, 212, 217, 221, 387, 389, 397, 780, 813, 824, 860, 945
-, muttersprachlich *721*
-, Öffentlichkeit *957*
-, orthodox *833, 840f.*
-, Oster- *614, 757*
-, Synagogen- *704*
-, volkssprachlich *223*
Gottesdienstordnung *437f.*
Gottesdienstsprache *753–759, 773–778*
Gottesdiensttext *139, 458*
Gotteserkenntnis *232*
Gottesfurcht *348*
Gotteshaus *44*
Gotteskindschaft *352*
Gotteslästerung *671*
„Gottesstaat" *84*
Gottesstadt *124*
Gottesvolk *143*
Gottheit *232*
Gottlosenverband *216*
Gottlosigkeit *67, 325, 352*
Gottmenschentum (bogočelovečestvo) *895*
Gottverlassenheit *67*
GPU *334f.*
Grabtuch (Turin) *25*
Graphik *718*
Griechentum *648*
Griechisch *458, 481*
Grundbesitz *119*
-, Groß- *219*
Grundlage, religiös *229*
Grundposition, aufklärerisch *241f.*
Grundsatz, metaphysisch *228*
-, normativ *227*
Gruppe *49*
-, Weltanschauungs- *237*
„- der 32" (St. Petersburg 1905) *219*
Güter, kirchliche *119*
„guillotine sèche" *212*

Hagiographie, christlich *722*
Hahn *141f.*
Handeln, akklamatorisch *775*
-, anakletisch *775*
-, anamnetisch *775*
-, doxologisch *775*
-, epikletisch *775*
-, menschlich *227*
-, religiös *139*
Handlung *162*
Häresie *30, 391, 451*
Häretiker *605*
Hare Krishna *207*
Harmonie *348*
Harmonisierung *229*
Haß, Rassen- *196*
-, Völker- *196*
Haus Europa, gemeinsam *65*
Haushaltung, göttlich *92*
- des Sohnes *97*
Hausdurchsuchung *18*
Hebräisch *577, 579*
Heidentum *346, 455*
Heil *150, 247*
Heiland *82*
Heiliger *48, 51, 130, 551*
Heiligkeit, kirchlich *50*
Heiligsprechung *552*
Heiligtum *124*
Heilkunde, Natur- *244*
Heilsbotschaft *142*
Heilsereignisse, zentrale *62*
Heilsplan *106, 131*
Heilstat *142, 147*
Heilswerk *106*
Heimat *144*
Hellenisierung *94*
Hellenismus *646, 649f., 657f., 705*
Heortologie, orthodox *25*
Herausforderung *8, 53f., 59, 62, 183*
Herde, Groß *111*
-, Klein *111*
Hermeneutik *62, 238*
-, europäisch *346*
-, kirchlich *230*
Herrlichkeit *50, 124*
Herrschaft *130, 219*
-, Zaren- *222*
Herz, menschlich *121*

Hesychasmus *20, 756, 902*
Heteronomie *130, 919*
Hexe *919*
Hierarchie *24, 45, 48*
-, koptisch *393*
- der Wahrheiten *89f.*
Hierarchien, himmlische *840*
Himmel *69f., 120*
Himmelfahrt *25, 409*
Hinrichtung *211*
„Hirt" des Hermas (2. Jh.) *401*
Historiker *122f.*
Historisierung *61, 380*
Historismus *652*
Historizität Christi *25*
Hochgebet, eucharistisch *147*
Hochschule, Staatl. Kunsttechnisch *330*
Hölle *121, 400*
Hoffnung *124, 129, 492*
Homiletik *202, 788*
Homilie *25*
Horde, Golden *540*
Humanisierung *306*
Humanismus *204, 355, 647, 712f.*
-, atheistisch *295*
-, byzantinisch *715*
-, deutsch *648*
-, klassisch *78*
-, Neu- *648*
-, nichtreligiös *308*
-, Renaissance *647*
Humanität *62*
Hungersnot (1921/1922) *215*
Hure *233*
Hypnose *917, 920*
Hypostase *232, 235, 283, 410*
-, personal *231*

Ideal *160, 222*
Idealismus *237, 239*
-, religiös *230*
Idee, Kaiser- *494*
Identität, ethnisch *7, 417, 839*
-, kirchlich *7, 60f.*
-, kulturell *102, 272*
-, national *7, 362*
Identitätsverlust *204*
Ideologie *5, 130, 143, 206, 209, 224, 227, 298, 306, 386, 936*
-, kirchenfeindlich *6*
-, Legitimations- *450*
-, marxistisch *223*
-, religionskritisch *6*
Idiot, nützlich *305*
Idol *298*
-, heidnisch *483*
„Idolenfabrik" *121*
Ikone *80, 130, 144, 149, 756, 800, 815, 819, 883f., 892*
-, wundertätig *259*
Ikonenverehrung *756, 800, 841*
Ikonographie, ostkirchlich *25, 357, 626, 908f.*
Ikonoklasmus *503*
Ikonostase *779, 819*
Illusion *205*
Immanentismus *62*
Immanenz *818*
Imperialismus *43*
Imperium, ökumenisch *421*
- Romanum *649*
Impuls *44*
Indianer *78*
Indifferentismus *246*
Indifferenz, weltanschaulich *805*
Indigenization *75-78, 86*
Individualismus *228, 360, 373*
-, liberal *271*
-, neuzeitlich *48*
Individualität *66*
-, biologisch *233*
Individuum *59, 227-230, 232, 273*
Indoktrination, religiös-politisch *268*
Industrialisierung *386*
-, kapitalistisch *298*
Industrialismus *298*
Information *158*
Initiation, sakramental *147*
Inkarnation *92, 96f., 400, 422, 653, 931*
Inkulturation *7, 72-75, 78ff., 83f., 86, 88, 90, 93-98, 661-668*

Sachregister

Innenministerium (MVD = Ministerstvo vnutrennych děl) *581, 583*
Innovation *36, 239*
Inspiration *705*
Instinkt *229*
Institut für Pelzwaren *20*
Institut, St. Sergius- (Paris) *596*
Institution *54, 236*
Integrität *125*
Intellekt, menschlich *207*
Intelligencija *26*
Intelligenz, russisch *19, 852*
Interaktion, sozial *178*
Interdisziplinarität *177*
„Internationalismus, proletarisch" *450*
Interpretament, kritisch *138*
Interpretation *138*
-, nicht-religiös *122*
Intoleranz *209f., 217f., 220, 224f.*
-, reaktionär *209*
Intuition *333*
Inventarisierung *213*
Investiturstreit *352*
Irrationalismus, religiös *62*
Irreversibilität *247*
Irrlehre *49*
Isagogik *593*
Islam *135, 487, 599f., 685*
-, Renaissance *599*
Isolierung *77*
-, frömmelnd *48*

Jagd *157*
Jahr *140*
-, Kreislauf *347*
Jahwe *69, 141, 703*
Jahwist *69*
Jakobiner *214*
Jakobinismus *214f.*
Jansenismus *218, 221*
Japaner, buddhistisch *135*
Jesuiten (SJ) *42*
Jenseitiges *121*
Jerusalem, himmlisch *443, 539, 862*
Journal des Moskauer Patriarchats (ŽMP) *599, 605*

Jubiläum *51*
Jude, getauft *30*
Juden *69f., 217, 687*
Judentum *24, 26, 81, 93, 146f.*
-, Blutanklage *581–587*
-, Ritualmord *581–587*
-, russisch *577, 581, 586*
Jünger *69*
Jugend *18, 25*
Jugendarbeit *675*
Jugendkriminalität *387*
Jugendring (Tübingen) *127*
Jugendweihe *251f.*
Jureurs *220*
Jurisdiktion *71, 428*
Jurist, Verwaltungs- *46*

Kairos *927*
Kaiser *84, 100*
Kaiserreich, byzantinisch *713*
Kalender, Ackerbau- *722*
-, Heiligen- *722*
-, liturgisch *51*
Kampf, Existenz- *157*
- Logos-Chaos *331*
-, politisch *222*
-, religiös *222*
-, Weltanschauungs- *237f.*
Kandidat der Theologie (≙ Dr. theol.) *23*
Kanonisation *551f., 556*
Kanonizität *110*
Kantianismus *902*
Kapelle, Maria-Magdalenen- *321*
Kapital *219*
Kapitalismus *205, 222, 297, 305*
-, Spät- *305*
Kardinal *88*
Karfreitag *141*
Katastrophe, Natur- *158*
-, ökologisch *161*
-, politisch *239*
Katechese *70, 82*
Katechetik *132*
Katechismus *25*
-, universalethisch *307f.*

Katechumenat 47, 132
Kategorie, moralisch 57
Kategorien, juridische 840
Kathedrale, Kazań- (Leningrad) 726
Katholizismus 6, 18, 56, 60, 202, 204, 209ff., 239, 666, 840, 886
Katholizität 50, 73, 80, 88, 99, 374, 404, 407, 457, 564, 667
- (kafoličnosť) 556
-, geographisch 71
-, orthodox 694
-, qualitativ 71
-, römisch 694
Kausalität 121
Kenntnis 229
Kenosis 536
Kerygma 927
-, apostolisch 141
Kerze 129, 819
KGB 18, 23, 31, 335, 341, 614
Kind 141
- Gottes 303, 372
Kinder, geistliche 19
Kinematographie 869–881
Kirche 5, 31, 45, 49, 53f., 59, 63f., 70, 73, 75, 83, 90, 93, 95, 98, 103, 105, 108, 117, 127, 137, 144f., 183, 192, 201f., 204, 209f., 213f., 217, 219, 225, 231ff., 235f., 241, 245, 251, 258, 365, 372, 389, 443, 929
-, Alt 43, 96, 140, 221, 224, 351, 487, 653, 661
-, Amts- 42
-, Apostolisch 106
-, Auslands- 504
-, autokephal 71, 100f., 110, 112, 114, 285, 426, 438
-, Bekennend 792
-, Communio 662, 666, 668
-, Demokratisierung 219, 564
-, Frei- 183, 201, 856
-, Früh 46, 348, 479, 492
-, Gesamt- 218
-, historisch 201
-, Institution 54, 260, 565, 850
-, Konfessions- 273, 377

-, Landes- 187
-, Leib Christi 840, 850
-, Lokal-/Orts- 7, 71, 75, 85, 98ff., 105, 107–115, 402, 405, 411, 414, 424, 437, 439, 443, 444, 457, 460, 462, 509, 661, 664, 667, 689–696
-, Medienpolitik 470
-, Minderheiten- 201, 253
-, Minderheits- 669–676
-, Missions- 667
-, modern 155
-, monophysitisch 459
-, Mutter- 97, 423, 504
-, National- 49, 100ff., 423
-, Ontologie 513
-, plērōma 557
-, Präexistenz 401
„- im Sozialismus" 191, 198
-, Spaltung 216
-, Stamm- 694
-, Stiftung 42
-, Teil- 71, 74f., 85
-, Unions- 439, 693
-, Universal- 7, 85, 100, 117, 663f.
-, Universalität 399, 408
-, Ur- 141, 146, 148, 479
-, Volks- 367, 376, 473
-, Welt- 661f.
-, West- 619, 715
-, Altkatholisch der Mariaviten 671
-, Amerikanisch Autokephal 102
-, Armenisch Apostolisch 600, 616
-, assyrisch 697
-, äthiopisch 393
-, Bulgarisch Orthodox 456, 459f., 795, 799–806
-, chaldäisch 697
-, Erneuerer- (Moskau) 216, 222, 846, 855
-, evangelisch 183, 194
-, Evang. in Deutschland (EKD) 8, 517, 606, 677–680, 793
-, Evangelisch Augsburgisch 674
-, Evangelisch-Lutherisch 147
-, - (Bayern) 9
-, - (Finnland) 473

–, Evangelisch-reformiert 673
–, Gallikanisch 221
–, Georgisch Orthodox 504, 600, 616
–, Griechisch Katholisch 18
–, Griechisch Melkitisch (Al-Roum al-Malkiyyoun) 689, 691
–, Griechisch Orthodox 697, 855
–, Lettisch Orthodox 610
–, Lutherisch 60, 201
–, Mariaviten- (Felicjanów) 671
–, Maronitisch 697
–, Melkitisch Katholisch 697
–, orthodox 6, 25, 99, 109, 112, 173, 201, 233, 257f., 275–294, 413, 424
–, Orthodox Chalcedonisch 459
–, Orthodox (Finnland) 473
–, Ost- 65, 71, 73, 458, 619, 651, 691, 831
–, Patriarchats- (Moskau) 216
–, Polnisch Katholisch 670f.
–, Polnisch National 670
–, Polnisch Orthodox 670
–, protestantisch 111
–, Reformations- 110
–, Reformiert 60, 201, 275
–, Römisch-Katholisch 50, 72, 81, 84, 88, 131, 136, 146, 183, 190, 201, 203, 213, 217, 220f., 259, 467, 524, 529, 600, 667, 669, 674, 713, 856
–, Russisch Orthodox 6, 17ff., 23ff., 37, 44, 187, 214, 218ff., 223, 225, 276, 317, 433, 504, 551, 561–576, 577, 597, 600, 603, 614, 754, 759, 768, 772, 792, 795, 846, 850, 920, 939–947
–, Syrisch Orthodox 697
–, Ukrainisch Autokephal Orthodox 612f., 625–640
–, Ukrainisch Katholisch 18, 608, 612
–, Ukrainisch Orthodox 613, 626
–, vorchalkedonisch 431
–, Aleksandr-Nevskij- (Aleksandrovka) 825
–, Annen- (St. Petersburg) 737
–, Česmenskaja- (St. Petersburg) 739f.
–, Christ-Verklärungs- (Krasnoe) 741

– der Darstellung Christi im Tempel (Puškino) 23
–, Hagia Sophia 930
–, Katharinen- (St. Petersburg) 736
–, Mariä-Verkündigungs- (Blagoveščenskoe) 321
– der Niederlegung des Gewandes Christi (Moskau) 22
–, Paraskeva-Pjatnica- (Sergiev Posad) 325
–, Peter-und-Paul- (Vyborg) 742
Kirchenbau 203
Kirchenfeindschaft 210
Kirchenfreiheit 30
Kirchengebäude 212ff.
–, Rückgabe 44
Kirchengemeinde 201f.
Kirchengüter 210
Kirchenjahr 346
Kirchenkritik 210
Kirchenleben 108
Kirchenleitung 60, 219, 223
–, protestantisch 194
Kirchenmusik 863–868
Kirchenpolitik 113, 212
Kirchenrat, Oberst 575
Kirchenreformpläne (1905/1906) 219
Kirchenrenovierung 22
Kirchenslavisch 7f., 461, 638
Kirchenstruktur 112
Kirchentag (Leipzig; 1989) 197
Kirchenunion römisch-katholisch – orthodox 335
Kirchenväter 70, 80f., 94f., 106, 283, 288, 291, 294, 406, 455, 479, 485, 491, 707, 941
–, griechische 291
Kirchenverfassung 53, 60, 132
Kirchenverfolgung 18, 849
Kirchenvermögen 214
Kirchenverständnis 187
Kirchenvolk 219, 221, 557, 604
Kirchenvorstand 184
Kirchlichkeit 44
Kirchturm 141
Kitež-grad 539, 895, 899

Klassenkampf *144*
Klassik (Wien) *866*
Klassizismus *646*
-, Früh- *735*
Klerikalismus *470*
Kleriker *215, 217, 219*
Klerus *138, 210-213, 218, 221, 227, 557*
-, Welt- *219f., 223*
Klima *454*
Kloster *50, 148, 554, 718*
-, Aleksandr-Nevskij- (St. Petersburg) *735*
-, Bačkovo- *462*
-, Danilov- (Moskau) *323, 325*
-, Donskoj- *320, 325*
-, Dreifaltigkeits-Sergius- (Zagorsk) *327f., 611*
- Ettal *45*
-, Höhlen- (Kiev) *637, 639*
-, Höhlen- (Pskov) *611*
-, Neues Jungfrauen- *20*
-, Petrov- (Moskau) *323*
- Petseri (Estland) *643*
- Počaev *624*
- Pühtitsa/Kuremäe (Estland) *643*
-, Rila- *462*
-, Sabas- (Jerusalem) *691*
- Solovki *327*
Klosterschätze, verstaatlichte *328*
Knechtschaft *304*
Königsherrschaft Christi *254*
Königtum *221*
Koexistenz, ökumenisch *165*
-, sozial *230*
Koexistenzerfahrungen *623*
Kollektivität *360*
Kolonialismus *43*
-, expansiv *641*
Kommen, erstes (Jesu Christi) *124*
-, zweites (Jesu Christi) *124*
Kommission der Kirchen für internationale Angelegenheiten (CCIA) *267*
Kommission zum Schutz der Kunstdenkmäler und Antiquitäten des Dreifaltigkeits-Sergius-Kloster *327f., 331*
Kommune *211, 213*
Kommunikation *375*
-, appellativ *238*
Kommunion *85, 131, 146, 375*
-, Inter- *460, 502*
Kommunismus *31, 123, 223, 295, 449*
-, Gulasch- *297*
-, Soziallehre *855*
Kommunität *49*
Kompensation *246*
Komplementarität *177*
Konferenz für praktisches Christentum (1925) *373*
Konferenz Europäischer Kirchen (KEK) *345, 646*
Konferenz, ökumenisch *6, 61*
-, Dritte Vorkonziliare Panorthodoxe (1986) *425*
Konfession *36, 203, 268, 350*
Konfessionalismus *617*
Konfessionsfamilie *6*
Konfrontation Staat-Religion *386*
Konnotation, supranatural *126*
Konsens *61, 308*
-, ethisch *5*
-, gesamtgesellschaftlich *48*
-, Moral- *308*
Konservatismus, theologisch *616, 855-862*
Konsumismus *470*
Konstantinismus *122*
Konstituante *211, 220*
Konstitution, göttlich *220*
-, Zivil- *220*
Konsultation, interorthodox *277, 283-287*
Konterrevolutionär *216, 224*
Kontext, kulturell *61*
Kontextualisierung *75, 77f.*
Kontingenz *254*
Kontinuität *61*
- Amt-Liturgie *61*
Kontrolle, kirchlich *119*
- kirchlicher Angelegenheiten *218*

Kontroverse, Oster- *99*
Konventionalität des Zeichens *753–759*
Konvergenz, theologisch *112*
-, ekklesiologisch *105*
-, ökumenisch *433*
Konzelebration *461*
Konzentrationslager *792*
Konzeptionslosigkeit *8*
Konzern, multinational *645*
Konzil *42, 100*
-, Landes- *219, 223, 551, 846*
-, ökumenisch *99, 218, 444, 486*
-, Erneuerer- (1923) *223*
- Chalcedon (IV. Ökumenisches; 451) *115, 477, 596, 689*
- Florenz (1439) *440, 692*
- Konstantinopel (II. Ökumenisches; 381) *70, 108f., 115*
- Konstantinopel (879/880) *437*
-, IV. Lateran- (1215) *521*
- Lyon (1274) *692*
- Nizäa (I. Ökumenisches; 325) *70, 461*
- Nizäa II (VII. Ökumenisches; 787) *505, 514, 816f., 819, 821, 903*
- Quinisextum (692) *514*
- Trient *109, 439, 527*
- Vaticanum I *109, 440, 500, 524, 661, 665f., 693*
- Vaticanum II *72f., 76, 80f., 84ff., 89, 138, 146, 202, 351, 370, 403, 491, 501, 661–668, 691, 693, 753f., 774, 783, 846, 856*
-, „Vereinigungs-" (Lemberg 1946) *7, 504*
Konziliarität (sobornost') *99, 111, 219f., 399, 564, 572*
Koptisch *448, 459, 481*
Korrektur, perspektivisch *171*
Kosmopolitismus *845*
Kosmos *80, 141, 158f., 654, 730*
-, Makro- *348, 354*
-, Mikro- *348, 354*
KPdSU (KPSS) *614*
Kreationismus *178*

„Kreatur, neu" *302f.*
Kreuz *133, 303, 374, 400, 791–797*
-, Tauf- *792*
Krieg, Bürger- *215, 222, 496*
-, Dreißigjährig (1618–1648) *719*
-, Großer Vaterländischer (1941–1945) *614*
-, nuklear *295*
-, total *144*
Krise *67, 135, 206*
-, Identitäts- *237*
-, Kultur- *237f.*
-, ökologisch *257, 261, 859*
-, religiös *184*
-, Umformungs- *239*
Krisenphänomen *56*
Kriterium, außer-logisch *160*
-, ekklesiologisch *111*
-, ethisch *98*
-, rational *160*
-, theologisch *91, 98*
Kritik *242*
-, Aufklärungs- *270, 471*
-, autonom *244*
-, feministisch *129*
-, Gottes- *136*
-, intellektuell *60*
-, Kultur- *63*
-, rational *245*
-, Theologie- *60*
-, Zeit- *63*
„- der Praktischen Vernunft" *204*
KSZE *345, 350*
Kult *111, 187, 215, 262, 703, 722*
-, Personen- *329, 916*
-, religiös *331, 841*
-, Säkularisierung *860*
„- der frohen Zukunft" *916*
Kultausübung *213*
Kultgegenstand *213*
Kultgemeinschaft *212, 214*
Kultur *36, 53f., 57, 65f., 69, 71, 73, 77f., 84, 85ff., 91, 93, 95, 102, 113, 127, 130, 144, 227, 233, 331, 367, 449, 497, 654, 722, 940*
-, abendländisch *649*

-, alttestamentlich *703*
-, antik *321*
-, byzantinisch *83*
-, christlich *97f., 717*
-, ekklesial *810*
-, europäisch *60, 72, 103*
-, geistig *328f.*
-, geistlich *721*
-, griechisch-christlich *645-659*
-, griechisch-römisch *650*
-, hellenistisch *93f.*
-, hellenistisch-römisch *36, 96*
-, multinational *458*
-, nichtbiblisch *36*
-, nichtchristlich *90*
-, orthodox *329*
-, pluralistisch *270*
-, politisch *59, 466*
-, römisch *83*
-, russisch *83, 722*
-, säkularisiert *128*
-, semitisch *93, 95*
-, syrisch *83*
-, westeuropäisch *230, 237*
-, Aufklärungs- *66*
-, Entchristlichung *725*
-, Ge'ez- *393, 395*
-, Gesamtheit *65, 79*
-, Individualitäts- *192*
-, National- *669, 942*
-, Nischen- *192*
-, Welt- *54, 720*
-, Wissenschafts- *54*
Kulturkreis, abendländisch *56*
-, mediterran *809*
-, östlich *473*
-, westlich *473*
Kulturwelt, russisch *17*
Kultus *222*
Kultusgemeinde, jüdisch *183*
Kunst *162*
-, Bildend *78, 717*
-, Film- *130*
Kunstwerk *234*
Künste, Schöne *238*
Künstler *234*

Kurie, päpstlich *662, 668*
-, Vatikanisch *86*
Kyrie eleison *143, 146*
Kyrios Iesous *133*
Kyrios Kaisar *132*

Lager *18*
Laie, christlich *46, 131, 146, 217, 219, 221ff., 276*
Land *217*
Landbesitz, kirchlich *218*
Landeskonzil der ROK (1917) *221, 558, 561-576*
Landschaft *153*
Landwirtschaft *139, 148*
„laos" *487, 498*
Latein *459*
Laudes *128*
Lavra, Troice-Sergieva- *884*
LDPD *197*
Leben *79, 136, 140, 159, 171, 234, 236, 350*
-, Alltags- *234*
-, biologisch *227, 229*
- in Christo *291*
- „coram Deo" *366*
-, ewig *129*
-, geistlich *7*
-, Geschäfts- *160*
-, irdisch *158, 227*
-, kirchlich *136, 259*
-, liturgisch *261*
-, öffentlich *119*
-, politisch *239*
-, religiös *156*
-, Sinn *206*
-, sozial *120*
-, spirituell *6*
Lebensanschauung *238*
Lebensbild *121*
Lebensgefühl, neuzeitlich *136*
Lebensgesetz, antigöttlich *33*
Lebensstandard *297*
Lebensstil, alternativ *306*
-, neu *49*
Lebensumstände *157*

Lebensweise *160, 227, 233*
Lebenswelt *179*
Leere *206*
Leerformel *139*
Legende *154*
-, Heiligen- *820*
Legitimation *188, 214*
Lehramt, kirchlich *60*
Lehrbildung *165*
Lehre, biblisch *257*
-, christlich *60*
-, Gesellschafts- (katholisch) *220*
-, kirchlich *61, 86, 106*
- von der Königsherrschaft Christi *254*
-, Reinkarnations- *246-249*
-, Staats- (katholisch) *220*
-, theologisch *60*
-, Weisheits- *348*
-, Zweireiche- *254*
Lehren, apologetische *322*
Lehrstuhl für Geschichte und Theologie des christlichen Ostens (Erlangen) *834*
Lehrsystem, christlich *247*
Leib *227*
- Christi *42*
Leibeigenschaft *614*
Leiden Christi *92*
Leidensgeschichte, Johannäisch *820*
lex Dei *381*
Liberalismus *93, 295*
Liberalität *253*
Licht *128, 139ff.*
-, göttlich *33*
-, Kugel- *140*
-, Tabor- *866*
-, Urbild *140*
Liebe *231ff.*
- zur Heimat *460*
-, Nächsten- *154*
Liebesbezogenheit *232*
Lied, Klage- *137*
Linguistik *126*
Liquidierung *217*
Literatur *206, 454, 717*

-, theologisch *24*
-, Übersetzungs- *801*
Liturgie *7, 25, 60f., 71, 75f., 82f., 89, 125, 131, 133, 138, 203, 348, 363, 696, 779*
-, Chrysostomos- *578*
-, eucharistisch *292f.*
-, Göttlich *834*
-, Klerus- *138*
-, Oster- *128, 613*
-, rubrizistisch *354*
-, Tagzeiten- *141, 143*
Liturgiedidaktik *788*
Liturgiesprache *823-838*
Logik *227f.*
-, inner *247f.*
-, rational *153f., 159, 161f.*
Logos *234f., 348f., 353f., 410, 649, 868, 901*
-, göttlich *180, 288, 293, 653, 928*
Loyalität *222, 326*
Luft *128*
„lumen Christi" *129*
Lutheraner *203, 672*
-, rußlanddeutsch *677-680*
Luthertum *201, 815*
Lyrik, Barock- *8*

Macht *227*
-, Höher *159*
-, numinos *245*
Machtlosigkeit *219*
Machtwechsel *130*
Mächte, kosmische *353*
„- und Gewalten" *353*
„- dieser Welt" *303*
Märchen *347*
Magie *62, 98, 157, 841*
Magismus *23*
Mahl *129*
-, Abend- *129, 236*
-, Gedenk- *292*
Maler *234*
Malerei, weltlich *329*
Mann *276f., 279, 282, 287, 291*
-, Ebenbild Gottes *280*

Märtyrer *130, 148, 232*
Maria, „Mittlerin" *841*
Mariaviten *671*
Mariologie *282, 821*
Marktwirtschaft, sozial *350*
Martyrium *221, 224f., 850*
Marxforschung, östlich *296*
-, westlich *296*
Marxismus *189, 204, 210, 255, 295, 298, 389, 396*
-, autentisch *296*
-, Etatismus *297*
-, Neo- *296, 298ff.*
- - Leninismus *6, 21, 194, 451*
Mäßigung *229*
Maßstab, moralisch *57*
-, politisch *57*
Massa damnationis *82*
Massenmedien *199, 849*
Massenpropaganda *216*
Massenterror *214*
Materialismus *223*
-, praktisch *386*
Materie *234, 301, 353*
Mathematik *156*
Meeting *860*
Mehrstimmigkeit *864*
-, früh russisch (rannee russkoe mnogogolosie) *864*
Meinung, öffentlich *48*
Melancholie *140*
Mensch *121, 136, 138f., 144, 150, 157f., 160, 168, 170, 205, 227f., 229, 232f., 236, 245, 247, 268, 331, 350*
-, alt *303*
-, Ebenbild Gottes *63*
-, eindimensional *138*
-, Geschöpf Gottes *63*
-, modern *121, 160*
-, Naturalisierung *297*
-, neu *303*
-, religiös *162*
-, säkularisiert *259, 261*
-, sensibler *158*
-, Sündhaftigkeit *268*
-, tiefgläubig *156*
-, Ur- *157*
-, Versklavung *298*
-, zoon politikon *649*
Menschenbild, christlich *32*
Menschenrechte *58, 191, 194ff., 202, 220, 225, 270, 272, 368, 460*
-, Abwehrrechte *269, 271*
-, individuelle *350*
-, klassische *273*
-, soziale *350*
Menschenrechtsdiskussion, ökumenisch *267*
Menschenrechtserklärung, Allgemein *267*
Menschenrechtstheorie, liberal *272*
Menschenverstand, alltäglich *160*
Menschenwürde *202, 295, 460*
Menschheit *5, 61, 73, 157, 161, 233, 236, 303, 360*
Menschsein, wahr *271*
Menschwerdung *289, 410*
Mentalität *224*
-, kirchlich *37*
-, weltlich *37*
Messias *25*
Metanoia *144, 233, 262, 795, 929*
Metaphysik *177, 181, 227, 238, 243, 380, 786*
-, griechisch *94*
-, spekulativ *177*
-, vorkritisch *382*
Methode, historisch *239*
-, historisch-kritisch *166, 651*
Methodik, wissenschaftlich *136*
Methodologie *86*
„Metron" *647*
Metropolit *99*
Migration *951*
Miliz *28, 31*
Millenarismus *123*
Mission *70, 73, 207, 223, 345, 423, 459, 667, 923-931, 933-938*
-, christlich *934*
-, Heiden- *70*
-, Juden- *933*
-, Welt- *934*

Missionar *43, 76*
Missionsgebiet *44*
Missionswissenschaft *202*
Mitsprache *218*
Mittag *140*
Mittelalter *41, 43f., 46, 138, 146, 149, 204, 227, 447, 521, 530, 858, 913*
-, abendländisch *46, 84*
-, Früh- *45*
-, Hoch- *354*
Mittler *74*
Mitwirkung, paritätisch *223*
Mobilität *470*
Modalismus *283, 858*
Modell, Struktur- *47*
Moderne *53, 59, 62f., 67, 175, 239, 395*
-, Abschied *209*
-, Post- *135, 209, 241, 369*
Modernismus *36, 855–862*
Modernisierung *79, 130, 265, 382*
Modernität *178*
Mönch *215*
Mönchtum *95f., 482, 604, 842, 949*
- (Kleinasien) *48*
Molokane *601*
Monade *232*
Monarchie, russisch *847*
Monarchismus *220*
Monatsschrift *202*
Monismus *238, 350*
-, materialistisch *251*
Monogamie *98*
Monographie *23, 25*
Monolog *106*
Monotheismus *23, 94, 157*
-, streng *858*
Montanismus *99*
Moral *154, 161f., 178, 228f., 373, 940, 943*
-, gesetzmäßig *232*
Moralismus, protestantisch *233*
Mord *29*
Morgen *140*
„Moskau – drittes Rom" *540, 615, 722*

„Moskauer Kirchenbote" *599*
Mündigkeit *57f., 188, 191*
-, Un- *295*
Multikulturalität *496*
Multilingualität *481*
Museum *44*
„-, Lebendig" *328*
Musik *79, 153, 156, 359, 626, 717*
-, klassisch *78*
-, sakral *863*
-, weltlich *863*
Mutation *178*
Mutter-Gottes *282f., 886*
Myron-Salbung, orthodox *147*
„Mysl', Russkaja" (Paris) *17, 32*
Mystagogie *423*
Mysterion *124, 131, 437, 836*
Mysterium *24f., 126*
Mystik *48, 244, 371, 596, 866, 949*
-, Zahlen- *503*
Mystizismus *207*
Mythos *83, 120f., 126, 245*

Načalo, sobornoe *564*
Nachchristliche *122*
Nachfolge *861*
Nachkriegszeit *120*
Nachrichten, Nürnberger *957*
Nacht *139*
Nachtwachen *261*
Namenverehrung (imjaslavie) *756*
Narrheit in Christo (jurodstvo) *321, 555*
Nation *43, 49, 70, 77, 91, 113, 350, 409, 412, 453*
-, Kultur- *451*
-, Sprach- *451*
-, Staats- *451*
Nationalbewußtsein, neu *361*
-, russisch *722*
Nationalismus *43, 49, 92, 100f., 123, 414, 447f., 460, 641, 942*
-, Entchristlichung der Gesellschaft *460*
-, modern *450*
Nationalität *100f., 368, 424*

Nationalitätenfrage 298
Nationen, Vereinte 267
Natur 63, 80, 139, 157f., 179, 228f., 237, 242, 297, 907
-, Dialektik 301
-, Humanisierung 297
Naturalisierung 178, 180
Naturalismus 179f., 204, 904
-, französisch 204
Naturbegriff, qualitativ 301
Naturbeherrschung, wissenschaftlich-technisch 63, 127
Naturhafte 229
Naturreligiosität, vorchristlich 346
Naturwissenschaften, säkularisiert 121
„Nemeckaja sloboda" 607
Neolithikum 291
Neophyten 839
Nestorchronik (Povest' vremennych lĕt) 913f.
Nestorianertum 858
Neubesinnung, liturgisch 8
Neukantianismus 238
Neutralität 217, 222
-, religiös 120
Neuzeit 43, 53f., 56, 59, 62, 136f., 148, 150, 209f., 225, 227, 348, 867
-, Früh 44, 268
-, Stärken und Schwächen 63
„New-Age" 122, 244, 370, 470
Nicaenokonstantinopolitanum 132, 457, 935
Nicaenum 47
Nihilismus 334
-, moralisch 32
NKVD 338, 340
Nominalismus 902
Nomokanon 508
Nonne 215
Noosphäre 314
Norden 44
Normativität 179
NSDAP 186
Nützlichkeit 139, 227
Nutzen 160f.

„Oberherrschaft, deutsch-germanisch" 450
Oberprokuror 219, 566f., 569
Objekt 237f.
-, archäologisch 126
-, literarisch 126
Objektivierbarkeit 65
Obrigkeit 268
Obskurantismus 62
-, unaufgeklärt 217
Öffentlichkeit 212, 383
-, gesellschaftlich 219
-, kirchlich 219
Offenbarung 60, 128, 131, 136, 141, 230, 277, 349, 353, 872
-, biblisch 350, 352f., 596, 822
-, Quelle 136
Ökologie 202, 297, 300, 306
Ökonomie 237, 299
Ökosphäre 298
Ökumene 5, 8, 19, 51, 53ff., 61, 66, 91, 93, 103, 107, 131f., 172, 175f., 198, 270, 272, 367f., 472, 599–618, 812, 937
Öl, Heilig (Chrisam/Myron) 863
Oikonomia 83, 419, 512
Oikoumenē 290, 348, 683
-, byzantinisch 287
Okkultismus 244, 322, 370
Oktateuch 579, 765
Okzident 107, 691
Omnipräsenz 59
Ontologie, religiös 181
Oper 78, 865f.
Opfer 131, 874f.
-, Aufklärungs- 59
-, Kreuzes- 106, 871
Opportunismus 221
Opposition 211f., 214, 228, 233, 449
-, ideell 326
Opričnina 541
Optimismus 202, 205, 209, 245, 378, 853
-, anthropologisch 268
-, Fortschritts- 297
Option, weltanschaulich 465

Orden, St. Georgs- *741*
-, kirchlich *221*
-, religiös *211, 213*
Ordination *85*
-, Frauen- *275, 277ff., 281, 284, 286*
Ordnung, bürgerlich *57*
-, Gesellschafts- *209*
-, Gemeinde- (prichodskij ustav) *575*
- des Konzils (ustav sobora) *568f.*
-, Rechts- *209*
-, Staats- *209*
-, Wirtschafts- *209*
„ordo initiationis christianae adultorum" *132*
Organisation *76, 214, 236*
Orgie *144*
Orient *107f., 481, 691*
Orthodoxie *6, 8, 56, 60, 74, 89, 97, 101, 112-115, 209f., 220, 261, 277, 371, 379, 384, 414, 433, 659, 694, 696, 721, 755f., 758, 799, 820, 839, 852*
-, „Diakonie" *949-956*
-, Neu- *93*
-, russisch *8, 19, 111, 216, 221, 225, 554, 722, 831, 853*
-, Symbolik *800*
-, ukrainisch *504, 831*
-, Welt- *722*
Orthopraxie *371, 840, 949*
Ostblock *123*
Ostern *25, 81f., 128*

Pädagogik, sovetisch *20*
„Paideia" *649*
Palast, Česmenskij- (St. Petersburg) *739f.*
„Pamjat'" *30f.*
Pantheismus *180*
Papst *73, 84f., 440, 662, 666f., 670*
Papsttum *42, 693*
Paradies *205, 349, 353*
Paradigmenwechsel, intellektuell *184*
-, politisch *184*
Paränese *169*
Parochie *211, 218, 221*

Partei *59*
-, antikirchlich *218*
-, antistaatlich *218*
-, Block- *197*
-, Kommunistisch *215f.*
Parteiapparat *31*
Partes-Gesang (partesnoe pěnie) *864*
„participatio actuosa, plena et conscia" *138*
Parusie *84, 123, 136, 145*
Paternalismus *459*
Pathos, endzeitlich *67*
-, Freiheits- *62*
Patriarch *71, 219, 221, 223, 397*
- (Konstantinopel) *100*
-, Wahl *573*
Patriarchat *88, 100, 219, 502*
- Antiochien *429, 682*
- Jerusalem *284, 499, 681*
- Kiev *625*
-, monarchisch *223*
- Moskau *8, 551, 603, 606, 608, 611, 625*
-, Ökumenisch *8, 109, 277, 284, 287, 423, 426, 428, 645, 670, 689*
-, Wiederherstellung *572*
Patriarchate, östliche *442*
Patriarchatsverweser *222*
Patriotismus *460, 845, 847*
Patristik *94, 592*
-, früh *36*
-, „Goldenes Zeitalter" *37, 707*
Paulikaner *459*
Paulus-Gesellschaft *188*
„Pēgē Gnōseōs" *692*
Pentarchie *108, 499, 502, 690*
Peregrinatio *175*
Perestrojka *23, 448, 613, 625, 641, 915f., 950*
Persönlichkeit *19, 58, 62*
Person *79, 106, 231*
-, göttlich *232, 420*
Personenstandsregister *211*
Personhaftigkeit *232*
Personheit *231*
Perspektive *175*

Pessimismus 206, 238
Pfarrer 46
Pfarrklerus 218
Pfingstchristen 601
Pfingsten 25, 70
Pfingstereignis 36, 492
Pfingstler 79, 84, 672 f.
Pflichtenlehre 228
Phänomen 135, 170, 178, 243
-, historisch 227
„- Kašpirovskij" 916–921
Phänomenologie 229
Pharisäertum 26
-, christlich 26
Philanthropie 927
Philokalie 20
Philologie 595
Philosophen, griechische 94
Philosophie 21, 24, 179, 204, 227, 331, 359, 654, 717
-, aristotelisch 799
-, cartesianisch 242
-, christlich 239
-, Existenz- 121
-, griechisch 414
-, idealistisch 170
-, metaphysisch 237
-, politisch 469
-, Prozeß- 180
-, Sprach- 126, 177
-, Transzendental- 181
-, Vergeltungs- 246
-, Wissenschafts- 125
„Phōs hilaron" 128
Physik 160
-, Astro- 153
„pietas" 348
Pietismus, evangelikal 367
„plantatio ecclesiae" 667
Plausibilität 237
Platonismus 858 f.
-, Neo- 94, 382, 708
Plebs 453
Plural, ekklesiologisch 66
Pluralismus 55, 66, 87 f., 167 f., 367, 371, 470

-, konfessional 103, 367
-, relativierend 227
-, religiös 467
Pneuma 129, 864
Pneumatologie 92, 96 f., 100
-, orthodox 805
Podvižnik 551, 558
Poesie 78, 153 f., 156 f., 359, 654
Polarität 47
-, strukturell 124
Polemik 233
Polen, „Antemurale christianitatis" 620
-, Goldenes Zeitalter (16. Jh.) 669
-, Reformation 674
Politbüro 215
Politik 27, 55, 119, 185, 237, 649
-, Außen- 221
-, Entspannungs- 195
-, Friedens- 195
-, Innen- 196, 221
-, Religions- 186 f.
Polygamie 98
Polytheismus 94, 157
Pontificium Institutum Orientale (Rom) 563
Pope 216
Porträt 718
Position, dogmatisch 239
Positivismus 181, 238, 541
-, humanistisch 320
-, Offenbarungs- 239
Postulat, Gleichheits- 272
Potenz, kritisch 237
Präsident 27
Praktiken, religiöse 76
Praxis 87, 110, 167 f., 171, 217, 234
-, kirchlich 172 f.
-, Leitungs- 239
-, wissenschaftlich 174
Predigt 18, 36, 73, 84, 86, 131, 147, 203, 325, 482, 779, 788
Presbeia 690
- Timis 690
Presbyter 407 f.
Presse 30, 201, 803

Priester 23, 57, 162, 212, 280, 570
-, Ordination 283
-, orthodox 217, 321
-, Welt- 215, 220
Priesteramt 212, 321, 336
-, Zugang 280f., 283, 288
Priestergewand 327
Priesterschrift 69
Priesterseminar, orthodox 20
- Plovdiv 805
- Sofia 804
Priesterstand, heidnisch 158
Priestertum, allgemein 363
- der Frau 859
„-, Königlich" 111, 278
Primat 99f., 109, 117, 499f., 665, 671
-, Jurisdiktions- 440
Prinzip, kausal 234
-, metaphysisch 232
-, religiös 160
-, Verursachend 231f.
Privileg 45, 214, 217, 219f.
Problem, Identitäts- 470
-, Nationalitäten- 8, 496
-, Theodizee- 247
-, Wirtschafts- 8
Problematik, Unions- 7
Probleme, sinnvolle 238
-, soziale 201
-, wirtschaftliche 201
Produktionsverhältnisse 297f., 305
Profan 124, 863–868
Profanität 818, 820
Prognose 46, 207
-, wissenschaftlich 316
Programm, theologisch 239
Proletariat 271
Propaganda 216, 389
-, antireligiös 24
-, atheistisch 163, 801, 803, 850
-, konterrevolutionär 335
Propagandaschriften 216
Prophet 208, 454
Propheten (Altes Testament) 23, 454
-, Große 579

-, Kleine 579
Proselytismus 438
Prosperität 260
Protestanten 61, 131f., 203f.
Protestantismus 6, 8, 55f., 60, 110, 185, 228, 237, 239, 370, 384, 720, 840, 957
-, DDR- 190, 194, 197
-, kirchlich 192
-, Kultur- 185
-, ungarisch 389
„Protokolle der Weisen von Zion" 30
Protopresbyter 155
Prozeß 215
-, geschichtlich 124, 301
-, Kommunikations- 132
-, konziliar 5f., 306, 367, 375
-, kosmisch 158
-, Straf- 18
Psalm 143, 487
Psalter 579, 764, 835
Psychologie 282, 355
-, Para- 244
-, Tiefen- 787
Psychotherapie 917
Publikation, Auslands- 18
Puritaner 84
Puritanismus 354
Pustyń, Optina- 321, 328
-, Zosimova 321

Qualität 301
-, logisch 234
Quantität 301
Quran 487

Radikalisierung 471
Radikalität 209
Radio 347
Rangtabelle 541
Rasse 97, 101
Rassismus 112, 372, 424
Rat Europäischer Bischofskonferenzen (CCEE) 345
Rat des Konzils (sobornyj sovet) 570

Rat der Kirchen, Ökumenisch (ÖRK, WCC, COE) *267, 269f., 273, 275, 279, 281, 375, 379, 605, 646, 952*
Rat, Polnisch Ökumenisch *674*
- der Volkskommissare *213*
-, vorkonziliar (predsobornyj sovet) *568*
Rationalismus *202f., 228f., 233, 242, 541*
Rationalität *160, 371, 471*
-, bürokratisch *120*
-, eschatologisch *171*
-, kritisch *244*
-, wissenschaftlich *370*
Raubüberfall *28*
Raum, griechisch-syrisch *37*
-, lateinisch *37*
-, lateinisch-afrikanisch *37*
-, liturgisch *260*
-, sozial *120*
Realismus, Sozialistisch *725*
-, symbolisch *125*
Realität *135, 144f.*
Recht *119, 268*
-, bürgerlich *215*
-, kanonisch *434, 507-520*
-, Kirchen- *110, 116, 432*
-, Natur- *227, 229*
-, Straf- *18*
-, Un- *246*
-, Wahl- *215*
Rechtfertigung *50, 111, 303, 352, 372, 811, 840*
Rechtsstaat, liberal *269*
Rede, religiös *136, 146, 148, 150*
Redeweise *79*
Reduktionismus *179*
Reflexion, ethisch *5, 179*
-, theologisch *179, 383*
Reform *6, 41, 221, 223*
-, kanonisch *223*
-, liturgisch *855*
-, Staats- *218*
Reformation *6, 54, 56, 110, 119, 146, 204, 290, 296, 350, 351, 372, 621f., 669, 673, 715-720, 815, 817*

-, Gegen- *203, 621f.*
Reformdiskussion *222*
Reformen, petrinische *542-545, 722*
Regel, asketisch *230*
-, göttlich *229*
-, rational *230*
Régime, Ancien *41*
-, SED- *466*
-, totalitär *21, 386*
Region *107f., 111*
Regionalität *106f., 111*
Register, Symbol- *119*
„regnum Dei" *365*
„regnum diaboli" *365*
„regnum russiae" *620*
„regula fidei" *661*
Reich, Drittes *127, 186, 190*
- Gottes *103, 122, 133, 222, 303, 418, 420, 454, 711*
-, Heilig Römisch Deutscher Nation *495*
-, künftig *93*
-, Pflanzen- *161*
-, Römisch *108, 458, 484, 928*
-, Russisch *848*
-, Tier- *161*
Reichtum *76*
Reim *154*
Reinkarnation *244-247*
-, Verchristlichung *247*
Relativismus *65*
„religio" *121*
Religion *24, 36, 41f., 44f., 55, 62f., 65f., 79, 82, 84, 87, 119ff., 123f., 126, 128, 131, 135, 139, 153f., 159ff., 178, 216f., 254, 268, 306, 359, 385, 449, 492, 787, 853*
-, Aberglaube *918*
-, Ausrottung *216*
-, chinesisch *23*
-, Definition *466*
-, Ende *65, 467*
-, hebräisch *703*
-, heidnisch *913*
-, indisch *23*
-, Kultur- *88*

-, natürlich *245*
-, nichtchristlich *80, 87*
-, Nützlichkeit *157*
-, Offenbarungs- *243*
-, positiv *239*
-, Pseudo- *207, 449*
-, Quellen *702*
-, Rauschgift für das Volk *802*
-, Staats- *217*
-, synkretistisch *76*
-, Ur- *157*
-, Vernunft- *216*
-, vorchristlich *23*
-, Zivil- *466–471*
Religionsgeschichte, griechisch *651*
Religionsgesetz *946*
Religionsgespräch (Leipzig 1539) *823*
Religionsphilosophie *125*
-, russisch *21, 37, 166*
Religionspolitik *213, 217, 386*
-, bol'ševistisch *213*
„Religionspolizei" *268*
Religiosität *135, 139f., 162f., 184, 389*
-, esoterisch *245*
-, Islam *601*
-, magisch *348*
-, primitiv *157*
-, Volks- *149*
Religiositätsgen *157f.*
Relikt *217*
Reliquie *259*
Remythologisierung *121*
Renaissance *37, 62, 119, 204, 258, 296, 313, 355, 360, 494, 647, 715*
„- der Humanität" *360*
Repression *216*
Republik, Adels- *623*
-, Dritte *213*
-, Weimar *190, 193, 449*
Resakralisation *936*
„res cogitans" *135*
„res extensa" *135*
Resignation *471*
Resistenz, Ideologie- *255*
Restauration *48*

Restriktion, theologisch *177*
Retrospektive *312*
Reueerklärung, politisch *222*
Revolution *144, 201, 223, 225*
-, biosozial *157*
-, bürgerlich *296*
-, Februar- (1917) *44, 220, 326, 567*
-, Französisch (1789) *41, 44, 48, 190, 204, 209, 211, 214–218, 224, 368*
-, Hermeneutik *350*
-, Oktober- (1917) *44, 209f., 214, 217f., 220ff., 323, 792, 868*
-, russisch (1905) *44, 218*
-, sanft *189, 252*
Revolutionär *221*
Revolutionsfeind *214*
Rezeption, Aristoteles- *354*
Rhythmus *128, 154*
Richtlinienkompetenz *213*
Ritual *466, 853*
-, altkirchlich *147*
-, magisch *157*
Ritus *354, 437*
-, byzantinisch *438, 721*
-, byzantinisch-slavisch *18*
-, lateinisch *621*
-, orthodox *823*
Ritusglaube, hebräisch *705*
„Rom, Alt" *108, 691*
„Rom, Neu" *108, 691*
Romantik *42, 360*
Roum (arabisch: Römer) *689*
Royalismus *212, 220*
Royalisten *214*
Rückbezug, theonom *184*
Rundfunk *803*
Ruś, Christianisierung *939*
-, Heilig *334, 721, 723, 757*
-, „Heiligkeit" *722*
-, Kiever *51, 621, 626, 636, 639, 693, 720*
-, Klein *634*
-, Moskovitisch *552*
-, sovetskaja *896*
-, Svjataja *896*
Russifizierung *495f., 611f.*

Rußland, Heilig 540ff.
-, Katholizismus 607
Rußlanddeutsche 677-680
Rzeczpospolita 621f.

Säkularisierung 8, 95, 119f., 123ff., 127, 141, 202, 206, 213, 237, 251, 257f., 260, 262, 265, 352, 367, 607, 799, 853
-, bloß/rein 123
-, kontrolliert 123
-, völlig 123
Säkularismus 184, 818, 820, 822
Säkularität 26, 239, 253, 255, 923
Säuberungen 217
Sakral 124, 863-868
Sakralisierung 845
Sakrament 85, 110, 124f., 131, 142, 282, 363, 411, 461, 664, 961
-, Buß- 162
„salus publica" 366
Samizdat 23
Samuel, Bd I + II 579
„sapere aude" 242, 244
Satanismus 355, 370
Scheidung Religion-Politik 55
Schicksal 206, 247
Schisma 54, 110, 437, 442
-, altkalendarisch 855
-, Groß 503
Schlußfolgerung 159
Schönheit 153, 227, 901
Schöpfer 234, 257, 409
- - Geist 282
-, Gott 284
Schöpfung 5, 80, 96, 129, 136, 139f., 182, 188, 235, 257, 260, 306, 331, 352, 366, 410
-, Bewahrung 129
-, Welt- 161
Schöpfungsbericht 141
Schöpfungstag 141
Scholastik, römisch-katholisch 228, 233, 354, 841
Schrift 113, 454
-, armenisch 486

-, Heilig 78, 130, 208, 291, 456, 491, 589, 672, 766, 807, 816, 860, 942
Schriftforschung, historisch-kritisch 61
Schrifttum 675
Schulbuchkommission, deutsch-polnisch 448
Schuld 206, 227, 255
Schule 112, 201
-, Denunziations- 32
-, Drill- 32
-, Elementar- 213
-, Hoch- 30
-, Kirchen- 394f.
-, Notre-Dame- 864
-, Ober- 30, 213
-, Pauk- 32
-, Reform- 32
-, Sonntags- 804, 946
-, Tübinger 592
Schutz, Umwelt- 129
„Schwarzhundertschaften" 218
Schwesternschaft, diakonisch 50
Science-Fiction 130
SED 192f., 197
„sedes romana" 666
Seele 229, 237, 356
-, Unsterblichkeit 249
-, Volks- 456
-, Wiedergeburt 245f., 248
Seelenwanderung 246
Seelsorge 49
Seelsorger 23
Segen 69, 140, 148
Segensakt, liturgisch 130
„Seiendes an sich" 227
Sekte 76, 237
-, protestantisch 856
Sekten, russische 601
Selbstakzept 248
Selbstauflösung 213
Selbstbegrenzung 8
Selbstbestimmung 228, 456
Selbstbetrug 158
Selbstbewußtsein, kirchlich 55
Selbsterhaltungstrieb 227, 229f.

Selbsterlösung *247, 352*
Selbsterneuerung *222*
Selbstgenügen *230, 233*
Selbstinszenierung *209, 225*
Selbstüberheblichkeit *75*
Selbstüberwindung, liebend *232, 235*
Selbstvernichtung *209, 225, 295*
Selbstverständnis *211, 252, 479*
-, neuzeitlich abendländisch *135*
Selbstverwaltung *113*
Selbstverwirklichung *352*
Selektion *178, 180*
Semantik *235*
Seminar, Geistlich (Leningrad) *22*
-, Priester- *319*
-, theologisch *202*
Semiotik *87, 124f.*
-, Kultur *884*
Sensibilität *158*
-, moralisch *67*
Separatismus *459*
Septembermorde (1792) *215*
Septuaginta (LXX) *487, 769, 835, 841*
Sexismus *372*
Sexualität *291*
Sicherheit *298*
Siegermacht *267*
Sinn, dynamisch *125*
Sinne *227*
Sinnenhafte *229*
Sinnfrage, technologisch *297*
Sinngebung, neu *227*
-, orthodox *234*
Sinnhaftigkeit, universal *349*
Sinnlosigkeit *206*
Sinod, Heilig (Bulgarien) *803*
-, - (ROK) *218f., 223, 566, 569, 575, 612, 768*
Sitte *78*
Sitten *454ff.*
Situation, geschichtlich *65*
Skepsis *205*
Skeptizismus *227*
-, positivistisch *244*
Skulptur *718, 869*
Slavophile *21, 657*

SMAD (Sovetische Militäradministration in Deutschland) *186f.*
Sobornopravnist' *635ff.*
Sobornost' *399, 458, 541, 556, 564, 573, 794*
„social gospel" *949*
Sohn, Verloren *233, 937*
Solidarität *49f., 180, 196*
Sondergemeinschaft, religiös *183*
Sonne *139-142*
„- der Gerechtigkeit" *128*
Sonntag *212*
Sophia *908*
Sophiologie *596, 910*
Soteria *925*
Soteriologie *131, 255, 282, 526-533, 842*
Souveränität, bischöflich *408*
Sovet, Oberst *27*
Sovetdespotismus *611*
Sovetgesellschaft *217, 496*
Sovetisierung *496, 612*
Sovetmacht *213f., 216, 222, 325*
Sovetregierung *221f.*
Sovetrepublik, Russisch (RSFSR) *27, 214f.*
Sovetstaat *326*
Sovetsystem *298*
Sovetunion *17f., 27, 29ff., 44f., 155, 214f., 217, 368, 396, 450, 465, 473f., 599-618, 641, 669, 683, 848, 916, 919*
Sozialethik, ökumenisch *380*
Sozialisation, kulturell *839*
Sozialismus *189, 201, 206, 220, 296*
-, National- *48, 267, 269, 449, 614*
-, real existierend *184, 189, 372, 388, 496*
-, russisch christlich *219*
-, wissenschaftlich *238*
Sozialrevolutionäre *219*
Sozialstruktur, feudal *217*
Soziologie *125*
Spannung, eschatologisch *131*
Spekulation, historiosophisch *897*
Spezialisierung *177*

Spiritualität *244, 320, 371, 696, 843, 851*
-, christlich *6, 82, 89, 149, 309*
Sprache *7, 36, 49, 67, 75, 83, 102, 113, 119, 124, 449, 454, 786*
-, christlich *130, 133*
-, Ikonizität *777*
-, kontextuell *809*
-, Kultur- *481*
-, liturgisch *8*
-, Mutter- *8, 458, 491*
-, Rechts- *119*
-, religiös *6, 119, 125, 128, 131, 135, 137, 139, 142ff., 177, 799-806*
-, sakral *7, 761-772*
-, Transport- *481f., 484, 497*
-, wissenschaftlich *177*
Sprüche *579*
Staat *18, 57, 194, 210, 217-220, 224, 298, 417, 456*
-, absolutistisch *268*
-, Balkan- *100*
-, bürgerlich *228*
-, christlich *493*
-, DDR- *193, 195*
-, Hetman- *631f., 637*
-, Unrechts- *268*
-, Volksgemeinschafts- *269*
-, Willkür- *268*
Staaten, Vereinigte v. Amerika *77f., 102*
-, - v. Europa *130, 261*
Staatsaffinität *384*
Staatsdiener, loyal *216*
Staatsfernsehen, Zentral *32*
Staatsfrömmigkeit *470*
Staatsgesetz *213*
Staatsideal *268*
Staatsidee *421*
Staatskirche *465*
Staatskritik *193*
Staatskultur, DDR- *190*
Staatsmacht *224*
Staatsmonopolismus *297*
Staatsrat *567*
Staatsreligion *489*

Staatssicherheitsdienst *31*
Staatszweck *194*
Stadt *107f., 111, 217*
-, Groß- *129*
Stalinismus *184, 201, 298, 849, 915*
Stamm *157f.*
Stand, Zweiter *217*
Standesprivilegien *210*
Starcentum, russisch *842*
Starec *320*
Starica *401*
Status quo, machtpolitisch *195*
Statut *223*
Steinzeit, Alt- *701*
Stellvertretung *50*
Stern *141, 158*
Stil, polnisch-ukrainisch *864*
-, venezianisch-polnisch *864*
Stilleben *718*
Strategie *229*
Streben, egoistisch *233*
-, menschlich *161*
- nach persönlichem Glück *95*
Streichquartett *866*
Streit „Gut-Böse" *130*
Strömung, antichristlich *210*
-, antiklerikal *210*
Strukturen, Gesellschafts- *77*
Subjekt *63, 228, 231, 238*
Süden *44*
Sühne *246, 255*
Sünde *50, 80f., 227, 270, 353, 372, 456, 850, 859*
Sündenfall *182, 859, 936*
Sündenlast *453*
Sünder *233*
-, erlöst *303*
Suggestion *917, 920*
Sukzession *106*
Superiorität *257f.*
Supranaturalismus *60ff., 126*
Symbol *66f., 75, 83, 124-127, 138f., 354, 375, 466, 779-789*
-, sakral *6, 119, 131, 135, 137, 139, 141, 147, 150, 799-806, 815-822*
-, Tauf- *47*

Symbole, religiöse *212*
Symbolik *83, 125, 142*
-, christlich *126, 128, 130, 133*
-, defiziant *146*
-, königlich *130*
-, liturgisch *900*
-, Opfer- *131*
-, Real- *125*
-, Sonnen- *141*
-, sprachlich *128*
Symbolische *125*
Symbolismus *595*
-, russisch *908, 910f.*
Symbolon *47*
Symboltheorie, idealistisch *786*
Symphonie *359*
- Kirche–Monarchie *847*
Synergismus *904*
Synkretismus *78, 207*
Synodalität *99, 110f., 117*
Synode *48, 100*
-, Diözesan- *218*
-, Emigranten- *222*
-, Landes-/Lokal- *517*
-, ökumenisch *517*
-, panorthodox *499, 509, 843*
-, Regional- *99*
- Brest (1595) *531*
- Konstantinopel (1872) *424*
-, Missouri- (lutherisch) *856*
- Zamość (1720) *624*
Synthese *87*
- Wort–Bild *356*
Syrisch, Alt- *580*
Syro–Aramäisch *459, 481*
System *227*
-, Ordnungs- *46*
-, politisch *59, 272, 465*
-, rational *228*
-, Rechts- *110, 268f.*
-, synodal *109, 112*
-, Waffen- *43*
-, Wert- *46*
-, Zeichen- *140*
Systematik, Rechts- *272*
S–chima, Groß *21*

Tätigkeit, missionarisch *18*
-, seelsorgerlich *18*
Tag *139f.*
Tanz *79*
Tatarenjoch *614*
Tatsache *237*
Taufe *25f., 48, 70, 74, 124, 129, 282, 375, 389*
-, Geistes- *672*
- der Kiever Ruś *51, 500, 562, 620*
- Polens *670*
Tauschobjekt *234*
„Tauwetter" *849*
Technik *44, 56, 63, 139, 302, 919*
-, Chancen und Gefahren *43*
Technologie *79, 259*
-, Hoch- *135*
-, kapitalistisch *298*
Teleologie *232*
Tempelkult, alttestamentlich *704*
Terminologie, philosophisch *95*
-, theologisch *126*
Territorium *218*
Terror *19, 212, 214ff.*
Testament *222*
-, Alt *26, 50, 257, 291f., 346, 349, 353, 453, 474, 480, 577–587, 703, 769, 815, 835*
-, Neu *20, 24, 26, 95, 131, 141, 146, 206, 230, 282f., 346, 349, 401, 420, 450, 487, 684, 694, 766f., 859, 870, 961*
Tetrarchie *109, 503*
Text, masoretisch *577*
Textanalyse, formal–logisch *154*
Theater, europäisch *863*
-, kretisch *951*
Theiōsis *925, 930*
Theokratie *352, 495*
-, byzantinisch *113*
Theologe *75, 84, 86*
Theologie *5, 59, 61, 63, 76, 87f., 91, 95f., 137f., 142, 154, 169f., 173f., 176–179, 202, 221, 239, 241, 262, 356, 369, 626, 870*
-, Befreiungs- *77, 87*
-, Erweckungs- *392*

-, Geschichts- *84*
-, historisch *209*
-, Johanneisch *81*
-, katholisch *80f., 136, 402, 432*
- der Krisis *239*
-, kontextuell *809*
-, liberal *37*
-, lutherisch *352, 433, 656*
-, mittelalterlich *365*
-, mystisch *595*
-, natürlich *180*
-, östlich *172*
-, Offenbarungs- *83*
-, orthodox *174, 378f., 381, 409, 507, 840, 842*
-, Pastoral- *46*
-, patristisch *393*
-, reformatorisch *111*
-, Säkularisations- *122*
-, systematisch *203*
-, Trinitäts- *282*
-, Universitäts- *60*
-, westlich *171, 173, 258*
-, wissenschaftlich *62, 171*
Theonomie *130*
Theōria (Anschauung Gottes) *175*
Theorie *217*
-, Abbild- *300*
-, Abfalls- *651*
-, Erkenntnis- *300*
-, Evolutions- *178*
-, Fortbild- *301*
-, Projektions- *128*
-, Reinkarnations- *248*
-, Relativitäts- *331*
-, romantisch *359, 362*
-, Säkularisierungs- *467*
-, Sprechakt- *774*
-, Staaten- *493*
-, wissenschaftlich *178, 180*
-, Wissenschafts- *167*
Theurgie *906, 911*
Thrēskeia *926*
Tier *158*
Tod *45, 82, 121, 140, 206, 230, 232, 235, 350*

-, Realität *363*
Todesstrafe *212*
Toleranz *58, 167, 245, 253, 267, 321, 669*
-, religiös *217, 225, 244, 246, 669*
-, weltanschaulich *54, 217*
-, Edikt (1781) *203, 361*
Totalitarismus *59, 215, 465*
Totengedenken *413*
Tourismus, Alternativ- *951*
Tradition *6, 36, 48, 61, 71, 89, 106, 110, 114, 132, 136, 143f., 156, 165, 175, 213, 218, 227, 239, 393, 861*
-, anthroposophisch *247*
-, apostolisch *277, 413*
-, Bekenntnis- *165*
-, bildungsbürgerlich *184*
-, byzantinisch *473, 815*
-, christlich *43f., 171, 176, 257, 262, 269*
-, evangelisch *836*
-, evangelisch-reformiert *698*
-, frühchristlich *6, 483*
-, göttlich *840*
-, kirchlich *24, 62, 67, 135, 397, 507*
-, konziliar *91*
-, lebendig *287*
-, Lehr- *165*
-, marxistisch *188*
-, national *413*
-, östlich-orthodox *5, 91f., 98, 258, 589*
-, patristisch *91, 132, 591*
-, protestantisch *196*
-, reformatorisch *811*
-, römisch-katholisch *836*
-, russisch *473*
-, westlich *5, 91f.*
-, Wissenschafts- *165*
Traditionalismus *593*
„translatio imperii" *489*
Transzendenz *188, 818*
Trauer *144*
Traum *302*
Trennung Kirche-Staat *55, 59, 212f., 219, 326, 630*

- Staat-Gesellschaft *469*
Triarchie *503, 691*
Trinität *99, 232, 289*
Troparion, Pfingst- *420*
Trudoviki *219*
Tugend, individuell *233*
Turn, linguistic *178*
-, genetic/evolutionary *178*

Überbau, ideologisch *190, 298*
Überbleibsel der Vergangenheit *162*
Überfremdung *6*
Überleben *158*
-, biologisch *230*
-, Menschheit *5*
Überlebensfragen *67*
Überlebensrate *217*
Überlieferung, biblisch *556*
-, christlich *230*
-, kirchlich *110, 230, 232f., 380*
-, religiös *228f.*
Übersetzung AT *577f.*
-, Bibel- *7, 83, 485, 719*
-, - (russisch) *166, 764*
-, Synodal- *590, 592*
Übertragung, genetisch *156*
Überzeugung, ideologisch *232*
-, republikanisch *221*
UdSSR *8, 215, 278, 601, 616, 670, 720, 845–854, 946*
Ukrainisierung *625–640*
Umbenennung *329*
Umbruch *48*
Umkehr *233, 937*
Umkreis, kulturell *8*
Umwälzung, apokalyptisch *46*
Umwelt *135, 140f., 147, 157*
Umweltverschmutzung *43*
Unabhängigkeit, kirchlich *101*
-, total *304*
Una Sancta Catholica *288*
Unfehlbarkeit *444, 671*
Uniatismus *438, 521–533, 689–696*
Unierte (Katholiken) *72, 65, 501*
Union, altpreußisch *55*
-, Kirchen- *7, 441f.*

- Brest (1596) *440, 525f., 528, 530, 608, 622f., 670, 693*
- Florenz (1439) *621, 693*
- Krewo (1385) *621*
- Utrecht (1889) *671*
- Užhorod (1646) *693*
Unität der Böhmischen Brüder *673*
Unitarier *55*
Unitas ecclesiae catholicae *106*
Universalismus *360*
Universalität *8, 98f., 105, 116f., 239*
Universität Budapest *203*
-, Frei Orthodox (Moskau) *30*
-, modern *177*
„Unreinheit" *279, 291*
Unterbrechung, Schwangerschafts- *254*
Unterdrückung *137*
Untergrund *46*
Unterricht, katechetisch *132*
Unterschied Gesetz-Evangelium *352*
Unterwerfung *222*
Urbanisierung *386*
Ursprung *47*
Urteil *215*
-, menschlich *132*
-, Todes- *215*
Urzustand *161*
USA *55, 267, 467, 612, 642*
Utilitarismus *209, 904*
Utopie *205, 646*
-, Gemeinschafts- *192*

Vaticana *715*
Vatikan *608f.*
-, orthodox *331*
Věchi *852*
Verabsolutierung, religiös *229*
Verantwortung *218*
-, Welt- *47*
Verbanntsein *327*
Verbeugung *841*
Verbindung, interreligiös *18*
-, ökumenisch *18*
Verdammnis *206*
Verderben *230*

Verderblichkeit 235
Verdrängung 160
Verdrängungsmechanismus, neurotisch 302
Verehrung, kultisch 329
Vereinigungskirche 207
Vereinigungsprozeß, deutsch-deutsch 254
Verfall, moralisch 57
-, ökologisch 43
-, Religion 41f., 44
Verfassung 214
-, katholisch 42
-, Religions- 57, 59
-, revolutionär 220
-, Staats- 57, 59
Verfolgung 22, 211f., 214f., 223f.
Vergangenheit 47, 65, 82, 244
Vergebung 255
Vergottung (theiōsis) 80, 382
Verhältnis Christen-Juden 196
- Christentum-Kultur 701-731
- Christus-Kultur 120
- Denken-Sein 242
- Deutsche-Israelis 196
- Frau-Heiliger Geist 280
- Glaube-Wissen 170
- Glaube-Wissenschaft 172, 845
- Judentum-Jesus Christus 25
- Kirche-Aufklärung 183f., 390
- Kirche-Nation 456, 459
- Kirche-Volk 473f.
- Kultur-Evangelium 684f.
- Staat-Gesellschaft-Kirche 385, 388, 424
- Staat-Kirche 190, 424, 939
- Theologie-Naturwissenschaft 177-182
- Theologie-Wissenschaft 166, 171
- Urbild-Abbild 329
- Wissenschaft-Religion 159, 162
-, Spannungs- 53
Verhältnisse, soziale 216
Verhalten 229
Verkirchlichung 322
Verklärung Christi 51

Verkündigung 110, 172, 841
-, christlich 248
Verkürzung, aufklärerisch 139
Verlust, Identitäts- 305
Vernichtungskraft 43
Vernunft 60, 62, 170, 228f., 242
-, menschlich 352
-, noëtisch 242
-, ontisch 242
Verpflichtung 117, 229
-, asketisch 230
Versammlung 236, 280
„-/Assemblée" 111
-, Dekanats- 567
-, Eparchial- 567
-, eucharistisch 107, 435
-, Gemeinde- (prichodskoe sobranie) 567, 575
„- aller Gläubigen" 111
Verschiedenheit Theologie-Naturwissenschaft 177
Verschmutzung, Umwelt- 43
Versöhnung 133, 182, 796
Verstaatlichung 214
Verständigung 168
Verständnis, Heils- 247
-, horizontal 122
Verstand 95, 207f.
- und Offenbarung 204
Versuch, Falsifikations- 177
Vertrauen 232
Vertretung, paritätisch 219
Verwaltung, Eparchial- 21
Vesper 128
Věstnik, Bogoslovskij 323
Vielheit 168, 172
-, europäisch 166
Vielsprachigkeit 66
Vielzahl 105
Vision 42, 47, 70, 93, 911
Vita 722
Volk 71, 479, 802
-, auserwählt 418f., 474
-, chranitel' blagočestija 565
- Gottes 50, 111, 285, 431, 434, 479, 663, 703

-, gotttragend *850*
- Israel *487, 703*
-, Sovet- *535, 548, 641*
Völkerbund *565*
Volksarmee, National (NVA) *195*
Volksaufstand, ungarisch (1956) *385*
Volksgesang (obščenarodnoe pěnie) *867*
Volkskommissar *223*
Volkssprache *223*
Volkstum, russisch *218*
Volkszugehörigkeit *30*
Vollmacht *219*
-, bischöflich *218*
Voraussetzung, ontologisch *231*
Vorgegebenheit, kosmisch *139*
Vorlesung *203*
Vorsehung *182*
Vorsitz, Ehren- *108*
Vorstellung, religiös *157*
Vorstellungswelt, byzantinisch-theokratisch *113*

Wächteramt, moralisch *58*
Wärme *140*
Wahl *201*
- der Bischöfe *211, 219, 223*
- der Pfarrer *211, 219*
- des Patriarchen *223*
Wahrheit *60, 62, 66, 245, 445*
-, absolut *320*
-, christlich *61, 223, 259*
-, geoffenbart *106*
-, letztgültig *170*
-, ontologisch *229*
-, Relativierung *244, 246*
Wahrheitsfindung, wissenschaftlich *167*
Wahrheitsfrage *248*
Wahrnehmung, emotional-bildlich *154*
-, logisch *154*
- der Wirklichkeit *237*
Waise, Orientierungs- *63*
Wandlung, radikal *233*
Warnung, prophetisch *121*

Wasser *128f.*
Wechsel, Paradigmen- *380*
Weihe, Priester- *276, 462*
Weihrauch *819*
Weißgardisten/„Weiße" *214, 222*
Weißrussisch *942*
Welt *45, 48, 51, 67, 82, 97, 125, 130, 136, 160, 227, 232, 258, 261*
-, Alltags- *33*
-, Arbeits- *79*
-, christlich *17*
-, Dämonisierung *366*
-, Dritte *77, 196, 272*
-, Entzauberung *125*
-, Erkenntnis *154*
-, gottfern *33*
-, göttlich *33*
-, Liebe *303*
-, materiell *159*
-, mechanistisch geschlossen *121*
-, modern *53, 73*
-, mündig *122*
-, neu *43*
-, neuzeitlich *58*
-, Nutzung *227*
-, Real- *125*
-, Sakralisierung *366*
-, säkularisiert *6f., 119, 123, 128, 131, 133, 135, 144, 146, 933-938*
-, technisch *139*
-, Theose (gr.: theiōsis tou kosmou; slav.: oboževstvlenie mira) *863*
-, Verachtung *303*
-, widergöttlich *352*
-, Wiederverzauberung *125*
Weltall, dreiräumig *120*
Weltanschauung *96ff., 225, 238*
-, religiös *852*
-, wissenschaftlich-positivistisch *320*
Weltbild *121, 238*
-, christlich *60*
-, ganzheitlich *160*
-, wissenschaftlich *60*
Weltbund, Lutherisch (LWF) *201, 207, 668*
„Weltdorf" *123*

Weltende *311*
Welterfahrung *128, 138*
Welterkenntnis *162*
Welterklärung, modern *62*
Weltfrömmgikeit, reformatorisch *369*
Weltgestaltung *136*
Weltkrieg *142*
-, Erster *206, 239, 448f., 867*
-, Zweiter *203, 206, 338, 385, 470, 596, 625, 673, 793, 795, 829*
Weltmodell *160*
Weltrat der Kirchen (WCC) *75, 77, 122, 132*
Weltraumfahrt *64*
Weltreich, christlich *494*
Weltsicht, linear *138*
-, magisch-dämonisch *62*
-, wissenschaftlich *62*
Weltstatistik, religiös *183*
Wende *252f.*
-, anthropologisch *136ff., 142f., 148*
Werke, gute *248*
Werte, christliche *206*
-, moralische *205*
Wertschätzung *227*
Wesen, Höchst *216*
Westen *228*
Widerstand *220ff., 224*
Wiedergeburt *672, 706*
-, national *361*
-, religiös *852*
Wiederkunft Christi *85, 92*
Wille, personhaft *231*
Willkür *304*
-, politisch *273*
Winter *158*
Wirklichkeit *227, 234f., 238*
-, gesellschaftlich *139*
Wirksamkeit, dynamisch *232*
Wirtschaft *119, 454*
-, Markt- *255*
Wissen *302, 350*
-, außer-logisch *153f., 158-162*
-, logisch *159f.*
-, Orientierungs- *59*
-, positiv *228*

Wissenschaft *55f., 139, 153, 159, 163, 165, 167f., 170, 174ff., 237f., 245, 259, 331, 786, 919*
-, Auslegungs- *61*
-, Einzel- *238*
-, experimentell *227*
-, Fetischisierung *852*
-, Geschichts- *174*
-, herrschsüchtig *168*
-, Kult *852*
-, Leit- *238*
-, Leitbild *168*
-, Liturgie- *138, 143*
-, modern *169*
-, rational *160*
-, Religions- *136*
-, theologisch *172, 174*
Wissenschaften, Geistes- *166, 174, 238, 354*
-, Human- *137*
-, Natur- *24, 63, 153, 162, 174, 178, 202, 229, 238f., 243, 354, 397, 649*
Wissenschaftlichkeit der Theologie *166, 174*
Wohlfahrt, individuell *63*
-, sozial *63*
Wohlgefühl *227*
Wohlstand *298, 469*
Wort *25, 80, 89, 124ff., 141, 234*
- Gottes *110f., 121, 126f., 131, 147*
-, kerygmatisch *870*
-, Verkörperung *80*
Wortschatz, christlich *119*
Würden, geistliche *219*
Wüstenväter *289*
Wunder *259*
Wundergeschichten, biblische *62*
Wunderheiler *919*
Wunsch *228f., 302*

Yoga *244, 261*

Zar *218*
Zarenherrschaft, Wiedererrichtung *222*
Zauberer (v"lchvy) *913-921*

Zaubermächte, alte *919*
Zeichen *66, 124f.*
-, sprachlich *756*
-, visuell *756*
Zeit *259*
-, Haft- *45*
-, liturgisch *260*
„- der Wirren" (smutnoe vremja) *607, 722*
-, Zeichen *128*
Zeitalter der Aufklärung *57, 243*
-, konfessionell *184*
- der Mönche *47*
-, nachchristlich *122*
-, postchristlich *5*
-, technisch *129*
Zeitbetrachtung, synthetisch *258*
Zeitgeist *203*
Zeitlichkeit *235*
Zeitmode *137*
Zeitung, Frankfurter Allgemeine (FAZ) *17, 130f., 960*
Zemščina *541*
Zenit *140*
Zensur *30*
-, geistlich *592*
-, staatlich *57, 592*
Zentralismus, römisch *668*
Zentrum, geistlich *43*
Zeremonien, chinesische *73*
-, religiöse *212*

Zersplitterung, ekklesiologisch *7*
Zeuge *66, 232*
-, Blut- *45*
Zeugen Jehovas *79f.*
Zeugnis (martyria) *427, 923–931*
Zeugnis des christlichen Glaubens *37, 129, 140, 191, 933–938*
Ziel *227, 230, 233, 235*
Zivilisation *113, 261, 853*
-, Hoch- *454*
-, modern *306*
-, technisch *189, 298, 305*
-, westlich *191, 853, 902*
Zölibat *211*
Zoroastrismus *126*
Zufall *234*
Zukunft *43, 46–49, 65, 150, 167, 207, 303, 350*
Zusammenbruch, ideologisch *5*
Zusammenhang Ursache-Wirkung *312*
- Zeit-Erkenntnis *170*
Zusammenkunft *236*
Zusammenleben, Praxis *167, 171*
-, sozial *229*
Zuständigkeit, All- *59*
Zuversicht *67*
Zuwendung Gottes *63*
Zweck *230, 235*
Zwiespalt Vernunft-Offenbarung *60*

3. Ortsregister

Achaia *107*
Adamów *672*
Addis Abeba *395*
Afrika *37, 73, 76f., 84, 86, 808*
–, Nord- *108, 349*
–, Süd- *704*
Ägäis *740*
Ägypten *70, 393, 397, 681*
Akulovo *22*
Aleksandrovka *825*
Alexandria *37, 106, 108f., 393, 414, 487*
Algerien *701*
Altai *701*
Altamira *701*
Amerika *84, 206, 427, 856*
–, Latein- *77f., 81, 375, 668, 808*
–, Nord- *72, 79, 86, 122, 127, 280f., 667*
–, Süd- *72, 77, 86*
Amsterdam *377*
Antiochien *98, 108f., 414, 429, 501, 650, 692, 928*
Arbat *19*
Archangel'sk *607*
Armenien *459, 483*
Asien *77, 808*
–, Klein- *108, 293, 481, 484*
–, Mittel- *600, 610, 885*
–, Ost- *75*
–, Südwest- *349*
–, Zentral- *484*.
Assisi *307*
Äthiopien *265, 393*
Athen *508, 520, 533, 928*
Athos *553*
Atlantik *306*
Augsburg *51*
Australien *427*
Auxerre *354*
Azerbajdžan *599, 701*

Babel *69, 497*
Babylon *704*
Balkan *100, 414, 456*
Baltikum *642*
Bangalore *75*
Barmen *373*
Basel *266, 306, 346, 499*
Bayern, Freistaat *42*
–, Königreich *42*
–, Ober- *45*
Beirut *682*
Belgien *839*
Berg-Karabach (Nagornyj Karabach) *320, 599*
Berlin *9, 566, 796, 825, 828, 834, 886*
–, West- *682*
Blagoveščenskoe *321*
Böhmen *670, 673*
Bossey *682*
Brasilien *76*
Brest-Litovsk/Brześć *440, 525f., 622, 670*
Brüssel *702, 887*
Budapest *201f.*
Bukarest *682*
Bulgarien *23, 278, 455, 593, 799–806*
Byzanz *100, 458, 473, 548, 620, 689, 712, 715, 800, 902, 904*

Caesarea *484, 493*
Cambridge *395*
Capri *887*
Carskoe Selo *743*
Carthago *70, 407, 459, 554, 928*
Černigov *885*
Černobyl' *51, 297*
Chalcedon *277, 502*
Chambésy *425*
Charkov *569*
Chełm *526*

Chicago *123*
China *76*
–, West- *484*
Chol'men *338*
Cieszyn *674*

Dachau *587*
Damaskus *691*
Dänemark *42, 246, 719*
Derevnja, Novaja *23*
Deutschland *8, 48, 184, 204, 296, 367, 448, 455, 484, 669, 792, 828, 839, 885*
–, Bundesrepublik *677, 793, 830, 833*
–, West- *123*
Don *552*
Donskaja ulica *22*
Dresden *196, 828*
Düsseldorf *831, 834*
Dušanbe *317f.*
Dzięgielów *674*

Ečmiadzin *736*
Elbe *198f.*
Elsaß *717*
England *42, 84, 123, 717*
Ephesos *107*
Erevan *736*
Erfurt *466*
Erlangen *9, 834*
Eschede *9*
Estland *611, 641-644*
–, Gouvernement *720*
Europa *8, 41, 43ff., 50f., 54, 64, 66, 78f., 122, 130, 165f., 174, 205f., 253, 281, 345f., 349, 362, 389, 427, 496, 876*
–, Mittel- *268, 367, 450*
–, Ost- *5, 8, 48, 65, 102, 123, 189, 278, 306, 368, 372, 448, 455, 465, 831*
–, Südost- *5, 448, 830f.*
–, Vereinigt *102*
–, West- *122, 306, 386, 424, 448, 450, 459, 467, 714f.*
–, Zentral- *423*
Ettal *45*
Evanston *377*

Felicjanów *671*
Finnland *473f., 720*
Florenz *440, 621*
Franken *42*
Frankreich *23, 41f., 45, 123, 209ff., 213, 216ff., 220, 222, 484, 505, 701, 839*
Galata *107*
Galiläa *475*
Galizien *612*
Genf *272, 377, 606*
Georgien, Ost- *483*
Germanien *346*
Gobustan *701*
Golf, Persisch *423*
Golgatha *282, 400, 457*
Gor'kij *334*
Griechenland *37, 101, 424, 462*
Großbritannien *267, 275, 496*
Guayana *211f.*

Halič *620f.*
Halle *9, 796*
Hamburg *9*
Hannover *9*
Harar *396*
Heidelberg *9*

Iaşi *500*
Iberien *402*
–, kaukasisch *483*
Illyrien *482*
Indien *82, 86, 395, 482*
–, Süd- *745*
Irkutsk *21, 557*
Irland *484*
Island *719*
Israel *18, 142, 453, 474, 703*
Italien *43, 84, 449, 866*
–, Nord- *484, 886*

Jaffa *681*
Jakutien *701*
Jerusalem *70, 108f., 149, 282, 317, 356, 399, 480, 483, 488, 499, 578, 689, 691*

Jordan *483*
Jugoslavien *496*

Kairo *681*
Kamčatka *311*
Kanada *78, 642, 669*
Karelien *473*
Karlovcy *222*
Kaukasus *327*
–, Klein *483*
–, Trans- *641*
Kaunas *616*
Kazachstan *599*
Kenia *83*
Kiev *401, 621f., 711*
Kolomenskoe *721*
Kolomna *22, 551*
Kolyma *338*
Konstantinopel *8, 43, 47, 100, 108f., 113, 115f., 284, 424, 489, 495, 528, 633, 637, 670, 713*
Kopenhagen *42*
Korinth *107*
Kostroma *319*
Kraków *526*
Krasnoe *741*
Kreta *692, 949–956*
Krewo *621*
Kronštadt *551*
Kuba *196*
Kuców *673*
Kulikovo pole *540, 552*

Laodicea *279*
Lasqueau *701*
Lausanne *77*
Leipzig *196, 823, 828*
Lelów *673*
Lemberg/Lwów/L'vov/L'viv *7, 504, 526, 608, 612, 631*
Leningrad *22, 535, 917*
Lettland *31, 643*
Libanon *682, 686, 697ff.*
Lima *124*
Litauen *616, 643*
Łódź *672f.*

London *78, 276*
Luch *319*
Luck *526, 631*
Lyon *108, 293, 402, 692, 805*

Mailand *108*
Manila *77*
Marienbad *188*
Marosejka *20f.*
Masuren *672*
Mesopotamien *108*
Minsk *942*
Mittelmeer *423*
Moçambique *196*
Moldau *424, 555*
Moskau *10, 19, 21, 23, 335, 503, 551, 569, 621, 637, 885, 917*
München *9*
Münster *834*

Nairobi *83*
Nanjing/Nanking *76f.*
Napoli *886*
Naumburg *796*
Neuchâtel *745*
Neva *552, 743*
New York *887*
Niederlande *484, 717ff., 839*
Nikol'skoe *825*
Ninive *316*
Nizäa *47, 70, 99, 101, 277, 461*
Novgorod, Nižnij *334*
–, Velikij *569, 915*
Nowogródek/Navahrudak *634*
Nürnberg *717, 959*

Odincovo *22*
Österreich, Nieder- *483*
–– Ungarn *203*
Orient, Alt *20*
–, Vorder *689–696*
Orléans *48*
Ostrog *623, 634*
Ostsee *423*
Oxford *377*
Ozeanien *701*

Pabianice 672
Palästina 684, 686
Pannonhalma 203
Paris 17, 78, 682
Pavlovsk 742
Persien 108
Peterburg, St. 555f., 578, 607, 733f.
Peterhof 743
Philadelphia 612
Philippi 107
Piazza Navona 500
Płock 671
Plovdiv 462, 796, 805
Polen 31, 253, 368, 467, 620f., 669–676
–, Groß- 673
--Litauen 621, 628
Polock 623
Pompeji 311ff.
Portugal 43
Potsdam 825
Poznań 674
Preußen 824f.
Princeton 395
Przemyśl 526
Pskov 611, 764
Puškino 10
Pyrenäen-Halbinsel 718

Rhodos 277, 283–286, 288, 291f.
Riga 611, 616f.
Rom 43, 70f., 74, 85, 107ff., 402, 438, 458, 489, 495, 500, 526f., 563, 623, 661, 665, 668, 689, 713, 717, 886
–, Ost- 494
Rumänien 278, 462, 496, 681, 952
Rußland 31, 209f., 214ff., 218, 222, 424, 462, 501, 681, 720, 845, 856, 890, 896
–, europäisch 123
–, Weiß- 601, 627, 634
–, Süd- 885
–, Zentral- 611

San Antonio 275f., 283
San Remo 885
Saratov 581f., 584

Schlesien, Teschen 672, 674
Schleswig-Holstein 470
Schottland 720
Schweden 719
Schweiz 449, 484, 717, 816, 839
–, welsch 124
Schwerin 826, 958
Seoul 43, 367, 377f., 499, 810
Serbien 278, 424
Sergiev Posad 321, 323f.
Sibirien 18, 721
Skandinavien 718
Skovorodinsk 336
Skythien 482
Slovakei 361f.
Smolensk 306, 504, 761
Sofia 462, 593, 804f.
Soloveckij-Inseln 336, 721, 886, 893, 900
Sorrent 311
Spanien 30, 43, 84, 108, 482, 496, 701
Stanisławów 672
Stavropol' 885
Stockholm 373, 377
Stuttgart 829
Syrien 37
Szczecin/Stettin 670

Tadžikistan 318, 599
Taizé 50
Tallinn 616
Tansania 73
Tarasovka 23
Tassili N'Ajjer 701
Telsiaj 616
Tibet 484
Tiflis/Tbilisi 402
Transsylvanien 414
Tscheschme-Bucht 740
Tübingen 9, 127
Turkmenistan 600
Tutzing 7, 10
Tver´ 741

Ukraine 18, 612f., 824
–, West- 609

Ungarn *201, 203–207, 362, 385, 390, 621*
–, Groß- *361*
–, Ober- *361*
Uppsala *122*
Ural *306, 423, 701*
Uzbekistan *599*
Užhorod *693*

Vancouver *377*
Vargašor *338*
Vesuv *311*
Vietnam *196*
Vitebsk *623*
Vladimir *620*
Volgograd *318*
Vorkuta *338*
Vyborg *742*

Walachei *424*
Warszawa/Warschau *670, 673 f.*
Weimar *449, 578*
Westfalen *717*
Wien *8, 693, 734, 826, 865 f.*
Wiesbaden *826*
Wilna *540, 634, 673*
Wittenberg *717, 719*
Wolgarepublik, deutsch *600*
Wolhynien *620, 828*
Worms *208*
Wrocław/Breslau *580, 670, 674, 824*

Zagorsk *21, 23, 321*
Zaire *74*
Zamość *624*
Zelów *672 f.*
Žitomir *612*
Zypern *108*

4. Schriftstellenregister

1. Mose 1,3	*141*	Jona 4,1–5	*317*
1. Mose 1,14	*141*	Jona 4,11	*317*
1. Mose 1,27	*258*	Matth 5,3	*937*
1. Mose 1,31	*859*	Matth 5,8	*730*
1. Mose 2,7	*858*	Matth 5,9	*941*
1. Mose 2,16	*773*	Matth 5,15	*645*
1. Mose 2,19f.	*773*	Matth 5,29	*532*
1. Mose 9,1	*69*	Matth 5,30	*729*
1. Mose 10	*69*	Matth 6,19	*748*
1. Mose 11	*450, 453, 492*	Matth 6,27	*63*
1. Mose 11,4–9	*69*	Matth 6,33	*731*
1. Mose 11,6–9	*477*	Matth 7,13	*532*
1. Mose 12,2–3	*480*	Matth 9,37	*804*
1. Mose 15,18	*474*	Matth 11,12	*262*
1. Mose 22,18	*480*	Matth 16,18	*400, 406*
1. Mose 26,4	*480*	Matth 16,23	*862*
1. Mose 28,14	*480*	Matth 16,25	*260*
2. Mose 19,5	*474*	Matth 17,14–21	*595*
2. Mose 25,9	*903*	Matth 19,12	*482*
2. Mose 25,20	*904*	Matth 22,30	*292*
3. Mose 12+13	*279*	Matth 24,14	*419*
2. Sam 16	*747*	Matth 25,14–30	*595*
1. Kön 6	*704*	Matth 28	*934*
Ps 19,2	*709*	Matth 28,19	*924*
Ps 22,9	*750*	Matth 28,19–20	*419, 453*
Ps 22,12	*749*	Matth 28,20	*9, 70, 806*
Ps 103,5	*122*	Mark 3,5	*749*
Jes 2	*450*	Mark 8,35	*230*
Jes 41	*454*	Mark 13,10	*419*
Jes 45,18–24	*482, 498*	Mark 16,15	*924*
Jes 49,6	*480*	Luk 5,32	*791*
Jes 55,11	*125*	Luk 9,23	*791*
Jes 60,2–3	*480*	Luk 9,24	*230*
Jer 29,7b	*468*	Luk 9,31	*149*
Joel 3,1–5	*481*	Luk 11,13	*293*
Amos 4,6	*749*	Luk 12,20	*207*
Amos 8,11	*923*	Luk 12,34	*725*
Jona 3,4	*316*	Luk 14,18–21	*207*
Jona 3,6	*316*	Luk 14,26	*230*
Jona 3,9–10	*316*	Luk 17,33	*230*

Luk 18,13	748	Röm 7,15-20	591
Luk 22,20	475	Röm 8,19	286, 938
Luk 24,47	419	Röm 8,21	33
Joh 1,1.3.14	941	Röm 8,22	182
Joh 1,1-14	858	Röm 8,29	96
Joh 1,46	925	Röm 10,12	475
Joh 3,8	289, 925	Röm 10,13	481
Joh 4,16	232	Röm 12,1-2	34
Joh 4,23	706, 860	Röm 12,5	456
Joh 6,63	799	Röm 13,1	326, 801
Joh 11,33-38	146	Röm 14,11	482
Joh 11,41	146	Röm 14,17	129
Joh 12,25	230	Röm 15,20-21	482
Joh 12,37	881	Röm 15,24	482
Joh 14,6	23	Röm 16,7	482
Joh 14,15+26	806	1. Kor 1,11	559
Joh 15,5	805	1. Kor 1,17	84
Joh 15,6	457	1. Kor 1,18	791
Joh 15,13	875	1. Kor 3,9-10	445
Joh 16,13	290	1. Kor 4,16	559
Joh 18,36	711	1. Kor 6,12	731
Apg 1,13	479	1. Kor 9,19-21	476
Apg 1,14	479	1. Kor 11,8	859
Apg 1,18	406	1. Kor 12,4ff.	74
Apg 1,21-26	479	1. Kor 12,12-31	456
Apg 2	36, 451, 479, 492	1. Kor 12,13	129
Apg 2,3-4	479	1. Kor 14,2-4.	490
Apg 2,6	69	1. Kor 14,16-17	490
Apg 2,7-11	475	1. Kor 14,34	279, 860
Apg 4,20	935	1. Kor 15,10	934
Apg 6,1ff.	489	1. Kor 15,14	259
Apg 10	70	1. Kor 15,17+32	728
Apg 14,17	924	1. Kor 15,24	454
Apg 15,28	556	1. Kor 16,22	485
Apg 17	36	2. Kor 6,15	858
Apg 17,26-28	418, 425, 453	2. Kor 11,7-16	280
Apg 20,28	400	Gal 3,8	419
Röm 1,1.2.9	590	Gal 3,24	289
Röm 1,4	591	Gal 3,28	97, 413, 419, 451
Röm 1,20	709	Gal 4,4	653
Röm 2,11	454	Gal 4,9	348
Röm 2,14	419	Gal 5,6	794
Röm 3,29	419	Gal 5,24	859
Röm 5,5	206	Eph 1,10	420
Röm 5,20	591	Eph 1,23	400
Röm 7,7	590	Eph 2,6	454

Eph 3,6	*419*		Hebr 10,1	*401*
Eph 4,5	*486*		Hebr 12,22	*435*
Eph 5,18	*129*		Hebr 13,8	*262*
Eph 5,22–27	*859*		Hebr 13,14	*454*
Eph 6,10–20	*130*		1. Petr 1,14–15	*953*
Phil 2,1–3	*498*		1. Petr 2,5	*33*
Phil 2,6–10	*498, 595*		1. Petr 2,9	*419*
Phil 2,10f.	*482*		1. Petr 2,21	*262*
Phil 3,17	*559*		2. Petr 3,13	*303*
Phil 3,20	*454*		1. Joh 4,16	*731*
Phil 4,11	*336*		Offb 2+3	*453f., 458*
Kol 1,18	*400*		Offb 4	*435*
1. Thess 1,6	*559*		Offb 5,9–10	*90*
2. Thess 3,7.9	*559*		Offb 7,9	*70, 475*
1. Tim 2,12	*860*		Offb 21,1	*454*
1. Tim 3,15	*805*		Offb 21,22	*124*
Hebr 7,22	*474*		Offb 22,20	*485*
Hebr 9+10	*292*			